Studien und Beiträge
zum Öffentlichen Recht

Band 14

Kathrin Bünnigmann

Die „Esra"-Entscheidung als Ausgleich zwischen Persönlichkeitsschutz und Kunstfreiheit

Rechtsprechung im Labyrinth der Literatur

Mohr Siebeck

Kathrin Bünnigmann, geboren 1982; Studium der Rechtswissenschaft, der neueren deutschen Literaturwissenschaft, Psychologie und Soziologie; Rechtsreferendariat in Münster; 2012 Promotion; seit November 2012 Akademische Rätin (a.Z.) an der Universität Münster.

ISBN 978-3-16-152481-3
ISSN 1867-8912 (Studien und Beiträge zum Öffentlichen Recht)

Die Deutsche Nationalbibliothek verzeichnet diese Publikation in der Deutschen Nationalbibliographie; detaillierte bibliographische Daten sind im Internet über *http://dnb.dnb.de* abrufbar.

D6

Das Buch wurde von Computersatz Staiger in Rottenburg/N. aus der Minion gesetzt, von Gulde-Druck in Tübingen auf alterungsbeständiges Werkdruckpapier gedruckt und von der Buchbinderei Spinner in Ottersweier gebunden.

Vorwort

Die vorliegende Arbeit wurde im Sommersemester 2012 von der Juristischen Fakultät der Westfälischen Wilhelms-Universität Münster als Dissertation angenommen. Rechtsprechung und Literatur konnten bis Mai 2012 berücksichtigt werden.

Herzlich danken möchte ich dem Betreuer und Erstgutachter, Herrn Professor Dr. *Fabian Wittreck*. Er gab die Anregung für diese Arbeit, hat ihre Entwicklung in denkbar umsichtiger Beratung begleitet und ihren Abschluß durch stetes Wohlwollen ermöglicht. Als Mitarbeiterin an seiner Professur für Öffentliches Recht, Rechtsphilosophie und Rechtssoziologie durfte ich ein Umfeld regen akademischen Austauschs und liebenswerter Unterstützung erleben, die den Fortschritt meiner Arbeit ermöglichten. Mein großer Dank gilt allen Kolleginnen und Kollegen.

Besonders danke ich daneben Herrn Professor Dr. *Andreas von Arnauld* für die zügige Erstellung des Zweitgutachtens und die Beschäftigung an seinem Lehrstuhl für Öffentliches Recht, einschließlich Völker- und Europarecht. Die zahlreichen Gespräche waren mir wertvolle Bereicherung für den weiteren akademischen und beruflichen Lebensweg. Die vertrauensvolle Zusammenarbeit hat mich in Unsicherheiten ermutigt.

Sodann gebührt mein weiterer Dank den Herren Professoren Dr. *Klaus Boers* und Dr. *Hans-Michael Wolffgang*. Sie haben auf durchaus unterschiedliche Weise mein Interesse für die Wissenschaft geweckt. Inhaltliche Anstöße über diese Arbeit hinaus wurden zugleich für ihre Abfassung fruchtbar.

Die Entstehung der Dissertation wäre ohne *Matthias* nicht möglich gewesen. Ihm kommt entscheidender Anteil an ihrem Gelingen zu: Er hat mich zu Beginn in meinem Vorhaben bestärkt, mich jederzeit vorbehaltlos und uneingeschränkt unterstützt, bis zuletzt die Turbulenzen der Anfertigung und meines Temperaments getragen. Er war mir bei der Korrektur des Manuskripts eine unverzichtbare Hilfe. Dem Verlag Mohr Siebeck danke ich für die Aufnahme in die vorliegende Schriftenreihe.

An letzter, aber zugleich erster Stelle danke ich meinen Eltern. Ohne ihre bedingungslose Unterstützung hätte diese Arbeit nicht entstehen können. Meinem Bruder bin ich in tiefer Vertrautheit stets verbunden. Ihre beherzte Begleitung war Grundlage für diese Dissertation. Viele Bücher könnten meine Dankbarkeit nicht ausdrücken; dieses ist ihnen gewidmet.

Münster (Westf.) im November 2012 Kathrin Bünnigmann

Inhaltsübersicht

Inhaltsverzeichnis

Abkürzungs- und Akronymverzeichnis

ABl.	Amtsblatt der Europäischen Union
Abs.	Absatz
AcP	Archiv für die civilistische Praxis
a.D.	außer Dienst
AEMR	Allgemeine Erklärung der Menschenrechte vom 10.12.1948
AEUV	Vertrag über die Arbeitsweise der Europäischen Union
AfP	Archiv für Presserecht. Zeitschrift für Medien- und Kommunikationsrecht
AG	Aktiengesellschaft; Amtsgericht
AJP/PJA	Aktuelle juristische Praxis
AK-GG	Alternativ-Kommentar zum Grundgesetz
All ER	The All England Law Reports
Alt.	Alternative(n)
a.M.	am Main
Anm.	Anmerkung
AöR	Archiv des öffentlichen Rechts
ArbG	Arbeitsgericht
ARD	Arbeitsgemeinschaft der öffentlich-rechtlichen Rundfunkanstalten der Bundesrepublik Deutschland
Art.	Artikel
Aufl.	Auflage
Az.	Aktenzeichen
BAG	Bundesarbeitsgericht
BAGE	Entscheidungen des Bundesarbeitsgerichts
BayVBl.	Bayerische Verwaltungsblätter. Zeitschrift für öffentliches Recht und öffentliche Verwaltung
BayVerfGH	Bayerischer Verfassungsgerichtshof
Bd.	Band
Bekl.	Beklagte(r)
BerlVerfGH	Berliner Verfassungsgerichtshof
BFH	Bundesfinanzhof
BGB	Bürgerliches Gesetzbuch
BGBl.	Bundesgesetzblatt
BGE	Entscheidungen des Schweizerischen Bundesgerichts
BGH	Bundesgerichtshof
BGHSt	Entscheidungen des Bundesgerichtshofs in Strafsachen
BGHZ	Entscheidungen des Bundesgerichtshofs in Zivilsachen

BV	Bundesverfassung der Schweizerischen Eidgenossenschaft vom 18. April 1999
BVerfG	Bundesverfassungsgericht
BVerfGE	Entscheidungen des Bundesverfassungsgerichts
BVerfGG	Gesetz über das Bundesverfassungsgericht (Bundesverfassungsgerichtsgesetz)
BVerfGK	Kammerentscheidungen des Bundesverfassungsgerichts
BVerwGE	Entscheidungen des Bundesverwaltungsgerichts
bzw.	beziehungsweise
ca.	circa
Cass. civ.	Cour de Cassation
ChGrEU	Charta der Grundrechte der Europäischen Union
cm	Zentimeter
CT	Connecticut
DDR	Deutsche Demokratische Republik
ders.	derselbe
dies.	dieselbe(n)
d.h.	das heißt
d. i.	das ist
Diss.	Dissertation
DJZ	Deutsche Juristen-Zeitung
DÖV	Die Öffentliche Verwaltung
DVBl.	Deutsches Verwaltungsblatt
ebda.	ebenda
EGMR	Europäischer Gerichtshof für Menschenrechte
EGV	Vertrag zur Gründung der Europäischen Gemeinschaft
E.I.P.R.	European intellectual property review
EMRK	Konvention zum Schutz der Menschenrechte und der Grundfreiheiten vom 4.11.1950, BGBl. 1952 II S. 685, in der Bundesrepublik Deutschland in Kraft seit dem 3.9.1953 (Bekanntmachung vom 15.12.1953, BGBl. 1954 II S. 14)
EuGH	Europäischer Gerichtshof
EuGHE	Entscheidungen des Europäischen Gerichtshofs
EuGHMR	Europäischer Gerichtshof für Menschenrechte
EuGRZ	Europäische GRUNDRECHTE-Zeitschrift
EuR	Zeitschrift Europarecht
EUV	Vertrag über die Europäische Union
EuZW	Europäische Zeitschrift für Wirtschaftsrecht
EWCA Civ. Decisions	England & Wales Court of Appeal (Civil Division) (Entscheidungssammlung)
EWHC (QB)	High Court of England and Wales (Queen's Bench Division)
f.	folgende
ff.	fortfolgende
Fn.	Fußnote

Foro it.	Il Foro italiano
GA	Goltdammer's Archiv für Strafrecht
GA (U.S.A.)	Georgia
Gaz. pal.	La gazette du palais: contenant la jurisprudence, la Doctrine et la legislation publiées dans le journal et le recueil mensuel des sommaires. Recueil bimestriel
Gen	Genesis
GG	Grundgesetz für die Bundesrepublik Deutschland vom 23.5.1949
ggf.	gegebenenfalls
GmbH	Gesellschaft mit beschränkter Haftung
GPR	Zeitschrift für Gemeinschaftsprivatrecht; European Community private law review; revue de droit privé communautaire
GreifRecht	Greifswalder Halbjahresschrift für Rechtswissenschaft
griech.	griechisch
GRUR	Gewerblicher Rechtsschutz und Urheberrecht
GRUR Int	Gewerblicher Rechtsschutz und Urheberrecht, Internationaler Teil
GRUR-RR	Gewerblicher Rechtsschutz und Urheberrecht, Rechtsprechungs-Report
GSG	Gesundheitsschutzgesetz
Hrsg.	Herausgeber
Hs.	Halbsatz
html.	hypertext markup language
http.	hypertext transfer protocol
IIC	International Review of Intellectual Property and Competition Law
IPbpR	Internationaler Pakt über bürgerliche und politische Rechte vom 19.12.1966, BGBl. 1973 II S. 1534, in der Bundesrepublik Deutschland in Kraft seit dem 23.3.1976 (Bekanntmachung vom 14.6.1976, BGBl. II S. 1068)
IPwskR	Internationaler Pakt über die wirtschaftlichen, sozialen und kulturellen Rechte vom 19.12.1966, BGBl. 1973 II S. 1570; in der Bundesrepublik Deutschland in Kraft seit dem 3.1.1976 (Bekanntmachung vom 9.3.1976, BGBl. II S. 428)
i. S.	im Sinne
iur.	iuris
i.V.m.	in Verbindung mit
JA	Juristische Arbeitsblätter
JCP	La semaine juridique, édition générale
JöR	Jahrbuch des öffentlichen Rechts der Gegenwart. Neue Folge
JR	Juristische Rundschau
Jura	Juristische Ausbildung
JuS	Juristische Schulung
JZ	Juristenzeitung
Kap.	Kapitel

KG	Kammergericht
KJ	Kritische Justiz. Vierteljahresschrift für Recht und Politik
Kl.	Kläger(in), Klägerinnen
KritV	Kritische Vierteljahresschrift für Gesetzgebung und Rechtswissenschaft
KUG	Gesetz betreffend das Urheberrecht an Werken der bildenden Künste und der Photographie
K & R	Kommunikation und Recht
KUR	Journal für Kunst und Recht; Kunstrecht und Urheberrecht
lat.	lateinisch
Légipresse	Légipresse. revue mensuelle du droit de la communication Paris
LG	Landgericht
LMK	Kommentierte BGH-Rechtsprechung Lindenmaier-Möhring
MA	Massachusetts
MLN	Modern Language Notes
MLR	The Modern Law Review
MMR	MultiMedia und Recht
MN	Minnesota
NC	North Carolina
NJ	Neue Justiz
NJOZ	Neue Juristische Online Zeitschrift
NJW	Neue Juristische Wochenschrift
NJW-RR	Neue Juristische Wochenschrift Rechtsprechungs-Report Zivilrecht
NVwZ	Neue Zeitschrift für Verwaltungsrecht
NZA	Neue Zeitschrift für Arbeitsrecht
NZA-RR	Neue Zeitschrift für Arbeitsrecht Rechtsprechungs-Report
NZM	Neue Zeitschrift für Miet- und Wohnungsrecht
ÖJZ	Österreichische Juristen-Zeitung
OLG	Oberlandesgericht
o. S.	ohne Seitenangabe
OVG	Oberverwaltungsgericht
PA	Pennsylvania
PatG	Patentgesetz
P. E. N.	poets essayists novelists
phil.	Philosophiae
PMLA	Publications of the Modern Language Association
PresseG NRW	Pressegesetz für das Land Nordrhein-Westfalen
RabelsZ	Rabels Zeitschrift für ausländisches und internationales Privatrecht
resp.	respektive
RG	Reichsgericht
RGSt	Entscheidungen des Reichsgerichts in Strafsachen
RGZ	Entscheidungen des Reichsgerichts in Zivilsachen

RJ	Repertorio de jurisprudencia: comprende las Sentencias dictadas por el Tribunal Supremo
Rn.	Randnummer(n)
RuP	Recht und Politik
S.	Satz; Seite(n)
SchlHA	Schleswig-Holsteinische Anzeigen. Justizministerialblatt für Schleswig-Holstein
Sec.	Section
sic!	Zeitschrift für Immaterialgüter-, Informations- und Wettbewerbsrecht; revue du droit de la propriété intellectuelle, de l'information et de la concurrence
SJZ	Schweizerische Juristenzeitung. Publikationsorgan des Schweizerischen Anwaltsverbandes
Slg.	Sammlung der Rechtsprechung des Gerichtshofes und des Gerichts erster Instanz
Sp.	Spalte(n)
StGB	Strafgesetzbuch
STS	Sentencia del Tribunal Supremo
SWR	Südwestrundfunk
TierSchG	Tierschutzgesetz
TRT	Türkiye Radyo Televizyon
u.a.	und andere; unter anderem
UCLA	University of California at Los Angeles
UFITA	Archiv für Urheber- und Medienrecht (vormals: Archiv für Urheber-, Film-, Funk- und Theaterrecht)
UK	United Kingdom of Great Britain and Northern Ireland
UKHL	United Kingdom House of Lords Decisions
UrhG	Gesetz über Urheberrecht und verwandte Schutzrechte (Urheberrechtsgesetz)
U.S.A.	United States of America
Var.	Variante
Verf.	Verfasserin
VerwArch.	Verwaltungs-Archiv. Zeitschrift für Verwaltungslehre, Verwaltungsrecht und Verwaltungspolitik
VG	Verwaltungsgericht
vgl.	vergleiche
Vorb.	Vorbemerkungen
VVDStRL	Veröffentlichungen der Vereinigung der Deutschen Staatsrechtslehrer
VwGO	Verwaltungsgerichtsordnung
WLR	The weekly law reports
WRP	Wettbewerb in Recht und Praxis
WRV	Weimarer Reichsverfassung
www.	world wide web

ZaöRV	Zeitschrift für ausländisches öffentliches Recht und Völkerrecht
z.B.	zum Beispiel
ZBl.	Schweizerisches Zentralblatt für Staats- und Gemeindeverwaltung
ZG	Zeitschrift für Gesetzgebung
ZGB	Schweizerisches Zivilgesetzbuch vom 10. Dezember 1907
ZGE/IPJ	Zeitschrift für Geistiges Eigentum/Intellectual Property Journal
Ziff.	Ziffer
zit.	zitiert
ZÖR	Zeitschrift für öffentliches Recht (Austrian journal of public and international law)
ZPO	Zivilprozeßordnung
ZRP	Zeitschrift für Rechtspolitik
ZSR	Zeitschrift für Schweizerisches Recht
ZStW	Zeitschrift für die gesamte Strafrechtswissenschaft
ZUM	Zeitschrift für Urheber- und Medienrecht
ZUM-RD	Zeitschrift für Urheber- und Medienrecht Rechtsprechungsdienst

A. Einleitung

> „Alles, was zwischen uns sei, sagte sie, ginge allein uns etwas an. Wenn ich entgegnete, es sei normal, sich Freunden anzuvertrauen, sagte sie leise, sie wolle es trotzdem nicht."[1]

I. Untersuchungsgegenstand: Ausgleich von Kunst- und Persönlichkeitsschutz

Das einführende Zitat aus dem streitgegenständlichen Roman von *Maxim Biller* „Esra. Roman"[2] scheint den Untersuchungsgegenstand treffend zu umreißen: Eine Frau möchte nicht, daß ihr Lebensgefährte vertrauliche Umstände aus ihrer persönlichen Beziehung Dritten mitteilt. Allerdings ist die Materie im Fall „Esra" komplexer:

Es geht nicht allein um die Beendigung einer von vielen emotionsgeladenen und durch familiäre Probleme geprägten Partnerschaften, von denen nicht wenige rechtlich aufbereitet und manche auch medial begleitet werden. Vielmehr kommt Veröffentlichung und Verbot des Buchs „Esra" aufgrund eines weiteren Elements echter Präzedenzcharakter zu: Es handelt sich um Kunst. So schlicht dieser Zusatz anmutet, so sehr verändert er die Koordinaten der Entscheidung. Es stellt sich nun nicht nur die Frage, ob eine Person die Weitergabe vertraulicher Daten verbieten kann, sondern ob es sich um ihre vertraulichen Daten, ihre Daten oder überhaupt noch Daten handelt.

Kunst bildet die Beurteilungsparameter um, da sie nicht eine Abbildung der Wirklichkeit, nicht ein Passepartout realer Vorlagen ist. Sie bedingt einen kunstspezifischen Wirklichkeitsmaßstab, weil sie eine neue, selbständige Welt erschafft[3]. Unter dieser Prämisse entwickeln sich aus der genannten Zitierung folgende Untersuchungsstränge:

„Alles, was zwischen uns sei, […]." *Was* ereignet sich? Handelt es sich um die verschlüsselte Wiedergabe realer Begebenheiten, oder ist „alles" Teil einer auto-

---

[1] *M. Biller*, Esra, 2003, S. 17.

[2] Im folgenden wird der Roman ohne Untertitel allein mit der Bezeichnung „Esra" zitiert.

[3] BVerfGE 119, 1 (1, 27 ff.).

nomen ästhetischen Realität? „[…] sagte sie, ginge allein uns etwas an.“ *Wer* ist sie? Spricht die reale Exfreundin des Autors, *Ayşe Romey*, die durch biographische Parallelen und markante Ereignisse identifizierbar wird, oder kommt allein eine neue „Sie“, die Kunstfigur Esra, zu Wort? „Wenn ich entgegnete, es sei normal, sich Freunden anzuvertrauen, […].“ *Wem* darf man sich anvertrauen, nur Freunden oder auch einer nicht näher bestimmbaren Leserschaft? Was ist, wenn die Bekannten glauben, eine reale Person wiederzuerkennen, und welche Leseweise ist überhaupt für die Bewertung von Text und Wirkungsweise in den sozialen Realien maßgebend? „[…] sagte sie leise, sie wolle es trotzdem nicht.“ *Wie schwer* muß eine Persönlichkeitsrechtsverletzung wiegen, um aus einem unverbindlichen Wollen einen rechtlichen Unterlassungsanspruch zu generieren? Welcher Intensitätsgrad der Verletzung ist erforderlich, damit in einem Urteil unter Beachtung des Verhältnismäßigkeitsgrundsatzes und der Auswirkungen auf den gesamten Literaturbetrieb ein Veröffentlichungsverbot ausgesprochen werden kann, das rechtskräftig wiederholt, was sie „leise“ sagte? Diese Fragen bilden die Gänge in dem Labyrinth, das die Gerichte durchlaufen, um einen möglichst schonenden Ausgleich zwischen der in Art. 5 Abs. 3 S. 1 1. Alt. GG garantierten Kunstfreiheit der Verlagsgesellschaft und dem sich aus Art. 2 Abs. 1 i.V.m. Art. 1 Abs. 1 GG ergebenden allgemeinen Persönlichkeitsrecht der Expartnerin und deren Mutter zu ermöglichen[4].

II. Ziel der Untersuchung: Orientierungshilfe durch das Modell „Esra“

Ziel der Untersuchung ist die Entwicklung eines Modells, das die Leitgedanken der „Esra“-Entscheidung zusammenfaßt, kritisch würdigt und weiterentwickelt, um so als Orientierungshilfe für künftige Entscheidungen auf dem Gebiet persönlichkeitsrelevanter Literatur zu dienen. In einer stufenförmig aufgebauten Prüfung werden zu diesem Zweck Kriterien an die Hand gegeben, die in Romanverbotsverfahren einen Beitrag zu erhöhter Rechtsklarheit und -sicherheit leisten sollen.

[4] Das „Labyrinth“ veranschaulicht das undurchdringbare Wirrsal, das sich in der Rechtsprechung auf dem Gebiet der Literatur auftut. Dem Bundesverfassungsgericht kommt dabei die schwierige Aufgabe zu, ein schlüssiges Konzept zum Ausgleich von Kunstfreiheit und Persönlichkeitsschutz vorzulegen. Die vorliegende Arbeit soll einen Beitrag zur Entwirrung des bestehenden Durcheinanders leisten. Vgl. allgemein zu dieser Thematik auch *H.-P. Götting*, Persönlichkeitsschutz und Kunstfreiheit, in: R. Jacobs/H.-J. Papier/P.-K. Schuster (Hrsg.), Festschrift für Peter Raue, 2006, S. 427 (428 f.).

III. Gang der Untersuchung: Darstellung, Würdigung, Vorschlag

Zur Einführung in die Thematik sind zunächst streitgegenständlicher Roman und Gerichtsverfahren vorzustellen (B.I.-V.). Letzteres ist in den Kontext der zeitlich vorhergehenden Entscheidungen auf dem Gebiet von Äußerungsfreiheit und Persönlichkeitsschutz zu stellen. Exemplarisch als Vorläufer seien daher die „Mephisto"- und „Wallraff"-Entscheidungen des Bundesverfassungsgerichts vorgestellt (B.VI., VII.). Im Anschluß eröffnet das allein zivilrechtlich ausgetragene, dem „Esra"-Beschluß unmittelbar vorhergehende „Meere"-Verfahren einen Blick auf die Rechtspraxis im Fall autobiographischer Literatur zu Zeiten von „Esra" (B.VIII.). Einen Schwerpunkt der Analyse bildet die Aufarbeitung des Romans aus literaturwissenschaftlicher Sicht (C.I.–IV.)[5]. Grundlage für die abschließende Einführung eines Prüfungsmodells ist die Gegenüberstellung der widerstreitenden Interessen von Kunstfreiheit und Persönlichkeitsschutz (D.I.–III.). In diesen grundrechtsdogmatischen Rahmen ist der „Esra"-Beschluß einzufügen (D.IV.). Vor dem Hintergrund dieser Zuordnung und unter Beachtung des aktuellen Forschungsstandes ist das gerichtliche Vorgehen im Fall „Esra" einer Einzel- und Gesamtkritik zu unterziehen (E.). In den folgenden Abschnitten wird der „Esra"-Beschluß *räumlich* in einen Rechtsvergleich zwischen persönlichkeitsrechtsaffiner Rechtsprechung in Frankreich, freiheitsliebender anglo-amerikanischer Herangehensweise und moderater Haltung anderer europäischer Staaten wie Spanien und der Schweiz eingeordnet (F.). In *zeitlicher* Hinsicht werden in Vergleich mit den Entscheidungen „Contergan", „Pestalozzis Erben" und „Caroline von Monaco" (G.) die Konturen des „Esra"-Beschlusses verdeutlicht. Ziel der Arbeit ist der Entwurf

---

[5] Den Ausschlag in der „Esra"-Entscheidung und damit für ihre Aufarbeitung in der folgenden Untersuchung gibt die Bestimmung von Fiktionalität im streitgegenständlichen Roman. Demgemäß werden ausweislich (auto-)biographische Werke, die nicht nur von der Realität inspiriert sind, sondern den Anspruch ihrer Wiedergabe erheben, von der Analyse ausgenommen. Anlaß für persönlichkeitsrechtsrelevante Auseinandersetzungen im (auto-)biographischen Bereich boten beispielsweise *D. Bohlen/K. Keßler,* Hinter den Kulissen, 2003; *dies.*, Hinter den Kulissen, 2. Aufl. 2003, S. 43, 129, 147 mit bezeichnenden Kapiteleinteilungen wie „Stéphanie von Monaco. Oder: Wie ich beinahe, fast, eventuell, vielleicht und dann doch nicht Prinz Grimaldi wurde", „Jenny Elvers. Oder: Die Queen Mum der Luder" und „Stefan Raab. Oder: Deutschlands heimlichster Millionär". Von anderem künstlerischen Anspruch, aber nicht minder persönlichkeitsrechtsrelevant u.a. aufgrund der Widmung „À Pablo" mit denkbar unmißverständlicher Einführung ist *F. Gilot/C. Lake,* Vivre avec Picasso, Paris 2006, S. 9: „Pendant les années que j'ai partagées avec Picasso, j'eus le privilège d'être le témoin de son activité créatrice; et il me fut aussi donné d'entretenir avec lui un long dialogue, au cours de la vie quotidienne. Très jeune alors, les impressions que je reçus se gravèrent en moi avec d'autant plus d'intensité que j'en ressentais toute l'importance." Umstritten auch *H.-P. Riegel,* Immendorff, 2010.

eines Prüfungsmodells auf der Grundlage der herausgearbeiteten Analyseergebnisse. Angestrebt wird ein Wegweiser aus dem Labyrinth der Literatur auf dem Gebiet von Kunstfreiheit und Persönlichkeitsschutz (H.).

B. Die „Esra"-Entscheidung

Die Grundlage der Untersuchung des „Esra"-Beschlusses bilden der Roman „Esra" von *Maxim Biller* und die sich an die Veröffentlichung anschließende gerichtliche Auseinandersetzung um das Publikationsverbot des Buchs. Eine Darstellung von Roman (B.I.) und Verfahren vor den Fachgerichten (B.II., III.) wird daher im folgenden der Analyse der Entscheidung des Bundesverfassungsgerichts vorangestellt. „Esra" hat durch das rechtliche Verfahren erhöhte Aufmerksamkeit auf sich gezogen und fügt sich damit in eine beachtliche Reihe gerichtlicher Romanverbote der letzten Jahre ein[1]. Ein kalkuliertes Skandalisieren zur Steigerung von Umsatz- und Auflagenhöhe durch mediales Interesse scheint nicht ausgeschlossen und wird so auch schon früh bilanziert: „Die Mutter der Heldin beschreibt *Biller* als egomanisches Scheusal. Auch hier kein Versuch der Verfremdung. Nun drohen Konsequenzen: Die türkische Umweltaktivistin, die – wie im Buch behauptet – den alternativen Nobelpreis erhielt, könnte sich in der Rolle der bösen Schwiegermutter wiedererkennen und klagen. Das fürchtet jedenfalls *Biller*s Verleger Helge Malchow. Ein wenig herumerzählte Furcht vor einer einstweiligen Verfügung hat noch keinem Buch geschadet."[2] Nichtsdestominder könnte ein voreiliges Verbot Schöpfungskraft und gesellschaftliches Engagement des gesamten Literaturbetriebs lähmen. Auf diesem *Spannungsbogen*

[1] Vgl. in bezug auf ein zeitweilig verbotenes Theaterstück BVerfGK 13, 115 (118 f.) („Hagener Mädchenmord"); beispielhaft KG Berlin NJW-RR 2004, 1415 (1415) („Meere"); OLG Hamburg AfP 2004, 375 (375) („Das Ende des Kanzlers"); OLG Hamm ZUM 2010, 453 (454) („Hagener Mädchenmord"); LG Berlin AfP 2004, 287 (289) („Meere"). – Eine gute Übersicht hierzu bei *D.-A. Busch*, Romanverbote – Zu den Grenzen der Privatzensur, in: AfP 2004, S. 203 (203 ff.). In die Vielfalt von Prozessen um Kunst führt ferner ein *H. Weber*, Recht, Literatur und (bildende) Kunst – Aspekte eines Themas, in: ders. (Hrsg.), Literatur, Recht und (bildende) Kunst, 2008, S. 1 (3 ff.). Bislang nicht zur gerichtlichen Auseinandersetzung geführt hat der mit realen Bezügen kokettierende Roman von *N. Gstrein*, Die ganze Wahrheit, 2010; hierzu *R. Kämmerlings*, Die ganze Wahrheit über Suhrkamp, in: Frankfurter Allgemeine Zeitung vom 18.6.2010, S. 33; *U. Jenny*, So ein verrücktes Huhn, in: Der Spiegel vom 9.8.2010, S. 106. – Hingegen den Roman als der „Esra"-Rechtsprechung gemäß betrachtet *R. Kämmerlings*, Den Teufel siezt man schließlich auch nicht, in: Frankfurter Allgemeine Zeitung vom 14.8.2010, S. Z5; *C. Metz*, Was ins literarische Fotoalbum kommt, in: Frankfurter Allgemeine Zeitung vom 23.10.2010, S. Z5. – Einen Überblick über die bedeutsamsten Fälle bietet *M. Siegle*, Das Spannungsverhältnis von Kunstfreiheit und Persönlichkeitsrecht, 2012, S. 23 ff.

[2] So bereits kurz nach Erscheinen im Februar und zwei Tage vor Erlaß der einstweiligen Verfügung *D. Hacker*, 200 Seiten Zärtlichkeit, in: Der Spiegel vom 1.3.2003, S. 146.

BVerfG, U 13.6.07, JZ 08, 571 m. Anm. [illegible]

von ökonomischem Kalkül des Autors und proklamiertem Martyrium für literarische Unabhängigkeit bewegt sich die rechtliche Entscheidungsfindung. Abstrahiert bleibt der Streit um Kunstfreiheit und Persönlichkeitsschutz[3]. Anlaß für diese grundsätzliche Auseinandersetzung ist der streitgegenständliche Roman, dessen Protagonisten Vorbilder in Personen finden, die ihrerseits nicht Modell für diese Romanfiguren stehen wollen.

I. Der streitgegenständliche Roman: reale Vorlagen und literarische Figuren

1. Reale Vorlagen

a) Ayşe Romey, die Exfreundin des Autors

Die 1970 geborene *Ayşe Romey* ist eine türkisch-deutsche Schauspielerin und als solche Trägerin des Bundesfilmpreises 1989[4]. Sie erhielt die Auszeichnung für ihre Rolle im Film „Yasmin“. Dort spielte sie ein türkisches Mädchen, das sich in einen deutschen Jungen verliebte. Im gleichen Jahr erhielt sie auch den Darstellernachwuchspreis beim Bayerischen Filmpreis. Derzeit ist sie als Illustratorin und Grafikerin tätig[5]. 1975 kam sie mit ihrer Mutter *Birsel Lemke* nach Deutschland. Sie heiratete im Alter von 17 Jahren und lernte dabei *Maxim Biller* als Freund und Trauzeugen ihres Ehemannes kennen. Aus der Ehe stammt eine schwer erkrankte Tochter[6]. Nachdem die Beziehung gescheitert war, ging Frau *Romey* eine Beziehung mit *Maxim Biller*, dem Autor von „Esra“, ein. Aus dem Verhältnis zu einem ehemaligen Schulfreund stammt *Romeys* zweites Kind[7]. Diese biographischen Daten stimmen mit dem Lebenslauf der Romanfigur „Esra“ überein[8].

---

[3] *K. Kastner*, Freiheit der Literatur und Persönlichkeitsrecht, in: NJW 1982, S. 601 (601).

[4] Die Biographien werden als bekannt vorausgesetzt. Es werden allein die Aspekte des Lebenslaufs zusammengefaßt, die für den „Esra“-Beschluß hinsichtlich Erkennbarkeit und Fiktion als entscheidungstragende Kriterien relevant sind.

[5] Vgl. LG München I ZUM 2004, 234 (234, 237).

[6] Vgl. *H.-G. Knothe*, Freiheit der Kunst versus Persönlichkeitsrecht, in: GreifRecht 2010, S. 79 (81).

[7] *R. Müller*, Diese Frau ist keine Fiktion, sagt Karlsruhe, in: Frankfurter Allgemeine Zeitung vom 13.10.2007, S. 39.

[8] Vgl. BVerfGE 119, 1 (3 f., 26, 34 f.); vgl. LG München I ZUM 2004, 234 (234, 237); vgl. *Biller*, Esra (Fn. 1), S. 31 ff., 49 ff., 124 ff., 131 ff., 140 ff.; vgl. *Knothe*, Freiheit (Fn. 6), S. 81; vgl. Munzinger Online/Personen, Internationales Biographisches Archiv, Eintrag „Lemke, Birsel“, http://www.munzinger.de/document/00000024630 (23.8.2011).

b) Birsel Lemke, die Mutter von Ayşe Romey

Birsel Romey Lemke ist als Bürgerrechtlerin und Politologin tätig. Die 1950 geborene Umweltaktivistin lebte von 1975 bis 1985 in Deutschland. Frau *Lemke* stammt aus der Türkei und besitzt dort ein Hotel. Sie ist mit *Jochen Lemke* verheiratet und die Mutter von *Ayşe Romey.* 1990 gründete sie die Bürgerinitiative HAYIR („nein") gegen Goldminenprojekte an der türkischen Ägäisküste. Für ihr Engagement gegen umweltschädlichen Goldabbau unter Einsatz von Zyanid in der Türkei erhielt sie im Jahr 2000 den Alternativen Nobelpreis[9]. Frau *Lemke* ist in dritter Ehe verheiratet. Diese Daten stimmen mit den Angaben zum Lebenslauf der Figur „Lale" in *Billers* Roman überein[10].

c) Maxim Biller, der Autor des streitgegenständlichen Romans

Maxim Biller ist ein am 25. August 1960 in Prag geborener Schriftsteller und Kolumnist jüdisch-russischer Herkunft. Seit 1970 lebt er in Deutschland. Nach seinem Literaturstudium und dem Besuch einer Journalistenschule hat er seit 1990 zahlreiche Werke veröffentlicht[11]. Seine Arbeit unter anderem in satirischen Kolumnen des Magazin „Tempo", der Frankfurter Allgemeinen Zeitung und „Cicero" ist durch Provokation, Direktheit und Enttabuisierung geprägt. Sie hat ihm in Deutschland einen beachtlichen Bekanntheitsgrad verschafft. Auf einer Fachtagung im Jahr 2000 warf er der deutschen Gegenwartsliteratur „öde, kompromisslerische, inzestuöse Homogenität"[12] und „Schlappschwanzliteratur"[13] vor. Zu seinen Auszeichnungen zählen u.a. der Preis des Europäischen Feuilletons 1996, folgend der Theodor-Wolff-Preis von 1999 und schließlich im Jahr 2008 die Brüder-Grimm-Professur der Universität Kassel[14]. Für einen Zeitraum von ca. 1 ½ Jahren war er mit *Ayşe Romey* liiert. Die biographischen Angaben bezüglich Staatsangehörigkeit, Religion, Beruf und privaten Bekanntschaften entsprechen den Schilderungen hinsichtlich der Kunstfigur Adam[15]. Die In-

---

[9] Vgl. LG München I ZUM 2004, 234 (234, 237); *Knothe,* Freiheit (Fn. 6), S. 81.

[10] Vgl. BVerfGE 119, 1 (4, 26, 31 f.); vgl. LG München I ZUM 2004, 234 (234, 237); vgl. *Biller,* Esra (Fn. 1), S. 9 ff., 24 ff., 71 ff., 83 f.; vgl. *Knothe,* Freiheit (Fn. 6), S. 81; vgl. Munzinger Online/Personen (Fn. 8).

[11] Vgl. *N. Kron,* Literatur ist Inhalt, basta, aus!, in: Konzepte 14 (1993), S. 23 (23); *Knothe,* Freiheit (Fn. 6), S. 81.

[12] Vgl. *D. Bax/K. Mensing,* Ein Schriftsteller wird privat, in: Die Tageszeitung vom 7.3.2003, S. 17.

[13] Vgl. *Bax/Mensing,* Schriftsteller (Fn. 12), S. 17.

[14] *C. Bartmann,* Partisan des Unglücks, in: Süddeutsche Zeitung vom 13.3.2003, S. 16.

[15] Vgl. BVerfGE 119, 1 (3 f., 34); vgl. LG München I ZUM 2004, 234 (234); vgl. *Biller,* Esra (Fn. 1), S. 110 ff.; vgl. Munzinger Online/Personen (Fn. 8). Mit der Schaffung der realinspirierten Figur Adam als Alter ego des Autors läßt sich die Wirklichkeitsnähe der Romanfiguren Esra und Lale nicht rechtfertigen. Abgesehen von dem Verdacht eines frivolen Vorwandes für private Rachezüge trifft die Wiedererkennbarkeit des Autors keine Aussage hinsichtlich der Verletzung von Persönlichkeitsrechten Dritter. Eine Selbstentblößung kann die Persönlichkeitsrechtsbeeinträchtigungen Dritter nicht rechtfertigen. – So aber *T. Mann,*

spiration des Romans durch die Realität liegt angesichts der übereinstimmenden Eckdaten von Protagonisten und realen Vorlagen auf der Hand.

2. Inhalt: Übersicht zu dem Gang der Erzählung und den literarischen Figuren

a) Inhalt und Aufbau der Erzählung: Hindernisse und Intrigen um Partnerschaft

Der im Frühjahr 2003 erschienene Roman von *Maxim Biller* „Esra“ handelt in 73 überschaubaren Kapiteln von der Beziehung des Ich-Erzählers, des Schriftstellers Adam, zu der Protagonistin, der Schauspielerin Esra. Die Liebesgeschichte spielt in der Gegenwartsgesellschaft vor der örtlichen Kulisse von München-Schwabing. Die Handlung erstreckt sich über einen Zeitraum von etwa vier Jahren. Dieser erzählten Zeit steht eine durch Zeitraffungen und Kapitelsegmentierungen gekennzeichnete Erzählzeit von wenigen Tagen gegenüber.

Die Romanfiguren werden dem Leser im ersten von vier Abschnitten des Romans (Kapitel 1–4, S. 1–18) vorgestellt. Klare Pointierungen und übertriebene Schilderungen deuten auf eine den ganzen Roman prägende satirische Färbung hin. Durch parodistische Überspitzung wird gleich zu Beginn die Aussichtslosigkeit der Beziehung in dem familiären Gefüge kritisiert. Der Ich-Erzähler kommentiert die Geschehnisse aus seinem sozialen Umfeld in emotionaler Ergriffenheit und kritischer Selbstreflexion. Bereits in der ersten Szene der Erzählung – in der Erinnerung an die Verleihung des Alternativen Nobelpreises an Lale[16] – ist die überzogene Darstellung der Charaktere, hier der Mutter von Esra, Lale, unverkennbar[17].

„Wie denken Sie über Indiscretion?“, in: Frankfurter Allgemeine Zeitung vom 22.2.1975, S. 21: „Ich finde, daß Indiscretion jeden Stachel verliert, sobald sie auch (und in erster Linie) gegen die eigene Person des Autors gerichtet ist. Ich liefere in meinen Productionen mich selbst mit einer solchen Leidenschaft aus, daß die paar Indiscretionen gegen andere daneben eigentlich kaum in Betracht kommen.“

[16] *Biller*, Esra (Fn. 1), S. 9 ff. Interessant sind in diesem Kontext das Modell des „frame of reference“ und die Ausführungen zum „referential grounding“ von *B. Harshaw*, Fictionality and Fields of Reference, in: Poetics Today 5 (1984), S. 227 (230 ff., 244 ff.). Danach kann ein Bezugsrahmen reale oder erfundene, offengelegte oder versteckte, bekannte oder unbekannte Bestandteile enthalten. Seine Bestimmung erhält er jedenfalls aus dem Abgleich mit bekannten Erfahrungen des Lesers. Das einleitende Kapitel kann als „referential grounding“ bezeichnet werden, da es die Familienkonstellation vorstellt und so die Grundlage für die Erzählung bildet. *Harshaw* ergänzt, daß oft ein historisch-reales Geschehen in Bezug genommen werden kann. Exemplarisch ist also die Anleihe aus dem tatsächlichen Ereignis der Auszeichnung von Frau *Lemke*.

[17] Drastisch *Biller*, Esra (Fn. 1), S. 9: „Die plötzliche und unerwartete Anerkennung hatte Esras Mutter – so kam es uns anfangs jedenfalls vor – in einen besseren Menschen verwandelt. Sie saß nicht mehr den ganzen Tag mit ihren Zigaretten und ihrem Whiskeyglas depressiv im Arbeitszimmer, aus dem sie sonst nur herauskam, um sich mit ihrem jungen deutschen Ehemann, den Kindern oder Frau Erkan, der Haushälterin, zu streiten.“

Der zweite Abschnitt (Kapitel 5–45, S. 19–137) veranschaulicht das ständige Auf und Ab in der Beziehung der Protagonisten Esra und Adam. Der Partnerschaft stellen sich Hindernisse aus dem gesamten familiären Umfeld Esras in den Weg. So erschweren ihre Tochter aus erster Ehe, Ayla, und der Vater des Mädchens, Frido, die Beziehung zu Adam. Diese schwankt ununterbrochen zwischen Zuneigung und Zurückweisung durch Esra. Sie ist nicht in der Lage, sich von der Vereinnahmung durch ihre kranke Tochter, ihren ehemaligen Ehemann und insbesondere ihre intrigante, manipulative Mutter zu lösen. So resümiert der Ich-Erzähler kennzeichnend und resignativ, „wie naiv es von mir gewesen war, zu glauben, Esra würde je den Widerstand ihrer Mutter gegen mich brechen können. Käme ich auch an Frido und Ayla vorbei – an ihr niemals."[18]

Im dritten Teil (Kapitel 46–72, S. 137–213) erreichen die Konflikte ihre Klimax, und die einzelnen Motive, Aylas Krankheit, Esras Zerrissenheit, Fridos Interventionen und Lales Vereinnahmungen verstärken sich. Esras hilflose Schicksalsergebenheit offenbart sich in der Vertrauensseligkeit gegenüber einer Wahrsagerin. Schließlich entscheidet sie sich für die Austragung eines zweiten Kindes, das von Thorben, einem Schulfreund, stammt. Das Kind soll Ersatz für ihre todkranke Tochter sein[19]. Adam veröffentlicht in dieser Zeit einen Roman über eine Vater-Tochter-Beziehung und ist zur Buchvorstellung häufig unterwegs[20]. Kurz darauf kommt Esras zweites Kind zur Welt[21]. Es folgen Szenen, in denen Adam Esra nachstellt, er sich aber zugleich bemüht, sich von ihr innerlich zu lösen[22]. Im Anschluß fährt Adam mit seiner Tochter zu den Großeltern Esras in die Türkei[23]. Er erfährt von den dort lebenden Großeltern, daß Esras Familie einer geheimen jüdischen Glaubensgruppe, der Dönme, angehöre. Schließlich sieht er nach einem halben Jahr des inneren Rückzugs Esra mit ihrer Familie in einem Münchener Lokal[24]. Das letzte Kapitel bildet zugleich den letzten Abschnitt des Romans (Kapitel 73, S. 213 f.). Der Ich-Erzähler beschreibt das Leben des Schabbatai Zwi, eines jüdischen Propheten, in den Jahren vor seinem Tod 1676 in der Verbannung in Dulcigno im heutigen Jugoslawien[25]. Der Roman endet mit der unter den Dönme verbreiteten Legende um den Tod und das mysteriöse Weiterleben ihres selbsternannten Messias. Diese abschließende Schilderung steht nicht in einem unmittelbaren, sondern nur mittelbaren Zusammenhang zur Geschichte über Esras vermeintliche Dönme-Zugehörigkeit. Das phantastische Ende ist von der Handlung gelöst, stellt die Geschichte in einen weiter gefaßten

---

[18] *Biller,* Esra (Fn. 1), S. 76.
[19] *Biller,* Esra (Fn. 1), S. 116 f., 149.
[20] *Biller,* Esra (Fn. 1), S. 186 ff.
[21] *Biller,* Esra (Fn. 1), S. 185.
[22] *Biller,* Esra (Fn. 1), S. 191 ff.
[23] *Biller,* Esra (Fn. 1), S. 194 ff.
[24] *Biller,* Esra (Fn. 1), S. 212 f.
[25] *Biller,* Esra (Fn. 1), S. 213 f.

Kontext der kulturellen sowie religiösen Identitätssuche und eröffnet damit für das Geschehen eine allgemeinere Ebene.

b) Gestaltung der Erzählung: Zeit und Raum, Figur-Erzähler-Leser

Die Handlung wird aus der Perspektive des Ich-Erzählers mitgeteilt. Der Ursprung der Ich-Erzählung liegt zwar in einer autobiographischen Grundstruktur, ist allerdings nichtsdestoweniger klar von einer reinen Autobiographie zu unterscheiden[26]. Der Ich-Erzähler ist in der Tat zugleich die Ich-Figur Adam, die als Partner von Esra zeitweilig mit ihr und ihrer Familie in Berührung kommt und Ähnlichkeiten mit dem Lebenslauf *Billers* aufweist[27]. Allerdings bleibt Adam eine eigenständige Figur, die in der fiktiven Welt um Esra und Lale lebt und daher nicht mit dem Autor und dessen Biographie als Schriftsteller und Satiriker der Gegenwart gleichzusetzen ist.

aa) Gestaltung von Zeit und Ort im Roman

Das Verhältnis von fiktiven Erzähler, Figur und Leser ist durch eine erhebliche Unmittelbarkeit und Nähe in der Verbindung dieser Instanzen geprägt: Erzählung, Handlung und Rezeption erfolgen am Ende des 20. und zu Beginn des 21. Jahrhunderts. Das Geschehen spielt in der gegenwärtigen Zeit und wird ebenso durch den Ich-Erzähler an den heutigen Leser vermittelt. Es besteht somit nur eine *geringe zeitliche Distanz* zwischen den Momenten, in denen der Erzähler spricht, die Protagonisten handeln und der Leser den Text liest. In der Nähe von Protagonisten, Leser und Erzähler bewegt sich letzterer hinsichtlich der Chronologie seiner Mitteilungen weitgehend frei: Bezeichnend für die zahlreichen Rückblenden sind die Ausführungen zu Esras früherer beruflicher Karriere und der in fernerer Vergangenheit veranstalteten Premierenfeier des Films, für den sie später mit dem Bundesfilmpreis ausgezeichnet wurde. Sie werden in einem Einschub zwischen den aktuellen Geschehnissen eingefügt[28]. Die häufige

---

[26] *K. Hamburger,* Die Logik der Dichtung, 4. Aufl. 1994, S. 246. *Hamburger* geht im folgenden darüber hinaus, indem sie Fiktion im Fall der Ich-Erzählung grundsätzlich ausschließt: „Denn es gehört zum Wesen jeder Ich-Erzählung, daß sie sich selbst als Nicht-Fiktion, nämlich als historisches Dokument setzt.“ Sie unterscheidet die Fiktion von der Fingiertheit und dem Unwirklichkeitsgehalt, die eine Ich-Erzählung prägen können und eine Darstellung der Ich-Erzählung als Wirklichkeitsaussage verhindern; (ebda., S. 258 ff.). Die Ich-Erzählung sei eine „nicht-fiktionale Dichtungsart im episch-fiktionalen Raum“; (ebda., S. 265). Diese Ergänzung entspricht allerdings nicht der hier vertretenen Auffassung von fiktionalen und nichtfiktionalen Texten und kann in dieser Arbeit nicht vertiefend dargestellt werden. – Kritisch zu *Hamburgers* Negierung von Fiktionalität im Fall der Ich-Erzählung *D. Cohn,* The Distinction of Fiction, Baltimore/London 2000, S. 23: „Since roughly half of the works we customarily regard as fiction are cast in *first*-person form, this amputation may well appear as an unacceptable price to pay for clarity.“

[27] Vgl. Abschnitt B.I.1.c.

[28] *Biller,* Esra (Fn. 1), S. 131 ff.

Nennung von Örtlichkeiten wie „Leopoldstraße"[29], „Schumann's"[30], „Maximilianstraße"[31], „Tre Colone"[32], „Literaturhaus"[33] und „Habsburgerstraße"[34] stellt einen engen Bezug zu der Schwabinger Umgebung her und vermittelt zudem den Eindruck räumlicher Nähe. Durch zeitliche und räumliche Unmittelbarkeit wird der Leser eng an den Erzähler und die Protagonisten gebunden.

bb) Beziehung von Figur und Erzähler, von Erzähler und Leser

Auch *in ontologischer Hinsicht* sind sich Erzähler und Figur sehr nahe, da sie sich in der gleichen fiktiven Welt befinden. Wie Figur und Erzähler ontologisch benachbart sind, so besteht auch eine enge *psychologische Anbindung* des Lesers an den Erzähler und damit an die fiktive Welt der Romanfiguren. Für den Leser als letztes Ende dieser Dreiecksverbindung aus Figur, Erzähler und Leser ist die Existenz der Figuren durch die Unmittelbarkeit der Erzählweise direkt spürbar. Die enge Beziehung von Figuren und Erzähler erreicht durch die direkte Teilnahme durch den Ich-Erzähler auch ihn. Denn der Erzähler tritt als in die Handlung eingebundenes „Ich" auf und nimmt als solches den Leser mit in das Geschehen: Der Erzähler Adam ist ein für den Leser sinnlich wahrnehmbares, konkretes Geschöpf. Er zieht den Leser in die Nähe von Erzähler und Figur hinein und ruft damit bei dem Leser den Eindruck der Unmittelbarkeit hervor. Diese Verbindung knüpft an zwei markante Aspekte, die sprachliche Unmittelbarkeit und die Perspektive der Erzählung, an.

Aufgrund einer *sprachlichen Direktheit* des Erzählers wird der Leser aus dem Alltag direkt in das Geschehen einbezogen. Allerdings wird sich die Mehrheit der Rezipienten nicht vollständig mit Adam identifizieren können, der mitunter auch emotional übersteigerte, paranoide Züge aufweist und damit eine Distanzierung des Lesers bedingt. So neigt der Erzähler in der Darstellung seiner Gedankengänge gelegentlich zu Übertreibungen und Wahnvorstellungen. Die Reise in die Türkei und die Geschichte um Schabbatai Zwi offenbaren dem Leser den verzweifelten Versuch Adams, eine Gemeinsamkeit mit Esra zu finden[35]. Diese Suche nimmt pathologische Dimensionen an und erhöht daher an einigen Stellen die Skepsis und Reserviertheit des Lesers gegenüber Adams Schilderungen. Auch die phantastische Darstellungsart vom Tod des jüdischen Anführers im letzten Kapitel kontrastiert die zweifelsfrei eingängigen Inhalte aus dem Alltag des Adam[36]. Gleichwohl bietet sich dem Leser insgesamt ein erhebliches

---

[29] *Biller,* Esra (Fn. 1), S. 27.
[30] *Biller,* Esra (Fn. 1), S. 33.
[31] *Biller,* Esra (Fn. 1), S. 33.
[32] *Biller,* Esra (Fn. 1), S. 212.
[33] *Biller,* Esra (Fn. 1), S. 38.
[34] *Biller,* Esra (Fn. 1), S. 41.
[35] *Biller,* Esra (Fn. 1), S. 194 ff., 197 f., 199 f., 201 f., 203 ff.
[36] *Biller,* Esra (Fn. 1), S. 213 f.

Identifikationspotential. Der Erzähler eröffnet an zahlreichen Stellen Möglichkeiten der Partizipation. Das gelingt ihm durch die Offenheit seiner Erzählung, die durch eine emotionale Sprache, vorgegebene Aufrichtigkeit und Gefühlstiefe gegenüber Esra gekennzeichnet ist[37]. Erzähler und Figuren sind in einer direkten, unmittelbaren und leichtverständlichen Sprache miteinander verbunden[38]. Die Syntax der Erzählung ist schlicht und klar. Die Lesbarkeit wird zudem durch eine einfache, eingängige Sprache erhöht, die Merkmal der Literatur des subjektiven Realismus ist[39].

Neben sprachlicher Unmittelbarkeit bindet der Erzähler den Leser auch durch *die figurenbezogene Erzählperspektive.* Einblick in die Familienstrukturen erhält der Rezipient ausschließlich aus Sicht des Ich-Erzählers Adam, der zugleich auch Aufschluß über seine Gefühlswelt bietet[40]. Da er sich nicht als allwissender Erzähler aus einer olympischen Distanz mitteilt, ist zwar die Freiheit seiner Darstellung begrenzt. Ein auktoriales Erzählen wird ausgeschlossen. Allerdings kommen ihm in Form dieser Erzählposition eine intensivierte Geltungshaftigkeit und eine erhöhte Wirklichkeitsrelevanz zu[41]. Gerade seine offenbarten Zweifel und Unsicherheiten verleihen den Aussagen Glaubhaftigkeit. Er läßt den Leser an der Entwicklung seiner Gedankengänge in vertrauenserweckender Intimität und anscheinend aufrichtiger Selbstoffenbarung teilhaben: „Was bedeuten solche Träume? Schon Frido – das hatte mir Esra erzählt – war der Meinung gewesen, ihre Träume zeigten, daß sie als Kind mißbraucht wurde. [...] Ich bin mir aber ähnlich wie Frido sicher, daß da etwas gewesen sein muß, und ich hatte lange Zeit Herrn Adrian oder einen anderen von Lales Männern im Verdacht. Inzwischen denke ich, es war der Großvater. [...] Wahrscheinlich habe ich zu viel Phantasie. [...]."[42] Adam, ein am Geschehen beteiligter, durch klare Konturen geprägter, glaubwürdiger Zeuge der Ereignisse des sozialen Umfelds, erscheint nicht wie eine allwissende Phantasiegestalt[43]. Das Innenleben der anderen Figuren, von Esra, Lale, Ayla und Frido, bleibt dem Leser hingegen verschlossen. Nur aus ihrem äußeren, von Adam wahrgenommenen Verhalten

---

[37] *Biller,* Esra (Fn. 1), S. 88, 110 ff. In diesem Kontext auch *M. Sutrop,* Fiction and Imagination, 2000, S. 210: „In reading fiction the reader imagines seeing the events from the perspective of the person who ‚sees' the events. And this makes him react emotionally to these events. It is important to recognize that the reader does not imagine to be in all character's shoes but only in this character's shoes whose point of view orients the narrative perspective."

[38] *Biller,* Esra (Fn. 1), S. 87.

[39] Exemplarisch nur *Biller,* Esra (Fn. 1), S. 9 ff., 21 ff., 24 ff., 89 ff., 110 ff., 174 ff., 209 ff.

[40] *Biller,* Esra (Fn. 1), S. 33, 80, 88.

[41] Zur Bejahung der Fiktionalität in einem solchen Erzählmodus vgl. *G. Genette,* Fiktion und Diktion, 1992, S. 77.

[42] *Biller,* Esra (Fn. 1), S. 45.

[43] Dies beeinträchtigt nicht den fiktionalen Charakter des Textes. Vgl. *Genette,* Fiktion (Fn. 41), S. 77.

sind Rückschlüsse auf ihre Motive und Gedanken möglich. Beispielhaft ist, wie Adam Esras Nervosität und Erregung erlebt: „Ich hörte sie atmen, und vielleicht atmete sie etwas lauter und schneller als sonst. Ihr Körper fühlte sich hart an, und ich strich ihr ab und zu von hinten über die Stirn. Sie war tapfer."[44] Da der Erzähler, zugleich Protagonist, zu vielen anderen Figuren aufgrund familiärer Zwänge ein gespanntes Verhältnis hat, übernimmt der weitestgehend mit Adam mitfühlende Leser eine ähnlich distanzierte Haltung zu den anderen Personen. Insgesamt wird der Rezipient also in zeitlicher und räumlicher Hinsicht nahe an die Handlung herangeführt und eng an den Erzähler und die durch ihn vermittelte Figurenwelt gebunden.

c) Literarische Figuren: Ähnlichkeit mit und Eigenständigkeit von realen Vorlagen

aa) Esra: Ähnlichkeiten mit Romey, kultureller Konflikt, Intimszenen, Ayla

Die *Ähnlichkeiten* in den Lebensbeschreibungen von Esra und Frau *Romey* sind nicht von der Hand zu weisen[45]. Esra Adrian-Werkmeister hat als türkische Schauspielerin wie *Romey* den Bundesfilmpreis gewonnen. Sie arbeitet mittlerweile als Illustratorin in einem Münchener Grafikbüro[46]. Gleich ihrem Vorbild *Ayşe Romey* hat sie im Alter von 17 Jahren geheiratet. Sowohl Esra als auch *Romey* lernten dabei den Trauzeugen und Freund des Bräutigams, im Roman Adam, in der Realität *Biller*, kennen. In Erzählung und Wirklichkeit gingen nach gescheiterter Ehe Vor- und Abbild eine mittlerweile ebenfalls beendete Beziehung ein, *Romey* zum Autor, Esra zu Adam[47]. Esras vierjährige Intimbeziehung ist durch zahlreiche familiäre und kulturelle Spannungen geprägt, aufgrund derer sie sich mehrfach von Adam trennt. Aus der gescheiterten Ehe mit Dieter, genannt Frido, einem mittelmäßig begabten Studenten, der durch ein wohlhabendes Elternhaus begütert seit längerem an seiner Dissertation arbeitet und Adam gegenüber einschüchternd auftritt, stammt ihre kranke Tochter[48]. Esra bekommt Ayla im Alter von 19 Jahren und ähnelt damit in einem weiteren biographischen Detail ihrem realen Vorbild. Darüber hinaus wurden beide, Protagonistin und

---

[44] *Biller*, Esra (Fn. 1), S. 23.

[45] Vgl. BVerfGE 119, 1 (3 f., 26, 34 f.); vgl. LG München I ZUM 2004, 234 (234, 237); vgl. *Biller*, Esra (Fn. 1), S. 31 ff., 49 ff., 124 ff., 131 ff., 140 ff.; vgl. Munzinger Online/Personen (Fn. 8).

[46] *Biller*, Esra (Fn. 1), S. 131 ff.

[47] Ein Schwerpunkt der vorliegenden Arbeit ist die Untersuchung von außerkünstlerischer Realität und Literatur. Später wird zu klären sein, ob das seit dem Mephisto-Beschluß anerkannte Gegensatzpaar von Ur- und Abbild in dieser Form nach literaturwissenschaftlichem Kenntnisstand Bestand haben kann oder einer begrifflichen Präzisierung bedarf (C.II.9). Als Arbeitsgrundlage soll der Ausdruck bis zur Lösung dieses Problem vorerst beibehalten werden.

[48] *Biller*, Esra (Fn. 1), S. 32 ff., 36 ff.

Romey, erneut Mutter. Das zweite Kind stammt aus der Beziehung zu einem alten Schulfreund, die mittlerweile auch beendet ist.

Neben den Übereinstimmungen zur realen Vorlage erscheint bei der Figur Esra auch ihr *kultureller Hintergrund* hinsichtlich des Konfliktpotentials in der Beziehung zu Adam von Bedeutung. Eine erste Namensassoziation weist von „Esra" auf „Eva", die in dem bereits vorgestellten „Adam" ihr Äquivalent findet. Das Paar erinnert sowohl an die alttestamentarischen Eltern des Menschengeschlechts als auch an das ungleiche Paar aus „Der zerbrochene Krug"[49]. Auch wenn der Erzähler auf die Möglichkeit einer jüdischen Abstammung Esras ausdrücklich hinweist, stellt sich die namentliche Übereinstimmung mit dem Schriftgelehrten des Alten Testaments insgesamt eher als absichtslos dar[50]. Es handelt sich schlicht um einen türkischen Mädchenvornamen, der sich allerdings auch im Hebräischen allgemeiner Beliebtheit erfreut. Damit wird eine interessante Parallele zum Geschichtsbuch Esra des ursprünglich in Hebräisch verfaßten Alten Testaments eröffnet. Der dortige Schriftgelehrte Esra hatte nämlich das Verbot von Mischehen in seinem Volk durchgesetzt[51]. Auch bei nur zufälliger Namensidentität spielt die Thematik um kulturelle Unterschiede in Esras Leben eine bedeutende Rolle. *Biller* hebt damit die individuelle Beziehung von Adam und Esra auf eine allgemeinere Ebene, auf der sich zwischenmenschliche, familiäre und kulturelle Spannungen in der Gesellschaft spiegeln[52]. Vereinzelt wird darüber hinausgehend *Billers* Roman als Reflexion jüdischer Identitätsfiguration verstanden[53]. Zusammenfassend kann also die Suche nach dem zugedachten Platz in einer Umgebung, die durch unterschiedliche zivilisatorische Strömungen und einen Pluralismus von Lebensauffassungen geprägt ist, als Kerngedanke des Romans gelten.

---

[49] Vgl. *H. v. Kleist*, Der zerbrochene Krug, 2005; biblische Bezüge nach Gen 2, 15 ff., 24; 3, 20.

[50] Zur alttestamentarischen Rolle Esra 7, 6.

[51] Esra 9, 1 ff.; *Biller*, Esra (Fn. 1), S. 48.

[52] So auch *A. Ohmer*, Literaturwissenschaftliches Gutachten vom 29.6.2004 zu „Esra" von Maxim Biller 2003 (unveröffentlicht), S. 12, 25 ff.; *S. Wogenstein*, Topographie des Dazwischen: Vladimir Vertlibs Das besondere Gedächtnis der Rosa Masur, Maxim Billers Esra und Thomas Meineckes Hellblau, in: P. M. Lützeler/S. K. Schindler (Hrsg.), Gegenwartsliteratur 3 (2004), S. 71 (80 ff., 91 f.). – Grundlegend zum doppelten Gehalt von erzählender Literatur im Gegensatz zur Alltagskommunikation *S. Chatman*, Coming to Terms, 2. Aufl. Ithaca/London 1993, S. 203: „In my view, there are two narrative rhetorics, one concerned to suade me to accept the form of the work; another, to suade me of a certain view of how things are in the real world."

[53] *Wogenstein*, Topographie (Fn. 52), S. 80 ff., 91 f. Wenn diese Deutung auch nicht ohne weiteres auf der Hand liegt, ist sie angesichts *Billers* grundsätzlicher Intention als Schriftsteller nicht abwegig. Vgl. *Kron*, Literatur (Fn. 11), S. 31: „Biller: [...] Ich schreibe über Juden als Menschen. Dabei habe ich einen klaren Blick auf den Holocaust geworfen, der für die Deutschen wahrscheinlich noch zentraler ist als für die Juden."

In dem Beschluß des Bundesverfassungsgerichts wurden in bezug auf die Figur Esra zwei Darstellungsbereiche besonders persönlichkeitsrelevant: Esras sexuelle Kontakte zu Adam und ihr Verhältnis zur kranken Tochter Ayla. Die Darstellung des Geschlechtsverkehrs mit der schwangeren Esra im 54. Kapitel ist exemplarisch für die drei weiteren ebenso expliziten Beschreibungen des *Sexualverhaltens*: „Ich legte mich zwischen ihre Schenkel und drang in sie ein. Es ging ganz leicht. Sie war naß und warm, nicht zu weit und nicht zu eng. Ich bewegte mich langsam, und ich schaffte es eine Weile, nicht zu schnell zu werden. Ich küßte sie auf den Mund, auf den Hals, auf die Haare. Ich legte die Hand auf ihren Hals und drückte leicht zu, und das erregte mich noch mehr. Dann begann ich, sie auf den Hintern zu schlagen, […]. Ich fickte sie, wie ich sie nie vorher gefickt hatte, […].“[54]

Der Umgang Esras mit der Erkrankung ihrer Tochter gestaltet sich mitunter verantwortungslos und unreif. Die labile, passive Esra wird als eine Person beschrieben, die sich dem Schicksal und dem Willen ihrer dominanten Mutter ergeben hat und nicht in der Lage ist, für ihre Tochter eigenverantwortlich zu sorgen: „Esras Mutter war nicht die einzige, die von Anfang an gegen uns war. Esra wußte das, und sie wurde mit dem Widerstand der anderen nur sehr schwer fertig. […]. Esra, die abwesende, weggetretene Esra, war nun also auch meine kleine Sklavin geworden.“[55] Trotz Auszeichnung mit dem Bundesfilmpreis bleibt sie eine unselbständige Frau, die sich in Tagträumen verliert[56]. Da sie sich der Realität verschließt, nimmt sie erst spät die *Erkrankung ihrer Tochter* wahr und vernachlässigt damit ihre Fürsorgepflicht. Ihre Tochter Ayla „war offenbar schon sehr viel länger krank gewesen, doch Esra hatte die Symptome ignoriert, weil sie – war das nicht typisch? – um keinen Preis wahrhaben wollte, daß mit ihrer Tochter etwas nicht stimmte.“[57] Die Krankheit von Ayla beansprucht Esra zunehmend, die sich daraufhin immer weiter von Adam distanziert[58]. Esra ist zwischen dem Vater von Ayla, Frido, der mit der Entziehung des Sorgerechts über die kranke Tochter droht, und Adam hin- und hergerissen[59]. Ihre Unreife deutet sich auch in dem Wunsch an, wegen Aylas Erkrankung Ersatz in der Geburt eines weiteren Kindes zu suchen[60]. Nachdem Adam dieses Begehren entschieden zurückgewiesen hat[61], bekommt sie ein Kind von Thorben, einem alten Schulfreund[62]. Damit wird Esra zwar nicht pauschal herabwürdigend, aber doch stellenweise eher abschätzig als eine mit den alltäglichen Problemen überforderte

---

54 *Biller,* Esra (Fn. 1), S. 163 f.
55 *Biller,* Esra (Fn. 1), S. 11, 44.
56 *Biller,* Esra (Fn. 1), S. 28.
57 *Biller,* Esra (Fn. 1), S. 31.
58 *Biller,* Esra (Fn. 1), S. 39 ff., 44.
59 *Biller,* Esra (Fn. 1), S. 62 ff., 182 ff.
60 *Biller,* Esra (Fn. 1), S. 114 ff.
61 *Biller,* Esra (Fn. 1), S. 117.
62 *Biller,* Esra (Fn. 1), S. 140 ff., 185.

Person gezeichnet, die von ihrem Umfeld nicht die gebotene Wertschätzung erhält und anderen auch nicht entgegenbringt[63].

bb) Lale: Ähnlichkeiten mit Lemke, un-/mittelbares Negativbild

Lale Schöttle ist die Mutter von Esra. Wie bei *Romey* und Esra bestehen auch bei der Romanfigur Lale zahlreiche *Ähnlichkeiten* zur realen Vorlage *Lemke*[64]. Lale besitzt wie *Lemke* ein Hotel in der Türkei. Eine weitere Parallele liegt in dem Alternativen Nobelpreis von *Lemke*, den Lale ebenso in der ursprünglichen Version des Romans gewann[65]. Sie erhielt ihn für ihr Engagement gegen den Goldabbau in der Türkei[66]. Insgesamt können hinsichtlich der Anzahl von Ehen und Kindern sowie den Wohn- und Handlungsorten zahlreiche Übereinstimmungen festgestellt werden, die auf die Ähnlichkeit der Biographien von *Lemke* und Lale hinweisen. Zudem finden sich bei den Ehemännern von Vorlage *Lemke* und Kunstfigur Lale Gemeinsamkeiten hinsichtlich Nationalität, Alter und Beruf[67].

Das Charakterbild Lales wird überwiegend *negativ* aus der Perspektive des ungeliebten Partners der Tochter gezeichnet. Diese Einschätzung Adams verwundert nicht, da Lale aus Sicht des Verschmähten maßgeblich Anteil an dem Scheitern der Beziehung zwischen ihm und Esra trägt[68]. Mit ihrer herrischen Art tyrannisiert sie Esra und die gesamte Familie. Sie leidet unter Depressionen und ist alkoholkrank[69]. Ihre Beziehungen verliefen unglücklich, von ihren Partnern wurde sie betrogen oder geschlagen[70]. Der gelegentlich äußerst aggressive Ton des Ich-Erzählers Adam in bezug auf Lale erklärt sich aus der großen Bedeutung, die das Verhältnis mit Esra für Adam hat, und aus Lales intensivem Bemühen, es zu verhindern[71].

Für die literaturwissenschaftliche Analyse des Bundesverfassungsgerichts ist von zweifelhafter, gleichwohl ausschlaggebender Bedeutung die *Mittelbarkeit*, mit der Begebenheiten, die Lale als Scheusal kennzeichnen, aus der Erzählung Dritter wiedergegeben werden. Dritter bedeutet hier alle Beteiligten mit Ausnahme des Ich-Erzählers, die diesem die Erfahrungen mit Lale – und nach Ansicht des Gerichts mit entsprechend gefärbter und als solcher wahrnehmbarer Subjektivität[72] – erzählen. So wird beispielsweise die in der Tat bedenkliche Art,

---

63 Eine andere Einschätzung der „Esra“-Darstellung findet sich bei *Ohmer,* Gutachten (Fn. 52), S. 13 f.

64 Vgl. BVerfGE 119, 1 (4, 26, 31 f.); LG München I ZUM 2004, 234 (234, 237); *Biller,* Esra (Fn. 1), S. 9 ff., 24 ff., 71 ff., 83 f.; Munzinger Online/Personen (Fn. 8).

65 *Biller,* Esra (Fn. 1), S. 9.

66 *Biller,* Esra (Fn. 1), S. 83 ff., 152 ff.

67 *Biller,* Esra (Fn. 1), S. 9, 24 ff., 78 f., 101 ff.

68 *Biller,* Esra (Fn. 1), S. 11, 76.

69 *Biller,* Esra (Fn. 1), S. 9.

70 *Biller,* Esra (Fn. 1), S. 24 ff.

71 *Biller,* Esra (Fn. 1), S. 76.

72 BVerfGE 119, 1 (32).

in der Lale ihre Tochter zur Abtreibung drängt, dem Ich-Erzähler Adam von Esra mitgeteilt[73]. Die gefühlskalten Äußerungen der werdenden Großmutter in bezug auf das kommende Enkelkind wirken befremdlich: „‚Du mußt viel rauchen, viel trinken. Vielleicht wird dann noch alles gut – und du verlierst es.' […]. ‚Weil es weg muß, du schreckliches Kind.'"[74] Die inhaltlich divergierenden Versionen der Hotelgeschichte in der Türkei von Lale einerseits und ihren Eltern andererseits werden im 23. Kapitel direkt gegenübergestellt, so daß der satirische Unterton des Ich-Erzählers durch die Kontrastierung von zwei unterschiedlichen Fassungen deutlich wird. Lale gerät jedenfalls bei dem Bau und Verkauf eines Hotels auf dem Grundstück ihrer Eltern in Dilik an der türkischen Küste in Verwicklungen mit der Mafia[75]. Zeitungen in der Türkei berichten nach Lales Auszeichnung mit dem Alternativen Nobelpreis, daß die Verleihung vorab mit dem Komitee abgesprochen worden sei, um mit dem Preisgeld das marode Hotel zu finanzieren. Kurz bevor sie es verkauft habe, sei eine äußerst hohe Brandschutzversicherung abgeschlossen worden[76]. Der türkische Fernsehsender TRT strahlte ein Interview mit den Eltern Lales aus, in dem sie sie beschuldigten, ihnen ihr Grundstück entwendet und die Mafia auf sie angesetzt zu haben. Sie berichteten in der Sendung – also für den Leser mittelbar erfahrbar –, daß Lale sich nur gegen den Goldabbau in der Türkei engagierte, da auf ihrem Grundstück gerade keine Rohstoffvorkommen nachgewiesen werden konnten[77]. Insgesamt wird die Figur Lale sowohl in unmittelbarer als auch mittelbarer Wahrnehmung des Ich-Erzählers sehr negativ dargestellt.

cc) Adam: Ähnlichkeiten mit Biller, Schriftsteller, Nähe zu Esra, Verbissenheit

Wie zahlreiche *Ähnlichkeiten* in den Biographien von Adam und Autor zeigen, ist auch der Ich-Erzähler – ähnlich wie Esra und Lale – deutlich von der Wirklichkeit, namentlich von *Maxim Biller*, inspiriert[78]. Adam, ein jüdischer *Schriftsteller* aus Prag, ist Protagonist des Romans. Er hat von seiner früheren Partnerin Barbara eine Tochter namens Stella. Das Mädchen lebt bei seiner Mutter und deren neuem Lebensgefährten in Hamburg und hält durch Telefonate und gelegentliche Besuche Kontakt zum Vater[79]. Während der Beziehung mit Esra verfaßt er einen Roman über Lale, in dem er sie ausdrücklich „als eine böse, dunkle Frau beschrieben"[80] hatte. Nach der Veröffentlichung eines weiteren Romans

[73] *Biller,* Esra (Fn. 1), S. 168.
[74] *Biller,* Esra (Fn. 1), S. 165.
[75] *Biller,* Esra (Fn. 1), S. 71 ff.
[76] *Biller,* Esra (Fn. 1), S. 153, 155.
[77] *Biller,* Esra (Fn. 1), S. 154.
[78] Vgl. BVerfGE 119, 1 (3 f., 34); LG München I ZUM 2004, 234 (234); *Biller,* Esra (Fn. 1), S. 110 ff.; Munzinger Online/Personen (Fn. 8).
[79] *Biller,* Esra (Fn. 1), S. 111 ff., 185.
[80] *Biller,* Esra (Fn. 1), S. 75.

über die Vater-Tochter-Beziehung und der Geburt von Esras Kind, das von einem anderen Mann stammt, trennen sich Adam und Esra endgültig[81].

Viele Wesenszüge Adams erklären sich aus seinem innigen Wunsch, eine verborgene *Verbundenheit mit Esra* zu entdecken. Eine gemeinsame Herkunft wäre für ihn eine Erklärung für die von ihm tief empfundene Nähe[82]. Durch einen Zeitungsartikel erfährt er im 16. Kapitel von der jüdischen Glaubensgemeinschaft der „Dönme"[83]. Als Dönme bezeichnet man in Griechenland und der Türkei die Anhänger des von 1626 bis 1676 lebenden jüdischen Pseudo-Messias Schabbatai Zwi. Nachdem er im Osmanischen Reich vor die Wahl gestellt wurde, zu sterben oder zu konvertieren, trat er 1666 zum Islam über. Auch seine Anhänger folgten ihm, kehrten sich also als Dönme offiziell vom Judentum ab und haben ihren jüdischen Glauben weiterhin bis in die Gegenwart geheim ausgeübt[84]. Das Drängen Adams, Esra möge die ihr selbst unbekannte Dönme-Herkunft und damit die gemeinsamen jüdischen Wurzeln erforschen, gleicht einer fixen, irrationalen Idee[85]. Denn es ist eher abwegig, daß Esra als Familienmitglied nicht von dem jüdischen Glauben ihrer Verwandten weiß. Verständlicherweise legt sie der Recherche keine Bedeutung bei, so daß Adam am Ende des 16. Kapitels resigniert feststellt: „Es interessierte sie offenbar überhaupt nicht, und mir war es vor mir selbst peinlich, so sentimental gewesen zu sein. Nichts ist sinnloser als jüdischer Kitsch – und nichts ist enttäuschender als die Einsicht, ihm auf den Leim gegangen zu sein."[86] Gleichwohl erfährt Adam in der Geschichte während eines Türkei-Besuchs von den Großeltern Esras, daß sie tatsächlich zur Gemeinschaft der Dönme gehören und Esra damit Jüdin ist[87]. Das Dönme-Motiv kehrt schließlich nochmals im letzten Kapitel um den legendären Tod von Schabbatai Zwi wieder und durchzieht damit die gesamte Erzählung[88]. Die Erkenntnis der anscheinend durchgreifend identitätsstiftenden Gemeinsamkeit, durch die Esra und Adam ihre Distanz aus Sicht des Erzählers überwinden könnten, kommt zu einem Zeitpunkt, an dem die Trennung nicht mehr rückgängig gemacht werden kann. Von dieser unerfüllten Sehnsucht nach Harmonie mit Esra sind Figur und Sprache des Adam zutiefst geprägt.

Zugleich legt die Suche *verbissene* und paranoide Züge Adams offen[89]. Er verrennt sich in einer Vorstellung, die die Freiheit von Esra mißachtet. Es wirkt

---

81 *Biller*, Esra (Fn. 1), S. 185 ff.

82 *Biller*, Esra (Fn. 1), S. 46, 48.

83 Dönme (türkisch): Abkehr; Abtrünnigkeit.

84 *K. Kienzler*, Sabbathai Z^{e}wi, in: F.-W. Bautz/T. Bautz (Hrsg.), Biographisch-Bibliographisches Kirchenlexikon, Bd. VIII, 1994, Sp. 1142 (1142 ff.).

85 Vgl. zu Adams Dönme-Theorie *Biller*, Esra (Fn. 1), S. 46 ff.

86 *Biller*, Esra (Fn. 1), S. 49.

87 *Biller*, Esra (Fn. 1), S. 213 f.

88 *Biller*, Esra (Fn. 1), S. 201 ff.

89 So auch *U. Wittstock*, Wir müssen draußen bleiben, in: Die Welt vom 1.3.2003, o. S.; *D. Wenk*, Unantastbarkeiten, http://www.textem.de/biller.0.html (17.12.2009).

ebenso überzogen wie zwanghaft, eine gemeinsame Herkunft zu konstruieren und diese auf einer Reise derart investigativ zu verfolgen. Ob die Auskünfte der Großeltern einem tatsächlichen Gespräch oder der Vorstellung des Adam entstammen, es sich also um eine Fiktion innerhalb der Fiktion handelt, kann dahinstehen. Letztere Option erscheint angesichts der Zerrissenheit des Ich-Erzählers, auf die er gelegentlich selbst hinweist, nicht ausgeschlossen: „Vielleicht hatten Esra und ich ein ganz anderes Problem, als ich immer glaubte, vielleicht waren wir uns gar nicht so nah. Ich sollte, dachte ich, endlich aufhören, auf diese lächerliche Dönme-Geschichte zu hoffen. [...] War ich wirklich gerecht? Durfte ich aus Esra und ihrer Familie eine Bande zurückgebliebener, herzloser, rachsüchtiger Türken machen? Suchte ich nicht in Wahrheit nach einem Notausgang aus einer seit Jahren aussichtslosen Situation? Esra hatte vorhin völlig recht gehabt, als sie sagte, wir wären auch nicht besser. Dabei kannte sie längst nicht alle unsere Familiengeschichten.“[90] Adam verfällt in Verzweiflung und blinde Wut. Er setzt sich für die Beziehung mit einem Engagement ein, das zu übertriebenen Reaktionen, zynischen Bemerkungen und gelegentlichen Wutausbrüchen führt. Beispielsweise liebäugelt er mit dem Tod von Esras Tochter, die er als ein Hindernis für die Beziehung zu Esra ansieht[91]. Für den Leser, der gerade noch die verzweifelte, auf Esra fixierte Liebe Adams nachzuvollziehen sucht, erscheinen die zeitgleichen sexuellen Phantasien des Ich-Erzählers zur verhaßten Lale befremdlich: „[...] und trotzdem ahne ich, wie innig diese Frau [Lale] einen Mann umarmen kann, wenn sie ihn will. Weckt vielleicht ihre Ehe mit einem Mann, der so jung ist wie ich, meine sexuellen Instinkte? Ein wenig bestimmt. Oder begehre ich Lale insgeheim, weil sie und mich garantiert keiner daran hindern würde, zusammen zu sein, schon gar nicht eine zweite Lale? Das klingt besonders verrückt – und wäre nicht einmal die abwegigste Erklärung für meine merkwürdigen Lale-Phantasien.“[92] Durch die Mitteilung seiner Vorstellungen, Emotionen, Ängste und Zweifel tritt er mit dem Leser in Dialog. Er bietet ihm damit die Möglichkeit zur Reflexion über die Ereignisse und auch über die Figur Adam.

Insgesamt sind diese zum Leser Distanz schaffenden Charakterzüge Adams eher von untergeordneter Bedeutung. Die Motive bleiben episodenhaft und mindern daher im Gesamtgefüge des Romans nicht die Empathie für ihn. Allein das Sehnen nach Esras Zuneigung prägt entsprechend dem Klappentext die Romanfigur Adam und wird durch die genannten Intentionen verschiedentlich gefärbt: „Ohne Esra, denkt Adam, ist mein Leben verloren und der Boden, auf dem ich stehe, trägt mich nicht mehr.“[93] Diese Charakterisierung des Protagonisten entspricht der Botschaft der Romanwelt, „in der Gefühle wieder so wichtig sind wie

---

90 *Biller,* Esra (Fn. 1), S. 158 f.
91 *Biller,* Esra (Fn. 1), S. 66.
92 *Biller,* Esra (Fn. 1), S. 77.
93 *Biller,* Esra (Fn. 1), Klappentext.

Gedanken, in der Zuneigung und Vertrauen zu einem Geliebten wichtiger sind als Moral oder Politik."[94]

II. Zwischenergebnis: Verhaftung in den und Überwindung von realen Bezügen

Die Vorstellung des Romans hat nicht nur einen inhaltlichen Überblick über das streitgegenständliche Buch verschafft: Es geht um eine Partnerschaft zwischen Adam und Esra, die an zahlreichen formalen und sozialen Hindernissen scheitert. Außerdem erklären die Informationen zu Figuren und Erzählweise die Brisanz bezüglich der Persönlichkeitsrelevanz: Ähnlichkeiten zwischen literarischen Figuren und realen Vorlagen liegen für denjenigen, der mit letzteren bekannt ist, auf der Hand: In der Dönme-Geschichte löst sich die Erzählung von einer konkreten historischen Schilderung und hebt die Geschichte zumindest in Ansätzen passagenweise auf eine generalisierbare Dimension. Andererseits wird durch die Realitätsnähe von Ort und Zeit und die Unmittelbarkeit von Erzähler, Leser und Figurenwelt ein erhebliches Identifikationspotential mit Adam, dem eingängig und verständlich berichtenden Erzähler, geschaffen, das zugleich eine Distanz zu anderen, als intrigant beschriebenen Romanfiguren wie Lale bedingt. Die entscheidungsrelevanten Aspekte des Sexualverhaltens Esras und die Beziehung zu ihrer Tochter nehmen auch im Roman einen wesentlichen Stellenwert ein.

III. Die Entscheidung des Bundesverfassungsgerichts: Beschluß vom 13.6.2007

Der Roman „Esra" erschien Ende Februar 2003 bei der Verlagsgesellschaft Kiepenheuer & Witsch GmbH. Nachdem ca. 4000 Exemplare verkauft worden waren, leiteten Frau *Romey* und Frau *Lemke* ein gerichtliches Verfahren gegen die Verlagsgesellschaft ein. Um den Beschluß des Bundesverfassungsgerichts vom 13.6.2007, die Bestätigung des Publikationsverbots, in den verfahrensrechtlichen Kontext einordnen zu können, ist zunächst der vorausgehende Instanzenzug zusammenzufassen[95].

---

[94] *Biller*, Esra (Fn. 1), Klappentext.

[95] Um die Lesbarkeit zu erleichtern, werden die Personen folgend durchgehend entsprechend ihrer Prozeßbeteiligung im Beschwerdeverfahren vor dem Bundesverfassungsgericht bezeichnet. Frau *Romey* und Frau *Lemke* sind demnach die Klägerinnen zu 1) und zu 2) (des Ausgangsverfahrens), die Verlagsgesellschaft Kiepenheuer & Witsch GmbH ist die Beschwerdeführerin. – Aus literaturwissenschaftlicher Sicht begleitet kritisch die Prozeßgeschichte *U. Wittstock,* Der Fall Esra, 2011, S. 32 ff.

1. Prozeßgeschichte: zivilrechtlicher Auftakt

Der Streit um den Roman „Esra“ wurde zunächst aufgrund des Anwendungsvorrangs des einfachen Rechts vor den Zivilgerichten ausgetragen[96].

a) Einstweiliges Verfügungsverfahren: vorübergehender Schutz durch Verbot

Das Landgericht München I hat am 3.3.2003 auf Antrag der beiden Klägerinnen mit einstweiliger Verfügung die Veröffentlichung, Auslieferung und Verbreitung des von der Beklagten verlegten Romans „Esra“ des Autors *Maxim Biller* gemäß §§ 1004, 823 BGB untersagt[97]. Der eingelegte Widerspruch blieb ohne Erfolg, das Landgericht München I bestätigte mit Urteil vom 23.4.2003 die einstweilige Verfügung[98]. Den Klägerinnen stehe der geltend gemachte Unterlassungsanspruch gemäß §§ 1004, 823 BGB zu[99]. Die Beschwerdeführerin gab mehrere Unterlassungsverpflichtungserklärungen ab, in denen sie sich bereit erklärte, den Roman nicht ohne Änderungen und Streichungen zu veröffentlichen[100].

Auf die Berufung der Beschwerdeführerin wurden am 23.7.2003 mit Urteil des Oberlandesgerichts München die einstweilige Verfügung des Landgerichts München I vom 3.3.2003 und dessen Bestätigung vom 23.4.2003 aufgehoben, der Antrag auf Erlaß einer einstweiligen Verfügung wurde zurückgewiesen[101]. Auf den ersten Blick handelt es sich um eine überraschende Entscheidung, die als einzige im Instanzenzug die Romanveröffentlichung gestattete. Allerdings geschah dies bei vertiefter Betrachtung nicht wegen eines Abwägungsvorrangs von Art. 5 Abs. 3 GG, sondern allein aus richterlichem Pragmatismus. Denn ursächlich war nicht der Gehalt des Romans, sondern einzig das Fehlen einer Wiederholungsgefahr. Aufgrund der – wenn auch von den Klägerinnen nicht angenommenen, bedingten – Unterlassungsverpflichtungserklärung vom 23.4.2003 sah der erkennende Senat diese bis zur Entscheidung in der Hauptsache für beseitigt an[102]. Zwar ging er von der üblichen Vermutung für eine Wiederholungsgefahr

---

[96] Zu den verfassungsrechtlichen Verflechtungen des Zivilrechts *H. Dreier*, in: ders. (Hrsg.), Grundgesetz, Bd. I, 2. Aufl. 2004, Vorb. vor Art. 1 Rn. 68.

[97] LG München I ZUM 2003, 692 (693).

[98] Ebda., S. 693.

[99] Ebda., S. 693. Dem Wortlaut der Entscheidungsgründe nach zu urteilen, geht das Gericht – „gemäß den §§ 1004, 823 BGB“ – von einer direkten Anwendung der §§ 1004, 823 BGB aus. Das OLG München NJOZ 2005, 4343 (4344) wendet die Normen hingegen analog an. Letzteres erscheint angesichts der nur rechtsähnlichen Anwendung des § 1004 BGB auf das allgemeine Persönlichkeitsrecht plausibler. Unmittelbar schützt § 1004 BGB nur das Eigentum und bestimmte beschränkt dingliche Rechte. Vgl. *K.-H. Gursky*, in: J. v. Staudinger (Hrsg.), BGB, § 1004 (2006), Rn. 14 f.

[100] Vgl. LG München I GRUR-RR 2004, 92 (92).

[101] OLG München ZUM 2003, 870 (870).

[102] Ebda., S. 870. Ein Unterlassungsanspruch ist auf die Zukunft gerichtet und hat präventiven Charakter. Vertiefend BVerfGK 8, 89 (104 ff.); BGHZ 117, 264 (271); *G. Seyfarth*,

bei erfolgter Rechtsverletzung – vorliegend des Persönlichkeitsrechts der Klägerinnen – aus. Diese sei allerdings in der Tat vorliegend widerlegt, da angesichts der Vielzahl zugesagter Streichungen eine Identifizierung der Klägerinnen erheblich erschwert werde. Ein erneutes Erscheinen des Buchs vor Entscheidung des Landgerichts in der Hauptsache sei unwahrscheinlich[103]. Die Zurückweisung des Verfügungsantrags basiert also nicht auf einer inhaltlichen Entscheidung, sondern allein auf der praktischen Erwägung, die Rechte der Klägerinnen bis zur Entscheidung in der Hauptsache vorübergehend durch identitätsverfremdende Streichungen zu schützen. Dieser Gedanke steht allerdings in keiner Verbindung zum materiellen Ausgleich von Kunstfreiheit und Persönlichkeitsschutz. Daß es sich bei dieser Überlegung um eine Fehleinschätzung handelte, belegt die vor dem Urteil in der Hauptsache erfolgte Veröffentlichung einer zweiten Romanversion[104]. Klarstellend wies das Gericht abschließend darauf hin, daß das Veröffentlichungsverbot keinen Rückrufanspruch der 4.000 bereits ausgelieferten Exemplare beinhalte. Der allein zur Entscheidung stehende Unterlassungsanspruch sei auf die Zukunft gerichtet und diene nicht dazu, geschehene Verletzungen hinsichtlich der im Verkehr befindlichen Bücher zu beseitigen[105]. Nach Erscheinen des Romans in der geweißten zweiten Fassung wurde im August 2003 eine weitere einstweilige Verfügung gegen die Publikation erwirkt[106].

b) Landgericht München I: Eröffnen der Schachpartie „Kunst oder Person“

aa) Stellungnahme des Autors: „Esra“ ist Fiktion

Weiterführend für die Auseinandersetzung der Prozeßparteien und auch für die Untersuchung der Wirklichkeitsbearbeitung in dem streitgegenständlichen Text ist die Meinung des Autors, die er in einer Stellungnahme am 20.3.2003 gegenüber dem Landgericht München äußerte und die im folgenden eingehend vorgestellt wird. Da sie das denkbar unmittelbarste Zeugnis des Literaten in bezug auf diese Auseinandersetzung ist, wird die Stellungnahme im Wortlaut in den untersuchungsrelevanten Passagen wiedergegeben: „Was ist die Arbeit eines Schriftstellers? Inspiriert und beseelt von der Wirklichkeit, in der er lebt und die er erlebt, erschafft er die Fiktion, die wir Erzählung, Roman, Novelle oder Gedicht nennen. Im Gegensatz zu einem Reporter versucht er nicht, die Wirklichkeit so wahrheitsgetreu wie möglich nachzuzeichnen – und schon gar nicht hat der Schriftsteller die politische oder polemische Absicht eines Kolumnisten

Der Einfluss des Verfassungsrechts auf zivilrechtliche Ehrschutzklagen, in: NJW 1999, S. 1287 (1288).

[103] Ebda., S. 872.

[104] *M. Biller,* Esra, 2. Aufl. 2003, S. 9 ff.

[105] OLG München ZUM 2003, 870 (873).

[106] Nicht veröffentlicht; vgl. *B. v. Becker,* Fiktion und Wirklichkeit im Roman, 2006, S. 43.

oder Leitartiklers, die Realität und einzelne Personen zu kritisieren, bloßzustellen oder moralisch zu bewerten. [...] Natürlich habe ich mich – wie fast jeder Schriftsteller bei fast jedem Buch – dabei von der Realität inspirieren lassen. Allerdings sind die Romanfiguren, die in *Esra* vorkommen, nicht die Portraits ihrer Urbilder; die Urbilder dienten mir bloß als Anregung für die vertypten Romanfiguren – schon deshalb, weil nur so ein ernsthaftes literarisches Werk entstehen konnte. Hätte ich versucht, die Realität wahrheitsgetreu nachzuerzählen, wäre dabei bestenfalls eine Reportage herausgekommen, schlechtenfalls ein schlechter Roman. [...] Wie sehr man sich als Schriftsteller, der man einerseits die Realität braucht und diese andererseits durch Ästhetisierung des Erzählmaterials so weit wie möglich hinter sich lassen muß, von der Realität der ihn anregenden Urtypen entfernt, kann man auch bei Esra sehen. Zwar tragen einige Figuren des Romans Züge realer Personen – doch das meiste von dem, was in dem Roman passiert, hat sich in der Realität nie ereignet. [...] Wenn dann der fiktive Adam, der fiktive Schriftsteller in der Romanfiktion Esra, erzählt, er habe über die fiktive Lale Schöttle schon einmal eine Erzählung geschrieben, in der er – stark übertrieben und darum wiederum fiktiv – von Lales Persönlichkeit und unklaren Geschäften erzählt habe, wofür sie ihn bis heute hasse, dann ist auch das eine weitere Fiktion innerhalb einer Fiktion und mitnichten etwas, das wirklich passiert ist. Was will ich mit all dem sagen? Dass ein Schriftsteller die Realität immer nur als Sprungbrett für seine Phantasie benutzt, weshalb auch so private Momente von Esra wie die Liebesszenen, die Streitereien und schönen Gespräche zwischen Esra und Adam oder Adams Telefonate mit seiner Mutter so beschrieben sind, dass kein Leser jemals darüber nachdenken wird, ob sie sich wirklich zugetragen haben. Den Leser – der einen seriösen Roman eines seriösen Autors niemals mit einer Bunte-Klatschspalte verwechseln wird – interessiert nur eines: Tun die Romanfiguren, die für ein paar Stunden und Tage die Begleiter seiner Imagination sind, überzeugend das, was der Schriftsteller sie tun lässt oder nicht? Das ist hier die einzige und entscheidende poetologische Frage. Der Bezug zur realen Realität interessiert den Leser, der weiß, dass Literatur die permanente Neuerfindung einer phantastischen Realität ist, genausowenig wie den Autor. [...] Was folgt – unter anderem – daraus? Dass gute Literatur ein Spiegelkabinett aus Realität und Fiktion ist – und dass jeder, der sich in diesem Spiegelkabinett wiederzuerkennen glaubt, alles sieht, nicht nur das, was wirklich war oder ist."[107]

---

[107] *M. Biller,* Maxim Biller: Stellungnahme zum Prozess um „Esra", in: Volltext: Zeitung für Literatur 7 (2003). Heft 3, S. 7.

bb) Urteil des Landgerichts München I vom 15.10.2003: erste, ausbaufähige Ansätze

Nach dem Urteil des Oberlandesgerichts München vom 23.7.2003 veröffentlichte die Beschwerdeführerin eine zweite, durch erhebliche Streichungen geänderte Auflage[108]. Die neue Version war als „gerichtlich gebilligte Fassung" etikettiert und mit einem Hinweis auf das Urteil des Oberlandesgerichts sowie einem erweiterten, präzisierten Disclaimer hinsichtlich der Fiktionalität des Romans versehen[109]. Ob dies ein weiterer Schritt geplanten Skandalisierens oder ein ernsthafter Versuch der Konfliktbewältigung war, kann nicht abschließend beurteilt werden. Die offensichtlichen Änderungen in Form mehrfacher ersatzloser Begriffsauslassungen auf fast jeder Seite legten allerdings eher den Verdacht eines Werbegags nahe.

Die Unterlassungserklärungen der Beschwerdeführerin werden für das Verfahren insoweit relevant, als Gegenstand des Hauptsacheverfahrens nicht die ursprünglich oder zuletzt erschienene, sondern eine von der Beschwerdeführerin nicht veröffentlichte Version ist[110]. Die Fassung entspricht der von der Beschwerdeführerin am 18.8.2003 abgegebenen Unterlassungsverpflichtungserklärung, die einen Entwurf zur Änderung der Ursprungsversion beinhaltet[111]. Dieser un-

---

[108] *Biller*, Esra (Fn. 104), S. 9 ff.

[109] Der Wortlaut von Hinweis und Disclaimer spielt mit dem Reiz des Verbotenen. Verkaufsfördernd wirkt daher möglicherweise auch *Biller*, Esra (Fn. 104), S. 8: „Vorbemerkung: Der Roman ‚Esra' von Maxim Biller wurde nach seinem Erscheinen mit einer einstweiligen Verfügung belegt. Das Oberlandesgericht München hat mit Urteil vom 23. Juli 2003 (Az.: 21 U 2918/03) die vom Landgericht München I am 23. April 2003 erlassene einstweilige Verfügung (Az.: 9 O 3969/03) mit Hinweis auf eine vom Verlag angebotene Unterlassungsverpflichtungserklärung aufgehoben. Bis zu einer rechtskräftigen Entscheidung über die Hauptsacheklage darf der Roman nur mit einer Reihe von Textauslassungen veröffentlicht werden. Die fiktiven Figuren dieses Romans sind angeregt durch reale Personen, aber nicht mit ihnen identisch. Die Handlung dieses Romans ist nicht die dokumentarische Darstellung tatsächlicher Vorgänge. Darum erhebt dieser Roman keinesfalls den Anspruch, die geschilderten Vorgänge könnten wahr sein oder sich so zugetragen haben."

[110] Vgl. BVerfGE 119, 1 (3 f., 6, 26); BGH ZUM 2005, 735 (736); OLG München NJOZ 2005, 4343 (4344); LG München GRUR-RR 2004, 92 (92 f.).

[111] Die streitgegenständliche Fassung sollte mit Änderungen gemäß der Unterlassungsverpflichtungserklärung vom 18.8.2003 mit folgendem Wortlaut erscheinen, vgl. LG München I GRUR-RR 2004, 92 (92): „[…] erkläre ich hiermit […] rechtsverbindlich, dass sich die Bekl. gegenüber den Kl. verpflichtet, es bei Vermeidung einer für jeden Fall schuldhaften Zuwiderhandlung von den Kl. nach billigem Ermessen festzusetzenden und im Streitfall vom zuständigen Gericht zu überprüfenden Vertragsstrafe zu unterlassen, das Buch mit dem Titel ‚Esra' des Autors B zu veröffentlichen und veröffentlichen zu lassen, auszuliefern und ausliefern zu lassen, zu vertreiben und vertreiben zu lassen und hierfür zu werben und werben zu lassen, sofern nicht das Buch die folgenden Änderungen der ursprünglichen Textfassung aufweist: S. 9, ab 1. Zeile: ‚Als Esras Mutter den Karl-Gustav-Preis bekam, schien es so, als würden Esra und ich es vielleicht doch noch schaffen. Es war nicht gerade der Nobelpreis, aber […]' S. 10, ab 6. Zeile von unten: ‚solange ihr Preisglück anhielt […]' S. 50, ab 3. Zeile: ‚[…] und sie bekam für Fatmas Geschichte den Fritz-Lang-Preis.'

veröffentlichte, im Gegensatz zum Verfügungsverfahren streitgegenständliche Romanentwurf enthielt weniger Streichungen als die dann letztlich in zweiter Auflage erschienene Fassung[112]. Bei dieser ist der Lesefluß gegenüber den Vorgängerversionen durch erhebliche Streichungen, die auf beinahe jeder Seite Auslassungen und Lücken im Text zur Folge haben, unerträglich beeinträchtigt. Daher wird in dieser Analyse durchgehend auf die erste Version Bezug genommen. Eine Arbeit mit der zweiten Auflage würde angesichts der erheblichen Textlücken zu unüberwindbaren Verständnisschwierigkeiten führen und könnte isoliert für sich nicht die Persönlichkeitsrelevanz und Realitätsnähe des Romans sowie die Erkennbarkeit der Klägerinnen erklären, da diese ja gerade durch die Auslassungen unkenntlich gemacht wurden (beispielsweise die Bezeichnung der Örtlichkeiten oder der Auszeichnungen von Esra und Lale). Denn auch ursprüngliche Kennzeichnungen wurden in Form der hervorgerufenen Aufmerksamkeit mittelbar in der Entscheidung berücksichtigt[113]. Den Klägerinnen genügten die Änderungen nicht. Zwar nahmen sie das Angebot zwecks Schadensreduzierung an, ließen allerdings keinen Zweifel an einer weiteren rechtlichen Verfolgung[114]. Sie waren der Ansicht, der Roman des Autors komme einer Biographie der Klägerinnen gleich, die kaum Abweichungen von der Wirklichkeit aufweise. Ihre Personen könnten ohne Schwierigkeit identifiziert werden und würden durch die Beschreibungen diffamiert und herabgewürdigt. Die Darstellung der familiären Streitigkeiten, des Sexuallebens der Klägerin zu 1) und der Krankheit ihrer Tochter sei als Eingriff in den absolut geschützten Intimbereich zu werten[115]. Seitens der Beschwerdeführerin wurde eine Qualifizierung als Schlüsselroman hingegen abgelehnt, da die Erzählung mehrheitlich keine Nach-

---

S. 83, 13. Zeile: ‚Esra hat von Lales Stockholm […]' S. 83, ab 21. Zeile: ‚Wer hat schon eine Mutter, die vom schwedischen König einen Preis verliehen bekommt? Ich […].' S. 83, ab 3. Zeile von unten: ‚als man es beim Karl-Gustav-Preis erwarten würde […]' S. 87, 8. Zeile: ‚Der Nobelpreis wäre mir […]' S. 131, ab 3. Zeile von unten: ‚Fritz-Lang-Preisträgerin Esra Adrian-Werkmeister […]' S. 152, 1. Zeile: ‚Der Karl-Gustav-Preis hatte Lale […]' S. 153, ab 18. Zeile: ‚[…] und mit den Leuten vom Preiskomitee von Anfang an […]' Diese Unterlassungsverpflichtungserklärung tritt, sofern und sobald sie angenommen wird, an die Stelle der Unterlassungsverpflichtungserklärung vom 23.4.2003, die mit Annahme dieser neuen Unterlassungsverpflichtungserklärung gegenstandslos wird. Meine Mandantin behält sich vor, das dieser Unterlassungsverpflichtungserklärung entsprechend geänderte Buch mit dem Untertitel ‚Münchner Fassung' zu veröffentlichen, zu verbreiten etc."

112 *Biller,* Esra (Fn. 104), S. 9 ff.; vgl. zu den entsprechenden Änderungen *Biller,* Esra (Fn. 104), S. 9 ff., 19 ff., 24 ff., 28 ff., 32 ff., 39 ff., 49 ff., 60 ff., 71 ff., 81 ff., 85 ff., 89 ff., 97 ff., 101 ff., 106 ff., 113 ff., 118 ff., 127 ff., 131 ff., 142 ff., 152 ff., 158 ff., 170 ff., 178 ff., 182 ff., 191 ff., 209 ff.

113 LG München GRUR-RR 2004, 92 (92).

114 LG München GRUR-RR 2004, 92 (92). Auch im Anschluß an das Verfahren folgte am 9.2.2004 eine weitere Unterlassungserklärung der Beschwerdeführerin, in der die Gerichte allerdings auch keine nennenswerte Überarbeitung erkannten. Vgl. BGH ZUM 2005, 735 (735 ff.); OLG München NJOZ 2005, 4343 (4346 ff.).

115 LG München GRUR-RR 2004, 92 (92).

bildung der Realität sei[116]. Das Landgericht München I hat die Beschwerdeführerin am 15.10.2003 verurteilt, es zu unterlassen, das Buch „Esra“ zu veröffentlichen oder veröffentlichen zu lassen, auszuliefern oder ausliefern zu lassen, zu vertreiben oder vertreiben zu lassen und hierfür zu werben oder werben zu lassen[117]. Den Klägerinnen stehe ein Unterlassungsanspruch aus §§ 1004, 823 BGB i.V.m. Art. 2 Abs. 1 GG zu[118]. Die Kammer bejahte die Verletzung des Persönlichkeitsrechts der Klägerinnen, das im konkreten Fall gegenüber der Kunstfreiheit der Beschwerdeführerin aus Art. 5 Abs. 3 S. 1 1. Alt. GG vorrangig sei[119]. Gegenstand der Entscheidung ist unter Berücksichtigung des Vorverständnisses des Lesers die geänderte Fassung des Romans[120]. Vom Landgericht werden bereits die Probleme thematisiert, mit denen sich auch später das Bundesverfassungsgericht auseinandersetzen muß. So stellt sich die Frage nach der Verantwortlichkeit für das erregte Medieninteresse. Nach Ansicht des Gerichts dürfen die vorhergehende öffentliche Berichterstattung und die mediale Aufmerksamkeit um das Verfahren nicht zu Lasten der Klägerinnen gehen, die ihr Recht in legitimer Form geltend machen[121]. Außerdem legt die Kammer der Entscheidung ihr Verständnis von Erkennbarkeit zugrunde. Die Identifizierung der Frauen in den Romanfiguren sei tatsächlich anhand übereinstimmender Merkmale möglich. So haben Esra und die reale Schauspielerin *Romey* den Bundesfilmpreis erhalten. Die Figur Lale, die Mutter Esras, gleicht der Klägerin zu 2) in der Verleihung des Alternativen Nobelpreises. Das Gericht war überzeugt, daß insbesondere die Mitglieder der türkischen Gemeinde in Deutschland unter Berücksichtigung der nicht außer acht zu lassenden ursprünglichen Romanversion diese bedeutenden Auszeichnungen mit den Klägerinnen in Verbindung brächten[122]. Zudem wies es auf die Berichterstattung über das gerichtliche Verfahren hin, die eine Wiedererkennbarkeit der Klägerinnen bei einem Großteil der Leser verursachte[123]. Grundlegend für die noch folgenden Entscheidungen im „Esra“-Verfahren wird die Bestimmung von Erkennbarkeit durch die Identifizierung in einem kundigen Leserkreis aufgrund übereinstimmender Merkmale sein. Ungeachtet dessen steht eine Präzisierung in quantitativer (Wer muß die Klägerinnen erkennen? Wie groß ist der maßgebliche Kreis?) und qualitativer Hinsicht (Wie deutlich sollten die Übereinstimmungen sein?) noch aus. Eine ausreichende Bearbeitung in Form der Fiktionalisierung verneinte das Gericht. Zum letzten Aspekt, der

---

[116] Ebda., S. 92.
[117] Ebda., S. 92.
[118] Ebda., S. 92.
[119] Ebda., S. 93.
[120] Ebda., S. 92 f. So auch im weiteren Verfahren BVerfGE 119, 1 (3 f., 6, 26); BGH ZUM 2005, 735 (736); OLG München NJOZ 2005, 4343 (4344).
[121] LG München GRUR-RR 2004, 92 (93).
[122] Ebda., S. 92 f.
[123] Ebda., S. 93.

Fiktionalisierung, äußerte sich die Kammer verneinend. Auch hier arbeitet das Gericht mit den erkannten biographischen Übereinstimmungen. Die Klägerin zu 1) wie auch die Romanfigur Esra haben im Alter von 17 Jahren geheiratet und bei der Hochzeit den Freund und Trauzeugen ihres Ehemannes (*Biller*/Adam) kennengelernt. Beide wurden im Alter von 19 Jahren Mutter und gingen nach gescheiterter Ehe eine mittlerweile ebenfalls beendete Beziehung ein, die Klägerin zu 1) zum Autor, Esra zu Adam. Darüber hinaus wurden Vorlage und Figur erneut Mutter. Das zweite Kind stammt aus dem vorübergehenden Verhältnis zu einem alten Schulfreund. Hinsichtlich der Klägerin zu 2) stimmen biographische Angaben wie Alter, Anzahl der Ehen und Kinder sowie Beruf und Nationalität der Ehemänner ebenfalls mit der Realität überein[124]. Beachtenswert ist die Herausarbeitung der – letztlich für den „Esra"-Beschluß tatsächlich maßgeblichen – Fallkonstellationen des Intimverhaltens und der Beziehung von Mutter und Tochter. Die Beschreibung des Sexuallebens zwischen Esra und Adam stellt nach Ansicht der Kammer damit eine Verletzung der Intimsphäre der Klägerin zu 1) dar, die mit dem Autor ebenfalls in einer sexuellen Beziehung verbunden war. Außerdem begründe sich die schwerwiegende Verletzung des Persönlichkeitsrechts aus der Schilderung der Krankheit der Tochter der Klägerin zu 1)[125].

Das Urteil des Landgerichts zeichnet sich durch die Präzisierung des Streitgegenstands aus: Maßgebend für die Entscheidung ist eine geänderte Fassung des Romans, wobei die ursprüngliche hinsichtlich des Vorverständnisses der Leser Berücksichtigung findet. Das Gericht weist darauf hin, daß den Klägerinnen die Aufmerksamkeit durch die Medien an dem Verfahren nicht angelastet werden kann. Hinsichtlich der für den Beschluß des Bundesverfassungsgerichts maßgebenden Kriterien von Erkennbarkeit, „Je-desto"-Formel und Fiktionalitätsvermutung finden sich keine präzisierenden Ausführungen.

c) Oberlandesgericht München: Konkretisierungen im Erkennbarkeitsbereich

Das Oberlandesgericht München wies mit Urteil vom 6.4.2004 die Berufung der Beschwerdeführerin gegen das Urteil des Landgerichts vom 15.10.2003 zurück[126]. Das Gericht bejahte einen Unterlassungsanspruch der Klägerinnen analog §§ 1004, 823 Abs. 1 BGB i.V.m. Art. 2 Abs. 1 i.V.m. Art. 1 Abs. 1 GG aufgrund einer Verletzung des allgemeinen Persönlichkeitsrechts[127]. Anhand der von dem Landgericht aufgezählten Übereinstimmungen bestätigte das Oberlandesgericht die Erkennbarkeit der Klägerinnen in den Romanfiguren[128]. Die zwischenzeit-

---

124 Ebda., S. 94.

125 Ebda., S. 93 f.

126 Das Urteil ist nur auszugsweise publiziert worden. Das Gericht sah in der Veröffentlichung des Volltextes der Entscheidung eine Gefahr für die Persönlichkeitsrechte der Betroffenen – kritisch hierzu *Busch,* Romanverbote (Fn. 1), S. 204.

127 OLG München NJOZ 2005, 4343 (4344).

128 Ebda., S. 4344 f.

lich überarbeitete zweite Romanfassung berücksichtige nicht hinreichend das durch die Erstausgabe bedingte Vorverständnis der Leserschaft[129].

Auch hinsichtlich der anderen Entscheidungsaspekte schloß sich das Gericht den Ausführungen der Vorinstanz an und hob darüber hinaus vier weitere Gesichtspunkte hervor: Erstens stelle die Schilderung des *Abtreibungsversuchs* eine Vertiefung der Persönlichkeitsrechtsverletzung dar. Außerdem werde das Recht am eigenen *Lebensbild* verletzt[130]. Weiterhin begründet das Gericht den erhöhten Schutz der Eltern-Kind-Beziehung ausdrücklich mit einer Schutzbereichsverstärkung der Art. 1 Abs. 1, Art. 2 Abs. 1 GG durch *Art. 6 Abs. 1, 2 GG*[131]. Viertens müsse letztlich nicht entschieden werden, ob der verfassungsmäßige *Verhältnismäßigkeitsgrundsatz* im Zivilrecht Anwendung finde, da die vermeintlich mildere Maßnahme, die Streichung bestimmter Stellen, nicht möglich sei. Unumgänglich sei ein Eingriff in die gesamte Darstellung und Struktur des Romans. Außerdem gehöre es nicht zur Aufgabe des Gerichts, sich durch Kürzungen literarisch zu betätigen[132].

Auch wenn das Oberlandesgericht noch keine Vertiefungen bezüglich der „Je-desto“-Formel und Fiktionalitätsvermutung anstrebt und die Ausführungen zum Recht am eigenen Lebensbild der Klägerinnen später vom Bundesverfassungsgericht nicht übernommen werden[133], besteht der Verdienst der Entscheidung nichtsdestoweniger in ersten Ansätzen zur Konkretisierung des Erkennbarkeitsmaßstabs: So legt das Gericht fest, daß die Identifizierung bei einem „Teil der Leserschaft“[134] ausreiche und löst sich damit – richtungweisend für den „Esra“-Beschluß des Bundesverfassungsgerichts – von dem bis dahin geltenden „Mephisto“-Maßstab eines „nicht unbedeutende(n) Leserkreis(es)“[135].

d) Bundesgerichtshof: kein Bahnbrecher, aber Sprungbrett zum „Esra“-Beschluß

Die Revision gegen das Urteil des Oberlandesgerichts vom 6.4.2004 wies der Bundesgerichtshof am 21.6.2005 zurück. Das Gericht bejahte einen Unterlassungsanspruch der Klägerinnen, da die Kunstfreiheit aus Art. 5 Abs. 3 S. 1 1. Alt. GG im vorliegenden Fall hinter dem allgemeinen Persönlichkeitsrecht aus Art. 2 Abs. 1 i.V.m. Art. 1 Abs. 1 GG zurücktrete[136]. Es stützte sich hinsichtlich der Verletzung des allgemeinen Persönlichkeitsrechts der Klägerinnen im wesentlichen auf die Begründungen der Vorinstanzen. Das Revisionsgericht vertiefte zudem

[129] Ebda., S. 4344 f.
[130] Ebda., S. 4346 f.
[131] Ebda., S. 4346.
[132] Ebda., S. 4349.
[133] BVerfGE 119, 1 (28).
[134] OLG München NJOZ 2005, 4343 (4344).
[135] BVerfGE 30, 173 (198).
[136] BGH NJW 2005, 2844 (2844 f.).

vier Aspekte. Zunächst wird nochmals mit Nachdruck klargestellt, daß die *Unterlassungserklärung* der Beschwerdeführerin dem klägerischen Begehren schon deshalb nicht genügen kann, da diese den Unterlassungsanspruch nicht voll abdecke und kein Einvernehmen über einen Unterlassungsvertrag hergestellt werden konnte[137].

Hinsichtlich der *Erkennbarkeit* präzisiert das Gericht zweitens den Ansatz des Oberlandesgerichts: Es genüge, daß zumindest ein Teil des Leserkreises die Person, „in einem mehr oder minder großen Bekanntenkreis"[138], ohne namentliche Nennung wiedererkennen könne[139]. Zwar müssen zur Erkennbarkeit weitere Voraussetzungen zur Bejahung eines Unterlassungsanspruchs treten. Namentlich sei eine schwerwiegende Persönlichkeitsrechtsverletzung erforderlich[140].

Drittens vertieft das Gericht die Ausführungen zur *Fiktionalität* im Kunstwerk und kommt damit der später vom Bundesverfassungsgericht eingeführten „Je-desto"-Formel erstmals in diesem Instanzenzug sehr nahe: Der Autor habe mit Esra und Lale keine selbständigen Romanfiguren geschaffen. Literatur beinhalte nicht nur eine ästhetische Wirkung. Sie finde sich zudem in den Realien wieder, die zwar im Kunstwerk verfremdet würden, ihre sozialbezogene Wirksamkeit allerdings behielten. Diese Wirkungen ständen neben dem selbständigen Kunstbereich[141]. Der Effekt in der Realität sei bei der Garantie von Art. 5 Abs. 3 S. 1 1. Alt. GG zu berücksichtigen, da die Welt der Kunst und der Wirklichkeit in der Literatur eine Einheit bilden würden. Einen ersten Vorläufer der „Je-desto"-Formel ohne Würdigung der Fiktionalisierung eines literarischen Werks gestaltet sich damit wie folgt: „Die Kunstfreiheit wird umso eher Vorrang beanspruchen können, je mehr die Darstellungen des Urbilds künstlerisch gestaltet und in die Gesamtkonzeption des Kunstwerks eingebettet sind."[142] Wenn ein Autor wie im vorliegenden Fall die Zuordnung von realer Person und künstlerischer Figur ermögliche, ende damit die Übereinkunft von Schriftsteller und Leser, daß das künstlerische Werk Fiktion sei[143].

Bezüglich der Klägerin zu 2) erläutert das Gericht viertens darüber hinaus *detaillierter* als die Vorinstanzen die Verletzung des allgemeinen Persönlichkeitsrechts: Lale sei eine depressive, psychisch kranke Alkoholikerin, die ihre Tochter und die gesamte Familie tyrannisiere, sich herrisch und streitsüchtig verhalte, die eigenen Kinder vernachlässige sowie das Preisgeld in ihr Hotel gesteckt habe, ihren Eltern Land entwendet und die Mafia auf sie angesetzt habe. Gegen den Goldabbau kämpfe sie nach der insoweit aussagekräftigen Romanschilderung

137 Ebda., S. 2845.
138 Ebda., S. 2845.
139 Ebda., S. 2845 f.
140 Ebda., S. 2846 f.
141 Ebda., S. 2847.
142 Ebda., S. 2847.
143 Ebda., S. 2847 f.

nur, weil auf ihrem Grundstück, das sie unrechtmäßig erhalten habe, keine eigenen Goldvorkommen vorhanden seien. Sie habe kurz vor dem Brand ihres Hotels eine beachtliche Brandschutzversicherung abgeschlossen. Von ihrem ersten Mann sei Lale betrogen, von dem zweiten geschlagen worden. Lale habe ihre Tochter Esra zur Abtreibung treiben wollen. Die Entstellung von *Lemke* zu der so beschriebenen Lale sei nicht durch die Kunstfreiheit geschützt[144].

Insgesamt führt der Bundesgerichtshof die im Instanzenzug fundierteste Analyse des Romans durch und stellt brauchbare, am weitesten konkretisierte Kriterien zum Ausgleich von Persönlichkeitsschutz und Kunstfreiheit auf. Die Ausführungen der Vorinstanzen zur Unterlassungserklärung des Gesamtverbots vervollständigt er. Der Erkennbarkeitsmaßstab wird erstmals quantitativ umrissen[145]. Der Gedanke der „Je-desto"-Formel, der stufenweise Ausgleich von Fiktionalisierung und Persönlichkeitsrechtsbeeinträchtigung, wird in einer ersten Fassung konkretisiert[146]. Die Untersuchung hebt sich in der Tiefe der Analyse von den Vorinstanzen ab: Die referierten Details aus dem Leben Lales sind auf eine noch sorgfältigere Lektüre zurückzuführen[147]. Gleichwohl ist die Entscheidung sowohl im Ergebnis – beiden Klagen wird stattgegeben – als auch in der Argumentationslinie – eine die grundsätzliche Zulässigkeit von Kunst ermöglichende Fiktionalitätsvermutung fehlt[148] – noch merklich von der kunstspezifischen Sichtweise der folgenden „Esra"-Entscheidung entfernt.

2. Stellungnahmen der Vertreter der literarischen Welt

Der Börsenverein des Deutschen Buchhandels, der Verband deutscher Schriftsteller in der Vereinten Dienstleistungsgewerkschaft sowie das P. E. N.-Zentrum Deutschland haben unter anderem zur Verfassungsbeschwerde Stellungnahmen abgegeben. Als Repräsentanten des Literaturbetriebs bilden ihre Einschätzungen das Meinungsbild der literarischen Welt ab. Zugleich sind sie auch durch eben die Brille dieser Klientel zu lesen, die verständlicherweise für einen umfassenden Schutz von Kunst plädiert.

a) Börsenverein des Deutschen Buchhandels: Verkennung des Kunstcharakters

Der Börsenverein des Deutschen Buchhandels votiert demgemäß wenig überraschend für die Stattgabe der Verfassungsbeschwerde, um dem Kunstcharakter gerecht zu werden und Einschüchterungseffekte auf die Literaturwelt zu vermeiden.

---

144 Ebda., S. 2848.
145 Ebda., S. 2845 f.
146 Ebda., S. 2847.
147 *Biller,* Esra (Fn. 1), S. 9, 24 ff., 153 ff.
148 Vgl. BVerfGE 119, 1 (28).

Er vertritt die Auffassung, in den bisherigen Entscheidungen sei der *Kunstcharakter* des Romans – insbesondere in bezug auf Verletzung der Persönlichkeitsrechte und Erkennbarkeit – nicht ausreichend beachtet worden[149]. Der vom Bundesgerichtshof präferierte Maßstab der Identifizierung durch einen mehr oder weniger großen Bekanntenkreis sei auf das Presserecht, nicht aber auf die Kunstfreiheit anwendbar. Ein Abgleich von Romanfigur mit realer Vorlage in bezug auf Persönlichkeitsrechtsverletzungen werde der exponierten Position der Kunstfreiheit gegenüber den anderen Grundrechten nicht gerecht[150]. Der Börsenverein des Deutschen Buchhandels ist der Ansicht, daß neben der Erkennbarkeit kumulativ eine davon unabhängige Persönlichkeitsrechtsverletzung vorliegen müsse. Allein die Feststellung einer unzureichenden Verfremdung könne nicht genügen, da die Prüfungen von Verfremdung und Erkennbarkeit untrennbar verbunden seien. Weil sich eine Persönlichkeitsrechtsverletzung nicht auf der ästhetischen, sondern nur auf der sozialbezogenen Wirkungsebene ereignen könne, sei entscheidend, welche Ebene den Roman als Gesamtwerk präge. Bei Zweifeln in Hinblick auf Tatsachenbericht oder fiktionale Erzählung komme jedenfalls der vorbehaltlos garantierten Kunstfreiheit der Vorrang zu[151].

Zudem warnt der Börsenverein vor der *Ausstrahlungswirkung* der Publikationsuntersagung: Das Verbot könnte dazu führen, daß künftig Romane einiger Literaturströmungen möglicherweise nicht oder nur eingeschränkt verlegt werden. Insbesondere die Postmoderne und der subjektive Realismus, die durch die Verbindung von autobiographischen und fiktionalen Elementen gekennzeichnet seien, würden hiervon besonders betroffen[152].

b) Verband deutscher Schriftsteller: Lähmung des Literaturbetriebs

Der Verband deutscher Schriftsteller erklärt sich ähnlich und beruft sich ebenso auf die lähmende Wirkung eines Publikationsverbots für den Literaturbetrieb und den inadäquaten Abgleich mit der Realität. Dabei könne einzig die Erkennbarkeit im engeren Bekanntenkreis die Entscheidungen nicht rechtfertigen, da sich in literarischen Texten häufig Personen wiedererkennen. Literatur sei angesichts der Autonomie von Kunst nicht wie ein Tatsachenbericht zu behandeln[153].

---

149 BVerfGE 119, 1 (17). Die folgenden Angaben beziehen sich durchgehend auf den genannten „Esra"-Beschluß. Die Zitierung beschränkt sich auf die Seitenzahl.
150 S. 17.
151 S. 17 f.
152 S. 18.
153 S. 18.

c) P.E.N.-Zentrum Deutschland: mangelnde Verantwortlichkeit für Enthüllungen

Diesen Ausführungen schließt sich auch das P.E.N.-Zentrum Deutschland an und verneint darüber hinaus die Verantwortlichkeit des Autors für die *Enthüllungen im Gerichtsverfahren*. Es betont mit Nachdruck, daß der Roman keinen Anspruch auf Objektivität geltend mache. Allein das Gerichtsverfahren habe die Identitäten aufgedeckt. Diese Entwicklung müsse nicht der Autor verantworten. Denn es handele sich – im Gegensatz zu „Mephisto" von Klaus Mann – nicht um einen Schlüsselroman. Der Ich-Erzähler mache das Tabu des privaten Schreibverbots selbst zum Thema, das er seitens Esra als kleinbürgerliche Angst vor der Literatur erlebe. Der Autor beanspruche die Kunstfreiheit für sich[154].

d) Zwischenergebnis: Votum für die Kunstfreiheit

Das Bild der eingeholten Stellungnahmen fällt denkbar eindeutig aus: Der Verfassungsbeschwerde sei stattzugeben, da ein Publikationsverbot den Kunstcharakter, das Spiel aus Fiktion und Wirklichkeit, nicht respektiert und die Freiheit des gesamten Literaturbetriebs unzumutbar beschneidet. Ebenso klar und plausibel wie die Begründung ist allerdings die Intention, die die Experten eint: Sowohl der Börsenverein des Deutschen Buchhandels, der Verband deutscher Schriftsteller in der Vereinten Dienstleistungsgewerkschaft als auch das P. E. N.-Zentrum vertreten ausweislich die Interessen ihrer Mitglieder, also der Buchhändler, Verlage und Autoren. Sie setzen sich für die Optimierung ihrer politischen und wirtschaftlichen Rahmenbedingungen ein. So erreicht das Engagement für literarische Freiheit beim P. E. N.-Zentrum in der Gründung des Writers-in-Prison-Committee eine internationale Dimension[155]. Wenn die Untersagung der Veröffentlichung auch nicht mit Reglementierungen und Sanktionierungen von verfolgten Schriftstellern im Ausland gleichzusetzen ist, die mit Haft- und Todesstrafen bedroht werden, so deutet dieses beachtenswerte Engagement auf eine ausgeprägte Sensibilität im Bereich von Buchverboten hin. Letztlich würden die Vereinigungen auch den Interessen ihrer Mitglieder zuwiderhandeln, wenn sie die wirtschaftliche Verwertbarkeit von literarischen Werken zum Schutz der Interessen Dritter beschränken.

---

[154] S. 19.

[155] Ständig aktualisierte Informationen unter http://www.autoren-magazin.de/schriftsteller-im-gefaengnis.phtml (31.8.2011).

3. Parteienvortrag: Fiktion betrifft (nicht) reale Personen

Mit der Verfassungsbeschwerde wendet sich die Beschwerdeführerin gegen die voranstehenden Urteile des Landgerichts München I vom 15.10.2003, des Oberlandesgerichts München vom 6.4.2004 und des Bundesgerichtshofs vom 21.6.2005[156].

a) Beschwerdeführerin

Die Beschwerdeführerin ist der Ansicht, das letztinstanzliche Urteil offenbare eine unrichtige Einschätzung hinsichtlich der Bedeutung von Kunstfreiheit. Der Schutzbereich des allgemeinen Persönlichkeitsrechts werde zu weit, der der Kunstfreiheit entsprechend zu eng gefaßt[157]. Die Kritik gliedert sich in drei Teilbereiche, namentlich in bezug auf die Erkennbarkeit, die mangelnde Würdigung der Faktizitätsnegierung durch Kunst und in Hinblick auf einen Verstoß gegen den Verhältnismäßigkeitsgrundsatz.

Kritik wird zunächst an dem *Erkennbarkeitskriterium* geübt: Allein Erkennbarkeit sei für die Betroffenheit der Klägerinnen nicht ausreichend. Außerdem beruhten die Feststellungen hinsichtlich der Identifizierung der Vorbilder auf einem Maßstab, der literarischen Werken nicht gerecht werde. Bemängelt wird die Angleichung der unterschiedlichen Erkennbarkeitsvoraussetzungen von journalistischen und literarischen Texten. So könne zwar bei einer Presseberichterstattung Identifizierung durch Bekannte, nicht aber im Bereich der Belletristik zur Bejahung der Betroffenheit ausreichen. Wenn in der Entscheidung des Bundesgerichtshofs die Erkennbarkeit in einem Bekanntenkreis variablen Umfangs genüge („Ein Unterlassungsanspruch wegen der Verletzung des allgemeinen Persönlichkeitsrechts steht demjenigen zu, der durch die Veröffentlichung individuell betroffen ist. Dies setzt voraus, dass er erkennbar zum Gegenstand einer medialen Darstellung wurde. Die Erkennbarkeit ist bereits dann gegeben, wenn die Person ohne namentliche Nennung zumindest für einen Teil des Leser- oder Adressatenkreises auf Grund der mitgeteilten Umstände hinreichend erkennbar wird."[158]), stehe diese Wertung im Widerspruch zur „Mephisto"-Entscheidung. Denn dort sei maßgeblich gewesen, daß ein nicht unbeachtlicher Leserkreis Gustav *Gründgens* in der Romanfigur Hendrik Höfgen identifiziere und es sich dabei um eine Person der Zeitgeschichte gehandelt habe[159].

Zweitens liege angesichts des *Kunstcharakters* keine schwerwiegende Persönlichkeitrechtsverletzung vor. Der Bundesgerichtshof gehe unzutreffend davon aus, daß es sich nicht um eine Darstellung von Typen, sondern der realen Personen der Klägerinnen handele. Auf dieser irrigen Annahme beruhe die Bewer-

---

156 BVerfGE 119, 1 (12 ff.).

157 S. 12.

158 BGH NJW 2005, 2844 (2845).

159 S. 12 f.

tung als schwere Persönlichkeitsrechtsverletzung. Es sei für jeden Leser erkennbar, daß es bei der Erzählung nicht um eine Abbildung der Wirklichkeit gehe. Entgegen der Ansicht des Bundesgerichtshofs habe der Autor auch bei Übereinstimmungen von Lebens- und Berufswegen der Klägerinnen mit denen der Romanfiguren eigenständige Kunstfiguren geschaffen. Die Handlung gründe mehrheitlich auf freier Vorstellungskraft. Es seien beträchtliche Unterschiede zwischen den literarischen Gestalten und den realen Vorlagen vorhanden, die insbesondere vom Leserkreis aus der Bekanntschaft der Klägerinnen erkannt würden. Zudem komme nicht dem Gericht die Aufgabe zu, Maßstäbe zur Bejahung hinreichender literarischer Verfremdung zu setzen. Anderenfalls werde die Freiheit der Kunst gefährdet[160]. Auch bei Bejahung eines Wahrheitsanspruchs des Romans könne damit kein Publikationsverbot begründet werden. Wenn das Gericht der letzten Tatsacheninstanz, das Oberlandesgericht, davon ausgegangen sei, der Leser werde nicht erkennen, welche Teile des Romans der Wirklichkeit oder Fiktion zuzuordnen seien, stelle dies nur die Möglichkeit einer Rechtsverletzung dar, die keinesfalls ein Veröffentlichungsverbot rechtfertige[161].

Die Entscheidung des Bundesgerichtshofs beruhe auf einer Überdehnung des Schutzbereichs des allgemeinen Persönlichkeitsrechts. Bei der Bejahung der Verletzung der Intimsphäre der Klägerin zu 1) werde verkannt, daß fiktionale Beschreibungen von Handlungen, die sich nicht in der Wirklichkeit ereignet hätten, keine Verletzung beinhalteten. Die vom Bundesgerichtshof vorausgesetzte Leseerwartung, die Details des intimen Verhältnisses zwischen Esra und Adam hätten sich ebenso im Leben der Klägerin zu 1) ereignet, könne nicht ohne weiteres unterstellt werden. Daher sei *nicht die abwägungsfreie Intimsphäre* der Klägerin zu 1), sondern die Fallgruppe der Entstellung des Lebensbilds einschlägig[162]. Auch bezüglich der Klägerin zu 2) gehe das Gericht von einer Persönlichkeitsrechtsverletzung aufgrund einer negativen Verzerrung des Lebensbildes aus, ohne jedoch die gemeinten unwahren Tatsachenbehauptungen hinreichend zu konkretisieren. Angesichts der einschneidenden Verbotswirkung seien an Begründung und Rechtswidrigkeit des Eingriffs erhöhte Anforderungen zu stellen. Den Ausführungen des Gerichts würden klare Vorgaben für mögliche Streichungen und Korrekturen hinsichtlich zulässiger und rechtswidriger Textstellen fehlen[163].

Zudem verstoße das Verbreitungsverbot hinsichtlich des gesamten Romans gegen das *Verhältnismäßigkeitsprinzip*[164]. Durch die Berücksichtigung der öffentlichen Diskussion und der Berichterstattung in der Presse würden Umstände relevant, die in keinem direkten Zusammenhang mit dem Roman als literari-

160 S. 13 f.
161 S. 14 f.
162 S. 15.
163 S. 15 f.
164 S. 16.

schem Werk ständen und daher bei der gebotenen werkimmanenten Betrachtung unbeachtlich seien[165].

Insgesamt ist die Argumentation der Beschwerdeführerin weitgehend von den gleichen Erwägungen wie die vorgestellten Stellungnahmen getragen. Darüber hinaus wird seitens der Beschwerdeführerin auf eine irrige Bejahung einer Verletzung der Intimsphäre und der Verhältnismäßigkeit des Verbots hingewiesen.

b) Klägerinnen

Die Klägerinnen lehnen eine Verletzung der Kunstfreiheit aus Art. 5 Abs. 3 S. 1 1. Alt. GG aufgrund *mangelnder Fiktion* und *unzulässiger Vorrangstellung von Kunst* durch Negierung jeglichen Faktizitätsanspruchs ab. Denn zum einen seien die Romanfiguren in der Tat nichtfiktiv. Dies zu verkennen und einen Faktizitätsanspruch im voraus abzulehnen würde zur Abwägungsfestigkeit der Kunstfreiheit führen und damit die Gefahr des Mißbrauchs erhöhen[166].

4. Entscheidungsgründe des Bundesverfassungsgerichts

Nach der Senatsentscheidung vom 13. Juni 2007 war die Verfassungsbeschwerde teilweise begründet. Die angegriffenen Entscheidungen verletzten die Beschwerdeführerin in ihrem Grundrecht aus Art. 5 Abs. 3 S. 1 1. Alt. GG, soweit sie einen Unterlassungsanspruch der Klägerin zu 2) bejahten[167].

a) Argumentation der Senatsmehrheit: Differenzierung zwischen den Klägerinnen

Der Erste Senat weist zunächst auf die *Unmöglichkeit* hin, bei einem Roman eine klare Trennung von Kunst und Nichtkunst nach dem Maße der gelungenen Verfremdung vorzunehmen[168]. Neben der Ausprägung als Abwehrrecht gegen den Staat sei das Grundrecht aus Art. 5 Abs. 3 S. 1 1. Alt. GG zugleich eine objektive Entscheidung für die Kunstfreiheit, die auch im Umgang Privater zu beachten sei[169]. Die Kunstfreiheit garantiere für Werk- und Wirkbereich einen umfassenden, auch die vermittelnden Tätigkeiten von publizistischen Medien einbeziehenden Schutz[170]. Nach Festlegung, in welchem Rahmen sich die Entscheidung hinsichtlich Prüfungsschärfe und -notwendigkeit im Rechtsstreit Privater sowie in bezug auf Schutzbereichsgrenzen bewegt, erörtert das Bundesverfassungsge-

---

165 S. 16 f.
166 S. 19 f.
167 S. 20.
168 S. 21.
169 S. 21.
170 S. 21 f.

richt schwerpunktmäßig die Aspekte von Erkennbarkeit, Fiktionalitätsvermutung und „Je-desto"-Formel.

aa) Entscheidungsrahmen:
Kontrolldichte, Zensur, Schutzbereichsverstärkung

Zunächst handele es sich bei dem vorliegenden Rechtsstreit um eine *Auseinandersetzung Privater*, für die sich die Prüfungskompetenz des Bundesverfassungsgerichts aufgrund der vorrangigen Zuständigkeit der Zivilgerichte in der Regel auf die Kontrolle einer grundsätzlich unrichtigen Auffassung von der Bedeutung des Art. 5 Abs. 3 S. 1 1. Alt. GG begrenze. Diesen Grundsatz schränkt der Senat in dem zur Entscheidung vorliegenden Fall angesichts der Folgenschwere eines Verbots jedoch erheblich ein. Vorliegend bedeute die Untersagung einen besonders starken Eingriff in die Kunstfreiheit, so daß eine vollumfängliche Prüfung der Vereinbarkeit der Entscheidungen mit der Kunstfreiheit geboten sei[171].

Zudem stellt das Gericht klar, daß es nicht um einen Fall staatlicher Reglementierung geht. Gerade wenn man im Interesse künstlerischer Selbstbestimmung von einem weiten Kunstbegriff ausgehe, müsse ein wirksamer Schutz für Personen, die durch Kunst betroffen würden, gewährleistet sein. Eingriffe in die Kunstfreiheit, die aufgrund von Klagen Privater ergehen, sind nach Meinung des Bundesverfassungsgerichts daher zweitens nicht als staatliche *Kunstzensur* zu qualifizieren[172].

Das Gericht betont außerdem die Bedeutung des allgemeinen Persönlichkeitsrechts aus Art. 2 Abs. 1 i.V.m. Art. 1 Abs. 1 GG, das im Fall einer *Eltern-Kind-Beziehung* durch Art. 6 Abs. 1, 2 GG verstärkt wird[173].

bb) Erkennbarkeit: Einfallstor der Aktivierung des Persönlichkeitsschutzes

Nachdem das Feld der Entscheidung abgesteckt ist – weitreichende Prüfungskompetenz, keine Kunstzensur, Schutzbereichsflexibilisierung – arbeitet das Gericht den ersten beachtlichen Leitgedanken der Entscheidung heraus: Es präzisiert das Erkennbarkeitskriterium unter einem quantitativen und qualitativen Blickwinkel. Der Senat bestätigt durch kommentarlose Anwendung das Kriterium der *Erkennbarkeit* und sieht es im Fall der Klägerinnen als erfüllt an. Voraussetzung sei, daß sich – in quantitativer Hinsicht – einem *mehr oder minder großen Bekanntenkreis* die Identifizierung mit realen Personen aufdränge[174]. Maßstab – in qualitativer Hinsicht – für die Bejahung der Erkennbarkeit ist der *mit den Umständen vertraute Leser*[175]. Vorliegend ergäbe sich die Erkennbarkeit

---

171 S. 22.
172 S. 23. In der Tat handelt es sich nicht um einen Fall staatlicher Zensur, vgl. Abschnitt C.II.7.
173 S. 23 f.
174 S. 25 f.
175 S. 26.

in der Urfassung schon aufgrund der verliehenen Preise, nach deren Umbenennung ungemindert anhand der hohen Kumulation übereinstimmender biographischer Merkmale[176].

Weiterhin seien die Klägerinnen auch *nicht nur geringfügig* beeinträchtigt[177]. Angesichts der großen Bedeutung der Kunstfreiheit muß ein schwerwiegender Persönlichkeitsrechtseingriff vorliegen, damit die Kunstfreiheit zurücktritt. Die Schwere der Beeinträchtigung ist nach Auffassung des Gerichts davon abhängig, in welchem Umfang der Literat dem Leser nahelegt, das Werk zu realen Personen in Beziehung zu setzen und wie intensiv die sich daraus ergebende Persönlichkeitsrechtsbeeinträchtigung ausfällt. Der erkennende Senat setzt sich im Anschluß eingehend mit der nötigen kunstspezifischen Betrachtung auseinander[178].

cc) Fiktionalitätsvermutung: Neuerung des „Esra"-Beschlusses

Eine wesentliche, wenn nicht die bedeutsamste Neuerung des „Esra"-Beschlusses stellt die *Vermutung für die Fiktionalität* eines literarischen Textes dar[179]. Demnach ist in der Regel anzunehmen, daß ein literarisches Werk wie ein Roman ein fiktionaler Text ist, der keine Faktizität beanspruche. Der Leser sei grundsätzlich fähig, zwischen einem fiktionalen und einem nichtfiktionalen Text zu unterscheiden. Diese Fiktionalitätsvermutung kann als bahnbrechender Markstein der „Esra"-Entscheidung bezeichnet werden. Wurden die weiteren Errungenschaften der präzisierten Erkennbarkeits- und „Je-desto"-Formel in den Vorinstanzen zumindest in Erwägung gezogen, so manifestiert die Fiktionalitätsvermutung eine Neuerung, die unter Berücksichtigung literaturwissenschaftlicher Sachkunde – Literatur ist in der Tat häufig fiktional – der generellen „in-dubio-pro-arte"-Regelung eine konkrete und hinreichend fundierte Ausprägung verschafft.

dd) „Je-desto"-Formel: feinmaschige Abwägung von Fiktion und Persönlichkeitsschutz

Die *„Je-desto"-Formel* ist nach der Fiktionalitätsvermutung eine weitere, wenn auch nicht so leicht handhabbare Innovation der „Esra"-Entscheidung. Einführend erläutert das Gericht, daß eine kunstspezifische Betrachtungsweise um so mehr angewendet werden müsse, je weiter sich eine Romanfigur von ihrem Urbild entferne und damit zu einer eigenständigen Kunstfigur werde[180]. Ein Ausgleich sei im Wege der Abwägung zwischen Kunstfreiheit und Persönlichkeits-

176 S. 26.
177 S. 26.
178 S. 27 f.
179 S. 28 f.
180 S. 29.

schutz am Maßstab der Intensität des Eingriffs in das allgemeine Persönlichkeitsrecht zu erzielen[181].

Im Anschluß erläutert das Gericht eine als solche benannte Wechselbeziehung zwischen Fiktionalität und Intensität der Persönlichkeitsrechtsverletzung und damit den Kerngedanken der „Je-desto“-Formel, der sich in zwei Teile gliedert: Je stärker reale Personen und Kunstfigur übereinstimmen, desto schwerwiegender sei die Beeinträchtigung des Persönlichkeitsrechts. Zweitens, je schwerer letztere wiege, desto stärker müsse die Verfremdung sein, um eine Persönlichkeitsrechtsverletzung zu vermeiden[182].

Demgemäß seien die angegriffenen Entscheidungen dem Grundrecht der Beschwerdeführerin auf Kunstfreiheit nur bezüglich der *Klägerin zu 1)* gerecht geworden, hinsichtlich der *Klägerin zu 2)* würden sie eine kunstgerechte Wertung aus drei Gründen, namentlich wegen der Verkennung von Fiktion, Textrezeption und der Zugrundelegung eines kunstinadäquaten Wahrheitskriteriums, verfehlen.

Bezüglich der Klägerin zu 2) werde zunächst der Charakter von *Fiktion* unzutreffend ausgelegt. Zwar sei nicht zu beanstanden, daß die Gerichte aufgrund zahlreicher biographischer Angaben wie der Preisverleihung von einem geringen Maß an Verfremdung ausgingen[183]. Allerdings fehle die für ein Publikationsverbot erforderliche Feststellung einer schwerwiegenden Persönlichkeitsrechtsverletzung hinsichtlich der Klägerin zu 2). Die Gerichte hätten sie schlicht aus einer negativen Darstellung der Kunstfigur Lale abgeleitet und zugleich bemängelt, daß nicht alle Angaben mit dem realen Urbild in Form der Klägerin zu 2) übereinstimmen. Damit würden sie verkennen, daß es sich bei einem Roman vom Ursprung her um Fiktion handelt[184].

Zweitens werde die *Rezeption des Textes* nur unzureichend erfaßt. Ein literarisch verständiger Leser könne erkennen, daß es sich bei dem Text nicht um eine Tatsachenschilderung, sondern um ein literarisches Werk handele, das hinter der realistischen eine zweite, vertiefte Ebene aufweise. Die zweite Ebene der neuen literarischen Welt zeige sich ihm durch die Einbindung der Figur Lale in das Gesamtgefüge der Frage nach Schuld und Scheitern der Beziehung. Außerdem werde sie dadurch deutlich, daß der Autor die Gestalt überwiegend nicht aus eigenem Erleben beschreibe[185].

Letztlich ist das *Kriterium der Wahrheit von Tatsachen* nach Ansicht des Gerichts bei einem Roman ungeeignet, da dieser im Gegensatz zur Tatsachenschilderung keinen Wahrheitsanspruch erhebe und folglich keinen Wahrheitsbeweis erbringen könne. In einem literarischen Werk, das an die Realität anknüpfe,

---

181 S. 29 f.
182 S. 30.
183 S. 30 f.
184 S. 31.
185 S. 31 f.

würden sich typischerweise Wirklichkeit und Fiktion vermischen. Zur Bejahung einer Persönlichkeitsrechtsverletzung wäre der Nachweis erforderlich, daß der Autor dem Leser bestimmte Passagen als Tatsachenbehauptung nahebringe und gerade diese eine Persönlichkeitsrechtsverletzung beinhalten würden[186].

Hinsichtlich der Klägerin zu 1) seien die Entscheidungen hingegen verfassungsgemäß, da die Gerichte hier neben der Erkennbarkeit auch schwerwiegende Persönlichkeitsrechtsverletzungen anhand konkreter Romanstellen belegt hätten. Diese gegenüber dem Votum bezüglich der Klägerin zu 1) konträre Entscheidung rechtfertigt sich aus zwei Ausnahmegruppen, namentlich aus der Schilderung des *Sexuallebens zwischen Esra und Adam* sowie der *Beziehung der Mutter zur erkrankten Tochter.* Die Ereignisse im Zusammenhang mit der Protagonistin Esra wie ihr Verhältnis mit Adam, der problemlos als Autor des Romans zu identifizieren sei, ihre Ehe, die Krankheit ihrer Tochter und ihre neue Liaison entstammen der Wirklichkeit und werden im Unterschied zu Lale aus der unmittelbaren Perspektive des Ich-Erzählers erlebt. Daher werde dem Leser – anders als bei der Klägerin zu 2) – nicht nahegelegt, die Ereignisse als Fiktion anzusehen[187].

Abschließend bewertet das Gericht das Gesamtverbot auch als verhältnismäßig, da eine Beschränkung auf bestimmte Passagen des Romans keine vorrangige Alternative darstellen würde[188]. Der erkennende Senat räumt der Beschwerdeführerin die – wenn auch durch den Medienrummel erschwerte – Möglichkeit ein, den verfassungsmäßigen Anforderungen zu genügen, indem sie eine Romanversion veröffentlicht, die nicht gegen das Persönlichkeitsrecht der Klägerin zu 1) verstößt. Das gesteigerte Interesse in der Öffentlichkeit habe sich die Beschwerdeführerin zurechnen zu lassen, da es sich auf eine Persönlichkeitsrechtsverletzung beziehe, gegen die sich die Klägerin zu Recht zur Wehr gesetzt habe[189]. Weitere Verfassungsverletzungen, insbesondere gegen das Willkürverbot aus Art. 3 Abs. 1 GG und den Anspruch auf rechtliches Gehör nach Art. 103 Abs. 1 GG, sind nicht ersichtlich[190]. Bezüglich der Klägerin zu 2) wurde die Sache gemäß § 95 Abs. 2 BVerfGG an den Bundesgerichtshof zurückverwiesen. Die Entscheidung erging mit fünf gegenüber drei ablehnenden Stimmen[191].

---

[186] S. 32 f.

[187] S. 24 f., 33 ff.

[188] S. 35.

[189] S. 35 f.

[190] S. 36.

[191] S. 36. Auch wenn die Sache hinsichtlich der Klägerin zu 2) an den Bundesgerichtshof zurückverwiesen wurde, blieb das Publikationsverbot insgesamt wegen der Zurückweisung der Verfassungsbeschwerde hinsichtlich der Entscheidungen in bezug auf die Klägerin zu 1) bestehen. Die Verfassungsbeschwerde hatte also trotz Erfolgs im Fall der Klägerin zu 2) keine Änderungen zur Folge, sondern nur Einfluß auf die Kostenverteilung: Die Gerichtskosten mußten je zur Hälfte von der Klägerin zu 2) und der Beschwerdeführerin getragen werden. Die außergerichtlichen Kosten der Klägerin zu 2) waren zudem von ihr vollständig

b) Abweichende Voten: zu weitgehende Beschränkung der Kunstfreiheit

Die Richter *Christine Hohmann-Dennhardt, Reinhard Gaier* und *Wolfgang Hoffmann-Riem* lehnen das Veröffentlichungsverbot des Romans ab und betonen die herausragende Bedeutung einer kunstspezifischen Betrachtung. Die Ansichten von Senatsmehrheit und Sondervoten unterscheiden sich in zwei wesentlichen Aspekten, dem Wirklichkeitsbezug von Literatur und der Rezeption durch den Leser. Die Voten der dissentierenden Richter gründen auf dem gemeinsamen Gedanken, daß die Realität durch die künstlerische Bearbeitung in eine *neue ästhetische Wirklichkeit* verwandelt wird. Sie sei also nicht mehr vorhanden, da sie sich in der literarischen Welt in einer neuen Schöpfung vollständig aufgelöst habe. Die Umwandlung erfolgt demnach ausnahmslos[192]. Zweitens *begreife der Leser diesen Umwandlungsprozeß* auch adäquat und erwarte keine Faktizität[193]. Maßstab ist dabei nicht ein fiktiver Leser, sondern ein Rezipient mit dem nötigen literaturwissenschaftlichen Sachverstand[194]. Eine Persönlichkeitsrechtsverletzung durch literarische Werke sei daher nur im Fall des Mißbrauchs von Literatur zur Herabwürdigung von Personen möglich[195].

aa) Sondervotum der Richter Hohmann-Dennhardt, Gaier: inkonsequente Entscheidung

Auf Ablehnung sind in dem ersten Sondervotum das Erkennbarkeitskriterium, die Inkonsequenz im unterschiedlichen Vorgehen bezüglich der Klägerinnen und die unzureichende Würdigung literaturwissenschaftlicher Beratung gestoßen. Die Richter *Hohmann-Dennhardt* und *Gaier* spezifizieren ihre Kritik zunächst an dem *Erkennbarkeitsmaßstab.* Das Kriterium sei zur Bestimmung einer Persönlichkeitsrechtsverletzung ungeeignet[196]: Man könne nicht einerseits auf einen der Kunst eigenen, von der Realität abgrenzbaren Maßstab abstellen, andererseits diesen dann wieder an die Realität binden, indem man Abweichungen der Literatur von der Wirklichkeit quantitativ messe. Die neue ästhetische Wirklichkeit, in der sich Realität und Fiktion untrennbar verbinden, werde so auf eine reine Abbildung der Realität reduziert[197]. Zudem sei nicht verständlich, wie von der Erkennbarkeit auf die Persönlichkeitsrechtsverletzung geschlossen werde.

---

und diejenigen der Beschwerdeführerin zur Hälfte zu zahlen. Die Beschwerdeführerin hatte die andere Hälfte ihrer außergerichtlichen Kosten und die gesamten außergerichtlichen Kosten der Klägerin zu 1) begleichen. Vgl. zur Berechnungsmethode nur *M. Giebel,* in: T. Rauscher/P. Wax/J. Wenzel (Hrsg.), Münchener Kommentar zur Zivilprozessordnung mit Gerichtsverfassungsgesetz und Nebengesetzen, Bd. 1, 3. Aufl. 2008, § 100 Rn. 30 f.; *F. Hufen,* Verwaltungsprozessrecht, 8. Aufl. 2011, S. 554 f.

192 S. 39, 42.

193 S. 54 ff.

194 S. 45 ff.

195 S. 47.

196 S. 37 ff.

197 S. 38 f.

Einzelne, in die Erzählung eingehende Momente der Erkennbarkeit hätten keinen Einfluß auf die grundsätzliche Frage nach der Unterscheidung von Fiktion und Realität im gesamten Roman[198]. Einzig aus der Erkennbarkeit einer Person anhand einzelner, punktueller Identifizierungsmomente könne nicht gefolgert werden, das Intimleben der Kunstfigur entspreche dem der realen Person. Andernfalls wären Schilderungen von Intimszenen nur von nicht erkennbaren Personen möglich. Dadurch würde die Kunstfreiheit unzumutbar eingeschränkt[199].

Außerdem weisen die dissentierenden Richter darauf hin, daß die gesetzten Maßstäbe auf die beiden Klägerinnen *in unterschiedlicher Weise* mit daher untragbaren Ergebnissen angewendet würden[200]. Anders als im Fall der Klägerin zu 1) wende die Senatsmehrheit den Maßstab der Erkennbarkeit in bezug auf die Klägerin zu 2) nicht an[201]. Vielmehr schließe sie von der Form der Erzählung, daß Lale mittelbar durch fremde Erzählungen beschrieben werde, auf das Ausmaß von Fiktionalität. Die Wahl eines Stilmittels könne allerdings für die Unterscheidung von Realität und Fiktion nicht ausschlaggebend sein[202]. Die Persönlichkeitsrechtsverletzung hinsichtlich der Klägerin zu 1) werde allein durch die Erkennbarkeit und die unmittelbare, vom Senat als realistisch eingeschätzte Erzählung begründet[203]. Als Folge dieser Inkonsequenz kritisieren die Richter auch das hinsichtlich der Klägerinnen zweigeteilte Entscheidungsergebnis[204].

Drittens wird im Sondervotum die Einholung von *literaturwissenschaftlichem Beistand* gefordert[205]. Unter Berücksichtigung dieses Expertenwissens handele es sich bei „Esra" um einen Roman, der nicht die Wirklichkeit abbilde, sondern eine narrative Konstruktion sei und die Klägerinnen daher nicht in ihren Persönlichkeitsrechten verletze[206]. Ein Veröffentlichungsverbot sei zudem nur dann zu rechtfertigen, wenn die Kunstform des Romans zur Schmähung von Personen mißbraucht würde[207]. Da dies vorliegend nicht in Betracht komme, stelle das Verbot einen rechtswidrigen Eingriff in die sich aus Art. 5 Abs. 3 S. 1 1. Alt. GG ergebende Kunstfreiheit des Autors und der Beschwerdeführerin dar[208].

---

198 S. 39 f.
199 S. 41.
200 S. 42 ff.
201 S. 42.
202 S. 42 f.
203 S. 43 f.
204 S. 44.
205 S. 45 f.
206 S. 47.
207 Auf die Intention des Literaten stellt vergleichbar ab LG Münster ZUM-RD 2003, 329 (333).
208 S. 47 f.

bb) Sondervotum des Richters Hoffmann-Riem: Verkennen der Fiktionalitätsvermutung

Auch Richter *Hoffmann-Riem* bemängelt wie seine Kollegen *Hohmann-Dennhardt* und *Gaier* das von der Senatsmehrheit postulierte Verhältnis von Wirklichkeit und Kunst[209]. Darüber hinaus übt er Kritik an einer Begrenzung der Fiktionalitätsvermutung und der begrifflichen Bezugnahme auf die Schmähkritik.

Wolfgang Hoffmann-Riem ist der Ansicht, daß die Senatsmehrheit die Vermutung für die Fiktionalität bei der Darstellung des Intimlebens einer erkennbaren Person – also vorliegend bei der Klägerin zu 1) – in unzulässiger Weise zurücknehme. Diese *Einschränkung der Fiktionalitätsvermutung* sei nicht nachvollziehbar[210]. Weder Unterschiede in der Erzählform noch hinsichtlich der betroffenen Persönlichkeitsrechtsdimension könnten entscheidend sein. Denn die Darstellung des Sexuallebens beeinträchtige eine Persönlichkeit nicht ohne weiteres schwerer als die negative Zeichnung Lales[211]. Von der Kunstfreiheit würden nicht nur Produkte der reinen Phantasie des Künstlers, sondern auch literarische Bearbeitungen von empirisch wahrnehmbarer Wirklichkeit umfaßt. Der Schutz der Kunst dürfe nicht auf Fiktionalität beschränkt werden[212]. Die Vermutung der Fiktionalität sei daher in einem weiten Sinne zu verstehen[213].

Letztlich weist Richter *Hoffmann-Riem* darauf hin, daß es sich bei dem Begriff *„Schmähkritik"* um einen terminus technicus handele und daher auch die Deklarierung als Schmähung zur Klärung des Verhältnisses von Wirklichkeit und Fiktion nicht geeignet sei[214].

IV. Bundesgerichtshof: Entscheidung im Anschluß an den „Esra"-Beschluß

1. Nach Zurückverweisung: keine schwere Persönlichkeitsrechtsverletzung

Das Bundesverfassungsgericht hat gemäß § 95 Abs. 2 BVerfGG das Urteil des Bundesgerichtshofs vom 21.6.2005 aufgehoben und die Sache an ihn zurückverwiesen, soweit der Klage der Klägerin zu 2) stattgegeben worden war. Der Bundesgerichtshof entschied daraufhin nach erneuter Nachprüfung mit Urteil vom 10.6.2008, daß der Klägerin zu 2) kein Unterlassungsanspruch zusteht und

---

[209] S. 53 f.
[210] S. 50 ff.
[211] S. 52 ff.
[212] S. 55 f.
[213] S. 58.
[214] S. 59.

begründet dies insbesondere mit der *mangelnden Schwere der Persönlichkeitsrechtsbeeinträchtigung*[215]. Das Gericht verweist auf die Ausführungen des Bundesverfassungsgerichts zur kunstspezifischen Betrachtungsweise und Wechselbeziehung von künstlerischer Verselbständigung und Schwere der Persönlichkeitsrechtsbeeinträchtigung. Danach ist bei dem Roman von der Fiktionalität des Textes auszugehen. Derjenige, der sich in seinem Persönlichkeitsrecht verletzt fühlt, hat die Unrichtigkeit oder Ehrenrührigkeit der Passagen nachzuweisen. Denn der Künstler kann wegen der Fiktionalität seines Textes, für die ja die Vermutung streitet, keinen Wahrheitsbeweis erbringen[216]. Die Klägerin zu 2) hat weder die Unrichtigkeit noch die Ehrenrührigkeit der von ihr beanstandeten Passagen nachgewiesen. Die Darstellung der Kunstfigur Lale spielt nach Ansicht des Gerichts für das Gesamtgefüge des Romans vielmehr eine entscheidende Rolle und gleitet nicht in eine Schmähung ab. Da die Verfremdung bei der Figur Lale deutlicher als bei Esra sei, wiege die Beeinträchtigung des Persönlichkeitsrechts im Fall Lale weniger schwer[217]. Die erneute Abwägung im Fall der Klägerin zu 2) zwischen Persönlichkeitsschutz und Kunstfreiheit führt daher dazu, letzterer den Vorrang einzuräumen[218].

2. Entscheidung über Schmerzensgeldansprüche der Klägerinnen zu 1) und 2)

a) Kein Schmerzensgeld für die Tochter wegen der Subsidiarität des Anspruchs

Das Landgericht München I hat mit Urteil vom 13.2.2008, also acht Monate nach dem „Esra"-Beschluß, die Beklagte zu 1), die Verlegerin des Romans „Esra", und den Beklagten zu 2), den Autor des Romans, verurteilt, an die Klägerin, die ehemalige Partnerin des Beklagten zu 2), eine Geldentschädigung wegen Verletzung des Persönlichkeitsrechts in Höhe von 50.000 € zu zahlen[219]. Nach Ansicht des

215 BGH ZUM 2008, 683 (684).

216 Ebda., S. 685.

217 Ebda., S. 685.

218 Ebda., S. 684.

219 Da es sich bei den Prozessen der Geldentschädigung um eigenständige, von dem Streit um die Unterlassungsansprüche abtrennbare Verfahren handelt, werden die Beteiligten entsprechend ihrer Positionen in den Verfahren um die Geldentschädigungen bezeichnet. Besondere Aufmerksamkeit verdient die Entscheidung im Fall „Esra", da es eine der ersten im Bereich von Entschädigungsansprüchen aufgrund einer Persönlichkeitsrechtsverletzung durch ein Kunstwerk war. Die Grundsätze zur Geldentschädigung wurden für den Fall medialer Berichterstattung, also für den Ausgleich von Art. 2 Abs. 1 i.V.m. Art. 1 Abs. 1 GG und Art. 5 Abs. 1 GG, entwickelt. Vgl. schon OLG Hamm NJW-RR 2004, 919 (921); *K.-H. Ladeur,* Anmerkung zu LG München I, Urteil vom 13. Februar 2008 – 9 O 7835/06, in: ZUM 2008, S. 540 (540). – Zum Kontext dieser Entscheidungen innerhalb der Rechtsprechungsentwicklung *S. Sajuntz,* Die Entwicklung des Presse- und Äußerungsrechts in den Jahren 2008 bis 2010, in: NJW 2010, S. 2992 (2997).

Gerichts stand der auch im Verfahren vor dem Bundesverfassungsgericht obsiegenden Klägerin wegen schwerwiegender Verletzung des allgemeinen Persönlichkeitsrechts ein Anspruch auf immateriellen Schadensersatz gegen die Beklagten zu[220]. Eine besondere Rolle spielte in der Entscheidung das festgestellte *schuldhafte Handeln* der Beklagten. So habe der Beklagte zu 2) sich selbst für eine möglichst realitätsnahe Literatur ausgesprochen[221].

Auf die Berufung der Beklagten hat das Oberlandesgericht München die Klage am 8.7.2008 abgewiesen[222]. Das Gericht stellte dabei – im direkten Widerspruch zu den Ausführungen des Landgerichts[223] – entscheidend auf das *Fehlen eines schweren Verschuldens* ab[224]. Zudem berücksichtigte es auch, daß das Publikationsverbot des gesamten Romans bereits einen *tiefen Einschnitt in die wirtschaftliche Position* der Beklagten bedeutete[225].

Die Revision der Klägerin blieb ebenfalls erfolglos. Der Bundesgerichtshof bestätigte mit Urteil vom 24.11.2009 die oberlandesgerichtliche Entscheidung[226]. Der Klägerin stehe kein Anspruch auf Geldentschädigung gemäß § 823 Abs. 1 BGB i.V.m. Art. 2 Abs. 1, Art. 1 Abs. 1 GG zu[227]. Der Bundesgerichtshof sieht – wie schon das Oberlandesgericht zuvor[228] – anderenfalls die erhebliche Gefahr einer Verängstigung der literarischen Welt. Im Interessenausgleich zwischen allgemeinem Persönlichkeitsrecht und Kunstfreiheit ist wegen des hohen Rangs letzterer darauf zu achten, daß dem Künstler der verfassungsrechtlich gewährte Freiraum verbleibt. Von staatlichen Maßnahmen dürfen keine einschüchternden Wirkungen auf den Kunstschaffenden und den für die Darbietung sowie Verbreitung des Kunstwerks Verantwortlichen ausgehen[229].

---

220 LG München I ZUM 2008, 537 (538). – Demgegenüber lehnt die Entscheidung als kunst-/fiktionsinadäquat und zu „schematisch" ab *Ladeur,* Anmerkung (Fn. 219), S. 540 f. Instruktiv hinsichtlich der Zubilligung von Geldentschädigungen *A. Diederichsen,* Der deliktsrechtliche Schutz des Persönlichkeitsrechts, in: Jura 2008, S. 1 (1 ff.).

221 Vgl. LG München I ZUM 2008, 537 (539). Es ist anzumerken, daß dieser Verweis auf die realistische Literatur des Beklagten zu 2) eine Schlußfolgerung beinhaltet, die sich merklich von einer kunstspezifischen Betrachtungsweise entfernt hat. Auch für realistische Literatur gelten der Schutz der Fiktionalitätsvermutung und damit die grundsätzliche Negierung des Faktizitätsanspruchs. Realitätsnahe Literatur ist Kunst, also Bearbeitung und nicht Kopie von Wirklichkeit. Sie unterliegt keinem allgemein strengeren Maßstab als rein phantastische Lektüre. – Mißverständlich ist daher folgende Feststellung des Landgerichts München ebda., S. 539: „Je realitätsnäher Literatur ist, desto mehr muss sie sich aber auch an den Regeln messen lassen, die für Realitätsschilderungen gelten."

222 OLG München ZUM 2008, 984 (984).

223 LG München I ZUM 2008, 537 (539).

224 OLG München ZUM 2008, 984 (990).

225 OLG München ZUM 2008, 984 (991).

226 BGH NJW 2010, 763 (763).

227 BGH NJW 2010, 763 (763).

228 OLG München ZUM 2008, 984 (986).

229 BGH NJW 2010, 763 (764); vgl. *S. Schönberger,* Anmerkung zu BGH, Urteil vom 24.11.2009 – VI ZR 219/08, in: LMK 2010, 297597.

Allerdings setzte sich das Revisions- von dem Berufungsgericht in der Begründung leicht ab: Ein Anspruch auf Geldentschädigung ist nur dann begründet, wenn neben der Schwere des Eingriffs auch die Beeinträchtigung *nicht in anderer Weise* befriedigend aufgefangen werden kann[230]. Entscheidend ist also, ob eine ausreichende Ausgleichsmöglichkeit besteht. Dieser Aspekt wird nun deutlicher betont[231]. Deshalb wird im allgemeinen eine Persönlichkeitsrechtsverletzung, die bereits eine Unterlassungsverfügung bedingte, nicht zusätzlich zur Bejahung eines Geldentschädigungsanspruchs führen[232]. Letzterer ist gegenüber anderen Ausgleichsmöglichkeiten stets subsidiär[233]. So liegt der Fall nach Ansicht des erkennenden Senats auch vorliegend. Zwar handelt es sich bei der Veröffentlichung des Romans um einen schweren Eingriff in das Persönlichkeitsrecht der Klägerin; allerdings ist der Sachverhalt nicht als mißbräuchliche Anwendung der Romanform zu qualifizieren, die die kumulative Zusprechung von Unterlassungs- und Entschädigungsanspruch rechtfertigen könnte[234].

b) Keine weitere Geltendmachung der Schmerzensgeldansprüche der Mutter

Klarstellend sei darauf hingewiesen, daß es sich bei den Verfahren um Unterlassungs- und Geldentschädigungsansprüche um zwei getrennte Verfahren handelt. An dem zuletzt erörterten Instanzenzug war die Mutter der Klägerin nicht beteiligt. Auf Wunsch der Parteien hatte die Kammer des Ausgangsgerichts diesen Verfahrensteil abgetrennt und zunächst das Ruhen des Verfahrens angeordnet. Es sollte erst rechtskräftig die auch für das Entschädigungsverfahren maßgebliche Frage geklärt werden, ob die Mutter einen eigenen Unterlassungsanspruch geltend machen kann. Das Bundesverfassungsgericht hatte bekanntlich mit Beschluß vom 13.6.2007 die Sache hinsichtlich des Unterlassungsanspruchs der Mutter an den Bundesgerichtshof zurückverwiesen, und die Entscheidung stand zum Zeitpunkt des Urteils des Landgerichts München hinsichtlich der Klägerin am 13.2.2008 noch aus. Mit Urteil vom 10.6.2008 hat der Bundesgerichtshof dann einen Unterlassungsanspruch der Mutter abgelehnt[235]. Die Geltendmachung einer Geldentschädigung seitens der Mutter hatte sich damit nach

---

230 BGH NJW 2010, 763 (763 f.). So auch für den Fall der Verletzung des postmortalen Persönlichkeitsschutzes BGH ZUM 2006, 211 (213).

231 BGH NJW 2010, 763 (764).

232 BGH NJW 2010, 763 (764).

233 Statt vieler BVerfG (Kammer), NJW 2004, 591 (591); BGH NJW-RR 2006, 987 (988).

234 BGH NJW 2010, 763 (764 f.). Zwischen Unterlassungs- und Schmerzensgeldanspruch differenziert *A. Zielcke*, Der öffentliche Akt, in: Süddeutsche Zeitung vom 16.10.2003, S. 15; *D. Hugendick*, Kein Augenmaß, in: Die Zeit vom 7.2.2008, o. S.; *A. Zielcke*, Ein naheliegendes Fehlurteil, in: Süddeutsche Zeitung vom 14.2.2008, S. 11. – Kritisch hingegen *v. Becker*, der die Unterlassungsverfügung nicht als ausreichenden Ausgleich für die öffentliche Bloßstellung anerkennt: *B. v. Becker*, Der Preis für „Esra", in: Süddeutsche Zeitung vom 11.2.2008, S. 14.

235 BGH NJW 2008, 2587 (2588).

Ablehnung einer schwerwiegenden Persönlichkeitsrechtsverletzung, die Voraussetzung für einen Entschädigungsanspruch ist, erübrigt.

V. Zwischenergebnis: deutliche Trennung von Unterlassung und Schmerzensgeld

Im „Esra"-Beschluß vom 13.6.2007 wurde das Urteil des Bundesgerichtshofs vom 21.6.2005 insoweit aufgehoben und die Sache an den Bundesgerichtshof zurückverwiesen, als der Klage der Klägerin zu 2) stattgegeben worden war. Im Anschluß erklärte auch der Bundesgerichtshof mit Urteil vom 10.6.2008, daß der Klägerin zu 2) kein Unterlassungsanspruch zusteht[236]. Hinsichtlich der Klägerin zu 1) blieb die Verfassungsbeschwerde ohne Erfolg, das Publikationsverbot damit insgesamt bestehen.

Den insoweit zum Teil obsiegenden Frauen standen keine Ansprüche auf Zahlung einer Entschädigung gegenüber Autor oder Verlag zu. Das Landgericht München I hatte zwar zunächst am 13.2.2008 die Beklagte zu 1), die Verlegerin, und den Beklagten zu 2), den Autor des Romans, zur Zahlung einer Geldentschädigung in Höhe von 50.000 € an die Klägerin verurteilt. Die Berufungsinstanz, das Oberlandesgericht München, hob das Urteil des Landgerichts jedoch auf und wies die Klage am 8.7.2008 ab[237]. Die dagegen eingelegte Revision blieb ohne Erfolg. Der Bundesgerichtshof entschied am 24.11.2009, daß der Klägerin kein Anspruch auf Geldentschädigung zustehe, da sie bereits einen Unterlassungsanspruch durchgesetzt hat. Die Zahlung von Geldentschädigung ist demgegenüber subsidiär.

Die Ablehnung einer Schmerzensgeldzahlung an die Klägerin zu 2) verdient Zustimmung, da sie dem hohen Rang der Kunstfreiheit Rechnung trägt. Nichtsdestoweniger bleibt vorsichtig anzumerken, daß eine gewisse zweigleisige Argumentation in Hinblick auf die Persönlichkeitsrechtsverletzung dabei unglücklich, aber unvermeidbar erscheint: Nicht ohne weiteres leuchtet die Simultaneität ein, die Kunstfreiheit – *trotz* ihrer Vorbehaltlosigkeit und ihres hohen Rangs – hinter dem allgemeinen Persönlichkeitsrecht zurücktreten zu lassen, um die denkbar schwerste Beeinträchtigung, ein Publikationsverbot, auszusprechen, zugleich aber – *wegen* ihrer Vorbehaltlosigkeit und ihres hohen Rangs – eine Entschädigung auszuschließen. Dieser Widerspruch löst sich nur vor dem Hintergrund der rein ergebnisorientierten Überlegung, daß die Addition von zwei äußerst schwerwiegenden Eingriffen insgesamt eine unerträgliche Summierung ergäbe. Letztlich werden also nicht die Voraussetzungen eines Entschädigungsanspruchs denen eines Unterlassungsanspruchs in bezug auf die Schwere der

---

236 BGH ZUM 2008, 683 (684).

237 OLG München ZUM 2008, 984 (984).

Persönlichkeitsrechtsbeeinträchtigung gegenübergestellt, sondern die *Summe* beider gegenüber dem *allein* bejahten Unterlassungsanspruch. Daß diese Kumulation eine unzumutbare Verschärfung darstellen würde, liegt in der Tat auf der Hand. Denn *neben* einer Pflicht zur Unterlassung der Veröffentlichung stellt eine Entschädigungsverpflichtung tatsächlich ein unkalkulierbares Risiko für den gesamten Literaturbetrieb, für Verleger wie für Schriftsteller, dar[238]. Der Eingriff in die Grundrechte aus Art. 2 Abs. 1 GG, Art. 5 Abs. 3 S. 1 1. Alt. GG, Art. 12 Abs. 1 S. 2 GG, wäre unverhältnismäßig. Neben den Folgen für das Einzelschicksal kämen auch hemmende Wirkungen im Bereich von Pluralismus, Kreativität der Autoren und Risikobereitschaft der Verleger in Betracht. Vor diesem Hintergrund ist die bisherige Ablehnung von Schmerzensgeldansprüchen in Romanverbotsverfahren damit konsequent[239].

Abschließend soll der nun vorgestellte Beschluß in die Rechtsprechungspraxis eingeordnet werden, wie sie sich bis zur „Esra“-Entscheidung darstellt. Diese Zuordnung dient der Einschätzung, ob es sich dabei um das Ergebnis einer organischen Entwicklung oder um eine Kehrtwende der bislang eingeschlagenen Richtung auf dem Gebiet der Kunstfreiheit handelt. Exemplarisch für den Abgleich mit der bisherigen Entwicklung ist der Meilenstein auf dem Feld der Literaturfreiheit, der „Mephisto“-Beschluß von 1971, der daher folgend dem „Esra“-Beschluß gegenüberzustellen ist (B.VI.). Als zweite Entscheidung ist der „Springer/Wallraff“-Beschluß aus dem Jahr 1984 mit den Grundsätzen der „Esra“-Entscheidung zu vergleichen (B.VII.). Er erging als paradigmatische Entscheidung auf dem benachbarten Gebiet der Pressefreiheit und erforderte ebenso einen Ausgleich von Äußerungs- und Persönlichkeitsrechten. Ein Abgleich wird Unterschied und Gemeinsamkeit von Roman und Reportage verdeutlichen[240]. Beide verwandten Genres unterscheiden sich grundlegend durch

---

[238] Instruktiv zur erforderlichen Unabhängigkeit der Kunst von Wirtschaftssystem und Staat *L. Zuidervaart,* Art in Public, Cambridge/UK u.a. 2011, S. 128: „For this to occur, however, the arts need a form of economic organization that keeps them relatively independent of both the economic system and the administrative state.“ – Eine Haftungsabwälzung des Verlegers auf den Autor würde ein ökonomisch untragbares Risiko für den Kunstschaffenden darstellen. Diese Option verwirft daher *Ladeur,* Anmerkung (Fn. 219), S. 541. – Vor einer unkalkulierbaren ökonomischen Gefährdung des Künstlers warnen auch *A. Ohly/A. Lucas-Schloetter/H. Beverley-Smith,* Artistic Freedom Versus Privacy – A Delicate Balance, in: IIC 2008, S. 526 (535); *A.-M. Frey/M. Fornasier,* Geldersatz für Persönlichkeitseingriffe durch Werke der Kunst, in: AfP 2009, S. 110 (112 f.); *dies.,* Anmerkung zu BGH, Urteil vom 24. November 2009 – VI ZR 219/08, in: ZUM 2010, S. 253 (254 f.); *Schönberger,* Anmerkung (Fn. 229).

[239] Zahlungsansprüche wurden im Fall von Persönlichkeitsrechtsverletzungen durch literarische Werke also bislang durchgehend abgelehnt. Einzig bekannte Ausnahme ist die gerichtliche Entscheidung im Fall von *Birgit Kempkers* Prosagedicht „Als ich das erste Mal mit einem Jungen im Bett lag“ in Form der Entscheidung des LG Essen Schreibheft 55 (2000), S. 37 (37, 39).

[240] Die folgende Darstellung beschränkt sich gemäß dem Untersuchungszweck auf die Aspekte, die für die „Esra“-Entscheidung relevant waren.

den Faktizitätsanspruch, der an journalistische Texte gestellt, von literarischen hingegen negiert wird. Abschließend werden Eigenwert und Innovation des „Esra"-Beschlusses vor dem Hintergrund eines zivilrechtlichen, zeitlich beinahe gleichlaufenden Verfahrens um den ebenso autobiographisch inspirierten Roman „Meere" verdeutlicht. Die einfachgerichtlichen Entscheidungen des Land- und Kammergerichts Berlin werden auf ihre Vereinbarkeit mit den Prinzipien der „Esra"-Entscheidung geprüft (B.VIII.).

VI. Die „Mephisto"-Entscheidung als bisheriger Maßstab der Rechtsprechung: Fortführung und Veränderung der Entwicklungslinie durch „Esra"

1. Vorgeschichte im Fall „Mephisto"

a) Romaninhalt: Opportunist und Karrierist Höfgen

Die Erzählung handelt von dem beruflichen Aufstieg des hochtalentierten Schauspielers und Theaterintendanten Hendrik Höfgen während der Nazi-Diktatur. Aus Sicht des auktorialen Erzählers wird dargestellt, wie Höfgen seine Laufbahn als Schauspieler am Hamburger Künstlertheater beginnt und sich zum Intendanten des Preußischen Staatstheaters hocharbeitet. Er verleugnet seine politischen Standpunkte und persönlichen Kontakte, um sich seiner Karriere ungehemmt hingeben zu können. Seine Frau, die ihm berufliche Chancen eröffnet hat, geht als konsequente Regimekritikerin ins französische Exil und verkörpert damit die politische Moral im Gegensatz zum Protagonisten der Geschichte, der mit den Nationalsozialisten eine Vereinbarung von gewissenlosen Opportunismus eingeht[241]. Höfgen unterhielt eine langjährige masochistische Beziehung zu einer schwarzen Tänzerin namens Juliette. Als die Gefahr aufkam, daß sie seinem Ansehen schaden könnte, ließ er sie durch die Gestapo festnehmen und nach Frankreich abschieben[242]. Ihr Vorwurf bringt seine charakterlichen Verfehlungen auf den Punkt: „‚Du hast niemals irgend etwas ernst genommen', behauptete sie in ihrem schmerzvollen Zorn. ‚Nichts, nichts, gar nichts auf dieser Welt, außer deiner dreckigen Karriere! Mich hast du nicht ernst genommen, und deine Politik auch nicht, von der du mir immer vorerzählt hast! Wenn du wirklich zu den Kommunisten gehalten hättest, könntest du dich dann jetzt

[241] *B. v. Becker,* „Mephisto revisited" – ein Rundblick zum Schlüsselroman aus gegebenen Anlaß, in: KUR 2003, S. 81 (84); *U. Naumann,* Klaus Mann, 2. Aufl. 2006, S. 90. Eingehend zu Werk und rechtlicher Auseinandersetzung *B. W. Seiler,* Die leidigen Tatsachen, 1983, S. 244 ff.

[242] *K. Mann,* Mephisto, 15. Aufl. 2008, S. 285 ff.

so gut mit den Leuten vertragen, die alle Kommunisten totschießen lassen?'"[243] Höfgen kooperiert mit der Führungsebene des Naziregimes. „Rückversicherungen"[244], Verstellung und Identitätsverleugnung sind sowohl für die Tätigkeit des Schauspielers Höfgen als auch für die der Machthaber im Dritten Reich kennzeichnend[245]. So wie Höfgen seine Überzeugung schöpferischer Kunst verrät, pervertieren die Nazis bürgerliche Ideale und Lebensformen in ihr Gegenteil[246].

Die Handlung des Romans hat auch Bezug zu der Person des Autors *Klaus Mann* selbst. Der Opportunismus Höfgens ist zugleich Selbstkritik *Manns* an seinem politisch oberflächlichen Frühwerk. *Mann* erkennt eigene Charakterzüge in dem übersteigerten Geltungsbedürfnis seines Protagonisten[247]. Insgesamt ist der Roman eine Zeitkritik des Exilliteraten *Klaus Mann* am gesellschaftlichen Leben während des Naziregimes am Beispiel der Theaterwelt[248]. Der allzu bereitwillig angepaßte Hendrik Höfgen ist Ausdruck eines allgemein verbreiteten Opportunismus. Konkret findet die literarische Gestalt eine Vorlage in der Realität, die sich dadurch in ihren Persönlichkeitsrechten verletzt sieht, *Gustaf Gründgens*. Hier eröffnet sich die grundlegende Parallele zur „Esra"-Entscheidung.

b) Gustaf Gründgens als reale Vorlage, Klaus Mann als Kontrapunkt

Wie im „Esra"-Fall kannte auch hier der Autor das mögliche Figurvorbild *Gustaf Gründgens* aus seinem unmittelbaren Umfeld: *Gründgens*, geboren 1899, war Schwager von *Klaus Mann*[249]. 1926 hatte er die Schwester des „Mephisto"-Au-

---

[243] *Mann*, Mephisto (Fn. 242), S. 283.

[244] *Mann*, Mephisto (Fn. 242), S. 330.

[245] Vgl. *Naumann*, Klaus Mann (Fn. 241), S. 91; *M. N. Lorenz*, Literatur und Zensur in der Demokratie, 2009, S. 119.

[246] Vgl. *Naumann*, Klaus Mann (Fn. 241), S. 93. Am Rande ist hinsichtlich der künstlerischen Gestaltung anzumerken, daß die Umrisse der Figuren teilweise schemenhaft bleiben und nur dazu dienen, Projektionsfläche zur Veranschaulichung der verschiedenen Seiten eines menschlich erkalteten und stromlinienförmig angepaßten Höfgen zu sein: Der Kommunist Otto Ulrich, dem Höfgen seine Unterstützung zugesichert hatte, wird bei einem Verhör ermordet. Der junge, von der Ideologie der Faschisten leidenschaftlich überzeugte Hans Miklas wird von eben diesen hingerichtet, nachdem er auf Höfgens Veranlassung vom Hamburger Künstlertheater entlassen worden war. Über die untalentierte Schauspielerin und Frau des Ministerpräsidenten, Lotte Lindenthal, erlangt Höfgen die Gunst des Ministerpräsidenten. Er kann unter dem Schutz des Ministerpräsidenten seine eigene bolschewistische Vergangenheit ablegen. Vgl. *Mann*, Mephisto (Fn. 242), S. 241, 276 ff., 289 ff., 368 ff.

[247] In der beänstigenden Realisierung dieser Gemeinsamkeiten könnte die Grundlage für den tiefen Haß gegen den Karrieristen *Gründgens* liegen, der als literarische Vorlage für Höfgen folgend vorzustellen ist. Vgl. *Naumann*, Klaus Mann (Fn. 241), S. 88.

[248] So auch *B. v. Becker*, Der geschlossene Vorhang – Der Beschluss des BVerfG zum „ESRA"-Fall, in: K & R 2007, S. 620 (622). Jenseits eines Schlüsselromans erkennen ein „literarisch verdichtetes Zeitgemälde" *B. Dittmann/R. P. Anders*, „In Deutschland wird es verboten und verschlungen werden" – Die (Prozess)Geschichte von Klaus Manns Mephisto, in: SchlHA 2007, S. 458 (460).

[249] Untersuchungen zur Biographie *Gründgens'* bei *A. Mühr*, Mephisto ohne Maske,

tors, Erika Mann, geheiratet. Die Ehe wurde allerdings nach nur drei Jahren geschieden[250].

Anreiz für *Mann*, *Gründgens* als Passepartout für die Romanfigur zu wählen, war offensichtlich dessen Bilderbuchkarriere während des nationalsozialistischen Regimes: In der Zeit von 1926 bis 1932 erlebte der Schauspieler seinen beruflichen Aufstieg. 1928 wechselte er von den Hamburger Bühnen zum Berliner Staatstheater und spielte dort 1932 erstmals die Rolle des „Mephisto“. *Gründgens* wurde nur zwei Jahre später Intendant am Berliner Staatstheater und nach weiteren zwei Jahren Preußischer Staatsrat. Zwar gilt als gesichert, daß er sich mehrmals für kommunistische und jüdische Schauspieler einsetzte[251]. Allerdings blieb er in der Rolle des Mitläufers und wendigen Karrieristen verhaftet. Nicht weniger galant gelang ihm der Übergang in die Nachkriegsgesellschaft: So durfte *Gründgens* 1946 nach einigen Entnazifizierungsverfahren wieder als Schauspieler und Intendant arbeiten. Im Anschluß leitete er Theaterhäuser, von 1947 bis 1955 die Städtischen Bühnen Düsseldorf, ab 1955 das Deutsche Schauspielhaus in Hamburg. *Gründgens* starb 1963 in Manila an einer Überdosis Schlaftabletten[252].

Demgegenüber war *Klaus Mann* mit seinen politischen Einstellungen im Naziregime ein markanter Kontrast: Als Außenseiter und Regimekritiker emigrierte er 1933 und verfaßte den „Mephisto“-Roman drei Jahre später im niederländischen Exil. Dieser wurde dort 1936 auch vom Querido-Verlag in Amsterdam herausgegeben. In der Zeit des Nationalsozialismus war die Veröffentlichung des Buchs verboten[253]. Wenn es im westlichen Nachkriegsdeutschland

1981, S. 9 ff.; *H. Goertz*, Gustaf Gründgens, 1982, S. 12 ff.; R. Badenhausen (Hrsg.), Gustaf Gründgens, 1982, S. 15 ff.; M. Matzigkeit/W. Meiszies (Hrsg.), Gustaf Gründgens – Ansichten eines Schauspielers, 1999, S. 8 ff.; *P. Michalzik*, Gustaf Gründgens, 2001, S. 11 ff.; *C. Stern*, Auf den Wassern des Lebens, 2005, S. 13 ff.

[250] *E. Spangenberg*, Karriere eines Romans, 2. Aufl. 1984, S. 8 ff., 23 ff., 41; *W. F. Schoeller*, Unerwünschte Zeugenschaft: Klaus Mann, in: J.-D. Kogel (Hrsg.), Schriftsteller vor Gericht, 1996, S. 266 (267 f.); *Stern*, Wassern des Lebens (Fn. 249), S. 33 ff., 48. – Ohne weitere Rückschlüsse für die literarische Umsetzung ziehen zu wollen, bleibt als Gemeinsamkeit von „Esra“ und „Mephisto“ festzuhalten, daß beiden Fällen eine gescheiterte Beziehung vorausging.

[251] *Goertz*, Gustaf Gründgens (Fn. 249), S. 40 ff.; *Spangenberg*, Karriere (Fn. 250), S. 55 ff.; *Schoeller*, Zeugenschaft (Fn. 250), S. 268 f.

[252] *Spangenberg*, Karriere (Fn. 250), S. 145 ff., 161 ff.; *Schoeller*, Zeugenschaft (Fn. 250), S. 268 f.

[253] Eine Publikation im Jahr 1948 scheiterte am Widerstand des Langenscheidt-Verlags, der den ungebrochenen Einfluß *Gründgens'* im Nachkriegsdeutschland fürchtete. 1952 vereinbarte *Manns* Schwester Erika die Veröffentlichung bei dem Berliner Verleger *Lothar Blanvalet*. Nach Vorhaltungen durch *Gründgens* holte der Verleger ein Gutachten zur Rechtmäßigkeit des Publizierens bei dem Hamburger Oberstaatsanwalt ein. Der Jurist warnte vor der Veröffentlichung, da dem Verleger eine prokommunistische Einstellung unterstellt werden könnte und nicht nur die Darstellung eines Typen, sondern einer individuellen Person erfolge. Der Verleger sah daraufhin von der Publikation ab, so daß das Buch

auch Bestrebungen gab, den Roman zu publizieren, so wurden sie mit Beschluß des Bundesverfassungsgerichts vom 24.2.1971 doch ausgebremst[254]. Erst 1981 erschien im Rowohlt-Verlag eine Neuauflage.

c) Prozeßgeschichte: verschiedene Ansätze zum Interessenausgleich

Nach dem Tod *Gründgens'* 1963 beabsichtigte die Nymphenburger Verlagshandlung in demselben Jahr, den Roman innerhalb einer Gesamtausgabe der Werke *Klaus Manns* neu herauszugeben.

aa) Landgericht Hamburg: Vorrang der Kunst gegenüber dem Andenken an Verstorbene

Der Adoptivsohn, langjährige Assistent und Alleinerbe *Gründgens'*, Peter Gorski, erhob daraufhin vor dem Landgericht Hamburg Klage gegen die Veröffentlichung[255]. Er war der Ansicht, daß jeder Interessent in Höfgen *Gründgens* erkenne. Da zudem die Tatsachen um entstellende, erfundene Beschreibungen ergänzt würden, entstände ein verzerrtes, ehrverletzendes Bild *Gründgens'*. Die Erzählung sei als Schlüsselroman, als persönlicher Rachefeldzug gegen *Gründgens* zu qualifizieren[256]. Die Argumentation hinsichtlich Erkennbarkeit und verzerrender Fiktion weist deutliche Parallelen zum Vorbringen der Klägerinnen im „Esra"-Verfahren auf[257].

Das Landgericht Hamburg wies die Klage mit Urteil vom 25.8.1965 unter Hinweis auf den *Vorrang der Kunstfreiheit* ab[258]. Es erkannte einen postmortalen Persönlichkeitsschutz nicht an, sah nichtsdestoweniger ein Schutzbedürfnis für das Andenken der Angehörigen an Verstorbene[259]. Allerdings sei die Romanfigur Höfgen ersichtlich fingiert und das Buch als Emigrationsroman, als wesentlicher Teil deutscher Zeitgeschichte, zu werten[260]. In ihrer Rechtsauffassung be-

---

zunächst nur in der damaligen DDR 1956 – sieben Jahre nach dem Suizid *Klaus Manns* – im Aufbau-Verlag erschien. *Spangenberg,* Karriere (Fn. 250), S. 145 ff., 149 ff.; *Schoeller,* Zeugenschaft (Fn. 250), S. 276.

[254] BVerfGE 30, 173 (174).

[255] Aus Gründen der Lesbarkeit und Verständlichkeit werden im folgenden die Beteiligten entsprechend ihrer Rollen in dem Verfahren vor dem Bundesverfassungsgericht bezeichnet: Der Adoptivsohn und Alleinerbe *Gründgens'* Peter Gorski als Kläger (des Ausgangsverfahrens), die Nymphenburger Verlagshandlung als Beschwerdeführerin. – Guter Überblick zur Prozeßgeschichte bei *F. Seifert,* Realität oder Fiktion – Dichtung und allgemeines Persönlichkeitsrecht, in: R. Jacobs/H.-J. Papier/P.-K. Schuster (Hrsg.), Festschrift für Peter Raue, 2006, S. 695 (701 ff.). – Als enger Verwandter ist der Sohn zur Wahrnehmung des postmortalen Persönlichkeitsschutes für den Verstorbenen berechtigt. Vgl. LG Frankfurt a.M. ZUM 2009, 308 (309).

[256] BVerfGE 30, 173 (176 f.); LG Hamburg UFITA 51 (1968), 352 (360 f.).

[257] Vgl. BVerfGE 119, 1 (4 f., 19 f.); LG Hamburg UFITA 51 (1968), 352 (353 ff., 360 f.).

[258] LG Hamburg UFITA 51 (1968), 352 (352, 359 ff.).

[259] Ebda., S. 353 f.

[260] Ebda., S. 359 ff., 362. – Die Ausführungen des Urteils können als Spiegelbild der da-

stätigt, veröffentlichte die Beschwerdeführerin den Roman im September 1965, ergänzt um den Hinweis, daß es sich bei der Darstellung der Personen nicht um Porträts, sondern Typen handele.

bb) Oberlandesgericht Hamburg: Verankerung des postmortalen Persönlichkeitsschutzes

Die folgenden, zur Ausgangsinstanz konträren Entscheidungen des Oberlandesgerichts Hamburg belegen die Komplexität der Streitfrage. So erwirkte der Kläger vor dem Oberlandesgericht am 23.11.1965 eine einstweilige Verfügung, so daß dem Roman folgender Vorspann vorangestellt wurde: „AN DEN LESER Der Verfasser Klaus Mann ist 1933 freiwillig aus Gesinnung emigriert und hat 1936 diesen Roman in Amsterdam geschrieben. Aus seiner damaligen Sicht und seinem Haß gegen die Hitlerdiktatur hat er ein zeitkritisches Bild der Theatergeschichte in Romanform geschaffen. Wenn auch Anlehnungen an Personen der damaligen Zeit nicht zu verkennen sind, so hat er den Romanfiguren doch erst durch seine dichterische Phantasie Gestalt gegeben. Dies gilt insbesondere für die Hauptfigur. Handlungen und Gesinnungen, die dieser Person im Roman zugeschrieben werden, entsprechen jedenfalls weitgehend der Phantasie des Verfassers. Er hat daher seinem Werk die Erklärung beigefügt: ‚Alle Personen dieses Buchs stellen Typen dar, nicht Porträts.‘ Der Verleger“[261]

Im Hauptsacheverfahren wurde in der Berufungsinstanz durch Urteil des Oberlandesgerichts Hamburg vom 10.3.1966 das im einstweiligen Verfügungsverfahren erstrittene Publikationsverbot bestätigt[262]. Das Gericht gab der Klage sowohl aus eigenem Recht des Klägers als auch des verstorbenen *Gründgens* statt.

Es stützte seine Entscheidung ausschlaggebend – und damit im deutlichen Unterschied zu dem schwächeren Schutz des Andenkens für Angehörige nach den Ausführungen der Vorinstanz[263] – auf den *postmortalen Persönlichkeitsschutz Gründgens'*[264]. Der Leser erkenne in der Darstellung der Romanfigur „Höfgen“ *Gründgens* wieder. Eine Unterscheidung zwischen Wahrheit und Fiktion sei mangels ersichtlicher Verfremdung nicht möglich. Dem Leser dränge sich vielmehr eine Vorstellung *Gründgens'* als gemeiner Charakter auf[265]. Schlußfolgernd könne kein Interesse der Allgemeinheit an einer das Lebensbild verzerrenden Darstellung *Gründgens'* bestehen[266]. Soweit die durch Art. 1 Abs. 1

maligen gesellschaftlichen Befindlichkeit verstanden werden. Vgl. *T. Henne,* Alles schon mal dagewesen? – Parallelen zwischen den „Mephisto“-Entscheidungen der deutschen Gerichte und der Debatte um Walsers Tod eines Kritikers, in: NJW 2003, S. 639 (639).

261 Vgl. BGHZ 50, 133 (135).

262 OLG Hamburg UFITA 51 (1968), 362 (362).

263 LG Hamburg UFITA 51 (1968), 352 (353 f.).

264 OLG Hamburg UFITA 51 (1968), 362 (363 ff.).

265 Ebda., S. 369 f.

266 Ebda., S. 374.

GG geschützte Intimsphäre betroffen sei, entfalle eine Interessenabwägung, da auch ein Kunstwerk die Menschenwürde nicht verletzen dürfe[267].

cc) Bundesgerichtshof: Unterschiede von Fiktion und Realität bedingen Romanverbot

Das mit der Revision angegriffene Urteil wurde vom Bundesgerichtshof am 20.3.1968 ebenfalls im Hinblick auf eine *entstellende postmortale Persönlichkeitsrechtsverletzung* bestätigt[268]. Das Gericht stellt im Tatbestand fest, daß auf *Gründgens* unstreitig die negativen Eigenschaften nicht zutreffen, die die Romanfigur kennzeichnen. In der Erzählung verrät Höfgen seine schwarze Geliebte und veranlaßt ihre Zwangsemigration nach Frankreich[269]. Tatsächlich bestand überhaupt kein Verhältnis der realen Vorlage *Gründgens* zu einer schwarzen Tänzerin. So werde die tatsächliche Hilfe *Gründgens'* für politisch und rassisch Verfolgte entstellt[270]. Das Gericht prüft, ob die Beschwerdeführerin in ihrem Recht auf Meinungsfreiheit aus Art. 5 Abs. 1 GG, im Anschluß ob sie in dem Grundrecht der Kunstfreiheit nach Art. 5 Abs. 3 GG verletzt werde[271].

Gegenüber dem Oberlandesgericht präzisiert der Bundesgerichtshof die Grenzen kritischer Beurteilung, namentlich durch den Schutz aufgrund des allgemeinen Persönlichkeitsrechts aus Art. 2 Abs. 1 i.V.m. Art. 1 Abs. 1 GG vor Entstellung des Lebensbilds durch diffamierende Erfindungen[272]. Wenn diese Veränderungen nicht als satirische oder vergleichbare Übertreibungen erkennbar seien, müsse der Autor die Verbindung zum Vorbild unkenntlich machen. Das sei im vorliegenden Fall nicht erfolgt. Vorwort und Versicherung des Autors führten nicht zu einer anderen Bewertung[273].

Weitere entscheidungstragende Aspekte bestanden in der Bejahung der Klagebefugnis aus fortbestehendem Recht des Verstorbenen *Gründgens* und der zeitlichen Begrenzung des Schutzumfangs des postmortalen Persönlichkeitsrechts[274].

---

[267] Ebda., S. 373.

[268] BGHZ 50, 133 (135). Die Entscheidung bespricht und befürwortet *G. Krüger-Nieland,* Persönlichkeitsschutz Verstorbener als Schranke der Freiheit der Kunst – Zum Mephisto-Urteil des I. Zivilsenats des Bundesgerichtshofs vom 20. März 1968 – I ZR 44/66, in: GRUR 1968, S. 523 (523 ff.).

[269] *Mann,* Mephisto (Fn. 242), S. 285 ff.

[270] BGHZ 50, 133 (144).

[271] Ebda., S. 143 ff. Demgegenüber prüfte das Bundesverfassungsgericht im „Esra"-Beschluß nicht eine Verletzung des Rechts auf Meinungsfreiheit. Dieses Vorgehen ist der Anerkennung der Kunstfreiheit als lex specialis gegenüber der Meinungsfreiheit geschuldet.

[272] Ebda., S. 144, 146 f.

[273] Ebda., S. 134 ff.

[274] Das Gericht ließ offen, ob der Kläger darüber hinaus aus eigenem Recht legitimiert sei; (ebda., S. 140 f., 143 f.). – Zum verblassenden Persönlichkeitsschutz Verstorbener auch *E. Benda,* Von der Vergänglichkeit zum Plastinat, in: NJW 2000, S. 1769 (1771); *A. Staudin-*

2. Gerichtliche Entscheidung

a) Zurückweisung der Verfassungsbeschwerde: Publikationsverbot

Die von der Nymphenburger Verlagshandlung erhobene Verfassungsbeschwerde blieb erfolglos. Der Roman durfte nicht publiziert werden[275]. Die Bestätigung des Veröffentlichungsverbots durch das Bundesverfassungsgericht mit Beschluß vom 24.2.1971 erging mit Stimmengleichheit von drei zustimmenden und ablehnenden Voten. Drei Aspekte sind in der Argumentation des Bundesverfassungsgerichts hervorzuheben.

Der Erste Senat beschränkte nach anerkannter Praxis die Überprüfung der zivilgerichtlichen Entscheidungen auf die *Verletzung spezifischen Verfassungsrechts*. Es prüfte allein die Fragen, ob die Gerichte die einschlägige Verfassungsnorm ganz übersehen oder grundsätzlich falsch angewendet haben und die Entscheidungen auf dem Fehler beruhten[276]. In diesem Prüfungsrahmen bejahte auch der erkennende Senat eine Verzerrung des Lebensbildes von *Gründgens*[277]. Der Verhältnismäßigkeitsgrundsatz wurde vom Gericht nicht geprüft. Er finde allein bei Eingriffen durch öffentliche Gewalt Anwendung. Vorliegend handele es sich demgegenüber um die Beurteilung eines privatrechtlichen Anspruchs. Die angefochtenen Urteile seien daher allein an Art. 3 Abs. 1 GG zu messen und mangels Sachfremde oder Willkür mit ihm vereinbar[278].

Zweitens stützte das Gericht einerseits den postmortalen Persönlichkeitsschutz ohne Bedenken allein auf *Art. 1 Abs. 1 GG*[279]. Andererseits bekräftigte es die *zeitliche Begrenzung*, da sich das Interesse am Unterlassen von Verfälschungen des Lebensbildes bei abnehmender Erinnerung an *Gründgens* reduziert[280]. Eine gewisse Diskrepanz in der Argumentation kann nicht geleugnet werden.

Drittens führte der erkennende Senat die daraufhin mehrere Generationen in der Rechtsprechung essentiell prägende Formel von *Ur- und Abbild* als Gradmesser von außerkünstlerischer Wirklichkeit und Fiktion ein[281]. Das Verhältnis

---

ger/R. Schmidt, Marlene Dietrich und der (postmortale) Schutz vermögenswerter Persönlichkeitsrechte, in: Jura 2001, S. 241 (246 ff.).

[275] Erst 1981 legte der Rowohlt-Verlag den Roman neu auf und verkaufte in knapp zwei Jahren 500.000 Exemplare. Im gleichen Jahr folgte die oscarprämierte Verfilmung. Weder gegen die Buchausgabe noch gegen den Film wurden nach einem zeitlichen Fortgang von weiteren zehn Jahren noch rechtliche Schritte eingeleitet. Der Verlag hatte sich zuvor mit der Nymphenburger Verlagshandlung, der die Rechte an der Romanverlegung zustanden, über die Neuauflage geeinigt. Vgl. *Spangenberg*, Karriere (Fn. 250), S. 272.

[276] BVerfGE 30, 173 (197).

[277] Ebda., S. 198.

[278] Ebda., S. 199 f.

[279] Ebda., S. 194.

[280] Ebda., S. 195 f. Eine spätere, das Veröffentlichungsverbot aufhebende Entscheidung wird also nicht ausgeschlossen, sondern in den Erwägungen durchaus implizit berücksichtigt.

[281] Vgl. nur BGH GRUR 2009, 83 (85); OLG Hamburg ZUM 2007, 479 (481 f.); OLG Köln

dieses mittlerweile fest tradierten Gegensatzpaares sei dahingehend zu prüfen, ob und inwieweit eine Lösung des Abbilds vom Urbild durch die künstlerische Bearbeitung nach folgendem Leitgedanken gelungen sei: „Wenn eine solche, das Kunstspezifische berücksichtigende Betrachtung jedoch ergibt, daß der Künstler ein ‚Porträt' des ‚Urbildes' gezeichnet hat oder gar zeichnen wollte, kommt es auf das Ausmaß der künstlerischen Verfremdung oder den Umfang und die Bedeutung der ‚Verfälschung' für den Ruf des Betroffenen oder für sein Andenken an."[282] Demgemäß sei Höfgen von der realen Person *Gründgens* nicht ausreichend verselbständigt[283]. Zudem trage diese Abbildung grundlegend negative, hinzugedichtete Züge[284]. Letztlich sei sie in vielen Details „unwahr"[285]. Damit bewegt sich das Gericht im äußerst gefährlichen Fahrwasser eines exakten Abgleichs von Literatur und Realität. Es führt damit die heikle Rechtsprechung des Bundesgerichtshofs fort.

b) Abweichendes Votum von Stein: Verkennung des Kunstcharakters

Der an der Entscheidung beteiligte Bundesverfassungsrichter *Stein* lehnte das Veröffentlichungsverbot entschieden ab[286]. In seinem Sondervotum kritisierte er die unzureichende Berücksichtigung der ästhetischen Realität des Romans durch das Oberlandesgericht und den Bundesgerichtshof[287]. Der Senatsmehrheit warf er im Kern ein irriges *Kunstverständnis* vor, das die *Verbindung von Fiktion und Realität* in Form eines freien Spiels in einem Kunstwerk nicht ausreichend würdige[288]. Ein literarischer Text „strebt eine gegenüber der realen Wirklichkeit verselbständigte ‚wirklichere Wirklichkeit' an, in der die reale Wirklichkeit auf der ästhetischen Ebene in einem neuen Verhältnis zum Individuum bewußter erfahren wird."[289] Diese neuartige Verbindung lasse sich nicht am Gradmesser der Realität, sondern nur anhand eines kunstspezifischen, ästhetischen Maßstabs beurteilen[290]. Es soll danach der Kunst die Möglichkeit bleiben, einen Bezug zu Persönlichkeitsdaten – auch zu denen von Personen des öffentlichen Lebens[291] – aus der Realität herzustellen und sie durch Zeichenwerte auf eine verallgemeinernde Ebene zu heben. Der Umstand möglichen Wiedererkennens müsse dabei in Kauf genommen werden, um sich auch mit zeitgenössischen

ZUM 2008, 335 (337); KG ZUM-RD 2009, 181 (181); OLG Hamm ZUM 2010, 453 (455); LG Frankfurt a.M. ZUM 2009, 308 (310).

282 BVerfGE 30, 173 (195).
283 Ebda., S. 198.
284 Ebda., S. 198.
285 Ebda., S. 198.
286 Ebda., S. 200 ff.
287 Ebda., S. 203.
288 Ebda., S. 205.
289 Ebda., S. 204.
290 Ebda., S. 204.
291 Ebda., S. 206 f.

Konflikten gesellschaftlicher, politischer und moralischer Art auseinandersetzen zu können[292].

Außerdem führt *Stein* den Begriff des *Typus* ein. Beim Typus werde im Gegensatz zum individuellen Porträt das Zeichenhafte einer Person dargestellt[293]. Bei Höfgen stehe eindeutig das Zeichenhafte gegenüber der Abbildung einer Person im Vordergrund[294]. Die Zeichnung Höfgens ist stark typisierend und gewinnt dadurch symbolhafte Bedeutung. Auch die fast lyrischen Passagen in einigen Kapiteln belegen nach *Stein*, daß es sich um ein von der Wirklichkeit selbständiges, frei gestaltetes Kunstwerk handelt[295]. Wenn *Gründgens* der Kunstfigur Höfgen auch eindeutig als Vorlage gedient habe, werde dieser Bezug von der literarischen Gestaltung so weit überlagert, daß die in Höfgen thematisierte Mitläuferproblematik die individuelle Charakterisierung *Gründgens'* verdrängt[296].

Darüber hinaus modifiziert *Stein* letztlich den Rezeptionsmaßstab: Es darf nicht auf einen Leserkreis abgestellt werden, der in dem Roman ohne Beachtung der kunstspezifischen Bedeutung wie bei einer Dokumentation Parallelen zur Realität sucht. Damit spricht er den wunden Punkt der Entscheidung an, die die Schutzwürdigkeit eines literarischen Textes an dessen Faktentreue mißt. Zudem berücksichtigt *Stein* Kenntnisstand und Zusammensetzung des Publikums: Der Leserkreis wird durch die zeit- und kulturgeschichtlichen Merkmale auf die Entstehungsgeschichte des Romans, den *Klaus Mann* als deutscher Emigrant im holländischen Exil verfaßte, hingewiesen. Zudem beschränkt sich das Interesse an der Publikation auf einen überschaubaren Leserkreis aus der Bildungsschicht. Dieser weiß nach *Steins* Ansicht, daß ein Roman im Unterschied zur Biographie keinen Wahrheitsanspruch erhebe[297].

c) Abweichendes Votum von Rupp-von Brünneck: Vorwurf der Inkonsequenz

Die dissentierende Richterin *Rupp-von Brünneck* schließt sich weitgehend der Argumentation ihres Kollegen *Stein* an[298]. Auch sie lehnt einen maßstabsgetreuen Vergleich von Kunstwerk und Realität ab[299]. Darüber hinaus ist ihr Hinweis auf eine *inkonsequente Argumentation* anzufügen: Die Prüfung einzelner Aspekte ohne Berücksichtigung eines Zusammenhangs innerhalb des Kunstwerks führe „zu dem seltsamen und widersprüchlichen Ergebnis, daß dem Autor einerseits der Vorwurf gemacht wird, er habe zu wenig verfremdet' – das

[292] Ebda., S. 207 ff.
[293] Ebda., S. 207 f.
[294] Ebda., S. 207 f.
[295] Ebda., S. 211 f.
[296] Ebda., S. 212.
[297] Ebda., S. 216.
[298] Ebda., S. 218 ff.
[299] Ebda., S. 221.

heißt, er habe seinen Romanhelden *Gründgens* zu ähnlich, also zu wirklichkeitsgetreu nachgebildet –, andererseits wird ihm vorgeworfen, er habe zu stark ‚verfremdet' – nämlich seinen Helden mit erdichteten negativen Verhaltensweisen und Charakterzügen ausgestattet, die dem Lebensbild von *Gründgens* nicht entsprächen."[300]

3. Zwischenergebnis: Kritik an Senatsmehrheit und Sondervoten

Im Instanzenzug ging es zunächst um den auch im „Esra"-Verfahren thematisierten Ausgleich von Persönlichkeitsschutz und Kunstfreiheit, wenn auch mit abweichenden Nuancierungen hinsichtlich des schwindenden postmortalen Schutzes, der Klagebefugnis und der Qualifizierung als satirische Zeitkritik. Die Aspekte von Erkennbarkeit, paratextuellen Elementen wie Freiexemplar und Disclaimer und darüber hinaus insbesondere die Fiktionalität des Textes spielen heute wie damals die entscheidende Rolle.

Verdienst des „Mephisto"-Beschlusses ist es, erstmals zum Ausgleich von Kunstfreiheit und Persönlichkeitsschutz den Gerichten eine Meßlatte an die Hand zu geben, die zumindest eine Grundlage zur Ausformung von Rechtssicherheit und -klarheit ermöglicht: das seither bekannte Gegensatzpaar von Ur- und Abbild. Allerdings ist an diese Würdigung zugleich auch der Hinweis auf die eigentliche Schwachstelle der Entscheidung anzuschließen: Die Formel berücksichtigt schon in ihrer Begrifflichkeit nur unzureichend die Eigenständigkeit der künstlerischen Welt[301]. Ein literarischer Text ist nicht eine *abbildende* Kopie, sondern eine originäre Neuschöpfung.

Stein legt daher den Finger in die erkannte Wunde: Das Fiktionsverständnis ist über das Ur- und Abbildmodell hinaus zu präzisieren. Er untersucht in seinem Sondervotum die Realitätsbearbeitung von Kunst anhand von Typen, die reale Personen auf eine allgemeinere, kunstspezifische Ebene heben. Diese Lösung vom Ur- und Abbildpaar stellt einen wesentlichen Schritt auf dem Weg zur kunstspezifischen Betrachtung dar. Vorteil dieser Typusbetrachtung ist die Entwicklung eines Problembewußtseins für Zweck, Kontext und Selbstwert von literarischen Figuren. Andererseits läßt sich auch im Sondervotum eine bleibende Unsicherheit aufgrund mangelnder Präzisierung der Abwägungskriterien nicht leugnen. Übertragen auf den Fall „Esra" bleiben die Fragen nach der Typisierung der Protagonistinnen ebenso bestehen: Ist Esra beispielsweise noch die Klägerin zu 1) oder schon die Repräsentantin einer Gruppe von jungen Müttern mit Migrationshintergrund, die beruflich zu Höchstleistungen fähig ist, allerdings in ihrem sozialen Umfeld persönliche und kulturelle Schwierigkeiten nicht lösen kann? Was ist, wenn die Klägerin zu 1) – beinahe noch verwirrender – bereits

[300] Ebda., S. 222.
[301] Zur Kritik an den Begriffen vgl. Abschnitt C.II.9.a.

selbst so einen Typus verkörpert? Wäre eine Hebung auf die genannte allgemeine Ebene dann noch möglich?

Neben diesen Problemen ist auch der Widerspruch in der Charakterisierung des maßgebenden Rezipienten ungelöst: Soll einerseits seine konkrete Ausgestaltung gänzlich unbedeutend sein, da das Kunstwerk unabhängig von seiner Wahrnehmung existiere, so wird andererseits doch auf die spezifische Gruppe der Bildungsbürger abgestellt, für die dieser Roman geschrieben sei[302].

Die zweite dissentierende Richterin konzentrierte ihre Kritik auf die Inkonsequenz einer zu geringen und zugleich zu großen Veränderung durch Kunst[303]. Dieser Einwand kann durch die Präzisierung der genannten Verfremdung entkräftet werden[304]: Das thematisierte *Defizit* an Verfremdung entspricht der Prüfung der Erkennbarkeit, die bei mangelnder Veränderung zu bejahen ist[305]. Das *Übermaß* an Verfremdung meint hingegen eine Darstellung in besonders persönlichkeitsrechtssensibler, entstellender Weise, wie sie auch in der „Je-desto"-Formel des „Esra"-Beschlusses angesprochen und damit deutlich von dem Erkennbarkeitskriterium abgegrenzt wird[306]. Diese Differenzierung wird damals von der dissentierenden Richterin wie heute in Literatur und Rechtspraxis meist übersehen.

4. Vergleich der Beschlüsse „Mephisto" und „Esra": Vorläufer und Fortschritt

Der „Mephisto"-Beschluß war im Jahr 1971 die erste Entscheidung des Bundesverfassungsgerichts, in der ein Ausgleich zwischen Kunstfreiheit und allgemeinem Persönlichkeitsrecht gefunden werden mußte. Der „Esra"-Fall schließt sich nach mehr als 36 Jahren als zweiter, durch den Ersten Senat entschiedener Widerstreit an und vermittelt mithin ein Déjà-vu[307]. Die beiden Entscheidungen prägen im wesentlichen die Gewichtung von Kunstfreiheit und Persönlichkeitsschutz durch das Bundesverfassungsgericht. Sie verdeutlichen die grundrechtsdogmatische Entwicklung der letzten 40 Jahre und sind damit von essentieller Bedeutung.

Ungeachtet des gleichen Ergebnisses in den Fällen „Mephisto" und „Esra" – der Bestätigung des Veröffentlichungsverbots durch Zurückweisung der Ver-

---

302 Ebda., S. 210, 216.

303 Ebda., S. 222.

304 Zur Kritik an dem Begriff vgl. Abschnitt C.II.9.b.

305 Ebda., S. 24 ff.

306 Ebda., S. 30.

307 *M. Sachs*, Das Grundgesetz in seinem sechsten Jahrzehnt, in: NJW 2009, S. 1441 (1446). – Eine einführende Gegenüberstellung der beiden Beschlüsse bietet *A. Krämer*, Kunstfreiheit vs. Persönlichkeitsrecht – der Fall „ESRA", in: M. Weller/T. Dreier (Hrsg.), Des Künstlers Rechte – die Kunst des Rechts, 2008, S. 11 (11 ff.).

fassungsbeschwerden der Verlagsgesellschaften – divergieren die Begründungen erheblich[308]. Die „Esra"-Entscheidung wird im Vergleich zum „Mephisto"-Beschluß in der Diskussion ganz einhellig als Reflexion, Korrektur und Fortschritt für die Kunstfreiheit begrüßt[309]. Sie zeugt von einer sensibilisierten Wahrnehmung von und eines erhöhten Schutzes für Kunst. Diese Einschätzung kann angesichts der Tatsache, daß die Veröffentlichung des Romans „Esra" verboten bleibt, freilich erstaunen. Allerdings erweist sie sich bei genauerer Prüfung anhand der „Esra"-Leitgedanken von Erkennbarkeit, Fiktionalitätsvermutung und „Je-desto"-Formel als durchweg zutreffend.

a) Erkennbarkeit: qualitative Verschärfung, quantitative Erleichterung

Vorweg ist der unterschiedliche Entscheidungsrahmen der beiden Beschlüsse abzustecken. Denn nur wegen eines gegenüber der „Mephisto"-Entscheidung erweiterten *Prüfungsumfangs* ist es dem Bundesverfassungsgericht in dem „Esra"-Beschluß möglich, das Erkennbarkeitskriterium und die anderen Gesichtspunkte derart detailliert zu prüfen: Anders als in der „Mephisto"-Entscheidung, in der das Gericht die „Heck'sche Formel" anwandte und allein die Verletzung spezifischen Verfassungsrechts überprüfte[310], hat der erkennende Senat die zivilgerichtlichen Entscheidungen im Fall „Esra" nicht nur daraufhin untersucht, ob sie Bedeutung und Umfang der Kunstfreiheit grundsätzlich verkennen[311]. Vielmehr gesteht er sich selbst die Prüfungskompetenz zu, „die Vereinbarkeit der angegriffenen Entscheidungen mit der verfassungsrechtlichen Kunstfreiheitsgarantie auf der Grundlage der konkreten Umstände des vorliegenden Sachverhalts"[312] zu prüfen. Daß das Ergebnis durch den verschiedentlich abgesteckten Prüfungsmaßstab bestimmt wird, liegt nahe[313].

Wendet man nun die Erkennbarkeitsvoraussetzungen des „Esra"-Beschlusses auf die Gegenüberstellung von *Gründgens* und Höfgen an[314], so ist die Erkenn-

---

308 So auch *v. Becker,* Vorhang (Fn. 248), S. 622.

309 Der Fortschritt wird auch von dem dissentierenden Richter *Hoffmann-Riem* eingeräumt BVerfGE 119, 1 (48). Aus der Literatur teilen viele die Einschätzung so wie *D. Giersberg,* Roman wird verboten: *Esra* von Maxim Biller, http://www.goethe.de/kue/lit/aug/de2815556.htm (13.04.2010); *T. Gostomzyk,* Wahrheit, keine Dichtung, in: NJW 2008, S. 737 (737); *K.-H. Ladeur,* Nochmals: Der Fall „Esra" und das Verhältnis von Fiktion und Wirklichkeit, in: AfP 2008, S. 30 (31); *P. Raue,* Kunstfreiheit, Persönlichkeitsrecht und das Gebot der praktischen Konkordanz, in: AfP 2009, S. 1 (1); *A. Schiemann,* Persönlichkeitsrechtsverletzung contra Kunstfreiheit – Die Mephisto-Entscheidung und ihre Auswirkung auf die neuere Rechtsprechung, in: C. D. Conter (Hrsg.), Justitiabilität und Rechtmäßigkeit, 2010, S. 27 (34); *M. Ujica/R. Loef,* Quod licet jovi, non licet bovi, in: ZUM 2010, S. 670 (674 f.).

310 BVerfGE , 30, 173 (187 f., 196 f.).

311 BVerfGE 119, 1 (22).

312 BVerfGE 119, 1 (22).

313 Ähnlich *R. Müller-Terpitz,* BVerfGE 119, 1 – Esra, in: J. Menzel/ders. (Hrsg.), Verfassungsrechtsprechung, 2. Aufl. 2011, S. 830 (832).

314 Vgl. BVerfGE 119, 1 (25 f.).

barkeit ersteren in letzterem sowohl in qualitativer als auch quantitativer Hinsicht zu bejahen.

Qualitativ, hinsichtlich der Intensität der Identifizierung, drängt sich die Wiedererkennung aufgrund der beachtlichen *Ähnlichkeiten* auf[315]. Die Verschärfung der Erkennbarkeitsvoraussetzungen in qualitativer Hinsicht gegenüber der „Mephisto“-Entscheidung – dort genügte schlichtes Wiedererkennen[316] – hätte also einer Bejahung der Erkennbarkeit von *Gründgens* nicht entgegengestanden. *Gründgens* war ein ebenso bekannter Schauspieler wie Regisseur, der auch 1960 – also elf Jahre vor dem „Mephisto“-Beschluß – noch Aufmerksamkeit durch die Rolle des Mephisto in der Verfilmung von *Goethes* Faust erregte. Es bestanden Übereinstimmungen hinsichtlich des äußeren Erscheinungsbildes, der Beteiligung an Theateraufführungen sowie der beruflichen Positionierung als Preußischer Staatsrat und Generalintendant des Preußischen Staatstheaters[317]. Paratextuell weisen die Ankündigung einer Vorabveröffentlichung des Romans in der „Pariser Tageszeitung“ vom 17. Juni 1936 unter der Überschrift „Schlüsselroman“ sowie die Reservierung eines Freiexemplars für *Gründgens* auf eine bewußte Anspielung hin. Die Bereitstellung einer Ausfertigung erinnert an die Widmung des „Esra“-Romans für die Klägerin zu 1)[318]. Beiden Werken, „Mephisto“ als auch „Esra“, wurde vorgeworfen, ein Schlüsselroman zu sein[319].

Die Autoren haben sich dagegen entschieden zur Wehr gesetzt. *Mann* erklärte, nicht eine bestimmte, entschlüsselbare Person, sondern einen Typus darzustellen[320]. Er beteuerte oftmals – ebenso wie *Biller*[321] –, daß es sich bei dem Schauspieler Höfgen um eine *fiktive Figur* handele und Ähnlichkeiten mit realen Personen zufälliger Natur seien[322]. Er stellte klar: „Mir lag nicht daran, die Geschichte eines bestimmten Menschen zu erzählen, als ich ‚Mephisto, Roman einer Karriere‘ schrieb. Mir lag daran: einen Typus darzustellen, und mit ihm die verschiedenen Milieus [...], die soziologischen und geistigen Voraussetzungen, die seinen Aufstieg erst möglich machten. [...] Hier handelt es sich um kein ‚Porträt‘, sondern um einen symbolischen Typus – der Leser wird beurteilen,

---

315 BVerfGE 119, 1 (26).

316 BVerfGE 30, 173 (198).

317 BVerfGE 30, 173 (174 f.). – Demgegenüber bezweifelt die Erkennbarkeit *Krämer*, Kunstfreiheit (Fn. 307), S. 165 f. – Der damalige Leserkreis konnte darüber hinaus *Gottfried Benn* im Roman in Benjamin Pelz, *Erika Mann* in der Gestalt Barbara, *Max Reinhardt* in der Figur des Professors und *Thomas Mann* in dem Geheimrat Bruckner wiedererkennen. Vgl. *Schoeller*, Zeugenschaft (Fn. 250), S. 266, 274; *Seifert*, Realität (Fn. 255), S. 700.

318 Vgl. LG München I ZUM 2008, 537 (537).

319 Für den „Mephisto“-Roman so *J. Isensee*, Kunstfreiheit im Streit mit Persönlichkeitsschutz, in: AfP 1993, S. 619 (619 f.); *Lorenz*, Literatur (Fn. 245), S. 121.

320 Zit. nach *Spangenberg*, Karriere (Fn. 250), S. 90 f.

321 *Biller*, Stellungnahme (Fn. 107), S. 7.

322 *Mann* schreibe nicht „Romane um Privatpersonen“: *K. Mann*, Kein Schlüsselroman, in: U. Naumann/M. Töteberg (Hrsg.), Klaus Mann: Zahnärzte und Künstler, 1993, S. 405 (405 f.). Vgl. Abschnitt B.VI.4.a.

ob auch um einen lebensvollen, dichterisch geschauten und gestalteten Menschen."[323] Auch in seiner späteren Autobiographie wies er auf die Zufälligkeit der Vorlagenwahl zur Darstellung eines literarischen Typen hin: „Meine Wahl fiel auf *Gründgens* – nicht weil ich ihn für besonders schlimm gehalten hätte (er war vielleicht sogar eher besser als manch anderer Würdenträger des Dritten Reiches), sondern einfach, weil ich ihn zufällig besonders genau kannte. Gerade in Anbetracht unserer früheren Vertrautheit erschien mir seine Wandlung, sein Abfall so phantastisch, kurios, unglaubhaft, fabelhaft genug, um einen Roman darüber zu schreiben."[324] Zweifelhaft bleibt, ob die Figur, auf die seine „Wahl fiel […], um einen Roman darüber zu schreiben […]"[325], noch die ja so vertraute Person *Gründgens* oder eine schon transferierte Phantasiefigur darstellt. Deutlicher soll dagegen der Disclaimer ausfallen: Er enthielt – wiederum wie beim „Esra"-Roman[326] – den Hinweis: „Alle Personen dieses Buchs stellen Typen dar, nicht Portraits."[327] In der 1952 erschienen deutschen Version „Der Wendepunkt" stellte *Mann* klar: „Das dritte Buch, das ich im Exil – 1936 – veröffentlichte, handelt von einer unsympathischen Figur. Der Schauspieler, den ich hier präsentiere, hat zwar Talent, sonst aber nicht viel, was für ihn spräche. Besonders fehlt es ihm an den sittlichen Eigenschaften, die man meist unter dem Begriff ‚Charakter' zusammenfaßt. […] der Komödiant wird zum Exponenten, zum Symbol eines durchaus komödiantischen, zutiefst unwahren, unwirklichen Regimes. […] ‚Mephisto' ist kein ‚Schlüsselroman', wie man ihn wohl genannt hat. […] Ist der Staatsrat und Intendant Hendrik Höfgen, dessen Roman ich schrieb, ein Porträt des Staatsrates und Intendanten Gustaf Gründgens, mit dem ich als junger Mensch bekannt war? Doch nicht ganz. Höfgen unterscheidet sich in mancher Hinsicht von meinem früheren Schwager. Aber angenommen sogar, daß die Romanfigur dem Original ähnlicher wäre, als sie es tatsächlich ist, Gründgens könnte darum immer noch nicht als der ‚Held' des Buches bezeichnet werden. Es geht in diesem zeitkritischen Versuch überhaupt nicht um den Einzelfall, sondern um den Typ. Als Exempel hätte mir genauso gut ein anderer dienen können."[328] *Biller* lehnt nicht weniger entschieden jegliche Ähnlichkeit mit einem Schlüsselroman oder einer Karikatur der Figuren ab: „Allein der Schlüsselroman als einzige literarische Gattung bedient sich teilweise der Methoden des Meinungsjournalismus; die Intention eines Schlüsselromans ist die Satire auf reale Personen oder Zustände oder ihre Schmähung. Mein Roman *Esra* ist Literatur – er ist nicht Kommentar, nicht Polemik, nicht Schlüsselroman. Es war nicht meine Absicht, daß reale Personen sich bei seiner Lektüre wiedererkennen oder

---

[323] Zit. nach *Spangenberg*, Karriere (Fn. 250), S. 90.
[324] *K. Mann*, Der Wendepunkt, 2006, S. 460.
[325] *Mann*, Wendepunkt (Fn. 324), S. 460.
[326] *Biller*, Esra (Fn. 1), S. 216.
[327] *Mann*, Mephisto (Fn. 242), S. 391.
[328] *Mann*, Wendepunkt (Fn. 324), S. 459 f.

gar geschmäht fühlen – meine Absicht war es, eine große, schöne und tragische Liebesgeschichte zu erzählen, wie es sie in der Literaturgeschichte seit dem Buch der Lieder zu Hunderten gibt.“[329]

In *quantitativer* Hinsicht, mit Bezug auf die Anzahl der die Vorlagen identifizierenden Personen, ist der unterschiedliche Ansatz in den beiden Entscheidungen augenscheinlich: Dem nicht unbedeutenden Leserkreis des „Mephisto“-Beschlusses steht der demgegenüber abgesenkte Maßstab des Bekanntenkreises variabler Größe in der „Esra“-Entscheidung gegenüber[330]. Der ehemalige Generalintendant des Preußischen Staatstheaters *Gustaf Gründgens* bemühte sich stets um ein überzeugendes Image in der Öffentlichkeit. Auch in der Nachkriegszeit galt er als Größe des kulturellen Lebens[331]. Zur Zeit der Veröffentlichung des Romans war *Gründgens* in der Gesellschaft also allgemein bekannt und eine Person der Zeitgeschichte. Aufgrund seiner Prominenz war daher der doch hohe Anspruch, bei einem zahlenmäßig nicht unbedeutenden Leserkreis erkennbar zu sein, unschwer zu erfüllen. Frau *Romey* hat ihr Talent durch die Auszeichnung mit dem Bundesfilmpreis im Jahr 1989 unter Beweis gestellt. Frau *Lemke* stand ebenfalls aufgrund ihres Umweltengagements in der Türkei und der Verleihung des Alternativen Nobelpreises im Fokus medialer Aufmerksamkeit. Allerdings ist das öffentliche Interesse an beiden Frauen bei weitem nicht so ausgeprägt wie seinerzeit bei *Gründgens*. Es handelt sich bei ihnen nicht um Personen des öffentlichen Lebens[332]. Hinsichtlich der Frage, ob die Klägerinnen zu 1) und zu 2) nach „Mephisto“-Maßstäben erkennbar gewesen wären, läßt sich nur mutmaßen. Denn das Bundesverfassungsgericht untersuchte – angesichts des eingeschränkten Prüfungsrahmens – das Kriterium nicht vertiefend, sondern hat nur die Wertung der Gerichte gebilligt. Zudem stellte sich nicht die Frage, ob ein Bürger minderer Prominenz die Anforderungen ebenso erfüllen müßte. Der Senat ging eindeutig von dem Sachverhalt einer in der Öffentlichkeit bekannten Person aus und beschränkte seine Prüfung darauf. Im Fall von *Gründgens* ist jedenfalls zweifellos auch nach der Meßlatte der „Esra“-Entscheidung die Erkennbarkeit zu bejahen.

b) Zwischenergebnis: „Esra“ als Modifikation und Präzision von „Mephisto“

Insgesamt ist eine Modifizierung der Erkennbarkeitskriterien zu resümieren: Während das Bundesverfassungsgericht bei der „Mephisto“-Entscheidung vorausgesetzt hatte, „daß ein nicht unbedeutender Leserkreis unschwer in Höfgen

---

329 *Biller*, Stellungnahme (Fn. 107), S. 7; vgl. *I. Mangold*, „Romane erzählen erfundene Geschichten.“, in: Süddeutsche Zeitung vom 16.10.2003, S. 2.

330 BVerfGE 30, 173 (198) in bezug auf BGHZ 50, 133 (147); 119, 1 (25).

331 *M. Töteberg*, Nachwort zu Mephisto, 15. Aufl. 2008, S. 392 (393 ff., 409).

332 Allerdings weist auf die Bekanntheit aufgrund der Preisverleihungen mit Nachdruck hin *F. Kübler*, Perspektiven des Persönlichkeitsschutzes, in: AfP-Sonderheft 2007, S. 7 (12).

Gründgens wiedererkenne"[333], genügte im „Esra"-Beschluß die Identifizierbarkeit bei einem „mehr oder minder großen Bekanntenkreis"[334]. Der letztere Maßstab kann als Absenkung der Erkennbarkeitsvoraussetzungen gewertet werden. Andererseits wurde die Bejahung der Erkennbarkeit in der „Esra"- gegenüber der „Mephisto"-Entscheidung zugleich erschwert. Denn jetzt verlangt das Bundesverfassungsgericht eine eindeutige und offensichtliche Identifizierbarkeit, die Erkennbarkeit muß sich aufgrund einer hohen Kumulation von Identifizierungsmerkmalen dem Leser aufdrängen[335]. Damit stellt im „Esra"-Beschluß einerseits die Voraussetzung evidenter, sich aufdrängender Übereinstimmungen eine erhöhte Hürde für die Aktivierung des Persönlichkeitsschutzes dar. Andererseits läßt sich dort hinsichtlich der Erkennbarkeit eine Erweiterung des Schutzes für Personen ohne bedeutenden Bekanntheitsgrad attestieren.

c) Kunstspezifische Sicht bei „Mephisto" als Vorläufer der Fiktionalitätsvermutung

Gemeinsam vom materialen Kunstbegriff ausgehend stellt sich der Schutz der Kunstfreiheit im „Esra"-Beschluß als Erweiterung gegenüber der „Mephisto"-Entscheidung dar[336]. Im „Mephisto"-Fall prüfte das Gericht zunächst vollständig ergebnisoffen, ob in dem Abbild eine Verselbständigung gegenüber dem Urbild liegt[337]. Zur Zeit des Beschlusses war eine Entscheidungspraxis im Sinne eines Satzes „in dubio pro arte" noch undenkbar[338]. Vor diesem zeitbedingten Kontext wäre es daher verfehlt, den beteiligten Richtern eine kunstfeindliche Gesinnung vorzuwerfen. Vielmehr stellt ihre Vorarbeit die Grundlage dar, auf der die „Esra"-Entscheidung den Schutz in Form der Fiktionalitätsvermutung ausbauen und in der „Je-desto"-Formel präzisieren kann.

Insbesondere bilden zwei Aspekte der Vorgängerentscheidung das Fundament für eine spätere Verstärkung des grundrechtlichen Schutzes in Form der Fiktionalitätsvermutung.

Zunächst stellt das Bundesverfassungsgericht klar, daß neben dem Werkbereich auch der besonders konfliktträchtige *Wirkbereich* von dem Schutz des Art. 5 Abs. 3 S. 1 1. Alt. GG erfaßt wird[339]. Ist diese Einsicht heute auch allgemeiner Konsens[340], so war der ausdrückliche Hinweis auf den Schutz des Wirkbereichs angesichts der manipulierenden Kunstpolitik der nationalsozialistischen

---

[333] BVerfGE 30, 173 (198).
[334] BVerfGE 119, 1 (25).
[335] BVerfGE 119, 1 (26).
[336] BVerfGE 30, 173 (188 f.); 119, 1 (20 f.).
[337] BVerfGE 30, 173 (195).
[338] *Kastner,* Freiheit (Fn. 3), S. 605.
[339] BVerfGE 30, 173 (189).
[340] Daher auch keine vertiefende Darstellung in der „Esra"-Entscheidung vgl. BVerfGE 119, 1 (23).

Vergangenheit damals erforderlich. Eine Beschränkung des Schutzes auf die Tätigkeit des Künstlers und eine Schutzlosstellung der Personen, die das Werk dann veröffentlichen und verbreiten, hatte während des nationalsozialistischen Regimes fatale Folgen[341]. Dieser diktatorische Hintergrund darf bei der Beurteilung einer Gerichtsentscheidung, die in einem zeitlichen Abstand von nicht einmal 30 Jahren zur grundrechtslosen Zeit ergangen ist, nicht vollständig ausgeblendet werden.

Zweitens wird – ebensowenig selbstverständlich – der *Eigenwert von Kunst* betont[342]: „Die Kunst ist in ihrer Eigenständigkeit und Eigengesetzlichkeit durch Art. 5 Abs. 3 Satz 1 GG vorbehaltlos gewährleistet.“[343] Daraus leitet sich die seitdem verpflichtende kunstspezifische Betrachtung eines Kunstwerks ab. Es folgt für den „Esra“-Beschluß zweierlei[344]:

So kann nun erstens der Senat als Konsequenz dieses Kunstverständnisses eine künstlerische Unabhängigkeit der gesamten Entscheidung in weitaus stringenterer Form zugrunde legen: „Ein Kunstwerk strebt eine gegenüber der ‚realen‘ Wirklichkeit verselbständigte ‚wirklichere Wirklichkeit‘ an, in der die reale Wirklichkeit auf der ästhetischen Ebene in einem neuen Verhältnis zum Individuum bewusster erfahren wird.“[345]

Zudem kristallisiert sich aus der kunstspezifischen Betrachtung 36 Jahre später eine *Vermutung für die Fiktionalität* eines Romans heraus. Es wird also nunmehr vermutet, daß es sich bei einer literarischen Darstellung um einen fiktionalen Text handelt[346]. Fiktion wird nach literaturwissenschaftlichem Sachverstand auch gewertet als „ontologischer Status bzw. Präsentationsmodus von Dingen, Ereignissen und Konstellationen, die es in einer als real ausgezeichneten Welt in dieser Form nicht gibt“[347]. Bei einem fiktionalen Text ist ein Faktizitätsanspruch mithin ausgeschlossen. Die Fiktionalitätsvermutung setzt unbedingt eine kunstspezifische Betrachtung voraus, da nur sie die Eigenarten literarischer Texte berücksichtigt und erkennt, daß Fiktionalität eine zumindest häufig mit Literarizität in Verbindung stehende Texteigenschaft ist[348]. Daß sich mit der Annahme

---

[341] Vgl. BVerfGE 30, 173 (189); hierzu vertiefend *F. Wittreck*, in: H. Dreier (Hrsg.), Grundgesetz, Bd. I, 3. Aufl. 2012, Art. 5 III (Kunst), Rn. 9.

[342] Diese kunstfreundliche Haltung steht im Einklang mit dem historischen Subjektivierungsprozeß von Kunst, ist allerdings in der Literaturgeschichte nicht in jeder Epoche kunsttheoretischer Konsens gewesen (vgl. Abschnitt C.II.6.a) und verdient daher besondere Hervorhebung.

[343] BVerfGE 30, 173 (191). – Demgegenüber den kunstspezifischen Maßstab des „Esra“-Beschlußes allein in dem Sondervotum *Steins* erkennt *Knothe*, Freiheit (Fn. 6), S. 88.

[344] BVerfGE 30, 173 (195); 119, 1 (27).

[345] BVerfGE 119, 1 (28).

[346] BVerfGE 119, 1 (28).

[347] *R. Klausnitzer*, Literatur und Wissen, 2008, S. 419.

[348] Vgl. Abschnitt C.II.1, 2. Vorläufer der späteren Fiktionalitätsvermutung sind auch die Ausführungen von *L. Zechlin*, Gerichtliche Verbote zeitkritischer Kunst, in: KJ 15 (1982), S. 248 (259): „Als zusätzlicher, kunstspezifisch geschützter Freiheitsraum wäre an

von Fiktionalität in der „Esra“-Entscheidung – die sich ja vor dem Hintergrund der „Je-desto“-Formel als Kompensationsmöglichkeit für die Tangierung der persönlichkeitsrechtsrelevanten Felder darstellt[349] – eine Zulässigkeitsvermutung für Kunst, eine Schutzerweiterung der Kunstfreiheit verbindet, liegt auf der Hand. Auch in der Literatur wird die Fiktionalitätsvermutung als Erweiterung des Schutzes der Kunstfreiheit „pro arte“ gegenüber dem „Mephisto“-Beschluß verstanden[350].

d) Die „Ur-/Abbild“-Theorie als Grundlage der „Je-desto“-Formel

Außerdem bildet die „Mephisto“-Entscheidung die Grundlage für die Entfaltung der *„Je-desto“-Formel.* Diese bestimmt Fiktionalität als Gegenspieler zur Persönlichkeitsrechtsbeeinträchtigung im Rahmen der Prüfung einer Persönlichkeitsrechtsverletzung: Je schwerer die Persönlichkeitsrechtsbeeinträchtigung wiegt, desto mehr Fiktionalisierung ist erforderlich, um eine Persönlichkeitsrechtsverletzung auszuschließen. Wenn eine Vermutung für die Fiktionalität eines Textes streitet, muß eine äußerst schwere Persönlichkeitsrechtsbeeinträchtigung vorliegen, um trotz Vermutungswirkung eine Persönlichkeitsrechtsverletzung zu bejahen[351]. Der Gedanke, daß das meßbare Ausmaß der fiktionalen Darstellung die Persönlichkeitsrechtsbeeinträchtigung beeinflußt, war auch bereits im „Mephisto“-Beschluß streitentscheidend. Schon dort wurde auf die Faktoren von „Ausmaß der künstlerischen Verfremdung“, „Umfang“ und „Bedeutung der ‚Verfälschung‘ für den Ruf des Betroffenen“[352] hingewiesen. Die dort noch undifferenzierte Umschreibung künstlerischer Wirklichkeitsbearbeitung als Verselbständigung beinhaltet sowohl die Komponente der Erkennbarkeit als auch der Fiktionalisierung. Unmittelbar vor Einführung der „Je-desto“-Formel wird nun an die „Ur-/Abbild“-Theorie erinnert und damit ausdrücklich auf die in der Vorgängerentscheidung benannten Abwägungskriterien Bezug genommen: „Dabei ist zu beachten, ob und inwieweit das ‚Abbild‘ gegenüber dem ‚Urbild‘ durch die künstlerische Gestaltung des Stoffs und seine Ein- und Unterordnung in den Gesamtorganismus des Kunstwerks so verselbständigt erscheint, daß das Individuelle, Persönlich-Intime zugunsten des Allgemeinen, Zeichenhaften der ‚Figur‘ objektiviert ist. Wenn eine solche, das Kunstspezifische berücksichtigende Betrachtung jedoch ergibt, daß der Künstler ein ‚*Porträt*‘ des ‚Urbildes‘ gezeichnet hat oder gar zeichnen wollte, kommt es auf das Ausmaß der künstlerischen

---

eine Umverteilung der Beweislast zu denken. Bei Tatsachenbehauptungen geht ein ‚non liquet‘ zulasten des Behauptenden. Bei Schlüsselromanen und Dokumentarstücken könnte man daran denken, dem Kläger die Beweislast aufzubürden.“

349 BVerfGE 119, 1 (30). Vgl. Abschnitte B.VI.4.d, D.IV.2.b, E.I.7.

350 *E. I. Obergfell,* Dichtung oder Wahrheit?, in: ZUM 2007, S. 910 (914); *F. Wittreck,* Persönlichkeitsbild und Kunstfreiheit, in: AfP 2009, S. 6 (9).

351 BVerfGE 119, 1 (30).

352 BVerfGE 30, 173 (195).

Verfremdung oder den Umfang und die Bedeutung der ‚Verfälschung' für den Ruf des Betroffenen [...] an."[353] Die „Mephisto"-Entscheidung wendet gegenüber diesem abgestuften Modell zunächst eine neutrale *„Entweder-oder"-Prüfung* an: Auf der ersten Stufe stellt sich allein die Frage, ob eine ausreichende Fiktionalisierung erfolgt ist[354]. Zwar gibt das Gericht auch hier als Maßstab vor, „ob und *inwieweit*"[355] eine Verselbständigung des Abbildes vom Urbild erfolgte. Der Senat schränkt auf der ersten Prüfungsstufe dann aber im Ergebnis die Entscheidung für oder gegen das Vorliegen einer Porträtierung des Urbildes auf eine „Entweder-oder"-Wahl ein. Dieses erste Stadium der Untersuchung läßt sich – wie in der „Esra"-Entscheidung geschehen[356] – präziser an dem Kriterium der Erkennbarkeit festmachen. Der Begriff des Porträtierens wurde aus zwei Gründen hier mit Recht durch den der Erkennbarkeit ersetzt:

Ein literarisches Werk ist schlechthin nach gegenwärtigem Kunstverständnis kein Porträt, die Prüfung eines Porträtierens damit unergiebig. Ein Kunstwerk beinhaltet die schöpferische Bearbeitung, nicht die Abbildung von Wirklichkeit, also des Porträtierens einzelner Personen[357]. Selbst bei Ausarbeitungen, die eine äußerst große Nähe zur Wirklichkeit aufweisen, handelt es sich nicht um die Realität oder einen ihrer Schatten. Kunst bleibt auch in diesen Fällen eine eigenständige Welt, die zwar in ihren Regeln und Gesetzmäßigkeiten dann augenscheinliche Parallelen zu den tatsächlichen Gegebenheiten aufweist, gleichwohl ihre Unabhängigkeit von diesen behauptet[358].

Außerdem werden Werke von Dokumentar-Dramen, Doku- und Autofiktionen[359], in die neben realen auch zahlreiche fiktive Elemente Eingang finden, nur in den seltensten Fällen eine solche Kumulation von Übereinstimmungen aufweisen, daß man überhaupt an ein Porträt denken könnte. Die Qualifizierung als solches beschränkt sich damit letztlich auf die engumgrenzten Literaturgattungen von (Auto-)Biographien, Lebensbildern sowie historischen wie biographischen Romanen. Damit würden entsprechend dem Wortlaut der „Ur-/Abbild"-Regel weite Teile von Literatur – genaugenommen auch Höfgen, Esra und

---

[353] BVerfGE 30, 173 (195); 119, 1 (29); Kursivdruck durch Verfasserin.

[354] BVerfGE 30, 173 (195).

[355] Kursivdruck durch Verfasserin.

[356] BVerfGE 119, 1 (24 ff.).

[357] Vgl. Abschnitt C.II.6.a.

[358] En bloc: Eine Erzählung beispielsweise des Naturalismus ist zwar kein historisches Dokument, das ohne künstlerischen Einfluß gleich einem zeitgenössischen Zeitungsartikel zu werten wäre. Allerdings ist sie der Realität direkt entlehnt und beschreibt sie sowie die in ihr auftretenden Individuen denkbar detailliert. Hierzu *U. Meyer-Cording*, Das literarische Portrait und die Freiheit der Kunst, in: JZ 1976, S. 737 (737).

[359] Die nähere Klassifizierung erörtern *M. Schwarz/G. Hansen*, Die persönlichkeitsrechtlichen Grenzen bei Doku-Drama, Doku-Fiction und anderen Bearbeitungen realer Ereignisse in Filmen und Theaterstücken, in: ZGE/IPJ 2 (2010), S. 19 (22 ff.).

Lale – von einer Überprüfung ausgenommen, da diese Figuren zwar der Realität entlehnt, allerdings keine Kopien oder „Porträts" ihrer realen Vorlagen sind.

Erst auf der zweiten Prüfungsebene schließt sich dann eine Begutachtung der porträtierten Darstellungen en détail an: Nun „kommt es auf das Ausmaß der künstlerischen Verfremdung oder den Umfang und die Bedeutung der ‚Verfälschung' für den Ruf des Betroffenen oder für sein Andenken an."[360] Auch auf diesem zweiten Niveau zahlt sich die Begriffspräzisierung des „Esra"-Beschlusses aus: Die Bezeichnungen der „künstlerischen Verfremdung" und „Verfälschung" werden jüngst durch den Ausdruck der „Fiktionalisierung" vereinheitlicht, der „Ruf des Betroffenen" wird nun durch die „Persönlichkeitsrechtsbeeinträchtigung" ersetzt, die gegenüber einer Rufbeeinträchtigung der umfassendere Terminus ist.

Das „Inwieweit"[361] der Verselbständigung deutet zwar auf eine nuancierte Prüfung hin, die sich allerdings erst in einem zweiten Schritt anschließt. An dieser – wenn auch späten und punktuellen – Stelle finden die fließenden Übergänge zwischen Fiktion und Wirklichkeit im Prüfungsaufbau des „Ur-/Abbild"-Musters Berücksichtigung. Das Modell der „Mephisto"-Entscheidung, das zunächst eine Verselbständigung des Abbilds vom Urbild prüft („Entweder-oder"-Entscheidung) und nur bei unzureichender Eigenständigkeit des Kunstprodukts das Ausmaß der künstlerischen Verfremdung und der Persönlichkeitsrechtsbeeinträchtigung untersucht, kann damit insgesamt als vorbereitendes Entwicklungsstadium für die „Je-desto"-Formel mit gleitenden Abstufungen von Realität und künstlerischer Bearbeitung verstanden werden. Die Zweiteilung der Prüfung im „Mephisto"-Beschluß erweist sich als sprachlich ungenau und überflüssig, die „Je-desto"-Formel demgegenüber als Präzisierung und kunstadäquater Fortschritt.

Entscheidungsrelevante Funktion kommt in dem „Esra"-Beschluß den proklamierten Ausnahmen vom Abwägungsvorgang zu: In der „Esra"-Entscheidung sieht die Senatsmehrheit neben der Beeinträchtigung der Mutter-Kind-Beziehung in der Verletzung der Intimsphäre der Klägerin zu 1) eine Beeinträchtigung der Persönlichkeitsrechtsdimension, die aufgrund des Menschenwürdegehalts nicht zu rechtfertigen ist[362]. Der Schutz der Menschenwürde nach Art. 1 Abs. 1 GG entfaltet einen absoluten Schutz. Sobald der unantastbare Kernbereich betroffen ist, findet eine Abwägung mit anderen Rechtsgütern nicht mehr statt, eine Gegenüberstellung fällt regelmäßig zugunsten des Persönlichkeitsrechts aus[363]. Ein vergleichbar überragender, da in dem Menschenwürdegehalt des Art. 1 Abs. 1 GG verankerter Schutz kommt beim „Mephisto"-Beschluß

---

[360] BVerfGE 30, 173 (195).
[361] BVerfGE 30, 173 (195).
[362] BVerfGE 119, 1 (23 f., 34).
[363] BVerfGE 27, 344 (351); 75, 369 (380); 93, 266 (293); 107, 275 (284).

dem postmortalen Persönlichkeitsrecht zu[364]. Im Gegensatz zur „Esra“-Entscheidung fehlt hierbei allerdings die Konsequenz in bezug auf die Abwägungsfestigkeit: Denn tatsächlich nimmt das Gericht – wenn auch aufgrund plausibler, praktischer Erwägungen – doch eine Interessenabwägung vor. Der Schutz verliere im Laufe der Zeit an Gewicht, da auch die Erinnerung an die betroffene Person zunehmend verblasse und das Interesse an einer unverfälschten Darstellung schwinde[365]. In der Tat ist es wenig überzeugend, einem Verstorbenen, der seine Persönlichkeit nicht mehr vor dem Hintergrund zeitlich-räumlicher Endlichkeit entfaltet, gegenüber einem Lebenden einen intensiveren Persönlichkeitsschutz zukommen zu lassen. So sehr das Einbringen in einen Abwägungsvorgang bei schwindender Erinnerung einleuchtet, so wenig überzeugt dann die dogmatische und keineswegs zwingende Anbindung an Art. 1 Abs. 1 GG[366]. Die Darstellung des Höfgen würde demgegenüber nach den „Esra“-Grundsätzen keiner abwägungsfesten Ausnahmegruppe unterfallen.

e) Zwischenergebnis: „Mephisto“ wäre nach „Esra“ heute wie damals zulässig

Nach dem Vergleich mit den Maßstäben der „Esra“-Entscheidung wäre der Roman von *Klaus Mann* gegenwärtig zulässig: *Gründgens* ist zwar in dem Protagonisten erkennbar. Allerdings streitet für die Kunstfreiheit die Fiktionalitätsvermutung, so daß grundsätzlich von einer ausreichenden Fiktionalisierung der Figur auszugehen ist. Diese Vermutung wird auch nicht durch gegenteilige Faktoren widerlegt. Im Abwägungsvorgang gemäß der „Je-desto“-Formel ist kein Umstand ersichtlich, der zu einem Verbot führen könnte. Allein die negative Charakterzeichnung einer Kunstfigur, die Ähnlichkeiten zu einer realen Person aufweist und im Ausmaß der Entstellung zudem deutlich hinter der Darstellung mit Bezug auf die Klägerin zu 2) zurückbleibt, führt nicht zur Unzulässigkeit der Publikation. „Mephisto“ thematisiert vielmehr den Karriereverlauf des Schauspielers und Intendanten Höfgen. Mitteilungen aus seinem Privatleben ergänzen die Charakterzeichnung nur peripher. Insbesondere die Schilderungen intimer Szenen mit der schwarzen Geliebten, in denen Höfgen als tatsächlicher Sexualpartner erkennbar wird, sind sowohl in qualitativer als auch quantitativer Hin-

---

[364] BVerfGE 30, 173 (196). – Postmortalen Persönlichkeits- mit Menschenwürdeschutz am Beispiel von menschlichen Leichen als Kunstwerke setzt gleich *C. Thiele*, Plastinierte „Körperwelten“, Bestattungszwang und Menschenwürde, in: NVwZ 2000, S. 405 (407 f.).

[365] BVerfGE 30, 173 (196). Ebenso *H. Schack*, Das Persönlichkeitsrecht der Urheber und ausübenden Künstler nach dem Tode, in: GRUR 1985, S. 352 (359 f.); *Benda*, Vergänglichkeit (Fn. 274), S. 1771. – Zur Abwägungsfestigkeit des postmortalen Persönlichkeitsschutzes BGH NJW 2009, 751 (752).

[366] Die grundrechtliche Verankerung in Art. 2 Abs. 1 i.V.m. Art. 1 Abs. 1 GG könnte diesen Widersinn beheben. Diese Lösung schlägt vor *Dreier*, Grundgesetz (Fn. 96), Vorb. vor Art. 1 Rn. 74.

sicht für die Erzählung von untergeordneter Bedeutung. Die Darstellung der Begegnungen ist nicht durch Detailgenauigkeit, sondern durch vage, schemenhafte Umrisse geprägt. Art und Umfang der Schilderungen deuten auf eine eher zu vernachlässigende Rolle im Gesamttext hin[367]. Darüber hinaus fehlt es nach den „Esra“-Leitlinien an der Proklamierung von Insiderwissen. An keiner Stelle wird angedeutet, daß es sich um intime Begegnungen handelt, die sich tatsächlich so ereignet haben. Es erfolgt keine realistische, vom Autor unmittelbar erlebte, detaillierte Schilderung intimer Einzelheiten[368]. Die Darstellung des beruflichen Aufstiegs und sozialen Umgangs Höfgens berührt allein die Sozialsphäre des real erkennbaren *Gründgens*.

Hinsichtlich der Klägerin zu 2) erreicht die Ausgestaltung der Figur „Lale“ hingegen die Privatsphäre der Betroffenen, da zahlreiche Schilderungen sie in ihrer familiären Umwelt zeigen. Eine noch intensivere Persönlichkeitsrechtsbeeinträchtigung erlebt darüber hinaus die Klägerin zu 1) durch die Veranschaulichung intimer Szenen: Gegenüber der Darstellung in dem „Mephisto“-Roman zeichnet sich die Darbietung durch eine andere Eingriffsqualität aus: An der Stelle, an der die Schilderung intimer Begegnungen in *Manns* Beschreibungen nur Umrisse wiedergibt oder gänzlich versiegt, beginnt bei *Biller* gerade die detailgenaue Darlegung: „Anschauen durfte ich sie, küssen nicht. Da stand ich und sah in ihre stumpfen, schwarzen, tatarischen Augen, und dann spritzte ich endlich los. So wie bei ihr spritzte ich bei keiner Frau vorher und auch nicht danach, etwas, so empfand ich es, löste sich jedesmal ganz tief in meinem Inneren – es war ein alter Schmerz, der auf die Art verging und sich in langersehntes Glück verwandelte. Auch jetzt schoß die Flüssigkeit aus mir heraus wie eine Fontäne. Ich überschüttete Esras Arm und Kleid mit meinem Samen, und da wachte Esra kurz auf, über ihr bis dahin so ausdrucksloses Gesicht huschte ein verliebter, freudiger Schatten. Dann war er wieder weg, und sie griff hinter sich nach dem Küchenhandtuch und begann ihr Kleid abzuwischen.“[369] In dem Roman „Mephisto“ findet sich außerdem keine Schilderung, die wie im Fall der Klägerin zu 1) eine Eltern-Kind-Beziehung und damit die Intimsphäre in vergleichbarer Form betrifft. Im Ergebnis läßt sich also festhalten, daß alle drei Betroffenen

---

[367] Diese divergierende Gewichtung ist auch auf die unterschiedliche Thematik von den „Mephisto“- und „Esra“-Entscheidungen zurückzuführen. Vgl. *D. Bax*, Eine verhängnisvolle Affäre, in: Die Tageszeitung vom 23.7.2003, S. 17. Eine überzeugende Gegenüberstellung bietet *v. Becker*, Vorhang (Fn. 248), S. 622: „Ging es dort um das zeitgeschichtliche Portrait einer mehr oder weniger entarteten Gesellschaft, von der Gustaf Gründgens (in der Figur des Hendrik Höfgen portraitiert) in gewisser Weise ein Teil war, so geht es hier um die persönliche Verarbeitung einer Liebesgeschichte.“ – In Hinblick auf die „Mephisto“-Satire untersucht instruktiv die Grenzen von Satire *S. Gärtner*, Was die Satire darf, 2009, S. 166 ff.

[368] Vorliegend untermauert der Erzähler seine Beschreibungen nicht durch ein Sonderwissen, das auf die Tatsächlichkeit der Ereignisse hindeutet.Vgl. die ähnliche Argumentation im Fall des Theaterstücks „Ehrensache“ von BVerfGK 13, 115 (118 f.).

[369] *Biller*, Esra (Fn. 1), S. 43.

in unterschiedlicher Intensität in ihrem Persönlichkeitsrecht betroffen sind: *Gründgens* ist abgesehen von einigen schemenhaft skizzierten Sexualkontakten hauptsächlich in seiner Sozialsphäre betroffen. Die Klägerin zu 2) wird in ihrer Privat- und die Klägerin zu 1) darüber hinaus in erheblichem Umfang in ihrer Intimsphäre berührt. Da sich ein sachlicher Grund zur Privilegierung Verstorbener – auch unter Berücksichtigung des Pietätsgefühls von Angehörigen und Allgemeinheit – nicht feststellen läßt, wäre es widersinnig, das Persönlichkeitsrecht des am geringsten betroffenen *Gründgens* in größtem Umfang – nämlich absolut – zu schützen. Da eine Abwägungsfähigkeit des postmortalen Persönlichkeitsschutzes vorzugswürdig erscheint, sollte der Schutz folglich nicht auf die abwägungsfeste Menschenwürde, sondern ebenfalls auf das allgemeine Persönlichkeitsrecht aus Art. 2 Abs. 1 i.V.m. Art. 1 Abs. 1 GG gestützt werden. Nach den heutigen „Esra“-Leitlinien könnte dann das Publikationsverbot von *Manns* Roman – abgesehen von der ohnehin verblassenden, da zeitlich fortgeschrittenen Vorstellung vom Lebensbild *Gründgens'* – nicht aufrechterhalten werden.

Der Roman „Mephisto“ wäre nach den Prämissen der „Esra“-Entscheidung also damals – auch unter Berücksichtigung der noch lebhafteren Erinnerung an den Verstorbenen – wie heute zulässig.

f) Art der Darstellung von Höfgen, Lale, Esra: unterschiedliche Dimensionen

Neben den betroffenen Dimensionen der Persönlichkeit ist die Art der Darstellung von erheblicher Bedeutung für die Intensität der Persönlichkeitsrechtsbeeinträchtigung. Wenn man die Darbietungen der drei Charaktere vergleicht, fällt auf, daß die Zeichnung der Figur „Esra“ insgesamt die *positivsten* Züge trägt. Entgegen der Ansicht der Klägerin zu 1) handelt es sich bei der Charakterisierung von Esra nicht um eine diffamierende und herabwürdigende Schilderung, die allein – unabhängig von der Darstellung des Intimlebens und der Eltern-Kind-Beziehung – ein Verbot rechtfertigen würde. Die einfühlsame Schilderung von Esras ambivalentem Charakter am Ende des 15. Kapitels steht stellvertretend für das in der Handlung dominierende Charakterbild: „Esra war meistens, auch wenn sie sich nicht gerade in der Sorge um Ayla zerfraß, innerlich völlig verhärtet. Sie, die schönste, erregendste Frau, die mir je begegnet ist […].“[370] Esra wird als eine Person dargestellt, die aufgrund ihrer familiären Probleme und inneren Zerrissenheit gelegentlich einen unnahbaren Eindruck vermittelt. Ihre eher negativen Charakterzüge von Naivität, Egoismus, Unentschlossenheit und Rücksichtslosigkeit werden vor dem Hintergrund der Konflikte mit Lale, Frido und Ayla nachvollziehbar und damit relativiert. Zudem finden sich in dem Roman zahlreiche Passagen, die die Zuneigung des Autors zu der attraktiven Frau betonen. Ein Verbot wegen der Charakterdarstellung Esras ist damit ausgeschlossen.

[370] *Biller,* Esra (Fn. 1), S. 45 f.

Negativer ist hingegen Hendrik Höfgen gezeichnet. Der Erzähler findet in seiner satirischen Darstellung nicht viel Sympathie für das egoistische Karrierestreben des Schauspielers und Intendanten. Gleichwohl handelt es sich um eine realistische Beschreibung der damaligen Umstände und eines durchaus allgemein verbreiteten und bekannten Charaktertyps[371]. Im Gegensatz zur Darstellung von Esra werden keine Erklärungen und Entschuldigungen für sein Verhalten beigefügt. Der Eindruck eines gefühlsarmen, angepaßten Karrieristen wird nicht revidiert. Die – wenn auch abstoßende – Darbietung beschränkt sich allerdings auf die Schilderung des beruflichen Aufstiegs unter Berücksichtigung von Inneneinsichten, die rücksichtslose Züge des Karrieristen offenlegen. Das Maß des Zumutbaren wird damit nicht überschritten. Das Publikationsverbot wurde daher mit Recht nicht auf diese Darstellung gestützt. Lale, in der die Klägerin zu 2) erkennbar ist, wird vergleichbar widerwärtig gezeichnet. Sie gilt als „herrische, ehrgeizige Frau"[372], sie ist „die dickköpfige, rücksichtslose Lale"[373], die ein Alkoholproblem hat und ihre Tochter manipuliert[374]. Wenn die explizite Nennung negativer Eigenschaften auch eine erhöhte Aufregung bei der Betroffenen hervorrufen kann, besteht in der Wirkung kein Unterschied zur Darstellung des Opportunisten Höfgen. Beide werden als äußerst rücksichtslose Charaktere beschrieben. Die Unmittelbarkeit der Sprache im Fall Lale ist eher eine Frage des literarischen Stils und zugleich der derzeit weitverbreiteten Strömung des subjektiven Realismus geschuldet. Daher zeichnen sich beide Darstellungen durch eine vergleichbare Eingriffsintensität aus. Wenn man nach der Fiktionalitätsvermutung von einer Fiktionalität der Beschreibung ausgeht und in der Beeinträchtigung der Sozialsphäre *Gründgens'* mit Recht keinen besonders schweren Persönlichkeitseingriff sieht, ist nach heutigen Maßstäben neben der Schilderung von Lale auch die Darstellung des Hendrik Höfgen zulässig.

g) Verhältnismäßigkeit als heutige Prüfungsstufe

In dem „Esra"-Beschluß prüft und bejaht der Senat die Verhältnismäßigkeit des gerichtlich ausgesprochenen Gesamtveröffentlichungsverbots[375]. In der „Mephisto"-Entscheidung hielt das Bundesverfassungsgericht den Verhältnismäßigkeitsgrundsatz hingegen nicht für anwendbar, da vor den Zivilgerichten allein ein privatrechtlicher Anspruch geprüft wurde[376].

---

[371] Die Erzählung ähnlich als Realsatire bezeichnet *v. Becker,* Mephisto (Fn. 241), S. 86.
[372] *Biller,* Esra (Fn. 1), S. 9.
[373] *Biller,* Esra (Fn. 1), S. 72.
[374] *Biller,* Esra (Fn. 1), S. 73 f.
[375] BVerfGE 119, 1 (35 f.).
[376] BVerfGE 30, 173 (199 f.). – Zum postmortalen Persönlichkeitsrecht im Zivilrecht *S. Lettmaier,* Das allgemeine Persönlichkeitsrecht in der zivilrechtlichen Fallbearbeitung – zugleich ein Spiegel der neueren Rechtsprechung, in: JA 2008, S. 566 (570 f.).

h) Rechtskraft der Entscheidungen und ihre Beschränkung

Die Neuauflage des Romans durch den Rowohlt-Verlag aktualisiert die Problematik um die Rechtskraft des „Mephisto“-Beschlusses und dessen Verhältnis zu den Entscheidungen der Instanzgerichte. An dieser Stelle drängt sich zugleich die Frage auf, inwieweit sich die Bindungswirkung im Fall „Esra“ entfaltet. Um den Umfang festzustellen, ist zunächst zwischen den Formen einer zurückweisenden und stattgebenden Entscheidung hinsichtlich der Verfassungsbeschwerde zu differenzieren.

aa) Zurückweisende Entscheidung: Höfgen und Esra

In dem „Mephisto“-Beschluß wird die Verfassungsbeschwerde des Verlags zurückgewiesen. Eine Entscheidung des Bundesverfassungsgerichts erwächst in formeller und nach weit überwiegender Ansicht auch in materieller Rechtskraft[377]. Die Entscheidung bezieht sich auf einen konkreten Streitgegenstand, der sich durch den verfahrenseinleitenden Antrag und den zugrundeliegenden Lebenssachverhalt bestimmt[378]. Die materielle Rechtskraft ist dabei in sachlicher, persönlicher und zeitlicher Hinsicht begrenzt. Nur der Tenor erwächst in sachlichem Bezug in Rechtskraft. In persönlicher Hinsicht wirkt die Rechtskraft grundsätzlich nur *inter partes*[379]. Die Rechtskraft bezieht sich zudem allein auf den Zeitpunkt, in dem die Entscheidung ergeht, so daß neue Tatsachen von der Bindungskraft nicht erfaßt werden[380].

Hiervon zu unterscheiden ist das Verfahren vor den *Zivilgerichten*. Die Entscheidungen der Fachgerichte betreffen einen anderen Streitgegenstand als das Verfahren vor dem Bundesverfassungsgericht[381]. Zwar ist der Streitgegenstand der Verfassungsbeschwerde nicht ausdrücklich gesetzlich geregelt. Wie § 95 Abs. 1 S. 1 BVerfGG allerdings verdeutlicht, umfaßt der Streitgegenstand nicht nur die im konkreten Fall angegriffenen Entscheidungen, sondern auch die mit Bezug darauf behauptete Verletzung eines subjektiven Rechts, das durch

---

[377] So schon *H. Schneider*, Die Verbindlichkeit von Entscheidungen des Bundesverfassungsgerichts, in: DVBl. 1954, S. 184 (185); *W. Hoffmann-Riem*, Beharrung oder Innovation – zur Bindungswirkung verfassungsrechtlicher Entscheidungen, in: Der Staat 13 (1974), S. 335 (337). – Anders hinsichtlich Normenkontrollentscheidungen *H. Bogs*, Die Bindung des Fallrichters an eine verfassungskonforme Gesetzesauslegung des Normenkontrollrichters – Ein Beitrag zur Auslegung des § 31 Abs. 2 BVerfGG, in: DVBl. 1965, S. 633 (635 f.); *R. Wenig*, Zur Zulässigkeit einer erneuten Vorlage im Normenkontrollverfahren, in: DVBl. 1973, S. 345 (345).

[378] *A. Heusch*, in: D. C. Umbach/T. Clemens/F.-W. Dollinger (Hrsg.), Bundesverfassungsgerichtsgesetz, 2. Aufl. 2005, § 31 Rn. 30, 33, 42 f.

[379] In bezug auf die „Mephisto“-Entscheidung verdeutlichen dies *Dittmann/Anders*, „In Deutschland wird es verboten und verschlungen werden“ (Fn. 248), S. 465.

[380] *Heusch*, Bundesverfassungsgerichtsgesetz (Fn. 378), § 31 Rn. 49.

[381] *P. Stark*, Bundesverfassungsgerichtsgesetz (Fn. 378), § 95 Rn. 48.

das Grundgesetz geschützt wird[382]. Der Streitgegenstand im „Mephisto“- und „Esra“-Verfahren ist also nicht auf den der fachgerichtlichen Entscheidungen beschränkt. Es handelt sich bei dem Instanzenzug und der Verfassungsbeschwerde um zwei voneinander unabhängige Verfahren.

Bezogen auf den konkreten Fall wird demgemäß der Tenor der „Mephisto“-Entscheidung, die Zurückweisung der Verfassungsbeschwerde, rechtskräftig. Er bindet die beschwerdeführende Nymphenburger Verlagshandlung. Die Rechtskraft bezieht sich allein auf den Zeitpunkt der damaligen Entscheidung vom 24.2.1971. Hiervon zu trennen sind die Entscheidungen des Landgerichts Hamburg, Oberlandesgerichts Hamburg und Bundesgerichtshofs. Das zuletzt nach revisionsrechtlicher Überprüfung vom 20.3.1968 durch den Bundesgerichtshof bestätigte Veröffentlichungsverbot erwächst – gemäß der Rechtskraft nach §§ 322 Abs. 1, 325 Abs. 1 ZPO zivilgerichtlicher Urteile[383] – gegenüber den Parteien, dem Kläger Gorski und der beklagten Nymphenburger Verlagshandlung, in Rechtskraft. Rechtskräftig gebunden sind also aufgrund der Verfassungsbeschwerde die Nymphenburger Verlagshandlung und durch die zivilgerichtlichen Entscheidungen die Prozeßparteien, wiederum der genannte Verlag und zudem der klagende Adoptivsohn *Gründgens'*, Peter Gorski. Die Rowohlt-Verlagsgesellschaft, die 1981 den Roman veröffentlichte, wurde also weder durch den Beschluß des Bundesverfassungsgerichts noch durch die Entscheidungen der Instanzgerichte gebunden[384]. Die Veröffentlichung des Buchs ist entsprechend der „Inter-partes“-Wirkung des Beschlusses rechtmäßig.

Im Fall „Esra“ gelten die Ausführungen hinsichtlich der zurückweisenden Entscheidungen bezüglich der Klägerin zu 1) entsprechend. Der Roman könnte also von einem Verlag mit Ausnahme des beschwerdeführenden erneut aufgelegt werden. Bezüglich der Figur „Esra“ sind nur die Parteien des Zivilrechtsstreits, Frau *Romey* als Klägerin und die beklagte Verlagsgesellschaft Kiepenheuer & Witsch, gebunden. Die Publikation würde allerdings angesichts des „Esra“-Beschlusses Gefahr laufen, jederzeit erneut verboten zu werden. Es wäre damit zu rechnen, daß Frau *Romey* im Falle einer inhaltsgleichen Veröffentlichung ein neues Verfahren anstrengt und wiederum nach den Leitlinien der „Esra“-Entscheidung obsiegt. Daher wäre derzeit von einer Neuauflage abzuraten. Es ist allerdings nicht

---

382 *Stark*, Bundesverfassungsgerichtsgesetz (Fn. 378), § 95 Rn. 5.

383 *H.-J. Musielak*, in: ders. (Hrsg.), Kommentar zur Zivilprozessordnung mit Gerichtsverfassungsgesetz, 8. Aufl. 2011, § 322 Rn. 14; § 325 Rn. 5.

384 Am Rande ist darauf hinzuweisen, daß auch die durch die gerichtlichen Entscheidungen gebundene Nymphenburger Verlagshandlung das Buch – soweit ihr noch die Veröffentlichungsrechte zustehen – nun nach Änderung der Rechtsprechung durch den „Esra“-Beschluß erneut publizieren dürfte. Sollte der frühere Prozeßgegner aus seinem titulierten Unterlassungsanspruch vollstrecken, könnte sie dem Anspruch Einwendungen gemäß §§ 767 ZPO, 79 Abs. 2 BVerfGG entgegenbringen. – Die „Inter-partes“-Wirkung der Urteile erörtern *Dittmann/Anders*, „In Deutschland wird es verboten und verschlungen werden“ (Fn. 248), S. 465.

auszuschließen, daß der Roman künftig verfassungsgemäß veröffentlicht werden kann. Der Faktor Zeit spielt dabei hinsichtlich der realen Vorlagen – wie auch im „Mephisto“-Beschluß – eine entscheidende Rolle. Zunächst beeinflußt die bei zeitlichem Fortgang verblassende Erinnerung an die Identifizierungsmomente von Preisverleihungen und Familienkonstellation entscheidend die Feststellungen zur Erkennbarkeit. Möglicherweise wird angesichts der Kurzlebigkeit vergleichbarer Nachrichten und Mitteilungen in 50 oder 80 Jahren kein Rezipient mehr die Klägerinnen wiedererkennen. Zumal auch hinsichtlich des maßgeblichen Bekanntenkreises der Faktor Zeit, mithin eine Reduzierung der in Betracht kommenden Leser, zu berücksichtigen ist. Außerdem ist der absolute Schutz im Bereich der Intimsphäre und Eltern-Kind-Beziehung in fernerer Zukunft nach dem Ableben der Klägerin zu 1) nicht zwingend. Angesichts der Schwere des Eingriffs in die Kunstfreiheit erscheint es nicht zu kurzsichtig, die Abwägungsfestigkeit dieser Bereiche auf den Schutz für Lebende zu begrenzen.

bb) Stattgebende Entscheidung: Lale

Die Ausführungen zur formellen und materiellen Rechtskraft von zurückweisenden Entscheidungen gelten für stattgebende Entscheidungen entsprechend. Darüber hinaus wirken sie gemäß § 31 Abs. 1 BVerfGG *allgemeinverbindlich*. Die Entscheidungen binden die Verfassungsorgane des Bundes und der Länder, die Gerichte und Behörden, § 31 Abs. 1 BVerfGG. Wenn das Bundesverfassungsgericht einer Verfassungsbeschwerde gegen eine Entscheidung stattgibt, hebt es sie zwingend auf[385]. Im Falle einer vorangegangenen Rechtsschutzkette sind nicht alle Entscheidungen aufzuheben. Es ist nur die Entscheidung desjenigen Gerichts aufzuheben, an das die Sache zurückverwiesen wird[386]. Ist der Rechtsweg erschöpft, verweist das Bundesverfassungsgericht nach § 95 Abs. 2 BVerfGG „die Sache an ein zuständiges Gericht zurück“. Das zuständige Gericht ist die „entscheidungsbereite“ Instanz, die zur verfassungsmäßigen Erledigung des Rechtsstreits imstande ist, also die höchste Instanz, die die letztinstanzliche Entscheidung getroffen hat[387].

Die stattgebende Entscheidung bezüglich der Klägerin zu 2), die Figur „Lale“ betreffend, entfaltet über die Rechtskraft hinaus gemäß § 31 Abs. 1 BVerfGG allgemeinverbindliche Wirkung. Das Urteil des Bundesgerichtshofs vom 21.6.2005 wurde als letztinstanzliche Entscheidung aufgehoben und an den Bundesgerichtshof zurückverwiesen. Sein daraufhin ergangenes Urteil vom 10.6.2008 erwächst nach allgemeinen Grundsätzen in formeller und materieller Rechtskraft. Diese Feststellung ist insoweit von Belang, als daß ein anderer Verlag das Buch jederzeit neu – so wie im „Mephisto“-Fall der Rowohlt-Verlag – veröffentlichen

385 *Stark*, Bundesverfassungsgerichtsgesetz (Fn. 378), § 95 Rn. 42.
386 *Stark*, Bundesverfassungsgerichtsgesetz (Fn. 378), § 95 Rn. 46.
387 *Stark*, Bundesverfassungsgerichtsgesetz (Fn. 378), § 95 Rn. 55.

könnte. Jedenfalls hinsichtlich der Figur „Lale" würde die Verfassungsmäßigkeit der Darstellung feststehen.

cc) Zwischenergebnis zur Rechtskraft von „Mephisto" und „Esra"

Angesichts der nur die Prozeßbeteiligten bindenden Rechtskraft und der Änderungen aufgrund des Zeitverlaufs und der Entscheidungspraxis ist die Veröffentlichung des „Mephisto"-Romans bedenkenlos zulässig. Hinsichtlich der „Lale"-Figur kann der Roman nicht mehr verboten werden. Allerdings steht einer erneuten Veröffentlichung die Entscheidung bezüglich der „Esra"-Gestalt entgegen, die gegenüber einem anderen als dem beschwerdeführenden Roman zwar keine Wirkung entfaltet, das untragbare Risiko eines erneuten Publikationsverbots allerdings beinhaltet. Die Zulässigkeit einer Veröffentlichung in fernerer Zukunft ist gleichwohl nicht ausgeschlossen.

5. Stellungnahme zu „Mephisto": ausbaufähige Argumentation

Die „Mephisto"-Entscheidung hat nur vereinzelt Zustimmung erfahren[388]. Ob sie im Ergebnis überzeugen kann, ist tatsächlich fraglich[389]. Zwar erscheint es vor dem Hintergrund ihres zeitlichen Kontextes – in den 70er Jahren war Kunst in ihrer Eigenständigkeit von den Gerichten nicht gänzlich anerkannt, das Kunstverständnis war noch in evolutiver Ausprägung begriffen – zu weitgehend, sie „im Geiste einer restaurativen Republik, welche die Traditionen von antifaschistischen Widerstand und Exil draußen vor der Tür gelassen hatte"[390] zu sehen. Allerdings kann sie – unabhängig vom gesellschaftspolitischen Hintergrund – auch juristisch nicht vollständig überzeugen. So ist insbesondere die vorgenommene Güterabwägung im Bereich der *absolut geschützten Menschenwürde* abzulehnen. Es ist inkonsequent, einen Interessenausgleich mit dem postmortalen Persönlichkeitsrecht zu führen und zugleich den Schutz aus der Menschenwürde herzuleiten, dem absolute Geltung zukommt[391]. Auch trifft die Bewertung der Figur Hendrik Höfgen als persönlicher Angriff auf die Person *Gustaf Gründgens* auf

---

[388] *Meyer-Cording,* Portrait (Fn. 358), S. 741 f.; *Isensee,* Kunstfreiheit (Fn. 319), S. 619 f.

[389] Statt vieler vgl. *Schoeller,* Zeugenschaft (Fn. 250), S. 278 f.; *Schiemann,* Persönlichkeitsrechtsverletzung (Fn. 309), S. 36.

[390] *Naumann,* Klaus Mann (Fn. 241), S. 98.

[391] Dieser Widerspruch wird einerseits in der Literatur dadurch aufgehoben, daß der postmortale Persönlichkeitsschutz mit Art. 2 Abs. 1 i.V.m. Art. 1 Abs. 1 GG begründet wird. So *Dreier,* Grundgesetz (Fn. 96), Vorb. vor Art. 1 Rn. 74. Für einen reduzierten Persönlichkeitsschutz Verstorbener votiert *T. Gostomzyk,* Anmerkung zu BGH, Versäumnisurteil vom 16.9.2008. VI ZR 244/07, in: NJW 2009, S. 753 (754). – Andererseits beharrt die neuere Rechtsprechung auf der Verankerung des postmortalen Persönlichkeitsschutzes in der Menschenwürde und damit auf der Abwägungsfestigkeit. Vgl. BVerfG (Kammer), NJW 2006, 3409 (3409); BVerfGK 13, 115 (117 f.); BGH NJW 2009, 751 (752); LG Köln NJW-RR 2009, 623 (625).

berechtigte Kritik[392]. So erkennt *von Becker* in der Kunstfigur Höfgen keine Verzerrung, sondern eine glaubhafte Darstellung[393]. An *Steins* Votum kritisiert er die Einordnung in die Kategorien von Porträt und Typus: „Selbst wenn man also der Ansicht ist, Höfgen sei ein Typus und weise daher einen genügenden Abstand gegenüber Gustav *Gründgens* auf, macht ihn nicht gerade das zu einer schlechten unglaubwürdigen Romanfigur und das Buch zu einem eher schwächeren Werk Klaus Manns? Kann im Ernst verlangt werden, ein Künstler solle aus seinen Figuren Typen machen?“[394] Die Einschätzung, nicht einen schemenhaften Typ, sondern eine bestimmte Romanfigur geschaffen zu haben, kann dem Autor, der damit allein seiner konkreten Gestaltungsaufgabe nachkommt, nicht zum Vorwurf gereichen.

6. Zwischenergebnis: zwei unverzichtbare Meilensteine der Kunstjudikatur

Insgesamt wird der „Esra“-Beschluß der Kunstfreiheit in der Tat eher gerecht als die „Mephisto“-Entscheidung. Letztere mahnte zwar zaghaft an, kunstspezifische Aspekte bei der Beurteilung mit einzubeziehen. Allerdings fehlte die Entschiedenheit, der Forderung konkrete Gestalt zu verleihen. Wenn die Maßstäbe der „Esra“-Entscheidung im einzelnen auch umstritten sind, so sind die um Klarheit bemühten Vorgaben in ihrem Wert für die Kunstfreiheit nicht zu unterschätzen. Sie lassen sich in dreifacher Hinsicht präzisieren[395].

So wurde gegenüber der „Mephisto“-Entscheidung der *Maßstab der Erkennbarkeit niedriger angesetzt.* Anstelle eines „nicht unerheblichen Leserkreises“ genügt die Identifizierung in einem „mehr oder minder großen Bekanntenkreis“. Diese Modifizierung der maßgeblichen Leserschaft ermöglicht eine gleichwertige Behandlung von prominenten und unbekannten Personen. Die Gefahr eines privilegierten Persönlichkeitsschutzes von Menschen mit erheblichem Bekanntheitsgrad besteht damit nicht. Der Grundsatz aus Art. 3 Abs. 1 GG findet somit hinreichende Beachtung. Bei der Wiedererkennung durch einen nicht unerheblichen Leserkreis handelt es sich nunmehr um eine hinreichende, aber

[392] *P. Lerche,* Schranken der Kunstfreiheit – Insbesondere zu offenen Fragen der Mephisto-Entscheidung, in: BayVBl. 1974, S. 177 (177, 180 ff.). Moderate Kritik auch unter Hinweis auf die Vorzüge der Entscheidung bei *J. Hager,* Die Mephisto-Entscheidung des Bundesverfassungsgerichts, in: Jura 2000, S. 186 (191); *K.-H. Ladeur/T. Gostomzyk,* Ein Roman ist ein Roman ist ein Roman?, in: ZUM 2004, S. 426 (434); *Ohmer,* Gutachten (Fn. 52), S. 24; *Götting,* Persönlichkeitsschutz (Fn. 4), S. 438 f.; *Seifert,* Realität (Fn. 255), S. 705.

[393] *v. Becker,* Fiktion (Fn. 106), S. 35.

[394] *v. Becker,* Fiktion (Fn. 106), S. 79.

[395] Den Verfassungswandel durch die Rechtsprechung des Bundesverfassungsgerichts verdeutlicht *F. W. Graf,* Kontinuitätsfiktionen, in: M. Stolleis (Hrsg.), Herzkammern der Republik, 2011, S. 110 (112 ff.).

nicht notwendige Voraussetzung für die Erkennbarkeit[396]. Zwar hat das Bundesverfassungsgericht die Erkennbarkeit einer prominenten Person wie *Gründgens* verständlicherweise nicht auf eine Identifizierung im privaten Bekanntenkreis geprüft. Allerdings hat das Bundesverfassungsgericht derzeit auch nicht – nunmehr hingegen adäquat – präzisiert, daß gerade dieser alltägliche Kreis ausreicht.

Einen zweiten Meilenstein auf dem Weg zur Weiterentwicklung der Kunstfreiheit stellt die *Vermutung für die Fiktionalität* eines literarischen Textes dar[397]. Sie wird künftig tonangebend sein und die Kunstfreiheit in Abwägung mit anderen Rechtsgütern stärken.

Auch hinsichtlich der vorgenommenen Verhältnismäßigkeitsprüfung ist die „Esra"- der „Mephisto"-Entscheidung letztlich vorzuziehen. Bei einem zivilgerichtlichen Urteil handelt es sich nicht um einen Schlichtungsversuch Privater, sondern gemäß § 90 Abs. 1 BVerfGG um einen Eingriff öffentlicher Gewalt, der mit staatlichen Mitteln vollstreckt wird. Da der Verhältnismäßigkeitsgrundsatz nach Art. 1 Abs. 3 i.V.m. Art. 20 Abs. 1 GG bei jedem Akt öffentlicher Gewalt zu beachten ist, muß sich auch ein Urteil, das die Entscheidung über einen zivilrechtlichen Anspruch zum Gegenstand hat, an dem Verhältnismäßigkeitsprinzip messen lassen.

Der „Esra"- ist nach dem „Mephisto"-Beschluß die zweite Grundsatzentscheidung auf dem Gebiet des Ausgleichs von Kunstfreiheit und Persönlichkeitsrecht. Die Publikation von *Manns* Roman würde nach den „Esra"-Leitlinien heute nicht untersagt. Keine der beiden absolut geschützten Ausnahmegruppen ist im „Mephisto"-Fall einschlägig, so daß eine Abwägung erforderlich wäre. Dabei kommt man anhand der „Je-desto"-Formel zu dem Ergebnis, daß angesichts der Persönlichkeitsrechtsbeeinträchtigung eine ausreichende Fiktionalisierung vorliegt. Wenn auch die „Esra"-Entscheidung in der Literatur nicht unumstritten ist[398], wird sie doch insgesamt als Fortschritt für die Kunstfreiheit gegenüber dem „Mephisto"-Beschluß gewürdigt[399]. Der erweiterte Prüfungsumfang betont den hohen Stellenwert von Kunst. Die Errungenschaften von adäquaten Erkennbarkeitskriterien, Fiktionalitätsvermutung und Verhältnismäßigkeitsprüfung werden oft durch die Kontroverse um das Ergebnis, die Bestätigung des Publikationsverbots, in den Schatten gestellt. Tatsächlich werden die Grundsätze der

---

[396] Die gleichen, an der Mathematik orientierten Voraussetzungen von „notwendige(r)" und „hinreichende(r) Bedingung" wählt in anderem Zusammenhang – beim Zusammenspiel von Erkennbarkeit/Betroffenheit, Geringfügigkeit der Beeinträchtigung und Persönlichkeitsrechtsverletzung – treffend *Hoffmann-Riem* in BVerfGE 119, 1 (49). – Siehe auch *Knothe*, Freiheit (Fn. 6), S. 85.

[397] BVerfGE 119, 1 (28).

[398] Vgl. Abschnitt E. I, II, III.

[399] *C. Eichner/Y.-G. Mix*, Ein Fehlurteil als Maßstab?, in: Internationales Archiv für Sozialgeschichte der Literatur, 32. Bd., 2. Heft, 2007, S. 183 (224); *Obergfell*, Dichtung (Fn. 350), S. 914; *Gostomzyk*, Wahrheit (Fn. 309), S. 737; *Raue*, Kunstfreiheit (Fn. 309), S. 1; *M. Robak*, Von „Esra" zu „Rohtenburg", in: AfP 2009, S. 325 (325).

„Mephisto"-Entscheidung im „Esra"-Beschluß teilweise novellierend, stets entschieden kunstadäquat und präzisierend fortentwickelt.

VII. „Springer/Wallraff"-Entscheidung als Vergleich aus dem Presserecht

Da die „Esra"-Entscheidung Anleihen im Presserecht aufweist – so hinsichtlich Erkennbarkeit, Unterlassungsbegehren und Anspruch auf Schmerzensgeldzahlung –, ist die Parallelproblematik zum Ausgleich von Meinungs- und Pressefreiheit einerseits und Persönlichkeitsschutz andererseits anhand der auf diesem Gebiet paradigmatischen Entscheidung „Springer/Wallraff" darzustellen.

1. Vorgeschichte im Fall „Springer/Wallraff"

a) Die Reportage „Der Aufmacher" als Angriff auf das Persönlichkeitsrecht

Bei dem streitgegenständlichen Buch von *Günter Wallraff* „Der Aufmacher. Der Mann, der bei Bild Hans Esser war" handelt es sich – im Unterschied zu *Billers* Roman „Esra" – um eine Reportage. Um die Sachverhalte und Entscheidungen des Bundesverfassungsgerichts adäquat vergleichen zu können, ist zunächst das Wesen und der Unterschied der Reportage zum Roman herauszuarbeiten.

aa) Ambivalentes Wesen und Faktizitätsanspruch der Reportage

Eine Reportage kann in groben Zügen als Bericht überschaubaren Umfangs über ein Geschehen von einem Beobachter oder Teilnehmer, der die Ereignisse erlebt oder erfahren hat, umschrieben werden[400]. Eine abschließende Begriffsbestimmung ist allerdings wegen des ambivalenten und praxisbezogenen Charakters der Reportage ausgeschlossen. Historisch hat sich die Reportage sowohl aus dem Reisebericht, der das subjektive Erleben betont, als auch aus dem Augenzeugen-

---

[400] Sie ist erlebte Darstellung eines Ereignisses, die die Überwindung von räumlichen Barrieren und institutionellen Distanzen bezweckt. Vgl. *P. Brand/V. Schulze,* Medienkundliches Handbuch, 5. Aufl. 1997, S. 149; *H. Schlapp,* Einstieg in den Journalismus, 4. Aufl. 2001, S. 190; *V. Wolff,* ABC des Zeitungs- und Zeitschriftenjournalismus, 2006, S. 174 f. – Zur Vielfalt der Definitionen von Reportage vgl. *Brand/Schulze,* ebda., S. 149 f.; *M. Haller,* Reportage/Feature, in: S. Weischenberg/H. J. Kleinsteuber/B. Pörksen (Hrsg.), Handbuch Journalismus und Medien, 2005, S. 405 (405); *ders.,* Die Reportage, 6. Aufl. 2008, S. 71 ff.; *C. Kostenzer,* Die literarische Reportage, 2009, S. 82 ff., 87. – Zum Wesen der Reportage statt vieler *C. E. Siegel,* Die Reportage, 1978; *Brand/Schulze,* ebda., S. 149 f.; *Schlapp,* ebda., S. 190 ff.; *W. Schneider/P.-J. Raue,* Das neue Handbuch des Journalismus, 2. Aufl. 2003, S. 114 ff.; *Wolff,* ebda., S. 174 ff.; *S. Burkhardt,* Praktischer Journalismus, 2009, S. 197 ff.; *B. Witzke/U. Rothaus,* Die Fernsehreportage, 2. Aufl. 2010, S. 11 ff.

bericht, bei dem die faktische Nachricht interessiert, entwickelt[401]. Die Reportage dient als Folge dieser janusköpfigen Tradition in *ambivalenter Ausprägung* der Information und Unterhaltung[402].

Zweitens kommt der äußerst ausgeprägte *praktische* Bezug hinzu. Eine rein historische Bestimmung aufgrund einer subjektiv-literarischen oder objektiven, hierbei angelsächsisch tradierten Konvention würde den Zweck einer Reportage verfehlen. Denn bei einer in der Praxis derart unerläßlichen Gebrauchsform sind die essentiell bedeutsame Aktualität und die damit einhergehende Kurzlebigkeit zu beachten[403].

Hauptfunktion ist nach modernem Verständnis, die Leserschaft an dem Geschehen auf kognitiver und emotionaler Ebene teilhaben zu lassen[404]. Eine Reportage zeichnet sich durch Faktizität, einen spezifischen Erzählstil, Authentizität, Anschaulichkeit und Subjektivität aus[405]. Das letztgenannte Merkmal der *Subjektivität* ist in Hinsicht auf den Roman als verbindendes Element von Journalismus und Literatur hervorzuheben. Bedeutung kommt der Reportage da-

---

401 *Haller,* Reportage/Feature (Fn. 400), S. 405 ff.; *Wolff,* Zeitungs- und Zeitschriftenjournalismus (Fn. 400), S. 174 f.

402 Der Schwerpunkt liegt bei einer Reportage zwar auf dem informierenden Aspekt. Es wäre allerdings verfehlt, das subjektive Moment im Sinne eines nachrichtlichen Ereignisberichts vollständig zurücktreten zu lassen. Eine einseitige Betonung des subjektiven Erlebnisberichts wäre andererseits gleichfalls unangebracht. Das stellen auch klar *Schlapp,* Einstieg (Fn. 400), S. 191; *Burkhardt,* Journalismus (Fn. 400), S. 249.

403 Es erscheint wenig sinnvoll, angesichts einer schnellebigen Medienwelt an technisch obsoleten Grundsätzen und Traditionen apriorisch festzuhalten. Die Darstellungsform der Reportage verfolgt keinen Selbstzweck, sondern erhält ihre Bedeutung durch ihre Funktionalität. Von dorther ist sie zu bestimmen. Vgl. *Haller,* Reportage/Feature (Fn. 400), S. 405; *ders.,* Reportage (Fn. 400), S. 74, 77 ff., 81 f.; *Burkhardt,* Journalismus (Fn. 400), S. 248 f.

404 *Haller,* Reportage (Fn. 400), S. 39 f.

405 Die Reportage erhebt als journalistische Darstellungsform zunächst den Anspruch, Fakten wiederzugeben, so daß sie stets hinsichtlich der *Faktizität* überprüfbar ist. Die Unmöglichkeit der Wiedergabe objektiver Wirklichkeit und damit den Konstruktionscharakter von Reportagen durch Auswahl und Interpretation betont *Kostenzer,* Reportage (Fn. 400), S. 87 f. Am freiesten ist der Umgang mit Faktizität bei der Untergruppe der literarischen Reportage: *H. Belke,* Literarische Gebrauchsformen, 1973, S. 96. – Der *Stil* der Reportage ist zudem subjektiv geprägt. Der Reporter berichtet aus dem Moment des subjektiven Empfindens und kann sich dabei kommentierend und reflektierend einbringen. Exemplarisch für literarische Reportagen statt vieler *H. M. Enzensberger,* Ach Europa!, 2007; *E. E. Kisch,* Der rasende Reporter, 6. Aufl. 2010; *H. Böll,* Irisches Tagebuch, 2011. Zur Aufgabe des Reporters in der Gegenwart aus philosophischer Sicht *K. Jaspers,* Die geistige Situation der Zeit, 5. Aufl. 1999, S. 114 ff. – Den Anschein von Authentizität gewinnt die Reportage durch den Anspruch der Augenzeugenschaft des Reporters. Hierzu *Kostenzer,* ebda., S. 90 f. Maßgebend sind Authentizität des Schreibstoffs und Wahrhaftigkeit des Reporters. Vgl. *Haller,* Reportage (Fn. 400), S. 96 f. – Viertens ist die Reportage durch eine anschauliche Darstellungsweise geprägt. So *Witzke/Rothaus,* Fernsehreportage (Fn. 400), S. 24 ff. – Die Reportage dient der Erklärung von Ursachen und Zusammenhängen. Um dieses Ziel bei einem möglichst großen Publikum zu erreichen, wählt der Verfasser für den Text eine einfach strukturierte Syntax und einen umgangssprachlichen Unterton. Hierzu *Belke,* ebda., S. 95.

durch zu, daß sie ihre Umwelterfahrung sprachgestalterisch aus einer subjektiven Perspektive wiedergibt. Zu einer Kunstform wird die Reportage aufgrund des individuell sprachlichen Durchdringens des Erfahrungsmaterials. Ihr Aussagegehalt besteht nicht primär im Aufdecken tatsächlicher Umstände, sondern in der Darstellung des Lebens in singulärer Vielfalt von Augenblicken und Situationen aus der subjektiven Sicht des Reporters. Durch Auswahl, Anordnung und Erzählperspektive des präsentierten Stoffs bleibt trotz des Faktizitätsanspruchs die Subjektivität typisches Charakteristikum einer Reportage[406].

bb) Unterscheidung von Reportage und Roman am Beispiel „Esra“

Die erste Szene des Textes ermöglicht noch keine eindeutige Zuordnung. Denn eine Reportage unterliegt nicht nur unverbindlichen Konventionen, sondern auch bestimmenden Strukturnormen wie beispielsweise dem szenischen Einstieg[407]. Auch „Esra“ eröffnet in medias res: „Als Esras Mutter den Nobelpreis bekam, schien es so, als würden Esra und ich es vielleicht doch noch schaffen. [...].“[408] Zu Beginn des ersten Kapitels erscheint eine Einordnung als Reportage also noch möglich.

Im Verlauf des Textes zeigt sich allerdings, daß eine solche Einschätzung verfehlt wäre. Denn als Unterschied zwischen journalistischen Formen wie der Reportage und literarischen Texten wie dem Roman bleibt der bereits erörterte *Faktizitätsanspruch*. Zwar ist die Reportage einerseits als äußerst subjektive Schilderung des Geschehens den berichtenden Darstellungsformen zuzuordnen[409]. Allerdings kann auch dann die Proklamation von Faktizität nicht geleugnet werden[410]. Wenn das Buch „Esra“ eine Reportage wäre, würde den Divergenzen zwischen den Klägerinnen einerseits sowie Esra und Lale andererseits eine andere, schwerwiegendere Bedeutung zukommen. Eine Überprüfung der Authentizität hinsichtlich der privaten Beziehungen und biographischen Angaben wäre durch einen bloßen Abgleich mit der Wirklichkeit ohne weiteres möglich und zur Wahrung der Persönlichkeitsrechte der Abgebildeten notwendig. In diesem Fall müßte beispielsweise – anders als im „Esra“-Beschluß entschieden – die Frage nach der Richtigkeit der Darstellung der sexuellen

---

406 *Kostenzer,* Reportage (Fn. 400), S. 91 f.

407 *Schneider/Raue,* Handbuch (Fn. 400), S. 119 ff.; *Wolff,* Zeitungs- und Zeitschriftenjournalismus (Fn. 400), S. 187 ff.; *Haller,* Reportage (Fn. 400), S. 109 ff. – Zum szenischen Einstieg *Schlapp,* Einstieg (Fn. 400), S. 192 ff.; *Wolff,* ebda., S. 179 ff.

408 *Biller,* Esra (Fn. 1), S. 9.

409 *Haller,* Reportage (Fn. 400), S. 106 f.

410 Eine Reportage bezieht sich stets im Unterschied zu einem Roman auf einen verbindlichen Aspekt der Wirklichkeit. Zur Reisereportage *G. Reus,* Ressort: Feuilleton, 2. Aufl. 1999, S. 185 ff. Umfassender *Witzke/Rothaus,* Fernsehreportage (Fn. 400), S. 24 ff., 28 ff., 34. – Ein Roman stellt hingegen mögliche, nicht unbedingt real vorhandene Gestaltungen der Wirklichkeit dar. In Kontrast zur Reportage exemplarisch *G. Lukács,* Was ist Reportage?, in: E. Schütz (Hrsg.), Literarische Reportage, 1979, S. 37 (37 ff.).

Kontakte gestellt werden[411]. Erhebt „Esra" also den Anspruch, Wahres – wenn auch mit subjektiver Färbung – zu berichten[412]?

Zwar weist der Roman zahlreiche Anleihen aus der Realität hinsichtlich der Biographie von Klägerinnen und Autor auf. Vermengungen von Objektivität und Subjektivität, von Faktizität und Fiktion, sind sowohl Merkmale der Reportage als auch des Romans[413]. Nichtsdestominder besteht ein literarischer Text wie die streitgegenständliche Erzählung „Esra" primär aus fiktiven Elementen. Er ist nach Bekunden des Autors nicht an Fakten gebunden. Zwar liegen zahlreiche Übereinstimmungen hinsichtlich der Biographie und des sozialen Umfelds zwischen Figuren und realen Vorlagen vor. Auch zweideutige Bewerbungen seitens des Verlags und die individuelle Widmung des Autors könnten die Faktizität belegen. Allerdings weisen die textexterne Ausrichtung von Layout und Untertitel sowie die merklich phantastischen Schilderungen der Türkei-Reise Adams und der letzten Tage des Schabbatai Zwi eher auf einen Text hin, der keinen Authentizitätsanspruch proklamiert. Die Beteiligten sind sich zudem einig, daß die Handlung um „Esra" und „Adam" nicht einem Ausschnitt der Realität entspricht. Sowohl die Klägerinnen als auch der Autor weisen auf Abweichungen von der Wirklichkeit hin. Es wird keine Episode aus dem Leben *Maxim Billers* biographisch abgebildet. Der Text erhebt dementsprechend auch keinen Faktizitätsanspruch[414].

Außerdem ist die Reportage im Grundsatz von einer *sachlichen Präsentation* des Geschehens geprägt[415]. Wenn die Reportage auch subjektiv gefärbt ist, wird die individuelle Entfaltung des Reporters durch dessen Verpflichtung zur Überprüfung der Wahrheit doch eingeschränkt[416]. Die Erzählung „Esra" ist aus der Sicht des Protagonisten „Adam" augenscheinlich ausnehmend subjektiv ausgestaltet. Insbesondere die Schilderungen der anderen Protagonisten, der intriganten, verhinderten Schwiegermutter, des lebensuntauglichen Nebenbuhlers und der larmoyanten Tochter aus erster Ehe, verdeutlichen, daß es sich um äußerst spezifische Wahrnehmungen aus der Perspektive des unglücklichen Exfreundes handelt. Zwar ist die Sprache in *Billers* Text einfach und gut verständlich. Zahl-

---

411 Vertiefend zu Kriterien der Abgrenzung vgl. *B. Blöbaum*, Literatur und Journalismus, in: ders./S. Neuhaus (Hrsg.), Literatur und Journalismus, 2003, S. 23 (24 ff.); *Kostenzer*, Reportage (Fn. 400), S. 99, 107 ff.

412 Vgl. *Haller*, Reportage/Feature (Fn. 400), S. 407; *Wolff*, Zeitungs- und Zeitschriftenjournalismus (Fn. 400), S. 174 ff.; *Burkhardt*, Journalismus (Fn. 400), S. 248 f. – Die Informationsfunktion der faktenbasierten Reportage erörtert *Schlapp*, Einstieg (Fn. 400), S. 190.

413 Vgl. *Witzke/Rothaus*, Fernsehreportage (Fn. 400), S. 15 f.

414 Hierzu *Hacker*, 200 Seiten (Fn. 2), in: Der Spiegel vom 1.3.2003, S. 146. – Eingehend zur Fiktionalität des Textes vgl. Abschnitt C.II.2.

415 Objektiv im Sinne von fair und ehrlich *U. Fey/H.-J. Schlüter*, Reportagen schreiben, 3. Aufl. 2006, S. 29; *Witzke/Rothaus*, Fernsehreportage (Fn. 400), S. 16 ff.

416 *Kostenzer*, Reportage (Fn. 400), S. 112.

reiche Dialoge sind in authentischer Umgangssprache gehalten[417]. Allerdings wird die realitätsnahe Darstellung durch eklatant metaphorische Elemente wie das Ableben des Schabbatai Zwi ergänzt[418]. Der emotionale Ton ist dabei unverkennbar: „So oft ich mir den Kopf darüber zerbrach, wie sich die Distanz zwischen Esra und mir überwinden ließ, so oft fragte ich mich, warum wir uns gleichzeitig so nahe waren. Ich war von der Innigkeit unserer Beziehung auch in den schwierigsten Momenten überzeugt, und ich bin es noch heute."[419]

Weiteres Merkmal einer Reportage ist im Unterschied zum mehrdimensionalen Roman die *Eindeutigkeit* ihrer Lesart[420]. Das Buch von *Biller* entfaltet sich hingegen in mehreren Dimensionen: Es kann als einfache, individuelle Liebesgeschichte, als Kritik an sozialer Isolation in der Gesellschaft, als Hinweis auf kulturelle und soziale Barrieren, als Exempel für gegenwärtig typische Verunsicherung und Orientierungslosigkeit oder auch als Integrationsroman eines jüdischen Schriftstellers namens „Adam" gelesen werden.

cc) Zwischenergebnis: „Esra" ist keine Reportage

Bei dem Buch „Esra" handelt es sich – wie eingangs bereits vermutet – tatsächlich nicht um eine Reportage. Der Text bildet weder einen verbindlichen Ausschnitt der realen Welt ab, noch erhebt er den Anspruch darauf. Die Ereignisse werden subjektiv aus der Sicht des „Ich"-Erzählers „Adam" in einer nicht selten äußerst emotional gefärbten Sprache mitgeteilt. Nach einem szenischen Einstieg entfaltet sich eine mehrdimensional deutbare Erzählung, die mit einem offenen Ende schließt. Im Anschluß an die Gegenüberstellung ist abschließend darauf hinzuweisen, daß die Merkmale nicht als fixe Abgrenzungskriterien zu verstehen sind. Die Kennzeichen beanspruchen keine Allgemeingültigkeit[421]. Sie vermitteln vielmehr in ihrer Gesamtheit eine grobe Orientierung und Abgrenzungshilfe, ohne daß sie bei jedem Exemplar in gleicher Weise zutreffen. Anerkannterma-

---

[417] *Biller,* Esra (Fn. 1), S. 213 f.

[418] *Biller,* Esra (Fn. 1), S. 46.

[419] *Biller,* Esra (Fn. 1), S. 46.

[420] *Kostenzer,* Reportage (Fn. 400), S. 117 f. Der Vollständigkeit halber ist auf den ausgeprägten Rezipienten- und Aktualitätsbezug einer Reportage hinzuweisen. Sie zeichnet sich im Unterschied zum Roman durch einen grundsätzlich äußerst deutlichen Leserbezug aus. Zweck einer Reportage ist es, dem Leser einen direkten Zugang zu Lebenswelten zu vermitteln, so daß dieser das Gefühl hat, dabeizusein. Vgl. *Burkhardt,* Journalismus (Fn. 400), S. 197. – Der Realitätsverweis ist im Fall „Esra" verzichtbar. Die Handlung spielt in einer in sich geschlossenen Welt und ist nicht vom Verständnis des Lesers abhängig. Es kommt nicht primär auf das Erlebnis des Rezipienten an. Aufgrund des periodischen Erscheinens und ständigen Aktualisierens ist die Reportage im Unterschied zum Roman an ein bestimmtes Ereignis gebunden und entsprechend schnellebig. Den Aktualitätsdruck erörtert *Haller,* Reportage (Fn. 400), S. 33 ff., 43 f. – „Esra" wurde demgegenüber in einer Auflage veröffentlicht, die nicht auf eine besondere Aktualität zielte und damit nicht auf einen bestimmten Zeitpunkt oder ein tatsächliches Geschehen Bezug nahm.

[421] Zu den Ausnahmen ausführlich *Kostenzer,* Reportage (Fn. 400), S. 121 ff., 132 ff.

ßen findet in der Literatur neben fiktiven Elementen auch die Realität in Form zahlreicher Mischformen Eingang. Der Übergang von der Reportage zum rein fiktionalen Text ist fließend. Eine Verbindung von autobiographischer Faktizität und Fiktionalität findet sich auch beim – aufgrund der erbrachten Gesamtschau nicht als Reportage zu qualifizierenden – Text „Esra“.

b) Personenberichterstattung im Boulevardjournalismus

Auch wenn der Text *Billers* demgemäß nicht als journalistische Äußerung zu qualifizieren ist, könnte ein Vergleich der Geschichte um Esra und Lale, in der sich Personen in ihren Persönlichkeitsrechten verletzt sehen[422], mit der personenbezogenen Berichterstattung Aufschluß über dortige Ansätze zur Konfliktlösung zwischen Äußerungsfreiheit und Recht auf freie Selbstdarstellung in der Öffentlichkeit geben.

Die Berichterstattung über Personen läßt sich *Neben* zufolge in inzidentelle und originäre Personenberichterstattung einteilen. In ersterem Fall steht die Berichterstattung in einem untrennbaren Zusammenhang zu dem Ereignis, das Anlaß der Berichterstattung war. In letzterem Fall ist die Person selbst ursächlich für das Schreiben[423]. Die journalistischen Formen variieren zwischen öffentlichen, privaten und intimen Daten, zwischen tatsachen-, meinungs- und phantasiebetonten Darstellungen[424].

Die betroffene Sphäre und die Intensität des Eingriffs spielen auch im Bereich der Regenbogenpresse eine entscheidende Rolle[425]. Besondere Erwähnung verdient in diesem Zusammenhang die „Lebach I“-Entscheidung des Bundesverfassungsgerichts, da sie als Anknüpfungspunkt zum „Esra“-Verfahren dienen kann[426]. Der Erste Senat ging zwar in seinem Urteil vom 5.6.1973 von einem grundsätzlichen Vorrang des Informationsinteresses der Öffentlichkeit gegenüber dem Persönlichkeitsschutz im Fall der aktuellen Berichterstattung über schwere Straftaten aus: „Wägt man das umschriebene Informationsinteresse an

---

422 BVerfGE 119, 1 (20).

423 *G. Neben*, Triviale Personenberichterstattung als Rechtsproblem: ein Beitrag zur Grenzziehung zwischen Medienfreiheit und Persönlichkeitsschutz, 2001, S. 24 f.

424 In den Journalismus führen allgemein ein *Brand/Schulze*, Handbuch (Fn. 400), S. 7 ff.; *Schlapp*, Einstieg (Fn. 400), S. 7 ff.; *Schneider/Raue*, Handbuch (Fn. 400), S. 9 ff., 136 ff.; S. Weischenberg/H. J. Kleinsteuber/B. Pörksen (Hrsg.), Handbuch Journalismus und Medien, 2005, S. 7 ff.; *Wolff*, Zeitungs- und Zeitschriftenjournalismus (Fn. 400), S. 12 ff.; *Burkhardt*, Journalismus (Fn. 400), S. 9 ff.; *Witzke/Rothaus*, Fernsehreportage (Fn. 400), S. 7 ff.

425 Vgl. BGH NJW-RR 1988, 733 (733 f.); LG Berlin NJW 1997, 1155 (1155).

426 BVerfGE 35, 202 (202 ff.). Vor dem Hintergrund des sogenannten Soldatenmords von Lebach im Jahr 1969, bei dem während des Überfalls auf ein Munitionslager vier schlafende Soldaten getötet worden waren, sollte 1972 eine Verfilmung des Geschehens unter Abbildung und vollständiger Namensnennung der Täter erfolgen. Das Landgericht Mainz und das Oberlandesgericht Koblenz gestatteten die Ausstrahlung des Films. Die hiergegen von einem inhaftierten Täter eingelegte Verfassungsbeschwerde war erfolgreich (ebda., S. 203 f.).

einer entsprechenden Berichterstattung im Fernsehen generell gegen den damit zwangsläufig verbundenen Einbruch in den Persönlichkeitsbereich des Täters ab, so verdient für die aktuelle Berichterstattung über Straftaten das Informationsinteresse *im allgemeinen den Vorrang.*“[427] Diese prinzipielle Privilegierung der Rundfunkfreiheit im Fall eines erhöhten Informationsinteresses erinnert an die in der „Esra“-Entscheidung begründete Fiktionalitätsvermutung[428]. Gleichwohl mußte das Grundrecht auf Rundfunkfreiheit zugunsten des allgemeinen Persönlichkeitsrechts des Täters zurücktreten, da bei einer Abwägung stets der unantastbare Lebensbereich des Betroffenen zu beachten und der Grundsatz der Verhältnismäßigkeit zu berücksichtigen ist[429]. Auch in der „Esra“-Entscheidung kam dem allgemeinen Persönlichkeitsrecht gegenüber der Kunstfreiheit hinsichtlich der Klägerin zu 1) ausnahmsweise der Vorrang zu, da sie in einem unantastbaren Lebensbereich, namentlich im Kernbereich des allgemeinen Persönlichkeitsrechts, in ihrer Intimsphäre verletzt war[430]. Denn unabhängig davon, ob die Intimsphäre aufgrund eines Kunstwerks oder einer Publikation betroffen wird, gründet ihr Schutz auf dem unantastbaren Menschenwürdegehalt des Art. 1 Abs. 1 GG. Sie markiert den unantastbaren Kernbereich der Persönlichkeit, der im Bereich des Journalismus und der Kunst für Beeinträchtigungen eine absolute Tabuzone bildet.

c) Weitreichendes Instrumentarium im Rechtsschutz gegen Boulevardjournalismus

Nachdem die Problematik im Boulevardjournalismus von freier Mitteilung und Persönlichkeitsschutz und damit die Gemeinsamkeiten und Unterschiede im Ausgleich zum Bereich des literarischen Textes „Esra“ vorgestellt wurden[431], ist im folgenden zu untersuchen, wie sich der Betroffene im journalistischen Bereich zur Wehr setzen kann, wenn man nach Abwägung eine Persönlichkeitsrechtsverletzung feststellt. Es stellt sich also die Frage nach dem Rechtsschutz[432],

---

427 Ebda., S. 231. Kursivdruck durch Verfasserin.

428 Die Ursachen für diese prinzipielle Vorrangstellung sind gleichwohl unterschiedlich: In der „Lebach“-Entscheidung tritt im allgemeinen das Persönlichkeitsrecht aufgrund der Verantwortlichkeit des Straftäters und des öffentlichen Interesses an der Tat gegenüber der Rundfunkfreiheit zurück. In der „Esra“-Entscheidung erklärte sich hingegen die vermutete Erstrangigkeit bereits aus dem hohen Stellenwert des Grundrechts der Kunstfreiheit.

429 Dem wurde in der Verfilmung nicht hinreichend Rechnung getragen, da der Täter aufgrund der Abbildung und Namensnennung ohne weiteres zu identifizieren war; (vgl. ebda., S. 232 ff.).

430 Auch hier ist natürlich zu differenzieren: Ging es im „Lebach“-Urteil um die augenscheinliche Identifizierung in einem faktenbasierten Dokumentar-Fernsehspiel, so setzte sich der Senat im „Esra“-Beschluß mit der fiktionalen Bearbeitung realer Begebenheiten auseinander und sah die Intimsphäre einer realen Person aufgrund der Darstellung einer Romanfigur als verletzt an.

431 Vgl. B.VI.1.b.

432 Zu den Verteidigungsmöglichkeiten des Betroffenen im Fall von unwahren Tat-

die auch für den Vergleich presserechtlicher Instrumentarien mit dem Unterlassungsanspruch im „Esra"-Verfahren relevant wird. Der Beseitigungsanspruch gerichtet auf Widerruf oder Richtigstellung, der Schadensersatz- und der Unterlassungsanspruch gehören zu den praxisrelevantesten, zivilrechtlichen Rechtsgrundlagen gegen unzulässige Eingriffe durch Boulevardjournalismus[433]. Entsprechend der genannten Anspruchsreihenfolge steigt die Wirkungsintensität: Die Durchsetzung eines Beseitigungsanspruchs gerichtet auf Widerruf oder Richtigstellung hat allein wiederherstellende Wirkung, während der Verpflichtung zum Schadensersatz kompensatorische und der Unterlassung als „ultima ratio" abwehrend-vorbeugende Wirkung zukommt. Zum Instrumentarium zählen außerdem der Anspruch auf Veröffentlichung des Urteilstenors und der Gegendarstellungsanspruch. Auch im „Esra"-Verfahren beriefen sich die Klägerinnen auf einen zivilrechtlichen Unterlassungsanspruch gegen die Beschwerdeführerin und machten Schadensersatzforderungen geltend. Beide Anspruchsarten sind demgemäß aus presserechtlicher Perspektive näher zu untersuchen.

aa) Schadensersatz-, Entschädigungsanspruch für Persönlichkeitsrechtsverletzung

Der Anspruch teilt sich in den Ersatz des materiellen und immateriellen Schadens. Letzteren kann der Betroffene in Form eines monetären Anspruchs bei einer Persönlichkeitsrechtsverletzung sowohl im Fall der Berichterstattung im Boulevardjournalismus als auch der Veröffentlichung eines Kunstwerks geltend machen.

(1) Anspruchsgrundlage: Art. 2 Abs. 1 i.V.m. Art. 1 Abs. 1 GG aus Rechtsfortbildung

§ 253 Abs. 1 BGB gewährt einen Ersatz des „Schadens, der nicht Vermögensschaden ist", nur in den gesetzlich bestimmten Fällen. Eine Ersatzpflicht ist bei einer schwerwiegenden Verletzung des allgemeinen Persönlichkeitsrechts in den gesetzlich geregelten Fällen der §§ 253 Abs. 2, 651 f Abs. 2 BGB allerdings nicht vorgesehen[434]. § 253 Abs. 2 BGB statuiert den Ersatz immateriellen Schadens allein „wegen einer Verletzung des Körpers, der Gesundheit, der Freiheit oder der sexuellen Selbstbestimmung", hingegen nicht aufgrund einer Persönlich-

---

sachenbehauptungen instruktiv *M. Prinz,* Der Schutz der Persönlichkeitsrechte vor Verletzungen durch die Medien, in: NJW 1995, S. 817 (817 ff.). – Zum Recht der Journalisten umfassend *E. Fricke,* Recht für Journalisten, 2. Aufl. 2010.

433 *Prinz,* Schutz (Fn. 432), S. 817 ff.

434 Weitere gesetzlich bestimmte Fälle zum Ersatz des immateriellen Schadens finden sich in § 97 Abs. 2 UrhG, § 40 Abs. 3 SeemannsG und § 7 Abs. 3 StrEG. – Allerdings lassen sich angesichts der Regelung des § 253 Abs. 1, 2 BGB keine Analogieschlüsse ziehen, um eine Ersatzpflicht für die Verletzung des allgemeinen Persönlichkeitsrechts zu begründen. Vgl. *G. Schiemann,* in: J. v. Staudinger (Hrsg.), BGB, § 253 (2005), Rn. 51 f., 56 f.

keitsrechtsverletzung. Die ständige Rechtsprechung gewährt gleichwohl einen Zahlungsanspruch im Fall einer schwerwiegenden Persönlichkeitsrechtsverletzung. Anfänglich stützte sie den Anspruch zum Teil auf eine analoge Anwendung des § 847 BGB[435]. Später hat der Bundesgerichtshof klargestellt, daß sich der Anspruch im Fall einer schwerwiegenden Persönlichkeitsrechtsverletzung aufgrund der Art. 2 Abs. 1 i.V.m. Art. 1 Abs. 1 GG ergibt[436]. Diese Praxis wurde vom Bundesverfassungsgericht in der „Soraya"-Entscheidung als verfassungskonform bestätigt[437]. Da § 253 Abs. 1 BGB seinem Wortlaut nach zwar eine Entschädigungspflicht in den gesetzlich bestimmten Fällen vorschreibt, darin aber keine abschließende Aufzählung trifft, kann der Entschädigungsanspruch bei Verletzung des allgemeinen Persönlichkeitsrechts daher durchaus unmittelbar aus § 823 Abs. 1 BGB i.V.m. Art. 2 Abs. 1 i.V.m. Art. 1 Abs. 1 GG hergeleitet werden. Die gesetzlich vorgesehenen Entschädigungsfälle werden somit nach § 253 Abs. 1 BGB schlicht um einen weiteren ergänzt.

(2) Gemeinsamkeiten und Unterschiede in den Anspruchsvoraussetzungen

Ein Entschädigungsanspruch kann sowohl bei einer journalistischen als auch schriftstellerischen Publikation nur im Fall einer *schweren Persönlichkeitsrechtsverletzung* bejaht werden. Die Intensität bemißt sich nach Bedeutung und Tragweite des Eingriffs, nach Anlaß und Beweggrund des Handelnden sowie Grad seines Verschuldens[438].

---

435 BGHZ 26, 349 (355 ff.). Damit hatte der Bundesgerichtshof auf die Genugtuungs- und Ausgleichsfunktion von Schmerzensgeldzahlungen abgestellt; (ebda., S. 358). – Diese Rechtsprechung ist überholt. Es ist obsolet, sich bei der Verletzung des Persönlichkeitsrechts auf einen Schmerzensgeldanspruch zu berufen. § 847 BGB ist mit Wirkung vom 1.8.2002 durch Art. 2 Gesetz vom 19.7.2002 (BGBl. I S. 2674) aufgehoben.

436 Schon in der „Ginseng"-Entscheidung hatte der Bundesgerichtshof einen Anspruch auf Geldentschädigung zuvor wegen einer schwerwiegenden Persönlichkeitsrechtsverletzung aus Art. 2 Abs. 1 i.V.m. Art. 1 Abs. 1 GG abgeleitet; BGHZ 35, 363 (367 f.). Allerdings hielt das Gericht noch an der Genugtuungs- und Ausgleichfunktion von Schmerzensgeld fest; (ebda., S. 369). Der Senat führte nun in BGHZ 39, 124 (130 ff.) aus, daß angesichts neuartiger Gefahren für das Persönlichkeitsrecht infolge technischer und sozialer Entwicklungen eine Rechtsfortbildung erforderlich wurde. Rechtsprechung und Rechtswissenschaft bauten daher über den unzureichenden Gesetzeswortlaut hinaus den Persönlichkeitsschutz durch Anerkennung eines allgemeinen Persönlichkeitsrechts als Anspruchsgrundlage aus. – Diese Entwicklung wird mitunter kritisch kommentiert. So schlägt einen dualen Ansatz aus Bereicherungsanspruch und Schmerzensgeld vor *Neben*, Personenberichterstattung (Fn. 423), S. 358, 396 ff., 404 ff.

437 BVerfGE 34, 269 (285). Die richterliche Rechtsfortbildung sei verfassungsgemäß: „Die Alternative, eine Regelung durch den Gesetzgeber abzuwarten, kann nach Lage der Dinge nicht als verfassungsrechtlich geboten erachtet werden." (ebda., S. 291). – In die in der Rechtsprechung erkannten technischen Neuerungen und die Resonanz in Form des allgemeinen Persönlichkeitsrechts führen ein *I. Augsberg/S. Augsberg*, Kombinationsgrundrechte, in: AöR 132 (2007), S. 539 (569 ff.).

438 BGHZ 128, 1 (12); BGH NJW 2010, 763 (763). *Prinz* benennt prägnant die Kriterien der Intention des Verletzers, dessen Verhalten vor und nach der Handlung, des Grads des

Davon unabhängig unterscheiden sich die *Abwägungskriterien* allerdings deutlich in den Bereichen von Journalismus und Literatur, so daß ihre Gegenüberstellung zwangsläufig zu verschiedenen Tendenzen im Ergebnis führen muß. So wird ein Entschädigungsanspruch auf dem Gebiet der Literatur weitaus seltener möglich sein, neben einem Unterlassungsanspruch erscheint er faktisch ausgeschlossen. In dem Geldentschädigungsverfahren im Fall „Esra" verweist der Bundesgerichtshof auf die erforderliche Einzelfallabwägung. Allerdings räumt das Gericht ein, daß die bisher entwickelten Grundsätze dem Presserecht mit seinen spezifischen Regelungen in Art. 5 Abs. 1, 2 GG entstammen und daher nicht ohne weiteres auf Kollisionen mit der Kunstfreiheit übertragen werden können[439]. Der erkennende Senat mißt also der Kunstfreiheit eine sich von Presse- und Rundfunkfreiheit absetzende Bedeutung zu[440]. Wenn eine Unterlassungsverfügung ergangen ist, wird in der Regel ein *zusätzlicher* Anspruch auf Geldentschädigung nicht bestehen[441]. Das Verbot eines Romans bedeutet für den Autor zugleich die Vernichtung seiner Arbeit und seiner Präsenz in der Öffentlichkeit. Eine Geldentschädigung ist daher nur zu zahlen, wenn das Kunstwerk zu einer persönlichen Abrechnung mißbraucht wird oder allein darauf abzielt, andere zu beleidigen oder zu verleumden[442]. Aufgrund dieser Abwägungskriterien wurde ein Entschädigungsanspruch trotz des schweren Persönlichkeitseingriffs im „Esra"-Verfahren für die Klägerin zu 1) abgelehnt[443].

Es wird also deutlich, daß zur Bejahung eines Geldentschädigungsanspruchs bei Kollision von Kunstfreiheit und allgemeinem Persönlichkeitsrecht insgesamt *höhere Anforderungen* als im Pressebereich zu erfüllen sind: Neben dem schwe-

---

Verschuldens, der Verbreitung und Aufmachung der Veröffentlichung sowie der Verletzung besonderer Schutzsphären des Opfers. Vgl. *M. Prinz,* Geldentschädigung bei Persönlichkeitsrechtsverletzungen durch Medien, in: NJW 1996, S. 953 (957). Der Bundesgerichtshof bejahte in der „Fernsehansagerin"-Entscheidung einen schweren Eingriff bei einer Verbreitung einer abfälligen Kritik ohne sachlichen Grund durch eine Wochenzeitschrift mit einer Auflagenhöhe von einer Million, die mit beruflichen und sozialen Beeinträchtigungen der Betroffenen verbunden war; vgl. BGHZ 39, 124 (128 ff.). So ist es auch mit dem hohen Rang der Pressefreiheit vereinbar, wenn in einem solchen Fall ein Schmerzensgeld zu zahlen ist (ebda., S. 132 f.).

439 BGH NJW 2010, 763 (764).

440 Ebda., S. 764: „Dem Künstler darf das Risiko einer solchen Haftung jedenfalls nicht in einem Umfang zugewiesen werden, daß er sich gezwungen sähe, von künstlerischem Wirken abzusehen, den ihm von Art. 5 Abs. 3 S. 1 GG garantierten Freiraum also nicht auszuschöpfen, wenn er bloß in die Nähe einer Persönlichkeitsrechtsverletzung gerät. Mit der Geldentschädigung wäre dann ein vom Grundrechtsgebrauch abschreckender Effekt verbunden, der aus Gründen der durch Art. 5 Abs. 3 S. 1 GG vorbehaltlos garantierten Kunstfreiheit vermieden werden muß."

441 Ebda., S. 764.

442 Ebda., S. 764.

443 Ebda., S. 764. Eine Prüfung des ebenfalls eingeklagten Entschädigungsanspruchs der Klägerin zu 2) wird an dieser Stelle nicht vorgenommen, da dort schon keine schwere Persönlichkeitsrechtsverletzung festgestellt worden war.

ren Persönlichkeitsrechtseingriff ist nämlich in der Abwägung der hohe – gegenüber Presse- und Rundfunkfreiheit höhere – Rang der Kunstfreiheit in Rechnung zu stellen. In die Entscheidung ist ebenso einzubeziehen, daß den Schriftsteller gegenüber dem Journalisten ein größeres Existenzrisiko trifft, wenn er für seine – ohnehin bereits untersagte, eventuell mehrjährige – Arbeit zusätzlich eine Entschädigung leisten muß. Diese hätte nicht nur Einfluß auf das finanzielle Fortkommen und die Öffentlichkeitswirkung des Autors, sondern auch unkalkulierbare Folgen für den grundlegenden künstlerischen Austausch in der Gesellschaft[444]. Die Auswirkungen auf den Kunstbetrieb unterscheiden sich erheblich von dem presserechtlichen, schnellebigen, da um Aktualität bemühten Kommunikationsprozeß hinsichtlich der Konzentration auf die Person des Autors und die Beeinträchtigung der Reputation, die Langzeitwirkung der Einbuße und die erschwerte Unterscheidung von zulässiger und unzulässiger Kunst.

bb) Unterlassungsanspruch: Unterschiede bei Wiederholungsgefahr und Wortlaut

Im Bereich des Boulevardjournalismus wird die Wirksamkeit einer Unterlassungspflicht dadurch eingeschränkt, daß sie sich allein auf den *Wortlaut des Tenors* bezieht, ohne ähnliche Äußerungen zu verbieten[445]. Es ist problematisch, ob eine Berichterstattung mit sinngemäß gleichem Inhalt und zugleich nur anderer Formulierung zulässig bleibt. Insbesondere bei Meinungen besteht die Gefahr, daß der Journalist eine vergleichbar abwertende Äußerung abgeben darf[446]. Diese Umschreibungsproblematik wird im „Esra"-Verfahren augenscheinlich nicht relevant, da der spezifische sprachliche Ausdruck bei einem künstlerischen Text wie dem „Esra"-Roman essentiell und nicht ohne weiteres durch sinngemäße Phrasen austauschbar ist. Nach dem Gesamtveröffentlichungsverbot des Buchs kann der Autor ihn nicht wie einen Zeitungsartikel umschreiben. Das Kunstwerk stellt für sich ein abgeschlossenes Werk, eine einmalige Schöpfung dar, die nicht beliebig wiederholbar ist. Hier zeigt sich der Unterschied zwischen

---

444 *K.-H. Ladeur,* Anmerkung zu BGH, Urteil vom 24. November 2009 – VI ZR 219/08, in: NJW 2010, S. 765 (765).

445 BVerfGE 42, 143 (151).

446 Als Lösung könnte die Anwendung der Kerntheorie aus dem Wettbewerbsrechts gelten, nach der Änderungen, die den Kern der Verletzungsform nicht berühren, von der Rechtskraft des Tenors umfaßt sind. Diese nicht wörtlichen Wiederholungen müssen vom Wortlaut des Tenors nach der Kernbereichstheorie nicht erfaßt sein: BGHZ 2, 164 (170 f.); 5, 189 (193 f.). – Ob dieses Vorgehen auf das Äußerungsrecht und den Bildnisschutz übertragbar und mit dem hohen Rang des Art. 5 Abs. 1 GG vereinbar ist, bleibt unsicher. Hierzu *R. Mann,* Verbot kontextneutraler Fotos wegen begleitender Textberichterstattung, in: R. Mann/J. F. Smid (Hrsg.), Festschrift für Renate Damm zum 70. Geburtstag, 2005, S. 78 (84 f.). Jedenfalls wären die Begriffe von „sinngemäß" und „kerngleich" zu präzisieren, um eine hinreichende Rechtssicherheit für Betroffene und Journalisten zu schaffen. Vgl. *J. Stender-Vorwachs,* Veröffentlichung von Fotos minderjähriger Kinder von Prominenten, in: NJW 2010, S. 1414 (1418).

der Mitteilung einer Information oder Meinung und der künstlerischen Darstellung einer originären Welt. Im Gegensatz zum Presserecht besteht bei einer Romanpublikation praktisch keine Umgehungsgefahr.

Demgegenüber liegt im Bereich von literarischen Texten in Buchform eine *Wiederholungsgefahr* angesichts der in größeren zeitlichen Dimensionen berechneten Auflagen auf der Hand. Solange keine Neubearbeitung erfolgt, wird ein Buch wie der Roman „Esra" in unveränderter Fassung herausgegeben[447]. Der Boulevardjournalismus lebt hingegen von der Aktualität und Schnellebigkeit der Informationen. Eine Wiederholungsgefahr kann also nur selten bestehen. Wenn eine Erstbegehungsgefahr zudem kaum rechtzeitig zu realisieren ist, wird der Unterlassungsanspruch in seiner Bedeutung weitgehend eingeschränkt[448].

d) Rechtsschutz gegen fiktionale Texte: Unterlassung und negative Feststellung

Folgt man nun den Ergebnissen aus der Gegenüberstellung der Möglichkeiten, sich gegen journalistische und literarische Texte zur Wehr zu setzen, so ergibt sich für den Rechtsschutz im Bereich der Literatur – vorliegend fiktionaler Texte wie Esra[449] – folgende Zusammenstellung: Betroffenen steht ein *Unterlassungsanspruch* analog §§ 1004 Abs. 1 S. 2, 823 Abs. 1 BGB zu, den sie wie im Fall „Esra" unter den dort erörterten Voraussetzungen gerichtlich geltend machen können[450]. Die für den Boulevardjournalismus in Betracht kommenden Rechte auf *Berichtigung und Gegendarstellung* finden im Fall fiktionaler Texte keine Anwendung. Sie sind auf die Korrektur unwahrer Tatsachenbehauptungen gerichtet, die mangels Faktizitätsanspruch auf dem Gebiet der Fiktionalität nicht zum Tragen kommen. Auch im Bereich realitätsnaher Literatur wie Dokumentarliteratur oder Mischformen von Wirklichkeit und Fiktion würden Berichtigung und Gegendarstellung ihren Sinn verfehlen. Selbst bei einer möglichen Persönlichkeitsrechtsverletzung aufgrund von Mißverständnissen der Interpretation bleiben künstlerische Aussagen weitgehend mehrdeutig. Auch bei Zahlungsansprüchen in Form von *Geldentschädigungs-, Schadensersatz- und Bereicherungsansprüchen* ist angesichts des Einschüchterungseffekts Zurückhaltung geboten. Die Voraussetzungen eines schwerwiegenden Eingriffs und eines Verschuldens

---

[447] Die Problematisierung der Wiederholungsgefahr durch das Oberlandesgericht München ergab sich aus der zugesagten Bearbeitung, vgl. OLG München ZUM 2003, 870 (872). Da die Änderungen allerdings eine Persönlichkeitsrechtsverletzung angesichts des Vorverständnisses der Erstversion nicht beseitigen konnten, wurde die Wiederholungsgefahr im Prozeßfortgang auch vom zuvor skeptischen Oberlandesgericht ohne weiteres bejaht, vgl. OLG München NJOZ 2005, 4343 (4348 f.).

[448] *Neben*, Personenberichterstattung (Fn. 423), S. 294.

[449] Zur Fiktionalität vgl. Abschnitt C.II.2.

[450] BVerfGE 119, 1 (5 f., 20 f.).

sind bei Autoren literarischer Texte grundsätzlich nicht erfüllt[451]. Zudem werden in der Regel aufgrund der Subsidiarität Zahlungs- gegenüber Unterlassungsansprüchen zurücktreten[452]. So begründete auch der Bundesgerichtshof die Ablehnung einer Entschädigungszahlung an die Klägerin zu 1) mit der Stattgabe der Unterlassungsklage[453]. Letztlich kommt auch eine *Feststellungsklage* in Betracht, wenn die Gegenseite das Recht der Veröffentlichung eines Kunstwerks bestreitet und dem Künstler beträchtliche Hindernisse bereiten will[454]. So kann beispielsweise mit der negativen Feststellungsklage auf die Feststellung geklagt werden, daß der Aufführung oder Publikation eines künstlerischen Werks keine Persönlichkeitsrechte der sich wiedererkennenden Person entgegenstehen[455]. Als praxisrelevanteste Rechtsschutzmöglichkeiten stehen sich also auf seiten der literarischen Vorlage die Unterlassungsklage und seitens des Künstlers die negative Feststellungsklage gegenüber. Paradigmatisch wird folgend die Auseinandersetzung um ein Publikationsverbot bezüglich einer Reportage von *Günter Wallraff* auf journalistischem Gebiet im Vergleich zum Verbotsverfahren um den literarischen Text „Esra“ dargestellt. Hier wie dort wurde ein möglicher Unterlassungsanspruch aufgrund einer Persönlichkeitsrechtsverletzung geprüft.

e) Hintergrund und Inhalt der persönlichkeitsrechtsrelevanten Reportage

Der Journalist *Günter Wallraff* arbeitete von März bis Juli 1977 unerkannt mit dem Alias „Hans Esser“ für die „Bild“-Zeitung in der Lokalredaktion Hannover. In dem 1977 erschienenen Buch „Der Aufmacher – Der Mann, der bei ‚Bild‘ Hans Esser war“ teilte er seine Erfahrung aus der redaktionellen Praxis mit und kritisierte die Methoden der journalistischen Arbeit der „Bild“-Zeitung mit Nachdruck[456]. Um Informationen für die geplante Reportage über das Vorgehen der „Bild“-Zeitung zu sammeln, ließ er sich nach Änderung seines Aussehens und Verschweigen seiner Absicht als freier Mitarbeiter „Hans Esser“ einstellen[457]. Damit unterscheiden sich schon *Zweck* (Unterrichtung der Öffentlichkeit,

---

[451] BVerfG (Kammer), NJW 2004, 591 (592); BGHZ 39, 124 (132 ff.); 128, 1 (12); 132, 13 (27); BGH NJW 1996, 985 (986); BGH NJW 2005, 215 (216).

[452] OLG Saarbrücken NJW-RR 2010, 346 (348); LG Hannover ZUM 2006, 573 (576 f.); LG Berlin, Urteil vom 18.03.2008, 27 O 884/07, BeckRS 2009, 00130.

[453] BGH NJW 2010, 763 (764).

[454] BGH NJW 2009, 751 (752).

[455] BGH NJW 2009, 751 (752).

[456] *G. Wallraff*, Der Aufmacher, 10. Aufl. 2009. Die Titelwahl „Der Aufmacher“ ist in Zusammenhang mit der gleichlautenden Bezeichnung für den wichtigsten Artikel auf der Titelseite zu verstehen.

[457] *Wallraff* hatte bereits zuvor unerkannt in verschiedenen Unternehmen gearbeitet und die gewonnenen Erfahrungen in dem Reportagenband „Wir brauchen dich. Als Arbeiter in deutschen Industriebetrieben“ verarbeitet: *G. Wallraff*, Industriereportagen, 2009. Mit dem Sammelband „13 unerwünschte Reportagen“ hatte er sich bereits 1969 einen Ruf als sozialkritischer Journalist gemacht, der für seine Recherchen unerkannt die Rolle ei-

Aufklärungsinteresse) und *Vorgehensweise* (Täuschung zur Erlangung von Informationen) deutlich von einer literarischen Produktion wie „Esra".

Mit seiner Reportage über die „Bild"-Zeitung bezweckt er, fragwürdige Recherchemethoden in der Lokalredaktion Hannover aufzudecken. In seinen Beschreibungen verwendet er keine wirklichen Namen, betont aber zugleich die Realität der geschilderten Ereignisse[458]. Der Autor prangert die Rahmenbedingungen der Arbeitsorganisierung an. Die Arbeitnehmer haben nach *Wallraff* keinen schriftlichen Vertrag, keinen Urlaubsanspruch, keine Sozialleistungen und keinen Kündigungsschutz[459]. Im Zentrum seiner Kritik stehen die unlauteren Arbeitsmethoden der Redaktion. Um diese zu verdeutlichen, enthielten die Enthüllungen ursprünglich die Wiedergabe einer Redaktionskonferenz unter Nennung der wörtlichen Beiträge, die nach dem Beschluß des Bundesverfassungsgerichts zu ändern war[460]. An einer anderen Stelle wird die Aufgabe Essers geschildert, eine Reportage über arbeitslose Jugendliche zu schreiben, die sich den Tag in Flipperhallen vertreiben[461]. Nachdem sich Resignation aufgrund zahlreicher erfolgloser Bewerbungen und Langeweile wegen langzeitiger Arbeitslosigkeit als Motive herausstellen, wird laut *Wallraff* die Recherche als zu sozialpolitisch durch die Redaktionsleitung abgebrochen[462]. Das bereits angefertigte Manuskript wurde nach *Wallraffs* Angaben durch Hinzufügung von Zitaten und großflächige Streichungen durch die Urlaubsvertretung des Redaktionsleiters wesentlich verändert[463].

---

nes Alkoholikers oder Obdachlosen einnahm: *G. Wallraff*, 13 unerwünschte Reportagen, 2. Aufl. 2009.

[458] *Wallraff*, Aufmacher (Fn. 456), S. 10.

[459] *Wallraff*, Aufmacher (Fn. 456), S. 23.

[460] So wurde folgender Passus eingefügt: „Laut Entscheidung des Bundesverfassungsgerichts vom 25.1.1984 darf ich meine eigenen Erfahrungen in einer BILD-Redaktionskonferenz nicht mehr veröffentlichen. Das Gericht spricht vom ‚Schutz des eingerichteten und ausgeübten Gewerbebetriebs' und vergleicht es mit dem ‚rechtswidrigen Einbruch in die absolut geschützte Intimsphäre der Persönlichkeit' und tut damit gerade so, als sei ich in das Schlafzimmer des Verlegers und nicht etwa in diese gigantische professionelle Fälscherwerkstatt eingedrungen. Deshalb kommt jetzt an meiner Stelle ein anderer zu Wort: ein Redakteur, der bei einem Blatt mit Namen ZEITUNG arbeitet. ‚Sollten sich bei der Schilderung jener journalistischen Praktiken Ähnlichkeiten mit den Praktiken der BILD-Zeitung ergeben, so sind diese Ähnlichkeiten weder beabsichtigt noch zufällig, sondern unvermeidlich.' (Heinrich Böll in seiner Vorbemerkung zu ‚Die verlorene Ehre der Katharina Blum')"; *Wallraff*, Aufmacher (Fn. 456), S. 23 f.

[461] *Wallraff*, Aufmacher (Fn. 456), S. 71.

[462] *Wallraff*, Aufmacher (Fn. 456), S. 71.

[463] *Wallraff*, Aufmacher (Fn. 456), S. 73. Der Vollständigkeit wegen sei darauf hingewiesen, daß sich die Kritik *Wallraffs* in einem weiteren Kerngebiet gegen die politische Ausrichtung der Zeitung und die subtile Beeinflussung ihrer Leser richtet; *Wallraff*, Aufmacher (Fn. 456), S. 89, 124.

f) Prozeßgeschichte: vom Gesamtverbot zur vollumfänglichen Zulässigkeit

Die Axel Springer AG, die unter anderem die „Bild“-Zeitung herausgibt, wandte sich mit zahlreichen Verbotsanträgen gegen verschiedene Textpassagen der Reportage. Beklagte sind der Autor des Buchs als Beklagter zu 2), der es bei der Beklagten zu 1) publiziert hat. Die Axel Springer AG beantragte die Unterlassung der Veröffentlichung zahlreicher Textstellen. Sie wehrte sich unter anderem gegen die Publizierung der genannten Redaktionskonferenz und der beschriebenen Recherche im Fall der arbeitslosen Jugendlichen[464]. Das Landgericht Hamburg gab der Klage der Axel Springer AG vollumfänglich statt[465]. Auf die Berufung der Beklagten wurde durch Teilurteil die Klage teilweise durch das Oberlandesgericht Hamburg abgewiesen[466]. Der Bundesgerichtshof hat die Revision des Springer-Unternehmens am 20. Januar 1981 zurückgewiesen und auf die Revision der Beklagten die angefochtenen Entscheidungen aufgehoben, soweit den Klageanträgen darin stattgegeben und die Klage insoweit abgewiesen worden war[467]. Damit war die Publikation insgesamt zulässig.

2. Gerichtliche Entscheidung: salomonische Abwägung

Die Beschwerdeführerin ist die Herausgeberin der „Bild“-Zeitung, die in Form einer Aktiengesellschaft als Axel Springer AG betrieben wird. Sie wendet sich gegen das Urteil des Bundesgerichtshofs und das Teilurteil des Oberlandesgerichts, soweit das Gericht die Klage abweist[468]. Der Erste Senat des Bundesverfassungsgerichts hat auf die Verfassungsbeschwerde der Beschwerdeführerin das Urteil des Bundesgerichtshofs mit Beschluß vom 25.1.1984 teilweise aufgehoben. Es verletzt die Beschwerdeführerin in ihrem Grundrecht auf Pressefreiheit aus Art. 5 Abs. 1 S. 2 GG insoweit, als Ablauf und Inhalt der Redaktionskonferenz in dem Buch des Zweitbeklagten veröffentlicht werden. Im übrigen wird die Verfassungsbeschwerde zurückgewiesen[469]. Die Beschwerdeführerin sei hinsichtlich der Redaktionskonferenz besonders intensiv betroffen, da die Wahrung der redaktionellen Vertraulichkeit für den Schutz der Redaktionsmitglieder, der Informanten, des Presseunternehmens und dessen Tätigkeit grundlegend ist[470].

---

464 BVerfGE 66, 116 (118 ff.).

465 LG Hamburg AfP 1978, 38 (38 ff.)

466 OLG Hamburg GRUR 1979, 735 (736).

467 BGHZ 80, 25 (27).

468 BVerfGE 66, 116 (124).

469 Ebda., S. 117. Der Erste Senat stellt in seinem Beschluß klar, daß auch die Vertraulichkeit der Redaktionsarbeit durch die Pressefreiheit geschützt werde, (ebda., S. 132 ff.).

470 Ebda., S. 132. Das Gericht argumentiert mit der großen Bedeutung der freien Presse im demokratischen Staat, die einen ausreichenden Schutz der Informanten und damit des Redaktionsgeheimnisses erfordert; (ebda., S. 133 f.).

Zum methodischen Vorgehen führt das Gericht aus, daß die rechtswidrige Erlangung von Informationen nicht durch die Meinungsäußerungsfreiheit geschützt werde, die Veröffentlichung einer rechtswidrig erlangten Information den Schutzbereich allerdings aktiviere[471]. Der Senat begründet diese Wertung mit der Kontrollaufgabe der Presse und dem aus der Pressefreiheit abgeleiteten Aussageverweigerungsrecht von Journalisten[472]. Die Informationen können verwertet werden, wenn ihre Bedeutung für die Informierung der Öffentlichkeit und für die Meinungsbildung der Allgemeinheit die Nachteile überwiegt, die die widerrechtliche Informationserlangung für den Betroffenen und die Rechtsordnung nach sich zieht. Es muß sich um die Offenlegung von erheblichen Mißständen handeln, die von überragendem öffentlichem Interesse ist[473]. Die Atmosphäre auf einer Redaktionskonferenz kann einen solchen Bedarf nicht begründen, zumal aufgrund ihrer Schilderung keine gravierenden Mißstände offenkundig werden[474]. Im Hinblick auf die Manipulation der Geschichte um die arbeitslosen Jugendlichen in der Flipperhalle ging der Bundesgerichtshof zu Recht von einem überwiegenden Öffentlichkeitsinteresse aus[475]. Entscheidend ist, daß die Vertraulichkeit der Redaktionsarbeit als Ausdruck der freien Presse nur geringfügig betroffen wird, da es allein um die persönlichen Erfahrungen des Zweitbeklagten mit einem einzelnen Redaktionsmitglied geht[476].

3. Vergleich der Entscheidungen „Springer/Wallraff" und „Esra"

In der Entscheidung „Springer/Wallraff" ist neben der allgemeinen Meinungs- die Pressefreiheit nach Art. 5 Abs. 1 S. 2 1. Var. GG von entscheidender Bedeutung. Gerade dem Genre „Reportage" kommt an der Schnittstelle von Bericht und Erzählung, von Mitteilung äußerer Umstände und innerer Eindrücke, von Wirklichkeitswiedergabe und literarischer Verarbeitung eine grundlegende Be-

[471] Der Zweitbeklagte hatte die Informationen durch Täuschung der Beschwerdeführerin erlangt, um sie gegen diese zu verwenden. Dieses Vorgehen an sich bleibt rechtswidrig, (ebda., S. 137, 139).

[472] Ebda., S. 137. Die Argumentation gründet auf dem Gedanken, daß das Aussageverweigerungsrecht aus der Pressefreiheit abzuleiten ist. Wenn diese keine rechtswidrig erlangten Informationen umfassen würde, hätte das Aussageverweigerungsrecht der Presse im Prozeß gegen ihren Informanten keine Grundlage.

[473] Ebda., S. 139.

[474] Ebda., S. 140 f.

[475] Ebda., S. 143 f., 150 f.

[476] Ebda., S. 144. Die Kritik an politisch manipulativer Berichterstattung stellt einen wesentlichen Beitrag zum öffentlichen Meinungskampf dar, bei dem die Beteiligten – wie die Beschwerdeführerin – das Risiko scharfer Gegenreaktion eingehen. Zudem handelt es sich bei der mißbräuchlichen Einflußnahme auf die Bildung der öffentlichen Diskussion um eine für die Allgemeinheit bedeutende Frage. Im öffentlichen Meinungskampf spricht bei einer wie vorliegend die Öffentlichkeit wesentlich berührenden Thematik dann eine Vermutung für die Zulässigkeit der freien Rede; (ebda., S. 150).

deutung zu. Um zu beurteilen, inwieweit einerseits Parallelen, andererseits Unterschiede der Pressefreiheit aus Art. 5 Abs. 1 S. 2 1. Var. GG zu dem Grundrecht der Kunstfreiheit aus Art. 5 Abs. 3 S. 1 1. Alt. GG bestehen, sind Presse- und Kunstfreiheit voneinander abzugrenzen.

a) Schutz der Reportage durch die Pressefreiheit

Vom Schutzbereich des Art. 5 Abs. 1 S. 2 1. Var. GG werden alle zur Verbreitung an einen unbestimmten Personenkreis geeigneten und bestimmten Druckerzeugnisse, die nicht unter den Film- und Rundfunkbegriff fallen, erfaßt[477]. Die Pressefreiheit beinhaltet ein Abwehrrecht gegen den Staat und eine Institutsgarantie[478].

Die Informationsbeschaffung darf nicht staatlich kontrolliert werden. Daher wird auch das Vertrauensverhältnis zwischen Presse und Informationsquelle vom Schutz des Art. 5 Abs. 1 S. 2 1. Var. GG erfaßt. Der Informant kann sich grundsätzlich im Rahmen eines „Redaktionsgeheimnisses“ darauf verlassen, daß seine Identität nicht der Öffentlichkeit mitgeteilt wird[479].

---

[477] BVerfGE 95, 28 (35). – Einen guten Überblick zur Presse-, Rundfunk- und Filmfreiheit im Widerstreit mit Persönlichkeitsrechten bei *C. Reupert,* Die Filmfreiheit – Der verfassungsrechtliche Schutz des Films, in: NVwZ 1994, S. 1155 (1155 ff.); *C. Ahrens,* Persönlichkeitsrecht und Freiheit der Medienberichterstattung, 2002, S. 20 ff. Der Schutzbereich erstreckt sich auf alle Produkte von Herstellungsmethoden, die die Visualisierung des gedruckten Textes beinhalten, einschließlich fotomechanischer Druckmethoden, Rotaprint-Verfahren oder moderner elektrogesteuerter Verfahren. So *R. Herzog,* in: T. Maunz/G. Dürig (Hrsg.), Grundgesetz, Art. 5 Abs. 1, 2 (1982), Rn. 131; *H. Bethge,* in: M. Sachs (Hrsg.), Grundgesetz. Kommentar, 6. Aufl. 2011, Art. 5 Rn. 68. – Maßgeblich für den Pressebegriff ist der Vervielfältigungseffekt gegenüber einer unbestimmten Anzahl von Personen. Eine weiter gehende inhaltliche Einschränkung hinsichtlich der Qualität des Presseerzeugnisses ist hingegen als zu restriktiv und schwer bestimmbar abzulehnen. Hierzu *Herzog,* ebda., Art. 5 Abs. 1, 2 (1982), Rn. 128. – Der Presse liegt ein weites Begriffsverständnis zugrunde, das neben Buchdruckerzeugnissen Druckwerke wie Handzettel und Plakate beinhaltet. Auch CDs, CD-Roms und Disketten werden unter den Pressebegriff gefaßt. Vgl. *M. Antoni,* in: D. Hömig (Hrsg.), Grundgesetz für die Bundesrepublik Deutschland, 9. Aufl. 2010, Art. 5 Rn. 16. – Dabei ist unbeachtlich, ob es sich um ein regelmäßig oder nur einmalig erscheinendes, ein öffentlich zugängliches oder nur intern veröffentlichtes Werk handelt. Vgl. BVerfGE 95, 28 (35). Die Bedeutung landesrechtlicher Erweiterungen der Pressefreiheit, die nach § 7 Abs. 1 PresseG NRW auch Ton- oder Filmbandaufzeichnungen als Druckerzeugnisse im Sinne des Art. 5 Abs. 1 S. 2 1. Var. GG umfassen, ist in der Literatur nicht unumstritten. Statt vieler das überwiegend anerkannte weite Verständnis erörtert *H. Schulze-Fielitz,* Grundgesetz (Fn. 96), Art. 5 I, II Rn. 68 f., 75. – Dazu äußert sich kritisch *C. Degenhart,* in: R. Dolzer/W. Kahl/C. Waldhoff/K. Graßhof (Hrsg.), Bonner Kommentar zum Grundgesetz, Art. 5 Abs. 1 und 2 (2006), Rn. 368, 370.

[478] Als subjektives Recht garantiert die Pressefreiheit die freie Gründung und Gestaltung von Presseerzeugnissen; BVerfGE 97, 125 (144). Der Schutz der Pressefreiheit erstreckt sich von der Informationsbeschaffung bis hin zur Verbreitung von Nachrichten und Meinungen: BVerfGE 20, 162 (176); 21, 271 (278 ff.); 25, 296 (304); 36, 193 (204); *Herzog,* Grundgesetz (Fn. 477), Art. 5 Abs. 1, 2 (1982), Rn. 134; *Bethge,* Grundgesetz (Fn. 477), Art. 5 Rn. 68 ff., 71 ff.

[479] BVerfGE 107, 299 (334 ff.). Reine Tatsachenmeldungen sind vom Grundrechtsschutz

Eine freie Presse ist Voraussetzung für eine uneingeschränkte politische Willensbildung und damit für die moderne Demokratie[480]. Von den drei maßgeblichen Schranken aus Art. 5 Abs. 2 GG ist die Schranke der allgemeinen Gesetze, Art. 5 Abs. 2 1. Var. GG, am praxisrelevantesten[481]. Das Bundesverfassungsgericht versteht seit dem „Lüth"-Urteil unter allgemeinen Gesetzen solche, die sich

---

des Art. 5 Abs. 1 S. 2 1. Var. GG nicht ausgeschlossen, unwahren wird der Schutz allerdings grundsätzlich versagt oder zumindest auf Abwägungsebene den Interessen Dritter nachgeordnet: BVerfGE 54, 208 (219); 90, 241 (247 f.); 99, 185 (197); *Schulze-Fielitz,* Grundgesetz (Fn. 96), Art. 5 I, II Rn. 65 f. Die Pressefreiheit verschafft den Tätigkeiten ein Höchstmaß an Unabhängigkeit von staatlichen Vorgaben. So ist sie ohne gesetzliche Regelung auszuüben. Für die Pressetätigkeit und die Gründung von Presseunternehmen bedarf es keiner staatlichen Zulassung. Sie unterstehen keiner laufenden staatlichen Aufsicht. Die privatwirtschaftliche Struktur der Presse wird gewährleistet. Hierzu *Herzog,* Grundgesetz (Fn. 477), Art. 5 Abs. 1, 2 (1982), Rn. 213; *M. Bullinger,* in: M. Löffler/K. Sedelmeier/E. H. Burkhardt (Hrsg.), Presserecht, 5. Aufl. 2006, § 1 Rn. 30. – Streitig ist, ob unterhaltende Beiträge ebenso schutzwürdig sind. Bejaht von BVerfGE 101, 361 (378 f., 389 ff.); *C. Kannengießer,* in: B. Schmidt-Bleibtreu/H. Hofmann/A. Hopfauf (Hrsg.), GG. Kommentar zum Grundgesetz, 12. Aufl. 2011, Art. 5 Rn. 12. – Abgelehnt von EGMR NJW 2004, 2647 (2650); BGH NJW 2006, 599 (601). Erörtert von *A. Heldrich,* Persönlichkeitsschutz und Pressefreiheit nach der Europäischen Menschenrechtskonvention, in: NJW 2004, S. 2634 (2635). – Die Schutzwirkung erstreckt sich auf alle juristischen und natürlichen Personen, die haupt- oder nebenberuflich Pressetätigkeiten ausüben. So BVerfGE 25, 296 (304); 64, 108 (114 f.); *Herzog,* ebda., Art. 5 Abs. 1, 2 (1982), Rn. 162; *Kannengießer,* ebda., Art. 5 Rn. 13. – Diskutiert wird weiterhin, ob eine behördliche Auskunftspflicht gegenüber der Presse besteht. Eine Auffassung sieht eine solche Verpflichtung der Behörden für eine freie Pressetätigkeit als unentbehrlich an. So *Kannengießer,* ebda., Art. 5 Rn. 14; *J. Soehring,* Presserecht, 4. Aufl. 2010, S. 4. – Abgelehnt von BVerfGE 103, 44 (60 ff.); BVerwGE 70, 310 (315); *G. Zöbeley,* in: D. C. Umbach/T. Clemens (Hrsg.), Grundgesetz, Bd. I: 2002, Art. 5 Rn. 230; *Herzog,* ebda., Art. 5 Abs. 1, 2 (1982), Rn. 137. – Weiter gehende spezialgesetzliche Regelungen finden sich in den Landesmedien-/Landespressegesetzen von Baden-Württemberg (§ 4 Abs. 1); Bayern (Art. 4 Abs. 1); Brandenburg (§ 5 Abs. 1); Mecklenburg-Vorpommern (§ 4 Abs. 2); Niedersachsen (§ 4 Abs. 1); Nordrhein-Westfalen (§ 4 Abs. 1); Rheinland-Pfalz (§ 6 Abs. 1); Sachsen (§ 4 Abs. 1); Sachsen-Anhalt (§ 4 Abs. 1); Schleswig-Holstein (§ 4 Abs. 1); Thüringen (§ 4 Abs. 1); dabei etwas restriktiver Bremen (§ 4 Abs. 1); insgesamt weiter hingegen Hessen (§ 3 Abs. 1 S. 1).

[480] BVerfGE 8, 104 (112 ff.); 20, 56 (96 ff.); 44, 125 (138 ff.). Diese staatspolitische Aufgabe der Presse findet ihren Ausdruck in der verfassungsrechtlich anerkannten institutionellen Eigenständigkeit der Presse. Als Institutsgarantie gewährleistet die Pressefreiheit die Einrichtung der Presse selbst. Vgl. BVerfGE 10, 118 (121); 20, 162 (174 f.). Sie verpflichtet den Staat, die Funktionstüchtigkeit der Presse zu sichern. – Zur Schutzpflicht des Staates für die Presse BVerfGE 57, 295 (321); 80, 124 (133 f.); 83, 238 (296); *Bethge,* Grundgesetz (Fn. 477), Art. 5 Rn. 65 ff., 73. Zu den Handlungspflichten *Antoni,* Grundgesetz (Fn. 477), Art. 5 Rn. 17.

[481] Art. 118 Abs. 1 S. 2 WRV beinhaltete bereits die gleichlautende Schranke. Die explizite Bezeichnung als „allgemeine Gesetze" verdeutlicht, daß eine über den abstrakt-generellen Charakter von Gesetzen hinausgehende Gesetzesqualität verlangt wird. Von der Sonderrechtslehre ausgehend erfolgte die Bestimmung der allgemeinen Gesetze in Abgrenzung zu besonderen Gesetzen. Unter letzteren wurden solche gefaßt, die ein Verhalten allein aufgrund dessen Zielrichtung und geistigen Folgen einschränken oder verbieten. Hierzu *K. Häntzschel,* Das Recht der freien Meinungsäußerung, in: G. Anschütz/R. Thoma (Hrsg.), Handbuch des Deutschen Staatsrechts, Bd. 2, Nachdruck der 1. Aufl. (1932) 1998, S. 651 (659 f.).

nicht gegen bestimmte Meinungen richten und nicht gegen eine Meinungsäußerung als solche gewendet sind[482]. Allgemeine Gesetze sind dadurch gekennzeichnet, daß sie „vielmehr ‚dem Schutze eines schlechthin, ohne Rücksicht auf eine bestimmte Meinung, zu schützenden Rechtsguts dienen', dem Schutze eines Gemeinschaftswerts, der gegenüber der Betätigung der Meinungsfreiheit den Vorrang hat"[483].

b) Abgrenzung zum Schutz von „Esra" durch die Kunstfreiheit

Wenn man nun abschließend die Abwägungsmechanismen im Fall von journalistischen und literarischen Texten vergleicht, so zeigen sich Gemeinsamkeiten hinsichtlich der Publikationsbegrenzung anhand der verletzten Menschenwürde, Unterschiede hingegen im Bereich der Verpflichtung zur Authentizität[484]. Der Erkennbarkeitsmaßstab weist in beiden Bereichen sowohl einheitliche Standards als auch spezifische Eigenheiten auf.

aa) Keine Wahrheitspflicht für Biller

Die Presse unterliegt grundsätzlich der *Wahrheitspflicht*[485]. Diese folgt aus dem beschriebenen und als Abgrenzungskriterium zu literarischen Texten dienenden Faktizitätsanspruch. Ein Reporter, der für sich in Anspruch nimmt, mit seinem Artikel Tatsachen zu berichten, ist verpflichtet, die mitgeteilten Umstände

---

482 BVerfGE 71, 206 (214); 97, 125 (146); 111, 147 (155); *Kannengießer,* Kommentar (Fn. 479), Art. 5 Rn. 22; *Antoni,* Grundgesetz (Fn. 477), Art. 5 Rn. 26.

483 BVerfGE 7, 198 (209 f.); hierzu auch BVerfGE 28, 282 (292); 50, 234 (240 f.); 59, 231 (265); 62, 230 (243 f.); 71, 162 (175 f.); 91, 125 (135); 93, 266 (291); 95, 220 (235 f.); 97, 125 (146); BVerwGE 93, 323 (325). – Hinsichtlich Art. 5 Abs. 2 GG hat das Bundesverfassungsgericht ausdrücklich auf die Wechselwirkungslehre hingewiesen und damit den auch bei den anderen Grundrechten geltenden Grundsatz verstärkt, daß die Schranken ihrerseits eingeschränkt werden müssen: BVerfGE 7, 198 (207 ff.); 12, 113 (124 f.); 66, 116 (150); 71, 206 (214).

484 Nur am Rande sei angemerkt, daß *Wallraff* sich jedenfalls mit *Billers* Konfliktlage sehr verbunden wußte und ihn in einer Unterschriftenaktion für Publikationsfreiheit unterstützte: *H. Achternbusch/A. Altaras/C. Ankowitsch u.a.,* Ein Aufruf von Schriftstellern für Billers „Esra", in: Süddeutsche Zeitung vom 24.7.2006, S. 14.

485 BVerfGE 12, 205 (263); 31, 314 (326); 35, 202 (222); 57, 295 (325 f.); 73, 118 (199 f.); *Herzog,* Grundgesetz (Fn. 477), Art. 5 Abs. 1, 2 (1982), Rn. 203. Allerdings ist dessen Umfang nicht leicht zu konkretisieren. Denn einerseits ist es einleuchtend, daß Falschinformationen nicht von der Pressefreiheit gedeckt werden können. Dies stellt klar *Herzog,* ebda., Art. 5 Abs. 1, 2 (1982), Rn. 145. Das Bundesverfassungsgericht spricht unwahren Tatsachenbehauptungen die Schutzwürdigkeit ab, da sie keinen Beitrag zur verfassungsrechtlichen Aufgabe der freien Meinungsbildung erbringen: BVerfGE 54, 208 (219 f.). In engem Zusammenhang mit der Wahrheitspflicht der Presse steht auch ihre Selbstverpflichtung in Form des Pressekodex des Deutschen Presserates, ethische Standards im Informationsbetrieb zu wahren. Für die Einführung solcher Prinzipien angesichts verbreiteter Sensationsberichterstattung wirbt *C. Schmelz,* Anmerkung zu BGH, Urteil vom 6. Dezember 2005 – VI ZR 265/04, in: ZUM 2006, S. 214 (215). Darüber hinaus den Presserat im Rahmen von Satiren und Karikaturen in die Pflicht nimmt *G. Müller,* „Die Satire darf viel, aber sie darf nicht

– zumindest soweit mit dem Aktualitätsdruck vereinbar – auf Authentizität zu prüfen. Für *Billers* Roman gilt der Wahrheitsanspruch hingegen schon naturgemäß nicht[486]. Der Autor schafft in seinem Kunstwerk eine eigenständige, von der Realität unabhängige Welt. *Biller* gibt in einem literarischen Text wie „Esra" nicht vor, Wahres zu berichten[487]. Auch der Leser versteht die Wahl des Genres Roman grundsätzlich als Absage an Faktizität[488]. Wenn sich für den Rezipienten dann doch aufgrund von inhaltlichen Übereinstimmungen und Ähnlichkeiten zur Realität Zweifel an der reinen Imagination der Geschichte aufdrängen, kann zwar von einer spezifischen literarischen Mischform aus fiktiven und realen Elementen, nicht aber von einem Text mit Faktizitätsanspruch gesprochen werden.

bb) Gemeinsamkeiten und Unterschiede in den Erkennbarkeitsmaßstäben

Die Meßlatten zum Erkennbarkeitskriterium im Bereich von Journalismus und Literatur weisen Gemeinsamkeiten und distinktive Differenzen auf.

Beiden Ansätzen ist gemein, daß eine Wiedererkennung aufgrund *kennzeichnender Merkmale* ohne namentliche Nennung ausreicht. So setzt die Erkennbarkeit presserechtlich voraus, daß die Person „erkennbar und von der beanstandeten Berichterstattung individuell betroffen ist"[489]. Neben der Erkennbarkeit aufgrund ausdrücklicher Namensnennung kann eine Identifizierung durch eine Offenbarung der Identität des Betroffenen aus vergleichbar präzisen Umständen erfolgen[490]. Weiterhin genügt die *Identifizierbarkeit im Bekanntenkreis*[491]. Auch für literarische Texte wie im Fall „Esra" reicht es aus, die Identifizierbarkeit bei einem „mehr oder minder großen Bekanntenkreis" festzustellen[492]. Sowohl für journalistische als auch literarische Texte ist es bereits hinreichend, wenn solche Leser Kenntnis von den Informationen erlangen, die aufgrund ihrer persönlichen Kenntnisse imstande sind, den Betroffenen wiederzuerkennen. Es kann

---

lügen", in: ZRP 2006, S. 101 (102); *S. Heller/N. Goldbeck,* Mohammed zu Gast in Popetown, in: ZUM 2007, S. 628 (641). Abweichungen vom Grundsatz, Wahres zu berichten, können sich daher im Presserecht nur ausnahmsweise für Sonderformen wie die Satire ergeben. Andererseits ist aufgrund der Zeitknappheit bei der Presse eine sorgfältige Überprüfung jeder eingehenden Nachricht unmöglich; *Herzog,* ebda., Art. 5 Abs. 1, 2 (1982), Rn. 145, 148, 203. Von einem „gleitende(n) Sorgfaltsmaßstab" spricht *S. Seelmann-Eggebert,* Die Entwicklung des Presse- und Äußerungsrechts in den Jahren 2005 bis 2007, in: NJW 2008, S. 2551 (2553): „Die Anforderungen an die Sorgfalt sind umso höher, je mehr die Aussage den Betroffenen beeinträchtigt." Für eine Übersicht zum Streitstand *Herzog,* ebda., Art. 5 Abs. 1, 2 (1982), Rn. 145 ff.

[486] Zur Fiktionalität des Textes, vgl. Abschnitt C.II.2.

[487] Zur Literarizität des Textes, vgl. Abschnitt C.II.1.

[488] Zur Rezeption des Textes, vgl. Abschnitt C.II.4.

[489] *Seelmann-Eggebert,* Entwicklung (Fn. 485), S. 2552.

[490] Dann nämlich erfüllt die Verfremdung des Namens allein eine Alibifunktion. Entscheidend sind stets die Umstände des Einzelfalls. So BVerfGK 3, 319 (321); *Soehring,* Presserecht (Fn. 479), S. 300 f.

[491] BVerfGK 3, 319 (321 f.).

[492] BVerfGE 119, 1 (25).

sich dabei um Sonderwissen aus dem beruflichen oder persönlichen Umfeld der dargestellten Person handeln. Diese Formulierung kann als klare Anleihe aus dem Presserecht verstanden werden.

Unterschiede werden hinsichtlich der geforderten *Kumulation* von Wiedererkennungsmerkmalen deutlich: Bei presserechtlichen Entscheidungen reicht bereits die *mögliche* Identifizierung durch wenige Personen aus[493]. Teilweise genügt zur Bejahung allein der begründete Anlaß, der für die Erkennbarkeit einer Person spricht[494]. Allein die subjektive Einschätzung eines einzelnen würde demnach genügen, um Erkennbarkeit festzustellen. Hierin zeigt sich, daß selbst bei verstärkter Betonung objektiver Kriterien die Voraussetzungen hinsichtlich presserechtlicher Erkennbarkeit insgesamt deutlich geringer als im Fall von literarischen Texten angesetzt werden: So wird die aus dem künstlerischen Bereich bekannte Identifizierung durch einen Durchschnittsleser nur vereinzelt gefordert[495]. Das Bundesverfassungsgericht hat zuletzt klargestellt, daß das Verständnis eines solchen Durchschnittsrezipienten in der Berichterstattung gerade nicht maßgebend ist[496]. Demgegenüber werden in dem „Esra“-Beschluß erheblich höhere Anforderungen an die Erkennbarkeit gestellt: Allerdings muß sich die Identifizierbarkeit darüber hinaus dem „mit den Umständen vertrauten Leser aufdrängen“[497]. Die Bejahung der Erkennbarkeit erfordert also im Fall der Kollision von Kunstfreiheit und Persönlichkeitsschutz besonders klare Identifizierungsmerkmale, von denen eine eindeutige Signalwirkung ausgeht. Sowohl für journalistische als auch künstlerische Publikationen genügt ein Wiedererkennen im Bekanntenkreis. Allerdings muß sich diese Erkenntnis im letzten Fall aufdrängen, während sie im ersten nur möglich zu sein braucht. Die Anforderungen an die Erkennbarkeit sind also im Fall von Literatur durchaus höher, eine Persönlichkeitsrechtsbeeinträchtigung durch Kunst damit nur unter strengeren Bedingungen denkbar. Der Persönlichkeitsschutz ist demnach bei der Reportage von *Wallraff* eher als bei dem literarischen Text von *Biller* aktiviert.

cc) Menschenwürdegarantie

Ausnahmslos werden Presse- und Kunstfreiheit durch den absoluten Schutz der Menschenwürde beschränkt. Sowohl Werke der Kunst als auch der Berichterstattung finden ihre Grenze in ihrer in Art. 1 Abs. 1 GG garantierten Unverletzlichkeit. Von besonderer Menschenwürderelevanz sind dabei Eingriffe in den Intimbereich sowohl auf journalistischer als auch literarischer Ebene. Das hat das Bundesverfassungsgericht für den Journalismus paradigmatisch in der Ent-

---

493 BVerfGK 3, 319 (321.). So für die Identifizierbarkeit durch Arbeitskollegen OLG Saarbrücken NJW-RR 2010, 346 (347).
494 BGH NJW 1971, 698 (700).
495 BGH NJW-RR 1988, 733 (733).
496 BVerfGK 3, 319 (321 f.).
497 BVerfGE 119, 1 (26).

scheidung zu den „Strauß“-Karikaturen klargestellt[498]. Der Beschluß zum Roman „Esra“ orientiert sich bei der Beschreibung sexueller Erlebnisse mit einer erkennbaren Person an ähnlichen Standards[499].

4. Zwischenergebnis: Ansätze des Journalismus als Anregung, nicht als Analogie

Dieser Abschnitt war darauf angelegt, Unterschiede und Gemeinsamkeiten in den Abwägungsmechanismen zum Persönlichkeitsschutz im journalistischen und literarischen Bereich herauszuarbeiten. Die Reportage wurde als denkbar subjektivste Darstellungsform im Bereich der Berichterstattung beschrieben. Sie weist sich aufgrund der Verbindung von Informations- und Unterhaltungsinteresse im Hinblick auf Subjektivität und Objektivität als ambivalent aus und erinnert damit an literarische Mischformen von realen und fiktiven Elementen wie dem Roman „Esra“. Von ihm unterscheidet sie sich allerdings klar durch den ungebrochenen Faktizitätsanspruch und die im Grundsatz sachliche Präsentation von Erlebnissen und Erfahrungen durch einen Beobachter oder Teilnehmer. Auch im Bereich der Pressefreiheit zeigen sich Tendenzen, bei einem gesteigerten Informationsbedürfnis, die Zulässigkeit der Veröffentlichung eher anzunehmen. So besteht für die Offenlegung erheblicher Mißstände in der journalistischen Redaktionsarbeit, wie die teilweise stattgebende Entscheidung des Bundesverfassungsgerichts im Fall „Springer/Wallraff“ verdeutlicht, ein gewichtiges öffentliches Interesse, das ausnahmsweise die Verwertung rechtswidrig erlangter Informationen rechtfertigt[500]. Auch die Abwägung im „Je-desto“-Mechanismus

---

498 Die Karikaturen zeigten den bayerischen Ministerpräsidenten als Schwein mit anderen Artgenossen kopulierend: BVerfGE 75, 369 (380). – In die besonders schutzintensiven Bereiche bei der Berichterstattung führt ein *Seelmann-Eggebert*, Entwicklung (Fn. 485), S. 2554.

499 BVerfGE 119, 1 (23 f., 29 f.).

500 Der „Springer/Wallraff“-Beschluß erinnert an eine Entscheidung des Bundesgerichtshofs, die die Verbreitung eines illegal aufgenommenen Telefongesprächs zwischen dem damaligen Parteivorsitzenden *Kohl* und dem Generalsekretär *Biedenkopf* durch die Illustrierte „Stern“ untersagte: BGHZ 73, 120 (121). Das Gericht erläutert, daß ausnahmsweise eine Veröffentlichung rechtswidrig erlangter Informationen zulässig sei, wenn sie einen Beitrag zur Meinungsbildung einer für die öffentliche Diskussion wesentlichen Frage beinhalten. BGHZ 73, 120 (128): Es „[…] kann der Presse nicht schlechthin verwehrt werden, auch auf illegal gewonnene Informationen zuzugreifen, wenn sie damit in einer die Öffentlichkeit interessierenden Frage zur Meinungsbildung beiträgt. Jedoch verlangt die Achtung vor dem Vertraulichkeitsbereich, aus dem die Information stammt, eine Beschränkung des Publikationsinteresses auf Informationen mit einem ‚Öffentlichkeitswert‘, der die schutzwürdigen Belange der persönlichen Eigensphäre […] übersteigt.“ Diese Ausnahme war im damaligen Fall nicht einschlägig, BGHZ 73, 120 (129 f.). Sie liegt aber in der „Wallraff/Springer“-Entscheidung vor. Die presserechtliche „Wächterfunktion“ ausreichender Informierung betont im Kontext der „Cicero“-Entscheidung auch *R. Schmidt-De Caluwe*, Pressefreiheit und Beihilfe zum Geheimnisverrat i.S. des § 353b StGB – Der Fall „Cicero“ und die Entscheidung

von Persönlichkeitsrechtsbeeinträchtigung mit dem Parameter der Fiktionalität erinnert an einen ähnlichen Ausgleich von Persönlichkeitsschutz um den Faktor des Informationsinteresses: „Je stärker der private Charakter der Information ist, je mehr persönliche Geheimhaltungsinteressen mit ihr verbunden sind und je größer die Nachteile sind, die der Betroffene durch eine Veröffentlichung für seine Personen zu befürchten hat, desto nachhaltiger muß ihr ‚Öffentlichkeitswert‘ sein, [...].“[501] Eine der Fiktionalitätsvermutung gleichkommende Regelung besteht jedoch nicht. Dem breitgefächerten presserechtlichen Rechtsschutzinstrumentarium von Widerruf, Richtigstellung, Schadensersatz, Unterlassung, Veröffentlichung des Tenors und Gegendarstellungsanspruch stehen im Bereich der Kunstfreiheit hauptsächlich die Möglichkeiten eines Unterlassungsantrags und der negativen Feststellungsklage gegenüber. Hinsichtlich der Bewertungskriterien zeigen sich Ähnlichkeiten bei der Begrenzung durch einen Verstoß gegen die Menschenwürde und hinsichtlich des für die Identifizierung maßgeblichen Personenkreises. Distinktive Eigenarten ergeben sich im Bereich der Erkennbarkeit in Hinblick auf die erforderliche Kumulation von Übereinstimmungen aus Darstellung und Realität sowie aus dem beide Bereiche prinzipiell trennenden Kriterium des Faktizitätsanspruchs.

VIII. „Meere“-Parallelverfahren: „Esra“-Leitlinien für zivilrechtliche Verfahren

1. Vorgeschichte im „Meere“-Parallelverfahren

Nach einer Übersicht zu presserechtlichen Anleihen anhand des „Wallraff“-Verfahrens soll nun ein Seitenblick auf das zeitlich fast gleichlaufende Verfahren vor den Berliner Zivilgerichten um den autobiographisch angeregten Roman „Meere“ folgen. Gemeinsamkeiten mit und Unterschiede zu den fachgerichtlichen „Meere“-Entscheidungen verdeutlichen den Gehalt des sich zeitlich anschließenden und sodann zu erörternden „Esra“-Beschlusses.

a) Autobiographisch inspirierter Roman wie im Fall „Esra“

Der Roman „Meere“ von *Alexander Michael von Ribbentrop* alias *Alban Nikolai Herbst* handelt in 25 Kapiteln von der Beziehung eines Malers namens Julian von Kalkreuth alias Fichte mit dessen Partnerin Irene. Das Wesen des Romans wird durch die gescheiterte Verwandlung des Malers Kalkreuth in die selbsterfun-

---

des BVerfG, in: NVwZ 2007, S. 640 (644). – Vor einer Verschleierung der Rechtswidrigkeit der Informationsgewinnung warnt hingegen *K. A. Bettermann,* Publikationsfreiheit für erschlichene Informationen?, in: NJW 1981, S. 1065 (1069).

[501] BGHZ 73, 120 (121).

dene Person des Fichte bestimmt[502]. Darüber hinaus wird die Erzählung durch die mehrfache Schilderung sexueller, mitunter auch sadomasochistischer Praktiken zwischen den Protagonisten geprägt, die gegenüber dem „Esra"-Roman präziser und drastischer beschrieben werden. Folgende exemplarische Szene des 6. Kapitels verdeutlicht die die Gerichtsentscheidung tragenden Gründe: „[…] sie ritt ihn, die Hände hinter ihrer Taille in seinen Oberschenkeln verkrallt, den Brustkorb vorgedrückt, der ganze Oberleib ein Bogen. ‚Schneller, Fichte, schneller!' Er drückte die Bauchmuskeln heraus, damit sie ihren Venusberg daran reiben konnte und sein Schwanz entlastet war. Er wollte auf keinen Fall kommen. Durfte nicht kommen, Irene verhütete nicht. Und Kondome verabscheuten beide, weil Latex den Tiergeruch verdirbt. Aber Irene wollte sich auch den Geschmack seines Spermas nicht verleiden lassen. Und mit welcher Hingabe trank sie, […]."[503]

b) Fiktionalisierte Liebesziehung vor Gericht wie im Fall „Esra"

Der Marebuchverlag veröffentlichte 2003 den streitgegenständlichen Roman. Am 25.9.2003 wurden der Beklagten, der Marebuchverlagsgesellschaft, im Wege der einstweiligen Verfügung auf Antrag der Geliebten des Autors, der späteren Klägerin, Vertrieb und Bewerbung des Romans durch das Landgericht Berlin untersagt[504]. Wie im „Esra"-Fall wurde ein Rückruf der bereits ausgelieferten Exemplare nicht angeordnet. Die Beklagte wurde lediglich „gebeten, diejenigen Buchhändler, die das Buch zum Zwecke des Weiterverkaufs von ihr bezogen haben, darauf hinzuweisen, daß die Verbreitung des Buches untersagt worden ist."[505] Im vorliegenden Fall konnte nach Ansicht des Landgerichts die Persönlichkeitsrechtsverletzung der Klägerin durch eine Unterlassungsverfügung hinreichend ausgeglichen werden[506]. Gegen den Beschluß vom 25.9.2003 legte die Beklagte Widerspruch ein. Trotz Abgabe einer Unterlassungserklärung und einer anschließenden Ergänzung durch die Beklagte hat das Landgericht Berlin

---

502 Kalkreuth nimmt die Identität des Fichte an, um seine Vergangenheit als Enkel der Nazigröße Werner von Kalkreuth zu überwinden. Der Erzähler realisiert letztlich das Mißlingen der Selbstfiktion: *A. N. Herbst,* Meere. Letzte, vervollständigte Ausgabe, 2008, S. 201: „Ich kann mich von Kalkreuth nicht trennen, es gefiel ihm nicht, so lebendig begraben zu sein, […]."

503 *Herbst,* Meere (Fn. 502), S. 37.

504 Aus Gründen der Lesbarkeit und Verständlichkeit werden die Beteiligten wie folgt bezeichnet: *Alexander Michael von Ribbentrop/Alban Nikolai Herbst* ist der Autor, dessen Partnerin die Klägerin und der Marebuchverlag die Beklagte.

505 LG Berlin AfP 2004, 287 (289).

506 Der Autor las trotz der Unterlassungsverpflichtung während der Kultursendung der ARD „Literatur im Foyer: Erb-Lasten. Woher wir kommen. Wohin wir gehen." (ARD/SWR Erstsendung am 3.10.2003) aus dem Roman vor. Allerdings wurde der Ton nicht übertragen und für die Zuschauer stattdessen ein Hinweis auf das Leseverbot eingeblendet.

mit Urteil vom 23.10.2003 das Publikationsverbot bestätigt[507]. Die dagegen eingelegte Berufung blieb ohne Erfolg. Das Kammergericht Berlin schloß sich mit Urteil vom 15.4.2004 der Ansicht der Vorinstanz an[508]. Die Urteile trafen in der Öffentlichkeit auf deutliche Kritik. Die Angst vor einer künftigen Häufung von Verbreitungsverboten und das Lob für ein gelungenes literarisches Werk bildeten die Grundlage für weitverbreitete Empörung[509].

Der Autor, der Antragsgegner in einem einstweiligen Parallelverfahren war, einigte sich gerichtlich mit der Klägerin im März 2007, so daß die gegen ihn ergangene einstweilige Verfügung aufgehoben wurde. Man verständigte sich auf Überarbeitung des Romans und Veröffentlichung der revidierten Fassung[510]. Im Verfahren gegen die beklagte Verlagsgesellschaft blieb das Veröffentlichungsverbot bestehen, da es dort zu keiner gerichtlichen Einigung kam. Nach Auskunft des Autors wurde der Beklagten allerdings durch die Klägerin erlaubt, die Version zu publizieren, die entsprechend der gerichtlichen Einigung mit dem Autor geändert worden war. Wie der Schriftsteller mitteilte, sah die Beklagte zwar von einer Neuauflage ab, gestattete aber einem anderen Verlag die Veröffentlichung. Seitdem ist der Roman „Meere“ wieder frei erhältlich.

2. Entscheidung: innovative Erkennbarkeits-, ausdruckslose Abwägungsprüfung

Das Landgericht Berlin hat einen Unterlassungsanspruch der Klägerin gemäß § 823 Abs. 1, 2 i.V.m. § 1004 Abs. 1 S. 2 BGB, Art. 2 Abs. 1 i.V.m. Art. 1 Abs. 1 GG bejaht. Die Verbreitung des Buches „Meere“ verletze das allgemeine Persönlichkeitsrecht der Klägerin[511]. Hinsichtlich des Erkennbarkeitskriteriums bringt das Berliner Gericht innovative Aspekte hinsichtlich des maßgeblichen Rezipientenmaßstabs ein, in bezug auf den Abwägungsvorgang folgt es erwartungsgemäß der „Mephisto“-Rechtsprechung.

Einen Schwerpunkt der Entscheidung stellen die Untersuchungen zur Kunstfigur Irene hinsichtlich der *Erkennbarkeit* dar. Die erkennende Kammer bejaht sie

---

507 LG Berlin AfP 2004, 287 (289).

508 KG Berlin NJW-RR 2004, 1415 (1415).

509 *G. Bartels*, Der Dichter und das Leben, in: Die Tageszeitung vom 26.9.2003, S. 17; *G. Eisenhauer*, Pah, Wachstücher!, in: Frankfurter Rundschau vom 8.10.2003, Beilage 1.

510 Das Verfahren gegen den Autor wurde nicht in öffentlicher Diskussion aufbereitet, die Angaben beruhen allein auf den unveröffentlichten, in eigener Recherche eingeholten Angaben von *Alban Nikolai Herbst*. Nach Auskunft des Autors beruhte diese Einigung auf einem Vergleichsvorschlag, den der Autor bereits in der ersten Verfahrensphase der Klägerin und der beklagten Verlagsgesellschaft für ihr Verfahren ebenfalls unterbreitet hatte. Entsprechend zufrieden ist er mit der späteren Akzeptanz des Vorschlags durch die Klägerin, da nach seinem Bekunden die nunmehr veröffentlichte Version der Ursprungsfassung in poetischer Hinsicht sehr ähnlich ist.

511 LG Berlin AfP 2004, 287 (289).

aufgrund der im Roman enthaltenen Beschreibungen, so daß große Bereiche aus dem Privatleben einem weiteren Bekanntenkreis bekanntwerden. Durch die beachtliche Anzahl von *Übereinstimmungen* von personenbezogenen Details in bezug auf Irene und die Klägerin wird diese identifizierbar: Die Klägerin ist im Verhältnis zum Autor ebenso wie Irene gegenüber Fichte ca. 20 Jahre jünger und zu Beginn der Partnerschaft Anfang zwanzig. Der Vater der Klägerin ist wie der Vater von Irene Inder, stammt aus demselben Ort, hat die gleiche Tätigkeit im EDV-Wesen ausgeübt und ist mittlerweile Frühpensionär. Sowohl die Mutter der Klägerin als auch der Romanfigur sind Deutsche und arbeiten im Bereich der Finanzverwaltung. Klägerin und Irene reisen häufiger zu dem gleichen Dorf nach Goa in Indien. Weitere Übereinstimmungen liegen in der Gewichtsreduzierung während der Partnerschaft mit dem Autor, dem gemeinsamen Sohn, dem geschenkten Schmuck, dem Studienverlauf, dem ersten Treffen, einer körperlichen Auseinandersetzung einer dritten Person mit dem Autor und dessen Stipendium. Hingegen kommt den Unterschieden von Vorbild und Figur nach Ansicht der erkennenden Kammer für die Erkennbarkeit keine Relevanz zu[512]. Hinsichtlich des maßgeblichen Personenkreises lehnt sie einen Maßstab ab, nach dem ein zahlenmäßig nicht unerheblicher Teil der Leserschaft die Klägerin identifizieren müsse[513]. Es ist nach Auffassung des Gerichts ausreichend, wenn ein *weiterer Bekanntenkreis* aus der großen Anzahl von Übereinstimmungen auf die Betroffene schließen kann. Dazu zählt jeder, dem die Klägerin mehr als nur ganz oberflächlich bekannt ist[514].

Der Kammer ist durchaus bewußt, daß die Erkennbarkeit zur Begründung der Rechtswidrigkeit des Eingriffs nicht ausreicht[515]. Bei der insoweit erforderlichen Abwägung der widerstreitenden Interessen lehnt sich das Gericht augenscheinlich an die *„Urbild/Abbild“-Grundsätze* der „Mephisto“-Entscheidung an. Die erkennende Kammer kommt auf der ersten Stufe ihrer Untersuchung der Persönlichkeitsrechtsverletzung zu dem Ergebnis, daß der Autor mit Irene keine vom Urbild der Klägerin losgelöste Romanfigur geschaffen habe[516]. Auf einer zweiten Stufe prüft das Gericht demgemäß Ausmaß der künstlerischen Verfremdung, Umfang sowie Bedeutung für den Ruf der Klägerin. Der erkennende Senat

---

512 LG Berlin AfP 2004, 287 (289).

513 Denn auch in der „Mephisto“-Entscheidung, in der diese Voraussetzung bejaht wurde, handelt es sich bei der Maßgabe um eine hinreichende, nicht aber notwendige Bedingung.

514 LG Berlin AfP 2004, 287 (289).

515 LG Berlin AfP 2004, 287 (290).

516 Die fiktionalen Romanpassagen, wie die sich ausschließlich zwischen den beiden Protagonisten abspielenden Szenen oder der Sizilienaufenthalt Fichtes, können mangels Überprüfungsmöglichkeit des Lesers die tatsächlichen Parallelen der Klägerin zu Irene nicht aufwiegen. Auch phantastische Passagen der Erzählung haben auf diese Feststellung keinen Einfluß, denn sie stehen nicht im Zentrum der Handlung, und der Leser erkennt gerade sie sofort als Erfindung des Autors. Ein dem Roman voranzustellendes Vorwort, das auf die Fiktionalität des Romans, insbesondere der Intimszenen hinweist, führt ebensowenig zu einer abweichenden Beurteilung. So LG Berlin AfP 2004, 287 (291).

sieht das allgemeine Persönlichkeitsrecht der Klägerin aufgrund der Darstellung drastischer Intimszenen als verletzt an. Durch die evozierten Spekulationen über den tatsächlichen Ablauf der sexuellen Vorgänge im Bekanntenkreis wird die Klägerin in ihrer Intimsphäre, dem Kernbereich des allgemeinen Persönlichkeitsrechts, beeinträchtigt[517].

Das Kammergericht schloß sich in den Entscheidungsgründen weitgehend der Argumentation des Landgerichts an[518]. Allein hinsichtlich der Erkennbarkeit konkretisierte es die Voraussetzungen insoweit, als daß es bereits eine *kleine Zahl von vertrauten Personen* für die Vornahme der Identifizierung ausreichen läßt[519]. In bezug auf die Intimszenen, die die Schwere der Persönlichkeitsrechtsverletzung begründen, stellt es klar, daß die *realen Vorgänge unbeachtlich* seien. Denn selbst wenn sie allein der Phantasie des Autors entstammen, wird beim Leser der Eindruck erweckt, die als solche erkennbare Klägerin habe derartige sexuelle Praktiken ausgeübt[520].

3. Fiktion und Wirklichkeit: „Meere“ ist ein fiktionaler Text

a) Selbstreflexion, Vor-/Nachspann, phantastische Elemente, freie Erzählinstanz

Wie im Fall „Esra“ ist für die gerichtliche Entscheidung das folgend in vier Aspekten zu untersuchende Verhältnis von Fiktion und Wirklichkeit im Roman „Meere“ maßgebend. Neben Fiktionssignalen durch Vor- und Nachspann sowie phantastischen Elementen wird die künstlerische Wirklichkeitsbearbeitung in der Erzählung selbst reflektiert und durch eine neuartige Aufhebung der verbindlichen Erzählinstanz erzählerisch ausgeformt.

Erster Anhaltspunkt für die Analyse ist die ebenso „Esra“ wie den gegenwärtigen Realismus kennzeichnende *Selbstreflexion der künstlerischen Wirklichkeitsbearbeitung*. In inhaltlicher Hinsicht steht ein Künstler, nämlich der Maler Fichte, in der Spannung von Ideal und Realität, in der Auseinandersetzung mit der seine künstlerischen Ausdrucksmöglichkeiten beschränkenden Wirklichkeit[521]. Dieser Konflikt resultiert aus der mißlungenen Verwandlung von Kalkreuth in Fichte und der spannungsbeladenen Liebesbeziehung zu Irene. Die Ablösung von der Wirklichkeit in Form einer künstlerischen Neuschöpfung bereitet auch im Roman Schwierigkeiten[522]. Schon in der Erzählung wird thema-

---

[517] LG Berlin AfP 2004, 287 (291 f.).

[518] KG Berlin NJW-RR 2004, 1415 (1415).

[519] KG Berlin NJW-RR 2004, 1415 (1416).

[520] KG Berlin NJW-RR 2004, 1415 (1416).

[521] *R. Schnell*, Über die Wahrnehmung eines literarischen Kunstwerks, in: Die Horen 53 (2008), S. 195 (196).

[522] Das Mißverständnis zwischen dem Künstler Fichte und dessen Umfeld scheint auf die tatsächliche Auseinandersetzung des Verlags und der ehemaligen Partnerin des Au-

tisiert, daß der Künstler in seiner Schaffensfreiheit durch äußere Umstände beschränkt ist[523]. Zweitens legen *Vor- und Nachspann* – wie im „Esra"-Roman als paratextuelle Elemente – eine Rezeption als fiktional nahe[524].

Der Autor selbst konkretisiert außerdem das Verhältnis von Fiktion und Realität im Roman in Form des *phantastischen Realismus*, der sich exemplarisch an der Kindeszeugung der infertilen Irene mit einem Delphin zeige[525]. Das Phantastische mache nach *Herbst* den entscheidenden Unterschied gegenüber *Billers* Roman aus, der bei der gerichtlichen Bewertung übersehen worden sei[526]. Allerdings ist die Ambiguität der filigranen Sprachtechnik zu berücksichtigen: Die

tors übertragbar zu sein: Wie der Künstler Fichte in den Zwängen der Realität gefangen ist, sich in dem alten Ich Kalkreuth von der Außenwelt mißverstanden fühlt, so wird auch die künstlerische Verbindung von Realität und Fiktion des Autors *Alban Nikolai Herbst* von dem Durchschnittsleser fehlinterpretiert, von der Klägerin als Beeinträchtigung wahrgenommen und von den Gerichten als Persönlichkeitsrechtsverletzung bewertet. Vgl. hierzu *Herbst*, Meere (Fn. 502), S. 187.

523 In struktureller Hinsicht ist darauf hinzuweisen, daß mißlungene Verwandlung und Beziehungsprobleme miteinander verbunden sind. Denn die gescheiterte Loslösung von Kalkreuth hat auf das Verhältnis zu Irene zerstörerischen Einfluß. Im Künstlertum Fichtes gehen die beiden Motive von verleugneter Herkunft und verzweifelter Liebe ineinander über. Hierzu *Schnell*, Wahrnehmung (Fn. 521), S. 197. Fichte realisiert, daß sich Irene der Welt angleicht, von der er sich durch die Verwandlung des Kalkreuth in die Kunstfigur Fichte gerade lösen wollte. Vgl. *Herbst*, Meere (Fn. 502), S. 64: „Es konnte gar nicht mehr deutlicher sein, daß sie mit Haut und Haaren einer Welt verfiel, zu der er nicht gehörte, ja der er feindlich gegenüberstand. Die ihn ausschloß. Die er verachtete."

524 Zur Schaffung einer eigenen autonomen Künstlerwelt *Herbst*, Meere (Fn. 502), S. 5: „Als der Maler Fichte im Juni 2002 nach Deutschland zurückkehrte, fand er sein Berliner Atelier unverändert." Im Anschluß an die Romanhandlung stellt der Nachspann noch weitaus deutlicher das Verhältnis von Fiktion und Realität klar; vgl. *Herbst*, ebda., S. 227: „Außer Professor Dietger Pforte und dem Berliner Galeristen Nothelfer sind die vorgestellten Personen Fiktion. Viele der erwähnten Bilder sind Arbeiten Anselm Kiefers oder ihre Umkehrung [„Höllenpaläste"], bzw. von ihm, sowie von Arnulf Rainer, inspiriert. [...] Darüber hinaus wurden Anleihen bei Wolf Vostell gemacht, dem der Autor sein bißchen Kunstverständnis verdankt. [...]." Neben der genannten Differenzierung in fiktive und nichtfiktive Elemente im Roman deutet auch die Romanfigur Fichte in der Handlung selbst die Problematik von Wirklichkeit und Kunst an; *Herbst*, ebda., S. 187: „Es ist ein Kunstwerk, keine Realität. In Wirklichkeit kommt hier niemand zu Schaden."

525 *A. N. Herbst*, Ich bin kein Realist, in: Der Spiegel vom 12.3.2007, S. 167. Dieses phantastische Geschehen im 9. Kapitel wird am Ende des 8. Kapitels wie folgt eingeleitet, *Herbst*, Meere (Fn. 502), S. 80: „Dann erfuhr sie, es sei ein Wunder geschehen. [...] Von diesem Tag an scherzten wir, daß Störche zwar die Babys bringen, Delphine aber Empfängnis." Im 9. Kapitel wird dann auf die riskanten, ungeschützten „Vereinigungen" von Fichte und Irene nach dem Befund der Unfruchtbarkeit hingewiesen und ergänzend angefügt, *Herbst*, Meere (Fn. 502), S. 81: „Manchmal denke ich, man hat euch absichtlich getäuscht. Natur hat euch getäuscht. [...] Sie ließ sich um die Frucht nicht betrügen, wenn es sie auch eine weitere Anstrengung, selbst wenn es sie die Unwahrscheinlichkeit eines blauweißen Delphins in der obendrein noch kalten Ostsee kostete. Fichte übrigens, Du weißt das, hat die Diagnose nie wirklich geglaubt. [...] Man kann irre werden, Irene, wenn man diesen Gedanken zuläßt, oder muß Delphine herbeizaubern, die ihn bejubeln."

526 *Herbst*, Realist (Fn. 525), S. 167. Auch in der Literatur wird eine mangelnde Berück-

Einschätzung des Landgerichts Berlin, daß sich die Delphinzeugung nicht aus dem Roman ergibt[527], erscheint ebenso plausibel. Dies gilt um so mehr, als in der Erzählung wie selbstverständlich davon ausgegangen wird, Fichte sei der Vater des Kindes, so daß Irene ihn später verärgert explizit auf seine väterlichen Pflichten hinweisen kann[528]. Ein klarer Unterschied zu *Billers* Roman „Esra" besteht insoweit nicht, da dort ebenso hinsichtlich Schabbatai Zwi und der Dönme phantastische Bezüge bestehen[529]. Wie *Biller* ist ebenso *Herbst* eine – wenn auch von Rezeptionsschwierigkeiten begleitete – literarische Neuschöpfung gelungen. *Schnell* resümiert daher zutreffend, daß den Kunstfiguren Leben nur in dieser eigenständigen Kunstwelt zukommt, in der reale Bezüge unumkehrbar in eine neue Qualität transformiert worden sind[530].

Ein Gesichtspunkt, der für die Eigengesetzlichkeit der Kunstwelt spricht, liegt viertens schließlich in der *Aufhebung der Erzählinstanz*[531]. Der Roman ist durch eine wechselnde Position des Erzählers geprägt. Statt einer verbindlichen Erzählpositionierung wird die Handlung aus unterschiedlichen Erzählsituationen wiedergegeben[532]. In der Erzählinstanz verbinden sich gegensätzliche Aspekte von Subjekt und Objekt, von Erfindung und Wirklichkeit. Eine Unterscheidung in Fiktion und Realität ist nicht möglich.

b) Zwischenergebnis: markante Fiktion und Erkennbarkeit, zweifelhafte Abwägung

Der Roman „Meere" vereint fiktive und nichtfiktive Teile zu einer eigenständigen künstlerischen Komposition. *Schnell* bezeichnet das Werk von *Herbst* daher auch als „autopoietisch"[533]. Allerdings beeinflussen sich die Welten von Realität und Fiktion gegenseitig. So wie die Wirklichkeit der Kunst Inspiration verschafft, so wirkt die Literatur ihrem Selbstverständnis nach in sozialbezogener Weise in der Außenwelt. Daher ist das Kriterium der Erkennbarkeit als Schnittmenge dieser beiden Bereiche auch vor dem Hintergrund der ausweislichen Fiktionalität des Textes von den Berliner Gerichten durchaus adäquat gewählt wor-

---

sichtigung der surrealen Elemente durch die Berliner Gerichte kritisiert; *Busch*, Romanverbote (Fn. 1), S. 209.

[527] LG Berlin AfP 2004, 287 (291).

[528] *Herbst*, Meere (Fn. 502), S. 183 f.

[529] *Biller*, Esra (Fn. 1), S. 201 ff., 213 f.

[530] *Schnell*, Wahrnehmung (Fn. 521), S. 203.

[531] *R. Schnell*, Geschichte der deutschsprachigen Literatur seit 1945, 2. Aufl. 2003, S. 604 f.

[532] Zunächst wird eine Nähe zur Kunstfigur Fichte konstruiert, die sich im Tod Kalkreuths ausdrückt; *Schnell*, Geschichte (Fn. 531), S. 15. – Später entfernt sich die Erzählerperspektive zunehmend von Fichte, *Herbst*, Meere (Fn. 502), S. 169: „Ich sehnte herbei, daß Fichte aufgab, Irenes Tod ihn endlich an seine Grenzen brächte und daß nach so vielen Jahren ein Platz für mich würde."

[533] *Schnell*, Geschichte (Fn. 531), S. 604 f.

den. Ob die weitere Abwägungsprüfung gelingt, ist angesichts der deutlichen Orientierung an den überholten „Mephisto"-Grundsätzen fraglich. Daher soll der nun zu erörternde Vergleich den Fortschritt für die Kunstfreiheit durch die „Esra"-Entscheidung illustrieren.

4. „Meere"-Ergebnis vertretbar, Argumentation ausbaufähig

Das Publikationsverbot des Romans „Meere" ist auf vehemente Kritik gestoßen, die insbesondere den Maßstab der Erkennbarkeit und kunstspezifischen Betrachtung in Frage stellt.

Die Erkennbarkeitsprüfung durch die Berliner Gerichte wird als unzutreffend[534] und mit den Grundsätzen der „Esra"-Entscheidung, die eine besondere Intensität der Identifizierungsmerkmale erfordere[535], abgelehnt. Andere kritisieren den Erkennbarkeitsmaßstab, der eine Wiedererkennung im engeren Bekanntenkreis genügen läßt[536]. Zwar verwendet *Herbst* die der Erkennbarkeit dienende Technik der Chiffrierung und Dechiffrierung nicht derart erschöpfend wie *Biller*: Während die Preisverleihungen im „Esra"-Fall die Identifizierung der Klägerinnen in der türkischen Gemeinde bundesweit ermöglichen, ergibt sich die Erkennbarkeit im „Meere"-Fall allein aufgrund der Vielzahl biographischer Einzelheiten, insbesondere wegen der Beziehung zum Autor. Allerdings kann es nicht überzeugen, zur Identifizierung herausragende Ereignisse wie die Preisverleihungen vorauszusetzen. So wären Personen des öffentlichen Lebens, die aufgrund ihrer herausragenden Position in der Gesellschaft eher mit Ereignissen allgemeiner Bekanntheit in Verbindung gebracht werden, gegenüber einfa-

---

[534] *Busch,* Romanverbote (Fn. 1), S. 208 ff. Außerdem wird gelegentlich ein *Beurteilungsspielraum* bezüglich der zu erwartenden Leserschaft für den Autor gefordert. Die Wirkungen auf den weiten Bekanntenkreis seien kaum abschätzbar. Die Rezeption der Bekannten werde durch schwer kalkulierbare Faktoren wie Auflagenstärke und Verbreitungsgrad beeinflußt. Hierzu *K.-H. Ladeur,* Anmerkung zu LG Berlin, Urteil vom 23. Oktober 2003, in: AfP 2004, 292 (293 f.); *ders./T. Gostomzyk,* Mephisto reloaded – Zu den Bücherverboten der Jahre 2003/2004 und der Notwendigkeit, die Kunstfreiheit auf eine Risikobetrachtung umzustellen, in: NJW 2005, S. 566 (568). Es sei nicht interessengerecht, ausschließlich dem Autor die Verantwortung für den Umgang des Lesers mit der Literatur zuzuordnen; *dies.,* Roman (Fn. 392), S. 432. Entscheidend sei also die Risikoverteilung hinsichtlich der Rezeption; *ders.,* Wahrheit (Fn. 309), S. 739. – Andererseits könnte man unter dem Verursachungsaspekt dem Autor das Risiko für die Folgen zuordnen. Wenn der Verfasser dem Leser nahelegt, daß es sich um die Abbildung einer realen Person handelt, trägt er auch die Verantwortung, daß diese Aussage auf einen aufnahmebereiten Leserkreis trifft. Die Einführung eines Beurteilungsspielraums begegnet daher insgesamt erheblichen Bedenken.

[535] *Soehring,* Presserecht (Fn. 479), S. 302 f.

[536] Die Erkennbarkeit werde auf diese Weise vorschnell bejaht und der Schutz auf eine Bewahrung vor Klatsch im Bekanntenkreis überdehnt. So *Busch,* Romanverbote (Fn. 1), S. 208 ff.; *Ladeur,* Anmerkung (Fn. 534), S. 293; *ders./Gostomzyk,* Mephisto (Fn. 534), S. 568; *ders.,* Fall „Esra" (Fn. 309), S. 32.

chen Bürgern privilegiert, deren Biographien nur in seltenen Fällen vergleichbare Geschehnisse aufweisen. Ein abgestufter Persönlichkeitsschutz würde aber dem Umstand nicht gerecht, daß der Achtungsanspruch auch im persönlichen Umfeld geschützt werden muß. Hinsichtlich der Kritik fehlender Intensitätsprüfung ist klarzustellen, daß sich dem verständigen Leser, einem mit der Klägerin vertrauten Bekannten, die Identifizierbarkeit aufgrund der Vielzahl biographischer Einzelheiten wie Elternhaus, Studium und Lebensgewohnheiten durchaus in geforderter Intensität aufdrängt. Dabei ist die mediale Aufmerksamkeit, die die Erkennbarkeit der Klägerin erheblich erleichtert, dem Autor zuzurechnen, da es das Recht der Klägerin ist, sich gegen die Veröffentlichung des Romans gerichtlich zu wehren. Das Interesse der Öffentlichkeit als Folge des Gerichtsverfahrens kann ihr nicht angelastet werden[537].

Insgesamt stellt sich das „Meere"-Verfahren als nach den „Mephisto"-Vorgaben im Ergebnis vertretbar, gleichwohl in der argumentativen Stringenz als ausbaufähig dar. So ist der darauf zeitlich unmittelbar folgende „Esra"-Beschluß eine Präzisierung des Verhältnisses von Fiktion und Wirklichkeit. *Ladeur* gibt zu bedenken, daß die schrankenlos gewährte Kunstfreiheit im „Meere"-Verfahren durch den allgemeinen Persönlichkeitsschutz zu weit eingeschränkt wird[538]. Eine exakte Trennung von literarischer Fiktion und Realitätsabbildung kann unter literaturwissenschaftlichen Gesichtspunkten in der Gegenwartsliteratur, insbesondere der Postmoderne, meist nicht erfolgen[539]. In der Tat wäre eine vertiefte kunstspezifische Betrachtungsweise sachgerecht, die in der „Meere"-Entscheidung möglicherweise noch deutlicher hätte werden können. Denn tatsächlich stellt das Landgericht kunstinadäquat wirkliche und fiktive Anteile des Romans wie Gegensätze einander gegenüber. Innerhalb der wirklichen Anteile differenziert es zudem zwischen Übereinstimmungen und Abweichungen von der Realität. So wird der Eindruck erweckt, das Gericht habe einen 1:1–Abgleich von Realität und Fiktion vorgenommen und den Charakter als autonomes Kunstwerk verkannt.

---

[537] So auch *R. Kämmerlings*, „Schadensfall", in: Frankfurter Allgemeine Zeitung vom 14.2.2008, S. 31. – Auf die unvermeidlichen faktischen Nachteile für den prozessierenden Betroffenen weist hin *H. Sendler*, Kann man Liberalität übertreiben?, in: ZRP 1994, S. 343 (350 f.). Pragmatisch gedacht könnte man allerdings, um die Beeinträchtigungen der Klägerinnen zu minimieren, eine Veröffentlichung der Gerichtsentscheidungen unterlassen oder zumindest einschränken. So BGE 135 III 145 (152).

[538] *Ladeur*, Anmerkung (Fn. 534), 293; kritisch auch *Schiemann*, Persönlichkeitsrechtsverletzung (Fn. 309), S. 38.

[539] *Schnell*, Wahrnehmung (Fn. 521), S. 203.

5. Vergleich der Entscheidungen „Meere" und „Esra"

Bei dem Vergleich der Entscheidungen „Meere" und „Esra" fallen neben den übereinstimmenden Grundsätzen zur Kunstfreiheit, Erkennbarkeit, Rezipientenhaltung und Verhältnismäßigkeit drei Abweichungen in bezug auf Fiktion und Abwägung ins Gewicht.

a) Gemeinsamkeiten: Kunstfreiheit, Erkennbarkeit, Rezipient, Verhältnismäßigkeit

Hinsichtlich der Parallelen ist zunächst auf die sowohl in den Entscheidungen „Esra" als auch „Meere" verfassungsrechtlich überzeugend bejahte Eröffnung des Schutzbereichs der *Kunstfreiheit* hinzuweisen[540]. Diese Einschätzung entspricht dem verfassungsrechtlichen Verständnis und steht damit außer Frage. Zudem wenden die Gerichte zur Festlegung des maßgeblichen Leserkreises im Rahmen der *Erkennbarkeit* einen vergleichbaren Maßstab an. Das Bundesverfassungsgericht stellt auf einen „mehr oder minder großen Bekanntenkreis"[541], das Landgericht auf einen weiteren Bekanntenkreis ab[542]. Das Kammergericht fügte hinzu, die Identifizierung mittels der Kenntnis von der Beziehung zum Autor genüge[543]. Diese ausdrückliche Betonung einer möglichen indirekten Identifizierung bewegt sich im Rahmen der Erkennbarkeit, die allein aus Übereinstimmungen von Erzählung und Realität folgt. Ob es sich dabei beispielsweise um eine berufliche Qualifizierung oder eine private Beziehung und damit um eine Erkennbarkeit über eine dritte Person handelt, ist für die Frage der aufdrängenden Identifizierung ohne Bedeutung. Die Ereignisse im Zusammenhang mit Irene wie ihre Liebesbeziehung zu Fichte, der als der Autor identifiziert wird, bilden nach Ansicht des Landgerichts Berlin das Zentrum der Handlung und entstammen – für das soziale Umfeld ersichtlich – der Wirklichkeit. In bezug auf die *Rezipientenhaltung* ist die Aussendung dieser Faktizitätssignale bestimmend, der Leser geht dementsprechend nicht von einer Fiktionalisierung aus[544]. Vorauszusetzen ist ein verständiger durchschnittlicher Leser, der als solcher auch an Sensationen, Klatsch und Tratsch interessiert ist. Die gerichtliche Argumentation hinsichtlich der dargestellten Intimszenen ist zwar nachvollziehbar. Die hohe Anzahl an Übereinstimmungen bei anderen überprüfbaren Daten mit der Realität drängt die Schlußfolgerung auf, daß die – dem Beweis durch Dritte nicht zugänglichen – Sexszenen ebenso stattgefunden haben. Ob sie sich so zugetragen haben oder der Phantasie des Autors entstammen, ist hierbei ohne Bedeutung[545]. Allerdings wäre

540 BVerfGE 119, 1 (21); LG Berlin AfP 2004, 287 (290).
541 BVerfGE 119, 1 (25).
542 LG Berlin AfP 2004, 287 (289 f.).
543 KG Berlin AfP 2004, 371 (372).
544 LG Berlin AfP 2004, 287 (291).
545 Der Leser wird durch die Mitteilung vertraulicher Informationen augenscheinlich

eine Begründung mit der *einheitlich* faktualen Rezeption eines *einheitlich* fiktionalen Textes, die bei der Darstellung von Bereichen der Intimsphäre zu einer Abwägungssperre führt, weniger kontingent und eher generalisierbar. Eine Argumentation, die also nicht die Rezeption der Intimszenen spezifisch untersucht, sondern auf den Gesamteindruck des Textes abstellt, erscheint realitätsnah und damit überzeugender. Es steht außer Frage, daß sich der Bezug zur Wirklichkeit mit der Erfindung des Autors untrennbar in einer eigenständigen Kunstwelt mit fiktiven Figuren verbindet, „Meere“ also ein fiktionaler Roman ist. Gleichwohl ist Sensationslust beim verständigen Durchschnittsleser nicht selten[546]. Bei der außerordentlich feinen Verflechtung von Realität und Fiktion im Roman „Meere“ ist ein Mißverständnis als faktual naheliegend. Entscheidend ist der Gesamteindruck des Romans. Die Persönlichkeitsrechtsbeeinträchtigung folgt also letztlich aus dem *Mißverständnis* zwischen Schaffung und Rezeption des Kunstwerks. Ebenso entscheidet die Senatsmehrheit im Fall „Esra“[547]. Letztlich wird das Gesamtverbot auch in beiden Fällen als verhältnismäßig eingeschätzt, so daß die Argumentationen jeweils in einem Publikationsverbot münden[548].

b) Unterschiede: Fiktionalitätsvermutung, „Je-desto“-Formel, Abwägungsfähigkeit

Das Bundesverfassungsgericht führt im Unterschied zu den vorhergehenden Entscheidungen die neuartige *Fiktionalitätsvermutung* als Manifestation der Schutzentwicklung im Bereich der Kunstfreiheit ein[549]. Folglich kommt der Kunst durch die Vermutungswirkung ein gegenüber der „Meere“-Entscheidung unleugbar erweiterter Schutz zu.

Das Landgericht nimmt ausdrücklich Bezug zum „Mephisto“-Beschluß und gleicht seine Prüfung auf zwei voneinander unabhängigen Stufen dementspre-

---

an das reale Leben des Autors gebunden. So weist beispielsweise der Erzähler im 7. Kapitel auf den Altersunterschied zwischen den Protagonisten hin, der in der Beziehung des Verfassers zur Klägerin ebenso groß war. Direkt im Anschluß daran schildert der Erzähler eine intime Szene zwischen Irene und Fichte in *Herbst,* Meere (Fn. 502), S. 59: „Du hast ihm Jugend geschenkt, Irene, er war zweiundvierzig und würde nicht in die Jahre kommen, solange ihr nur zusammenbliebt. Du hast ihn zurückgekoppelt an die Zeit, als er so alt war wie Du heute bist. An Fichtes Geburtsjahr, Irene. ‚Knie dich hin‘, sagte er, setzte sich und streckte Irene einen Fuß entgegen, damit sie erst den und darauf den anderen aus den Schuhen zog und die Socken abstreifte, um dann lange, sehr lange, an seinen Zehen zu saugen und schließlich, mit breiter Zunge, seine Sohle zu nässen. […].“

546 Zahlenmäßig an der Auflagenstärke entsprechender Unterhaltungspresse sowie an den Einschaltquoten von Sendungen im Voyeurformat meßbar; vgl. auch *C. Hohmann-Dennhardt,* Freiräume – Zum Schutz der Privatheit, in: NJW 2006, S. 545 (548); *H. K. Nielsen,* Identitätsarbeit und Erzählung, in: M. Grote/B. Sandberg (Hrsg.), Autobiographisches Schreiben in der deutschsprachigen Gegenwartsliteratur, Bd. 3, 2009, S. 257 (262 f.).

547 BVerfGE 119, 1 (33 ff.).

548 BVerfGE 119, 1 (35); LG Berlin AfP 2004, 278 (292).

549 BVerfGE 119, 1 (28 f.).

chend dem damaligen Vorgehen des Ersten Senats weitgehend an: Nach Feststellung mangelnder literarischer Verselbständigung sind das Ausmaß literarischer Gestaltung und die Auswirkungen auf den Ruf des Betroffenen zu untersuchen[550]. Das Bundesverfassungsgericht geht im Unterschied zur „Entweder-Oder"-Wahl im Rahmen der *„Je-desto"-Formel* von einer abgestuften Prüfung anhand von einzelnen Fiktionsgraden aus[551]. Es arbeitet mit einer Skala feiner Abstufungen von Übereinstimmungen und Beeinträchtigungsschwere. Diese Prüfung erhöht die Flexibilität der Entscheidung und dient damit der Einzelfallgerechtigkeit. Das Kammergericht ist zudem im Gegensatz zum Bundesverfassungsgericht von einer *Abwägungsfähigkeit* im Bereich der Intimsphäre ausgegangen. Das Berliner Gericht führt aus, daß es auch im Bereich der Menschenwürde keinen absoluten Schutz geben kann[552].

c) Zwischenergebnis: Gewinn an Rechtsklarheit durch „Esra"-Beschluß

Insgesamt läßt sich festhalten, daß die Entscheidungsgrundsätze im „Esra"-Beschluß gegenüber den Ausführungen im „Meere"-Verfahren eine Stärkung der Kunstfreiheit vermitteln. Das Bundesverfassungsgericht konkretisiert den grundrechtlichen Schutz in Form der Fiktionalitätsvermutung und der „Je-desto"-Formel markanter. Zudem erwägt das Kammergericht eine Abwägung im Bereich der Intimsphäre, während das Bundesverfassungsgericht diesen Bereich zutreffend als Tabuzone absolut schützt. Im Ergebnis sehen die entscheidenden Gerichte allerdings übereinstimmend die als faktual rezipierte Darstellung von Sexszenen mit erkennbaren Beteiligten als Verletzung der Intimsphäre und damit als schwerwiegende Persönlichkeitsrechtsverletzung an. Wenn Berliner Gerichte und Bundesverfassungsgericht auch letztlich in den vergleichbaren Fällen übereinstimmend zu einem Publikationsverbot gelangen, so war der Senatsbeschluß doch unverzichtbar, um das aufgrund gelegentlich unsicherer Vorgehensweise kontingent wirkende Ergebnis der Zivilgerichte auf ein in Form der Leitlinien gesichertes Fundament zu heben.

550 LG Berlin AfP 2004, 287 (291 f.).
551 BVerfGE 119, 1 (30).
552 KG Berlin NJW-RR 2004, 1415 (1416 f.); relativierend auch BGHSt 50, 80 (89 ff.).

C. Die „Esra"-Entscheidung aus literaturwissenschaftlicher Sicht

Um die „Esra"-Entscheidung weder vorschnell als gangbaren Weg der Konfliktlösung zwischen Kunst- und Persönlichkeitsrechten anzuerkennen noch abzulehnen, ist im nächsten Schritt eine Untersuchung erforderlich, inwieweit der Beschluß interdisziplinäre Gesichtspunkte berührt und diese ausreichend würdigt. Aus dem Wesen des Streitgegenstands des Romans „Esra" von *Maxim Biller* folgt augenscheinlich eine besondere Bedeutung literaturwissenschaftlicher Fragen für die Ergebnisfindung. In diesem Kapitel werden solche literarischen Gesichtspunkte vertieft. Neben der Einholung verschiedener Stellungnahmen hat sich das Bundesverfassungsgericht mit zwei literaturwissenschaftlichen Gutachten auseinandergesetzt. Dieses Vorgehen verdient Zustimmung, auch wenn die Befragung eines Germanisten in der Praxis bei weitem nicht so selbstverständlich ist wie die Hinzuziehung eines technischen, psychologischen oder medizinischen Sachverständigen. Allen Unkenrufen zum Trotz hat das Gericht damit unter Beweis gestellt, daß es die besondere Sensibilität der Auseinandersetzung erkannt hat. Um es ihm gleichzutun, soll im folgenden eine eingehende Auseinandersetzung mit den literaturwissenschaftlichen Gesichtspunkten erfolgen und dabei zunächst ein Überblick über die Einschätzungen der Germanisten zum streitgegenständlichen Roman verschafft werden. Im Anschluß werden dann die einzelnen Aspekte in der literaturwissenschaftlichen Diskussion nachvollzogen.

I. Literaturwissenschaftliche Rezensionen zum streitgegenständlichen Roman

Der Roman „Esra" als zweiter Roman von *Biller* fand trotz seiner dezenten, zurückhaltenden Vorstellung durch den Autor schnell ein lautstarkes Echo bei den Literaturkritikern[1]. „Esra" zeichnet sich durch eine stark polarisierende Wir-

---

[1] An dieser Stelle sei angemerkt, daß der Fall „Esra" bereits von *Angela Richter* auf die Theaterbühne gebracht wurde; vgl. *Frey/Fornasier*, Anmerkung (Fn. 238), S. 253 f.

kung aus, so daß folgend die Hauptströmungen der Rezensionen entsprechend gruppiert vorgestellt werden.

1. „Esra" als „Spiegelbild unserer Zeit"

Der Roman stieß in der Kritik auf ein geteiltes Echo. Viele Rezensenten feierten das Werk als eine neue, gelungene Erzählung *Billers*[2]. *Ohmer* würdigt „Esra" als einen inhaltlich wie sprachlich gelungenen Roman. „Es ist eine kleine Geschichte von großen Gefühlen, von kulturellen Differenzen und der Suche nach einer jüdisch-deutschen-muslimischen Identität."[3] Auch sexuelle Begegnungen werden in direkter Sprache wiedergegeben. „Esra" sei daher „Spiegelbild unserer Zeit"[4]. So betont *Wittstock Billers* hohes künstlerisches Niveau. Bei „Esra" gelinge dem Autor ein seltener Kunstgriff: die Vereinigung von Pathos und Selbstrelativierung. Zum Überschwang der Gefühle werde durch das Stilmittel der Ironie Distanz gehalten[5]. *Biller* erreiche die Verbindung durch drei erzähltechnische Mittel: Er wählt nach *Wittstock* einen Ich-Erzähler, der sich scheinbar im direkten Austausch mit dem Leser befindet. Dem Rezipienten sei naturgemäß die Fiktion dieser Redesituation bewußt. Pathetische Nähe stößt also zugleich an den Rahmen der Fiktion[6]. Zweitens gelinge die Verbindung von Gefühlsausdruck und innerer Distanz durch die Offenlegung paranoider Züge bei dem insgesamt unsympathischen Ich-Erzähler[7]. Letztlich werde ihm an einigen Stellen von den anderen Romanfiguren berechtigte Kritik an seiner Unzuverlässigkeit entgegengebracht[8]. *Lottmann* spricht direkt die im anschließenden Gerichtsverfahren entscheidende Frage an: Die Gegenwartsliteratur weist vielfach einen engen Bezug zur Realität auf. Bei den Werken beispielsweise von *Benjamin von Stuckrad-Barre* und *Christian Kracht* handelt es sich dabei allerdings nicht um eine reine Abbildung

---

[2] *S. Baumann,* Döner mit Latkes, in: Jüdische Allgemeine 2003, http://www.lyrikwelt.de/rezensionen/esra-r.htm (11.12.2009); *S. Sojitrawalla,* Maxim Biller: Esra, in: Büchermarkt. Sendung des Deutschlandradio vom 23.2.2003, http://www.dradio.de/dlf/sendungen/buechermarkt/165715 (23.9.2010); *M. Bodrozic,* Die Freiheit macht den Leser, in: Süddeutsche Zeitung vom 12.4.2003, S. 18; *J. v. Rauch,* Im Spiegelkabinett, in: Volltext: Zeitung für Literatur 7 (2003). Heft 3, S. 6 (7); *J. Lottmann,* Nichts als die Wahrheit, in: Die Tageszeitung vom 5.7.2003, S. 13; *Bax,* Affäre (Fn. 367), S. 17; *I. Mangold,* Liebesroman, in: Süddeutsche Zeitung vom 15.10.2003, S. 13; *A. Ohmer,* Fakten und Fiktion, Bd. 10, Heft 39 (2004), S. 67 (69 f.); *Ohmer,* Gutachten (Fn. 52), S. 1; *U. Wittstock,* Liebe im Haifischbecken, www.uwe-wittstock.de/blog/?cat=4 (17.12.2009); *D. Bax,* Eine Niederlage der Literatur, in: Die Tageszeitung vom 13.10.2007, S. 12.

[3] *Ohmer,* Gutachten (Fn. 52), S. 1. – Beeindruckt von der psychologischen Leistung des Schriftstellers zeigt sich *Mangold,* Liebesroman (Fn. 2), S. 13.

[4] *Ohmer,* Gutachten (Fn. 52), S. 1.

[5] *Wittstock,* Wir müssen draußen bleiben (Fn. 89), o. S.; *ders.,* Liebe (Fn. 2).

[6] *Wittstock,* Liebe (Fn. 2).

[7] *Wittstock,* Liebe (Fn. 2).

[8] *Wittstock,* Liebe (Fn. 2).

der Realität, sondern um die Ausgestaltung einer allgemeingültigen Wahrheit. *Lottmann* räumt ein, daß der im Roman zum Ausdruck kommende Rachefeldzug gegen die ehemalige Partnerin *Billers* einerseits peinigend sei. Allerdings könnten eben genau aus starken Gefühlsregungen wie Rache und Wut literarische Werke hervorgehen[9]. In das Lob auf ein gelungenes Kunstwerk stimmt *Bodrozic* uneingeschränkt ein. Beachtlich für die vorliegende gerichtliche Auseinandersetzung ist das dargestellte Verhältnis von Realität und Fiktion im Roman, das durch subjektives, persönlich unterschiedliches Erleben geprägt wird. Die Erfahrung, die die Realität individuell erkennt, und die Fiktion, die zu einer echteren Wirklichkeit führt, bilden im Kunstwerk eine unauflösliche Sinneinheit. „Die Freiheit des Schreibenden ist die Freiheit seines Erlebens. Im Roman fügen wir das Erlebte in einen freiphantasierten Rahmen. Und das Erdachte ist dabei das Wahrhaftigste. […].“[10] *Marcel Reich-Ranicki* verteidigt *Billers* Roman gegen den Vorwurf, als Enthüllungsroman andere zu desavouieren[11].

2. „Esra“ als „pubertäres Nähkästchengeplauder“

Der Roman stieß auch auf konsequente Ablehnung[12]. Eine ausnehmend heftige Kritik kommt von *Dieckmann*. Ihr erschließt sich aus dem Roman kein ernst zu nehmender Anspruch, sondern allein ein „pubertäres Nähkästchengeplauder“[13]. Neben ihrer Beanstandung des textlichen Niveaus weist sie auch auf die desavouierende Strategie des Autors hin: *Billers* Erzählen wahrer Begebenheiten sei nicht mehr als ein kalkulierter Werbetrick[14]. *Bartmann* erwägt zudem eine Berechnung *Billers* hinsichtlich des gesamten Gerichtsverfahrens[15]. Ähn-

---

[9] *Lottmann*, Wahrheit (Fn. 2), S. 13.

[10] *Bodrozic*, Freiheit (Fn. 2), S. 18.

[11] *Reich-Ranicki* ist selbst Schlüsselfigur in dem Roman „Tod eines Kritikers“ von *Martin Walser* und in *Bodo Kirchhoffs* „Schundroman“ gewesen, hat eine gerichtliche Auseinandersetzung allerdings zu keinem Zeitpunkt angestrebt: *M. Reich-Ranicki*, Grrrrrässlich, in: Süddeutsche Zeitung vom 20.10.2003, S. 14.

[12] *Bartmann*, Partisan (Fn. 14), S. 16; *J. Jessen*, Schlüssel ohne Roman, in: Die Zeit vom 13.3.2003, o. S.; *D. Dieckmann*, Schlüssellochroman, in: Neue Züricher Zeitung (Internationale Ausgabe) vom 19.3.2003, S. 36; *C. Hein*, Zensur ist etwas anderes, in: Der Spiegel vom 20.10.2003, S. 178; *Wenk*, Unantastbarkeiten (Fn. 89).

[13] *Dieckmann*, Schlüssellochroman (Fn. 12), S. 36.

[14] *Dieckmann*, Schlüssellochroman (Fn. 12), S. 36. – Den eigentlichen Wert des veristischen Romans allein für „zukünftige Maxim-Biller-Biografen“ erkennt *Wenk*, Unantastbarkeiten (Fn. 89). – Demgegenüber geht *Mangold* – wenn überhaupt – nur von einem indirekten Zusammenhang zwischen Skandalisierung und Verkaufszahlen aus. Streit gehöre zum normalen Alltagsrisiko, Streitentscheidungen schützen vor einem Mißbrauch der Kunstfreiheit. So *I. Mangold*, Hauptsache: Aufsehen erregen, in: Süddeutsche Zeitung vom 16.10.2003, S. 2; *ders.*, „In das lebende Fleisch schneiden.“, in: Süddeutsche Zeitung vom 16.10.2003, S. 2. – In diesem Zusammenhang zur erhöhten Toleranzgrenze von Zumutbarkeiten *J. Encke*, Zu nah am Leben, in: Süddeutsche Zeitung vom 16.10.2003, S. 2.

[15] *Bartmann*, Partisan (Fn. 14), S. 16; ähnlich *A. Rühle*, Maxim Biller, in: Süddeutsche

lich attestiert *Jessen* dem Autor einen ausgeprägten Narzißmus, der durch das Medienspektakel um seinen Roman befriedigt werde. Zudem schreibt er über seine Exfreundin ungeachtet ihres Intervenierens: „Nun hat er es doch getan. Warum? Aus Bosheit, Rachsucht, nachgetragener Liebe?“[16] Außerdem wird auf den Umstand verwiesen, daß der Roman erst durch den Prozeß interessant und zu einem Kunstwerk geworden sei. Der gesamte gerichtliche Fall „Esra“ könne als „ästhetisches Erlebnis“ verstanden werden[17]. Einen entscheidenden Denkanstoß bietet *Christoph Hein*. Er weist in vier Schritten darauf hin, daß es sich bei dem Publikationsverbot um eine zulässige Einschränkung zugunsten des Persönlichkeitsschutzes handelt. Denn in dem Vertrag des Verlags mit dem Autor versichert letzterer zunächst, Rechte Dritter nicht zu verletzen[18]. *Hein* stellt zweitens die Vermischung von Realität und Fiktion in der Literatur nicht in Frage. Allerdings erkennt er in der konkreten Verbindung bei dem streitgegenständlichen Roman doch eine Ausnahme, da ein Schriftsteller anders als *Biller* in „Esra“ meistens mehrere Vorbilder zu einer Romanfigur vereint. Ein dritter Aspekt ist die Rechtsstaatlichkeit, die ein vorschnelles Veröffentlichungsverbot ausschließt. Dabei weist *Hein* auf die anerkannt gründliche Auseinandersetzung der Gerichte mit der Materie hin[19]. Der letzte, vierte Gesichtspunkt in *Heins* Argumentation ist die Risikoverteilung hinsichtlich des Publikationsverbots: Wenn ein Autor beispielsweise durch einen persönlichen Rachefeldzug Anlaß dazu gegeben hat, daß ein Dritter sich an das Gericht wendet, trägt der Autor auch das Risiko, daß durch das gerichtliche Verfahren die Wahrscheinlichkeit einer Erkennbarkeit als Voraussetzung für eine Persönlichkeitsrechtsverletzung steigt. Im vorliegenden Rechtsstreit wird von „Esra“-Kritikern die Möglichkeit erwogen, daß es sich bei dem Roman in der Tat um eine persönliche Abrechnung mit der Exfreundin handelt[20]. Die Risikozuordnung an den betroffenen Dritten wäre dann ein „Paradoxon“[21].

Zeitung vom 12.10.2007, S. 4. – *Mangold* differenziert zwischen Werk und Autor. Er betrachtet *Biller* ebenfalls als Reizfigur. Den Roman bezeichnet er gleichwohl als gelungen. Vgl. *Mangold,* Liebesroman (Fn. 2), S. 13. – Auf die rechtliche Behandlung von Privatenthüllungen in der Öffentlichkeit geht ein *K.-H. Ladeur,* Die Anpassung des privaten Medienrechts an die „Unterhaltungsöffentlichkeit“, in: NJW 2004, S. 393 (397 f.).

[16] *Jessen,* Schlüssel (Fn. 12), o. S. Auf die Problematik um die biographischen Übereinstimmungen und die Abneigung der Protagonistin Esra, Gegenstand eines literarischen Werks zu werden, geht ein *H. Kerscher,* Karlsruhe setzt Kunstfreiheit Grenzen, in: Süddeutsche Zeitung vom 13.10.2007, S. 1; *ders.,* Letztendlich siegt die Kunstfreiheit, in: Süddeutsche Zeitung vom 25.11.2009, S. 11.

[17] *R. Bunia,* Fingierte Kunst, in: Internationales Archiv für Sozialgeschichte der Literatur 32 (2007), S. 161 (161, 181 f.).

[18] *Hein,* Zensur (Fn. 12), S. 178.

[19] Allein ein subjektives Gefühl der Erkennbarkeit kann daher ein Publikationsverbot nicht bewirken: *Hein,* Zensur (Fn. 12), S. 178.

[20] *L. Müller,* Kein Schmerzensgeld, in: Süddeutsche Zeitung vom 11.7.2008, S. 13.

[21] *Hein,* Zensur (Fn. 12), S. 178.

3. „Esra" als Roman einer Verletzung und verletzender Roman

Neben uneingeschränktem Zuspruch und vernichtender Kritik weist ein Kreis differenzierender Rezensionen sowohl auf die qualitativen Vorzüge des Romans als auch auf den Persönlichkeitsschutz der Klägerinnen hin[22]. *Laberenz* empfindet den „Kaffee Latte-Roman" stellenweise als anstrengend „bemüht"[23]. *Kämmerlings* preist weitaus euphorischer kurz nach dem Erscheinen des Romans die ausgefeilte Kunst des Buchs: „Die Kunst *Biller*s besteht [...] darin, das Autobiographische bruchlos einzufügen in einen hakenschlagenden und doch aufs Wesentliche reduzierten Berichtstil [...]."[24] Nach anfänglichem Lob positioniert sich *Kämmerlings* letztlich moderat. Einerseits würdigt er den gekonnten Kunstgriff, mit dem *Biller* autobiographische Einzelheiten einfügt und dadurch auf Mißstände in gegenwärtigen zwischenmenschlichen Kontakten und Strukturen aufmerksam macht. Denn in *Billers* Roman sind alle Opfer[25]. Gleichwohl sieht er ein Verbot als gerechtfertigt an, wenn wie bei „Esra" reale Personen in ihren Persönlichkeitsrechten verletzt werden. Kunstfreiheit sei kein Freifahrtschein für Beleidigungen oder ähnliche strafbare Handlungen: „Die Kunstfreiheit ist selbstverständlich kein absoluter Wert, sie gilt stets nur in Abwägung mit anderen Gütern. Das muß nicht unbedingt der Schutz der Intim- und Privatsphäre sein. Man würde auch keinem Künstler die Lizenz erteilen, für seine zivilisationskritische Installation drei Dutzend Hunde vergiften zu dürfen."[26]

4. Stellungnahme: Rezensionen als Denkanstoß für die Gerichtsentscheidung

Die literaturwissenschaftlichen Rezensionen sprechen schon im literarischen Diskurs Aspekte an, die auch für die gerichtliche Entscheidung wesentlich sind: Verhältnis von Realität und Fiktion im Roman, Erkennbarkeit und sozialer Achtungsanspruch der Klägerinnen, Merkmale postmoderner Literatur, Beziehung von Ich-Erzähler und Autor[27]. Selbstverständlich sollte ihre Ein-

---

22 *K. Eckberg*, Maxim Biller: „Esra", in: Sandammeer 3 (2003), http://www.sandammeer.at/rezensionen/biller-esra.htm (23.9.2010); *R. Kämmerlings*, Halbe Hemden, frisch gestärkt, in: Frankfurter Allgemeine Zeitung vom 1.3.2003, S. 44; *L. Laberenz*, Der Kaffee Latte-Roman, literaturkritik.de 5 (2003), http://www.literaturkritik.de/public/rezension.php?rez_id=5935 (11.12.2009); *M. Gogos*, Das Ende der Blutsbande, in: Die Tageszeitung vom 7.3.2003, S. 17; *V. Hage*, Fünf Arten, die Liebe zu erzählen, in: Der Spiegel vom 6.10.2003, S. 158 (159); *R. Kämmerlings*, Der Rechtsstreit um Billers „Esra", in: Frankfurter Allgemeine Zeitung vom 5.1.2007, S. 31.

23 *Laberenz*, Kaffee (Fn. 22).

24 *Kämmerlings*, Halbe Hemden (Fn. 22), S. 44.

25 *Gogos*, Ende (Fn. 22), S. 17.

26 *Kämmerlings*, Rechtsstreit (Fn. 22), S. 31.

27 Darüber hinaus machen sie auf den zwischenmenschlichen Gesichtspunkt des ge-

schätzung nicht mehr als ein Stimmungsbild sein, das für die gerichtliche Entscheidung nicht ausschlaggebend ist. Erfahrungen von Verletzungen und Enttäuschungen können zwar Anregung für literarische Werke sein. Entscheidend bleibt allerdings allein die im Roman manifestierte, tatsächliche Beeinträchtigung des Persönlichkeitsrechts der Klägerin. Das Rachemotiv mindert auch nicht den Wert oder die Schutzwürdigkeit des Textes. Bedeutende literarische Werke sind als emotionale Reaktion auf eine erlittene Verletzung oder Auseinandersetzung entstanden[28]. *Ohmer* ist daher im Ansatz zuzustimmen, wenn sie für *Biller* ein Recht auf Verarbeitung seiner Erlebnisse in schriftstellerischer Form fordert[29]. Um die Frage zu beantworten, ob ein solches Recht tatsächlich besteht, ist zunächst zu erkunden, ob *Biller* seine Erlebnisse überhaupt literarisch verarbeitet hat, ob und unter welchen Voraussetzungen sein Text mithin als literarisch zu qualifizieren ist. Zunächst ist also herauszuarbeiten, was als Literatur zu bezeichnen ist.

---

richtlichen Verfahrens aufmerksam: Zwischen dem Autor und seiner ehemaligen Lebensgefährtin besteht eine emotionale Schieflage, die sich aus der Beifügung gegenseitiger Verletzungen ergibt. Eine vorherige Erkundung der Hintergründe und ein frühzeitiger Interessenaustausch hätten die gerichtliche Auseinandersetzung möglicherweise verhindert. Wenn dieser Ansatz auch hier nicht vertieft werden kann, so entlastet diese Überlegung immerhin die Gerichte insoweit, als daß trotz intensivster Aufarbeitung der Materie eine sowohl den Autor als auch die Klägerinnen befriedigende Entscheidung angesichts der emotionalen Brisanz ausgeschlossen erscheint. Die unterlegene Partei wird auch bei einem salomonischen Spruch naturgemäß mit einer ausdrucksstarken, durch die bereits erlittene Verletzung bedingten Empörung reagieren.

[28] Vgl. infolge unerwiderter Gefühle *J. W. v. Goethe,* Die Leiden des jungen Werther [1774], 2011, S. 9 ff. – Als Reaktion auf eine journalistische Fehde nicht weniger drastisch *H. Böll,* Die verlorene Ehre der Katharina Blum oder: Wie Gewalt entstehen und wohin sie führen kann, 47. Aufl. 2010.

[29] *Ohmer,* Gutachten (Fn. 52), S. 15 ff. – Allerdings bietet die Gefühlsbewältigung an sich noch keinen Freifahrtschein, Kränkungen mit gleicher Münze heimzuzahlen. So entschieden in einem ähnlichen Fall künstlerischer Verarbeitung von Emotionen durch Schweizerisches Bundesgericht sic! 10 (2003), 792 (795).

II. Literaturwissenschaftliche Aspekte der Entscheidung

1. Literarizität: Was ist Literatur? Ist „Esra" Literatur?

a) Problem der Begriffsbestimmung: Literatur als Neuzusammensetzung

Vorab ist bereits einzuräumen, daß Literatur nicht eindeutig zu bestimmen ist[30]. Der Begriff der Literatur hat sich im Laufe der Geschichte erweitert und unterliegt einer stetigen Wandlung[31]. Es ist nicht klar, wer zu einer abschließenden Bestimmung legitimiert ist und unter welchen Kriterien er Werke als Literatur kategorisiert[32]. Gleichwohl soll folgend eine Annäherung an den Begriff erfolgen, um zumindest eine grobe Zuordnung des Romans „Esra" vornehmen zu können.

Auszugehen ist von dem Verständnis der Literarizität als Grundeigenschaft aller literarischen Texte, die sie von alltagssprachlichen Texten unterscheidet[33]. Letztere stellen einen Gegenstand vor, der unabhängig vom Text existiert. Bei einem literarischen Text geht es hingegen nicht um die Exposition, sondern um die *Neuzusammensetzung* eines Gegenstandes. „Ein literarischer Text bildet weder Gegenstände ab noch erschafft er solche in dem beschriebenen Sinne, bestenfalls wäre er als die Darstellung von Reaktionen auf Gegenstände zu beschreiben."[34] Dabei ist dem literarischen Dokument eine Mehrdimensionalität eigen, die eine allseitige Bestimmtheit des Texts ausschließt[35].

---

[30] Weit überwiegende Ansicht, statt vieler *W. Nolting*, Literatur oder Kommunikation, 1982, S. 1 ff.; *B. Scheffer*, Interpretation und Lebensroman, 1992, S. 15; *O. Jahraus*, Literaturtheorie, S. 122; *J. R. Searle*, Der logische Status fiktionaler Rede, in: M. E. Reicher (Hrsg.), Fiktion, Wahrheit, Wirklichkeit, 2007, S. 21 (22 f.); *T. Köppe*, Literatur und Erkenntnis: Studien zur kognitiven Signifikanz fiktionaler literarischer Werke, 2008, S. 46 f. – Umfassend zum Literaturbegriff *O. D. Krug/H.-H. Müller/T. Kindt*, Was ist Literatur?, in: S. Winko/F. Jannidis/G. Lauer (Hrsg.), Grenzen der Literatur, 2009, S. 92 ff.; *K. Weimar*, Funktionen des Literaturbegriffs, in: ebda., S. 78 ff.; *S. Winko*, Einleitung, in: ebda., S. 41 (41 ff.). – Kritisch zum Abgrenzungskriterium der sprachlichen Beschaffenheit für Literarizität *dies.*, Einleitung, in: ebda., S. 223 (224).

[31] *J. Schneider*, Einführung in die moderne Literaturwissenschaft, 2. Aufl. 1998, S. 17.

[32] *R. Reinhard*, Gegen den philosophischen Fundamentalismus, 2003, S. 137.

[33] *A. Barsch*, Literarizität, in: A. Nünning (Hrsg.), Metzler Lexikon, 4. Aufl. 2008, S. 430 (430). – Zu möglichen Kriterien *Harshaw*, Fictionality (Fn. 16), S. 241 f.

[34] *W. Iser*, Die Appellstruktur der Texte, in: R. Warning (Hrsg.), Rezeptionsästhetik, 4. Aufl. 1994, S. 228 (232).

[35] *Iser*, Appellstruktur (Fn. 34), S. 234 f. – Zur Schwierigkeit, den literarischen Anspruch bei einem eindimensionalen autobiographischen Text umzusetzen *H. Müller*, Krieg ohne Schlacht, 2. Aufl. 2010, S. 287: „Die Kunst des Erzählens ist verlorengegangen, [...]. Sie [die namentlich genannten Mitarbeiter bei der Erstellung der Autobiographie] haben mehr als tausend Seiten [...] auf einen Text reduziert, den ich überarbeiten, wenn auch in der mir zur Verfügung stehenden Zeit nicht zu Literatur machen konnte." – Anders aber *F. Hörnigk*, vgl. ebda., S. 492 f.

b) Ursprung der Literarizität bei Aristoteles

Schon *Aristoteles* suchte nach der Antwort auf die Frage, was „poietiké"[36] von nichtliterarischen Werken unterscheidet. Die Eigenständigkeit, die *Aristoteles* sowohl dem Gegenstand der Begutachtung „Literatur" als auch ihrer Untersuchung, der Literaturwissenschaft, zubilligt, kontrastiert Betrachtungsformen, die Literarizität nur in bezug auf andere geistige Werke – beispielsweise hinsichtlich vergleichbarer Künste oder wissenschaftlicher Disziplinen – oder mit Blick auf die Gesellschaft bestimmen[37]. Das Wesen der Literatur hat nach *Aristoteles* mit den anderen Künsten den Charakter eines Nachahmens gemeinsam: „Die Epik und die tragische Dichtung, ferner die Komödie und die Dithyrambendichtung sowie – größtenteils – das Flöten- und Zitherspiel[38]: sie alle sind, als Ganzes betrachtet, Nachahmungen (miméseis). Sie unterscheiden sich jedoch in dreifacher Hinsicht voneinander: entweder dadurch, daß sie durch je verschiedene Mittel, oder dadurch, daß sie je verschiedene Gegenstände, oder dadurch, daß sie auf je verschiedene und nicht auf dieselbe Weise nachahmen."[39] „Mimesis" ist das eigentliche Merkmal von Kunst[40]. Die deutsche Übersetzung mit Nachahmung erweist sich als etwas mißverständlich, da man so den Sinngehalt auf „Abbildung" verkürzen könnte. *Aristoteles* meint hingegen eine Nachbildung der Welt im Sinne von Modellierung[41]. Damit steht der Begriff in engem Zusammenhang zum Verständnis von Fiktionalität[42]. Nach *Aristoteles* gibt es zwar auch nachbildende Tätigkeiten außerhalb der Künste. Allerdings ahmt allein der Künstler im Gegensatz zum Nichtkünstler *bewußt* nach[43]. Der Unterschied zwischen künstlerischer und nichtkünstlerischer Nachbildung wird durch die Wortwahl *Aristoteles'* deutlich: Er verwendet für die Nachahmung außerhalb der Kunst den Begriff „ekphérein"[44]. Die künstlerische Arbeit ist hingegen eine mimetische Tätigkeit, die in bezug auf den nachzuahmenden Gegenstand steht, „mimeísthai"[45]. Künstlerisches Schaffen enthält somit einen Bezug zu etwas Er-

---

36 (Griech.): Dichtung, Dichtkunst; Dichtungsarten im Sinne von *Aristoteles* sind beispielsweise der Roman, das Drama oder die Lyrik.

37 Vgl. *Aristoteles,* Poetik (hrsgg. v. M. Fuhrmann), 2008, Kapitel 1, 1447a (S. 4 f.).

38 Dithyrambos: erzählende Chorlyrik, Kultlied zu Ehren des Dionysos, vgl. *M. Fuhrmann,* in: ders., Aristoteles, 2008, S. 102.

39 *Aristoteles,* Poetik (Fn. 37), Kapitel 1, 1447a (S. 4 f.).

40 (Griech.): Nachahmung, Nachbildung; zentraler Begriff in der griechischen Philosophie, insbesondere in der Kunsttheorie.

41 *U. Spörl,* Basislexikon Literaturwissenschaft, 2. Aufl. 2006, S. 138.

42 Vgl. Abschnitt C.II.2.

43 *Aristoteles,* Poetik (Fn. 37), Kapitel 4, 1448b-1449a (S. 12 f.). Das aristotelische Verständnis von der menschlichen Nachahmungsfreude verdeutlicht *C. Klein,* Ästhetik des Spiels als Ästhetik des Rechts, in: A. v. Arnauld (Hrsg.), Recht und Spielregeln, 2003, S. 273 (283 f.).

44 (Griech.): äußern, mitteilen, vorbringen, darstellen; *Aristoteles,* Poetik (Fn. 37), Kapitel 1, 1447b-1448a (S. 6 f.).

45 (Griech.): nachahmen; *Aristoteles,* Poetik (Fn. 37), Kapitel 1, 1447b-1448a (S. 6 f.).

innertem, bedeutet also Erinnerung, „Anamnesis“[46]. Dem bloßen nichtkünstlerischen Hervorbringen wird die künstlerische Schöpfung in bezug auf einen *externen, zu bearbeitenden Orientierungspunkt* gegenübergestellt. Der nichtkünstlerisch geschlossene ist dem künstlerisch offenen Text entgegengesetzt. Erster bleibt punktuell ohne Bezugspunkt und damit unvollständig, letzter kann als vollständig qualifiziert werden, da er die Sinnverweise bereits in sich trägt.

Darüber hinaus wird das spezifisch Literarische durch die Wahl der Mittel zur Nachahmung, durch den Nachahmungsgegenstand und die Nachahmungsweise bestimmt[47]. Als *Nachahmungsmittel* werden Rhythmus, Melodie oder Sprache eingesetzt[48]. *Nachahmungsgegenstand* sind nach *Aristoteles* handelnde Menschen[49]. Dabei ist es möglich, den Gegenstand der Nachbildung zu bearbeiten. Der Mensch kann gegenüber der Wirklichkeit positiv oder negativ verändert vorgestellt werden. Im Unterschied zur Geschichtsschreibung stellen Literaten nicht das Tatsächliche, sondern das Mögliche dar, das unter den Kriterien der Wahrscheinlichkeit und Notwendigkeit ausgewählt wurde[50]. Das Wahrscheinliche und das Notwendige kennzeichnen das Allgemeine, das Gegenstand literarischer Werke ist: „Das Allgemeine besteht darin, daß ein Mensch von bestimmter Beschaffenheit nach der Wahrscheinlichkeit oder Notwendigkeit bestimmte Dinge sagt oder tut – eben hierauf zielt die Dichtung, obwohl sie den Personen Eigennamen gibt.“[51] *Aristoteles*' Literaturverständnis läßt sich zusammenfassend wie folgt beschreiben: Grundlage ist die Freude des Menschen am Lernen, die sich sowohl bei einem eigenen Erkenntnisakt als auch bei der Wahrnehmung des Lernens durch andere zeigt. Sodann erfährt die Person eine Freude an der Nachahmung von allgemeingültigen Wesenheiten. Die künstlerische Arbeit bildet im Unterschied zu anderen menschlichen Tätigkeiten bewußt nach. Auf den Fall „Esra“ angewandt nimmt der Text Bezug auf die allgemeinen Ideen von Zuneigung, Schmerz der Ablehnung, Gemeinschaft, Trennung und Emotion. „Esra“ als literarischer Text unterscheidet sich nach *Aristoteles* von den verschiedenen Künsten insbesondere durch den Gegenstand der handelnden Menschen um Esra und Adam.

---

[46] (Griech.): Erinnerung an Ideen, die die menschliche Seele in einem pränatalen Zustand geschaut hat; wichtige Funktion in der platonischen Philosophie.

[47] Die Nachahmungsweise ist eine gattungsinterne Differenzierung und damit hier nicht von weiterem Interesse.

[48] *Aristoteles,* Poetik (Fn. 37), Kapitel 1 f., 1447a ff. (S. 4 ff.).

[49] *Aristoteles,* Poetik (Fn. 37), Kapitel 2 f., 1448a (S. 6 ff.). – Die Literaturgeschichte hat dieses Kriterium relativiert, da literarische Werke häufig leblose Materie wie abstrakte Fragen thematisieren (vgl. beispielsweise zur expressionistischen Großstadtlyrik *Becher, Heym, Mehring*).

[50] Damit wird schon früh jede Wertung von Literatur als Abbildung der Wirklichkeit abgelehnt, jeglicher Faktizitätsanspruch negiert. *Aristoteles,* Poetik (Fn. 37), Kapitel 9, 1451a-1451b (S. 28 ff.).

[51] *Aristoteles,* Poetik (Fn. 37), Kapitel 9, 1451a-1451b (S. 28 ff.).

c) Bestimmungsversuch anhand der poetischen Funktion

Im folgenden ist nach den aristotelischen Ursprüngen die Literarizität in *Billers* Roman anhand der gegenwärtig vorherrschenden Herangehensweisen zu untersuchen. Nach *Jakobson* läßt sich Literarizität aufgrund der poetischen Funktion eines Textes, also einer *besonderen Art der Sprachverwendung*, feststellen[52]. Unter der poetischen Funktion versteht man die „Ausrichtung auf die Sprache selbst, d.h. auf formale Eigenschaften des sprachlichen Materials, die durch eine besondere Verwendung des sprachlichen Selektionsprinzips Parallelismen auf phonologischer, syntaktischer und semantischer Ebene erzeugen"[53].

Die Bestimmung von „Esra" als literarischer Text kann aufgrund der poetischen Funktion nicht eindeutig erfolgen. *Biller* verwendet bewußt eine einfache Alltagssprache, die einerseits kein Ausdruck poetischen Sprachgebrauchs sein muß, andererseits aber typischerweise die Unmittelbarkeit der Leseerfahrung bei der Literatur des subjektiven Realismus unterstützt. Ein eindeutiges Votum läßt sich daraus also nicht entnehmen. Wenn eine Festlegung aufgrund der Funktion des Textes sich nicht als erfolgversprechend erweist, kommt als weitere Bestimmungsoption eine Untersuchung auf der Textebene selbst in Betracht.

d) Bestimmungsversuch auf Textebene (produktions-, werk-, rezeptionsästhetisch)

aa) Literarizität als Texteigenschaft

Gute Gründe sprechen für eine Bestimmung des Literarischen aufgrund einer *im Text verorteten Eigenschaft*, die über den Text hinaus Wirkung entfaltet[54]. Demnach ist Literatur zunächst ein Sprechakt oder Textereignis. Dieser Akt wird aufgrund des behandelten Gegenstandes selbst oder des vorgefundenen Kontextes vom Leser – beispielsweise innerhalb eines Gedichtbandes oder ei-

[52] *R. Jakobson*, Linguistik und Poetik, in: H. Blumensath (Hrsg.), Strukturalismus in der Literaturwissenschaft, 1972, S. 118 (125 ff., 138 ff.); *ders.*, Linguistik und Poetik, in: J. Ihwe (Hrsg.), Literaturwissenschaft und Linguistik, Bd. 1, 1972, S. 99 (109 ff.); *ders.*, Was ist Poesie?, in: E. Holenstein/ders. (Hrsg.), Poetik, Nachdruck der 1. Aufl. (1979) 2005, S. 67 (67 ff., 79 ff.).

[53] *Barsch*, Literarizität (Fn. 33), S. 430. – Aus der Perspektive anderer Bestimmungsversuche handelt es sich bei dieser Eigenschaft der Sprachfokussierung um ein Merkmal unter anderen. Sprache auch als Medium und Gegenstand von Fiktion bestimmt *K. Stierle*, Die Fiktion als Vorstellung, als Werk und als Schema – eine Problemskizze, in: D. Henrich/ W. Iser (Hrsg.), Funktionen des Fiktiven, 2. Aufl. 2007, S. 173 (181); vgl. Abschnitt C.II.1.c.

[54] *Jahraus*, Literaturtheorie (Fn. 30), S. 117. – Die Merkmale in einen rhetorischen und strukturalistischen Bereich teilt ein *R. Klausnitzer*, Literaturwissenschaft, 2004, S. 25. Literatur kann einerseits als Sprache mit besonderen Merkmalen und andererseits als Produkt von Konventionen und einer spezifischen Aufmerksamkeitszuwendung verstanden werden. Beide Perspektiven schließen sich gegenseitig nicht aus. Darauf weist hin *J. D. Culler*, Literaturtheorie, 2002, S. 44.

nes Zeitschriftenteils – als Literatur verstanden[55]. Literarisches ist demnach eine Besonderheit in der Textualität und zugleich eine Qualität, die den konkreten Textrahmen überschreitet. In Betracht kommen *produktions-, werk- und rezeptionsästhetische Eigenschaften*. So bieten sich die künstlerische Fähigkeit des Autors, der Textaufbau, das besondere Vokabular, die Ästhetik und Rezeption eines Textes als Bestimmungsmerkmale an[56]. Auch Verfremdungen weisen auf den literarischen Charakter eines Textes hin[57]. Konnotationen und Polysemie stehen ebenfalls für einen literarischen Text[58]. Typisch für Literatur sind Bilder, die ein gewisses Maß an Aufmerksamkeit erregen und damit einen Reflexionsprozeß, einen Interpretationsvorgang, in Gang setzen. Literatur fördert ein Interesse an den Wörtern, an ihrer Stellung untereinander und an dem Verhältnis von Darstellungsart und -inhalt[59]. Vor diesem Hintergrund können bis zu sechs Merkmale von Literatur herauskristallisiert werden, wobei die Anzeichen nicht gleichzeitig vorliegen müssen[60]. Eine erhebliche Kumulation der Kennzeichen spricht nicht für die Qualität, sondern allein für die Literarizität des Textes[61].

---

[55] *Culler*, Literaturtheorie (Fn. 54), S. 42 f.

[56] Es lassen sich zur Beschreibung von Literarizität Klang-, Wortfiguren und Tropen anführen; Klangfiguren: Alliteration, Anapher, Assonanz, Epanalepse, Gemination, Lautmalerei, Metaplasmus, Silbenreim, Wortspiel; Wortfiguren: Antithese, Chiasmus, Ellipse, Emphase, Klimax, Oxymoron; Parallelismus, Tropen (Wortgebrauch im übertragenen Sinn): Allegorie, Antonomasie, Hyperbel, Ironie, Litotes, Metapher, Metonymie, Periphrase, Personifikation, Synekdoche, Ornatus, Vergleich. Vgl. zur Begriffserläuterung und -vertiefung *Klausnitzer*, Literaturwissenschaft (Fn. 54), S. 26 ff. Ein Text ist literarisch, wenn eine Sequenz von Laut- oder Schriftzeichen besteht, die fixiert und/oder sprachkünstlerisch gestaltet und/oder inhaltlich fiktional ist. Hierzu *Schneider*, Einführung (Fn. 31), S. 9.

[57] Verfremdung: bewußte Abweichung von dem alltäglichen Sprachgebrauch; vgl. *Klausnitzer*, Literaturwissenschaft (Fn. 54), S. 29 ff.

[58] Konnotation: assoziierte Wortbedeutungen; Polysemie: Vorhandensein von mehreren Wortbedeutungen. Vgl. *Klausnitzer*, Literaturwissenschaft (Fn. 54), S. 33 f.; vgl. Dudenredaktion (Hrsg.): Duden, Bd. 5, 10. Aufl. 2010, Konnotation; Polysemie.

[59] *R. Ingarden*, Konkretisation und Rekonstruktion, in: R. Warning (Hrsg.), Rezeptionsästhetik, 4. Aufl. 1994, S. 42 ff.; *Culler*, Literaturtheorie (Fn. 54), S. 39; *Klausnitzer*, Literaturwissenschaft (Fn. 54), S. 32 f. – Weiterhin können literarische Texte als narrative Vorzeigetexte gekennzeichnet werden, die einem Selektionsprozeß unterliegen. Unter narrativen Vorzeigetexten versteht man Äußerungen, deren Bedeutung für den Rezipienten nicht in der mitgeteilten Information, sondern in ihrer Erzählbarkeit liegt. So *Culler*, ebda., S. 41 f. Der Selektionsprozeß folgt aus den Auswahlvorgängen bis hin zur Veröffentlichung und Rezeption durch den Leser; *Culler*, ebda., S. 42. – Instruktiv zu den Wirkungen eines literarischen Textes auf den Rezipienten *R. J. Gerrig/D. N. Rapp*, Psychological Processes Underlying Literary Impact, in: Poetics Today 25 (2004), S. 265 (265 ff.); hierzu *Culler*, ebda., S. 42: „‚Literatur‘ ist also eine institutionelle Bezeichnung, die uns Grund gibt für die Annahme, daß das Resultat unseres Lektüreaufwands ‚lohnend‘ sein wird.“

[60] In der Literaturwissenschaft ist die genaue Anzahl der Kriterien von Literarizität nicht festgelegt, da es sich allein um deskriptive Merkmale handelt. Sie werden auf induktive Weise bestimmt und wirken nicht normativ beschränkend.

[61] *Schneider*, Einführung (Fn. 31), S. 17.

Erstens wird Literatur als *künstlerische Sprachverwendung* verstanden[62]. Dabei handelt es sich um eine spezifische Art des Sprachgebrauchs, die Literatur von anderer Sprachverwendung unterscheidet[63]. Literatur ist Sprache, die die Sprache durch rhetorische, stilistische und literaturspezifische Ausdrucksmittel wie Metaphern und Reime sowie durch spezifische lautliche Strukturierungen selbst betont[64]. Außerdem wird Literatur als Sprache bestimmt, in der verschiedene Textbestandteile beispielsweise mittels Klangs, Grammatik und Reims in eine strukturierende Beziehung treten (Literatur als *mehrfach kodierte* Sprache)[65]. Sie zeichnet sich durch Relationen zwischen Form und Inhalt aus, die einen Gesamteffekt von Dissonanz oder Stimmigkeit hervorrufen können. Drittes Merkmal von Literatur ist die noch näher zu untersuchende *Fiktionalität*[66]. Darüber hinaus wird Literatur als *ästhetisches Objekt* bewertet[67]. Als weiterer Aspekt von Literatur wird in jüngerer Zeit die *Intertextualität*, die Bezugnahme eines Textes auf bereits vorhandene Werke, diskutiert[68]. Ein letzter Gesichtspunkt von Literatur ist ihre *Fixierung*, die beispielsweise schriftlicher oder elektronischer Art sein kann. Entscheidend ist eine gewisse Dauerhaftigkeit und Öffentlichkeit, eine Erreichbarkeit für einen potentiellen Rezipienten[69].

Allerdings bestehen zu allen Merkmalen zahlreiche Gegenbeispiele, so daß die Voraussetzungen von Literarizität nicht abschließend bestimmt werden können: Ein Autor kann seine schriftstellerischen Fähigkeiten nicht nur in literarischen Texten zum Ausdruck bringen. Derselbe Text wird von unterschiedlichen Rezipienten als literarisch oder nichtliterarisch gewertet[70].

Insgesamt ist festzuhalten, daß zwar keines der Merkmale allein zur Abgrenzung gegenüber der Faktualität ausreicht. Allerdings liegt die Schlußfolgerung

---

[62] *Schneider*, Einführung (Fn. 31), S. 11.

[63] *Culler*, Literaturtheorie (Fn. 54), S. 44.

[64] *Schneider*, Einführung (Fn. 31), S. 11; *Culler*, Literaturtheorie (Fn. 54), S. 44 f.

[65] *Culler*, Literaturtheorie (Fn. 54), S. 46.

[66] *M. Fludernik*, Towards a „Natural" Narratology, London/New York 1996, S. 39; *Schneider*, Einführung (Fn. 31), S. 11 ff.; *Culler*, Literaturtheorie (Fn. 54), S. 47 ff. – Aber auf die Erforderlichkeit eines Sprechakts oder einer Bezeichnung für das Kriterium und damit auf die Mittelbarkeit des Kriteriums weist hin *Jahraus*, Literaturtheorie (Fn. 30), S. 121. Dabei wird davon ausgegangen, daß der Inhalt erfunden oder erdichtet ist. Hierzu *Schneider*, Einführung (Fn. 31), S. 11. – Eine vertiefte Behandlung des Aspekts der Fiktionalität von Texten erfolgt unter Abschnitt C.II.2. Der Erzähler des fiktionalen Textes kann nicht mit dem empirischen Autor gleichgesetzt werden, wenn es auch deutliche Verbindungen zwischen ihnen geben kann. Allgemeine Auffassung, statt vieler *K. Kasics*, Literatur und Fiktion, 1990, S. 40; *U. Eco*, Im Wald der Fiktionen, 1994, S. 21 f.; *Schneider*, Einführung (Fn. 31), S. 153; *Culler*, ebda., S. 48. Auf den Standort als Abgrenzungskriterium bezieht sich (Erzähler im, Autor außerhalb des Textes), *K. Weimar*, Wo und was ist der Erzähler?, in: MLN 109 (1994), S. 495 (500); vgl. auch *Köppe*, Literatur (Fn. 30), S. 44.

[67] *Culler*, Literaturtheorie (Fn. 54), S. 50 f.

[68] *Culler*, Literaturtheorie (Fn. 54), S. 52 f.

[69] *Schneider*, Einführung (Fn. 31), S. 13; *Köppe*, Literatur (Fn. 30), S. 46.

[70] *Barsch*, Literarizität (Fn. 33), S. 430.

auf Literarizität nahe, wenn die literarische Sprache erkennbar ist, und die Unterschiede von Erzähler und Autor und/oder von Erzählung und Außenwelt insgesamt realisiert werden können[71].

bb) Stellungnahme: „Esra" auf Textebene als literarischer Text

Anknüpfend an die letztgenannten Kerngedanken von Literarizität ist das streitgegenständliche Buch in der Tat als Literatur zu klassifizieren. „Esra" ist durch eine einfache, unmittelbare Sprache gekennzeichnet, die für Werke des subjektiven Realismus typisch ist. Adam und *Biller, Erzähler und Autor,* sind *nicht identisch.* Aufgrund zahlreicher Übereinstimmungen der Biographien des Protagonisten und des Autors sind diese Merkmale von Literarizität zwar weniger prägnant. Allerdings wird in dem Buch durchaus für den Leser deutlich, daß ein Unterschied zwischen der Umwelt von Autor und Ich-Erzähler besteht. Phantastische Züge um den Schabbatai Zwi und die Reise Adams in die Türkei weisen klar auf unterschiedliche Sachverhalte hin[72].

Hinter dem *Aufbau der Erzählung* ist – beginnend mit der Preisverleihung an Lale und der Vorstellung der Protagonisten, gefolgt von der Entwicklung der Liebesgeschichte und dem Wiedersehen im Café sowie der Legende um Schabbatai Zwi – eine künstlerische Struktur zu erkennen. Die Erzählung ist sprachlich organisiert und nicht an einen konkreten Äußerungskontext gebunden[73]. Damit ist von einer Komplexität der Erzählung und einer Innovation der künstlerischen Sprachverwendung auszugehen.

Darüber hinaus läßt sich „Esra" aufgrund der *Figurengestaltung* als literarischer Text qualifizieren: Unter einer literarischen Figur versteht man „eine körperlich manifeste, kommunizierende Bewußtseinsinstanz [...]"[74], also eine physisch eigenständige Gestalt, die mit anderen Charakteren verkehrt und in Verbindung steht. Die Protagonisten Adam, Esra und Lale können als körperliche Manifestationen bezeichnet werden, da sie nicht allein typenhafte Umrisse, sondern in sich geschlossene, schlüssig ausgestaltete Erscheinungen im Roman ergeben. Sie stehen in Kommunikation, da sie sich untereinander austauschen und

---

71 Ähnlich *K. Weimar,* Literarische Bedeutung?, in: F. Jannidis/G. Lauer/M. Martínez/S. Winko (Hrsg.), Regeln der Bedeutung, 2003, S. 228 (245). – Diese Arbeit kann keine umfassende Untersuchung der Funktion des Autors leisten. Zur vertieften Analyse empfiehlt sich *C. Spoerhase,* Autorschaft und Interpretation, Berlin/New York 2007, S. 11 ff.

72 Vgl. *Biller,* Esra (Fn. 1), S. 194 ff., 213 f. – Traumsequenzen, Phantasiebilder, irrationale und spekulative Episoden mit Motivfunktion betonen die narrative Struktur des Textes und grenzen ihn von einem autobiographischen Roman ab. Hierzu *Eichner/Mix,* Fehlurteil (Fn. 399), S. 188. Beispielhaft für die Literarizität sind die religionsgeschichtlichen Episoden über den selbsternannten Messias Schabbatai Zwi und die Geschichte seiner Anhänger, der Dönme. Vgl. *Eichner/Mix,* ebda., S. 188 f.

73 Es handelt sich also um ein ästhetisches Werk, das vordergründig keinen textexternen Zweck verfolgt.

74 *Schneider,* Einführung (Fn. 31), S. 34.

so einen – wie auch immer ausgestalteten – Kontakt halten. In der Tat handelt es sich bei Adam, Esra und den Gestalten aus ihrem sozialen Umfeld um Bewußtseinsinstanzen, die sowohl denken als auch fühlen und damit über einen personalen Eigenwert verfügen.

Auch nach *äußeren Merkmalen* wie Klappentext, Titelblatt und Schutzumschlag kann der Text als literarisch eingestuft werden[75]. Schon in dem Roman wird der Eindruck erweckt, er nähme Bezug auf die nachfolgend veröffentlichte Erzählung *Billers* „Die Tochter"[76], so daß die Erzählung in einem intertextuellen Kontext steht. Auf der Textebene ist daher von einem literarischen Text auszugehen.

Damit handelt es sich nach den Merkmalen der Textebene von Erzähler-Autor-Verhältnis, Erzählungsaufbau, Figurengestaltung und nach dem äußeren Rahmen „Esras" insgesamt um einen literarischen Text.

e) Bestimmungsversuch auf der Handlungsebene: empirische Erhebungen

aa) Empirische, poststrukturalistische Ansätze: „Esra" als Literatur aufgrund Rezeption

Demgegenüber lehnen empirische und poststrukturalistische Ansätze die Bestimmung von Literarizität als Texteigenschaft ab[77]. So ergibt sich Literarizität nach dem Vorschlag von *Barsch* nur durch die *individuelle Entscheidung des Lesers*[78]. Diese ist allein abhängig von Faktoren wie kulturelle Sozialisation, literarische Kenntnisse, Interessenlagen und situationsabhängige Bedingungen der Leser. Nicht der Text für sich, sondern allein die *empirische Gesamtheit* der unterschiedlichen Auffassungen in der Leserschaft erzeuge danach den Literaturbegriff.

An dieser Stelle zeigt sich die Bedeutung des Realitätsverständnisses für den Literaturbegriff. Die vorangestellte Skizzierung von *Aristoteles'* Auffassung steht stellvertretend für die Literaturtheorien, die von einem Primat des Objektiven

---

[75] So auch *Eichner/Mix*, Fehlurteil (Fn. 399), S. 187.

[76] Allerdings später erschienen *M. Biller*, Die Tochter, 2009.

[77] *J. Fohrmann/H. Müller*, Einleitung: Diskurstheorien und Literaturwissenschaft, in: dies. (Hrsg.), Diskurstheorien und Literaturwissenschaft, 1992, S. 9 (16 f.): „In solchem Sinn [Texte als zusammengesetzte und künstlich umgrenzte Einheiten] kann man von der Pluralität eines Textes sprechen, der stets aus Aussagen verschiedener Diskurse besteht und allein in seiner Existenz immer schon auf *Intertextualität* bzw. auf *Interdiskursivität* verweist. Ein so multiplizierter Text erlaubt nämlich substantiell-klassifikatorische Zuordnungen. [...] Eine substantielle, metahistorisch fixierbare Qualität des Literarischen, Literarizität als Naturereignis, wird in der Regel bezweifelt." *J. Derrida*, Die différance, in: P. Engelmann (Hrsg.), Postmoderne und Dekonstruktion, 2007, S. 76 (88 ff.); *M. Foucault*, Die Ordnung der Dinge, in: A. Honneth/M. Saar (Hrsg.), Michel Foucault, 2008, S. 7 (64 ff., 69 ff., 76 f.).

[78] *A. Barsch*, Literatur und Recht aus literaturtheoretischer Sicht, in: B. Dankert/L. Zechlin (Hrsg.), Literatur vor dem Richter, 1988, S. 71; vgl. auch *H. Kreuzer*, Veränderungen des Literaturbegriffs, 1975, S. 64 ff.; *Barsch*, Literarizität (Fn. 33), S. 430.

gegenüber dem Subjektiven ausgehen. *Aristoteles* sieht die allgemeingültigen Wesenheiten, die „ousía", als Maßstab des menschlichen Lernprozesses und insbesondere der künstlerischen mimetischen Tätigkeit an. Es handelt sich nach seinem Verständnis um objektiv existierende Wesenheiten, um die realste Form von Wirklichkeit. Neuere Ansätze gehen demgegenüber von einer am Subjekt ausgerichteten Realität aus. Im Verlauf der Literaturgeschichte hat insbesondere ab der zweiten Hälfte des 18. Jahrhunderts eine *Subjektivierung* der Realitätsvorstellung und damit auch der Aufgabe und des Wesens von Literatur eingesetzt[79]. Die Existenz von objektiven Allgemeinheiten in Form von Ideen bei *Platon* oder Wesenheiten bei *Aristoteles* wurde in Frage gestellt und durch den Maßstab subjektiver Vorstellung ersetzt: Die objektiven Wahrheiten sind demnach von keiner realen Natur, sondern als Begriffe nur Bestandteile subjektiver Vorstellung und Voraussetzungen intersubjektiver Verständigung. Aufgabe der Kunst ist damit nicht mehr die Nachahmung objektiver Allgemeinheiten, sondern der Ausdruck von Individualität[80]. Das künstlerische Wesen folgt aus der Subjektivität. Wenn *Barsch* nun auch die Qualifizierung als Literatur an einer subjektiven Einschätzung, dieses Mal an der des Lesers, festmacht, ist das die konsequente Fortführung der progressiven Subjektivierung von Literatur im Laufe ihrer Geschichte. Vorliegend wäre demnach allein von dem Rezipienten in höchst individueller Form die Frage zu beantworten, ob es sich bei „Esra" um einen literarischen Text handelt.

bb) Stellungnahme: „Esra" auf Handlungsebene als literarischer Text

Wenn auch eine abschließende Begriffsbestimmung angesichts der Subjektivität und Pluralität des Literaturverständnisses der Leser ausgeschlossen bleibt, so kann doch angenommen werden, daß eine Großzahl die augenscheinlichen, bereits erörterten Kennzeichen auf Textebene wahrnimmt[81].

f) Zwischenergebnis: Literarizität, Texteigenschaft unter Einsicht der Rezipienten

Im Ergebnis läßt sich also die Literarizität des Textes von *Maxim Biller* nach beiden Ansätzen sowohl auf Text- als auch Handlungsebene bejahen. Insgesamt ist eine *Kombination* beider Ansätze insoweit überzeugend, als daß Literarizität als Texteigenschaft verstanden wird, die Rezeption der Leser allerdings hinsichtlich der Festlegung der Textcharakteristika zu berücksichtigen ist. *Iser* verbindet beide Aspekte treffend in der dargestellten Polarität eines Textes. Der

---

[79] Vgl. Abschnitt C.II.6.a.

[80] Vgl. zur darauf gründenden Theorie des radikalen Konstruktivismus *Kostenzer,* Reportage (Fn. 400), S. 44 ff.

[81] Wenn auch die insoweit erforderliche empirische Befragung nicht erfolgte, besteht jedenfalls aufgrund der aufgezeigten hohen Kumulation an Kennzeichen für Literarizität kein Hinweis auf ein abweichendes Evaluationsergebnis.

künstlerische Pol eines Textes bilde die Arbeit des Autors, der ästhetische Pol die Leistung des Rezipienten ab: „Aus einer solchen Polarität folgt, daß das literarische Werk weder mit dem Text noch mit dessen Konkretisation ausschließlich identisch ist."[82] Beide Pole sind gleichwertig und für den Bedeutungskontext unerläßlich. Zur Untersuchung der künstlerischen Umsetzung und Bearbeitung von Wirklichkeit ist die Leistung des Autors, der künstlerische Pol, relevant. Die Bewertung der Textwirkung in den sozialen Realien und die Feststellung einer Persönlichkeitsrechtsverletzung erfolgen durch die Rezeption des Lesers, also ausgehend von dem ästhetischen Pol. Folgend wird der ersteren Auffassung – Literarizität bestimmt auf Textebene – insoweit gefolgt, als daß *Literarizität als Texteigenschaft*, als Ergebnis der schriftstellerischen Leistung, verstanden wird. Daß die *Wirkung* dieser Literarizität – also der in dem zweiten Ansatz fokussierte Gegenstand – nichtsdestominder von auschlaggebender Bedeutung ist, zeigt sich nicht zuletzt in der Relevanz für eine Persönlichkeitsrechtsbeeinträchtigung. Zur Erklärung von Literarizität selbst ist also an die Eigenschaften eines Textes unter Berücksichtigung des zeitbedingten Textverständnisses der Rezipienten anzuknüpfen.

2. Fiktionalität bei „Esra": Kunstgriff oder Berechnung?

Der gordische Knoten der Entscheidung liegt bei der Bestimmung der Fiktionalität von „Esra": Dient Fiktion dem Schutz vor persönlichkeitsrechtsverletzenden Wirkungen in der Realität, oder ist Fiktion nicht mehr als eine Strategie *Billers*, die Verwicklung von Realität in Kunst zu kaschieren? Zunächst ist herauszuarbeiten, was unter Fiktion überhaupt verstanden wird. Der Begriff Fiktionalität folgt aus dem lateinischen Substantiv „fictio" zum Verb „fingere", erdichten, gestalten, vortäuschen[83].

---

[82] *W. Iser*, Der Lesevorgang, in: R. Warning (Hrsg.), Rezeptionsästhetik, 4. Aufl. 1994, S. 245 (253).

[83] *Hamburger*, Logik (Fn. 26), S. 53; *L. v. Laak*, Fiktionalität, in: D. Burdorf/C. Fasbender/B. Moennighoff (Hrsg.), Metzler Lexikon Literatur, 3. Aufl. 2007, S. 240 (240); *A. Barsch*, Fiktion, in: A. Nünning (Hrsg.), Metzler Lexikon, 4. Aufl. 2008, S. 201 (201). – Tatsächlich versteht man unter „fingere" primär „vortäuschen, lügen" und erst nachrangig ein wertneutrales „Erfinden", vgl. *U. Schödlbauer*, Geschichte als Erzählfiktion/1, Kurseinheit 1, 4. Aufl. 2004, S. 8; *M. Martínez/M. Scheffel*, Einführung in die Erzähltheorie, 8. Aufl. 2009, S. 13; *J. Gertken/T. Köppe*, Fiktionalität, in: S. Winko/F. Jannidis/G. Lauer (Hrsg.), Grenzen der Literatur, 2009, S. 228 (232 ff.). – Im 18. Jahrhundert erhielten die prosaischen Gattungen verstärkte Anerkennung. Einerseits dienten sie weiterhin der Unterhaltung, andererseits kam ihnen nun auch eine belehrende Funktion zu. Letztere basierte wie die Geschichtswissenschaft auf einer vernunftgemäßen Erkenntnis; *Schödlbauer*, ebda., S. 5. – Diese Arbeit kann eine geschichtliche Untersuchung des Phänomens der Fiktionalität nicht leisten. Instruktiv zum Entstehen auf Grundlage der Schriftkultur der Griechen *W. Rösler*, Die Entdeckung der Fiktionalität in der Antike, in: Poetica 12 (1980), S. 283 (286 ff.); *M. Hose*, Fiktionalität und Lüge, in: Poetica 28 (1996), S. 257 (258 ff.). Zugleich setzte aufgrund der Neuausrichtung

a) Fiktionalität in Abgrenzung zu Abstraktion, Fiktion, Fiktivität

aa) Fiktionalität in Abgrenzung zur verallgemeinernden Abstraktion

Fiktionalität ist abzugrenzen von Allgemeinplätzen wie „Abstraktion“ oder „Abstrahierung“. Unter letzteren versteht man einen gedanklichen Prozeß, der zur Schaffung von Begrifflichkeiten und Normen bestimmte Merkmale selektiert, um so die Sicht auf Relevantes und Konstantes zu erhalten. Resultat einer Abstraktion ist nach bildungssprachlichem Verständnis ein verallgemeinerter Begriff[84]. Die Fiktion ist hingegen kein Vorgang der Generalisierung, sondern der Erstellung einer konkreten Welt, die keine Referentialität zur Wirklichkeit aufweist[85]. Im folgenden soll diese Neuschöpfung, diese durch die Fiktionalisierung bewirkte Erschaffung einer anderen, erfundenen Welt, begrifflich präzisiert werden, um so ein differenziertes Bild des im „Esra“-Beschluß maßgeblichen Begriffs der Fiktion zu erhalten.

bb) Fiktionalität in Abgrenzung zum allgemeinen Begriff der Fiktion

Unter *Fiktion* versteht man allgemein die Erfindung im Kontrast zu tatsächlich existierenden Umständen[86]. Ein Sachverhalt wird aufgrund von gemeinsam geteilten, auf Sanktionen und Konventionen beruhenden Wirklichkeitsvorstellungen als real bezeichnet[87]. Fiktion faßt die untergeordneten Begriffe von Fiktivität und Fiktionalität zusammen. Text wie Figuren könnten vorliegend als Fiktion zu qualifizieren sein.

---

der Geschichtswissenschaft verstärkt eine Fiktionalisierungstendenz bei den tradierten historischen Gattungen ein. So *Schödlbauer,* ebda., S. 5, 11. Die Opposition von erstrebenswerter Wahrheit und täuschender Fiktion wurde aufgehoben. Der Fiktion wurde ein eigener Stellenwert zuerkannt. Seit der frühen Neuzeit findet ein Bewußtseinswandel statt, der sich bis zur Gegenwart fortsetzt. – Dabei auch umfassend zu den unterschiedlichen Bedeutungen von Fiktion für menschliches Verhalten *A. Assmann,* Fiktion als Differenz, in: Poetica 21 (1989), S. 239 (239, 242 ff.); zum philosophischen und theologischen Zusammenhang von Fiktion *O. Marquard,* Kunst als Antifiktion – Versuch über den Weg der Wirklichkeit ins Fiktive, in: D. Henrich/W. Iser (Hrsg.), Funktionen des Fiktiven, 2. Aufl. 2007, S. 35 (39 ff.); *J. Goodman,* Fictionalia as modal artifacts, in: Grazer Philosophische Studien 80 (2010), S. 21 (21 ff.).

[84] Dudenredaktion (Hrsg.): Duden (Fn. 58), Abstraktion.

[85] So aber, zumindest ungenau *C. Reichel,* Grenzen der Kunstfreiheit durch den Persönlichkeitsschutz, in: KUR 2008, S. 125 (127, 129).

[86] *W. Hoops,* Fiktionalität als pragmatische Kategorie, in: Poetica 11 (1979), S. 281 (284); *Barsch,* Fiktion (Fn. 83), S. 201.

[87] *Barsch,* Fiktion (Fn. 83), S. 201. Der Fiktionscharakter einer Darstellung ist zeitlich und kulturell bedingt und damit veränderbar. Hierzu *J. Landwehr,* Text und Fiktion, 1975, S. 169; *v. Laak,* Fiktionalität (Fn. 83), S. 240.

cc) Fiktionalität in Abgrenzung zur Fiktivität (ontologisches Wesen von Esra und Lale)

Fiktivität beschreibt die Existenzweise von Objekten, die nicht in der Realität vorkommen, also den spezifisch ontologischen Status des als nichtreal Dargestellten[88]. Fiktiv bezeichnet etwas Erfundenes, Erdachtes oder Vorgestelltes, das im Sinne einer „Als-ob"-Wertung betrachtet wird[89]. So werden also die Bereiche

---

88 *P. Blume,* Fiktion und Weltwissen, 2004, S. 79; *B. Bourbon,* Finding a Replacement for the Soul, Cambridge/MA 2004, S. 73 vergleicht ein fiktives Objekt mit einer ausgelöschten Kerze: „A nonexistent thing is always nonexistent because it is not a thing at all. This is true of blown out candle flames and of fictional characters." *Schödlbauer,* Geschichte (Fn. 83), S. 7. – Demgegenüber versteht *Reicher* unter fiktiven Gegenständen solche, die – wenn auch abstrakt, aber gleichwohl – existieren: *M. E. Reicher,* Die Gegenstände des Als-ob, in: G. Koch/C. Voss (Hrsg.), „Es ist, als ob", 2009, S. 49 (55, 61, 65, 67). Für den Fall, daß die dargestellte Geschichte nicht auf tatsächlichen Ereignissen beruht, die Fiktion sich also auf die Geschichte des Erzähltextes bezieht, wurde dieser Begriff geprägt. Hierzu *F. Zipfel,* Fiktion, Fiktivität, Fiktionalität, 2001, S. 68, 76 f.; *D. Werle,* Fiktion und Dokument, in: Non Fiktion 1 (2006), S. 112 (112); *Köppe,* Literatur (Fn. 30), S. 40: „Dinge, die man sich vorzustellen hat, wenn man ein fiktionales literarisches Werk liest." Von der hier vertretenen Ansicht abweichend bestimmt *Anderegg* fiktive Figuren durch ihre Existenz in dem Mitteilungsprozeß zwischen Autor und Leser und aufgrund eben dessen: *J. Anderegg,* Fiktion und Kommunikation, 2. Aufl. 1977, S. 30 f. – Den ontologischen Status hingegen insgesamt verneint *M.-L. Ryan,* Fiction, Non-Factuals, and the Principle of Minimal Departure, in: Poetics 9 (1980), S. 403 (410).

89 Für die Zeit des Lesens tut man so, „als ob" die Umstände sich so ereignet hätten, wohlwissend, daß es sich um eine Erfindung handelt. „Fiktiv" wird so als Gegenteil von „wirklich" im Fall von Gegenständen und Sachverhalten verstanden, die – obwohl bekanntlich nichtwirklich – als wirklich behandelt werden. *Hoops,* Fiktionalität (Fn. 86), S. 284; *U. Japp,* Die literarische Fiktion, in: C. Hilmes/D. Mathy (Hrsg.), Die Dichter lügen nicht, 1995, S. 47 (47); *Barsch,* Fiktion (Fn. 83), S. 201. – Hinzuweisen ist in diesem Kontext auf die konstituierende Bedeutung von *H. Vaihinger,* Die Philosophie des Als Ob, 1911, S. 154 ff. Die philosophische Betrachtung *Vaihingers* zur Fiktionalität ist bis zur Gegenwart prägend. Als Hauptmerkmale von Fiktionen arbeitet *Vaihinger* den Selbstwiderspruch, die Korrektur von Widersprüchen, das Bewußtsein der Fiktizität und die Zweckmäßigkeit von Fiktion heraus, die dem Erkenntnisfortschritt dienen, (ebda., S. 171 ff.). Für ihn ist die Lehre von Fiktionen „eine Maschinenlehre des Denkens, eine Technologie der logischen Funktion", (ebda., S. 180). – Sein konstituierendes Fiktionsverständnis aus philosophischer Sicht würde den Rahmen der Arbeit überschreiten und kann daher nicht vertieft werden. *Landwehr,* Text (Fn. 87), S. 186 ff. betrachtet *Vaihingers* „Als-ob"-Theorie auch als grundlegend. – *K. W. Hempfer,* Zu einigen Problemen einer Fiktionstheorie, in: Zeitschrift für französische Sprache und Literatur 100 (1990), S. 109 (117 f.) lehnt sie hingegen mangels Unterscheidbar- und damit Leistungsfähigkeit ab; kritisch auch *Hamburger,* Logik (Fn. 26), S. 54 ff.; *R. Warning,* Der inszenierte Diskurs, in: D. Henrich/W. Iser (Hrsg.), Funktionen des Fiktiven, 2. Aufl. 2007, S. 183 (191). – *Ryan* grenzt das Verständnis von non-faktualistischen Äußerungen wie Traumerzählungen, Phantasien, Wünschen und counterfactuals („Was wäre gewesen, wenn […].") ab. *Ryan,* Fiction (Fn. 88), S. 405 ff.; *dies.,* Narrative as Virtual Reality, Baltimore/London 2001, S. 103. Differenziert betrachtet von *A. Traninger,* Hans Vaihingers *Philosophie des Als Ob* und die literaturwissenschaftliche Fiktionalitätstheorie – Stationen produktiven Mißverstehens, in: I. O. Rajewsky/U. Schneider (Hrsg.), Im Zeichen der Fiktion, 2008, S. 45 (46 ff.).

mit den zugehörigen Personen und Objekten apostrophiert, die erfunden, also Geschöpfe der Vorstellungskraft, sind[90]. In literarischen Texten wird der imaginäre Status von Figuren oder Umständen, die keine gleichartige Entsprechung in der Realität haben, entsprechend benannt[91]. Fiktive Figuren können nichtsdestominder ein Pendant im Sinne einer Vorlage in der Realität haben[92]. Fiktivität bezeichnet damit den ontologischen Status der Elemente, die in einem fiktionalen Text geschildert werden[93]. Nicht der literarische Text selbst kann, aber Esra und Lale können als fiktiv beschrieben werden.

b) Was ist Fiktionalität? Beschreibung von Fiktivität

Als *Fiktionalität* bezeichnet man die *Beschreibung* der fiktiven Welt, also vorliegend den Text von *Biller*[94]. Sie bezieht sich damit gegenüber der genannten Fiktivität nicht auf den ontologischen, sondern auf den pragmatischen Status des Dargestellten[95]. Fiktionalität ist das Verhältnis der Äußerung zu den fiktiven Bestandteilen[96]. Sie ist Eigenschaft vieler literarischer Texte und bezeichnet die Darstellungsart von fiktiven Elementen wie Figuren und Objekten im Text[97]. Wenn die Welt um Esra und Lale als fiktiv zu bewerten ist, kann der von *Biller* verfaßte, streitgegenständliche Text als fiktional qualifiziert werden. Ob dies vorliegend der Fall ist, der Inhalt als fiktiv, der Text als fiktional bezeichnet werden kann, soll folgend anhand des Referenzkriteriums herausgearbeitet werden.

---

[90] *R. Bunia*, Faltungen, 2007, S. 104.

[91] Den Sachverhalt in fiktionalen Texten als „konzeptuell" beschreibt *K. Stierle*, Der Gebrauch der Negation in fiktionalen Texten, in: H. Weinrich (Hrsg.), Positionen der Negativität, 1975, S. 235 (238); ähnlich *v. Laak*, Fiktionalität (Fn. 83), S. 240; *Barsch*, Fiktion (Fn. 83), S. 201.

[92] *Bunia*, Kunst (Fn. 17), S. 166 f.

[93] *Gertken/Köppe*, Fiktionalität (Fn. 83), S. 230 f.

[94] Vgl. zur Unterscheidung von Fiktion auch *Landwehr*, Text (Fn. 87), S. 180; *Kasics*, Literatur (Fn. 66), S. 11, 30 ff., 49 ff.; *K. L. Pfeiffer*, Zum systematischen Stand der Fiktionstheorie, in: Journal for General Philosophy of Science 21 (1990), S. 135 (137). – Zur Vorstellung von Fiktionalität *Bunia*, Faltungen (Fn. 90), S. 105; *G. W. Bertram*, Fiktion und Selbstbezug, in: G. Koch/C. Voss (Hrsg.), „Es ist, als ob", 2009, S. 87 (87).

[95] *Martínez/Scheffel*, Einführung (Fn. 83), S. 13.

[96] *Landwehr*, Text (Fn. 87), S. 180 f.; *Blume*, Fiktion (Fn. 88), S. 78 definiert umfassend: „Ein Text ist genau dann als fiktional einzustufen, wenn der global mit ihm gegebene Darstellungszusammenhang (das Makroscript) an mindestens einer Stelle ein nicht in der Enzyklopädie des Verfassers bereitliegendes, intentional neu geschaffenes Konzept enthält und wenn Ziel der Darstellung dabei weder die Täuschung des Rezipienten noch das unmittelbare Erfassen eines Wirklichkeitsausschnitts ist." Auf eine Rezeption als „fiktional" kommt es zur Bestimmung der Fiktionalität eines Textes nicht an: *Werle*, Fiktion (Fn. 88), S. 119 f.

[97] *Werle*, Fiktion (Fn. 88), S. 112. Ein fiktionaler Text beinhaltet keinen – folgend näher zu erörternden – Anspruch auf Referenzialisierbarkeit und macht nicht die erfüllte Tatsächlichkeit des mitgeteilten Inhalts geltend. Bestimmungsmerkmal eines fiktionalen Textes ist, daß er keinen Faktizitätsanspruch erhebt: *G. Gabriel*, Fiktion und Wahrheit, 1975, S. 28; *Harshaw*, Fictionality (Fn. 16), S. 229; *Bourbon*, Replacement (Fn. 88), S. 50 bringt diese Auffassung auf den Punkt: „Fictions, unlike nonfictions, do not make specific claims about the world."

aa) Vorab Festlegung der Grenze des „Referenzkriteriums": Subjektivität

Wenn nachstehend auch mangels alternativer Abgrenzungsmerkmale das Referenzkennzeichen zur Differenzierung von fiktionalen und nichtfiktionalen Texten herangezogen wird, so ist doch vorab auf die *Beschränktheit des Kriteriums* hinzuweisen. Denn sprachphilosophisch gesehen ist die Unterscheidung anhand des Referenzkriteriums/Referenzialisierungsanspruchs ungenau. Da der Rezipient von der außersprachlichen Umwelt allein mittelbar, nämlich durch sein persönliches Wahrnehmungsvermögen, erfährt, kann er keinen direkten, unverstellten Zugang zur Realität erhalten. Auch eine textuelle Aussage, von einem Subjekt geäußert oder rezipiert, kann nur durch die *subjektive Brille des einzelnen* erfaßt werden. Sie eröffnet keine unmittelbare, objektive Beziehung zur außersprachlichen Umwelt. Eine nichtfiktionale Äußerung umfaßt nur den Vergleich von subjektiv geformter Erklärung des Autors und subjektiv wahrgenommener Realität des Rezipienten. Eröffnet ein Text nicht einen derartigen – zugegeben individuell durch Sender und Empfänger gefärbten – Vergleich einer unabhängig existierenden Wirklichkeit, fehlt ihm also gänzlich die Referenz, der Bezug zu einer intersubjektiven Realität, so ist er als fiktional zu kennzeichnen[98]. Damit handelt es sich also bei einem Text, der keinen Referenzanspruch erhebt, präzise genommen um einen Text, der den Vergleich des subjektiv vermittelten Inhalts mit der ebenfalls subjektiv wahrgenommen, außersprachlichen Wirklichkeit ausschließt[99]. Die Objekte, die im Fall „Esra" von *Biller* mitgeteilt werden, könnten nicht mit denen, die vom Leser wahrgenommen werden, verglichen werden, da ihnen die objektive Wirklichkeit als gemeinsamer Bezugspunkt, als Meßlatte von Übereinstimmungen und Abweichungen, fehlt.

---

[98] *R.-A. d. Beaugrande/W. U. Dressler,* Einführung in die Textlinguistik, 1981, S. 117; *A. Kablitz,* Kunst des Möglichen, in: Poetica 35 (2003), S. 251 (254) macht auf den Widerspruch im poststrukturalistischen Fiktionsverständnis aufmerksam, eine Kenntnis als fiktiv zu bewerten, wenn man – gemäß der poststrukturalistischen Überzeugung von der Fiktivität aller Erkenntnisse – zu einer solchen verifizierbaren Aussage selbst nicht fähig ist: „[...] – und begibt sich gerade aufgrund dieser Radikalität in einen logischen Widerspruch, insofern sie die Fiktivität von etwas behaupten muß, dessen Realitätsstatus zu überprüfen sie selbst unmöglich macht."

[99] Eine eingehende Darstellung der Abweichungen in der Forschungsliteratur hinsichtlich der Begriffsbestimmung kann an dieser Stelle nicht geleistet werden. – Gute Einführung bei *Anderegg,* Fiktion (Fn. 88), S. 33 ff.; *d. Beaugrande/Dressler,* Einführung (Fn. 98), S. 88 ff., 145 ff.; *Kasics,* Literatur (Fn. 66), S. 34; *Zipfel,* Fiktion (Fn. 88), S. 197 ff. – *Werle,* Fiktion (Fn. 88), S. 112 beschreibt einen fiktionalen Text trefflich als „in bestimmter Weise gestalteter Text, der Gegenstände und Sachverhalte darstellt, welche sich der Autor so vorstellt und vorgibt, es verhielte sich mit ihnen so, wie er es darstellt." Anstelle des fehlenden Referenzanspruchs bestimmt *Werle* die mangelnde Referenzialisierung als Fiktionskriterium: *ders.,* ebda., S. 112, 117. Im Austausch für den Referenzanspruch auf eine Selbstbezüglichkeit fiktionaler Texte stellt ab *Bertram,* Fiktion (Fn. 94), S. 97 ff.

bb) Referenz: Ist der Bezug zu einer objektiven Welt, ist eine objektive Welt möglich?

Das Verständnis des Referenzkriteriums divergiert zwischen unterschiedlichen Zeichenmodellen, namentlich zwischen referenzfreundlichen, logikorientierten und andererseits referenzfeindlichen, poststrukturalistischen Ansätzen.

Erstere gehen – trotz subjektiver Ausformungen – von einer möglichen Deckungsgleichheit von beschriebenen Gegenständen und beschreibenden Worten aus. Im Gegensatz zu referentiellen Texten besteht demnach bei fiktionalen Texten kein eindeutiger Realitätsbezug[100]. Denn Vertreter der referenzfreundlichen Theorie halten eine außerkünstlerische Realität für wahr, die von der Sprache getrennt besteht – so also im Grundsatz angelegt im Fall von mit der Wirklichkeit übereinstimmenden Texten. Diese Position läßt sich als „wahrheitsfreundlich"[101] beschreiben. Abgeglichen an diesem eigenständigen Bezugs- und Meßpunkt außerhalb des sprachlichen Bewußtseins wird eine Zuteilung in „wahre Fakten" und „falsche Fiktionen" möglich. Die Schilderung eines objektiven Ereignisses kann als wahr oder falsch eingeordnet werden, abhängig davon, ob sie den Umstand abbildend und damit zutreffend wiedergibt. Nach diesem Ansatz besteht zumindest die Möglichkeit, daß Esra und Lale mit den Klägerinnen zu 1) und 2) identisch sind.

Die referenzfeindliche Ansicht schließt hingegen die Möglichkeit einer solchen Identität aus und versteht den Referenzakt allein als Differenzierung zu bereits bekannten Worten oder Dingen[102]. Eine Unterscheidung in richtige und falsche Realitätsbezüge ist ausgeschlossen, da keine dingliche Realität außerhalb der Sprache als Maßstab existiert[103]. Demnach besteht kein außersprachlicher Dreh- und Angelpunkt für die Einteilung in wahr und unwahr. Wenn aber – wie von der referenzfeindlichen Theorie vertreten – kein Ereignis unabhängig von der Sprache besteht, kann auch keine als wahr oder falsch zu qualifizierende Relation bestehen. Die Bezugnahme ist dann beliebig und nicht mehr als eine sprachliche Konstruktion[104]. Nach dieser Theorie kommt eine Übereinstimmung von Esra und Lale und den Klägerinnen überhaupt nicht in Betracht.

---

[100] *Landwehr,* Text (Fn. 87), S. 159; *S. J. Schmidt,* Fiktionalität als texttheoretische Kategorie, in: H. Weinrich (Hrsg.), Positionen der Negativität, 1975, S. 526 (527); *Anderegg,* Fiktion (Fn. 88), S. 96, 111; *Barsch,* Fiktion (Fn. 83), S. 201. – Kritisch zur Referentialität als Abgrenzungskriterium *W. Preisendanz,* Sachverhalte in Fiktionen, in: H. Weinrich (Hrsg.), Positionen der Negativität, 1975, S. 520 (520 f.).

[101] *Bunia,* Faltungen (Fn. 90), S. 57.

[102] Das poststrukturalistische Verständnis erörtert *Kablitz,* Kunst (Fn. 98), S. 251 ff. – Grundlegend zum Konflikt von analytischer und poststrukturalistischer Sichtweise *R. Bunia,* Worte und andere Dinge, in: M. Butter/C. Sanchez/R. Grundmann (Hrsg.), Zeichen der Zeit, 2008, S. 199 (205 f.).

[103] Gute Übersicht zum Theorienstreit bei *Bunia,* Faltungen (Fn. 90), S. 51 ff.

[104] Davon ist erstens die philosphische Frage zu unterscheiden, ob es wahre und falsche Aussagen gibt. Zudem ist zweitens die wissenschaftliche Untersuchung der Richtigkeit einer

cc) Stellungnahme: Referentialisierung durch intersubjektive Beschaffenheit

Nach poststrukturalistischem Verständnis sind Zeichen allein selbstreferentiell, verweisen also primär nur auf sich selbst, da ein authentischer Bezug zur dinglichen Welt ausgeschlossen ist[105]. Nach hier vertretener Auffassung kann ein Text sich allerdings nicht nur auf seine eigenen Zeichen, sondern auf eine erkannte, dingliche Außenwelt beziehen, die in unsere, in der Tat subjektiv ausgestaltete Kommunikation durch den von ihr hervorgerufenen Eindruck Eingang findet. An Beispielen psychischer und physischer Beschaffenheiten soll diese Ansicht verdeutlicht werden: Wenn eine Person traurig ist, so ist diese Gefühlshaltung real, zunächst in der subjektiven Wahrnehmungswelt des Melancholischen durch Emotionen der Verwirrung, Gleichgültigkeit und Niedergeschlagenheit, dann auch für die Außenwelt physisch wahrnehmbar in Form von äußeren Erscheinungen wie beispielsweise Tränen oder Gesichtsblässe. Dieser Vorgang erfolgt und ist existent unabhängig von der Wahrnehmung durch Dritte. Reagiert nun eine weitere Person auf diese Umstände, so stellt sie eine echte Beziehung zu diesem äußeren Zustand her. Der invalide Sender und der mitleidsvolle Empfänger bürgen für die Aussagekraft dieser Mitteilung. Ebenso verhält es sich mit einem physisch Kranken, der beispielsweise von einem grippalen Infekt getroffen ist. Die Symptome belegen den Krankheitszustand. Ohne Belang ist, ob ein Dritter davon Kenntnis erhält. Der Infekt ist jedenfalls medizinisch diagnostizierbar. Wenn nun eine weitere Person den Erkrankten als solche realisiert, beeinflußt das nicht das Krankheitsbild. Ebensowenig führt ein Ignorieren zum Verschwinden der Beschwerden. Die vom Betroffenen erlebten und mitunter auch naturwissenschaftlich meßbaren Zustände bestehen also unabhängig von der Wahrnehmung Dritter. Diese Beispiele ließen sich weiterführen und um die Bestätigung durch Intersubjektivität ergänzen (mehrere sehen die Tränen der ersten Person, vernehmen das Husten der zweiten Person, das ärztlich diagnostizierte Krankheitsbild erweist sich als richtig). Sie sollen jedenfalls die hier vertretene Ansicht erklären, daß aufgrund von naturwissenschaftlichen Messungen, subjektiven Erfahrungen und intersubjektiven Bestätigungen ein Umstand als real beschrieben werden kann. Wenn ein Text sich nun auf diesen bezieht, kann er ihn entweder wiedergeben oder von dem festgestellten Faktum abweichen. Eine Referenz von Texten zur Wirklichkeit erscheint damit möglich. Konsequenz ist also, daß ein Text eine Verbindung zur

---

Beobachtung von der Untersuchung des Weltbezugs, der Referentialität, abzugrenzen. Vgl. *Bunia*, Faltungen (Fn. 90), S. 57 ff.

[105] Nach *Bunias* Analyse ist allerdings eine genaue Aufteilung in die Welt der Zeichen und Gegenstände nicht durchführbar, denn sie bedingen sich gegenseitig: *Bunia*, Worte (Fn. 102), S. 209, 215 f. Er erklärt griffig, (ebda., S. 215): „Das ist die Art und Weise, wie Dinge sprechen, weswegen sie ein Rederecht haben." Eine strikte Trennung von Gegenstand und Zeichen erscheint damit also überflüssig, soll aber folgend zur Entscheidung des Theorienstreits aufrechterhalten werden.

Realität herstellen kann. Folgend ist zu untersuchen, ob „Esra" ein referentieller Text ist[106].

dd) Kein Wirklichkeitsbezug von „Esra", keine Kategorisierung richtig-falsch

Literatur stellt keinen Wirklichkeitsbezug her und kann daher weder als „wahr" noch als „falsch" bezeichnet werden[107]. Die Zuordnung als „richtig" oder „falsch" ist nur zweckmäßig, um eine Aussage mit dem wirklich Geschehenen abzugleichen. Ein fiktionaler Text hat nach diesem mittlerweile allgemein geltenden Grundsatz aber nicht die Realität, sondern das literarisch Mögliche zum Gegenstand und macht daher keinen Faktizitätsanspruch geltend[108]. Hier wird

---

[106] Folgend ist also die Fiktionalität des Textes „Esra" zu untersuchen. Vorweg: Ein fiktionaler Text ist eine Sachverhaltsdarstellung, die sich sowohl aus den Elementen des Erzählens als auch des Beschreibens zusammensetzt. Die enge Verbindung zur Narrativistik erläutert *Zipfel,* Fiktion (Fn. 88), S. 57 f. Der fiktionale Text ist nach *Hoops,* Fiktionalität (Fn. 86), S. 298 das „Ergebnis einer vom Autor mittels spezifischer Indikatoren vollziehbaren Sprachhandlung […]." Das Adjektiv „fiktional" beschreibt dementsprechend die Darstellungsweise und bezieht sich nicht wie „fiktiv" und „fingiert" auf den Status des Dargestellten. Fiktionalität bezeichnet eine bestimmte Sprachverwendung oder Redeform, die durch einen scheinbar paradoxen Wahrheitsanspruch bestimmt wird: *v. Laak,* Fiktionalität (Fn. 83), S. 240. Eine fiktionale Darstellung behauptet, daß etwas in der Tat so ist – aber nicht in bezug auf die außerkünstlerische Wirklichkeit, sondern in Hinblick auf die imaginäre Objektivität der erzählten Welt. Erörtert von *Zipfel,* ebda., S. 68; *v. Laak,* ebda., S. 240. Fiktionale sind von fingierten Texten zu unterscheiden. Unter „fingiert" versteht man Gegenstände und Sachverhalte, die nicht bestehen, deren Existenz allerdings – im Unterschied zum fiktionalen Text – bewußt vorgetäuscht wird. Hierzu *J. Landwehr,* Fiktion oder Nichtfiktion, in: H. Brackert/J. Stückrath (Hrsg.), Literaturwissenschaft, 6. Aufl. 2000, S. 491 (500). Fiktionalität darf nicht mit einer Lüge verwechselt werden, bei der der Aussagende bewußt eine falsche Aussage über die Wirklichkeit äußert. Hierzu *Hoops,* ebda., S. 284 f.; *R. Haller,* Facta und Ficta, S. 83. – Zur historischen Abwertung von Fiktion als Gegenspielerin der Wahrheit *Assmann,* Fiktion (Fn. 83), S. 252 ff.; *D. Henrich,* Versuch über Fiktion und Wahrheit, in: ders./W. Iser (Hrsg.), Funktionen des Fiktiven, 2. Aufl. 2007, S. 511 (512). In einem fiktionalen Text wird ein Geschehen erzählt, das sich nicht in der Wirklichkeit, aber in der imaginären Welt ereignet hat. So *v. Laak,* ebda., S. 240; *Martínez/Scheffel,* Einführung (Fn. 83), S. 10 f.

[107] *Genette,* Fiktion (Fn. 41), S. 81; *R. Ingarden,* Vom Erkennen des literarischen Kunstwerks, 1997, S. 168. – Auf die Intention einiger Autoren, die dieses Verständnis bewußt auf die Probe stellen, weist hin *Japp,* Fiktion (Fn. 89), S. 50 ff.; *J. Vogt,* Grundlagen narrativer Texte, in: H. L. Arnold/H. Detering, Grundzüge der Literaturwissenschaft, 7. Aufl. 2005, S. 287 (293); *M. E. Reicher,* Einleitung, in: dies. (Hrsg.), Fiktion, Wahrheit, Wirklichkeit, 2007, S. 7 (8); *Stierle,* Fiktion (Fn. 53), S. 174. – Bezüglich der Gattung Roman *C. Berthold,* Fiktion und Vieldeutigkeit, 1993, S. 174, 188.

[108] Wenn es sich bei dem mangelnen Faktizitätsanspruch um ein weitgehend anerkanntes Fiktionalitätskriterium handelt, ist die Kritik von *Kasics,* Literatur (Fn. 66), S. 33 f. nicht gänzlich von der Hand zu weisen. Er macht darauf aufmerksam, daß die Fiktionalisierung nicht durch eine Verneinung der Referenzialisierung oder des Anspruchs auf Referenzialisierung, sondern durch die Aufhebung des *Akts* der Referenzialisierung charakterisiert wird. Bei einem solchem Akt setzt der Sender die Verweisungsrelation vom Aussagesubjekt zum -objekt fest. Im Fall eines fiktionalen Textes gibt der Erklärende dementsprechend keine Instruktion, die auf die Realität verweist. In der Tat könnte die Formulierung *Kasics'*

also die Folge aus der Negierung des Faktizitätsanspruchs deutlich: Ein Autor gibt sich grundsätzlich weder in Hinblick auf die außersprachliche Realität als kompetent noch in ihrer Bezugnahme als authentisch aus. Den Grundsatz, daß kein Faktizitätsanspruch erhoben wird, faßt *Köppe* unter Berücksichtigung der beiden Wirklichkeitsbegriffe innerhalb und außerhalb von Texten daher treffend zusammen: „Was ein Autor schreibt, konstituiert (in der Regel) eine Wahrheit in der ‚fiktionalen Welt', die dem entsprechenden Werk zugeordnet werden kann – um eine Behauptung über die Wirklichkeit handelt es sich nicht."[109] Literatur gibt die Wirklichkeit also nicht unverändert wieder, sondern stellt selbst durch die künstlerische Bearbeitung eine neue Schöpfung von Wirklichkeit dar[110]. Diese Gestaltung läßt sich mit dem Bild des Spiels vergleichen. Denn einerseits verneint die Vorstellung eines Spiels einen Realitätsbezug. Andererseits beinhaltet sie die Verpflichtung zur Einhaltung von Spielregeln[111]. Aus realen und fik-

---

den Sachverhalt präziser umschreiben: Es bleibt unklar, wie ein Text einen (Faktizitäts-)Anspruch erheben soll, wenn er nur das Feld ist, in dem sich die Kommunizierenden verständigen. Tatsächlich handelt also der Sender, in dem er in einem fiktionalen Text keine Verweisung auf ein Aussageobjekt vornimmt. Da es sich allerdings letztlich um begriffliche Differenzierungen handelt, die zu keinen grundsätzlich unterschiedlichen Beurteilungen in Hinblick auf Fiktion führen, soll das allgemein anerkannte Fiktionskriterium des fehlenden Faktizitätsanspruchs beibehalten werden. Für den Anspruch dieser Arbeit, das Verhältnis von literarischer Darstellung und Realität im Fall „Esra" zu untersuchen, dürfte das Kriterium allemal genügen. Vgl. auch *W. Haug,* Die Entdeckung der Fiktionalität, in: ders. (Hrsg.), Die Wahrheit der Fiktion, 2003, S. 128 (132).

[109] *T. Köppe,* Vom Wissen *in* Literatur, in: Zeitschrift für Germanistik. Neue Folge 17 (2007), S. 398 (403). – Plastisch wird diese Feststellung bei *T. Parsons,* A Meinongian Analysis of Fictional Objects, in: Grazer Philosophische Studien 1 (1975), S. 73 (77): „For example, we might want an analysis which would make Sherlock Holmes turn out to be an object which has these nuclear properties: he is a detective, he solves crimes, he lives at 221B Baker Street, etc. But this is controversial matter, for it is by no means clear that Holmes *has* those properties. Certainly it is true that *according to the story* Sherlock Holmes *has* those properties. Certainly it is true that *according to the story* Sherlock Holmes is a detective. But to go on and require that Sherlock Holmes *be* a detective runs the risk of confusing truth-according-to-the-story with truth. The story *says* he's a detective, but stories say lots of things that aren't true."

[110] Zu diesem Kunstverständnis nach *Aristoteles* vgl. Abschnitt C.II.6.a.aa und statt vieler *A. Assmann,* Die Legitimität der Fiktion, 1980, S. 154 f.; *Kasics,* Literatur (Fn. 66), S. 34; *J. M. Lotman,* Die Struktur literarischer Texte, 4. Aufl. 1993, S. 22 ff.; *Zipfel,* Fiktion (Fn. 88), S. 286; *O. Sill,* ‚Fiktionale Realität' vs. ‚Reale Realität'?, in: Soziale Systeme 3 (1997), S. 137 (153) beschreibt die neue Welt anhand von Vorgängen bei Produktion und Rezeption, „in denen imaginäre Potentiale jeweils den Ausgangspunkt bilden, um dann, unter dem Einfluß des Bewußtseins, in eine bestimmte Gestalt überführt zu werden: in die Gestalt des Textes bzw. in die Gestalt eines konkretisierten, vom Text zwar ermöglichten, doch von ihm selbst nicht ausformulierten Sinnes"; *Ryan,* Narrative (Fn. 89), S. 91. – Zur Theorie und Geschichte der literarischen Kommunikation *Assmann,* Fiktion (Fn. 83), S. 248 f.; aus juristischer Sicht auch zustimmend für viele *Meyer-Cording,* Portrait (Fn. 358), S. 737.

[111] *Barsch,* Fiktion (Fn. 83), S. 201. In diesem Kontext arbeitet *von Arnauld* überzeugend den mannigfaltigen Einsatz von Spielregeln in unterschiedlichen Handlungszusammenhängen heraus: *A. v. Arnauld,* Normativität von Spielregeln, in: ders. (Hrsg.), Recht und

tiven Elementen entsteht eine neue Wirklichkeit, die nach ihren eigenen Regeln in sich stimmig und von der außerkünstlerischen Welt losgelöst ist. *Hohmann-Dennhardt* und *Gaier* formulieren das äußerst prägnant in ihrem Sondervotum: Sie setzen – wie auch die Senatsmehrheit – voraus, daß „[...] ein Roman, auch wenn er an die Wirklichkeit anknüpft, diese in andere ästhetische Ebenen hebt, sie umformt, weiter ausgestaltet, in andere thematische Beziehungen setzt, damit neue Wirklichkeiten schafft und insofern grundsätzlich zunächst einmal als Fiktion ohne Faktizitätsanspruch anzusehen ist.“[112] Zusammenfassend läßt sich festhalten, daß sich aus dem ureigenen Charakter von Kunst heraus eine Qualifizierung von „Esra“ – die Fiktionalität unterstellt – als „unwahr“ verbietet. Der Text ist Ausdruck einer eigenständigen Welt, die keine Abbildung der Wirklichkeit beinhaltet. Dementsprechend ist die Erzählung auch nicht unwahr, wenn sie sich in der Ausarbeitung von den Biographien ihrer Vorlagen unterscheidet.

ee) Zwischenergebnis zu Fiktion, Fiktivität, Fiktionalität und Referenzkriterium

Unter „Fiktion“ versteht man allgemein „Erdachtes“ und „Erfundenes“. „Fiktivität“ bezeichnet den ontologischen Status der Nichtwirklichkeit von Figuren und Gegenständen. Der Text, der diese fiktiven Erscheinungen dann zum Ausdruck bringt, ist „fiktional“. Vorliegend wird die Möglichkeit einer textlichen Referenz zu objektivierbaren Umständen grundsätzlich bejaht, so daß diese Referenz zur Außenwelt Unterscheidungskriterium für einerseits fiktionale, keinen Wirklichkeitsbezug proklamierende Mitteilungen, andererseits nichtfiktionale, einen Realitätsbezug beinhaltende Texte ist[113].

Spielregeln, 2003, S. 17 (17 ff.). Dabei weist er auch auf die hier wie dort herrschende Verbindlichkeit von Spielregeln in überzeugender Form hin (ebda., S. 34 ff.).

[112] BVerfGE 119, 1 (38). Zur Präzisierung des Fiktionalitätskriteriums – keine Referenzialisierbarkeit/kein Anspruch auf Referenzialisierbarkeit –, vgl. *Anderegg*, Fiktion (Fn. 88), S. 33 ff.; *Kasics*, Literatur (Fn. 66), S. 34; *Zipfel*, Fiktion (Fn. 88), S. 197 ff.; *B. v. Becker*, Überlegungen zum Verhältnis von Kunstfreiheit und Persönlichkeitsrecht, in: AfP 2001, S. 466 (470); *Ryan*, Narrative (Fn. 89), S. 92. – *Werle*, Fiktion (Fn. 88), S. 117 lehnt hingegen die Negierung eines Referenzanspruchs als Charakteristikum von Fiktionalität ab, wenn er davon ausgeht, daß „[...] Fiktionen zwar die Referenz auf die Realität suspendieren, dass sie aber gleichzeitig eine Realitätsreferenz mit unterschiedlichen Mitteln immer wieder suggerierend behaupten.“

[113] Die Differenzierung gestaltet sich – wie nicht zuletzt im „Esra“-Verfahren verdeutlicht – im konkreten Einzelfall als durchaus schwierig: *Gertken/Köppe*, Fiktionalität (Fn. 83), S. 229 f. Auf die unterschiedslose Sprache und Semantik von Sach- und Fiktivtexten stellt *Anderegg*, Fiktion (Fn. 88), S. 27, 97 ab. So auch *Kasics*, Literatur (Fn. 66), S. 56 f.; *Genette*, Fiktion (Fn. 41), S. 92 ff.; *Zipfel*, Fiktion (Fn. 88), S. 133. – Zur Genetteschen Erzähltheorie *ders.*, Nachahmung – Darstellung – Fiktion?, in: B. F. Scholz (Hrsg.), Mimesis, 1998, S. 165 (165 ff.). Ein Text ist – mit anderen Worten – nichtfiktionale Kommunikation, wenn Schreibweise und Textsorte eine wahrheitsfähige Äußerungsform darstellen, der Text sich auf Wirkliches bezieht und der Autor „als er selbst“ spricht, also mit dem Sprecher übereinstimmt: *Anderegg*, Fiktion (Fn. 88), S. 96 f., 99, 112; *Landwehr*, Fiktion (Fn. 106), S. 496. – Ein fiktionaler

c) Begriff der Fiktion

aa) Ansätze zur Bestimmung: Searle, Walton, Lamarque/Olsen

Grundlegend zur Bestimmung von Fiktionalität sind die Arbeiten von *Searle*, *Walton* sowie *Lamarque* und *Olsen*. *Searle* qualifiziert einen Text als fiktional, wenn ein illokutionärer Akt, ein Sprechakt hinsichtlich seiner kommunikativen Funktion, vom Autor vorgegeben, dann allerdings nicht tatsächlich ausgeführt wird[114]. Der Autor gibt die Ausführung einer Handlung zwar vor, gleichwohl täuscht er den Rezipienten nicht tatsächlich und intendiert auch nicht ernsthaft, eine Fehlvorstellung hervorzurufen. Umstände, die der Realität entstammen, gelangen in einen fiktiven „Als-ob"-Bereich und werden durch die Imagination in eine neue literarische Wirklichkeit umgewandelt[115]. *Walton* schließt sich diesen Ausführungen an und ist darüber hinaus Begründer des bis in die Gegenwart anerkannten „make-believe"-Spiels[116]. Dabei stellen sich die Mitspieler, also Autor

---

steht ebenso wie ein nichtfiktionaler Text grundsätzlich in einem Kontext von textbestimmenden Begleitumständen. Teilweise wird angenommen, daß bei der fiktionalen Rede der situative Bezug fehlt: *W. Iser*, Die Appellstruktur der Texte, 4. Aufl. 1974, S. 24, 34; *ders.*, Der Akt des Lesens, 4. Aufl. 1994, S. 99 f.; *ders.*, Die Wirklichkeit der Fiktion, in: R. Warning (Hrsg.), Rezeptionsästhetik, 4. Aufl. 1994, S. 277 (290 f., 294). – Demgegenüber den institutionellen Kontext von literarischer Kommunikation thematisiert *Kasics*, ebda., S. 26.

[114] *J. Searle*, The Logical Status of Fictional Discourse, in: P. Lamarque/S. H. Olsen (Hrsg.), Aesthetics and the Philosophy of Art: The Analytic Tradition, 8. Aufl. Malden/MA 2010, S. 320 (323 f.): „So far I have pointed out that an author of fiction pretends to perform illocutionary acts which he is not in fact performing. […] the pretended performances of illocutionary acts which constitute the writing of a work of fiction consist in actually performing utterance acts with the intention of invoking the horizontal conventions that suspend the normal illocutionary commitments of the utterances." Ähnlich auch *Eichner/Mix*, Fehlurteil (Fn. 399), S. 207; *Warning*, Diskurs (Fn. 89), S. 191.

[115] *Ohmer*, Gutachten (Fn. 52), S. 8. – In diesem Zusammenhang ist auf das juristische Korrelat der Bearbeitung nach § 950 Abs. 1 S. 2 BGB hinzuweisen: „Als Verarbeitung gilt auch das Schreiben, Zeichnen, Malen, Drucken, Gravieren oder eine ähnliche Bearbeitung der Oberfläche." Der Künstler erwirbt demnach ausnahmsweise, nämlich im Fall der Verarbeitung, Eigentum an der neuen Sache und wird gemäß § 951 BGB für den Rechtsverlust entschädigungspflichtig. Die Eigentumsregelungen der Privatrechtsordnung können zwar an dieser Stelle nicht vertieft werden. Die Wertungen des Sachenrechts nach §§ 946 ff. BGB bieten allerdings zumindest Denkanstöße für einen interessengerechten Ausgleich von literarischer Neuschöpfung und biographischem Ursprungsmaterial. – Zum Eigentum eines Kunstwerks, gestaltet auf fremdem Stoff nach vorklassischer und klassischer Lehre *O. Behrends*, Das Kunstwerk in der Eigentumsordnung oder: Der Kunstbegriff der vorklassischen Jurisprudenz im Rahmen ihrer Weltdeutung, in: A. Hoyer/H. Hattenhauer/R. Meyer-Pritzl/W. Schubert (Hrsg.), Gedächtnisschrift für Jörn Eckert, 2008, S. 65 (68 ff., 78 ff.).

[116] Innovativ stellt sich der Ansatz *von Arnaulds* dar, der auch die Übereinstimmungen von Gerichtsverfahren und Spiel im Sinne einer „Als-ob"-Vorstellung berücksichtigt: *A. v. Arnauld*, Recht – Spiel – Magie, in: ders. (Hrsg.), Recht und Spielregeln, 2003, S. 101 (102 ff.). Gemeinsamkeit und Unterschied von Spiel und Rechtsstreit bringt er treffend auf den Punkt (ebda., S. 103): „Nur ist im Unterschied zum Spiel vereinbart, dass das Ergebnis dieses Als-ob-Streits, das Urteil, sich auf die reale Welt auswirken soll. Auch im Prozess wird der Streit demnach nur dargestellt, symbolisiert."

und Rezipient eines fiktionalen Textes, einen Inhalt oder Umstand bewußt wie Kinder als Teilnehmer eines Rollenspiels vor[117]. Für die Zeit des Lesens halten sie an der Authentizität der Schilderungen fest. Nichtsdestominder ist ihnen der rein erfundene Charakter des Dargestellten bekannt. Dieses Vorgehen gehört zum sozialen Umgang und wird durch Spielregeln festgelegt: „The agreements which participants in a collective daydream make about what to imagine can be thought of as rules prescribing certain imaginings.“[118] *Lamarque* und *Olsen* gehen von einer Verbindung der fiktiven und realen Welt aus. Diese gestalte sich gleichwohl nicht als Referenz aus[119]. Fiktive und reale Elemente können sich zwar ähnlich sein[120]. Weil sie sich aber zu verschieden ausgestalten, sind sie nicht in der Lage, den Darstellungsgegenstand von Fiktionen im Abgleich zur Realität zu konkretisieren. Zur Präzisierung der Relation von Fiktion und Wirklichkeit orientieren sich *Lamarque* und *Olsen* vielmehr an der Einteilung des „about“[121]. Ein Text ist „about“ eine Materie, soweit diesbezüglich zusätzliche Hintergrundinformationen notwendig sind, um die Erzählung erfassen zu können[122]. Die drei Ansätze auf „Esra“ anzuwenden bedeutet, mit *Searle* den Text als fiktional zu qualifizieren, wenn die Handlung als real mitgeteilt wird, allerdings nicht demgemäß abgehandelt wird. *Waltons* Verständnis ist dieser Auffassung nahe verwandt und baut sie allein zur manifesten Übereinstimmung von Autor und Leser bezüglich des „So-tun-als-ob-es-real-wäre“-Spiels für die Lektürezeit aus. Nach *Lamarque* und *Olsen* ist der Text dann fiktional, wenn es zum Verständnis der Gestalten keiner weiteren Informationen aus der Realität bedarf. Letzterer Ansatz führt angesichts der Geschlossenheit der Figuren zur Fiktionalität des Textes. Bei ersteren ist das Ergebnis eher offen, da noch zu untersuchen sein wird, ob der Rezipient tatsächlich das „Als-ob“-Spiel durchgehend aufrechterhält[123].

[117] *K. L. Walton,* Mimesis as Make-Believe, Cambridge/London 1990, S. 35 ff. – Das Rollenspiel des Lesers betonen auch *W. J. Ong,* The Writer's Audience Is Always a Fiction, in: PMLA 90.1 (1975), S. 9 (12); *Ryan,* Fiction (Fn. 88), S. 409. – Aber kritisch hinsichtlich der Vergleichbarkeit des Autor-Leser-Verhältnisses mit dem Rollenspiel äußern sich *dies.,* Narrative (Fn. 89), S. 109 f.; *A. J. Bareis,* Mimesis der Stimme, in: A. Blödorn/D. Langer/M. Scheffel (Hrsg.), Stimme(n) im Text, 2006, S. 101 (116). – Instruktiv und weitere Modifizierungen des Modells *Waltons* für die gesamte (auch außerliterarische) darstellende Kunst fordert *ders.,* Fiktionales Erzählen, Göteborg 2008, S. 19 ff., 117 ff.

[118] *Walton,* Mimesis (Fn. 117), S. 39; ähnlich auch *M. Bal,* Narratology, 3. Aufl. Toronto 2009, S. 24: „(I narrate: [I testifiy:]) Elizabeth felt a great anxiety that day. Unless otherwise indicated, there is no reason to doubt that the character did feel that anxiety. On the other hand, the rhetoric sometimes points to the presence of invention. […] An instance of the child's play of make-believe.“

[119] *P. Lamarque/S. H. Olsen,* Truth, Fiction, and Literature, Oxford 2002, S. 117.

[120] *Lamarque/Olsen,* Truth (Fn. 119), S. 118 f.

[121] *Lamarque/Olsen,* Truth (Fn. 119), S. 119 ff.

[122] *Lamarque/Olsen,* Truth (Fn. 119), S. 129: „Where a description in a fictive utterance just happens to fit an object *a* the description is not about *a* unless information about *a* is required to understand the description.“

[123] Vgl. Abschnitt C.II.4.

Zur Bestimmung von Fiktion haben sich ähnliche Perspektiven wie zur Festlegung von Literarizität entwickelt und sollen angesichts der strukturellen Vergleichbarkeit und unter Verweis auf das Herausgearbeitete nur kursorisch zusammengetragen werden[124].

bb) Perspektiven zur Bestimmung: Texteigenschaft, Textprodukt, Leserbewertung

Mitunter wird Fiktion als *Texteigenschaft* erklärt. Sie drückt sich dann in Textmerkmalen wie Zeit- oder Verbformen (episches Präteritum, Verben der inneren Gefühlswelt) aus[125]. Ein fiktionaler Text kann auch von der Intention des Verfassers her, sich in Form der Fiktion auszudrücken, bestimmt werden[126]. Teilweise wird Fiktion als ein intentionaler Akt verstanden, in dem der Gegensatz von Wirklichkeit und Nichtwirklichkeit aufgehoben ist. Fiktion ist dann ein *Produkt von Sätzen und Texten*[127]. Letztlich kann man Fiktion auch aus der *Perspektive des Rezipienten* betrachten. Dann wird Fiktion als Verarbeitungsweise durch den Leser verstanden[128]. Als Konsequenz entsteht Fiktionalität erst dann, wenn ein Text von einem Leser gelesen wird. Dabei ist der Text durch „Situationsabstraktheit"[129] gekennzeichnet, die die Eindeutigkeit der Interpretation ausschließt. Demgemäß verhalten sich die Rezeptionsmöglichkeiten auch mehrdimensional: „Ein literarischer Text wird nur dann adäquat rezipiert,

---

124 Vgl. Abschnitt C.II.1.

125 Vgl. *Hamburger*, Logik (Fn. 26), S. 56 ff.; *Zipfel*, Fiktion (Fn. 88), S. 159; *Gertken/Köppe*, Fiktionalität (Fn. 83), S. 230. – Kritisch *Anderegg*, Fiktion (Fn. 88), S. 101 ff.

126 *Köppe*, Literatur (Fn. 30), S. 25: „Ein fiktionales literarisches Werk ist das Ergebnis (erfolgreicher) sprachlicher Handlungen, denen die kategoriale Intention zugrunde liegt, dass das Werk gemäß den Regeln und Konventionen der Fiktionalitätsinstitution rezipiert werden soll." – Kritisch hierzu *Bourbon*, Replacement (Fn. 88), S. 62 ff.

127 *W. Iser*, Das Fiktive und das Imaginäre, 1991, S. 18 ff. – Den konstruktiven Charakter von Fiktion betont auch *M. Tamen*, The matter of the facts, Stanford 2000, S. 115: „Fiction could therefore be functionally defined as a construed skepsis of inference, whereby meaning, history, and language lose all naturalness and are treated like products: […], fiction is the form of language as well as the possibility of history." Die Fiktion läßt sich durch ihre Funktion, die Ermöglichung der Beteiligung an dem Spiel des „make believe", bestimmen: *A. J. Bareis*, The Role of Fictionality in Narrative Theory, in: L.-Å. Skalin (Hrsg.), Narrativity, Fictionality, and Literariness, Örebro 2008, S. 155 (157, 159); *Köppe*, Literatur (Fn. 30), S. 30 f.

128 *S. J. Schmidt*, Ist „Fiktionalität" eine linguistische oder eine texttheoretische Kategorie?, in: E. Gülich/W. Raible (Hrsg.), Textsorten, 1972, S. 59 (65 ff., 69 ff.); *J. Habermas*, Vorbereitende Bemerkungen zu einer Theorie der kommunikativen Kompetenz. (Vorlage für Zwecke einer Seminardiskussion), in: ders./N. Luhmann (Hrsg.), Theorie der Gesellschaft oder Sozialtechnologie – Was leistet die Systemforschung?, 10. Aufl. 1990, S. 101 (102 ff., 115 ff., 138 ff.); *J. Anderegg*, Das Fiktionale und das Ästhetische, in: D. Henrich/W. Iser (Hrsg.), Funktionen des Fiktiven, 2. Aufl. 2007, S. 153 (156). Fiktion ist dann nicht eine Texteigenschaft, sondern eine gesellschaftliche Bewertung im Rahmen öffentlicher Diskussion. Hierzu *Schmidt*, ebda., S. 69.

129 *Schmidt*, Fiktionalität (Fn. 128), S. 70.

wenn er als Potentialität realisiert wird, die jeden Versuch der Verwirklichung übersteigt, […].“[130]

cc) Stellungnahme: Fiktion als Texteigenschaft

Nach hier vertretener Ansicht wird Fiktion als Eigenschaft eines Textes verstanden. Für diese Perspektive sprechen gegenüber der Auffassung, Fiktion als Textproduktion oder als Ergebnis von Textrezeption anzusehen, gute Gründe, die zudem um einen *praktischen Vorteil* ergänzt werden. Mit letzterem beginnend ist zu berücksichtigen, daß die Ausweisung von Fiktion als Texteigenschaft einen meßbaren, intersubjektiv objektivierbaren Ansatz bildet. Ein Text läßt sich als fiktional oder nichtfiktional anhand von Fiktions- und Faktizitätssignalen bestimmen[131]. Diese können auch durch die Gerichte aufgrund einer literaturwissenschaftlichen Textanalyse mit Hilfe philologischen Sachverstands eruiert werden. Es handelt sich also um eine handhabbare Praxis. Allein aus Praktikabilitätsgründen läßt sich naturgemäß keine Entscheidung hinsichtlich des Fiktionscharakters von Texten treffen. Allerdings fußt dieser Ansatz auf einem hinreichend tragfähigen theoretischen Unterbau: Die Frage, ob sich ein Text als fiktional oder nichtfiktional erweist, entscheidet sich weder bereits in der Vorstellung des Autors noch verspätet in den Augen des Betrachters, sondern in dem Text selbst. Er ist das Medium zwischen Autor und Leser, die *Lokalisierung des zu übermittelnden Gehalts.*

Wie auch in Fragen zum Charakter einer Arbeit als Kunstwerk entscheidet *nicht der Künstler* selbst, ob es sich um Kunst, vorliegend um Fiktion, handelt. Seine persönliche Einschätzung kann bestenfalls als Indiz für die Beurteilung berücksichtigt werden[132].

Ob ein Text fiktional ist, hängt auch *nicht von der Rezeption*, der Sichtweise oder Phantasie des Lesers ab. Ebenso wie die Bestimmung von Faktizität oder anderen wesensprägenden Kennzeichen von Texten ist Fiktionalität ein Merkmal, das sich im Text entfaltet, diesem innewohnt und daher mit ihm untrennbar verbunden ist. Ein Text wird nicht dadurch fiktionaler, daß er von einem phantasiebegabteren Leser konsumiert wird, wie auch ein Beitrag nicht dadurch zur Satire wird, daß er durch einen kritischen, für Wortwitz und Kritik offenen Leser rezipiert wird[133].

Anleihen lassen sich diesbezüglich auch aus den *benachbarten Künsten* wie beispielsweise der Musik ziehen, die in den Werkkompositionen ebenfalls eine von der Realität eigenständige Schöpfung auf Grundlage der Kreativität des Musikers darstellt. Die der literarischen Fiktion vergleichbare musikalische Wirklichkeitsbearbeitung und Neuschöpfung drückt sich nicht *schon* in der Intention

---

130 *Schmidt,* Fiktionalität (Fn. 128), S. 71.

131 Vgl. Abschnitt C.II.2.f.

132 Vgl. Abschnitt D.II.1.b.cc.

133 Anders *M. Riedel,* Vermutung des Künstlerischen, 2011, S. 46, 100, 111, 116 f.

des Komponisten und nicht *erst* in dem Hören des Publikums aus. Die musikalische Gestaltung entfaltet sich in dem Zusammenspiel der Klänge, unabhängig davon, ob sie von einem Zuhörer wahrgenommen wird. Am Beispiel technischer Übertragung eines Musikstücks durch das Radio läßt sich dieser Zusammenhang veranschaulichen: Man würde bei einer Übertragungsstörung nicht schlußfolgern, das Musikstück, die musikalische Neuschöpfung, sei noch nicht existent, da sie noch nicht den Radiohörer erreicht hat. Ein technischer Fehler verhindert nicht die Existenz des Werks. Ebenso ändert ein Gemälde in einer Ausstellung nicht seine Kunstrichtung dadurch, daß kein Besucher das Museum betritt, um das Bild wahrzunehmen. Die Bezeichnung selbst, also die Kategorisierung in Stilrichtungen, ist eine Frage der Begrifflichkeit und damit des gesellschaftlichen wandelbaren Konsenses. Die Zusammenfügung von Formen und Farbe in einer bestimmten Anordnung wird dadurch allerdings ebensowenig verändert. Auch bleibt die Umsetzung von Realität in einem literarischen Werk in seiner konkreten Ausformung unabhängig von deren Titulierung als Fiktion bestehen. Der Umstand der Wirklichkeitsbearbeitung ist also in der Literatur und den benachbarten Künsten werkimmanent und von der Rezeption unabhängig. Letztere entscheidet allein über den Zugang zum Werk, ohne ihm weitere Eigenschaften zuzufügen. Diese werden durch die Herstellung vollendet und lediglich – wenn auch höchst individuell – wahrgenommen.

Wenn die Bewertung als Fiktion von der Rezeption des Lesers abhängig gemacht würde, hätte dies insgesamt zudem einen Verlust *künstlerischer Autonomie*, eine Reduzierung der autarken Schöpfungskraft des Literaten zur Folge. Die Einordnung als Fiktion hinge vom Urteil des Publikums und nicht allein von der Produktion seiner künstlerischen Tätigkeit ab. Eine solche Betrachtungsweise läuft *Gefahr, die Wirkungen von Fiktion mit Fiktion selbst gleichzusetzen* und durch eine Beliebigkeit des Effekts – nämlich äußerst individuell, abhängig von dem jeweiligen Rezipienten und damit nicht faßbar oder generalisierbar – in seiner Bedeutung und in seinen realen Konsequenzen für die Welt der sozialen Realien mit gutgemeintem Distinktionswillen schönzufärben und letztlich in der Aussagekraft zu schmälern.

Die Vertreter der rezeptionsorientierten Fiktionstheorie räumen selbst ein, daß Merkmale des Textes die Kommunikation steuern, eine Lenkung des Rezeptionsverständnisses schon in dem Text angelegt ist. Allein erwehren sie sich, diese als „Fiktions"-Signale zu bezeichnen, da sie die Fiktion allein in dem kommunikativen Gesamtprozeß verortet sehen. Hinsichtlich der Texteigenschaft weichen sie dann – gleichfalls als Vorstufe, als textlicher Beitrag oder Veranlassung des Autors zur Entstehung von Fiktion, vollendet erst durch die Rezeption – auf die Begriffe der *„Possibilität"* und *„Probabilität"* zur Beschreibung der Texteigenschaft aus[134].

---

[134] *Schmidt*, Fiktionalität (Fn. 128), S. 71.

Da es sich hier ersichtlich um einen disziplininternen Streit handelt, sollte sich die Rechtswissenschaft an diesem nicht beteiligen. Es bestehen keine Bedenken, den Begriff der Fiktionalität wie im *„Esra“-Beschluß weiterhin im Sinne einer Texteigenschaft* zu verwenden. Da alle Ansichten jedenfalls den Umstand rezeptionssteuernder Signale als Texteigenschaft bestätigen, besteht letztlich insoweit Konsens. Allein ob es sich dabei um Fiktion resp. Possibilität oder Probabilität handelt, variiert in den unterschiedlichen Ansätzen. Soweit die Rechtspraxis jederzeit bereit ist, mögliche Entwicklungen im literaturwissenschaftlichen Meinungsstand zu berücksichtigen und entsprechend mögliche Begriffsänderungen in ihre Entscheidungen aufzunehmen (beispielsweise Probabilität statt Fiktionalität), ist an dem Begriff der Fiktionalität bis zur weitgehenden Klärung des Streitstandes in der Literaturwissenschaft festzuhalten. Entgegen vereinzelter Kritik handelt es sich dabei nicht um eine verkürzte oder nur einseitig bleibende Betrachtung von Fiktion[135]. Denn die Rezeption von Fiktion wird nicht ausgeblendet, sondern explizit betrachtet[136]. In diesem Kontext sei abschließend erwähnt, daß kein Anlaß ersichtlich ist, die Unterteilung in Bestimmung eines fiktionalen Textes einerseits und dessen Rezeption andererseits als Hindernis für die Mehrdeutigkeit von Literatur zu deuten[137].

d) Fiktionalität und Realität

aa) Keine klare Trennung der Welten von realen Klägerinnen und fiktiven Figuren

Ohne größere Bedenken lassen sich die Klägerinnen als reale Personen beschreiben. Wenn gegen diese Sichtweise auch grundsätzlich keine Einwände bestehen, ist der Realitätsbegriff zunächst ausdrücklich zu beschränken. Inwie-

---

[135] So die Kritk zur Fiktionsauffassung des Gerichts bei *Riedel,* Vermutung (Fn. 133), S. 51 f.: „Diese Beschreibung stimmt insoweit mit der allgemeinen Fiktionsbeschreibung des Metzler Lexikons überein, nicht aber mit der vorliegenden Verwendungsweise im Sinne einer alle Textebenen einbeziehenden *Gesamtbeschreibung* des Phänomens literarischer Fiktion.“

[136] Um dem gerecht zu werden, wurde in dieser Arbeit die Fiktionalitätsvermutung explizit in zwei Vermutungen, einerseits hinsichtlich der Texteigenschaft Fiktion, andererseits in bezug auf die Rezeption entwickelt. Vgl. Abschnitte D.IV.2.a, E.I.6.c.

[137] So aber die Befürchtung von *Riedel,* Vermutung (Fn. 133), S. 100: „Der Autor erschafft mit dem Text lediglich die Partitur für die fiktionale Vorstellungswelt des Lesers.“ Eine Partitur ermöglicht den Musizierenden zwar in der Umsetzung der Komposition einen gewissen Freiraum. Allerdings ordnet gerade eine Partitur eine für eine Vielzahl von Aufführungen gültige Strukturierung von den an der Komposition beteiligten Stimmen an. Auch in Anbetracht eines künstlerischen Freiraums wäre eine individuelle Umsetzung, in der die insoweit zwingenden Vorgaben der Partitur nicht mehr erkennbar, also hörbar sind, nicht im Sinne des Komponisten und des erwartungsfrohen Publikums. Wird also der fiktionale Text mit einer Partitur, der Musizierende entsprechend mit dem Leser gleichgesetzt, so ist die Schlußfolgerung dieses Vergleichs, daß der Musiker den Vorgaben der Partitur folgt, der Leser demgemäß die Signale des Autors beachtet.

fern sind die beiden Frauen „real"? Wenn man eine – abgesehen von der Absolutheit metaphysischer Realitätsbestimmungen – ontologische Bestimmung von Wirklichkeit vornimmt, stößt man an die Grenzen der *Relativität*: Je nach bewertender Person können beispielhaft die künstlerische, phänomenologische, physikalische oder alltägliche Welt als Wirklichkeit bestimmt werden. Die Perspektive des Betrachters legt selbst fest, was er als real definiert[138]. Der Untersuchung wird das *Alltagswissen* um die Klägerinnen, also das zeit- und kulturbedingte Verständnis einer in unserer Gesellschaft lebenden Person, das Elemente der anderen Realitäten in der für den Alltag zweckmäßigen Weise vereint, zugrunde gelegt. Wirklichkeit wird also folgend aus dem Blickwinkel der sozialen Realien bestimmt[139]. Zum Abgleich mit der literarischen Bearbeitung wird als Grundlage der Arbeit das notwendig beschränkte Wissen um die beiden Frauen eines mit den Umständen vertrauten Dritten gewählt. So, wie sich die Klägerinnen in ihrem Bekanntenkreis darstellen und durch Verhaltensweisen mitteilen, so werden sie von ihrer sozialen Umwelt als reale Phänomene wahrgenommen. Daß es sich hierbei um eine augenscheinlich vage Festlegung handelt, die dem Pluralismus unterschiedlicher Sichtweisen zu den beiden Betroffenen nicht gerecht wird, muß eingeräumt werden. Allein bedeutend ist, sich der Begrenztheit der Perspektive, also der Beschränktheit des hier zugrunde gelegten Realitätsbegriffs, bewußt zu sein. Diese Arbeit kann – für den Abgleich mit dem fiktionalen Text *Billers* – nicht erschöpfend klären, wer die Klägerinnen „sind". Unvermeidlich ist von der limitierten Sicht verständigen Alltagswissens auszugehen[140]. Folgend ist das Verhältnis von Realität und Fiktion in der Erzählung „Esra" zu konkretisieren.

---

[138] *N. Goodman,* Weisen der Welterzeugung, 1984, S. 34 f. Die Wahrnehmung einer Realität setzt also ihre vorherige Reflexion voraus und wird durch diese Betrachtung auch bestimmt. Die angestrengten Überlegungen in Hinblick auf Wirklichkeit prägen das diesbezügliche Verständnis. Vgl. *P. Ouellet,* The Perception of Fictional Words, in: C.-A. Mihailescu/W. Hamarneh (Hrsg.), Fiction Updated: Theories of Fictionality, Narratology, and Poetics, Toronto/Buffalo/London 1996, S. 76 (85): „The world is seen as merely the reflection of those mental categories by means of which we conceive the structure of our propositional language." – Zur Relativität von Wissen im philosophisschen Kontext *L. Danneberg,* Überlegungen zu kontrafaktischen Imaginationen in argumentativen Kontexten und zu Beispielen ihrer Funktion in der Denkgeschichte, in: Paragrana: Internationale Zeitschrift für historische Anthropologie (2006) Beiheft 2, S. 73 (73 f.).

[139] *Hoffmann-Riem* grenzt die künstlerische Welt von der intersubjektiv wahrnehmbaren Realität ab, die sich als ein „von anderen beobachtbares Geschehen" darstellt: BVerfGE 119, 1 (55).

[140] Die Beschränkung erfolgt zwecks Analysezwecken, da die Untersuchung künstlerischer, metaphysischer und ähnlicher Welten keine Aussage hinsichtlich der für die Persönlichkeitsrechtsverletzung maßgeblichen sozialen Realien treffen kann.

bb) Spiel aus Fiktion und Wirklichkeit bei „Esra"

Literatur beinhaltet oft ein Spiel mit Wirklichkeit und Fiktion[141]. Eine erzählende Fiktion gewinnt bei realistischer Literatur dadurch Legitimität, daß die dargestellte Welt plausibel und damit real möglich erscheint[142]. Die „spielerische Bestimmtheit der äußeren Umstände und Rahmenbedingungen individuellen Handelns im Roman"[143] ist Merkmal fiktionaler Texte. Auch bei „Esra" besteht ein Hin und Her zwischen dem, was in das literarische Werk Eingang gefunden hat, und der Referenzrealität, aus der die Elemente entstammen[144]. Das Spiel beschreibt einen Modus der Bearbeitung und beinhaltet die geistreiche Auseinandersetzung mit realen Umständen. Das Ergebnis der Aktion steht dementsprechend in einem Bezug zur Wirklichkeit und kann auf diese zurückgeführt werden[145]. Da die Grenze zwischen Realität und Fiktion bei „Esra" fließend verläuft, kommt eine Trennung des Textes in fiktive und wirkliche Anteile nicht in Betracht[146]. Realität und fiktionale Literatur stehen in einem Wechselverhältnis zueinander und beeinflussen sich gegenseitig[147]. Wenn die Fiktion allerdings als solche verkannt wird, kann aus dem Spiel rasch Ernst werden[148]. Die Wirklichkeit um *Biller* und die Klägerinnen wird durch eine zweifache Bearbeitung, der

---

141 *Landwehr,* Fiktion (Fn. 106), S. 496; *Marquard,* Kunst (Fn. 83), S. 53; *J. Neumeyer,* Fiktion und Fortschritt, in: AfP 2007, S. 509 (514). – Die Realität ist dabei nach *H. Grabes,* Fiktion – Realismus – Ästhetik, in: ders. (Hrsg.), Text, Leser, Bedeutung, 1977, S. 61 (66) ein „Seinsmodus, der Sachverhalten aufgrund einer intersubjektiv akzeptierten, durch Konvention und Sanktionen abgesicherten Norm zuerkannt wird."

142 *E. Esposito,* Die Fiktion der wahrscheinlichen Realität, 2007, S. 13.

143 *U. Schödlbauer,* Geschichte als Erzählfiktion/1, Kurseinheit 2, 3. Aufl. 2003, S. 18.

144 *Grabes,* Fiktion (Fn. 141), S. 69; *Werle,* Fiktion (Fn. 88), S. 119; *B. Harshaw,* Presentation and Representation in Fiction, in: Explorations in Poetics, Stanford 2007, S. 128 (128); *W. Iser,* Das Zusammenspiel des Fiktiven und des Imaginären, in: D. Kimmich/R. G. Renner/B. Stiegler (Hrsg.), Texte zur Literaturtheorie der Gegenwart, 2. Aufl. 2008, S. 290 (298); *J. Schneider,* Einführung in die Roman-Analyse, 3. Aufl. 2010, S. 9.

145 Kritisch positionieren sich hierzu *Lamarque/Olsen,* Truth (Fn. 119), S. 107; *Lamarques* und *Olsens* Argumentation kann nicht überzeugen, da sie sich auf die *Kontrastierung* von „picture" (Referenz zur Realität) und „game" (keine Referenz zur Realität) stützt (ebda., S. 108). Letztlich ist das Spiel allerdings nur eine *andere Ausprägung* von Wirklichkeitsbearbeitung, steht daher ebenfalls in Bezug zur Außenwelt und setzt diese zur Bearbeitung auch voraus.

146 *D. Wellershoff,* Fiktivität in fiktionalen und nichtfiktionalen Texten, in: H. Weinrich (Hrsg.), Positionen der Negativität, 1975, S. 529 (530); *Ohmer,* Gutachten (Fn. 52), S. 7 f.; *Esposito,* Fiktion (Fn. 142), S. 18 f. – Diese Untrennbarkeit wird von juristischer Seite ebenfalls nicht in Zweifel gestellt. Grundlegend zum „neuen Aggregatzustand" von Kunst *Isensee,* Kunstfreiheit (Fn. 319), S. 623 f.

147 *A. Sya,* Literatur und juristisches Erkenntnisinteresse, 2001, S. 16 f. – Das Spiel von Fiktion und Wirklichkeit reicht in die Realität herein und macht dessen Komplexität aus. Dazu *Esposito,* Fiktion (Fn. 142), S. 78; *Bareis,* Role (Fn. 127), S. 159. Das Verhältnis von Spiel, Recht und Realität erklärt *v. Arnauld,* Recht (Fn. 116), S. 103.

148 Instruktiv zur Verwandlung im Fall der Fiktion *Grabes,* Fiktion (Fn. 141), S. 69; *Berthold,* Fiktion (Fn. 107), S. 205.

subjektiven Erinnerung *Billers* und zudem der literarischen Metaphorisierung in „Esra", zu einer neuen Realität um Adam, Esra und Lale[149]. „Esra" ist also nicht eine Abbildung des Lebens von Klägerinnen und Autor, sondern die Schöpfung einer neuen Wirklichkeit um die Kunstfiguren, die sich in einem Spiel aus Parametern von Realität und Fiktion ausdrückt[150]. Diese Verbindung begründet die Originalität und Komplexität der „Esra"-Erzählung[151]. Darüber hinaus findet die Vielschichtigkeit dieses Spiels in der Darstellung unterschiedlicher Arten von Realität in *Billers* Text Ausdruck. Es handelt sich dabei um Wirklichkeiten, die nicht dem naturwissenschaftlichen Beweis zugänglich sind, sondern primär die Gefühle des Erzählers Adam betreffen. Emotionen sind Realitäten, die ihrem Wesen nach keine Fiktionen sind und auch nicht durch Darstellung in einem fiktionalen Text – also als Empfindungen von Adam zu Esra und ihrer Familie – zu solchen werden[152]. Da Fiktion und Wirklichkeit also nicht als Antagonismen bewertet werden, steht auch der Roman „Esra" nicht in Widerspruch zu der realen Liebesgeschichte zwischen *Biller* und der Klägerin zu 1). Trotz seines Ursprungs in der Realität kann der Text nicht an der Wirklichkeit gemessen werden. Fiktion bildet einen in sich geschlossenen Raum ab[153], eine

---

[149] *Ohmer*, Gutachten (Fn. 52), S. 3.

[150] Elemente der Realität werden mit der Ebene von allgemeinen Grundsätzen und höheren Prinzipien innerer Wahrheiten in ein Verhältnis gesetzt. *Berthold*, Fiktion (Fn. 107), S. 190; *E. Ströker*, Was ist das Imaginäre in Isers Fiktionalitätstheorie?, in: D. Henrich/W. Iser (Hrsg.), Funktionen des Fiktiven, 2. Aufl. 2007, S. 473 (473). – Auf die Möglichkeit, sich durch eine Verbindung fiktiver und realer Elemente auch mit komplexen Themenbereichen wie den Schrecken des Naziregimes auseinanderzusetzen, weist *J. Lothe*, The Distinction of Fiction and the Need for Historical Reference: Joseph Conrad's *Lord Jim* and W. G. Sebald's *Austerlitz*, in: L.-Å. Skalin (Hrsg.), Narrativity, Fictionality, and Literariness, Örebro 2008, S. 77 (91) hin: „As the last witnesses of the Holocaust pass away, narratives dealing with this historical event will inevitably have to do so more obliquely, thus highlighting the aesthetic dimension while at the same time not losing sight of the ethical one. Part of the significance of *Austerlitz* is that in order to come to terms with this difficult, engrossing text, we have to discuss matters of form and narrative, and the accompanying realization that – as far as the relationship between history and fiction is concerned – discussion of the aesthetic dimension of Holocaust narrative is not in conflict with ethical considerations."

[151] Die zeitbedingte Kunstauffassung wird nur vor dem allgemeinen philosophischen Kontext verständlich. *Marquard* nimmt diesbezüglich eine tiefgründige Betrachtung vor: Ausgangspunkt ist die Frage der Eschatologie, der letztendlichen Vernichtung der Welt durch Gott. Eine solche Vorstellung wird seit der Neuzeit vermehrt abgelehnt: Ausgehend von dem Grundsatz, daß Gott die Welt vernichtet, wird als Gegenmittel vorgeschlagen, die Welt zu erfinden. Diese erfundene Welt hätte dann gegenüber der göttlichen Vernichtung Bestand. Die Erfindung der Welt, die Fiktionalisierung, wird mehrheitlich neben den Wissenschaften, der Technik und der Politik von der Kunst geleistet. Sie ist Neuschöpfung, die ihre Originalität durch eine Einführung von realen Elementen in die fiktive Welt erhält. Vgl. *R. Ronen*, Possible worlds in literary theory, Cambridge/UK u.a. 1994, S. 76; *Marquard*, Kunst (Fn. 83), S. 50 ff.

[152] *Iser*, Das Fiktive (Fn. 127), S. 19.

[153] *R. Bunia*, Fiktion als Darstellung, in: Zeitschrift für Literaturwissenschaft und Linguistik 40 (2010), S. 148 (158).

„sprachliche Eigenwelt“[154]. Die in der Erzählung erzeugten Bilder von Adam, Esra und Lale können nicht am Maßstab der Übereinstimmung mit Autor und Klägerinnen beurteilt werden. „Esra“ folgt eigenen Gesetzen und Kategorien[155]. Der verstandesmäßige Dreiklang von Begriff, Urteil und Schluß findet auf *Billers* Roman keine Anwendung. Als fiktionaler Text nimmt auch „Esra“ auf eine wirkliche Liebesgeschichte und die damit verbundenen familiären und kulturellen Schwierigkeiten Bezug. Der Roman bildet diese realen Begebenheiten allerdings nicht ab, sondern stellt ein Bild dieser wirklichen Geschichte dar. Diesem kommt die gleiche Repräsentationskraft zu wie einem fahrenden Auto in Hinblick auf die motorisierte Fortbewegung[156]. Diese in „Esra“ dargebotene Zeichnung könnte als Verbindung zwischen Wirklichkeit und Literatur beschrieben werden, die von der Realität *Billers* beeinflußt wird und diese wiederum in der literarischen Darstellung durch den Autor verarbeitet. Die spielerische Verbindung von fiktiven und realen Elementen steht allerdings einer melancholischen Tiefgründigkeit und ernstzunehmenden Kritik an zwischenmenschlichen Umgangsformen und gesellschaftlichen Zwängen nicht entgegen. Das ungezwungene Verhältnis neuer, allein den Kunstfiguren eigenen Eigenschaften wie die verbindende Dönme-Zugehörigkeit Esras und realer Elemente wie die gescheiterte Beziehung zu Adam ermöglichen, die Beschränkungen der Wirklichkeit zu überwinden und die künstlerische Kreativität vollumfänglich zu entfalten[157]. Das Vorgehen bietet eine Alternative zur konventionellen Abbildung von *Billers* Erlebnissen und regt die Weiterentwicklung des kulturellen Diskurses in einer pluralistischen, auf Individualismus angelegten Gesellschaft an[158].

cc) Einfluß der Klägerinnen auf die Figuren, Wirkung der Figuren auf die Klägerinnen

Fiktionalität und Realität – beruhend auf den Erkenntnissen des Alltagswissens – können *nicht als Antagonismen* gegeneinander ausgespielt werden. Denn ein fiktionaler Text umfaßt eine Bearbeitung von Realität und steht damit ausnahmslos in einem – individuell unterschiedlich ausgeformten – Bezug zur Wirklichkeit[159]. *Adornos* Resümee ist Programm: „Es ist gleichsam das Echt-

---

154 *M. Bense,* Die Realität der Literatur, 1971, S. 8 f. – Aus juristischer Sicht stimmt auch *v. Becker,* Überlegungen (Fn. 112), S. 470 zu.

155 In Kunstwerken zeigt sich nach *G. Gebauer/C. Wulf,* Mimesis, 1992, S. 62 „etwas zwischen Sein und Nichtsein, zwischen Wahrem und Falschem, zwischen dem Selben und dem Anderen – ein fiktiver Raum.“

156 Es ist daraufhinzuweisen, daß in der Literaturtheorie an dieser Stelle gelegentlich noch weiter differenziert wird. Eine Vertiefung kann im Rahmen der vorliegenden Arbeit nicht geleistet werden. Es sei aber angemerkt, daß die Darbietung eines solchen Bildes von manchen nicht als Fiktion, sondern als Darstellung bewertet wird: *Bunia,* Fiktion (Fn. 153), S. 150.

157 Allgemein zum künstlerischen Prozeß *Landwehr,* Fiktion (Fn. 106), S. 500.

158 Grundsätzlich hierzu *Bunia,* Fiktion (Fn. 153), S. 159.

159 So auch BVerfGE 119, 1 (27). – Statt vieler *Anderegg,* Fiktion (Fn. 88), S. 92 ff.; *U. Kel-*

heitssiegel aller ästhetischen Probleme, daß sie geschichtlich entspringen, und – vorwegnehmend – die Schicht der Wahrheit eines Kunstwerkes ist um so verbürgter, je tiefer seine Sachgehalte in der historischen Stoffschicht ihrer Zeit haften."[160] Die Grenze verläuft zwischen Realität und Fiktion nicht nur *fließend*[161].

Die Bereiche *beeinflussen sich* darüber hinaus auch *gegenseitig*[162]: Die Beeinflussungsrichtung von Realität zur Fiktion ist evident und wird an anderer Stelle vertieft[163]. Aber auch ein fiktionaler Text nimmt Einfluß auf die sozialen Rea-

---

ler, Fiktionalität als literaturwissenschaftliche Kategorie, 1980, S. 10; *Harshaw,* Fictionality (Fn. 16), S. 229; *Kasics,* Literatur (Fn. 66), S. 13 f.; *H. Blumenberg,* Wirklichkeitsbegriff und Möglichkeit des Romans, in: H. R. Jauß (Hrsg.), Nachahmung und Illusion, 3. unveränderter Nachdruck der 2. Aufl. (1969) 1991, S. 9 (10, 26 f.); *Scheffer,* Interpretation (Fn. 30), S. 13; *Berthold,* Fiktion (Fn. 107), S. 187, 193; *Iser,* Wirklichkeit (Fn. 113), S. 277 f. – Zur Begründung auf die unterschiedliche Komplexität von Realem und Fiktivem weist hin *Kablitz,* Kunst (Fn. 98), S. 258; *Blume,* Fiktion (Fn. 88), S. 64; *Henrich,* Versuch (Fn. 106), S. 519; *W. Iser,* Akte des Fingierens oder Was ist das Fiktive im fiktionalen Text?, in: D. Henrich/ders., Funktionen des Fiktiven, 2. Aufl. 2007, S. 121 (121 ff.); *Stierle,* Fiktion (Fn. 53), S. 176. Die Unabdingbarkeit von philosophischer Forschung zum Wahrheitsbegriff erörtert *R. Rorty,* Is there a Problem about Fictional Discourse?, in: ebda., S. 67 (67 ff.). – Gegenüber dieser weit überwiegenden Mehrheit ist allerdings auf den abweichenden Ansatz hinzuweisen, der Fiktion und historische, raumzeitliche Realität als Gegensatzpaar beschreibt: *K. Hamburger,* Wahrheit und Ästhetische Wahrheit, 1979, S. 94: „Nur Fiktion und Wirklichkeit bildet einen legitimen Gegensatz." – Aus juristischer Sicht siehe nur *Isensee,* Kunstfreiheit (Fn. 319), S. 619; den Wirklichkeitsbezug von Kunst in einen kritischen Zusammenhang zur juristischen Bestimmung von Kunst setzt *A. v. Arnauld,* Freiheit der Kunst, in: J. Isensee/P. Kirchhof (Hrsg.), Handbuch des Staatsrechts der Bundesrepublik Deutschland, Bd. VII, Freiheitsrechte, 3. Aufl. 2009, § 167 Rn. 15: „Als soziales Handeln besitzt Kunst stets Bezug zur Wirklichkeit und reagiert auf ihre Umwelt. Diese Bezüge aber sind zu mannigfaltig und zu komplex, als daß sie distinktive Züge besitzen könnten." *Knothe,* Freiheit (Fn. 6), S. 79; *Ujica/Loef,* Quod licet (Fn. 309), S. 673; *H. Müller-Dietz,* Zwischen Fiktion und Realität – Zur literarischen Verarbeitung persönlicher Beziehungen, in: M. Wittinger (Hrsg.), Verfassung – Völkerrecht – Kulturgüterschutz, 2011, S. 231 (244 ff.).

160 *T. W. Adorno,* Aufzeichnungen zur Ästhetik-Vorlesung von 1931/32, in: Frankfurter Adorno Blätter 1992, S. 35 (38).

161 *Gebauer/Wulf,* Mimesis (Fn. 155), S. 436.

162 Ganz allgemeine Meinung *Harshaw,* Fictionality (Fn. 16), S. 229; *Genette,* Fiktion (Fn. 41), S. 94; *Iser,* Wirklichkeit (Fn. 113), S. 303 ff., 312 f.; *Zipfel,* Fiktion (Fn. 88), S. 102; *Ohmer,* Gutachten (Fn. 52), S. 8; *J. Vogt,* Aspekte erzählender Prosa, 10. Aufl. 2008, S. 20; *Kostenzer,* Reportage (Fn. 400), S. 55. – Auf die Wirklichkeit als Basis für Literatur weist *Schiemann,* Persönlichkeitsrechtsverletzung (Fn. 309), S. 27 hin.

163 Vgl. Abschnitt C.II.6. Die Realitätselemente können dem unmittelbaren Erleben wie auch der vermittelten Form entstammen: *Eco,* Wald (Fn. 66), S. 99; *Vogt,* Aspekte (Fn. 162), S. 20. Nichtfiktionale Elemente heben die Fiktionalität eines Textes nicht auf. So *G. Currie,* Was ist fiktionale Rede?, in: M. E. Reicher (Hrsg.), Fiktion, Wahrheit, Wirklichkeit, 2007, S. 37 (51). Angesichts fließender Übergänge und Vermischung von Bereichen erstaunt es weniger, daß die überwiegende Anzahl der fiktionalen Erzählungen texttheoretisch als Mischung von Wirklichkeitsaussagen und Fiktionen einzuordnen ist: *Vogt,* ebda., S. 20; *Esposito,* Fiktion (Fn. 142), S. 18 ff. Die Antworten auf die Frage nach dem Verhältnis von Wirklichkeit und Fiktion in der Literatur verteilen sich nach *Beutin* auf einer weiten Skala von Realitätsabbildung bis Wiedergabe reiner Phantasievorstellungen. Vgl. *W. Beutin,* „Or-

lien: So kann eine Erzählung, die sich an eine historische Person anlehnt, das Bild dieses Menschen in der Gesellschaft verändern. Andererseits wird ein Roman, der sich im Wirklichkeitsabgleich von der realen Person zu sehr und augenscheinlich unterscheidet, möglicherweise als „historische Attrappe“[164] eingestuft. „Esra“ könnte sowohl als täuschende Nachbildung des realen Lebens von *Romey* und *Lemke* eingeschätzt werden als auch als zu weite Entfernung von der Realität kritisiert werden. Jedenfalls werden die Gestalten angesichts unleugbarer Ähnlichkeiten im privaten und beruflichen Leben mit den Klägerinnen in Verbindung gebracht. Eine Rufbeeinträchtigung der Klägerinnen durch die Darstellung von Esra und Lale ist jedenfalls nicht im voraus von der Hand zu weisen. Wie sich die Wechselbeziehung von fiktiven und realen Elementen in der konkreten Erzählung ausgestaltet, soll mit Hilfe des Modells von *Harshaw* präzisiert werden.

dd) „Internal“ und „External Fields of Reference“ im Roman „Esra“

Das Gegenseitigkeitsverhältnis wird bei *Harshaw* durch das Zusammenspiel von „Internal Field of Reference“ und „External Field of Reference“ verdeutlicht. *Harshaw* ordnet dem *„Internal Field of Reference“*[165] Erfundenes ohne Realitätsbezug, dem *„External Field of Reference“*[166] Elemente einer Erzählung mit Verbindung zur Wirklichkeit zu. Dabei erschließt sich der Rezipient die Validität der Inhalte des „Internal Field“ nach den Vergleichswerten realer Erlebnisse[167]. Bewertungen des *Internal Field* werden durch das *External Field* gelenkt. Andererseits entfaltet auch die Wahrnehmung des *Internal Field* Wirkung hinsichtlich der Vorstellung über außerliterarische Umstände. *Harshaw* nennt diese Wechselwirkung von Realität und Fiktion „double-decker structure of reference“[168]. Überträgt man diese Grundsätze auf die „Esra“-Erzählung, so bestimmen die biographischen Gemeinsamkeiten mit dem wirklichen Umfeld *Billers* den Rahmen des *External Field*. Die Beziehungskonstellationen zwischen den Kunstfiguren, die familiären Verhältnisse, Preisverleihungen, Herkunft, das Milieu und der berufliche Werdegang der Protagonisten entsprechen den Verhältnissen in *Billers* sozialer Umwelt. Diese Übereinstimmungen erschließen eine direkte Verbindung zur außerliterarischen Welt in ihrer räumlich-zeitlichen Dimension: Der Lebenslauf des Autors und der Klägerinnen, ihre tatsächlichen Lebensbedingungen und

---

ganisation unseres Verhaltens auf die Zukunft hin“? – Überlegungen zum Literaturbegriff, in: B. Dankert/L. Zechlin (Hrsg.), Literatur vor dem Richter, 1988, S. 35 ff.

[164] *Bunia*, Faltungen (Fn. 90), S. 156. Jeder Vergleich der sozialen Realien mit literarischen Kreationen beinhaltet ein Element der Ungenauigkeit. Ein 1:1–Abgleich ist in fiktionalen Texten ausgeschlossen. Allgemein zum semantischen Problem komparativer Begriffe *R. Keefe*, Theories of Vagueness, Cambridge/UK u.a. 2000, S. 12 ff.

[165] *Harshaw*, Fictionality (Fn. 16), S. 230; *ders.*, Presentation (Fn. 144), S. 129.

[166] *Harshaw*, Fictionality (Fn. 16), S. 243; *ders.*, Presentation (Fn. 144), S. 133.

[167] *Harshaw*, Fictionality (Fn. 16), S. 230.

[168] *Harshaw*, Fictionality (Fn. 16), S. 249; *ders.*, Presentation (Fn. 144), S. 139.

zwischenmenschlichen Beziehungen in München-Schwabing werden durch diese Gemeinsamkeiten angezeigt und können fortgehend ermittelt werden. Die Aufhellung des *External Field* beschränkt sich nicht auf die Angaben aus *Billers* Erzählung. Vielmehr kann sie auch durch Auskünfte über die Personen erfolgen. Auf dem Wissen um diese Hintergrundinformationen basiert die – von ihren realen Vorlagen nicht minder deutlich zu unterscheidende – Geschichte um Adam und Esra als *Internal Field*. Angesichts des ausgeprägten Pluralismus im Leseverhalten kann nicht im voraus entschieden werden, inwieweit der Rezipient zum Verständnis auf außerliterarische Kenntnisse Bezug nimmt und daraus Folgerungen für das Lektüreverständnis zieht[169]. Jedenfalls dient der außerliterarische Erkenntnisgewinn der Abrundung von teilweise lückenhaften und indeterminierten Darstellungen in der Erzählung. Andererseits hat auch das *Internal Field*, die Geschichte um Esra und Adam, Einfluß auf das Verständnis des realen Lebens der Klägerinnen. Die geschilderten Verhaltensweisen, Beziehungen und Konstellationen sind paradigmatisch für das alltägliche Leben der modernen, mitteleuropäischen Gesellschaft im allgemeinen. Ebenso bieten sie durch einen prägnanten, repräsentativen Ausschnitt Einblick in das gesamte Leben der beiden Frauen[170].

ee) Aufgaben der Kunst: Abbildung, Unterstützung, Relevanz, Erkenntnisgewinn

Das Verhältnis von Fiktion und Realität konkretisiert sich bei der Erzählung „Esra" an der Aufgabe, die der Kunst zukommt. Dabei lassen sich die Ziele grob in vier Richtungen einteilen[171]: Der Wert von Literatur kann zunächst in der *Abbildung* der wahrgenommenen Realität liegen. Dann beinhaltet Kunst keinen Eigenwert, sondern dient bestenfalls einem unbeschwerten, emotionsgebundenen Zeitvertreib. Diese Wertung folgt *Platons* Einschätzung, keinen Erkenntniszuwachs in Kunst zu sehen. Sie könne bestenfalls Nachahmung des Schönen sein[172]. Er betont dabei die Wirkungen von Literatur für den Gefühlszustand des Rezipienten, den emotionalen Effekt. Damit steht zweitens ihre Indienststellung in engem Zusammenhang zur *Durchsetzung von Positionen*[173]. Die gegenteilige Ansicht erkennt einen *Eigenwert* von Literatur an. Der insoweit eingeräumte künstlerische Freiraum, der eine tiefere Ebene eröffnet, erfordert in einem solchen Fall eine eigene kunstspezifische Deutung. Daran schließt sich das

---

169 Vgl. *Harshaw*, Fictionality (Fn. 16), S. 248; *ders.*, Presentation (Fn. 144), S. 134.

170 Vgl. *Harshaw*, Fictionality (Fn. 16), S. 250.

171 *Landwehr*, Fiktion (Fn. 106), S. 492 f.

172 Hierzu *M. Franz*, Wahrheit in der Kunst, 1984, S. 118 ff.; *J. H. Petersen*, Mimesis – Imitatio – Nachahmung: eine Geschichte der europäischen Poetik, 2000, S. 19 ff.

173 Literatur ist dann Mittel zum Zweck, Instrument zur Durchsetzung der Meinungen von einzelnen oder Gruppen. Zur Tradition der hoheitlichen Instrumentalisierung von Kunst *W. Arnold*, Bürgertum und mäzenatische Entwicklung im 19. und frühen 20. Jahrhundert in Deutschland, in: P. Vodosek/A. Black/P. Hoare (Hrsg.), Mäzenatentum für Bibliotheken, 2004, S. 21 (21 ff.); *A. Ruhbaum*, Elisabeth von Herzogenberg, 2009, S. 29 ff.

vierte Kunstverständnis an: Diese Freiheit ermöglicht die Erkenntnis *höherer Wahrheit*. Ziel von Kunst ist demnach sogar der Gewinn rationaler Einsichten. Nach dieser letzten Auffassung kommt Literatur damit eine über Forschungs- und Unterhaltungszwecke hinausgehende Bedeutung zu, die sich in einem eigenen kunstspezifischen Deutungshorizont bewegt. Vorliegend soll dem letztgenannten, am weitesten fortentwickelten Kunstverständnis gefolgt und demgemäß dem Roman „Esra“ ein möglicher Erkenntnisgewinn jenseits der konkreten Handlung attestiert werden. Literarische Fiktionalität ist daher nicht vom Realen, sondern vom Objektivierbaren abzugrenzen[174]. Fiktionale Texte können Elemente der Realität in sich aufnehmen und verarbeiten. Sie untersuchen Wirklichkeit allerdings nicht anhand der Grundsätze von Objektivierung, die durch den verstandesmäßigen Dreiklang von Begriff, Urteil und Schluß zur Erkenntnis führt. Fiktion proklamiert keinen Anspruch auf Objektivierbarkeit oder Überprüfbarkeit[175]. Kunst vermittelt kein Wissen personaler oder inpersonaler Art[176]. Wissen ist nach *Köppe* in mittelbarer oder unmittelbarer Form ein personales Wissen und damit eine Verbindung zwischen Personen und sachlichen Umständen. Abgesehen davon, daß ein literarischer Text mangels Personalität nichts wissen kann, fehlt ihm die Verpflichtung zur Aufrichtigkeit und Kompetenz, die eine Wissensvermittlung zwischen Sender und Empfänger voraussetzt[177]. Fiktion legt vielmehr menschliche Erfahrungen aus der Realität offen[178]. Sie ermöglicht vertiefte Einsicht in die sozialen Realien: „Information taken from factual and from fictional sources is thus by no means neatly compartmentalized and differentiated, but fiction appears to be used as an important source of information about the world by its readers.“[179] Auch „Esra“ ermöglicht auf diese Weise ein vertieftes Verständnis von Wirklichkeit, in zwischenmenschliche Beziehungen und Intrigen, Probleme kultureller und familiärer Unterschiede, Herausforderungen für Migranten und moderne Partnerschaften[180]. Geschichte und an reale Konventionen angelehnte Darstellungsweisen weisen zwar einen Bezug zur Realität auf. Allerdings sind sie zugleich als sprachliche Äußerung ohne Wahrheitsanspruch von dieser abzugrenzen.

---

174 *Keller,* Fiktionalität (Fn. 159), S. 11.

175 *Martínez/Scheffel,* Einführung (Fn. 83), S. 13.

176 *Köppe,* Wissen (Fn. 109), S. 399.

177 *Köppe,* Wissen (Fn. 109), S. 402 ff.

178 *M. Frisch,* Schwarzes Quadrat, 2008, S. 30.

179 *M. Schreier,* Belief Change through Fiction: How Fictional Narratives Affect Real Readers, in: S. Winko/F. Jannidis/G. Lauer (Hrsg.), Grenzen der Literatur, 2009, S. 315 (333).

180 Allgemein zu einem Erkenntniszuwachs durch Kunst *P. Medvedev,* Die formale Methode in der Literaturwissenschaft, 1976, S. 175. *Scheffer* weist in diesem Kontext auf die Konstruiertheit als verbindendes Merkmal von Literatur und Realität hin: „Kunst und Literatur machen aufmerksam auf die Konstruiertheit der vorherrschenden Wirklichkeit. Kunst und Literatur spielen (bestenfalls) auf herausgehobener Bühne das Spiel, das überall stattfindet: die stets auch ‚kreative‘ Konstruktion von Wirklichkeit.“ Vgl. *Scheffer,* Interpretation (Fn. 30), S. 33.

e) Zwischenergebnis zu Literarizität, Fiktionalität, Fiktionalitätsvermutung

aa) Verhältnis von Literarizität und Fiktionalität

Nach Vorstellung der Literarizität und Fiktionalität ist das Verhältnis der beiden Bereiche zueinander fraglich. Es ist zu prüfen, ob die Fiktionalitätsvermutung im Einklang mit literaturwissenschaftlichen Erkenntnissen steht.

Zunächst könnte man die These aufstellen, daß *Literarizität Bedingung zur Bejahung von Fiktionalität* ist[181]. Wenn ein Text fiktional ist, muß er demzufolge auch literarisch sein. Die Begründung erscheint allerdings fragwürdig. Es stellt sich die Frage, weshalb ein Text, der Erfundenes schildert, zugleich als Literatur zu qualifizieren sein soll. Zwischen Fiktionalität und Literarizität müßte eine Gemeinsamkeit bestehen, die eine solche Annahme rechtfertigt. Die „Intransitivität"[182] von Literarizität und Fiktionalität erscheint nicht ausreichend zu sein. Denn allein die Abweichung von der außerkünstlerischen Welt durch einen fiktionalen Text, die eine gewisse nichtzielende Grundhaltung voraussetzt, begründet noch keine Neuschöpfung im literarischen Sinn. Ein literarischer Text zeichnet sich nun durch die Konstruktion einer selbständigen Welt aus, für die eine intransitive Grundhaltung zwar vorausgesetzt, aber nicht ausreichend ist. Schon nach der Aristotelischen Lehre der Mimesis war die Neuschaffung des Literaten entscheidendes Unterscheidungskriterium gegenüber der Abbildung des Historikers[183]. Die Loslösung von der außerkünstlerischen Welt ist Voraussetzung, allerdings für sich allein nicht ausreichend für die Erschaffung einer literarischen Welt. So kann beispielsweise ein Werbetext, der sich von realen Umständen löst und Erfundenes schildert, nicht als Neuschöpfung, als literarischer Text verstanden werden.

Als zweite Option kommt in Betracht, *Fiktionalität als zwingende Bedingung für einen literarischen Textcharakter* anzusehen[184]. Demnach ist ein literarischer Text stets fiktional. Auch diese Folgerung ist problematisch[185]. Denn das Wesen von Literarizität wird essentiell durch die Erschaffung einer eigenständigen Welt gekennzeichnet. Neues, von der außerkünstlerischen Welt Unabhängiges läßt sich allerdings auch in Anlehnung an die Welt begründen. Die Orientierung an der Wirklichkeit wie im Fall von Reportagen, dokumentarischer Literatur und

---

181 *Genette,* Fiktion (Fn. 41), S. 19 ff., 34.

182 *Genette,* Fiktion (Fn. 41), S. 35.

183 *A. Schmitt,* Teleologie und Geschichte bei Aristoteles oder Wie kommen nach Aristoteles Anfang, Mitte und Ende in die Geschichte?, in: K. Stierle/R. Warning (Hrsg.), Das Ende, 1996, S. 528 (560 ff.); vgl. Abschnitt C.II.6.a.aa.

184 „Literarische Texte" und „literarische Fiktionen" synonym verwendet beispielsweise *Kasics,* Literatur (Fn. 66), S. 12 f., 16.

185 Eingehend *Bunia,* Faltungen (Fn. 90), S. 24; *v. Laak,* Fiktionalität (Fn. 83), S. 240; *Searle,* Status (Fn. 30), S. 21 f.; der Untersuchung eine gröbere Unterteilung legt zugrunde („‚Literatur' […] zur Bezeichnung […] besonders wertvoll erachteter fiktionaler Texte"), *Hoops,* Fiktionalität (Fn. 86), S. 317; so auch *Iser,* Das Fiktive (Fn. 127), S. 18 („Literarische Texte – so lautet eine heute weithin geteilte Ansicht – sind fiktionaler Natur.").

Autobiographien kann so signifikant für die Textaussage sein, daß die Bestimmung als fiktionaler Text die Autorintention und Leseerwartung geradezu konterkarieren würde. Realistische Literatur lebt gerade von dem vorausgesetzten Wirklichkeitsbezug.

Letztlich widerspricht daher jede Zwangsläufigkeit im Verhältnis von Fiktionalität und Literarizität den Regeln kunstadäquater Betrachtung[186]. Im Ergebnis ist von einer prinzipiellen Unabhängigkeit von Literarizität und Fiktionalität auszugehen, wenn sich die Bereiche gleichwohl faktisch häufig überschneiden, ein literarischer Text also zumeist als fiktional und ein fiktionaler vielfach zugleich als literarisch zu qualifizieren sein wird[187].

---

[186] *Berthold,* Fiktion (Fn. 107), S. 192, 213. Fiktionalität ist erst recht nicht mit Literarizität gleichzusetzen. Es fehlt bereits in theoretischer Hinsicht an einer gemeinsamen Vergleichsebene. Erstere beschreibt das Verhältnis eines Textes zur außerkünstlerischen Wirklichkeit, letztere beurteilt einen Text nach dem Kriterium der Neuschöpfung aus Sicht der Rezeption. Zwar handelt es sich nach überzeugender Ansicht jeweils um Texteigenschaften. Allerdings beziehen sie sich auf unterschiedliche Sachverhalte. Es gibt Fiktion ohne Kunst, und Kunst wird nicht von Fiktion bedingt: *Bunia,* Kunst (Fn. 17), S. 170. – Literatur ist Kommunikation, die in Form der Fiktion oder Nichtfiktion erfolgen kann. So *Landwehr,* Fiktion (Fn. 106), S. 495. Literarische Fiktionalität kann nach *Martínez* und *Scheffel* aufgrund von vier unterschiedlichen Erzählsituationen bestimmt werden. Erzählungen lassen sich durch die Eigenschaften von real – fiktiv, sowie dichterisch – nichtdichterisch einordnen. Wenn im Rahmen eines nichtdichterischen Textes reale Vorgänge erzählt werden, handelt es sich um den Normalfall des faktischen Erzählens. Wird in gleichem Kontext ein fiktives Geschehen mitgeteilt, liegt eine Lüge oder Täuschung als Sonderform des faktualen Erzählens vor. Dazu *Martínez/Scheffel,* Einführung (Fn. 83), S. 10. Ein fiktives Geschehen im Rahmen einer dichterischen Rede wird beispielsweise in Form des Märchens oder der Fabel geschildert. Die Kategorisierung ist in den Fällen erschwert, in denen zum Beispiel eine erfundene Figur vor realen Schauplätzen aus ihrem Leben erzählt. Hierzu *Martínez/Scheffel,* ebda., S. 10. Die Fiktionalität ist gleichwohl für zahlreiche literarische Texte kennzeichnend. Es handelt sich dabei zwar nicht um eine Voraussetzung von Literatur, aber immerhin um ein aussagekräftiges Indiz für das Vorliegen von Literatur. Dazu *Bunia,* ebda., S. 166, 170.

[187] Anzumerken ist, daß vorliegend allein eine Auseinandersetzung mit dem engen, für die Untersuchung ausschließlich relevanten Fiktionsbegriff erfolgt. Der Vollständigkeit wegen sei aber auf den weiten Fiktionsbegriff hingewiesen. Er umfaßt Erscheinungsformen wie die juristischen Fiktionen, die der Bearbeitung einer Sachfrage dienen und in überhaupt keinem festen Zusammenhang zur Literarizität stehen. In der Rechtswissenschaft sind Fiktionen nach *P. M. Hejl,* „Nicht alle Realitäten sind gleich wirklich“, in: Zeitschrift für Semiotik 12 (1990), S. 221 (225): „Annahmen anerkanntermaßen nicht gegebener Sachverhalte, durch die erwünschte Rechtsfolgen abgeleitet werden können.“ Ähnlich auch *Bunia,* Faltungen (Fn. 90), S. 46 ff. – Zur Fiktion bei juristischen Fragestellungen *T.-M. Seibert,* Fiktion im Recht, in: Zeitschrift für Semiotik 12 (1990), S. 175 (175 ff.); *Hejl,* ebda., S. 225 ff. Dem stimmt zu *D. R. Wenger,* Idealismus und Recht, 2010, S. 31 ff. – Im Unterschied zu literarischen Fiktionen entfalten juristische „Als-ob“-Annahmen Wirkungen im Rechtssystem und damit in der Gesellschaft. Stellt man die beiden Fiktionsarten einander gegenüber, so zeichnet sich die literarische Fiktion durch mehrdimensionale Bedeutungen ohne literaturexterne Folgen aus. Die juristische Fiktion beinhaltet demgegenüber ein einheitliches Bedeutungskonzept mit Auswirkungen auf das gesellschaftliche Leben: *Hejl,* ebda., S. 225 f.

bb) Fiktionalitätsvermutung als Übersetzung der Ergebnisse in die Rechtswissenschaft

Vor dem Hintergrund des Gesagten zum Verhältnis von Literarizität und Fiktionalität ist die Fiktionalitätsvermutung aus literaturwissenschaftlicher Sicht eine gelungene Umsetzung literarischen Verständnisses in rechtliche Entscheidungsfindung. Der Senat stellt die rechtliche Vermutung auf, daß es sich bei einem literarischen zugleich um einen fiktionalen Text handelt und übersetzt damit die zuletzt dargestellte Tendenz zur faktischen Konvergenz von Literarizität und Fiktionalität in einen juristischen Terminus[188]. Da die Vermutung widerlegbar ist, geht auch das Gericht zutreffend von einer grundsätzlichen Unabhängigkeit von Literarizität und Fiktionalität aus, die jede Zwangsläufigkeit ausschließt. Das soeben herausgearbeitete Ergebnis, einen literarischen Text häufig als fiktional qualifizieren zu können, wird juristisch in der Fiktionalitätsvermutung dokumentiert. Sie artikuliert prägnant literaturwissenschaftliche Erkenntnisse[189]. Bei dem literarischen Text „Esra" ist von einem fiktionalen Charakter auszugehen. Demgemäß wird nach den vorgestellten Fiktionstheorien die Geschichte beschränkt auf die Zeit des Lesens, in der sie als wirklich von *Biller* mitgeteilt und vom Leser so verstanden wird. Den Beteiligten ist der Spielcharakter dieser temporären „Als-ob"-Haltung bekannt. Folgend ist nun der Frage nachzugehen, ob es sich denn bei „Esra" um einen fiktionalen Text handelt oder ob die aufgestellte Vermutung aufgrund flankierender Realitätsbezüge widerlegt ist[190]. Anhaltspunkte bieten die *Fiktionssignale*[191].

---

[188] BVerfGE 119, 1 (28).

[189] Unabhängig davon ist die Frage zu behandeln, ob das Gericht den Begriff der Fiktionalität auch ausreichend bestimmt hat. Vgl. dazu Abschnitt E.I.6. Abschließend sei darauf hingewiesen, daß die Fiktionalitätsvermutung nur die Richtung von Literarizität zur Fiktionalität zum Ausdruck bringt, da die Fiktionalität allein für die Abwägung mit der Persönlichkeitsrechtsbeeinträchtigung maßgeblich ist. Das heißt allerdings nicht, daß – gemäß den herausgearbeiteten literaturwissenschaftlichen Wertungen – nicht auch umgekehrt von der Fiktionalität auf die Literarizität eines Textes geschlossen werden kann.

[190] Man könnte geneigt sein, diesen Prüfungsaspekt, das Abklopfen der Fiktionsvermutung, mit dem Gedanken zu überspringen, daß es sich bei „Esra" ja um Literatur, ausweislich des Untertitels um einen Roman und damit wohl um eine erfundene Geschichte handelt. Dieses Vorgehen würde allerdings zu kurz greifen und die Aussagekraft der Fiktionalitätsvermutung überstrapazieren: Zweifel an der vorschnellen Bejahung von Fiktionalität zeigen sich bei dem Gedanken, daß *erzähltechnisch* kein Unterschied besteht, ob Adam als Ich-Erzähler oder *Biller* als reale Person Erlebnisse aus dem Leben mitteilt. Auch der Inhalt ist nicht ausweislich phantastisch als Hinweis auf Fiktionalität.

[191] In der Tat handelt es sich allein um Anhaltspunkte, nicht um abschließende Auflistungen. Eine Verwechslung von Fiktion und Wirklichkeit kann auf seiten des Lesers nicht vollständig vermieden werden, da es keine *allgemeinen*, gleichmäßig in jedem Kontext Fiktion anzeigenden Indizien gibt; *Landwehr,* Fiktion (Fn. 106), S. 500; *A. Nünning,* Fiktionssignale, in: ders. (Hrsg.), Metzler Lexikon, 4. Aufl. 2008, S. 202 (202). – Zur Situationsabhängigkeit von Fiktionssignalen *L. Danneberg,* Weder Tränen noch Logik: Über die Zugänglichkeit fiktionaler Welten, in: U. Klein/K. Mellmann/S. Metzger (Hrsg.),

f) Fiktionssignale als Merkmale von Fiktionalität: Ist „Esra“ fiktional?

Fiktionssignale sind Zeichen, die darauf hindeuten, daß es sich in Darstellungsform und/oder -gegenstand um Fiktion handelt[192]. Zu unterscheiden sind textuelle und paratextuelle, als auch Fiktivitäts- und Fiktionalitätssignale[193].

aa) Textuelle Fiktionssignale

Textuelle Fiktionssignale umfassen Fiktivitätssignale (das Dargestellte betreffend) und Fiktionalitätssignale (in Bezug zur Darstellungsweise).

Textuelle Fiktivitätssignale sind Merkmale des Textes auf der Ebene der Geschichte und beziehen sich auf Raum-, Zeit-, und Figurenangaben, die der Phan-

---

Heuristiken der Literaturwissenschaft, 2006, S. 39 ff. – Die im folgenden zusammengestellten Fiktionssignale zeigen zwar an, daß es sich um einen fiktionalen Text handelt. Allein ihre Wahrnehmung ermöglicht allerdings eine gelungene Kommunikation zwischen Autor und Leser. Denn ihre Erfassung ist zwingende Voraussetzung zur Feststellung literarischer Fiktionalität. Dazu *Hoops,* Fiktionalität (Fn. 86), S. 297 f.; *Martínez/Scheffel,* Einführung (Fn. 83), S. 15. – Tatsächlich ist gerade das Erkennen der Signale problematisch: Denn ihre Erfassung erfolgt durch den Leser stets in einem zeitlich und kulturell spezifischen Zusammenhang. Hierzu *Anderegg,* Fiktion (Fn. 88), S. 107; *Danneberg,* ebda., S. 39 ff.

192 *Zipfel,* Fiktion (Fn. 88), S. 232. – Vgl. auch die Analyse von *M. Riffaterre,* Fictional Truth, Baltimore/London 1993, S. 9 f., 29 ff.; *M. Fludernik,* Fiction vs. Non-Fiction: Narratological Differentiations, in: J. Helbig (Hrsg.), Erzählen und Erzähltheorie im 20. Jahrhundert, 2001, S. 85 (95 ff.); *T. Benkel,* Soziale Welt und Fiktionalität, 2008, S. 28 ff.; *Köppe,* Literatur (Fn. 30), S. 39 f. – Darüber hinaus von der Existenz von Fiktionssignalen auf weitere Merkmale, die die Plausibilität eines Textes anzeigen können, schließt *Riffaterre,* ebda., S. 2: „As there are signs of fictionality, there must be signs palliating it, signs indicating a convention of truth, signs of a plausibility that makes readers react to a story as if it were true.“ Auch wenn ein fiktionaler Text keinen Faktizitätsanspruch proklamiert, setzen Fiktionssignale einen an der Realität ausgerichteten Hintergrund voraus, um sich von diesem überhaupt absetzen zu können. So *Riffaterre,* ebda., S. 52.

193 Vgl. zu dieser Einteilung *Zipfel,* Fiktion (Fn. 88), S. 233 ff.; dem stimmt zu *Genette,* Fiktion (Fn. 41), S. 81. – Demgegenüber die Fiktionalität aufgrund der spezifischen Kommunikationsrollen von Autor und Leser ermittelt *Kasics,* Literatur (Fn. 66), S. 27; ähnlich *Köppe,* der eine Praxis, die die Rezeption fiktionaler Texte bestimmt, als Bedingung für Fiktionalität sieht: *Köppe,* Literatur (Fn. 30), S. 25: „Ein fiktionales literarisches Werk ist das Ergebnis (erfolgreicher) sprachlicher Handlungen, denen die kategoriale Intention zugrunde liegt, dass das Werk gemäß den Regeln und Konventionen der Fiktionalitätsinstitution rezipiert werden soll.“ – Zur Kritik an Fiktionssignalen *Berthold,* Fiktion (Fn. 107), S. 195 ff. Die folgenden Elemente ähneln nach *Maas* in gewisser Weise den Parametern eines nichtfaktualen Zeitungsberichts (entsprechende Wahl/Gestaltung von Überschrift, Illustrationen, Figurnamen, Stilbrüchen): *U. Maas,* Zur Diskussion, in: Linguistische Berichte 61 (1979), S. 52 (61 f.); *Bareis,* Role (Fn. 127), S. 155 f., 162 f. Interessant ist in diesem Zusammenhang, daß im Umgang und zur Bestimmung von Kunstwerken stets werkimmanente und -externe Aspekte von Bedeutung sind. Das geschaffene Werk präsentiert sich in seiner Umgebung. So zur Bestimmung der Echtheit eines Kunstwerks *F. G. v. Brühl,* Der Begriff der Echtheit von Kunstwerken im Zivil- und Strafrecht, in: K. Odendahl/P. J. Weber (Hrsg.), Kulturgüterschutz – Kunstrecht – Kulturrecht, 2010, S. 303 (304 ff., 307).

tastik zugeordnet werden[194]. Eklatant sind beispielsweise sprechende Tiere oder Pflanzen.

Textuelle Fiktionalitätssignale verkörpern die konkreten Unterschiede zwischen einem fiktionalen und nichtfiktionalen Text. Eine ausnehmende, die durchschnittlichen Erinnerungskapazitäten übertreffende Detailgenauigkeit ist ein klares Anzeichen von Fiktionalität[195]. Weiterhin können ein anachronistischer Aufbau mit Vor- und Rückgriffen, eine Nichtidentität der Namen von Autor und fiktivem Erzähler, eine Nichtgeschlossenheit hinsichtlich der textinternen Erzählsituation sowie eine Schilderung der Gefühls- und Vorstellungswelt dritter Personen als textuelle Fiktionalitätssignale eingeordnet werden[196]. Insbesondere letzteres Merkmal der Innenwelt von literarischen Figuren bedingt einen gehäuften Einsatz von Verben des Wahrnehmens, Denkens und Empfindens, die ihrerseits auf Fiktion hinweisen[197]. Die Erzählhaltung der erlebten Rede[198] und der Handlungseinstieg über eine konventionelle Einleitung („es war einmal") weisen auf Fiktionalität hin[199]. Auch etische Eröffnungen moderner Literatur – offen und nicht distinktiv –, belegen den fiktionalen Charakter[200].

Weiterhin zeugen der innere Monolog und die Zeitform des Präsens von Fiktionalität[201]. Hinsichtlich der Zeitform ist allerdings einzuräumen, daß unterschiedslos auch das Präteritum als Zeitstufe der Vergangenheit zur Darstellung in fiktionalen Texten geeignet ist[202]. Jedenfalls erschafft der Tempusgebrauch im

194 *Zipfel*, Fiktion (Fn. 88), S. 234. – Kritisch *Bareis*, Role (Fn. 127), S. 157: „Consequently, fictiousness is not a mandatory notion of fictionality."

195 *Kasics*, Literatur (Fn. 66), S. 43; *Schneider*, Einführung (Fn. 31), S. 12; *Zipfel*, Fiktion (Fn. 88), S. 236. – Kritisch zur Darstellung des Innenlebens als fiktionsbegründend äußert sich *Anderegg*, Fiktion (Fn. 88), S. 101 ff.; *Genette*, Fiktion (Fn. 41), S. 74; ebenso hinsichtlich der Detailfülle von äußeren Sachbeschreibungen *Schneider*, Einführung (Fn. 144), S. 9.

196 Hinsichtlich des anachronistischen Aufbaus und der Offenheit der Textsituation ist anzumerken, daß sie nicht kausal von der Fiktivität einer Handlung ableitbar sind. Sie könnten ebenso im Rahmen eines faktualen Textes gegeben sein. Allerdings rechtfertigt die faktische Häufigkeit des gemeinsamen Vorkommens einer offenen Textsituation und eines fiktiven Charakters die Anerkennung als fiktionsbegründendes Signal. – Kritisch zur Einordnung eines Anachronismus als Fiktionssignal *Genette*, Fiktion (Fn. 41), S. 70, 73 f., 79. Bewertung der Verben des inneren Erlebens unzweifelhaft als Fiktionssignale *Anderegg*, Fiktion (Fn. 88), S. 101 ff.

197 *Hamburger*, Logik (Fn. 26), S. 72 ff.; *Vogt*, Aspekte (Fn. 162), S. 28; *Martínez/Scheffel*, Einführung (Fn. 83), S. 16; *Schneider*, Einführung (Fn. 144), S. 9.

198 Beschrieben wird so die Wiedergabe von Gedanken einer Figur in direkter Rede im Imperfekt und in der dritten Person.

199 *Genette*, Fiktion (Fn. 41), S. 90; *Hamburger*, Logik (Fn. 26), S. 74 ff.; *Vogt*, Aspekte (Fn. 162), S. 28; *v. Laak*, Fiktionalität (Fn. 83), S. 240.

200 Etisch (engl.) nicht bedeutungsunterscheidend, nicht distinktiv, vgl. Dudenredaktion (Hrsg.): Duden (Fn. 58), etisch; vgl. *Genette*, Fiktion (Fn. 41), S. 90; *Zipfel*, Fiktion (Fn. 88), S. 140.

201 *Zipfel*, Fiktion (Fn. 88), S. 236 ff.

202 Dient die Zeitform in nichtfiktionalen als historisches, so ist sie im Fall von fiktionalen Texten als episches Präteritum gängig. *Hamburger*, Logik (Fn. 26), S. 59 ff.; *Martínez/*

Fall fiktionaler Texte regelmäßig die Illusion von Gegenwärtigkeit[203]. Zeitangaben wie „bald" und „morgen" können hier bedenkenlos in Verbindung mit der Vergangenheitsform stehen[204]. Ein fiktionaler Text zeichnet sich also durch die Zeitlosigkeit des Erzählens aus[205].

Zudem zählt die Selbstreflexion zu den typischen Kennzeichen. Die Problematisierung von Fiktionalität im Text weist auf den fiktionalen Charakter hin[206]. Der aufbautechnische Bezug eines Textes auf einen anderen – die strukturelle Intertextualität[207] – ist ebenfalls als Fiktionsmerkmal zu qualifizieren[208]. Der Erzählmodus des Ich- als auch des auktorialen Erzählers ist im Kontext mit weiteren Fiktionsanzeichen gleichfalls ein Kennzeichen für Fiktion. Typisch für eine fiktionale Ich-Erzählung ist, daß nicht die Erzählerposition, sondern die Erfahrungsrolle des Ich im Vordergrund steht[209]. Eine fiktionale Erzählung ist auf die Erlebnisse ausgerichtet, die der Ich-Erzähler offenbart[210]. Außerdem können Gliederung und Dramaturgie des Textes auf Fiktion hindeuten[211]. Ein vermehrter Gebrauch deiktischer Ausdrücke spricht gleichfalls für Fiktionalität[212]. Verstärkt wird dieser Eindruck, wenn Zeit- und Ortsangaben sowie Figureneigenschaften dann auch keine realen Bezugsobjekte anvisieren[213].

Scheffel, Einführung (Fn. 83), S. 18; *Vogt,* Aspekte (Fn. 162), S. 31. Vereinzelte Passagen im Präsens vermitteln dabei eine Anschaulichkeit des Textes, der Einsatz des Plusquamperfekts ermöglicht eine weitere fiktionale Zurückstufung. So *Hamburger,* ebda., S. 67 ff.

203 *Vogt,* Aspekte (Fn. 162), S. 29.

204 *Hamburger,* Logik (Fn. 26), S. 65 f.; *Martínez/Scheffel,* Einführung (Fn. 83), S. 16. – In der neueren Diskussion wird das epische Präteritum als Überlagerung der beiden zeitlichen Bezugssysteme der Vergangenheitsform und der Zeitangaben von „jetzt" und „morgen" bewertet. Vgl. *Vogt,* Aspekte (Fn. 162), S. 31, 37.

205 *Hamburger,* Logik (Fn. 26), S. 78 ff.

206 *Martínez/Scheffel,* Einführung (Fn. 83), S. 16 f. Die textuelle Reflexion der Fiktionalität des Textes kann ein Fiktionssignal sein. Allein die Selbst-Thematisierung des Erzählens ist allerdings kein Hinweis auf Fiktion. Vgl. zutreffend *Zipfel,* Fiktion (Fn. 88), S. 237.

207 *Nünning,* Fiktionssignale (Fn. 191), S. 202.

208 *Zipfel,* Fiktion (Fn. 88), S. 238 f. – Demgegenüber, insbesondere bezüglich Erzähler und Intertextualität, äußert sich kritisch *Bareis,* Role (Fn. 127), S. 162 ff., 167, 170 ff.

209 *Genette,* Fiktion (Fn. 41), S. 78 f.

210 So liegt beispielsweise die Betonung bei der schlichten Aussage, „Ich habe die schlecht isolierte Wohnung im Dachgeschoß am Ende des Sommers bezogen", mehr auf der informierenden Erzählung (eher nichtfiktional). Demgegenüber wird der Schwerpunkt auf das Erleben gesetzt (eher fiktional) bei folgender Mitteilung: „Der schwül-warme Sommer verabschiedete sich nur langsam. Ich bezog die schlecht isolierte Wohnung im Dachgeschoß daher ohne Eile."

211 Die Merkmale von Titel und Gattungsbezeichnung können auch den textuellen Kennzeichen zugeordnet werden. Vgl. *Nünning,* Fiktionssignale (Fn. 191), S. 202.

212 Deíxis: (griech.) Hinweis; situationsabhängige Beziehung zwischen einem Zeichen und einem Beziehungsobjekt in der Rahmensituation eines Kommunikationsvorgangs; ein deiktischer Ausdruck wie das Zeichen „hier" kann als Beziehungsobjekt beispielsweise auf ein Zimmer oder Land verweisen. Hierzu *Anderegg,* Fiktion (Fn. 88), S. 35 f.; *Nünning,* Fiktionssignale (Fn. 191), S. 202.

213 *Hamburger,* Logik (Fn. 26), S. 78 ff., 104 ff.; *Nünning,* Fiktionssignale (Fn. 191), S. 202.

bb) Paratextuelle Fiktionssignale

Außerdem läßt sich eine Reihe von *paratextuellen* Anzeichen eruieren, die grundsätzlich auf Fiktionalität hinweisen und vom Rezipienten in der gegenwärtigen Gesellschaft auch als solche wahrgenommen werden[214]. Die Fiktionalität eines Textes wird zunächst durch bloße *Kontextangaben* des Textes wie Titel nebst Untertitel, Autor, Layout und Verlag des Buchs signalisiert[215]. Die Kommunikationssituation, beispielsweise ein Theaterbesuch, kann ebenfalls Fiktionalität signalisieren[216]. Ergänzt werden diese Anzeichen der Fiktionalität mitunter durch Essays, Interviewaussagen und Tagebucheintragungen des Autors[217]. Fußnoten, Gattungsbezeichnung, Vor- und Nachwort, Widmung, Klappentext und Disclaimer, der auf die Zufälligkeit von Ähnlichkeiten mit realen Personen verweist, sind weitere wesentliche Fiktionskennzeichen paratextueller Art[218]. Diese Anzeichen liegen für den Rezipienten zweifellos auf der Hand und geben dem Text einen Verständnisrahmen zwischen den Beteiligten, Leser und Autor. Dieser Kontext legt den Erwartungshorizont des Rezipienten fest. Die paratextuellen Merkmale formen aus einem Text die Gestalt eines Buchs, das vor die Öffentlichkeit der Leserschaft tritt[219].

Allerdings wird auch auf die Fragwürdigkeit der These der Nichtreferentialität von fiktionalen Texten hingewiesen. Vgl. zur Diskussion hierzu *Anderegg,* Fiktion (Fn. 88), S. 101 ff.

[214] *Anderegg,* Fiktion (Fn. 88), S. 108; *Genette,* Fiktion (Fn. 41), S. 89 ff.; *Zipfel,* Fiktion (Fn. 88), S. 241 ff.; *Klausnitzer,* Literaturwissenschaft (Fn. 54), S. 66 ff.; *Werle,* Fiktion (Fn. 88), S. 117; *Nünning,* Fiktionssignale (Fn. 191), S. 202; *Gertken/Köppe,* Fiktionalität (Fn. 83), S. 240 f.; *Martínez/Scheffel,* Einführung (Fn. 83), S. 16. Die gelegentliche weitere Differenzierung in kontextuelle und paratextuelle ist nicht zwingend. Aus Gründen der Übersichtlichkeit wird im folgenden auf sie verzichtet. Zu paratextuellen Signalen als Hinweis auf Kunst BVerwG NJW 1997, 602 (603).

[215] Aus richterlicher Wertung LG Leipzig ZUM 2008, 617 (618); für die Literatur *G. Genette,* Paratexte, 2001, S. 41 ff.; *Zipfel,* Fiktion (Fn. 88), S. 134, 232 ff.; *Nünning,* Fiktionssignale (Fn. 191), S. 202; *Vogt,* Aspekte (Fn. 162), S. 16 f.

[216] *Reicher,* Einleitung (Fn. 107), S. 8; *Nünning,* Fiktionssignale (Fn. 191), S. 202.

[217] *O. Sill,* Literatur in der funktional differenzierten Gesellschaft, 2001, S. 231; ähnlich nimmt die Bundesprüfstelle paratextuelle Elemente zur Erfassung eines Kunstwerks mit Recht in ihre Beurteilung auf: VG Köln ZUM 2006, 501 (505 f.).

[218] Pará: (griech.) neben, über hinaus; textus: (lat.) Gewebe, Zusammenhang. Das Verständnis von paratextuellen Elementen wurde maßgeblich geprägt durch *Genette.* Er hat den Begriff des Paratexts im Sinne von Transtextualität ausgeformt. Er meint damit Hilfselemente, die Hintergrundinformationen liefern und meist äußerlich vom Haupttext getrennt sind (z.B. Vorworte, Widmungen, Illustrationen, Buchformat, Druckarten, Erscheinungsdatum, Angaben zum Autor): *Genette,* Paratexte (Fn. 215), S. 22 ff.; guter Überblick bei *Nünning,* Fiktionssignale (Fn. 191), S. 202; *Martínez/Scheffel,* Einführung (Fn. 83), S. 16.

[219] *Genette,* Paratexte (Fn. 215), S. 10.

cc) Fiktionalität von „Esra" aufgrund überwiegender Fiktionssignale

In der Erzählung mischen sich Elemente aus den Biographien der Klägerinnen und neuartige Erfindungen[220]. Im folgenden soll herausgearbeitet werden, ob die Anteile realer oder fiktiver Anteile dominieren, ob dem Leser überwiegend Faktizitäts- oder Fiktionssignale vermittelt werden.

(1) Fiktionsverneinende Signale: textuelle und paratextuelle Realitätsnähe

Der Text weist *keine textuellen Fiktivitätssignale* auf. So können die Namen der Klägerinnen zwar auf kulturelle und religiöse Vorbilder hinweisen[221]. Eine bewußte Herstellung derartiger Assoziationen ist allerdings eher fernliegend. Es handelt sich vielmehr um gewöhnliche Vornamen, die bei dem verständigen Durchschnittsleser nicht einen Abgleich mit Persönlichkeiten symbolischer Aussagekraft aufdrängen, sondern an konkrete Personen des Alltags anknüpfen. Angaben zu Örtlichkeiten, zeitlichem Ablauf und konkreten Ereignissen wie den Preisverleihungen stellen einen handfesten Bezug zur Außenwelt her. Insbesondere liegen die *Ähnlichkeiten* des Ich-Erzählers Adam mit der *Biographie* des Autors *Biller*, der Kunstfigur Esra mit dem Lebens- und Berufsweg von der Schauspielerin *Romey* auf der Hand. An keiner Stelle werden – beispielsweise in Form einer klaren Negation der Wirklichkeitsnähe[222] – die für den verständigen Leser unübersehbaren Referenzen ausdrücklich verneint: *Biller* und Adam sind beide in Prag geboren und arbeiten als Kolumnist und Schriftsteller jüdischen Glaubens in München-Schwabing. Die Klägerin zu 1) und Esra sind als Illustratorinnen in München tätig und haben übereinstimmend als türkische Schauspielerinnen den Bundesfilmpreis gewonnen. Beide haben im Alter von 17 Jahren geheiratet und auf der Feier den Trauzeugen ihres Mannes – Adam resp. *Biller* – kennen- und in der sich anschließenden Beziehung liebengelernt. Vorlage und Kunstfigur sind beide Mutter einer kranken Tochter und eines Kindes aus einer weiteren Beziehung. Die Übereinstimmungen aus den Biographien von Lale und der Klägerin zu 2) sind nicht weniger offensichtlich: Beide sind Inhaberinnen eines Hotels in der Türkei und Trägerinnen des Alternativen Nobelpreises. So wurden sie für ihren Einsatz gegen die Verwendung von umweltschädlichem Zyanid im türkischen Goldabbau geehrt. Die Anzahl der Ehen, Kinder und die Beschreibung der Ehemänner (Alter, Beruf, Nationalität) sowie der örtlichen Aufenthalts- und Wirkungsstätten ähneln sich auch in den Fällen der Mütter von Esra resp. der Klägerin zu 1). Über die personenbezogenen Angaben hinaus beziehen sich Informationen zu Ort und Ereignissen außerdem häufig

---

[220] Statt vieler *Ohmer*, Fakten (Fn. 2), S. 71 f.; *Hugendick*, Augenmaß (Fn. 234), o. S.

[221] Für „Esra" vgl. Abschnitt B.I.2.c.aa.

[222] *H. Weinrich*, Fiktionssignale, in: ders. (Hrsg.), Positionen der Negativität, 1975, S. 525 (526). Auch der Tod des Ich-Erzählers wäre ein vergleichbar starkes Fiktionszeichen gewesen. Hierzu *Japp*, Fiktion (Fn. 89), S. 57.

auf reale Schauplätze. Die *Parallelen bezüglich Lokalitäten und Straßennamen* (wie Leopold- und Maximilianstraße) in München zeugen von einer nicht unbeachtlichen Wirklichkeitsreferentialität[223]. Damit liegen in Form biographischer Parallelen, lebensnaher Schilderungen des Alltags, Buchwidmung, Äußerungen des Autors zu seiner Arbeitsweise und Verwenden realer Ortsangaben nicht wenige Parameter vor, die gegen eine Fiktionalisierung sprechen[224].

Die Mitteilungen Adams entstammen einem *nicht überdurchschnittlichen Erinnerungsvermögen* des Erzählers, das keine auffällige Detailfülle aufweist. Die Leser erhalten nur Kenntnis von den Inneneinsichten des Erzählers. Gefühle der anderen Figuren werden nicht oder nur mittelbar über Adams Wahrnehmung mitgeteilt[225]. Überlegungen wie „Was wäre gewesen, hätte Esra nach unserer Ankunft in Prag nicht vergessen, in München anzurufen? Wäre dadurch alles anders gekommen?"[226] belegen das *beschränkte Wissen des Erzählers* hinsichtlich

---

[223] Vgl. beispielhafte Übereinstimmungen bei *Biller,* Esra (Fn. 1), S. 9 ff., 83 ff. (Nobelpreis an Lale), S. 11 ff., 62 ff., 124 ff., 140 ff. (Esras Familienkonstellation und ihre Beziehung zu Adam), S. 33 (Schumann's, Maximilianstraße), S. 49 ff., 131 ff. (Esras Beruf), S. 110 ff. (Adams Lebenssituation). Zur Abgrenzung bietet sich beispielsweise eine gänzliche Veränderung des Hintergrundbilds an. So könnten als „Kolorit" der Erzählung die Örtlichkeiten ausgetauscht werden. Darauf weist hin *Jenny,* Huhn (Fn. 1), S. 106.

[224] Das Gegenstück zur Fiktionalität ist die Nichtfiktionalität. Wird erstere durch Loslösung von den sozialen Realien vermittelt, ergibt sich letztere aus einer ausgeprägten Nähe zu diesen. Wie in der hier vertretenen zweiten Fiktionalitätsvermutung die Regel aufgestellt wird, daß ein fiktionaler Text grundsätzlich als fiktional rezipiert wird, so gilt dies – nicht als Rechtssatz, sondern allein in Form einer hypothetischen Gedankenstütze – auch in Form einer Faktizitätsvermutung, also einer vermuteten Rezeption eines nichtfiktionalen Textes als nichtfiktional. Wenn reale Geschehnisse mitgeteilt werden, ist davon auszugehen, daß sie auch als solche rezipiert werden, wenn sich nicht aus den Umständen etwas anderes ergibt. Sind die Einzelheiten der Wirklichkeit dem Leser aus dem Bekanntenkreis der Betroffenen – wie im Fall „Esra" hinsichtlich Örtlichkeiten und biographischen Angaben wahrscheinlich – nicht unbekannt, stellt sich durch das *Wiedererkennen* ein Effekt der Vergewisserung ein, daß der Text auf Reales, Vertrautes, Bekanntes zurückgreift. Daher verfängt die sonst durchgreifende Kritik *Neumeyers* am Rückschluß des Bundesverfassungsgerichts von der dargestellten zur rezipierten Faktizität insoweit nicht: *J. Neumeyer,* Person – Fiktion – Recht, 2010, S. 169, 181: „Hier schließt das BVerfG aus der Tatsache, dass die geschilderten Ereignisse eine Entsprechung in der Wirklichkeit haben, dass der Rezipient sie auch als wirklichkeitsgetreu versteht. Über die Fiktionalität des Textes sagt dieser Zirkelschluss nichts. [...] Auch ist es unerheblich, ob der Autor tatsächlich ein reales Geschehen geschildert hat [...]."

[225] *Biller,* Esra (Fn. 1), S. 28 ff., 44 ff. Es wurde bereits darauf hingewiesen, daß diese Erzählhaltung teilweise als „externe Fokalisation" als fiktionsstiftend gewertet wird: *Genette,* Fiktion (Fn. 41), S. 77. Da sich nicht erschließt, inwiefern eine Darstellung ohne Übergriff in das Innenleben der Protagonisten gerade auf der Fiktionalität des Textes beruht, und diese Erzählhaltung auch ebenso häufig in faktualen Texten Anwendung findet, wird in dieser Arbeit die „externe Fokalisation" nicht als explizites Fiktionssignal verstanden. Eine Ausnahme stellt insoweit die Andeutung in bezug auf Lale dar bei *Biller,* ebda., S. 28: „Manchmal hatte ihre Mutter Mitleid mit ihr. Manchmal fiel ihr ein, daß auch andere gern glücklich wären."

[226] *Biller,* Esra (Fn. 1), S. 95; vergleichbare Anmerkungen des Ich-Erzählers bei *Biller,* ebda., S. 9, 113, 146.

des Handlungsfortgangs. Wenn der Ich-Erzähler so kundtut, nicht allwissend zu sein, erzeugt er die Vorstellung von Authentizität[227].

Besonders markant ist in paratextueller Hinsicht die *Widmung* des Autors. Die Beziehung zur Exfreundin, zur außerliterarischen Umwelt, liegt unmißverständlich auf der Hand: „Liebe Ayşe, dieses Buch ist für Dich. Ich habe es nur für Dich geschrieben, aber ich verstehe, daß Du Angst hast, es zu lesen. Vielleicht liest Du es, wenn wir alt sind – und siehst dann noch einmal, wie sehr ich Dich geliebt habe.“[228] Noch pointierter gestaltet sich die Aussage durch folgenden emotionsbeladenen Zusatz: „Geliebte Freundin, hier ist das Buch, das mich noch nervöser macht als Dich. Ich habe es trotzdem geschrieben und veröffentlicht – weil ich nicht anders konnte. Vielleicht zeigt sich mit der Zeit, dass es ein Fehler war, vielleicht/hoffentlich geschieht das Gegenteil. Zumindest die Widmung wird die Jahre überstehen, da bin ich mir sicher. Bleib meine Freundin, bitte – Maxim P. S. Unsere Kinder sollten es erst lesen, wenn sie wirklich erwachsen sind.“[229]

Unabhängig von „Esra“ erklärt sich *Biller* eindeutig hinsichtlich seiner Arbeitsweise: Der Autor strebt für seine Texte einen möglichst engen Realitätsbezug an[230]. Literatur und Journalismus, Erfindung und Reportage dürften nicht als separate Gebiete einander gegenübergestellt werden. Literatur erfordere einen ausgeprägten Realismus[231]. *Biller* legt die Quellen seiner Inspiration offen: „Ich hatte also Glück, nichts als Glück, daß ich durch meine Biographie die determinierenden Hinweise auf all das frei Haus geliefert bekam, was mich interessiert und per se interessieren muß, auf das, was ich liebe und hasse, was ich begreifen und beschreiben will.“[232] Zudem ist für *Biller* die *Verständlichkeit* seiner Arbeiten ein grundlegendes Anliegen[233]. „Alles andere wäre Lüge, Heuchelei – und es wäre aber vor allem, wie es so oft in der heutigen Akademikerliteratur geschieht, das Vorgaukeln von Klugheit und Einsicht, das Sichverstecken hinter einem hermetischen Begriffsgerümpel, das nur die eine einzige Funktion hat: der breiten, wenig gebildeten Masse den Zutritt zum großen Tempel des Geistes so sehr wie möglich zu erschweren. Und das ist dann nichts anderes als intellektuelles Spießertum.“[234] Aus dieser Positionierung läßt sich schließen, daß

---

[227] *K. Friedemann,* Die Rolle des Erzählers in der Epik, 1965, S. 83.

[228] Vgl. LG München I ZUM 2008, 537 (537); die paratextuellen Elemente – und dabei insbesondere die Widmung – interpretiert ebenso als Anlaß, gegen die Veröffentlichung zu klagen *Müller-Dietz,* Fiktion (Fn. 159), S. 239 f.

[229] Vgl. LG München I ZUM 2008, 537 (537). Ob dem Autor bei Hinzufügung des P.S.-Zusatzes bereits die Brisanz der später thematisierten Intimszenen bewußt war, kann an dieser Stelle nicht geklärt werden.

[230] *M. Biller,* Soviel Sinnlichkeit wie der Stadtplan von Kiel, in: A. Köhler/R. Moritz (Hrsg.), Maulhelden und Königskinder, 1998, S. 62 (62 ff.).

[231] *Biller,* Sinnlichkeit (Fn. 230), S. 64, 66, 69.

[232] *Biller,* Sinnlichkeit (Fn. 230), S. 65 f.

[233] *Biller,* Sinnlichkeit (Fn. 230), S. 68, 70.

[234] *Biller,* Sinnlichkeit (Fn. 230), S. 68.

die aufgezeigten Wirklichkeitsbezüge, die ein verständiger Durchschnittsleser in „Esra" erkennt, nicht einem Mißverständnis, sondern der Intention des Autors folgen. Eine Entrückung von der Realität, die den Zugang zum Verständnis „Esras" nur einem exklusiven, literarisch bewanderten Leserkreis eröffnet, käme in den Worten *Billers* einer „Lüge, Heuchelei [...], einem hermetischen Begriffsgerümpel"[235] gleich.

(2) Uneindeutige Signale: Selbstreflexion und Erzählweise

In den Kapiteln 3 und 4 wird das Verhältnis von Realität und Fiktion *selbst reflektiert*:

„Esra hatte von Anfang an zu mir gesagt, ich dürfe nie etwas über sie schreiben. Ich hatte schon mal etwas über sie geschrieben, über ihre und Fridos Hochzeit, und ihre Mutter kam in der Geschichte natürlich auch vor, weshalb sie jahrelang durch Schwabing gelaufen war, in der Hoffnung, mich zufällig zu treffen und mir zur Strafe eine runterzuhauen."[236] Adam ist also bekannt, daß beide Frauen sich entschieden wehren, als künstlerische Vorlagen zu dienen. Außerdem erklärt er hierbei, sie schon einmal als literarische Inspiration gewählt zu haben. Adam selbst bekennt sich also zu einem deutlichen Wirklichkeitsbezug seiner Tätigkeit. „‚Ich will es nicht. Ich will mich nicht schämen vor dir.'"[237] Adams Reaktion ist zunächst ausweichend[238], dann aber durchaus aufschlußreich: „‚[...] Wenn ich nicht schreiben dürfte, was ich will – das wär' wie Gefängnis für mich [...].'"[239] Hier spricht sich der Ich-Erzähler klar für die Freiheit seiner Tätigkeit, die auch reale Elemente umfaßt, und damit konkret für Esra als literarische Vorlage aus[240]. Dann allerdings zieht sich Adam defensiv auf das referenzlose Eigenleben von Kunst zurück: „‚Esra! Esra ... Das ist eine Geschichte. Das ist alles nur ausgedacht. [...] Das ist so wie ... Das ist, wie wenn ich auf der Straße eine Frau mit einem großen Sonnenhut sehe, und die dreht sich um, und das ist ein besonderer Moment. Und dann gehe ich nach Hause und denke mir etwas aus über eine Frau mit Sonnenhut, die sich auf der Straße umdreht, weil sie denkt, sie hätte gerade, sagen wir, ihre Tochter gesehen, mit der ... mit der sie seit Jahren nicht mehr geredet hat.'"[241] Hier thematisiert der Text und deklariert damit sein fiktionales Wesen[242]. Wenig später wird der Realitätsbezug in Ka-

---

[235] *Biller*, Sinnlichkeit (Fn. 230), S. 68.
[236] *Biller*, Esra (Fn. 1), S. 14.
[237] *Biller*, Esra (Fn. 1), S. 15.
[238] *Biller*, Esra (Fn. 1), S. 15 f.
[239] *Biller*, Esra (Fn. 1), S. 16.
[240] So auch *Bax*, Affäre (Fn. 367), S. 17.
[241] *Biller*, Esra (Fn. 1), S. 16.
[242] Auch wenn sich an dieser Stelle ein eindeutiger Hinweis auf die Fiktionalität ergibt, so ist doch anzumerken, daß der Vergleich Adams mit der Hut tragenden Frau finteneich ist: In der genannten Parallele erfindet der Autor den Konflikt zwischen Mutter und Tochter. Gleichwohl lebt Esra tatsächlich in einer angespannten Beziehung zu Lale, ihrer Mutter.

pitel 4 hinsichtlich Esra herausgestellt: „‚Sie wollte nicht sehen, wie ein anderer sie sah. Das respektiere ich – weil sie es war. Gleichzeitig fand ich ihre Panik fast unangenehm kleinbürgerlich. Ich mußte an den Skandal denken, den Thomas Manns erster Roman in seiner Heimatstadt Lübeck ausgelöst hatte, an die Wut der Lübecker auf ihn, die meinten, der Rest der Welt dürfe nicht wissen, wie es bei ihnen wirklich zuginge. Als ich während meines Studiums etwas darüber gelesen hatte, war ich natürlich auf der Seite Thomas Manns und der Freiheit der Literatur gewesen. Warum, dachte ich nun, sollte ich für Esras Engstirnigkeit Verständnis haben? Ich bin zwar niemand, der sich ständig Notizen macht und jede Sekunde seines Lebens für zukünftige Geschichten und Romane verplant – dennoch will ich nicht gesagt bekommen, worüber ich schreiben darf und worüber nicht. Das ist so, als nähme man mir die Luft zum Atmen.'"[243] Der innere Monolog läßt keinen Zweifel an der Referenz zur Wirklichkeit in Adams Arbeit: Sie betrifft die Untersuchung von Personen aus der Perspektive eines Dritten. Esra und die „Lübecker" sind sich einig in der Abneigung gegen ein solches Vorgehen, da sie „meinten, der Rest der Welt dürfe nicht wissen, wie es bei ihnen wirklich zuginge."[244] Hier liegt die Vermutung nahe, daß es sich dabei nicht um eine haltlose Angst der literarischen Vorlagen handelt, sondern der Autor in der Tat zeigt, „wie es bei ihnen wirklich zuginge". Zwar verweist Adam auf die übertriebene Panik der Betroffenen; andererseits behält er sich die Möglichkeit vor, auch realitätsnah über sie zu schreiben, „dennoch will ich nicht gesagt bekommen, worüber ich schreiben darf und worüber nicht."[245] Diese Erklärung betont die Möglichkeit und verweist damit in gewissem Maß auch auf die tatsächliche Realitätsnähe und den geringen Fiktionalisierungsanteil seiner Werke. Obwohl der Text also das Ausmaß seiner Fiktionalität thematisiert, trifft er diesbezüglich insgesamt keine eindeutige Aussage. An dieser Stelle sei die Frage aufgeworfen und zugleich bejaht, ob ein Text sich zu seinem Status bezüglich der sozialen Realien erklären kann[246]. Allerdings ist auch einzuräumen, daß eine solche Selbstauskunft für eine Beurteilung nicht entscheidend sein sollte. Die Aussage des Textes ist innerhalb der literarischen Welt stimmig. In den sozialen Realien kommt ihr hingegen keine Verbindlichkeit zu. *Biller* stellt – so wie an

---

Wenn man also diese Schilderung des Schriftstellers auf das Verhältnis von Esra und Adam anwendet, würde das heißen, daß Adam, der diese Episode nicht zufällig Esra gegenüber äußert, die Geschichte zwar ebenfalls erfindet, sie aber zugleich der Realität entspricht. Diese Schlußfolgerung bedingt allein, daß Esra mit der Hut tragenden Frau gleichzusetzen ist. Diese Identifizierung ist zwar nicht ohne weiteres unausweichlich, die Verbindung ist gleichwohl nicht gänzlich fernliegend. Daher verwundert Esras Reaktion bei *Biller,* Esra (Fn. 1), S. 16 auch kaum: „‚Ein besseres Beispiel ist dir nicht eingefallen?'"

[243] *Biller,* Esra (Fn. 1), S. 17.
[244] *Biller,* Esra (Fn. 1), S. 17.
[245] *Biller,* Esra (Fn. 1), S. 17.
[246] *Bunia,* Faltungen (Fn. 90), S. 22 f.

dieser Stelle exemplarisch – sein eigenes literarisches Werk auf die Probe. Er beschreibt es als „Spiegelkabinett aus Realität und Fiktion“[247].

Ähnlich verhält es sich mit der in bezug auf die Fiktionalität kaum autoritativen *Erzählweise*: Zwar drängt sich der Gedanke an Fiktionalität – im Gegensatz zu detaillierten Innenweltdarstellungen – bei der außenperspektivischen Schilderung der anderen Romanfiguren nicht explizit auf. Allerdings steht diese Erzählhaltung, die von einem Eindringen in die Subjektivität der Personen absieht, in keinem Widerspruch zur Fiktionalität eines Textes. Sie vermittelt den Eindruck von Glaubwürdigkeit des narrativen Erzählers, ohne die doppelte Sprachhandlungssituation von Autor und Erzähler und damit den Fiktionscharakter aufzuheben[248].

(3) Fiktionsbegründende Signale

Andererseits ist einzuräumen, daß reale Ortsangaben, die grundsätzlich auf Faktizität hindeuten, auch in fiktionalen Texten nicht ungewöhnlich sind[249]. Dieser Umstand kann durch eine modifizierte Form von *Waltons* Realitätsprinzip erklärt werden: Ursprünglich sagt dieses Realitätsprinzip aus, daß fiktive Welten weitgehend eng an der realen Welt konstruiert werden (*Reality Principle)*[250]. Diese Regel ist insoweit abzuändern, als daß nicht eine unübersehbare Anzahl überflüssiger oder sich widersprechender Einzelheiten in die Textinterpretation aufgenommen wird, und als daß die Kenntnis über die reale Welt allein die Zeit der Erzählung betrifft[251].

Außerdem weisen *paratextuelle* Merkmale auf Fiktion hin: Parameter wie Bucheinband, Schutzumschlag, Untertitel „Roman“ und Klappentext legen ei-

---

[247] *Biller,* Stellungnahme (Fn. 107), S. 7.

[248] Diesen Erzählmodus („externe Fokalisation“) ausdrücklich als Form der fiktionalen Erzählung charakterisiert *Genette,* Fiktion (Fn. 41), S. 77.

[249] *Zipfel,* Fiktion (Fn. 88), S. 91.

[250] *Walton,* Mimesis (Fn. 117), S. 13 ff., 35; auf die Analogie von fiktiver und realer Welt weist ähnlich hin *Ronen,* Possible worlds (Fn. 151), S. 142 f.; *Bourbon,* Replacement (Fn. 88), S. 79.

[251] In bezug auf andere Epochen und Kulturkreise gilt das Prinzip der allgemeinen Überzeugungen entsprechend. Siehe dazu *Zipfel,* Fiktion (Fn. 88), S. 85 ff.; *Köppe,* Literatur (Fn. 30), S. 69 f. *Köppe* läßt es offen, ob der Kenntnisstand hinsichtlich der realen Welt aus Sicht des Autors oder der fiktiven Welt zugrunde zu legen ist. So stellt sich die Frage beispielsweise bei einem Autor, der im 20. Jahrhundert lebte und den Protagonisten seiner Erzählung im Mittelalter auftreten läßt: Ist die Perspektive des Mittelalters oder des 20. Jahrhunderts zu wählen? Nach hier vertretener Ansicht müßte man die vom Autor vorgestellte Weltauffassung des Mittelalters zum Maßstab nehmen, da es allein auf die Stimmigkeit der fiktiven Welt ankommt. Es wird also im folgenden eine historisch an die Zeit der Erzählung gebundene reale Welt zugrunde gelegt, soweit sie der Autor konstruieren konnte (ebenso für Erzählungen, die in der Zukunft spielen). Einflüsse des Autors, die er aus seinem (späteren) Kenntnisstand in die Erzählung einbringt, sind ebenso extern und damit für die Stimmigkeit der Erzählung irrelevant wie das möglicherweise abweichende Wissen des Lesers. – Kritisch zum Reality Principle *Danneberg,* Tränen (Fn. 191), S. 51 f.

nen narrativen Charakter nahe[252]. Das Buchformat von 13 cm x 20.5 cm ähnelt augenscheinlich den Maßen einer Taschenbuchausgabe, in der häufig Romane erscheinen. Der Disclaimer, der die Zufälligkeit von Ähnlichkeiten versichert, bestätigt zudem die Zuordnung zur Fiktion[253]. Autor, Titel, Untertitel und Verlag werden auf den Umschlagseiten wiederholend genannt[254]. Die Frage auf dem Umschlagrücken eröffnet ein weites Feld von Reflexion: „Ist Liebe die letzte Utopie?“ Leben und weitere Werke des Autors werden auf dem Klappentext kurz vorgestellt. Ein Schutzumschlag umgibt das Buch, der in schwarzen Lettern Titel als auch Autor benennt und in einem farblich wie graphisch dezent abgestimmten Hintergrund ausgestaltet ist. Verfasser, Titel und Untertitel gewinnen durch die gezielte Wiederholung auf der Umschlagseite an Prägnanz. Dieses Repetieren des Untertitels „Roman“ bringt es mit sich, daß sich die Gattungsbezeichnung einprägt.

Textuelle Kennzeichen für Fiktion sind nicht minder deutlich: Der Text *gliedert* sich für eine Erzählung typisch in Kapitel, vorliegend in 73 kurzgefaßte Einheiten[255]. Auch *beginnt* der Text in narrativer Weise. Der Leser wird in das Geschehen hineingenommen, ohne umfassende Hintergrundinformationen zu den Personenkonstellationen zu erhalten. Es zeichnen sich allein Andeutungen zum Verwandtschaftsverhältnis von Esra und Lale sowie zur Beziehung von Esra und Adam ab: „Als Esras Mutter den Nobelpreis bekam, schien es so, als würden Esra und ich es vielleicht doch noch schaffen.“[256] Als Zeitform wird das *epische Präteritum* gewählt. Dabei ist die Vergangenheitsform nicht selten von Gegenwartspassagen unterbrochen. Die Form des Präsens beinhaltet textliche Lebendigkeit. Insbesondere betont sie im Rahmen von Monologen die Analysen der im Roman auftretenden Charaktere: „In Wahrheit waren wir es in Esras Augen längst – und als wir es nicht mehr waren, waren wir es in ihren Augen immer noch. Wie rücksichtslos war Frido gegenüber Esra wirklich gewesen? Ich

---

[252] Vgl. zur Bestimmung von Paratexten *Genette*, Paratexte (Fn. 215), S. 22 ff.; *Vogt*, Aspekte (Fn. 162), S. 16 ff.; *Eichner/Mix*, Fehlurteil (Fn. 399), S. 189 f.

[253] *Biller*, Esra (Fn. 1), S. 216. – Zum Format *Genette*, Paratexte (Fn. 215), S. 23 ff. Zwar verneint das Nachwort des Romans jede bewußte Anspielung auf reale Personen: „Sämtliche Figuren dieses Romans sind deshalb rein zufällig und nicht beabsichtigt.“ – Allerdings kann ein wie vorliegend verwendeter gebrauchsüblicher Disclaimer nicht über die erörterten inhaltlichen Parallelen von realer Vorlage und Romanfigur sowie über die Äußerungen des Autors hinwegtäuschen. Darauf wird verschiedentlich in Rechts- und Literaturwissenschaft hingewiesen: BVerfGE 119, 1 (58 f.); *v. Becker*, Überlegungen (Fn. 112), S. 470; *A. Schäfer/J. O. Merten*, „Der Skandalroman“, in: JA 2004, S. 548 (553); *E. Wanckel*, Der Schutz der Persönlichkeit bei künstlerischen Werken, in: NJW 2006, S. 578 (579); *Bunia*, Kunst (Fn. 17), S. 167 f.; *Knothe*, Freiheit (Fn. 6), S. 85. – Demgegenüber billigt dem Disclaimer großzügig eine salvatorische Wirkung zu LG Köln, Urteil vom 11.03.2011, 28 O 151/11, BeckRS 2011, 07677.

[254] *Biller*, Esra (Fn. 1), S. 5.

[255] Vgl. *Genette*, Paratexte (Fn. 215), S. 285 ff.

[256] *Biller*, Esra (Fn. 1), S. 9.

frage mich das bis heute, denn natürlich weiß ich inzwischen, daß Esra oft übertreibt."[257] Außerdem heißt der Erzähler Adam und nicht dem Fall einer realen Autobiographie gleichend wie der Autor selbst *(keine Namensidentität)*. Die Erzählung endet mit einem offenen, nahezu *phantastischen Schluß*, so daß eine Rezeption als fiktional naheliegt: „Die Höhle war leer, aber sie war voller Licht."[258] Die Chronologie der Erzählung wird vielfach durch Rückblenden durchbrochen, in denen Adam Hintergründe zu den anderen Beteiligten mitteilt[259].

Von Fiktion zeugt zudem die *Anspielung in der Erzählung auf andere literarische Texte von Biller.* Die Veröffentlichung eines weiteren Romans, der an *Billers* Buch „Die Tochter" erinnert, wird mehrfach thematisiert[260]. Die Erzählung ist von einer unauffälligen, aber durchgehend ästhetischen Raffinesse getragen. So erscheint die Schichtung von Fiktion innerhalb des Textes als besonderer Kunstgriff: Der fiktive Erzähler ist noch im 15. Kapitel überzeugt, daß Esra als Kind mißbraucht wurde[261]. Im Verlauf der Erzählung, im 68. Kapitel, wird diese Vorstellung Adams selbst als fiktiv erkannt. Die Vergewaltigungsgeschichte Esras ist in den Augen des Erzählers von ihr frei erfunden[262]. Die inneren, im Präsens gehaltenen, gelegentlich eingeschobenen Monologe des Ich-Erzählers unterstreichen zudem den fiktionalen Charakter[263]. Sie belegen, daß der Schwerpunkt – typisch für die Erzählhaltung in fiktionalen Texten – auf dem Erfahrungsaspekt des Ich-Erzählers liegt.

(4) Bilanzierung: Fiktionssignale überwiegen

Die Welt um *Romey* und *Biller* war Ausgangspunkt der literarischen Tätigkeit. Endpunkt ist eine zweite, eigenständige Schöpfung um Esra und Adam, in der der erste Lebensbereich restlos aufgegangen ist. Prägnant würdigt *Ohmer* die Arbeit der Schriftsteller so, „daß sie die Welt ‚verdoppelt' haben, […]."[264] So wird auch im vorliegenden Fall die Handlung aus der Perspektive einer fiktiven Figur, des Ich-Erzählers Adam, erzählt, um sowohl dessen subjektive Innenwelt als auch zwischenmenschliche, gesellschaftliche Fragen aus individuellem Erleben heraus zu thematisieren[265]. So werden dabei Probleme der Integration und modernen Individualisierung angesprochen. Die darüber hinaus thematisierte zwi-

---

[257] *Biller*, Esra (Fn. 1), S. 35 f.; vgl. auch beispielhaft (ebda., S. 33, 37, 52, 110).
[258] *Biller*, Esra (Fn. 1), S. 214.
[259] *Biller*, Esra (Fn. 1), S. 9 ff., 19 f., 21 ff., 24 ff., 28 ff., 32 ff., 44 ff., 49 ff., 62 ff., 71 ff., 110 ff., 131 ff.
[260] *Biller*, Esra (Fn. 1), S. 75 f., 185 ff.
[261] *Biller*, Esra (Fn. 1), S. 45.
[262] *Biller*, Esra (Fn. 1), S. 53.
[263] *Biller*, Esra (Fn. 1), S. 76 ff., 110 ff., 134 ff.
[264] *Ohmer*, Gutachten (Fn. 52), S. 7.
[265] *Biller*, Esra (Fn. 1), S. 46: „So oft ich mir den Kopf darüber zerbrach, […]." (ebda., S. 61): „Ich hatte schon vergessen, […]." (ebda., S. 33): „Darum beschäftigte mich ihre Scheidung, […]."

schenmenschliche Komponente spiegelt sich wieder im Umgang der Protagonisten miteinander. Die augenscheinliche Ambiguität ist insgesamt ein Merkmal fiktionaler Texte. Das Geschehen wird mit zahlreichen Verben und Wendungen umschrieben, die innere Vorgänge erfassen. Als Teil der realistischen Literatur weist der Text von *Biller* wie gezeigt zahlreiche Ähnlichkeiten zu realen Begebenheiten auf. Allerdings führen diese nicht zu einem Verlust des fiktionalen Textcharakters[266]. Angesichts der Fiktionssignale, die den Texteindruck dominieren, handelt es sich bei „Esra“ um einen fiktionalen Text.

g) Fiktionsgrade als Präzisierung von Fiktionalität: Inwieweit ist „Esra“ fiktional?

aa) Zulässigkeit von Fiktionsgraden: Kann man Fiktion abstufen?

Die „Je-desto“-Formel basiert ersichtlich auf der Abstufung von Fiktionalität. Der Senat geht von unterschiedlichen Graden der Fiktion aus[267]. Eine Differenzierung auf dem Gebiet der Fiktion ist auch in der Literaturwissenschaft nicht unbekannt[268]. Dem Gedanken der Abstufung unterschiedlicher Fiktionsgrade soll im folgenden gefolgt werden. Entgegen anderslautender Kritik widerspricht die Aufteilung in Fiktionsgrade nicht dem *interpretationsoffenen Charakter von Kunst* und reduziert die Aussage nicht auf eine ausschließlich faktuale[269]. Die

---

[266] Von „Esra“ gehen wie gesehen gemischte Signale an den Leser aus. Der Text weist sich einerseits bewußt im Untertitel als Roman aus und reiht sich damit in die Kategorie der Belletristik ein, um jeden Faktizitätsanspruch im voraus von sich zu weisen. Andererseits verfehlen auch die auf Realitätsnähe hinweisenden Merkmale nicht ihre Wirkung: Wenn man *Sills* Gedanken hinsichtlich einer vergleichbaren Erzählung *Ohsams* auf den Fall „Esra“ überträgt, gelten die Authentizitätssignale auch in fiktionalen Texten: *Sill,* Literatur (Fn. 217), S. 234: „[…] einem intendierten Rezipienten, der, aus welchen Gründen auch immer, am Realitätscharakter des Textes nicht zweifeln möchte.“ Der Modus der Fiktivität schließt dessen Authentizität also nicht aus. Auch fiktionale Texte können realistische Details und Passagen beinhalten. So auch *Berthold,* Fiktion (Fn. 107), S. 197 f.

[267] BVerfGE 119, 1 (30).

[268] Vgl. *Weinrich,* Fiktionssignale (Fn. 222), S. 525 f.; *Haug,* Entdeckung (Fn. 108), S. 133. – Eine Aufteilung in Fiktionsgrade lehnt ab *Köppe,* Literatur (Fn. 30), S. 44. – *Iser* hat hierfür neben dem zwecksetzenden Fingieren den gegenüber Bestimmungen wie Phantasie vergleichsweise neutralen Begriff des diffusen, auf Objektreferenz gänzlich verzichtenden *Imaginären* eingeführt: *Iser,* Das Fiktive (Fn. 127), S. 19 ff.; *ders.,* Akte (Fn. 159), S. 121 ff.; *ders.,* Die Doppelungsstruktur des literarisch Fiktiven, in: D. Henrich/ders. (Hrsg.), Funktionen des Fiktiven, 2. Aufl. 2007, S. 497 (497 ff.). Diese Begrifflichkeit, die eine Trennung in fiktive und imaginäre Elemente vollzieht, wird der folgenden Untersuchung allerdings nicht zugrunde gelegt. Auch werden keine Einteilungen in Kategorien wie der der „Semifiktionalität“ vorgenommen. Denn ob solche Begriffe die literarischen Kombinationsmöglichkeiten vollständig erfassen, erscheint zweifelhaft. – Zur kritischen Auseinandersetzung mit *Isers* Vorschlag *Hoops,* Fiktionalität (Fn. 86), S. 285 ff.; *Fludernik,* Narratology (Fn. 66), S. 42 f.; *Kablitz,* Kunst (Fn. 98), S. 261 ff.; *O. Marquard,* Das Fiktive als ens realissimum, in: D. Henrich/W. Iser (Hrsg.), Funktionen des Fiktiven, 2. Aufl. 2007, S. 489 (489 ff.).

[269] So aber ausdrücklich *Riedel,* Vermutung (Fn. 133), S. 100, 110, 118 ff., 122.

Bestimmung eines Fiktionsgrades trifft nicht direkt eine Aussage bezüglich des individuellen Rezeptionsverhaltens. Der Fiktionsgrad beschreibt allein die Ausgestaltung der Fiktion als Texteigenschaft. Daß hierdurch bestimmte Einschätzungen und Reaktionen beim Leser erweckt werden, ist zwar nicht zu leugnen, bezieht sich gleichwohl auf eine andere Frage. Die Bestimmung eines Fiktionsgrades steht also nicht im Gegensatz zu einem interpretationsoffenen Kunstwerk, sondern ist vielmehr ein Mittel, es zu beschreiben. Ein Fiktionsgrad macht eine Bestimmung des Fiktionsumfangs handhabbar und kann im Ergebnis also zu verschiedensten Einschätzungen führen. Eine Reduzierung auf ein bestimmtes Resultat wie eine faktuale Wertung ist damit nicht verbunden. Daß der Fiktionsgrad nicht in Form einer Abmessung ermittelt wird, versteht sich von selbst.

Ohnehin wäre eine schematisch angelegte, dogmatische Begriffsmanifestierung der „Fiktionsgrade" verfehlt[270]. Maßgebend ist allein eine möglichst konkrete Beschreibung der Fiktionalität, die sich in unterschiedlichen Parametern – Fiktionsgraden oder anderen Stufen – ausgestalten kann. Die Einteilung in Fiktionsgrade erscheint nichtsdestominder praktikabel sowie realitätsnah und ermöglicht zumindest eine grobe Orientierung zur Unterscheidung von realistischen bis hin zu phantastischen Texten, die beide schlicht als fiktional eingeordnet werden. Es ist nicht einsichtig, daß ein fiktionaler Text, der als Kunstwerk gerade auf die Wirkung in der Realität zielt und zur Fortentwicklung der Gesellschaft in einem ständigen Austausch mit der Wirklichkeit steht, nicht in seinem fiktionalen Wirkungspotential mit allgemeinverständlichen Kriterien beschrieben werden kann. Die Kritiker dieser Abstufungsmöglichkeit räumen selbst ein, daß es Mischformen von Texten gibt, die sich aus intendiert faktischen und fiktiven Elementen zusammensetzen[271]. Sie bleiben allerdings dann die Erklärung schuldig, wie sie einen solchen Fall als fiktional oder nichtfiktional bewerten, ohne auf den Schwerpunkt abzustellen, der sich seinerseits durch die Quantität und Qualität der Hinweise, also anhand von Fiktionsgraden, bestimmt.

Auch die in der Diskussion aufgeworfenen Fragen hinsichtlich des maßgeblichen Rezipientenkreises können geklärt werden[272]: Für die Bestimmung des Fiktionsgrades ist es in der Tat erforderlich, eine Personengruppe festzulegen, die die Abweichung von sozialen Realien und Kunstwerk vor ihrem Kenntnis- und Erfahrungshorizont bestimmt. Wie noch zu erörtern sein wird, hat das Bundesverfassungsgericht mit dem Bekanntenkreis variabler Größe einen Maßstab abgesteckt, der weder einen Bekanntheitsbonus für noch ein Öffentlichkeitsopfer von Prominenten beinhaltet. Entscheidend ist allein, ob der Be-

---

270 Die Bezeichnung als „unterschiedliche(n) Realisierungen von Fiktion" erscheint daher auch tragbar, so *Riedel*, Vermutung (Fn. 133), S. 100.

271 Teilweise wird die Zulässigkeit von Abstufungen differenziert betrachtet: So wird sie bezüglich der Fiktion abgelehnt, hinsichtlich des Realitätsgehalts aber anerkannt von *Danneberg*, Tränen (Fn. 191), S. 46, 49; *Köppe*, Literatur (Fn. 30), S. 45.

272 Kritisch *Riedel*, Vermutung (Fn. 133), S. 105 f.

troffene sich in seinem unmittelbaren sozialen Umfeld bloßgestellt sieht. Es geht darum, die große Spannbreite der fiktionalen Ausgestaltung zu untersuchen, um das Ergebnis dann einer fundierten Textanalyse zugrunde zu legen und damit in einem zweiten Schritt als Komponente in die Abwägung von Kunstfreiheit und Persönlichkeitsschutz einfließen zu lassen[273]. Die „Je-desto"-Formel ist letztlich Ausfluß der trefflichen Einordnung in Fiktionssignale und -grade. Letztere sind daher nun zu konkretisieren.

bb) Unterscheidung in die Kategorien „möglich" und „unmöglich"

Eine grundlegende Einteilung fiktionaler Texte erfolgt anhand der Überprüfung der *Möglichkeit* des Dargestellten nach empirischen und denklogischen Regeln. Man differenziert nach der Art der Abweichung von der Realität. Angaben zu *Ort, Zeit und Ereignisträgern* (im Text handelnde Objekte) können daraufhin überprüft werden, ob sie nach logischen und naturwissenschaftlichen Gesetzmäßigkeiten möglich sind[274]. Die Beschreibung phantastischer Umstände zeugt dabei von einem äußerst hohen Fiktionsgrad. Ein in der Wirklichkeit denkbares Geschehen weist auf einen verstärkten Bezug zur Realität hin und beinhaltet damit einen eher geringen Fiktionsgrad. Die genannten Ausprägungen von Fiktion nach dem Möglichkeitskriterium können unterschiedlich ausfallen und beliebig miteinander kombiniert werden. Maßgebend zur Bemessung des Fiktionsgrades ist die Gesamtschau der drei Parameter von Ort, Zeit und Textobjekt, wobei den Ereignisträgern, also den Textobjekten, eine herausragende Bedeutung zukommt. Sie sollen daher bei der Untersuchung verstärkt thematisiert werden.

---

[273] *Zipfel* lehnt die Einteilung in Fiktionsgrade ab: *Zipfel,* Fiktion (Fn. 88), S. 294: „So gewinnt die Unterscheidung verschiedener Arten von Fiktivität eine gattungspoetische Relevanz. Notwendig hierfür ist eine genaue Beschreibung der unterschiedlichen Formen von Fiktivität; überflüssig erscheint, diese Beschreibungen in einer komparativen Reihe des Mehr oder Weniger an Fiktivität anordnen zu wollen." Vertiefend *Zipfel,* ebda., S. 302 ff., 308. – Demgegenüber werden in dieser Arbeit Fiktionskonfigurationen anhand unterschiedlicher Fiktionsgrade erfaßt. Denn eine präzise Zuordnung unterschiedlicher Formen der Fiktivität und Fiktionalität beinhaltet eine mögliche Verifikation der Fiktionsausgestaltung. Wenn die konkrete Fiktionsform nun bestimmbar und von anderen unterscheidbar ist, bestehen keine grundsätzlichen Bedenken gegen eine Distinktion anhand unterschiedlicher Fiktionsgrade. Hierbei sei auf die durchdringende Begründung zulässiger Fiktionalitätsabstufungen von *Christina Schaefer* verwiesen. Sie geht von der grundsätzlichen Klassifizierung eines Textes im ganzen als „fiktional" oder „faktual" aus, sieht aber auch die Notwendigkeit von Abstufungen anhand von Fiktionssignalen und -graden. Diese Mischungen befinden sich zwischen den Typen „faktualer Text" und „fiktionaler Text": *C. Schaefer,* Die Autofiktion zwischen Fakt und Fiktion, in: I. O. Rajewsky/U. Schneider (Hrsg.), Im Zeichen der Fiktion, 2008, S. 299 (307).

[274] *Zipfel,* Fiktion (Fn. 88), S. 79 f., 106 ff.

cc) Unterscheidung der Objekte in die Kategorien „rein fiktiv", „fiktiv-real", „rein real"

Die Textobjekte können „rein fiktiv", „fiktiv-real" und „rein real" sein[275]. Als *rein fiktive* Objekte werden dabei Figuren beschrieben, die in keiner Beziehung zu realen Personen in bezug auf Namen und personenbezogenen Eigenschaften stehen. *Fiktiv-reale* Objekte weisen Ähnlichkeiten zu realen Vorlagen auf, unterscheiden sich allerdings in wesentlichen Kennzeichen von diesen. *Rein reale* Objekte sind hingegen in Personen aus der außerkünstlerischen Realität ohne weiteres zu identifizieren und eröffnen damit eine unübersehbare Beziehung zur Außenwelt. Zu dem erhöhten Realitätsbezug, in der genannten Reihenfolge von rein fiktiven, fiktiv-realen und rein realen Objekten, korreliert ein reduzierter Fiktionalitätsgrad[276]. Da der Rechtsstreit in den Ähnlichkeiten der Klägerinnen mit ihren literarischen Umsetzungen in Form von Esra und Lale wurzelt, ist abschließend die Fiktivität eben dieser realinspirierten Gestalten zu untersuchen.

dd) Geringer Fiktionsgrad (wirklichkeitsnah, doch fiktiv): Wer sind „Esra" und „Lale"?

Die Untersuchung der Textsignale hat gezeigt, daß Esra und Lale in biographischer Hinsicht augenscheinlich den Klägerinnen zu 1) und 2) ähneln. Die Gestaltung dieser *fiktiv-realen* Figuren ist gezielt an ihre realen Vorbilder angelehnt. Der Reiz besteht dabei nicht in der vorschnellen Identifizierung, sondern in der evolutiven Entdeckung von Übereinstimmungen, die man aufgrund des Wissens um den zugrundeliegenden realen Kontext machen kann[277]. Zwar ist einzuräumen, daß ein literarisch nicht überdurchschnittlich versierter Leser der Versuchung, von Ähnlichkeit auf Gleichheit zu schließen, sehr wahrscheinlich

---

[275] Die Begriffe der „native objects", „surrogate objects" und „immigrant objects" prägt dafür *T. G. Pavel,* Fictional Worlds, Cambridge/MA 1986, S. 29: „The natives can be extranuclearly described as invented or created by the author of the text, the way Mr Pickwick was created by Dickens. Immigrants to the text come from elsewhere, either from the real world [...] or from other texts [...]. Surrogate objects are fictional counterparts of real objects in those fictional texts that substantially modify their description." *Zipfel,* Fiktion (Fn. 88), S. 90 ff.

[276] Es besteht also eine breite Spanne der Fiktionalisierung. Von einem Text können gemischte Signale ausgehen, die die Abwägung des Lesers erfordern, um nach *Weinrich,* Fiktionssignale (Fn. 222), S. 526: „[...] am Ende der Lektüre ein Urteil fällen zu können des Inhalts, daß dieser Text insgesamt oder vorwiegend entweder dem Bereich der Fiktion oder der Nichtfiktion zuzurechnen ist. In vielen Fällen aber muß das Urteil in der Schwebe bleiben. Diese Ambivalenz kann sehr reizvoll sein." Vgl. zum Lokalkolorit einer Erzählung auch LG Münster ZUM-RD 2003, 329 (332)

[277] LG Münster ZUM-RD 2003, 329 (332); *Bunia,* Faltungen (Fn. 90), S. 157; ähnlich prägnant *S. Wogenstein, „Leute in echt"* – Contemporary Literature and Playing with Authenticity, in: M. W. Rectanus (Hrsg.), Über Gegenwartsliteratur, 2008, S. 333: „The case of Maxim Biller's novel *Esra,* which has been banned since shortly after its publication in 2003, shows the legal dimensions of the question of authenticity."

erliegen wird. Wenn ein Durchschnittsleser markante Ähnlichkeiten zwischen einer fiktiven Figur und einer realen Person ausgemacht hat, ist es realitätsfern zu glauben, daß er sein Bild von realer und fiktiver Gestalt nicht gleichsetzt. „Aus Ähnlichkeit folgt Gleichheit."[278]

Allerdings können fiktive Figuren, deren Gestalten von der Realität inspiriert sind, nicht a priori – trotz möglicher Fehlläufe in der Rezeption – als nichtfiktive Objekte in fiktionalen Texten qualifiziert werden[279]. Eine Trennung von realen und fiktiven Parametern in einem fiktionalen Text erscheint evident widersinnig. Vielmehr bringen die also zweifellos *fiktiven Figuren* Esra und Lale vermittelt über ihre wirklichen Vorlagen Umstände der realen in die literarische Welt ein. Esra und Lale tragen also einige, durch die Klägerinnen geprägte, biographische Merkmale und unterscheiden sich zudem durch Erweiterungen und Änderungen wie beispielsweise der mit Adam verbindenden Dönme-Zugehörigkeit von den Vorlagen[280]. Eine Gleichsetzung der *neuartigen* Kunstfiguren Esra und Lale mit den ursprünglich realen literarischen Vorlagen ist daher – ungeachtet wahrscheinlicher Mißverständnisse beim Durchschnittsbetrachter – aus literarischer Warte im Grundsatz unzulässig[281]. Die Exfreundin von Adam und ihre Mutter weisen sich durch eine kompromittierte Persönlichkeit im Rahmen einer Handlung ausgeprägter Erlebnisdichte sowie durch eine freie, von den realen Vorbildern nicht vorgegebene Entwicklungsfähigkeit innerhalb der Erzählung aus. Selbstverständlich gilt die Unterscheidung in literarische Figur und reale Person unterschiedslos auch im Verhältnis von Erzähler und Autor[282]. Adam

---

[278] *Bunia,* Faltungen (Fn. 90), S. 158.

[279] *Blume* präzisiert den Begriff der Elemente der Nichtfiktion *Blume,* Fiktion (Fn. 88), S. 80: „Unter nichtfiktionalen Elementen fiktionaler Texte sind all jene Textbausteine zu verstehen, die sich auf in der mentalen Enzyklopädie des Textproduzenten bereitliegende Konzepte stützen und deren Quelle entweder die eigene Erfahrungswelt oder selbst als nichtfiktional betrachtete Vermittlungsinstanzen sind." Objekte der Nichtfiktion werden in einem fiktionalen Text zwar nicht zwangsläufig zu fiktionalen Textbausteinen umgewandelt: *Blume,* ebda., S. 82. Gleichwohl sind sie an der Rekonstruktion, der neuen Schöpfung in einem fiktionalen Werk, beteiligt und gehen mit Anteilen der Fiktion in dem Werk eine neue Kombination ein: *Blume,* ebda., S. 91. Aus der rechtswissenschaftichen Diskussion ebenso *v. Becker,* Überlegungen (Fn. 112), S. 470.

[280] Allgemein hierzu *Bunia,* Faltungen (Fn. 90), S. 154.

[281] Insbesondere ist auf den bereits erörterten selbständigen ontischen Status der (fiktiven) Kunstfigur hinzuweisen: *Schneider,* Einführung (Fn. 31), S. 36.

[282] *Hamburger,* Logik (Fn. 26), S. 111 ff., 118 ff.; *Schneider,* Einführung (Fn. 31), S. 152 f.; *Vogt,* Aspekte (Fn. 162), S. 48 ff. Das „Ich" ist in diesem Fall einerseits Erzähler und andererseits Figur: *Schneider,* ebda., S. 156 f. Wenn die Ereignisse aus der Sicht der ersten Person, aus der „Ich"-Perspektive, erzählt werden, ist darüber hinaus eine weitere Differenzierung notwendig. In der vorliegenden Erzählung ist Adam als zeitweiliger Partner von Esra sowohl Figur („Ich"-Figur) als auch Erzähler des Geschehens („Ich"-Erzähler). Die Darstellung einer Gestalt darf nach moderner Literaturtheorie nicht als eine Manifestation der Intention des Autors gewertet werden. Hierzu *Schneider,* ebda., S. 38. Zweifellos zählen die Protagonisten zu dieser Gruppe von Kunstfiguren.

kann und darf nicht mit *Biller* gleichgesetzt werden. Esra und Lale sind rein fiktive Figuren[283]. Schlicht gesagt sind sie trotz Anleihen aus der Wirklichkeit hinsichtlich des ontologischen Status mit rein erfundenen Kunstfiguren gleichzusetzen[284]. Die realinspirierte Expartnerin und die verhinderte Schwiegermutter sind demnach uneingeschränkt Teil der fiktiven Welt um – den ebenso als rein fiktiv zu qualifizierenden – Adam. Ihre faktischen Elemente wie private und berufliche Eckpunkte der Biographien werden in „Esra" fiktionalisiert[285]. Der Eingang von Preisverleihungen und tatsächlichen Partnerschaften beinhaltet auch die Bereicherung um den realen Kontext, dem diese Teile entstammen, und die sich nun als Bausteine in die neue fiktive Welt einfügen[286]. Die Fiktionalisierung dieser Elemente, die in ihrem Ursprung der Realität entlehnt sind, ist schon zur Wahrung der Texteinheit unausweichlich[287]. Trotz der realen Vorlagen sind Esra und Lale demnach rein fiktive Figuren[288]. Vor dem Hintergrund realinspirier-

---

[283] Zum Wesen von fiktiven Figuren *P. v. Inwagen,* Fiktionale Geschöpfe, in: M. E. Reicher (Hrsg.), Fiktion, Wahrheit, Wirklichkeit, 2007, S. 73 (73 ff.); vgl. *Klausnitzer,* Literatur (Fn. 347), S. 218 f.

[284] *Haller,* Facta (Fn. 106), S. 82; so wohl auch *Haug,* Entdeckung (Fn. 108), S. 133: „In dem Maße jedoch, in dem man diese [faktisch verifizierbare] Topographie im Rahmen des fiktiven Geschehens funktionalisiert, wird sie als faktische fiktiv […]".

[285] *Haug,* Entdeckung (Fn. 108), S. 133 f.; auch nach rechtswissenschaftlichen Bewertungsmaßstäben *v. Becker,* Überlegungen (Fn. 112), S. 470.

[286] Treffend *P. W. Nesselroth,* Naming Names in Telling Tales, in: C.-A. Mihailescu/W. Hamarneh (Hrsg.), Fiction Updated: Theories of Fictionality, Narratology, and Poetics, Toronto/Buffalo/London 1996, S. 133 (142): „More than any other words in language, real names, whether historical or fictional, have the potential to produce new stories. That is because they already come with built-in stories (or ‚definitions') from other contexts, […]."

[287] So auch *Haller,* Facta (Fn. 106), S. 82: „Ein so erfundener oder geschaffener Text ist als Text einheitlich; d.h., im Text vorkommende Namen oder Kennzeichnungen, die sich auf reale Gegenstände zu beziehen scheinen, beziehen sich nur sekundär auf solche, primär auf den in den Gegenstandskomplex fiktiver Natur einbezogenen gleichartigen, aber auch fiktiven Gegenstand."

[288] Andere Ansätze sind demgegenüber nicht zielführend und entsprechen nicht einer kunstadäquaten Texterfassung. So erscheint die Bestimmung als Mischung von fiktiven und nichtfiktiven Elementen unter Beibehaltung ihres Ursprungs als vage, theoretisch unhaltbar und praktisch nicht differenzierbar. Eine Aufspaltung von Kunstfiguren in rein fiktive, gemischt fiktive und nichtfiktive Figuren wird der in der Literaturwissenschaft allgemein postulierten Eigenständigkeit der künstlerischen Welt nicht gerecht. Denn die Autonomie der Kunstwelt bedingt eine Lösung von Verbindungen zur Außenwelt. Sie bestimmt aus ihrem eigenen Wesen heraus die für sie ausschlaggebenden Standards und Kriterien: *v. Arnauld,* Freiheit (Fn. 159), § 167 Rn. 1 ff. Wie bereits erarbeitet, entsteht durch die künstlerische Bearbeitung eine neue Welt. Auch wenn eine Figur ein reales Vorbild hat, so ist die Gestalt selbst doch Teil der fiktiven Welt. Eine aufrechterhaltene Mischung aus Realität und Wirklichkeit erscheint daher inkonsequent. – Anders aber *Blume,* Fiktion (Fn. 88), S. 82 f. Wieder andere heben – nicht merkbar erfolgversprechender – die Differenzierung in einen fiktionalen und nichtfiktionalen Textteil dadurch vollständig auf, daß sie auch die historische Außenwelt der fiktiven Welt zurechnen. Geschichtsschreibung wird als spezifische Form der dichterischen Tätigkeit verstanden. Alle Texte, ob literarischer, alltäglich-informativer oder wissenschaftlicher Art, sind nach *S. Greenblatt,* Schmutzige Riten, 1991, S. 14

ter Angaben zu Ort und Zeit ist der Fiktionalitätsgrad bei „Esra" insgesamt eher gering. Der Roman kann als realistische Literatur eingeordnet werden, die sich merklich an der außerkünstlerischen Wirklichkeit ausrichtet.

h) Autofiktion als Präzisierung von Fiktionalität: Inwieweit ist „Esra" fiktional?

Nachdem anhand der vorgestellten Figuren Esra und Lale ein geringer Fiktionsgrad bilanziert wurde, ist nun der Fokus auf den Ich-Erzähler Adam zu richten. Wie gestaltet sich sein Verhältnis zum Autor *Biller* aus? Die Frage, inwieweit „Esra" fiktional ist, wird also nochmals mit Bezug zum Autor-Erzähler-Verhältnis aufgeworfen. Bei Betrachtung dieser Beziehung kommt der Gedanke auf, daß es sich bei „Esra" um einen autofiktionalen Text handelt. So wird eine homodiegetisch-fiktionale Erzählung genannt, die von einem mit dem Autor identifizierten Erzähler mitgeteilt wird[289]. Die Autofiktion beinhaltet Parameter des autobiographischen und fiktionalen Erzählens und wird durch drei Merkmale geprägt[290].

aa) Autobiographie: das Leben Billers

In erster Linie ist die Autofiktion durch eine Erzählung aus Sicht des *Ich-Erzählers* geformt. Dabei ist der Ich-Erzähler zugleich Hauptfigur der Erzählung[291]. Zweitens muß der Ich-Erzähler *mit dem Autor identifizierbar* sein. Diese beiden Merkmale von Autofiktion stellen den autobiographischen Charakter einer Autofiktion heraus.

Bezeichnenderweise enthält eine Biographie subjektive und objektive Anteile aus der Vita einer Person. Lebensereignisse werden summarisch mitgeteilt[292]. Hinsichtlich des autobiographischen Bereichs sind die Arbeiten von *Lejeune* grundlegend, der die Übereinkunft von Leser und Autor dabei untersucht. Die Autobiographie definiert er wie folgt: „Récrit rétrospectif en prose qu'une personne réelle fait de sa propre existence, lorsqu'elle met l'accent sur sa vie individuelle, en particulier sur l'histoire de sa personnalité."[293] *Lejeune* versteht un-

„komplexe symbolische und materielle Artikulationen der imaginativen und ideologischen Strukturen jener Gesellschaft, die sie hervorgebracht hat". Diese Auffassung, die letztlich eine Aufhebung der Trennung von Realität und Fiktion zugunsten letzterer annimmt, ist abzulehnen, da sie den Unterschied zwischen realer Person und Kunstfigur einebnet. Die Klägerinnen sind Personen, die zweifellos nicht mit „Esra" und „Lale" gleichgesetzt werden können.

[289] *Genette*, Fiktion (Fn. 41), S. 85.

[290] *F. Zipfel*, Autofiktion, in: S. Winko/F. Jannidis/G. Lauer (Hrsg.), Grenzen der Literatur, 2009, S. 285 (286 ff.).

[291] *D. Cohn*, Signposts of Fictionality: A Narratological Perspective, in: Poetics Today 11 (1990), S. 775 (793 f.).

[292] *J. Rehbein*, Biographisches Erzählen, in: E. Lämmert (Hrsg.), Erzählforschung, 1982, S. 51 (51 f.).

[293] *P. Lejeune*, Le pacte autobiographique, 2. Aufl. Paris 1996, S. 14.

ter einer Autobiographie einen Prosatext, der von der Geschichte einer Person erzählt und durch die Identität von Autor, Erzähler und Figur geprägt ist. Der Erzähler teilt hierbei dem Leser Umstände mit, die sich ebenso im Leben des Autors wiederfinden[294]. *Lejeune* benennt das Übereinkommen zwischen Autor und Leser in einem literarischen Verständnis explizit als „Vertrag"[295] mit einem durch den Verständniskontext bedingten „Vertragseffekt"[296]. Die Übereinkunft zwischen Schriftsteller und Leser bestimmt die spezifische Lesart des Textes und bringt Effekte hervor, die dem Text zugeordnet werden[297]. Durch direkte und indirekte Publikationscodes wird die Lektüre gelenkt. Dadurch wird der Eindruck vermittelt, daß die Sprechposition des Textes mit dem Leben des Autors in einen Zusammenhang zu bringen ist[298]. Diese beiden Merkmale, die Ich-Perspektive und die Identifizierbarkeit des Schriftstellers im Erzähler, unterscheiden die Autofiktion noch nicht von einer Autobiographie. Auch wenn „Esra" einen identifizierbaren Autor aufweist und aus Sicht eines „Ich"-Erzählers verfaßt wurde, ist der Text nicht als Autobiographie zu qualifizieren. „Esra" beinhaltet nicht wenige paratextuelle und textuelle Parameter, die gegen ein autobiographisches und damit Faktizität beanspruchendes Dokument sprechen: Klappentext und Untertitel „Roman" sind Merkmale eines fiktionalen Textes. Signifikante Stellen wie der Streit von Esras Familie während des Türkei-Aufenthalts, Adams Reise in die Türkei und die Begegnung von Adam und Esras gesamter Familie in dem Münchner Lokal „Tre Colone" haben in der Realität nicht stattgefunden[299]. Sie sind von *Biller* erfunden[300]. Kapitelgliederung, offener Textanfang und -ende sowie phantastische Passagen zum Schabbatai Zwi beeinflussen das Empfinden derart nachdrücklich, daß der Leser den Text nicht als faktual bewertet. Zwar weist die Ich-Erzählung Adams markante autobiographische Elemente auf. Dem für fiktionale Texte allgemein geltenden Realitätsprinzip folgend sind fiktive Welten allerdings denkbar dicht an realen anzulegen[301]. Die Referenzen in Hinblick auf das private wie auch berufliche Leben der Gestalten und die Identifizierbarkeit des Autors *Biller* in dem Ich-Erzähler Adam stehen dem fiktionalen

294 *M. Löschnigg,* Theoretische Prämissen einer „narratologischen" Geschichte des autobiographischen Diskurses, in: J. Helbig (Hrsg.), Erzählen und Erzähltheorie im 20. Jahrhundert, 2001, S. 169 (173, 180) lehnt eine Abgrenzung der faktenbasierten Autobiographie von der Fiktion ab und versteht autobiographisches Schreiben vielmehr als umfassend subjektive, identitätsstiftende Verarbeitung individueller Erlebnisse.

295 *P. Lejeune,* Der autobiographische Pakt, 4. Aufl. 2010, S. 50 („Vertrag"), 418 („Autobiographischen Pakt", „Pakt"); ähnlich *Assmann,* Fiktion (Fn. 83), S. 256.

296 *Lejeune,* Pakt (Fn. 295), S. 50.

297 *Lejeune,* Pakt (Fn. 295), S. 39 f., 48.

298 *Scheffer,* Interpretation (Fn. 30), S. 252.

299 *Biller,* Esra (Fn. 1), S. 67 ff., 194 ff., 212 f.

300 Für weitere Nachweise vgl. die unwidersprochenen Angaben des Autors bei *Biller,* Stellungnahme (Fn. 107), S. 7.

301 *Zipfel,* Autofiktion (Fn. 290), S. 290.

Charakter des Textes, der nun als zweiter großer Teilbereich der Autofiktion zu untersuchen ist, allerdings nicht entgegen.

bb) Fiktion: das Leben Adams

Das dritte Merkmal einer Autofiktion – nach den Eigenschaften „Ich-Erzähler" und „in ihm identifizierbarer Autor" – liegt darin, daß der Text als *fiktional* zu qualifizieren ist. Der Begriff „Autofiktion" wurde von dem französischen Literaturwissenschaftler und Autor *Doubrovsky* in Abgrenzung zur Autobiographie Prominenter als Fiktion absolut realer Ereignisse in der Einleitung zu seinem Roman „Fils" eingeführt: „Autobiographie? Non, c'est un privilège réservé aux importants de ce monde, au soir de leur vie, et dans un beau style. Fiction, d'événements et de faits strictement réels; si l'on veut, *autofiction,* d'avoir confié le langage d'une aventure à l'aventure du langage, hors sagesse et hors syntaxe du roman, traditionnel ou nouveau."[302]

Im Unterschied zur Autobiographie ist der Erzähler nicht mit dem Autor gleichzusetzen, beide sind auch namentlich voneinander getrennt[303]. Es ist zuzugeben, daß Erlebnisse des identifizierbaren Schriftstellers geschildert werden. Gleichwohl proklamiert die Erzählung keinen Faktizitätsanspruch. Die Geschichte kann trotz biographischer Identität von Autor und Erzähler durchaus fiktiv sein. Denn die Übereinstimmung der Personen bedingt nicht eine Parallelität außerkünstlerischer Realität des Autors *Biller* und erzählter Handlung *Adams.* Die personelle Identität allein begründet keinen Wahrheitsanspruch des Textes[304]. In welchem Umfang sich die beschriebenen Ereignisse mit dem realen Leben *Billers* decken, wird bewußt nicht aufgeklärt. Die Unbestimmtheit übt den Reiz der Autofiktion aus[305].

cc) Autofiktion „Esra" als Kombination von Autobiographie und Fiktion

Bei „Esra" handelt es sich um eine Autofiktion. Diese stellt eine *Verbindung* zwischen den sich gegenseitig ausschließenden Praktiken von Referentialität und Fiktion, von autobiographischem und fiktionalem Pakt, dar[306]. In einem spiele-

---

[302] *S. Doubrovsky,* Fils, Paris 1977, S. 10.

[303] Vgl. Abschnitt C.II.4.b.aa. Aus der bereits erörterten eigenständigen Rolle des Ich-Erzählers auf die Unterschiedlichkeit von Autor und Erzähler schließt *Cohn,* Signposts (Fn. 291), S. 794: „In critical *practice,* at any rate, the separateness of authors and narrators has been demonstrated almost exclusively where it is most readily visible to the naked eye, namely, where the narrator-figure is a physical and nominal presence, central or peripheral, in the fictional world." – Die Funktion des Eigennamens erörtert *Bunia,* Faltungen (Fn. 90), S. 152f., 162.

[304] *Genette,* Fiktion (Fn. 41), S. 85.

[305] Am Rande sei angemerkt, daß sie so auch eine Umgehung literarischer Zensur ermöglicht. Hierzu *Zipfel,* Autofiktion (Fn. 290), S. 301.

[306] *Schaefer,* Autofiktion (Fn. 273), S. 308ff.; *Zipfel,* Autofiktion (Fn. 290), S. 305, 311; vgl. in diesem Kontext *Sills* Ausführungen zu dem „Wechselspiel von Authentizitäts- und

rischen Umgang von Fiktion und Wirklichkeit lösen sich die Grenzen zwischen beiden Bereichen auf und sind für den Leser auch nicht mehr wahrnehmbar[307]. Insbesondere die Unterscheidung zwischen personeller Identität und narrativer Unterscheidung von *Biller* und Adam bereitet verständlicherweise Schwierigkeiten[308]. Da *Biller* aufgrund der genannten biographischen Übereinstimmungen in Adam identifizierbar ist, wird dem Durchschnittsleser nahegelegt, auch die geschilderten Erlebnisse dem Autor zuzurechnen. Die Erklärung, daß der Verfasser zwar in dem Erzähler zu identifizieren ist, das Erzählte ihn allerdings nicht betrifft, ist für den Leser schwer nachzuvollziehen. Die Aussage des Autors, daß er eine Geschichte erzählt und zugleich deren Held ist, sie allerdings nicht erlebt hat, bleibt in sich widersprüchlich. Der Rezipient steht vor der äußerst anspruchsvollen Aufgabe, „einen geeigneten Umgang mit einem Text zu wählen, der in seinem Beschreibungsanspruch ernstgenommen werden will, obwohl er nicht ernstgenommen werden darf, ohne für erhebliche Verwirrung oder Konfrontation zu sorgen."[309] Von einem Durchschnittsleser kann ein stets literarisch geschultes, derart feinsinnig differenzierendes Verständnis nicht erwartet werden.

Denn wie bei einem *zivilrechtlichen Vertrag* beurteilt sich die Annahme von Fiktionalität nach erkennbaren Umständen aus der Perspektive eines Durchschnittslesers. Diese richtet sich an den genannten textuellen und paratextuellen „Publikationscodes"[310] aus. Bei der gegenseitigen Übereinkunft, daß es sich um Fiktion handelt, kann daher der Gedanke des *objektiven Empfängerhorizonts* fruchtbar gemacht werden. Der Text ordnet sich selbst schon durch den Unter-

---

Fiktionssignalen" in *Bernhard Ohsams* „Eine Handvoll Machorka": *Sill,* Literatur (Fn. 217), S. 234.

307 Instruktiv *Zipfel,* Fiktion (Fn. 88), S. 141 f.; *Schaefer,* Autofiktion (Fn. 273), S. 307. Der Leser kann letztlich nicht sagen, welche Textelemente auf wirklichem Erleben oder fiktiver Erfindung beruhen: *Zipfel,* Autofiktion (Fn. 290), S. 306. – Eingeräumt wird das aus rechtswissenschaftlicher Sicht zutreffend auch von *Neumeyer,* Person (Fn. 224), S. 240: „Das Risiko, dass eine Aussage irrtümlich für real gehalten wird, ist bei Mischformen höher."

308 Für einen nicht literarisch versierten Leser ist die Trennung zwischen Leben des Autors und des fiktiven Erzählers schwer zu erkennen, wenn Autor und Erzähler numerisch im Sinne des Personenstands identisch sind. In der Tat handelt es sich angesichts der aufgezeigten faktualen Signale sowie der in der Biographie ebenso beschriebenen Lebensumstände und -ereignisse um einen Text, der zumindest als faktual rezipiert werden kann. Ein verständiger Durchschnittsrezipient liest diesen – wenn auch auto*fiktionalen* – Text als Enthüllung realer Begebenheiten über Autor und Klägerinnen. Zwar wird er ihn nicht als einen Nachrichtenbericht verstehen, der auf sorgfältig recherchierten und verifzierten Daten beruht. Die – wenn auch ungenaue, aber für Klatsch, Sensation und Tratsch typische, durch die Signalsetzung des Autors beim Publikum hervorgerufene – Vorstellung von den einzelnen Begebenheiten genügt, um zum diffamierenden Geschwätz der mit den Umständen vertrauten Rezipienten zu werden. Dies stellt eine Beeinträchtigung des Persönlichkeitsrechts dar.

309 Bezüglich der Möglichkeiten von Fiktionalität im allgemeinen *Bunia,* Faltungen (Fn. 90), S. 103.

310 *Lejeune,* Pakt (Fn. 295), S. 50.

titel „Roman“ dieser Gattung und damit der Fiktionalität zu. Es ist – trotz der doppelten Sprachhandlung von Adam und *Maxim Biller* – nicht zu leugnen, daß der Erzähler Ereignisse aus dem Leben des Autors schildert: *Biller* stand unstreitig in einer Beziehung zur Klägerin zu 1), die durch Konflikte kultureller und zwischenmenschlicher Art geprägt war. In welchem Umfang sich die Erzählung Adams mit den Erlebnissen *Billers* deckt, wird dem Leser nicht verdeutlicht. Er wird in ein Spiel von Fiktion und Realität gezogen. Eine klare Differenzierung des Rezipienten zwischen autobiographischem und fiktionalem Erzählen ist damit ausgeschlossen. Der bereits festgestellte fiktionale Charakter von „Esra“ läßt sich damit näher als autofiktionaler Text bestimmen.

i) Weitere Beispiele zum Verhältnis von Wirklichkeit und Fiktion in der Literatur

Vor dem Hintergrund einer ausnehmend großen Zahl von literarischen Werken mit Persönlichkeitsrelevanz ist eine umfassende Darstellung dieses Bereichs ausgeschlossen. Selbst die literarischen Fälle, die zu einer gerichtlichen Auseinandersetzung führten, können in dieser Arbeit nicht abschließend behandelt werden. Die folgende Auswahl von kursorisch dargestellten, persönlichkeitsrechtsrelevanten, mit Fiktion und Wirklichkeit spielenden Texten, die in Hinblick auf den „Esra“-Fall und die dort relevanten Maßstäbe getroffen wurde, soll zumindest eine grobe Einordnung des Streits in einen weiteren literarisch und rechtlich relevanten Kontext ermöglichen. Damit eröffnet sich eine Vergleichbarkeit der „Esra“-Auseinandersetzung mit früheren Aufarbeitungen. Die fünf Beispiele demonstrieren aufgrund unterschiedlicher Abwägungsergebnisse die Relevanz der Erkennbarkeitsprüfung und schärfen durch die Gegenüberstellung der Fälle den Blick für eine Präzisierung der Persönlichkeitsrechtsbeeinträchtigung.

aa) „Die Leiden des jungen Werther“: tonangebende gesellschaftliche Themen

Viele Zeitgenossen waren in der Lage, im Fall von *Goethes* „Die Leiden des jungen Werther“ – ähnlich der Klägerin zu 1) – Charlotte als *Charlotte Kestner* zu identifizieren, die *Goethe* aus seiner Referendarzeit in Wetzlar kannte[311]. Auch die übrigen Figuren konnten realen Personen zugeordnet werden. Nachdem *Charlotte* und insbesondere ihr Verlobter *Johann Christian Kestner* mit Verärgerung auf das Werk reagierten, warb *Goethe* in einem Brief an sie um Verständnis[312]. Beliebt ist ein meist übereilter Analogieschluß von *Goethes* Auseinander-

[311] In dem 1774 erschienenen Briefroman *Johann W. von Goethe* „Die Leiden des jungen Werther“ verliebt sich der junge Werther unglücklich in die bereits verlobte Charlotte. – Zu Werk und rechtlicher Problematik *Seiler,* Tatsachen (Fn. 241), S. 217 ff.

[312] *J. W. v. Goethe,* An Johann Christian und Charlotte Kestner, in: K. Eibl/F. Jannidis/M. Willems (Hrsg.), Der junge Goethe in seiner Zeit, Bd. 1, 1998, S. 681: „Ich muss euch gleich schreiben meine Lieben, meine Erzürnten, dass mirs vom Herzen komme. Es ist gethan, es ist ausgegeben, verzeiht mir wenn ihr könnt. – Ich will nichts, ich bitte euch, ich

setzung auf gegenwärtige Konflikte um Literatur[313]. Dabei ist es unzulässig, eine anscheinend uneingeschränkte Kunstfreiheit in der Literaturgeschichte den gegenwärtig vermeintlich mißlichen Umständen wie folgt zu kontrastieren: „Unter solchen Bedingungen hätten weder ‚Die Leiden des jungen Werthers' noch die ‚Buddenbrooks' erscheinen können."[314] Denn tatsächlich wurden nach Abschaffung der Zensur vielmehr zahlreiche Prozesse wegen Persönlichkeitsrechtsverletzungen geführt[315].

Darüber hinaus sind die literarischen Bearbeitungen in *Goethes* „Die Leiden des jungen Werther" und *Billers* „Esra" nur bedingt vergleichbar. Zwar ist der zentrale Gegenstand beider Texte ein aussichtsloses Liebesverhältnis. Auch finden sich dort wie hier beiderseits Bezüge zu gesellschaftlichen Themen: Sind es bei *Goethe* Fragen zur Suizidlegitimierung, persönlichen Religiosität und zu monarchischen wie auch kirchlichen Autoritätsansprüchen, so werden bei *Biller* moderne Probleme zwischenmenschlichen Zusammenlebens und kulturell sowie familiär bedingt unterschiedlicher Lebenswelten thematisiert.

Die vorliegend streitrelevanten Darstellungen literarischer Figuren unterscheiden sich allerdings erheblich: In *Goethes* Fall wird die allgemeine Ebene, die einen Beitrag zur Sachdiskussion um gesellschaftsrelevante Themen liefert, weitaus deutlicher[316]. Dies kommt exemplarisch bei der Diskussion um die Verwerflichkeit eines Selbstmords zwischen Werther und Albert, der Suizidgedanken verachtet, zum Ausdruck. Der vor tragischer Liebe rasende Werther sieht sich dem Verlobten Albert gegenüber, der die Gruppe der vernünftigen, gelassen-teilnahmslosen, sittlichen Menschen vertritt. Die individuellen Züge der Person Albert treten zugunsten einer Objektivierung und Typisierung der Kunstfigur als Modell der dargestellten Personengruppe zurück[317]. Wenn nicht schon die Erkennbarkeit aufgrund ausreichender Verfremdung verneint wird, so ist jeden-

---

will nichts von euch hören, biss der Ausgang bestätigt haben wird dass eure Besorgnisse zu hoch gespannt waren, biss ihr dann auch im Buche selbst das unschuldige Gemisch von Wahrheit und Lüge reiner an euerm Herzen gefühlt haben werdet. Du hast Kestner, ein liebevoller Advokat, alles erschöpft, alles mir weggeschnitten, was ich zu meiner Entschuldigung sagen könnte; aber ich weis nicht, mein Herz hat noch mehr zu sagen, ob sichs gleich nicht ausdrücken kann."

313 *D. Bax*, Die Heimtücke im Detail, in: Die Tageszeitung vom 16.10.2003, S. 17; *Seifert*, Realität (Fn. 255), S. 696; *Achternbusch/Altaras/Ankowitsch u.a.*, Aufruf (Fn. 484), S. 14.

314 *Achternbusch/Altaras/Ankowitsch u.a.*, Aufruf (Fn. 484), S. 14; so auch *Ohmer*, Fakten (Fn. 2), S. 74.

315 *B. W. Seiler*, Ist der Schutz der Kunstfreiheit sinnvoll?, in: Süddeutsche Zeitung vom 18.10.2007, S. 14.

316 Vgl. BVerfGE 119, 1 (29).

317 Im Disput zwischen Albert und Werther um die moralische Zulässigkeit des Freitods klagt der Ich-Erzähler bezeichnenderweise die durch die kleinbürgerliche Denkart geprägten Menschen insgesamt an. *v. Goethe*, Leiden (Fn. 28), S. 63 f.: „Daß ihr Menschen, rief ich aus, um von einer Sache zu reden, gleich sprechen müßt: das ist töricht, das ist klug, das ist gut, das ist bös! Und was will das alles heißen? Habt ihr deswegen die inneren Verhältnisse einer Handlung erforscht? Wißt ihr mit Bestimmtheit die Ursachen zu entwickeln, warum

falls eine schwere Persönlichkeitsrechtsbeeinträchtigung *Kestners* nicht festzustellen. Sein Lebensbild wird durch die Darstellung des Albert in keiner Weise beeinträchtigt, da Werther trotz seiner naturgemäßen Eifersucht den Verlobten Lottes an keiner Stelle in Mißkredit bringt, sondern als Repräsentant einer rivalisierenden, durchaus anerkannten Lebensform präsentiert[318]. Eine Persönlichkeitsverletzung wäre daher nach den in der „Esra"-Entscheidung angelegten Maßstäben zu verneinen. Die Möglichkeit eines Publikationsverbots scheidet auch nach dem „Esra"-Beschluß aus.

bb) „Doktor Faustus": klarstellender Nachtrag zur Beruhigung erhitzter Gemüter

In *Thomas Manns* literarischem Werk zeigt sich ein ausnehmend diffiziles Geflecht realer Erlebnisse und fiktionaler Bearbeitungen. Neben dem „Zauberberg", bei dem *Gerhard Hauptmann* als Vorlage diente, dem „Tod in Venedig" mit Verankerung in der Realität durch den Jungen „Tadzio" und den „Buddenbrooks" spielte insbesondere der Roman „Doktor Faustus"[319] in der Diskussion um Fiktionalität und Realität eine entscheidende Rolle[320].

---

sie geschah, warum sie geschehen mußte? Hättet ihr das, ihr würdet nicht so eilfertig mit euren Urteilen sein."

[318] *v. Goethe,* Leiden (Fn. 28), S. 62 ff. – So auch in bezug auf Literaten wie *Goethe*: *U. Greiner,* Die Rechte der Person, in: Die Zeit vom 26.7.2006, o. S.: „Die Größe der Genannten besteht eben darin, dass es ihnen gelang, die Rudimente der Realität derart ihrem Werk einzuformen, dass Ähnlichkeit erkennbar wurde, nicht aber Identität. […] Biller aber kam es ganz offensichtlich darauf an, konkrete Personen identizierbar zu machen." Ähnlich auch *Seiler,* Schutz (Fn. 315), S. 14.

[319] *T. Mann,* Buddenbrooks, 10. Aufl. 2008, S. 7 ff.; *ders.,* Doktor Faustus, 5. Aufl. 2010, S. 9 ff.

[320] *T. Mann,* Der Tod in Venedig, 22. Aufl. 2010; *T. Mann,* Der Zauberberg, 2012. In den „Buddenbrooks" erkannte sich der Onkel von *Thomas Mann, Friedrich Mann,* verärgert in einer Romanfigur wieder, ohne daß er allerdings rechtliche Schritte einleitete. Er wandte sich nur mit einer Postkarte an *Thomas Mann:* „Dein Buch Die Buddenbrooks haben mir viele Leiden bereitet. Ein trauriger Vogel, der sein eigenes Nest beschmutzt! Dein Onkel Friedrich Mann." Vgl. *T. Mann,* Ein Nachwort, in: H. Detering (Hrsg.), Große kommentierte Frankfurter Ausgabe, Bd. 14.2, 2002, S. 127 (132). – Hingegen hatte *Thomas Mann* für eine solche Reaktion wenig Verständnis. Vgl. *Mann,* ebda., S. 132; *T. Mann,* Bilse und ich, in: H. Detering (Hrsg.), Große kommentierte Frankfurter Ausgabe, Bd. 14.1, 2002, S. 95 (104 f.): „Man hat mich ernstlich gefragt, was ich tun würde, wenn ein talentierter Freund von mir hinginge und mich ins öffentliche Gerede brächte, indem er eine glänzende Novelle schriebe, in welcher eine Figur, die aufs Härchen mein Abbild wäre, die und die Gemeinheiten beginge. Hoffentlich würde ich ihn ohrfeigen, den talentierten Freund? Nun, das gewiß nicht. […] so würde ich zu ihm sagen: ‚Es wundert mich zwar ein bißchen, mein Guter, daß Du gerade meine Maske für Deinen Schurken benutztest. Aber sei es darum. Ich bin, unter anderem, wohl auch ein Schurke. […]'." Die Lübecker, die sich durch die Darstellung gekränkt fühlten, hätten nach den „Esra"-Maßstäben auch kein Veröffentlichungsverbot erwirken können. Der Beschluß hinsichtlich der Klägerin zu 2) belegt, daß eine ungünstige Darstellung der Betroffenen nicht ausreicht. So auch *Seiler,* Schutz (Fn. 315), S. 14.

In „Doktor Faustus, das Leben des deutschen Tonsetzers Adrian Leverkühn, erzählt von einem Freunde" erkannte sich der Komponist *Arnold Schönberg* in dem Protagonisten Adrian wieder[321]. Dieser bricht am Ende als Wahnsinniger zusammen[322]. Hierzu stellte *Mann* in einem Nachtrag zum Roman klar, daß die Zwölftontechnik allein von *Arnold Schöneberg* erfunden wurde, und dieser feststehende Sachverhalt von ihm zur Schaffung einer gänzlich selbständigen Romanfigur verwendet wurde[323]. *Thomas Mann* ist der Behauptung eines Schlüsselromans stets entgegengetreten. Er betonte, daß die Schwierigkeit für ihn gerade darin lag, eine Musikerexistenz frei zu schaffen. *Mann* spricht sich ungeachtet aller Kritik dafür aus, daß Realität in Literatur als Vorlage – wie vielfach in großen Werken der Weltliteratur – Eingang findet: „Eines steht fest: Wenn man alle Bücher, in denen ein Dichter, ohne von anderen als künstlerischen Rücksichten geleitet worden zu sein, lebende Personen seiner Bekanntschaft porträtiert hat, auf den Namen Leutnant Bilses taufen wollte, so müßte man ganze Bibliotheken von Werken der Weltliteratur unter diesem Namen versammeln, darunter die allerunsterblichsten. Ich habe nicht Raum für die Beispiele, die ich herbeischleppen könnte; ich müßte die Literaturgeschichte durchzitieren. Nehmt meinetwegen Iwan Turgenjew, nehmt sogar Goethe – auch sie haben Ärgernis gegeben. Goethe hatte Mühe, nach dem ‚Werther' die kompromittierten Urbilder der Lotte und ihres Ehemannes zu besänftigen. Turgenjew erregte Empörung, als er die russischen Gutsbesitzer, deren Gastfreundschaft er genossen hatte, in seinen Jäger-Memoiren mit unbedenklicher Meisterhand abkonterfeite. Und es ist schlechterdings kein Zufall, daß Einem, der in der Vergangenheit nach starken und zweifellos echten Dichtern sucht, welche, statt frei zu ‚erfinden', sich lieber auf irgend etwas Gegebenes, am liebsten auf die Wirklichkeit stützten, gerade die großen und größten Namen sich darbieten; daß es dagegen die teuersten Namen nicht sind, die sich melden, wenn man in der Geschichte der Dichtung nach großen ‚Erfindern' forscht."[324] *Mann* erkennt zwar eine Trennung von außerkünstlerischer Wirklichkeit und Literatur an. Gleichwohl läßt er keinen Zweifel daran, daß letztere frei ist, sich durch Bearbeitung auf erstere zu beziehen[325].

---

[321] Vgl. die personenbezogenen Darstellungen bei *Mann*, Doktor (Fn. 319), S. 9 ff., 56 ff., 255 ff. Der Verfasser teilt sich in zwei Personen auf: Er ist der Gymnasialprofessor Serenus Zeitblom aus Freising. Dieser beschreibt das Leben eines genialen Freundes. Zugleich ist der Verfasser dieser geniale Freund selbst. Es handelt sich dabei um den Tonkünstler Adrian Leverkühn. Adrian geht ein Bündnis mit dem Teufel ein, um die Freiheit des künstlerischen Schaffens zu erlangen, und wird von dem Erfolg großartiger musikalischer Werke begleitet: *Mann*, ebda., S. 298 ff., 343 ff.

[322] *Mann*, Doktor (Fn. 319), S. 675 ff., 682.

[323] *Mann*, Doktor (Fn. 319), S. 741.

[324] *Mann*, Bilse (Fn. 320), S. 98 f.

[325] *Mann*, Bilse (Fn. 320), S. 101, 110 f.: „[…] dennoch wird für ihn [den Dichter, Anm. der Verf.] – und sollte für alle Welt! – ein abgründiger Unterschied zwischen der Wirklichkeit und seinem Gebilde bestehen bleiben – der Wesensunterschied nämlich, welcher die Welt der Realität von derjenigen der Kunst auf immer scheidet. […] Fragt nicht immer: Wer

cc) „Wilsberg und der tote Professor“: kein Insiderwissen, kein Tabu des Sexuellen

Beispiel aus jüngerer Zeit für den Konflikt von Persönlichkeitsschutz und Kunstfreiheit, von Wirklichkeit und Fiktion, ist die Auseinandersetzung um das im November 2002 bei der Verfügungsbeklagten zu 2) erschienene Buch „Wilsberg und der tote Professor. Kriminalroman“ von *Jürgen Kehrer*, des Verfügungsbeklagten zu 1)[326]. Es handelt sich um eine Kriminalgeschichte, die die Aufklärung des Mordes von einem Professor der Sprachwissenschaft am Philologischen Institut der Universität in Münster durch den Privatdetektiv Georg Wilsberg zum Gegenstand hat. Das Mordopfer, der Hochschullehrende, wird dabei beschrieben, wie er Studierende und Beschäftigte ausbeutet und das Abhängigkeitsverhältnis zahlreicher Studentinnen und Mitarbeiterinnen für Affären und zur Erzwingung sexueller Handlungen ausnutzt[327]. Sein Verhalten wird in seiner sozialen Umwelt als äußerst rücksichtslos empfunden und entsprechend scharf verurteilt[328].

Mit dem Urteil des Landgerichts Münster vom 23.1.2003 wurden die Anträge des Verfügungsklägers, eines Privatdozenten für Germanistische Sprachwissenschaft am Institut für Deutsche Philologie I in Münster, gegen die beiden Verfügungsbeklagten im einstweiligen Verfügungsverfahren zurückgewiesen[329]. Bei optimierbarer Begründung erweist sich die Entscheidung des Landgerichts im Ergebnis als zutreffend[330]. Nach den Maximen von Erkennbarkeit, Fiktionalitätsvermutung und „Je-desto“-Formel ist das Entscheidungsergebnis verfassungsrechtlich nicht zu beanstanden. Zunächst wird die Frage, ob in das Persönlichkeitsrecht des Verfügungsklägers überhaupt eingegriffen wird, – bei eher ablehnender Tendenz – etwas konturenlos offengelassen[331]. Nach den „Esra“-Grundsätzen von Erkennbarkeit und Bagatellvorbehalt ist ein *Eingriff in das Persönlichkeitsrecht* des Klägers durchaus zu bejahen:

---

soll es sein? Noch immer male ich Männerchen, bestehend aus Umrissen, und gar niemanden stellen sie vor, wenn nicht mich selber. Sagt nicht immer: Das bin ich, das ist jener. Es sind nur Äußerungen des Künstlers gelegentlich Eurer.“

[326] Im folgenden werden aus Gründen der Verständlich- und Lesbarkeit der Rechtsschutz begehrende Privatdozent als Verfügungskläger, der das streitgegenständliche Buch veröffentlichende Verlag als Verfügungsbeklagter zu 1) und der Autor als Verfügungsbeklagter zu 2) entsprechend ihrer Verfahrensrollen benannt. *J. Kehrer*, Wilsberg und der tote Professor, 7. Aufl. 2002, S. 7 ff. Auf dem allein möglichen, stichprobenartigen Charakter der Darstellung von Vergleichsfällen zum „Esra“-Fall wurde bereits hingewiesen.

[327] *Kehrer*, Wilsberg (Fn. 326), S. 7 ff., 10 f., 37, 46, 52, 78 f., 134.

[328] *Kehrer*, Wilsberg (Fn. 326), S. 26, 92, 124; beispielhaft die Einschätzungen des Detektivs Wilsberg und der Witwe von Professor Kaiser (ebda., S. 176 f.): „‚Offensichtlich hast du dich getäuscht‘, sagte ich leise. ‚Günter Kaiser war in keiner Hinsicht uneigennützig.‘ ‚Dieses Arschloch!‘“.

[329] LG Münster ZUM-RD 2003, 329 (330).

[330] LG Münster ZUM-RD 2003, 329 (330).

[331] LG Münster ZUM-RD 2003, 329 (330 f.).

Die *Erkennbarkeit* folgt aus einer derart hohen Kumulation von Übereinstimmungen der beschriebenen Kunstfigur und realen Vorlage, daß sich die Identifizierung zumindest im insoweit relevanten Bekanntenkreis des Betroffenen aufdrängt[332]. Eine Gleichsetzung von realen Personen in den Figuren wird zwar durch den vorausgehenden Disclaimer ausgeschlossen[333]. Allerdings wird aufgrund der zahlreichen übereinstimmenden Beschreibungen hinsichtlich der Kunstfigur Professor Kaiser und des Verfügungsklägers dem mit den Umständen vertrauten Rezipienten, also dem Leser aus dem Bekanntenkreis des Verfügungsklägers, die Identifizierung nahegelegt: Die beruflichen Tätigkeiten von Protagonist und Kläger ähneln sich. Beide sind Lehrende für Sprachwissenschaft am Philologischen Institut der Westfälischen Wilhelms-Universität in Münster[334]. Sowohl Kunstfigur als auch Kläger forschen im spezifischen Bereich der Sondersprachen[335]. Die genaue Lokalisierung der Arbeitsstätte im Roman, nämlich in den Räumlichkeiten an der Johannisstraße, die an das Gebäude des Aegidiimarktes angrenzen, deckt sich ebenfalls mit den realen Örtlichkeiten[336]. Da die Erkennbarkeit keine namentliche Identität, sondern nur eine Identifizierung anhand von übereinstimmenden, deskriptiven Merkmalen voraussetzt, ist die lehrende Tätigkeit an der Universität ausreichendes Erkennungszeichen. Die Differenzierung zwischen der Stellung von Professor und Privatdozent ist – entgegen der gerichtlichen Argumentation[337] – im Hinblick auf die Identifizierbarkeit von eher marginaler Bedeutung, da sich das Wesen der Tätigkeit in Lehre und Betreuung von Studierenden erheblich ähnelt. Distinktive Feinheiten wie Budgetierung und interne Positionierung von Privatdozent und Lehrstuhl innehabendem Professor werden zur Identifizierung eines Wissenschaftlers eher ausgeklammert[338]. Daß die Beschreibung des Verfügungsklägers möglichweise auch mit der einer anderen Romanfigur Ähnlichkeiten aufweist, hat keinen direkten Einfluß auf die Erkennbarkeit des Verfügungsklägers in bezug auf die streitgegenständliche Gestalt Professor Kaiser. Bei der anzustrebenden gutach-

---

332 Das Landgericht Münster prüft hingegen den Umfang des Leserkreises erst unter dem Aspekt der *Beeinträchtigungsintensität* des allgemeinen Persönlichkeitsrechts, LG Münster ZUM-RD 2003, 329 (333): „Für eine vergleichsweise geringe Schwere eines Eingriffs in das Persönlichkeitsrecht des Verfügungsklägers spricht auch, dass nur diejenigen Leser überhaupt auf diese Überschneidungspunkte aufmerksam werden können, die mit den münsteraner Örtlichkeiten vertraut sind."

333 *Kehrer,* Wilsberg (Fn. 326), S. 6: „Dies ist ein Roman. Wer sich mit einer der erfundenen Figuren identifizieren möchte, sollte sein Selbstbild überprüfen."

334 Vgl. LG Münster ZUM-RD 2003, 329 (329); *Kehrer,* Wilsberg (Fn. 326), S. 7.

335 Vgl. LG Münster ZUM-RD 2003, 329 (329); *Kehrer,* Wilsberg (Fn. 326), S. 38, 44, 59, 142, 176, 179.

336 Vgl. LG Münster ZUM-RD 2003, 329 (329); *Kehrer,* Wilsberg (Fn. 326), S. 7, 12, 33 f.; weitere Lokalitäten aus dem örtlichen Umkreis des Tatorts realitätsgetreu wiedergegeben (ebda., S. 20, 29, 43, 45, 56, 100, 116, 138, 148, 152, 163).

337 LG Münster ZUM-RD 2003, 329 (331).

338 Anders LG Münster ZUM-RD 2003, 329 (331).

terlichen Prüfung hat die Bejahung einer Voraussetzung nicht die Ablehnung einer anderen zur Folge[339].

Da die Darstellung des Betroffenen als eine Person, die Studierende und Personal insbesondere sexuell ausnutzt, eine erhebliche Beeinträchtigung des Rechts auf Selbstdarstellung in der Öffentlichkeit beinhaltet, wird auch die *Bagatellschwelle* des Eingriffs überschritten. Insgesamt ist also von einer nicht ganz unerheblichen Beeinträchtigung des Persönlichkeitsrechts, einer Erkennbarkeit des Verfügungsklägers und damit von einem Eingriff in das allgemeine Persönlichkeitsrecht auszugehen.

Mit der *Fiktionalitätsvermutung* kann auch im vorliegenden Fall mangels gegenteiliger Anzeichen grundsätzlich eine durch den Leser erkannte Fiktionalität des Romans unterstellt werden[340]. Nach der *„Je-desto“-Formel* sind im Rahmen des Abwägungsvorgangs von Kunstfreiheit und Persönlichkeitsschutz die Fiktionsgrade und Stufen der Persönlichkeitsrechtsbeeinträchtigung zu ermitteln und einander gegenüberzustellen. Die Bestimmung des Fiktionsumfangs erfolgt sowohl aufgrund der Quantität als auch Qualität der Fiktionssignale[341]. Die Darstellung rein erfundener Geschehnisse – wie die Ermordung des Professors, seine Lebensverhältnisse und sozialen Kontakte sowie die erfundenen Ermittlungstätigkeiten der Phantasiefigur „Georg Wilsberg“ – prägen den Großteil der Erzählung in qualitativer und quantitativer Hinsicht und zeugen von einem ausgeprägten Fiktionsgrad[342].

Fraglich ist allerdings, ob es sich bei der Schilderung der sexuellen Annäherungen des Lehrenden an die beteiligten Frauen um eine der in der „Esra“-Entscheidung begründeten *abwägungsfesten Ausnahmegruppen* handelt. Die Beschreibung intimer Kontakte betrifft grundsätzlich die am meisten geschützte Persönlichkeitsdimension, die Intimsphäre. Allerdings werden nach dem in dem „Esra“-Beschluß manifestierten Ausnahmefall Darbietungen der Intimsphäre nur dann von der Abwägung ausgenommen, wenn sie ersichtlich einem Insiderwissen entstammen[343]. Das ist vorliegend gerade nicht der Fall. Die Darstellung erfolgt nicht aus Sicht eines Ich-Erzählers, der als Alter ego des Autors interne Kenntnisse einbringt, sondern aus der Perspektive der erkennbar rein fiktiven

---

339 Anders LG Münster ZUM-RD 2003, 329 (331).

340 Auch im Rahmen der Bewertung von Fiktionssignalen ist auf das paratextuelle Element des bereits erwähnten Disclaimers hinzuweisen, das die Realitätsreferenz verneint: *Kehrer,* Wilsberg (Fn. 326), S. 6.

341 Demgegenüber allein die Quantität des Auftretens der Merkmale prüft LG Münster ZUM-RD 2003, 329 (332).

342 Die Kontrollstufen der Erkennbarkeit und Fiktionalität sind klar voneinander abzugrenzen. Eine Prüfung des Fiktionsgrades im Rahmen des Eingriffs in das allgemeine Persönlichkeitsrecht erscheint demgegenüber eher ungenau. – Anderer Ansicht LG Münster ZUM-RD 2003, 329 (331).

343 BVerfGE 119, 1 (34).

Figur des Privatdetektivs Wilsberg. Die abwägungsfeste Ausnahmegruppe ist mangels proklamierten Insiderwissens nicht einschlägig.

In der damit nötigen Abwägung von Kunstfreiheit und Persönlichkeitsschutz ist die Aufmerksamkeit, die der Verfügungskläger durch seine wissenschaftliche Arbeit erlangt hat, nicht zu seinen Ungunsten zu berücksichtigen. Der Autor, dessen literarische Arbeit das Persönlichkeitsrecht des Betroffenen beeinträchtigt, trägt allein die Verantwortung für die Wiedererkennung in der Öffentlichkeit. Dem Identifizierten darf hingegen nicht seine Präsentation in den Medien, die ohnehin keinen Bezug zum Roman, sondern allein zu seiner beruflichen Tätigkeit hatte, angelastet werden. Er ist nicht verpflichtet, Angaben zu seiner Person und seinen Tätigkeiten zu verheimlichen, um sich so etwaigen literarischen Bearbeitungen und künstlerischem Mißbrauch durch Dritte zu entziehen[344].

Insgesamt ist im Rahmen der Abwägung nach den Grundsätzen des „Esra"-Beschlusses die Kunstfreiheit vorrangig, da sich die Darstellungen sexueller Kontakte in einem überschaubaren Umfang halten (zwei Szenen, die bei einer Gesamtzahl von 186 Seiten nicht mehr als fünf Seiten ausmachen). Die Persönlichkeitsrechtsbeeinträchtigung durch die Beschreibung eines Hochschullehrenden, der seine Machtposition illegitim ausnutzt, ist zwar nicht unerheblich, allerdings auch nicht in Inhalt und Darstellungsart so schwerwiegend, daß die Romanveröffentlichung zu untersagen wäre[345].

dd) „Das Ende des Kanzlers – Der finale Rettungsschuss": Nachahmungseffekt

In dem unter dem Pseudonym *Reinhard Liebermann* veröffentlichten Roman „Das Ende des Kanzlers – Der finale Rettungsschuss" kämpft der Einzelhändler und Drogist Hans Hansmann in der ländlich geprägten Kleinstadt Hammelstadt in Niedersachsen angesichts zunehmender Konkurrenz und damit angespannter Geschäftslage um das wirtschaftliche Überleben[346]. Mit seiner Frau und den zwei Töchtern führt er ein kleinbürgerlich-spießiges Leben, dessen biedere Fassade er trotz Überschuldung und schlecht gehender Geschäfte aufrechterhalten und daher die öffentlichkeitswirksame Aufgabe von Geschäft oder Vereinsleben vermeiden will[347]. Von wenig kooperativen Bürgermeistern, Kommunalpo-

---

344 Anders LG Münster ZUM-RD 2003, 329 (333).

345 Da es sich bei der Erzählung um einen fiktionalen Roman handelt, der als Kunstwerk zu qualifizieren ist, wird der Schutz vorbehaltlos garantiert, die Schranken des Art. 5 Abs. 2 GG sind nicht einschlägig. Eine Prüfung der § 823 Abs. 2 BGB i.V.m. §§ 185 ff. StGB i.V.m. § 1004 Abs. 1 S. 2 BGB ist zudem bei einer Tatsachenbehauptung oder Meinungsäußerung, nicht aber bei einem fiktionalen Kunstwerk geboten. – So aber LG Münster ZUM-RD 2003, 329 (333).

346 *R. Liebermann,* Das Ende des Kanzlers, 2004, S. 5 ff., 91 ff., 120; vgl. zur Erkennbarkeit des ehemaligen Bundeskanzlers Gerhard Schröder auch die Darstellung in *B. Raddatz,* Der Spitzenkandidat, 2011.

347 *Liebermann,* Ende (Fn. 346), S. 22 ff., 141.

litikern, Lokaljournalisten und Bankberatern enttäuscht, wendet sich sein Frust letztlich gegen die Bundespolitiker. Einen besonderen Groll hegt er gegen den damals amtierenden sozialdemokratischen Bundeskanzler, der ebenfalls aus Niedersachsen stammt, und den er letztlich auf einer Veranstaltung während des dortigen Landtagswahlkampfs erschießt[348]. Der Protagonist wird seiner Tat nicht überführt und kann seine Schulden mit den Einnahmen, die ihm ein windiger Journalist für die Vermarktung der Geschichte geboten hat, begleichen[349].

Mit dem Beschluß des Oberlandesgerichts Hamburg vom 24.5.2004 wurde die Veröffentlichung des Romans „Das Ende des Kanzlers – Der finale Rettungsschuss" untersagt[350]. Der den Unterlassungsanspruch geltend machende Antragsteller, der ehemalige Bundeskanzler *Gerhard Schröder*, wird zwar im Roman nicht namentlich genannt, sondern durchgehend als „der Winzling"[351] bezeichnet. Er ist allerdings aufgrund äußerer Merkmale und Umstände *erkennbar*: Die Beschreibung der Körpergröße, der Debatte um die fragliche Haartönung sowie die Erörterung zur Anzahl von Partnerschaften, zum Wohnort und bisherigen politischen Werdegang drängen dem bundesdeutschen Durchschnittsbürger die Identifizierung auf[352]. Die hohe Anzahl markanter Übereinstimmungen ist noch bestimmender als im Fall der Klägerinnen des „Esra"-Verfahrens.

Angesichts der *Fiktionalitätsvermutung* ist auch hier zunächst von der Fiktionalität des Textes auszugehen. An diesem Beispiel zeigt sich bereits die Zweckmäßigkeit der später noch zu erörternden Differenzierung in zwei Fiktionalitätsvermutungen[353]: In der Tat kann der fiktionale Charakter des Textes, die Texteigenschaft Fiktion, nicht widerlegt werden (erste Fiktionalitätsvermutung). Die beschriebenen Vorgänge sind erfunden und erheben nicht den Anspruch der Faktizität. Bestätigend wirkt diesbezüglich auch der Disclaimer[354]. Demgegenüber greift die zweite Fiktionalitätsvermutung, die Annahme einer fiktionsadäquaten Rezeption, nicht uneingeschränkt durch. Der Roman kann insbesondere hinsichtlich der besonders persönlichkeitsrechtsrelevanten Passagen Wirkungen in den sozialen Realien entfalten, da die Darstellung vom literarisch offenen Durchschnittsleser als faktisch eingestuft wird: Nicht der Tod des identifizierba-

---

348 *Liebermann*, Ende (Fn. 346), S. 164.

349 *Liebermann*, Ende (Fn. 346), S. 178 ff.

350 OLG Hamburg ZUM 2005, 79 (79).

351 So *Liebermann*, Ende (Fn. 346), S. 6.

352 *Liebermann*, Ende (Fn. 346), S. 6, 26, 31 f., 121, 124, 129, 145; auf die niedrigen Erkennbarkeitsanforderungen für diesen und den „Esra"-Fall weisen hin *J. Soehring/S. Seelmann-Eggebert*, Die Entwicklung des Presse- und Äußerungsrechts in den Jahren 2000 bis 2004, in: NJW 2005, S. 571 (578).

353 Vgl. Abschnitt E.I.6.c.

354 *Liebermann*, Ende (Fn. 346), S. 4: „Die in diesem Roman geschilderten Ereignisse sind frei erfunden. Personen, ihre Handlungen und Äußerungen sind frei gestaltet und in keinem Fall als Abbilder lebender oder verstorbener Personen gedacht. Etwaige Ähnlichkeiten sind rein zufällig und unbeabsichtigt."

ren, in der Tat lebenden Bundeskanzlers a.D., sondern die sich aus der Tötung ergebende, situative Verbesserung wird als faktisch, als realitätsnah geschildert. Da sich der satirische Gehalt der Darstellung finanzieller Vorteile nicht ohne weiteres erschließt, kann die Schilderung des Aufschwungs den Anschein vermitteln, daß sich vergleichbare Fortschritte in den sozialen Realien bei entsprechendem Vorgehen ebenso einstellen. Auch wenn der Autor diese Suggestion nicht beabsichtigte, wird sie dem durchschnittlich begabten Leser doch nahegelegt: Der Bucheinband zeigt den Kopf eines Mannes mit augenscheinlicher Ähnlichkeit zum ehemaligen Bundeskanzler, der durch ein Zielfernrohr anvisiert wird. Dieses paratextuelle Element trägt latent zu einer entsprechenden Rezeption durch den Leser bei. Damit ist die zweite Fiktionalitätsvermutung in weiten Bereichen widerlegt. Der verständige Durchschnittsleser kann die Ermordung des Beschwerdeführers als Beschreibung einer in der Realität umsetzbaren, sich auf die eigene Lebenslage durchaus positiv auswirkenden Option verstehen.

Bei der Gegenüberstellung der widerstreitenden Belange ist zwar das Recht, politische Entscheidungen und Handlungen im öffentlichen Meinungswettbewerb zu kritisieren, zugunsten einer unbeschränkten Buchpublikation zu berücksichtigen[355]. Auf seiten des Persönlichkeitsschutzes sind im Rahmen der „Je-desto"-Formel hingegen die bemerkenswert überzogene Diffamierung der Person und die fehlende sachliche Auseinandersetzung mit der inhaltlichen Arbeit des Antragstellers als besonders beeinträchtigend zu werten. Mutmaßungen über Wahlbetrug[356] sowie unkommentiert bleibende Äußerungen des Protagonisten Hansmann wie „Der Kurze im Kanzleramt, intellektuell und auch körperlich ganz das Gegenteil seiner Vorgänger"[357], „Dieser Mensch trat die Moral und die Treue mit Füßen"[358] oder „Der Winzling ganz oben, das war die Wurzel allen Übels, [...]"[359] sprechen dafür, daß die Buchpublikation sowohl nach den Ansprüchen der Senatsmehrheit als auch nach den strengeren Maßstäben der Sondervoten – nämlich Feststellung eines Mißbrauchs der künstlerischen Form zur Beleidigung bestimmter Personen[360] – zu untersagen ist[361].

Zudem sollte hinsichtlich der erhöhten Gefahr für das Recht auf Leben und körperliche Unversehrtheit des erkennbaren Kanzlers a.D., *Art. 2 Abs. 2 S. 1 GG*, der in der Leserezeption als eingeschränkt wahrgenommene Fiktionsgrad berücksichtigt werden (Widerlegung der zweiten Fiktionalitätsvermutung). Wenn

---

355 Drastisch, aber noch im Rahmen zulässiger Kritik bleibt *Liebermann*, Ende (Fn. 346), S. 6, 18, 26 ff., 46 f., 74, 98, 130 f., 140, 155 f.

356 *Liebermann*, Ende (Fn. 346), S. 40 f.; ähnlich auch zu unlauterer Lobbyarbeit (ebda., S. 142 f).

357 *Liebermann*, Ende (Fn. 346), S. 6.

358 *Liebermann*, Ende (Fn. 346), S. 31.

359 *Liebermann*, Ende (Fn. 346), S. 121.

360 Vgl. hierzu BVerfGE 119, 1 (47); darauf nimmt Bezug BVerfGE 119, 1 (49).

361 Ähnlich schwer beeinträchtigend auch *Liebermann*, Ende (Fn. 346), S. 50 f., 129 f., 142 ff.

man in die Abwägung diesen Aspekt auf seiten des ehemaligen Kanzlers einstellt, so müssen – im Gegensatz zur „Esra"-Entscheidung – Rückwirkungen auf die sozialen Realien in Form neuer Handlungen beachtet werden: Leser könnten nach Ansicht des Hanseatischen Oberlandesgerichts durch die als lohnend dargestellte Handlungsoption der Tötung des Kanzlers zu ähnlichen Attentaten animiert werden[362]. In einem solchen Fall wäre also zudem der Hinweis auf das Recht auf Leben und körperliche Unversehrtheit aus Art. 2 Abs. 2 S. 1 GG zugunsten des Antragstellers zumindest erwägenswert[363]. Da die Bedrohung des hohen Schutzguts Leben zur Bejahung eines Verfassungsverstoßes schon eine geringe Wahrscheinlichkeit hinsichtlich des Schadenseintritts genügen läßt, ist die Gefährdung durch eine genaue, realitätsnahe Beschreibung von Planung und Umsetzung eines Attentats zumindest in den Rahmen des Abwägungsvorgangs einzustellen[364]. Die Einschätzung des Gerichts überzeugt[365]. Die Tötung des Kanzlers wird in dem Roman nicht als abscheuliches Verbrechen, sondern als eine rational kalkulierbare Option dargestellt, die emotionale Hochstimmung und finanzielle Vorteile des Täters bewirkt[366]. Die möglicherweise nicht beabsichtigte, aber gleichwohl bei einem Durchschnittsleser nicht unwahrscheinliche Suggestion, ein solches Vorgehen nicht als verachtenswert zu verurteilen, sondern als Ausweg aus einer finanziell und gesellschaftlich aussichtslosen Situation in Betracht zu ziehen, könnte in der Tat zumindest vereinzelt zur Nachahmung anregen[367]. Insgesamt überzeugt daher das durch das Oberlandesgericht Hamburg bestätigte Publikationsverbot.

[362] OLG Hamburg ZUM 2005, 79 (79). Um einen Nachahmungseffekt auf den Rezipientenkreis bejahen zu können, ist zunächst eine präzise – möglicherweise durch die Befragung eines Kommunikationswissenschaftlers gestützte – Untersuchung der künstlerischen Darbietung des Appells erforderlich. So können Darbietung und Kontext des Aufrufs für die Reaktion des Publikums entscheidend sein. Vgl. die überzeugende Argumentationsführung des Landgerichts Dresden hinsichtlich eines anders gelagerten Sachverhalts, in dem die Vor- und Nachteile des Verhaltens beiderseits thematisiert werden: LG Dresden NJW-RR 2005, 411 (413): „Gerade dieser von den Chormitgliedern unter mühsamen Gestammel zuletzt vorgebrachte Ausblick [...] deutet darauf hin, dass sie selbst die im ersten Zorn vorgebrachte Äußerung nicht als ernsthaftes Modell einer Konfliktlösung begreifen, [...]. Hinzu kommt, dass diesen Äußerungen wiederum andere entgegengesetzte Stimmen gegenübergestellt werden, welche die angegriffene Äußerung als unausgegorenes Stammtischgerede, jedenfalls aber als fragwürdig erscheinen lassen."

[363] Ein Eingriff kann schon in der Gefährdung des Grundrechts liegen. Ausreichend ist, daß die Verletzung von Leben oder körperlicher Unversehrtheit ernsthaft zu befürchten ist: BVerfGE 51, 324 (347). – Allerdings kann hier noch nicht von einer eine staatliche Rechtspflicht zum Handeln begründenden Beurteilungsgewißheit gesprochen werden; vgl. *U. Di Fabio,* Grundgesetz (Fn. 477), Art. 2 Abs. 2 Satz 1 (2004), Rn. 34, 49 f.

[364] So werden präzise Anleitungen zur Durchführung des politischen Attentats nebst Bebilderungen von Tatwaffe und -ort gegeben; vgl. *Liebermann,* Ende (Fn. 346), S. 124 ff., 133, 147, 157 ff.

[365] Vgl. OLG Hamburg ZUM 2005, 79 (79).

[366] *Liebermann,* Ende (Fn. 346), S. 119, 122 f., 138 f.

[367] Vor diesem Hintergrund wirkt der „Nachspann" des Romans beinahe beschwörend:

ee) „Roman eines Schicksallosen": kein Eingriff in Persönlichkeitsrechte Dritter

Der „Roman eines Schicksallosen" von *Imre Kertész* erzählt von Deportation und Leben in den Konzentrationslagern Auschwitz und Buchenwald aus der Sicht des 15jährigen, jüdischen Jungen György aus Budapest. Zu betonen ist vorab die Erzählperspektive: Denn der Lageralltag wird aus dem Blickwinkel des Kindes ohne Empörung in einem naiv-unschuldigen Ton dargestellt. Diese kindliche Gelassenheit könnte angesichts des unvergleichlichen Nazischreckens unangebracht und damit anstößig wirken[368]. Trotz physischer und psychischer Degeneration infolge unmenschlicher Lagerarbeit überlebt György den Holocaust und kehrt nach seiner Befreiung verunsichert in seine veränderte Heimat zurück. Der Autor selbst wurde als jüdisches Kind von Budapest 1944 nach Auschwitz deportiert und ein Jahr später aus Buchenwald befreit[369]. Er verarbeitet in dem autobiographischen Roman seine eigenen Erfahrungen. Zudem könnte nicht nur der Vorwurf der Verharmlosung des Naziterrors, sondern auch der Persönlichkeitsrechtsverletzung erhoben werden. Denn angesichts der ausweislichen Realitätsnähe ist es möglich, daß sich in ehrenrührig dargestellten Figuren reale Personen wiedererkennen. Die nachfolgenden Überlegungen beziehen sich allein auf vermeintliche Persönlichkeitsrechtsverletzungen identifizierbarer Urbilder[370].

Liebermann, Ende (Fn. 346), S. 182: „Das war die Geschichte von Hans Hansmann, der im wirklichen Leben selbstverständlich nicht Hans Hansmann heißt. Er ist auch nicht Drogist und er lebt auch nicht in Hammelstadt, sondern irgendwo in Deutschland. Aber er träumt oft einen Traum. Seinen Traum vom Ende des Kanzlers."

[368] Beispielsweise wird das Trinken kontaminierter Flüssigkeit aufgrund des unerträglichen Durstes der Häftlinge erstaunlich abgeklärt geschildert: *I. Kertész,* Roman eines Schicksallosen, 24. Aufl. 2010, S. 102: „Der Soldat war ganz geduldig, und ich kann sagen, dass mir schon lange kein Wasser so gutgetan hatte, auch wenn danach ein eigenartiger, stechender und ekelerregender Chemikaliengeschmack im Mund zurückblieb." Die Naivität des Kindes als Kunstgriff des Romans wird durchgehend an zahlreichen arglosen Kommentierungen des infantilen Ich-Erzählers illustriert; vgl. nur ebda., S. 115 (Verwunderung über elektrischen Zaun), 122 (Einschätzung bezüglich der erblickten Schornsteine), 144 (alleinige Sorge um Trennung von Lagerbekannten).

[369] Einführung zu *Kertész,* Roman (Fn. 368), S. 2.

[370] Mangels Entscheidungsrelevanz für den „Esra"-Streitfall folgen keine Überlegungen zur Verharmlosung des Holocausts. Eine verfälschende Darstellung, die nicht vom Schutz der Meinungsfreiheit erfaßt würde, kommt in diesem Roman nach hier vertretener Ansicht ohnehin nicht in Betracht. – Vgl. zum Wesen einfacher und qualifizierter Holocaust-Lügen *W. Brugger,* Verbot oder Schutz von Haßrede?, in: AöR 128 (2003), S. 372 (396 ff.). – Die Ansprüche hinsichtlich der Wahrhaftigkeit der Schilderung werden zwar durch den Grad der dokumentarischen Ausrichtung eines Werks bestimmt: BVerfGE 85, 1 (15); 90, 241 (247); 99, 185 (197); *F. Hufen,* Öffentliches Recht – Grundrechte, in: JuS 2008, S. 363 (364). – Allerdings handelt es sich bei der Erzählung nicht um einen Tatsachenbericht, sondern um die Schilderung der persönlichen Erlebnisse eines inhaftierten Kindes. Daher sei nur am Rande angemerkt, daß diese Gefahr auszuschließen ist. Dies gilt in dreifacher Hinsicht: Erstens werden die Naziverbrechen aus der Sicht eines zutiefst betroffenen Opfers geschildert: Ein Kind verliert sowohl Vater als auch Stiefmutter und wird

Im Kontext des gerichtlichen Ausgleichs von Kunstfreiheit und Persönlichkeitsrecht wird auf das autobiographisch inspirierte Werk von *Imre Kertész* „Roman eines Schicksallosen“ von literarischer Seite mit der provokativen Frage hingewiesen: „Was würde passieren, wenn sich ein KZ-Aufseher im Roman eines Schicksallosen wiedererkennt und seine Ehre angegriffen sieht? Würde dieser Roman dann auch verboten werden?“[371] Schon auf der Stufe der Eingriffsprüfung ist anzumerken, daß nur eine geringfügige Anzahl von Figuren so dargestellt wird, daß reale Personen überhaupt in ihnen erkennbar sind[372]. Bei den wenigen namentlich benannten Protagonisten wie Bandi Citrom handelt es sich dann um Bekannte des Ich-Erzählers, die in entsprechend freundschaftlicher Verbundenheit ohne herabsetzende Tendenzen im Hinblick auf ihre realen Vorbilder dargestellt werden. Eine Persönlichkeitsrechtsbeeinträchtigung individualisierbarer Personen bleibt durchgehend entweder schon mangels Erkennbarkeit oder zumindest wegen fehlender Herabwürdigung ausgeschlossen. Auch ist keiner der beiden in der „Esra“-Entscheidung eingeführten abwägungsfesten Tabubereiche von Intimsphäre oder Eltern-Kind-Beziehung betroffen. Nach den im „Esra“-Beschluß aufgestellten Grundsätzen stellt die Publikation damit schon keinen Eingriff – angesichts fehlender Erkennbarkeit oder zumindest mangels Überschreitens der Bagatellschwelle – in Persönlichkeitsrechte Dritter dar und ist insgesamt zweifellos zulässig.

---

wie ein Objekt in den Lagern behandelt. Zur Deportation des Vaters vgl. *Kertész,* Roman (Fn. 368), S. 32 ff. Eine unterstellte Verharmlosung des erlittenen Grauens ist aus der Sicht desjenigen, der selbst unter diesem Terror zutiefst gelitten hat, grotesk. Zudem wird auch aus der infantilen Sicht des Kindes das Geschehen nicht beschönigt, da trotz des erstaunlichen, betroffen machenden Lebenswillens des Protagonisten die physische und psychische Ermüdung des Jungen eingehend geschildert wird. Vgl. nur *Kertész,* ebda., S. 165 ff., 171 ff., 195 ff. Letztlich ist die gelegentlich nüchtern wirkende Analyse des Kindes nicht weniger engagiert und nachhaltig. Sie ergänzt die fraglos berechtigte Verstörung über die Naziverbrechen um eine abstraktere, dauerhaft durchdringende Auseinandersetzung mit dem Holocaust. So appelliert der Protagonist als Überlebender abschließend an das Verantwortungsbewußtsein und die Vernunft der Gesellschaft in einem überaus authentischen und bewundernswerten Lebensoptimismus: *Kertész,* ebda., S. 284 ff.: „[…] das heißt also, wir selbst sind das Schicksal […]. Es gehe nicht um Schuld, sondern nur darum, dass man etwas einsehen müsse, schlicht und einfach, allein dem Verstand zuliebe, des Anstands wegen, sozusagen. […] Ich bin da, und ich weiß wohl, dass ich jeden Gesichtspunkt gelten lasse, um den Preis, dass ich leben darf.“

371 *Ohmer,* Gutachten (Fn. 52), S. 31.

372 So wird beispielsweise ein gewaltbereiter Nazikommandeur allein als „Mann […] in schwarzer Reitkleidung“, „hochrangige Respektperson“ oder „Schwarzgekleidete(r)“ skizziert: *Kertész,* Roman (Fn. 368), S. 146, 149.

j) Zwischenergebnis: Weichenstellung Erkennbarkeit, Beeinträchtigungsintensität

Die literarischen Beispiele haben den Blick auf das eigentliche Einfallstor für Persönlichkeitsrechtsverletzungen gerichtet: Zu jeder Zeit war vor der Untersuchung der Diffamierung zunächst zu prüfen, ob die Gestaltung gemäß der *Erkennbarkeitsprüfung* überhaupt Referenz zu einer außerliterarischen Wirklichkeit in Form einer erkennbaren Person aufweist. Für den „Roman eines Schicksallosen" entfällt damit bereits mangels Identifizierungsmöglichkeit ein Großteil denkbarer Persönlichkeitsrechtsverletzungen von Art. 2 Abs. 1 i.V.m. Art. 1 Abs. 1 GG.

Bei bejahter Erkennbarkeit stellt sich nach den „Esra"-Gedanken auf einer zweiten Stufe die Frage nach dem *Intensitätsgrad* der Beeinträchtigung des identifizierbaren Betroffenen: Standen bei *Goethe* und *Mann* Themen öffentlichen Interesses augenscheinlich im Vordergrund, so ist für die Autoren *Kehrer* und *Liebermann* eine erhöhte Persönlichkeitsrechtsbrisanz kennzeichnend. Zeigt sich bei „Wilsberg und der tote Professor" eine Intensivierung der Persönlichkeitsrechtsbeeinträchtigung aufgrund einer deutlichen Negativzeichnung des erkennbaren Privatdozenten, so ist die Schwelle des Unzumutbaren nicht überschritten: Weder verdichtet sich die Materie zur Abwägungsfestigkeit in Form der in der „Esra"-Entscheidung manifestierten Ausnahmegruppen, noch kommt dem Persönlichkeitsschutz vor dem Hintergrund des hohen Rangs der Kunstfreiheit aus Art. 5 Abs. 3 S. 1 1. Alt. GG der Vorrang zu. Anders liegt es bei dem Roman „Das Ende des Kanzlers – Der finale Rettungsschuss": Neben einer äußerst entehrenden, polemisch-primitiven Darstellung des damaligen Kanzlers *Schröder* spricht für das Publikationsverbot die überragende Bedeutung der Rechte auf Leben und körperliche Unversehrtheit aus Art. 2 Abs. 2 S. 1 GG.

3. Handelt es sich bei „Esra" um einen Schlüsselroman?

Nachdem der Text „Esra" aufgrund der bisherigen Untersuchung als autofiktional eingeordnet werden konnte, stellt sich nun die Frage, ob sein Charakter angesichts der spezifischen fiktionalen Ausprägung noch weiter zu konkretisieren ist. In Betracht kommt eine Zuordnung als Schlüsselroman.

a) Qualifizierung „Esras" als Roman

Biller bezeichnet seinen Text im Untertitel als „Roman". Unter Roman versteht man allgemein einen *schriftlich fixierten, relativ umfangreichen, fiktionalen Prosatext, der in einer nicht nur den Gelehrten verständlichen Sprache* gehalten ist[373].

[373] *Schneider*, Einführung (Fn. 144), S. 8. – Zur Unmöglichkeit einer allgemeingültigen Romantheorie *Frisch*, Quadrat (Fn. 178), S. 24. Roman – altfranzösisch „romanz" für „volkssprachlich" – ist die Großform der fiktionalen Erzählung in Prosa; *Schneider*, ebda., S. 7 f.

Markante Kennzeichen eines Romans sind die Mittelbarkeit der Erzählung und die Gewöhnlichkeit der Charaktere.

Entscheidendes Merkmal eines epischen Textes ist zunächst die *Mittelbarkeit* der Darstellung[374]. Die Ereignisse werden durch einen Erzähler vermittelt, der die Geschehnisse selektiert, rekonstruiert, antizipiert und kommentiert[375]. Die Palette stofflicher Verarbeitung reicht von Realität über Fiktionalität bis hin zu Alternativvorschlägen im Bereich von wissenschaftlichen Ansätzen in der Philosophie, Theologie und Psychologie.

Der Roman beschäftigt sich nicht mit außergewöhnlichen Charakteren, sondern mit *alltäglich-bürgerlichen Helden* und eröffnet damit für die Leserschaft ein hohes Identifikationspotential[376]. Auf diese Weise beschäftigt er sich auf grundsätzlicher Ebene mit der menschlichen Psyche[377]. Der Leser studiert das Allgemeine an der Darstellung konkreter Charaktere[378].

Billers Text ist nach diesen Kriterien als Roman zu werten. Bei „Esra" handelt es sich zweifelsohne um einen schriftlich fixierten, mit 214 Seiten relativ umfangreichen Text, der für den Leser klar verständlich ist. Der Ich-Erzähler schildert darin die Erfahrungen und Einstellungen des unglücklich in Esra verliebten Adam. Es handelt sich um individualisierbare Figuren, die in spezifisch ausgestalteten Beziehungen miteinander verbunden sind. Adam sucht seinen Platz in der gegenwärtigen Gesellschaft, den er direkt neben dem von Esra sieht. Dabei setzt er sich äußerst plastisch mit dem Umfeld seiner Geliebten auseinander. Er beschreibt anschaulich ihre Familie mit Lale, Frido und Ayla, die soziale Umgebung der ehemals bekannten Schauspielerin. Er schildert, wie sich die derzeit als Graphikdesignerin arbeitende junge Mutter aufgrund von Rückschlägen und Orientierungslosigkeit in Tagträume flüchtet und von ihrem früheren Schulfreund erneut schwanger wird. Die Kombination zahlreicher Details in dem fiktionalen Text ergibt eine für den Roman typische, sinnfällige, singuläre

---

374 *Schneider,* Einführung (Fn. 31), S. 152.

375 *Schneider,* Einführung (Fn. 31), S. 152. Im 18. Jahrhundert wurde der Roman zur dominierenden Gattung. So *S. Becker/C. Hummel/G. Sander,* Grundkurs Literaturwissenschaft, 2006, S. 117 ff. – Vertiefend zur Geschichte des Romans und zur historischen Romankritik *Berthold,* Fiktion (Fn. 107), S. 59 ff., 123 ff. Seit dem 19. Jahrhundert wird der Roman als „Königsdisziplin" und „Gesamtbastard" gefeiert: *M. Kopp-Marx,* Zwischen Petrarca und Madonna, 2005, S. 32. Er stellt heute die bekannteste unter den epischen Gattungen dar: *Schneider,* ebda., S. 171.

376 *Schneider,* Einführung (Fn. 31), S. 171 f.

377 *Berthold,* Fiktion (Fn. 107), S. 160 ff., 175.

378 Kennzeichnend für einen Roman ist das Spiel mit der Vorspiegelung, unter der er sich scheinbar nichtpoetischen Texten angleicht: *Keller,* Fiktionalität (Fn. 159), S. 49 f. Dabei ist es unmöglich, die Wirklichkeit vollumfänglich in einem fiktionalen Text wie dem Roman zu erfassen. Der Text beschreibt daher nicht die Welt „in toto", sondern schildert eben eine partikulare Begebenheit, die Auseinandersetzung des Individuums mit der Welt. Die Betonung der Individualität hat zur Folge, daß sich der Roman nicht durch Authentizität, sondern durch Subjektivität auszeichnet: *Keller,* ebda., S. 52 f.

Geschichte. Die Erzählung kann selbstverständlich nicht die Erlebnisse aller auftretenden Individuen vereinen, gedanklich durchspielen oder auch nur entfernt thematisieren. Es ist nicht Intention eines Romans, in einer Handlung so viele Verhaltensoptionen wie möglich zu erfassen und zu einem erfüllenden Ende zu bringen. Ein Roman soll sich vielmehr durch die Gespanntheit zwischen Innerlichkeit und Äußerlichkeit, zwischen Selbstbestimmung des Individuums und äußerem Zwang der Gesellschaft ständig weiterentwickeln und den Leser so zur *Reflexion* anregen[379]. Denn die fingierte Geschichte beinhaltet gerade „die nicht zuende gebrachte Auseinandersetzung der Individuen mit ihrer Wirklichkeit"[380]. Der gescheiterte Versuch Adams, mit Esra dauerhaft eine Beziehung zu führen, ist zugleich Ausdruck mangelnder Vollendung der Gesellschaft und Kritik an ihrer rein utilitaristischen Ausrichtung[381]. Die Hindernisse, auf die der Protagonist bei der Vollendung seines Lebensplans aus Esras Umfeld trifft – namentlich Mutter, Tochter und ehemaliger Ehemann – sind nicht berechenbar. Die mangelnde Kalkulierbarkeit zwischenmenschlicher Reaktionen kontrastiert damit die Vorstellung der derzeitigen, auf Zweckmäßigkeit und Rationalität gründenden Gesellschaft. Der Roman von *Biller* stellt die Orientierungslosigkeit des Individuums Adam dar, der mit der materialistischen Leistungsgesellschaft wenig vertraut ist und in der Beziehung zu Esra Halt sucht. Seine Ausschau nach einem Platz in der Gesellschaft erweist sich als zwecklos und führt ihn auf eine verzweifelte Suche nach kulturellen und religiösen Gemeinsamkeiten mit seiner ehemaligen Freundin. Adams Hilflosigkeit und sein passives, ohnmächtiges Verhalten sind Ausdruck der Mißbilligung einer Gesellschaft, die für ihn unüberschaubar geworden ist und zu der er sich in einer passiven Haltung positioniert. Das singuläre Schicksal des Adam erhält also auf einer allgemeineren literarischen Ebene den Charakter gesellschaftlicher Kritik an Isolation und Orientierungslosigkeit. So bestätigt sich die Qualifizierung von *Billers* Text als Roman. Zu prüfen bleibt, ob er sich auch als „Schlüssel"-Roman gestaltet.

b) Voraussetzungen für die Bestimmung als Schlüsselroman

Historische Ausformungen von Schlüsseltexten bestanden bereits in der Antike und Frühen Neuzeit[382]. Der Begriff des „Schlüsselromans" hat seinen Ursprung im livre bzw. „roman à clef" aus der Literatur Frankreichs im 17. und 18. Jahrhundert[383]. Anfang des 20. Jahrhunderts wurde die Verschlüsselung von Texten

---

379 *Keller,* Fiktionalität (Fn. 159), S. 55 ff.

380 *Keller,* Fiktionalität (Fn. 159), S. 57.

381 Vielmehr soll der Widerspruch von ästhetischer Vollendung eines Romans und mangelnder Erfüllung in der Wirklichkeit den Schein einer bürgerlichen Zweckmäßigkeit in der Gesellschaft kritisieren. Hierzu *Keller,* Fiktionalität (Fn. 159), S. 60.

382 *Klausnitzer,* Literatur (Fn. 347), S. 238.

383 *v. Becker,* Mephisto (Fn. 241), S. 82; *Müller-Dietz,* Fiktion (Fn. 159), S. 238.

in der Literatur gängige Praxis[384]. Aussagekräftige Charakteristika eines Schlüsselromans sind seine Zweidimensionalität und die damit zusammenhängende, auf Dechiffrierung angelegte Referentialisierbarkeit.

Voraussetzung für das Entstehen eines Schlüsselromans ist zunächst die *Zweidimensionalität* von Kunst: Auf erster Ebene erfolgt die Darstellung durch Literatur, die zweite Ebene beinhaltet die Bearbeitung des ursprünglichen Materials[385]. Schlüsselliteratur gilt als Sammelbezeichnung für literarische Werke, in denen Personen oder Ereignisse der Realität in einem fiktionalen Text *dargestellt* werden und durch textimmanente Hinweise *dechiffrierbar* sind[386]. Prägendes Merkmal des Schlüsselromans ist also die vom Autor ermöglichte Gelegenheit, fiktionalisierte Figuren und Umstände zu entschlüsseln und ihr Verhältnis zur Wirklichkeit festzustellen[387]. Die Decodierung gelingt, wenn der Leser – abhängig von Autorintention und historischem Kontext – über das „Dechiffrierungsinstrumentarium"[388] verfügt, mit dem der Verfasser den Inhalt verschlüsselt hat[389]. Neben der Behandlung von gesellschaftspolitischen Themen kann auch die Auseinandersetzung mit einer bestimmten Person in Form eines Schlüsselromans erfolgen[390].

Zweitens ist der Schlüsselroman durch die *intendierte Decodierung* von der weiter gefaßten literarischen Bearbeitung realer Vorlagen abzugrenzen. Unterscheidungsmerkmal ist also, ob der Autor einen *Bezug zur Wirklichkeit* eröffnen will[391]. Der Verfasser intendiert eine Entschlüsselung seines Textes, die bei ent-

---

384 *G. M. Rösch,* Clavis Scientiae, 2004, S. 182 ff.

385 Auf den „Esra"-Roman angewandt ist vorliegend die zweite Ebene der Bearbeitung von Bedeutung. Ob *Biller* das Ausgangsmaterial in angemessener Weise umgestaltet hat, wird unter D.II. vertieft. Wenn die Entstellung auf der zweiten Ebene nicht ausreicht, wirkt das Werk auf den Betroffenen im Fall eines Schlüsselromans nach *Beutin,* Organisation (Fn. 163), S. 59 psychisch so, „als käme es einer aggressiven Tätigkeit gleich." Für diesen Fall prägt *von Becker* den Begriff des „Skandals": *v. Becker,* Fiktion (Fn. 106), S. 12.

386 *Rösch,* Clavis Scientiae (Fn. 384), S. 1 ff., 22 f.

387 *Klausnitzer,* Literatur (Fn. 347), S. 238. Die Verfremdung ist dabei erforderlich, um Tabus zu brechen und Themen von gesteigerter Brisanz anzusprechen.

388 *Klausnitzer,* Literatur (Fn. 347), S. 238.

389 Dabei kann sich ein Schlüsselroman sowohl an die Allgemeinheit als auch an einen partikularen Adressatenkreis wenden; *Klausnitzer,* Literatur (Fn. 347), S. 238.

390 Der Schlüsselroman wird damit häufig entweder einen Beitrag zur gesellschaftlichen Diskussion oder eine personengebundene Abrechnung beinhalten. Hierzu *v. Becker,* Mephisto (Fn. 241), S. 82.

391 Fraglich ist darüber hinaus, ob die Notwendigkeit des Realitätsbezugs beim *Schlüsselroman* die Qualität und Reputation des literarischen Werks mindert. – So jedenfalls resümiert *Rösch,* Clavis Scientiae (Fn. 384), S. 39: „Vor allem aber fällt ins Auge, daß dieses Genre literarisch sehr produktiv ist, sein literarhistorisches Renommee dagegen verschwindend gering." Der besondere Reiz eines Schlüsselromans liegt für den Leser gerade darin, Figuren zu entschlüsseln und in ihnen reale Personen zu erkennen. Der Schlüsselroman ist nachdrücklich vom Enthüllungsjournalismus zu unterscheiden. Dieser bezweckt die Aufdeckung realer Zusammenhänge. Der Schlüsselroman ist hingegen als literarisches Werk

sprechenden Signalen aus dem Text und Wissen des Lesers vollzogen wird[392]. Dechiffrierung bedingt gegensätzliche Vorgehensweisen: Einerseits setzt sie eine erhöhte Aufmerksamkeit des Rezipienten für Einzelheiten des Textes voraus. Eine vertiefte Kenntnis um die in Bezug genommene Realität wird erforderlich, um die Gemeinsamkeiten von Roman und Wirklichkeit zu erkennen. Andererseits verdichten sich die Deutungsmöglichkeiten auf eine eindeutige Bedeutungszuschreibung und reduzieren unterschiedliche textuelle Sinnebenen[393]. Die Einzelheiten des Textes werden dabei allein in Hinsicht auf die reale Bezugswelt und nicht auf die fiktive Kunstwelt geordnet. Diese Ambivalenz im Umgang mit Schlüsselromanen wird durch einen *veränderten Fiktionspakt* bedingt[394]: Zwischen Autor und Leser besteht im Fall des Schlüsselromans nicht mehr die Übereinkunft, bei dem Text handele es sich um reine Fiktion. Ein realer Bezug wird vom Autor intendiert und vom Leser als solcher verstanden[395]. Es versteht sich von selbst, daß ein Schlüsselroman wie jeder literarische Text anhand der Kriterien von Erkennbarkeit, Fiktionalisierung und Intensität möglicher Persönlichkeitsrechtsbeeinträchtigungen auf seine Zulässigkeit hin zu überprüfen ist.

c) Erstes Zwischenergebnis: keine Qualifizierung „Esras" als Schlüsselroman

Die Einordnung des Romans „Esra" als Schlüsselroman wird mit Recht überwiegend abgelehnt[396]. Trotz augenscheinlicher Ähnlichkeiten ist eine lineare Dechiffrierung als alleinige Auslegungsmöglichkeit abzulehnen. Der Roman spricht verschiedene Themen an und kann daher aufgrund seiner Mehrdimensionalität nicht der Schlüsselliteratur zugeordnet werden.

Einerseits ist zwar einzuräumen, daß der Autor *Maxim Biller* als bekannte Persönlichkeit der literarischen Welt Ähnlichkeiten zum Ich-Erzähler Adam aufweist[397]. Hierfür prägt *von Becker* den Begriff des „privaten Schlüsselromans

---

nicht an der bloßen Realitätsabbildung interessiert. Der investigative Charakter eines aufklärenden Journalismus ist ihm fremd.

392 Gelegentlich wird daraus sogar eine Umkehr der Beweislast abgeleitet. Der Autor eines Schlüsselromans müsse beweisen, daß der Betroffene nicht in der Kunstfigur erkennbar sei: *A.-M. Frey*, Die Romanfigur wider Willen, 2008, S. 189.

393 *Klausnitzer*, Literatur (Fn. 347), S. 246.

394 *Klausnitzer*, Literatur (Fn. 347), S. 247.

395 Das Einbeziehen der Wirklichkeit in die Rezeption hat – wie bereits festgestellt – eine vertiefte Detailarbeit und eine Vereinheitlichung der Textdeutung zur Folge. Die künstlerische Aussage bleibt gleichwohl auf das Prinzip der künstlerisch-ästhetischen Ebene ausgerichtet, so daß sie nicht dem Wahrheitsbeweis der außerkünstlerischen Welt unterworfen ist. Denn auch im Fall des Schlüsselromans ändert sich die rechtliche Wertung nicht, daß die reale Welt allein Ausgangspunkt für die Gestaltung einer neuen künstlerischen Schöpfung bleibt; *E. Steffen*, Presserecht (Fn. 479), § 6 Rn. 78a.

396 *Ohmer*, Gutachten (Fn. 52), S. 4; *v. Becker*, Fiktion (Fn. 106), S. 9, 37. – Anders aber *Müller-Dietz*, Fiktion (Fn. 159), S. 238.

397 Auch die anderen Figuren werden ebenfalls von der medialen Aufmerksamkeit Adams erfaßt und entsprechend identifizierbar.

einer Medienfigur"[398]. Andererseits ist *Maxim Biller* tatsächlich nicht identisch mit dem Ich-Erzähler Adam. Die individuellen Erfahrungen des autobiographischen Ichs werden durch die literarische Bearbeitung vielmehr auf eine allgemeinere Ebene von Erfahrungen gehoben, die das menschliche Leben umfassender reflektiert[399]. Daß die Urbilder „de facto" erkennbar waren, beinhaltet noch nicht eine zielgerichtete Ver- und Entschlüsselung des Autors. Bloße Erkennbarkeit bei einem durchaus verständigen, zahlenmäßig begrenzten Leserkreis kann nicht mit intendierter (De-)Chiffrierung durch ein Massenpublikum gleichgesetzt werden[400]. Das offene Ende verdeutlicht den Anspruch des Romans, die individuelle Liebesgeschichte Esras und Adams in einen umfassenderen Zusammenhang zu stellen, in dem der Leser seine eigenen und die Probleme der gegenwärtigen Gesellschaft wiedererkennt.

Der Roman von *Biller* bezieht sich weder ausschließlich auf eine singuläre Persönlichkeit der Zeitgeschichte noch auf einen spezifischen Gesellschaftsbereich[401]. Die Gegenprobe der *Dechiffrierung* im Fall des Schlüsselromans verläuft also negativ. *Biller* lehnt demonstrativ – wegen der besonderen Persönlichkeitsrelevanz von Schlüsselromanen wenig verwunderlich – in einer Stellungnahme zum Verfahren die Qualifizierung als Schlüsselroman ab: „Mein Roman Esra ist Literatur, […] nicht Schlüsselroman. Es war nicht meine Absicht, daß reale Personen sich bei der Lektüre wieder erkennen oder gar geschmäht fühlen."[402] Trotz der Übereinstimmungen mit Beschreibungen realer Ereignisse aus dem Leben der Klägerinnen kann nicht festgestellt werden, daß der Zweck des Romans sich in einer gezielten (De-)Chiffrierung der Frauen erschöpft[403].

Der Roman ist von seiner Anlage her *zu vielschichtig*, als daß sein Zweck auf die Entschlüsselung realer Vorgänge und Personen reduziert werden könnte. Zwar sind einige Figurenzeichnungen klar von Vorlagen aus der Wirklichkeit inspiriert. Details und Informationen zu beruflichem und privatem Werdegang der Klägerinnen besetzen einen historischen Kontext und finden sich in den Lebensverhältnissen von Esra und Lale wieder[404]. Zwischen dem autobiographi-

---

398 *v. Becker*, Fiktion (Fn. 106), S. 37.

399 *Ohmer*, Gutachten (Fn. 52), S. 4; *v. Becker*, Fiktion (Fn. 106), S. 9 f.

400 In der Tendenz zumindest LG München I ZUM 2004, 234 (234); „Esra" nicht als „typischen", gleichwohl als „privaten" Schlüsselroman kennzeichnet *v. Becker*, Mephisto (Fn. 241), S. 87; als Schlüsselroman auch qualifiziert von *S.-C. Lenski*, Grundrechtsschutz zwischen Fiktionalität und Wirklichkeit – Zum „Esra"-Beschluss des BVerfG, in: NVwZ 2008, S. 281 (281).

401 *v. Becker*, Fiktion (Fn. 106), S. 37.

402 *Biller*, Stellungnahme (Fn. 107), S. 7.

403 Wäre es *Biller* allein auf eine Verschlüsselung durch den Autor und eine Entschlüsselung seitens des Publikums angekommen, so hätte er wahrscheinlich zielorientierter entweder Personen oder zumindest Ereignisse von allgemeiner Bekanntheit ausgewählt, damit das Ziel nicht verfehlt werden kann.

404 Zu textinternen Signalen des Verschlüsselns vgl. *Rösch*, Clavis Scientiae (Fn. 384), S. 32 ff.

schen Schreiben und der Fiktionalität verlaufen in dem autofiktionalen Roman tatsächlich dynamische Grenzen. Ein Anreizen von Klatschsucht beim Publikum durch das Verschlüsseln von Personendaten in Romanform kann *Biller* nicht vorgeworfen werden. Entscheidend gegen die Bestimmung als Schlüsselroman spricht die *Mehrdimensionalität* der Erzählung: In seinem Roman werden neben der Frage der Erkennbarkeit von Personen weiterführende Probleme wie Orientierungslosigkeit, emotionale Sehnsucht, Identifikationssuche in zwischenmenschlichen oder kulturellen Gemeinsamkeiten, Individualisierung und Ohnmacht in der Gesellschaft auf einer allgemeineren Ebene thematisiert. Die Perspektive des Ich-Erzählers eignet sich dabei besonders zur Veranschaulichung subjektiver Krisen[405]. So gelingt eine Auseinandersetzung mit gesellschaftlichen Problemen, die über die individuelle Liebesgeschichte von Esra und Adam hinausgehen.

d) Zweites Zwischenergebnis: „Esra" als autobiographisch inspirierter Roman

Wenn „Esra" auch nicht als Schlüsselroman kategorisiert werden kann, verliert der Text damit nicht seinen unübersehbaren Wirklichkeitsbezug. *Maxim Biller* erklärt selbst, daß er sich beim Verfassen des Romans von der Realität inspirieren ließ[406]. Die Attraktivität von Literatur liegt häufig weder in der bloßen Wiedergabe biographischer Daten noch in der rein phantastischen Erfindung. Der eigentliche Reiz zeigt sich hinter dem nur vordergründigen Spiel mit literarischen Gestaltungen, setzt diese Verwandlungen im Kunstwerk allerdings gleichwohl voraus[407]. Insbesondere in der Gegenwart häufen sich autobiographische Werke wie „Esra", die zugleich einen Fiktionalitätsanspruch erheben, da in ihnen „ein Selbst allererst hergestellt wird"[408]. Diese Entwicklung besteht ungeachtet der postmodernen und poststrukturalistischen Voraussagen, dem Subjekt komme für den sozialen und kulturellen Fortschritt keine Bedeutung mehr zu[409]. Ur-

---

405 *Becker/Hummel/Sander,* Grundkurs (Fn. 375), S. 138.

406 *Biller,* Stellungnahme (Fn. 107), S. 7. *Biller* ist darin zuzustimmen, daß Literatur stets in einer Beziehung zur Realität steht; vgl. *Sya,* Literatur (Fn. 147), S. 13; *Schiemann,* Persönlichkeitsrechtsverletzung (Fn. 309), S. 27. Bei zahlreichen Literaten haben biographische Ereignisse Eingang in ihre Werke gefunden. Dem Spiel mit der potentiellen Realität literarischer Offenbarungen kann konstruktive Bedeutung zukommen; vgl. *B. Tomaševskij,* Literatur und Biographie, in: F. Jannids/G. Lauer/M. Martínez/S. Winko (Hrsg.), Texte zur Theorie der Autorschaft, 2000, S. 49 (49).

407 *W. Kayser,* Wer erzählt den Roman?, in: F Jannidis/G. Lauer/M. Martínez/S. Winko (Hrsg.), Texte zur Theorie der Autorschaft, 2000, S. 127 (137). – Zum „besonderen Reiz" einer Erzählung mit Lokalkolorit vgl. LG Münster ZUM-RD 2003, 329 (332). – Autobiographische Wirklichkeitsverarbeitung entwickelte sich schon am Ende des 18. Jahrhunderts; vgl. *K. Stüssel,* Autorschaft und Autobiographik im kultur- und mediengeschichtlichen Wandel, in: U. Breuer/B. Sandberg (Hrsg.), Autobiographisches Schreiben in der deutschsprachigen Gegenwartsliteratur, Bd. 1, 2006, S. 19 (23).

408 *Stüssel,* Autorschaft (Fn. 407), S. 19; *Nielsen,* Identitätsarbeit (Fn. 546), S. 257.

409 *Nielsen,* Identitätsarbeit (Fn. 546), S. 257.

sächlich ist u.a. die gegenwärtige Globalisierung, mit der eine fortschreitende Individualisierung einhergeht und die zahlreiche Möglichkeiten und Risiken der personalen Entwicklung beinhaltet. Der Ausdruck des Subjekts *Biller* in der Erzählung ist eine Möglichkeit, mit diesen zeitbedingten Veränderungen umzugehen und sich selbst – insbesondere durch persönliche Leiderfahrungen wie gescheiterte Beziehungen und persönliche Enttäuschungen – zu positionieren[410]. Die subjektive Lebensgeschichte Adams entspricht dem ausgeprägten Bedürfnis nach Sinn und Kontinuität in einer Phase sozialer Verunsicherung und anhaltender Liberalisierung auf ökonomischer und gesellschaftlicher Ebene[411]. *Billers* Roman beinhaltet ein hohes Identifikationspotential für den Leser[412]. Die Suche des Subjekts Adam nach Identität, einer festen gesellschaftlichen Position und sozialem Zusammenhalt findet Ausdruck in dem verzweifelten Ringen um ein Zusammenleben mit Esra[413]. Dieser biographische Rahmen erscheint als Ausschnitt aus dem Leben *Billers.* Reiz und Konfliktpotential des Romans liegen in dem Spagat zwischen Privatheit und Öffentlichkeit. Die gegenwärtige Tendenz konkreter Personen- und Ortsangaben beinhaltet die Gefahr, gattungsästhetischen Merkmalen der Komplexität, Deutungsoffenheit und Allgemeinheit literarischer Prosa nicht zu entsprechen[414]. Gleichwohl besteht auch im autobiographisch inspirierten Roman „Esra" der bereits verdeutlichte, sinnfällige Unterschied zwischen Empirie und Reflexion, der ihn von der Schlüsselliteratur abhebt. Der Roman „Esra" weist neben der allgemeineren Ebene insbesondere einen ausgeprägten autobiographischen Bezug auf, der ihn in die Nähe einer besonderen Persönlichkeitsrechtsrelevanz rückt.

4. Rezeption des Romans „Esra"

Die Rezeption durch den Leser ist „als Sprachhandlung der möglichst adäquaten Erfassung der durch Strukturen, Inhalte und Paratexte indizierten Autor- bzw. Textintention"[415] anzusehen. Die Existenz eines literarischen Werks ist also ab-

---

410 Allgemein vertieft dies *Nielsen,* Identitätsarbeit (Fn. 546), S. 259 f., 266, 268.

411 Instruktiv *Nielsen,* Identitätsarbeit (Fn. 546), S. 261, 268.

412 Zur autobiographischen Literatur generell *Nielsen,* Identitätsarbeit (Fn. 546), S. 268 f.

413 Seine Unsicherheit drückt sich aus in seiner Empfindlichkeit hinsichtlich jeder „Unregelmäßigkeit des Lebens", *Biller,* Esra (Fn. 1), S. 77. Seine Lebensangst kann nur durch Esra beruhigt werden, (ebda., S. 77): „Ich fühle mich außerdem in ihrer Nähe immer sehr ruhig, viel ruhiger als sonst, ich habe das Gefühl, es kann mir, wenn sie da ist, nichts passieren [...]." Esra ist für Adam der personifizierte Ausgang aus der gegenwärtigen Orientierungslosigkeit und Ausdruck eines unbestimmten Fernwehs; (ebda., S. 88). Mit seiner Partnerin kann sich Adam weitaus besser identifizieren als mit jeder anderen Person; (ebda., S. 77). Die Suche nach einer gemeinsamen jüdischen Herkunft ist Ausdruck der Sehnsucht nach persönlicher Identität und verbindender, kultureller Gemeinsamkeit; (ebda., S. 194 ff.).

414 Grundsätzlich *Nielsen,* Identitätsarbeit (Fn. 546), S. 269 f.

415 *Zipfel,* Fiktion (Fn. 88), S. 231.

hängig von der zeitlich und kulturell bedingten Rezeption durch die Leserschaft. Der Text erhält erst durch den Leseprozeß seine Bedeutung[416]. Allerdings handelt es sich bei Fiktion nach hier vertretener Ansicht um eine Texteigenschaft, die nicht mit der Erfassung des Textes als fiktional gleichzusetzen ist[417]. Fiktion und Rezeption als Fiktion sind zwei zu unterscheidende Bereiche, denen im folgenden noch die beiden Fiktionalitätsvermutungen zuzuordnen sind[418]. Jeder Rezeptionsakt ist individuell und unterscheidet sich bei mehreren Lesern durch das jeweils spezifische Bezugsfeld. Das Rezeptionsverhalten des Lesers hängt unter anderem von Faktoren wie Alter, Sozialstatus, Kultur, Intelligenz, Erfahrung und möglicher Beeinflussung des Rezipienten ab[419]. Daraus ergibt sich auch die typische Vieldeutigkeit eines fiktionalen Textes[420]. Gleichwohl ist nach einem Bewertungsmaßstab zu suchen, um so handhabbare Kriterien zur gerichtlichen Beurteilung von Persönlichkeitsrechtsbeeinträchtigungen festzulegen. Es ist zu bestimmen, wer sich als maßgeblicher Leser eignet: Ist ein Durchschnittswert

---

[416] *Iser*, Appellstruktur (Fn. 34), S. 228 ff. – Die konstituierende Wirkung der Rezeption zur Bezeichnung eines Textes als fiktional oder nichtfiktional betont *K. Stierle*, Fiktion, Negation und Wirklichkeit, in: H. Weinrich (Hrsg.), Positionen der Negativität, 1975, S. 522 (523); *Grabes*, Fiktion (Fn. 141), S. 66. Sie ist nach jüngsten Erkenntnissen sogar erforderlich, um dem Zeichencharakter eines Kunstwerks seinen Gehalt, seine Aussagekraft zu verleihen: *W. Reese-Schäfer*, Literarische Rezeption, 1980, S. 58 f.: „[…] als Zeichen, als Bestandteil einer Kommunikationssituation, existiert es nicht unabhängig von der Rezeption." Vertiefend zu den Rezeptionstheorien *Iser*, Akt des Lesens (Fn. 113), S. 143 ff. Ähnlich auch *N. Goodman*, Languages of Art, Indianapolis/Cambridge 1997, S. 20: „[…] for how an object looks depends not only upon its orientation, distance, and lighting, but upon all we know of it and upon our training, habits, and concerns."

[417] So auch *Zipfel*, Fiktion (Fn. 88), S. 230 ff.; *Blume*, Fiktion (Fn. 88), S. 81. – *Anderegg* vertritt eine andere Ansicht und beschreibt Fiktion als spezifische Kommunikationsweise. Fiktion entstehe erst durch die Deutung des Rezipienten: *Anderegg*, Fiktion (Fn. 88), S. 7, 112; so auch *Kasics*, Literatur (Fn. 66), S. 46; ähnlich *Berthold*, Fiktion (Fn. 107), S. 177, 194, 199. – Letztere Ansicht ist abzulehnen, da zwischen dem Vorhandensein und der Erfassung von Fiktionssignalen zu unterscheiden ist.

[418] Vgl. Abschnitt E.I.6.c.

[419] Im Kontext dieser Faktoren weist auf eine „Verstehenskluft zwischen professionellen Lesern untereinander und übrigen Lesern" hin *Scheffer*, Interpretation (Fn. 30), S. 199. Die Individualität kann aufgrund der bislang gemachten Erfahrungen und den damit verbundenen singulären Erinnerungen erklärt werden: *L. Zunshine*, Why we Read Fiction, Columbus 2006, S. 35: „The nuances of each person's mind-reading profile are unique to that person, just as, for example, we all have the capacity for developing memories […], but each individual's actual memories are unique."

[420] *Anderegg*, Fiktion (Fn. 88), S. 109 f.; *Kasics*, Literatur (Fn. 66), S. 48; *Iser*, Appellstruktur (Fn. 34), S. 233. – Zur ambivalenten Bedeutung des Bildes von *George Grosz* „Christus am Kreuz mit Gasmaske" *D. Beisel*, Die Kunstfreiheitsgarantie des Grundgesetzes und ihre strafrechtlichen Grenzen, 1997, S. 28 f.; *C. Hillgruber*, Die Religion und die Grenzen der Kunst, in: Essener Gespräche zum Thema Staat und Kirche 36 (2002), S. 53 (81); *B. Schlink*, Vergewisserungen, 2005, S. 112 ff., 117. – In den Strafprozeß gegen Grosz führt ein *B. v. Becker*, „Gegen Grosz und Genossen" – Der Gotteslästerungsprozess gegen George Grosz, in: NJW 2005, S. 559 (561 f.).

des gegenwärtigen Publikums oder ein Idealrezipient nach philologischen Regeln zur Untersuchung der Wirkung in den sozialen Realien entscheidend?

a) Der Leser: Festlegung des Maßstabs

aa) Idealer Leser: korrekte Unterscheidung von Esra/Klägerin zu 1), Adam/Autor

Der *ideale Leser* versteht sich normativ gesehen als *optimale Leseinstanz.* Er erkennt jede formale und inhaltliche Besonderheit. Konsequent werden die Spielregeln des Textes befolgt[421]. So durchdringt er ohne Schwierigkeiten die Aussage des Textes. Er beurteilt die Textintention „from the position of an appropriately informed, sympathetic, and discriminating reader, of authorial intent to convey such and such to an audience through the text in question.“[422] Der Idealleser beachtet die Spielregel, die die Erkennbarkeit von Personen und die Herstellung des Realitätsbezugs betrifft und jegliche singuläre Vereinnahmung fiktionaler Darstellung verbietet: „Da aber der Wald [der Fiktion] für alle geschaffen ist, darf ich darin nicht nach Tatsachen und Gefühlen suchen, die nur mich allein angehen. Sonst kommt es dazu, daß ich [...] den Text nicht *interpretiere,* sondern *benutze.* [...] Es verleitet dazu, sich im Wald der Fiktionen so zu bewegen, als wäre er unser privater Garten.“[423] Er ist damit fähig, ihn nach den Regeln der Literaturwissenschaft vollumfänglich kunstgerecht zu interpretieren. Ein solcher Leser ist eine gedankliche Konstruktion. Denn bei realen Lesern ist nicht von einer unfehlbaren Intelligenz, fehlerfreien Aufmerksamkeit oder lückenlosen Vorbildung auszugehen[424]. Unterstellt, der Rezipient würde jede Intention des Autors erfassen, so wäre er mit diesem identisch und eine Kommunikation damit ausgeschlossen, da sich beide von den gleichen Intentionen leiten ließen. Ein literarisches Werk beinhaltet aber regelmäßig eine Mehrdimensionalität der Deutungen, die sich durch divergierende Geschichtsauffassungen und Lektüreeindrücke sehr unterschiedlich ausgestalten können.

---

[421] *Iser,* Akt des Lesens (Fn. 113), S. 51; *Eco,* Wald (Fn. 66), S. 19 ff.; *Schneider,* Einführung (Fn. 31), S. 155. – Anzubringen ist in diesem Zusammenhang der zutreffende Hinweis *von Arnaulds* auf die vielfache Anwendung verbindlicher Spielregeln in unterschiedlichen Handlungskonstellationen: *v. Arnauld,* Normativität (Fn. 111), S. 17 ff., 34 ff.

[422] *J. Levinson,* Hypothetical Intentionalism, in: M. Krausz (Hrsg.), Is There a Single Right Interpretation?, University Park/PA 2002, S. 309 (309).

[423] *Eco,* Wald (Fn. 66), S. 20. – Ähnlich bezeichnet *Geulen* die literarische Neuschöpfung am Beispiel von *Kellers* „Romeo und Julia auf dem Dorfe“ als *„herrenloses Gut“ E. Geulen,* Law and Literature, in: W. Gephart (Hrsg.), Rechtsanalyse als Kulturforschung, 2012, S. 309 (319): „[...], I feel obliged to address the question of literature's own grounds. What is the field Keller's narrative calls its own? What are the stones and who owns the stones he uses to build his story? To be sure, neither grounds nor stones are Keller's property. *Romeo and Juliet* has no owner, it is *herrenloses Gut.*“

[424] *Iser,* Akt des Lesens (Fn. 113), S. 54; *Schneider,* Einführung (Fn. 31), S. 155.

Abzugrenzen ist der ideale von dem *fiktiven Leser.* Letzterer tritt bei der fiktionalen Rede zur Unterscheidung vom empirischen Leser auf[425]. Diese Differenzierung ist das Äquivalent zur Trennung von Erzähler und Autor. Der fiktive Leser ist der Leser, der durch den fiktiven Erzähler oder eine andere Figur in einem konkreten Erzähltext direkt angesprochen wird[426].

bb) Vielfalt empirischer Leser

Nach dem deskriptiven Terminus versteht man unter Rezeption die faktische Aufnahme eines Werks durch einen *empirisch ermittelbaren Leserkreis.* Vorab ist auf die *methodischen Schwierigkeiten* der Untersuchung der empirischen Gesamtheit hinzuweisen. Finanzielle und zeitliche Ressourcen der Untersuchung sind begrenzt. Die Einsicht in die tatsächliche Texterfassung durch den Leser ist dem Forscher nicht unmittelbar zugänglich. Durch empirische Erhebungen ist eine Aufklärung des realen Rezeptionsverhaltens daher auch nur eingeschränkt möglich[427].

Im empirischen Leser bildet sich das zeitgenössische kulturelle Verständnis von Literatur in seiner pluralistischen Gesamtheit ab. Das Rezeptionsverhalten kann sich als individuell äußerst unterschiedlich und – vor dem Hintergrund gesellschaftlicher Änderungen[428] – durchaus wandelbar erweisen[429]. Der *kognitiv und emotional beteiligte Leser* beispielsweise wird sich aufgrund intensiver Anteilnahme leicht mit den Kunstfiguren identifizieren[430]. Die emotionale und kognitive Rezeption bedingt Vorstellungen, die einen festgelegten Prozeß

425 *U.-M. Schneider,* Grundlagen, Arbeitsweisen, Hilfsmittel der Literaturwissenschaft, 6. Aufl. 2009, S. 85.

426 Im literarischen Sinne wird als Leser eines epischen Textes grundsätzlich ein narrativer Adressat einer Erzählrede verstanden, dem das Geschehen durch einen Erzähler mitgeteilt wird. Es handelt sich dabei wie auch beim idealen Leser um eine gedankliche Konstruktion. *Schneider,* Einführung (Fn. 31), S. 155.

427 *J. Mansour,* Stärken und Probleme einer kognitiven Literaturwissenschaft, in: KulturPoetik 7 (2007), S. 107 (116).

428 *G. Grimm,* Einführung in die Rezeptionsforschung, in: ders. (Hrsg.), Literatur und Leser, 1975, S. 11 (12 ff.); *Iser,* Akt des Lesens (Fn. 113), S. 52. – Zur Zeitgebundenheit und Individualität von Textverständnis und -interpretation *H. G. Gadamer,* Wirkungsgeschichte und Applikation, in: R. Warning (Hrsg.), Rezeptionsästhetik, 4. Aufl. 1994, S. 113 ff.; *G. Haefner,* Rezeptionsästhetik, in: A. Nünning (Hrsg.), Literaturwissenschaftliche Theorien, Modelle und Methoden, 1995, S. 107 (109).

429 *S. Ott,* Versammlungsfreiheit contra Kunstfreiheit?, in: NJW 1981, S. 2397 (2398). – Beispielhaft ist die individuell unterschiedlich wahrgenommene Erkennbarkeit von Personen *Lamarque/Olsen,* Truth (Fn. 119), S. 125.

430 Zur emotionalen Beteiligung des Lesers *Danneberg,* Tränen (Fn. 191), S. 38; *Zunshine,* Fiction (Fn. 419), S. 27 ff.; *A. Neill,* Fiktion und Emotion, in: M. E. Reicher (Hrsg.), Fiktion, Wahrheit, Wirklichkeit, 2007, S. 120 ff.; *K. L. Walton,* Furcht vor Fiktionen, in: M. E. Reicher (Hrsg.), Fiktion, Wahrheit, Wirklichkeit, 2007, S. 94 ff.; *Reicher,* Gegenstände (Fn. 88), S. 67.

von Programmen auslösen[431]. Eines dieser Programme beinhaltet die Ermittlung weiterer Daten, die zu einer Neubewertung über die im Text dargestellten Sachverhalte führen. Der Leser baut sein Wissen über den Text hinaus aus mit Informationen zu Autor, Entstehungskontext oder anderen, durch den Text betroffenen Personen der sozialen Realien. Personale Referenzen im Text regen die Suche nach Übereinstimmungen in Wirklichkeit und Literatur zusätzlich an[432]. Ein kognitiv und emotional beteiligter Leser wird aufgrund der Angaben bezüglich Örtlichkeiten und biographischer Einzelheiten wie der Preisverleihungen nicht selten geneigt sein, zusätzliche, durch Suchmaschinen und Datenbanken im Internet gestützte Erkundigungen einzuholen. Nach Vergewisserung dieser personalen Referenzen wäre eine Interpretation des Romans als Beschreibung von Wirklichkeit naheliegend.

Das Modell des *distanzierten Lesers* nimmt demgegenüber die ästhetischen und semantischen Intentionen des Autors bewußt wahr. Er verfügt über eine umfassende Fachkenntnis, die er nur gelegentlich durch biographische Recherchen ergänzt. Auch der distanzierte Leser sieht insbesondere bei autobiographischen Texten eine Einheit aus Leben und Werk, aus Wissen des Autors und Informationen des Textes, nicht als ausgeschlossen an[433]. Nichtsdestominder ist anzunehmen, daß ein distanzierter Leser die Trennung eines fiktiven Ereignisses von den realen Existenzen in den sozialen Realien vornehmen kann. Denn er erkennt in Esra wie auch in den anderen Protagonisten eine Kunstfigur, die nicht mit einer Person in den sozialen Realien gleichzusetzen ist.

Der *persönlich betroffene Leser* forscht hingegen intensiver als der distanzierte oder kognitiv resp. emotional gebundene Leser nach Parallelen in der literarischen und außerliterarischen Welt. Er glaubt, sich in Figuren oder Einrichtungen des fiktionalen Textes wiederzuerkennen. Häufig stellt er zentrifugale Bewegungen in der Selbst- und Fremdwahrnehmung der eigenen Person fest. Durch einen 1:1–Abgleich von Realität und Literatur, der von dem persönlich betroffenen Leser am häufigsten vollzogen wird, kündigt dieser damit zugleich die Vereinbarung von Leser und Autor auf, daß es sich um einen fiktionalen Text handelt[434]. Die Klägerinnen zu 1) und 2) können als persönlich betroffene Leserinnen charakterisiert werden. Fraglich ist, wie die Vielfalt dieser verschiedenen empirischen Lesarten zu einem praktikablen Maßstab vereinheitlicht werden kann.

---

[431] *Klausnitzer,* Literatur (Fn. 347), S. 228.

[432] *Klausnitzer,* Literatur (Fn. 347), S. 229. Mit Hilfe dieses Kontextwissens läßt sich der literarisch dargestellte Stoff in Kategorien von „gut“ und „böse“ oder „Glück“ und „Pech“ einteilen.

[433] *Klausnitzer,* Literatur (Fn. 347), S. 229.

[434] *Klausnitzer,* Literatur (Fn. 347), S. 230 f.

cc) Verständiger Durchschnittsleser: auffallende Ähnlichkeit Esra/Klägerin, Adam/Autor

In Betracht kommt die auch vom Gericht gewählte Meßlatte des *verständigen Durchschnittslesers*[435]. Es hat sich gezeigt, daß die Wahl des idealen Lesers einem normativen, die empirische Ermittlung der Leser dahingegen einem deskriptiven Ansatz folgt. Fraglich ist, ob als Maßstab ein ideal, normativ geprägter oder empirisch, deskriptiv ausgerichteter Rezipient zur Beurteilung von Fiktion und Persönlichkeitsrechtsbeeinträchtigungen zu wählen ist.

Wenn man versucht, aus der Menge der empirischen Leser einen *Durchschnittsleser* zu ermitteln, so handelt es sich dabei zweifellos um eine gedankliche Konstruktion. Der Idealleser verkörpert hingegen eine optimale Leseinstanz, die für sich allein nicht dem realen Rezeptionsverhalten entspricht. Bei der Gegenüberstellung der beiden Extreme ist zu bedenken, daß sich ein Schriftsteller grundsätzlich nicht nur an einen begrenzten Bereich von Literaturwissenschaftlern wendet. Autoren treten an ein ebenso buntes Publikum heran, wie sich auch die Herkunft der Literaten über die gesamte Bandbreite unterschiedlicher Sozialisations- und Bildungsschichten erstreckt[436]. Der frei erhältliche Roman „Esra“ war jedermann zugänglich. *Biller* sprach mit seiner Erzählung einen nicht näher spezifizierbaren Leserkreis an. Diese Intention bleibt bei der Wahl des Rezipientenmaßstabs zu berücksichtigen. Dann aber ist davon auszugehen, daß das breite, literarisch nicht spezifisch vorgebildete Publikum nicht zwischen Kunstfigur und Autor differenziert. Auch der gesellschaftliche Trend zu (auto-)biographischen Enthüllungen, dem Ausbau virtueller Welten nach realen Vorlagen und der Dominanz von Reality-Shows in den Medien verwischt die Grenzen von Fiktion und Realität. Diese literarisch inadäquate Lesart kann bei der gerichtlichen Einschätzung der Wirkung eines Kunstwerks, einer Persönlichkeitsrechtsverletzung in der außerkünstlerischen Welt, nicht unberücksichtigt bleiben. Eine andere Einschätzung wäre literarisch wünschenswert, doch gleichwohl realitätsfern[437]. Die Persönlichkeitsrechtsverletzung folgte aus Sicht der Klägerinnen aus einer Bearbeitung der Wirklichkeit, die als real rezipiert eine Bloßstellung vor den Lesern beinhaltet. Die Betroffenen sorgten sich um ihren Achtungsanspruch in den sozialen Realien. Es ging also um den dort bestimmenden, tatsächlichen Ruf und nicht um mögliche Lesarten adäquater Textinterpretation. Literatur und Realität stehen in einem Verhältnis wechselseitiger Beeinflussung und Inspiration. Der Effekt kann reale Personen so betreffen, daß sie sich vor der empirischen Gesamtheit kompromittiert fühlen. Da die empirische Menge letztlich nicht zu jeder Streitfrage umfassend befragt werden kann, ist als einzig handhabbare und zugleich möglichst realitätsnahe Option auf den Durchschnittsleser auszuwei-

---

435 BVerfGE 119, 1 (31).

436 *Stüssel*, Autorschaft (Fn. 407), S. 32.

437 Verständlicherweise anderer Ansicht *Biller*, Stellungnahme (Fn. 107), S. 7.

chen. Er beinhaltet die Elemente der beschriebenen Lesergruppen, von emotional interessierten und theoretisch-distanzierten bis hin zu persönlich betroffenen Rezipienten. Er hegt auch ein in der Gesellschaft verankertes Interesse an Skandal, Klatsch und Tratsch. Die Bestimmung des Durchschnittslesers ist vom Gericht vorzunehmen, da dieses letztlich auch über die Wirkung in den sozialen Realien, über eine mögliche Persönlichkeitsrechtsbeeinträchtigung entscheidet. Ein Literaturwissenschaftler hat diesbezüglich – im Unterschied zu Fragen der Fiktion – weder ein Beratungs- noch ein Mitspracherecht[438].

Andererseits ist Literatur im Grundsatz ein erhöhtes Maß an Aufmerksamkeit und Einfühlungsvermögen einzuräumen, um so auch den kunstadäquaten Anforderungen zu genügen und ihrer Funktion innerhalb der gesellschaftlichen Auseinandersetzung nachzukommen. Es ist daher unumgänglich, von einem *verständigen Leser* auszugehen, der die erforderlichen literarischen und realen Informationen kennt und sich einer nach literaturwissenschaftlichen Standards adäquaten Interpretation gegenüber offen zeigt.

Insgesamt ist also ein *verständiger Durchschnittsleser* anzustreben. Diese Sichtweise vereint normative (verständiger Leser) als auch deskriptive Elemente (Durchschnittsleser). So wird sowohl eine realitätsnahe als auch kunstadäquate Einschätzung ermöglicht. Folgend ist der Frage nachzugehen, wie sich denn nun der Rezeptionsakt beim Lesen eines fiktionalen Textes darstellt und wie er von einem verständigen Durchschnittsleser verstanden wird[439].

b) Der Rezeptionsakt bei fiktionalen Texten: Unterscheidet der Leser zwischen erfundenen und realen Elementen?

Sowohl das Lesen eines fiktionalen als auch eines nichtfiktionalen Textes beinhaltet die Wahrnehmung und Identifikation von Zeichen[440], denen man nach festgelegten Regeln eine bestimmte Bedeutung zuordnet[441]. Im folgenden soll

---

[438] Zu denken wäre möglicherweise an eine Beratung durch einen Kommunikationswissenschaftler.

[439] Das von *Bunia* erörterte Korrealitätsprinzip beschreibt den Rückfluß von Fiktion auf die außerkünstlerische Realität. Ging es bislang um die Verarbeitung von Wirklichkeit in fiktionalen Texten, also des Einflusses der sozialen Realien auf Fiktion, so wird durch das sogenannte Korrealitätsprinzip die Einwirkung fiktionaler Werke auf die Realität erfaßt: *Bunia,* Faltungen (Fn. 90), S. 152. Die nun zu erörternde Kommunikationssituation im Fall von fiktionalen Texten stellt einen Unterfall dieser Wirkweise dar.

[440] Zeichen: (im Unterschied zum weiten Zeichenbegriff der Semiotik) von Menschen geschaffene Entitäten, denen eine kommunikative Funktion zukommt. Vgl. *Klausnitzer,* Literaturwissenschaft (Fn. 54), S. 12. – Zum Lesevorgang des Textes („textual world"), *Ryan,* Narrative (Fn. 89), S. 89 ff.; den Lesevorgang (nicht den Leser) sogar als Erzähler des Textes bezeichnet *Weimar,* Erzähler (Fn. 66), S. 504 f.

[441] *Ong,* Audience (Fn. 117), S. 10; *Klausnitzer,* Literaturwissenschaft (Fn. 54), S. 11; *D. Lewis,* On the Plurality of Worlds, Oxford/New York, Nachdruck der 1. Aufl. (1986) 2009, S. 40: „A sentence is said by some particular speaker, at some particular time, at some particular world. Further, it is said at a certain place; to a certain audience; accompanied

untersucht werden, ob sich dieser Lesevorgang im Detail bei beiden Textsorten unterscheidet[442]. Wenn „Esra" als fiktionaler Text vom Rezipienten auch als realitätsfern und erfunden verarbeitet wird, ließe sich daraus ein Argument für die rechtliche Zulässigkeit fiktionaler Texte wie „Esra" ableiten. Denn der Rezipient kann dann von der Realität klar unterscheiden. Vorab ist einzuräumen, daß die Untersuchung des Rezeptionsverhaltens in dem Bewußtsein erfolgt, daß es sich um eine *Analyse auf sekundärer Ebene* handelt. Es stellt sich das Problem, daß der Beobachter den Beobachter beobachtet: Denn wenn man die Rezeption, die Bewertung eines Textes, analysiert, ist man selbst letztlich auf die eigene Beurteilungsperspektive beschränkt, beobachtet also in der Tat den Beobachter[443]. Die folgende Erörterung basiert demnach selbst auf einer beschränkten Perspektive. Das Verhalten des beobachtenden Rezipienten wird folglich aufgrund der eigenen begrenzten Betrachtung beschrieben[444].

aa) Kommunikationssituation beim fiktionalen Text „Esra"

Es liegt auf der Hand, daß jede textuelle Kommunikation zunächst eine Informationsvermittlung beinhaltet, ohne daß ein gleichzeitiger Rückkoppelungsprozeß zwischen den Kommunizierenden wie im Fall von anwesenden, sich austauschenden Personen erfolgen könnte[445]. Wie bei einem faktualen Schrifttext besteht diese „gedehnte" Kommunikationssituation auch im Fall von fiktionalen Texten wie „Esra", vorliegend also zwischen den realen Personen von *Biller* und dem Leser[446]. Dabei ist der Leseprozeß von „Esra" ein Vorgang, der dem

perhaps by certain gestures of ostension; in the presence of certain conspicuous things; and in the context of previous discourse which influences what is to be presupposed, implicit restrictions of quantifiers, prevailing resolution of vagueness, and much more."

442 Vgl. zur Einbeziehung des Zuschauers eines Films in Form einer eigenen Fiktionalisierung bei Ansehen eines fiktionalen Films *G. Koch,* Tun oder so tun als ob? – alternative Strategien des Filmischen, in: dies./C.Voss (Hrsg.), „Es ist, als ob", S. 139 (150).

443 Vgl. *E. Esposito,* Fiktion und Virtualität, in: S. Krämer (Hrsg.), Medien, Computer, Realität, 2. Aufl. 2000, S. 269 (284 f.).

444 Damit ist nicht ausgeschlossen, daß es eine „letzte Beobachtungsperspektive" gibt, die alle individuellen Beobachtungsperspektiven umfaßt, also letztlich die anteilhafte Erkenntnis in einer universalen Sicht vervollständigt, vergleichbar „einem Archiv, in welchem alle Informationen gesammelt sind, […]." *Esposito,* Fiktion (Fn. 443), S. 285 f.

445 *Kasics,* Literatur (Fn. 66), S. 23; *Pfeiffer* erkennt eine Gleichzeitigkeit von medialer Inszenierung und rezeptiver Erfahrung: *K. L. Pfeiffer,* Das Mediale und das Imaginäre, 1999, S. 58 f.; eingehend zum Kommunikationspotential der Schrift auch im Vergleich zum mündlichen Austausch *N. Luhmann,* Die Gesellschaft der Gesellschaft, Teilband 1, 1998, S. 291 ff., 296 ff.

446 *Landwehr,* Text (Fn. 87), S. 168; zur Kommunikation bei literarischen Texten *Kasics,* Literatur (Fn. 66), S. 17, 22 ff.; *Pfeiffer,* Fiktionstheorie (Fn. 94), S. 138. – Teilweise wird der Kommunikationsbegriff *restriktiv* ausgelegt: Einige bejahen eine Kommunikationssituation nur bei intendierter, gegenseitiger Verständigung, andere bei angestrebter Informationsübermittlung, wieder andere bei genauer Festlegung der Parameter von Sender, Empfänger und Mitteilungsinhalt. Nach diesen Theorien findet in einem literarischen Text keine Kommunikation zwischen Autor und Leser statt. – Demgegenüber wird vorliegend

Verständnis und der Verarbeitung des Geschriebenen dient und von der Mitteilungshandlung des Autors *Biller* zu unterscheiden ist. Lesen beinhaltet den „Prozeß einer dynamischen Wechselwirkung von Text und Leser"[447]. Während dieses Vorgangs werden Annahmen und Erfahrungen des Lesers beständig korrigiert und individuell neu ausgerichtet[448]. Die Technik ist vergleichbar einem Bilderstrom aus dem Leben der sich so entwickelnden Figuren rund um Esra und Adam[449].

bb) Kommunikationsprobleme beim fiktionalen Text „Esra"

(1) Wird „Esra" anders gelesen als ein nichtfiktionaler Text?

Die Kommunikation im Fall des fiktionalen Romans „Esra" gestaltet sich grundsätzlich abweichend von einem nichtfiktionalen Erzeugnis aufgrund von vier tragenden Merkmalen, namentlich der zweiten Kommunikationssituation, dem erhöhten Erkenntnisgewinn, der Negierung des Wirklichkeitsanspruchs und der Unbestimmtheit des Textes[450].

---

dem überwiegend anerkannten *weiten* Kommunikationsbegriff gefolgt, der eine Kommunikation in literarischen Texten bejaht und die genannten Einschränkungen ablehnt. Die Ansätze zu einem engeren Kommunikationsverständnis können an dieser Stelle nicht vertieft werden. – Eine gute Übersicht zum Streitstand des Ganzen bei *Zipfel*, Fiktion (Fn. 88), S. 39 ff., 229; *Warning*, Diskurs (Fn. 89), S. 185.

[447] *Iser*, Akt des Lesens (Fn. 113), S. 176.

[448] Bereits durch die Titulierung als Roman entsteht eine erste Erwartung des Lesers hinsichtlich der Fiktionalität des Textes. So *Anderegg*, Fiktion (Fn. 88), S. 101; *Luhmann*, Gesellschaft (Fn. 445), S. 257 f. betont die individuelle Vielfalt der Interpretation schriftlicher Kommunikation in Abgrenzung zur mündlichen: „Die Abfassung des Textes liegt oft in weiter räumlicher und zeitlicher Ferne. Damit verlieren die konkreten Mitteilungsmotive an Interesse […], und statt dessen eröffnen sich Spielräume für Interpretation, die sehr verschieden ausgefüllt werden können. Wenn Fragen der Mitteilungsmotivation und ihres Kontextes eine Rolle spielen […], dienen sie der Interpretation des Textes. Demnach ermöglicht es die Ausdifferenzierung der Texte und die Unterbindung von Sofortreaktionen, daß man über *identische* Texte *verschiedene* Meinungen bilden kann (Hervorhebung im Original)."

[449] *Iser*, Lesevorgang (Fn. 82), S. 256 ff.

[450] Vorab ist klarzustellen, daß ein fiktionsgerechtes Rezeptionsverhalten nicht eine Selbstverständlichkeit im Umgang mit Texten ist, sondern eine ausreichende Übung des Rezipienten erfordert. – Vertiefend zur historisch gewachsenen, sich wandelnden Rezeptionskompetenz der Leser *Berthold*, Fiktion (Fn. 107), S. 176 f., 180 ff., 198 f. Es handelt sich um eine komplexe Qualifikation, die innerhalb des weiten Spektrums der Romanleser zunächst von bildungsprivilegierten Schichten erlernt wurde. Ihre Ausprägung richtet sich nach Grad der Vorbildung und Lektürehäufigkeit; (ebda., S. 178 f., 199, 201); *Eco*, Wald (Fn. 66), S. 199. Das Rezeptionsverhalten, das die Fiktionalität eines Textes erfaßt, setzt die Fähigkeit voraus, in dem Text eine andere Intention als einen faktischen Referenzbezug zu erkennen. Eine Unterscheidung zwischen fiktionaler Darbietung und realer Vorlage fordert von dem Rezipienten ein geübtes Leseverständnis. Er muß entsprechend methodisch geschult sein. – Zur Schwierigkeit der Differenzierung zwischen Fiktion und Realität; (ebda., S. 161 f., 166); *Bunia*, Faltungen (Fn. 90), S. 28.

Ob die Kommunikation zwischen Autor und Leser gelingt, sie also fiktionsadäquat erfolgt, hängt davon ab, ob *Biller* und Rezipient sich über den fiktionalen Charakter des Textes einig sind, der Autor also seine Lebensgeschichte und der Leser seine individuellen Dispositionen ausblenden kann[451]. Denn im Unterschied zu faktualen Schilderungen existiert bei fiktionalen Texten wie „Esra" eine *zweite, imaginäre Kommunikationssituation*, die sich nicht auf Autor und Leser, sondern auf Erzähler und Adressaten bezieht. Demnach gibt es sowohl eine externe Sprachhandlungssituation zwischen *Biller* und Leser als auch eine interne Sprachhandlungssituation von fiktivem Ich-Erzähler Adam und Adressaten. Die Trennung der Identitäten von *Biller* und Adam entspricht der Verneinung des Wahrheitsanspruchs bei fiktionalen Texten: Der Autor wählt einen Erzähler, der nicht mit dem Autor identisch ist, um so keine Verantwortung für die Schilderungen in der Erzählung übernehmen zu müssen[452]. Denn neben den tatsächlichen Verfasser in der ersten, realen Kommunikationssituation tritt in der zweiten, imaginären Kommunikationssituation Adam als fiktiver Erzähler, dem die fiktionale, imaginäre Erzählung – im Gegensatz zum Autor *Biller* – als authentisch zuzurechnen ist. Derselbe fiktionale Text beinhaltet somit – aus der Sicht des realen Autors – real-inauthentische Elemente und – aus der Perspektive des fiktiven Erzählers – imaginär-authentische Anteile[453]. In der Gedankenwelt des Lesers entsteht ein individuelles, imaginäres Vorstellungsbild[454]. Bei diesem Austausch wird der Leser selbst Teil des Textes, indem er die Position des fiktiven Adressaten einnimmt[455]. Dieser versteht die Geschichte

---

451 Hierzu *Iser,* Lesevorgang (Fn. 82), S. 273; *Cohn,* Signposts (Fn. 291), S. 793 ff., 800. – Vertiefend zur Kommunikationssituation beim inneren Monolog *Anderegg,* Fiktion (Fn. 88), S. 71 ff.

452 *Genette,* Fiktion (Fn. 41), S. 80 f. *Bunia* weist innovativ darauf hin, daß es sich bei der Autor-Erzähler-Unterscheidung nicht um eine Voraussetzung für Fiktion handelt. Ebensowenig ist das Vorliegen eines fiktionalen Textes Bedingung zur Trennung von Autor und Erzähler. Vielmehr müssen beide Aspekte, Autor-Erzähler-Differenzierung und Fiktion, gleichzeitig gegeben sein; vgl. *Bunia,* Faltungen (Fn. 90), S. 95, 98. – Zur schwierigen Unterscheidung von Autor und Erzähler im Bereich des Romantitels als Verbindung der realen Welt des Autors und der fiktiven Erzählwelt *W. Brandt,* Wer verantwortet den Romantitel?, in: ders. (Hrsg.), Erzähler – Erzählen – Erzähltes, 1996, S. 87 (101 f.).

453 *Martínez/Scheffel,* Einführung (Fn. 83), S. 17 f.; *Zipfel,* Fiktion (Fn. 88), S. 247 f. – Kritisch zur Verdoppelung der Sprachhandlungssituationen im Sinne von zwei voneinander unabhängigen Prozessen: *Kasics,* Literatur (Fn. 66), S. 18 f., 25, 28 f., 35.

454 Die Bedeutung des imaginären Bildes für die Leserezeption erörtert *Iser,* Akt des Lesens (Fn. 113), S. 226 ff.; *ders.,* Akte (Fn. 159), S. 121 f. – Dabei ist die zweite Kommunikationsebene aufgrund ihres imaginären Charakters in der Ausgestaltung weitaus freier, da sie nicht an zeitliche und räumliche Vorgaben der Realität gebunden ist: *Martínez/Scheffel,* Einführung (Fn. 83), S. 19; ähnlich mit Hinweis auf die semantische Vielschichtigkeit *Iser,* Akt des Lesens (Fn. 113), S. 84 f.

455 Auf das gemeinsame Spiel der Phantasie in Form des fiktiven Erzählers und Adressaten weist schon *Sartre* hin: *J.-P. Sartre,* Was ist Literatur?, S. 35: „Die gemeinsame Anstrengung von Autor und des Leser wird jenen konkreten und imaginären Gegenstand auftauchen lassen, der das Werk des Geistes ist. Kunst gibt es nur für und durch andere."

um Esra und Adam im Rahmen der fiktiven Welt als wahr. Daher nimmt auch der Leser in der eingenommenen Position des fiktiven Adressaten die Geschichte für die Lektüredauer als tatsächlich auf. Der Rezipient bleibt nichtsdestominder zugleich Leser in der Beziehung zum Autor innerhalb der externen Sprachhandlungssituation, er hat also eine Doppelposition inne: Der Leser nimmt einerseits teil an dem sogenannten „*make-believe*"-Spiel, das eine Überzeugung des Rezipienten von der Wahrheit der Geschichte für die Zeit des Lesens beinhaltet. Entsprechende emotionale Reaktionen des Lesers schließen sich an. Andererseits bleibt er auf der externen Sprachhandlungsebene Beobachter des Spiels. *Zipfel* resümiert folgerichtig: „[…] der Rezipient hält die fiktive Geschichte ebensowenig für wahr, wie der Autor sie als wahre Geschichte behauptet. Zum anderen gilt: Der fiktive Adressat liest die Geschichte ebensosehr als wahr, wie der fiktive Erzähler sie als eine in der fiktiven Welt tatsächlich passierte erzählt. Die Haltung des „*make-believe*" kann man also mit der Formulierung umschreiben, daß der Leser bei der Lektüre versucht, die Position des (im Text eingeschriebenen) fiktiven Adressaten einzunehmen."[456]

Der „wandernde Blickpunkt"[457] ist Kennzeichen des Lesers fiktionaler Texte. So erfaßt er im Fall von „Esra" neben der Benennung der empirischen Objekte deren Auswahl und Verwandlung, die den ursprünglichen Bezug zur Realität der Klägerinnen und des Autors aufheben[458]. Auf diesen Verwandlungsprozeß der Fiktionalisierung weisen die genannten Fiktionssignale des Textes „Esra" hin[459]. Der fiktionserfassende Rezeptionsakt besteht nun darin, diese Fiktionssignale zu erkennen und adäquat zu bewerten[460].

Zweitens resultieren aus einem fiktionsgerechten Lesen Reflexionen zu allgemeinen Prinzipien, die in der fiktionalen Erzählung veranschaulicht werden. Zwar ist ein *Erkenntnisgewinn* auch in nichtfiktionalen Texten nicht ausgeschlossen. Er wird durch die „Exemplifikation", die Illustration allgemeiner Grundsätze an der konkreten Beschreibung, erreicht. Gleichwohl ist ein fiktionaler Text wie „Esra" zur Erlangung und Vertiefung neuer Erkenntnisse faktisch erheblich geeigneter. Nichtfiktionale Texte geben Wirklichkeitsausschnitte wieder und sind nicht auf den Ausdruck allgemeiner Prinzipien angelegt[461].

Außerdem folgt aus dem fehlenden situativen Kontext im Fall der Fiktion eine hervortretende *Unbestimmtheit* bei der Einordnung des Dokuments. Die Rezeption eines fiktionalen Textes ist – im Unterschied zur Lesesituation bei faktualen Texten – eher von einer Unbestimmtheit hinsichtlich der Thematik und Inten-

---

456 *Zipfel*, Fiktion (Fn. 88), S. 248.

457 *Iser*, Akt des Lesens (Fn. 113), S. 179.

458 Instruktiv *Iser*, Akt des Lesens (Fn. 113), S. 178 f.

459 Vgl. Abschnitt C.II.2.f.

460 Auch auf die Schwierigkeiten des Rezipienten bei widersprüchlichen Fiktionssignalen weist hin *Zipfel*, Fiktion (Fn. 88), S. 243 ff.

461 *Zipfel*, Fiktion (Fn. 88), S. 270, 276; *Danneberg*, Tränen (Fn. 191), S. 56.

tion des Autors, des erwartetem Rezipientenverhaltens sowie Faktizitätsgehalts bestimmt[462]. Dabei erfordert die Indeterminiertheit von „Esra" von dem Leser einen intensivierten Abgleich des eigenen Erfahrungshorizonts bezüglich der Klägerinnen und der Romanfiguren Esra, Lale und Adam, um die von *Biller* intendierte Textaussage zu begreifen[463]. Die Vorstellungskraft des Lesers nimmt entscheidenden Einfluß auf den Umgang mit Abweichungen von der Wirklichkeit bei „Esra". Der Rezipient legt den Unterschieden von Fiktion und Wirklichkeit in bezug auf die Kunstfiguren und Klägerinnen gerade dann vermehrt Bedeutung zu, wenn er eine Beziehung von Geschichte und Realität, von fiktiver Gestalt und realer Vorlage, entdeckt. In dem Fall, daß ein Leser des streitgegenständlichen Romans von einer realitätsbezogenen Absicht *Billers* ausgeht und „Esra" Angaben zur Realität um die Klägerinnen entnimmt, stellt er einen direkten Bezug zur Wirklichkeit – unter Übertragung weiterer Informationen aus den realen Umständen in die fiktive Geschichte – her[464]. So erscheint es durchaus denkbar, daß bei Texten, die wie „Esra" von der Realität inspiriert sind, Einschätzungen zu fiktiven Umständen des Romans auch in die Bewertung realer Begebenheiten der Klägerinnen eingebracht werden[465].

Der *proklamierte Wirklichkeitsgehalt* – erinnernd an den erörterten Faktizitätsanspruch[466] – kann letztlich als maßgebendes Unterscheidungskriterium in Hinblick auf das Kommunikationspotential von fiktionalen und nichtfiktionalen Texten definiert werden[467]. Entscheidend ist die textinterne Stimmigkeit, um

---

462 Diese Unterscheidung dient als Orientierungshilfe und beansprucht keine Allgemeingültigkeit. Hierzu *Hoops,* Fiktionalität (Fn. 86), S. 309 f., 316. – Zur Schwierigkeit der Verifikation der Autorintention *Scheffer,* Interpretation (Fn. 30), S. 213 f.

463 Hierzu *Hoops,* Fiktionalität (Fn. 86), S. 314; *Kasics,* Literatur (Fn. 66), S. 41; *Scheffer,* Interpretation (Fn. 30), S. 24 ff., 178 ff. – *Levinson,* Intentionalism (Fn. 422), S. 317 f. weist ausdrücklich darauf hin, daß die Beachtung der Indeterminiertheit eines literarischen Textes zwingend für eine adäquate Interpretation ist: „This means, in part, that in literary contexts, unlike conversational ones, we have a prior and independent interest in utterance meaning *entirely apart from* whatever utterer meaning may stand behind or parallel that utterance meaning as constituted."

464 Zugleich warnt *Hoops* vor übereilten Rückschlüssen auf die Wirklichkeit. Er fordert eine „kritische Distanz" des Lesers hinsichtlich des Faktizitätsgehalts: *Hoops,* Fiktionalität (Fn. 86), S. 310 ff.

465 *Bunia* bringt es auf den Punkt: *Bunia,* Faltungen (Fn. 90), S. 28: „Fiktion erlaubt mithin, über die Figuren zu reden."

466 Vgl. Abschnitt C.II.2.b.dd.

467 *Hoops,* Fiktionalität (Fn. 86), S. 301; *Hoops* konkretisiert diese Wirklichkeit als „Erfahrungswirklichkeit"; (ebda., S. 301 f.). Sie beinhaltet neben der Bestimmung von objektiver Existenz der Materie die subjektive Beurteilung hinsichtlich Werten, Erfahrungen und Handlungsmustern. Der Wirklichkeitsgehalt von Texten beurteilt sich danach, an welchen Stellen, mit welcher Intensität und in welcher Frequenz der Text von der außerkünstlerischen Realität abweicht; (ebda., S. 302 ff.). Dem Verfasser eines fiktionalen Textes kommt im Umgang mit dem Realitätsgehalt ein größerer Freiraum zu. Um einen Leser von seiner Intention zu überzeugen, kann er nicht nur – wie im Fall des nichtfiktionalen Textes – zu präsentierende Wirklichkeitsbereiche auswählen, sondern er ist darüber hinaus in der Lage,

so im Rahmen des Kommunikationsprozesses gegenüber dem Leser eine treffliche Veranschaulichung abstrakter Thematiken zu erreichen[468]. Das Kommunikationspotential eines fiktionalen Textes beinhaltet gegenüber dem nichtfiktionalen Text zusätzliche semantische und rhetorische Möglichkeiten[469].

(2) Wird „Esra“ ähnlich gelesen wie ein nichtfiktionaler Text?

Neben den Unterschieden in der Kommunikationssituation von imaginärer Kommunikationssituation und proklamiertem Wirklichkeitsgehalt bestehen bei der Rezeption eines fiktionalen und nichtfiktionalen Textes auch Übereinstimmungen hinsichtlich Inhalt, Syntax und Grammatik des Textes sowie dem strukturierenden Vorgehen des Lesers.

Zunächst ist neben der *inhaltlichen Konvergenz auf die Ähnlichkeit* hinsichtlich der verbalen Struktur im nichtfiktionalen Sprachgebrauch hinzuweisen[470]. Hinsichtlich *Grammatik und Syntax* unterscheidet sich „Esra“ nicht von einem nichtfiktionalen Text. Die Erzählung hebt sich nicht von Schilderungen in einer Autobiographie ab: „Daß ich aus Prag komme, Jude bin und oft über Deutschland schreibe, ist kein Geheimnis. Mein Privatleben war bisher aber kein großes Thema, warum auch, ich bin kein Schauspieler oder Sänger.“[471]

Der Rezipient einer Fiktion *erinnert* sich zudem – vergleichbar der Einordnung eines faktischen Textes in die sozialen Realien – an bekannte Gegebenheiten, um der fiktionalen Erzählung auf diese Weise Struktur und Sinn zu geben[472]. So ist davon auszugehen, daß auch der Leser des Romans „Esra“ versuchen wird, die Erzählung in einen vertrauten Kontext zu stellen. Soweit er Übereinstimmungen mit der Wirklichkeit realisiert, wird er diese als Anhaltspunkte zum Erschließen der textlichen Aussage nehmen. Um ein vollständiges Bild vom fik-

---

ihre Darstellung nach Belieben zu variieren und eine neue literarische Welt aufzubauen; (ebda., S. 307). *Sill,* Realität (Fn. 110), S. 153. *Marquard* weist zutreffend darauf hin, daß die Unbestimmtheit eines Umstands und die damit erforderliche Interpretierbarkeit nicht auf Kunst beschränkt ist: „[…] darum leben wir durchgängig in einer interpretationshaltigen Welt.“ *Marquard,* Das Fiktive (Fn. 268), S. 493. Es kommt weder auf den Grad des Wirklichkeitsbezugs noch auf die Fiktivität der Geschichte an.

468 *Berthold,* Fiktion (Fn. 107), S. 178.

469 *Hoops,* Fiktionalität (Fn. 86), S. 309, 316.

470 *Hamburger,* Wahrheit (Fn. 159), S. 112 f.; *Iser,* Akt des Lesens (Fn. 113), S. 102; *Stierle,* Fiktion (Fn. 53), S. 173. – In der Psychologie wird die These vertreten, daß in der Verarbeitung von realen Aussagen faktischer Berichte und erfundenen Äußerungen fiktionaler Texte schlicht kein Unterschied besteht. Die Befürworter dieser Ansicht nehmen an, daß jede Mitteilung – ob faktisch oder fiktional – zunächst als real aufgefaßt wird. Auch ein fiktionaler Text werde so verstanden, es sei denn, der Leser verwende besondere Sorgfalt darauf, ihn als fiktional zu erfassen: *R. J. Gerrig,* Experiencing narrative worlds, New Haven/CT 1993, S. 240. So kann auch von einem fiktionalen Text ein Handlungsappell ausgehen. Hierzu *Hoops,* Fiktionalität (Fn. 86), S. 315.

471 *Biller,* Esra (Fn. 1), S. 110 f.

472 *Sill,* Realität (Fn. 110), S. 152. – Zur Abhängigkeit des Rezeptionsverhaltens von der fiktionalen Äußerung *Köppe,* Literatur (Fn. 30), S. 32 ff.

tiven Erzähler zu erhalten, kann sich der Rezipient auch im Fall eines fiktionalen Textes ausschließlich an den Informationen aus dem Leben des Schriftstellers orientieren. Der Erzähler wurde allein vom Autor geformt, so daß Informationen über die Gestalt nur von ihrem Schöpfer herrühren können. Der Rezipient von „Esra" wird sich also bemühen, Informationen über Adam aus dem Leben von *Biller* zu erhalten.

Grundsätzlich kann die Beziehung zwischen Wirklichkeit und Fiktion als „strukturelle Analogie"[473] bezeichnet werden. Zum Teil wird angesichts der beschriebenen Übereinstimmungen die Schlußfolgerung gezogen, daß sich die Zugangsweisen eines Lesers zu einem nichtfiktionalen und fiktionalen Text nicht unterscheiden[474].

(3) Vergleich der Rezeption von fiktionalen und nichtfiktionalen Texten

Die Kommunikation über einen schriftlichen Text ist naturgemäß zeitlich und räumlich zwischen Verfasser und Rezipient gedehnt und lebt von der bestehenden Wechselwirkung. Die Rezeption eines fiktionalen, von der Realität inspirierten Textes wie „Esra" weist durchaus Gemeinsamkeiten mit der Lesart eines nichtfiktionalen Textes auf: Inhalt, Syntax und Grammatik der beiden Arten sind grundsätzlich vergleichbar. In beiden Fällen verschafft sich der Leser Struktur durch den Abgleich der Leseeindrücke mit Erfahrungen aus seiner Umwelt. Gleichwohl ist die Kommunikationssituation im Fall von fiktionalen und nichtfiktionalen Texten nicht identisch. Erstere zeichnet sich durch eine zweite Kommunikationssituation, einen grundsätzlich erhöhten Erkenntnisgewinn, die Negierung des Wirklichkeitsanspruchs und eine Unbestimmtheit hinsichtlich erklärender Angaben aus. Da diese Ausführungen insgesamt einen hohen Abstraktionsgrad aufweisen, soll im folgenden die Kommunikation zwischen *Biller* und dem Leser angelehnt an den Grundsätzen eines rechtlichen Vertragsschlusses veranschaulicht werden.

cc) Übereinkunft zwischen Autor und Leser bei einem fiktionalen Text

Erforderlich zum Verständnis eines literarischen Textes ist stets die Übereinkunft von Autor und Rezipient, den Text nicht als informativen Text zu erfassen[475]. Zur adäquaten Rezeption eines fiktionalen Textes bedingt dieser Konsens – in Form einer gedanklichen Hilfskonstruktion – eine Handlungssituation, in

---

473 *Ryan,* Fiction (Fn. 88), S. 410; *Vogt,* Aspekte (Fn. 162), S. 18.

474 *Keller,* Fiktionalität (Fn. 159), S. 11; *Berthold,* Fiktion (Fn. 107), S. 203 f.; *Gerrig,* Experiencing narrative worlds (Fn. 470), S. 239; *Zipfel,* Fiktion (Fn. 88), S. 223: „Wie bei der Lektüre von faktualen Texten wird der Leser auch bei der Lektüre von fiktionalen Texten versuchen, sich ein Bild davon zu machen, was der Erzähler für wahr hält."; *Fludernik,* Fiction (Fn. 192), S. 96; *Bunia,* Faltungen (Fn. 90), S. 100; *ders.,* Fiktion (Fn. 153), S. 149, 158.

475 *Zipfel,* Fiktion (Fn. 88), S. 283 f.; *Vogt,* Grundlagen (Fn. 107), S. 293; *Neumeyer,* Fiktion (Fn. 141), S. 514; *Klausnitzer,* Literatur (Fn. 347), S. 222.

der ein Text als fiktional verfaßt und als solcher auch in der Rezeption erkannt wird: „Der Autor produziert einen Erzähl-Text nicht-wirklichen Inhalts mit der [...] Intention, daß der Rezipient diesen Text mit der Haltung des ‚*make-believe*' aufnimmt, und der Rezipient erkennt diese Absicht des Autors und läßt sich aus diesem Grunde darauf ein, den Erzähl-Text unter den Bedingungen eines ‚*make-believe*'-Spiels zu lesen."[476] Die Übereinkunft von Autor und Rezipient ist im Fall des fiktionalen Textes „Esra" also als gemeinsam formulierte Aussage der Art zu begreifen, daß es ohne Bedeutung ist, ob die Mitteilungen der Realität entsprechen[477]. Nach *Lejeune* handelt es sich bei dem Übereinkommen zwischen Autor und Leser um einen explizit als solchen bezeichneten „Vertrag"[478] mit einem durch den Verständniskontext bedingten „Vertragseffekt"[479].

Mit Hilfe des Bildes vom Fiktionspakt können die Kenntnisse des *spezifischen juristischen Vertragsverständnisses* für die Autor-Leser-Beziehung fruchtbar gemacht werden: Die Austauschbeziehungen sind insoweit miteinander vergleichbar, als daß literarische Kommunikation wie auch Rechtsverkehr auf gegenseitiger Verständigung der Beteiligten beruhen. Wie bei einem zivilrechtlichen Vertrag beurteilt sich die Annahme von Fiktionalität nach erkennbaren Umständen aus der Perspektive eines verständigen Durchschnittslesers, vergleichbar dem Gedanken des objektiven Empfängerhorizonts. Die Sichtweise orientiert sich an den genannten textuellen und paratextuellen Fiktionssignalen, auch allgemein „Publikationscodes"[480]. Hinzu kommt auch im literarischen Bereich die Ausrichtung an den maßgeblichen kulturellen und sozialen Konventionen[481]. Der Autor legt ein Fiktionsangebot in der Erwartung vor, daß der Rezipient es ohne Änderungen annimmt und der Fiktionsvertrag so geschlossen wird.

Dem rechtlichen Vertragsverständnis folgend legt der Literat zunächst ein *Angebot* vor[482]. Das Angebot erfolgt im Rahmen eines Bezugssystems, das den

---

476 *Zipfel,* Fiktion (Fn. 88), S. 281.

477 *Assmann,* Fiktion (Fn. 83), S. 256.

478 *Lejeune,* Pakt (Fn. 295), S. 50; ähnlich *Assmann,* Fiktion (Fn. 83), S. 256.

479 *Lejeune,* Pakt (Fn. 295), S. 50, 411 f.; ähnlich unter Bezugnahme auf *Jean-Louis Curtis* auch *W. C. Booth,* The Rhetoric of Fiction, 2. Aufl. Chicago/London 1983, S. 52 f.: „Our entire experience in reading fiction is based, as Jean-Louis Curtis says in his brilliant reply to Sartre, on a tacit contract with the novelist, a contract granting him the right to know what he is writing about. It is this contract which makes fiction possible. To deny it would not only destroy all fiction, but all literature, since all art presupposes the artist's choice." – Durch direkte und indirekte Publikationscodes wird die Lektüre des Textes gelenkt. Einzelne Textelemente können nicht von dem Vertragsschluß ausgenommen werden: *Assmann,* Legitimität (Fn. 110), S. 151; *G. Leibholz/H.-J. Rinck,* Grundgesetz für die Bundesrepublik Deutschland, Art. 5 (2010), Rn. 1041. – Anders hinsichtlich Zitaten *K.-H. Ladeur,* in: E. Denninger/W. Hoffmann-Riem/H.-P. Schneider/E. Stein (Hrsg.), GG. Kommentar zum Grundgesetz für die Bundesrepublik Deutschland, Art. 5 Abs. 3 II (2001), Rn. 19.

480 *Lejeune,* Pakt (Fn. 295), S. 50, 379 („impliziten Code").

481 *Assmann,* Legitimität (Fn. 110), S. 152 f.; *Zipfel,* Fiktion (Fn. 88), S. 284.

482 Dabei sind Kommunikationsstörungen unvermeidlich, aber zumindest in Form

– juristisch formuliert – objektiven Empfängerhorizont aufgrund des Aussagegehalts, der Standards einer Gattung, der Zuordnung in den Kontext weiterer Werke und der gängigen Unterscheidungspraxis von Fiktion und Wirklichkeit bestimmt. Der Autor *Biller* vermittelt sein Angebot durch Fiktionssignale[483]. Diese Übereinkunft besteht grundsätzlich auch fort, wenn Orte, Zeitangaben, Personen oder Ereignisse der Wirklichkeit entlehnt sind[484]. Sie beinhaltet die fiktionstypische Kommunikationssituation zwischen dem Autor *Biller* und dem Leser sowie dem Ich-Erzähler Adam und dem fiktiven Leser[485]. Eine Gleichsetzung von fiktivem Erzähler und tatsächlichem Autor, von Adam und *Biller,* ist durch den Fiktionsvertrag ausgeschlossen[486].

Allerdings ist im Fall der Autofiktion „Esra“ eine Modifizierung des Angebots vorzunehmen: *Biller* eröffnet nicht ein Angebot reiner Erfindung. Ein Rezeptionsverhalten, das zwischen externer und interner Kommunikationssituation zutreffend differenziert, wird im Fall der Autofiktion durch das widersprüchliche Rezeptionsangebot des Autors erschwert[487]:

Das ambivalente Angebot des Autors *Biller* könnte wie folgt lauten:

„Leser, ich mache dir das Angebot, einerseits den Text als *fiktional* zu rezipieren.“ Denn der Ich-Erzähler Adam, die Protagonisten und die gesamte Handlung sind allein eine Erfindung des Autors *Biller*[488]. Adam, der Ich-Erzähler, ist eine eigenständige Persönlichkeit und kann angesichts der ausdrucksvollen Biographie nicht als schemenhafte Gestalt, als Passepartout zum Leben *Billers* erscheinen. Autor und Adam sind zwei voneinander abgrenzbare Identitäten.

---

von Verständigungssignalen in gewissem Umfang vom Autor kontrollierbar. Ähnlich auch *Hoops,* Fiktionalität (Fn. 86), S. 314.

483 Hierbei ist auch hinsichtlich der Autor-Leser-Kommunikation zunächst auf die textexternen Rahmeninformationen wie Gattungsbezeichnung, Buchgestaltung, Publikation in einer bestimmten Buchreihe, Vor- und Nachworten, Disclaimer, Werbung und Ankündigungen des Verlags zu verweisen; vgl. Abschnitt C.II.2.f. Insgesamt ist stets eine Gesamtschau der verschiedenen Merkmale vorzunehmen, da die einzelnen Kennzeichen separat uneindeutige Signale eröffnen können. So erscheint im Rahmen eines literarischen Stücks folgendes einleitendes Zitat von *Wilhelm Busch* ohne kontextuale Erörterung zumindest von ambivalenter Bedeutung: *B. Kempker,* Als ich das erste Mal mit einem Jungen im Bett lag, 1998, Vorbemerkung: „Wärs nicht wahr gewesen, stünds hier nicht zu lesen.“ Zusammenfassend *Martínez/Scheffel,* Einführung (Fn. 83), S. 16. Ergänzt werden sie durch textinterne Kennzeichen wie Rolle des Erzählers, rhetorische Figuren, Verhältnis von Erzählzeit und erzählter Zeit sowie Verwendung von realistischen oder phantastischen, reportagehaften oder satirischen Stilmitteln; vgl. Abschnitt C.II.2.f.; so auch *Neumeyer,* Fiktion (Fn. 141), S. 515.

484 *Vogt,* Grundlagen (Fn. 107), S. 294.

485 *Anderegg,* Fiktion (Fn. 88), S. 30 f.; *Genette,* Fiktion (Fn. 41), S. 82 ff.; *Eichner/Mix,* Fehlurteil (Fn. 399), S. 209; *Warning,* Diskurs (Fn. 89), S. 193.

486 Der fiktionale Charakter ermöglicht, literaturwissenschaftlichem Verständnis gemäß nach *Bunia,* Faltungen (Fn. 90), S. 101 „zwischen dem, was Biller, und dem, was Billers Text sagt, zu unterscheiden.“

487 Vgl. auch *Zipfel,* Fiktion (Fn. 88), S. 285.

488 *Eichner/Mix,* Fehlurteil (Fn. 399), S. 210 f.

Der zweite Teil des Angebots verhält sich dem Fiktionsangebot entgegengesetzt: „Auf der anderen Seite eröffne ich dir, Leser, zugleich das Angebot, den Text als *nicht-fiktional* zu lesen." Das Auftreten von sogenannten „hard facts" bringt evident Bezüge zur außerliterarischen Realität hervor[489]. Zu unterscheiden ist zwischen personenbezogenen und ereignisrelevanten Referenzen, von denen erstere eine augenscheinlich enge Verbindung zur Wirklichkeit bewirken[490]. Dabei wurde der Lebenslauf *Billers* nicht – wie im Fall der Fiktion unverzichtbar – durchgehend ausgeblendet. Zahlreiche Gebiete der Biographien dokumentieren Parallelen. Die Wirklichkeitsreferenz erweist sich in nicht wenigen Passagen in Hinblick auf das private und berufliche Leben der Klägerinnen für den verständigen, mit den Umständen vertrauten Durchschnittsleser als geradezu unmittelbar. Die Geschichte bezieht sich auf biographische Tatsachen wie die schriftstellerische Arbeit und die Herkunft *Billers*, die im Roman in gleicher Weise den Ich-Erzähler ausweisen. *Biller* ist in Adam identifizierbar. Für den Fall der Klägerinnen zeigen sich vergleichbare biographische Ähnlichkeiten. Es bestehen also Kennzeichen textinterner und -externer Art, die eine Einordnung zwischen fiktiver Figur und realer Person ermöglich[491]. Somit liegt eine doppelte Erkennbarkeit vor.

dd) Zwischenergebnis: keine fiktionsadäquate Rezeption der Autofiktion „Esra"

Auf seiten der Textproduktion steht mit „Esra" ein fiktionaler Text, der grundsätzlich auch als solcher rezipiert wird. Das Bild gestaltet sich differenzierter, wenn man den autofiktionalen Charakter des Textes bedenkt und die damit verbundenen Komplikationen bei der Rezeption betrachtet. Denn im Fall einer Autofiktion, in der der Autor keinen einheitlich-linearen Fiktionspakt mit dem Leser schließt, der Verfasser dem Rezipienten vielmehr ein ambivalentes Angebot von Fiktion und Nichtfiktion unterbreitet, wird ein autofiktionaler – und damit nach wie vor fiktionaler – Text nicht mehr ohne weiteres adäquat rezipiert. Einerseits teilt der Ich-Erzähler Adam Insiderwissen aus seiner Beziehung zu Esra aus einer fiktiven Welt mit, die nicht mit der realen Beziehung des Autors zur Klägerin zu 1) zu verwechseln ist. Andererseits bietet er dem Leser eine Rezeption als faktual an, folgend aus den zahlreichen Übereinstimmungen in der fiktiven und realen Welt sowie der doppelten Erkennbarkeit von Urbild und Au-

[489] Nach hier vertretener Auffassung kann schon eine geringe Anzahl von „hard facts" genügen, die sich mit Darstellungen der Realität decken, um Erkennbarkeit zu begründen. Denn der Referenzbezug zur Wirklichkeit wird nicht allein durch die Quantität, sondern auch durch die Qualität von Übereinstimmungen hergestellt: Namentliche Nennungen können ebenso für die Erkennbarkeit ausreichen wie Schilderungen bedeutender Ereignisse, im „Esra"-Fall beispielhaft die Erwähnung der Preisauszeichnungen. – Anders aber *Riedel*, Vermutung (Fn. 133), S. 107.

[490] So differenzierend auch *Neumeyer*, Person (Fn. 224), S. 241 f.

[491] *Eichner/Mix*, Fehlurteil (Fn. 399), S. 215.

tor. Insgesamt ist im Fall der autofiktionalen Erzählung „Esra" eine Rezeption naheliegend, die aufgrund der zahlreichen Ähnlichkeiten mit der außersprachlichen Realität den Text nicht mehr als fiktional einschätzt. Auf die Fiktion als Texteigenschaft hat dies keinen Einfluß. „Esra" bleibt ohne Einschränkung ein fiktionaler Text.

Abschließend ist an die Kritik des Sondervotums der Richter *Hohmann-Dennhardt* und *Gaier* zu erinnern, die im Rahmen der Entscheidung der Senatsmehrheit bei der Unterscheidung in fiktionale und nichtfiktionale Passagen die Einheit des Textes, also die Einschätzung als fiktional oder nichtfiktional im ganzen, als gefährdet ansahen[492]. Die Beurteilung als autofiktionaler Text nebst entsprechender – typischerweise erschwerter – Rezeption stellt ein einheitliches Bezugssystem dar. Der Roman „Esra" wird dabei weder als rein phantastischer noch faktualer Text kategorisiert. Es handelt sich vielmehr im ganzen um einen autofiktionalen Text. Eine adäquate Rezeption ist in diesen Fällen ebenfalls aufgrund der gemischten Signale erschwert und macht eine einzelfallabhängige Wertung – des Durchschnittslesers im Fall „Esra" als faktual – erforderlich. Der berechtigten Sorge der dissentierenden Richter wird damit Rechnung getragen.

5. „Esra" als Frucht der Postmoderne

Möglicherweise gewinnt das autofiktionale Wesen des Romans an Struktur, wenn man die Erzählung einer Literaturströmung zuordnet. Ein Abgleich mit den typischen Merkmalen verdeutlicht die Konturen des Romans „Esra" und zeigt zugleich häufige Schwierigkeiten der Gegenwartsliteratur mit den Wirkungen in den sozialen Realien, insbesondere in Hinblick auf Persönlichkeitsrechte Dritter. In Betracht kommt eine Einordnung in die gegenwärtige Bewegung der Postmoderne.

a) Begriff: Was ist Postmoderne?

Der aus dem Lateinischen stammende Begriff setzt sich aus „post" (nach) und „modernus" (neu) zusammen[493]. Die Postmoderne bezeichnet die kulturgeschichtliche Periode nach der Moderne. Der Ausdruck weist einen ambivalenten Gehalt auf: *Post*moderne zeigt zum einen an, daß die Moderne beendet ist; zum

---

[492] BVerfGE 119, 1 (44).

[493] *C. Petersen,* Der postmoderne Text, 2003, S. 244 ff.; *A. Saupe,* Postmoderne, in: D. Burdorf/C. Fasbender/B. Moennighoff (Hrsg.), Metzler Lexikon Literatur, 3. Aufl. 2007, S. 602 (602); *R. Mayer,* Postmoderne/Postmodernismus, in: A. Nünning (Hrsg.), Metzler Lexikon, 4. Aufl. 2008, S. 589 (590); *C. Rohde,* Der Roman in der Postmoderne, in: A. Hübener/J. Paulus/R. Stauf (Hrsg.), Umstrittene Postmoderne, 2010, S. 185 (186). – Zu den postmodernen Erscheinungsformen in der bildenden Kunst und Philosophie so auch *H.-J. Türk,* Postmoderne, 1990, S. 37 ff.; *D. Krause,* Postmoderne, 2007, S. 19 ff.

anderen, daß sie zugleich fortgesetzt wird, da man sich noch immer in der Post*moderne* befindet[494].

Der Terminus wird also einerseits in *Abgrenzung zur Moderne* angewendet und soll den kulturellen Umbruch Ende der 1950er, Anfang der 1960er markieren[495]. Die Postmoderne setzt sich in Wissens- und Kunstverständnis klar von der Moderne ab[496]. Sie steht im Gegensatz zur klassischen Moderne, die sich beispielsweise in Formen des Expressionismus, Futurismus, Dadaismus und Surrealismus darbietet[497]. Moderne meint eine Denkweise, die sich allein am *Verstand* ausrichtet[498]. Im Unterschied zur Moderne wird in der postmodernen Kunst die Frage nach Authentizität nicht mehr gestellt[499]. Die *Differenz von Fiktion und Nichtfiktion ist vollständig aufgehoben*[500]. Die Postmoderne wird durch einen Pluralismus, eine Vielfalt von Erzählweisen, gekennzeichnet[501].

Andererseits beschreibt die Postmoderne eine *Fortdauer der Erkenntnisskepsis der Moderne*. Insoweit stellt sie eine Fortsetzung zur Moderne dar[502]. Charak-

---

494 *P. V. Zima*, Moderne – Postmoderne, 1997, S. 18 f.; *Rohde*, Roman (Fn. 493), S. 186 f.

495 *T. Scheer*, Postmoderne als kritisches Konzept, 1992, S. 65, 98; *Türk*, Postmoderne (Fn. 493), S. 37; *F. Jameson*, Postmoderne und Konsumgesellschaft, in: D. Kimmich/R. G. Renner/B. Stiegler (Hrsg.), Texte zur Literaturtheorie der Gegenwart, 2. Aufl. 2008, S. 128 (128); *Mayer*, Postmoderne (Fn. 493), S. 590.

496 *Kopp-Marx*, Petrarca (Fn. 375), S. 24.

497 *Türk*, Postmoderne (Fn. 493), S. 37 f.; *Mayer*, Postmoderne (Fn. 493), S. 590; *Rohde*, Roman (Fn. 493), S. 188.

498 Ihren historischen Ausgangspunkt nimmt die Moderne in der Renaissance. Sie hat eigene Normen entwickelt, um sich von den im Mittelalter vorherrschenden, traditionellen Wertvorstellungen abzusetzen: *W. Jung*, Von der Mimesis zur Simulation, 1995, S. 206 f. Die vernunftbasierte Denkhaltung steht in der geschichtlichen Entwicklung in Verbindung mit den Naturwissenschaften, einer zweckrationalen Haltung und dem bürgerlich-kapitalistischen Gesellschaftssystem des 19. Jahrhunderts. Diese Richtungen ziehen das Experiment der Konvention klar vor. In der Malerei werden traditionelle Gewohnheiten konterkariert. Die Gebote der Abstraktion und Provokation sind in der modernen Kunst bestimmend: *Jung*, ebda., S. 207.

499 *Assmann*, Fiktion (Fn. 83), S. 260.

500 *P. Cobley*, Narrative, London/New York 2001, S. 182. – Trotz dieses Charakteristikums läßt sich die Postmoderne allerdings nicht in eine verbindliche Richtung drängen. Der Begriff ist hinsichtlich Zeit und Merkmalen nur schwer einzugrenzen: *Zima*, Moderne (Fn. 494), S. 1 ff.; kritisch zur Bestimm- und Anwendbarkeit des Begriffs „Postmoderne" *Krause*, Postmoderne (Fn. 493), S. 117 ff.

501 Auch ein konventionell lineares Erzählen wird dabei anerkannt. Vgl. *Scheer*, Postmoderne (Fn. 495), S. 70 ff., 92 ff.; *Rohde*, Roman (Fn. 493), S. 193. Postmodernes Bewußtsein spielt auch in den bildenden Künsten eine entscheidende Rolle. In der Architektur kommt dem Begriff der Postmoderne unter den Künsten eine herausragende Bedeutung zu, *Türk*, Postmoderne (Fn. 493), S. 39; *Jameson*, Postmoderne (Fn. 495), S. 128; *Mayer*, Postmoderne (Fn. 493), S. 590.

502 Zur Dialektik der Postmoderne *G. Raulet*, Zur Dialektik der Postmoderne, in: A. Huyssen/K. R. Scherpe (Hrsg.), Postmoderne, 5. Aufl. 1997, S. 128 (128 ff.). – Zur möglichen Beständigkeit von künstlerischen Zeichen in der Moderne *Scheer*, Postmoderne (Fn. 495), S. 43, 66, 96 ff.; *Rohde*, Roman (Fn. 493), S. 186 f. – Die Postmoderne radikalisiert den Modernismus, indem sie extreme sprachliche Formen beispielsweise in Hinsicht auf Verfremdung und

teristische Kennzeichen sind dabei der Pluralismus von Wissensmodellen und Kunstformen, der Verzicht auf eine einheitliche Sinnstiftung in den Fachdisziplinen und die Aufhebung der Trennung von Populär- und Hochkultur[503]. Ironie ist eine gedankliche Grundhaltung der Postmoderne[504]. Die geübte Gesellschaftskritik ist politisch heterogen und nicht ideologisch geprägt[505].

b) Merkmale im Roman „Esra": Welche Anzeichen deuten auf die Postmoderne?

Wandelbarkeit und Pluralität des Begriffsverständnisses erschweren eine Strukturierung postmoderner Literatur[506]. Gleichwohl sind die Eigenschaften des streitgegenständlichen Romans herauszuarbeiten, die für postmoderne Literatur zumindest annäherungsweise charakteristisch sind.

aa) Radikaler Konstruktivismus: postmoderne Verarbeitung der Gegenwart bei „Esra"

Postmoderne Werke stehen in Opposition zum Fortschritts- und Historizitätsglauben sowie zur Verabsolutierung der Vernunft in der Moderne. Sie zeichnen sich durch Repetition, Betonung des Augenblicks und Stagnation sowie durch Sinnlichkeit, Pluralität und Heterogenität in Vorstellungen und Gedankenführung aus[507]. Auch das in den Mitteilungen Adams zum Ausdruck kommende Denken richtet sich gegen jede Vorstellung von Beherrschbarkeit der Welt und weist auf eine *„Nicht-Begreifbarkeit der Wirklichkeit"* und ihre „Nichtdarstellbarkeit anhand begrifflicher Mittel"[508] hin[509]. Die von der postmodernen Literatur bearbeitete Gegenwart – bestimmt von Bewußtseinserweiterung und sexueller Befreiung – spiegelt sich auf literarischer Ebene in *Unterhaltung, Spontaneität*

Polysemie entwickelt; Polysemie: Vorhandensein mehrerer Bedeutungen zu einem Wort, vgl. Dudenredaktion (Hrsg.): Duden (Fn. 58), Polysemie. Hierzu *Zima*, Moderne (Fn. 494), S. 328.

503 *Türk*, Postmoderne (Fn. 493), S. 38; *Saupe*, Postmoderne (Fn. 493), S. 602. – Insoweit konstituierend *L. A. Fiedler*, Überquert die Grenze, schließt den Graben!, in: U. Wittstock (Hrsg.), Roman oder Leben, 1994, S. 14 ff.

504 Die ironische Grundstimmung basiert auf der Annahme, daß ein Weltzugang für die Person nur über die Sprache erreichbar sei. Die Sprache aber finde in der Wirklichkeit gerade keine Entsprechung, vgl. *Rohde*, Roman (Fn. 493), S. 194.

505 Das postmoderne Spektrum erstreckt sich von kulturpessimistischen Ansichten bis hin zur Euphorie eines neuen Zeitalters. Dargestellt von *Zima*, Moderne (Fn. 494), S. 231; *Rohde*, Roman (Fn. 493), S. 193.

506 Leben im Sinne der Postmoderne bedeutet ein Leben im Plural. Es besteht ein Pluralismus frei wählbarer und kombinierbarer Möglichkeiten von Lebensformen. Hierzu *Scheer*, Postmoderne (Fn. 495), S. 121 ff.; *Zima*, Moderne (Fn. 494), S. 242 ff., 252 ff.; *Kopp-Marx*, Petrarca (Fn. 375), S. 26, 108.

507 *Scheer*, Postmoderne (Fn. 495), S. 111 f.; *Jung*, Mimesis (Fn. 498), S. 208.

508 *Jung*, Mimesis (Fn. 498), S. 208.

509 Beispielhaft für die ohnmächtige Grundeinstellung des Erzählers *Biller*, Esra (Fn. 1), S. 18, 46, 76 ff.

und Selbsterfahrung wieder[510]. Der anachronistische Aufbau des vorliegenden Romans beinhaltet eine Reihe unterhaltsamer Episoden aus dem Leben sowie Einschätzungen des Ich-Erzählers und ist Ausdruck der Spontaneität in der freien Erlebnisschilderung Adams. Die Grenzen von Kunst und Alltag, von Anspruch und Leichtigkeit, verwischen.

Auf literarischer Ebene werden die Trennungslinien beispielsweise durch *Selbstreferenz, Ironie, Parodie und Dualismus* überschritten[511]. Kennzeichen der Postmoderne ist der „Double Coding of Style"[512]. Die Literaten arbeiten mit mindestens zwei Ebenen, aus denen sich zahlreiche Bedeutungsmöglichkeiten ergeben[513]. Die Thematisierung des Skandals um realitätsnahe Literatur ist ebenso Ausdruck der Selbstreferenz wie auch die Auswüchse in Adams Bemühungen Zeichen der Ironie, der Parodie auf emotionsüberladene Literatur sein können. Zumindest weisen die Schilderungen in der Erzählung die typische postmoderne Doppeldeutigkeit auf[514]. Der Ich-Erzähler gibt sich dabei mitunter durchaus eindeutig als Autor *Biller* zu erkennen[515]. *Biller* betrachtet an zahlreichen Stellen des Romans sich selbst, sein Verhalten und seine Position durch die Brille der Selbstreferentialität. Es scheint, als ob die Romanfigur Adam die spätere gerichtliche Auseinandersetzung des Schriftstellers erahnt und sich dabei fiktives und reales Geschehen *unauflöslich verbinden*[516]. Durch die Darstellung des offensichtlich übertriebenen Interesses des Ich-Erzählers an der Abstammung Esras, der Überzeugung von gemeinsamer Herkunft und Seelenverwandtschaft, deutet der Autor außerdem eine ironische Distanzierung zum Ich-Erzähler an[517].

---

510 *Kopp-Marx,* Petrarca (Fn. 375), S. 25.

511 Vertiefend zur literarischen Umsetzung *Kopp-Marx,* Petrarca (Fn. 375), S. 25; *Mayer,* Postmoderne (Fn. 493), S. 590.

512 *Kopp-Marx,* Petrarca (Fn. 375), S. 25.

513 Postmoderne Werke sind daher auf unterschiedliche Weisen lesbar und somit sowohl für elitäre Kreise als auch für das Massenpublikum gleichermaßen ansprechend – möglicherweise ein Aspekt, der auch die erschwerte Maßstabssuche hinsichtlich der Rezeption des „Esra"-Romans bedingt.

514 Zur Selbstreferenz *Biller,* Esra (Fn. 1), S. 14 ff., 17 ff., 75 ff., 113, 185 ff.; zum übersteigerten Ringen Adams (ebda., S. 118 ff., 194 ff.). – Zustimmend *v. Becker,* Fiktion (Fn. 106), S. 37; *Müller-Dietz,* Fiktion (Fn. 159), S. 239.

515 So auch *B. v. Becker,* Verbotene Bücher, in: ZUM 2003, S. 675 (676).

516 Exemplarisch für den Selbstbezug von Adams Schicksal auf den Autor: *Biller,* Esra (Fn. 1), S. 17: „Es war für mich nicht einfach, mit Esras Angst vor dem geschriebenen Wort zu leben. […] Sie wollte nicht sehen, wie ein anderer sie sah. Das respektiere ich – weil sie es war. Gleichzeitig fand ich ihre Panik fast unangenehm kleinbürgerlich. Ich mußte an den Skandal denken, den Thomas Manns erster Roman in seiner Heimatstadt Lübeck ausgelöst hatte, an die Wut der Lübecker auf ihn, die meinten, der Rest der Welt dürfe nicht wissen, wie es bei ihnen wirklich zuginge. Als ich während meines Studiums etwas darüber gelesen hatte, war ich natürlich auf der Seite Thomas Manns und der Freiheit der Literatur gewesen. […] – dennoch will ich nicht gesagt bekommen, worüber ich schreiben darf und worüber nicht. Das ist so, als nähme man mir die Luft zum Atmen."

517 Vgl. zu weiteren Formen der Distanzierung und Ironisierung in einem vergleichbar provokativen, autobiographisch inspirierten Werk *Kempkers T. Schestag,* Philologisches

Postmoderne Literaten vertreten im Rahmen des radikalen Konstruktivismus die Ansicht, daß allein ein sprachlich vermittelter, *perspektivischer Zugang zur Welt* möglich ist, und verwehren sich gegen eine bloße Abbildung der Realität. Die Konstruktion von Wirklichkeit durch den Künstler verweist auf die Singularität seiner Wahrnehmung und regt ihn zur Selbstreflexion an[518]. Die Betrachtungsweise ist stets auf die Sicht Adams nach Kenntnis und Gemütszustand beschränkt. Aus seiner Perspektive werden Probleme wie Unsicherheit, Verzweiflung und Angst thematisiert. Insgesamt ist der Roman von einer resignativen Grundstimmung getragen. Im Vordergrund steht Adams äußerst problematische Liebesbeziehung zu Esra, die ihn ständig zu Reflexionen und Selbstzweifeln anhält[519].

bb) Indifferenz von „Esra"

Trotz der Erfahrung des Mißlingens moderner Utopie bleibt postmoderne Literatur nicht allein in der Enttäuschung über das Scheitern großer Ideologien des letzten Jahrhunderts verhaftet[520]. „Nicht Dekonstruktion und Authentizität lau-

---

Gutachten zu Birgit Kempkers Buch *Als ich das erste Mal mit einem Jungen im Bett lag* und dessen Interpretation in der Anklageschrift des Herrn […] [Aktenzeichen 116/99] beim Landgericht Essen, in: Schreibheft 55 (2000), S. 61 (62, 65 f.). – Ein ähnliches Motiv zeigt sich in bezug auf die Klägerin zu 1), das *Biller* im 44. Kapitel thematisiert: *Biller*, Esra (Fn. 1), S. 132: „Esra wurde, auch nach so vielen Jahren, noch oft auf der Straße wiedererkannt – allerdings nur von Türken." Vor dem Hintergrund der rechtlichen Auseinandersetzung erinnert die Passage an den Maßstab der Erkennbarkeit im Bekanntenkreis der Klägerinnen, in der großen türkischen Gemeinde Deutschlands. Dennoch läßt sich an dieser Stelle keine Abbildung von Realität ausmachen. Die Passage bleibt unverändert von der Wirklichkeit unabhängig. Sie erhält ihre Daseinsberechtigung durch das Romangefüge und nicht als Nachahmung oder Vorahnung realer Ereignisse. Sie ist Beleg für die Verbindung von textinterner und -externer Kommunikation in der Postmoderne.

518 *Zima*, Moderne (Fn. 494), S. 332 f., 338.

519 So beispielhaft *Biller*, Esra (Fn. 1), S. 33, 76 f., 159: „In dieser Zeit hatte ich Esra fast vergessen. Ich traf sie nicht einmal mehr zufällig auf der Straße. Auch Frido schien sich in Luft aufgelöst zu haben, aber ich träumte von ihm noch regelmäßig, was mich bis heute wundert und ärgert. […] Manchmal frage ich mich, warum ich Esra liebe und nicht ihre Mutter. Ich frage mich das nicht sehr ernst, aber auch nicht ganz ohne Grund, sonst täte ich es nicht so oft. […] Warum liebe ich Esra überhaupt? Wahrscheinlich, weil ich sie nicht bekommen kann. […] Ich sah mir in die Augen. Ich hatte das noch nie vorher gemacht, mir selbst im Spiegel in die Augen zu schauen. Sie waren weniger dunkel, als ich dachte, sie waren hellbraun und wirkten müde. War ich wirklich gerecht? Durfte ich aus Esra und ihrer Familie eine Bande zurückgebliebener, herzloser, rachsüchtiger Türken machen? Suchte ich nicht in Wahrheit nach einem Notausgang aus einer seit Jahren aussichtslosen Situation?"

520 Die Desillusionierung von Zielen der Moderne erhält nichtsdestominder einen entscheidenden Stellenwert in der Postmoderne. Hierzu *Scheer*, Postmoderne (Fn. 495), S. 112; *R. Hillgärtner*, Kreative Individualität als Kunstfigur, 2005, S. 34. – Zur Differenzierung von Moderne und Postmoderne eingehend auch *R. Posner*, Post-modernism, post-structuralism, post-semiotics?, in: Semiotica 2011, S. 9 (10 ff.). – Häufig werden Motive wie Resignation, Zukunftsangst und Verzweiflung thematisiert. Gute Analyse von *Ohmer*, Gutachten (Fn. 52), S. 11; für die Moderne *Scheffer*, Interpretation (Fn. 30), S. 225.

tet die postmoderne Devise, sondern Rekonstruktion und Fiktionalität."[521] Der moderne Skeptizismus gegenüber Konventionen bleibt auch in der Postmoderne bestehen. So erkennt *Schnell* trefflich in *Biller* einen „Zeitgeist-Satiriker"[522]. Er entstamme einer Generation, die für literarische Unbefangenheit werbe und sich nicht an Ideologien oder Schemata wie Moderne oder Avantgarde orientiere[523]. Die moderne Gesellschaftskritik wird in zumindest abgeschwächter – und deutlich modifizierter – Form aufrechterhalten[524]: Werte und Vorstellungen gestalten sich als widersprüchlich. Die Kritik der Moderne wandelt sich in die postmoderne *Gleichgültigkeit und Neutralität* gegenüber Aussagen und Gesellschaftsdeutungen[525]. Angesichts der Indifferenz von Handlungen und der Austauschbarkeit von Werten werden Fragen nach Wahrheit, Einheit, Entwicklungsmöglichkeiten des Menschen sowie der Unterscheidung von Subjekt und Objekt auch für den Ich-Erzähler Adam und – die bereits betrachteten Unsicherheiten in der Rezeption berücksichtigend – für den Leser problematisch.

cc) Leselust durch Dechiffrieren und Sinnlichkeit im Roman „Esra"

Bevorzugtes Genre ist der *Roman*[526]. Innerhalb des spezifisch postmodernen Romans verlieren die Zeichen ihre eindeutige semantische Zuordnung[527].

Die Postmoderne ist mit einer gesteigerten *Lust an der Tätigkeit des Lesens* verbunden. Techniken des *Dechiffrierens* und des Wiedererkennens sowie der Abwechslung von Innovation und Nachahmung werden von den Autoren eingesetzt, um diese Lust zu fördern[528]. In engem Zusammenhang mit der neuen

---

[521] *Kopp-Marx*, Petrarca (Fn. 375), S. 33.

[522] *Schnell*, Geschichte (Fn. 531), S. 580.

[523] *Schnell*, Geschichte (Fn. 531), S. 580.

[524] Die Postmoderne steht damit nicht nur in Widerspruch, sondern wie bereits erörtert auch in Fortsetzung zur Moderne; vgl. Abschnitt C.II.5.b; *Scheer*, Postmoderne (Fn. 495), S. 111 f.

[525] Die Indifferenz und der Pluralismus erklären auch die sprachlich-stilistische Unterschiedlichkeit postmoderner Literatur; *Zima*, Moderne (Fn. 494), S. 253 ff., 256; *Ryan*, Narrative (Fn. 89), S. 104. – Der Vollständigkeit wegen sei auch auf die – für den streitgegenständlichen Roman und Fall weniger virulente – Intertextualität postmoderner Kunst hingewiesen. Denn aus der Unbestimmtheit postmoderner Lebenshaltung entwickelt sich eine starke Affinität zur *Intertextualität*. Die Stabilität des Autorenbewußtseins wird zugunsten der Intertextualität aufgegeben. Letztere verbindet in einem Text Zitate und Anspielungen zu Werken unterschiedlicher Art und eröffnet somit einen unverbindlichen Pluralismus. Die Polyphonie des Textes relativiert die verschiedenen Deutungen, die gleichwertig die Deutungshoheit über die Textaussage beanspruchen. Durch diese Mäßigung erklärt sich die Verbindung der Intertextualität zu einer tendenziellen Indifferenz: *Zima*, ebda., S. 339 ff.

[526] *Kopp-Marx*, Petrarca (Fn. 375), S. 31.

[527] Sie beinhalten eine Vielfalt von Bedeutungsmöglichkeiten: *T. d. Lauretis*, Das Rätsel der Lösung – Umberto Ecos „Der Name der Rose" als postmoderner Roman, in: A. Huyssen/K. R. Scherpe (Hrsg.), Postmoderne, 5. Aufl. 1997, S. 251 (254); *Kopp-Marx*, Petrarca (Fn. 375), S. 34.

[528] *Kopp-Marx*, Petrarca (Fn. 375), S. 42 ff.

Lust und der *Sinnlichkeit* des Lesens steht die Wiederkehr der Körperlichkeit[529]. Sinnliche Darstellungen aus dem Intimbereich wurden gerade im vorliegenden Gerichtsverfahren zum Grund des Anstoßes[530].

dd) Selbstreflektion bei „Esra" und „imitatio": Vereinigung von Original und Fälschung

Ein schlechthin entscheidendes Moment der Postmoderne ist die *Selbstreflexivität* der Texte. Dabei suchen sie den unmittelbaren Kontakt zur Leserschaft in einer direkten, aufgeschlossenen Sprache[531]. Kennzeichen des postmodernen Romans ist die Geschichte in der Geschichte, der fließende Übergang von eigener und fremder Geschichte[532]. Der Autor regt den Leser zum Spiel mit selbstreflexiven Elementen an[533]. So thematisiert *Biller* selbst den Widerstreit von literarischer Freiheit und Persönlichkeitsschutz. Er untersucht das Verhältnis von Wirklichkeit und Fiktion in seinem Roman anhand der Veröffentlichung eines Buchs über Lale. Lale wird in diesem Roman innerhalb *Billers* Roman nach Angaben des Ich-Erzählers sehr negativ dargestellt und ist darüber empört – wenig überraschend und zugleich den Vergleich zum realen Gerichtsverfahren nebst Medienskandal aufdrängend[534]. Hierbei erscheint die Realität zum Greifen nahe: *Lemke* fühlt sich wie Lale in einem Roman entstellt. Adam räumt selbst ein, Lale „als eine böse, dunkle Frau beschrieben"[535] zu haben. Der Ich-Erzähler Adam gibt damit zu, Lale als reales Vorbild gewählt zu haben. Daß er sich gleichwohl die Gleichsetzung von Realität und künstlerischer Bearbeitung verbietet, thematisiert der Erzähler in bezug auf die parallelen Veröffentlichungen eines real

529 Bezweckt ist dabei, daß neben den Protagonisten die Leser selbst durch den Akt des Lesens unmittelbar körperliche Liebe erleben. Die Liebe ist generell ein Hauptmotiv der Postmoderne, dem Ausdruckskraft zukommt, ohne einen abenteuerlichen Handlungsstrang vorauszusetzen. Hierzu *Kopp-Marx,* Petrarca (Fn. 375), S. 47 ff., 96.

530 Siehe nur *Biller,* Esra (Fn. 1), S. 43 f., 70, 90 f., 114, 161 ff.

531 *Kopp-Marx,* Petrarca (Fn. 375), S. 59.

532 Zwar handelt es sich bei dem Buch im Buch um ein traditionell romantisches Muster. Allerdings erhält es in der Postmoderne eine neuartige Bedeutung, da das Buch in der Handlung nicht mehr die Lösung eines Rätsels in der geschlossenen Erzählung bietet: *Kopp-Marx,* Petrarca (Fn. 375), S. 40.

533 *Petersen,* Text (Fn. 493), S. 231.

534 *Biller,* Esra (Fn. 1), S. 75: „Ich habe das alles in meiner Erzählung geschrieben, für die mich Lale so haßte und jahrelang ohrfeigen wollte. […] Auf Fridos und Esras Hochzeit hatte ich mit eigenen Augen beobachten können, was Lale für ein Mensch war und wie sie ihre Familie beherrschte. In der Erzählung hatte ich Lale darum als eine böse, dunkle Frau beschrieben, ich hatte die ganze Mafiageschichte ein bißchen größer und gefährlicher gemacht, als sie war, und vielleicht hätte ich mir auch die eine oder andere Bemerkung über Lales äußere Erscheinung sparen können. Und dennoch begriff ich ihre Wut nicht. Daß die schreckhafte Esra nicht in einem literarischen Werk öffentlich ausgestellt werden wollte, konnte ich eher verstehen. Aber Lale, die eiserne Matriarchin, hätte so etwas doch aushalten müssen."

535 *Biller,* Esra (Fn. 1), S. 75.

veröffentlichten Romans von *Biller* und der von Adam publizierten Erzählung ähnlicher Thematik: „Am wenigsten mochte ich es, wenn sie sich erkundigten, wieviel der Roman mit meinem eigenen Leben zu tun habe und ob ich auch eine Tochter hätte. Das war so, als hätten sie von mir wissen wollen, ob ich – wie der Held des Romans – auch schon mal daran gedacht hätte, Stella zu vergewaltigen und umzubringen. Ich sagte sehr höflich, das Leben und das, was man beim Schreiben daraus macht, seien wie Zwillinge, die bei ihrer Geburt auseinandergerissen wurden, oder ich dachte mir anderen ähnlichen Unsinn aus. Daß ich es nicht ernst meinte, merkten sie beinah immer und sagten danach gar nichts mehr."[536] Macht Adam hier auf das literaturtheoretische künstlerische Selbstverständnis aufmerksam, so läßt insbesondere der letzte Satz Raum für Eigenbezüglichkeit. Seine Kommentierung bleibt – bezeichnend für die Kunstform der Postmoderne – verschlüsselt und ambivalent.

Wesenszug postmoderner Literatur ist die Kunst der „Appropriation"[537]. Damit sind das Hervorbringen von Duplikaten und die Aneignung eines literarischen Werks gemeint. Die Kunst der Replikationen und Simulation erinnert an die aus der Zeit der Renaissance bekannte *„imitatio"*. In der Renaissance war allerdings Aufgabe künstlerischer Tätigkeit, das Ideal der Antike widerzuspiegeln. Zur Zeit der Postmoderne ist die literarische Nachahmung nicht mehr als Verweis auf höhere Weisheiten alter Lehrer zu verstehen. Sprachliche und reale Welt bestehen unabhängig voneinander und regen zur Reflexion dieser Parallelwelten an[538]. Insbesondere in diesem Kennzeichen der Postmoderne zeigt sich ihre Opposition zur Moderne: Statt moderner Originalität heben postmoderne Werke die Unterscheidung von Original und Fälschung durch künstlerische Bearbeitung vollständig auf[539].

ee) Biographischer Bezug bei „Esra"

Der Aufstieg der Biographie ist mit einem gewachsenen Interesse an Identifikationsmöglichkeiten und der Rückbesinnung auf das ursprünglich literarische Erzählen von Geschichten zu erklären[540]. Autobiographisches Schreiben beinhaltet

[536] *Biller*, Esra (Fn. 1), S. 186.

[537] *Kopp-Marx*, Petrarca (Fn. 375), S. 99.

[538] Insbesondere in bezug auf ein reflektives Umweltbewußtsein in postmodernen Romanen *C. Deitering*, The Postnatural Novel, in: C. Glotfelty/H. Fromm (Hrsg.), The Ecocriticism Reader, Athens/GA (U.S.A.) 1996, S. 196 (202): „[...] these novels do much to raise the environmental consciousness of the society that sees itself in the mirror." *Kopp-Marx*, Petrarca (Fn. 375), S. 121 f.; zur Unabhängigkeit der künstlerischen Welt *Danneberg*, Tränen (Fn. 191), S. 56 f.

[539] *Kopp-Marx*, Petrarca (Fn. 375), S. 106.

[540] Bemerkenswert ist die Verbreitung biographischer Werke in allen Bereichen der Unterhaltung und Wissenschaft seit den 70er Jahren des letzten Jahrhunderts. Das Schreiben, das die Lebensgeschichte einer Person betrifft, schafft neue Kombinationsmöglichkeiten und Mischformen von Realität und Fiktionalität. Hierzu *J. Bossinade*, Poststrukturalistische Literaturtheorie, 2000, S. 137; *Kopp-Marx*, Petrarca (Fn. 375), S. 131 ff., 136.

in diesem Sinne nicht die schlichte Darstellung, sondern die Problematisierung des Ichs. Autobiographisches Schreiben erfaßt sowohl die historische Gattung der Autobiographie als auch solche Ausdrucksformen, die nur ansatzweise den autobiographischen Anspruch erfüllen[541]. Sie bedingen eine neue Unmittelbarkeit im Austausch von Leser und Autor und stärken die Stellung des letzteren[542]. Der Roman „Esra" entspricht als autobiographisch angeregte Erzählung ganz der postmodernen Literaturströmung. Er ist wie gesehen augenscheinlich autobiographisch inspiriert, ohne als Autobiographie eingeordnet werden zu können[543].

ff) Verbindung von Fiktion und Wirklichkeit: „Esra" als neue Schöpfung

In der Postmoderne gehen Literatur und Realität in Form des Spiels eine beinahe untrennbare Verbindung ein[544]. In dieser Tradition sieht sich auch *Biller*: „Was folgt – unter anderem – daraus? Daß gute Literatur ein Spiegelkabinett aus Realität und Fiktion ist – daß jeder, der sich in diesem Spiegelkabinett wiederzuerkennen glaubt, alles sieht, nur nicht das, was wirklich war oder ist."[545]

Insgesamt hat sich ein programmatischer Wechsel von der Mimesis im Sinne einer Repräsentation bereits existierender Wirklichkeit hin zu der Poesis als eigene *Schöpfung ästhetischer Wirklichkeit* vollzogen[546]. Vielmehr geht es um die Entfaltung einer Subjektivität, die über die Grenzen des Ichs hinausgeht. Um diesen Prozeß zu vollziehen, ist die Bildung einer Unpersönlichkeit erforderlich, bei der sich sowohl die feststellbare Identität als auch die konkreten Gegenstände

---

541 *Bossinade,* Literaturtheorie (Fn. 540), S. 144 f.

542 Sein Text steht nicht mehr für sich allein, sondern in untrennbarem Kontext zu seinem Urheber. *Kopp-Marx,* Petrarca (Fn. 375), S. 135. – Zum Kunstgriff der Selbstpräsentation des Autors *Petersen,* Text (Fn. 493), S. 230: „Der Autor bleibt stets unhintergehbar, ist er doch derjenige, der seine Selbstabschaffung inszeniert, poetologisch thematisiert, aber niemals tatsächlich vollzieht. Der Autor tritt in der poetologischen (um nicht zu sagen auktorialen) Thematisierung seines Todes oder Verschwindens aus dem Text hervor und wird gerade in dem selbstreflexiven Spiel um seinen Status präsent."

543 Vgl. Abschnitt C.II.3.d.

544 *Assmann,* Fiktion (Fn. 83), S. 239; *Zima,* Moderne (Fn. 494), S. 342 f.; *Rohde,* Roman (Fn. 493), S. 194. – Zustimmend aus juristischer Sicht *A.-A. Wandtke,* Grenzenlose Freiheit der Kunst und Grenzen des Urheberrechts, in: ZUM 2005, S. 769 (775); *Ujica/Loef,* Quod licet (Fn. 309), S. 673.

545 *Biller,* Stellungnahme (Fn. 107), S. 7. – Auch *Hein* weist auf die Verbindung eigener Erfahrungen des Schriftstellers in der Außenwelt und poetischer Leistungen hin: Ein literarisches Werk sei nach *C. Hein,* Als Kind habe ich Stalin gesehen, 1990, S. 99 f. „eingreifend und realistisch und phantastisch und magisch, Poesie eben. Eine Chronik, die von einem Menschen, dem Schriftsteller, und seiner Welt erzählt und nur dann und nur dadurch von Interesse ist. Dafür sind Erfahrungen die Voraussetzung." Aus der engen, untrennbaren Vereinigung von Erfindung und Realität in der postmodernen Literatur und den damit verbundenen persönlichkeitsrelevanten Schnittmengen aus sozialbezogenen Realien und Literatur folgt naturgemäß ein erhöhtes Prozeßrisiko: *Knothe,* Freiheit (Fn. 6), S. 80.

546 *Assmann,* Fiktion (Fn. 83), S. 249 f.; *Hillgärtner,* Individualität (Fn. 520), S. 47. Wie bereits herausgestellt, ist eine Gleichsetzung von Erzähler und Autor für die Erfassung der Textintention unzulässig. Hierzu *Bossinade,* Literaturtheorie (Fn. 540), S. 137.

in einem Prozeß auflösen[547]. Ein Unterschied zwischen werkinterner und -externer Kommunikation ist kaum möglich[548]. Zwischen Autor, Text und Leser besteht eine ununterbrochene Interaktion[549]. Der Begriff des Spiels wird kennzeichnend für postmoderne Literatur, in der mit Möglichkeiten und Lösungsansätzen experimentiert und gearbeitet wird[550]. Die Grenzen von Erkenntnis und Gegenständlichkeit schwinden und bedingen eine Vermischung der beiden Bereiche[551]. Prägnant ist das Spiel mit der Einteilung in Autor, Protagonist, Erzähler, Ur- und Abbild. Eine Unterscheidung ist im Roman der Postmoderne oft kaum möglich[552]. „Esra" erschafft als postmoderner Roman eine neue Wirklichkeit auf der ästhetischen Ebene. Die Grenze zwischen Erkenntnis und Gegenständlichkeit ist im Bewußtsein aufgehoben. Das zeigt sich insbesondere in der Dönme-Geschichte und der Darstellung des Todes und Weiterlebens des Schabbatai Zwi im letzten Kapitel des Romans. Beide Motive lassen sich nicht klar dem Bewußtsein des Ich-Erzählers oder der erlebten Romanhandlung zuordnen. Handlung und Bewußtsein verbinden sich im Bewußtseinsstrom zu einer unauflöslichen Einheit und bilden damit eine neue ästhetische Schöpfung. In dem Roman werden Möglichkeiten zur Konfliktbewältigung von dem Ich-Erzähler Adam erwogen und vorgestellt: Eine Auswanderung zusammen mit Esra[553], ein Leben ohne seine Geliebte[554] oder auch ein gemeinsames Kind mit seiner Partnerin[555]. Besonders eindringlich erscheint Adams Suche nach einem Ausweg auf der Türkei-Reise. Die Geschichten der Dönme und des Schabbatai Zwi werden ebenfalls als Verbindung von Adam und Esra in Betracht gezogen. Doch – typisch für einen postmodernen Roman – ist dieser Lösungsansatz allein eine Möglichkeit ohne konsequente Realisierung. Die Erzählung bleibt in dem Spiel mit der Potenzialität verhaftet. Die Protagonisten des Romans leben in einer von der Wirklichkeit autonomen Welt, in der Einflüsse der Realität eingehen können, sie aber nicht festlegen. Bei der literarischen Welt handelt es sich um eine künst-

---

547 *Hillgärtner,* Individualität (Fn. 520), S. 52 f. – In philosophische Betrachtungen zu Subjekt und Autorschaft im Poststrukturalismus führt ein *Bossinade,* Literaturtheorie (Fn. 540), S. 136 ff.

548 *S. Heinen,* Postmoderne und poststrukturalistische (Dekonstruktionen der) Narratologie, in: A. Nünning/V. Nünning (Hrsg.), Neue Ansätze in der Erzähltheorie, 2002, S. 243 (250).

549 *Heinen,* Narratologie (Fn. 548), S. 249.

550 *Heinen,* Narratologie (Fn. 548), S. 250.

551 Die Wahrnehmung dieser Verbindung erfolgt im postmodernen Roman in Form eines Bewußtseinsstroms: *Hillgärtner,* Individualität (Fn. 520), S. 52 ff., 56 f.

552 *M. Durzak,* Postmoderne und Spätmoderne: Erzählerische Tendenzen der achtziger Jahre, in: W. Barner (Hrsg.), Geschichte der deutschen Literatur von 1945 bis zur Gegenwart, 2. Aufl. 2006, S. 814 (817).

553 *Biller,* Esra (Fn. 1), S. 88 f.

554 *Biller,* Esra (Fn. 1), S. 98.

555 *Biller,* Esra (Fn. 1), S. 116.

lerisch erschaffene neue Wirklichkeit, die eigenen Maßstäben unterliegt und daher nicht mit der realen Außenwelt zu vergleichen ist.

In dem streitgegenständlichen Roman verbinden sich unterschiedslos Elemente von literarisch anspruchsvoller Motivik, trivial erscheinenden alltäglichen Dialogen und Intimszenen. So legt beispielsweise die Reise nach Prag in den Kapiteln 30 bis 32 mit geschärftem Tiefsinn die kulturellen und familiären Schwierigkeiten offen, in denen sich die Protagonisten befinden. Diese gehaltvolle Einführung in das Konfliktpotential des Romans verbindet sich zugleich mit einer gewöhnlichen Duschszene des Paars und seichten Dialogen wie: „‚Klar. Du hättest mir eben den Mund besser zuhalten sollen.' ‚Schluck.' „Schluck'? Hast du wirklich ‚schluck' gesagt?' ‚Ja, hab' ich.'"[556]

gg) Zwischenergebnis: postmoderner Roman „Esra" mit Persönlichkeitsrelevanz

Billers Roman „Esra" kann anhand der dargestellten Merkmale insgesamt als Prototyp des postmodernen Romans bezeichnet werden[557]. Kennzeichnend für die Postmoderne weist die Erzählung ausgeprägte selbstreferentielle und -reflexive, sinnliche, aber auch indifferente, autobiographische wie ironische, mitunter parodistische Züge auf. Ausgehend von der perspektivischen Sicht des Ich-Erzählers Adam entsteht aus dem Zusammenspiel von Fiktion und Realität eine neue, postmoderne Schöpfung.

6. Realismus bei „Esra": Wirklichkeit im Alltags- und Literaturverständnis

Der gordische Knoten im Fall „Esra" liegt im Verhältnis von Kunst und Nichtkunst, im gegenwärtigen Verständnis von Fiktion und Realität[558]. Wenn oben die Bedeutung von Fiktion erörtert wurde, so stellt sich nun also die Frage nach dem Wesen der Realität. Was ist Faktizität? Ist Wirklichkeit der vom Gericht festgestellte Sachverhalt, das von den Klägerinnen angeführte Erleben oder das vom Autor – möglicherweise auch als verletzend – wahrgenommene Geschehen? Wie bereits herausgearbeitet, prägt die Negierung des Faktizitätsanspruchs jede Fiktion, also auch den postmodernen, autofiktionalen Roman „Esra"[559]. Daran schließt sich die Frage nach der „Faktizität" an. Was genau verneint „Esra", wenn

---

556 *Biller,* Esra (Fn. 1), S. 94.

557 *Ohmer,* Gutachten (Fn. 52), S. 11; *v. Becker,* Fiktion (Fn. 106), S. 37.

558 Diese Arbeit beschränkt sich auf das für die „Esra"-Entscheidung relevante, gegenwärtige Fiktionsverständnis. – Zur Geschichte der Fiktionsauffassung statt vieler *Rösler,* Entdeckung (Fn. 83), S. 286 ff.; *Hose,* Fiktionalität (Fn. 83), S. 258 ff.; *H. R. Jauß,* Zur historischen Genese der Scheidung von Fiktion und Realität, in: D. Henrich/W. Iser (Hrsg.), Funktionen des Fiktiven, 2. Aufl. 2007, S. 423 (423 ff.).

559 Vgl. Abschnitt C.II.2.b.

der Roman sich einem Vergleich mit der Realität verschließt? Handelt es sich bei „Esra“ ungeachtet dessen um realistische Literatur, um eine Ausprägung des Realismus? Was ist dann Realismus? Was also meint Realität bei „Esra“?

Vorab ist festzuhalten, daß Realismus in der Literatur nicht der umgangssprachlichen Vorstellung von Realismus entspricht. Im *Alltagsverständnis* bedingt die interpersonelle Übereinkunft, was als real gilt, welche Handlungen realistisch genannt werden. Wenn beispielsweise der Berufseinsteiger gegenüber einem Bekannten eine „realistische“ Einschätzung seiner Chancen auf dem Arbeitsmarkt abgibt, so besteht zwischen den Gesprächspersonen Konsens, daß die Aussage Bezug nimmt auf den übereinstimmend als real verstandenen Umstand, die Arbeitsstelle zu erhalten. Real ist in diesem Verständnis also *das, was in der Wirklichkeit tatsächlich geschieht.* Wenn der Berufsanfänger sich oder seinen Freund nicht belügen will, wird er *subjektive Einschätzungen* bei der Chancenbewertung *minimieren* und sich auf die *objektiven Fakten* wie Qualifikationen, Anforderungen, Bedeutung persönlicher Kontakte zum Unternehmen und Konkurrenzlage beziehen. Eine realistische Beurteilung kommt also dem tatsächlichen Umstand einer (Nicht-)Einstellung sehr nahe, da sich ihre Sicht auf das Faktum der Jobaussicht aufgrund objektiver Faktoren fokussiert und nicht durch subjektive Euphorie oder Resignation verstellt oder zumindest perspektivisch verengt wird. Der literaturwissenschaftliche Realismusbegriff unterscheidet sich klar von diesem außerliterarischen Verständnis. In letzterem *hindern* subjektive Einflüsse eine realistische Einschätzung, in ersterem *fördern* und *ergänzen* sie sie[560]. Das Alltagsverständnis von Realismus steht damit in direktem Gegensatz zur Realitätsauffassung im Sinne des literarischen Realismus.

Literarischer Realismus stellt immer neu die Frage nach der Bestimmung von Realität. Hierbei besteht *keine Opposition von Gegenstand und Darstellung des Gegenstands*[561]. Der Ausdruck „Realismus“ ist eine universale Bezeichnung, die nicht auf eine Wissenschaftsdisziplin oder zeitliche Epoche beschränkt werden kann[562]. Als realistisch wird nicht eine punktuelle Eigenschaft, sondern ein Verhältnis von zwei Größen bezeichnet. Realismus ist damit ein *relationaler* Begriff[563]. Das Verhältnis des literarischen Realismus zur Realität besteht weder ausschließlich in der Betrachtung noch allein in der Veränderung der Realien.

---

560 Die Objektivität in der beispielhaften Bewerbungssituation ist von der Subjektivität der persönlichen Bewertung zu trennen. Die Objektwelt hängt im außerliterarischen Verständnis nicht von der subjektiven Erkenntnis des einzelnen ab. Die Objektwelt ermöglicht erst die subjektive Erfassung. Das Objektive ist damit gegenüber dem Subjektiven vorrangig. Seit *Platon* und *Aristoteles* bezieht sich künstlerische, mimetische Tätigkeit auf ein objektives Allgemeines: *Gebauer/Wulf,* Mimesis (Fn. 155), S. 81, 83.

561 *Gebauer/Wulf,* Mimesis (Fn. 155), S. 11, 372, 374.

562 *H. Aust,* Literatur des Realismus, 3. Aufl. 2000, S. 8.

563 Durchdringend *D. Frey,* Der Realitätscharakter des Kunstwerkes, in: O. H. Förster u.a. (Hrsg.), Festschrift Heinrich Wölfflin zum siebzigsten Geburtstage, 1935, S. 30 (30 ff.); *Aust,* Literatur (Fn. 562), S. 7.

Besonderheit und Wandelbarkeit des literarischen Realismusverständnisses basieren auf der Tatsache, daß es nicht auf dem Bezug zur Außenwelt gründet, sondern auf dem *gemeinsamen Sprachkonsens*[564]. Sprache – selbst Ergebnis eines überindividuellen Einverständnisses hinsichtlich der Realitätsauffassung – dient der Verbindung zwischen Subjekt und Objekt. Realismus bezeichnet sowohl eine Epoche der Kunstströmung im 19. Jahrhundert als auch einen epochenübergreifenden Darstellungsgrundsatz. Realismus im letzteren Sinne ist vereinfacht gesagt die Ansicht, daß die Welt von unserem Geist unabhängig ist[565]. Er ist damit dem Idealismus entgegengesetzt, der davon ausgeht, daß das Ganze des Wirklichen der Gesamtheit der Vorstellungskraft entspricht, und daß diese Behauptung notwendig wahr ist, da der Gedanke von etwas, das wir uns grundsätzlich nicht vorstellen könnten, einen sinnlosen Gedanken darstellen würde[566].

Hieran schließt sich die Frage an, wie sich dieses literarische Realitätsverständnis konkret in literarischen Werken ausdrückt: Wie wird Wirklichkeit nun in der Literatur aufgefaßt und dargestellt? Um den *wandelbaren Begriff der Realität* vor seinem historischen Hintergrund zu konkretisieren, ist im folgenden zunächst zu klären, was in der Literatur unter Realität im Laufe der Geschichte verstanden wurde. Das Alltagsverständnis von Realismus wird in der folgenden Darstellung ausgeblendet. Das Augenmerk richtet sich allein auf den literarischen Begriff. Es wird ausschließlich die literarische Bearbeitung in Form eines sich *historisch wandelnden Realismus im literarischen Sinne* untersucht. Zum Abschluß erfolgt eine Einordnung von *Billers* Roman in die Strömung des *subjektiven Realismus.*

a) Historische Erscheinungsformen der Mimesis-Theorie

Folgend wird ein historischer Überblick hinsichtlich eines sich ändernden Realitätsverständnisses und der unterschiedlichen Ausformungen von Realismus im Laufe der Geschichte von *Aristoteles* bis zum Surrealismus gegeben[567].

---

564 Sprache spielt für den literaturwissenschaftlichen Realismusbegriff eine entscheidende Rolle: *Gebauer/Wulf,* Mimesis (Fn. 155), S. 33 f.

565 Vgl. *K. Herding,* Realismus, in: W. Busch (Hrsg.), Eine Geschichte der Kunst im Wandel ihrer Funktionen, Bd. II, 1987, S. 730 (730 ff.); *T. Nagel,* Begriff und Realität, in: M. Willaschek (Hrsg.), Der mentale Zugang zur Welt, 2003, S. 53 (53).

566 Vgl. *Nagel,* Begriff (Fn. 565), S. 53 f.

567 Die Epochengliederung folgt dem Aufbau der lesenswerten Einführung von *P. Pütz,* Theorie des Realismus I, Kurseinheit 1, 2. Aufl. 2007, S. 17 ff.; *ders.,* Theorie des Realismus II, Kurseinheit 2, 2. Aufl. 2007, S. 11 ff.; *ders.,* Theorie des Realismus III, Kurseinheit 3, 2. Aufl. 2007, S. 10 ff.; *ders.,* Theorie des Realismus IV, Kurseinheit 4, 2. Aufl. 2007, S. 12 ff. – Kurz wurde bereits auf die Wandelbarkeit des Verständnisses von Realität und der Ausprägung des Realismus aufmerksam gemacht. Realismus soll folgend nicht eine bestimmte historische Epoche, sondern Literatur bezeichnen, die in einem sich stets verändernden Verhältnis zur Realität steht. Vgl. *M. Fuhrmann,* Die aristotelische Lehre vom Wirklichkeitsbezug der Dichtung, in: H. Weinrich (Hrsg.), Positionen der Negativität, 1975, S. 519 (519 f.); *Grabes,* Fiktion (Fn. 141), S. 70 ff.; *Hoops,* Fiktionalität (Fn. 86), S. 281 ff.; *Kasics,* Literatur (Fn. 66),

aa) Antike: Eigenwert der Kunst durch Aristoteles

Aristoteles hat in seinem Werk „Poetik“ der Kunst erstmals einen von anderen Bereichen wie Religion und Politik unabhängigen Eigenwert zugesprochen[568]. Er löste die Kunst von ihrer normativen Zweckgebundenheit. Im Gegensatz zu *Platon* betonte er das Spezifische der Literatur, die Literarizität[569]. Erst durch die Anerkennung eines Eigenwerts der Kunst war es möglich, sie von ihrem Dasein als abhängige Hilfsfunktion von Systemen wie Politik und Wirtschaft zu befreien, um sie dann der menschlichen Gesellschaft wiederum als ernsthaft brauchbare Unterstützung bei Problemlösungen zurückzuführen[570]. Nur eine unabhängige Kunst kann einen eigenständigen, nützlichen Beitrag für die Gesellschaft erbringen. Ein zentraler Begriff zur Bestimmung von Literatur ist dabei die *„Mimesis“*[571]. Die Auslegung des aristotelischen Begriffs reicht von „Nachahmung“ bis „Darstellung“. Die erstere Möglichkeit versteht dichterische Tätigkeit als reine Abbildung von Realien, die letztere meint die Darbietung des aus der Phantasie hervorgegangenen Möglichen. *Aristoteles* selbst geht einen vermittelnden Weg und wählt weder das eine noch das andere Extrem. Er versteht die dichterische Tätigkeit als darstellende Erinnerung an etwas „Allgemeines“. *„Mimesis“ ist für Aristoteles die dichterische Konkretisierung der „Anamnesis“. „Anamnesis“ ist die Erinnerung an Wesenheiten in Form objektiver Allgemeinheiten.* Dem Begriff der „Anamnesis“ kommt schon in der Platonischen Philosophie eine entscheidende Bedeutung zu. *Aristoteles* meint mit „Mimesis“ die Abbildung einer Vorlage. Dabei bezieht sich mimetische Tätigkeit auf allgemeine Grundsätze, die den Blick auf übergreifende, sinnschaffende Zusammenhänge eröffnen[572]. Bei der Bezugnahme auf allgemeine Prinzipien handelt es sich um einen eigenständigen

---

S. 11 f.; *Berthold,* Fiktion (Fn. 107), S. 62 ff., 203; *Bunia,* Faltungen (Fn. 90), S. 31 ff.; *Esposito,* Fiktion (Fn. 142), S. 10 f., 13 ff. – Zur Tradition von Kunst und Kunstfreiheit S. Farthing (Hrsg.), Kunst, 2011, S. 14 ff.; *Wittreck,* Grundgesetz (Fn. 341), Art. 5 III (Kunst), Rn. 1 ff.

[568] *Aristoteles,* Poetik (Fn. 37), Kapitel 1, 1447a-1448a (S. 4 ff.). – Zur Neuschöpfung des Künstlers nach aristotelischer Lehre vgl. *S. Ott,* Kunst und Staat, 1968, S. 18 ff.; *F. Tomberg,* Mimesis der Praxis und abstrakte Kunst, 1968, S. 11 ff.; *Assmann,* Legitimität (Fn. 110), S. 151; *Franz,* Wahrheit (Fn. 172), S. 125 ff.; *Assmann,* Fiktion (Fn. 83), S. 248 f.; *Blumenberg,* Wirklichkeitsbegriff (Fn. 159), S. 17 f.; – *Aristoteles'* Forderung nach Wahrscheinlichkeit erörtert *Landwehr,* Text (Fn. 87), S. 157 ff.; *Petersen,* Mimesis (Fn. 172), S. 37 ff.; den damit im Kontext stehenden Beitrag *Aristoteles'* zur Forschung im Bereich der Logik (Syllogistik) untersucht *M. Wolff,* Abhandlungen über die Prinzipien der Logik, 2. Aufl. 2009, S. 242 ff.

[569] *Aristoteles,* Poetik (Fn. 37), Kapitel 1, 1447a (S. 4.). – Eingehend zum Mimesis-Verständnis bei *Platon Franz,* Wahrheit (Fn. 172), S. 118 ff.; *Blumenberg,* Wirklichkeitsbegriff (Fn. 159), S. 10 f., 16; *Petersen,* Mimesis (Fn. 172), S. 19 ff.

[570] *Assmann,* Fiktion (Fn. 83), S. 248; *Marquard,* Kunst (Fn. 83), S. 36 f. – Die Funktionen einer unabhängigen Kunst betont auch *v. Arnauld,* Freiheit (Fn. 159), § 167 Rn. 2 ff.

[571] *Aristoteles,* Poetik (Fn. 37), Kapitel 1, 1447a (S. 4.).

[572] *Aristoteles,* Metaphysik, A.1.981a. (5 ff.); zitiert nach der Übersetzung von Thomas Alexander Szlezák, 2003, S. 3: „Kunst entsteht, wenn aus den vielen Beobachtungen der Erfahrung eine allgemeine Ansicht über alle ähnlichen Dinge entsteht.“

Schöpfungsakt. Der Begriff der Abbildung könnte daher auch durch *Schöpfung* ersetzt werden. Dieses Verfahren vollzieht sich anamnetisch, es erfolgt aufgrund der Erinnerung an allgemeingültige Wesenheiten, die sich in der sinnlich wahrnehmbaren Einzelerscheinung manifestieren. Die allgemeinen Prinzipien sind gebunden an die Regeln der Wahrscheinlichkeit und Notwendigkeit: „Das Allgemeine besteht darin, daß ein Mensch von bestimmter Beschaffenheit nach der Wahrscheinlichkeit oder Notwendigkeit bestimmte Dinge sagt oder tut – eben hierauf zielt die Dichtung, […].“[573] Auf diese Weise werden sowohl die bloße Kopie der Wirklichkeit als auch die pure Beliebigkeit der Phantasie ausgeschlossen. Ein Beispiel ist die Vorstellung des „bonus vir“. Realität im aristotelischen Verständnis ist damit nicht ein empirisch meßbarer Umstand eines bestimmten tugendhaften Menschen.

Kunst ahmt vielmehr in erinnernder Bezugnahme auf allgemeine Grundsätze nach. Die Nachahmung an sich und die Freude am Lernen und Nachbilden sind nicht kunstspezifisch, sondern nach *Aristoteles* jedem Menschen von Natur aus eigen[574]. Die bewußte Nachahmung zeichnet hingegen künstlerische Tätigkeit aus[575]. Realistische Literatur beinhaltet somit einen möglichen Sachverhalt, der die allgemeine Vorstellung beispielsweise eines tadellosen Verhaltens verkörpert[576]. Sie ist ausgeformt durch die Gesetze der Wahrscheinlichkeit und Notwendigkeit[577]. Alle stoffliche Verwirklichung ziele auf Ausprägung einer inneren Form. Stoff und Form, Potenz und Akt, ergeben die *„ousía“, die Wesenheiten*. Diese abstrakten Wesenheiten höherer Erkenntnis finden sich im Gegensatz zur Vorstellung *Platons* in der Welt[578]. Daher führt der Weg zu den von der Kunst anzustrebenden allgemeinen, höheren Erkenntnissen über die konkrete Sinneswahrnehmung der diesseitigen Umwelt[579]. So erhält man beispielsweise zuerst die Vorstellung von einem bestimmten Lebewesen wie einem Bären. Trifft dieser schon allgemeine Gedanke mit mehreren Vergleichsvorstellungen

---

573 *Aristoteles,* Poetik (Fn. 37), Kapitel 9, 1451b (S. 28 ff.).

574 *Aristoteles,* Poetik (Fn. 37), Kapitel 4, 1448b-1449a (S. 10 ff.).

575 *Aristoteles,* Poetik (Fn. 37), Kapitel 1 f., 1447a-1448a (S. 4 ff.).

576 *Gebauer/Wulf,* Mimesis (Fn. 155), S. 42; vertiefend zur aristotelischen Charakterlehre *S. Chatman,* Story and Discourse, 5. Aufl. Ithaca/London 1989, S. 108 ff.

577 *Aristoteles,* Poetik (Fn. 37), Kapitel 9, 1451b (S. 28 ff.); vgl. hierzu eingehend *Schmitt,* Teleologie (Fn. 183), S. 531 ff.

578 *Aristoteles,* Metaphysik (Fn. 572), A.1.981a. (13 ff.); S. 4: „Im Hinblick auf das Handeln nun scheint sich die Erfahrung in nichts von der Kunst zu unterscheiden, ja wir sehen, daß die Erfahrenen sogar mehr Erfolg haben als die, die den Begriff ohne die Erfahrung haben (der Grund ist, daß die Erfahrung Kenntnis des Einzelnen ist, die Kunst Kenntnis des Allgemeinen, und alles Handeln und alles Entstehen das Einzelne betrifft). […]“ – Zur grundsätzlichen Kritik der platonischen Ideenlehre *ders.,* ebda., M.4.1078b (6 ff.); S. 235 ff.

579 *Schmitt,* Teleologie (Fn. 183), S. 537 erörtert zutreffend die aristotelische Dichtungstheorie: „Sache der Dichtung ist also das Offenbarmachen dieses Allgemeinen am Einzelnen, nicht die Darstellung des Allgemeinen selbst.“ – Zur Fähigkeit der Kunst, das Allgemeine zu erfassen auch *v. Arnauld,* Freiheit (Fn. 159), § 167 Rn. 14 ff.

beispielsweise mit einem Panther oder Elefanten zusammen, dann folgt daraus die grundsätzliche Ahnung von einem Tier. Aus dieser bereits gegenüber dem ersten Bild abstrakteren Vorstellung entwickelt sich der unsinnliche, allgemeine Begriff[580]. Wirklichkeit bemißt sich *Aristoteles* folgend nach dem Grad der Allgemeinheit: *Je allgemeiner, für eine Vielzahl von Fällen generalisierbar ein Begriff ist, desto unabänderlicher, überdauernder und damit wirklicher ist er.* Abschließend ist hinsichtlich des aristotelischen Realitätsverständnisses auf die bereits erwähnten „ousía“[581], die Wesenheiten, die allgemeinen Grundsätze als Erscheinungsform der dichtesten Form von Realität, hinzuweisen. Dabei handelt es sich um einen doppelten Wesenheitsbegriff: Die erste Bedeutung von „ousía“ ist die Materie, die zweite die die Materie bearbeitende Form. Sowohl Materie als auch Form sind nach aristotelischem Verständnis Wesenheiten. Die Materie bietet die Möglichkeit, die Form hingegen die zielgerichtete Ausführung der Verwirklichung des Wesens[582]. Dabei ist bereits das in der Materie bestehende Mögliche Teil der Wirklichkeit. Damit ist das heutige Verständnis von Realität von dem des *Aristoteles* modifiziert. *Aristoteles* geht es im Unterschied zur heutigen geläufigen Auffassung von Realität nicht um das Dasein (Existenz), sondern um das in den Wesenheiten verkörperte Sosein (*Essenz*)[583]. Eine realistische Kunst im Sinne *Aristoteles'* spricht von den beschriebenen Wesenheiten der Realität. Sie ahmt sie wissentlich nach, sie übt also bewußt eine mimetische Tätigkeit aus. Zudem beinhaltet die Natur des Menschen ein mimetisches Vermögen, das auch – wenngleich in einer allgemeinen, unbewußten Form – in anderen Bereichen wie der Wissenschaft, Magie, Religion und im Alltag zum Ausdruck kommt[584].

Der aristotelische Wirklichkeitsbegriff kann auch für das heutige Realitätsverständnis im Fall von „Esra“ fruchtbar gemacht werden. Denn die Aufgabe der Formung, die Bearbeitung der Materie, wird damals wie heute von der Literatur wahrgenommen. Die Literatur stellt also im Rahmen des Wahrscheinlichen und Notwendigen auf der Grundlage des Möglichen dar, was in Bezug zu den allgemeinen, in der Materie bestehenden Grundsätzen sein sollte. Man kann feststellen, daß die Kontinuität der klassisch metaphysischen Tradition bis zum 18. und 19. Jahrhundert nicht abbricht. Auch nach Verdrängen der Metaphysik durch den Materialismus in der genannten Epoche findet sich die Tradition vereinzelt in einigen Formen und Lagern wieder[585]. Literatur vermittelt nach *Aristoteles* durch Bearbeitung des Materials Erkenntnisgewinn. An die Stelle der

---

580 *J. Hirschberger,* Geschichte der Philosophie, Bd. I, 12. Aufl. 1980, S. 179 f.

581 Ousía (griech.): Wesen des Seienden.

582 *Aristoteles,* Metaphysik (Fn. 572), A.9.990b-993a; S. 20 ff.; hierzu *E.-W. Böckenförde,* Geschichte der Rechts- und Staatsphilosophie, 2. Aufl. 2006, S. 105 ff.

583 *Aristoteles,* Metaphysik (Fn. 572), A.10.993b-995a; M.9.1086b-1087a; S. 27 ff., 253 ff.

584 *T. Metscher,* Mimesis, 2. Aufl. 2004, S. 15.

585 *J. Hirschberger,* Geschichte der Philosophie, Bd. II, 12. Aufl. 1980, S. 443, 570, 593 f., 605 f.

Aristotelischen Allgemeinheiten ist der literarische Bezug zum historischen Erfahrungswissen der Menschheit getreten, das auch für die Gegenwart und Zukunft nützlich gemacht wird. Aspekte sind zeitlich überdauernde Themen wie zwischenmenschliche Existenz, Konflikte, Tod, Abschied und Heimkehr sowie abstraktere Fragen wie Sehnsucht nach Glück und Erfüllung[586]. Auch in der konkreten Liebesgeschichte um Adam und Esra spiegeln sich auf einer allgemeineren Ebene widerstreitende Grundsätze von Konvention und Bedingungslosigkeit, Intriganz und Aufrichtigkeit, Bindungswunsch und Individualismus wieder. *Aristoteles* versteht also zusammenfassend unter Realität das Allgemeine, das den Gesetzen der Wahrscheinlichkeit und Notwendigkeit untergeordnet ist und in der Entelechie der Materie zum Ausdruck kommt.

bb) Mittelalter: Universalienstreit und theologische Naturwissenschaft

Im Mittelalter steht die Frage im Vordergrund, ob die bis dahin allgemein akzeptierte Logik griechischen Ursprungs, die sich prägnant im Dreiklang aus Begriff, Urteil und Schluß beschreiben läßt, nur ein theoretisches System ist oder ein Gegenstück in der Wirklichkeit hat[587]. Aus dieser Problematik entwickelt sich der *Universalienstreit*, der zu der weiteren Suche nach der Wirklichkeit führt. Die Frage nach Realität im Mittelalter zielt – im Gegensatz zum heutigen Realitätsverständnis – nicht auf die Feststellung von der Existenz in der materiellen Welt, sondern auf das Wesen der „Universalien". Universalien entsprechen den von *Aristoteles* beschriebenen allgemeinen Grundsätzen[588]. Der Universalienstreit beinhaltet dementsprechend den Streit um die Universalien, genauer um die Wirklichkeit der Universalien. Zunächst ist festzuhalten, daß beide Positionen im Universalienstreit den Universalien, also dem Allgemeinen, gegenüber dem empirisch Meßbaren den Vorrang einräumen. Der Unterschied liegt in der Frage nach der realen Existenz der Universalien. *Der Realismus steht im Mittelalter für die Auffassung, die den „Universalien", den Allgemeinbegriffen außerhalb des Denkens, eine reale Existenz zuschreibt*[589]. Der Realismus ist damit Fortführung des aristotelischen Verständnisses, das das Allgemeine, das Wesen (ousía), in der Ausprägung von Einzelphänomenen als real existierend ansieht[590]. Auch im mittelalterlichen Realismus gilt der Grundsatz: Je allgemeiner ein Begriff, desto wirklicher ist er. Wesentlich für diese Vorstellung ist die Einheit von Sein und Be-

---

586 *Hirschberger,* Geschichte (Fn. 585), S. 631 ff.

587 Zur Funktion von Kunst im Mittelalter *Ott,* Kunst (Fn. 568), S. 27 ff.; *N. Schneider,* Natur und Kunst im Mittelalter, in: W. Busch (Hrsg.), Eine Geschichte der Kunst im Wandel ihrer Funktionen, Bd. II, 1987, S. 619 (619 ff.); *Pfeiffer,* Fiktionstheorie (Fn. 94), S. 144; *W. Windelband,* Lehrbuch der Geschichte der Philosophie, 18. Aufl. 1993, S. 240 ff. – Instruktiv zur Mimesislehre im Mittelalter *J.-D. Müller,* Mimesis und Ritual, in: A. Kablitz/G. Neumann (Hrsg.), Mimesis und Simulation, 1998, S. 541 (541 ff.).

588 *Windelband,* Lehrbuch (Fn. 587), S. 240 ff.

589 Res (lat.): Ding, Sache, Substanz.

590 *Windelband,* Lehrbuch (Fn. 587), S. 241 ff.

wußtsein. Wenn im Bewußtsein des Menschen die Annahme eines allgemeinen Grundsatzes vorhanden war, so besteht er analog auch außerhalb der Gedankenwelt, da es eine Trennung von Vorstellung und Realität im mittelalterlichen Realismus nicht gab. Weil sowohl der Mensch – das menschliche Bewußtsein – als auch die Außenwelt Werk des gemeinsamen Schöpfers sind, ist eine Trennung von Materie und Vorstellung nicht möglich. Zumal die „Universalien" real und nicht nur in einer subjektiven Vorstellung existieren, gilt bei den Vertretern des Realismus das Primat des Objektiven[591]. Ebenso ist bei den Realisten der Umkehrschluß zulässig, daß die Wirklichkeit von den Universalien bestimmt wird. *Die Gegenposition im Streit nimmt der Nominalismus ein, der keine reale Existenz der „Universalien" anerkennt, da die Begriffe nur Namen (nomina) für annähernd vergleichbare Sachverhalte seien*[592]. Real sind demgemäß allein die empirisch feststellbaren Erscheinungen der Außenwelt. Die Universalien bestehen hingegen nur als Vorstellungen im Bewußtsein des Menschen. Aufgrund dieser Bewußtseinsimmanenz wird im Nominalismus erstmals in der Geschichte dem Subjektiven gegenüber dem Objektiven der Vorrang eingeräumt[593].

Neben dem Universalienstreit wird das Mittelalter von dem Selbstverständnis der Naturwissenschaften geprägt. Sie arbeiten nicht empirisch, sondern als ein der Theologie und Dichtkunst verwandter Wissenschaftszweig. *Natur und Idee sind nicht voneinander trennbar*[594]: Merkmale von Lebewesen werden nicht nur als naturhafte Gesetzmäßigkeiten, sondern als Widerspiegelung göttlicher Schöpfung angesehen, die die Kunst wiederum unvollkommen nachbildet[595]. Damit werden die Grenzen zwischen Gegenständlichkeit und künstlerischer Darbietung, von „res" und „mimesis", aufgehoben. Die Realien sprechen im damaligen Verständnis von ihrem Schöpfer und werden damit selbst zur sinnerfüllten Poesie. In dieser Epoche besteht kein Unterschied zwischen Realität und Kunst. Resümierend ist festzuhalten, daß im Mittelalter ein gottgegebenes Sinnsystem als Wirklichkeit angesehen wird. Das Realitätsverständnis des streitgegenständlichen Romans „Esra" weist keinerlei Schnittmenge mit dem Wirklichkeitsbegriff des Mittelalters auf. Im Fall von „Esra" wird Realität an keiner Stelle als gottgegebene Ordnung anerkannt. Transzendente Bezüge werden ausgeblendet und damit tendenziell verneint. Der einzig sinnstiftende Ansatz

---

591 *Gebauer/Wulf*, Mimesis (Fn. 155), S. 99. – Zur Entwicklung des Primats des Objektiven in Form von Normen seit der Antike *W. Theobald*, Camus und das Problem der Werte, in: V. Kapp/D. Scholl (Hrsg.), Literatur und Moral, 2011, S. 29 (30 ff.).

592 *Windelband*, Lehrbuch (Fn. 587), S. 247.

593 *Windelband*, Lehrbuch (Fn. 587), S. 285 f., 290 f.

594 *Gebauer/Wulf*, Mimesis (Fn. 155), S. 98. – Zur Ausprägung des kulturellen Wesens ab dem Mittelalter siehe *U. Volkmann*, Kultur im Verfassungsstaat, in: DVBl. 2005, S. 1061 (1062 ff.).

595 *Gebauer/Wulf*, Mimesis (Fn. 155), S. 96 ff. – Das Kunstverständnis trefflich als „Nach-Schöpfung der Natur" bezeichnet *I. Pernice*, Grundgesetz (Fn. 96), Art. 5 III (Kunst), Rn. 2.

der „Dönme"-Verbindung bietet keine Problemlösung und kann das Schicksal Adams nicht in einen strukturierten Gesamtkontext stellen.

cc) Renaissance: Kunst als „imitatio" und neue Schöpfung

In der Renaissance wird „mimesis" mit „*imitatio*" übersetzt. „Imitatio" bedeutet *nicht die Nachahmung von Wirklichkeit, sondern von bereits Gestaltetem, nämlich der Kunst der Antike*[596]. Wenn die Lehrer der Antike – wie beispielhaft *Vergil* – in ihrer Kunst allgemeingültige Grundsätze nachgeahmt haben, werden sie damit selbst nachahmungswert. An die Stelle des die Realität prägenden Jenseitsglaubens wird das Bild von Mensch und Natur nach antikem Verständnis gesetzt. Die Kunst gewinnt im Anschluß an *Aristoteles* einen eigenständigen, besonderen Wert, da sie jetzt nicht nur der Unterhaltung und Belehrung, sondern der Besserung des Menschen dienen soll. Sie steht in enger Verbindung zur lehrenden Wissenschaft und beeinflussenden Rhetorik[597]. Im Unterschied zu *Aristoteles* wird nicht mehr der potentielle, sondern der normative Gehalt eines Sachverhalts dargestellt. Es geht nicht mehr um das, was passieren *könnte*, sondern um das, was sich ereignen *sollte*.

Die Umschreibung der künstlerischen Tätigkeit erinnert an das moderne Kunstverständnis „Esras": Der Literat *Biller* erschafft in seinem Werk gottgleich eine eigene Schöpfung[598]. Wie im aristotelischen Verständnis ist die Kunst autonom. Die Lösung der Kunst von Vorschriften und Zwängen beinhaltet auch eine Aufwertung literarischer Tätigkeit. Sie ist nicht an die Wirklichkeit gebunden. Der Künstler kann die Realität individuell bearbeiten, so daß sich ein früher Subjektivismus ausformt[599]. Dieser behauptet sich bis in die Gegenwart und

---

[596] *Gebauer/Wulf,* Mimesis (Fn. 155), S. 91 f., 128; *Petersen,* Mimesis (Fn. 172), S. 53 ff., 81 ff. – Instruktiv zur Wissenschaft und Mimesislehre in der Renaissance *A. Perrig,* Der Renaissance-Künstler als Wissenschaftler, in: W. Busch (Hrsg.), Eine Geschichte der Kunst im Wandel ihrer Funktionen, Bd. II, 1987, S. 649 (649 ff.); *A. Schmitt,* Mimesis bei Aristoteles und in den Poetikkommentaren der Renaissance, in: A. Kablitz/G. Neumann (Hrsg.), Mimesis und Simulation, 1998, S. 17 (17 ff.).

[597] *Gebauer/Wulf,* Mimesis (Fn. 155), S. 111 ff. – Den Einfluß auf die Moral betrachtet *Q. Skinner,* Moral Ambiguity and the Art of Persuasion in the Renaissance, in: S. Marchand/E. Lunbeck (Hrsg.), Proof and Persuasion, Turnhout 1996, S. 25 (27): „My hypothesis is thus that the anxieties expressed by seventeenth-century philosophers about moral ambiguity stem less from the rise of Pyrrhonism than from the Renaissance revival of the classical art of eloquence." – In der Renaissance wird erstmals dem üblichen Mäzenatentum auch verstärkt Skepsis entgegengebracht; hierzu *Wittreck,* Grundgesetz (Fn. 341), Art. 5 III (Kunst), Rn. 2.

[598] Diese Tätigkeit erfordert sowohl eine Begabung als auch das Erlernen einer Technik; *Gebauer/Wulf,* Mimesis (Fn. 155), S. 115 f.; *U. Kultermann,* Kleine Geschichte der Kunsttheorie, 2. Aufl. 1998, S. 63 ff., 73 ff.; *Pernice,* Grundgesetz (Fn. 96), Art. 5 III (Kunst), Rn. 2: „[…] als etwas Göttliches, als Ausdruck selbständiger Kreativität des Künstlers im Wettstreit mit der Natur […]".

[599] *P. Emmerich/J. Würkner,* Kunstfreiheit oder Antisemitismus?, in: NJW 1986, S. 1195 (1197); *Assmann,* Fiktion (Fn. 83), S. 249 f.; *Gebauer/Wulf,* Mimesis (Fn. 155), S. 120 f., 129;

stellt sich für den streitgegenständlichen Roman als essentiell heraus. Die Kunst dient zur Zeit der Renaissance allerdings noch immer unverändert einem moralischen Anspruch[600]. Das ist für die Wirklichkeitsbearbeitung im Fall „Esra“ nicht zu bejahen. Zusammenfassend läßt sich für die Renaissance festhalten, daß man unter dem Einfluß von *Scaliger* die Maxime menschlicher Perfektion als Maßstab für Realität faßt.

dd) Erste Hälfte des 18. Jahrhunderts: Aufklärung: Ideal des vollkommenen Menschen

Die Aufklärung wird von der Lehre *Christian Wolffs* geprägt[601]. Man geht zu dieser Zeit davon aus, daß nichts in Kunst und Natur schön oder wahr sein kann, das nicht auf einer *Regel* beruht[602]. *Gottsched* knüpft an *Wolff* an und fordert, daß die Dichtkunst die Natur nachahme. Dementsprechend müsse die Poesie dann auch den gleichen Naturgesetzen unterliegen[603]. Die „Mimesis“ der dichterischen Tätigkeit bezieht sich in dieser Zeit auf das menschliche Ideal der Vollkommenheit[604]. Da sich die literarische Tätigkeit an den Regeln der *Vernunft* ausrichtet, ist sie für jedermann erlernbar. Unabhängig davon, ob *Gottsched* der Natur von sich aus oder durch Bearbeitung einen geordneten Charakter zuordnet, wird Realität als vernunftorientiert verstanden. Eine realistische Arbeit, eine

---

E. G. Mahrenholz, Freiheit der Kunst, in: E. Benda/W. Maihofer/H.-J. Vogel (Hrsg.), Handbuch des Verfassungsrechts der Bundesrepublik Deutschland, 1994, § 26 Rn. 9. – Zur Entstehung der Fiktion *M. Andree*, Archäologie der Medienwirkung, 2005, S. 209 ff.; *Bunia*, Faltungen (Fn. 90), S. 169 ff.

600 *Gebauer/Wulf*, Mimesis (Fn. 155), S. 112 ff.

601 Zur Forschungstätigkeit *Wolffs R. Campe*, Spiel der Wahrscheinlichkeit, 2002, S. 235 ff. – Lesenswert auch der Abgleich zur englischen Kunst von *W. Busch*, Die englische Kunst des 18. Jahrhunderts, in: ders. (Hrsg.), Funk. Kolleg. Kunst, Bd. II, 1987, S. 703 (703 ff.).

602 *U. Hohner*, Zur Problematik der Naturnachahmung in der Ästhetik des 18. Jahrhunderts, 1976, S. 29. – Zum Fiktionsbegriff *H.-E. Friedrich*, Fiktionalität im 18. Jahrhundert, in: S. Winko/F. Jannidis/G. Lauer (Hrsg.), Grenzen der Literatur, 2009, S. 338 (338 ff.). – Zur Mimesis im 18. und 19. Jahrhundert *Andree*, Archäologie (Fn. 599), S. 117 ff.

603 Zum Naturbegriff bei *Wolff* und *Gottsched Hohner*, Problematik (Fn. 602), S. 9 ff.; *H. P. Herrmann*, Naturnachahmung und Einbildungskraft, 1970, S. 144 f.

604 *Gottscheds* Naturbegriff (1730) ist im Detail allerdings nicht einheitlich. Zum einen beinhaltet er anstelle des empirisch Vorgefundenen das der Normalität Entsprechende. Die Natur ist wie ein Gesamtsystem gegliedert. Wenn man diese Gesamtordnung nachahmt, so handelt man in Einklang mit den natürlichen Gesetzmäßigkeiten und damit vernünftig. Denn Natur und Vernunft bilden eine Einheit. Der Natur kommt damit die Bedeutung von vernünftiger Geordnetheit, von Selbstverständlichkeit und Gesichertheit zu: *Herrmann*, Naturnachahmung (Fn. 603), S. 279. – Zum anderen bleibt nach *Gottscheds* Ansicht die Natur ohne Bearbeitung in Form von Bildung und Erziehung roh und ungeordnet. Diese Wildheit der Natur steht in Widerspruch zur Einheit aus Vernunft und Natur. Für das Verständnis von Wirklichkeit stellt sich also die Frage, ob eine vernunftgeordnete oder eine zu bearbeitende, chaotisch-wildwüchsige Natur Realität ist. Die unterschiedlichen Aspekte des Naturbegriffs zeigen, wie uneinheitlich das Verständnis von Realität ausfällt.

künstlerische Nachahmung, muß sich daher ebenfalls an Gesetzmäßigkeiten orientieren. *Gottsched* versteht insgesamt unter Realität eine alles umfassende und nach den Grundsätzen der Vernunft geordnete Natur.

Nach *Breitingers* Kunsttheorie (1740) sind Realitätsüberschreitungen in der Literatur hingegen zulässig[605]. Dadurch wird in der Kunst die Darstellung von *Phantastischem* ermöglicht. Zwar wird auch *Breitingers* Realitätsverständnis durch die Regeln der Vernunft geprägt. Allerdings ist die Einbildungskraft für ihn eine Form der Vernunft. Die Vernunft kann selbst ausmachen, was sie als realistisch ansieht. Das geschieht in der Einbildungskraft, die im Laufe der Zeit wiederum durch die Phantasie ersetzt wird. Das Individuum ist fähig, aus subjektiven Erfahrungen eine eigene Welt zu schaffen[606].

Gleicht man die Realitätsauffassungen mit dem Verständnis von „Esra" ab, so schließt sich letzteres mit phantastischen Bezügen wie augenscheinlich in den Fällen der Türkei-Reise und des Schabbatai Zwi an das Realitätsverständnis *Breitingers* an und kontrastiert damit eine rein vernunftorientierte Theorie *Gottscheds*.

ee) Zweite Hälfte des 18. Jahrhunderts: Dichotomie von Allgemeinem und Besonderem

Bis zur zweiten Hälfte des 18. Jahrhunderts kam dem Generellen gegenüber dem Singulären eine Vorrangstellung zu: Unter „Mimesis" wurde die künstlerische Bearbeitung allgemeiner Grundsätze unter Beachtung einer gottgegebenen Ordnung, eines menschlichen Ideals oder vernunftmäßig geordneter Natur verstanden. Bis zur Neuzeit faßte man unter Wirklichkeit die vom menschlichen Dasein unabhängig existierende Schöpfung Gottes[607]. Zur Zeit der Aufklärung ist allein die naturwissenschaftlich nachweisbare Erscheinung maßgebend für das Realitätsverständnis. Ab der zweiten Hälfte des 18. Jahrhunderts wird der alten Systematisierung nunmehr eine Natur entgegengesetzt, die sich gegen jede Ordnung auflehnt. Das Primat der Allgemeinheit wird durch die Betonung ungeordneter Singularität verdrängt[608]. Das Nachahmungsprinzip löst sich vollständig auf[609].

---

605 *J. J. Breitinger,* Critische Dichtkunst Worinnen die Poetische Mahlerey in Absicht auf die Erfindung im Grunde untersuchet und mit Beyspielen aus den berühmtesten Alten und Neuern erläutert wird – Fortsetzung Der Critischen Dichtkunst Worinnen die Poetische Mahlerey in Absicht auf den Ausdruck und die Farben abgehandelt wird, Bd. 1, 1740, Der achte Abschnitt. Von der Verwandlung des Würcklichen ins Mögliche, S. 262 ff. – Vgl. zur gegensätzlichen Positionierung *Breitingers* und *Gottscheds* im Hinblick auf phantastische Darstellungen in der Dichtung *Campe,* Spiel (Fn. 601), S. 315 ff.

606 *Assmann,* Fiktion (Fn. 83), S. 249; *Gebauer/Wulf,* Mimesis (Fn. 155), S. 227, 427.

607 Den künstlerischen Anspruch bis zum 20. Jahrhundert, Wahrheit zu vermitteln, verdeutlicht *E. Schockenhoff,* Wahrheit und Freiheit der Kunst aus der Sicht der theologischen Ethik, in: Essener Gespräche zum Thema Staat und Kirche 36 (2002), S. 111 (112 ff.); *Kostenzer,* Reportage (Fn. 400), S. 43 f.

608 *Hohner,* Problematik (Fn. 602), S. 194 ff.

609 *Petersen,* Mimesis (Fn. 172), S. 187 ff. – Zur Eigenständigkeit von Kultur ab dem 18. Jahr-

Als gemeinsames Merkmal von Natur und Mensch wird die Freiheit angesehen. Die dogmatische Jenseitsgläubigkeit weicht infolge der Säkularisierung der Gesellschaft einer Weltfrömmigkeit und Verklärung *genialer Einmaligkeit*[610]. Im 18. Jahrhundert bricht der Individualismus verstärkt hervor[611]. Die literarische Arbeit dient daher nicht mehr der Abbildung der realen Außenwelt, sondern wird Ausdruck eigener Imaginationskraft. Mimetische Tätigkeit ist dementsprechend in der zweiten Hälfte des 18. Jahrhunderts vielmehr auf die freie Darstellung eigener Individualität gerichtet. Die Mimesis orientiert sich demnach am spezifischen Charakter. Das menschliche Wesen soll tiefgehend von einer Literatur ausgedrückt werden, die für sich eine höhere Ausdrucksweise einer anderen, wahren Realität in Anspruch nimmt. Realismus wird in dieser Zeit maßgeblich durch einen ausgeprägten Individualismus bestimmt. Dem Aufstieg des Genies folgt allerdings sein rascher Abstieg. Nach einer Zeit augenfälligen Subjektivismus wird eine *Synthesis zwischen Allgemeinem und Besonderem*, eine Verbindung von abstrakter Vorstellung und materieller Erscheinung in der Welt, von Objekt und Subjekt, gesucht[612]. Ein literarisches Werk kann demnach als realistisch bezeichnet werden, wenn in der Schilderung die individuellen Gefühle und Handlungen des Autors zurücktreten. Die Darstellung des Gegenständlichen hat gegenüber der Darbietung einer abstrakten Idee den Vorrang.

Biller arbeitet insoweit realistisch, als er die Gesamtheit der Welt in einem nur singulären Abschnitt aus der Sicht des Erzählers Adam darstellt. Gleichwohl ist der Begriff des Realismus von dem heutigen Verständnis im Sinne em-

---

hundert auch *K. Stern*/M. Sachs/J. Dietlein, Das Staatsrecht der Bundesrepublik Deutschland, Bd. IV/2, 2011, S. 608 f. So wird beispielsweise das Meer als Naturelement und Ausdruck ungebändigter Naturkraft neu entdeckt: *J. G. Herder*, Journal meiner Reise im Jahr 1769, in: B. Suphan (Hrsg.), Sämtliche Werke, Bd. IV, 1967, S. 343 (348).

[610] *Kostenzer*, Reportage (Fn. 400), S. 44. – *Herder* sieht in der Idee der Humanität die Erklärung für den historischen Reifeprozeß der Menschheit. Hierzu *Windelband*, Lehrbuch (Fn. 587), S. 417 f., 442 f.; vertiefend zum Kunstverständnis *Herders Hohner*, Problematik (Fn. 602), S. 195 ff. Bedeutende Vertreter sind *Goethe*, *Herder* und *Lenz*. Nach *Lenz* verbindet sich in der Poesie die Nachahmung mit der Anschauung, die Kunst mit der Wissenschaft: *J. M. R. Lenz*, Gesammelte Schriften. Herausgegeben von Ludwig Tieck, Bd. 1: Gesammelte Schriften, 1828. Die literarische Tätigkeit führe durch die Anschauung zu göttlichen Bereichen. Die Nachahmung alter Meister im Sinne einer „mimesis auctorum“ ist dieser Vorstellung von Grund auf fremd. Das „Mimesis“-Verständnis ist denkbar weit von der Abbildung einer empirischen Realität entfernt.

[611] *Windelband*, Lehrbuch (Fn. 587), S. 418; *Bossinade*, Literaturtheorie (Fn. 540), S. 136; zur Kunst als Kommunikationsform in der Aufklärungszeit *Wittreck*, Grundgesetz (Fn. 341), Art. 5 III (Kunst), Rn. 2.

[612] Entscheidenden Einfluß haben dabei die Positionen von *Schiller* und *Goethe*. Sie treiben die Reflexion in bezug auf das Gegensatzpaar von Allgemeinem und Besonderem voran. Der Idealismus werde durch die Vernunft, der Realismus durch die Natur bestimmt. Der Idealist *Schiller* und der Realist *Goethe* suchen in diesem Konflikt nach einem Ausgleich. Für den Idealisten *Schiller* steht allein die abstrakte Idee im Vordergrund, die in der Literatur zu demonstrieren ist. Vgl. *S. Kohl*, Realismus, 1977, S. 100 ff.

pirischer Nachweisbarkeit noch immer weit entfernt. Denn der Autor in der zweiten Hälfte des 18. Jahrhunderts beobachtet und stellt nüchtern fest, er respektiert im Gegensatz zum Autor der Gegenwart ein notwendiges System der naturhaften Ordnung und paßt sich entsprechend an. Ein realistischer Künstler damaliger Zeit löst Probleme aufgrund seines Erfahrungswissens[613]. Der Begriff „Realismus" steht – in der Geschichte erstmals – für ein bestimmtes literarisches Verständnis hinsichtlich des Verhältnisses von Natur und Realität. „Realistisch" kennzeichnet im 18. Jahrhundert Literatur, die die einzelne materielle Erscheinung im Unterschied zur allgemeinen Idee darstellt. *Hegel* zieht aus der Dichotomie von Allgemeinem und Besonderem die Schlußfolgerung, daß das schöne Wesen aus der Verbindung von Allgemeinem und Individuellem entsteht[614].

ff) 19. Jahrhundert: poetischer Realismus, fortschreitender Subjektivismus

Mit dem Fortschritt des Bürgertums erhält die Kunst einen Warenwert und erlangt eine von bisherigen Traditionen ungebundene Funktion im Kommunikationsprozeß[615]. Durch diese *Autonomie* wird sie mitunter zur Gegenspielerin staatlicher Hierarchie[616]. Auch in der nachhegelschen Kunsttheorie des 19. Jahrhunderts wird die Auffassung der Verbindung von Allgemeinem und Besonderem weiterhin vertreten. In dieser Zeit bildet sich eine neue Auffassung von Realität und Kunst heraus. Das sich im 19. Jahrhundert entwickelnde Verständnis von Realismus wird maßgebend für den Begriff bis in die Gegenwart. Regeln hinsichtlich Form und Stil büßen ihre Bedeutung ein[617]. Darüber hinaus erfolgt eine umfassende Verlagerung der Wertigkeiten: So werden die abstrakte Idee durch die konkrete Materie, der Jenseitsglaube durch die Betonung des Diesseits und das *Allgemeine durch das Individuelle ersetzt*[618]. Die materielle Welt wird

---

[613] Vgl. *Kohl*, Realismus (Fn. 612), S. 101 f.

[614] Vgl. *Kohl*, Realismus (Fn. 612), S. 103 f.; *Hirschberger*, Geschichte (Fn. 585), S. 414 ff.; *Pernice*, Grundgesetz (Fn. 96), Art. 5 III (Kunst), Rn. 2.

[615] *Ott*, Kunst (Fn. 568), S. 84.

[616] *L. Leiss*, Kunst im Konflikt, 1971, S. 1 ff., 81 ff.; *Emmerich/Würkner*, Kunstfreiheit (Fn. 599), S. 1197; *J. Würkner*, Das Bundesverfassungsgericht und die Freiheit der Kunst, 1994, S. 17 f.; *Mahrenholz*, Freiheit (Fn. 599), § 26 Rn. 8 ff.; *C. Dierksmeier*, Die Würde der Kunst, in: JZ 2000, S. 883 (883); *Ladeur*, Kommentar (Fn. 479), Art. 5 Abs. 3 II (2001), Rn. 1 f.; *Pernice*, Grundgesetz (Fn. 96), Art. 5 III (Kunst), Rn. 1. – Zur heutigen Bedeutung von Kunst aufgrund ihrer Funktionen *E. Jayme*, Globalization in Art Law: Clash of Interests and International Tendencies, in: Vanderbilt Journal of Transnational Law 38 (2005), S. 927 (938 ff.).

[617] So wird beispielsweise das Alltagsleben beliebiger Personen erstmals auch im gehobenen Stil geschildert. Das vertieft *Pfeiffer*, Fiktionstheorie (Fn. 94), S. 144 ff.; *E. Auerbach*, Mimesis, 10. Aufl. 2001, S. 461 ff., 476 ff., 515.

[618] Das Realitätsverständnis vorheriger Epochen wird abgelehnt. Der Realismus ist nicht nur eine literarische Strömung, sondern steht in engem Zusammenhang zu einer gesamtgesellschaftlich veränderten Wirklichkeitsauffassung. Hierzu *Pfeiffer*, Fiktionstheorie (Fn. 94), S. 135.

aufgrund der Säkularisierung aufgewertet. In der realistischen Literatur werden einzelne Ausschnitte der Welt dargestellt. Bewußt wird das Begrenzte und Sonderbare dargeboten, das Singuläre und Besondere betont. Der poetische Realismus ist von einer Polarität von Ideal und Wirklichkeit geprägt, wobei allein der Realität Anerkennung zukommt[619]. Anstelle der klassischen Verbindung aus höherem Allgemeinen und Singulären wird ein Ausgleich zwischen Gemäßigtem und Einzelnem angestrebt. Der poetische Realismus grenzt sich sowohl von reiner Realitätsabbildung in Form des Naturalismus als auch von realitätsgelöstem Idealismus ab. Der poetische Realismus fühlt sich weder der Darbietung reiner Phantasie noch der Wiedergabe schlichter Faktizität verpflichtet. Von dem in der Literatur behandelten individuellen Alltagsleben soll ein Rückschluß auf allgemeinere Zusammenhänge ermöglicht werden[620]. Der poetische Realismus strebt einen Kompromiß zwischen Allgemeinem und Besonderem an. Eine vertiefende, synthetische Vereinigung beider Seiten – wie sie in der Klassik gesucht wurde – erscheint hingegen ausgeschlossen. Realismus beinhaltet zu dieser Zeit einen *Ausgleich in der Mitte*[621]. Im poetischen Realismus wird nicht die gesamte Realität wiedergegeben, sondern nur die zwischen den Polen von Allgemeinem und Besonderem austarierte Mittelmäßigkeit der Realien. Auch der poetische Realismus nähert sich nicht einem empirisch meßbaren Wirklichkeitsverständnis an[622]. Das Besondere wird durch eine konkrete Benennung beispielsweise von Dingen und Ortsnamen verdeutlicht. Personen werden porträtiert, gesellschaftliche Verhältnisse detailliert dargestellt[623]. Die detailgenauen Schilderungen verweisen auf Zusammenhänge wie große Leidenschaften und Schuldverstrickungen, die sich nicht nur im individuell dargestellten Fall, sondern auch auf allgemeinerer Ebene ereignen. Die Literatur ist durch Subjektivität geprägt.

---

[619] *Kohl,* Realismus (Fn. 612), S. 110. – Zur Säkularisierung von Kunst im 19. und 20. Jahrhundert siehe *Hillgruber,* Religion (Fn. 420), S. 62 f. – Nach den provokanten Schriften *Richard Wagners* muß die Kunst mit einer Revolution in der Gesellschaft verbunden werden: *R. Wagner,* Die Kunst und die Revolution. 1849, in: M. Bucher u.a. (Hrsg.), Realismus und Gründerzeit, Bd. 2: Manifeste und Dokumente, 1981, S. 58 (58 ff.). *Wagners* revolutionäre Ansicht fand kaum Anklang bei anderen Vertretern des Realismus im 19. Jahrhundert wie *Adalbert Stifter* oder *Friedrich Theodor Vischer.* Die Kunst ist demnach von der Revolution nicht trennbar, da beide die Befreiung bezwecken.

[620] *O. Ludwig,* Shakespeare-Studien, in: M. Bucher u.a. (Hrsg.), Realismus und Gründerzeit, Bd. 2: Manifeste und Dokumente, 1981, S. 101 (101 ff.).

[621] Werke von *Ludwig* und *Mörike* gelten als exemplarisch für eine Epoche, die sich mit dem Mittelmaß zufrieden gibt: *E. Mörike,* Gebet, in: H. Heussner (Hrsg.), Partitur zu „Gebet" von Eduard Mörike für Sopran, Mezzosopran, Alt, 1990: „Herr, schicke, was du willt, ein Liebes oder Leides; ich bin vergnügt, daß beides aus deinen Händen quillt. Wollest mit Freuden, wollest mit Leiden mich nicht überschütten! Doch in der Mitten liegt holdes Bescheiden, liegt holdes Bescheiden. Herr, schicke, was du willt!" *O. Ludwig,* Zwischen Himmel und Erde, 2011, S. 5 ff.

[622] *Kohl,* Realismus (Fn. 612), S. 110 ff., 196.

[623] *Kohl,* Realismus (Fn. 612), S. 113.

Die Betonung der Singularität ist allerdings nicht gleichbedeutend mit empirischer Überprüfbarkeit und Kopie des schon Vorhandenen[624].

Der poetische Realismus des 19. Jahrhunderts weist die bislang größte Ähnlichkeit zu dem aus dem „Esra"-Roman hervorgehenden Realitätsverständnis auf: Hier wie dort werden partikulare Alltagssituationen von durchschnittlich begabten und bekannten Personen geschildert. Geprägt sind die Darstellungen auch im Fall von „Esra" durch die subjektive Perspektive des Adam. An der konkreten Geschichte von Esra und Adam sollen die großen Themen von zwischenmenschlichen Beziehungen, Individualismus und familiär-kulturellen Unterschieden in der pluralistischen Gesellschaft der Gegenwart thematisiert werden.

gg) 20. Jahrhundert: Surrealismus und konkrete Poesie

Seit dem letzten Jahrhundert setzt sich ein Pluralismus von Kunstverständnissen durch[625]. Da einer erschöpfenden Darstellung der verschiedenen Kunstrichtungen in dieser Arbeit der Raum fehlt, soll allein die für den „Esra"-Fall interessante Strömung des Surrealismus vertiefend betrachtet werden. Entsprechend der Teilung der Welt in Ost und West entwickelten sich die Auffassungen von Realität und Realismus in zwei konträre Richtungen. Während man sich im Osten zum sozialistischen Realismus bekannte[626], ergaben sich im Westen ständige Span-

---

624 *Kohl*, Realismus (Fn. 612), S. 196, 204 ff.

625 Kritisch zum „wesenlosem Scheine" der Kunstüberhöhung des „kunstfreundliche(n) Staat(s)" *J. Isensee*, Wer definiert die Freiheitsrechte? Selbstverständnis der Grundrechtsträger und Grundrechtsauslegung des Staates, 1980, S. 27 ff. – Den Pluralismus von Kunstauffassungen untersuchen *D. Wellershoff*, Die Auflösung des Kunstbegriffs, 1976, S. 28, 32 ff., 36 ff.; *J. Beuys*, Kunst und Staat, in: Bitburger Gespräche. Jahrbuch 1977/78, S. 135 (135 ff.); *Mahrenholz*, Freiheit (Fn. 599), § 26 Rn. 11 ff.; *Schockenhoff*, Wahrheit (Fn. 607), S. 114 ff.; *Pernice*, Grundgesetz (Fn. 96), Art. 5 III (Kunst), Rn. 2; *v. Arnauld*, Freiheit (Fn. 159), § 167 Rn. 10 f.

626 Der Vollständigkeit wegen sei allerdings auch auf den sozialistischen Realismus als größten Antagonisten des Surrealismus im 20. Jahrhundert verwiesen. Vor der russischen Oktoberrevolution bringen Autoren des kritischen Realismus ihren Unmut über die gesellschaftlichen Umstände zum Ausdruck, ohne allerdings Lösungsmöglichkeiten aufzeigen zu können. Sie üben *Kritik*, indem sie in ihrer Literatur die Realität in ihren Konflikten und Problemen abbilden; vgl. *Kohl*, Realismus (Fn. 612), S. 155. Nach der Oktoberrevolution versteht sich der sozialistische Realismus als Vollendung des kritischen Realismus. Er beinhaltet neben der Kritik an den gesellschaftlichen Umständen das Bemühen, die *Wirklichkeit im Sinne der marxistischen Lehre zu verbessern*, vgl. (ebda., S. 152 ff.). – Kennzeichnend für eine ganze Literaturströmung ist folgender Ausschnitt aus einem Brief von *Engels*: *F. Engels*, Entwurf eines Briefes an Margaret Harkness Anfang 1888, wird nachgewiesen bei *E. Nitsche*, Realismus und Formalismus in der Fotografie, in: Fotografie: Zeitschrift für kulturpolitische, ästhetische und technische Probleme der Fotografie 7 (1953), S. 112 (113): „Realismus bedeutet meines Erachtens außer der Treue des Details die getreue Wiedergabe typischer Charaktere unter typischen Umständen." Die prototypischen „Charaktere unter typischen Umständen" sind vor dem Hintergrund des Marxismus und Leninismus unschwer als die gesellschaftlichen Klassen zu lesen. Das Verständnis von Allgemeinem wird durch die Ideologie des Klassenantagonismus ersetzt; (vgl. ebda., S. 149 ff.). – Prägend für

nungen hinsichtlich Anforderung und Umsetzung unterschiedlicher Formen des Realismus[627]. Besondere Bedeutung kommt dem von *André Breton* propagierten Surrealismus zu. *Breton* vermittelt in seiner grundlegenden Schrift zwar den Eindruck, Kunst löse sich in denkbar weitem Ausmaß von der Wirklichkeit[628]. Tatsächlich aber werden gerade dadurch wichtige, bislang unbekannte Aspekte von Realität offenbart. Im Unterschied zum poetischen und kritischen Realismus nähert sich der Surrealismus der Wirklichkeit an, indem er sie kritisch darstellt und damit reflektiert. Er bildet nicht nur vorhandene Realien ab, sondern fragt nach ihrer Berechtigung. Nach *Breton* spielt der Traum eine maßgebliche Rolle: „Ich glaube an die künftige Auflösung dieser scheinbar so gegensätzlichen Zustände von Traum und Wirklichkeit in einer Art absoluter Realität, wenn man so sagen kann: *Surrealität.*"[629] Der Surrealismus ist die erste Form von Realismus, *die Realität und die Möglichkeit ihrer literarischen Darbietung* selbst zum Gegenstand der Betrachtung macht. Die bisherigen Kunsttheorien hatten Teile der Wirklichkeit, die Realien, in Form von abstrakten Allgemeinheiten oder konkreter Empirie als gegeben vorausgesetzt. Der Surrealismus thematisiert durch *Verfremdung das Gesamtverständnis von Realität.* Kandinsky als Vertreter der *konkreten Kunst* kritisiert eine reine Nachahmung der Natur als inhaltsloses Kopieren[630]. Er weist

---

das Realitätsverständnis war *Georg Lukàcs.* Nach seiner Ansicht ist es Aufgabe des Literaten, Gesetzmäßigkeiten in der Geschichte der Klassenkämpfe anschaulich darzustellen. Der sozialistische Realismus beinhaltet eine Bearbeitung der erlebten Ereignisse. Der Künstler soll sie nicht nur wiedergeben, sondern auch auf eine allgemeinere Ebene führen. So werden Gesetzmäßigkeiten und Tendenzen deutlich, die der Künstler herausarbeiten und in der Literatur in konkreten Erscheinungen darstellen soll. Die Gesetzmäßigkeiten sind sozialistische Erklärungen für historische gesellschaftliche Prozesse. Auf diese realen Vorgänge bezieht sich sozialistische Kunst: *Metscher,* Mimesis (Fn. 584), S. 11. Neben der Abbildung von – naturgemäß ideologisch geprägten – Gesetzmäßigkeiten ist es Aufgabe des Künstlers, sich an dem Erkenntnisprozeß zu beteiligen. Er soll nach *Lukàcs* durch die Darstellung des Allgemeinen in den konkreten Gegebenheiten individuell Position beziehen. Demnach ist es Aufgabe realistischer Literatur, an den gegenwärtigen Verhältnissen in der Gesellschaft Kritik zu üben und so einen Beitrag zur Fortentwicklung der Gesellschaft zu leisten. Hier wird ein entscheidender Unterschied zwischen Theorie und Praxis deutlich. Die theoretische Forderung nach einer kritischen Auseinandersetzung mit Problemen in der sozialistischen Gesellschaft konnte in der Praxis nicht hinreichend umgesetzt werden. Anstelle einer individuellen Auseinandersetzung des Künstlers mit gesamtgesellschaftlichen Fragen orientierte sich die Stellungnahme der Literaten zwangsläufig an parteipolitischen Vorgaben. Die Realitätsabbildung im sozialistischen Realismus reduzierte sich daher auf die Erkenntnis von typischen Gesetzmäßigkeiten im propagierten Klassenkampf.

[627] *A. Breton,* Die Manifeste des Surrealismus, 12. Aufl. 2009, S. 9 ff.

[628] Zur Ausdehnung des Kunstbegriffs *T. Würtenberger,* Karikatur und Satire aus strafrechtlicher Sicht, in: NJW 1982, S. 610 (613). – Zur Wirklichkeitsbearbeitung in der Fotografie und Bildaufnahme im 20. Jahrhundert *W. Nerdinger,* Die Montage der Wirklichkeit, in: W. Busch (Hrsg.), Eine Geschichte der Kunst im Wandel ihrer Funktionen, Bd. II, 1987, S. 765 (765 ff.); *Breton,* Manifeste (Fn. 627), S. 26.

[629] *Breton,* Manifeste (Fn. 627), S. 18.

[630] *W. Kandinsky,* Über das Geistige in der Kunst insbesondere in der Malerei, 3. Aufl. (der revidierten Neuauflage 2004) 2009, S. 25: „Eine derartige Nachahmung gleicht den

auf den Schöpfungscharakter von Kunst hin: Kunst nimmt Strömungen der Gesellschaft in sich auf und aktiviert Gefühle wie auch Vorstellungen. Kunst löst sich von der vorgegebenen Materie. Sie ist unabhängig von der Gegenständlichkeit, um zu einer *selbständigen künstlerischen Welt* zu gelangen. Diese Auffassung einer von der Außenwelt autonomen Schöpfung kann als modernes Verständnis von Kunst bezeichnet werden. Es grenzt sich klar von bisherigen Spielarten des Realitäts- und Kunstverständnisses ab. Eine echte Neuheit stellt das Wirklichkeitsverständnis dar: Bislang ist eine Bedeutungsverlagerung von der Objektivität der Wesenheiten auf die Subjektivität des Verfassers festzuhalten. Die Subjektivität orientierte sich nichtsdestominder gleichwohl an der empirischen Einzelerscheinung. Demgegenüber fordert *Kandinsky* nun die Lösung von materieller Gegenständlichkeit. Die Außenwelt ist nicht mehr Vorbild zur Nachahmung. Gleichwohl wird der Begriff der Mimesis beibehalten. Ihre Aufgabe besteht nicht mehr in der Darstellung äußerer – wenn auch zu Allgemeinheiten geronnener – Umstände, sondern in der Darbietung subjektiver Vorstellungen und Emotionen. Einer bloßen Beliebigkeit stellt *Kandinsky* das *Prinzip der inneren Notwendigkeit* gegenüber[631]. Dieser Grundsatz folge aus den drei Kriterien des Persönlichen, des in der Epoche vorherrschenden Stils und der zeitlosen Mystik[632]. Der Begriff „konkret" beinhaltet bei *Kandinsky*, dem Hauptvertreter der konkreten Kunst, den Aspekt der Fokussierung. Kunst konzentriert sich nach diesem Verständnis auf Darstellungsmittel wie einzelne Formen und Farben. Diese Vorlagen müssen nicht mehr aus der Natur übernommen werden, sondern entstammen der Kunst selbst. Die ungegenständliche, nur auf sich selbst bezogene Kunstwelt ist ebenso wirklich, „real", wie die Außenwelt. *Garninger* führte die Grundsätze dieser allgemeinen Kunsttheorie in die Literatur in Form der *konkreten Poesie* ein. Sie ist durch eine *Vermischung von Fiktion und Wirklichkeit* gekennzeichnet. Zudem verbinden sich in dieser literarischen Richtung Worte häufig mit visuellen und akustischen Effekten. Sie verhält sich sprachlich- und gesellschaftskritisch[633].

Das Spiel von Fiktion und Wirklichkeit findet sich – beispielhaft in der Parallelschilderung des legendären Schabbatai Zwi – auch im Roman „Esra" wieder, der damit zwar Gemeinsamkeiten mit dem Surrealismus aufweist, dieser Richtung allerdings nicht zugeordnet werden kann. Die Verbindung von Kunst und Realität ist insgesamt Ausdruck des gegenwärtigen Literaturverständnisses.

Nachahmungen der Affen. […]. Der Affe sitzt und hält ein Buch vor die Nase, blättert darin, macht ein bedenkliches Gesicht, aber der innere Sinn dieser Bewegungen fehlt vollständig."

631 *Kandinsky*, Geistige (Fn. 630), S. 63 ff., explizit auf S. 68: „So ist es klar, daß die Farbenharmonie nur auf dem Prinzip der zweckmäßigen Berührung der menschlichen Seele ruhen muß."

632 *Kandinsky*, Geistige (Fn. 630), S. 84 ff.

633 Zum Forschungsstand der Mimesis der Erzählung *A. Nünning*, Mimesis des Erzählens: Prolegomena zu einer Wirkungsästhetik, Typologie und Funktionsgeschichte des Akts des Erzählens und der Metanarration, in: J. Helbig (Hrsg.), Erzählen und Erzähltheorie im 20. Jahrhundert, 2001, S. 13 (17 ff.).

hh) Zwischenergebnis: Bearbeitungstechnik „Esras“ nach literaturhistorischer Tradition

Die Form der Wirklichkeitsbearbeitung im Roman „Esra“ ist Ergebnis einer literaturhistorischen Entwicklung seit *Aristoteles.* Mit ihm verbindet „Esra“ die Kunstvorstellung als „mimesis“, die einen Zugang zu einer allgemeinen Ebene („anamnesis“, „ousía“) eröffnet. Die Darstellung von Allgemeinheiten und grundsätzlichen Angelegenheiten erfolgt auch bei „Esra“ im Ausgleich von Abbildung und Erfindung, von Konkretem und nach Wahrscheinlichkeit und Notwendigkeit Geordnetem. Der Gegenstand der Anamnesis wurde dabei aktualisiert: Während *Aristoteles* das geronnene Erinnerungsvermögen an Allgemeinheiten anstrebt, bezieht sich der Erinnerungsvorgang *Billers* allein auf autobiographische Erlebnisse, die zu einer neuen Wirklichkeit in der Literatur gestaltet werden. Dies stellt eine moderne, subjektbezogene Ausformung der von *Aristoteles* eingeforderten Anamnesis dar. Eine Parallele zur Kunstanschauung des Mittelalters ist ebensowenig herzustellen wie zur Aufklärungspoetik nach *Wolff* und *Gottsched.* Wie zur Zeit der Renaissance wird die Subjektivität des einzelnen schon durch die ausschließliche und den Leser bindende Erzählperspektive des Adam betont. Der poetische Realismus rückt das gewöhnliche Alltagsleben von Durchschnittsbürgern in den Mittelpunkt, wie es auch im streitgegenständlichen Roman fokussiert wird. Das Einbringen von phantastischen Elementen weist zwar über *Breitscheds* Verständnis weit hinaus, reicht allerdings an die gänzliche Auflösung in der Vereinigung von Traum und Realität in Form des Surrealismus nicht heran. Die Episoden um Adams Türkeireise und das (Ab-)Leben des Schabbatai Zwi zeigen zwar phantastische, traumähnliche Bezüge auf, sind allerdings für den Leseeindruck nicht prägend. Die Kunstrichtung des Romans ist also weiter zu präzisieren.

b) „Esra“ als Roman des subjektiven Realismus

Der Roman „Esra“ kann dem *subjektiven Realismus* zugeordnet werden.

Bei „Esra“ handelt es sich erstens um einen *realistischen* Roman. Merkmale eines realistischen Romans sind Einheit, Totalität, Authentizität und Objektivität des Textes[634]. *Einheit* meint einen kausalen, logischen und dramenähnlichen Aufbau des Werks[635]. *Biller*s Text folgt in der Tat einer derart klaren Struktur. Die 73 Kapitel beinhalten zwar zahlreiche Rückblenden und Einschübe im chronologischen Verlauf der Handlung. Allerdings folgt ihre Stellung nicht einem zufälligen Prinzip, sondern ist durch die Logik und Spannung der Erzählung geprägt. *Totalität* beinhaltet eine Vielzahl von beobachtbaren Vorgängen und Gesetzmäßigkeiten sowie von symbolischen Verweisen[636]. Die detaillierten Schil-

---

634 *Aust,* Literatur (Fn. 562), S. 75.
635 *Aust,* Literatur (Fn. 562), S. 75.
636 *Aust,* Literatur (Fn. 562), S. 76.

derungen von Örtlichkeiten, Stimmungen und kommunikativem Austausch der Figuren im streitgegenständlichen Roman sind Beleg für diese Totalität des Romans[637]. *Authentizität* erfordert neben Quellentreue eine Aktualität von erzähltem Inhalt und Art des Erzählens in dem literarischen Werk[638]. Da Quellentreue keine pure Abbildung der Wirklichkeit voraussetzt, und *Biller* mit der problematischen Liebesbeziehung zwischen unterschiedlichen Kulturen, Familien und Bindungen der sozialen Umwelt eine aktuelle Thematik in moderner, unmittelbarer Erzähltechnik in verständlicher Sprache aus der Perspektive subjektiver Erinnerung erarbeitet, handelt es sich um einen authentischen Roman[639]. *Objektivität* beinhaltet einen gelassenen und sachlichen Ton in der Erzählung[640]. Die Erzählung wird tatsächlich durch einen solchen ausgeglichenen, überlegenen Grundton getragen.

Zweitens ist der Realismus als *subjektiver Realismus* zu präzisieren und damit der nationalen und internationalen literarischen Strömung zuzuordnen, die als neuer Realismus, neue Lesbarkeit oder neue Subjektivität bekannt ist[641]. Hierin drückt sich der Rückzug in die *Innerlichkeit* aus, die in den siebziger Jahren des letzten Jahrhunderts als Reaktion auf die Enttäuschung von gescheiterten politischen Reformen folgte. Demgemäß wurden private Themen zwischenmenschlicher Beziehungen in der Familie und des sozialen Umfeldes – insbesondere auch Körperlichkeit und Sexualität als proklamierte Voraussetzung echter Selbsterfahrung – zum Darstellungsgegenstand. Schreiben gilt als unmittelbarer Ausdruck des Gefühls[642]. Diese neue Erscheinungsform hat Folgen hinsicht-

---

637 Die Prüfung von symbolischen Verweisen im Roman „Esra" von *Maxim Biller* kann im Rahmen dieser Arbeit nicht vertieft werden und erfordert eine selbständige Untersuchung.

638 *Aust,* Literatur (Fn. 562), S. 76.

639 Die Benennung von Räumlichkeiten wie den Lokalitäten und Straßennamen in München-Schwabing ermöglicht dem Leser zudem die Vorstellung einer räumlichen Orientierung, vgl. *Seiler,* Tatsachen (Fn. 241), S. 193. *Seiler* stellt klar, daß ein örtlicher zugleich einen realen Bezug in der Rezeption des Lesers beinhaltet: *Seiler,* ebda., S. 197: „Es müßte ein Leser ja auch nachgerade schizophren sein, wenn er sich bei einer namentlich genannten Stadt, die ihm in einer Erzählung begegnet, *nicht* die Stadt vorstellte, die er unter diesem Namen kennt, soweit jedenfalls der Text das irgend zuläßt." Durch die Nähe zu tatsächlichen Personen, Orten und Ereignissen vermittelt der Roman ausdrücklich den Eindruck von Echtheit und Realitätsnähe. Diese Wirkung wird als „Realismus-Effekt" bezeichnet: *E. Reckwitz,* Realismus-Effekt, in: A. Nünning (Hrsg.), Metzler Lexikon, 4. Aufl. 2008, S. 609 (610). – Im Hinblick auf die Aktualität der generalisierbaren Thematik ist inbesondere auf die verzweifelte Suche des Ich-Erzählers Adam nach seinem Platz in der Gesellschaft hinzuweisen. Er räumt ein, ihn noch nicht gefunden zu haben, *Biller,* Esra (Fn. 1), S. 88 f.: „Früher hatte ich von New York geschwärmt, aber dort war ich lange nicht mehr gewesen. Israel kam auch nicht in Frage. Und Prag? Ich hatte es mit meiner Familie vor dreißig Jahren verlassen." Der unglücklich liebende Adam glaubt in einer ungestörten Partnerschaft mit Esra sein persönliches Glück; vgl. *Biller,* ebda., S. 19, 46.

640 *Aust,* Literatur (Fn. 562), S. 76.

641 *Ohmer,* Fakten (Fn. 2), S. 67; *dies.,* Gutachten (Fn. 52), S. 29.

642 *M. Wagner-Egelhaaf,* Autobiographie, 2000, S. 190.

lich Gehalt und Sprache, die das Verhältnis von Autor und Leser durch eine inhaltliche Unmittelbarkeit, realistische Sprache und besondere Nähebeziehung prägen:

Der Roman ist – typisch für die Literatur des subjektiven Realismus – gekennzeichnet durch eine *inhaltliche Unmittelbarkeit*, eine entschlüsselte, lebensnahe Unmittelbarkeit, die eine Identifikation für den Leser erleichtert. Es geht *Biller* um eine möglichst unmittelbare Übermittlung von Inhalten[643]. Dieser Gehalt entstammt der subjektiven Alltagswelt des Autors. Typische Gegenstände sind die Suche des „Ichs“ nach seinem Platz in der Gesellschaft und die Sehnsucht nach einem erfüllten, glücklichen Privatleben. Der Bezug zum alltäglichen Leben bindet häufig tatsächliche biographische Erlebnisse des Autors ein und legt damit eine Authentizität des Textes nahe[644]. Die Handlungen beinhalten allerdings nicht eine bloße Wiedergabe von Ereignissen aus dem Leben des Autors. Vielmehr verbinden sich biographische Einzelheiten mit fiktiven Elementen zu einem einheitlichen, untrennbaren literarischen Werk.

Auf Darstellungsebene entspricht der inhaltlichen Unmittelbarkeit eine *realistische Sprache*. Die Wirklichkeit wird so abgebildet, wie sie ist. Nach *Biller* kommt Literatur die Aufgabe zu, so zu zeigen, „[…] warum die Welt so ein verrotteter Misthaufen ist und zugleich das Schönste, Herrlichste, was wir uns vorstellen können.“[645]

Bei „Esra“ erfolgt eine – kennzeichnend für den subjektiven Realismus – denkbar *unmittelbare Kommunikation zwischen Autor und Leser*. Schriftstellerische Tätigkeit wird so zu einem Erinnerungsvorgang an biographische Erlebnisse des Autors *Biller*, der den Leser in das aus faktischen und fiktiven Elementen bestehende Geschehen einbindet[646]. Wenn auch die Figur Adams aufgrund seiner gelegentlich verbissenen Art und seinem Beharren auf fixen Ideen Anlaß zur Distanzierung bietet, so sind die Identifikationsangebote seitens des Ich-Erzählers an den Leser doch überaus deutlich: Ihn läßt Adam an seinem Innenleben teilhaben und zieht ihn unmittelbar in seine Gedankenwelt. So ist es dem Rezipienten kaum möglich, die Handlung und das Auftreten der Protagonisten aus einer distanzierten Perspektive zu beurteilen. Aufgrund der unmittelbaren Weitergabe von autobiographisch inspirierten Inhalten vermittelt in einfacher Sprache entsteht eine direkte Kommunikation mit dem Leser. Die autobiographische Inspiration bewirkt nicht eine Abbildung der Faktizität, sondern die Schaffung einer neuen Wirklichkeit in der Literatur[647]. Der Dritte wird durch

---

[643] *Kron*, Literatur (Fn. 11), S. 37; *Ohmer*, Fakten (Fn. 2), S. 75.

[644] *Ohmer*, Gutachten (Fn. 52), S. 30.

[645] *Biller*, Sinnlichkeit (Fn. 230), S. 70.

[646] Zur subjektiven und objektiven Dimension der biographischen Erzählung *Rehbein*, Erzählen (Fn. 292), S. 69; *Ohmer*, Gutachten (Fn. 52), S. 21, 30.

[647] *Assmann*, Fiktion (Fn. 83), S. 247 f. So werden beispielsweise das am Sonntag geschlossene „Tiramisu“ und der sich deshalb anschließende Besuch des „Tre Colone“, reale

die direkte sprachliche Übertragung zwangsläufig in die dargestellten Ereignisse einbezogen. Zugleich eröffnet der Autor dem Leser damit zahlreiche Identifikationsangebote[648].

Der subjektive Realismus knüpft damit insgesamt an die herausgearbeitete historische Entwicklung des Verständnisses von Realität und Realismus an. Zahlreiche der in den verschiedenen Epochen bereits aufgezeigten Ansätze werden im subjektiven Realismus fortgesetzt und weiterentwickelt. Hinzuweisen sei allein auf den aristotelischen Autonomieanspruch von Kunst, die Subjektivierungstendenz seit dem 18. Jahrhundert und den Darstellungsgegenstand „Alltag" des poetischen Realismus im 19. Jahrhundert.

7. Gefahr für die Literatur: Ist der „Esra"-Beschluß Ausdruck von Zensur?

Zum Abschluß der kunstspezifischen Untersuchung des streitgegenständlichen Romans stellt sich die Frage, ob das Publikationsverbot als Zensurmaßnahme und damit als Gefahr für die Freiheit des gesamten Literaturbetriebs zu werten ist[649]. Wurde bislang die Erzählung *Billers* näher beleuchtet, so richtet sich nun der Fokus auf die gerichtliche Entscheidung.

Lokalitäten in München-Schwabing, mit dem fiktiven Treffen der Familie um Esra verbunden: *Biller,* Esra (Fn. 1), S. 212 f. – Klarzustellen ist, daß der Eindruck von Authentizität durch die Verwendung real existierender Örtlichkeiten und Lokalitäten nicht mit der Abbildung der Wirklichkeit zu verwechseln ist: Die real in München existierende Habsburger Straße findet Eingang in den Roman. Gleichwohl wohnt im Unterschied zur Protagonistin die Klägerin zu 1) nicht in der Habsburger Straße. Vgl. *I. Mangold,* Schwabing wird geschwärzt, in: Süddeutsche Zeitung vom 24.7.2003, S. 11. – Realistische Literatur wie der „Esra"-Roman will Realität nicht abbilden, da sich eine solche Wirklichkeitswiedergabe auf die Wahrnehmung des Autors beschränken würde. Die Bedeutung unbewußter und ungewollter Mimesis wird nicht eingeschränkt. Hierzu *A. N. Herbst,* Das Flirren im Sprachraum, in: A. Hübener/J. Paulus/R. Stauf (Hrsg.), Umstrittene Postmoderne, 2010, S. 99 (108 f.). – Mit verblüffender Einfachheit reihen sich Esras Abtreibungsversuch, intime Szenen zwischen Adam und Esra sowie Lales Mafiageschichte neben Beschreibungen des Alltags ein und werden in unvermindert klarer Sprache geschildert: *Biller,* Esra (Fn. 1), S. 21, 43, 71: „Das Rezept schickte Doktor Makovsky mit dem Fax an meine Apotheke am Nordbad. Es mußte schnell gehen, und Esra nahm die erste Tablette gleich dort. Von der Apotheke aus telefonierte sie noch einmal mit ihm, während sie sprachen, lächelte sie versonnen vor sich hin. [...] Da stand ich und sah in ihre stumpfen, schwarzen, tatarischen Augen, und dann spritzte ich endlich los. [...] Lales Mafiageschichte war eigentlich ein ganz normales Familiendrama."

648 *Ohmer,* Gutachten (Fn. 52), S. 30.

649 Vor den Gefahren von Zensur eindringlich warnt *R. Dworkin,* Neue Landkarte der Zensur, in: Heinrich-Böll-Stiftung/Tageszeitung (Hrsg.), Die Landkarte der Zensur, 1998, S. 102 (102 ff.). – Eher differenzierend *R. Kimball,* Die Freiheit, die sie meinen, in: Heinrich-Böll-Stiftung/Tageszeitung (Hrsg.), Die Landkarte der Zensur, 1998, S. 119 (124).

Vorab ist zu klären, was unter „Zensur“ zu verstehen ist. Der Begriff der Zensur leitet sich aus dem Lateinischen von der „censura“ ab[650]. Sie erfaßt Prüfung und Sanktionierung unmoralischen Handelns[651]. Die Zensurformen werden verschiedentlich unterteilt: So lassen sich die Maßnahmen entsprechend dem Zeitpunkt des Einschreitens, vor oder nach der Veröffentlichung des Werks, also in Vor- und Nachzensur, unterscheiden[652]. Nach der Häufigkeit des Eingriffs erfolgt eine Differenzierung nach erstmaliger Zensur und wiederholt vorgenommener, also Rezensur[653]. Im System der Präventivzensur sind alle Schriften bis zur Erteilung einer Erlaubnis verboten. Die Prohibitivzensur gewährleistet demgegenüber eine grundsätzliche Erlaubnisfreiheit und interveniert durch ein im Einzelfall ausgesprochenes Verbot[654]. Die Differenzierung zwischen formeller und informeller Zensur ermöglicht eine Unterscheidung zwischen Eingriffen der öffentlichen Gewalt und Beeinträchtigungen aufgrund von psychologischen, ökonomischen, politischen und sonstigen sozial kontrollierten Pressionen[655]. Eine darüber hinausgehende Präzisierung des Zensurbegriffs divergiert in den einzelnen Fachwissenschaften.

---

650 Zensur benennt ein Verfahren, das in römischer Zeit sowohl der Vermögensschätzung als auch der Sittenkontrolle diente. „Censura“ beinhaltet sowohl den Aspekt einer Prüfung als auch einer streng sittlichen Haltung. Vgl. *S. Buschmann,* Literarische Zensur in der BRD nach 1945, 1997, S. 13; *Lorenz,* Literatur (Fn. 245), S. 13; *A. Hölter,* Art. Zensur, in: H. Cancik/H. Schneider/M. Landfester (Hrsg.), Der Neue Pauly, Bd. 15/3, 2003, Sp. 1193 (1193, 1195). – Zensur bezeichnet allgemein nach *Eichner/Mix,* Fehlurteil (Fn. 399), S. 192 „die Überprüfung von Druckschriften nach staatlich oder kirchlich verfügten Normen, um gegebenenfalls eine Modifizierung des Textes oder ein Verbot zu erwirken.“

651 *Hölter,* Zensur (Fn. 650), Sp. 1195 f.; *B. Plachta,* Zensur, 2006, S. 13. – Zur rechtlichen Umsetzung der Zensur am Beispiel des Theaters in historischem Kontext *Würkner,* Bundesverfassungsgericht (Fn. 616), S. 19 ff.; *Mahrenholz,* Freiheit (Fn. 599), § 26 Rn. 14 ff. – Zur Geschichte der Zensur, insbesondere im Hinblick auf das 19. Jahrhundert *Ladeur,* Kommentar (Fn. 479), Art. 5 Abs. 3 II (2001), Rn. 1, 3 f.

652 *Buschmann,* Zensur (Fn. 650), S. 20; *Hölter,* Zensur (Fn. 650), Sp. 1193 f.

653 *Buschmann,* Zensur (Fn. 650), S. 21.

654 *Buschmann,* Zensur (Fn. 650), S. 21.

655 *Buschmann,* Zensur (Fn. 650), S. 21 f.

a) Begriffsbestimmung von Zensur

aa) „Esra“-Beschluß ist Zensurmaßnahme im literaturwissenschaftlichen Verständnis

Seitdem Personen sich literarisch ausdrücken, besteht zugleich das Bestreben, diese Kommunikation durch Zensurhandlungen zu kontrollieren[656]. Eine Restriktion von Kunst trifft diese nachhaltiger als andere Mitteilungsformen – freie Kreativität ist Grundvoraussetzung des künstlerischen Wesens[657] – und macht einen literaturwissenschaftlichen Zensurbegriff erforderlich[658]. Der Begriff von Zensur im philologischen Sinn ist auf die *autoritäre Kontrolle von Künstlern* und insbesondere von Schriftstellern beschränkt[659]. Von dieser personalen Einschränkung abgesehen ist das Verständnis äußerst weitreichend[660]. So versteht man darunter alle Mechanismen, die der *Überprüfung* medialer Werke anhand geltender Normen dienen und die diese gegebenenfalls *sanktionieren*[661]. So werden die Interventionen entsprechend dem *Reglementierungsziel* in drei Gruppen unterteilt, nämlich Absicht des Schriftstellers, Begrenzung des Ausbreitungsgrads und Beschränkung der Steuerung der öffentlichen Meinung[662]. Die im Instanzenzug und im Beschluß des Bundesverfassungsgerichts bestätigte

---

[656] Diese Arbeit kann keine historische Untersuchung der literarischen Zensur leisten. Einen guten Überblick bieten beispielsweise *A. Biermann*, Zur sozialen Konstruktion der „Gefährlichkeit“ von Literatur, in: A. Assmann/J. Assmann (Hrsg.), Kanon und Zensur, 1987, S. 212 (212 ff.); *Beisel*, Kunstfreiheitsgarantie (Fn. 420), S. 9 ff. – Am Beispiel von *Heinrich Heine H. Wolf/W. Schopf/D. Burkhard/G. Leppe*, Die Macht der Zensur, 1998, S. 11 ff.; *B. Kortländer*, „Censur muß sein.“, in: ders./E. Stahl (Hrsg.), Zensur im 19. Jahrhundert, 2012, S. 11 (11 ff.); im Kontext mit der Entwicklung der Kunstfreiheit *Würkner*, Bundesverfassungsgericht (Fn. 616), S. 16 ff.; *Lorenz*, Literatur (Fn. 245), S. 28 ff.

[657] *Beuys*, Kunst (Fn. 625), S. 136, 139.

[658] Vgl. *A. Ohmer*, Gefährliche Bücher?, 2000, S. 18; *Lorenz*, Literatur (Fn. 245), S. 16 f. – Vertiefend zur Zensur im internationalen und zeitlichen Vergleich *H. H. Houben*, Verbotene Literatur von der klassischen Zeit bis zur Gegenwart, Bd. 1, 1923, S. 7 ff.; *ders.*, Verbotene Literatur von der klassischen Zeit bis zur Gegenwart, Bd. 2, 1928, S. 7 ff.; D. E. Zimmer (Hrsg.), Die Grenzen literarischer Freiheit, 1966, S. 7 ff.

[659] *Buschmann*, Zensur (Fn. 650), S. 17. Die exakte Präzisierung des Zensurbegriffs bewegt sich bei den Literaturwissenschaftlern zwischen einem weiten und einem engen Verständnis. In einem engen Sinne faßt man unter Zensur – in Abgrenzung zur allgemeinen sozialen Kontrolle – die physische Kontrolle von Meinungsäußerungen, die vom Autor zur Veröffentlichung bestimmt oder veröffentlicht worden sind: *D. Breuer*, Geschichte der literarischen Zensur in Deutschland, 1982, S. 9; *Buschmann*, Zensur (Fn. 650), S. 17. – Über die reine Kontrolle hinaus wird demgegenüber unter Zensur im weiteren Sinne jede Form von Kommunikationsbehinderung verstanden: *Ohmer*, Bücher (Fn. 658), S. 18 ff.; *Plachta*, Zensur (Fn. 651), S. 18. Damit handelt es sich bei der Maßnahme nach *Plachta*, ebda., S. 23 um ein „allgegenwärtiges Phänomen komplexer Kommunikationsprozesse“.

[660] Mit Recht kritisch zur Ausuferung des Begriffs *Ohmer*, Bücher (Fn. 658), S. 18.

[661] *Plachta*, Zensur (Fn. 651), S. 17.

[662] *R. Aulich*, Elemente einer funktionalen Differenzierung der literarischen Zensur, in: H. G. Göpfert/E. Weyrauch (Hrsg.), „Unmoralisch an sich…“, 1988, S. 177 (215 ff.). – Nach Zeit, Intensität und Form differenziert *Ohmer*, Bücher (Fn. 658), S. 19.

Unterlassungsverfügung sanktioniert einen Normverstoß und kann daher als Zensurmaßnahme im literarischen Sinn verstanden werden. Dabei ist weder die Ausbreitung verfassungsfeindlichen Gedankenguts noch die Manipulation öffentlicher Meinung, sondern allein der Verstoß *Billers* gegen das Persönlichkeitsrecht der Klägerinnen zu unterbinden. Durch die gegenüber der beklagten Verlagsgesellschaft ergangene Untersagungsverfügung wird die Veröffentlichung des Romans zugleich für den Autor faktisch unmöglich[663].

bb) „Esra“-Beschluß als Zensurmaßnahme im soziologischen Verständnis

Die Zensierung eines literarischen Textes im soziologischen Verständnis bedingt zunächst eine Begriffsklärung, um die Gestalt der Auswirkungen in der Gesellschaft verständlicher zu machen.

Kunst ist undefinierbar[664]. Die grundlegende Funktion von Kunst liegt in der Etablierung einer eigenen Realität in der Gesellschaft. Es handelt sich dabei – wie bereits aufgezeigt – um eine fiktive Welt. Funktion der Kunst ist es damit, die Welt in einen realen und fiktiven Bereich zu spalten[665]. So ermöglicht „Esra“ – wie auch die Welten von Sprache und Religion[666] – die Betrachtung der sozialen Realien. „Esra“ reflektiert soziologisch gesehen die gesellschaftliche Wirklichkeit und fordert somit diese heraus. Kunst stärkt den gesellschaftlichen Aufbau[667].

---

[663] Denn auch wenn die Entscheidungen nicht in Rechtskraft gegen ihn erwachsen, wird es ihm doch faktisch unmöglich sein, einen Verlag zu finden, der sein Werk veröffentlicht. Die Wahrscheinlichkeit einer erneuten Untersagung würde an Sicherheit grenzen, so daß angesichts der Publikations- und Verfahrenskosten allein aus ökonomischen Gesichtspunkten eine Neuauflage ausgeschlossen ist. *Biller* erlebt diesen Zustand als unhaltbare Selbstzensur: *Biller,* Stellungnahme (Fn. 107), S. 7.

[664] Mit den juristischen Erwägungen übereinstimmend ist Kunst nach *Luhmann* auch in soziologischer Hinsicht nicht abschließend zu bestimmen, sondern als sich selbst ständig neu erschaffend und erhaltend zu verstehen: *N. Luhmann,* Die Kunst der Gesellschaft, in: N. Werber (Hrsg.), Niklas Luhmann, 2008, S. 428 (428, 436 f.). Gleichwohl besteht die Möglichkeit, daß Kunst in Form einer Selbstbeschreibung selbst bestimmt, was Kunst ist. Maßgebend ist das, was das Kunstsystem eigens unter Kunst versteht, (ebda., S. 393). – Zur Kunst als Kommunikation aus soziologischer und literaturwissenschaftlicher Sicht (ebda., S. 26, 129 ff.); *Ohmer,* Gutachten (Fn. 52), S. 18. – Zustimmend aus rechtlicher Sicht *T. Würtenberger,* Vom strafrechtlichen Kunstbegriff, in: H.-H. Jescheck/H. Lüttger (Hrsg.), Festschrift für Eduard Dreher zum 70. Geburtstag am 29. April 1977, 1977, S. 79 (85); *R. Scholz,* in: T. Maunz/G. Dürig (Hrsg.), Grundgesetz. Kommentar, Art. 5 Abs. 3 (1977), Rn. 13; *P. Kirchhof,* Die Garantie der Kunstfreiheit im Steuerstaat des Grundgesetzes, in: NJW 1985, S. 225 (228); *Würkner,* Bundesverfassungsgericht (Fn. 616), S. 126 ff.; *Wittreck,* Grundgesetz (Fn. 341), Art. 5 III (Kunst), Rn. 41.

[665] Den autopoietischen Vorgang betont *Luhmann,* Kunst (Fn. 664), S. 428 ff., 434 ff.

[666] Die Besonderheit der Kunst liegt im Wesen ihres Herstellungsprozesses, der im Gegensatz zur sprachlichen oder religiösen Welt spezifische Freiheiten und Beschränkungen beinhaltet: *Luhmann,* Kunst (Fn. 664), S. 429 ff., 435 ff.

[667] So auch *F. Kübler,* Meinungsäußerung durch Kunst, in: H. Däubler-Gmelin/K. Kinkel/H. Meyer/H. Simon (Hrsg.), Gegenrede, 1994, S. 303 (316); mit Nachdruck *Zuidervaart,* Art (Fn. 238), S. 127 f.: „Rather, in attempting with others to recast his account, I have come

Das *Kunstsystem* wird als ein äußerst komplexes Teilsystem der Gesellschaft verstanden, das in sich abgeschlossen ist und durch eine Eigengesetzlichkeit strukturiert wird[668]. Dieses System ist ununterbrochen in Bewegung, so daß die im Teilsystem begründeten Möglichkeiten sich ständig weiter ausdifferenzieren. Ein Kunstwerk ist dann das Ergebnis eines eigendynamischen Reproduktionsgeflechts aus anderen Kunstwerken[669].

Eine Untergruppe von Kunst bildet – in Form der Sprachkunst[670] – die *Literatur. Otto* definiert Literatur dabei als „*Gesamtheit aller menschlichen Äußerungen, die innerhalb eines bestehenden gesellschaftlichen Systems mit der Bemühung um sprachliche Form geschrieben werden*"[671]. Aus diesem Kontext entstehen Ironie, Paradoxien und Ambiguität.

Die Vorstellung von *Zensur* im soziologischen Sinn umfaßt *jedes Mittel sozialer Kontrolle* und ist damit ähnlich wie das literaturwissenschaftliche Verständnis denkbar weit. Zensur im soziologischen Sinn ist *ein Mittel, Normen und die mit ihnen verbundenen gesellschaftlichen Funktionen in dem jeweils vorherrschenden politischen System zu stärken und zu schützen*[672]. Die Elite in einer Gesellschaft setzt dieses *Mittel zur Sicherung ihrer Macht* ein[673]. Bei den Gerichtsentscheidungen im vorliegenden Fall handelt es sich um Zensurmaßnahmen im

---

to the conclusion that art in public has a significant role to play in an existing public sphere, which itself helps constitute the public character of art in public. That role is one of imaginatively disclosing matters of general concern and thereby bringing them to the attention of both informal and formal political publics. In accomplishing this, artists and their publics not only challenge the logics of money and power but also strengthen the fabric of civil society."

668 *Luhmann,* Kunst (Fn. 664), S. 429 ff., 435 ff.

669 Kunst wird also innerhalb eines eigenständigen Kunstsystems bestimmt. Aus dieser Autonomie von selbstbeschreibender Kunst folgt die Frage, wie in dem Kunstsystem zwischen Kunst und Nichtkunst unterschieden werden kann. Dazu *Luhmann,* Kunst (Fn. 664), S. 434 ff.

670 Den Worten kommt als Medium dabei eine doppelte Bedeutung zu: Worte sind sowohl Elemente des Textes als auch Mittel zur Selbstbeschreibung des Kunstwerks. Hierzu *N. Luhmann,* Literatur als fiktionale Realität, in: N. Werber (Hrsg.), Niklas Luhmann, 2008, S. 276 (283 ff.). Worte betreffen in der Literatur nicht mehr nur den begrifflichen Zeicheninhalt, sondern erhalten ihre eigentliche, darüber hinausweisende Aussagekraft durch eine sprachliche Reflexion; (ebda., S. 199 ff.). Die Worte bleiben nicht bei ihrer buchstäblichen Bedeutung, sondern erlangen ihren eigentlichen Gehalt durch die literarische Verarbeitung; (ebda., S. 202): „Erst auf der schwer zu ‚lesenden' Ebene symbolischer und klanglicher, sinnhafter und rhythmischer Konspiration beziehen Gedichte, indem sie Formen bilden, sich auf sich selbst."

671 *U. Otto,* Die literarische Zensur als Problem der Soziologie der Politik, 1968, S. 5.

672 Zensur ist nach *Otto* eine autoritäre Kontrolle menschlicher Äußerungen, die nicht den Ausdruck, sondern die Wirkung von Äußerungen beeinflußt: *Otto,* Zensur (Fn. 671), S. 3 ff. Dabei handelt es sich um solche Äußerungen, die im Widerspruch zu den vorherrschenden politischen, religiösen oder moralischen Interessen in einer Gesellschaft oder in den dominierenden Gesellschaftsgruppen stehen; (ebda., S. 12).

673 Das Verhältnis von Kunst und Macht könnte nach *Ridder* als Antinomie beschrieben werden. Dabei die Abhängigkeit der Kunst von Macht betont *H. Ridder,* Freiheit der

soziologischen Sinn. Denn sie verkörpern eine Form der Machtausübung, die der Beklagten die weitere Veröffentlichung unter Androhung von staatlichen Zwangsmitteln untersagt. Das Verbot resultiert aus einem Normverstoß. Daß es sich dabei um eine Regelung zum Schutz Privater handelt, ist angesichts der Abfassung und Vollstreckung des Verbots durch staatliche Organe für das soziologische Zensurverständnis ohne Belang[674]. Entscheidend bleibt, daß eine durch die gerichtliche Instanz ausgeübte, autoritäre Kontrolle von Äußerungen erfolgte.

cc) Keine Zensurmaßnahme im juristischen Verständnis durch „Esra"-Beschluß

Das juristische Verständnis von Zensur nach Art. 5 Abs. 1 S. 3 GG ist gegenüber dem literaturwissenschaftlichen und soziologischen Begriff bedeutend enger gefaßt. Unter Zensur versteht man im juristischen Verständnis „die Verpflichtung, vor Herstellung oder Verbreitung eines Mediums dieses einer staatlichen Stelle zur vorherigen Genehmigung dieser Veröffentlichung vorzulegen."[675] Es wird zwischen Vor-, Nach- und Rezensur unterschieden, wobei allein erstere schlechthin verboten ist[676]. Adressat des Zensurverbots bleibt ausschließlich der Staat[677]. Bei dem Publikationsverbot handelt es sich damit aus eben diesen zwei Aspekten nicht um einen Akt der Zensur[678]: Erstens erfolgte kein Eingriff vor Erscheinen des Buchs, also nicht zwecks der allein relevanten Vorkontrolle. „Esra" war bereits veröffentlicht. Außerdem ist die Untersagung nicht als Zensur zu qualifizieren, weil sie nicht zur Erhaltung staatlicher, sondern allein aufgrund privater Rechte der beiden Klägerinnen erging.

dd) Der „Klassiker" von zensierter Kunst: Pornographie, aber nicht bei „Esra"

In zahlreichen Kollisionsfällen mit Kunst muß aufgrund *pornographischer* Qualität des Werks ein Ausgleich mit dem Jugendschutz gesucht werden[679]. Pornographie definiert sich als eine grobe, drastisch direkte Darbietung von Sexuellem, bei der in einer den sexuellen Trieb stimulierenden oder das Bild von Ge-

---

Kunst nach dem Grundgesetz, 1963, S. 22 ff.; *Plachta*, Zensur (Fn. 651), S. 16; *Lorenz*, Literatur (Fn. 245), S. 17 ff.; vgl. Abschnitt C.II.7.

[674] Die soziologische Betrachtungsweise wird im Abschnitt C.II.7.a.bb näher erörtert.

[675] *Schulze-Fielitz*, Grundgesetz (Fn. 96), Art. 5 I, II Rn. 171.

[676] *K.-H. Ladeur*, Der prozedurale Schutz der Medienfreiheit, in: ZUM 2004, S. 1 (6); *Eichner/Mix*, Fehlurteil (Fn. 399), S. 193.

[677] *Schulze-Fielitz*, Grundgesetz (Fn. 96), Art. 5 I, II Rn. 174.

[678] So auch *Busch*, Romanverbote (Fn. 1), S. 204; *Wittreck*, Grundgesetz (Fn. 341), Art. 5 III (Kunst), Rn. 58.

[679] Der Vollständigkeit halber sei darauf hingewiesen, daß bei einer pornographischen Darstellung, die um Elemente der Gewalt gegen die Frau ergänzt wird, darüber hinaus eine Verletzung der Würde der Frau nach Art. 1 Abs. 1 GG in Betracht kommt: BVerfGE 87, 109 (228); 88, 203 (254).

schlechtlichkeit entehrenden Form die Person zum Objekt der Begierde oder des Gebrauchs entwürdigt wird[680]. Die Bewertung unterliegt dem zeitlichen Wandel und erstreckt sich gegenwärtig nicht mehr auf die Darstellung geschlechtlicher Vorgänge zwischen erwachsenen Personen[681]. Ein Verstoß gegen den Jugendschutz, der in der Menschenwürde aus Art. 1 Abs. 1 GG und dem staatlichen Wächterauftrag nach Art. 6 GG i.V.m. § 184 Abs. 1 Nr. 8 StGB verankerten wird, ist allerdings im vorliegenden Streitfall augenscheinlich ausgeschlossen[682]. „Esra" ist nicht als pornographischer Text zu werten. Bei den Darstellungen der intimen Szenen zwischen Esra und Adam handelt es sich nicht um Pornographie[683]. Bei der Schilderung bleibt ein deutlich *personaler Gehalt* der Gestalten erhalten. Die Sexualität Esras wird als Teil der Person Esra dargestellt, ohne Zweifel an ihrer Würde als Frau aufkommen zu lassen. Im Vordergrund stehen nicht ein Stimulationseffekt aufgrund oder eine Bagatellisierung des Sexualverhaltens, sondern der private Austausch, der in die Gesamtbeziehung von Adam und Esra bruchlos eingefügt ist. Die beschriebenen Intimszenen zwischen den Protagonisten Esra und Adam fügen sich nahtlos in die Handlung ein und wirken sowohl hinsichtlich ihrer Positionierung als auch ihrer Häufigkeit weder aufgesetzt noch provokativ. Die Beschreibung ist nicht auf eine ausschließliche Degradierung zum Sexualobjekt gerichtet. Weitgehend ist die Darstellung sublimiert und zum

---

680 *W. Perron/J. Eisele,* in: A. Schönke/H. Schröder (Hrsg.), Strafgesetzbuch, 28. Aufl. 2010, § 184 Rn. 4. Als pornographische Schriften werden nach den in der Rechtsprechung entwickelten Kriterien Werke verstanden, die eine aufdringlich vergröbernde, verzerrende, unrealistische Darstellung ohne Sinnzusammenhang mit anderen Lebensäußerungen beinhalten, vgl. OLG Düsseldorf NJW 1974, 1474 (1475); OLG Koblenz NJW 1979, 1467 (1468); zustimmend *Meyer-Cording,* Portrait (Fn. 358), S. 744. – Zur rechtlichen Unsicherheit des § 184 I StGB anhand von Beispielen aus der Rechtsprechung *A. Holzmiller,* Züchtig … Unzüchtig, in: littera 3 (1964), S. 112 (112 ff.). – Die zeitliche und räumliche Relativität des pornographischen Verständnisses wird anhand der Beispiele von Günter Grass' „Katz und Maus – eine Novelle", Ulrich Schamonis' „Dein Sohn läßt grüßen" und des Augsburger Figaroskandals im Rahmen der Neuinszenierung von Mozarts „Hochzeit des Figaro" deutlich; instruktiv *Leiss,* Kunst (Fn. 616), 1971, S. 436 ff.; aufschlußreich zum Verhältnis von Kunst und Pornographie BVerfGE 83, 130 (130 ff.); gute Einführung auch bei *Ohmer,* Bücher (Fn. 658), S. 115 ff., 138 ff., 195 ff.; aber keine Kunst bei bloßer Nacktheit als Zurschaustellung des Körpers OVG Münster NJW 1997, 1180 (1180 f.).

681 BGHSt 23, 40 (42 f.). – Anders wäre die Lage zu beurteilen, wenn der Erzähler beispielsweise sexuelle Kontakte zu der minderjährigen Tochter von Esra schildern würde; hierzu eingehend BVerwG NJW 1987, 1435 (1436).

682 Zu den Grundlagen des Jugendschutzes *P. Lutz,* Änderung der Rechtsprechung zum Gesetz über die Verbreitung jugendgefährdender Schriften, in: NJW 1988, S. 3194 (3195). – Zur Zensurproblematik im Fall von Pornographie *F. J. Raddatz,* Bundesrepublik Deutschland, in: D. E. Zimmer (Hrsg.), Die Grenzen literarischer Freiheit, 1966, S. 159 ff. – Zur Begrenzung der Kunstfreiheit durch § 184 Abs. 1 Nr. 1 StGB *W. D. v. Noorden,* Die Freiheit der Kunst nach dem Grundgesetz (Art. 5 Abs. 3 Satz 1 GG) und die Strafbarkeit der Verbreitung unzüchtiger Darstellungen (§ 184 Abs. 1 Nr. 1 StGB), 1969, S. 96 ff.; *S. Vlachopoulos,* Kunstfreiheit und Jugendschutz, 1996, S. 26 ff.; *Beisel,* Kunstfreiheitsgarantie (Fn. 420), S. 323 ff.

683 Sexualkontakte zur Romanfigur Lale werden ohnehin nicht geschildert.

Ausdruck von Adams verzweifelter Liebe und Anhänglichkeit *erheblich vergeistigt.* Zugleich beschränken sich die Szenen auf typische sexuale Handlungen. So wirken die Schilderungen gelegentlich *schablonenhaft* und durch die Erlebnisse anderer Paare ersetzbar. Gleichwohl verlieren sie durch die zum Teil beliebig austauschbaren Beschreibungen nicht ihren individuellen und damit möglicherweise verletzenden Charakter. Denn gerade die *Einbettung der Sexszenen in den Kontext einer Beziehung*, die tatsächlich in der Realität bestand, stellt die Verbindung von Emotionen und deren körperlichem Ausdruck in der sexuellen Begegnung öffentlich zur Schau. Beeinträchtigt wäre in diesem Fall nicht nur die Geschlechtlichkeit, sondern der Personalgehalt der Klägerin zu 1) im ganzen.

ee) „Esra": keine juristische Zensurmaßnahme zum Schutz von Persönlichkeitsrechten

Im vorliegenden Fall könnte also der Achtungsanspruch aus Art. 2 Abs. 1 i.V.m. Art. 1 Abs. 1 GG verletzt sein. In der einstweiligen Verfügung des Landgerichts München I wird dem Verlag Kiepenheuer & Witsch auf Antrag von zwei Privatpersonen untersagt, „das Buch mit dem Titel ‚Esra', des Autors *Maxim Biller* zu veröffentlichen und veröffentlichen zu lassen, auszuliefern und ausliefern zu lassen, zu vertreiben und vertreiben zu lassen und hierfür zu werben und werben zu lassen."[684] Das Verbot geht nicht originär von einer staatlichen Institution aufgrund ihres Autoritätsanspruchs aus. Die Gerichtsurteile als Akte der öffentlichen Gewalt dienen vielmehr dem Ausgleich privater Belange. Es handelt sich bei der einstweiligen Verfügung um einen Interessenausgleich Privater, nicht um eine staatliche Zensurmaßnahme[685]. Entsprechend sind die Urteile im Instanzenzug und der Senatsbeschluß nicht als Zensurmaßnahmen im rechtlichen Sinne zu qualifizieren.

ff) Zwischenergebnis: literarische, soziologische, nicht aber juristische Zensur

Die gerichtlichen Entscheidungen im Fall „Esra" stellen im literarischen und soziologischen Sinne, nicht jedoch nach juristischem Verständnis eine Maßnahme der Zensur dar. Die Entscheidung des Bundesverfassungsgerichts hat – unabhängig davon, ob man sie als Maßnahme der Zensur qualifiziert – in einigen literarischen Kreisen und gesellschaftlichen Bereichen die Sorge um einen zensurgleichen Einschüchterungseffekt hervorgerufen. Daher soll im folgenden die Gefahr einer Verunsicherung des Literaturbetriebs – für die Verleger möglicherweise aufgrund ihrer Unkenntnis hinsichtlich realer Entsprechungen besonders beeinträchtigend[686] – und der gesellschaftlichen Meinungsbildung aufgrund der gerichtlichen Entscheidung ausgelotet werden.

---

684 LG München I ZUM 2003, 692 (693).
685 Vgl. BVerfGE 119, 1 (23).
686 *D. Grimm*, „Keine Trumpfkarte im ‚Fall Esra'", in: ZRP 2008, S. 29 (29).

b) Literarischer Aufschrei: zensurgleiche Einschüchterung durch „Esra"-Beschluß

Von literaturwissenschaftlicher Seite wird der „Esra"-Beschluß nur vereinzelt als Interessenausgleich von Privaten anerkannt, der nicht als Zensurmaßnahme gewertet werden kann[687]. Weit überwiegend wurde er als Akt der Zensur durch das Bundesverfassungsgericht verurteilt[688]. Kritisiert wird jede Untersagung, ob aus Gründen des Persönlichkeits- oder Jugendschutzes[689]. Es bestehe die Gefahr der Entmündigung von Autor, Verleger und Leser sowie der gesamten Einschränkung des Künstlerbetriebs. Die Funktionstüchtigkeit der Literatur in der Gesellschaft werde somit durch derartige Restriktionen in Frage gestellt[690]. Kunst hat die Aufgabe, durch Provokation auf den Kommunikationsvorgang in der Ge-

---

687 *Hein*, Zensur (Fn. 12), S. 178; *R. Bunia*, Minderheitenschutz, nicht Zensur, in: Merkur, Bd. 62, Heft 2 (2008), S. 103 (104). – Vertreter dieser Ansicht beschränken den Zensurbegriff auf die Kontrolle von Schriftstücken durch den Einsatz physischer Zwangseinwirkung: *A. Biermann*, ‚Gefährliche Literatur' – Skizze einer Theorie der literarischen Zensur, in: Wolfenbütteler Notizen zur Buchgeschichte 30.1 (1988), S. 1 (3). Fälle der Selbstzensur fallen demnach nicht unter den Begriff von Zensur. – Vereinzelt wird in einer psychischen Selbstrestriktion des Autors sogar die Chance einer gründlichen Gewissensprüfung erkannt: *Seiler*, Tatsachen (Fn. 241), S. 253. Persönlichkeitsschutz durch Zensur sei kein Phänomen der Gegenwart, sondern bereits nach 1848 Mittel zur Schaffung eines Interessenausgleichs gewesen. Auch die Schriftstellerprozesse Ende des 19. Jahrhunderts bezeugen die Reibungsflächen von Kunstfreiheit und Persönlichkeitsschutz.

688 *D. Knipphals*, Literatur ohne Liebe, in: Die Tageszeitung vom 16.10.2003, S. 17; *Ohmer*, Fakten (Fn. 2), S. 69; vgl. *Achternbusch/Altaras/Ankowitsch u.a.*, Aufruf (Fn. 484), S. 14; *H. Malchow*, Ich sehe Gefahren für die Autoren, für das Schreiben, in: Frankfurter Allgemeine Zeitung vom 13.10.2007, S. 39. – In der juristischen Welt wurden angesichts des klar konturierten juristischen Zensurbegriffs nur vereinzelt solche Einschätzungen geäußert. Auf den Gedanken der Zensur weist zumindest hin *Busch*, Romanverbote (Fn. 1), S. 203 f.

689 So für den „Mephisto"-Beschluß *Buschmann*, Zensur (Fn. 650), S. 61, 73 ff. – *Ohmer*, Fakten (Fn. 2), S. 69 führt in diesem Zusammenhang die Doppelproblematik für Literaten vor Augen, deren Darstellungen von Sexualität sowohl den Persönlichkeitsschutz als auch den Jugendschutz tangieren: „Er muss sich fragen, ob sein Buch die Jugend in ihren Vorstellungen von Sexualität desorientiert oder der Sexualtrieb stimuliert wird. Zusätzlich muss er nun prüfen, dass sich niemand aus seinem Umfeld in irgendeiner Form in einer Romanfigur erkennt und sich in seiner Ehre gekränkt fühlt."

690 *Ohmer*, Fakten (Fn. 2), S. 69, 73 f.; *dies.*, Literatur vor Gericht: Zensur in Deutschland, in: Wespennest, Heft 134 (2004), S. 87 (87 ff.); *Eichner/Mix*, Fehlurteil (Fn. 399), S. 196, 223 f.; *H. Prantl*, Die Kunstrichter von Karlsruhe, in: Süddeutsche Zeitung vom 13.10.2007, S. 13. – Zur gesellschaftlichen Funktion von Kunst eingehend *G. E. Szőnyi*, The Politics of Literary Criticism: New Historicism and Shakespeare Scholarship, in: R. Kley/S. Möckli (Hrsg.), Geisteswissenschaftliche Dimensionen der Politik, 2000, S. 531 (534 f.): „By the 1970s almost everybody had turned against new criticism, and the followers of reader-response criticism had established the idea that artworks cannot be seen as having an eternal and organic existence independent of their social function and use." *H. Lehmann*, Die flüchtige Wahrheit der Kunst, 2006, S. 57 ff.

sellschaft einzuwirken[691]. Das Publikationsverbot im Fall „Esra" weise „eine bedenkliche Nähe zur Buchgläubigkeit totalitärer Gesellschaften auf"[692].

Kritisiert wird insbesondere die Klage gegen den Autor auf *existenzbedrohende Entschädigungszahlungen*[693]. So erschien im Juli 2006 die Unterschriftenliste „100 Namen gegen 100 000 Euro", in der sich Autoren, Verleger, Schauspieler und Künstler gegen die Schadensersatzklage der Klägerinnen wandten[694]. Sie fürchteten bei einer Bejahung des Schadensersatzanspruchs den finanziellen Ruin *Billers*[695]. Die Haftung eines Schriftstellers müsse ebenso ausgeschlossen werden wie die eines Internetbenutzers für die Aktivitäten seines Avators in virtuellen Bereichen wie „Second life". Neben formellen Interventionen wie einem staatlichen Publikationsverbot und informellen Maßnahmen der öffentlichen Meinung führe ein subtiler *„Angstmechanismus"*[696] letztlich zur Selbstzensur[697].

---

691 *Lehmann*, Wahrheit (Fn. 690), S. 81 ff.

692 *Ohmer*, Literatur (Fn. 690), S. 87 ff.; *Eichner/Mix*, Fehlurteil (Fn. 399), S. 196, 223 f.

693 *Eichner/Mix*, Fehlurteil (Fn. 399), S. 196 f.

694 In dem Aufruf hieß es nach *Achternbusch/Altaras/Ankowitsch u.a.*, Aufruf (Fn. 484), S. 14: „100.000 Euro: das ist eine Summe, welche, wenn er sie zahlen müsste, nicht nur Maxim Biller ruinieren würde. Es wäre der Ruin der Literatur, es wäre der Bankrott der Kunstfreiheit, wenn künftig jeder, der sich in einem Werk der Fiktion wiederzuerkennen glaubte, auf Schadensersatz klagte. Statt Lektoren wären Anwälte die ersten Gegenleser, statt um Qualität ginge es nur noch um Unangreifbarkeit. Wer ein Buch veröffentlichte, riskierte den Ruin. Unter solchen Bedingungen hätten weder ‚Die Leiden des jungen Werthers' noch die ‚Buddenbrooks' erscheinen können. So weit darf es nicht kommen. Der Deutsche P.E.N., der Börsenverein des Deutschen Buchhandels und der Verband deutscher Schriftsteller haben sich gegenüber dem Bundesverfassungsgericht gegen ein Verbot des Buches ausgesprochen." In der Tat ist die Motivation vieler Unterzeichner verständlich, die als Berufskollegen in dem „Esra"-Verfahren auch ihre eigenen Werke latent auf dem Prüfstand sehen und das Verbot daher als Beschränkung empfinden; Zu den Unterzeichnern zählten die beiden Nobelpreisträger *Elfriede Jelinek* und *Günter Grass*, die Schauspielerinnen *Senta Berger* und *Iris Berben, Helmut Dietl, Luc Bondy, Peter Zadek, Jakob Arjouni* und die Verleger *Daniel Keel, Michael Krüger* und *Fritz J. Raddatz*; (ebda., S. 14). Vgl. in diesem Kontext den Beitrag von *Raddatz*, Bundesrepublik Deutschland (Fn. 682), S. 159 ff. Auf die Gefahr von selbstbefangenen, ungerechten Beurteilungen durch betroffene Literaten weist auch hin *Biermann*, Literatur (Fn. 687), S. 1.

695 Vgl. *Achternbusch/Altaras/Ankowitsch u.a.*, Aufruf (Fn. 484), S. 14; zur „erstaunlich große(n)" und „symbolischen" Solidarität des Literaturbetriebs im Fall „Esra" *G. Bartels*, Gegen den Ruin der Literatur, in: Die Tageszeitung vom 24.7.2006, S. 15. – Im allgemeinen Kontext der Solidarisierung mit einem Schriftsteller sei an die kollektive Intervention von Schriftstellern und Wissenschaftlern in der „Dreyfus"-Affäre erinnert. Damals ging es um das gegen einen jüdischen Hauptmann zu Unrecht ergangene Urteil, gegen das sich die Solidarisierungsaktion wandte. Sie argumentierte mit der Wissenschaft und den republikanischen Werten; vgl. zur „Dreyfus"-Affäre *J. Jurt*, In wessen Namen? Zu den Interventionen engagierter Schriftsteller in Frankreich, in: R. Key/S. Möckli (Hrsg.), Geisteswissenschaftliche Dimensionen der Politik, 2000, S. 509 (517 ff.).

696 *Plachta*, Zensur (Fn. 651), S. 20.

697 Selbstzensur sei die eigentliche Gefahr einer zensierenden Intervention: *Buschmann*, Zensur (Fn. 650), S. 29 ff. Der Zustand der Meinungsfreiheit werde letztlich nur noch vorgespiegelt: *Plachta*, Zensur (Fn. 651), S. 20; *Malchow*, Gefahren (Fn. 688), S. 39. Der Verleger *Malchow* des streitgegenständlichen Romans fordert, im Literaturbetrieb „sollten ästhe-

Der literarische Protest findet insoweit seine Berechtigung, als daß Veröffentlichungsverbote angesichts ihrer Breitenwirkung doch mit äußerster Skepsis zu behandeln sind[698]. Wenn die „Esra"-Entscheidung auch kein staatlicher Eingriff zur Steuerung der öffentlichen Meinung, keine unzulässige Vorkontrolle war, so kann die Assoziierung einer latenten Einschüchterung nicht gänzlich ausgeschlossen werden[699]. Jüngstes Beispiel von Selbstbeschneidung aufgrund der drohenden Reglementierung durch ein Gerichtsverfahren mit anschließendem Publikationsverbot und hohen Umsatzeinbußen ist der Roman „Das Da-da-da-Sein" von *Maik Brüggemeyer.* Der Autor korrigierte noch vor dem Erscheinen – also unjuristisch gesprochen in Form einer „privaten Vorzensur" – nach Aufforderung durch den Aufbau Verlag die ursprüngliche Version, um das Prozeßrisiko durch Klagen erkennbarer Dritter zu minimieren[700]. So befürchtet *Gerrit Bartels,* „daß einstweilige Verfügungen gegen Romane und Schriftsteller in Kürze inflationär ausgestellt werden."[701] Die Entwicklung kann als „inflationär" vom lateinischen Ursprung des „Aufschwellens" her bezeichnet werden, um so auf die gestiegene Anzahl von Gerichtsverfahren hinzuweisen. Sie ist aber nicht „inflationär" im Sinne einer Entwertung oder Bagatellisierung der Kunstfreiheit. Die Häufung von Gerichtsentscheidungen über das Verbot eines Kunstwerks ist unumgänglich. Eine pauschale Ablehnung gerichtlicher Publikationsuntersagungen aus Gründen des Persönlichkeitsschutzes ist letztlich unhaltbar. Der Anstieg gerichtlicher Auseinandersetzungen ist maßgebend durch literarische und gesellschaftliche Veränderungen bedingt.

In der *Gegenwartsliteratur* läßt sich eine Zentrierung der Handlung auf Person und Alltag des Autors konstatieren[702]. Eine Kollision mit Persönlichkeits-

---

tische Kriterien gelten, nicht juristische, politische, psychologische oder andere" (ebda., S. 39). – Angesichts der Angst vor zu weitgehenden Änderungen sei angemerkt, daß aus ökonomischen Gründen Manuskripte durchaus werbewirksam verändert werden, vgl. *P. Mühlbauer,* Das Literaturgericht, in: Telepolis vom 24.4.2003, http://www.heise.de/tp/r4/artikel/14/14667/1.html (26.1.2011).

[698] *Hein,* Kind (Fn. 545), S. 81 resümiert prägnant: „Die Zensur der Verlage und Bücher, der Verleger und Autoren ist überlebt, nutzlos, paradox, menschenfeindlich, volksfeindlich, ungesetzlich und strafbar." *v. Becker,* Fiktion (Fn. 106), S. 9 erkennt in staatlicher Zensur einen empfindsamen „Parameter für die Offenheit einer Gesellschaft". Vor der „Schere im Kopf" warnt *Wittreck,* Grundgesetz (Fn. 341), Art. 5 III (Kunst), Rn. 57.

[699] *Ohmer,* Literatur (Fn. 690), S. 87 ff.

[700] Auch hier wird der zwar nicht hinreichende, gleichwohl obligatorische Disclaimer zum Ausschluß von Persönlichkeitsrechtsverletzungen der Erzählung vorangestellt. *M. Brüggemeyer,* Das Da-da-da-Sein, 2011, S. 4: „Dies ist kein Tatsachenbericht, sondern ein Roman. Etwaige Ähnlichkeiten mit lebenden oder toten Personen sowie realen Geschehnissen sind somit allenfalls zufällig und nicht beabsichtigt."

[701] *Bartels,* Dichter (Fn. 509), S. 17. – Zur gestiegenen Anzahl von persönlichkeitsrelevanten Kunstprozessen auch *R. Dresen,* Presserecht und Buchverbote, in: K & R 2007, S. I; *R. Mann,* Vorveröffentlichung und Dringlichkeit – Eine Strategie gegen Buchverbote?, in: K & R 2009, S. 685 (685); *Knothe,* Freiheit (Fn. 6), S. 80.

[702] Selbstreferentialität mit selbstironischen Tendenzen prägt aktuelle literarische und

rechten der Personen des sozialen Umfelds erscheint unvermeidbar, ein Anstieg gerichtlicher Auseinandersetzungen erfolgt dabei zwangsläufig[703]. Schriftsteller der Gegenwart beschäftigen sich häufiger als Autoren der Vergangenheit mit Intimität und Sexualität. Dabei werden die oft fließenden Grenzen zwischen Fiktion und Realität insgesamt aufgehoben[704].

Zudem zeichnet sich in der *Gesellschaft* der Trend ab, Privates in der Öffentlichkeit kundzutun[705]. Internetplattformen in Form virtueller, frei zugänglicher Fotoalben, Kontaktdaten und Tagebücher oder TV-Sendungen, die reales Alltagsleben abbilden oder in einer Talkrunde thematisieren, bestätigen den Willen zur Selbstentblößung[706]. Außerdem zeigt sich in jüngerer Vergangenheit ein aufgeschlossener Umgang mit Rechtsmitteln. Die Bereitschaft, einen Rechtsstreit wegen einer Verletzung des allgemeinen Persönlichkeitsrechts auszutragen, ist erheblich gestiegen[707]. Angesichts dieser literarischen und gesellschaftlichen Entwicklungen ist die Prognose verstärkter gerichtlicher Auseinandersetzung mit Literatur kein Zeichen staatlicher Zensur, sondern eines erhöhten Bedarfs zur Regelung der widerstreitenden Grundrechte.

Auch vorliegend handelt es sich nicht um die Durchsetzung einer staatlichen Doktrin, sondern um einen Interessenausgleich Privater. Die Unterlassungsver-

---

mediale Formate; *K.-H. Ladeur*, Persönlichkeitsschutz und „Comedy", in: NJW 2000, S. 1977 (1980).

[703] *Ladeur/Gostomzyk*, Roman (Fn. 392), S. 427 f.; so auch *Knothe*, Freiheit (Fn. 6), S. 80. – Im Zusammenhang vermehrter Auseinandersetzungen von Kunstwerken und Persönlichkeitsrechten erscheint – ohne mögliche Vertiefung im Rahmen dieser Arbeit – zumindest erwähnenswert die These *Schmieders*, die Konflikte zwischen Privaten würden durch die Abschaffung staatlich überwachter Moralität begünstigt: *H.-H. Schmieder*, Kunst als Störung privater Rechte, in: NJW 1982, S. 628 (628): „Vor diesem staatlich geduldeten, ja garantierten Pluralismus zieht sich der aufrechte Bürger in das feste Haus seiner privaten Persönlichkeits- und Besitzsphäre zurück, die ihm gleichfalls von Verfassungs wegen geschützt wird. Er reagiert eher empfindlicher auf jede Beeinträchtigung seines Privatbereichs, mag sie auch künstlerisch motiviert sein […]."

[704] *Ladeur/Gostomzyk*, Roman (Fn. 392), S. 427.

[705] Vor dem Hintergrund dieser medialen Veränderungen seien Reaktionen in der Rechtspraxis unvermeidbar. So trage beispielsweise die US-amerikanische Rechtsordnung dem Umstand erhöhter Absatzmöglichkeiten privater Enthüllungsgeschichten durch die Einführung eines „right of publicity" neben dem bestehenden „right of privacy" Rechnung: *Ladeur*, Persönlichkeitsschutz (Fn. 702), S. 1979; *ders.*, Anpassung (Fn. 15), S. 393 ff.; *ders./Gostomzyk*, Roman (Fn. 392), S. 427; vgl. die instruktive Darstellung bei *H.-P. Götting*, Vom Right of Privacy zum Right of Publicity, in: GRUR Int 1995, S. 656 (659 ff.).

[706] Weiterführend für den gesamten Medienbereich sind die Untersuchungen des Realitätsfernsehens von *N. Klass*, Rechtliche Grenzen des Realitätsfernsehens, 2004, S. 8 ff. Übereinstimmungen ergeben sich aus dem auch im Realitätsfernsehen beliebten Format der Darstellung einer gewöhnlichen Person in einem intimen Bereich. Voraussetzung des Realitätsfernsehens ist mithin nach *Klass*, ebda., S. 9: „[…] dass es sich bei den Protagonisten um unprominente, medienunerfahrene ‚Normalbürger' handelt, die in der Rolle ihrer Selbst agieren und dass Privatheit und Intimität besonders betroffen sind."

[707] *Kübler*, Meinungsäußerung (Fn. 667), S. 304; *Ladeur/Gostomzyk*, Roman (Fn. 392), S. 428.

fügung erging auf Antrag von Personen, die sich in ihrem sozialen Achtungsanspruch verletzt fühlten. Erkennt man nun das allgemeine Persönlichkeitsrecht als Grundrecht an und berücksichtigt die erörterte Beeinflussung der Literatur für die sozialen Realien, so ist Ergebnis dieser durchaus schlichten Rechnung, daß eine Kontrollinstanz den Schutz des Persönlichkeitsrechts in der Literatur gewährleisten muß. Das Argument, die Arbeit der Verleger erfordere keine staatliche Kontrolle, da die sorgfältige Auswahl und Durchsicht von Verlagsmitarbeitern bereits ausreichend sei[708], greift insoweit zu kurz: Zwar steht die berufliche Kompetenz der Lektoren außer Zweifel. Die Qualität ihrer Arbeit wird nicht zuletzt durch eine vielseitige und dem künstlerischen Anspruch gerecht werdende Literaturlandschaft belegt. Allerdings ist weder den Verlagsmitarbeitern die Aufgabe zuzumuten, eine umfassende rechtliche Prüfung durchzuführen, noch kann eine gerichtliche Überprüfung nach dem Gedanken des Rechtsstaatsprinzips aus Art. 20 Abs. 1 GG verwehrt werden[709]. Diese Bilanz ist kein Zauberwerk, sondern Ausdruck praktischer Konkordanz, Konsequenz der Auffassung, daß eine grundsätzliche Wertschätzung der Persönlichkeit des anderen Grundlage des Gegenseitigkeitsverhältnisses in der Gesellschaft ist[710].

8. Zwischenergebnis: notwendiges Gutachten, neue Wirklichkeit durch Kunst

Die aus der Untersuchung bislang gezogenen Ergebnisse belegen die Bedeutung literaturwissenschaftlicher Fragen bei Entscheidungen über Veröffentlichungsverbote literarischer Werke. Eine fachkundige Auseinandersetzung mit der literarischen Materie ist unumgänglich und sollte frühzeitig durch Einholung eines *literaturwissenschaftlichen Gutachtens* während gerichtlicher Verfahren ermöglicht werden. Die Beratung durch einen fachkundigen Sachverständigen hätte Irrwege im Labyrinth der Literatur verhindern können und wäre imstande, einen rascheren Ausstieg aus dem Durcheinander künstlerischer Realitätsbearbeitung zu erreichen.

Die Vermengung von Wirklichkeit und Fiktion in der postmodernen Literatur wie dem „Esra"-Roman erschwert sowohl für die Leserschaft als auch für die Gerichte, die Unterscheidung zwischen fiktionaler Literatur und Sachtexten – wie bei (Auto-)Biographien – sachgerecht zu treffen. Wie komplex, zeit-

---

708 *Hein,* Kind (Fn. 545), S. 80 f.

709 Auch *Hein,* dem als Schriftsteller in der DDR ein Anspruch auf Rechtsstaatlichkeit grundlegend verwehrt blieb, weiß um die Wirkung von Zensur und stellt daher klar, daß es sich bei den gegenwärtigen Publikationsverboten aufgrund verletzter Persönlichkeitsrechte nicht um Zensurmaßnahmen handelt: *Hein,* Zensur (Fn. 12), S. 178; ähnlich *Bunia,* Minderheitenschutz (Fn. 687), S. 104; *Reichel,* Kunstfreiheit (Fn. 85), S. 129.

710 So auch *W. Seitz,* „Gute Kunst war immer decouvrierend" Aber Tabuzonen dürfen nicht überschritten werden, in: ZRP 2005, S. 141 (141).

lich relativ und vielseitig die Materie der Neuschöpfung von Kunst durch eine Auseinandersetzung mit der Wirklichkeit erfolgen kann, hat die Darstellung der historisch vielfältigen Erscheinungen von künstlerischer Mimesis gezeigt. Als Resümee läßt sich daraus zweifellos ziehen, daß Literatur nie allein Abbildung der Realität, sondern eine Form ihrer Bearbeitung hin zu einer *neuen, künstlerischen Wirklichkeit* ist.

9. Begriffskorrekturen

a) „Vorlage und Gestalt" statt „Ur- und Abbild"

Vor diesem Hintergrund erscheint die griffige Formel von „Urbild"[711] und „Abbild"[712] im Kern kunstinadäquat. Zwar ist es nachvollziehbar, die Inspiration von Kunst durch Wirklichkeit sprachlich so zu fassen. Gleichwohl erscheint die Konstruktion dieses Wortpaars nicht frei von Bedenken. Die bereits durch den Richter *Stein* im „Mephisto"-Beschluß angebrachte Kritik an der eben dort begründeten und seitdem in der Gerichtspraxis gebetsmühlenartig wiederholten „Urbild-Abbild"-Formel ist durchaus ernst zu nehmen[713]. Einen Beitrag zur hinreichenden Würdigung literaturwissenschaftlicher Erkenntnisse im juristischen Entscheidungsverfahren könnte schon ein Austausch der Begriffe leisten: Ein Ansatz wäre, das Gegensatzpaar von „Ur- und Abbild" durch eine Begrifflichkeit, die die literarische Neuschöpfung würdigt – beispielsweise von (realer) *Vorlage* und (literarischer) *Gestalt* – zu ersetzen. Zuletzt im „Esra"-Beschluß hat sich das gewandelte, verstärkt um literaturwissenschaftliche Anerkennung bemühte Kunstverständnis in der Rechtspraxis gezeigt. Das Gericht betont selbst die Notwendigkeit eines kunstspezifischen Entscheidungsmaßstabs und die Existenz literarischer Neuschöpfung[714]. Demgemäß ist das Festhalten an obsoleten Begrifflichkeiten von Ur- und Abbild im Sinne von Original und Kopie kontrafaktisch, der Austausch der Begriffe überfällig[715].

b) „Distanzschaffende Bearbeitung" statt „Verselbständigung/Verfremdung"

Ebensowenig fachgerecht und damit der angestrebten kunstspezifischen Betrachtungsweise entsprechend ist der selbstverständliche Einsatz der Termini „Verselbständigung" und „Verfremdung" in Gerichtsentscheidungen[716]. Beides

[711] BVerfGE 30, 173 (195, 198).
[712] BVerfGE 30, 173 (195, 198).
[713] BVerfGE 30, 173 (204 ff.); vgl. zur durchgehenden Bezugnahme auf diese Formel aus der jüngsten Rechtsprechung nur OLG Frankfurt a.M. ZUM 2009, 952 (955); KG Berlin ZUM-RD 2009, 181 (181); OLG Hamm ZUM 2010, 453 (455); LG Frankfurt a.M. ZUM 2009, 308 (310); LG Köln GRUR-RR 2009, 247 (250).
[714] BVerfGE 119, 1 (22, 27 ff.).
[715] Obsolet daher BVerfGE 119, 1 (28, 30).
[716] Vgl. als exemplarische Auswahl der jüngeren Judikatur KG Berlin ZUM-RD 2004,

wird äquivalent als Unkenntlichmachung realer Bezüge in der Literatur verwendet. Dieses Verständnis widerspricht literaturwissenschaftlichen Standards.

Denn unter *Verselbständigung* versteht man dort den Vorgang, aufgrund dessen inhaltliche Bezüge durch Berührung mit einem Erkenntnisinteresse in der Gesellschaft allein bedeutsam werden[717]. Verselbständigung beschreibt also den Bedeutungsgewinn eines Inhalts durch gesellschaftliche Relevanz. So wird beispielsweise die Ausgestaltung einer Figur erstmals dann en détail relevant, wenn deren Aussagegehalt für gesellschaftliche Zusammenhänge interessant wird, der Gestalt über die Erzählung hinaus eine allgemeinere Bedeutung zukommt. Diese Eigenschaft von Kunst – Gewinn von Gesellschaftsrelevanz – steht allerdings nicht in dem von den Gerichten mithin irrig fokussierten Zusammenhang von Erkennbarkeit und Fiktionalisierung.

Ähnlich verhält es sich mit dem Begriff der *Verfremdung*. Er beschreibt die bewußte Schaffung von Distanz im Rezeptionsvorgang durch künstlerische Mittel. Eindeutig besetzt ist die Vokabel durch *Brechts* „V"-Effekte. So verstehen Germanisten demnach unter Verfremdung in der modernen Dramentheorie die Abweichung von einer Norm mit einer kritisch-aufklärerischen Intention. *Brecht* bezweckte mit seinen „V"-Effekten die Durchbrechung von literarischen Normen, um ein Distanzieren und Reflektieren des Dramengeschehens zu erreichen[718].

Angesichts dieser Divergenzen von literaturwissenschaftlichem und juristischem Verständnis erscheint eine Sensibilisierung im Gebrauch literaturwissenschaftlicher Termini durch die Gerichte dringlich: Um den Prozeß im Sinne einer Erfindung zu beschreiben, bietet sich schlicht der Begriff der *Fiktionalisierung* an. Will das Gericht in einem weiteren Sinne auf einen entfremdenden Vorgang durch Kunst Bezug nehmen, ist der einschlägig besetzte Begriff der Verfremdung durch die Beschreibung als *distanzschaffende Bearbeitung* zu ersetzen.

---

466 (468); OLG Köln ZUM 2008, 335 (337 f.); LG Münster NJW-RR 2003, 692 (693 ff.); LG Essen ZUM-RD 2007, 92 (93); LG Hagen ZUM-RD 2007, 249 (251).

[717] *Bunia,* Kunst (Fn. 17), S. 173 f.

[718] *B. Brecht,* Neue Technik der Schauspielkunst, in: Suhrkamp Verlag/E. Hauptmann (Hrsg.), Bertolt Brecht, Bd. 7, 1967, S. 337 (341): „Im folgenden soll der Versuch gemacht werden, eine Technik der Schauspielkunst zu beschreiben, die auf einigen Theatern angewandt wurde […], um darzustellende Vorgänge dem Zuschauer zu verfremden. Der Zweck dieser Technik des *Verfremdungseffekts* war es, dem Zuschauer eine untersuchende, kritische Haltung gegenüber dem darzustellenden Vorgang zu verleihen. Die Mittel waren künstlerische. […] Die Voraussetzung für die Hervorbringung des V-Effekts ist, daß der Schauspieler das, was er zu zeigen hat, mit dem deutlichen Gestus des Zeigens versieht (Hervorhebung im Original)." Vgl. *J. Knopf,* Brecht-Handbuch, 1996, S. 378 ff.

c) „Bloßstellung“ oder „Herabsetzung“ statt „Schmähung“ oder „Schmähschrift“

Eine Sensibilisierung wäre ebenso hinsichtlich der Begriffe von „*Schmähung*“[719] und „*Schmähschrift*“[720] erforderlich. Der Hinweis auf die unvorteilhafte Verwendung des Begriffs der „Schmähung“ wirkt auf den ersten Blick möglicherweise spitzfindig, ist auf den zweiten allerdings durchaus berechtigt[721]. Denn die Ähnlichkeit zum Terminus der „*Schmähkritik*“ kann Assoziationen erzeugen, die auf dem Gebiet der Kunstfreiheit eher fernliegen. Wenn sich auch Rechtsgedanken des Äußerungsrechts auf Wertungen im Bereich von Kunstwerken übertragen lassen, sind die beiden Freiheitsrechte doch grundrechtsdogmatisch klar voneinander zu trennen. Die Schmähkritik ist im Bereich von Meinungsäußerungen ein feststehender Begriff. Sie beschreibt Äußerungen, die nicht eine sachliche Auseinandersetzung bezwecken, sondern lediglich eine persönliche Herabsetzung beinhalten[722]. Die Kunstfreiheit ist demgegenüber als eigenständiges Grundrecht und gegenüber der Meinungsfreiheit als *lex specialis* zu verstehen[723]. Dieses Verhältnis ist in der Literatur weitgehend anerkannt[724]. Um so mehr erstaunt die Unsicherheit im Umgang mit Art. 5 Abs. 1 und 3 GG in der zivilgerichtlichen Rechtsprechung. So hat sich – neben durchaus bestehenden, dogmatisch geglückten Positionierungen[725] – eine vage Unentschiedenheit verbreitet, die sich in einer unkommentierten, parallelen Anwendbarkeit ausdrückt[726]:

[719] BVerfGE 119, 1 (32).

[720] BVerfGE 30, 173 (179, 199, 203, 213).

[721] Vgl. BVerfGE 119, 1 (59).

[722] BVerfGE 93, 266 (293 f.); BGH NJW 1974, 1762 (1763); KG Berlin ZUM-RD 2007, 341 (342 f.); erörtert von *Seyfarth*, Einfluss (Fn. 102), S. 1290; *Seelmann-Eggebert*, Entwicklung (Fn. 485), S. 2555.

[723] Vgl. ferner BVerfGE 30, 173 (200); 75, 369 (377 ff.); 81, 278 (289 f.); 81, 298 (305 f.); 82, 43 (52 ff.); 93, 266 (294 f.); BVerfG (Kammer), NJW 2001, 596 (596 f.); BVerfG (Kammer), NJW 2001, 598 (598 f.); *Degenhart*, Bonner Kommentar (Fn. 477), Art. 5 Abs. 1 und 2 (2006), Rn. 939. – Eher mißverständlich allerdings BVerfGE 86, 1 (9); 102, 347 (369); BVerfGK 12, 119 (119); zu den eng gefaßten Grenzen der Unzulässigkeit *H. Otto*, Der strafrechtliche Schutz vor ehrverletzenden Meinungsäußerungen, in: NJW 2006, S. 575 (576).

[724] *B. v. Becker*, Werbung Kunst Wirklichkeit, in: GRUR 2001, S. 1101 (1105); *A. Brauneck*, Kritische Anmerkungen zur konventionellen gerichtlichen Prüfungsmethodik bei satirischen Darstellungen, in: ZUM 2004, S. 887 (893); *Pernice*, Grundgesetz (Fn. 96), Art. 5 III (Kunst), Rn. 50; *H. Kobor*, Grundfälle zu Art. 5 Abs. 3 GG, in: JuS 2006, S. 593 (596); *Müller*, Satire (Fn. 485), S. 101; *C. Starck*, in: H. v. Mangoldt/F. Klein/ders. (Hrsg.), Kommentar zum Grundgesetz, Bd. 1, 6. Aufl. 2010, Art. 5 Abs. 3 Rn. 311; *Siegle*, Spannungsverhältnis (Fn. 1), S. 68 ff.

[725] BGHZ 130, 196 (202 f.); 156, 206 (208 ff.); OLG Köln AfP 2009, 264 (266); LG Dresden NJW-RR 2005, 411 (412); LG Köln ZUM 2011, 84 (87).

[726] Die Rechtsprechung der zivilgerichtlichen Fachgerichte ist hingegen bei weitem nicht so einheitlich und läßt hinsichtlich des Verhältnisses von Art. 5 Abs. 1 und 3 GG Fragen offen: Vgl. BGHZ 149, 247 (258 ff.); OLG Köln NJW 1998, 1405 (1405); OLG Hamm AfP 2002, 224 (225 f.); OLG Frankfurt a.M. NJW-RR 2009, 475 (476 f.); OLG Dresden ZUM 2010, 597 (598 ff.); LG Köln ZUM 2011, 84 (85 ff.); eine spezifische Prüfung nach

Die wohl gutgemeinte Schutzerweiterung bleibt gleichwohl unstrukturiert und im Widerspruch zur Entscheidung des Bundesverfassungsgerichts. Bei einem Kunstwerk geht es nicht primär um eine sachliche Auseinandersetzung. Vielmehr nimmt Kunst in der Gesellschaft eine wichtige Funktion zur Verdeutlichung und Artikulation verschiedener Auffassungen und Strömungen ein[727]. Mithin sollten Termini des Äußerungsrechts nicht umstandslos in das Kunstrecht transferiert werden.

Diese Einordnung von Meinungs- und Kunstfreiheit wird gelegentlich kritisiert. Die Privilegierung einer Person, die ihre Meinung künstlerisch äußert, sei verfehlt. Maßgebend könne nicht die Form der Äußerung, sondern nur die Intention des Äußernden sein. Gehe es ihm um die Mitteilung seiner Meinung, so sei es ohne Belang, ob er sie in künstlerischer oder herkömmlich meinungsrechtlicher Weise äußere[728]. Der Kritik ist zu entgegnen, daß sie selbst die problematisierten Abgrenzungsschwierigkeiten verschärft. Die Grenzen zwischen engagierter, belehrender und unterhaltsamer Literatur sind fließend. Erstere vom Schutzbereich der Kunstfreiheit auszunehmen, ist angesichts ihrer hohen Schutzwürdigkeit verfehlt und durch keinen sachlichen Grund zu rechtfertigen. Zudem wird es zu zahlreichen Zweifelsfällen kommen, da eine Hauptfunktion von Kunst gerade der Beitrag zur gesellschaftlichen Entwicklung und damit Meinungsbildung ist. Die Abgrenzung anhand der Intention des Äußernden ist der Rechtsklarheit nicht dienlich. Kunst- und Meinungsfreiheit sind als Grundrechte verwandt, aber nicht wesensgleich sowie unterschiedlich in Weite von Schutzbereich und Eingriffsbefugnissen ausgestaltet[729]. So hätte schon die

---

sauberer Abgrenzung von Meinungs- und Kunstfreiheit entsprechend der unterschiedlichen Ausgestaltung des Schutzes wird gelegentlich schlicht ausgelassen, siehe nur LG Coburg ZUM-RD 2003, 320 (321); LG Köln NJW-RR 2006, 908 (909 f.); LG München I ZUM 2007, 936 (937).

[727] *P. Häberle,* Die Freiheit der Kunst im Verfassungsstaat, in: AöR 110 (1985), S. 577 (593); zur Abgrenzung von Kunst- und Meinungsfreiheit *P. Garloff,* Copyright und Kunstfreiheit – zur Zulässigkeit ungenehmigter Zitate in Heiner Müllers letztem Theaterstück, in: GRUR 2001, S. 476 (480).

[728] *Reupert,* Filmfreiheit (Fn. 477), S. 1163 f.

[729] Zur Abgrenzung von Kunst und Meinungsäußerung BVerfGE 30, 173 (191, 200); 33, 52 (69 ff.); 35, 202 (244); 75, 369 (376 ff.); BVerfG (Kammer), NJW 1993, 1462 (1462); *H. Otto,* Strafrechtlicher Ehrenschutz und Kunstfreiheit der Literatur, in: NJW 1986, S. 1206 (1210); für eine deutliche Differenzierung zwischen Kunst- und Meinungsfreiheit bei Einschlägigkeit des Art. 5 Abs. 3 S. 1 1. Alt. GG plädieren *Würkner,* Bundesverfassungsgericht (Fn. 616), S. 62; wohl auch *v. Becker,* Überlegungen (Fn. 112), S. 467; *Pernice,* Grundgesetz (Fn. 96), Art. 5 III (Kunst), Rn. 12, 50. – Auf die „doppelte(n) Kommunikationsstruktur" von Kunst verweist *v. Arnauld,* Freiheit (Fn. 159), § 167 Rn. 52 ff.; *Leibholz/Rinck,* Grundgesetz (Fn. 479), Art. 5 (2010), Rn. 1036; *Ujica/Loef,* Quod licet (Fn. 309), S. 672, 674; *H. D. Jarass,* in: ders./B. Pieroth, Grundgesetz für die Bundesrepublik Deutschland, 11. Aufl. 2011, Art. 5 Rn. 105. – Kunstcharakter im Fall nur untergeordneter Funktion bei einer Mitteilung verneint BVerfGE 81, 298 (305 f.); *A. Arndt,* Umwelt und Recht, in: NJW 1966, S. 25 (28). – Die Wertungen der Art. 5 Abs. 1, 2 GG, § 193 StGB

anfängliche Schilderung Lales als streitsüchtige Familientyrannin, als „herrische, ehrgeizige Frau“[730], die nur vorübergehend friedlich gestimmt werden kann und sich egozentrisch ausschließlich um ihre persönlichen Belange unter Mißachtung ihrer sozialen Umwelt kümmert, bei einem vergleichbaren Zeitungskommentar hinsichtlich der Klägerin zu 2) zur Einordnung als Beleidigung nach § 185 StGB geführt[731]. Der mangelnde Faktizitätsanspruch scheidet wie erörtert fiktionale von nichtfiktionalen Texten. Zwar wurde auch festgestellt, daß Fiktionalität nicht mit Literarizität oder Kunst gleichzusetzen ist. Insofern ist es unpräzise, von einem mangelnden Faktizitätsanspruch als allein konstituierendem Merkmal von Kunst zu sprechen. Allerdings ist wie gesehen Fiktionalität ein äußerst häufiges Kennzeichen literarischer Texte[732]. Aus diesem sich an der Authentizität scheidenden Selbstverständnis der beiden Freiheiten ergeben sich insbesondere die einfachgesetzlich ausgestalteten Unterschiede nach §§ 185 ff. StGB: Die Beweislastregeln der §§ 186 f. StGB, die Wahrnehmung berechtigter Interessen nach § 194 StGB und das öffentliche Interesse an wahrheitsgemäßer Informierung spielen naturbedingt im Bereich der Kunstfreiheit keine Rolle[733].

Glücklicher für eine saubere Abgrenzung von Meinungs- und Kunstfreiheit wären daher Begriffsersetzungen hinsichtlich „Schmähung“ und „Schmähkritik“ durch „*Bloßstellung*“, „*Herabsetzung*“ oder auch „Verunglimpfung“ sowie „Verächtlichmachung“, um mögliche Mißverständnisse im voraus zu vermeiden.

III. Literaturwissenschaftliche Kritik an den einzelnen Entscheidungsgrundsätzen

Anlaß zur Untersuchung der Regeln gerichtlicher Entscheidung aus literaturwissenschaftlicher Sicht ist die Argumentation der Sondervoten des „Esra“-Beschlusses, die sich ausdrücklich an fachspezifischem Sachverstand orientiert. Die dissentierenden Richter *Hohmann-Dennhardt* und *Gaier* weisen auf die inkonsequente Anwendung der selbst auferlegten Regeln in bezug auf die Klägerinnen zu 1) und zu 2) hin[734]. Die Kritik entzündet sich insbesondere an den Kriterien der Erkennbarkeit, des Verhältnisses von Fiktion und Wirklichkeit,

---

hingegen generell auf persönlichkeitsrechtsrelevante Kunst wenig überzeugend überträgt *Meyer-Cording,* Portrait (Fn. 358), S. 742 f.

[730] *Biller,* Esra (Fn. 1), S. 9.

[731] Ähnlich *Ujica/Loef,* Quod licet (Fn. 309), S. 670.

[732] Die Fiktionalitätsvermutung, die Annahme von Fiktionalität bei literarischen Texten, erfaßt den literaturwissenschaftlichen Forschungsstand zutreffend und wird diesbezüglich noch eingehend untersucht; vgl. Abschnitt E.I.6.c.

[733] Für die weiter gehenden Abweichungen im Äußerungsrecht von den Grundsätzen auf dem Gebiet der Kunstfreiheit sei auf Abschnitt B.VII verwiesen.

[734] BVerfGE 119, 1 (42 ff.).

des Rezeptionsverhaltens und konkreten Ausgleichs von Kunstfreiheit und Persönlichkeitsschutz.

1. Zum Kriterium der Erkennbarkeit: keine Justitiabilität von Kunst

Gelegentlich wird in der Literaturwissenschaft auf die Identifizierungsmöglichkeiten und -zwänge der Außenwelt in der Literatur Bezug genommen[735]. So wird vereinzelt anerkannt, daß Kunstwerke *Realität zum Vorbild* nehmen und diese in den Texten zu erkennen sei[736]. Personaler Bezug mindere die Illusionswirkung der künstlerischen Welt. Je offenkundiger er sei, desto weniger könne ein verständiger Rezipient ihn ignorieren[737].

Weit überwiegend trifft die auch in der Rechtswissenschaft umstrittene Zuordnung von literarischen Darstellungen im Sinne der Erkennbarkeit bei Literaturwissenschaftlern auf Vorbehalte[738]. Hingewiesen wird auf die mangelnde Validität jeglicher Umkehrprobe im Sinne einer „Nichterkennbarkeit", da nicht präzisiert werden könne, „woran man an einer Person, die nicht erkennbar ist, denn erkennt, dass es sich um die betreffende Person handelt."[739] Die Bestimmtheit des Erkennbarkeitskriteriums werde damit ebenfalls zweifelhaft.

Bereits in den Sondervoten wurde vehement Kritik an der Erkennbarkeit aufgrund von Nationalität, gesellschaftlichen Auszeichnungen, Beruf, Familienstand, Anzahl der Beziehungen und Kinder angebracht[740]. Ein Wirklichkeitsabgleich eigne sich nicht zur Bewertung einer Persönlichkeitsrechtsbeeinträchtigung[741]. So wird der Bereich der Fiktionalität gelegentlich sogar als *nicht justitiabel* markiert[742].

---

[735] *Seiler,* Tatsachen (Fn. 241), S. 208, 255 ff.; *Bunia,* Kunst (Fn. 17), S. 173; eine Vergleichbarkeit von realer Außenwelt und fiktionaler Erzählung überzeugend bejaht *Köppe,* Literatur (Fn. 30), S. 103, 105: „Fiktive Sachverhalte können wirklichen Sachverhalten ähnlich sein bzw. gleichen. [...]. Wir können fiktionale Sätze in nicht-fiktionale ‚transformieren', Anspielungen identifizieren oder ganz allgemein fiktive Welten untersuchen und beschreiben und unsere Beobachtungen zur Wirklichkeit in Beziehung setzen. Zusammenfassend kann man davon sprechen, dass der Gehalt eines Werkes wahre Annahmen über die Wirklichkeit nahe legen kann."

[736] *P. Lamarque,* Fictional Points of View, Ithaca/London, 1996, S. 54: „In this way we *recognize reality* in fiction [...] (Hervorhebung im Original)." Auch *ders./Olsen,* Truth (Fn. 119), S. 136: „[...] where an author intends directly to refer to named individuals, can be accommodated without invoking any mysterious ‚correspondence' relation."

[737] *Seiler,* Tatsachen (Fn. 241), S. 253 ff.

[738] *Schestag,* Gutachten (Fn. 517), S. 62 ff.; *Eichner/Mix,* Fehlurteil (Fn. 399), S. 214; *Klausnitzer,* Literatur (Fn. 347), S. 232 f.

[739] *J. Kaube,* Heidelbeergärung im Kunstrecht, in: myops 7 (2009), S. 24 (27).

[740] BVerfGE 119, 1 (37).

[741] BVerfGE 119, 1 (39).

[742] *Eichner/Mix,* Fehlurteil (Fn. 399), S. 214. – Anderer Auffassung ist *Arndt,* der gerade zum Schutz der Kunst ihre Justitiabilität fordert: *A. Arndt,* Die Kunst im Recht, in: NJW 1966, S. 25 (28).

Andere *modifizieren* jedenfalls den Erkennbarkeitsmaßstab. Der maßgebliche Kreis der Personen, die fähig sind, eine Identifizierung der Betroffenen vorzunehmen, wird abweichend festgelegt: Prominente Personen müßten eher hinnehmen, Gegenstand eines Kunstwerks zu werden, als Personen mit einem geringeren Bekanntheitsgrad[743]. Eine Identifizierung im überschaubaren Bekanntenkreis sei eher in Kauf zu nehmen als die Wiedererkennung bei einer unüberschaubaren Anzahl von Personen[744].

Diese Bedenken können weder in praktischer noch theoretischer Hinsicht überzeugen. Würde man das Erkennbarkeitskriterium streichen, eröffnet sich keine alternative Option für die *Praxis*, um die Persönlichkeitsrechtsrelevanz eines Textes herauszufiltern.

Auch die grundlegenden Zweifel an der Geeignetheit des Kriteriums können nicht durchdringen. Die *Modifizierungen* hinsichtlich Bekanntheitsgrad und Leserkreis sind widersprüchlich: Erstens kommt prominenten Personen Schutz vor persönlichkeitsrechtsverletzender Literatur *im gleichen Umfang* zu wie Durchschnittsbürgern. Ein sachlicher Grund, wie im Presserecht zu differenzieren, ist in der Literaturwelt nicht ersichtlich. Eine Person, die sich freiwillig der Öffentlichkeit zuwendet, trifft zugegebenermaßen ein erhöhtes Risiko der Berichterstattung gegenüber einer unbekannten Person. Allerdings ist nicht nachvollziehbar, warum ein Prominenter sich eher als literarische Vorlage anbietet. Ein Schriftsteller arbeitet nicht wie ein Journalist, der über Ereignisse und Personen der Öffentlichkeit berichtet, sondern steht in einem spezifischen Verhältnis zur Realität, die sich nicht auf den Bereich des öffentlichen Lebens begrenzt. Das Privatleben eines Autors findet besonders in jüngerer Zeit verstärkt Eingang in seine Werke. Zweitens ist eine weitere Modifizierung hinsichtlich der Größe des Bekanntenkreises eher fernliegend, da sie auf der anderen Seite gerade einen *Prominentenbonus* beinhalten würde und unbekannte Personen übervorteilt. Allein aufgrund eines hervorgehobenen Ansehens einen intensivierten Persönlichkeitsschutz und ein erweitertes Recht auf Selbstdarstellung zu garantieren, ist nicht zu rechtfertigen[745]. Kurzum: Innerhalb eines Gedankengangs einerseits Prominenten eine erhöhte Toleranz gegenüber künstlerischer Darstellung abzuverlangen, ihnen andererseits einen Prominentenbonus einzuräumen, da die Schwelle des Zumutbaren erst in einem größeren, die Person identifizierenden

[743] *Eichner/Mix*, Fehlurteil (Fn. 399), S. 220.

[744] *Eichner/Mix*, Fehlurteil (Fn. 399), S. 220.

[745] So aber in der Standesgesellschaft bis zur Neuzeit; vgl. *E. A. Wolff*, Ehre und Beleidigung, in: ZStW 81 (1969), S. 886 (899 ff.); *Kübler*, Perspektiven (Fn. 332), S. 8. – Auch das Allgemeine Preußische Landrecht machte hinsichtlich der Beleidigungsfähigkeit zwischen den Ständen Unterschiede; vgl. zur historischen Unterscheidung bei den damaligen Ständen *R. Koselleck*, Preußen zwischen Reform und Revolution, 3. Aufl. 1989, S. 96 ff. – Vergleichbare Elemente der Ungleichbehandlung auch in der Entwicklung innerhalb des Common Law; vgl. *R. C. Post*, The Social Foundations of Defamation Law, in: California Law Review 74 (1986), S. 691 (700); *J. Q. Whitman*, Harsh Justice, 2003, S. 4 f., 43 ff., 101 ff.

Rezipientenkreis überschritten wird, ist nicht nur haltlos, sondern auch tatsächlich widersprüchlich.

Das grundlegende, unablässig betonte Problem der *fehlenden Vergleichbarkeit* von realer Person und Kunstfigur löst sich auf, wenn man die Fragestellung präzisiert.

Ein Vergleich ist in der Tat, aber auch nur dann ausgeschlossen, wenn man keine gemeinsame *Bezugsgröße* feststellen kann, auf die sich die beiden Vergleichswerte beziehen. Die Parameter müssen also auf einer Ebene in Bezug zueinander gesetzt werden. Zwar ist die selbständige Welt der Literatur, die eigenen Gesetzen folgt, mit Recht von der außerliterarischen Welt zu unterscheiden und kann mangels gemeinsamer Bezugsgröße *nicht mit ihr in direkten Vergleich* gesetzt werden. So läßt sich beispielsweise nicht der einfältige Vergleich anstellen, Lale sei eine gehässige Schwiegermutter in spe, die Klägerin zu 2) hingegen ein liebevoller Familienmensch. Lale und Klägerin zu 2), Kunstfigur und reale Person, sind unterschiedlicher ontologischer Natur und damit nicht nüchtern gegenüberzustellen. Abgesehen davon, daß beide Bewertungen als „Schwarz-weiß"-Zeichnungen noch nicht einmal ihrem jeweiligen weitaus komplexeren Bezugsobjekt Lale oder Frau *Lemke* gerecht werden, fehlt die gemeinsame Bezugsgröße. Weder „menschliches Personalbild" noch „künstlerische Charakterdarstellung" können beide Größen adäquat vor einer verbindenden, grundlegenden Ebene einander gegenüberstellen. Sie sind ontologisch essentiell unterschiedlich.

Demgegenüber lassen sich die *Beschreibungen* der ontologisch verschiedenen Erscheinungen von Lale und *Lemke* vor einem gemeinsamen Hintergrund abgleichen. Denn die Schilderungen von zwei nicht miteinander vergleichbaren Größen können ihrerseits einander gegenübergestellt werden. Es ist durchaus möglich, ohne die Eigengesetzlichkeit in Frage zu stellen, Kunst adäquat zu beschreiben. Man beobachtet sie unter den Aspekten von Darstellungsform und Wirkung. Ebenso läßt sich eine reale Person darstellen, beispielhaft durch die Wiedergabe ihrer Biographie. Im Fall von Lale und *Lemke* vergleicht man also nicht Figur und Person, die nicht in Beziehung gesetzt werden können, sondern die Beschreibungen der beiden, die als sprachliche Schilderungen komparabel sind. Beispielsweise wird mitgeteilt, daß Lale den Alternativen Nobelpreis erhält. In einer Biographie, einer Wiedergabe relevanter Ereignisse aus der Lebensgeschichte von *Birsel Lemke*, wird eine Mitteilung hinsichtlich der Preisauszeichnung auch nicht fehlen. Es ist kein Anlaß ersichtlich, diese Beschreibungen nicht miteinander in eine Relation zu stellen[746]. Festzuhalten bleibt, daß der Vergleichsmaßstab nicht die Darstellungsobjekte, sondern die Beschreibungen der

---

[746] Vgl. so auch *Bourbon*, Replacement (Fn. 88), S. 71: „[...] the more relevant comparison is between a fictional description of a character and a nonfictional description of an actual person."

jeweiligen Objekte betrifft. Eine Vergleichbarkeit der Kunstfigur mit ihrer realen Vorlage wird dadurch nicht bedingt.

Vorteil des Erkennbarkeitskriterium ist die Möglichkeit der *Differenzierung*: Wenn eine reale Vorlage in einer literarischen Gestalt zu identifizieren ist, wird damit allein eine Aussage hinsichtlich der Erkennbarkeit getroffen. Eine Feststellung zur Fiktionalisierung ist dadurch nicht indiziert. So kann beispielsweise ein Politiker namentlich genannt und damit erkennbar sein, allerdings als Wesen mit Flügeln oder als Tier auftreten, so daß trotz Erkennbarkeit ein hoher Grad an Fiktionalität besteht, der eine Persönlichkeitsrechtsverletzung höchstwahrscheinlich ausschließt. Kategorien von Erkennbarkeit und Fiktion ermöglichen also einen präzisierten Blick. Diese Differenzierung ist Verdienst des „Esra"-Beschlusses[747]. An dem Erkennbarkeitskriterium ist damit festzuhalten, da es eine klare Unterscheidung zwischen Identifizierung und Fiktionalität ermöglicht.

2. Zum Umgang mit Fiktion und Wirklichkeit

a) Literaturwissenschaftliche Kritik am Umgang mit Fiktion und Wirklichkeit

Der Umgang von Richtern mit fiktionalen Texten wie „Esra" ist in der Literatur auf harsche Kritik gestoßen. Den Gerichten wird – wie schon anhand des Erkennbarkeitskriteriums thematisiert[748] – eine Gleichsetzung von Realität und Fiktion, von Sachbericht und Roman, vorgehalten[749]. Wiederum nehmen die Beanstandungen ihren Ausgang in der abweichenden Meinung der Senatsminderheit, die eine Trennung von fiktiven und faktischen Elementen ausdrücklich ausschließt[750]. In den Sondervoten der dissentierenden Richter klang bereits eine literaturwissenschaftlich fundierte Kritik an der inkonsequenten Anwendung des kunstspezifischen Maßstabs an. *Singuläre Erkennbarkeitsmomente* könnten die grundsätzliche Frage der Unterscheidung von Wirklichkeit und Fiktion im gesamten Text nicht entscheiden[751]. Da aufgrund der künstlerischen Erfindungsgabe eine neuartige Realität geschaffen werde, dürfe diese nicht ihrerseits an die Wirklichkeit gebunden werden[752]. Die Senatsmehrheit lasse sich von der irrigen Gleichungskette tragen, daß mehr Verfremdung zu mehr Kunst, verstärkte Erkennbarkeit zu einer erweiterten Beeinträchtigung führe und eine Intensivie-

---

[747] BVerfGE 119, 1 (24 f., 28, 30). – Zwischen Erkennbarkeit und Fiktionalität noch nicht eindeutig unterscheidet *v. Becker*, Überlegungen (Fn. 112), S. 469: Die Erkennbarkeit aufgrund Namensnennung sei „geeignet, diese nicht nur mit der Kunstfigur selbst, sondern auch mit dem Inhalt des Werks in Verbindung zu bringen, das heißt die ohnehin schwierige Trennung von Fiktivem und Realem wird hier vom Leser kaum mehr wahrgenommen und Fiktives als tatsächlich Geschehenes dem realen Träger des Namens zugeordnet."

[748] Vgl. Abschnitt C.III.1.

[749] *Ohmer*, Gutachten (Fn. 52), S. 7, 9, 34.

[750] BVerfGE 119, 1 (45 f.).

[751] BVerfGE 119, 1 (39 f.).

[752] BVerfGE 119, 1 (38).

rung der Intimbereichsbeeinträchtigung eine erhöhte Verfremdung erfordere. So werde versucht, „die Anwendung eines Maßstabs, der seine Begründung gerade darin findet, daß Kunst Reales in neue Wirklichkeiten verwandelt, sogleich zu relativieren, vom Ausmaß der Abweichung des Kunstwerks vom Realen abhängig zu machen und die künstlerisch verwandelte Realität damit doch wieder für bare Münze zu nehmen."[753] *Eine derart quantitative Bewertung entspreche nicht der qualitativen Dimension der literarischen Wirklichkeitsbearbeitung.* Faktische und fiktive Elemente seien im Kunstwerk untrennbar miteinander verbunden[754]. Nach Ansicht von Richterin *Hohmann-Dennhardt* und Richter *Gaier* endet literarische Tätigkeit nicht bei einer subjektiven Sicht auf die Realität, sondern erschafft „eigene Welten"[755]. Um diese künstlerische Neuschöpfung adäquat zu würdigen, muß die Rezeption aus dem Blickwinkel literaturwissenschaftlichen Sachverstands erfolgen[756].

b) Begriffspräzision, gelungener Transfer (Fiktionalitätsvermutung, „je desto")

Der Beanstandung ist einerseits insoweit beizupflichten, als die Bestimmung des Fiktionalitätsbegriffs mit literaturwissenschaftlicher Begutachtung *präziser* hätte ausfallen können. In der Tat ist zunächst eine differenzierte Betrachtung von Fiktion zu fordern. Allerdings kann der Senatsmehrheit eine pauschale Verkennung kunstspezifischer Eigenart nicht unterstellt werden. Denn erstens bildet Fiktion oft – wie von der Senatsmehrheit vertreten – eine *Kombination*, in die reale und fiktive Elemente eingehen. Man kann also nicht – entgegen der Kritik der Sondervoten[757] – davon ausgehen, daß „Esra" durchgehend *autark* von der außerliterarischen Welt ist. Der „suspension of disbelief" nimmt stets nur singuläre Bereiche in Bezug[758]. Die fiktive Welt bleibt parasitär auf der realen gegründet[759]: „Die Leser sollen also einerseits *so tun, als ob* sie die fiktionale Information für wahr nähmen, und andererseits die historisch-geographischen Informationen, die ihnen der Autor gibt, als wahr in der wirklichen Welt akzeptieren."[760]

Andererseits ist die Würdigung der Fiktionalisierung eines Textes insgesamt stimmig. Zutreffend erkennt die Senatsmehrheit eine Persönlichkeitsrechtsverletzung in der *Mißdeutung von Fiktion bei der Leserschaft.* Dabei erscheint es wenig realitätsnah, eine Persönlichkeitsrechtsverletzung aus der Perspektive eines literaturwissenschaftlich versierten anstelle eines durchschnittlich belesenen

---

[753] BVerfGE 119, 1 (39).
[754] BVerfGE 119, 1 (39).
[755] BVerfGE 119, 1 (39).
[756] BVerfGE 119, 1 (45, 58).
[757] BVerfGE 119, 1 (39 f.).
[758] *Eco,* Wald (Fn. 66), S. 106.
[759] *Eco,* Wald (Fn. 66), S. 124.
[760] *Eco,* Wald (Fn. 66), S. 126. – Zur Beteiligung an dem „Als-ob"-Spiel *Reicher,* Gegenstände (Fn. 88), S. 56.

Lesers zu bewerten. Die Bloßstellung der Klägerinnen erfolgt nicht vor den Augen eines elitären Leserkreises, sondern in Anblick von Auflagenhöhe und Zuordnung zur Belletristik vor einem unspezifischen Massenpublikum. Dabei ist es durchaus lebensecht, dem Leser eine Neugier und Freude an historischer Rekonstruktion der Geschichte zu unterstellen[761]. Eine solche Lust an der Herstellung von Referenz gilt naturgemäß um so mehr für Formate wie die Autofiktion, die ausweislich faktive Elemente in die Kunstwelt feinsinnig einbeziehen. Dieses Interesse ist Autor wie Rezipient bekannt.

Weite Bereiche der Entscheidung setzen entgegen der Kritik literaturwissenschaftlichen Sachverstand durchaus plausibel in rechtliche Entscheidungspraxis um. Beispielhaft für den gelungenen Umgang mit Fiktion und Wirklichkeit sind sowohl die Fiktionalitätsvermutung als auch die „Je-desto"-Formel.

So berücksichtigt die *Fiktionalitätsvermutung* sowohl die grundsätzliche Unabhängigkeit von Literarizität und Fiktionalität als auch die erhebliche tatsächliche Schnittmenge beider Bereiche. Nach literaturwissenschaftlichen Regeln ist einem literarischen Werk ebenso prima vista ein fiktionaler Charakter zu unterstellen. Der festgelegte Maßstab der *Erkennbarkeit* entspricht neueren Forschungsergebnissen in Hinblick auf die Rezeption fiktionaler und nichtfiktionaler Texte. Die *„Je-desto"-Formel* geht von der zutreffenden Abstufung des fiktiven Gehalts von Texten aus (Grade der Fiktionalisierung). Hier kommt allerdings zugleich die zu Recht kritisierte Schwachstelle des Beschlusses erneut zum Tragen: Die Senatsmehrheit präzisiert den Begriff der Fiktionalität im „Esra"-Beschluß insgesamt nicht ausreichend und verpaßt dies auch bei der konkreten Form der Fiktionalitätsvermutung. Es wird nicht erkennbar, was das Gericht unter Fiktionalität versteht. Es ist zwar einerseits zuzugeben, daß es sich dabei auch in der Literaturwissenschaft um einen schwer faßbaren Begriff handelt. Andererseits mutet es angesichts dessen um so erstaunlicher an, daß sich der Senat der Beantwortung dieser komplexen literaturwissenschaftlichen Frage ohne fachkundigen Rat stellt[762]. Die Einholung eines philologischen Gutachtens zur Beurteilung der Fiktionalität eines Textes ist also zwingend.

---

[761] *Eco,* Wald (Fn. 66), S. 144. Wenn auch gegenüber der „Esra"-Entscheidung insgesamt skeptisch – konzediert *Wittstock,* Fall Esra (Fn. 95), S. 126: „Die Rechtfertigungsprobleme eines Autors, der seine Figuren eng am Vorbild realer Personen orientiert, sind ungleich höher als für einen Autor, der das nicht tut. Denn das Risiko, jene realen Personen jenseits jeder juristischen Verantwortlichkeit in unvorhersehbarem Maß zu schädigen, läßt sich schwer ausschließen, solange es unbedarfte Leser gibt."

[762] Das eingeholte Fachgutachten wurde augenscheinlich – insbesondere bei der Beurteilung der Figur Lale – der Feststellung von Fiktionalisierung nicht zugrunde gelegt. Vgl. BVerfGE 119, 1 (31 ff.). Eine literararaturwissenschaftliche Analyse streben ebenso an OLG Frankfurt a.M. ZUM 2008, 793 (795 f.); OLG Köln ZUM 2008, 335 (337 f.); OLG Frankfurt a.M. ZUM 2009, 952 (955 ff.); ArbG Herford, Urteil vom 18.02.2011, 2 Ca 1394/10, BeckRS 2011, 69487. Falls das Gutachten eines Germanisten nicht hinreichend ist, könnte es um die Stellungnahme eines Kommunikationswissenschaftlers hinsichtlich des Rezeptionsverhaltens ergänzt werden. Ansätze finden sich bereits in der gerichtseigenen Argumentation mit

c) Verbesserungsvorschlag: Präzisierung des Fiktionsverständnisses

Um eine Präzisierung des Fiktionsbegriffs im Roman „Esra“ zu erreichen, ist zunächst zwischen *Fiktivität* der Handlung und *Fiktionalität* des Erzählens zu unterscheiden[763]. Die Fiktionalität eines Textes bezieht sich wie bereits erörtert nicht auf den erzählten Inhalt, sondern auf den Erzählvorgang. Demnach ist es für die Fiktionalität irrelevant, ob sich die Begebenheiten zwischen Esra, Lale und Adam in ähnlicher Weise auch zwischen den Klägerinnen und dem Autor ereignet haben. Es bleibt allein entscheidend, ob die Erzählung selbst als fiktional bezeichnet werden kann. Kennzeichnend für eine fiktionale Erzählung ist die Unterscheidung zwischen der Erzählsituation des wirklichen Autors und der des fiktiven Erzählers. *Zipfel* beschreibt den Zustand als *Verdoppelung der Situationen, in denen eine Sprachhandlung* erfolgt[764]. Wie sich in den untersuchten Fiktionalitätssignalen zeigt, ereignet sich die vom fiktiven Erzähler Adam beschriebene Handlung in einer autonomen Welt, demgemäß in einer selbstbestimmten Sprachhandlungssituation. Unabhängig und hiervon zu trennen ist die Welt des Autors *Biller*. Da diese Unterscheidung von Autor und Erzähler fortbesteht, ergibt sich die für einen fiktionalen Text typische Sprachhandlungsverdoppelung[765]. Der Begriff der Fiktion im Fall „Esra“ läßt sich also als Verdoppelung der Sprachhandlungssituationen einerseits von Adam, andererseits von *Biller* illustrieren.

Zu diesem eher generalisierbaren Aspekt zweifacher Sprachhandlungen können die bereits erarbeiteten konkreten Ausformungen von Fiktion im „Esra“-Roman ergänzt werden: Bei „Esra“ handelt es sich um einen *autofiktionalen* Text, der vor dem Hintergrund ausgeprägter Realitätsnähe einen eher *geringen Fiktionsgrad* aufweist. Die analysierten Fiktionssignale stehen auch einer Vielzahl von neutralen und fiktionsnegierenden Merkmalen gegenüber. Bei diesem Format ist die Unterscheidung zwischen fiktionalem und faktualem Erzählen für den Leser erheblich erschwert. Als Begriffspräzision ist vorzuschlagen, „Esra“ als

---

der Auswertung einer Umfrage des Deutschlandradios unter Rezipienten des Theaterstücks um den „Hagener Mädchenmord“, vgl. OLG Köln ZUM 2008, 335 (338). Instruktiv zur Aufgabe des Sachverständigen *Beisel*, Kunstfreiheitsgarantie (Fn. 420), S. 76 ff. Als unerläßlich versteht die Einholung fremder Sachkunde *W. Palm*, Öffentliche Kunstförderung zwischen Kunstfreiheitsgarantie und Kulturstaat, 1998, S. 64 ff., 68. – Auf die Unsicherheiten der Gerichtsurteile zur Beurteilung der Frage von Fiktion weist hin *K. v. Bassewitz*, Mehr und weniger fiktive Darstellungen bekannter Personen als Romanfiguren, in: jurisPR-WettbR 3/2010 Anm. 6.

[763] Vgl. *Zipfel*, Fiktion (Fn. 88), S. 165.

[764] *Zipfel*, Fiktion (Fn. 88), S. 165, 179. – Für die Kommunikationssituation zwischen Autor und Leser, fiktiven Sender und fiktiven Adressaten ähnlich *Anderegg*, Fiktion (Fn. 88), S. 30 ff.; *Warning*, Diskurs (Fn. 89), S. 193. – Kritisch zur Verdoppelung der Sprachsituation als eindeutiges Kriterium für fiktionale Texte *Bareis*, Mimesis (Fn. 117), S. 107; *Bareis*, Role (Fn. 127), S. 161, 163, 165, 172; *Köppe*, Literatur (Fn. 30), S. 36.

[765] Vgl. Abschnitt C.II.4.b.

autofiktionalen Text zu verstehen, der einen geringen Fiktionsgrad aufweist und trotz der separaten Sprachhandlungen von Adam und *Biller* vom verständigen Durchschnittsrezipienten als *faktual*, als Geschichte aus dem Leben des Autors, rezipiert werden kann.

3. Zur Perspektive des Lesers als Prüfungsmaßstab

a) Empirischer Leser entspricht Vielfalt der Rezeption

Der Maßstab des Durchschnittslesers wird – über eine grundsätzliche Kritik an der Fixierung von Leserverhalten hinaus – in der Literaturwissenschaft weitgehend abgelehnt[766]. Allerdings wird die – in juristischen Kreisen ohnehin anerkannte[767] – Konstruktion eines „Durchschnittslesers“ in jüngerer Zeit auch vereinzelt von Germanisten als geeigneter Gradmesser in Erwägung gezogen[768]. So spricht sich *Strasen* für eine Rezeptionsvorstellung aus, die literaturwissenschaftliche mit kognitiven und kulturwissenschaftlichen Erkenntnissen vereint[769]. Im Zentrum der Wechselwirkung von Text und kulturellem, sich ständig und mit Hilfe der Literatur fortentwickelndem Kontext steht die Leserschaft. Der Leser, der sich innerhalb eines kulturellen Kontextes, also in der Realität bewegt, ist nicht eine gedankliche Konstruktion im Sinne einer Idealvorstellung. Relevant wird ausschließlich der *empirische Leser*[770]. *Bunia* fügt an, daß eine reine Sphäre der Kunst nicht existiere und ein allgemein anerkannter, allein auf argumentativer Vernunft basierender Austausch über literarische Texte nicht funktioniere. Gesellschaftlicher Diskurs gründe nicht auf bloßer Übereinstimmung, sondern auf lebendiger *Kontroverse*, die unterschiedliche Romaninterpretationen umfasse[771]. Die realen Konflikte in der Gesellschaft kann allein ein *an der*

---

[766] *Maas,* Diskussion (Fn. 193), S. 52, 54; *U. Christmann/N. Groeben,* Die Rezeption schriftlicher Texte, in: H. Günter u.a. (Hrsg.), Schrift und Schriftlichkeit, Bd. 10/2, 1996, S. 1536 (1538 f.); *Eichner/Mix,* Fehlurteil (Fn. 399), S. 196 f., 217 f.

[767] BGH NJW 1975, 1882 (1883); aus der Literatur *Meyer-Cording,* Portrait (Fn. 358), S. 738; *T. Würtenberger,* Satire und Karikatur in der Rechtsprechung, in: NJW 1983, S. 1144 (1146); *Wittreck,* Persönlichkeitsbild (Fn. 350), S. 11.

[768] *Bunia,* Kunst (Fn. 17), S. 175; *ders.,* Minderheitenschutz (Fn. 687), S. 110 f.; *S. Strasen,* Rezeptionstheorien, 2008, S. 358. Daß die Gefahr vom „unbedarfte(n) Leser“ ausgeht, erkennt auch *Wittstock,* Fall Esra (Fn. 95), S. 126.

[769] *Strasen,* Rezeptionstheorien (Fn. 768), S. 358.

[770] *Strasen* stellt klar, daß bei einem Kunstwerk ein situativer Kontext fehlt, ein unmittelbarer Weltbezug nicht besteht, und der ambiguose Charakter häufig für die Analyse des Textes entscheidend ist. Diese Faktoren vergrößern die Unbestimmtheit der Textsignale und erschweren, ein zusammenhängendes Gebilde von dem Werk zu entwerfen: *Strasen,* Rezeptionstheorien (Fn. 768), S. 117 f. Diese Lücken werden in der Literaturrezeption dadurch geschlossen, daß der Leser eine verstärkte Bereitschaft zeigt, seine Vorstellungen jederzeit – auf das Erkennen des entworfenen Zusammenhangs am Ende der Lektüre vertrauend – zu revidieren und sein Verständnis in einen kulturellen Kontext zu setzen; (ebda., S. 119 ff.).

[771] *Bunia,* Minderheitenschutz (Fn. 687), S. 110. Dieser Ansatz respektiert also den Plu-

Realität ausgerichteter Rezipient widerspiegeln. Er täuscht kein idealisiertes Bild gesellschaftlicher Wirklichkeit vor. Der Durchschnittsleser wird durch gesellschaftliche Neigungen wie Voyeurismus, Neugier und Tratschlust geformt[772]. Im Ergebnis lehnen diese Philologen den fachkundigen Leser also als Maßstab ab und bevorzugen die Sichtweise eines empirischen Lesers. Wenn man den Ansatz auf den „Esra"-Fall anwendet, kommt er dem gerichtlichen Gradmesser des verständigen Durchschnittslesers im „Esra"-Beschluß sehr nahe.

b) Idealleser: Kunstadäquanz statt Einheitsmodell des Durchschnittslesers

Allerdings wird die Perspektive des Durchschnittslesers verbreitet als linguistisch nicht tragbar abgelehnt[773]. Sie trage der tatsächlichen Kommunikation nicht ausreichend Rechnung[774]. Maßgebend sei vielmehr das Verständnis eines Lesers, „der weiß, dass Literatur die permanente Neuerfindung einer phantastischen Realität ist" und für den deshalb die Referenz zur außerkünstlerischen Realität unbeachtlich sei[775]. Wolle das Gericht eine kunstadäquate Entscheidung treffen, müsse es zunächst die Perspektive eines fachkundigen Lesers einnehmen. Das Gericht werde auf diese Weise angehalten, eine *fundierte Textanalyse* vorzunehmen[776]. Es wird betont, daß die Lektüre von literarischen Texten nicht gleichgesetzt werden darf mit dem Gebrauch normierungsfähiger Gegenstände, die sich auf die Befähigung einer durchschnittlich begabten und erfahrenen Person beziehen. Anders als bei Regelungen zum Verbraucherschutz gehe es bei der

ralismus von Deutungen, ohne zugleich eine Unterscheidung von „richtiger" und „falscher" Auslegung nach literaturwissenschaftlichen Kriterien vorzunehmen. Er steht damit in Einklang mit einer grundsätzlichen Relativität der Interpretation von Kunst. Siehe hierzu auch *H. Putnam,* Is There a Fact of the Matter about Fiction?, in: ders./J. Conant (Hrsg.), Realism with a Human Face, Cambridge/London 2010, S. 209 (213): „If new exegeses and new critical interpretations are always necessary, if there is no convergence to One True Interpretation, then, by the same token, the fashion of seeing the interpretations of past centuries as *wholly* superseded by contemporary ‚insights' may be recognized as the naïve progressivism that it is. Perhaps we can come to see criticism as a conversation with many voices rather than as a contest with winners and losers."

772 *Bunia,* Kunst (Fn. 17), S. 175. – Zum Trend des Voyeurismus *Hohmann-Dennhardt,* Freiräume (Fn. 546), S. 548 f.

773 *Holzmiller,* Züchtig (Fn. 680), S. 112 weist auf die praktische Unmöglichkeit hin, einen solchen Durchschnittsrezipienten zu ermitteln, und geht davon aus, daß das Gericht – in nachvollziehbarer Weise – seine individuelle, durchaus abweichende Auffassung anstelle eines empirischen Durchschnittsrezipienten zum Maßstab nimmt. – Ablehnend gegenüber einem Durchschnittsleser zeigen sich *Barsch,* Literatur (Fn. 78), S. 69 f.; *Ohmer,* Gutachten (Fn. 52), S. 3 ff.; kritisch auch aus juristischer Sicht *Neumeyer,* Fiktion (Fn. 141), S. 514.

774 *Barsch,* Literatur (Fn. 78), S. 69; *Ohmer,* Gutachten (Fn. 52), S. 5; auf die Fähigkeit des Rezipienten, zwischen Fiktion und Wirklichkeit zu differenzieren, weist hin *Schiemann,* Persönlichkeitsrechtsverletzung (Fn. 309), S. 43 f.

775 *Biller,* Stellungnahme (Fn. 107), S. 7; zum kunstinteressierten Rezipienten auch *E. Erhardt,* Kunstfreiheit und Strafrecht, 1989, S. 206.

776 *Eichner/Mix,* Fehlurteil (Fn. 399), S. 218.

Rezeptionsweise nicht um einen angemessenen Ausgleich im Schadensfall nach normierten Standards[777].

Außerdem werde nur so sichergestellt, daß *nicht die subjektive Vorstellung* des einzelnen Rezipienten zu einem Publikationsverbot führe. Die Auffassung von einem Text sei individuell verschieden und variiere entsprechend den Erfahrungen, Einstellungen und Wissensbeständen des Lesers. *Barsch* sieht die Gefahr, daß „mit der Vorstellung eines ‚Durchschnittslesers', bei dem es sich häufig um den Richter selbst handelt, [...] normativ ein bestimmtes Textverständnis als verbindliche Textbedeutung durchgesetzt und zur Grundlage der juristischen Entscheidungsfindung gemacht“ wird. Darüber hinausgehend betont er, daß der Literaturbegriff individuell beim Rezipienten erzeugt werde, die Gesamtheit der unterschiedlichen Lesearten daher empirisch zu erheben sei, um eine Aussage hinsichtlich der Literarizität zu treffen. Ein Durchschnittsleser bilde auch nicht die Realität ab, sondern bleibe ein *vereinheitlichendes Modell*, das die Vielfalt von Leseweisen mißachte[778].

c) Zwischenergebnis: verständiger Durchschnittsleser als goldener Mittelweg

Zur Beurteilung der sozialbezogenen Wirkung des Romans in der außerkünstlerischen Welt ist auf den *verständigen Durchschnittsleser* abzustellen. Diese Perspektive beinhaltet eine interessengerechte Kombination aus normativen und empirischen Anteilen. Eine einseitige Berücksichtigung einer der beiden Gesichtspunkte wäre entweder realitätsfern oder dem Kunstcharakter nicht entsprechend. Eine einseitige Bevorzugung des Ideal- oder empirischen Lesers führt aus folgenden Gründen zu keiner ausreichenden Ergebnisgerechtigkeit:

aa) Kritik am Idealleser: unrealistische, unberechtigte Rezeptionsprärogative

So ermöglicht einerseits der Maßstab des Ideallesers zwar eine optimale Berücksichtigung der literarischen Spezifika. *Allerdings entspricht er isoliert betrachtet nicht der Realität.* Ein Autor schreibt nicht für eine überschaubare, elitäre Gruppe von Fachkundigen, sondern für eine nicht weiter eingrenzbare Leserschaft. Autoren entstammen unterschiedlichen Sozialisations- und Bildungsschichten und wenden sich an eine ebenso inhomogene, allgemeine Leserschaft[779]. Der Roman war frei erhältlich und somit für jedermann lesbar. *Biller* wählte also bewußt einen nicht näher spezifizierbaren Leserkreis. Diese Absicht des Autors ist bei der Festlegung des Rezipientenmaßstabs zu respektieren. Der Literat wendet sich an eine unüberschaubare Leserzahl und nimmt

---

[777] *Eichner/Mix*, Fehlurteil (Fn. 399), S. 217: „Denn anders als bei der Bedienung eines mängelbehafteten Gebrauchsgegenstandes wird ein Leser bei der Textrezeption keinen Schaden nehmen, weil ihm alludierte reale Verhältnisse unbekannt sind oder er die zugrunde liegenden Benennungsstrategien und Referenzen nicht durchschaut.“

[778] *Barsch*, Literatur (Fn. 78), S. 69 f. – Ähnlich auch *Ohmer*, Gutachten (Fn. 52), S. 5.

[779] Ganz ähnlich BGE 135 III 145 (152); *Stüssel*, Autorschaft (Fn. 407), S. 32.

die eben dort eintretenden Wirkungen in Kauf, forciert sie möglicherweise auch. Ein breites, unspezifiziertes Publikum ist in der Unterscheidung von Figur und Autor nicht ohne Abstriche treffsicher. So wird die Kunst des Textes einer unproblematischen Tatsachenbehauptung mitunter kunstinadäquat, aber durchaus häufig angeglichen[780]. Diese unliterarische Leseweise ist – so sehr sie sich literarischem Verständnis entgegensetzt – bei einer Persönlichkeitsrechtsverletzung in der außerkünstlerischen Welt nicht zu leugnen. Eine andere Einschätzung wäre realitätsfern[781].

Letztlich findet sich kein schlagendes Argument, die Einschätzung der Rezeptionswirkung und damit der Wirkung in den sozialen Realien, der Persönlichkeitsrechtsverletzung, in die Hand von Literaturwissenschaftlern zu legen. Ein Linguist kann vielmehr – wie im Fall des vom Bundesverfassungsgericht eingeholten Gutachtens – Antworten auf Fragen der *Literarizität oder Fiktionalität* geben, Aspekte, die den Text, nicht aber die psychische Verarbeitung des Lesers während der Lektüre betreffen.

Der angestellte Vergleich mit dem Verbraucherbegriff führt nicht zwangsläufig zum Favorisieren des Ideallesers, sondern könnte auch einen anderen Rückschluß zulassen[782]: Der vorgetragenen Argumentation ist insoweit beizupflichten, als daß die Perspektive des Durchschnittsrezipienten in der Tat nicht zur Schadenskompensation des Rezipienten erforderlich wird. Ihr kommt gleichwohl erhebliche Bedeutung zu, weil sonst ein Dritter – die in ihrem Persönlichkeitsrecht verletzte literarische Vorlage – geschädigt wird. Es ist kein Grund ersichtlich, die beiden Fälle – die Eigenschädigung des genarrten Verbrauchers und die *Fremdschädigung der unfreiwilligen Romanfigur* – unterschiedlich zu behandeln.

Weiterhin ist es angesichts gegenteiliger Realität kaum überzeugend, bei dem Modell des Durchschnittslesers eine erhöhte Gefahr der Subjektivierung anzunehmen. Es handelt sich vielmehr um eine – wie schon die zivilrechtliche Beurteilung eines Vertragsschlusses gezeigt hat – in der rechtlichen Praxis bewährte und *anerkannte Rechtsfigur.*

Auch das Argument einer Motivierung der Gerichte zur intensivierten Auseinandersetzung mit Kunst erscheint kaum stichhaltig und erschöpft sich in Allgemeinplätzen. Den Richter trifft ohnehin – unabhängig von der Festlegung eines Rezeptionsmaßstabs – auf allen Gebieten eine eingehende Prü-

---

780 Vgl. *Schneider,* Einführung (Fn. 31), S. 38.

781 So auch für das schweizerische Recht BGE 135 III 145 (152); Schweizerisches Bundesgericht sic! 10 (2003), 792 (794). – Anderer Ansicht *Biller,* Stellungnahme (Fn. 107), S. 7.

782 Für den Bereich des Markenrechts BGH GRUR 2005, 583 (584): „Die Frage, ob eine kennzeichenmäßige Benutzung vorliegt, ist eine Rechtsfrage, deren Beurteilung aber weitgehend von tatsächlichen Feststellungen über das Verständnis des durchschnittlich informierten, aufmerksamen und verständigen Verbrauchers abhängt, die von dem Tatrichter zu treffen sind […].“ Ähnlich LG Nürnberg-Fürth GRUR-RR 2010, 384 (386).

fungspflicht. Er hat diese unabhängig von einer Festlegung von Analysemodalitäten – ausgerichtet am Durchschnitts- oder Idealleser – zu erfüllen. Zweitens würde ein rechtliches Prüfungsmerkmal zweckentfremdet, sollte es nicht einen inhaltlichen Untersuchungsschritt kennzeichnen, sondern das Gericht in seiner Arbeitsweise lenken. Anhand der Prüfungskriterien wird allein ein Rechtsverstoß bejaht oder verneint. Eine Regulierung gerichtlicher Sorgfalt kann so nicht erfolgen. Käme Untersuchungsstufen und gesetzlichen Tatbestandsmerkmalen eine pädagogische Aufgabe gegenüber der Rechtsprechung zu, würden insbesondere strafrechtliche Tatbestände wie Mord oder Raub erstaunlich oberflächlich anmuten.

Der Rezeptionsmaßstab eines Ideallesers in Reinformat ist mangels Realitätsnähe und ausreichender Berechtigung abzulehnen.

bb) Kritik am empirischen Leser: kunstinadäquat; zweckverfehlende Empirie

Andererseits widerspricht die entgegengesetzte Position, ausschließlich den empirisch ermittelten Leser zur Beurteilung von Erkennbarkeit und Fiktionalität zu setzen, den Vorgaben einer *kunstspezifischen Betrachtungsweise.*

Der Einwand, daß es sich bei dem Durchschnittsleser um eine gedankliche Konstruktion handelt, greift nicht durch. Die gesamte Rechtsordnung basiert auf Abstraktion bzw. Fiktion. Das Gerüst ermöglicht Einzelfallgerechtigkeit zur Regelung einer Vielzahl von Sachverhalten. Das abstrahierende Rechtssystem schafft Erwartungssicherheit. Der Künstler bewegt sich in dieser Rechtsordnung, wenn er sich in seinem Kunstwerk anderen gegenüber ausdrückt[783]. Der Literaturbetrieb basiert also wie der Rechtsverkehr auf Kommunikation und *gegenseitigem Verständnis.* Wenn bei einer literarischen Rezeption auch kein zivilrechtlicher Vertrag nach §§ 145 ff. BGB zwischen dem Autor und dem Leser geschlossen wird, so sind die Problemlagen des kommunikativen Umgangs und der Auslegung von Erklärungen doch vergleichbar. Im Zivilrecht bestehen die Optionen, bei der Deutung auf den inneren oder den in der Erklärung objektivierten Willen abzustellen. Letzterer ist bei privatrechtlichen Vertragsschlüssen aus Gründen des Vertrauensschutzes maßgeblich[784]. Ein Text wird nach Vertragsgrundsätzen so ausgelegt, wie ihn der Leser nach Treu und Glauben unter Berücksichtigung der Verkehrssitte verstehen mußte[785]. Den Erklärungsempfänger trifft nach Treu und Glauben die Pflicht zu prüfen, was der Erklärende gemeint hat. Dabei sind alle Umstände zu berücksichtigen, die dem Erklärungs-

---

[783] Gerade der – vorliegend relevante – Wirkbereich der Kunstfreiheit schützt die Darbietung des Kunstwerks in der Öffentlichkeit, um eine Auseinandersetzung und Interpretation zu ermöglichen.

[784] *R. Singer/J. Benedict/R. Singer,* in: J. v. Staudinger (Hrsg.), BGB, § 133 (2003, 2010), Rn. 18 f.

[785] BGHZ 103, 280 (280 ff.).

empfänger erkennbar waren[786]. Maßgebend ist nicht der empirische Wille des Erklärenden, sondern der durch normative Auslegung zu ermittelnde, objektive Erklärungswert seines Verhaltens[787]. Demgemäß kann einem Autor nicht jedes beliebige Mißverständnis auf seiten des Lesers angelastet werden. Es ist vielmehr stets zu prüfen, inwieweit der Schriftsteller anhand seines – untechnisch gesprochen – „Erklärungswerts“ Anlaß für eine voyeuristische, Realität und Kunst gleichsetzende Lesart gegeben hat. Es muß festgestellt werden, ob „dem Leser [...] nicht nahegelegt wird, diese Geschehnisse als Fiktion zu verstehen.“[788] Der Rechtswissenschaft vergleichbar existiert auch in der Philologie ein *objektivierbares Bezugssystem*, das den Erwartungshorizont des Lesers bestimmt. Es setzt sich zusammen „erstens aus bekannten Normen oder der immanenten Poetik der Gattung, zweitens aus den impliziten Beziehungen zu bekannten Werken der literarhistorischen Umgebung und drittens aus dem Gegensatz von Fiktion und Wirklichkeit, poetischer und praktischer Funktion der Sprache, der für den reflektierenden Leser während der Lektüre als Möglichkeit des Vergleichs immer gegeben ist.“[789] Ein literarisches Werk prägt die Erwartungen des Rezipienten durch Ankündigungen, offene und versteckte Signale, Merkmale und Rezeptionshinweise[790].

Nicht zu unterschätzen ist die Gefahr der *Rufschädigung* bei notwendig breit angelegten empirischen Erhebungen. Wenn zunächst eine Befragung nach erfolgter „Probe“-Lektüre im Umfeld des Betroffenen auf eine Persönlichkeitsrechtsverletzung hin erfolgen soll, kann letztere sich gerade dadurch ereignen[791]. Zudem erweist sich eine rein empirische Bestimmung als praktisch nicht umsetzbar: Rein induktive Untersuchungen kommen – abgesehen von dem *finanziell* untragbaren Aufwand – aufgrund von methodischen Schwierigkeiten zu *widersprüchlichen* Ergebnissen[792].

---

786 *Singer/Benedict/Singer*, BGB (Fn. 784), § 133 (2003, 2010), Rn. 44, 48.

787 BGHZ 36, 33.

788 BVerfGE 119, 1 (34).

789 *H. R. Jauß*, Literaturgeschichte als Provokation der Literaturwissenschaft, 1970, S. 177.

790 *Jauß*, Literaturgeschichte (Fn. 789), S. 175. – Für „Esra“ wurde das Bezugssystem bereits hinreichend untersucht: In dem Roman, der als Text geringen Fiktionsgrads zu qualifizieren ist, sind die Übergänge zwischen den in die Erzählung eingegangenen, außersprachlichen Ereignissen und den Erfindungen des Autors derart fließend, daß die Abgrenzung des autofiktionalen Textes von der faktenbasierten Autobiographie dem Leser Schwierigkeiten bereiten kann. Da erzähltechnisch kein Unterschied zwischen der Wirklichkeit entstammenden und fiktiven Szenen – beispielsweise zwischen der der Realität entsprechenden Preisverleihung an Lale und dem erfundenen Familientreffen im Lokal „Tre Colone“ – gemacht wird, ist eine Präzisierung des Verhältnisses von Wirklichkeit und Fiktion, das das Wesen des Werkes markieren könnte, diffizil; vgl. *Biller*, Esra (Fn. 1), S. 9, 212 f.

791 *Wittreck*, Persönlichkeitsbild (Fn. 350), S. 11.

792 *Reese-Schäfer*, Rezeption (Fn. 416), S. 78 ff.

Da eine rein empirische Ermittlung des Rezeptionsverhaltens dem Kunst- und Rechtsverständnis nicht entspricht sowie einen enormen Aufwand nebst neuen Risiken impliziert, ist auch dieser Maßstab nicht fachgerecht. Die Befunde bestätigen die Notwendigkeit der Kombination normativer und deskriptiver Aspekte in Form des zu präferierenden verständigen Durchschnittslesers.

IV. Literaturwissenschaftliche Kritik an dem Entscheidungsergebnis

In der literaturwissenschaftlichen Diskussion hat sich eine klare Mehrheitsmeinung gegen das Romanverbot herauskristallisiert (IV.2.). Die den Beschluß aus literaturwissenschaftlicher Sicht tragenden Erwägungen sind in die Gegenüberstellung zunächst einzustellen (IV.1)[793].

1. Keine Erlaubnis zur Persönlichkeitsrechtsverletzung durch Literaturfreiheit

Gelegentlich trifft die Entscheidung der Senatsmehrheit bei Literaturwissenschaftlern zumindest auf moderaten Zuspruch[794]. Sie ermögliche einen Schutz für Minderheiten vor der Dominanz einer Mehrheitsmeinung, die eine uneingeschränkte Literaturfreiheit in einer öffentlichen, medial forcierten Einheitsfront verabsolutiere[795]. Unter dem Etikett der Literaturfreiheit könne kein Raum für Persönlichkeitsrechtsverletzungen geschaffen werden[796]. Der Mitteilung von Intimitäten aus dem Leben anderer Personen müsse eine Einigung mit den Betroffenen vorangehen[797]. Lasse sich ein Autor von der Wirklichkeit inspirieren, kann der Realitätsbezug andererseits nicht unter Verweis auf die literarische Neuschöpfung verneint werden[798]. Der Beschluß wahre die Möglichkeit künstlerischer Entfaltung[799]. Ein absoluter Schutz der Kunst gestalte sich hingegen seinerseits als totalitär und bevorteile einseitig die den Literaturbetrieb dominierenden Massenmedien[800]. Es ist

---

[793] Auf die Unmöglichkeit einer allseits zufriedenstellenden Entscheidung weist hin *W. Freund*, Zweierlei Unglück, in: Die Welt vom 23.4.2003, o. S.

[794] *Bunia*, Kunst (Fn. 17), S. 162 ff.; *ders.*, Warum stört es die Literaturwissenschaft, dass Literatur Wirkungen hat?, in: Frankfurter Allgemeine Zeitung vom 13.10.2007, S. 39; *Seiler*, Schutz (Fn. 315), S. 14; *Bunia*, Minderheitenschutz (Fn. 687), S. 108 ff.

[795] *Bunia*, Minderheitenschutz (Fn. 687), S. 109 ff.

[796] *Bunia*, Kunst (Fn. 17), S. 178 f.

[797] *Seiler*, Schutz (Fn. 315), S. 14.

[798] *R. Kämmerlings*, Angeschwärzt, in: Frankfurter Allgemeine Zeitung vom 24.7.2003, S. 31.

[799] *C. Rath*, Der Preis der Authentizität, in: Die Tageszeitung vom 14.2.2008, S. 15.

[800] *Bunia*, Minderheitenschutz (Fn. 687), S. 109.

nicht nachweisbar, ob der Autor *Biller* eine fiktionale Erzählung ohne jeglichen Faktizitätsanspruch veröffentlichen wollte. Diese Frage sei allerdings ohnehin nicht streitentscheidend, da die Erklärung zur Fiktionalität nicht zur Fiktionalität per se führe[801]. Der Zugang zu einem fiktionalen sei dem zu einem nichtfiktionalen Text äußerst ähnlich[802]. Literatur – gleich, ob fiktionaler oder nichtfiktionaler Natur – könne Ansichten in Bezug zur Wirklichkeit durchaus beeinflussen. Diese Wirkung werde nicht durch inkorrektes Lesen, sondern die Funktionsweise von Literatur selbst bedingt[803]. Eine Privilegierung fiktionaler Schriften bleibe ohne Grund, da nichtfiktionale Texte – als nicht zwangsläufig mindere Literaturleistung – Schutz vergleichbaren Umfangs verdienen[804]. Das Prozeßrisiko könne weder in dem einen noch anderen Fall zu Lasten der betroffenen Opfer verlagert werden[805].

2. Unabsehbare, inakzeptable Folgen der Entscheidung für die Literaturwelt

Das Veröffentlichungsverbot trifft in der Literaturwissenschaft mehrheitlich auf scharfe Kritik[806]. Zwar wird eine autobiographische Ausrichtung des Romans festgestellt, die sich an zahlreichen Übereinstimmungen hinsichtlich der Biographien von Vorbild und Romanfigur sowie der konkretisierbaren Orte in München-Schwabing manifestiert[807]. Nichtsdestominder wird das Publikationsverbot als drakonische Entscheidung, als unzumutbare Beschränkung literarischer Freiheit erlebt. Literatur verarbeite Wirklichkeit und beinhalte kathartische Wirkung[808]. Deute man die beschriebenen Intimszenen als Ausdruck rein tatsächlicher Beschaffenheit, werde man dem Wesen von Fiktion nicht gerecht. Ein freiheitlicher Diskurs in der Gesellschaft könne so nicht stattfinden[809]. Denn dann tun sich Privatpersonen hervor, die „Formen einer privatim motivierten, aber staatlich legitimierten Zensur ausüben, die künstlerische Freiheit gefährden und der Selbstzensur Vorschub leisten können"[810]. Die Folgen seien „völlig inak-

---

801 *Bunia,* Kunst (Fn. 17), S. 168.

802 *Bunia,* Kunst (Fn. 17), S. 164 f.; *ders.,* Literaturwissenschaft (Fn. 794), S. 39; *ders.,* Fiktion (Fn. 153), S. 149. – Hinsichtlich des bedeutungskonstituierenden Kontextes *Strasen,* Rezeptionstheorien (Fn. 768), S. 351.

803 *Bunia,* Literaturwissenschaft (Fn. 794), S. 39.

804 *Bunia,* Minderheitenschutz (Fn. 687), S. 109.

805 *Bunia,* Kunst (Fn. 17), S. 166. – Aus der juristischen Sicht statt vieler *Knothe,* Freiheit (Fn. 6), S. 85.

806 *Ohmer,* Gutachten (Fn. 52), S. 35; *D. Kehlmann,* Maxim Biller, in: Frankfurter Allgemeine Zeitung vom 24.7.2006, S. 31; *Bax,* Niederlage (Fn. 2), S. 12; *Eichner/Mix,* Fehlurteil (Fn. 399), S. 191, 224 ff.; *Prantl,* Kunstrichter (Fn. 690), S. 13; *Wittstock,* Fall Esra (Fn. 95), S. 127 f.

807 *Eichner/Mix,* Fehlurteil (Fn. 399), S. 185 f.; *Wittstock,* Fall Esra (Fn. 95), S. 126 f.

808 *Ohmer,* Gutachten (Fn. 52), S. 15.

809 *Eichner/Mix,* Fehlurteil (Fn. 399), S. 191.

810 *Eichner/Mix,* Fehlurteil (Fn. 399), S. 225.

zeptabel und unübersehbar"[811]. Als Zwischenbilanz sollte allein auf den Einfluß von Literatur auf die sozialen Realien hingewiesen werden[812]: In der Tat zeitigt Kunst Wirkungen. Ein Rückzug in eine autonome Literaturwelt ist ebenso entwertend wie in der Sache verfehlt[813].

---

811 *Eichner/Mix,* Fehlurteil (Fn. 399), S. 225.

812 Eine Positionierung zu den Fragen der zensorischen Wirkung des Publikationsverbots erfolgt im Rahmen der Gesamtdiskussion; vgl. Abschnitt E.II.

813 *M. Frisch,* Ausgewählte Prosa, Nachdruck der 1. Auflage (1963) 1986, S. 45: „Es gibt leider kein menschliches Wesen, das nur Kunst macht – und wenn er eines Tages, um seine Kunst machen zu können, beispielsweise eine Unterschrift gibt, die andere an den Galgen liefert, ehemalige Freunde vielleicht, zumindest Menschen, die ihn keineswegs bedroht haben, so interessiert mich seine Begabung nur teilweise, auch wenn er versichert, daß er sich ‚grundsätzlich' nicht in Politik einmische und daß er ‚nur' ein Künstler sei, ein ‚Kulturschaffender'."

D. Das Spannungsverhältnis zwischen allgemeinem Persönlichkeitsrecht und Kunstfreiheit im Rahmen der „Esra"-Entscheidung

Schon zu diesem Zeitpunkt des Untersuchungsgangs kann der Arbeitstitel „Die ‚Esra'-Entscheidung als Ausgleich zwischen Persönlichkeitsschutz und Kunstfreiheit. Rechtsprechung im Labyrinth der Literatur" präzisiert werden: Der Erste Senat des Bundesverfassungsgerichts bewegte sich im Labyrinth der Literatur, da für den „Esra"-Beschluß literaturwissenschaftliche Fragen der Literarizität, Fiktion, Postmoderne, Rezeption und des Realismus virulent wurden. Da ein Jurist ohne fachkundigen Beistand insbesondere bei dem Komplex „Fiktion" im Nebel stochert, kann sich ihm die Literaturwelt als Labyrinth präsentieren. Insoweit sollen die Feststellungen zur Autofiktion, zum geringen Fiktionsgrad und zur latent mißverständlichen Deutung beim verständigen Durchschnittsleser einen Beitrag zur Durchleuchtung des Irrgartens leisten. Der folgende Abschnitt entrollt nunmehr den ersten Teil des Arbeitsauftrags, die Untersuchung des gerichtlichen Beschlusses als Ausgleich zwischen Persönlichkeitsschutz und Kunstfreiheit[1].

---

[1] Das Spannungsverhältnis zwischen dem allgemeinen Persönlichkeitsrecht und der Kunstfreiheit wird insbesondere bei realistischer Literatur wie eben dem autobiographisch inspirierten Roman „Esra" relevant. *Götting* führt neben der Satire den Schlüsselroman als persönlichkeitsrelevante Literaturgattung an. Vorliegend soll diese Gruppe auf die gesamte Ebene der realistischen Literatur erweitert werden, da die Begrenzung auf die Gattung des Schlüsselromans weitere Bereiche der Literatur wie den streitgegenständlichen Roman ausnehmen würde. Vgl. *Götting*, Persönlichkeitsschutz (Fn. 4), S. 429.

I. Prüfungsmaßstab bei der Abwägung von Kunstfreiheit und allgemeinem Persönlichkeitsrecht bei der „Esra"-Entscheidung

1. Überprüfbarkeit fachgerichtlicher Entscheidungen

a) Grundsätzlich eingeschränkte Überprüfbarkeit

Die Parteien streiten in dem Zivilrechtsstreit, der der Entscheidung des Bundesverfassungsgerichts vorausgegangen ist, um grundrechtlich geschützte Positionen. Die Zivilgerichte sind primär für die Entscheidung in einem Rechtsstreit zwischen Privaten zuständig[2]. Da jedes Urteil, das gegen einfaches Recht verstößt, zugleich den Verfassungsgrundsatz des Vorrangs des Gesetzes aus Art. 20 Abs. 3 GG verletzt, könnte gegen jede dieser Entscheidungen Verfassungsbeschwerde erhoben werden. Das Bundesverfassungsgericht würde entgegen der in Art. 93 Abs. 1 Nr. 4a GG normierten Prüfungsbeschränkung auf Grundrechte und grundrechtsgleiche Rechte die Aufgabe einer allgemeinen „Superrevisionsinstanz"[3] wahrnehmen. Es müßte die gerichtliche Anwendung einfachen Rechts vollständig überprüfen. Das Bundesverfassungsgericht wäre überfordert, die anderen obersten Bundesgerichte würden ihren Zuständigkeitsbereich einbüßen. Um diese Schieflage zu vermeiden, ist die Kontrolle fachgerichtlicher Entscheidungen durch das Bundesverfassungsgericht bei der Anwendung einfachen Rechts nach der „Heck'schen Formel"[4] grundsätzlich beschränkt auf die Überprüfung, ob Tragweite und Bedeutung des Verfassungsrechts durch das Fachgericht erfaßt wurden. Die Kontrolle beschränkt sich allein auf die Verletzung spezifischen Verfassungsrechts[5]. Diese ist zu bejahen, wenn eine einschlägige Verfassungsnorm überhaupt nicht oder falsch angewendet wurde und die gerichtliche Entscheidung auf diesem Fehler beruht[6]. Nach der sogenannten „Schumannschen Formel" ist das der Fall, wenn die gerichtliche Entscheidung

---

[2] BVerfGE 3, 213 (219 f.); 4, 52 (58); 7, 198 (207); 11, 343 (349); 17, 337 (346); 18, 85 (92); 20, 323 (330 f.); BVerfGK 9, 83 (87).

[3] BVerfGE 7, 198 (207).

[4] Benannt nach dem Berichterstatter des Bundesverfassungsgerichts *Karl Heck* bei der Entscheidung BVerfGE 18, 85 (92 f.).

[5] Durchgängig ganz allgemeine Ansicht BVerfGE 1, 418 (420); 18, 85 (92 f.); 20, 323 (330 f.); 22, 93 (98 ff.); 32, 311 (316); 42, 143 (148 f.); 81, 242 (253); 84, 203 (210 f.); 89, 214 (230); 94, 1 (8 f.); 95, 28 (37); 97, 391 (401); 99, 145 (160); 101, 361 (388); 102, 347 (362); 103, 89 (100); 112, 332 (358 f.); BVerfGK 9, 83 (87); 14, 1 (3); *W. Roth*, Die Überprüfung fachgerichtlicher Urteile durch das Bundesverfassungsgericht und die Entscheidung über die Annahme einer Verfassungsbeschwerde, in: AöR 121 (1996), S. 544 (548 ff., 570 ff.); *S. Detterbeck/G. Sturm*, Grundgesetz (Fn. 477), Art. 93 Rn. 18.

[6] BVerfGE 7, 198 (205 ff.); 30, 173 (196 f.); 42, 143 (148); 81, 242 (253); 82, 236 (259 ff.); 83, 130 (148); 84, 192 (194 f.); 85, 248 (256); 89, 214 (230); 91, 125 (136); 99, 185 (196); 101, 361 (388); 120, 180 (199 f., 209 f.).

von einer Rechtsfolge ausgeht, die der einfache Gesetzgeber nicht als Norm hätte verabschieden dürfen[7].

b) Vorgehen im „Esra"-Beschluß

Im „Esra"-Fall klagen die ehemalige Partnerin des Autors und ihre Mutter vor dem Landgericht München gegen die publizierende Verlagsgesellschaft. Sie sehen sich in ihrem allgemeinen Persönlichkeitsrecht verletzt, die Beklagte beruft sich demgegenüber auf die Kunstfreiheit. Das Bundesverfassungsgericht stellt zunächst die *kompetenzrechtliche Aufteilung* zwischen verfassungs- und zivilrechtlicher Rechtsprechung klar: Da es sich um einen Rechtsstreit zwischen privaten Parteien handelt, sind weiterhin die Zivilgerichte primär zuständig[8]. Diese Kompetenzabgrenzung hat zur Folge, daß das Bundesverfassungsgericht nur eine eingeschränkte Überprüfung der fachgerichtlichen Entscheidungen vornimmt. Es hält also grundsätzlich an dem dargestellten *Grundsatz der eingeschränkten Überprüfbarkeit* nach der „Heck'schen Formel" fest.

Dann aber führt der erkennende Senat zum vorliegend *erweiterten Prüfungsumfang* aus: „Das Verbot eines Romans stellt allerdings einen besonders starken Eingriff in die Kunstfreiheit dar. Das Bundesverfassungsgericht kann seine Überprüfung daher nicht auf die Frage beschränken, ob die angegriffenen Entscheidungen auf einer grundsätzlich unrichtigen Auffassung von der Bedeutung des Art. 5 Abs. 3 Satz 1 GG, insbesondere vom Umfang seines Schutzbereichs, beruhen. Das Bundesverfassungsgericht muß vielmehr die Vereinbarkeit der angegriffenen Entscheidungen mit der verfassungsrechtlichen Kunstfreiheitsgarantie auf der Grundlage der konkreten Umstände des vorliegenden Sachverhalts überprüfen (vgl. Sondervotum Stein, BVerfGE 30, 173 [201 f.])."[9] Das Gericht geht also über den grundsätzlich eingeschränkten Prüfungsumfang im Fall „Esra" weit hinaus[10].

Der Senat begründet die über die „Heck'sche Formel" hinausreichende Prüfungsdichte demnach mit der *Intensität des Eingriffs* in die Kunstfreiheit. Da-

---

[7] *E. Schumann,* Verfassungs- und Menschenrechtsbeschwerde gegen richterliche Entscheidungen, 1963, S. 207: „*Die InterpretationsVB ist erfolgreich, wenn der angefochtene Richterspruch eine Rechtsfolge annimmt, die der einfache Gesetzgeber nicht als Norm erlassen dürfte* (Hervorhebung im Original)." Vgl. auch BVerfG (Kammer), NJW 1993, 2600 (2600 f.); *J. Hager,* Grundrechte im Privatrecht, in: JZ 1994, S. 373 (377); *C. Starck,* Verfassungsgerichtsbarkeit und Fachgerichte, in: JZ 1996, S. 1033 (1039 f.); *G. Robbers,* Für ein neues Verhältnis zwischen Bundesverfassungsgericht und Fachgerichtsbarkeit, in: NJW 1998, S. 935 (936); *C.-W. Canaris,* Grundrechte und Privatrecht – eine Zwischenbilanz –, 1999, S. 26 f.; *H. Bethge,* in: T. Maunz/B. Schmidt-Bleibtreu/F. Klein/ders. (Hrsg.), Bundesverfassungsgerichtsgesetz, § 90 (2010), Rn. 316a.

[8] BVerfGE 119, 1 (22).

[9] BVerfGE 119, 1 (22).

[10] So auch *R. Hahn,* Persönlichkeitsrecht und Buch, in: ZUM 2008, S. 97 (100); *Wittreck,* Grundgesetz (Fn. 341), Art. 5 III (Kunst), Rn. 67 f.

mit stützt er sich auf ein durchaus geläufiges Argument, das im Laufe der Entscheidungspraxis des Gerichts an Bedeutung gewonnen hat: Die Ausdehnung der Kontrolldichte beruht auf einer entsprechenden Entwicklung in der Vergangenheit[11]. Das Bundesverfassungsgericht hat auf dem Gebiet der Kunstfreiheit seinen Prüfungsumfang *fortdauernd erweitert*. Zunächst beschränkte es eine intensivierte Nachprüfung der Fachgerichte auf *strafrechtliche* Entscheidungen. Begründet wurde die unterschiedliche Prüfungsdichte mit der erhöhten Eingriffsintensität einer straf- gegenüber einer zivilrechtlichen Entscheidung und den möglicherweise schwerwiegenderen negativen Folgen für die vorbehaltlos garantierte Kunstfreiheit[12]. Im Jahr 1990 modifiziert das Bundesverfassungsgericht seine Ausführungen zur erweiterten Prüfungsintensität und betont die Bedeutung der Grundrechte aus Art. 5 GG aufgrund ihrer *kommunikativen Funktion* in der Öffentlichkeit[13]. Im „Mutzenbacher"-Beschluß wird die erweiterte Prüfungskompetenz dann neben strafrechtlichen Verurteilungen auch auf andere Entscheidungen ausgeweitet, die ebenfalls eine einschüchternde Wirkung entfalten können[14]. In dieser Tradition steht also die erhöhte Kontrollintensität zur Wahrung der kommunikativen Funktion des Romans in der Gesellschaft.

2. Mittelbare Wirkung von Grundrechten im Streit Privater

Die Grundrechte binden nach Art. 1 Abs. 3 GG als „unmittelbar geltendes Recht" nur die staatliche Gewalt. Im vorliegenden Fall erging die gerichtliche Unterlassungsverfügung in einem Rechtsstreit zwischen Privatpersonen. Ein bürgerlich-rechtlicher Streit zwischen Privatleuten bleibt seiner Natur nach privat-

---

[11] *Würkner*, Bundesverfassungsgericht (Fn. 616), S. 56; *ders.*, Die Freiheit der Kunst in der Rechtsprechung von BVerfG und BVerwG, in: NVwZ 1992, S. 1 (6 f.); *Mahrenholz*, Freiheit (Fn. 599), § 26 Rn. 87.

[12] BVerfGE 42, 163 (169); 43, 130 (136); 54, 129 (136); 66, 116 (131); 67, 213 (223); 75, 369 (376); 77, 240 (250 f.); 81, 278 (290). – Demgegenüber die Intensität eines Strafurteils bei geringen Geldstrafen und damit die Prüfungskompetenz schränkt ein: BVerfG (Vorprüfungsausschuß), NJW 1985, 263 (264); zustimmend zur Intensivierung des Prüfungsumfangs bei strafrechtlichen Entscheidungen *J. F. Henschel*, Die Kunstfreiheit in der Rechtsprechung des BVerfG, in: NJW 1990, S. 1937 (1944). – Kritisch *C. Gusy*, Anmerkung zu BVerfG, Beschluß v. 7.3.1990 – 1 BvR 266/86 und 913/87, in: JZ 1990, S. 640 (641); vgl. zum Ganzen auch *Pernice*, Grundgesetz (Fn. 96), Art. 5 III (Kunst), Rn. 44; *Leibholz/Rinck*, Grundgesetz (Fn. 479), Art. 5 (2010), Rn. 1072. – Die Prüfungsintensivierung im Fall der Kunstfreiheit mit der notwendigen Einheit aus Tatsachenuntersuchung und normativer Einschätzung erklären *Detterbeck/Sturm*, Grundgesetz (Fn. 477), Art. 93 Rn. 19.

[13] BVerfGE 81, 278 (289 f.); mit Bezug auf BVerfGE 43, 130 (136); 54, 129 (138 f.); 54, 208 (220 ff.); vgl. die ähnliche Begründung zum Berliner Landesrecht BerlVerfGH NJW-RR 2007, 1686 (1688). – Einen Überblick über die Rechtsprechungslinie des Bundesverfassungsgerichts von 1971 bis 2000 auf dem Gebiet der Kunstfreiheit bietet *S. Vogel*, Prüfungsumfang des Bundesverfassungsgerichts bei Verfassungsbeschwerden am Beispiel der Kunstfreiheitsrechtsprechung, 2004, S. 33 ff.

[14] BVerfGE 83, 130 (145 f.).

rechtlich[15]. Es stellt sich also die Frage nach der Wirkung von Grundrechten im Privatrecht. Vorab soll auf zwei Aspekte der Auswirkung von Grundrechten auf das Zivilrecht hingewiesen werden.

Zunächst steht außer Frage, daß das bürgerliche Recht aufgrund der durch die Grundrechte vorgegebenen Wertrangordnung mit den Grundrechten vereinbar sein muß[16]. Die Grundrechte sind *Grundlage der Rechtsordnung im ganzen*[17]. Der Gesetzgeber ist daher bei dem Erlaß einfachen Rechts weitestgehend unstreitig an die Grundrechte gebunden[18]. Außerdem hat das Bundesverfassungsgericht auch in verfahrensrechtlicher Hinsicht klargestellt, daß der Richter der ordentlichen Gerichtsbarkeit öffentliche Gewalt ausübt und die Grundrechte im gerichtlichen Verfahren beachten muß[19].

Zweitens ist fraglich, inwieweit zudem *Privatpersonen an die Grundrechte gebunden* sind, mithin also die Grundrechte unmittelbar, mittelbar oder überhaupt nicht im Privatrechtsverkehr gelten. Ein Vergleich mit dem europäischen Unionsrecht ist aufgrund dessen Inkongruenz nur bedingt weiterführend: So hat der Europäische Gerichtshof einzelne Grundfreiheiten wie die Arbeitnehmerfreizügigkeit nach Art. 45 AEUV (Art. 39 EGV a.F.) oder die Dienstleistungsfreiheit aus Art. 56 AEUV (Art. 49 EGV a.F.) zwischen Privatrechtssubjekten für unmittelbar anwendbar erklärt[20]. Andererseits schließt er eine unmittelbare Wir-

---

[15] Der Gedanke, daß das Urteil ein Akt staatlicher Gewalt ist, für den sich die Grundrechtsbindung ohnehin direkt aus Art. 1 Abs. 3 GG ergibt, wird bei privatrechtlichen Streitigkeiten nicht verfolgt. Vgl. BVerfGE 7, 198 (204 ff.); *C. v. Coelln,* Lebach einmal anders – die Rundfunkfreiheit fordert ihr Recht, in: ZUM 2001, S. 478 (481).

[16] BVerfGE 7, 198 (205 ff.); 21, 362 (372).

[17] BVerfGE 7, 198 (205); *Dreier,* Grundgesetz (Fn. 96), Vorb. vor Art. 1 Rn. 96.

[18] BVerfGE 10, 59 (66 ff.); 79, 256 (266 ff.); 92, 158 (176 ff.); *C-W. Canaris,* Grundrechtswirkungen und Verhältnismäßigkeitsprinzip in der richterlichen Anwendung und Fortbildung des Privatrechts, in: JuS 1989, S. 161 (162); *V. Götz,* 1. Arbeitsgruppe: Zivilrecht, in: Bundesminister der Justiz (Hrsg.), Vierzig Jahre Grundrechte in ihrer Verwirklichung durch die Gerichte, 1990, S. 35 (46 ff.); *Canaris,* Grundrechte (Fn. 7), S. 11 ff.; *B. Pieroth/ B. Schlink,* Grundrechte, 27. Aufl. 2011, S. 44.

[19] Er muß das Verfahren dementsprechend rechtsstaatlich gestalten und ist an die insoweit einschlägigen Grundrechte gebunden; BVerfGE 52, 203 (207). Für die Verfahrensgestaltung sind insbesondere Art. 19 Abs. 4, Art. 101 und Art. 103 GG maßgebend. Wenn auch die Entscheidung in der Sache den privatrechtlichen Normen folgt, tritt der Richter den Beteiligten des Rechtsstreits gleichwohl als Träger öffentlicher Gewalt gegenüber. Hinsichtlich der Verfahrensanordnungen ist der Zivilrichter also auch an die Grundrechte gebunden. Diese Klarstellung ist nur hinsichtlich der ordentlichen Gerichtsbarkeit erforderlich, da in der öffentlich-rechtlichen Gerichtsbarkeit und der Strafrechtspflege auch die Sachentscheidung aufgrund öffentlich-rechtlicher Normen ergeht und Ausübung öffentlicher Gewalt darstellt. Diese beiden bedeutenden Gesichtspunkte der Grundrechtsbindung im Privatrecht – von Gesetzgeber und Rechtsprechung hinsichtlich des Gerichtsverfahrens – sind offenkundig und werden im folgenden mangels Fallerheblichkeit nicht vertieft.

[20] EuGH Slg. 2000, I-2549 (2614); Slg. 2000, I-2681 (2729); Slg. 2000 I-4139 (4172 f.). – Aus der Literatur stimmt zu *S. Wernicke,* Die Privatwirkung im Europäischen Gemeinschaftsrecht, 2002, S. 255 ff.

kung der Warenverkehrsfreiheit nach Art. 28, 29 AEUV (Art. 28, 29 EGV a.F.) im Privatrechtsverkehr aus[21]. Die Frage, ob die Romanveröffentlichung untersagt werden kann, hängt grundlegend davon ab, ob das allgemeine Persönlichkeitsrecht auch die Beschwerdeführerin als Privatrechtssubjekt bindet und die Klägerinnen ihrerseits bei der Geltendmachung der Beeinträchtigung den Schutz der Kunstfreiheit respektieren müssen[22].

a) Alleinige Grundrechtsbindung des Staates

Gelegentlich wird bis heute die Auffassung vertreten, daß Grundrechte sich ausschließlich gegen den Staat richten[23]. *Art. 1 Abs. 3 GG* binde nur die öffentliche Gewalt und treffe bezüglich der Wirkung unter Privaten keine Regelung[24]. Eine staatliche Entschärfung aller Bedrohungen könne ohnehin nicht gelingen. Eine Ausweitung des Geltungsbereichs in Form der mittelbaren Wirkung stelle außerdem eine *unangemessene Beeinflussung des Zivilrechts* dar. Äußerstenfalls wären die Grundrechte mit einem reduzierten Umfang, also nur *eingeschränkt*, zwischen Privatrechtssubjekten anwendbar[25]. Nach heutiger Ansicht findet diese Begrenzung allerdings kaum Anklang. Der Standpunkt ist insgesamt weitgehend obsolet[26]. Im „Esra"-Verfahren hätte dieses Verständnis zur Folge, daß sich die Klägerinnen weder direkt noch analog auf Art. 2 Abs. 1 i.V.m. Art. 1 Abs. 1 GG berufen könnten, das Publikationsverbot also gestützt auf analog § 1004 Abs. 1 S. 2 BGB i.V.m. § 823 Abs. 1 BGB i.V.m. Art. 2 Abs. 1 i.V.m. Art. 1 Abs. 1 GG nicht hätte ergehen können.

---

[21] EuGH Slg. 1997, I-6959 (6998 ff.); Slg. 2003, I-5659 (5713 ff.). – Für eine mittelbare Wirkung der Grundfreiheiten plädiert *B. Remmert,* Grundfreiheiten und Privatrechtsordnung, in: Jura 2003, S. 13 (13). – Für die Grundrechte differenziert *C.-W. Canaris,* Grundrechte und Privatrecht, in: AcP 184 (1984), S. 201 (222); *ders.,* Grundrechte (Fn. 7), S. 34 ff.; *M. Ruffert,* Vorrang der Verfassung und Eigenständigkeit des Privatrechts, 2001, S. 61 ff.

[22] Im „Esra"-Beschluß thematisiert der Senat die Frage der Grundrechtsbindung Privater allein anhand der Kunstfreiheit: BVerfGE 119, 1 (21). Hinsichtlich des Persönlichkeitsschutzes wird die Wirkung zwischen Privaten kommentarlos vorausgesetzt: BVerfGE 119, 1 (27). Diese Raffung erscheint angesichts der vorhergehenden, grundsätzlichen Klärung zugunsten einer Wirkung im Verhältnis von Privaten ausreichend; vgl. BVerfGE 119, 1 (21).

[23] In bezug auf die Kunstfreiheit hatte das Reichsgericht die Anwendung früher umfassend ausgeschlossen: RGZ 128, 92 (95 ff.). – Aus der Literatur *W. Zöllner,* Regelungsspielräume im Schuldvertragsrecht, in: AcP 196 (1996), S. 1 (11 ff.); *U. Diederichsen,* Das Bundesverfassungsgericht als oberstes Zivilgericht – ein Lehrstück der juristischen Methodenlehre, in: AcP 198 (1998), S. 171 (248 ff.); zuletzt auch *S. Lenz,* Vorbehaltlose Freiheitsrechte, 2006, S. 2 ff., 202 ff.

[24] *R. Singer,* Vertragsfreiheit, Grundrechte und der Schutz des Menschen vor sich selbst, in: JZ 1995, S. 1133 (1136); *P. Lerche,* Grundrechtswirkungen im Privatrecht, Einheit der Rechtsordnung und materielle Verfassung, in: R. Böttcher/W. Odersky/G. Hueck/B. Jähnke (Hrsg.), Festschrift für Walter Odersky zum 65. Geburtstag am 17. Juli 1996, 1996, S. 215 (231).

[25] *v. Coelln,* Lebach (Fn. 15), S. 481 f.

[26] *A. Guckelberger,* Die Drittwirkung der Grundrechte, in: JuS 2003, S. 1151 (1154).

b) Obsolete Lehre der unmittelbaren Drittwirkung der Grundrechte

Um den Grundrechten einen möglichst großen Einziehungsradius zu verleihen, könnte man eine unmittelbare Wirkung der Grundrechte im Verhältnis Privater untereinander bejahen. Hauptargument ist, daß auch die Beziehung zwischen Privatrechtssubjekten durch ein *faktisches Machtverhältnis* bestimmt sein kann, das in dieser Weise somit dem Über-/Unterordnungsverhältnis von Staat und Bürger sehr nahekommt. Tatsächlich orientierte sich die frühere, mittlerweile aufgegebene Rechtsprechung des Bundesarbeitsgerichts eng an der unmittelbaren Lehre[27]. Es wurde auf den Wortlaut des *Art. 1 Abs. 2 GG* verwiesen, nach dem das gesamte „Deutsche Volk" die „Menschenrechte(n) als Grundlage jeder menschlichen Gemeinschaft" anerkennt[28]. Danach würde die Grundrechtsbindung aus Art. 1 Abs. 3 GG nicht nur „Gesetzgebung, vollziehende Gewalt und Rechtsprechung als unmittelbar geltendes Recht" binden, sondern auch für die Privatrechtssubjekte verbindlich sein. Vereinzelt wird auch *Art. 19 Abs. 3 GG* zur Begründung der unmittelbaren Drittwirkung herangezogen[29]. Die Feststellung des Art. 19 Abs. 3 GG, „Die Grundrechte gelten auch für inländische juristische Personen", beinhalte neben der Berechtigung zugleich eine Verpflichtung aller Privatrechtssubjekte[30].

---

[27] Zur älteren Rechtsprechung BAGE 1, 185 (191 ff.); 4, 274 (276); 13, 168 (174 ff.); 24, 438 (441 ff.); aus der Literatur auch *F. Laufke*, Vertragsfreiheit und Grundgesetz, in: H. C. Nipperdey (Hrsg.), Das deutsche Privatrecht in der Mitte des 20. Jahrhunderts, Bd. I, 1956, S. 145 (155 ff.); *W. Leisner*, Grundrechte und Privatrecht, 1960, S. 312, 332 ff. Eine unmittelbare Geltung mit Hinweis auf die Einzelfallprüfung jedes Grundrechts erkennt ferner an *H. C. Nipperdey*, Grundrechte und Privatrecht, 1961, S. 5 ff., 18 ff.; *J. Schwabe*, Die sogenannte Drittwirkung der Grundrechte, 1971, S. 88 f.; *ders.*, Zur Verfassungsrechtsprechung, in: AöR 100 (1975), S. 442 (456 ff., 469 f.); *P. Schwerdtner*, Das Persönlichkeitsrecht in der deutschen Zivilrechtsordnung, 1976, S. 128. – Schon derzeit gut begründet abgelehnt *E.-W. Böckenförde*, Freiheitssicherung gegenüber gesellschaftlicher Macht, in: D. Posser/R. Wassermann (Hrsg.), Freiheit in der sozialen Demokratie, 1975, S. 69 (75); *ders.*, Grundrechtsgeltung gegenüber Trägern gesellschaftlicher Macht?, in: ebda., S. 77 (85 ff.); *ders.*, Grundrechte als Grundsatznormen, in: Der Staat 29 (1990), S. 1 (11); gute Einführung bei *P. v. Hodenberg*, Das Bekenntnis des deutschen Volkes zu den Menschenrechten in Art. 1 Abs. 2 GG, 1997, S. 92 ff. – Ausgeglichen und differenzierend äußert sich *I. v. Münch*, Staatsrecht II, Bd. 2, 5. Aufl. 2002, S. 110 ff.; heute für viele *Guckelberger*, Drittwirkung (Fn. 26), S. 1152.

[28] *v. Hodenberg*, Bekenntnis (Fn. 27), S. 93. Die Wirkung der Grundrechte wird zwar grundsätzlich nicht ausdrücklich als unmittelbar bezeichnet, gleichwohl wird die Reduzierung auf eine Abwehrposition des Bürgers gegenüber dem Staat gelegentlich beanstandet. So kritisiert die Mittelbarkeit der Drittwirkung *P. Möhring*, Verfassungsgerichtliche Wertentscheidungen, in: M. Fischer/R. Jakob/E. Mock/H. Schreiner (Hrsg.), Dimensionen des Rechts, Bd. 1, 1974, S. 575 (581): „Eine Verwirklichung des Grundrechts der Kunstfreiheit ist daher schon die künstlerische Betätigung selbst, nicht erst die Verteidigung der Kunstfreiheit gegenüber staatlichen Eingriffen. In dieser Sicht gewinnt Art. 5 Abs. 3 auch im Verhältnis von Privatpersonen zueinander Bedeutung, ohne daß es einer spezifischen ‚Drittwirkung' bedarf."

[29] Für eine individuelle Grundrechtsprüfung plädiert *J. Lücke*, Die Drittwirkung der Grundrechte an Hand des Art. 19 Abs. 3 GG, in: JZ 1999, S. 377 (377 ff.).

[30] *Lücke*, Drittwirkung (Fn. 29), S. 378 f.

Da eine Grundrechtsbindung von Privatpersonen ihre *Privatautonomie* zu weit einschränken würde, wird die Lehre von der unmittelbaren Drittwirkung allerdings – fraglich, ob jemals in Reinformat – nicht mehr vertreten[31]. Denn auch in den früheren Entscheidungen des Bundesarbeitsgerichts ist die Lehre unmittelbarer Grundrechtswirkung nicht generell und ohne Einschränkungen zur Anwendung gekommen[32]. Die früheren Entscheidungen bezogen sich im Kern nur auf bestimmte Sachverhalte wie Sonderrechtsverhältnisse, entscheidungsrelevante Verbindungen zum Privatrecht sowie Anwendung von Generalklauseln und unbestimmte Rechtsbegriffe[33]. Letztere sind ohnehin Einbruchstellen für Grundrechte im Privatrecht[34]. Übertragen auf den vorliegenden Fall ergäbe sich die Streitentscheidung dann ausschlaggebend aus dem Grundrechteverhältnis, da sowohl die Kunstfreiheit als auch das allgemeine Persönlichkeitsrecht unmittelbar zwischen den Klägerinnen und der Beschwerdeführerin Wirkung entfalten[35].

---

[31] Zur Abkehr von der Lehre der unmittelbaren Grundrechtswirkung vgl. BAGE 48, 122 (138 f.); 52, 88 (97 ff.). – Aus der Literatur siehe nur *G. Dürig*, Grundrechte und Zivilrechtsprechung, in: T. Maunz (Hrsg.), Vom Bonner Grundgesetz zur gesamtdeutschen Verfassung, 1956, S. 157 (181 ff.); *K. Hesse*, Verfassungsrecht und Privatrecht, 1988, S. 25 ff.; *Guckelberger*, Drittwirkung (Fn. 26), S. 1153; *Dreier*, Grundgesetz (Fn. 96), Vorb. vor Art. 1 Rn. 98; *Jarass*, Grundgesetz (Fn. 729), Art. 1 Rn. 51. – Die unmittelbare Grundrechtsbindung Privater im Fall des Art. 9 Abs. 3 S. 2 GG wird mangels Entscheidungsrelevanz im vorliegenden „Esra"-Verfahren im Rahmen dieser Darstellung nicht vertieft. Es sei allein angemerkt, daß die Anordnung einer unmittelbaren Drittwirkung von Grundrechten des Gesetzgebers in Ausnahmefällen wie Art. 9 Abs. 3 S. 2 GG ein weiterer Hinweis auf eine nur mittelbare Drittwirkung in den anderen, nicht explizit geregelten Fällen ist; vgl. auch *Guckelberger*, ebda., S. 1152.

[32] Klarstellend *Dreier*, Grundgesetz (Fn. 96), Vorb. vor Art. 1 Rn. 98.

[33] BAGE 2, 221 (224 f.); 4, 274 (275 ff., 278 ff.); BGHZ 30, 7 (10 f.); 33, 145 (149 ff.). – Mit der Gefahr für den Sozialstaat die unmittelbare Wirkung begründet BAGE 1, 185 (193 f.).

[34] BVerfGE 7, 198 (205 f.); 42, 143 (148); 73, 261 (269); 89, 214 (229); *D. Grimm*, Die Meinungsfreiheit in der Rechtsprechung des Bundesverfassungsgerichts, in: NJW 1995, S. 1697 (1697); *Di Fabio*, Grundgesetz (Fn. 477), Art. 2 (2001), Rn. 138; *Dreier*, Grundgesetz (Fn. 96), Vorb. vor Art. 1 Rn. 98; *Jarass*, Grundgesetz (Fn. 729), Art. 1 Rn. 55. – Zum Meinungsstand hinsichtlich des Grundrechtseingriffs durch privatrechtliche Regelungen, also zur Abwehrfunktion von Grundrechten im Privatrecht *Guckelberger*, Drittwirkung (Fn. 26), S. 1156.

[35] *Canaris* versteht darüber hinaus die Grundrechte als unmittelbares Recht im Zivilstreit und stellt hierzu eine diffizile Unterscheidung an: Nach seiner Ansicht wirken die Grundrechte zwar nicht unmittelbar unter Privatrechtssubjekten. Ihnen kommt allerdings die Geltung von unmittelbarem Recht im zivilrechtlichen Normengefüge zu; hierzu *Canaris*, Grundrechte (Fn. 21), S. 222: „Sie [die Lehre von der ‚mittelbaren Drittwirkung'] ist abzulehnen, soweit sie die ‚Mittelbarkeit' der Grundrechtsgeltung für das Privatrecht schlechthin, also auch für dessen Normen behauptet; diese unterliegen vielmehr der unmittelbaren Bindung an die Grundrechte – und zwar einschließlich des dispositiven Rechts. Im Ansatzpunkt richtig ist die Lehre von der ‚mittelbaren Drittwirkung' dagegen, soweit es um das Verhalten der Privatrechtssubjekte, insbesondere um die Vornahme von Rechtsgeschäften geht; […]." *ders.*, Grundrechte (Fn. 7), S. 16 ff., 35 f. Die richterliche Entscheidung sei die Konkretisierung sowohl der zivilrechtlichen als auch der verfassungsrechtlichen Norm. Das

c) Grundrechte wirken mittelbar im Privatrechtsverkehr

aa) Im Grundsatz: Lehre von der mittelbaren Drittwirkung

Zwischen diesen beiden Extrempositionen liegt der Weg der Mehrheit, die von einer *mittelbaren Wirkung der Grundrechte im Privatrechtsverkehr* ausgeht[36]. Sie betrifft alle Grundrechte gleichermaßen[37]. Eine Tendenz zur Bejahung der begrenzten mittelbaren Drittwirkung zeichnet sich auch in der Rechtsprechung des Europäischen Gerichtshofs für Menschenrechte ab[38]. Nur eine Mittelbarkeit der Anwendung schützt die Bedeutung des einfachen Gesetzgebers sowie der Rechtssicherheit und Gewaltenteilung hinreichend[39]. Einhellig wird darauf hingewiesen, daß den Grundrechten in erster Linie eine *Abwehrfunktion* gegen hoheitliche Eingriffe zukommt. Diese primäre Aufgabe ergibt sich aus dem historisch gewachsenen freiheitlichen Grundverständnis[40]. In der „Lüth"-Entscheidung wurde ergänzend festgestellt, daß die *Grundrechte das Zivilrecht formen*, die privatrechtlichen Vorschriften in ihrem Lichte auszulegen sind[41]. Die Mittelbarkeit der Grundrechtswirkung bezieht sich auf die gerichtliche Entscheidung, die im Fall einer Abwägung die anzuwendenden Normen grundrechtskonform anzuwenden hat[42]. Durch Generalklauseln und unbestimmte Begriffe des Privatrechts

---

Gericht ist unmittelbar an das Grundgesetz gebunden, so daß der Richterspruch jederzeit als Norm verfassungsgemäß wäre, (ebda., S. 5 ff., 133 ff., 256 ff.).

[36] BVerfGE 7, 198 (205 f.); 35, 202 (219 f.); 73, 261 (269); 89, 214 (229 f.); 103, 89 (100); 112, 332 (358); 114, 339 (348); 119, 1 (21); *Würkner,* Bundesverfassungsgericht (Fn. 616), S. 146; *Guckelberger,* Drittwirkung (Fn. 26), S. 1153; *Dreier,* Grundgesetz (Fn. 96), Vorb. vor Art. 1 Rn. 98; *M. Herdegen,* Grundgesetz (Fn. 664), Art. 1 Abs. 3 (2005), Rn. 99; *Jarass,* Grundgesetz (Fn. 729), Art. 1 Rn. 50, 54 ff. – Gute Zusammenfassung des Ganzen *ders.,* Funktionen und Dimensionen der Grundrechte, in: D. Merten/H.-J. Papier (Hrsg.), Handbuch der Grundrechte in Deutschland und Europa, Bd. II, 2006, § 38 Rn. 65 ff.; *Wittreck,* Grundgesetz (Fn. 341), Art. 5 III (Kunst), Rn. 51. – In Hinblick auf die Drittwirkung im österreichischen Privatrecht äußerst weitgehend *H. Tessar,* Kriterien zur Ermittlung einer Freiheitsrechtsverletzung – exemplarisch dargestellt am Grundrecht der Freiheit der Kunst, in: ZÖR 63 (2008), S. 385 (389): „In diesem Umfang sind daher auch (typische) zivilrechtliche Vorschriften als Eingriffsnormen einzustufen."

[37] *Guckelberger,* Drittwirkung (Fn. 26), S. 1154.

[38] EGMR ÖJZ 2007, 618 (619 ff.). – Rechtsvergleichend sei auch auf die vergleichbare Praxis in der Schweiz hingewiesen, siehe nur *M. Schefer,* Grundrechtliche Schutzpflichten und die Auslagerung staatlicher Aufgaben, in: AJP/PJA 10 (2002), S. 1131 (1138, 1142 f.).

[39] *Guckelberger,* Drittwirkung (Fn. 26), S. 1153.

[40] *S. Müller-Franken,* Kommentar (Fn. 479), Vorb. v. Art. 1 Rn. 12.

[41] BVerfGE 7, 198 (205 f.); vgl. in diesem Kontext auch BVerfGE 18, 85 (92); 25, 256 (263); 73, 261 (269); 84, 192 (195).

[42] Zur mittelbaren Drittwirkung durchgehend BVerfGE 7, 198 (205 f.); 34, 269 (279 f.); 35, 202 (218 f.); 54, 148 (151 f.); 54, 208 (215); 84, 192 (194 f.); 90, 27 (33 ff.); 100, 214 (222); 101, 361 (388); 102, 347 (362); 104, 65 (73); 114, 339 (348); 115, 51 (66 f.); BGHZ 157, 322 (326 f.). – Die Generalklauseln als Schnittstelle zum Verfassungsrecht betont *Dreier,* Grundgesetz (Fn. 96), Vorb. vor Art. 1 Rn. 96; ähnlich auch *Di Fabio,* Grundgesetz (Fn. 477), Art. 2 (2001), Rn. 136; *Kannengießer,* Kommentar (Fn. 479), Vorb. v. Art. 1 Rn. 10; *M. Sachs,* Grundgesetz (Fn. 477), Vor Art. 1 Rn. 32.

finden die Grundrechte demnach Eingang in das einfache Recht[43]. Die privatrechtlichen Normen müssen – wie soeben erörtert – verfassungsgemäß sein und sind vor dem Hintergrund der Grundrechte von den Gerichten auszulegen[44]. Das Bundesverfassungsgericht ist in dem „Esra"-Beschluß augenscheinlich auch von diesem Wirkverständnis ausgegangen[45]. Wenn es explizit auf die objektive Entscheidung des Grundgesetztes für die Kunstfreiheit hinweist, ist dies als Bekenntnis zur Lehre der Ausstrahlungswirkung der Grundrechte auf das Privatrecht zu verstehen[46]. Wie nun die mittelbare Wirkung der Grundrechte im Privatrechtsverkehr begründet wird, ist im einzelnen umstritten.

bb) Im konkreten: abwehrrechtliches oder schutzrechtliches Konzept

Die mittelbare Drittwirkung ist vor dem Hintergrund des bisherigen Forschungsstands noch nicht abschließend der bekannten Grundrechtsdogmatik zugeordnet worden. Als Konkretisierungsansatz lassen sich allerdings zumindest eine *abwehr- und eine schutzrechtliche Strömung* unterscheiden[47].

Mehrheitlich wird letztere – auf nationaler und europäischer Ebene – favorisiert[48]. Auch das Bundesverfassungsgericht hat in seiner Rechtsprechungslinie

---

[43] Hierzu gehören die privatrechtlichen Vorschriften von „Treu und Glauben", §§ 138, 242 BGB, sowie wertungsoffene Begriffe wie § 315 BGB oder § 906 Abs. 1 BGB; vgl. insoweit BVerfGE 89, 214 (223 ff.); 90, 27 (33 f.); BAG JZ 1990, 139 (141); OLG Köln NJW 1998, 763 (764 ff.).

[44] BVerfGE 7, 198 (205 f.); 62, 230 (242); 73, 261 (269); 84, 192 (195); 85, 1 (13); 104, 65 (73); anerkennend *Guckelberger,* Drittwirkung (Fn. 26), S. 1154; *Dreier,* Grundgesetz (Fn. 96), Vorb. vor Art. 1 Rn. 98; *Jarass,* Grundgesetz (Fn. 729), Art. 1 Rn. 55.

[45] BVerfGE 119, 1 (21).

[46] BVerfGE 119, 1 (21). – Damit im Einklang mit der Anwendung auf europarechtlicher Ebene *H. D. Jarass,* EU-Grundrechte, 2005, S. 219; *ders.,* Charta der Grundrechte der Europäischen Union, 2010, Art. 13 Rn. 3.

[47] Zum abwehrrechtlichen Modell *T. Koch,* Der Grundrechtsschutz des Drittbetroffenen, 2000, S. 304 ff.; *R. Poscher,* Grundrechte als Abwehrrechte, 2003, S. 41 ff.; *M. Dolderer,* Objektive Grundrechtsgehalte, 2000, S. 71 ff.; *Ruffert,* Vorrang (Fn. 21), S. 63 ff.; *P. Szczekalla,* Die sogenannten grundrechtlichen Schutzpflichten im deutschen und europäischen Recht, 2002, S. 92 ff., 396 ff., 404 ff.

[48] *G. Hermes,* Das Grundrecht auf Schutz von Leben und Gesundheit, 1987, S. 105 ff.; *F. Dirnberger,* Recht auf Naturgenuß und Eingriffsregelung, 1991, S. 119 ff.; *Jarass,* Grundgesetz (Fn. 729), Art. 1 Rn. 50; *Sachs,* Grundgesetz (Fn. 477), Vor Art. 1 Rn. 32. – Zur Legitimierung der Schutzaufgabe die Statuierung von Befugnisnormen fordert vehement ein *J. Dietlein,* Die Lehre von den grundrechtlichen Schutzpflichten, 1992, S. 52 ff., 62 ff.; *C. Hillgruber/F. Schemmer,* Darf Satire wirklich alles? – Zum Beschluß des Ersten Senats des *BVerfG* v. 25.3.1992 – 1 BvR 514/90, in: JZ 1992, S. 946 (948 ff.); *H. Dreier,* Dimensionen der Grundrechte, 1993, S. 47 f., 59 f.; *P. Unruh,* Zur Dogmatik der grundrechtlichen Schutzpflichten, 1996, S. 26 ff., 58 ff., 64 f. – Schutzpflichten zur Abwehr von Beeinträchtigungen durch individualisierte Dritte beschränkt *M. Holoubek,* Grundrechtliche Gewährleistungspflichten, 1997, S. 243 ff.; *L. Jaeckel,* Schutzpflichten im deutschen und europäischen Recht, 2001, S. 29 ff.; instruktiv *A. Scherzberg/M. Meyer,* Die Prüfung staatlicher Schutzpflichten in der Verfassungsbeschwerde, in: JA 2004, S. 51 (52 f.); *H.-W. Rengeling/P. Szczekalla,* Grundrechte in der Europäischen Union, 2004, S. 585; *A. Haratsch,* Kunstfreiheit, in: S. Heselhaus/C. Nowak (Hrsg.), Handbuch der Europäischen Grundrechte, 2006,

die Schutzpflichten der Grundrechte verstärkt betont[49]. Nur vereinzelt wird Kritik an der Lehre der Schutzpflichten geübt[50]. Im Sinne der Schutzpflichtentheorie wird der Staat – in Abgrenzung zum abwehrrechtlichen Modell – bei der Durchsetzung der Schutzpflichten „schützend und fördernd" *aktiv*[51]. Die mittelbare Wirkung der Grundrechte im Privatrechtsverkehr wird mit den grundrechtlichen Schutzpflichten des Staates gegenüber Privatpersonen begründet[52], die mit den abwehrrechtlichen Aufgaben als gleichwertig anzusehen sind[53]. Bei den Schutzpflichten handelt es sich um Handlungspflichten des Staates, die nicht aus Staatszielen oder Staatsstrukturbestimmungen, sondern direkt aus den Grundrechten abgeleitet werden[54]. Die Intensität der Ausstrahlungswirkung hängt maßgebend von dem Umfang der Belastung des einzelnen ab, die beispielsweise durch ungleiche Machtverteilungen bestimmt wird[55]. Ausgestal-

---

S. 733 (739); *H. Dreier,* Grundlagen und Grundzüge staatlichen Verfassungsrechts, in: A. v. Bogdandy/P. Cruz Villalón/P. M. Huber (Hrsg.), Handbuch Ius Publicum Europaeum, Bd. I, 2007, § 1 Rn. 142; eine staatliche Schutzpflicht auf europarechtlicher Ebene ebenso bejaht *H. Pünder,* Kommunikationsgrundrechte, in: D. Ehlers (Hrsg.), Europäische Grundrechte und Grundfreiheiten, 3. Aufl. 2009, S. 531 (572).

[49] BVerfGE 39, 1 (41 f.); 49, 89 (141 f.); 53, 30 (57); 97, 169 (175).

[50] *J. Schwabe,* Probleme der Grundrechtsdogmatik, 1977, S. 211 ff., 221 ff., 286 ff.; *D. Murswiek,* Die staatliche Verantwortung für die Risiken der Technik, 1985, S. 88 ff., 106 ff.; *Böckenförde,* Grundrechte (Fn. 27), S. 12 ff.; *W. Heun,* Funktionell-rechtliche Schranken der Verfassungsgerichtsbarkeit, 1992, S. 68 ff.; einschränkend auch *Jarass,* Grundgesetz (Fn. 729), Art. 1 Rn. 56; *Sachs,* Grundgesetz (Fn. 477), Vor Art. 1 Rn. 35. – Darüber hinaus leitet die Drittwirkung allein aus den Schutzpflichten der Grundrechte ab und klammert dabei ihre Abwehrfunktion aus *Herdegen,* Grundgesetz (Fn. 664), Art. 1 Abs. 3 (2005), Rn. 64 f. – Im Hinblick auf Art. 2 Abs. 2 GG, Art. 20a GG i.V.m. § 35 Abs. 3 BauGB vor einer Ausuferung staatlicher Schutzpflichten warnt *T. Vesting,* § 35 III BauGB zwischen Umweltschutz und Kunstfreiheit, in: NJW 1996, S. 1111 (1113).

[51] Früher Ansatz in Form eines Neminem-laedere-Gebots schon bei *D. Suhr,* Die Freiheit vom staatlichen Eingriff als Freiheit zum privaten Eingriff?, in: JZ 1990, S. 166 (168 ff.); in bezug auf den Persönlichkeitsschutz *Hillgruber/Schemmer,* Satire (Fn. 48), S. 948 ff.; *Dreier,* Grundgesetz (Fn. 96), Vorb. vor Art. 1 Rn. 101; *ders.,* Grundlagen (Fn. 48), § 1 Rn. 142; *Wittreck,* Grundgesetz (Fn. 341), Art. 5 III (Kunst), Rn. 71.

[52] BVerfGE 39, 1 (24 ff., 41 f.); 46, 160 (164); 49, 24 (53); 49, 89 (141); 53, 30 (57); 56, 54 (73); 57, 250 (284); 69, 315 (355); 75, 40 (66); 84, 133 (146 f.); 88, 203 (251); 92, 140 (150); 97, 169 (175); 98, 365 (395); *Dreier,* Grundgesetz (Fn. 96), Vorb. vor Art. 1 Rn. 101 ff.; *Pernice,* ebda., Art. 5 III (Kunst), Rn. 46; *Jarass,* Funktionen (Fn. 36), § 38 Rn. 22 ff.; *C. Calliess,* Schutzpflichten, ebda., § 44 Rn. 18 ff.; *Dreier,* Grundlagen (Fn. 48), § 1 Rn. 142; *U. Vosgerau,* Zur Kollision von Grundrechtsfunktionen, in: AöR 133 (2008), S. 346 (347 ff.). – Aus dem Privatrecht hierzu *Canaris,* Grundrechte (Fn. 21), S. 225 ff.; *Hager,* Grundrechte (Fn. 7), S. 378; *M. Oldiges,* Neue Aspekte der Grundrechtsgeltung im Privatrecht, in: R. Wendt/W. Höfling/U. Karpen/ders. (Hrsg.), Staat, 1996, S. 281 (299); *R. Sack,* BGB (Fn. 784), Rn. 41.

[53] *Vosgerau,* Kollision (Fn. 52), S. 359, 363, 383.

[54] *Dreier,* Grundgesetz (Fn. 96), Vorb. vor Art. 1 Rn. 102; *Wittreck,* Grundgesetz (Fn. 341), Art. 5 III (Kunst), Rn. 71. – Einschränkend BVerfGE 115, 118 (159 f.); kritisch auch *Sachs,* Grundgesetz (Fn. 477), Vor Art. 1 Rn. 35.

[55] BVerfGE 42, 143 (148 f.); 61, 1 (6); 89, 214 (234); *Jarass,* Grundgesetz (Fn. 729), Art. 1 Rn. 58.

tet wurden diese staatlichen Schutzpflichten durch die diesbezügliche Entscheidungslinie des Bundesverfassungsgerichts[56]. Begründet werden sie mit Art. 1 Abs. 1 S. 2 GG, dem Gedanken des Staat-Bürger-Ausgleichs und mit dem modernen Eingriffsbegriff.

Ein weiteres Mal wird in der Diskussion um Grundrechtswirkungen im Privatrechtsverkehr Art. 1 GG als Argumentationsstütze herangezogen: Nach Art. 1 Abs. 2 GG zur Begründung einer unmittelbaren und Art. 1 Abs. 3 GG zur Ablehnung jeglicher Wirkung tritt nun *Art. 1 Abs. 1 S. 2 GG* ins Zentrum der Aufmerksamkeit: Neben der Herleitung eines Abwehrrechts aus Art. 1 Abs. 1 S. 2 GG („Sie [die Würde des Menschen] zu achten [...].") läßt sich in dieser Norm auch die staatliche Schutzpflicht erkennen („[...] zu schützen [...]."). Die so begründeten Abwehr- und Schutzdimensionen sind auf die einzelnen Grundrechte wie Art. 5 Abs. 3 S. 1 1. Alt. GG und Art. 2 Abs. 1 i.V.m. Art. 1 Abs. 1 GG übertragbar.

Ursprung staatlicher Schutzpflichten ist der Gedanke des *Ausgleichs*: Der Bürger verzichtet zugunsten eines Gewaltmonopols des Staates auf die Durchsetzung seiner Rechte mit Gewalt. Dieser verpflichtet sich wiederum, die Rechtsgüter seiner Angehörigen um so eindringlicher durch Einhaltung von Schutzpflichten zu sichern, je anfälliger sich die Selbstschutzmöglichkeiten gestalten[57]. Denn dem Staat komme der Verfassungsauftrag zu, den einzelnen zu schützen und zu fördern[58].

Zudem wird auf den *modernen Eingriffsbegriff* als Grundlage der Schutzpflichtenlehre verwiesen: Danach kann ein staatlicher Eingriff auch in der Unterlassung einer staatlichen Handlung zum Schutz des Bürgers liegen. Wenn also auch ein Unterlassen den Bürger beeinträchtigen kann, den Staat also insoweit eine Pflicht zum Einschreiten trifft, läßt sich ohne weiteres eine staatliche Schutzpflicht gegenüber Privatrechtssubjekten begründen[59].

Diese Pflicht erfordert dann eine *einfachgesetzliche Umsetzung*, wenn der Schutz nur durch einen Eingriff in das Recht einer anderen Privatperson realisiert werden kann[60]. Sie richtet sich dann zwar nicht direkt gegen das Privatrechtssubjekt, gibt allerdings dem Staat auf, bei Übergriffen Dritter für die Beachtung der Schutzpflichten einzutreten. Zur Umsetzung der Schutzpflicht ist

---

[56] BVerfGE 39, 1 (41); 46, 160 (164); 49, 24 (53 f.); 49, 89 (140 ff.); 53, 30 (57 ff.); 56, 54 (73); 77, 170 (214 f.); 79, 174 (201 f.); 88, 203 (252 ff.); 115, 25 (44 f.); 115, 118 (152).

[57] *Calliess*, Schutzpflichten (Fn. 36), § 44 Rn. 23 f.; *Vosgerau*, Kollision (Fn. 52), S. 348.

[58] BVerfGE 88, 203 (251); hierzu eingehend *Calliess*, Schutzpflichten (Fn. 36), § 44 Rn. 18.

[59] *Vosgerau*, Kollision (Fn. 52), S. 350, 359, 375.

[60] Zur Verdeutlichung ein Dreieck aus dem Staat an der Spitze und zwei Enden mit Verbindungen zu den Bürgern jeweils mit Abwehrrecht und Schutzpflicht als gleichwertige, subjektive Rechte beschreibt *Calliess*, Schutzpflichten (Fn. 36), § 44 Rn. 20, 24, 31, 34 ff.; *Vosgerau*, Kollision (Fn. 52), S. 350, 355, 363; *ders.*, Das allgemeine Persönlichkeitsrecht als Universalschranke der Kunstfreiheit: Ein Irrweg der Rechtsprechung, in: Der Staat 48 (2009), S. 107 (115).

in einem solchen Fall eine gesetzliche Grundlage erforderlich[61]. Dem Gesetzgeber kommt seinerseits die Aufgabe zu, die staatlichen Schutzpflichten gegenüber den Grundrechtsträgern im Rahmen der Gesetzgebung zu beachten, wobei seine Einschätzungsprärogative unberührt bleibt[62].

Der Richter hat die Pflicht, Grundrechtspositionen durch Interpretation auslegungsfähiger Normbegriffe im Einzelfall zu konkretisieren, wenn der Gesetzgeber in bezug auf die Grundrechte keine umfassende Regelung getroffen hat[63].

d) Vorgehen im „Esra"-Beschluß

In dem „Esra"-Beschluß des Bundesverfassungsgerichts heißt es: „Wie alle Freiheitsrechte richtet sich die Kunstfreiheit in erster Linie gegen den Staat. […] Das Grundrecht ist aber zugleich eine objektive Entscheidung für die Freiheit der Kunst, die auch im Verhältnis von Privaten zueinander zu berücksichtigen ist, insbesondere wenn unter Berufung auf private Rechte künstlerische Werke durch staatliche Gerichte verboten werden sollen (vgl. BVerfGE 30, 173 [187 ff.]; 36, 321 [331])."[64] Wie bereits angedeutet hat sich der Senat damit für eine mittelbare Wirkung der Grundrechte im Privatrechtsverkehr ausgesprochen, diese Positionierung allerdings nicht näher vertieft.

e) Zwischenergebnis: Schutzpflicht bedingt Eingreifen bei „Esra"

Gegen eine unmittelbare Wirkung der Grundrechte spricht der *Wortlaut* des Art. 1 Abs. 3 GG, der die „Gesetzgebung, vollziehende Gewalt und Rechtsprechung" abschließend als Adressaten unmittelbarer Grundrechtsbindung benennt[65]. Da Privatrechtssubjekte in dieser enumerativen Aufzählung fehlen, binden die Grundrechte unmittelbar nur die öffentliche Gewalt[66]. In der *Syste-*

---

[61] *C. D. Classen,* Die Drittwirkung der Grundrechte in der Rechtsprechung des Bundesverfassungsgerichts, in: AöR 122 (1997), S. 65 (84 ff., 105); prononciert auch *Dreier,* Grundlagen (Fn. 48), § 1 Rn. 142.

[62] Zur Verpflichtung des Gesetzgebers auf dem Gebiet des Arbeitsrechts im Bereich des öffentlichen Dienstes: BVerfGE 98, 365 (395); zur Grundrechtsbindung des Gesetzgebers ferner *J. Isensee,* Das Grundrecht auf Sicherheit, 1983, S. 44 f.; *Guckelberger,* Drittwirkung (Fn. 26), S. 1155; *Dreier,* Grundgesetz (Fn. 96), Vorb. vor Art. 1 Rn. 102. – Im Hinblick auf den Persönlichkeitsschutz *ders.,* Grundgesetz (Fn. 96), Art. 2 I Rn. 89; *Calliess,* Schutzpflichten (Fn. 36), § 44 Rn. 21 f.; *Dreier,* Grundlagen (Fn. 48), § 1 Rn. 142; *Vosgerau,* Kollision (Fn. 52), S. 368 f. –*Sachs,* Grundgesetz (Fn. 477), Vor Art. 1 Rn. 35, 38 beschränkt Schutzpflichten generell auf gefährdendes Verhalten wie Einschnitte im Sozialstaat oder Selbstgefährdungen.

[63] *Guckelberger,* Drittwirkung (Fn. 26), S. 1155.

[64] BVerfGE 119, 1 (21).

[65] Ebenso *H.-U. Erichsen,* Die Drittwirkung der Grundrechte, in: Jura 1996, S. 527 (530); *J. Ziekow,* Über Freizügigkeit und Aufenthalt: paradigmatische Überlegungen zum grundrechtlichen Freiheitsschutz in historischer und verfassungsrechtlicher Perspektive, 1997, S. 577 ff.; *Guckelberger,* Drittwirkung (Fn. 26), S. 1153.

[66] Zudem ergibt auch die Auslegung der Ratio der Norm, daß die Grundrechte Rechte

matik der Grundrechte zeigt sich, daß nur wenige Grundrechte ausdrücklich auf die unmittelbare Wirkung zwischen Privaten verweisen. Der Umstand, daß vereinzelt auf die Anwendbarkeit von Grundrechten im Privatrechtsverhältnis hingewiesen wird, verdeutlicht, daß im Grundgesetz nicht von einer allgemeinen Geltung im Privatrechtsverkehr ausgegangen wird, sondern die wenigen expliziten Hinweise Ausnahmen von der Regel statuieren[67].

Andererseits wäre ein vollständiger Ausschluß der Wirkung vor dem Hintergrund der Regelungen in *Art. 1 Abs. 1 S. 2, Abs. 3 GG* auch verfehlt[68].

Interessant für den „Esra"-Beschluß ist, daß die mittelbare Wirkung von Grundrechten im Streit Privater gerade auf dem Gebiet der Kunstfreiheit zunehmend an Bedeutung gewinnt. Jüngere Entscheidungen belegen diese Entwicklung[69]. Die mittelbare Wirkung von Grundrechten im Privatrecht rechtfertigt auch in der streitgegenständlichen Entscheidung die höchstrichterlich bestätigte Unterlassungsverfügung. Zur Durchsetzbarkeit der mittelbar wirkenden Grundrechte im Privatverkehr sind Begründung und Erfüllung staatlicher Schutzpflichten im Widerstreit von Persönlichkeitsschutz und Kunstfreiheit erforderlich. Innerhalb der Strömung, die von einer mittelbaren Wirkung ausgeht, ist die Lehre der grundrechtlichen Schutzpflichten der der Ausstrahlungswirkung vorzuziehen. Letztere erscheint obsolet. Sie wurde durch die mittlerweile allgemein anerkannte Lehre staatlicher Schutzpflichten abgelöst. Denn diese bietet einen Zugewinn an Klarheit in der Argumentation: Auch in sonstigen Fällen von Übergriffen Privater ist der Staat gehalten, den Verletzten zu schützen. Diese Pflicht erfüllt der Staat, indem er seinerseits in die Grundrechte des Störers unter Beachtung des Verhältnismäßigkeitsprinzips eingreift. Rechtsgrundlage sind analog § 1004 Abs. 1 S. 2 i. V. m. § 823 Abs. 1 BGB, über die im konkreten Fall die Grundrechte des allgemeinen Persönlichkeitsschutzes und der Kunstfreiheit berücksichtigt werden. Da diese beiden Grundrechte damit

---

des einzelnen gegenüber dem Staat und keine Pflichten gegenüber anderen Privaten begründen sollen. Die Gefahren, die von staatlicher Gewalt ausgehen können, unterscheiden sich essentiell von Bedrohungen durch Private in der Gesellschaft.

[67] Vgl. Art. 9 Abs. 3 S. 2, Art. 20 Abs. 4, Art. 38 Abs. 1 S. 1 i. V. m. Art. 48 Abs. 2 GG. Auch die Entstehungsgeschichte belegt die Funktion der Grundrechte als subjektive Abwehrrechte gegen den Staat. Gegen eine unmittelbare Wirkung spricht zudem der praktische Aspekt, daß das Bundesverfassungsgericht nicht als Superrevisionsinstanz verstanden werden darf. Bei einer unmittelbaren Grundrechtswirkung würde jede zivilrechtliche Auseinandersetzung um Persönlichkeitsrechte eine verfassungsrechtliche Streitigkeit beinhalten.

[68] Auch hier sind pragmatische Erwägungen nicht gänzlich unbeachtlich: Denn für den einzelnen macht es hinsichtlich der Betroffenheit keinen Unterschied, ob die Beeinträchtigungen seitens einer Privatperson oder des Staats erfolgen. Sind sie unrechtmäßig, kann der Betroffene weder zur Hinnahme, noch der Staat zur Billigung verpflichtet werden.

[69] BVerfGK 13, 49 (49 f.); 13, 115 (117 ff.); OLG Frankfurt a.M. GRUR-RR 2007, 123 (124). – Hierzu *Wittreck*, Grundgesetz (Fn. 341), Art. 5 III (Kunst), Rn. 64.

Dreh- und Angelpunkt der Entscheidung sind, werden sie folgend hinsichtlich der für den „Esra"-Beschluß relevanten Aspekte untersucht[70].

II. Historisch gewachsene Kunstfreiheit auf seiten der Beschwerdeführerin

Das von der Beschwerdeführerin geltend gemachte Grundrecht wird durch eine historische Entwicklung mit expandierendem Schutzgehalt ausgeformt: Die Kunstfreiheit wurde in den Landesverfassungen des 19. Jahrhunderts noch nicht ausdrücklich geschützt. Auch in die Verfassung des Deutschen Reichs vom 28.3.1849, in die Paulskirchenverfassung, fand die Kunstfreiheit keinen Eingang[71]. Erstmals wird sie in Art. 142 der Weimarer Reichsverfassung vom 11.8.1919 explizit als Grundrecht genannt[72]. So heißt es: „Die Kunst, die Wissenschaft und ihre Lehre sind frei. Der Staat gewährt ihnen Schutz und nimmt an ihrer Pflege teil." Im Parlamentarischen Rat war es nach und in Überwindung der Diktatur des Nationalsozialismus ein verständlich vornehmliches Anliegen, die Kunstfreiheit mit Nachdruck zu garantieren[73]. Für die Ausgestaltung des Grundrechts orientierte man sich an der Regelung der Weimarer Verfassung. Wenn auch die Schutz- und Förderungsklausel des Art. 142 S. 2 WRV nicht über-

---

[70] Für eine umfängliche Untersuchung der Grundrechte fehlt im Rahmen dieser Arbeit der Raum.

[71] § 152 der Paulskirchenverfassung postuliert allein: „Die Wissenschaft und ihre Lehre ist frei." vgl. *E. Beling,* Kunstfreiheit und Rechtsbann, in: P. Wolters u.a. (Hrsg.), Festschrift Heinrich Wölfflin, 1924, S. 19 (19 ff.); *F. Kitzinger,* Die Freiheit und die Wissenschaft der Kunst, in: H. C. Nipperdey (Hrsg.), Die Grundrechte und Grundpflichten der Reichsverfassung, Bd. 2, Art. 118–142, Nachdruck der 1. Aufl. (1930) 1975, Art. 142 Satz 1, S. 449 (455 ff.); *Emmerich/Würkner,* Kunstfreiheit (Fn. 599), S. 1197; *Pernice,* Grundgesetz (Fn. 96), Art. 5 III (Kunst), Rn. 3.

[72] Zur Ausgestaltung der Kunstfreiheit in der Weimarer Republik *U. Vogt,* Die Freiheit der Kunst im Verfassungsrecht der Bundesrepublik Deutschland und der Schweiz, 1975, S. 4 ff.; *W. Knies,* Freiheit der Kunst und Kulturstaat, in: P. Häberle (Hrsg.), Kulturstaatlichkeit und Kulturverfassungsrecht, 1982, S. 235 (246 ff.); *Scholz,* Grundgesetz (Fn. 664), Art. 5 Abs. 3 (1977), Rn. 9; *Mahrenholz,* Freiheit (Fn. 599), § 26 Rn. 20; *Würkner,* Bundesverfassungsgericht (Fn. 616), S. 28 ff.; *Dierksmeier,* Würde (Fn. 616), S. 883 f.; *Degenhart,* Bonner Kommentar (Fn. 477), Art. 5 Abs. 1 und 2 (2006), Rn. 9 ff. – Allgemein zur Geschichte der Kunstfreiheit *Ladeur,* Kommentar (Fn. 479), Art. 5 Abs. 3 II (2001), Rn. 1 ff.; *F. Hufen,* Kunstfreiheit, in: D. Merten/H.-J. Papier (Hrsg.), Handbuch der Grundrechte in Deutschland und Europa, Bd. IV, 2011, § 101 Rn. 3 ff.; *Wittreck,* Grundgesetz (Fn. 341), Art. 5 III (Kunst), Rn. 6.

[73] *K. B. v. Doemming/R. W. Füsslein/W. Matz,* Entstehungsgeschichte der Artikel des Grundgesetzes im Auftrage der Abwicklungsstelle des Parlamentarischen Rates und des Bundesministers des Innern auf Grund der Verhandlungen des Parlamentarischen Rates, in : JöR 1 (1951), S. 41 (89 ff.); erörtert von *Wittreck,* Grundgesetz (Fn. 341), Art. 5 III (Kunst), Rn. 10.

nommen wurde, erfuhr der Schutzbereich trotz dieser Auslassung keine Einschränkung[74].

Der jetzt in Art. 5 Abs. 3 S. 1 1. Alt. GG verankerten Kunstfreiheit kommt die Aufgabe zu, „die auf der Eigengesetzlichkeit der Kunst beruhenden, von ästhetischen Rücksichten bestimmten Prozesse, Verhaltensweisen und Entscheidungen von jeglicher Ingerenz öffentlicher Gewalt freizuhalten“[75]. Gegenwärtig garantieren auch zahlreiche Landesverfassungen ausdrücklich einen Schutz der Kunstfreiheit[76]. Umfaßt werden sowohl die emotionale Schaffenskraft des einzelnen als auch die Kommunikation der Beteiligten[77]. Damit sich die Vorstellung von Kunstfreiheit nicht in falscher Scheu vor ihrem hohen Rang auf diffuse Allgemeinplätze reduziert, die keinen dauerhaften Schutz garantieren[78], ist im folgenden zu fragen, was denn überhaupt geschützt werden soll. Erst dann sollte entschieden werden, ob sich die Beschwerdeführerin mit der Publikation des umstrittenen Romans auf das Grundrecht berufen kann.

1. Zuordnung des Romans „Esra“ zum Schutzbereich der Kunstfreiheit

Die Beschreibung der Kunstfreiheit in Art. 5 Abs. 3 S. 1 1. Alt. GG beinhaltet eine denkbar weite Fassung des grundrechtlichen Schutzbereichs[79]. Die in Art. 5 Abs. 3 S. 1 1. Alt. GG garantierte Kunstfreiheit begründet sowohl ein individuelles Freiheitsrecht als auch eine objektive Wertentscheidung[80]. Letztere ord-

---

[74] *Scholz*, Grundgesetz (Fn. 664), Art. 5 Abs. 3 (1977), Rn. 9; *Wittreck*, Grundgesetz (Fn. 341), Art. 5 III (Kunst), Rn. 6.

[75] BVerfGE 30, 173 (190); 31, 229 (238 f.).

[76] So für Brandenburg Art. 34; Bremen Art. 11; mit Förderklausel exemplarisch Bayern Art. 140; Niedersachsen Art. 6; Nordrhein-Westfalen Art. 18; Rheinland-Pfalz Art. 40; Sachsen Art. 11; Sachsen-Anhalt Art. 36; Schleswig-Holstein Art. 9; Thüringen Art. 30. – *Häberle*, Freiheit (Fn. 727), S. 581 entdeckt in den „variantenreichen deutschen Länderverfassungen nach 1945“ die Vorlage des Art. 142 WRV. – Instruktiv hierzu *Wittreck*, Grundgesetz (Fn. 341), Art. 5 III (Kunst), Rn. 29 ff.

[77] *Scholz*, Grundgesetz (Fn. 664), Art. 5 Abs. 3 (1977), Rn. 13; *Häberle*, Freiheit (Fn. 727), S. 597; *Pernice*, Grundgesetz (Fn. 96), Art. 5 III (Kunst), Rn. 12, 19; *v. Arnauld*, Freiheit (Fn. 159), § 167 Rn. 20 ff., 67 ff.; *Ujica/Loef*, Quod licet (Fn. 309), S. 673.

[78] Die besondere Positionierung der Kunstfreiheit im Grundgesetz wird auch durch einen Vergleich mit anderen demokratischen Verfassungen belegt, die den Schutz nur allgemein auf der Ebene der Geistes-, Meinungs- und Pressefreiheit verorten, vgl. Abschnitt F.

[79] BVerfGE 67, 213 (224 ff.). – Zwischen einem weiten status negativus und einem engen status positivus differenziert *Häberle*, Freiheit (Fn. 727), S. 604.

[80] BVerfGE 36, 321 (330 f.); 119, 1 (21); *U. Steiner*, Kulturauftrag im staatlichen Gemeinwesen, in: VVDStRL 42 (1984), S. 8 (12 ff.); *D. Grimm*, Kulturauftrag im staatlichen Gemeinwesen, in: VVDStRL 42 (1984), S. 47 (47 ff.). – Zwischen dem objektiv-rechtlichen Gehalt und der objektiven Wertentscheidung unterscheidet äußerst trennscharf *Scholz*, Grundgesetz (Fn. 664), Art. 5 Abs. 3 (1977), Rn. 1, 5 ff., 16, 40. – Gute Übersicht bei *Pernice*, Grundgesetz (Fn. 96), Art. 5 III (Kunst), Rn. 29, 45 f.; *Leibholz/Rinck*, Grundgesetz (Fn. 479), Art. 5

net dem Staat als Kulturstaat die Funktion zu, das Leben von Kunst und Wissenschaft innerhalb eines ausnehmend weiten Gestaltungsspielraums zu fördern[81]. Das Bundesverfassungsgericht geht aufgrund von Wortlaut und Ratio des Art. 5 Abs. 3 S. 1 1. Alt. GG in der Tat von einer bedeutenden *objektiv-rechtlichen Grundrechtsfunktion* aus[82].

Nicht weniger ist auf die Bedeutung der Kunstfreiheit als *subjektives Freiheitsrecht* abzustellen. Aus ihm erwachsen unmittelbare Unterlassungsansprüche gegen den Staat[83]. Zwischen Privaten gilt die Kunstfreiheitsgarantie wie herausgearbeitet hingegen nur mittelbar[84]. In fernerer Vergangenheit wurde insbesondere in der strafrechtlichen Entscheidungspraxis verschiedentlich der Versuch unternommen, eine richterliche *Definition von Kunst* vorzunehmen[85]. Von staatlicher

---

(2010), Rn. 1021; *Starck*, Kommentar (Fn. 724), Art. 5 Abs. 3 Rn. 291 f. Es ist anzufügen, daß nach allgemeiner Ansicht aus dem Auftrag des Staats, die Kunstfreiheit zu garantieren, kein subjektiver Anspruch auf Kunstförderung abgeleitet werden kann: BVerfGE 36, 321 (331 f.); BVerfG (Kammer), NJW 2005, 2843 (2843); *H. Bismark*, Straßenkunst in Fußgängerzonen, in: NJW 1985, S. 246 (250); *Würkner*, Bundesverfassungsgericht (Fn. 616), S. 137. – Zur Kunst im Kulturstaat *Häberle*, Freiheit (Fn. 727), S. 591, 595, 602, 605 f., 607 f.; *B. Schneider*, Die Gestalt der Stadt – Bemerkungen zu Architektur und Städtebau aus staatsrechtlicher Sicht, in: NJW 2003, S. 642 (644); *F. Hufen*, Öffentliches Recht – Subventionsrecht, in: JuS 2004, S. 549 (549); *Pernice*, ebda., Art. 5 III (Kunst), Rn. 45, 47; *v. Arnauld*, Freiheit (Fn. 159), § 167 Rn. 79 ff., 86 ff.; *Starck*, ebda., Art. 5 Abs. 3 Rn. 319; *Bethge*, Grundgesetz (Fn. 477), Art. 5 Rn. 189; *Jarass*, Grundgesetz (Fn. 729), Art. 5 Rn. 111; *Kannengießer*, Kommentar (Fn. 479), Art. 5 Rn. 29; zur europarechtlichen Dimension *G. Britz*, Die Freiheit der Kunst in der europäischen Kulturpolitik, in: EuR 39 (2004), S. 1 (5 ff.).

[81] BVerfGE 36, 321 (331 f.); 81, 108 (116); BVerfG (Kammer), ZUM 2004, 306 (307); OVG Münster ZUM 2004, 153 (153); siehe nur *Ladeur*, Kommentar (Fn. 479), Art. 5 Abs. 3 II (2001), Rn. 24 f.; *K. Korinek*, Staat und Kunst, 2006, S. 58 ff.; *Leibholz/Rinck*, Grundgesetz (Fn. 479), Art. 5 (2010), Rn. 1022; *Bethge*, Grundgesetz (Fn. 477), Art. 5 Rn. 189; zu den aus dem objektiv-rechtlichen Gehalt ebenfalls ableitbaren Schutzpflichten vgl. Abschnitt D.I.2.c.

[82] BVerfGE 30, 173 (188); 35, 79 (114); 50, 290 (337); 94, 268 (285); 119, 1 (21); vgl. auch *Häberle*, Freiheit (Fn. 727), S. 577 ff.; *Mahrenholz*, Freiheit (Fn. 599), § 26 Rn. 55 ff.; vergleichbar in bezug auf die Wissenschaftsfreiheit *H. Zwirner*, Zum Grundrecht der Wissenschaftsfreiheit, in: AöR 98 (1998), S. 313 (336 ff.); *Leibholz/Rinck*, Grundgesetz (Fn. 479), Art. 5 (2010), Rn. 1021. – In europarechtlicher Hinsicht *Britz*, Freiheit (Fn. 80), S. 12 ff.

[83] *Scholz*, Grundgesetz (Fn. 664), Art. 5 Abs. 3 (1977), Rn. 2; *Pernice*, Grundgesetz (Fn. 96), Art. 5 III (Kunst), Rn. 29.

[84] BVerfGE 30, 173 (187 ff.); 36, 321 (331); 119, 1 (21); *Scholz*, Grundgesetz (Fn. 664), Art. 5 Abs. 3 (1977), Rn. 43; *Pernice*, Grundgesetz (Fn. 96), Art. 5 III (Kunst), Rn. 29; *Starck*, Kommentar (Fn. 724), Art. 5 Abs. 3 Rn. 329; *Jarass*, Grundgesetz (Fn. 729), Art. 5 Rn. 112, 117. – Anders *Ladeur*, Kommentar (Fn. 479), Art. 5 Abs. 3 II (2001), Rn. 23. – Innovativ zur Thematik *v. Arnauld*, Freiheit (Fn. 159), § 167 Rn. 51. – Skeptisch zur Mittelbarkeit der Grundrechtswirkung auch *Bethge*, Grundgesetz (Fn. 477), Art. 5 Rn. 189. – Geltung bejahend, Frage der Geltungsweise (Mittelbarkeit) offengelassen bei *Leibholz/Rinck*, Grundgesetz (Fn. 479), Art. 5 (2010), Rn. 1021. – Kritisch hierzu, aber allein mit dem Argument der historischen Auslegung nicht überzeugend *Meyer-Cording*, Portrait (Fn. 358), S. 742.

[85] Kunst wurde in der Rechtsprechung auch gelegentlich als vom Urteil des flüchtigen Betrachters abhängig verstanden. Demgemäß wurde ein durchdringendes Rezipientenver-

Seite ist bei einer Begriffsbestimmung allerdings äußerste Zurückhaltung geboten, um nicht den Eindruck eines staatlichen Kunstrichtertums hervorzurufen. Eine gerichtliche Entscheidung über die Kunstqualität eines Werks darf angesichts unsäglicher Erfahrungen in der Geschichte nicht ergehen[86]. Der Senat schließt sich in dem „Esra"-Beschluß dem zutreffend an: Kunst kann nicht abschließend definiert werden[87]. Gleichwohl soll folgend eine Präzisierung des Schutzbereichsverständnisses – zunächst in personaler sowie sachlicher Hinsicht, dann mit Hilfe der fünf grundlegenden Kunstbegriffe – angestrebt werden, um praxisgerechte Entscheidungen auf dem Gebiet der Kunstfreiheit treffen zu können.

a) Personaler und sachlicher Anwendungsbereich

Im Schrifttum eröffnet sich eine unüberschaubare Vielfalt von differenzierenden Nuancen und erläuternden Konstruktionen zur Kunstfreiheit[88]. Nach der Vorstellung des personalen Anwendungsbereichs [aa)] soll zunächst eine grundsätzliche Weichenstellung vorgenommen werden: Ist von einem durch Restriktionen begrenzten [bb) 1)] oder einem weiten [bb) 2)] sachlichen Schutzbereich der Kunstfreiheit auszugehen?

aa) Personaler Anwendungsbereich: Schutz der Tätigkeit der Beschwerdeführerin

Vom Grundrechtsschutz wird in erster Hinsicht der Künstler selbst erreicht[89]. Geschützt werden daneben nach weit überwiegender Ansicht auch die Personen, die das künstlerische Werk der Öffentlichkeit zugänglich machen wie Produzenten oder Verleger[90]. Begründet wird die Schutzwürdigkeit mit der „unentbehrli-

---

ständnis eher verneint. Durch diese Perspektive verengten die Sicht auf die Kunst erheblich: RGSt 64, 121 (125 f.); BGHSt 3, 295 (296 f.).

[86] So auch statt aller nur BGH GRUR 2005, 583 (584); LG Köln ZUM 2011, 84 (86); LG Köln, Urteil vom 11.03.2011, 28 O 151/11, BeckRS 2011, 07677; *Arndt*, Umwelt (Fn. 729), S. 27; *Möhring*, Wertentscheidungen (Fn. 28), S. 579 f.; *J. Hoffmann*, Kunstfreiheit und Sacheigentum, in: NJW 1985, S. 237 (246); *Pernice*, Grundgesetz (Fn. 96), Art. 5 III (Kunst), Rn. 13; *Kobor*, Grundfälle (Fn. 724), S. 594; *B. Kempen*, in: V. Epping/C. Hillgruber (Hrsg.), GG, Art. 5 Abs. 3 Rn. 166; *Bethge*, Grundgesetz (Fn. 477), Art. 5 Rn. 183, 187.

[87] BVerfGE 119, 1 (20).

[88] Für viele *Mahrenholz*, Freiheit (Fn. 599), § 26 Rn. 24 ff., 63 ff.; *Pernice*, Grundgesetz (Fn. 96), Art. 5 III (Kunst), Rn. 17 ff.; *Starck*, Kommentar (Fn. 724), Art. 5 Abs. 3 Rn. 298 ff., 301, 303, 306 f., 311 ff.; *Jarass*, Grundgesetz (Fn. 729), Art. 5 Rn. 106 ff.; *Pieroth/Schlink*, Grundrechte (Fn. 18), S. 159 f.; *R. Wendt*, in: I. v. Münch/P. Kunig (Hrsg.), Grundgesetz-Kommentar, Bd. 1, 6. Aufl. 2012, Art. 5 Rn. 93.

[89] *Scholz*, Grundgesetz (Fn. 664), Art. 5 Abs. 3 (1977), Rn. 46; *Pernice*, Grundgesetz (Fn. 96), Art. 5 III (Kunst), Rn. 27; *Kempen*, Grundgesetz (Fn. 86), Art. 5 Abs. 3 Rn. 172; *Starck*, Kommentar (Fn. 724), Art. 5 Abs. 3 Rn. 323; *Wittreck*, Grundgesetz (Fn. 341), Art. 5 III (Kunst), Rn. 50.

[90] Statt aller BVerfGE 10, 118 (121); 12, 205 (260); 30, 173 (191); 77, 240 (251); 81, 278 (292); BVerfGK 6, 92 (96 f.); BVerfGE 119, 1 (22); BAG NJW 1984, 1144 (1144); BGH ZUM 2005, 735 (737); LG Köln NJW-RR 2009, 623 (625); *Mahrenholz*, Freiheit (Fn. 599), § 26 Rn. 49;

che(n) Mittlerfunktion“[91], die der Verleger zwischen Autor und Leser erfüllt[92]. Die Verlagstätigkeit der Beschwerdeführerin wird also vom Schutzbereich der Kunstfreiheit erfaßt, so daß sie sich in ihrer Verfassungsbeschwerde zutreffend auf die grundrechtliche Garantie beruft.

bb) Sachlicher Anwendungsbereich: Schutz der Tätigkeit der Beschwerdeführerin

Im „Esra“-Beschluß hat der Senat den Schutzbereich der Kunstfreiheit weit ausgelegt[93]. Allerdings wurde ebenso zahlreichen Entscheidungen des Bundesverfassungsgerichts ein eher enges Schutzbereichsverständnis attestiert[94]. Zunächst ist also der Diskussionsstand in Rechtsprechung und Literatur zu erörtern, um dann im Anschluß zu klären, ob der Schutzbereich der Kunstfreiheit weit oder eher restriktiv zu fassen ist.

(1) Restriktionen des Schutzbereichs: Schutzintensivierung durch Bereichspräzisierung

Insbesondere in der früheren Rechtsprechung des Bundesverwaltungsgerichts zeigte sich eine Tendenz zu einer restriktiven Auslegung von grundrechtlichen Schutzbereichen[95]. Allerdings finden sich auch in der jüngeren Rechtsprechungs-

---

F. Eickmeier/J. Eickmeier, Die rechtlichen Grenzen des Doku-Dramas, in: ZUM 1998, S. 1 (5); *Pernice,* Grundgesetz (Fn. 96), Art. 5 III (Kunst), Rn. 27; *Starck,* Kommentar (Fn. 724), Art. 5 Abs. 3 Rn. 290; *Bethge,* Grundgesetz (Fn. 477), Art. 5 Rn. 191a; *Leibholz/Rinck,* Grundgesetz (Fn. 479), Art. 5 (2010), Rn. 1046; *Jarass,* Grundgesetz (Fn. 729), Art. 5 Rn. 108; *Hufen,* Kunstfreiheit (Fn. 72), § 101 Rn. 41. – Anders *Scholz,* Grundgesetz (Fn. 664), Art. 5 Abs. 3 (1977), Rn. 13, 47. Vertiefend und aufklärend hierzu *v. Arnauld,* Freiheit (Fn. 159), § 167 Rn. 46 ff.

[91] BVerfGE 30, 173 (191); ähnlich BVerfGE 36, 321 (331); 81, 278 (292); 83, 130 (146); die Notwendigkeit der Vermittlungsfunktion am Beispiel des Schauspielers, der zugleich Vermittler des Kunstwerks und Künstler ist, zeigt auf *H. J. Fischer,* Die Freiheit der Kunst nach dem Grundgesetz, in: ders./S. A. Reich (Hrsg.), Der Künstler und sein Recht, 2. Aufl. 2007, S. 1 (4); *Kobor,* Grundfälle (Fn. 724), S. 595.

[92] Gelegentlich wird darüber hinaus aufgrund des kommunikativen Charakters von Kunst eine Erweiterung des personalen Schutzes auf die Rezipienten gefordert. In Rechtsprechung und Literatur hat die Einbeziehung der Rezipienten in den Schutz von Art. 5 Abs. 3 S. 1 1. Alt. GG bislang wegen der Gefahr eines ausufernden Schutzbereichs keine Zustimmung gefunden; ablehnend statt vieler *Wittreck,* Grundgesetz (Fn. 341), Art. 5 III (Kunst), Rn. 48.

[93] BVerfGE 119, 1 (22 f.) – Am Rande sei auf den jüngsten Vorstoß *Wittrecks* zum Schutz negativer Kunstfreiheit hingewiesen *Wittreck,* Grundgesetz (Fn. 341), Art. 5 III (Kunst), Rn. 48.

[94] Zuletzt von *V. Hellmann,* Der sogenannte Gewährleistungsgehalt – Eine Analyse der Rechtsprechung des Bundesverfassungsgerichts, in: S. Emmenegger/A. Wiedmann (Hrsg.), Linien der Rechtsprechung des Bundesverfassungsgerichts – erörtert von den wissenschaftlichen Mitarbeitern, Bd. 2, 2011, S. 151 (154 ff.).

[95] BVerwGE 1, 92 (94); 3, 21 (23); 5, 153 (159); 6, 13 (17); 7, 125 (139 f.); 10, 122 (123 f.); 39, 329 (336 f.).

linie des Bundesverfassungsgerichts Bestrebungen zur Beschränkung des Umfangs[96].

Hauptargument ist die *Intensivierung des Schutzes durch eine Präzisierung*: Nur derjenige, der weiß, was er schützt, kann wissen, wie er es schützt. Demgegenüber führe ein weites Verständnis in das Fahrwasser der drei Hauptgefahren von Beliebigkeit, gesetzlicher Pedanterie und gerichtlicher Überlastung: So wird teilweise in der Literatur eine präzise Fassung des Schutzbereichs gefordert, um eine *Beliebigkeit von Schutz und Schranken* zu vermeiden[97]. Außerdem stelle sich die richterliche Konkretisierung des Schutzbereichs als gelungene Fortentwick-

---

[96] BVerfGE 25, 256 (265); 34, 252 (256); 54, 208 (219 f.); 55, 261 (269); 61, 1 (8 f.); 85, 1 (14 ff.); 90, 1 (15); 90, 241 (247 f.); 99, 185 (195 f.); 103, 44 (59 ff.); 104, 92 (104 f.); 104, 337 (346); 105, 252 (265 ff.); 105, 279 (294 ff., 298 ff.); 106, 275 (298 f.); BVerfG (Kammer), NJW 2002, 3458 (3459 f.); BVerfGK 6, 92 (96 ff.).

[97] *W. Rüfner*, Grundrechtskonflikte, in: C. Starck (Hrsg.), Bundesverfassungsgericht und Grundgesetz, Zweiter Band: Verfassungsauslegung, 1976, S. 453 (457 ff.); *M. Kriele*, Vorbehaltlose Grundrechte, in: JA 1984, S. 629 (636 ff.); *D. Lorenz*, Wissenschaft darf nicht alles! Zur Bedeutung der Rechte anderer als Grenze grundrechtlicher Gewährleistung, in: P. Badura/R. Scholz (Hrsg.), Wege und Verfahren des Verfassungslebens, 1993, S. 267 (271); *Vesting*, § 35 III BauGB (Fn. 50), S. 1112; *S. Mückl*, Religionsfreiheit und Sonderstatusverhältnisse – Kopftuchverbot für Lehrerinnen?, in: Der Staat 40 (2001), S. 96 (113, 127); *E.-W. Böckenförde*, Schutzbereich, Eingriff, verfassungsimmanente Schranken, in: Der Staat 42 (2003), S. 165 (174 ff.); *C. Enders*, Der Schutz der Versammlungsfreiheit (Teil I), in: Jura 2003, S. 34 (37); *W. Hoffmann-Riem*, Enge oder weite Gewährleistungsgehalte der Grundrechte?, in: M. Bäuerle u.a. (Hrsg.), Haben wir wirklich Recht?, 2004, S. 53 (72 ff.); *D. Murswiek*, Grundrechtsdogmatik am Wendepunkt?, in: Der Staat 45 (2006), S. 473 (495 ff.). – Für eine Bestimmung von Kunstwerken aufgrund qualitativer Aspekte spricht sich aus *Würtenberger*, Satire (Fn. 767), S. 1145 f.; auch für eine zumindest moderate Begrenzung *Henschel*, Kunstfreiheit (Fn. 12), S. 1938; eine Konkretisierung der Kunstfreiheit anhand der verfassungsmäßigen Vorstellung des Menschen schlägt vor *Würkner*, Bundesverfassungsgericht (Fn. 616), S. 127; bei hinreichend dogmatischer Fundierung stimmt dem zu *C. Möllers*, Wandel der Grundrechtsjudikatur – Eine Analyse der Rechtsprechung des Ersten Senats des BVerfG, in: NJW 2005, S. 1973 (1978 f.); das Vorgehen des Bundesverfassungsgerichts kritisiert *J. Hellermann*, Multikulturalität und Grundrechte – am Beispiel der Religionsfreiheit, in: C. Grabenwarter/S. Hammer/A. Pelzl/E. Schulev-Steindl/E. Wiederin (Hrsg.), Allgemeinheit der Grundrechte und Vielfalt der Gesellschaft, 1994, S. 129 (136 ff.); restriktiv auch *J. Ipsen*, Gesetzliche Einwirkungen auf grundrechtlich geschützte Rechtsgüter, in: JZ 1997, S. 473 (475 ff.); *S. Muckel*, Religiöse Freiheit und staatliche Letztentscheidung, 1997, S. 61 ff., 125 ff., 139 ff.; *G. Britz*, Kulturelle Rechte und Verfassung, 2000, S. 121 ff.; *F. Schoch*, Die Grundrechtsdogmatik vor den Herausforderungen einer multikonfessionellen Gesellschaft, in: J. Bohnert u.a. (Hrsg.), Verfassung – Philosophie – Kirche, 2001, S. 153 (155 ff.); *B. Pieroth/B. J. Hartmann*, Grundrechtsschutz gegen wirtschaftliche Betätigung der öffentlichen Hand, in: DVBl. 2002, S. 421 (423, 425 ff.); *Böckenförde*, ebda., S. 174 ff.; *W. Hoffmann-Riem*, Grundrechtsanwendung unter Rationalitätsanspruch, in: Der Staat 43 (2004), S. 203 (206, 211, 222 ff.); *U. Volkmann*, Veränderungen der Grundrechtsdogmatik, in: JZ 2005, S. 261 (270 f.); *H.-J. Papier*, Vorbehaltlos gewährleistete Grundrechte, in: D. Merten/ders. (Hrsg.), Handbuch der Grundrechte in Deutschland und Europa, Bd. III, 2009, § 64 Rn. 50 f. – Besonders restriktiv, den Schutz allein auf inhaltsbezogene Angriffe gegenüber Kunst beschränkt *V. Epping*, Grundrechte, 4. Aufl. 2010, S. 117. – Kritisch gegenüber einer deutlicheren Konturierung der Kunstfreiheit *Knothe*, Freiheit (Fn. 6), S. 96.

lung der Grundrechtsdogmatik, als *kooperatives Zusammenwirken der Staatsgewalten* unter begrüßenswerter Beteiligung der Rechtsprechung, dar[98]. Eine so entwickelte, präzisere Fassung ermögliche adäquate Differenzierungen hinsichtlich des Schutzumfangs[99].

Wenn ein Schutzbereich weit ausgelegt werde, führe dies letztlich auch zu einer *Erweiterung der Schranken*[100]. Diese Ausweitung wiederum erfordere eine *verstärkte gesetzliche Ausgestaltung* und damit den zahlenmäßigen Anstieg gesetzlicher Regelungen. Die quantitative Erhöhung gehe zu Lasten der Qualität: Gesetzliche Klarheit und Bestimmtheit stehen zurück[101]. Auch die Anzahl von Einzelfallentscheidungen steige an und bedinge den *Verlust von Rationalität*[102].

Neben der Sorge um zunehmende Subjektivität im Zuge der wachsenden Bedeutung von Abwägungsvorgängen wird bei extensiver Schutzbereichsauslegung auch eine Überforderung der Gerichte befürchtet. Die frühzeitige Begrenzung der Fallprüfungen durch Einschränkungen im Schutzbereich diene damit der *Funktionsfähigkeit der Rechtspflege*[103].

Solche Beschränkungsversuche auf dem Gebiet der Kunstfreiheit sind bis zum Bundesverfassungsgericht vorgedrungen[104]: In der isoliert gebliebenen Entscheidung zum „Sprayer von Zürich"-Fall hat der Vorprüfungsausschuß künstlerische Handlungen, die fremdes Eigentum in Anspruch nehmen, im voraus vom Schutz der Kunstfreiheit ausgenommen[105]. So sei beispielsweise der Schutzbereich des Art. 5 Abs. 3 S. 1 1. Alt. GG nur bei kunstspezifischem Handeln, das sich in Ausübung und nicht nur bei Gelegenheit der Kunst ereigne, eröffnet[106]. Allein Handlungen, die nicht fremdes Eigentum in Anspruch nehmen, werden als schützenswert angesehen[107]. Abgeleitet wird daraus gelegentlich ein allgemei-

98 *Volkmann*, Veränderungen (Fn. 97), S. 271.

99 *Möllers*, Wandel (Fn. 97), S. 1978.

100 *Böckenförde*, Schutzbereich (Fn. 97), S. 167 f.; *Hoffmann-Riem*, Gewährleistungsgehalte (Fn. 97), S. 54 f.; *ders.*, Grundrechtsanwendung (Fn. 97), S. 229 ff.

101 *Hoffmann-Riem*, Grundrechtsanwendung (Fn. 97), S. 230.

102 *Hoffmann-Riem*, Grundrechtsanwendung (Fn. 97), S. 229.

103 *H.-P. Schneider*, SOS aus Karlsruhe – das Bundesverfassungsgericht vor dem Untergang?, in: NJW 1996, S. 2630 (2631); ausnehmend restriktiv *ders.*, 50 Jahre Grundgesetz – Vom westdeutschen Provisorium zur gesamtdeutschen Verfassung, in: NJW 1999, S. 1497 (1500): „Auch im Interesse der Offenheit und Wandelbarkeit des Grundgesetzes muß deshalb daran festgehalten werden, daß die Grundrechte lediglich eng umgrenzte Lebensbereiche gegen staatliche Übermächtigung absichern sollen, […]."

104 *F. Müller*, Freiheit der Kunst als Problem der Grundrechtsdogmatik, 1969, S. 99 ff.

105 BVerfG (Vorprüfungsausschuß), NJW 1984, 1293 (1294).

106 *Müller*, Freiheit (Fn. 104), S. 100.

107 BVerfG (Vorprüfungsausschuß), NJW 1984, 1293 (1294); restriktiv auch im Fall der öffentlichen Aufforderung zu Straftaten im Rahmen eines Konzerts LG Mainz NJW 2000, 2220 (2220); *Henschel*, Kunstfreiheit (Fn. 12), S. 1942; *Lorenz*, Wissenschaft (Fn. 97), S. 271; *Isensee*, Kunstfreiheit (Fn. 319), S. 625 f. – Zum „Neminem-laedere"-Gebot als immanente Schutzbereichsgrenze *T. Stemmler*, Das „Neminem-laedere-Gebot", 2005, S. 12 ff.; *Papier*, Grundrechte (Fn. 97), § 64 Rn. 51.

ner Ausschluß von Verhaltensweisen, die einen Übergriff in die Rechte anderer darstellen[108].

Die konkreten Ausgestaltungen der Restriktion variieren. Gelegentlich wird vorgeschlagen, die traditionelle Einteilung in Schutzbereich und Eingriff durch die Aufgliederung in einen gegenständlichen Sach- und Lebensbereich sowie in einen *normativen Gewährleistungsinhalt* zu ersetzen[109]. Letzterer gestaltet das Grundrecht konkret aus und gewährleistet damit einen präzise punktuellen, allerdings nicht allgemein flächendeckenden Freiheitsschutz[110]. Diese Verschiebung entspreche der Abkehr von dem allein abwehrrechtlichen Grundrechtsverständnis hin zu der zeitgemäßen Betonung der objektiv-rechtlichen Grundrechtsbedeutung; Schlüsselbegriffe sind dabei die staatlichen Schutzpflichten sowie die mittelbare Grundrechtswirkung unter Privatrechtssubjekten[111]. Andere wiederum wählen einen differenzierenden Ansatz: So lehnen sie zwar einen generellen Ausschluß des Schutzes im Fall von *beliebigen Beeinträchtigungen* der Rechte Dritter ab, versagen allerdings den Beistand bei der *Verletzung* fremder Rechte und Rechtsgüter[112].

(2) Restriktionen führen zu Irrationalität und Intransparenz der Grundrechtsprüfung

Eine Begrenzung der Kunstfreiheit auf der Ebene des Schutzbereichs wird trotz einiger gegenteiliger Tendenzen in der Rechtsprechung bislang mehrheitlich[113] und auch in der Literatur gegenwärtig überwiegend abgelehnt[114]. Gerade in jün-

---

[108] Ausgangspunkt nahmen diese Bemühungen in fundamentalen Positionierungen der Vergangenheit, die jegliche Verletzung der allgemeinen Gesetze oder Rechte Dritter außerhalb des Grundrechtsschutzes sahen: *Rüfner,* Grundrechtskonflikte (Fn. 97), S. 457 ff.; *Kriele,* Grundrechte (Fn. 97), S. 636 ff. Mit dem Hinweis auf erschwerte Grenzziehung im Fall von Persönlichkeitsrechts- gegenüber Eigentumsbeeinträchtigungen so *Isensee,* Kunstfreiheit (Fn. 319), S. 626: „Als allgemeine Regel ist festzuhalten, daß die Kunstfreiheit ihre Grenze im Neminem-laedere-Gebot findet. Diese Grenze ist freilich beim Eigentum als einem physischen Schutzgut leichter zu bestimmen als bei den ideellen Schutzgütern der Ehre und der sonstigen Persönlichkeitsrechte." Darüber hinausgehend lehnt den Schutz für rein kommerzielle Werbung auch ab *Papier,* Grundrechte (Fn. 97), § 64 Rn. 51.

[109] *Böckenförde,* Schutzbereich (Fn. 97), S. 174 ff. Auch für eine präzise Bestimmung des normativen Grundrechtsgehalts plädiert *Hoffmann-Riem,* Grundrechtsanwendung (Fn. 97), S. 206, 215 f., 226 ff., 231 f.

[110] *Böckenförde,* Schutzbereich (Fn. 97), S. 174, 186, 191; *Enders,* Schutz (Fn. 97), S. 37.

[111] *Hoffmann-Riem,* Gewährleistungsgehalte (Fn. 97), S. 57, 71 f., 75 f.

[112] Am Beispiel der Benutzung fremder Rechte und Rechtsgüter erörtert *Lorenz,* Wissenschaft (Fn. 97), S. 271 f.

[113] BVerfGE 7, 377 (397, 411); 20, 162 (176); 24, 236 (246); 30, 173 (189 f., 193); 32, 54 (72); 32, 98 (106 f.); 33, 1 (11 f.); 33, 23 (28 f.); 35, 202 (221 ff.); 35, 366 (376); 39, 1 (37 f.); 41, 29 (49); 42, 212 (219); 44, 353 (372 f.); 48, 376 (388); 51, 97 (110); 61, 1 (7 ff.); 67, 213 (225 ff., 228 ff.); 73, 206 (248); 81, 278 (291 ff.); 81, 298 (307); 82, 43 (52 f.); 87, 399 (406); 91, 125 (134 f.); 93, 1 (15 ff.); 93, 266 (290 ff.); 93, 352 (358 ff.); 95, 28 (35); 102, 347 (359); BVerwGE 44, 196 (199 f.); 47, 330 (353); 49, 202 (208 f.).

[114] *P. Lerche,* Die „nicht-erlaubte" Betätigung und das Grundrecht der Berufsfreiheit

geren Entscheidungen des Bundesverfassungsgerichts auf dem Gebiet der Kunstfreiheit zeigt sich eine deutliche Affinität zur Lehre des weiten Schutzbereichs[115]. Ihre Vertreter ziehen die Parallele, daß nur ein weiter Schutzbereich dem Bild des Grundgesetzes eines selbstbestimmten und sich eigenständig entfaltenden Menschen entspreche[116]. Er allein ermögliche eine zeitgerechte Anpassung an aktuelle Entwicklungen in der Gesellschaft[117]. Wenn ein Handeln nicht in den punktuellen – notwendig gesetzlich präzisierten – Gewährleistungsbereich eines Grundrechts fällt[118], klaffen *Lücken im Grundrechtsschutz*. Die Ausgestaltung von Gewährlei-

---

– Zusammenspiel von Verfassungsrecht und allgemeiner Rechtsordnung?, in: B. Großfeld u.a. (Hrsg.), Festschrift für Wolfgang Fikentscher zum 70. Geburtstag, 1998, S. 541 (547 ff.); *C. Calliess,* Rechtsstaat und Umweltstaat, 2001, S. 545 ff. – Instruktiv hierzu *W. Sandner,* Investitionserleichterung und kommunale Planungshoheit, 1997, S. 82 ff.; *R. Steinberg,* Der ökologische Verfassungsstaat, 1998, S. 118 ff.; *K. Misera-Lang,* Dogmatische Grundlagen der Einschränkbarkeit vorbehaltloser Freiheitsgrundrechte, 1999, S. 109 ff., 136 ff. – Am Beispiel der Wissenschaftsfreiheit *A. Blankenagel,* Vom Recht der Wissenschaft und der versteckten Ratlosigkeit der Rechtswissenschaftler bei der Betrachtung des- und derselben, in: AöR 125 (2000), S. 70 (91); *Dierksmeier,* Würde (Fn. 616), S. 888; *W. Höfling,* Von Menschen und Personen, in: D. Dörr u.a. (Hrsg.), Die Macht des Geistes, 2001, S. 363 (372 f.); *A. Voßkuhle/C. Bumke,* Rechtsfragen der Sportwette, 2002, S. 41 f.; *H. M. Heinig/M. Morlok,* Von Schafen und Kopftüchern, in: JZ 2003, S. 777 (778 ff.); *Dreier,* Grundgesetz (Fn. 96), Vorb. vor Art. 1 Rn. 120; *W. Kahl,* Vom weiten Schutzbereich zum engen Gewährleistungsgehalt, in: Der Staat 43 (2004), S. 167 (184 ff., 199 ff.). – Insgesamt für Art. 5 Abs. 3 S. 1 GG (Kunst- und Wissenschaftsfreiheit) anschaulich *Kobor,* Grundfälle (Fn. 724), S. 595, 696. Für einen weiten Schutzbereich von Art. 5 Abs. 3 S. 1 GG plädieren auch *v. Arnauld,* Freiheit (Fn. 159), § 167 Rn. 43 ff.; *D. Couzinet,* Die Prinzipientheorie der Grundrechte – Einführung, Strukturhinweise, in: JuS 2009, S. 603 (607); für einen weiten Schutzbereich bei dezenter Konturierung mit eigenem Ansatz stimmt *A. v. Ungern-Sternberg,* Religionsfreiheit – ein ausuferndes Grundrecht?, in: H. Rensen/S. Brink (Hrsg.), Linien der Rechtsprechung des Bundesverfassungsgerichts – erörtert von den wissenschaftlichen Mitarbeitern, 2009, S. 247 (262 ff., 271); *Ujica/Loef,* Quod licet (Fn. 309), S. 672; *Stern,* Freiheit (Fn. 609), S. 624 ff. – Eine grundsätzliche, vehemente Kritik an der Schutzbereichsverengung bringt *Kahl* an. Er nimmt allerdings die restriktive Auslegung von Art. 4 Abs. 1, 2 GG davon aus: *W. Kahl,* Neuere Entwicklungslinien der Grundrechtsdogmatik, in: AöR 131 (2006), S. 579 (602 ff., 605 ff., 610 f., 617 ff.); insbesondere in bezug auf Kunst- und Religionsfreiheit *F. Wittreck,* Referendarexamensklausur – Öffentliches Recht: Eingriff durch Entschuldigung?, in: JuS 2006, S. 729 (731, 733); *ders.,* Grundgesetz (Fn. 341), Art. 5 III (Kunst), Rn. 49. – Allein in Hinblick auf Religionsfreiheit *C. Walter,* Religiöse Freiheit als Gefahr?, in: DVBl. 2008, S. 1073 (1078 f.).

115 BVerfGK 12, 85 (94); 12, 95 (102); 13, 49 (50); 13, 115 (117); 13, 531 (534).

116 *Kahl,* Schutzbereich (Fn. 114), S. 185; *ders.,* Entwicklungslinien (Fn. 114), S. 610. – Für die österreichische Dogmatik ebenfalls *Tessar,* Kriterien (Fn. 36), S. 420.

117 So in Hinblick auf die Religionsfreiheit mit Nachdruck *F. Wittreck,* Religionsfreiheit als Rationalisierungsverbot, in: Der Staat 42 (2003), S. 519 (554): „Der mit der Anerkennung dieser Interpretationspluralität des islamischen und jüdischen religiösen Rechts notwendig verbundenen Ausweitung des Schutzbereichs der Religionsfreiheit sollte schließlich nicht vorschnell mit der Aufrichtung neuer Schranken begegnet werden."

118 Man könnte hier an die Auffangfunktion des Art. 2 Abs. 1 GG denken. Allerdings wäre es widersinnig, ein weites Schutzbereichsverständnis durch das Fenster vermeintlicher Rationalität hinauszubefördern und dann durch die Hintertür der allgemeinen Handlungsfreiheit hereinzuführen. Eine derartige Vorgehensweise erinnert an trickreiches Arbeiten

stungsbereichen durch den Gesetzgeber könne sich zu Lasten der Freiheit des einzelnen auswirken[119]. Die Überführung des Schutzbereichs in einen Gewährleistungsbereich wäre ohnehin zunächst in der Sache zu begründen. Eine Rechtfertigung für diese Änderung ist allerdings nicht ohne weiteres ersichtlich[120].

Die Verlagerung der Prüfung von Grundrechtskollisionen von der dritten auf die erste Stufe beinhalte *„Dezisionismus"*[121] und *Irrationalität*[122]. Erstens laufe dies letztlich auf eine Vermischung von Schutzbereichs- und Verhältnismäßigkeitsprüfung hinaus, da das Prinzip der Verhältnismäßigkeit die Ausformung des Schutzbereichs bestimmen würde. Dieses könne aber nur auf der Rechtfertigungsebene des konkreten Falls dessen volle Bedeutung für die Herstellung von Einzelfallgerechtigkeit entfalten. Die Vorziehung der Verhältnismäßigkeitsprüfung in der Reihenfolge stelle keine überzeugende Innovation dar[123]. Außerdem werden durch die damit verbundene Umwandlung der verfassungsrechtlich garantierten Freiheiten in normativ ausgestaltete Grundrechte zahlreiche Handlungen von dem Vorgang der Grundrechtsprüfung ausgeschlossen. Eine intransparente Vorabbegrenzung des Grundrechtsschutzes stellt eine Einbuße an Rechtsstaatlichkeit dar[124]. Denn eine Schutzbereichspräzisierung sei angesichts des offenen Grundrechtswortlauts stets in hohem Maße durch subjektive Präferenzen geprägt. Eine frühe Schutzbereichsbeschränkung verursacht dementsprechend in erheblichem Umfang Rechtsunsicherheit und -unbestimmtheit[125]. Letztlich sei die Festlegung enger Schutzbereichsbegrenzungen auch mit der Rechtsprechung des Europäischen Gerichtshofs schwerlich vereinbar[126].

(3) Optimierter Schutz für Kunst- und Persönlichkeitsschutz im „Esra"-Beschluß

Im Fall „Esra" wäre die Tätigkeit der Beschwerdeführerin also aufgrund der Beeinträchtigung – und der Verletzung hinsichtlich der Klägerin zu 1) – der Persönlichkeitsrechte der Klägerinnen im voraus nicht vom Schutzbereich der Kunstfreiheit erfaßt. Anders als in der Entscheidung zum „Sprayer von Zürich"-Fall[127] hat der Senat im „Esra"-Beschluß jedenfalls – ungeachtet einer Persön-

---

mit doppeltem Boden. Zum umfassenden Schutz, der durch die Auffangfunktion des Art. 2 Abs. 1 GG ermöglicht wird: *Kahl*, Entwicklungslinien (Fn. 114), S. 611 ff.

[119] *Kahl*, Schutzbereich (Fn. 114), S. 185 ff.

[120] *Augsberg/Augsberg*, Kombinationsgrundrechte (Fn. 437), S. 549.

[121] *Kahl*, Schutzbereich (Fn. 114), S. 192.

[122] *Kahl*, Schutzbereich (Fn. 114), S. 192; *ders.*, Entwicklungslinien (Fn. 114), S. 610.

[123] *Kahl*, Schutzbereich (Fn. 114), S. 192 ff.; *ders.*, Entwicklungslinien (Fn. 114), S. 603, 610 f.

[124] *v. Arnauld*, Freiheit (Fn. 159), § 167 Rn. 44.

[125] *Kahl*, Schutzbereich (Fn. 114), S. 194.

[126] *Kahl*, Schutzbereich (Fn. 114), S. 197 ff.; *ders.*, Entwicklungslinien (Fn. 114), S. 603; vgl. in diesem Zusammenhang EuGH Slg. 2002, I-9011 (9052 ff., 9075 f.).

[127] BVerfG (Vorprüfungsausschuß), NJW 1984, 1293 (1294).

lichkeitsrechtsrechtsbeeinträchtigung Dritter – die künstlerische Tätigkeit unter den Schutz des Art. 5 Abs. 3 S. 1 1. Alt. GG gestellt[128]. Folgerichtig legt er der anschließenden Abwägung den weiten Kunstbegriff zugrunde: „Gerade wenn man den Begriff der Kunst im Interesse des Schutzes künstlerischer Selbstbestimmung weit fasst und nicht versucht, mit Hilfe eines engen Kunstbegriffs künstlerische Ausdrucksformen, die in Konflikt mit den Rechten anderer kommen, von vornherein vom Grundrechtsschutz der Kunstfreiheit auszuschließen [...], dann muss sichergestellt sein, dass Personen, die durch Künstler in ihren Rechten beeinträchtigt werden, ihre Rechte auch verteidigen können und in diesen Rechten auch unter Berücksichtigung der Kunstfreiheit einen wirksamen Schutz erfahren. In dieser Situation sind die staatlichen Gerichte den Grundrechten beider Seiten gleichermaßen verpflichtet."[129] Simultan zum weiten Schutzbereichsverständnis des Art. 5 Abs. 3 S. 1 1. Alt. GG wird ein umfassender Schutz für die beeinträchtigten Rechte garantiert.

(4) Zwischenergebnis weiter Schutzbereich: mehr Schranken, Schutz, Transparenz

Eine generell restriktive Auslegung des grundrechtlichen Schutzbereichs ist abzulehnen. Die Entscheidung für einen weiten Kunstbegriff in dem „Esra"-Beschluß überzeugt. Allerdings ist einzuräumen, daß sich die Prognose einer Ausweitung von Schranken für die Anwendung eines weiten Schutzbereichs bewahrheitet hat: Wie die vorstehende Untersuchung zeigt, verbindet das Bundesverfassungsgericht mit einer weitreichenden Gewährleistung der Kunstfreiheit einen ebenso umfassenden Schutz für die Rechte Dritter[130]. In der Tat bedingt also ein weiter Schutzbereich ein ausgeweitetes Schrankensystem. Allerdings bedeutet im Umkehrschluß ein restriktiv gefaßter Schutz nicht eine Reduzierung der Schranken. Es besteht keine Wechselbeziehung der beiden Prüfungsebenen, da es sich um jeweils selbständige Kontrollstufen handelt, die unabhängig voneinander ausgestaltet sind[131]. Eine Alternative zu einem weiten Verständnis von Schutzbereich und (wohl dann zwangsläufig auch) Schranken ist nicht ersichtlich: Anderenfalls käme nur eine Selektion grundrechtsrelevanten Verhaltens ohne vorhergehende Prüfung, also eine Verkürzung des Schutzes von flächendeckenden zu punktuellen Schutzbereichszonen, in Betracht.

---

[128] BVerfGE 119, 1 (22 f.). Damit wendet der Senat sowohl in personaler als auch sachlicher Hinsicht ein weites Schutzverständnis – unmißverständlich apodiktisch – auf den Fall an: BVerfGE 119, 1 (22): „Art. 5 Abs. 3 Satz 1 GG garantiert die Freiheit der Betätigung im Kunstbereich umfassend."

[129] BVerfGE 119, 1 (23).

[130] BVerfGE 119, 1 (23).

[131] Demgegenüber in der vermeintlichen Wechselbeziehung sogar eine dritte Prüfungsebene erkennen *Schwarz/Hansen*, Grenzen (Fn. 359), S. 38.

Bemerkenswert ist, daß beide Ansichten das Rationalitätsargument für sich proklamieren. Dadurch animiert läßt sich die Prüfung einem Trichtermodell, einer Gegenüberstellung von Zu- und Ausgeführtem, vergleichen: Wie bei einer mathematischen Subtraktion kann eine Differenz (tatsächlicher Schutz) nicht größer ausfallen als der Minuend[132]. Wenn der Minuend (durch den Schutzbereich geschütztes Verhalten) sich reduziert (so im Fall eines engen Schutzbereichsverständnisses), verringert sich bei gleichbleibendem Subtrahenden (Schranken) auch die Differenz. Der effektive Schutz für ein Grundrecht, ausgedrückt in der Differenz, könnte nur bei einer Verringerung des Subtrahenden unverändert bleiben. Das wiederum würde eine *Schutzreduzierung* – diesmal seitens der kollidierenden Rechte – bedeuten.

Fraglich bleibt also allein, ob man einen – möglicherweise mit erhöhtem Prüfungsaufwand verbundenen – flächendeckenden oder punktuell wirkenden Schutz bevorzugt. In letzterem Fall bleibt eine Schutzeinbuße nicht aus. Denn überträgt man den mathematischen Vergleich auf die Grundrechtsprüfung, so geht schlicht eine verringerte Menge von geschützten Verhaltensweisen (Minuend) in die Grundrechtsprüfung ein. Wenn man den Filtereffekt der Prüfungsfolge beachtet, wird also klar, daß zu der dritten Stufe, der Abwägung mit kollidierenden Rechtsgütern, um so weniger Konfliktfälle mit der Kunstfreiheit gelangen, als auf der ersten Ebene des Schutzbereichs zuvor aussortiert wurden. Eine Reduzierung des Schutzumfangs für die Kunst wäre unvermeidbar.

Letztlich erscheint eine Verkürzung des Schutzes auf kunstspezifisches Verhalten oder Achtung fremden Eigentums nicht notwendig. Denn das Vorziehen der Abwägungsstufe in die Prüfung des Schutzbereichs ist hinsichtlich der dreigliedrigen Prüfungsfolge systemwidrig und beinhaltet die Gefahr, eine einzelfallbezogene Abwägung im konkreten Fall aufgrund rechtspolitischer Intentionen zu vernachlässigen[133]. Eine Schutzbegrenzung auf die verfassungsgemäßen Handlungen findet sowohl bei einer restriktiv gefaßten als auch weiten Schutzbereichsauslegung – vorab oder auf letzter Prüfungsebene – statt. Der Unterschied besteht allein in der *Transparenz* dieser Auswahl: Schutzbereichsimmanente Schranken sind naturgemäß schwer nachvollziehbar, da sie den Bereich *vor* Eröffnung der Prüfung begrenzen. Ein weit gefaßter Schutzbereich ermöglicht hingegen einen Ausschluß *nach* durchschaubaren Abwägungen im Kollisionsfall. Es ist nicht ersichtlich, weshalb auf dieses Maß an Rechtsklarheit und Rechtsstaatlichkeit verzichtet werden sollte.

Nur am Rande sei angemerkt, daß nicht nur eine frühzeitige Reduzierung, sondern auch die unnötige Expansion von Grundrechtsbereichen die dogmati-

---

[132] Das Rechenbeispiel beschränkt sich auf die Verwendung positiver Zahlen – vergleichbar der Unmöglichkeit eines Grundrechtsschutzes „unter null".

[133] *Walter*, Freiheit (Fn. 114), S. 1078 f. – Eine Beschränkung durch Wertungen eines literaturwissenschaftlichen Sachverständigen ist ebenso abzulehnen. So auch *Isensee*, Kunstfreiheit (Fn. 319), S. 622 f.

sche Struktur aufweicht: Die Gefahr von Intransparenz sowie mangelnder Vorhersehbarkeit stellt sich bei der Beschränkung des Schutzbereichs und ebenso bei der scheinbaren Intensivierung in Form von Grundrechtsverbindungen. Sowohl eine undurchsichtige Vorabselektion nicht schutzwürdigen Verhaltens als auch die Aufladung eines Grundrechts durch eine einzelfallabhängige „i.V.m."-Kombination vermitteln ein hohes Maß an Unsicherheit und Unberechenbarkeit im Grundrechtsgebrauch. Folgend ist vor dem Hintergrund eines weiten Verständnisses die Bestimmung von Kunst nachzuvollziehen, um dann den im „Esra"-Beschluß angelegten Begriff in diesen Kontext einzuordnen.

b) Kunstbegriff: Präzisierung, aber kein Kunstrichtertum

Die Bestimmung des Kunstbegriffs ergibt sich nicht ohne weiteres aus rechtlichen Parametern wie beispielsweise in den Fällen strafrechtlicher Termini von „Drohung" oder „Wegnahme". Das Bundesverfassungsgericht stellt ausdrücklich fest, daß Rechtswissenschaftlern keine Entscheidungshoheit über den Kunstbegriff zusteht. Die juristische Bestimmung des Kunstbegriffs folgt einer außerrechtlichen Eigengesetzlichkeit: „Der Lebensbereich ‚Kunst' ist durch die vom Wesen der Kunst geprägten, ihr allein eigenen Strukturmerkmale zu bestimmen. Von ihnen hat die Auslegung des Kunstbegriffs der Verfassung auszugehen."[134] Damit wird allerdings nicht der Beliebigkeit Vorschub geleistet. So fordert die Garantie von Kunstfreiheit, „ihren Schutzbereich bei der konkreten Rechtsanwendung zu bestimmen. Die Grundanforderungen künstlerischer Tätigkeit festzulegen, ist daher durch Art. 5 Abs. 3 S. 1 GG nicht verboten, sondern verfassungsrechtlich gefordert."[135] Wenn eine Erfassung des künstlerischen Wesens auch von juristischer Seite nicht geleistet werden kann, so bleibt eine klare Bestimmung dessen, was rechtlich geschützt werden soll, in der Tat unerläßlich[136]. Eine Präzisierung des Schutzgehalts bedeutet nicht, daß dieser anhand

---

[134] BVerfGE 30, 173 (188); zur Schwierigkeit der Bestimmung von Kunst einführend *H. Schack*, Kunst und Recht, 2. Aufl. 2009, S. 3 ff.; *Wittreck*, Grundgesetz (Fn. 341), Art. 5 III (Kunst), Rn. 41 beschreibt einen einheitlichen Kunstbegriff als „Desiderat".

[135] BVerfGE 75, 369 (377). Im folgenden werden allein die in der Literatur und Praxis mehrheitlich vertretenen Begriffsdeutungen kursorisch vorgestellt, ohne den Anspruch auf abschließende Vollständigkeit zu erheben. – Vertiefend *Beisel*, Kunstfreiheitsgarantie (Fn. 420), S. 38 ff.; *v. Becker*, Werbung (Fn. 724), S. 1103 f.; darüber hinaus bietet es sich an, unabhängig von den Begriffsschemata die Kunstkriterien und ihre Klassifizierung zu reflektieren. Zu diesem Zweck wählt *von Arnauld* die innovative wie thematisch durchdringende Einteilung nach inhaltlichen, formalen, zeichenbezogenen, institutionellen und topischen Ansätzen. Da diese Zuordnung wegweisend, aber nicht Gegenstand dieser Untersuchung ist, sei nur am Rande auf diese Differenzierung verwiesen; vgl. *v. Arnauld*, Freiheit (Fn. 159), § 167 Rn. 13 ff.; *B. C. Sievers*, Die Freiheit der Kunst durch Eigentum, 2010, S. 141 f.

[136] So auch *Reupert*, Filmfreiheit (Fn. 477), S. 1158; *Pernice*, Grundgesetz (Fn. 96), Art. 5 III (Kunst), Rn. 17; *Kobor*, Grundfälle (Fn. 724), S. 594; *F. Ekardt/I. Zager*, Der Karikaturenstreit und das Recht, in: NJ 2007, S. 145 (146); *Lenski*, Grundrechtsschutz (Fn. 400), S. 282 f.; *Ujica/Loef*, Quod licet (Fn. 309), S. 671; *Bethge*, Grundgesetz (Fn. 477), Art. 5

der Vorstellungen des Staates bestimmt wird. Es ist nicht Aufgabe des Staates, mit juristischen Kriterien den Kunstbetrieb zu regulieren[137]. Ein über Kunst urteilender Richter läuft Gefahr, sich der Lächerlichkeit der Philologen preiszugeben, wenn er einen engen und damit aus Sicht der Literaturwissenschaftler vormodernen Literaturbegriff seiner Beurteilung zugrunde legt. Neben der Verschiedenheit der Definitionsmöglichkeiten spricht auch die Vorbehaltlosigkeit der Gewährleistung der Kunstfreiheit gegen eine abschließende Begriffsbestimmung. Letztlich steht einer abschließenden, statischen Festlegung verbindlicher Kunstkriterien das Wesen von Kunst entgegen, da „Avantgarde" gerade darauf zielt, die Grenzen der Kunst zu erweitern[138]. Auch vor dem Hintergrund der nun folgenden Bestimmungsversuche ist eine abschließende Definition von Kunst nicht möglich. Auf den Punkt gebracht: Kriterien zur Bestimmung von schützenswertem Verhalten sind erforderlich, können allerdings nicht abschließend sein und müssen von einem disziplininternen Verständnis der Kunst – also dürfen nicht von einem ausschließlich rechtlichen – getragen sein.

aa) Formaler Kunstbegriff: Konservierung als Hilfe des Rechts und Hindernis der Kunst

Als erster Definitionsansatz für Kunst kommt der formale Kunstbegriff in Betracht. Danach wird ein Werk nur als Kunstwerk qualifiziert, wenn es den *Gattungsanforderungen eines bestimmten Werktyps* wie beispielsweise des Dichtens, Theaterspielens oder Malens entspricht[139]. Dieser Kunstbegriff wurde neben dem materialen und offenen Kunstbegriff in der Entscheidung „Anachronistischer Zug" herangezogen[140].

Präzisierung und Bereitstellung bestimmbarer und handgerechter Werkkategorien für die Praxis sind entscheidende Vorteile dieses Ansatzes. Trotz des komplexen Wesens von Kunst werden Entscheidungen berechenbar. Die Bestim-

---

Rn. 183. – Die Begründung eines Definitionsgebots ist allerdings zu weitgehend, so aber *G. Erbel*, Ein „Definitionsverbot" für den verfassungsrechtlichen Begriff „Kunst" (Art. 5 Abs. 3 Satz 1 GG)?, in: DVBl. 1969, S. 863 (866 f.); *Scholz*, Grundgesetz (Fn. 664), Art. 5 Abs. 3 (1977), Rn. 25; *Kempen*, Grundgesetz (Fn. 86), Art. 5 Abs. 3 Rn. 157; *J. Ipsen*, Staatsrecht II, 14. Aufl. 2011, S. 137 ff.; *Starck*, Kommentar (Fn. 724), Art. 5 Abs. 3 Rn. 298.

137 BVerfGE 8, 278 (289 ff.); *Hoffmann*, Kunstfreiheit (Fn. 86), S. 246; *Reupert*, Filmfreiheit (Fn. 477), S. 1158 f.; *Wittreck*, Grundgesetz (Fn. 341), Art. 5 III (Kunst), Rn. 36.

138 BVerfGE 67, 213 (224 f.); *Zöbeley*, Grundgesetz (Fn. 479), Art. 5 Rn. 231; *Kempen*, Grundgesetz (Fn. 86), Art. 5 Abs. 3 Rn. 165. – Zum Kunstverständnis der Avantgarde eingehend *C. Fuchs*, Avantgarde und Erweiterter Kunstbegriff, 2000, S. 26 ff., 50 ff., 124 ff.

139 BVerfGE 67, 213 (226); BGHSt 37, 55 (58 ff.); *W. Leisner*, Begriffliche Grenzen verfassungsrechtlicher Meinungsfreiheit, in: UFITA 37 (1962), S. 129 (150 f.); *W. Knies*, Schranken der Kunstfreiheit als verfassungsrechtliches Problem, 1967, S. 219 ff. – Dabei zur ideologiekritischen Ausprägung des Begriffs *Müller*, Freiheit (Fn. 104), S. 35 ff., 40 ff.

140 BVerfGE 67, 213 (227); gute Übersicht zu den drei Kunstbegriffen von *Zöbeley*, Grundgesetz (Fn. 479), Art. 5 Rn. 233 ff.; *Kempen*, Grundgesetz (Fn. 86), Art. 5 Abs. 3 Rn. 158 ff.

mung von Kunst durch das Produkt des Schaffens selbst – wie des visualisierbaren Gemäldes, der greifbaren Skulptur oder der hörbaren Symphonie – schafft eine sinnliche Objektivierbarkeit. Daß allerdings in der Schärfe der Kriterienfestlegung zugleich der Nachteil der Geschlossenheit und alleinigen Konservierung von bekannten, tradierten Formen liegt, ist ebenso offensichtlich wie unvermeidbar. Eine rein formale Betrachtung läuft Gefahr, die Entwicklung neuer avantgardistischer Formen zu hemmen[141]. Der Roman „Esra" würde jedenfalls auch als Text der Prosaliteratur dem formalen Kunstbegriff unterfallen.

bb) Materieller Kunstbegriff: versteckte Inhaltskontrolle durch Euphemismus

Ein zweiter, namentlich der materielle Kunstbegriff – und damit gedacht im Sinne *„einer echten materialen Definierbarkeit"*[142] –, wurde vom Bundesverfassungsgericht in der „Mephisto"-Entscheidung wohlklingend beschrieben: „Das Wesentliche der künstlerischen Betätigung ist die freie schöpferische Gestaltung, in der Eindrücke, Erfahrungen, Erlebnisse des Künstlers durch das Medium einer bestimmten Formensprache zu unmittelbarer Anschauung gebracht werden. Alle künstlerische Tätigkeit ist ein Ineinander von bewußten und unbewußten Vorgängen, die rational nicht aufzulösen sind. Beim künstlerischen Schaffen wirken Intuition, Phantasie und Kunstverstand zusammen; es ist primär nicht Mitteilung, sondern Ausdruck und zwar unmittelbarster Ausdruck der individuellen Persönlichkeit des Künstlers."[143] Die Argumentations-

---

141 Kritisch auch *Henschel,* Kunstfreiheit (Fn. 12), S. 1939. – Differenzierend *Müller,* Freiheit (Fn. 104), S. 43 ff.; *ders.*, Strafrecht, Jugendschutz und Freiheit der Kunst, in: JZ 1970, S. 87 (89); *Mahrenholz,* Freiheit (Fn. 599), § 26 Rn. 35; eine „dienende Funktion" des formalen Kunstbegriffs schlägt in einem nicht minder differenzierenden Ansatz vor *Pernice,* Grundgesetz (Fn. 96), Art. 5 III (Kunst), Rn. 18: „Bei Vorliegen eines der gängigen ‚Werktypen' spricht eine Vermutung dafür, daß Kunst gegeben ist. Die Form hat aber nur dienende Funktion, sie ist Medium, nicht Mitteilung und Zweck." Auf den notwendigen Schutz für neuartige Kunstformen geht ein *Scholz,* Grundgesetz (Fn. 664), Art. 5 Abs. 3 (1977), Rn. 30. – Zur erforderlichen Weite des Kunstbegriffs für den Schutz avantgardistischer Entwicklungen *Leibholz/Rinck,* Grundgesetz (Fn. 479), Art. 5 (2010), Rn. 1027; als neuartige Kunstform käme beispielsweise im Einzelfall ein „Flashmob" in Betracht: *C. Neumann,* Flashmobs, Smartmobs, Massenpartys, in: NVwZ 2011, S. 1171 (1173 f.); *C. Ernst,* Die öffentlich-rechtliche Behandlung von Flashmobs und die Zurechnung von Informationsflüssen, in: DÖV 2011, S. 537 (539 ff., 545).

142 *Ekardt/Zager,* Karikaturenstreit (Fn. 136), S. 146; von ihrem Bedeutungsgehalt beinahe deckungsgleich im Sinne von „die Materie betreffend; stofflich, körperlich" werden die Begriffe materieller und materialer Kunstbegriff für die Bezeichnung des folgenden Kunstverständnisses synonym verwendet, vgl. Dudenredaktion (Hrsg.): Duden, Bd. 8, 5. Aufl. 2010, Material; materiell.

143 BVerfGE 30, 173 (188 f.); vgl. auch BVerfGE 67, 213 (226); 75, 369 (377); 81, 278 (291); 83, 130 (138). Statt vieler OLG München ZUM 2007, 932 (934). – *Meyer-Cording* stimmt dem zu. Er grenzt das Verständnis dabei von einem obsoleten ästhetischen Begriff hoher Kunst deutlich ab: *Meyer-Cording,* Portrait (Fn. 358), S. 739 f.; *H. A. Wolff,* Die Willensfreiheit und die Grundrechte, in: JZ 2006, S. 925 (926). – Übereinstimmende Aspekte, ergänzt um die Betonung des kommunikativen Charakters von Kunst bei *Scholz,* Grundgesetz (Fn. 664),

struktur dieses Ansatzes – betreffend inhaltliche Anforderungen – erinnert an die Kunstauffassung des deutschen Idealismus, die ebenfalls Bedingungen hinsichtlich des Gehalts eines Kunstwerks stellte[144]. Daß das Bundesverfassungsgericht allerdings nicht die gleichen Voraussetzungen an die künstlerische Substanz anlegt, steht außer Frage. Da eine Modifizierung des Kunstverständnisses anhand inhaltlicher Kriterien gleichwohl zwangsläufig eine Begrenzung auf eben diese Merkmale beinhaltet, folgen daraus auch im Fall des modernen materialen Kunstverständnisses – zumindest die Präformationen von – Qualitätskontrolle und Kunstrichtertum. Die Unabhängigkeit von Kunst wird negiert. Im Gegensatz zum formalen Kunstverständnis bestimmt sich Kunst im Sinne des materiellen Kunstbegriffs nicht nach dem fertigen Produkt, sondern nach dem Herstellungsvorgang, nach der Schaffenstätigkeit. Wenn auch im vorliegenden Fall das streitgegenständliche Buch als Ausdruck der freien schöpferischen Gestaltungskraft und der Persönlichkeit *Billers* dem materialen Kunstverständnis unterfällt, bleiben grundsätzliche Zweifel an der damit verbundenen Inhaltskontrolle von Kunst.

cc) Kunstbegriff nach Drittkriterium: gutgemeint, schlecht gemacht

Nach einer in der Literatur vertretenen Auffassung ist Voraussetzung für das Vorliegen eines Kunstwerks, daß es von einem *in Kunstfragen kompetenten Dritten* als künstlerisch vertretbar angesehen wird[145]. Auch in der Rechtsprechung

---

Art. 5 Abs. 3 (1977), Rn. 13, 28; siehe auch *Leibholz/Rinck*, Grundgesetz (Fn. 479), Art. 5 (2010), Rn. 1026.

144 *F. Schiller*, Schillers ästhetisch-sittliche Weltanschauung, aus seinen philosophischen Schriften gemeinverständlich erklärt von Dr. Paul Geyer, 1896, S. 1 ff., 14 ff., 32 ff., 50 ff., 76 ff.; hierzu auch *Ott*, Kunst (Fn. 568), S. 116 ff.; *I. Kant*, Kritik der Urteilskraft (1790), I. §§ 2, 43, 44, 59, zitiert nach der Mundus-Ausgabe, 2000, S. 45 f., 134 ff., 176 ff.

145 *M. Schick*, Der verfassungsrechtliche Begriff des Kunstwerks, in: JZ 1970, S. 645 (646 f.); *Wendt*, Grundgesetz-Kommentar (Fn. 88), Art. 5 Rn. 92. Die mangelnde Zuverlässigkeit und Adäquanz laienhafter Bewertung von Kunst betont *F. Hufen*, Die Freiheit der Kunst in staatlichen Institutionen, 1982, S. 116 ff. – Auf die Relevanz des Selbstverständnisses des Künstlers weist hin *Häberle*, Freiheit (Fn. 727), S. 599; *W. Höfling*, Offene Grundrechtsinterpretation, 1987, S. 141 ff.; *P. Häberle*, Grundrechtsgeltung und Grundrechtsinterpretation im Verfassungsstaat, in: JZ 1989, S. 913 (918); *ders.*, Die Freiheit der Kunst in kulturwissenschaftlicher und rechtsvergleichender Sicht, in: W. Berka/ders./P. Lerche/C.-H. Heuer (Hrsg.), Kunst und Recht im In- und Ausland, 1994, S. 37 (69 ff.); *Ernst*, Behandlung (Fn. 141), S. 540. – In die kunstwissenschaftliche Perspektive bezieht insbesondere den Künstler ein *B. Weck*, Verfassungsrechtliche Legitimationsprobleme öffentlicher Kunstförderung aus wirklichkeitswissenschaftlicher Perspektive, 2001, S. 156 f. – Die Kombination verschiedener Aspekte von Kunst favorisiert *Voßkuhle*. Er fokussiert dabei auch die Indizwirkung von Kunstsachverstand: *A. Voßkuhle*, Bauordnungsrechtliches Verunstaltungsverbot und Bau-Kunst, in: BayVBl. 1995, S. 613 (615); ebenso den Selbst- und qualifizierten Fremdeinschätzungen zur Kunst nur eine Indizwirkung mißt mit Recht zu *Kempen*, Grundgesetz (Fn. 86), Art. 5 Abs. 3 Rn. 164. – Eine Gesamtschau der Bewertungen aus Gesellschaft, Kunstbetrieb und des Künstlers strebt *Bethge* an. Dabei versteht er die Mehrheitsmeinung allerdings nicht als letztgültig *Bethge*, Grundgesetz (Fn. 477), Art. 5 Rn. 184 f.

wird mitunter in Verbindung mit den Aspekten geistiger Schöpfung und formgebender Tätigkeit – also den Gesichtspunkten des materiellen und formalen Kunstbegriffs – die Bewertung durch einen kunstverständigen Kreis zur Bestimmung eines Kunstwerks gefordert[146].

Die Qualifizierung als Kunst aufgrund des Sachverstands eines Experten stellt sich als Konzession gegenüber dem Kunstbetrieb dar und würdigt die Eigengesetzlichkeit der neuen Schöpfung. Andererseits kann diese Unterstützung nicht über eine *beratende Funktion* hinausgehen, da die Deutungshoheit beim Anwenden und Sprechen von Recht allein bei den Experten eben dieses Systems, also den Rechtswissenschaftlern, verbleiben muß. Die Parameter der Rechtsfindung können – und um der Sorgfalt willen sollen – von außerrechtlichen Faktoren beeinflußt, aber nicht entschieden werden. Geht es um den Ausgleich widerstreitender Interessen, kann nicht das Selbstverständnis einer Interessenvertretung – vorliegend der Kunst – streitentscheidend sein. Vielmehr sollte die Eigenheit des künstlerischen Systems in Form von Expertenwissen – wie auf medizinischem, psychologischem und technischem Gebiet üblich – Eingang in die rechtliche Entscheidung finden. Auch in diesen Bereichen wird der Begriff nicht durch Fachexperten der jeweiligen Disziplin im Sinne der Verfassung festgelegt. Vielmehr werden fachspezifische Einzelfragen mit Hilfe von Expertenwissen erörtert. Kenner ihrer Disziplin erörtern also das „Wie" einer Fachfrage, nicht aber das „Ob" des rechtlichen Schutzes. Als postmoderner Roman, als Bestandteil der gegenwärtigen Prosaliteratur, wäre „Esra" auch nach einem fachmännischen Urteil als Kunstwerk zu werten.

dd) Weiter Kunstbegriff: weder Definitionsverbot noch -gebot

Gelegentlich wird Art. 5 Abs. 3 S. 1 1. Alt. GG schlicht zum Anlaß genommen, ein „Definitionsverbot" von Kunst zu konstituieren[147]. Der Begriff „Kunst" kann demnach nicht bestimmt werden[148]. In der Entscheidung „Der anachronistische

---

[146] BGHZ 22, 209 (215 ff.); 27, 351 (356).

[147] BVerfGE 67, 213 (224 f.); 75, 369 (377); zuletzt markant LG Frankfurt a.M. ZUM 2009, 308 (309): „Sinn und Aufgabe der Kunstfreiheit ist es, die auf der Eigenheit der Kunst beruhenden Verhaltensweisen und Entscheidungen von jeder öffentlichen Gewalt freizuhalten. Die Art und Weise, in welcher der Künstler der Wirklichkeit begegnet und die Vorgänge gestaltet, die er in dieser Begegnung erfährt, dürfen ihm nicht vorgeschrieben werden. Denn der künstlerische Schaffensprozeß soll sich frei entwickeln können." *Knies*, Schranken (Fn. 139), S. 217; *Hoffmann*, Kunstfreiheit (Fn. 86), S. 237 ff.; zustimmend und darüber hinaus auf die Wandelbarkeit von Kunst weist hin: *Wandtke*, Freiheit (Fn. 544), S. 770: „Kunst ist ein gesellschaftlicher Prozess und nicht die Summe von Kunstwerken."

[148] BVerfGE 67, 213 (224 f.); 75, 369 (377); *Arndt*, Umwelt (Fn. 729), S. 27; *Pernice*, Grundgesetz (Fn. 96), Art. 5 III (Kunst), Rn. 17; *Bethge*, Grundgesetz (Fn. 477), Art. 5 Rn. 182 ff. – Kritisch hierzu *J. Würkner*, Freiheit der Kunst, in: ZUM 1988, S. 171 (175): „Die Richter übersehen dabei die Gefahr, daß durch den nunmehr in ‚gefestigter' Rechtsprechung angetretenen Rückzug auf die Problemlösung im topischen Verfahren die Freiheit der Kunst am Ende zur freien Disposition der Gerichte stehen könnte." *ders.*, Wie frei ist die Kunst?,

Zug" hat das Bundesverfassungsgericht diese Einschätzung bestätigt[149]. Allerdings weist es auch darauf hin, daß eine gewisse Spezifizierung des Schutzbereichs für die konkrete Rechtsanwendung erforderlich ist[150]. Um die normative Einheit des Grundrechts zu wahren und eine Konturenlosigkeit des Schutzbereichs zu verhindern, sind „Kunst" ebenso wie „Werk"- und „Wirkbereich" als *Anknüpfungsbegriffe* zu verstehen. An sie anbindend wird der Zugang zum Verständnis der Kunstfreiheit ermöglicht. Es müßte allerdings dem Gesetzgeber und dem erkennenden Gericht verwehrt sein, die Begriffe durch Konkretisierungen zur Kunstqualität zu beschränken oder zu unterbrechen[151].

Ein weites Kunstverständnis würdigt die stetige Wandlung und Weiterentwicklung von Kunst. Seine Unbestimmtheit ist dabei *bis zu einem gewissen Grad* als unvermeidbar und wesensimmanent in Kauf zu nehmen: Es ist im voraus nicht zu bestimmen, in welche Richtungen sich ein Phänomen – sei es Kunst, Religion oder Weltauffassung – entwickelt. Daher ist diesen Erscheinungsformen eine Weite des Verständnisses zuzubilligen. Allerdings kann die Begriffsskizzierung nur *bis zu einem gewissen Grad* offen bleiben, da getragen von einem weiten Verständnis eine Begriffspräzisierung zur Abgrenzung und Schutzbereichsbestimmung unumgänglich ist. Soweit diese Kriterien nicht rein formaler oder inhaltlicher Natur sind, wird der Kunstbegriff nicht übermäßig eingeengt. Wenn die Aussage – aufgrund notwendiger, handgerechter Anwendbarkeit und Durchsetzung effektiven, da konkretisierbaren Schutzes – nicht zu einem Definitionsverbot führen darf, besteht doch mit Recht insoweit Konsens, als daß ein weiter Kunstbegriff als größtmöglicher Schutz vorzugswürdig erscheint[152].

---

in: NJW 1988, S. 317 (319); auf die Unberechenbarkeit staatlichen Handelns bei fehlender Bestimmung des Kunstbegriffs weist hin *Reupert,* Filmfreiheit (Fn. 477), S. 1158; zur Definitionsproblematik *K. Wegner/D. Wallenfels/D. Kaboth,* Recht im Verlag, 2. Aufl. 2011, S. 184.

[149] BVerfGE 67, 213 (224 f.). – Scharfe Kritik an der „dogmatische(n) Unbestimmtheit" dieses „summarische(n) Ansatz(es)" von *Sievers,* Freiheit (Fn. 135), S. 139.

[150] BVerfGE 67, 213 (224 ff.); BVerwGE 39, 197 (201 ff.); vgl. hierzu *A. Brauneck,* Das allgemeine Persönlichkeitsrecht im Konflikt mit dem verfassungsrechtlichen Freiheitsanspruch der Satire, in: ZUM 2000, S. 137 (138); *Hager,* Mephisto-Entscheidung (Fn. 392), S. 190; *Hufen,* Kunstfreiheit (Fn. 72), § 101 Rn. 29 f. – Vor einem zu extensiven Kunstfreiheitsverständnis und „zeitgeistgerechten Übertreibungen" warnt *Würkner,* Freiheit (Fn. 11), S. 9; ähnlich *M. Sachs,* Verfassungsrecht II, 2. Aufl. 2003, S. 309.

[151] BGH GRUR 2005, 583 (584); OLG Hamburg ZUM 2005, 79 (79); *Hoffmann,* Kunstfreiheit (Fn. 86), S. 242 f. – So für das Wesen der Kunst konstituierend *Isensee,* Kunstfreiheit (Fn. 319), S. 622 f.: „Kunst unterscheidet sich von bloßer Meinungskundgabe durch besondere ästhetische Gestaltung. Es kommt auf die Struktur an, nicht auf den Inhalt und nicht auf das Niveau." *Bethge,* Grundgesetz (Fn. 477), Art. 5 Rn. 187. – Den künstlerischen Anspruch bezieht allerdings in die Abwägung ein *v. Becker,* Überlegungen (Fn. 112), S. 470.

[152] *Kahl,* Schutzbereich (Fn. 114), S. 167; *A.-A. Wandtke,* in: ders./W. Bullinger (Hrsg.), Praxiskommentar zum Urheberrecht, 3. Aufl. 2009, UrhG Einl. 31; *Jarass,* Grundgesetz (Fn. 729), Art. 5 Rn. 106; *K. Stern,* Die Freiheit der Kunst und der Wissenschaft als Grundlage der Kulturstaatlichkeit, in: W. C. Zimmerli/L. Knopp (Hrsg.), Freiheit von Kunst und Wissenschaft, Forschung und Lehre – was heißt das nach Bologna?, 2012, S. 69 (76).

Mittels eines Seitenblicks auf die Wertungen der Europäischen Menschenrechtskonvention und der Europäischen Grundrechtecharta wird diese Beurteilung bestätigt. Denn der europäische Kunstbegriff ist noch weiter als der nach nationalem Maßstab ermittelte. So wäre die Bestimmung eines Kunstwerks aufgrund von formalen oder materialen Kriterien mit dem europarechtlichen Kunstverständnis nicht vereinbar, das sich entscheidend auf Art. 10 Abs. 1 EMRK stützt und sich durch eine beachtliche Offenheit auch für atypische Erscheinungsformen von Kunst auszeichnet. Eine abschließende Begriffsfestlegung aufgrund von Merkmalen ist auch mit Blick auf Überlegungen europäischer Dimension daher ausgeschlossen. Vielmehr orientiert sich die europarechtliche Position im Gegensatz zum nationalen Verständnis verstärkt an Intention und Auffassung des Künstlers[153]. Daß „Esra" nach dem weiten Verständnis als Kunstwerk anzusehen ist, bedarf keiner Erörterung.

ee) Offener Kunstbegriff: Empfänglichkeit zur Weiterentwicklung statt Vagheit

Dem offenen Kunstbegriff folgend wird ein Kunstwerk durch seine Eigengesetzlichkeit geprägt. Es erschließt sich durch fortgesetzte Interpretation ständig neuen Deutungen. Kunst ist ein einzig lebendiger *Kommunikationsprozeß*[154]. Das Merkmal einer künstlerischen Aussage besteht darin, „daß es wegen der Mannigfaltigkeit ihres Aussagegehalts möglich ist, der Darstellung im Wege einer fortgesetzten Interpretation immer weiterreichende Bedeutungen zu entnehmen, so daß sich eine praktisch unerschöpfliche, vielstufige Informationsvermittlung ergibt."[155] Die Geschichte um Esra und Adam kann als privates Liebesglück und -unglück (möglicherweise mit Ansätzen einer persönlichen Bilanzierung/Abrechnung), als Kritik an kulturellen Gräben und unüberwindbaren Gegensätzen sowie an der Vereinsamung des Lebens in einer individualistischen pluralistischen Gesellschaft gedeutet werden. Da „Esra" sich als mehrdeutiger Roman in den Kommunikationsprozeß der Literatur eingliedert und

---

[153] *U. Hoppe,* Die Kunstfreiheit als EU-Grundrecht, 2011, S. 130f. – Anders, ohne Berücksichtigung des künstlerischen Selbstverständnisses für die Bestimmung auf nationaler Ebene *J. F. Henschel,* Zum Kunstbegriff des Grundgesetzes, in: C. Broda/E. Deutsch/H.-L. Schreiber/H.-J. Vogel (Hrsg.), Festschrift für Rudolf Wassermann zum sechzigsten Geburtstag, 1985, S. 351 (353). – *Wittreck,* Grundgesetz (Fn. 341), Art. 5 III (Kunst), Rn. 13ff., 20ff. führt in den internationalen und supranationalen Kontext der Kunstfreiheit ein.

[154] *Hoffmann,* Kunstfreiheit (Fn. 86), S. 241.

[155] BVerfGE 67, 213 (227). – Die Bedeutung unterschiedlicher Rezeptionsweisen betont *Ladeur,* Fall „Esra" (Fn. 309), S. 31; der europarechtliche Kunstbegriff ist von ähnlicher Offenheit geprägt, statt aller *Rengeling/Szczekalla,* Grundrechte (Fn. 48), S. 589; *Haratsch,* Kunstfreiheit (Fn. 48), S. 737f.; *W. Frenz,* Handbuch Europarecht, Bd. 4, 2009, S. 686ff.; *Pünder,* Kommunikationsgrundrechte (Fn. 48), S. 569; *Jarass,* Charta (Fn. 46), Art. 13 Rn. 5; *M. Ruffert,* in: C. Calliess/ders. (Hrsg.), EUV/AEUV, 4. Aufl. 2011, Art. 13 EU-GRCharta Rn. 3.

ständig fortsetzende Interpretationen bei den Rezipienten anregt, kann er auch nach dieser Vorstellung als Kunstwerk gewertet werden.

Nach Ablehnung rein materialer und formaler Kriterien zur Bestimmung von Kunst ist es Verdienst des offenen Kunstbegriffs, die fachspezifische Öffentlichkeit verstärkt in die Definition von Kunst mit einzubeziehen. Allerdings würde eine alleinige Anknüpfung an den Rezipienten als Interpreten von Kunst einem exzessiven Individualismus Vorschub leisten, der eine objektivierbare Bestimmung von Kunst zugunsten eines unbegrenzten Subjektivismus aufgibt. Neben der Berücksichtigung des künstlerischen Publikums erscheint daher eine Anknüpfung an objektivierbare Formen von Kunst notwendig. Eine Lösung scheint sich in einem relationalen Begriff anzudeuten.

ff) Relationaler Kunstbegriff: Einbindung in den Gesamtzusammenhang von Kunst

Der neuartige Ansatz von *Andreas von Arnauld* zur Umschreibung von Kunst knüpft an den bereits erwähnten und allgemein anerkannten kommunikativen Aspekt schöpferischer Gestaltung an. Danach steht ein Kunstwerk als Zeichen in Kontext und Rückbindung zu anderen Zeichen, also zu bereits existierenden Kunstwerken. Es gliedert sich also in den Gesamtzusammenhang vorhergehender Kunstwerke ein und nimmt diese in Bezug. Nach dem relationalen Kunstbegriff verhält sich ein Kunstwerk also stets – ob durch Affirmation oder Negation – zu bereits Geschaffenem und steht damit in *Relation* zu anderen Kunstwerken[156]. Der Roman „Esra" läßt sich in einen Gesamtprozeß der Kunst eingliedern: Er steht in der Tradition epischer Literatur, die sich einer unmittelbaren, greifbaren Nähe zur Realität verpflichtet sieht. Sein autofiktionaler Charakter steht ebenso im Kontext der Gegenwartsliteratur, die anders als dokumentarische oder naturalistische Texte ein Spiel aus Realität und Fiktion beinhaltet. Diese Gesichtspunkte zusammen mit den autobiographischen Anteilen, der inhaltlichen und stilistischen Ausarbeitung des Textes, der Selbstreferentialität und dem Verhältnis von Autor und Erzähler rechtfertigen eine Einordnung der Erzählung als postmoderner Roman. Die Postmoderne steht in Anschluß als auch Überwindung zur Moderne und damit in dem geforderten relationalen Kontext. Dieser Ansatz beinhaltet den Vorteil, trotz der erforderlichen Festlegung von Kunstkriterien einen Raum für die Fortentwicklung von Kunstwerken

---

[156] *v. Arnauld,* Freiheit (Fn. 159), § 167 Rn. 28 ff.; zustimmend auch *Wittreck,* Grundgesetz (Fn. 341), Art. 5 III (Kunst), Rn. 40. – Vgl. in diesem Kontext auch *Häberle,* der einen engen Bezug zwischen Gesellschaft und Kunst herstellt: *Häberle,* Freiheit (Fn. 727), S. 597: „Und diese Nähe zwischen der Kunst und ihrem personalen Schöpfer wirkt sich potentiell, aber auch aktuell in der kollektiven Identität der kulturell grundierten Gesellschaft aus: Sie lebt auch aus dem, was Kunstfreiheit an Kunst geschaffen und immer neu interpretiert hat, analog der ‚prinzipiellen Unabgeschlossenheit jeglicher wissenschaftlichen Erkenntnis'." Auf die Wandelbarkeit der Kunst und die reaktive Aufgabe rechtlicher Entscheidungsfindung weist hin: *Reupert,* Filmfreiheit (Fn. 477), S. 1158 f.

in neuartigen Formen bereitzuhalten. Er bindet zurück an Vorhandenes und gestattet die Ausgestaltung von Neuartigem. Damit zeichnet er sich zugleich durch eine Vereinbarkeit mit soziologischen Perspektiven aus[157]. „Esra" läßt sich dem subjektiven Realismus konkret zurechnen, knüpft also an die bisherige Entwicklung der Gegenwartsliteratur an und setzt diese fort.

gg) Konkretes Kunstverständnis im „Esra"-Beschluß: prägnant, innovativ, überzeugend

Daß das Buch „Esra" sowohl dem formalen, materialen als auch offenen Kunstbegriff unterfällt, wurde bereits festgehalten. Es wird der literarischen Gattung des Romans zugeordnet (formal), bietet sich als Ausdruck der Gestaltungskraft und Persönlichkeit *Billers* dar (material) und ist auf zahlreiche unterschiedliche Interpretationen angelegt (offen). Es bedarf keiner weiteren Ausführung, daß der Roman sowohl nach dem offenen Kunstbegriff als auch dem Urteil eines Sachverständigen als Kunst zu qualifizieren ist.

Angesichts eines so *weiten Konsenses zum Kunstcharakter von „Esra"* ist es auch nicht überraschend, daß der Senat fast apodiktisch „Esra" künstlerische Qualität attestiert. Er weist im ersten Teil seiner Erörterungen kurz auf die Unmöglichkeit einer abschließenden Kunstdefinition hin und folgt im zweiten Teil dem materialen Kunstbegriff: „Unabhängig von der vom Bundesverfassungsgericht wiederholt hervorgehobenen Schwierigkeit, den Begriff der Kunst abschließend zu definieren (vgl. BVerfGE 30, 173 [188 f.]; 67, 213 [224 ff.]), stellt der Roman ‚Esra' nach der zutreffenden Auffassung der angegriffenen Entscheidungen ein Kunstwerk dar, nämlich eine freie schöpferische Gestaltung, in der Eindrücke, Erfahrungen und Erlebnisse des Künstlers durch das Medium einer bestimmten Formensprache, hier des Romans, zur Anschauung gebracht werden (vgl. BVerfGE 30, 173 [188 f.]; 67, 213 [226]; 75, 369 [377])."[158] Damit legt der Senat dem „Esra"-Beschluß ein in der Literatur nicht unumstrittenes[159], gleichwohl zutreffend weites Kunstverständnis zugrunde, das Aspekte des materiellen Kunstbegriffs mit dem Hinweis auf die Unmöglichkeit letztgültiger Kunstbestimmung verbindet[160]. Da in dem literarischen Werk Erfahrungen des Autors aus der Beziehung zur Klägerin zu 1) Gestalt annehmen und diese durch den Roman als

---

[157] So aus soziologischer Sicht *Luhmann*, Kunst (Fn. 664), S. 431: „Wenn man Künstler bei der Arbeit beobachtet, sieht man außerdem, daß jede weitere Operation zu einer Neubeschreibung des bereits begonnenen Werkes führt. [...] Durch mehrfaches Hinzufügen und Wiederbeschreiben gewinnt das Kunstwerk eine eigene, komplexe Form, mit der es sich in der Welt etabliert."

[158] BVerfGE 119, 1 (20 f.).

[159] *Lenski*, Grundrechtsschutz (Fn. 400), S. 283.

[160] BVerfGE 119, 1 (20 f.); siehe auch die Erklärung nach BVerfGE 119, 1 (23): „[...] im Interesse des Schutzes künstlerischer Selbstbestimmung [...]." Zutreffend auf die neuerdings in der Rechtsprechung des Bundesverfassungsgerichts angestrebte Kombination mehrerer Ansätze weist hin *Pernice*, Grundgesetz (Fn. 96), Art. 5 III (Kunst), Rn. 18.

Formensprache veranschaulicht werden, läßt sich die Erzählung wie erörtert problemlos unter den gewählten materiellen Kunstbegriff subsumieren. Es mutet beinahe wie eine Selbstverständlichkeit an, es sei in diesem Zusammenhang aber darauf hingewiesen, daß das Bundesverfassungsgericht in dem „Esra"-Beschluß erstmals einem literarischen Werk, das *lebende oder verstorbene reale Vorlagen* zum Vorbild künstlerischer Charaktere nimmt, den Schutz der Kunstfreiheit aus Art. 5 Abs. 3 S. 1 1. Alt. GG zuerkennt[161]. Im „Mephisto"-Beschluß war der Roman nach seinerzeit „selbstregulierendem" Verständnis nicht mehr von der Kunstfreiheit gedeckt[162]. Auch das Vorgehen des Senats *ohne Berücksichtigung eines etwaigen Drittkriteriums* ist zu begrüßen. Durch die Heranziehung eines Sachverständigen zur Bestimmung von Kunst würde die Abgrenzungsfrage ohnehin nur auf die Schrankenebene verschoben und die Verantwortlichkeit für die Bestimmung von Kunst allein verlagert. Ein solches Vorgehen wäre letztlich auch der Rechtssicherheit sowie -gleichheit abträglich[163].

c) Werk- und Wirkbereich: Schutzrahmen für Kunst

Vom Schutzbereich des Grundrechts werden in gleicher Weise sowohl der Werk- als auch der Wirkbereich umfaßt, die eine untrennbare Einheit bilden[164]. Modifizierungen des Schutzes in diesem einheitlichen Bereich aus schöpferischer Tätigkeit und öffentlicher Darbietung werden allgemein aus guten Gründen abgelehnt. So findet eine Verstärkung des Schutzes für Handlungen, die dem Werk- und zugleich dem Wirkbereich zuzuordnen sind, nach mehrheitlicher Ansicht

[161] Vgl. auch OLG Hamburg ZUM 2005, 79 (79); angesichts der noch zu erörternden Folgeentscheidungen damit ein bahnbrechender Beschluß; so im Anschluß LG Leipzig ZUM 2008, 617 (618); zu dieser Einschätzung kommt auch *Wittreck,* Persönlichkeitsbild (Fn. 350), S. 9; *Knothe,* Freiheit (Fn. 6), S. 86; ebenso den Schutzbereich der Filmfreiheit bei von der Realität inspirierten oder an sie gebundenen Filmen bejaht *Reupert,* Filmfreiheit (Fn. 477), S. 1159, 1165.

[162] BVerfGE 30, 173 (181): „Auch die Freiheit der Kunst decke solche schwerwiegenden Entstellungen nicht. [...] Jedoch erfahre das Recht zur freien künstlerischen Betätigung eine immanente Begrenzung durch das verfassungsrechtlich garantierte Persönlichkeitsrecht."

[163] Vor der Bewertung von Kunst anhand von kunsttheoretischen Vorstellungen warnt *Knies,* Schranken (Fn. 139), S. 148 ff., 151; *Isensee,* Kunstfreiheit (Fn. 319), S. 622; *Mahrenholz,* Freiheit (Fn. 599), § 26 Rn. 46 f.; mit Recht nimmt allein eine Indizwirkung für die Bestimmung von Kunst an *Pernice,* Grundgesetz (Fn. 96), Art. 5 III (Kunst), Rn. 23; *v. Arnauld,* Freiheit (Fn. 159), § 167 Rn. 36 ff.; zurückhaltend auch *Stern,* Freiheit (Fn. 609), S. 630 f.

[164] BVerfGE 30, 173 (189); 67, 213 (224); 77, 240 (251); 81, 278 (292); 82, 1 (6); 91, 298 (305); *Müller,* Freiheit (Fn. 104), S. 97 ff.; *Wendt,* Grundgesetz-Kommentar (Fn. 88), Art. 5 Rn. 93; den Werk- und Wirkbereich zum „Lebensbereich Kunst" zieht zusammen *Pernice,* Grundgesetz (Fn. 96), Art. 5 III (Kunst), Rn. 14, 24, 32; *Kempen,* Grundgesetz (Fn. 86), Art. 5 Abs. 3 Rn. 168; *Knothe,* Freiheit (Fn. 6), S. 86; *Leibholz/Rinck,* Grundgesetz (Fn. 479), Art. 5 (2010), Rn. 1046; *Bethge,* Grundgesetz (Fn. 477), Art. 5 Rn. 188. – Es ist klarzustellen, daß die Darstellung von Werk- und Wirkbereich auch dem personalen Schutzbereich zugeordnet werden könnte; vgl. BVerfGE 81, 278 (292). – Kritisch hinsichtlich der Unterscheidung in Werk- und Wirkbereich *Ladeur,* Kommentar (Fn. 479), Art. 5 Abs. 3 II (2001), Rn. 20.

nicht statt[165]. Auch eine Intensitätsabstufung nach Werk- und Wirkbereich wird vor dem Hintergrund der Gleichwertigkeit des Schutzes nicht anerkannt[166].

aa) Werkbereich: der Autor Biller

Der Werkbereich umfaßt die künstlerische Tätigkeit selbst, also die Umsetzung des künstlerischen Willens[167]. Er betrifft die Herstellung des Kunstwerks, ohne auf dessen inhaltliche Positionierung Bezug zu nehmen: Weder Meinungen, politische Intentionen, Inhalte noch Stilmittel oder -richtungen stehen einer Qualifizierung als Kunst entgegen[168]. Vorliegend fällt also die schriftstellerische Tätigkeit *Billers* – für den „Esra"-Beschluß nicht entscheidungserheblich – in den Werkbereich der Kunstfreiheit.

bb) Wirkbereich: beschwerdeführende Verlagsgesellschaft

Der Wirkbereich schützt die künstlerische Wirkung, die Darbietung und Verbreitung des künstlerischen Werks, die Tätigkeit, die das Kunstwerk an Dritte vermittelt[169]. Der Wirkbereich betrifft die öffentliche Darbietung des Kunstwerks, durch die das Kunstwerk in Kontakt mit Dritten kommt und so in Kon-

---

[165] Statt aller *Wittreck,* Grundgesetz (Fn. 341), Art. 5 III (Kunst), Rn. 45. – Anders *Würkner,* Bundesverfassungsgericht (Fn. 616), S. 135.

[166] *Henschel,* Kunstfreiheit (Fn. 12), S. 1942; *Mahrenholz,* Freiheit (Fn. 599), § 26 Rn. 36 ff., 48 ff.; *Pernice,* Grundgesetz (Fn. 96), Art. 5 III (Kunst), Rn. 32; *v. Arnauld,* Freiheit (Fn. 159), § 167 Rn. 58; *Bethge,* Grundgesetz (Fn. 477), Art. 5 Rn. 198a. – Anders *Starck,* Kommentar (Fn. 724), Art. 5 Abs. 3 Rn. 330 ff., der eine Stufentheorie der Einschränkbarkeit entwirft; zumindest einen Vorrang der Kunstfreiheit eher im Werk- als im Wirkbereich verorten BVerfGE 77, 240 (253 f.); *Scholz,* Grundgesetz (Fn. 664), Art. 5 Abs. 3 (1977), Rn. 65.

[167] *Pernice,* Grundgesetz (Fn. 96), Art. 5 III (Kunst), Rn. 24; für die Architektur instruktiv *B. Schneider,* Die Freiheit der Baukunst, 2002, S. 40 ff., 86 ff.; *ders.,* Gestalt (Fn. 80), S. 643 ff.

[168] BVerfGE 30, 173 (190 f.); 67, 213 (227 f.); 75, 369 (377); 81, 278 (291 f.); 82, 1 (5 f.); 83, 130 (138).

[169] Klare Rechtsprechungslinie BVerfGE 30, 173 (189); 119, 1 (21 f.). – Auch für Produzenten von „daily soaps" *B. Joch/K. U. Klichowski,* Die Vereinbarung auflösender Bedingungen in Darstellerverträgen – Kunstfreiheit als Sachgrund, in: NZA 2004, S. 302 (303); *B. Hamdan,* Hitlergruß und Hakenkreuz – (Keine) Mittel zum politischen Kampf? – § 86a StGB im Lichte des Verfassungsrechts, in: Jura 2008, S. 169 (171). – Aber kein Berufen auf Kunstfreiheit zur Durchsetzung kommerzieller Interessen, so nicht im Rahmen einer Verkaufsveranstaltung von Ikonen: VG Freiburg NJW 2002, 1285 (1285 f.); auch nicht gegenüber Künstler im Rahmen eines Vertragsverhältnisses BVerfG (Kammer), NJW 2006, 596 (597). – Zur Klärung des Verhältnisses von ökonomischen Interessen und künstlerischem Schaffen erscheint die höchstrichterliche Entscheidung zur Verbreitung einer Postkarte als Inanspruchnahme der Kunstfreiheit exemplarisch: BGH GRUR 2005, 583 (584). – Zur Unterscheidung von Satire und kommerzieller Strategie am Beispiel dieser Entscheidung *C. Born,* Zur Zulässigkeit einer humorvollen Markenparodie, in: GRUR 2006, S. 192 (192 ff.); *A. C. Mahr,* Die Zulässigkeit von Markenparodien, in: WRP 2006, S. 1083 (1086 ff.). – Für die Verwendung von aufgedruckten Marken als von der Kunstfreiheit erfaßt: OLG Hamburg GRUR-RR 2006, 224 (225).

flikt mit widerstreitenden Interessen gelangen kann[170]. Die Tätigkeit der beschwerdeführenden Verlagsgesellschaft macht den Text des Autors der Öffentlichkeit zugänglich. Die Verrichtung nimmt damit eine Mittlerfunktion ein und wird deshalb vom Schutz des Wirkbereichs erfaßt.

d) Beschränkung des Schutzbereichs bei Beeinträchtigung der Rechtssphäre Dritter

Streitig ist, ob der Schutzbereich der Kunstfreiheit einzugrenzen ist, wenn es sich um ein Verhalten des Künstlers handelt, das unerlaubt die Rechtssphäre Dritter beeinträchtigt. Eine Ansicht bejaht eine Beschränkung auf Verhalten, das mit der Rechtsordnung konform ist[171]. In Fällen der Übergriffe auf Rechte anderer könne es sich um Kunst, nicht aber um verfassungsrechtlich geschützte handeln. Das Neminem-laedere-Gebot sei äußerste Grenze der Kunstfreiheit[172]. Vertreter der Gegenauffassung lehnen eine Einschränkung des Schutzbereichs ab[173]. Die Argumentationen folgen im wesentlichen den bereits erörterten Aspekten zum engen und weiten Schutzbereichsverständnis.

2. Eingriff in das Grundrecht der Kunstfreiheit durch Gerichtsentscheidungen

Unter den Eingriffsbegriff fallen neben faktischen Behinderungen alle Verbote und Sanktionen in bezug auf künstlerische Handlungen und Produktionen[174]. Die Urteile des Landgerichts München I vom 15.10.2003, des Oberlandesgerichts München vom 6.4.2004 und des Bundesgerichtshofs vom 21.6.2005 haben den Klägerinnen das Recht zuerkannt, der Beschwerdeführerin unter Androhung eines Ordnungsgeldes die Publikation des Romans „Esra" zu untersagen[175]. Durch

---

[170] Aus der Literatur statt aller *Müller*, Freiheit (Fn. 104), S. 101 ff.; *v. Becker*, Werbung (Fn. 724), S. 1104; *Pernice*, Grundgesetz (Fn. 96), Art. 5 III (Kunst), Rn. 25; *Kempen*, Grundgesetz (Fn. 86), Art. 5 Abs. 3 Rn. 170 f.; *Knothe*, Freiheit (Fn. 6), S. 86; für den vergleichbaren Schutz nach europarechtlichem Kunstverständnis für viele *Rengeling/Szczekalla*, Grundrechte (Fn. 48), S. 585 f.; *Jarass*, EU-Grundrechte (Fn. 46), S. 219 f.; *Haratsch*, Kunstfreiheit (Fn. 48), S. 736 ff.; *Pünder*, Kommunikationsgrundrechte (Fn. 48), S. 569; *Jarass*, Charta (Fn. 46), Art. 13 Rn. 9; *Ruffert*, EUV/AEUV (Fn. 155), Art. 13 EU-GRCharta Rn. 4.

[171] Keine Eröffnung des Schutzbereichs bei Beeinträchtigung fremden Eigentums: BVerfG (Vorprüfungsausschuß), NJW 1984, 1293 (1294); *Henschel*, Kunstfreiheit (Fn. 12), S. 1941; *Isensee*, Kunstfreiheit (Fn. 319), S. 625 f.

[172] *Henschel*, Kunstfreiheit (Fn. 12), S. 1941; *Isensee*, Kunstfreiheit (Fn. 319), S. 625.

[173] Vgl. Abschnitt D.II.1.a.bb.

[174] BVerfGE 75, 369 (377 ff.); 81, 278 (290); *Pernice*, Grundgesetz (Fn. 96), Art. 5 III (Kunst), Rn. 30; *Kempen*, Grundgesetz (Fn. 86), Art. 5 Abs. 3 Rn. 175; *Jarass*, Grundgesetz (Fn. 729), Art. 5 Rn. 109. – Zur Eingriffsqualität fachgerichtlicher Entscheidungen BVerfGE 7, 198 (206 f.); 84, 192 (195); *H. Wolter*, Meinung – Tatsache – Einstufung – Deutung, in: Der Staat 36 (1997), S. 426 (426 ff.).

[175] Bei den zivilgerichtlichen Entscheidungen handelt es sich unstreitig um Rechtsakte

die Anordnung der Unterlassungspflicht wird der Beschwerdeführerin ihre verlagstypische Mittlerposition zwischen Autor und Rezipient entzogen. Damit wird sie im Wirkbereich der Kunstfreiheit beschränkt, und die Entscheidungen beeinträchtigen die Beschwerdeführerin in ihrem Grundrecht auf Kunstfreiheit.

3. Schranken der Kunstfreiheit: Grundrechtskollisionen

Zumindest ebenso nötig wie die Bestimmung des Schutzbereichs ist die präzise Festlegung der Schranken, um die Freiheit des einzelnen berechenbar zu machen und somit möglichst umfassend zu gewährleisten[176]. Der Schutzbereich der Kunstfreiheit wird vorbehaltlos garantiert. Die Möglichkeiten der Einschränkung der Kunstfreiheit sind umstritten und lassen sich drei Hauptströmungen zuordnen[177].

a) Übertragung der Schranken des Art. 5 Abs. 2 GG

Der Gedanke, die Kunstfreiheit gemäß Art. 5 Abs. 2 GG zu begrenzen, also insbesondere „in den Vorschriften der allgemeinen Gesetze" zu beschränken, erscheint – im Vergleich mit anderen Rechtsordnungen – nicht zwingend verwerflich[178]. So wurden insbesondere in der Vergangenheit die Schranken des Art. 5 Abs. 2 GG durchaus auf die Kunstfreiheit angelegt[179]. Danach würden allge-

---

des Staates, so daß sie dem klassischen Eingriffsbegriffs unterfallen. Allerdings bezeichnen die Gerichte ihrerseits die Romanpublikation durch die privatrechtlich organisierte Beschwerdeführerin als Eingriff. Hierbei handelt es sich allerdings weder um einen Eingriff unmittelbarer noch mittelbarer Wirkung. Zur Problematik letzterer *D. Murswiek*, Das Bundesverfassungsgericht und die Dogmatik mittelbarer Grundrechseingriffe, in: NVwZ 2003, S. 1 (2 ff.). Daher erscheint eine andere Bezeichnung – wie Übergriff – geeigneter. Die Fachgerichte wendeten im Fall „Esra" hingegen kommentarlos – trotz Handelns eines Privaten – den Begriff des Eingriffs an: BGH NJW 2005, 2844 (2846); OLG München NJW-RR 2003, 1487 (1488); OLG München NJOZ 2005, 4343 (4346); LG München ZUM 2003, 692 (694); LG München I GRUR-RR 2004, 92 (93).

[176] *A. Enderlein*, Der Begriff der Freiheit als Tatbestandsmerkmal der Grundrechte, 1995, S. 107 ff.

[177] Zur Geschichte der Schranken der Kunstfreiheit *Ladeur*, Kommentar (Fn. 479), Art. 5 Abs. 3 II (2001), Rn. 14 ff. – Zur Frage der Anwendbarkeit des Art. 5 Abs. 3 S. 2 GG auf die Kunstfreiheit, der eher nachrangige Bedeutung zukommt, vgl. nur *Scholz*, Grundgesetz (Fn. 664), Art. 5 Abs. 3 (1977), Rn. 52. Aufgrund der Verschiedenheit der Regelungen von Gesetzesvorbehalt und Vorbehalt des Gesetzes ist die präzise Erarbeitung der anwendbaren Schranken keineswegs unbedeutend: *Ladeur*, ebda., Art. 5 Abs. 3 II (2001), Rn. 11.

[178] Siehe für die österreichische Rechtsordnung nur *Tessar*, Kriterien (Fn. 36), S. 390.

[179] OVG Lüneburg DVBl. 1953, 83 (85); OVG Münster JZ 1959, 716 (718); zumindest ebenfalls in diese Richtung argumentiert OLG Köln NJW 1982, 657 (658): Es ist „zu beachten, daß Karikaturen unter die durch Art. 5 III 1 GG garantierte Freiheit der Kunst fallen. Dies bedeutet zwar nicht, daß Karikaturen niemals dem Tatbestand des § 166 StGB unterfallen könnten, doch wird § 166 StGB seinerseits durch den hohen Rang, den das Grundgesetz der Kunstfreiheit einräumt, eingeengt […]." OVG Koblenz NJW 1997, 1174 (1175); befürwortet von *A. Schmidt*, Über die Freiheit der Kunst, in: GA 114 (1966), S. 97 (104 f.);

meine Gesetze zur Einschränkung der Kunstfreiheit ausreichen. Ob die Kunstfreiheit ihre Grenzen in einer einfachgesetzlichen Regelung wie beispielsweise §§ 185 ff. StGB oder im verfassungsrechtlich garantierten allgemeinen Persönlichkeitsrecht finde, mache für den Ausgleich widerstreitender Interessen keinen Unterschied. Die in Art. 5 Abs. 3 GG gewährleisteten Grundrechte werden demnach als Unterfall der Garantien nach Art. 5 Abs. 1 GG angesehen, so daß auch die für Art. 5 Abs. 1 GG geltenden Schranken der allgemeinen Gesetze, der Regelungen zum Schutz der Jugend und der persönlichen Ehre auf die Kunstfreiheit aus Art. 5 Abs. 3 S. 1 1. Alt. GG Anwendung finden. Art. 5 Abs. 3 S. 1 1. Alt. GG beinhaltet nach diesem Verständnis allein eine objektiv-rechtliche Freiheitsgarantie, während sich das individuelle Recht auf Kunstfreiheit aus Art. 5 Abs. 1 GG ergibt[180]. Nach diesem Verständnis würden analog § 1004 Abs. 1 S. 2 BGB i.V.m. § 823 Abs. 1 BGB als Schrankenregelung für einen Eingriff in die Kunstfreiheit der Beschwerdeführerin ausreichen.

b) Übertragung der Schranken des Art. 2 Abs. 1, 2 GG

Eine andere Auffassung sieht in Art. 2 Abs. 1 GG oder Art. 2 Abs. 2 GG eine auf Art. 5 Abs. 3 S. 1 1. Alt. GG übertragbare Einschränkungsmöglichkeit[181]. Begründet wird diese Konstruktion mit einem vergleichbaren Schutz der Per-

---

Knies, Schranken (Fn. 139), S. 233 ff.; *ders.,* Verfassungsrechtliche Probleme des § 184 Abs. 1 Nr. 1 StGB, in: NJW 1970, S. 15 (17); *K. A. Bettermann,* Grenzen der Grundrechte, 2. Aufl. 1976, S. 21 ff., 27. – Die Grenzen der Kunstfreiheit aus dem Zusammenhang mit Art. 5 Abs. 1, 2 GG werden entwickelt von *W. Geiger,* Zur Diskussion über die Freiheit der Kunst, in: K. D. Bracher u.a. (Hrsg.), Die moderne Demokratie und ihr Recht, Bd. 2: Staats- und Verfassungsrecht, 1966, S. 187 (198 f.); *P. Lerche,* Werbung und Verfassung, 1967, S. 91; *T. Maunz,* Kunstfreiheit und Kunstpflege, in: BayVBl. 1970, S. 354 (356); *H. Otto,* Ehrenschutz in der politischen Auseinandersetzung, in: JR 1983, S. 1 (10 f.); *ders.,* Ehrenschutz (Fn. 729), S. 1210; *Hillgruber,* Religion (Fn. 420), S. 66 ff.; tendenziell auch *Scholz,* Grundgesetz (Fn. 664), Art. 5 Abs. 3 (1977), Rn. 75: „Die Kunstfreiheit steht – ebenso wie die Freiheit des Art. 5 Abs. 1 […] – unter den Schrankenvorbehalten der Sicherheit des Staates (Schutz des Bestandes der Bundesrepublik Deutschland) und der Treue zur freiheitlichen demokratischen Grundordnung."

180 *Ladeur,* Kommentar (Fn. 479), Art. 5 Abs. 3 II (2001), Rn. 13.

181 Tendenziell auch die Schrankenbestimmung im Sinne einer verfassungsrechtlich gewährleisteten Ordnung bei BVerfGE 81, 278 (292); BVerwG NJW 1995, 2648 (2649); BGH UFITA 38 (1962), 181 (182 f.); BayObLG NJW 1964, 1149 (1150); LG Hamburg NJW 1963, 675 (675 f.); *H.-R. Ropertz,* Die Freiheit der Kunst nach dem Grundgesetz, 1966, S. 98 ff.; *L. Leiss,* Die Bedeutung künstlerischer Gestaltung für die Strafwürdigkeit einer Handlung, in: NJW 1962, S. 2323 (2323); in diese Richtung auch *E. Buchholz,* Wann ist Kunst unzüchtig?, in: F. Bauer/H. Bürger-Prinz/H. Giese/H. Jäger (Hrsg.), Sexualität und Verbrechen, 1963, S. 326 (334); *Schmidt,* Freiheit (Fn. 179), S. 104 f.; *G. Erbel,* Inhalt und Auswirkungen der verfassungsrechtlichen Kunstfreiheitsgarantie, 1966, S. 90 ff., 114, 121; *J. Lücke,* Die spezifischen Schranken des allgemeinen Persönlichkeitsrechts und ihre Geltung für die vorbehaltlosen Grundrechte – Zu den Schranken der vorbehaltlosen Freiheitsrechte aus Art. 2 Abs. 1 in Verbindung mit Art. 1 Abs. 1 GG, in: DÖV 2002, S. 93 (100); die verfassungsimmanenten Schranken zumindest teilweise und mittelbar auf die Schranken des Art. 2 Abs. 1

sönlichkeit durch das allgemeine Persönlichkeitsrecht und durch die Kunstfreiheit[182]. Die Bilanzierung eines ähnlichen Schutzes durch die beiden Grundrechte soll eine Übertragung der Schranken des Art. 2 Abs. 1 i.V.m. Art. 1 Abs. 1 GG rechtfertigen, wenn dieser Vergleich auch einerseits äußerst erstaunlich wie andererseits in der Folge dann auf jedes Grundrecht übertragbar wäre. Auch Grundrechte wie beispielsweise Art. 10 GG oder Art. 13 GG, ebenso wie die Religions- oder Berufsfreiheit schützen Elemente der Persönlichkeit, stehen damit in dem genannten Zusammenhang zum allgemeinen Persönlichkeitsrecht und unterliegen gleichwohl einer eigenen, von Art. 2 GG unabhängigen Schrankenausgestaltung. Da die Regelungen analog § 1004 Abs. 1 S. 2 BGB i.V.m. § 823 Abs. 1 BGB als Teil der verfassungsmäßigen Ordnung anzusehen sind, würden auch nach dieser Vorstellung bereits einfachgesetzliche Regelungen als Schranken für den Eingriff in die Kunstfreiheit ausreichen.

c) Einschränkung aufgrund kollidierender Rechtswerte von Verfassungsrang

Die in Rechtsprechung und Literatur weitgehend anerkannte Meinung geht hingegen davon aus, daß die vorbehaltlose Garantie der Kunstfreiheit nur durch Verfassungsrecht, durch Rechtsgüter von Verfassungsrang und Grundrechte Dritter eingeschränkt werden kann[183]. Eine per se höherrangige Stellung der Kunstfreiheit ist damit nach allgemeiner Grundrechtsdogmatik nicht verbunden[184]. Allerdings sind die Grundrechte mit einfachem Gesetzesvorbehalt leichter zu beschränken als vorbehaltlos garantierte. Diese Wertung darf demnach nicht

GG (Rechte anderer, Sittengesetz) führt zurück *Scholz,* Grundgesetz (Fn. 664), Art. 5 Abs. 3 (1977), Rn. 59, 61.

[182] *Lücke,* Schranken (Fn. 181), S. 100.

[183] Statt vieler BVerfGE 30, 173 (193); 67, 213 (228); 83, 130 (139); 119, 1 (23); BSG NZA-RR 2001, 443 (445); OLG Stuttgart NJW 1989, 396 (396); OLG Hamburg NStZ 2006, 528 (529); LG Dresden NJW-RR 2005, 411 (413); LG Leipzig ZUM 2008, 617 (618); LG Frankfurt a.M. ZUM 2009, 308 (309); *Henschel,* Kunstfreiheit (Fn. 12), S. 1941; *Isensee,* Kunstfreiheit (Fn. 319), S. 625; *Pernice,* Grundgesetz (Fn. 96), Art. 5 III (Kunst), Rn. 31, 33; *v. Arnauld,* Freiheit (Fn. 159), § 167 Rn. 57; *Kempen,* Grundgesetz (Fn. 86), Art. 5 Abs. 3 Rn. 176 ff.; *Knothe,* Freiheit (Fn. 6), S. 87; *Leibholz/Rinck,* Grundgesetz (Fn. 479), Art. 5 (2010), Rn. 1041, 1056; *Ujica/Loef,* Quod licet (Fn. 309), S. 673; *Bethge,* Grundgesetz (Fn. 477), Art. 5 Rn. 198; *Jarass,* Grundgesetz (Fn. 729), Art. 5 Rn. 113; *Wegner/Wallenfels/Kaboth,* Recht (Fn. 148), S. 184; *Wittreck,* Grundgesetz (Fn. 341), Art. 5 III (Kunst), Rn. 53. Enger und nur Grundrechte Dritter als Grenzen versteht *C. Bamberger,* Vorbehaltlose Grundrechte unter staatlichem Vorbehalt?, in: Der Staat 39 (2000), S. 355 (368, 372 ff.).

[184] *Mahrenholz,* Freiheit (Fn. 599), § 26 Rn. 71 ff. – Anders und zwischen einem abzulehnenden abstrakten Vorrang und einer erstrebenswerten „Bonus"-Positionierung vorbehaltlos garantierter Grundrechte differenziert *P. Lerche,* Ausnahmslos und vorbehaltlos geltende Grundrechtsgarantien, in: H. Däubler-Gmelin/K. Kinkel/H. Meyer/H. Simon (Hrsg.), Gegenrede, 1994, S. 515 (523); *Bethge,* Grundgesetz (Fn. 477), Art. 5 Rn. 195: „Denn es darf nicht außer acht gelassen werden, dass die vorbehaltlose Gewährleistung eine beredte Aussage der Verfassung über den besonderen Rang der Freiheitsnorm ist." Hierzu auch *Ujica/Loef,* Quod licet (Fn. 309), S. 673.

durch eine Übertragung der Schranken konterkariert werden[185]. Neben Verfassungsregelungen aller Art schränken insbesondere kollidierende Grundrechte die Kunstfreiheit ein[186]. Als beeinträchtigte Rechte Dritter kommen vornehmlich die Menschenwürde, das Eigentums- und Elternrecht sowie vor allen anderen der Persönlichkeitsschutz in Betracht[187]. Das betrifft auch den Konflikt der Kunstfreiheit mit dem wie im „Esra"-Fall ebenfalls verfassungsrechtlich geschützten allgemeinen Persönlichkeitsrecht. Denn insbesondere diesem ist hinsichtlich seines Menschenwürdekerns ein besonders hoher Rang zugesprochen worden[188]. Das allgemeine Persönlichkeitsrecht der Klägerinnen nach Art. 2 Abs. 1 i.V.m. Art. 1 Abs. 1 GG beschränkt also die Kunstfreiheit der Beschwerdeführerin. Gestützt wird das Publikationsverbot im konkreten Fall dann auf die einfachgesetzliche Ausgestaltung in Form der Rechtsgrundlage § 823 Abs. 1 i.V.m. analog § 1004 Abs. 1 S. 2 BGB. § 1004 BGB findet nur auf Eigentumsstörungen unmittelbare Anwendung. Nach einem allgemeinen Rechtsgedanken der

---

[185] *Papier,* Grundrechte (Fn. 97), § 64 Rn. 13 ff. – Zur Problematik einer Präzisierung der verfassungsimmanenten Schranken am Beispiel der Kunstfreiheit: *M.-E. Geis,* Josefine Mutzenbacher und die Kontrolle der Verwaltung, in: NVwZ 1992, S. 25 (27).

[186] BVerfGE 67, 213 (228); BVerwGE 91, 211 (213); 91, 223 (224 f.); BGH NJW 2005, 2844 (2847); *M.-K. Ortloff,* Baukunst – ein überflüssiger Rechtsbegriff?, in: R. Jacobs/H.-J. Papier/P.-K. Schuster (Hrsg.), Festschrift für Peter Raue, 2006, S. 247 (248); *Leibholz/Rinck,* Grundgesetz (Fn. 479), Art. 5 (2010), Rn. 1056; *Hufen,* Kunstfreiheit (Fn. 72), § 101 Rn. 98 ff.; *Starck,* Kommentar (Fn. 724), Art. 5 Abs. 3 Rn. 339 ff.; *Kannengießer,* Kommentar (Fn. 479), Art. 5 Rn. 28. – Zuletzt in Bezug auf die Staatszielbestimmung des Art. 20a GG KG Berlin NStZ 2010, 175 (176).

[187] BVerfGE 30, 173 (193 ff.); 67, 213 (228 ff.); 75, 369 (380); 83, 130 (139 f.); OLG München ZUM 2003, 571 (575); OLG Hamburg GRUR-RR 2010, 382 (383 f.); *Mahrenholz,* Freiheit (Fn. 599), § 26 Rn. 71 ff.; *J. M. Buscher,* Neuere Entwicklung der straf- und ehrenschutzrechtlichen Schranken der Meinungsfreiheit und der Kunstfreiheit, in: NVwZ 1997, S. 1057 (1062 f.); *Lücke,* Schranken (Fn. 181), S. 100; *Pernice,* Grundgesetz (Fn. 96), Art. 5 III (Kunst), Rn. 33; *Kobor,* Grundfälle (Fn. 724), S. 596; *Bethge,* Grundgesetz (Fn. 477), Art. 5 Rn. 198. – Zum Ausgleich mit den Grundrechtspositionen aus Art. 2 Abs. 1, 2 S. 1, Art. 12, 14 GG im Fall von künstlerischen Tätigkeiten in Fußgängerbereichen *Bismark,* Straßenkunst (Fn. 80), S. 250; dabei für einen grundsätzlichen Vorrang der Kunstfreiheit aufgrund kommunikationsdienlichen Gemeingebrauchs plädiert *J. Würkner,* Die Freiheit der Straßenkunst (Art. 5 III 1 GG), in: NVwZ 1987, S. 841 (848 ff.); *ders.,* Straßenrecht contra Kunstfreiheit?, in: NJW 1987, S. 1793 (1798 f.). – Den Ausgleich von Grundrechtspositionen in Hinblick auf Gemeingebrauch und Sondernutzung bei der Straßenkunst erörtert *K. Heinz,* Kunst auf der Straße im Labyrinth von Kunstfreiheit, straßenrechtlichem Gemeingebrauch und Sondernutzung, in: NVwZ 1991, S. 139 (140 ff.). – Außerdem zur Kollision mit Art. 2 Abs. 2 S. 1 GG im Fall von arbeitsbezogener Mitbestimmung BVerwG NZA-RR 2003, 276 (279); auch im Fall von Lärmauswirkungen *T. Ritter,* Kunstfreiheit und Gesundheitsschutz, in: NVwZ 2008, S. 960 (961 ff.); ebenso in europarechtlicher Dimension *Pünder,* Kommunikationsgrundrechte (Fn. 48), S. 573; *Wegner/Wallenfels/Kaboth,* Recht (Fn. 148), S. 185.

[188] BVerfGE 30, 173 (193); 119, 1 (23); gelegentlich wird in Abweichung von der Grundrechtsdogmatik und ohne weiter gehende Begründung wenig überzeugend argumentiert, daß Verfassungsgüter als Begrenzung der Kunstfreiheit ohnehin erst in Betracht kommen, wenn sie in ihrem Kern berührt sind: BVerfG (Kammer), NJW 2001, 596 (597).

§§ 1004 Abs. 1 S. 2, 12, 862 Abs. 1 BGB werden die Normen allerdings analog auf die weiteren, nach § 823 Abs. 1 BGB geschützten Rechte angewendet[189].

d) Zwischenergebnis: schwache Rechtsgrundlage für Persönlichkeitsschutz

Die Anwendung der Schrankenbestimmung aus Art. 5 Abs. 2 GG widerspricht Systematik und Wortlaut der Norm[190]. Bei Art. 5 Abs. 3 S. 1 1. Alt. GG handelt es sich gegenüber Art. 5 Abs. 1 GG um eine *lex specialis*, auf die die Schranken (Abs. 2) keine Anwendung finden[191]. Nach dem klaren – in Absätzen verdeutlichten – *Aufbau der Norm* bezieht sich der Schrankenvorbehalt aus Art. 5 Abs. 2 GG allein auf die Grundrechte aus Art. 5 Abs. 1 GG. Art. 5 Abs. 3 S. 1 GG wird nach der diesbezüglich eindeutigen Normsystematik lediglich durch Art. 5 Abs. 3 S. 2 GG beschränkt. Die Bezugnahme „Diese Rechte" (Abs. 2) beschränkt sich augenscheinlich auf die zuvor in Absatz 1 genannten Freiheiten.

Auch die Übertragung der Schranken des Art. 2 Abs. 1, 2 GG ist abzulehnen. Denn in der vorbehaltlosen Garantie der Kunstfreiheit hat der Verfassunggeber den *hohen Rang des Grundrechts* zum Ausdruck gebracht. Wenn man die Kunstfreiheit der Schranke des Art. 2 Abs. 1, 2 GG unterstellt, konterkariert man diese Wertung durch Anlegung eines denkbar weiten Schrankenvorbehalts in Form des allgemeinen Gesetzesvorbehalts. Zudem ist anerkannt, daß Art. 2 Abs. 1 GG nur eine *subsidiäre* Funktion zukommt[192]. Die Einschränkung der Kunstfreiheit kann demnach nur durch kollidierendes Verfassungsrecht gerechtfertigt werden. Auch im Fall des vorbehaltlos garantierten Grundrechts der Kunstfreiheit gilt, daß die Schrankenziehung in der Regel durch ein parlamentarisches Gesetz zu erfolgen hat. Gerade hierin liegt eine Schwierigkeit der „Esra"-Entscheidung. Die Beschränkung der Kunstfreiheit erfolgt zwar analog § 1004 Abs. 1 S. 2 BGB i.V.m. § 823 Abs. 1 BGB. Allerdings sind diese Normen allgemein gehalten und werden zudem nur analog angewendet. Eine gewisse Unsicherheit im Hinblick auf die Zulässigkeit eines Publikationsverbots läßt sich nicht von der Hand weisen[193].

---

[189] BGHZ 34, 99 (102 f.); 106, 229 (233); 128, 1 (6).

[190] Vgl. BVerfGE 30, 173 (191); 67, 213 (228); 83, 130 (139); *Bethge*, Grundgesetz (Fn. 477), Art. 5 Rn. 197; mißverständlich daher *Würkner*, Bundesverfassungsgericht (Fn. 616), S. 149: „So vermag es denn nicht sonderlich zu verwundern, daß die Abwägung zwischen der Kunstfreiheit und den sie beschränkenden Rechtsgütern nach der Rechtsprechung des *BVerfG* methodisch – wenngleich nicht inhaltlich identisch – ebenso wie die Abwägung im Rahmen der Anwendung der allgemeinen Gesetze i.S. des Art. 5 II GG verläuft."

[191] Vgl. nur BVerfGE 30, 173 (200); *Degenhart*, Bonner Kommentar (Fn. 477), Art. 5 Abs. 1 und 2 (2006), Rn. 939. Zum Verhältnis von Art. 5 Abs. 1 und 3 GG vgl. Abschnitt B.VII.

[192] BVerfGE 30, 173 (191 f.); 67, 213 (228); 81, 278 (292 f.); 83, 130 (139); *Jarass*, Grundgesetz (Fn. 729), Art. 2 Rn. 36, 38; Art. 5 Rn. 113.

[193] Allerdings handelt es sich bei der Ausgestaltung einfachgesetzlicher Rechtsnormen um einen eigenen, hier nicht weiter zu erörternden Problemkreis. Es sei nur am Rande kurz darauf verwiesen, daß eine Präzisierung der Normen empfehlenswert wäre, da das allge-

4. Schranken-Schranken

a) Maßstab der Abwägung zwischen Kunstfreiheit und Persönlichkeitsschutz

Nach den allgemeinen Grundsätzen mußte zunächst das gesamte Kunstwerk, der Roman „Esra", unter Beachtung der romantypischen Kennzeichen bei der Abwägung berücksichtigt werden. Bei der Kollision von Kunstfreiheit und Persönlichkeitsrecht in der „Esra"-Entscheidung wurde der Abwägungsmaßstab deutlich spezifiziert: Nach Feststellung der Erkennbarkeit der Klägerinnen erfolgte eine Abwägung von Kunstfreiheit und allgemeinem Persönlichkeitsschutz unter Einfluß der Fiktionalitätsvermutung[194]: Aufgrund der Vermutung der Fiktionalität ist zunächst anzunehmen, daß ein literarisches Werk Fiktion ist und daher keinen Wahrheitsanspruch erhebt. Die Vermutung gilt auch, wenn reale Personen erkennbar sind[195]. Sie greift hingegen nicht durch, wenn dem Leser nahegelegt wird, von der Faktizität des Erzählten auszugehen[196]. Das allgemeine Persönlichkeitsrecht wird also seinerseits durch die Kunstfreiheit beschränkt, für die eine Fiktionalitätsvermutung streitet.

b) Modifizierung der Verhältnismäßigkeitsprüfung beim Gesamtverbot

Von den anerkannten Schranken-Schranken ist der Grundsatz der Verhältnismäßigkeit von besonderer Bedeutung. Die im vorliegenden Fall relevante Begrenzung der Kunstfreiheit durch das allgemeine Persönlichkeitsrecht der Klägerinnen bedeutet, daß die Beschränkung der Kunstfreiheit ihrerseits geeignet, erforderlich und angemessen sein muß. Der Senat prüft die Verhältnismäßigkeit des Publikationsverbots nicht im Rahmen der Abwägung zwischen den widerstreitenden Grundrechten, sondern im Hinblick auf die Verfassungsmäßigkeit des Gesamtverbots[197]: „Die angegriffenen Entscheidungen durften, soweit sie der Unterlassungsklage der Klägerin zu 1) stattgegeben haben, ein Gesamtverbot aussprechen. Es ist verfassungsrechtlich nicht zu beanstanden, dass weder im Tenor noch in den Gründen eine Beschränkung auf bestimmte Passagen des Romans erfolgt ist, in denen die Gerichte konkret die nicht gerechtfertigte Persönlichkeitsrechtsverletzung gesehen haben."[198] Die beanstandeten Stellen sind für die textuelle Gesamtkonzeption zwingend. Das Gericht hat allein die Aufgabe, Autor

---

meine Persönlichkeitsrecht gegenwärtig – im Ausgleich mit den Rechten des Art. 5 GG – an Bedeutung gewinnt und eine Konkretisierung der Normen erfordert.

194 BVerfGE 119, 1 (28 f.).

195 BVerfGE 119, 1 (28 f.).

196 BVerfGE 119, 1 (29).

197 Zustimmend *Böckenförde,* Grundrechte (Fn. 27), S. 20 f.; *K. Hesse,* Grundzüge des Verfassungsrechts der Bundesrepublik Deutschland, 20. Aufl. 1995, S. 28; *Hager,* Mephisto-Entscheidung (Fn. 392), S. 188. – Anders, nämlich im Rahmen des Abwägungsvorgangs den Verhältnismäßigkeitsgrundsatz prüft LG Dresden NJW-RR 2005, 411 (413); *D. Looschelders/D. Olzen,* in: J. v. Staudinger (Hrsg.), BGB, § 242 (2009), Rn. 279 f.

198 BVerfGE 119, 1 (35).

und Verlag Streichungsmöglichkeiten hinreichend konkret offenzulegen, eigene Änderungen sind vom erkennenden Senat nicht vorzunehmen[199]. Der Verhältnismäßigkeitsgrundsatz begrenzt also die Schranke auf ein vertretbares Maß. Er trägt der Wechselwirkung zwischen dem Interesse des allgemeinen Persönlichkeitsrechts einerseits und der Bedeutung der Kunstfreiheit andererseits Rechnung. Die Strukturmerkmale der betroffenen Kunstgattung sind zu beachten. Im Wege der praktischen Konkordanz sind insbesondere der Wirkungsumfang und die Intensität des künstlerischen Bezugs in den Abwägungsprozeß einzubeziehen[200].

III. Das allgemeine Persönlichkeitsrecht der Klägerinnen

Die Klägerinnen berufen sich auf die Verletzung ihrer Persönlichkeitsrechte durch die Veröffentlichung des Romans „Esra". In internationaler Hinsicht erfährt die Persönlichkeit Schutz durch eine Abwehr willkürlicher oder rechtswidriger Eingriffe in Privatleben, Familie, Wohnung oder Schriftverkehr und rechtswidriger Beeinträchtigungen von Ehre und Ruf durch Art. 17 Abs. 1 IPbpR. Ein Anspruch auf Abwehr wird durch Art. 17 Abs. 2 IPbpR gewährleistet. Die Garantie entspricht der im Wortlaut fast gänzlich übereinstimmenden Regelung des Art. 12 AEMR[201].

Dem Schutz der Privatheit wurde in der *nationalen Geschichte weitgehend nicht die Bedeutung* zugemessen, die ihm heute zukommt. Erst die Aufklärung machte mit der Entwicklung von Individualität die Trennung von Privatheit und Öffentlichkeit erforderlich[202]. Die Norm findet weder in den klassischen Verfassungen noch in der Weimarer Reichsverfassung eine äquivalente Regelung, wenn letztere auch ein gutes Fundament für die Ausgestaltung des Freiheitsrechts beispielsweise in Art. 112 Abs. 1 (Ausreisefreiheit), 134 (öffentliche Lasten), 151 und

---

199 BVerfGE 119, 1 (35).

200 BVerfGE 81, 278 (294 ff.); 81, 298 (307 f.); *Henschel,* Kunstfreiheit (Fn. 12), S. 1942; *Mahrenholz,* Freiheit (Fn. 599), § 26 Rn. 68 ff.

201 Art. 12 AEMR: „Niemand darf willkürlichen Eingriffen in sein Privatleben, seine Familie, seine Wohnung und seinen Schriftverkehr oder Beeinträchtigungen seiner Ehre und seines Rufes ausgesetzt werden. Jeder hat Anspruch auf rechtlichen Schutz gegen solche Eingriffe oder Beeinträchtigungen." Art. 17 IPbpR: „(1) Niemand darf willkürlichen oder rechtswidrigen Eingriffen in sein Privatleben, seine Familie, seine Wohnung und seinen Schriftverkehr oder rechtswidrigen Beeinträchtigungen seiner Ehre und seines Rufes ausgesetzt werden. (2) Jedermann hat Anspruch auf rechtlichen Schutz gegen solche Eingriffe oder Beeinträchtigungen."

202 *Hohmann-Dennhardt,* Freiräume (Fn. 546), S. 545. – Auf die ideen- und verfassungsgeschichtliche Entwicklung des personalen Freiheitsrechts und der Normierung des Persönlichkeitsschutzes geht solide durchdacht ein *Dreier,* Grundgesetz (Fn. 96), Art. 2 I Rn. 1 ff., 8 ff.

152 (Wirtschafts- und Vertragsfreiheit) WRV schaffte. Nach dem Zweiten Weltkrieg zeigen sich deutlichere Ansätze für einen umfassenderen Freiheitsschutz in europäischen Verfassungstexten wie beispielhaft in Art. 2, 3 Abs. 2 der italienischen Verfassung vom 27.12.1947 und in – vor dem Grundgesetz erlassenen – Landesverfassungen wie exemplarisch in Art. 1 Abs. 1 der Rheinland-Pfälzischen Verfassung oder Art. 2 Abs. 1 der Hessischen Verfassung[203].

Das allgemeine Persönlichkeitsrecht findet heute in Art. 2 Abs. 1 i.V.m. Art. 1 Abs. 1 GG seinen Ausdruck. Diese Verbindung aus allgemeiner Handlungsfreiheit aus Art. 2 Abs. 1 GG und der Garantie autonomer Subjektqualität aus Art. 1 Abs. 1 GG ist eine *Konstruktion der Rechtsprechung*[204]. Diese Ausformung ist angelehnt an die zivilgerichtliche Rechtsprechung, die das allgemeine Persönlichkeitsrecht in Hinblick auf ein gefordertes Unterlassen oder einen Widerspruch i.V.m. § 823 BGB anwendet[205]. Erstmals wurde 1954 das allgemeine Persönlichkeitsrecht – bis dahin wegen seiner Unbestimmtheit abgelehnt – vom Bundesgerichtshof in der „Leserbrief"-Entscheidung anerkannt[206]. Zu weiteren einfachgesetzlichen Verankerungen des Persönlichkeitsschutzes zählen § 12 BGB, §§ 185 ff. StGB, §§ 11, 12–14 UrhG, §§ 37 I, 63 PatG und § 22 f. KUG[207]. Da das allgemeine Persönlichkeitsrecht durch zivilgerichtliche Rechtsprechung begründet und ausgeformt wurde, ist zunächst ein Überblick über die Ausprägung des Persönlichkeitsrechts im Zivilrecht zu geben (D.III.1.). Allerdings ist darauf hinzuweisen, daß das zivil- und verfassungsrechtliche Persönlichkeitsrecht nicht deckungsgleich sind[208]. So steht beispielsweise dem Betroffenen nach zivilrechtlicher Wer-

203 So der bereits vertiefende Überblick und das Resümee zur Genese des Freiheitsrechts von *Dreier,* Grundgesetz (Fn. 96), Art. 2 I Rn. 5 ff.

204 *Di Fabio,* Grundgesetz (Fn. 477), Art. 2 (2001), Rn. 128; bis dahin behalf man sich lange bei Konflikten um Persönlichkeitsrechte mit dem Namensrecht aus § 12 BGB: RG DJZ 1906, 541 (543). Eine vertiefte Darstellung der historischen Entwicklung des Persönlichkeitsrechts kann in dieser Arbeit nicht geleistet werden. Hierzu *K. Martin,* Das allgemeine Persönlichkeitsrecht in seiner historischen Entwicklung, 2007, S. 19 ff.

205 Hierzu *Wegner/Wallenfels/Kaboth,* Recht (Fn. 148), S. 185 f.

206 BGHZ 13, 334 (338); in diesem Kontext siehe auch BGHZ 143, 214 (217 ff.); zur „Leserbrief"-Entscheidung vgl. Abschnitt D.III.1.b.

207 Zu den gesetzlichen Normierungen der besonderen Persönlichkeitsrechte vgl. *Lettmaier,* Persönlichkeitsrecht (Fn. 376), S. 566; *Knothe,* Freiheit (Fn. 6), S. 82.

208 BVerfGK 9, 83 (89 ff.). *Jarass* stimmt dem zu. Allerdings zeigt er zugleich differenzierend Ähnlichkeiten auf: *H. D. Jarass,* Das allgemeine Persönlichkeitsrecht im Grundgesetz, in: NJW 1989, S. 857 (858). – Das zivilrechtliche Persönlichkeitsrecht überprüft *Schubert* anhand der Entscheidung „Blauer Engel", die eine Druckerwerbung mit Marlene Dietrich betrifft. Er weist auf die Divergenzen sowie Gemeinsamkeiten in der Rechtsprechung von Bundesverfassungsgericht und Bundesgerichtshof hin: *F. Schubert,* Von Kopf bis Fuß auf Verwertung eingestellt?, in: AfP 2007, S. 20 (20). – Zu Entwicklungen und Änderungen hinsichtlich des kommerziellen Werts des zivilrechtlichen postmortalen Persönlichkeitsrechts im Anschluß an die „Marlene Dietrich"-Entscheidung *N. Reber,* Die Schutzdauer des postmortalen Persönlichkeitsrechts in Deutschland und den USA (von Marlene Dietrich über Klaus Kinski zu Marilyn Monroe) – ein Irrweg des Bundesgerichtshofs?, in: GRUR Int 2007, S. 492 (492 ff.). – Die Unterschiede stellen klar heraus *W. Kahl/L. Ohlendorf,* Grundfälle zu

tung ein Vermarktungsschutz der (auch verstorbenen) Person zu[209]. Das verfassungsrechtliche Persönlichkeitsrecht dient hingegen keinen kommerziellen Interessen[210]. Im Anschluß sind die Auswirkungen der zivilrechtlichen Rechtsprechung auf die des Bundesverfassungsgerichts zu untersuchen (D.III.2.). Da die richterrechtliche Etablierung dieses eigenständigen Grundrechts in der Literatur nicht ohne Kritik geblieben ist, wird abschließend die Diskussion um die Anerkennung des allgemeinen Persönlichkeitsrechts nachvollzogen (D.III.3.).

1. Persönlichkeitsschutz der Klägerinnen durch zivilgerichtliche Rechtsprechung

a) Einfachgesetzliche Normen im Bereich des Persönlichkeitsrechts

aa) Kein hinlänglicher Schutz nach § 823 Abs. 2 BGB, §§ 185 ff. StGB

Als ausreichende Rechtsgrundlage kommen zunächst die Normen zum strafrechtlichen Ehrschutz in Betracht, die über § 823 Abs. 2 BGB in das Zivilrecht Eingang gefunden haben. Problematisch erscheint, daß ihre Anwendbarkeit begrenzt ist: §§ 185 ff. StGB setzen eine vorsätzliche Handlung voraus, da eine gesetzliche Bestimmung fahrlässiger Strafbarkeit gemäß § 15 StGB nicht besteht. Von dem Schutzbereich werden zwar Werturteile und unwahre Tatsachenbehauptungen erfaßt. Eine im Fall einer Tatsachenbehauptung regelmäßig mögliche Beweisführung ist allerdings in zahlreichen Fällen verfehlt, da sie die Persönlichkeitsrechtsbeeinträchtigung verstärken würde. Damit ergibt sich aus § 823 Abs. 2 BGB i.V.m. §§ 185 ff. StGB aufgrund des Erfordernisses von *Vorsatz und Unwahrheit* der Tatsachen nur eine erheblich eingeschränkte, für literarische Bearbeitungen wie „Esra" kaum anwendbare Schutzmöglichkeit[211]. Wegen

---

Art. 2 I i.V. mit 1 I GG, in: JuS 2008, S. 682 (683); vertiefend *A. D. Luch,* Das Medienpersönlichkeitsrecht – Schranke der „vierten Gewalt", 2008, S. 19 ff. – Anders und hinsichtlich der Ähnlichkeit äußerst weitgehend und für eine Ergänzung der beiden Schutzdimensionen ohne strikte Trennung plädiert *Di Fabio,* Grundgesetz (Fn. 477), Art. 2 (2001) Rn. 138.

209 BGHZ 20, 345 (353); 143, 214 (217 ff.); 169, 340 (345 ff.); zu Persönlichkeitsrechtsverletzungen durch unerlaubte Vermarktung *K. Friedrich,* Internationaler Persönlichkeitsschutz bei unerlaubter Vermarktung, 2003, S. 105 ff., 132 ff.

210 BVerfGE 97, 125 (143 f.); *Kahl/Ohlendorf,* Grundfälle (Fn. 208), S. 683. Demgemäß wurde die Frage kommerzieller Verwertung in der verfassungsrechtlichen Diskussion bislang nicht vertieft.

211 Die Formalbeleidigung gemäß § 192 StGB begründet auch eine Strafbarkeit bei wahren Tatsachen. Allerdings ergibt sich im Fall eines literarischen Werks die Beleidigung regelmäßig nicht „aus der Form der Behauptung oder Verbreitung oder aus den Umständen, unter welchen sie geschah", § 192 StGB. Dem Argument, die Beweisführung sei der vermeintlich betroffenen Vorlage unzumutbar, könnte man die Verteilung der Darlegungs- und Beweislast entgegenhalten: Denn nicht der Betroffene, sondern der Autor muß die Umstände darlegen und Beweis erbringen. Abgesehen davon, daß ein Wahrheitsbeweis nur bei einem Tatsachenbericht und nicht bei einem literarischen Werk in Betracht kommt, würde

des Vorsatzerfordernisses ist auch eine Schadensersatzpflicht aus § 826 BGB im Fall von Romanen wie „Esra“ kaum vorstellbar[212].

bb) Kein Schutz aus dem Namensrecht gemäß § 12 BGB

Früher wurde verbreitet auf den Schutz des Namens aus § 12 BGB abgestellt[213]. Nach seinem Wortlaut garantiert die Vorschrift dem Berechtigten „das Recht zum Gebrauch eines Namens“. Die Norm schützt damit nur vor *Identitätstäuschung* im Fall namentlicher Nennung des Betroffenen[214]. Durch den Namensgebrauch muß ein erkennbarer Bezug zu dem Träger des Namens ermöglicht werden[215]. Es wird weder der soziale Achtungsanspruch einer namentlich genannten Person noch die Darstellung einer ungenannten Persönlichkeit geschützt. Der Namensträger wird in diesen Fällen ausreichend durch das allgemeine Persönlichkeitsrecht abgesichert[216]. Bei § 12 BGB jedoch geht es allein um die Verwechslungsgefahr, die naturgemäß bei einer realen Person mit einer fiktiven Kunstfigur nicht besteht.

Umstritten ist in der Literatur und Rechtsprechung einzig der Umgang mit Kunstfiguren, die den gleichen Namen wie reale Personen tragen. Überwiegend wird hierin ein *unbefugter Namensgebrauch* im Sinne des § 12 BGB gesehen[217]. Andere werten eine Namensnennung in einem Kunstwerk nicht als unbefugtes Führen des gleichen Namens, da in diesen Fällen eine Teilnahme am Rechtsverkehr ausgeschlossen ist[218]. Die typische Gefahrenlage des § 12 BGB, die Identitätstäuschung, bestehe bei einer namentlich benannten Kunstfigur nicht[219]. Der Streit braucht an dieser Stelle nicht entschieden zu werden, da die Namen der Romanfiguren Esra und Lale nicht den Namen der Klägerinnen zu 1) und 2) entsprechen. In Betracht kommt vorliegend allein, Personen aufgrund von bio-

auch in diesem Fall ein Persönlichkeitsbereich offengelegt, aufgrund dessen sich der Betroffene erneut verletzt fühlt.

212 Die darüber hinausgehende Voraussetzung der sittenwidrigen Schädigung reduziert den Anwendungsbereich des § 826 BGB zudem auf ein Minimum. – Zu Entwicklung und Strukturen im Ausgleich von Kunstfreiheit und Ehrschutz *Otto,* Ehrenschutz (Fn. 729), S. 1206 ff.

213 BGHZ 8, 318 (319 ff.); vgl. die Erörterung von *A. Ohly,* Harmonisierung des Persönlichkeitsrechts durch den Europäischen Gerichtshof für Menschenrechte?, in: GRUR Int 2004, S. 902 (904). Vor Etablierung des allgemeinen Persönlichkeitsrechts gab es eine Vielzahl gesetzlicher Normierungen, die zur Begründung einfachgesetzlicher Abwehransprüche aus Persönlichkeitsrechten herangezogen wurden.

214 *F. Bayreuther,* in: F. J. Säcker/R. Rixecker (Hrsg.), Münchener Kommentar zum Bürgerlichen Gesetzbuch, Bd. 1/1, 5. Aufl. 2006, § 12 Rn. 150.

215 *Bayreuther,* Münchener Kommentar (Fn. 214), § 12 Rn. 166.

216 *Bayreuther,* Münchener Kommentar (Fn. 214), § 12 Rn. 166 ff.

217 Statt vieler BGHZ 30, 7 (8 ff.); zum einfachgesetzlichen Schutz eines Filmtitels OLG München UFITA 20 (1955), 208 (209 ff.).

218 *Eickmeier/Eickmeier,* Grenzen (Fn. 90), S. 3; *Bayreuther,* Münchener Kommentar (Fn. 214), § 12 Rn. 168.

219 *Eickmeier/Eickmeier,* Grenzen (Fn. 90), S. 3.

graphischen Übereinstimmungen zu identifizieren. Die Schlußfolgerung von der Schilderung einer Charaktereigenschaft auf den Namensgebrauch im Sinne des § 12 BGB wird allgemein abgelehnt[220]. Wenn sich beispielsweise eine reale Person durch die Darstellung einer Buchfigur, die zwar einen Phantasienamen trägt, aber in zahlreichen Eigenschaften der realen Person gleicht – also wie im Fall von Esra und Lale –, verletzt fühlt, so wird mit Recht von der weit überwiegenden Meinung auch eine analoge Anwendung des § 12 BGB abgelehnt[221].

cc) Kein Schutz des Rechts am eigenen Bild gemäß/analog §§ 22, 23 KUG

§§ 22, 23 KUG schützen die fotografische, filmische oder vergleichbar künstlerische Darstellung[222]. Das in §§ 22, 23 KUG garantierte Recht am eigenen Bild ist eine Ausgestaltung des allgemeinen Persönlichkeitsrechts[223]. Es handelt sich um ein immaterielles Recht, da nicht die Fotografie an sich als körperlicher Gegenstand im Sinne des § 90 BGB, sondern das sich daraus in der Vorstellung entwickelnde Erscheinungsbild geschützt wird[224]. Der Begriff des Bildnisses erfaßt jede *körperliche Darstellung* der äußeren Erscheinung einer Person[225].

Das *Lebensbild* stellt demgegenüber Teile oder die Gesamtheit der Biographie einer Person dar[226]. Gemeint ist das Bild, das eine Person aufgrund ihres Lebens, einzelner Erlebnisse und Handlungen der Außenwelt präsentiert[227]. Es wird durch § 823 BGB geschützt[228]. Das *Charakterbild* ist die innere Komponente, die Vorstellung der inneren Haltung sowie Veranlagung und eng mit dem

---

220 Schon früh RGZ 91, 350 (351 ff.); *W. v. Metzler,* Namensverwendung und Darstellung des Lebensbildes im Film und in literarischen Werken, in: UFITA 20 (1955), S. 38 (48 ff.); *N. Habermann,* in: J. v. Staudinger (Hrsg.), BGB, § 12 (2004), Rn. 93 f.; *Bayreuther,* Münchener Kommentar (Fn. 214), § 12 Rn. 168a.

221 Ähnlich ablehnend hinsichtlich eines Miturheberrechts KG Berlin UFITA 4 (1930), 319 (322); *Eickmeier/Eickmeier,* Grenzen (Fn. 90), S. 3; *Bayreuther,* Münchener Kommentar (Fn. 214), § 12 Rn. 166.

222 *H.-P. Götting,* in: U. Loewenheim (Hrsg.), Urheberrecht, 4. Aufl. 2010, § 22 KUG Rn. 5, 14 f. – Instruktiv zum Recht am eigenen Bild als Ausprägung des allgemeinen Persönlichkeitsrechts am Beispiel von Doppelgängern, die in der Öffentlichkeit zur Unterhaltung eines Publikums Prominente imitieren: *N. Reber,* „Celebrity Impersonators" zwischen Persönlichkeitsschutz und Kunstfreiheit, in: GRUR Int 2010, S. 22 (22 ff.).

223 BVerfGE 35, 202 (224 f.); BVerfG (Kammer), ZUM 2005, 384 (385); OLG Hamburg ZUM 2004, 309 (311); *A. Arndt,* „Vor unserer Tür", in: NJW 1967, S. 1845 (1846).

224 *M. Prinz/B. Peters,* Medienrecht, 1999, S. 519 f. – In diesem Zusammenhang weist auf die Deplatzierung im Urheberrecht hin *Ohly,* Harmonisierung (Fn. 213), S. 904: „Es geht nicht um den Schutz eines Werkes, sondern um den Schutz der Persönlichkeit des Abgebildeten. Von der eigentlich angebrachten Regelung im Zusammenhang mit § 12 BGB wurde abgesehen."

225 BGH NJW 2000, 2201 (2202); OLG München ZUM 2007, 932 (933).

226 *H. Hubmann,* Das Persönlichkeitsrecht, 2. Aufl. 1967, S. 303.

227 *v. Becker,* Fiktion (Fn. 106), S. 93.

228 *A. Teichmann,* in: O. Jauernig (Hrsg.), Bürgerliches Gesetzbuch mit Allgemeinen Gleichbehandlungsgesetz (Auszug), 14. Aufl. 2011, § 823 Rn. 77.

Lebensbild verbunden[229]. Lebens- und Charakterbild entstehen im Unterschied zum visualisierten Bildnis im Sinne der §§ 22, 23 KUG vorwiegend aufgrund sprachlicher Übermittlung[230]. Wenn ein Autor von einer realen Person schreibt, bringt er ihr Lebens- und Charakterbild zum Ausdruck[231]. *Biller* stellt also in seinem Roman das Lebens- und Charakterbild der Klägerinnen zu 1) und 2) in den Kunstfiguren der Esra und Lale dar. Urheberrechtlich werden diese Schilderungen nicht geschützt, da Lebens- und Charakterbild keine geschützten Rechte im Sinne des § 2 Abs. 1, 2 UrhG sind. Das Urheberrecht schützt zwar das literarische Werk, das aufgrund des Lebensbilds entstanden ist, das Lebensbild selbst hingegen nicht[232]. Streitig bleibt folglich allein, ob der Schutz der §§ 22, 23 KUG über die Fotografie hinaus auch auf literarische Darstellungen des Lebens- und Charakterbildes einer Person erweitert werden kann, die Klägerinnen zu 1) und 2) sich also auf den Schutz aus §§ 22, 23 KUG berufen können.

(1) Anwendung der §§ 22, 23 KUG auf das Lebensbild

Eine große Gruppe in der Literatur, der in der Rechtsprechung gelegentlich gefolgt wird, bejaht die direkte oder zumindest analoge Übertragung der Wertungen aus §§ 22, 23 KUG auf die literarischen Darstellungen eines Lebens- und Charakterbildes[233]. Wortlaut, Zweck und Systematik der §§ 22 ff.

---

229 *Hubmann*, Persönlichkeitsrecht (Fn. 226), S. 304, 306 ff.

230 Während die Fotografie im Sinne der §§ 22, 23 KUG eine äußere Momentaufnahme des Betroffenen zeigt, eröffnen Lebens- und Charakterbild Einblick in die Person nach *v. Becker*, Fiktion (Fn. 106), S. 93 f. „in der Tiefe ihrer zeitlichen Existenz, in der Fülle ihres Daseins sowohl als sich verändernde äußerliche Erscheinung als auch als ebenso der Wandlung unterworfene innere Persönlichkeit, als Charakterbild".

231 *Hubmann*, Persönlichkeitsrecht (Fn. 226), S. 302 f.

232 *Hubmann*, Persönlichkeitsrecht (Fn. 226), S. 237 f.

233 BVerfGE 35, 202 (220, 224 ff.); BGHZ 26, 52 (462); OLG Hamburg NJW 1975, 649 (651); OLG Koblenz ZUM-RD 1998, 260 (261 f.); *Hubmann*, Persönlichkeitsrecht (Fn. 226), S. 303 f.; *E.-I. v. Gamm*, Die Problematik der Gestaltungshöhe im deutschen Urheberrecht, 2004, S. 43 ff.; *R. Reinhardt*, „Das Lebensbild" und der Schutz der Persönlichkeit im modernen Privatrecht, in: H.-U. Evers/K. H. Friauf/E. W. Hanack/ders. (Hrsg.), Persönlichkeit in der Demokratie, 1973, S. 127 (133 f., 142); *Meyer-Cording*, Portrait (Fn. 358), S. 742 f. – Auf ein ähnliches Verständnis in Italien weist hin *P. J. Missling*, Der Persönlichkeitsschutz in Italien, 1995, S. 31 ff., 42. – In bezug auf filmische Darstellungen *Eickmeier/Eickmeier*, Grenzen (Fn. 90), S. 3 ff.; *C. Schertz*, Die Verfilmung tatsächlicher Ereignisse, in: ZUM 1998, S. 757 (760 ff.); *U. Loewenheim*, Urheberrecht (Fn. 222), § 8 Rn. 5. – Die Anwendbarkeit der §§ 22, 23 KUG bejahen ferner *E. H. Burkhardt*, Wortberichterstattung – die Tatbestände, in: K. E. Wenzel u.a. (Hrsg.), Das Recht der Wort- und Bildberichterstattung, 5. Aufl. 2003, S. 135 (148 f.); *v. Becker*, Fiktion (Fn. 106), S. 95 ff.; *Götting*, Persönlichkeitsschutz (Fn. 4), S. 441 ff.; *C. Schertz*, Bildnisse, die einem höheren Interesse der Kunst dienen – Die Ausnahmevorschrift des § 23 Abs. 1 Ziff. 4 KUG, in: R. Jacobs/H.-J. Papier/P. K. Schuster (Hrsg.), Persönlichkeitsschutz und Kunstfreiheit, 2006, S. 663 (663, 669 ff., 678); *ders.*, Bildnisse, die einem höheren Interesse der Kunst dienen, in: GRUR 2007, S. 558 (559, 562 f.); *Frey*, Romanfigur (Fn. 392), S. 90 ff.; *M. Rehbinder*, Urheberrecht, 16. Aufl. 2010, S. 330 f.; *Siegle*, Spannungsverhältnis (Fn. 1), S. 51 f., 152 ff. – In diesem Kontext ist anzumerken, daß Kunstfrei-

KUG würden eine Verwertbarkeit hinsichtlich Lebens- und Charakterbild einer Person zulassen[234]. Drei wesentliche Argumente sprechen zudem für die Anwendbarkeit: Ein Aspekt ergibt sich infolge eines Erst-recht-Schlusses. Lebens- und Charakterbild seien die geistige Entsprechung für die verkörperte Abbildung durch die Fotografie. Wenn nun schon das Bild aufgrund fotographischer Aufnahme geschützt werde, so verdiene das äußerst sensible Lebensbild einer Person *a maiore ad minus* erst recht einen zumindest ebenso umfassenden Schutz[235]. Zudem sei eine *Beschränkung des Zivilrechts* zugunsten des Verfassungsrechts zu verhindern. Ein einfachgesetzlicher Unterlassungsanspruch müsse sich auf einfachgesetzliche Normierungen wie §§ 22, 23 KUG stützen, bevor er auf Grundrechte wie das allgemeine Persönlichkeitsrecht zurückgreife[236]. Letztlich stelle das präzise ausgeformte *Regel-Ausnahme-Verhältnis* der §§ 22 ff. KUG einen Gewinn an Rechtssicherheit bei der schwer faßbaren Abwägung von Kunstfreiheit und allgemeinem Persönlichkeitsrecht dar[237]. Nur so könne dem Rechtsstaatsprinzip entsprochen werden[238]. Auf diese Weise schaffen die Wertungen des KUG nach den Vertretern der entsprechenden Anwendbarkeit Rechtsklarheit in zahlreichen Fällen: Damit ergibt sich die ähnliche Einschätzung, daß das reine Unterhaltungsinteresse Beschreibungen aus dem Privat- oder Familienleben nicht rechtfertigen kann[239]. Der Künstler müsse die Privatsphäre achten, da für ihn keine Notwendigkeit besteht, mit Bezug auf eine bestimmte, identifizierbare Person zu schreiben[240]. Im vorliegenden Fall präsentiert der Autor in dem Roman die Gestalt „Esra". Das Lebensbild der realen Person ist nach dieser Ansicht betroffen, denn die Vorlage ist hinter der Kunstfigur für einen rechtlich erheblichen Teil erkennbar[241]. Der erkennende Senat hat zutreffend die Identifizierbarkeit der Klägerinnen zu 1) und 2) bei dem rechtlich erheblichen, mehr oder minder großen Bekannten-

---

heit und Urheberrecht nicht unbeachtliche Schnittmengen aufweisen, wenn auch ein Schutz des Urheberrechts durch die Kunstfreiheit nicht zwangsläufig erscheint, hierzu *Wittreck*, Grundgesetz (Fn. 341), Art. 5 III (Kunst), Rn. 63. Zu den neueren Entwicklungen im Urheberrecht in diesem Zusammenhang *C. Berger*, Aktuelle Entwicklungen im Urheberrecht – Der EuGH bestimmt die Richtung, in: ZUM 2012, S. 353 (353 ff.); *R. O. Graef*, Die fiktive Figur im Urheberrecht, in: ZUM 2012, S. 108 (112 ff.); *A. Metzger*, Der Einfluss des EuGH auf die gegenwärtige Entwicklung des Urheberrechts, in: GRUR 2012, S. 118 (119 ff.); *B. P. Paal/M. Hennemann*, Schutz vor Urheberrechten im Internet ACTA, Warnhinweismodell und Europarecht, in: MMR 2012, S. 288 (288 ff.).

234 *Frey*, Romanfigur (Fn. 392), S. 94 f.

235 *Wandrey*, Das Recht am Lebensbild, in: UFITA 5 (1932), S. 359 (366); *v. Becker*, Fiktion (Fn. 106), S. 95 ff.

236 *Schertz*, Bildnisse (Fn. 233), S. 559; *ders.*, Bildnisse (Fn. 233), S. 666.

237 *v. Becker*, Fiktion (Fn. 106), S. 95 ff.; *Götting*, Persönlichkeitsschutz (Fn. 4), S. 441, 443 f.

238 *Schertz*, Bildnisse (Fn. 233), S. 559.

239 Seit jeher anerkannt, siehe nur BGH JZ 1965, 411 (413).

240 *Hubmann*, Persönlichkeitsrecht (Fn. 226), S. 306.

241 Vgl. *Hubmann*, Persönlichkeitsrecht (Fn. 226), S. 304.

kreis bejaht. Demgemäß würde den Klägerinnen der Schutz – in zumindest analoger Anwendung – aus §§ 22, 23 KUG zukommen.

(2) Kein Schutz durch §§ 22, 23 KUG in der Literatur mangels Visualisierung

Die Gegenansicht, die insbesondere von der Rechtsprechung – auch vom erkennenden Senat im Fall des „Esra"-Beschlusses[242] – vertreten wird, lehnt eine Ausweitung des Schutzes durch §§ 22, 23 KUG im Bereich künstlerischer Darstellung ab[243]. Ein Bedürfnis für diese Anwendung wird verneint, *die Ausformungen des allgemeinen Persönlichkeitsrechts böten ausreichenden Schutz*[244]. Nach §§ 22, 23 KUG werde allein die visuelle Abbildung einer Person entsprechend ihrer tatsächlichen Gestalt geschützt[245]. Eine *Erkennbarkeit aufgrund von Handlungen und Ereignissen könne nicht genügen*[246]. Die Wertungen der §§ 22 ff. KUG seien damit nicht auf die Personendarstellung in literarischen Werken anwendbar: § 23 Abs. 1 Nr. 4 KUG erfordere zwar keine Einwilligung zur Verbreitung und Veröffentlichung von Bildern, sofern diese einem höheren Interesse der Kunst dienen. Allerdings ist eine Erlaubnis nach § 23 Abs. 2 KUG dann erforderlich, wenn anderenfalls die berechtigten Interessen des Abgebildeten verletzt würden. Aus dieser Wertung heraus bestände dann die Möglichkeit, jede Abweichung von der Realität wie im Presserecht zu beanstanden. Ein Einwilligungserfordernis im Fall der Unwahrheit kommt bei literarischen Darstellungen allerdings nicht in Betracht, da fiktionale Schilderungen keinen Anspruch auf Wirklichkeitstreue erheben[247]. An einem Kunstwerk besteht grundsätzlich auch kein öffentliches Informationsinteresse, so daß sich die beiden Abwägungsprozesse von bildhafter und literarischer Darstellung grundlegend voneinander unterscheiden[248].

---

[242] BVerfGE 119, 1 (28 f.).

[243] BVerfGE 119, 1 (28); OLG Stuttgart NJW 1989, 396 (396); OLG München ZUM 2007, 932 (933); *J. Helle,* Besondere Persönlichkeitsrechte im Privatrecht: das Recht am eigenen Bild, das Recht am gesprochenen Wort und der Schutz des geschriebenen Wortes, 1991, S. 53 f.; *v. Becker,* Überlegungen (Fn. 112), S. 469; *R. Rixecker,* Münchener Kommentar (Fn. 214), Anhang zu § 12. Das Allgemeine Persönlichkeitsrecht, Rn. 42, 44; *M. Fricke,* Praxiskommentar (Fn. 152), § 23 KUG Rn. 33; *Neumeyer,* Person (Fn. 224), S. 74 f., 194; *Knothe,* Freiheit (Fn. 6), S. 96 f.; *Schiemann,* Persönlichkeitsrechtsverletzung (Fn. 309), S. 43.

[244] *Neumeyer,* Person (Fn. 224), S. 75.

[245] OLG München ZUM 2007, 932 (933).

[246] Wird eine Person anhand äußerer Merkmale wiedererkannt, ist der Bereich der §§ 22 ff. KUG eröffnet. Eine darüber hinausreichende Übertragung des Schutzes auf das Lebensbild einer Person würde den Bereich der Kunstfreiheit zu weit einschränken: BVerfGE 119, 1 (28); OLG München ZUM 2007, 932 (933).

[247] *Fricke,* Praxiskommentar (Fn. 152), § 23 KUG Rn. 33.

[248] So auch *v. Becker,* Überlegungen (Fn. 112), S. 469.

(3) Zwischenergebnis: kein Schutz des Lebensbilds der Klägerinnen durch §§ 22 f. KUG

Eine analoge Heranziehung der §§ 22 f. KUG auf die Verarbeitung der Lebensbilder der Klägerinnen in Esra und Lale ist vor dem Hintergrund der ausgetauschten Argumente abzulehnen[249]. Bereits an dem zuletzt genannten Aspekt des *Wahrheitsschutzes* durch § 23 Abs. 1 Nr. 4, Abs. 2 KUG, der auf literarische Wirklichkeitsbearbeitungen naturgemäß nicht übertragbar ist, zeigt sich die *Inkonsequenz der Analogie*: § 23 Abs. 1 Nr. 4, Abs. 2 KUG schützt den Authentizitätsanspruch eines Bildnisses[250]. In einer künstlerischen Bearbeitung wird allerdings ein Lebensbild nicht wahrheitsgetreu wiedergegeben. Auch *Biller* legt nicht diesen Maßstab an, so daß eine Wahrheitsverletzung in dem Roman nicht erfolgen kann. Die Regelungen nach §§ 22 ff. KUG sichern allerdings gerade den Wahrheitsgehalt ab. Denn im Bereich des Bildnisschutzes wird – im Gegensatz zur literarischen Welt – den Fotografien grundsätzlich ein Authentizitätsanspruch attestiert. Demgemäß spielen bei der Anwendung der §§ 22 f. KUG auch Verfälschungen eine erhebliche Rolle. Im Recht der Bildnisse ist daher stets zwischen künstlerischer Karikatur und wahrheitsbeanspruchender Fotomontage

---

[249] In Betracht käme auch eine Hinzuziehung der Regelungen des UrhG bezüglich „Bildzitaten". – Grundsätzlich zur Kunstfreiheit im Fall von Zitaten und selbständiger Aussage: BVerfG (Kammer), GRUR 2001, 149 (152); Bildzitate zeichnen sich dadurch aus, „dass das zitierte Werk eine Abbildung des Werks der bildenden Kunst ist." So nach *T. Prengel,* Bildzitate von Kunstwerken als Schranke des Urheberrechts und des Eigentums mit Bezügen zum Internationalen Privatrecht, 2011, S. 46. Bei dem Lebensbild der Klägerinnen handelt es sich erkenntlich *nicht um ein Werk der bildenden Kunst,* die literarische Verarbeitung entspricht *nicht dem Zitieren im Sinne des § 51 UrhG,* also der „Vervielfältigung, Verbreitung und öffentliche[n] Wiedergabe". Hierzu *B. v. Becker,* Zitat und Kunstfreiheit – Das „Brecht-Zitate"-Urteil des Bundesverfassungsgerichts, in: ZUM 2000, S. 864 (865 ff.). Eine direkte Anwendung ist damit ausgeschlossen. – Gleichwohl lassen sich die Wertungen des UrhG in Hinblick auf die Verwertungsmöglichkeiten nach §§ 23 f. UrhG fruchtbar machen. Die nach § 23 S. 1 UrhG mögliche Bearbeitung eines Werks darf nur mit Einwilligung des Urhebers erfolgen. Bei dem Vorgang bleibt das ursprüngliche Werk erkennbar, die Wesenszüge sind weiterhin sichtbar. Demgegenüber ist die freie Benutzung eine selbständige zustimmungsfreie Verwertung, die das Ursprungswerk nicht übernimmt, sondern als Anregung für eine neue Schöpfung nimmt. Hierzu *Prengel,* ebda., S. 48, 50. Wenn auch eine Analogie aus den gleichen Gründen wie nach §§ 22 f. KUG ausgeschlossen ist, lassen sich die Überlegungen des Urheberrechts doch für die literarische Vor- und Abbild-Problematik fruchtbar machen. *Bei Übertragung dieser Rechtsgedanken auf den „Esra"-Fall kann der Roman wie erörtert als literarische Neuschöpfung und damit als zustimmungsfreie Benutzung im Sinne des § 24 UrhG gewertet werden.* Eine Einordnung nach § 24 UrhG entspricht damit der grundsätzlichen Freiheit der Kunst, die in der *Fiktionalitätsvermutung* eine literaturwissenschaftlichen Standards adäquate Ausformung erhalten hat. Eine Bezugnahme zur freien Benutzung nach § 24 UrhG für die Realsatire oder -parodie wegen enger Bindung an den unveränderten Ursprungsgegenstand bei *v. Becker,* ebda., S. 866. Instruktiv zu §§ 24, 51 UrhG bei Kunstwerken *J. Haass,* Müller oder Brecht?, in: ZUM 1999, S. 834 (834 ff.); *Garloff,* Copyright (Fn. 727), S. 477 ff.; *G. Poll,* „TV-Total" – Alles Mattscheibe, oder was?, in: ZUM 2004, S. 511 (513 ff.).

[250] Diesen Zweck räumt auch ein *Schertz,* Bildnisse (Fn. 233), S. 564.

zu unterscheiden[251]. Merkmal der Literatur ist aber gerade eine Negation des Faktizitätsanspruchs. Die für das KUG relevanten Bildfälschungen finden in der Kunstwelt kein Äquivalent. Damit erscheinen die Beurteilungskriterien allerdings auch nicht auf ein literarisches Werk wie „Esra" anwendbar. Sie auch im Fall eines fiktionalisierten Lebensbildes der Klägerinnen heranzuziehen, höhlt den Schutzzweck der §§ 22 ff. KUG weitgehend aus[252].

Auch das Argument einer Schutzoptimierung aufgrund eines Erst-recht-Schlusses greift nicht durch. § 23 Abs. 1 Nr. 4 KUG befreit zwar vom grundsätzlichen Einwilligungserfordernis des Abgebildeten, wird aber zugleich durch die „Rück"-Ausnahme des § 23 Abs. 2 KUG im Hinblick auf ein berechtigtes Interesse des Betroffenen erneut eingeschränkt. Diese Begrenzung steht im Gegensatz zur *grundsätzlichen Freiheit, literarisch tätig zu werden,* und zur Wertung der Fiktionalitätsvermutung in Hinblick auf die Kunstfreiheit. Letztere würde verfassungswidrig begrenzt, wenn man das Spannungsverhältnis von literarischem Freigeist und Persönlichkeitsschutz entsprechend dem Regel-Ausnahme-Verhältnis der §§ 22 f. KUG ausgestalten würde. Der hohe Rang der Kunstfreiheit ist also mit den Einschränkungen aufgrund einer analogen Gesetzesanwendung nicht vereinbar: §§ 22 ff. KUG begrenzen in direkter Anwendung als allgemeines Gesetz im Sinne des Art. 5 Abs. 2 GG die in Art. 5 Abs. 1 GG garantierten Grundrechte. Die vorbehaltlos gewährleistete Kunstfreiheit aufgrund einer bloß analogen Anwendung der §§ 22 ff. KUG einzuschränken, erscheint verfehlt. Die literarische Unabhängigkeit *Billers* kann nicht unter einen grundsätzlichen Einwilligungsvorbehalt des § 22 S. 1 KUG gestellt werden und selbst bei Wertung als künstlerisches Werk eine Erlaubnis durch die Betroffenen – die als literarische Vorbilder ein berechtigtes Interesse geltend machen können – erfordern.

Darüber hinaus spricht auch die Systematik der Norm gegen eine Anwendbarkeit bei künstlerischen Darstellungen: *Die anderen, in § 23 Abs. 1 KUG aufgeführten Ausnahmen von dem Einwilligungserfordernis des § 22 S. 1 KUG nehmen eindeutig Bezug auf den visualisierenden Charakter des genannten Bildnisses:* So stellen § 23 Abs. 1 Nr. 2 KUG die „Bilder, auf denen die Personen nur als Beiwerk neben einer Landschaft oder sonstigen Örtlichkeit erscheinen" und § 23 Abs. 1

[251] *F. Hufen,* Verfassungsrecht – Grundrechte, in: JuS 2006, S. 257 (258); mangels Identität von literarischer Verarbeitung und Lebensbild der Vorlage kann auch nicht von einer Entwendung letzterer durch den Künstler, einer Art „umgekehrter Beutekunst" (Diebstahl der Realität durch den Künstler anstelle des Diebstahls von Kunstobjekten in der Realität) gesprochen werden, zur Wirklichkeit von Beutekunst aus Sicht künstlerischer und juristischer Experten mit Bezugnahme zu völkerrechtlichen Grundlagen: *B. Maaz,* Die Fülle der Fälle, in: H. Becker (Hrsg.), Schattengalerie – Symposium zur Beutekunst, 2010, S. 56 (56 ff.); *T. Eitel,* Beutekunst, in: H. Becker (Hrsg.), Schattengalerie – Symposium zur Beutekunst, 2010, S. 181 (181 ff.); *W. Maurus,* Beutekunst zwischen Recht und Realität, in: H. Becker (Hrsg.), Schattengalerie – Symposium zur Beutekunst, 2010, S. 189 (189 ff.); *K. D. Alford,* Allied Looting in World War II, Jefferson/NC 2011, S. 7 ff.

[252] So aber *Schertz,* Bildnisse (Fn. 233), S. 564.

Nr. 3 KUG „Bilder von Versammlungen, Aufzügen und ähnlichen Vorgängen, an denen die dargestellten Personen teilgenommen haben", von der Voraussetzung der Einwilligung des Abgebildeten frei. Diese Ausnahmetatbestände beziehen sich eindeutig auf körperliche Darstellungen: Eine literarische Personendarstellung kann nicht „nur als Beiwerk neben einer Landschaft oder sonstigen Örtlichkeit" nach § 23 Abs. 1 Nr. 2 KUG oder als Teilnehmer „von Versammlungen, Aufzügen und ähnlichen Vorgängen", § 23 Abs. 1 Nr. 3 KUG, eingeordnet werden. Wenn sich nun die übrigen, in § 23 Abs. 1 KUG normierten Ausnahmen von § 22 S. 1 KUG ausschließlich auf fotographische Abbildungen beziehen, würde eine analoge Anwendung allein des § 23 Abs. 1 Nr. 4 KUG auf künstlerisch verarbeitete Lebensbilder der Systematik und Ratio der Norm zuwiderlaufen.

b) Zivilrechtliche Anerkennung des allgemeinen Persönlichkeitsrechts

Wie die Vorstellung der bisherigen Normierungen zeigt, boten die gesetzlichen Regelungen also gegenüber der Gefahr verstärkter Persönlichkeitsrechtsverletzungen – verursacht durch die Breitenwirkung der Massenkommunikation seit der zweiten Hälfte des letzten Jahrhunderts – keinen flächendeckenden, sondern allein einen punktuellen Schutz. Aus diesem Grund entwickelte die zivilgerichtliche Rechtsprechung neben diesen normierten Rechten ein neues, eigenständiges Recht, das allgemeine Persönlichkeitsrecht[253]. Der von den Klägerinnen geltend gemachte Abwehranspruch analog § 1004 Abs. 1 S. 2 BGB i.V.m. § 823 Abs. 1 BGB i.V.m. Art. 2 Abs. 1 i.V.m. Art. 1 Abs. 1 GG ist also letztlich auf die Anerkennung des allgemeinen Persönlichkeitsrechts in der zivilgerichtlichen Entscheidungspraxis zurückzuführen und rechtfertigt eine nähere Betrachtung der

---

253 BGHZ 13, 334 (338); 24, 72 (76 f.); 26, 349 (354 f.); 27, 284 (285 ff.); 30, 7 (10 ff.); 35, 363 (367 ff.); 39, 124 (131 ff.); BGH NJW 1965, 685 (686). – Zur Entstehung des allgemeinen Persönlichkeitsrechts *E. v. Caemmerer,* Der privatrechtliche Persönlichkeitsschutz nach deutschem Recht, in: J. Esser/H. Thieme (Hrsg.), Festschrift für Fritz von Hippel, 1967, S. 27 (30 ff.); *G. Krüger-Nieland,* Das Urheberpersönlichkeitsrecht, eine besondere Erscheinungsform des allgemeinen Persönlichkeitsrechts?, in: E. v. Caemmerer/R. Fischer/K. Nüßgens/R. Schmidt (Hrsg.), Festschrift für Fritz Hauß zum 70. Geburtstag, 1978, S. 215 (215 ff.); *H. E. Brandner,* Das allgemeine Persönlichkeitsrecht in der Entwicklung durch die Rechtsprechung, in: JZ 1983, S. 689 (689 ff.); *K. Vogelgesang,* Grundrecht auf informationelle Selbstbestimmung?, 1987, S. 39 ff.; *Jarass,* Persönlichkeitsrecht (Fn. 208), S. 858; *C. Degenhart,* Das allgemeine Persönlichkeitsrecht, in: JuS 1992, S. 361 (362); *H. D. Jarass,* Die Entwicklung des allgemeinen Persönlichkeitsrechts in der Rechtsprechung des Bundesverfassungsgerichts, in: H.-U. Erichsen/H. Kollhosser/J. Welp (Hrsg.), Recht der Persönlichkeit, 1996, S. 89 (89 ff.); *G. Duttge,* Recht auf Datenschutz?, in: Der Staat 36 (1997), S. 281 (286 ff.); *H. Ehmann,* Zur Struktur des Allgemeinen Persönlichkeitsrechts, in: JuS 1997, S. 193 (193 f.); *J. Aulehner,* Polizeiliche Gefahren- und Informationsvorsorge, 1998, S. 359 ff.; *F. Seifert,* Postmortaler Schutz des Persönlichkeitsrechts und Schadensersatz – Zugleich ein Streifzug durch die Geschichte des allgemeinen Persönlichkeitsrechts, in: NJW 1999, S. 1889 (1889 ff.); *S. Balthasar,* Der Schutz der Privatsphäre im Zivilrecht, 2006, S. 15 ff.; instruktiv *Ohly,* Harmonisierung (Fn. 213), S. 904 f.; *Luch,* Medienpersönlichkeitsrecht (Fn. 208), S. 42 ff.; *Knothe,* Freiheit (Fn. 6), S. 83.

zivilrechtlichen Ausformung. Insbesondere zwei Entscheidungen des Bundesgerichtshofs waren für die Begründung des allgemeinen Persönlichkeitsrechts maßgebend: die Entscheidungen „Leserbrief"[254] und „Herrenreiter"[255] aus den Jahren 1954 und 1958[256].

In der *„Leserbrief"-Entscheidung* gab der Bundesgerichtshof der Klage statt und stützte den Anspruch des Klägers auf das insoweit neuartige allgemeine Persönlichkeitsrecht. Bezeichnenderweise stützte sich das Gericht auf verfassungsrechtliche Vorgaben, obwohl das Grundgesetz das allgemeine Persönlichkeitsrecht nicht ausdrücklich normiert[257]. Das Bundesverfassungsgericht wird später nicht weniger sibyllinisch bei der Ausgestaltung des allgemeinen Persönlichkeitsrechts seinerseits auf die zivilrechtliche Rechtsprechung verweisen[258]. In der *„Herrenreiter"-Entscheidung* bestätigt der Bundesgerichtshof im Anschluß an die „Leserbrief"-Entscheidung die Ableitung des allgemeinen Persönlichkeitsrechts aus Art. 1, Art. 2 GG[259]. Bemerkenswert ist die Selbstverständlichkeit,

---

[254] Gegenstand der Entscheidung war ein Widerrufsanspruch. Die Beklagte hatte ein Schreiben des Klägers in abgekürzter Fassung unter der Rubrik „Leserbriefe" veröffentlicht, der darin eine vollständige Veränderung des Inhalts sah. Der Kläger war mit dem Schriftsatz seiner anwaltlichen Tätigkeit nachgegangen. Er hatte keinen Leserbrief geschrieben. Die abgedruckte Fassung in der Rubrik „Leserbriefe" vermittele allerdings den falschen Eindruck einer politischen Stellungnahme seitens des Klägers. Aus Standespflichten müsse sich ein Anwalt darauf verlassen können, daß seine Schriftsätze nicht in verfälschter Weise als Leserbriefe veröffentlicht werden. Die Beklagte solle widerrufen, daß der Kläger einen Leserbrief an sie gesandt habe: BGHZ 13, 334 (335).

[255] In der „Herrenreiter"-Entscheidung spricht der Bundesgerichtshof dem Kläger, dessen Fotografie als Reiter – ohne seine Einwilligung – Grundlage eines Werbeplakats für ein pharmazeutisches Präparat war, einen Schadensersatzanspruch aufgrund der Verletzung des allgemeinen Persönlichkeitsrechts zu, BGHZ 26, 349 (351, 354 ff.).

[256] Es versteht sich, daß die genannten nur eine Auswahl der prägenden Entscheidungen zum allgemeinen Persönlichkeitsrecht darstellen, und diese Arbeit eine umfassende Darstellung aller wesentlichen Rechtsprechungsschritte nicht leisten kann, vgl. nur auch BGHZ 13, 334 (338); 20, 345 (347 ff.); 24, 72 (76 f.); 30, 7 (10 ff.); 35, 363 (367 ff.); 36, 77 (80 ff.); 39, 124 (131 ff.); 50, 133 (144 ff.), 143, 214 (218 ff.). – *Lukes* warnt in diesem Kontext davor, die Bedeutung des inhaltlichen Schutzes bei der Diskussion um die Normierung eines eigenständigen Persönlichkeitsrechts zu vernachlässigen: *R. Lukes,* Versuch zur Präzisierung des Bereichs eines allgemeinen Persönlichkeitsrechts, in: Wolfgang Zöllner, Berichte, in: AcP 160 (1961), S. 538 (542 ff.). – Zum Streit um die gesetzliche Verankerung des Persönlichkeitsschutzes einsichtsreich *R. Reinhardt,* Der Streit um den Persönlichkeitsschutz nach dem Referentenentwurf des Bundesjustizministeriums, in: JZ 1959, S. 41 (41 ff.).

[257] BGHZ 13, 334 (338): „Nachdem nunmehr das Grundgesetz das Recht des Menschen auf Achtung seiner Würde (Art. 1 GrundG) und das Recht auf freie Entfaltung seiner Persönlichkeit auch als privates, von jedermann zu achtendes Recht anerkennt, soweit dieses Recht nicht die Rechte anderer verletzt oder gegen die verfassungsmäßige Ordnung oder das Sittengesetz verstößt (Art. 2 GrundG) muß das allgemeine Persönlichkeitsrecht als ein verfassungsmäßig gewährleistetes Grundrecht angesehen werden."

[258] BVerfGE 34, 269 (281 f.).

[259] Geschützt wird danach der Persönlichkeitsbereich, der allein der freien und eigenverantwortlichen Selbstbestimmung des Individuums unterfällt: BGHZ 26, 349 (354).

mit der das Gericht die Grundrechte im Zivilrechtsstreit für anwendbar hält. Die mittelbare Grundrechtswirkung im Privatrechtsverkehr wird nicht näher thematisiert[260]. Diese Entscheidungen sind grundlegend für die Anerkennung des allgemeinen Persönlichkeitsrechts im Sinne des § 823 Abs. 1 BGB[261].

Schon nach Inkrafttreten des Grundgesetzes wurde es von der Literatur als neues subjektives Recht weitgehend anerkannt. Zusätzlich wurde die Kontur durch Fallgruppenbildung angelehnt an die Rechtsprechungspraxis geschärft[262].

Für den konkreten Fall „Esra" gewinnt das allgemeine Persönlichkeitsrecht als „sonstiges Recht" im Sinne des § 823 Abs. 1 i.V.m. § 1004 Abs. 1 S. 2 BGB und vor dem Hintergrund des sich daraus ergebenden Unterlassungsanspruchs der Klägerinnen an Bedeutung. Zwar ist die Verfassungsmäßigkeit der Vorschriften allgemein anerkannt[263]. Allerdings gibt die Konstellation als denkbar nachhaltiges Instrument zur Beschränkung der Kunstfreiheit in Form eines Publikationsverbots doch Bedenken hinsichtlich Bestimmtheit und Regelungsdichte auf: Denn das sonstige Recht unterscheidet sich in seiner Ausgestaltung deutlich von den in der Norm namentlich genannten Schutzgütern[264]. Es handelt sich um ein offengehaltenes Rahmenrecht, das verschiedenste Rechtspositionen ohne namentliche Benennung schützt und regelmäßig eine Abwägung der widerstreitenden Interessen im Einzelfall sowie eine positive Feststellung der Rechtswidrigkeit im Prüfungsaufbau erfordert[265]. Somit wird das allgemeine Persönlichkeitsrecht, zu dessen Schutz das Publikationsverbot ergeht, nicht ausdrücklich, sondern nur unter dem Sammelbegriff des sonstigen Rechts in § 823 Abs. 1 BGB erwähnt. Es bedingt nur über die analoge Anwendung des § 1004 Abs. 1 S. 2 BGB einen Unterlassungsanspruch.

---

260 Vgl. Abschnitt D.I.2.

261 BGHZ 26, 349 (354 f.); vgl. auch BGHZ 24, 72 (76 ff.).

262 Denn in der Rechtsprechung hatte sich bis zu diesem Zeitpunkt noch keine handhabbare Struktur für das Persönlichkeitsrecht durchgesetzt. – So resümiert auch *Luch*, Medienpersönlichkeitsrecht (Fn. 208), S. 30. Um größere Rechtssicherheit zu garantieren, verlagerte sich im Anschluß die Darstellung von einer fallgruppenorientierten zu einer abstrakt-generellen Betrachtung. – Zu den Anfängen des Persönlichkeitsrechts schon früh *H. Hubmann,* Der zivilrechtliche Schutz der Persönlichkeit gegen Indiskretion, in: JZ 1957, S. 521 (524 ff.); *Schwerdtner,* Persönlichkeitsrecht (Fn. 27), S. 94 ff.; *Rixecker,* Münchener Kommentar (Fn. 214), Anhang zu § 12. Das Allgemeine Persönlichkeitsrecht, Rn. 11 ff. *Baston-Vogt* zeigt sich mit der gegenwärtigen Einzelfallpraxis unzufrieden. Sie fordert einen „generellen Kompetenzbereich" ein: *M. Baston-Vogt,* Der sachliche Schutzbereich des zivilrechtlichen allgemeinen Persönlichkeitsrechts, 1997, S. 201 ff., 214 ff. – Vertiefend *Luch,* Medienpersönlichkeitsrecht (Fn. 208), S. 19 ff., 23.

263 BVerfGE 97, 125 (148); zuletzt nur OLG Hamburg ZUM 2007, 479 (481); LG Berlin NZM 2001, 207 (207 f.); LG Koblenz NJW 2007, 695 (696 f.).

264 *Rixecker,* Münchener Kommentar (Fn. 214), Anhang zu § 12. Das Allgemeine Persönlichkeitsrecht, Rn. 59 ff.

265 *Rixecker,* Münchener Kommentar (Fn. 214), Anhang zu § 12. Das Allgemeine Persönlichkeitsrecht, Rn. 8.

2. Persönlichkeitsschutz der Klägerinnen durch das Bundesverfassungsgericht

Die Geltendmachung eines Anspruchs aus dem allgemeinen Persönlichkeitsrecht hat sich wie dargestellt zunächst im Zivilrecht etabliert[266]. Das Bundesverfassungsgericht erkannte 1957 in der „Elfes"-Entscheidung den Schutz für eine *Sphäre privater Lebensgestaltung* an. Allerdings leitete es diese Abschirmung allein aus der allgemeinen Handlungsfreiheit aus Art. 2 Abs. 1 GG ab[267]. Von der Einführung eines neuen Grundrechts konnte zu diesem frühen Zeitpunkt noch nicht gesprochen werden. Gleichwohl spiegelte die Entscheidung das intensivierte Bemühen um eine Stärkung des Persönlichkeitsschutzes wider. So entwickelte das Bundesverfassungsgericht dann in dem „Mikrozensus"-Beschluß 1969 schließlich ein *allgemeines Persönlichkeitsgrundrecht*[268]. Das neu eingeführte, zunächst noch unbenannte Grundrecht wurde verfassungsrechtlich in der allgemeinen Handlungsfreiheit aus Art. 2 Abs. 1 GG und der Menschenwürdegarantie aus Art. 1 Abs. 1 GG verankert[269]. Diese Grundlage ist auch in der Literatur anerkannt[270]. Die konkrete Benennung des allgemeinen Persönlichkeitsrechts erfolgte später im „Eppler"-Beschluß[271]. In der „Soraya"-Entscheidung hat das Bundesverfassungsgericht den Persönlichkeitsschutz von einem Recht auf einen privaten Rückzugsbereich zu einem *Recht auf freie Selbstbestimmung* ausgebaut und sich dabei explizit auf die Rechtsprechung des Bundesgerichtshofs bezogen[272]. Das Gericht erkennt im

---

[266] Dort hat es insbesondere aufgrund der Rechtsprechung in den Fällen „Leserbrief" und „Herrenreiter" Konturen angenommen, die gelegentlich sogar präziser als die vom Bundesverfassungsgericht gewählten verliefen: BVerfGE 34, 269 (282 f.); BGH NJW 1965, 685 (686); vgl. hierzu *Luch*, Medienpersönlichkeitsrecht (Fn. 208), S. 35.

[267] BVerfGE 6, 32 (41); ähnlich auch BVerfGE 4, 7 (15 f.); 8, 274 (329); 34, 238 (246); 47, 46 (69).

[268] BVerfGE 27, 1 (6 f.); vgl. auch BVerfGE 32, 373 (378 f.); 33, 367 (376); 34, 238 (245); 35, 202 (219); 54, 148 (152); 72, 155 (170 f.); 79, 256 (268 ff.); 82, 236 (269); 90, 263 (270 f.). – Gute Einführung bei *Jarass*, Entwicklung (Fn. 253), S. 89 ff.; *D. Grimm*, Persönlichkeitsschutz im Verfassungsrecht, in: E. Lorenz (Hrsg.), Karlsruher Forum 1996, 1997, S. 3 (7 ff.); *F. Hufen*, Schutz der Persönlichkeit und Recht auf informationelle Selbstbestimmung, in: P. Badura/H. Dreier (Hrsg.), Festschrift 50 Jahre Bundesverfassungsgericht, Bd. 2: Klärung und Fortbildung des Verfassungsrechts, 2001, S. 105 (108 ff.); *W. Thieme*, Das Deutsche Personenrecht, 2003, S. 136 ff.

[269] BVerfGE 27, 1 (6); 35, 202 (219 ff.); 54, 148 (152 ff.); 72, 155 (170 f.); 82, 236 (269); 90, 263 (270 f.); weniger präzise BGHZ 128, 1 (12 f., 15 f.); OLG Bremen NJW 1996, 1000 (1001); OLG Celle NJW 2003, 2463 (2463 f.); *Di Fabio*, Grundgesetz (Fn. 477), Art. 2 (2001), Rn. 128; *M. M. Meinke*, In Verbindung mit, 2006, S. 44 ff.; mit anderer Pointierung *Starck*, Kommentar (Fn. 724), Art. 2 Abs. 1 Rn. 15.

[270] *Dreier*, Grundgesetz (Fn. 96), Art. 2 I Rn. 68; *Jarass*, Grundgesetz (Fn. 729), Art. 2 Rn. 36; *ders.*, Persönlichkeitsrecht (Fn. 208), S. 857. – Demgegenüber lehnt eine Konkretisierung des Persönlichkeitsrechts durch Art. 1 Abs. 1 GG ab: *Luch*, Medienpersönlichkeitsrecht (Fn. 208), S. 80 ff., 85 ff.

[271] BVerfGE 54, 148 (153).

[272] BVerfGE 34, 269 (281): „Es genügt festzustellen, daß das – vom Gesetzgeber des Bür-

Anschluß das allgemeine Persönlichkeitsrecht auch als durch *§ 823 Abs. 1 BGB geschütztes Recht an, dessen Relevanz durch Art. 1 und Art. 2 Abs. 1 GG* verstärkt wird[273]. Das Fundament für die Untersagung der Romanpublikation von „Esra" ist damit auch in verfassungsrechtlicher Hinsicht gelegt. Das „Volkszählungs"-Urteil aus dem Jahr 1983 bedeutete einen weiteren Meilenstein in der Ausgestaltung des allgemeinen Persönlichkeitsrechts. Das Bundesverfassungsgericht erkannte darin ein *Recht auf informationelle Selbstbestimmung* an[274].

Die Entwicklung belegt die Flexibilität und Anpassungsfähigkeit des Persönlichkeitsschutzes an konkrete Gefahren[275]. Insbesondere der wissenschaftlich-technische Fortschritt erforderte eine Schutzintensivierung in Bereichen von Anonymität, Selbstbestimmung und eigenverantwortlicher Lebensgestaltung[276]. Das derzeitige Verständnis von Persönlichkeitsschutz kennzeichnet eine neue Höchstmarke im Schutzumfang. So werden „die engere persönliche Lebenssphäre und die Erhaltung ihrer Grundbedingungen"[277] umfassend abgesichert. Das Persönlichkeitsrecht eröffnet äußerst weitgehend jedem Individuum „einen autonomen Bereich privater Lebensgestaltung, in dem er seine Individualität entwickeln und wahren kann"[278]. Zuletzt erlebte das Recht eine weitere

---

gerlichen Gesetzbuchs noch abgelehnte – allgemeine Persönlichkeitsrecht sich im Lauf einer jahrzehntelangen Erörterung in der Wissenschaft durchgesetzt hat und nach der in der erwähnten Entscheidung des Bundesgerichtshofs vollzogenen Anerkennung nunmehr zum festen Bestandteil unserer Privatrechtsordnung geworden ist […]. Das Bundesverfassungsgericht hat keinen Anlaß, dieser Rechtsprechung des Bundesgerichtshofs von Verfassungs wegen entgegenzutreten. Das Wertsystem der Grundrechte findet seinen Mittelpunkt in der innerhalb der sozialen Gemeinschaft sich frei entfaltenden menschlichen Persönlichkeit und ihrer Würde […]. Ihr gebührt Achtung und Schutz von seiten aller staatlichen Gewalt (Art. 1 und 2 Abs. 1 GG). Solchen Schutz darf vor allem die private Sphäre des Menschen beanspruchen, der Bereich, in dem er allein zu bleiben, seine Entscheidungen in eigener Verantwortung zu treffen und von Eingriffen jeder Art nicht behelligt zu werden wünscht […]. Diesem Schutzzweck dient im Bereich des Privatrechts auch die Rechtsfigur des allgemeinen Persönlichkeitsrechts; sie füllt Lücken im Persönlichkeitsschutz aus, die hier trotz Anerkennung einzelner Persönlichkeitsrechte verblieben und im Laufe der Zeit aus verschiedenen Gründen immer fühlbarer geworden waren. Das Bundesverfassungsgericht hat deshalb die Anerkennung eines allgemeinen Persönlichkeitsrechts in der Rechtsprechung der Zivilgerichte nie beanstandet […]."

[273] BVerfGE 34, 269 (282). Das allgemeine Persönlichkeitsrecht ist gegenüber der allgemeinen Handlungsfreiheit spezieller und steht im Verhältnis zu anderen Grundrechten in Idealkonkurrenz. Allgemeine Ansicht, siehe nur *Dreier,* Grundgesetz (Fn. 96), Art. 2 I Rn. 94.

[274] BVerfGE 65, 1 (41 ff.).

[275] Das Bundesverfassungsgericht hat die Einführung eines allgemeinen Persönlichkeitsrechts mit der Notwendigkeit begründet, flexibel auf zeitgebundene Gefahren reagieren zu können: BVerfGE 34, 269 (281 f.); 54, 148 (153); 72, 155 (170); 101, 361 (380); 114, 339 (346); hierzu auch *Dreier,* Grundlagen (Fn. 48), § 1 Rn. 126 f.; hierzu *Grimm,* Persönlichkeitsschutz (Fn. 268), S. 3.

[276] BVerfGE 65, 1 (42); vgl. auch *Grimm,* Persönlichkeitsschutz (Fn. 268), S. 3; *Knothe,* Freiheit (Fn. 6), S. 83.

[277] BVerfGE 54, 148 (153).

[278] BVerfGE 90, 263 (270).

Konkretisierung und gewährt *Kenntnis der eigenen Abstammung*[279]. Nicht nur in der Präzisierung in Form positivistischen Rechts, sondern auch in der Begrenzung des Umfangs setzt das Gericht – nicht zuletzt aufgrund europarechtlicher Einwirkung – verfassungsrechtliche, den Persönlichkeitsschutz modifizierende Akzente: Insbesondere in Abwägung mit den Kommunikationsgrundrechten erfuhr die Ausformung zuletzt eine stabilisierende, verschärfte Konturierung[280]. Es bleibt zu resümieren, daß die Entscheidungspraxis des Bundesverfassungsgerichts die Ansätze zum allgemeinen Persönlichkeitsrecht aus Schrifttum und zivilrechtlicher Rechtsprechung aufgenommen, *präzisiert* und – nicht selten im Ausgleich mit Äußerungsfreiheiten – verfassungsrechtlich illustriert hat[281].

3. Kritik an der Formung des Persönlichkeitsrechts durch Richterrecht

Gute Gründe sprechen für die Ablehnung der richterrechtlichen Konstruktion. Ein kaum von der Hand zu weisendes Argument ergibt sich aus Art. 79 Abs. 1, 2 GG: Das Grundgesetz legt eindeutig die Voraussetzungen fest, nach denen eine Grundrechtsänderung erfolgen kann. Daraus ergibt sich unzweideutig, daß die Einführung eines neuen, eigenständigen Grundrechts allein dem Aufgabenbereich des verfassungsändernden Gesetzgebers unterfällt. Allerdings kann vor dem Hintergrund unkommentierter Anwendung in der Rechtsprechung und weitgehend apodiktischen Ausführungen im Schrifttum die tatsächliche Etablierung des allgemeinen Persönlichkeitsrechts nicht ernsthaft bestritten werden. Daher ist es zweckmäßig, bei der nun anschließenden Untersuchung das allgemeine Persönlichkeitsrecht als eigenständiges Grundrecht anzuerkennen[282]. Da in der vorliegenden Auseinandersetzung der genau bestimmte Schutzbereich und die präzisierten Schranken des allgemeinen Persönlichkeitsrechts den für die Entscheidung maßgeblichen Ausschlag geben, werden folgend beide Gesichtspunkte vertieft.

---

[279] BVerfGE 79, 256 (268 f.); 108, 82 (105).

[280] BVerfGE 120, 180 (196 ff.); eine Differenzierung der Konturen des Persönlichkeitsrechts fordert *K.-H. Ladeur*, Fiktive Lizenzentgelte für Politiker?, in: ZUM 2007, S. 111 (111); einschränkend in Abwägung mit den Kommunikationsgrundrechten *H. Ehmann*, Zum kommerziellen Interesse an Politikerpersönlichkeiten, in: AfP 2007, S. 81 (81).

[281] Zur gleichen Einschätzung führt die eingehende Untersuchung von *Luch*, Medienpersönlichkeitsrecht (Fn. 208), S. 42.

[282] Die Begutachtung der Verfassungsmäßigkeit des allgemeinen Persönlichkeitsrechts soll an dieser Stelle nicht fortgesetzt werden, da sie eine eigenständige Untersuchung erfordert.

4. Sachlicher Schutzbereich: Ausformung anhand von Fallgruppen

Der Persönlichkeitsschutz findet in Art. 12 AEMR eine Regelung auf internationaler Ebene[283]. Die europarechtliche Entsprechung in Art. 8 EMRK beschränkt sich auf die Achtung der Privatsphäre und ist im Schutz nicht derart umfassend wie die grundrechtliche Garantie[284]. Auch in die EU-Grundrechtecharta (Art. 7) und in den Vertrag über die Arbeitsweise der Europäischen Union finden nur partielle Aspekte des allgemeinen Persönlichkeitsrechts Eingang[285].

Bei dem allgemeinen Persönlichkeitsrecht handelt sich um eine *lex specialis* zur allgemeinen Handlungsfreiheit; es wird seinerseits durch andere Freiheitsrechte konkretisiert[286]. Das Grundrecht garantiert „die engere persönliche Lebenssphäre und die Erhaltung ihrer Grundbedingungen"[287]. Die unterschiedlichen Teilgebiete des Grundrechts wurden in der Literatur verschieden kategorisiert[288]. Durch die Rechtsprechung des Bundesverfassungsgerichts haben sich folgende, im Kontext der „Esra"-Entscheidung möglicherweise relevante Fallgruppen herausgebildet[289].

---

283 Art. 12 AEMR: „Niemand darf willkürlichen Eingriffen in sein Privatleben, seine Familie, seine Wohnung und seinen Schriftverkehr oder Beeinträchtigungen seiner Ehre und seines Rufes ausgesetzt werden. Jeder hat Anspruch auf rechtlichen Schutz gegen solche Eingriffe oder Beeinträchtigungen."

284 Zu den internationalen Bezügen des allgemeinen Persönlichkeitsrechts *Dreier,* Grundgesetz (Fn. 96), Art. 2 I Rn. 11 ff.; *Jarass,* Grundgesetz (Fn. 729), Art. 2 Rn. 36.

285 Guter Überblick bei *Dreier,* Grundgesetz (Fn. 96), Art. 2 I Rn. 14 f.; vertiefend *F. Lindner,* EU-Grundrechtscharta – weniger Rechte für den Bürger?, in: BayVBl. 2001, S. 523 (524 f.). – Gegen eine „Hochzonung" der Chartagrundrechte durch nationale Vorschriften wendet sich *M. Borowsky,* in: J. Meyer (Hrsg.), Charta der Grundrechte der Europäischen Union, 3. Aufl. 2011, Art. 53 Rn. 9.

286 *Jarass,* Grundgesetz (Fn. 729), Art. 2 Rn. 38. – Gute Übersichten zum allgemeinen Persönlichkeitsrecht bieten jüngst *D. Lorenz,* Allgemeines Persönlichkeitsrecht und Gentechnologie, in: JZ 2005, S. 1121 (1121 ff.); *M. Germann,* Das Allgemeine Persönlichkeitsrecht, in: Jura 2010, S. 734 (734 ff.); *R. Zimmermann,* Zum Verhältnis von Meinungsfreiheit und allgemeinem Persönlichkeitsrecht; Proteste gegen Schwangerschaftsabbrüche, in: NJ 2010, S. 332 (332 ff.); *H. Ehmann,* Das Allgemeine Persönlichkeitsrecht, in: Jura 2011, S. 437 (437 ff.).

287 BVerfGE 54, 148 (153); 79, 256 (268); 96, 56 (61); 101, 361 (380). Der Schutz ist nicht auf bestimmte Lebensbereiche beschränkt. Er bietet vielmehr jedem ein eigenständiges Gebiet privater Lebensgestaltung, das die Wahrung und Entwicklung der persönlichen Individualität ermöglicht: BVerfGE 35, 202 (225 f., 233); 79, 256 (268); 117, 202 (225 f.).

288 *Starck,* Kommentar (Fn. 724), Art. 2 Abs. 1 Rn. 170 ff.; *H. Hofmann,* Kommentar (Fn. 479), Art. 1 Rn. 58 ff.; *Jarass,* Grundgesetz (Fn. 729), Art. 2 Rn. 39 ff. – Die folgende Gliederung ist angelehnt an die Einteilung bei *Dreier,* Grundgesetz (Fn. 96), Art. 2 I Rn. 70 ff.

289 Zu den Grenzen des allgemeinen Persönlichkeitsrechts als Rechtsinstitut und seinen Fallgruppen *W. Fikentscher/T. Möllers,* Die (negative) Informationsfreiheit als Grenze von Werbung und Kunstdarbietung, in: NJW 1998, S. 1337 (1339 ff.).

a) Recht der informationellen Selbstbestimmung bei „Esra" nicht relevant

Gegenstand des *Rechts der informationellen Selbstbestimmung* ist das von Rechtsprechung und Literatur ausgeformte Recht des einzelnen, selbst zu bestimmen, wann und inwieweit persönliche Lebenssachverhalte offengelegt werden[290]. Seit Grundlegung in dem „Volkszählungs"-Urteil hat es insbesondere in jüngster Zeit im Zusammenhang mit der Einführung neuer präventiver und erkennungsdienstlicher Maßnahmen (wie die Online-Durchsuchung) an Bedeutung gewonnen[291]. In bezug auf die Klägerinnen zu 1) und 2) ist das Recht auf informationelle Selbstbestimmung nicht von Relevanz, da es bei den Frauen nicht um die Erhebung oder Weitergabe von personenbezogenen Daten geht. Künstlerisch inspirierte Verarbeitung biographischer Aspekte steht in keinem Zusammenhang mit einem Dateneingriff zur Erlangung von Informationen über den Betroffenen.

b) Recht der Selbstbewahrung: betroffene Persönlichkeitssphären der Klägerinnen

Aufgrund des *Rechts auf Selbstbewahrung* erhält der einzelne die Möglichkeit, sich zurückzuziehen, abzuschirmen oder für sich allein zu sein[292]. Für diesen Bereich hat das Bundesverfassungsgericht die *Sphärenlehre* entwickelt. Die Abwägung des allgemeinen Persönlichkeitsrechts mit widerstreitenden Grundrechten unterliegt der strengen Wahrung des Verhältnismäßigkeitsgrundsatzes[293]. Konkretisiert anhand der Sphärenlehre kommt es darauf an, welche Sphäre betroffen ist[294]. Mit wachsender Nähe zur Intimsphäre steigen die Anforderungen

[290] BVerfGE 65, 1 (42 ff.); 78, 77 (84 ff.); 96, 171 (181); 103, 21 (32 f.); 115, 166 (188 f.); 117, 202 (225 ff., 228); 118, 168 (184); 120, 274 (311 ff.); 120, 351 (360); BVerwGE 121, 115 (124 f.); BGHZ 162, 1 (5 ff.); BGH NJW 1991, 1532 (1533 f.); *A. Podlech,* Das Recht auf Privatheit, in: J. Perels (Hrsg.), Grundrechte als Fundament der Demokratie, 1979, S. 50 (55 ff.); *P. Krause,* Das Recht auf informationelle Selbstbestimmung – BVerfGE 65, 1, in: JuS 1984, S. 268 (268 ff.); *S. Simitis,* Die informationalle Selbstbestimmung – Grundbedingung einer verfassungskonformen Informationsordnung, in: NJW 1984, S. 398 (399); *Duttge,* Recht (Fn. 253), S. 281 ff.; *W. Hoffmann-Riem,* Informationelle Selbstbestimmung als Grundrecht kommunikativer Entfaltung, in: H. Bäumler (Hrsg.), „Der neue Datenschutz" – Datenschutz in der Informationsgesellschaft von morgen, 1998, S. 11 (12 ff.); *ders.,* Informationelle Selbstbestimmung in der Informationsgesellschaft, in: AöR 123 (1998), S. 513 (519 ff.); *H.-H. Trute,* Der Schutz personenbezogener Informationen in der Informationsgesellschaft, in: JZ 1998, S. 822 (824 ff.); *B. Holznagel,* Das Grundrecht auf informationelle Selbstbestimmung, in: B. Pieroth, Verfassungsrecht und soziale Wirklichkeit in Wechselwirkung, 2000, S. 29 (37 ff.); *Hufen,* Schutz (Fn. 268), S. 116 ff.

[291] BVerfGE 115, 320 (341 ff.); BVerfGK 10, 330 (336 f.); 13, 336 (340); BVerfGE 120, 378 (397 ff.).

[292] BVerfG (Kammer), NJW 1995, 1477 (1477 f.); mit gleicher Ausrichtung auch exemplarisch BVerfGE 27, 1 (6); 44, 197 (203); 47, 46 (73 f.); 80, 367 (373 ff.); 90, 255 (260 ff.); 90, 263 (270 f.); 101, 361 (382 f.); 120, 180 (198 f.).

[293] Beispielhaft BVerfGE 34, 238 (245 ff., 248 ff.); BGHZ 27, 284 (289 ff.); hierzu *Dreier,* Grundgesetz (Fn. 96), Art. 2 I Rn. 88; *Starck,* Kommentar (Fn. 724), Art. 2 Abs. 1 Rn. 173.

[294] BVerfGE 6, 32 (41); 27, 1 (6 f.); 27, 344 (351 f.); 32, 373 (378 f.); 33, 367 (376 f.); 34, 238 (245 ff.); 35, 35 (39); 35, 202 (219 f.); 38, 312 (320); 44, 353 (372 f.); 54, 208 (217 ff.); 80, 367

an den legitimierenden Zweck des Eingriffs[295]. In neueren Entscheidungen arbeitet das Bundesverfassungsgericht nicht durchgehend mit einem dreistufigen Aufbau, sondern unterscheidet weniger schematisch und unter Hinzuziehung weiterer Kriterien allein in den unantastbaren Kernbereich des allgemeinen Persönlichkeitsrechts und in den Bereich des privaten Lebens[296]. Die folgende Differenzierung in die drei Sphären von Sozial-, Privat- und Intimsphäre soll nicht einen formalen Schematismus betonen, sondern allein als Orientierungshilfe, als Andeutung einer zugrundeliegenden Struktur, dienen[297].

aa) Sozialsphäre im „Esra"-Beschluß hinsichtlich der „hard facts"

Die Sozialsphäre schützt das Ansehen des Betroffenen in der Öffentlichkeit und in seinem Bekanntenkreis. Vorsorge wird für das Gebiet getroffen, das dem sozialen Umfeld direkt zugewandt ist, namentlich hinsichtlich des Bereichs des beruflichen, wirtschaftlichen und öffentlichen Auftretens[298]. Da es sich bei der Sozialsphäre

---

(373 ff.); 89, 69 (82 f.); BVerfG (Kammer), NJW 2011, 740 (742); so auch BGH NJW 1988, 1016 (1017 f.); BGH NJW 1994, 1970 (1970 f.); BAG NJW 2000, 604 (605 f.); BGH NJW 2009, 3576 (3578). – In diesem Kontext eingehende Erörterungen zur Sphärenlehre bei *Hubmann*, Persönlichkeitsrecht (Fn. 226), S. 268 ff.; *Vogelgesang*, Grundrecht (Fn. 253), S. 42 ff.; *G. Küpper*, Tagebücher, Tonbänder, Telefonate, in: JZ 1990, S. 416 (418 ff.); *M. Geis*, Der Kernbereich des Persönlichkeitsrechts, in: JZ 1991, S. 112 (112 f.); *Degenhart*, Persönlichkeitsrecht (Fn. 253), S. 363 f.; *R. Scholz/K. Konrad*, Meinungsfreiheit und allgemeines Persönlichkeitsrecht – Zur Rechtsprechung des Bundesverfassungsgerichts, in: AöR 123 (1998), S. 60 (64 f.).

295 BVerfGE 89, 69 (82 f.); für den Bereich des Äußerungsrechts BVerfGE 97, 125 (149); BGH NJW-RR 2008, 913 (915); eingehend hierzu *Luch*, Medienpersönlichkeitsrecht (Fn. 208), S. 13 f., 17 f., 42 ff., 45 ff.

296 Schwächen der Sphärenlehre offenbarten sich insbesondere in der „Tagebuch"-Entscheidung, nach der aus ergebnisorientierten Gründen Tagebucheintragungen nicht der augenscheinlich einschlägigen Intimsphäre zugeordnet wurden, vgl. BVerfGE 80, 367 (376 ff.). – Außerdem ist sie Resultat nationaler Eigenart, die in anderen – durchaus persönlichkeitsaffinen – Rechtsordnungen unbekannt ist; vgl. für Italien *Missling*, Persönlichkeitsschutz (Fn. 233), 1995, S. 51. Dennoch bleibt die Sphärenlehre bis in die Gegenwart Bestandteil der Entscheidungspraxis: OLG Hamburg ZUM-RD 2000, 142 (143); LG Zweibrücken NJW 2004, 85 (85 f.); LG München I ZUM 2005, 922 (923 f.); *Degenhart*, Persönlichkeitsrecht (Fn. 253), S. 363 f. – Kritisch *P. Kunig*, Grundgesetz-Kommentar (Fn. 88), Art. 2 Rn. 41; *Dreier*, Grundgesetz (Fn. 96), Art. 2 I Rn. 87; das Tagebuch als Privatbeichte und damit als im Strafprozeß unverwertbar betrachtet *F. Hufen*, Staatsrecht II, 3. Aufl. 2011, S. 186; *Starck*, Kommentar (Fn. 724), Art. 2 Abs. 1 Rn. 16; kritisch zur Sphärenlehre auch *Hofmann*, Kommentar (Fn. 479), Art. 1 Rn. 61.

297 Differenzierend auch *Siegle*, Spannungsverhältnis (Fn. 1), S. 58 f. – Im folgenden werden aus Gründen der Verständlichkeit allein die unterschiedlichen Bereiche als Sozial-, Privat- und Intimsphäre bezeichnet, ohne auf die weiteren Einteilungen von Geheim-, Eigen-, Individual-, Familien-, Vertraulichkeits- und Öffentlichkeitssphäre näher einzugehen. Da sich diese den drei genannten Sphären zuordnen lassen, also keinen selbständigen Bereich beschreiben, erscheint eine Vertiefung der Begrifflichkeiten im Rahmen dieser Arbeit entbehrlich. Vgl. zur Zuordnung *Luch*, Medienpersönlichkeitsrecht (Fn. 208), S. 42 ff.

298 BVerfGE 35, 35 (39); BGHZ 36, 77 (80); 161, 266 (268 f.); BAGE 64, 308 (312 f.); LG Köln ZUM 2011, 84 (86).

um einen weiteren Kreis handelt, sind die Voraussetzungen für die Rechtmäßigkeit eines Eingriffs in diesem Bereich am niedrigsten. Beeinträchtigungen werden mit Ausnahme von Ehrverletzungen und unwahren Tatsachenbehauptungen grundsätzlich als zulässig behandelt[299]. Die Sozialsphäre wird bei dem „Esra"-Beschluß bezüglich der öffentlichkeitswirksamen Preisverleihungen und Wiedererkennungsmerkmale wie der beruflichen Laufbahn, also allein hinsichtlich der die *Erkennbarkeit* begründenden „hard facts", berührt. Hinsichtlich der Schwere der Persönlichkeitsrechtsbeeinträchtigung sind die Darstellungen, die die Sozialsphäre tangieren, hingegen von untergeordneter Bedeutung. Relevant werden die hier insoweit auch erheblicheren Beeinträchtigungen der Privat- und Intimsphäre.

bb) Betroffene Privatsphäre der Klägerinnen

Die Privatsphäre beschreibt den Bereich des engeren persönlichen Lebensbereichs, insbesondere im häuslichen und familiären Kreis[300]. Der Schutz aufgrund der Privatsphäre ist nicht auf einen räumlichen Rückzugsbereich beschränkt, sondern umfaßt auch außerhäusliche abgeschiedene Bereiche, die erkennbar aufgesucht werden, um dort für sich zu sein[301]. Die Maßnahme kann – unter strenger Beachtung des Verhältnismäßigkeitsprinzips – nur aufgrund überwiegender Interessen der Allgemeinheit erfolgen[302]. Die Darstellung des Familienlebens von Esra und Lale betrifft die Privatsphäre der Klägerinnen. Da der Roman „Esra" die zwischenmenschliche Ebene im sozialen Umfeld von Adam thematisiert, nimmt die Erzählung mehrheitlich die familiäre und damit die Privatsphäre der beiden Klägerinnen in Bezug.

cc) Betroffene Intimsphäre der Klägerin zu 1)

Die als absolut geschützter Freiheitsraum bestimmte Intimsphäre ist Teil des Kernbereichs, des Menschenwürdekerns des Persönlichkeitsrechts[303]. Das Bundesverfassungsgericht skizziert: „Zur Entfaltung der Persönlichkeit im Kernbereich

---

299 BVerfGE 35, 202 (219 f.); 80, 367 (373 ff.); *Diederichsen,* Schutz (Fn. 220), S. 2.

300 Neben den der Öffentlichkeit entzogenen Angelegenheiten werden auch der Gesundheitszustand und die wirtschaftlichen Verhältnisse vom Schutz erfaßt: BVerfGE 27, 344 (350 f.); 32, 373 (379); 44, 353 (372 f.); 89, 69 (82 f.); *Rixecker,* Münchener Kommentar (Fn. 214), Anhang zu § 12. Das Allgemeine Persönlichkeitsrecht, Rn. 12 f.; bezüglich des Gesundheitszustandes ist eine Zuordnung in den Bereich der Geheimsphäre ebenso vertretbar, vgl. Abschitt D.III.4.b.cc.

301 BVerfGE 101, 361 (382 ff.); BGHZ 131, (332, 338); BGH NJW 2004, 762 (764.); NJW 2005, 594 (595 f.).

302 BVerfGE 27, 344 (350 ff.); 33, 367 (374 f.); 34, 205 (210); 34, 238 (245 ff.); 35, 202 (219 ff.); 80, 367 (373 ff.); 115, 320 (341 ff.); BVerfGE 120, 224 (239 f.).

303 Grundlegend die „Elfes"-Entscheidung: BVerfGE 6, 32 (40 f.). – Zur Abwägungsfestigkeit BVerfGE 6, 389 (433 f.); 27, 1 (6); 27, 344 (351); 32, 373 (378 f.); 34, 238 (245 ff., 247 f.); 34, 269 (278 f.); 35, 35 (39 f.); 38, 312 (320 ff.); 54, 143 (146); 65, 1 (46); 80, 367 (373 f.); 89, 69 (82 f.); 103, 21 (31 f.). – Für eine klare Trennung von unantastbarem Kernbereich und Intimsphäre treten ein *M. Desoi/A. Knierim,* Intimsphäre und Kernbereichsschutz – Ein

privater Lebensgestaltung gehört die Möglichkeit, innere Vorgänge wie Empfindungen und Gefühle sowie Überlegungen, Ansichten und Erlebnisse höchstpersönlicher Art zum Ausdruck zu bringen und zwar ohne Angst, daß staatliche Stellen dies überwachen. Vom Schutz umfaßt sind auch Gefühlsäußerungen, Äußerungen des unbewußten Erlebens sowie Ausdrucksformen der Sexualität."[304] Der unantastbare Kernbereich privater Lebensgestaltung bildet den Menschenwürdegehalt des allgemeinen Persönlichkeitsrechts[305] und ist damit jedem Eingriff ausnahmslos entzogen[306]. Vom Kernbereich werden neben sexuellen Handlungen als Bestandteil der Intimsphäre im engeren Sinne auch Schilderungen persönlicher Extremzustände in Trauer, Schmerz, Ekstase oder Angst sowie ein Vertraulichkeitskern in besonders privaten Kommunikationen erfaßt[307]. Relevant wird bei publikumswirksamen Darstellungen wie „Esra" insbesondere der Sexualbereich des Betroffenen[308]. So sind die geschilderten intimen Kontakte zwischen den Protagonisten Esra und Adam auch für den „Esra"-Beschluß von ausschlaggebender Bedeutung: Sie bilden eine der beiden abwägungsfesten Tabuzonen, in denen sich

---

unantastbarer Bereich privater Lebensgestaltung in der Rechtsprechung des Bundesverfassungsgerichts, in: DÖV 2011, S. 398 (403 ff.).

304 BVerfGE 109, 279 (313); siehe auch BVerfGE 6, 389 (432 f.); 47, 46 (73 f.); 54, 148 (154 ff.); 88, 87 (97 ff.); 96, 56 (61); 109, 279 (315 f., 322); BVerfGK 13, 115 (118 f.); zur Entwicklung der Vorstellung eines Kernbereichs privater Lebensgestaltung und kritisch zu seiner Bestimmung anhand der Intimsphäre *M. Baldus,* Der Kernbereich privater Lebensgestaltung – absolut geschützt, aber abwägungsoffen, in: JZ 2008, S. 218 (218 f., 222); *Desoi/Knierim,* Intimsphäre (Fn. 303), S. 403 ff.

305 Durch den Menschenwürdebezug soll die Intimsphäre auch das Eindringen in Tabuzonen abwehren. Zur vertraulichen Kommunikation BVerfGE 90, 255 (260 ff.); 109, 279 (322); *W. Höfling,* Die Unantastbarkeit der Menschenwürde – Annäherungen an einen schwierigen Verfassungsrechtssatz, in: JuS 1995, S. 859 (860); *D. Zacharias,* Das „Lebach-Urteil", in: JA 2000, S. 649 (650); *Brauneck,* Anmerkungen (Fn. 724), S. 892; *Höfling,* Grundgesetz (Fn. 477), Art. 1 Rn. 17. – Für den Kernbereich privater Lebensgestaltung aus dem Menschenwürdebezug folgert *Baldus,* Kernbereich (Fn. 304), S. 223: „Der Kernbereich fungiert als unüberwindbare Schranken-Schranke bei Eingriffen in das grundrechtlich geschützte Persönlichkeitsrecht."

306 Zur Illustration dem Kernbereich der Persönlichkeit einen Kernbereich der Ehre fügt bei *Jarass,* Grundgesetz (Fn. 729), Art. 2 Rn. 62. – Hierzu kritisch *Baldus,* Kernbereich (Fn. 304), S. 223 f. – Hinsichtlich der Zuordnung der Sexualität zur Intimsphäre beschränkend *Luch,* Medienpersönlichkeitsrecht (Fn. 208), S. 52: „[…] nicht grundsätzlich dem unantastbaren Intimbereich zuzuordnen, stehen diesem aber sehr nahe." Um die Einordnung in die Persönlichkeitssphären zu erleichtern, schlägt *Luch* die aus der Rechtsprechung des Bundesverfassungsgerichts herauskristallisierten Abgrenzungskriterien des höchstpersönlichen Charakters, des Sozialbezugs und der Zugänglichkeit der Information vor: *Luch,* ebda., S. 53 ff., 72 ff.

307 BVerfGE 18, 146 (147); 80, 367 (373 ff.); 96, 56 (61, 63); KG Berlin NJW-RR 2010, 622 (623); demgegenüber einschränkend im Fall einer intendierten Kritik KG Berlin NJW 1990, 1996 (1996 f.); LG Berlin NJW 1997, 1371 (1372). – Zum Ganzen *Steffen,* Presserecht (Fn. 479), § 6 Rn. 63 ff., 66, 69. So wird darüber hinaus auch das heimliche Abhören eines Telefonats regelmäßig als unzulässiger Eingriff in die Intimsphäre gewertet: BVerfGE 34, 238 (246 ff.); 47, 46 (70 f.); 49, 286 (298 ff.); BGH NJW 1988, 1984 (1985); BGHZ 161, 33 (35 ff.); BGHSt 39, 335 (343 ff.); 50, 206 (210); zum Eingriff durch staatliche Observation BVerwGE 74, 115 (117 ff.).

308 In Hinblick auf die Satire *Brauneck,* Anmerkungen (Fn. 724), S. 892.

jede literarische Verarbeitung bei gleichzeitig doppelter Erkennbarkeit und proklamiertem Insiderwissen des Erzählers verbietet. In bezug auf die Klägerin zu 2) ist hingegen allein die der Abwägung zugängliche Privatsphäre tangiert[309].

c) Recht der Selbstdarstellung der Klägerinnen durch „Esra"-Roman betroffen

Das *Recht der Selbstdarstellung* schützt vor herabsetzender, verfälschender, entstellender und *unerbetener öffentlicher Darstellung sowie unfreiwilliger heimlicher Wahrnehmungen*[310]. Jeder soll in der Regel „selbst darüber befinden dürfen, wie er sich gegenüber Dritten oder der Öffentlichkeit darstellen will, was seinen sozialen Geltungsanspruch ausmachen soll"[311]. Das Recht der Selbstdarstellung beinhaltet den Schutz der persönlichen Ehre[312] und des Namens[313], das Recht auf Gegendarstellung[314] sowie das Recht am eigenen Bild[315] und Wort[316].

---

[309] Über die klassische Dreiteilung von Sozial-, Privat- und Intimsphäre wird gelegentlich zudem auf die Geheimsphäre hingewiesen, die bei der nicht genehmigten Weitergabe der Bescheinigungen des Arztes hinsichtlich der Gesundheit des Patienten betroffen ist, BVerfGE 27, 344 (350 f.). – Klärend in Abgrenzung zur Intimsphäre BVerfGE 32, 373 (379); vgl. auch BVerfGE 44, 353 (372 f.); 89, 69 (82 f.); BGHZ 116, 268 (273); hierzu *Diederichsen,* Schutz (Fn. 220), S. 2. – Für die Einordnung in die Intimsphäre hingegen *v. Becker,* Überlegungen (Fn. 112), S. 466.

[310] Statt vieler BVerfGE 35, 202 (220); 54, 148 (153 ff.); 54, 208 (217 f.); 63, 131 (142); 90, 241 (252 f.); 97, 125 (148 f.); 97, 391 (403 f.); 99, 185 (193 f.); 101, 361 (380 ff.); 114, 339 (346 f.); diese Rechtsprechungslinie erörtert eingehend BVerfGE 99, 185 (193 f.): Persönlichkeitsentstellende Äußerungen „gefährden die von Art. 2 Abs. 1 GG gewährleistete freie Entfaltung der Persönlichkeit, weil sie das Ansehen des Einzelnen schmälern, seine sozialen Kontakte schwächen und infolgedessen sein Selbstwertgefühl untergraben können." Instruktiv *B. Schlink,* Die Amtshilfe, 1982, S. 192 ff.

[311] BVerfGE 63, 131 (142 f.); ähnlich BVerfGE 35, 202 (219 ff.); 54, 148 (155 f.); 54, 208 (217 f.).

[312] BVerfGE 42, 143 (152 f.); 54, 148 (154); 54, 208 (217 f.); 93, 266 (290 f.); 97, 125 (147); 114, 339 (346); BVerwGE 73, 4 (7); 82, 76 (78).

[313] BVerfGE 78, 38 (49); 97, 391 (399); 104, 373 (387); 109, 256 (266); 123, 90 (102); BVerwG NVwZ 1988, 365 (365); BAGE 45, 111 (117 f.). Für den Schutz von Ehre und Namen eine eigene Fallgruppe bildet *Dreier.* Die Einordnung in den Bereich der öffentlichen Selbstdarstellung aber ebenso erkannt an *Dreier,* Grundgesetz (Fn. 96), Art. 2 I Rn. 75 f.

[314] BVerfGE 63, 131 (142 f.).

[315] BVerfGE 34, 238 (245 ff.); 35, 202 (219 f., 224 ff.); 54, 148 (154 ff.); 87, 334 (340); 97, 228 (268 ff.); 101, 361 (380 ff.); 120, 180 (198 f.); in diesem Kontext siehe auch BGHZ 20, 345 (350 f.); 24, 200 (208); BGH NJW 1985, 1617 (1618 f.); BGH NJW 1994, 124 (125); BGH NJW 1996, 593 (594 f.); BGHSt 34, 39 (43); 34, 397 (398). – Das Recht am eigenen Bild vertieft *R. Wellbrock,* Persönlichkeitsschutz und Kommunikationsfreiheit, 1982, S. 59 ff.; *Helle,* Persönlichkeitsrechte (Fn. 243), S. 45 ff., 84 ff., 129 ff.; *W. Schulz/U. Jürgens,* Das Recht am eigenen Bild – Eine fallorientierte Einführung in Struktur und aktuelle Probleme des Bildnisschutzes, in: JuS 1999, S. 664 (664 f.). – Zur Positionierung in der schweizerischen Rechtsordnung *M. Bächli,* Das Recht am eigenen Bild, 2002, S. 5 ff.

[316] BVerfGE 34, 238 (246); 54, 148 (155); 54, 208 (217); 82, 236 (269); 106, 28 (44); BVerwGE 121, 115 (125); instruktiv *Helle,* Persönlichkeitsrechte (Fn. 243), S. 312 ff.

Die Darstellung des Persönlichkeitsbildes in der Öffentlichkeit kann auch durch die Verbreitung unwahrer Tatsachen bezüglich einer Person oder das Unterschieben nicht geäußerter Zitate beeinträchtigt werden[317]. Im Fall von Werturteilen stellt das Bundesverfassungsgericht klar, daß die Meinungsfreiheit aus Art. 5 Abs. 1 S. 1, 1. Hs. GG im Fall von Äußerungen, die eine Schmähung Dritter beinhalten, stets hinter dem durch das allgemeine Persönlichkeitsrecht des Betroffenen garantierten Schutz zurücktritt[318]. Diese konkrete Ausgestaltung des Persönlichkeitsschutzes findet auch in der „Esra"-Entscheidung Anklang[319]. In der Tat beinhaltet die Darstellung der Romanfiguren, in denen die Klägerinnen zu 1) und 2) identifizierbar sind, einen Eingriff in ihr Recht auf freie Selbstdarstellung in der Öffentlichkeit. Die beiden Frauen können grundsätzlich selbst darüber entscheiden, wie sie ihr Persönlichkeitsbild präsentieren. Das Begehren, nicht so wie im „Esra"-Roman dargestellt zu werden, ist nicht etwa als negatives Grundrecht, sondern als Ausprägung des Rechts der Selbstdarstellung als Teil des allgemeinen Persönlichkeitsrechts zu verstehen[320]. Vorausgesetzt, den Klägerinnen werden als Urbilder die Verhaltensweisen ihrer fiktiven Abbilder zugeordnet, so sind die Schilderungen hinsichtlich des Persönlichkeitsbildes als Eingriff in ihr Recht auf Selbstdarstellung in der Öffentlichkeit als Untergruppe des allgemeinen Persönlichkeitsrechts zu werten. Einzig erforderliches Vermittlungsstück ist die Zuordnung der fiktiven Eigenschaften an die realen Personen. Wie die bisherige Untersuchung zeigte, wird diese Zuschreibung vom verständigen Durchschnittsleser durchaus aufgrund zahlreicher Signale des Autors ebenso vorgenommen.

d) Grundbedingungen für die freie Entfaltung der Persönlichkeit

Eine weitere Gruppe des allgemeinen Persönlichkeitsrechts setzt sich aus *Grundbedingungen* zusammen, die für eine freie Entfaltung der Persönlichkeit zwingend sind[321]: Hierzu zählen die Haftungsbeschränkung für Minderjährige[322],

[317] BVerfGE 34, 269 (282 ff.); 54, 208 (219); 99, 185 (193 f.). Ob eine Tatsachenbehauptung zulässig ist, hängt im Grundsatz von der Wahrheit der Aussage ab: BVerfGE 54, 208 (219); 97, 391 (403 f.); die Ausnahmen erörtern BVerfGE 34, 269 (281 ff.); 35, 202 (232); 66, 116 (139); 97, 391 (403 ff.); eingehend *Starck*, Kommentar (Fn. 724), Art. 2 Abs. 1 Rn. 171 ff.

[318] Siehe nur BVerfGE 93, 266 (293 f.); 99, 185 (185 ff.).

[319] BVerfGE 119, 1 (24).

[320] Einführend zu den negativen Grundrechten: *D. Merten*, Negative Grundrechte, in: ders./H.-J. Papier (Hrsg.), Handbuch der Grundrechte in Deutschland und Europa, Bd. II, 2006, § 42 Rn. 1 ff.

[321] Fallgruppe angelehnt an *Dreier*, Grundgesetz (Fn. 96), Art. 2 I Rn. 77; *Jarass*, Grundgesetz (Fn. 729), Art. 2 Rn. 50; *Kübler*, Perspektiven (Fn. 332), S. 9; ähnlich auch BVerfGE 119, 1 (23 f.).

[322] BVerfG (Kammer), NJW 1998, 3557 (3558); *K. Goecke*, Unbegrenzte Haftung Minderjähriger?, in: NJW 1999, S. 2305 (2306 ff.); in diesem Zusammenhang auch die Beschränkung der Verschuldung Minderjähriger BVerfGE 72, 155 (170 ff.); Bürgschaftsübernahme durch erwachsene Kinder: BVerfGE 89, 214 (235); BGH NJW 1994, 1278 (1279 ff.);

die Kenntnis der eigenen Abstammung[323], das Recht auf Resozialisierung[324] und das Verbot, eine erfolgte Entmündigung mitzuteilen[325].

e) Zwischenergebnis zum sachlichen Schutzbereich

Im „Esra"-Verfahren sind die erkennbaren Klägerinnen zu 1) und 2) *nicht ganz unerheblich* in ihrem allgemeinen Persönlichkeitsrecht aus Art. 2 Abs. 1 i.V.m. Art. 1 Abs. 1 GG betroffen[326]. Die Darstellung der Romanfiguren Esra und Lale tangiert das Recht der Frauen auf *freie Selbstdarstellung* in der Öffentlichkeit. Zudem werden die Wertungen der *Sphärenlehre* bei der Darstellung von Esra und Lale relevant. Die Gruppierung der Persönlichkeitsdimensionen gewinnt grundsätzlich im Zusammenhang mit dem Recht der Selbstbewahrung, der Garantie eines privaten Rückzugsbereichs des einzelnen, Bedeutung. Der Sphärenlehre kommt im „Esra"-Beschluß als Entscheidungshilfe Relevanz zu. So wird die *erste Ausnahmegruppe* von dem Abwägungsmechanismus der „Je-desto"-Formel mit der Intimsphäre der Klägerin zu 1) begründet. Dem Bereich des Persönlichkeitsrechts, der zu dessen Menschenwürdegehalt gehört, kommt absolute Bedeutung zu[327]. Diese Wertung des „Esra"-Beschlusses steht in Einklang mit der höchstrichterlichen Rechtsprechung zum Kernbereichsschutz[328]. Der Autor schildert in seinem Roman in direkter, unverschlüsselter, realitätsnaher und detailreicher Weise erotische Szenen zwischen „Esra" und „Adam", in denen Autor und Klägerin zu 1) erkennbar sind[329]. Die Beschreibung der intimen Begegnungen begründet nach Ansicht der Senatsmehrheit eine schwere Persönlichkeitsrechtsbeeinträchtigung unabhängig davon, ob sich diese Zusammenkünfte so ereignet haben. Der Klägerin zu 1) ist es aufgrund des überragend großen Schutzes der

---

für eine Haftungsbegrenzung auch *U. Fehnemann,* Anmerkung zu BVerfG, Beschluß v. 13.5.1986 – 1 BvR 1542/84, in: JZ 1986, S. 1055 (1055 ff.); *Degenhart,* Persönlichkeitsrecht (Fn. 253), S. 367 f.; insgesamt kritisch *J. Isensee,* Vertragsfreiheit im Griff der Grundrechte – Inhaltskontrolle von Verträgen am Maßstab der Verfassung, in: U. Hübner/W. F. Ebke (Hrsg.), Festschrift für Bernhard Großfeld zum 65. Geburtstag, 1999, S. 485 (486 ff., 513 f.).

[323] BVerfGE 79, 256 (268 f.); 90, 263 (270 f.); 96, 56 (63); OLG Hamm NJW 2001, 1870 (1871); LG Münster NJW 1999, 726 (728); LG Bremen NJW 1999, 729 (729 f.); aus der Literatur hierzu *C. Enders,* Das Recht auf Kenntnis der eigenen Abstammung, in: NJW 1989, S. 881 (882 ff.); *R. Frank,* Das Recht auf Kenntnis der Abstammung in Deutschland und Frankreich, in: I. Schwenzer/G. Hager (Hrsg.), Festschrift für Peter Schlechtriem zum 70. Geburtstag, 2003, S. 37 (40 f.); *E. Benda,* Die „anonyme Geburt", in: JZ 2003, S. 533 (536 ff.).

[324] BVerfGE 35, 202 (235 ff.); 45, 187 (238 f.); 64, 261 (276 f.); 72, 105 (115 f.).

[325] Zur Rechtslage bis zur Einführung der Betreuung BVerfGE 84, 192 (194 ff.).

[326] Zur Erkennbarkeit ausführlich vgl. Abschnitte B.III.4, C.III.1, D.IV.1.a, E.I.4.

[327] BVerfGE 119, 1 (34).

[328] BVerfGE 75, 369 (380); 80, 367 (373 f.); 89, 69 (82 f.); für eine den Verhältismäßigkeitsgrundsatz berücksichtigende Sphärenlehre plädiert *A. v. Arnauld,* Strukturelle Fragen des allgemeinen Persönlichkeitsrechts, in: ZUM 1996, S. 286 (292).

[329] *Biller,* Esra (Fn. 1), S. 43 f., 70, 90 f., 161 ff.; vgl. Abschnitt B.I.2.c.

Intimsphäre nicht zuzumuten, daß Dritte darüber spekulieren, ob die Frau mit dem Autor diese sexuellen Szenen erlebt hat[330].

5. Personaler Schutzbereich hinsichtlich Klägerinnen

Ob und in welchem Umfang juristischen Personen im Sinne des Art. 19 Abs. 3 GG Schutz durch Art. 2 Abs. 1 i.V.m. Art. 1 Abs. 1 GG zukommt, ist in der Literatur umstritten[331]. Lebende natürliche Personen können sich hingegen zweifellos auf das allgemeine Persönlichkeitsrecht berufen[332]. Die Klägerinnen zu 1) und 2) werden vom Schutz des allgemeinen Persönlichkeitsrechts erfaßt.

6. Eingriff in das allgemeine Persönlichkeitsrecht

a) Klassischer Eingriff, erweiterter Eingriffsbegriff mit Erheblichkeitsvorbehalt

Neben klassischen Eingriffen wie Datenerhebung und Informationsverarbeitung können auch faktische Beeinträchtigungen wie rufschädigende Aussagen eine Betroffenheit des Grundrechtsträgers auslösen[333]. Auch Beeinträchtigungen durch das Verhalten Dritter – wie vorliegend die Publizierung des „Esra"-Romans – können als Eingriff – begrifflich präziser als *Übergriff* – in das allgemeine Persönlichkeitsrecht angesehen werden[334]. In Anbetracht einer möglichen Aus-

---

[330] BVerfGE 119, 1 (34).

[331] Gute Übersicht bei *Dreier,* Grundgesetz (Fn. 96), Art. 2 I Rn. 82; *Lettmaier,* Persönlichkeitsrecht (Fn. 376), S. 566; vgl. auch Abschnitt G.I.4.b.bb.

[332] Vgl. nur *Kahl/Ohlendorf,* Grundfälle (Fn. 208), S. 685; *Starck,* Kommentar (Fn. 724), Art. 2 Abs. 1 Rn. 43; *Jarass,* Grundgesetz (Fn. 729), Art. 2 Rn. 51.

[333] Zu Beeinträchtigungen nach klassischem Eingriffsbegriff statt vieler BVerfGE 27, 1 (6); 27, 344 (351); 32, 373 (379 ff.); 78, 77 (84 ff.); 89, 69 (82 f.); 103, 21 (30 ff.); 121, 69 (95 f.); BVerwG NJW 1988, 1863 (1863); BVerwGE 84, 375 (378 f.). – Erörtert hinsichtlich staatlicher Informationsbeschaffung und ihrer rechtlichen Grundlagen von *Schlink,* Amtshilfe (Fn. 310), S. 169 ff.; *C. Gusy,* Grundrechtsschutz vor staatlichen Informationseingriffen, in: VerwArch. 74 (1983), S. 91 (92 ff.); *H. Dreier,* Erkennungsdienstliche Maßnahmen im Spannungsfeld von Gefahrenabwehr und Strafverfolgung, in: JZ 1987, S. 1009 (1009 ff.); *C. Rosenbaum,* Der grundrechtliche Schutz vor Informationseingriffen, in: Jura 1988, S. 178 (180 f.); *R. Pitschas/J. Aulehner,* Informationelle Sicherheit oder „Sicherheitsstaat"?, in: NJW 1989, S. 2353 (2356 ff.); *K. Rogall,* Informationseingriff und Gesetzesvorbehalt im Strafprozeßrecht, 1992, S. 56 ff., 82 ff.; zu Beeinträchtigungen nach erweitertem Eingriffsbegriff BVerfGE 34, 238 (246); 65, 1 (42 f.); 84, 239 (279 f.); 120, 274 (315); BGHZ 34, 99 (100); BVerwGE 59, 319 (325 ff.); 75, 354 (355); 82, 76 (78); 121, 115 (128); BVerwG NJW 1992, 62 (62 f.); OVG Schleswig NJW 1993, 807 (807); OVG Berlin DtZ 1996, 252 (253 f.); VG Berlin NJW 1993, 2548 (2549); *C. Gusy,* Informationelle Selbstbestimmung und Datenschutz: Fortführung oder Neuanfang?, in: KritV 83 (2000), S. 52 (54 f.). – Kritisch zum erweiterten Eingriffsbegriff im Bereich von Art. 2 Abs. 1 GG *Pieroth/Schlink,* Grundrechte (Fn. 18), S. 94.

[334] So im Hinblick auf die widerstreitenden Interessen von Persönlichkeitsschutz und Pressefreiheit *A. Heldrich,* Persönlichkeitsschutz und Pressefreiheit, in: ders. (Hrsg.),

uferung des Schutzes durch Erweiterung des Eingriffsbegriffs wird allerdings die Einführung einer Erheblichkeitsschwelle im Fall von faktischen Beeinträchtigungen reklamiert[335]. Im „Esra"-Beschluß hat der Senat in der Tat die Erheblichkeit bei der Eingriffsprüfung beleuchtet[336].

b) Romanpublikation als Übergriff in das allgemeine Persönlichkeitsrecht

Die Klägerinnen fühlen sich durch die Veröffentlichung des Romans „Esra" in ihrem Persönlichkeitsrecht betroffen. Da das Buch nicht von hoheitlicher Seite publiziert worden ist, handelt es sich nicht um einen Rechtsakt im Sinne des klassischen Eingriffsbegriffs. Da dem Staat allerdings darüber hinaus Schutzpflichten zur Verteidigung des allgemeinen Persönlichkeitsrechts gegenüber Privaten zukommen, können die Klägerinnen eine Persönlichkeitsrechtsverletzung in Form des zivilrechtlichen Unterlassungsanspruchs aus § 823 Abs. 1 i.V.m. analog § 1004 Abs. 1 S. 2 BGB geltend machen[337]. Merkmale eines Eingriffs – resp. des Übergriffs durch die beschwerdeführende Verlagsgesellschaft – sind im Fall der literarischen Verarbeitung realer Vorlagen die *Erkennbarkeit* der betroffenen Person und zweitens die *Überschreitung der Geringfügigkeitsschwelle*.

7. Schranken des allgemeinen Persönlichkeitsrechts in Art. 2 Abs. 1 GG

Die speziellen Schranken des allgemeinen Persönlichkeitsrechts ergeben sich aus Art. 2 Abs. 1 2. Hs. GG durch die Rechte anderer, die verfassungsmäßige Ordnung und das Sittengesetz[338]. Die Einschränkungsmöglichkeiten werden in

---

Recht im Spannungsfeld von Theorie und Praxis: Festschrift für Helmut Heinrichs zum 70. Geburtstag, 1998, S. 319 (320 ff.); *Hoffmann-Riem*, Selbstbestimmung (Fn. 290), S. 524 ff.; *Dreier*, Grundgesetz (Fn. 96), Art. 2 I Rn. 84.

[335] So auch *Duttge*, Recht (Fn. 253), S. 296 ff., 302; *Hoffmann-Riem*, Selbstbestimmung (Fn. 290), S. 531 f.; *M. Kloepfer/K. Breitkreutz*, Videoaufnahmen und Videoaufzeichnungen als Rechtsproblem, in: DÖV 1998, S. 1149 (1152).

[336] BVerfGE 119, 1 (26).

[337] Im Fall einer Persönlichkeitsrechtsbeeinträchtigung aufgrund der Figurendarstellung in einem literarischen Werk präzisiert das Bundesverfassungsgericht die Voraussetzungen für einen Eingriff – im Fall der Publikation durch Private exakter Übergriff – in das Persönlichkeitsrecht der Klägerinnen wie folgt: BVerfGE 119, 1 (24 ff.): „Voraussetzung dafür ist, dass sie als Vorbilder der Romanfiguren erkennbar sind, ohne dass diese Erkennbarkeit allein bereits eine Persönlichkeitsrechtsverletzung bedeutet. [...] Die Klägerinnen sind auch nicht so geringfügig betroffen, dass ihr Persönlichkeitsrecht von vornherein hinter der Kunstfreiheit zurücktreten müsste. Den Romanfiguren, als deren Vorbild sie erkennbar sind, werden Handlungen und Eigenschaften zugeschrieben, die, wenn der Leser sie auf die Klägerinnen beziehen kann, geeignet sind, ihr Persönlichkeitsrecht erheblich zu beeinträchtigen."

[338] BVerfGE 65, 1 (44); 79, 256 (269); 97, 391 (401); früher lehnte sich hingegen gelegentlich deutlich an Art. 2 Abs. 2 S. 3 GG an BVerfGE 32, 373 (379); 34, 238 (246). – Hinsichtlich der nunmehr geltenden Schranken für alle *Jarass*, Persönlichkeitsrecht (Fn. 208), S. 860 f.;

Form der verfassungsmäßigen Ordnung, der Rechte anderer und des Sittengesetzes konkretisiert[339]:

Die in der Praxis wichtigste Schranke, die *verfassungsmäßige Ordnung*, umfaßt die gesamte verfassungsmäßige Rechtsordnung[340]. Diese Schrankenbestimmung beinhaltet praktisch einen Gesetzesvorbehalt unter besonderer Berücksichtigung des Verhältnismäßigkeitsprinzips[341]. Das allgemeine Persönlichkeitsrecht kann auch durch andere Verfassungsnormen eingeschränkt werden. Für den Eingriff ist – wie auf dem Gebiet des Sittengesetzes und kollidierenden Verfassungsrechts – eine gesetzliche Grundlage erforderlich[342]. Geschützt werden im Rahmen der *Rechte anderer* die Interessen, die nach der Gesamtentscheidung des Grundgesetzes als schutzwürdig angesehen werden[343]. Allerdings wird neben der verfassungsmäßigen Ordnung ein selbständiger Anwendungsbereich für die Rechte anderer allgemein abgelehnt[344].

Angesichts des für die Eingriffsmöglichkeit erforderlichen Gesetzesvorbehalts kommt auch der Schranke des *Sittengesetzes* gegenüber der verfassungsmäßigen Ordnung kein eigener Anwendungsbereich zu, ersterer ist in letzterer enthalten[345].

Dreier, Grundgesetz (Fn. 96), Art. 2 I Rn. 52; *Hofmann*, Kommentar (Fn. 479), Art. 2 Rn. 7 ff. – In Anbetracht des klaren Gesetzeswortlauts ist eine weitere Begrenzung der Einschränkungsmöglichkeiten abzulehnen. – Anders aber *Kunig*, Grundgesetz-Kommentar (Fn. 88), Art. 2 Rn. 30 ff.; *Di Fabio*, Grundgesetz (Fn. 477), Art. 2 (2001), Rn. 133 f. – Zur Vertiefung *Lücke*, Schranken (Fn. 181), S. 94 ff.; *P. Tiedemann*, Von den Schranken des allgemeinen Persönlichkeitsrechts, in: DÖV 2003, S. 74 (75, 77 f.).

[339] Im Hinblick auf den engen Menschenwürdebezug des allgemeinen Persönlichkeitsrechts sind die Einschränkungsmöglichkeiten im Vergleich zur allgemeinen Handlungsfreiheit gleichwohl begrenzter. *Sachs*, Verfassungsrecht II (Fn. 150), S. 193; *Dreier*, Grundgesetz (Fn. 96), Art. 2 I Rn. 86.

[340] Geschützt werden die Normen, die formell und materiell verfassungsgemäß sind: BVerfGE 6, 32 (38); 50, 256 (262); 63, 88 (108 f.); 80, 137 (153); 90, 145 (171 f.); 91, 186 (200 f.); 96, 10 (21); 103, 197 (215); 111, 54 (81 f.); 113, 88 (103). – Aus der Literatur statt aller *Hofmann*, Kommentar (Fn. 479), Art. 2 Rn. 8; *Jarass*, Grundgesetz (Fn. 729), Art. 2 Rn. 17, 21, 58.

[341] *Kunig*, Grundgesetz-Kommentar (Fn. 88), Art. 2 Rn. 42 f.; *Dreier*, Grundgesetz (Fn. 96), Art. 2 I Rn. 54, 61 f.; *Starck*, Kommentar (Fn. 724), Art. 2 Abs. 1 Rn. 23, 30 f.; *Jarass*, Grundgesetz (Fn. 729), Art. 2 Rn. 58.

[342] BVerfGE 65, 1 (44); 89, 69 (84); 92, 191 (197); BVerwG NJW 1991, 1246 (1246 f.); *Dreier*, Grundgesetz (Fn. 96), Art. 2 I Rn. 86; *Jarass*, Grundgesetz (Fn. 729), Art. 2 Rn. 58 f.

[343] *Di Fabio*, Grundgesetz (Fn. 477), Art. 2 (2001), Rn. 44; *Starck*, Kommentar (Fn. 724), Art. 2 Abs. 1 Rn. 33 ff.

[344] Eine eigene Bedeutung ist ausgeschlossen, da alle subjektiven Rechte, die als Rechte anderer schutzwürdig sind, bereits durch die verfassungsmäßige Ordnung erfaßt werden. Vgl. *Dreier*, Grundgesetz (Fn. 96), Art. 2 I Rn. 53; *Hofmann*, Kommentar (Fn. 479), Art. 2 Rn. 7, 11; *Jarass*, Grundgesetz (Fn. 729), Art. 2 Rn. 18, 59; zugleich für eine Streichung der obsoleten Einschränkungsmöglichkeiten plädiert *Kunig*, Grundgesetz-Kommentar (Fn. 88), Art. 2 Rn. 19.

[345] Die Bestimmung des Sittengesetzes folgt unterschiedlichen Auslegungen. So ist insbesondere in der Vergangenheit verstärkt vertreten worden, das Sittengesetz beinhalte allgemein anerkannte Moral- und Wertvorstellungen: BVerfGE 6, 389 (433 ff.). Vermehrt

8. Schranken-Schranken: Verhältnismäßigkeits- und Kernbereichsprüfung

Der Grundsatz der *Verhältnismäßigkeit* ist wie bei anderen Grundrechten im Fall des Persönlichkeitsschutzes für die Klägerinnen die wichtigste Begrenzung der Schranken. Die Beschränkung des allgemeinen Persönlichkeitsrechts muß ihrerseits für einen legitimen Zweck geeignet, erforderlich und angemessen sein. Darüber hinaus kommt dem im Hinblick auf die Sphärenlehre bereits erörterten *Kernbereich privater Lebensgestaltung* eine besondere Bedeutung zu, da er keiner Abwägung zugänglich ist[346]. Dieser Bereich beschreibt ein Gebiet, in dem jeder Eingriff unzulässig ist[347]. Mit dem Kernbereich privater Lebensgestaltung ist insbesondere die sexuelle Intimsphäre gemeint[348]. Auch im „Esra"-Fall besteht innerhalb des Senats Einigkeit darüber, daß eine Persönlichkeitsrechtsverletzung vorliegt, wenn jemand Einzelheiten aus dem Sexualleben seines Partners anderen mitteilt[349]. Es ist deutlich darauf hinzuweisen, daß die divergierenden Ansichten hinsichtlich der Intimszenen allein unter dem Aspekt der Fiktionalisierung diskutiert werden[350].

---

wird auf die freiheitswahrende Funktion des Art. 2 Abs. 1 GG aufmerksam gemacht, der sich mit einer Begrenzung durch historisch geprägte Wertvorstellungen nicht verträgt: *Dreier,* Grundgesetz (Fn. 96), Art. 2 Rn. 60. Das Sittengesetz sei vielmehr vor dem Hintergrund der Rechtsbegriffe „Treu und Glauben" und „guten Sitten" auszulegen; für die Orientierung an „mehrheitsfähigen sittlichen Normen bestimmter Provenienz" bei der Anwendung von Generalklauseln *Dreier,* ebda., Art. 2 Rn. 60; hierzu auch *T. Mayer-Maly,* Die guten Sitten als Maßstab des Rechts, in: JuS 1986, S. 596 (597 ff., 600). – Zugleich vor einer Moralisierung des Rechts warnt *F. Wieacker,* Recht und Moralität in pragmatischer Sicht, in: A. Kaufmann/E.-J. Mestmäcker/H. F. Zacher (Hrsg.), Rechtsstaat und Menschenwürde, 1988, S. 631 (638 ff., 646 ff.); überzeugende Gedankenführung von *H. Dreier,* Gesellschaft, Recht, Moral, in: Universitas 48 (1993), S. 247 (254). – Letztlich kann die Frage des Schrankengehalts des Sittengesetzes dahinstehen: *Dreier,* Grundgesetz (Fn. 96), Art. 2 Rn. 60; *Starck,* Kommentar (Fn. 724), Art. 2 Abs. 1 Rn. 36; *Jarass,* Grundgesetz (Fn. 729), Art. 2 Rn. 19. – Erhellend erweist sich jüngst der innovative Ansatz von *Dreier,* in der Wandelbarkeit der Werte eine ernst zu nehmende Verbindlichkeit mit spezifischem Aussagegehalt zu erkennen: *H. Dreier,* Die „guten Sitten" zwischen Normativität und Faktizität, in: F. Harrer/H. Honsell/P. Mader (Hrsg.), Gedächtnisschrift für Theo Mayer-Maly zum 80. Geburtstag, 2011, S. 141 (146 f., 156 ff.).

[346] Vgl. Abschnitt D.III.4.b.

[347] Der Kernbereich ist abwägungsfest, da die Menschenwürde aus Art. 1 Abs. 1 S. 1 GG gegenüber jedem in Betracht kommenden Rechtsgut vorrangig ist. Vgl. Abschnitt D.III.4.b.

[348] BVerfGE 109, 279 (313). – Anders argumentieren *Schäfer* und *Merten.* Die Darstellung des Sexuallebens als Eindringen in die Privatsphäre anstelle der Intimsphäre ordnen dabei ein *Schäfer/Merten,* Skandalroman (Fn. 253), S. 552.

[349] BVerfGE 119, 1 (33 f., 51).

[350] BVerfGE 119, 1 (33 f., 39 ff., 50 ff.).

IV. Ausgleich zwischen Persönlichkeitsschutz und Kunstfreiheit

Im folgenden stellt sich die praxisrelevante Frage, ob das Bundesverfassungsgericht mit der soeben grundrechtsdogmatisch eingeordneten „Esra"-Entscheidung – entgegen teils großer Skepsis in der Literatur[351] – klare Grundsätze für den Ausgleich von Kunstfreiheit und allgemeinem Persönlichkeitsrecht herausgearbeitet hat, die ausreichende Rechtssicherheit ermöglichen. Die Schwierigkeit ergibt sich für das Gericht daraus, daß Gegenstand der Entscheidung weder eine Dokumentation noch eine Biographie des Autors ist. Es geht um einen fiktionalen Roman, der im Gegensatz zu den beiden zuerst genannten Fallgruppen keinen Faktizitätsanspruch geltend macht[352]. Kunstwerke bilden Realität nicht ab, sondern bearbeiten sie, so daß die nun anzuführenden Leitgedanken aus einer kunstspezifischen Perspektive – folglich unter Einbeziehung der im ersten Teil dieser Arbeit gewonnenen literaturwissenschaftlichen Erkenntnisse – zu beurteilen sind.

1. Beeinträchtigung des allgemeinen Persönlichkeitsrechts

a) Kriterium der Erkennbarkeit: Übereinstimmungen drängen reale Vorlage auf

Unter dem Begriff „Erkennbarkeit" faßt man die Identifizierbarkeit, die sich nach dem Verständnis der Leserschaft bestimmt[353]. Maßgeblich für die Erkennbarkeit ist nach Ansicht des Bundesverfassungsgerichts die Identifizierung durch einen „mit den Umständen vertrauten Leser"[354]. Diese Richtschnur wird durch eine entsprechende presserechtliche Rechtsprechung bestätigt, die hinsichtlich des *Rezipientenkreises* mit Fällen in bezug auf Kunstwerke vergleichbar ist[355]. Bei einer namentlichen Nennung des Betroffenen wird die Erkennbarkeit augenscheinlich bejaht[356]. Vergleichbares gilt für Namen, die hinsichtlich der

---

[351] *Robak*, Von „Esra" zu „Rohtenburg" (Fn. 399), S. 330 f.

[352] Für diese Fallgruppeneinteilung siehe *Hahn*, Persönlichkeitsrecht (Fn. 10), S. 97 ff.

[353] *Neumeyer*, Fiktion (Fn. 141), S. 512.

[354] BVerfGE 119, 1 (26).

[355] *Seelmann-Eggebert*, Entwicklung (Fn. 485), S. 2552 resümiert in bezug auf das Rezeptionsverhalten in Presseangelegenheiten: „Maßgebend ist der objektive Sinn, den ein unvoreingenommenes und verständiges Publikum der Aussage bei Würdigung des Kontextes und der erkennbaren Begleitumstände beilegt." Siehe auch LG Köln, Urteil vom 11.03.2011, 28 O 151/11, BeckRS 2011, 07677.

[356] BGHZ 13, 334 (339). In bezug auf namentliche Offenlegung ist die zigfache Nennung des von der Protagonistin aus der Ich-Perspektive beschriebenen Sexualpartners „Cornelius Busch" in dem vom Landgericht Essen verbotenen Prosagedicht hervorstechend: *Kempker*, Jungen (Fn. 483), S. 1 ff.

Laute, Silben, grammatikalischen Zeichen und Buchstabenfolge ähnlich sind[357]. Aber auch dann, wenn der Betroffene nicht namentlich erwähnt wird, kann sich nach presserechtlichem Verständnis eine Erkennbarkeit aus *individualisierenden Merkmalen* ergeben[358]. Identifizierung ist die notwendige Voraussetzung, um überhaupt von einer Beeinträchtigung des allgemeinen Persönlichkeitsrechts auszugehen. Für die Prüfung der Erkennbarkeit ist stets der Maßstab für den entscheidenden Leserkreis festzulegen.

Zwei Aspekte sind in dem „Esra"-Beschluß wesentlich: Einerseits bestätigte der Senat die Einschätzung des Bundesgerichtshofs, daß die Identifizierbarkeit in einem *zahlenmäßig variierenden Bekanntenkreis* ausreicht[359]. Diese weite Auslegung der Erkennbarkeit wird andererseits durch das Erfordernis eingeschränkt, daß die Identifizierung tatsächlich naheliegt. Sie muß sich „für den mit den Umständen vertrauten Leser *aufdrängen*. Das setzt regelmäßig eine *hohe Kumulation von Identifizierungsmerkmalen* voraus."[360] Gerade dieser letzte Aspekt verdeutlicht den besonderen Schutz, der dem vorbehaltlos garantierten Grundrecht der Kunstfreiheit durch die „Esra"-Rechtsprechung zukommt: *Die literarische Freiheit gerät nur dann in Kollision mit dem Persönlichkeitsschutz einer Person, wenn diese erkennbar ist.* Hierfür legt allerdings die Voraussetzung des *Aufdrängens der Identifizierbarkeit einen gegenüber dem Presserecht erhöhten Maßstab* an. In letzterem Fall genügt bereits, „dass der Anspruchsteller erkennbar und von der beanstandeten Berichterstattung individuell betroffen ist"[361]. Diese Unterscheidung erscheint angesichts des hohen Rangs der Kunstfreiheit und der erörterten Negierung des Faktizitätsanspruchs durch Literatur angebracht.

b) Bagatellvorbehalt im Vergleich zum Näheverhältnis nach § 42 Abs. 2 VwGO

Für die Betroffenheit des allgemeinen Persönlichkeitsrechts ist die Erkennbarkeit also allein nicht ausreichend. Hinzukommen muß eine nicht ganz geringfügige Beeinträchtigung[362]. Die Voraussetzung ist im Fall faktischer Beeinträchtigungen zur Eingrenzung durchaus zweckmäßig. Griffig läßt sie sich als „Bagatellvorbehalt" beschreiben. Als Deutungshilfe wurde auch eine Analogie zu § 42 Abs. 2

---

357 LG Bielefeld, Az. 2 O 180/98, „Pestalozzis Erben", unveröffentlicht (Urteil lag der Verfasserin vor).

358 *Prinz/Peters*, Medienrecht (Fn. 224), S. 127 f.; *Soehring*, Presserecht (Fn. 479), S. 301.

359 „Der Maßstab einer Erkennbarkeit durch einen mehr oder minder großen Bekanntenkreis" ist nach Ansicht des Senats ausreichend. BVerfGE 119, 1 (25).

360 BVerfGE 119, 1 (26); auf die beiden Aspekte der Entscheidung weist hin *Hahn*, Persönlichkeitsrecht (Fn. 10), S. 100.

361 *Seelmann-Eggebert*, Entwicklung (Fn. 485), S. 2552.

362 Die erkennbaren Personen dürfen also „nicht so geringfügig betroffen" sein, „dass ihr Persönlichkeitsrecht von vornherein hinter der Kunstfreiheit zurücktreten müsste." BVerfGE 119, 1 (26); ähnlich auch BGH ZUM-RD 2009, 429 (430); OLG Hamburg ZUM 2005, 79 (79).

VwGO gezogen[363]. Der Kläger ist verpflichtet, geltend zu machen, in seinen Rechten verletzt zu sein. Die Möglichkeit der vom Kläger behaupteten Rechtsverletzung muß bestehen[364]. Sie darf nicht ausgeschlossen sein, wie auch die Persönlichkeitsrechtsverletzung nicht unmöglich sein sollte. Im Fall einer nur geringfügigen Beeinträchtigung wäre angesichts des hohen Rangs der widerstreitenden Kunstfreiheit eine Verletzung nicht denkbar. Damit erscheint es ratsam, diese Fälle durch einen Bagatellvorbehalt im voraus auszufiltern. Eine Parallele zu § 42 Abs. 2 VwGO ist also durchaus nachvollziehbar, wenn sich der Vergleich auch noch spezifizieren läßt: Denn bei einem faktischen Eingriff durch Dritte in das Persönlichkeitsrecht verhält es sich wie bei den *Drittklagen* im horizontalen Verhältnis nach § 42 Abs. 2 VwGO. Auch dort müssen die Betroffenen ein spezifisches Näheverhältnis der beeinträchtigten zur bevorteilten Privatperson geltend machen, um sich auf den Schutz der Norm berufen zu können[365]. Auch im Fall des Übergriffs in das Persönlichkeitsrecht stellt die Erheblichkeitsschwelle eben gerade durch die Intensität der Beeinträchtigung eine enge, wenn auch unfreiwillige Verbindung von Schädiger und Geschädigtem, von beschwerdeführender Verlagsgesellschaft und betroffenen Klägerinnen, her. Die Voraussetzungen von ausreichender Erheblichkeit oder Verbundenheit ähneln sich hinsichtlich des *Intensitätsanspruchs der Betroffenheit*. Der Erheblichkeitsvorbehalt ist also auch im Abgleich mit den Drittklagefällen des § 42 Abs. 2 VwGO durchaus berechtigt.

c) Aufladung des Persönlichkeitsschutzes durch Art. 6 Abs. 1, 2 GG

Eine auch für den „Esra"-Fall bedeutsame Aufladung des Persönlichkeitsschutzes erfolgt durch Art. 6 Abs. 1, 2 GG[366]. Das allgemeine Persönlichkeitsrecht erfaßt und verleiht so der Eltern-Kind-Beziehung einen verstärkten Schutz[367]. Zweck ist, die Persönlichkeit des Kindes umfasssend zu fördern[368]. Das Recht, sich frei von öffentlicher Beobachtung zu fühlen und zu entfalten, wird danach noch intensiver als bei Erwachsenen geschützt[369]. Die Aufladung des Schutzes wird mit der er-

363 *Raue,* Kunstfreiheit (Fn. 309), S. 3.

364 *R. Wahl/P. Schütz,* in: F. Schoch u.a. (Hrsg.), Verwaltungsgerichtsordnung, Bd. I, § 42 Abs. 2 (2009), Rn. 67 f.

365 *Wahl/Schütz,* Verwaltungsgerichtsordnung (Fn. 364), § 42 Abs. 2 (2009), Rn. 52.

366 BVerfGE 101, 361 (385 f.). – Zum intensivierten Schutz der Privatsphäre von Kindern BGHZ 160, 298 (304 f.).

367 *Jarass,* Grundgesetz (Fn. 729), Art. 2 Rn. 49.

368 BVerfG (Kammer), NJW 2000, 2192 (2192 f.). – Zum Recht auf freie Persönlichkeitsausformung von Kindern auch BVerfGE 24, 119 (144); 47, 46 (72 f.); 55, 171 (181); 83, 130 (140); BVerfG (Kammer), NJW 1989, 3269 (3269 f.); LG Berlin ZUM 2005, 406 (406 f.); *B. Jeand'Heur,* Verfassungsrechtliche Schutzgebote zum Wohl des Kindes und staatliche Interventionspflichten aus der Garantienorm des Art. 6 Abs. 2 Satz 2 GG, 1993, S. 18 f. – Kritisch und zurückhaltend gegenüber staatlichen Eingriffen in elterliche Rechte *F. Ossenbühl,* Das elterliche Erziehungsrecht im Sinne des Grundgesetzes, 1981, S. 69 f.

369 BVerfGE 101, 361 (385).

höhten Schutzbedürftigkeit der Kinder, die noch zu eigenverantwortlichen Personen heranwachsen müssen, erklärt. Der intensivierte Schutz durch Art. 6 Abs. 1, 2 GG kommt daher nicht Erwachsenen in der Beziehung zu deren Eltern zu[370]. Der Senat führt im „Esra"-Beschluß dazu aus: „Der Bereich, in dem Kinder sich frei von öffentlicher Beobachtung fühlen und entfalten dürfen, muß deswegen umfassender geschützt sein als derjenige erwachsener Personen. Für die kindliche Persönlichkeitsentwicklung sind in erster Linie die Eltern verantwortlich. Soweit die Erziehung von ungestörten Beziehungen zu den Kindern abhängt, wirkt sich der besondere Grundrechtsschutz der Kinder nicht lediglich reflexartig zugunsten des Vaters und der Mutter aus [...]. Vielmehr fällt auch die spezifisch elterliche Hinwendung zu den Kindern grundsätzlich in den Schutzbereich von Art. 2 Abs. 1 in Verbindung mit Art. 1 Abs. 1 GG."[371] Das Bundesverfassungsgericht hat bereits vor dem „Esra"-Beschluß in den Bereichen, die eine Eltern-Kind-Beziehung zum Gegenstand haben, eine Verstärkung des Persönlichkeitsrechtsschutzes durch Art. 6 Abs. 1, 2 GG begründet[372]. In der „Esra"-Entscheidung wird der Gehalt des allgemeinen Persönlichkeitsrechts der Klägerin zu 1) um den Schutz durch Art. 6 Abs. 1, 2 GG insoweit angereichert, als der Roman das Verhältnis von Esra zur lebensbedrohlich erkrankten Ayla beschreibt. Erschwerend wirkt sich in diesem Zusammenhang aus, daß die Erzählung suggeriert, Esras zweites Kind solle einen Ersatz für die todkranke Tochter Ayla darstellen[373]. Neben der Erörterung der realen Erkrankung der Tochter der Klägerin zu 1) in der Öffentlichkeit ist also ebenso die geschilderte Gefühlskälte der Mutter – im zwanglosen Austausch des kranken Kindes gegen ein gesundes – schädlich für die Mutter-Kind-Beziehung und die persönliche Entwicklung der minderjährigen Tochter.

2. Rechtfertigung der Persönlichkeitsrechtsbeeinträchtigung

a) Fiktionalität: Zeichen künstlerischer Neuschöpfung

Wie erörtert, zählt Fiktionalität zu den Schlüsselbegriffen in der „Esra"-Entscheidung[374]. Sie ist eine Ausgestaltung der *Schöpfungskraft des Künstlers*. Entscheidend ist, inwieweit dem Literaten die Fiktionalisierung, die Ablösung der Gestalt von der Vorlage, die Verselbständigung der Kunstfigur gegenüber dem realen Vorbild gelungen ist. Um den Realitätsbezug eines literarischen Werks zu bestimmen, verlangt das Bundesverfassungsgericht eine „kunstspezifische Be-

---

370 OLG München ZUM 2007, 932 (934).

371 BVerfGE 119, 1 (24).

372 BVerfGE 101, 361 (385 f.).

373 *Biller*, Esra (Fn. 1), S. 116 ff., 121, 138 ff.

374 Treffend formuliert der Bundesgerichtshof im Anschluß an den „Esra"-Beschluß: BGH NJW 2008, 2587 (2588): „Dabei geht es bei solcher Fiktionalisierung nicht notwendig um die völlige Beseitigung der Erkennbarkeit, sondern darum, daß dem Leser deutlich gemacht wird, daß er nicht von der Faktizität des Erzählten ausgehen soll."

trachtung"[375]. Zur Beurteilung einer Persönlichkeitsrechtsbeeinträchtigung aufgrund der sozialbezogenen Wirkungen in der Realität stellen sich die Fragen der Gewichtung von Kunstfreiheit und Persönlichkeitsschutz, die das Bundesverfassungsgericht mit Hilfe der Fiktionalitätsvermutung und der „Je-desto"-Formel zu beantworten suchte.

aa) Mehr Schutz durch Fiktionalitätsvermutung als durch Wechselwirkungslehre

Das Bundesverfassungsgericht führt folgende Fiktionalitätsvermutung ein: „Ein literarisches Werk, das sich als Roman ausweist, ist daher zunächst einmal als Fiktion anzusehen, das keinen Faktizitätsanspruch erhebt."[376] Die Fiktionalitätsvermutung markiert den Unterschied in der Bewertung von Kunstwerken gegenüber Meinungsäußerungen und Pressesachen im Widerstreit mit den Persönlichkeitsrechten Dritter. Seit der in der „Lüth"-Entscheidung begründeten *Wechselwirkungslehre* steht die Deutung der allgemeinen, die Meinungsfreiheit nach Art. 5 Abs. 2 GG einschränkenden Gesetze zwar unter der „Vermutung für die Freiheit der Rede"[377]. Die Fiktionalitätsvermutung der Kunstfreiheit begründet die grundsätzliche Annahme von Fiktionalität und damit eine *spezifizierte Tendenz* für die Zulässigkeit des Kunstwerks auf dem Gebiet der Literatur. Demgegenüber begründet die Wechselwirkungslehre keine prinzipielle Zulässigkeitsvermutung, sondern letztlich nur eine *verfassungskonforme Auslegung der allgemeinen Gesetze*[378]. Der aus der Vermutung der Redefreiheit ebenso ableit-

[375] Unter ausdrücklichem Hinweis auf das Sondervotum *Steins* in der „Mephisto"-Entscheidung erläutert das Bundesverfassungsgericht die neue ästhetische Wirklichkeit in dem Kunstwerk. Sie erfordere, daß neben den Wirkungen eines Kunstwerks im außerkünstlerischen Sozialbereich eine Berücksichtigung kunstspezifischer Gesichtspunkte erfolge. Nach der kunstspezifischen Betrachtungsweise handelt es sich bei einem literarischen Werk um eine von der Realität unabhängige, selbständige Kunstwelt; BVerfGE 119, 1 (27 f.).

[376] BVerfGE 119, 1 (28). Der Aussagegehalt der Fiktionalitätsvermutung erinnert an das Sondervotum der Richterin *Rupp-von Brünneck* zum Mephisto-Beschluß: Die dissentierende Richterin stellte den Grundsatz auf, daß von einem verständigen Leser auszugehen sei, der zwischen Meinungsäußerung und literarischem Werk, zwischen Realität und Fiktion unterscheiden könne, BVerfGE 30, 173 (223 f.). Ein verständiger Leser erwartet von einem literarischen Werk, das sich als Roman ausgibt, einen fiktionalen Text, so daß in der Regel bei einem Roman ein fiktionaler Text anzunehmen ist (Fiktionalitätsvermutung). Die Richterin ging also ersichtlich vom Rezipienten aus. Das Bundesverfassungsgericht legt sich bei der Formulierung – wenn es anschließend auch von einem verständigen Durchschnittsleser spricht – noch nicht fest. Eine Differenzierung in zwei noch zu erörternde Fiktionalitätsvermutungen im Sinne von Texteigenschaft und Rezipientenhaltung wäre ratsam.

[377] BVerfGE 7, 198 (208): „[…] die allgemeinen Gesetze müssen in ihrer das Grundrecht beschränkenden Wirkung ihrerseits im Lichte der Bedeutung dieses Grundrechts gesehen und so interpretiert werden, daß der besondere Wertgehalt dieses Rechts, der in der freiheitlichen Demokratie zu einer grundsätzlichen Vermutung für die Freiheit der Rede in allen Bereichen, namentlich aber im öffentlichen Leben, führen muß, auf jeden Fall gewahrt bleibt." – Anders *H. Maurer,* Staatsrecht I, 6. Aufl. 2010, S. 282 f.

[378] *Herzog,* Grundgesetz (Fn. 477), Art. 5 Abs. 1, 2 (1982), Rn. 258 ff.

bare Gedanke möglichst verfassungskonformer Interpretation von Äußerungen reduziert sich zudem, je mehr faktische gegenüber wertenden Aspekten in der streitigen Mitteilung eine Rolle spielen[379].

Die Unterscheidung von Kunst- und Äußerungsschutz wird an der Trennlinie der Fiktionalitätsvermutung offenbar: Veröffentlicht beispielsweise ein Leitender Oberstaatsanwalt ein Buch über das Ermittlungsverfahren zum Tod des früheren Ministerpräsidenten Barschel, in dem er die These der Ermordung des Politikers vertritt, so handelt es sich um eine Behauptung mit Wahrheitsanspruch. Allein der Schutz der Meinungsfreiheit nach Art. 5 Abs. 1 GG ist aktiviert. Die Fiktionalitätsvermutung greift nicht ein, die Veröffentlichung kann aufgrund des Gesetzesvorbehalts aus Art. 5 Abs. 2 GG nach Beamtenrecht verboten werden[380]. Hätte der Betroffene nun einen Roman geschrieben, der seinen Anknüpfungspunkt in den Ereignissen um den Tod des Staatsmanns gehabt hätte, wäre er im Grundsatz angesichts der Fiktionalitätsvermutung als fiktionaler Text qualifiziert und rezipiert, seine Publikation nicht untersagt worden. So zweifelhaft schlicht vordergründig diese Unterscheidung erscheint, so zutreffend ist sie: Es markiert einen grundlegenden Unterschied, ob eine Mitteilung den Anspruch von Authentizität erhebt, oder der Autor augenscheinlich nicht mit den Kategorien von „richtig“ und „falsch“ gemessen am Realitätsgehalt arbeitet. Erwartet der Rezipient im ersten Fall eine Positionierung durch den Äußernden, an der er sich im inhaltlichen Austausch festhalten lassen muß, so ist ihm im zweiten Fall in der Regel bewußt, daß ihm ein von der Wirklichkeit unabhängiges Produkt präsentiert wird. *Je weniger sich der Autor an der Realität orientiert, desto geringer fällt in der Konsequenz die Schnittmenge mit der Wirklichkeit und damit die Gefahr der Persönlichkeitsrechtsverletzung der der Realität entstammenden Personen aus*[381]. Wurde im ersten Teil der Arbeit der Zusammenhang von Literarizität und Fiktionalität herausgearbeitet, so erklärt diese Einschätzung die Schlußfolgerung von Fiktionalität auf Zulässigkeit.

Ebenso ist in der Wortberichterstattung zwar eine Zulässigkeitsvermutung bei der Deutung von Mitteilungen bekannt. Die sogenannte „Zweifelsregel“ verpflichtet bei der Auslegung einer Aussage diejenige Interpretation zu wählen, bei der die Mitteilung als zulässig zu qualifizieren ist[382]. Bei Unterlassungsansprüchen – wie sie für den „Esra“-Fall virulent werden – kommt die Regel allerdings seit der Entscheidung „Stolpe“ mangels Schutzwürdigkeit des Äußernden nicht

[379] BVerfGE 85, 1 (16 f.).

[380] BVerfGK 14, 1 (5).

[381] Dieser Zusammenhang wird auch von der „Je-desto“-Formel erfaßt, BVerfGE 119, 1 (30): „Je stärker Abbild und Urbild übereinstimmen, desto schwerer wiegt die Beeinträchtigung des Persönlichkeitsrechts.“

[382] BVerfGE 93, 266 (295 f., 308 ff.); 94, 1 (9 ff.); 102, 347 (365 f.); 107, 275 (282 f.). – Kritsch hierzu *P. Lerche*, Kunstfreiheit inmitten aktueller Grundrechtskonzepte, in: R. Jacobs/H.-J. Papier/P.-K. Schuster (Hrsg.), Festschrift für Peter Raue, 2006, S. 215 (223); *D. Grimm*, Der Stolpe-Beschluss des BVerfG – eine Rechtsprechungswende?, in: AfP 2008, S. 1 (1, 5).

mehr zum Tragen[383]. Damit läßt sich festhalten, daß der Schutz eines Kunstwerks gegenüber dem einer schlichten Äußerung oder eines Presseerzeugnisses aufgrund der Einführung der Fiktionalitätsvermutung ersichtlich ausgeweitet ist.

(1) Fiktionalitätsvermutung im Zivilprozeßverfahren

Fraglich bleibt, wie die Fiktionalitätsvermutung in das System juristischer Vermutungen einzuordnen ist. Neben den vertraglichen Vermutungen, Fiktionen und Auslegungsregeln unterscheidet man insbesondere gesetzliche und tatsächliche Vermutungen[384]. Vermutungen finden besonders häufig im Bereich des *zivilprozessualen Beweisrechts* Anwendung. Im Gegensatz zu dem den Zivilprozeß bestimmenden *Beibringungsgrundsatz* kann und muß das Gericht zur Tatsachenaufklärung Beweise unabhängig von Parteianträgen ermitteln[385]. Das Bundesverfassungsgericht erhebt entsprechend dem *Amtsermittlungsgrundsatz* den zur Sachverhaltserforschung erforderlichen Beweis, § 26 Abs. 1 S. 1 BVerfGG. Gleichwohl tritt der Beweisführer auch im Verfahren vor dem Bundesverfassungsgericht Beweis an, nimmt das Gericht Material entgegen und tritt somit in die Beweisaufnahme ein. Eine Beweislast mit der Konsequenz der gerichtlichen Überzeugung vom Gegenteil bei Nichterbringlichkeit der Tatsachen durch den Beweisführer besteht allerdings nicht[386]. Die folgende Darstellung berücksichtigt sowohl die im Zivilprozeß aufgrund des Beibringungsgrundsatzes herrschenden Vermutungsregeln – Unterlassungsverfügungen von Buchpublikationen sind vor den Zivilgerichten zu beantragen – als auch den Verfahrensgang vor dem Bundesverfassungsgericht, da die Fiktionalitätsvermutung dort eingeführt und relevant wurde.

(2) Fiktionalitätsvermutung: keine gesetzliche Vermutung

Das Bürgerliche Gesetzbuch und die Zivilprozeßordnung enthalten zahlreiche gesetzliche Vermutungen, die sich in Tatsachen- und Rechtsvermutungen unterteilen[387]. Wenn für den Beweisführer eine gesetzliche Vermutung streitet, hat das Gericht bei Bejahung des Vermutungstatbestands von dem Eintreten der Vermutungsfolge auszugehen, es sei denn, daß das Gegenteil im Verfahren bewiesen wird[388]. Da die Vermutung, es handele sich bei einem literarischen Werk um einen fiktionalen Text, nicht vom Gesetzgeber normiert wurde, ist die Fiktionalitätsvermutung keine gesetzliche Vermutung.

---

[383] BVerfGE 114, 339 (349 ff.). – Auf die Folgeprobleme dieser Wende weist hin *Seelmann-Eggebert,* Entwicklung (Fn. 485), S. 2553.

[384] *H. Prütting,* Münchener Kommentar (Fn. 191), § 292 Rn. 3.

[385] *F. Klein,* Bundesverfassungsgerichtsgesetz (Fn. 7), § 26 (1987), Rn. 1 f.

[386] *Klein/Bethge,* Bundesverfassungsgerichtsgesetz (Fn. 7), § 30 (1987), Rn. 10.1.

[387] Beispiele für Tatsachenvermutungen sind §§ 1253 Abs. 2, 1377 Abs. 1, 3 BGB; §§ 437 Abs. 1, 440 Abs. 2 ZPO; für Rechtsvermutungen §§ 891, 1006, 1362 BGB.

[388] *Prütting,* Münchener Kommentar (Fn. 191), § 284 Rn. 22.

(3) Tatsächliche (Fiktions-)Vermutung: Selbstverständlichkeit, literarisches Einfallstor

Den Vermutungstatbestand bildet bei der tatsächlichen Vermutung ein *Satz der Lebenserfahrung*[389]. Darunter versteht man eine auf allgemeiner Lebenserfahrung beruhende Wahrscheinlichkeit, sofern sie nicht widerlegt wird[390]. Die Tragweite der Vermutungsfolge ergibt sich aus Erfahrungswerten[391]. Für die tatsächlichen Vermutungen gilt keine Umkehr der Beweislast. Sie sind im Rahmen der Beweiswürdigung als allgemeine Erfahrungssätze zu berücksichtigen[392]. Bei der Fiktionalitätsvermutung handelt es sich um eine *tatsächliche Vermutung*. Im Fall eines literarischen Textes wie einem Roman besteht der allgemeine Erfahrungsgrundsatz, daß es sich um eine fiktionale Schrift handelt. Bei einem literarischen Werk ist also von mehreren möglichen Interpretationen diejenige zu wählen, die auf der Fiktivität des Geschehens gründet[393]. Dieser von Juristen konstituierte Erfahrungsgrundsatz entspricht dem literarischen Kenntnisstand von Literarizität und Fiktionalität. In der Literaturwissenschaft sind die Termini zwar höchst umstritten. So besteht keine Einigkeit darüber, ob Literarizität und Fiktionalität zwei deckungsgleiche Begriffe sind, Fiktionalität zwingende Voraussetzung für die Bejahung der literarischen Qualität eines Textes ist oder es sich um zwei voneinander unabhängige Texteigenschaften handelt, die sich nichtsdestominder gegenseitig bedingen. Die Fiktionalitätsvermutung konter-

---

389 BGH NJW 1996, 1828 (1828).

390 BFH NVwZ-RR 1990, 120 (120 f.); *J. Mayer*, in: F. J. Säcker/R. Rixecker (Hrsg.), Münchener Kommentar zum Bürgerlichen Gesetzbuch, Bd. 9. Erbrecht. §§ 1922–2385. §§ 27–35 BeurkG, 5. Aufl. 2010, § 2359 Rn. 22.

391 BGHZ 123, 311 (315 ff.).

392 *M. Dawin*, Verwaltungsgerichtsordnung (Fn. 364), § 108 (1998), Rn. 75.

393 Ähnlich für die Wahl einer Kunstinterpretation, die Persönlichkeitsrechte am wenigsten beeinträchtigt: BVerfGE 67, 213 (230); 81, 298 (307); LG Dresden NJW-RR 2005, 411 (413); auch an dieser Stelle zeigt sich die Vorteilhaftigkeit, die Aussage zur Fiktionalität in zwei Fiktionalitätsvermutungen zu differenzieren: Erstens kann von der Fiktionalität des Textes als Eigenschaft ausgegangen werden. Außerdem ist anzunehmen, daß bei mehreren Auslegungsmöglichkeiten die der hinreichenden Fiktionsberücksichtigung gewählt wird. Es handelt sich dabei um zwei – wenn auch aufeinander aufbauende – unterschiedliche Annahmen. Fraglich ist insbesondere, inwieweit sich letztere, die Bevorzugung einer fiktionsadäquaten Rezeption, mit Entscheidungen auf dem Gebiet des Jugendschutzes durch Kunstwerke vereinbaren läßt. Denn für die Einschätzung der Jugendgefährdung durch die Bundesprüfstelle genügte bislang eine nicht ganz fernliegende Interpretation, die die Jugendgefährdung feststellte. Vgl. exemplarisch VG Köln ZUM-RD 2008, 385 (390): „Nach alledem ist die Interpretation der Bundesprüfstelle insbesondere bei einer oberflächlichen, die dargebotenen Handlungen und Bilder nicht hinterfragenden Betrachtung des Filmes eine keineswegs fernliegende Deutung seines Inhaltes. [...]. Dieses [Gutachten von der Inhaberin der Verwertungsrechte an dem streitgegenständlichen Film] bietet nur einen anderen Interpretationsansatz [...]. Für die Annahme einer grundsätzlichen Eignung zur Jugendgefährdung reicht es jedoch aus, dass eine nicht ganz fernliegende und auch für Jugendliche erkennbare Deutung des Mediums eine Jugendgefährdung nahelegt [...].“

kariert diese Differenzen in der Begriffsbestimmung von Literarizität und Fiktionalität allerdings nicht, sondern bezieht sich in der Fiktionalitätsvermutung auf den „kleinsten gemeinsamen Nenner" der Umschreibungen. Daß es sich bei einem literarischen in der Mehrzahl der Fälle um einen fiktionalen Text handelt, wird auch von Literaturwissenschaftlern allgemein anerkannt.

Allein fraglich bleibt dabei die Aussagekraft, die die in der Vermutung vorausgesetzte Feststellung des literarischen Charakters eines Textes beinhaltet: Wenn Fiktionalität als Voraussetzung zur Bejahung von Literarizität allgemein anerkannt ist, könnte die Fiktionalitätsvermutung – wenn auch nicht als Zirkelschluß[394] – so zumindest doch als reine *Selbstverständlichkeit* an revoltierender Kraft einbüßen[395]. Allerdings besteht ihre nicht unbeachtliche Bedeutung darin, diese literaturwissenschaftliche Erkenntnis in eine juristische Fallösung integriert und für den rechtlichen Interessenausgleich von Kunstfreiheit und Persönlichkeitsrecht einsetzbar gemacht zu haben. Die Fiktionalitätsvermutung ist daher als *Einfallstor von literaturwissenschaftlichem Sachverstand* in rechtliche Entscheidungspraxis zu begrüßen. Wie gesehen, beruht die Vermutung also auf allgemeiner Erfahrung im fachgerechten Umgang mit literarischen Texten. Vorliegend steht die Vermutungsgrundlage fest: Bei dem Buch „Esra" handelt es sich um einen Roman[396]. Das Bundesverfassungsgericht erhebt gemäß § 26 Abs. 1 S. 1 BVerfGG „den zur Erforschung der Wahrheit erforderlichen Beweis". Die Vermutungsfolge, der fiktionale Charakter, ist im Rahmen der anschließenden Beweiswürdigung zu beachten. Eine Umkehr der Beweislast zu Lasten der Klägerinnen zu 1) und 2) findet dabei nicht statt. Es liegt nicht an ihnen zu beweisen, daß es sich bei dem streitgegenständlichen Buch nicht um einen fiktionalen Text handelt. Aufgrund des geltenden Amtsermittlungsgrundsatzes (vgl. § 26 Abs. 1 S. 1 BVerfGG) sind weder die Darlegungslast, die Pflicht zum Tatsachenvortrag, noch die formelle Beweislast, die Verpflichtung zum Beweisantritt, in dem Verfahren vor dem Bundesverfassungsgericht von Bedeutung. Die Fiktionalitätsvermutung ist allein zugunsten des Beschwerdeführers im Rahmen der materiellen Beweislast zu beachten. Demnach tragen die Betroffenen, vorliegend die Klägerinnen zu 1) und 2), das Risiko der Nichterweislichkeit hinsichtlich der Nichtfiktionalität des Textes und der fiktionsinadäquaten Rezeption. Literaturwissenschaftlichen Regeln entsprechend kommt das Bundesverfassungsgericht überzeugend zu dem Ergebnis, daß es sich bei „Esra" insgesamt um einen fiktionalen

---

394 Ein Zirkelschluß liegt nicht vor, da es sich bei der Fiktionalität zwar um ein häufiges, aber nicht um ein unverzichtbares Kriterium für Literarizität handelt.

395 Vgl. Abschnitt C.II.1. Abstrakt gefaßt: A ist häufiges Merkmal von B; wenn B vorliegt, ist wahrscheinlich auch A vorhanden. Eine solche Regel in Form einer tatsächlichen Vermutung würde nur dann Sinn ergeben, wenn es einfacher fällt, B statt A zu beweisen. Vorliegend ist allerdings nicht ersichtlich, weshalb die Untersuchung der Fiktionalität (A) größere Beweisprobleme beinhaltet als die der Literarizität (B).

396 Vgl. Abschnitt C.II.3.a.

Text handelt[397]. Hinsichtlich der Klägerin zu 2) erscheint die Argumentation in der Tendenz eklektisch: Ohne Überleitung „springt" das Bundesverfassungsgericht von der Texteigenschaft „Fiktionalität" auf die Rezeption als Fiktion: Die Darstellungen seien der Wirklichkeit entnommen „so dass dem Leser anders als bei der Klägerin zu 2) nicht nahegelegt wird, diese Geschehnisse als Fiktion zu verstehen […]."[398] An dieser Stelle wird bereits deutlich, daß ein Einsatz von zwei separaten Fiktionalitätsvermutungen in Hinblick auf Texteigenschaft und Rezeptionsverhalten zu präzisieren und damit noch zu erörtern ist.

Im Zivilprozeßverfahren eröffnet die Fiktionalitätsvermutung angesichts des Beibringungsgrundsatzes eine Beweiserleichterung. Ob diese sich tatsächlich auszahlt, bleibt angesichts der genannten Zweifel hinsichtlich der Erheblichkeit und des Hinweises auf die Selbstverständlichkeit der Formulierung offen. Allerdings können Zivilgerichte nun jedenfalls bedenkenlos mit der literaturwissenschaftlich begründeten Schlußfolgerung von einem literarischen auf einen fiktionalen Text arbeiten. Soweit keine ernsthaften abweichenden Folgerungen erkennbar sind, ist von der Fiktionalität eines literarischen Textes auszugehen. Unabhängig von den Unterschieden in den Verfahrensordnungen muß das Gericht zunächst die Literarizität des Textes feststellen. Daß es sich hierbei um eine einfachere Aufgabe als die Eruierung von Fiktionalität handelt, ist nicht ohne weiteres ersichtlich. Die Einholung eines Sachverständigengutachtens zur Bestätigung des literarischen Charakters eines Textes ist in Zweifelsfällen also durchaus – auch vor dem Hintergrund der durch die Fiktionalitätsvermutung erbrachten Erleichterungen – angebracht.

b) Die „Je-desto"-Formel: ausbaufähige, aber taugliche Präzisionshilfe

aa) Nachteile: sprachlich ungeschickt, aktualisiertes Konkordanzprinzip wenig innovativ

Im Fall reiner Fiktionalität kann ein Persönlichkeitsrecht nicht verletzt werden. *Eine Romanfigur hat kein Persönlichkeitsrecht.* Konfliktstoff bieten die zahlreichen literarischen Werke, die eine Mischung aus Fiktionalität und Realität beinhalten. Fraglos kann nicht jeder lebensechten Darstellung eine potentielle Persönlichkeitsrechtsverletzung unterstellt werden. Neben der Realitätsnähe kommt es entscheidend auf die *Intensität der Persönlichkeitsrechtsbeeinträchtigung* an. Ein besonderes Ausmaß folgert das Bundesverfassungsgericht aus einer Nähe zum Kernbereich privater Lebensgestaltung[399]. Als Orientierungshilfe wird hierbei auch die Sphärenlehre relevant. Die beiden entscheidenden Elemente für die Prüfung einer Persönlichkeitsrechtsverletzung sind also der *Grad der Fiktionalisierung* und die *Intensität der Persönlichkeitsrechtsbeeinträchtigung.* Das Bundes-

[397] BVerfGE 119, 1 (33).
[398] BVerfGE 119, 1 (34).
[399] BVerfGE 119, 1 (29 f.).

verfassungsgericht hat die Wahl dieser beiden Parameter in der „Esra"-Entscheidung ausdrücklich bestätigt[400]. Im Anschluß präzisierte es die Beziehung der beiden Faktoren zueinander anhand der „Je-desto"-Formel. Das Verhältnis gestalte sich in Form einer *Wechselbeziehung* zwischen Fiktionalität und Schwere der Persönlichkeitsrechtsbeeinträchtigung aus: „Je stärker Abbild und Urbild übereinstimmen, desto schwerer wiegt die Beeinträchtigung des Persönlichkeitsrechts. Je mehr die künstlerische Darstellung die besonders geschützten Dimensionen des Persönlichkeitsrechts berührt, desto stärker muß die Fiktionalisierung sein, um eine Persönlichkeitsrechtsverletzung auszuschließen."[401]

Die „Je-desto"-Formel wird allerdings sprachlich etwas *ungeschickt* an die Herausarbeitung der beiden Faktoren von Fiktionalisierung und Beeinträchtigungsintensität zur Feststellung einer Persönlichkeitsrechtsverletzung angefügt. Denn galt der Fiktionalitätsgrad zunächst als Parameter neben der Persönlichkeitsrechtsbeeinträchtigung, so handelt es sich nun um einen Faktor eben dieser Persönlichkeitsrechtsbeeinträchtigung. Letztlich ist es nicht ausgeschlossen, daß Fiktion sowohl Einfluß auf die Intensität der Beeinträchtigung als auch auf die Persönlichkeitsrechtsverletzung nimmt. Fiktionsgrad und betroffener Bereich der Persönlichkeit sind dabei wiederum additive Positionen zur Bestimmung der Schwere der Persönlichkeitsrechtsbeeinträchtigung. Sie beeinflussen als voneinander unabhängige Größen das Ausmaß der Persönlichkeitsrechtsbeeinträchtigung. Sie treten kumulativ auf[402]. Insgesamt läßt sich resümieren: Je weniger Fiktionalisierung erfolgt und je persönlichkeitsrelevanter die betroffene Stufe nach dem Sphärenmodell ist, desto größer wird die Persönlichkeitsrechtsbeeinträchtigung. Die „Je-desto"-Formel und die Sphärenlehre stellen also zwei voneinander unabhängige Parameter zur Feststellung einer Persönlichkeitsrechtsverletzung dar. Das kumulative Vorhandensein eines geringen Fiktionsgrades und der Betroffenheit in einem der Intimsphäre nahen Bereich führen zu einer schwerwiegenden Persönlichkeitsrechtsbeeinträchtigung[403]. Allerdings wäre eine Klarstellung, daß es sich dabei nicht um ein sprachliches Versehen, sondern um eine bewußte Feststellung des Senats handelt, einem exakten Begriffsverständnis dienlich.

Die Aussage der „Je-desto"-Formel verallgemeinern bedeutet, die Grundrechte der Kunstfreiheit und des allgemeinen Persönlichkeitsrechts in einen möglichst schonenden Ausgleich zu bringen. Anhand der Kriterien der Fik-

---

400 BVerfGE 119, 1 (27).

401 BVerfGE 119, 1 (30).

402 Die Frage, ob auch eine multiplikative Aufladung zwischen fehlender/geringer Fiktionalisierung und Intensität des Sphärengrads stattfindet, verdient nähere Erörterung und kann in dieser Arbeit nicht geklärt werden; vgl. zum additiven Charakter BGH ZUM-RD 2009, 429 (431); OLG München ZUM 2007, 932 (934).

403 Mathematisch läßt sich die Persönlichkeitsrechtsbeeinträchtigung als Summe der Komponenten von A (fehlende Fiktionalisierung) + B (Persönlichkeitssphäre) = C (Persönlichkeitsrechtsbeeinträchtigung) vereinfachen.

tionalisierung – als Faktor der Intensität der Persönlichkeitsrechtsbetroffenheit – und dem Schweregrad der Persönlichkeitsrechtsbeeinträchtigung ist ein sachgerechtes Verhältnis herzustellen. Damit handelt es sich bei der „Je-desto"-Formel im Ergebnis allein um die für die Abwägung von Kunstfreiheit und allgemeinem Persönlichkeitsrecht durchgeführte *Aktualisierung des bewährten Prinzips praktischer Konkordanz.* Dessen Wesen ist durch eine graduell meßbare Optimierung eines möglichst schonenden Ausgleichs geprägt. So war auf dem Gebiet der Kunstfreiheit auch vor Einführung der „Je-desto"-Formel eine Bewertung entlang der betroffenen Persönlichkeitsdimension vorzunehmen: Eine Beeinträchtigung der zur Öffentlichkeit zählenden Sphäre einer Person hat stets geringeren Rechtfertigungsaufwand beansprucht als eine Berührung der Privatsphäre[404]. Auch die „Je-desto"-Formel stellt keine einseitige „Entweder-oder"-Lösung, sondern eine Konkretisierung dieses Grundsatzes gradueller Abstufungen dar. Streng genommen ist es daher auch ungenau, von einer Einführung der „Je-desto"-Formel durch das Bundesverfassungsgericht zu sprechen. Denn tatsächlich handelt es sich nicht um eine Erfindung des erkennenden Senats, sondern allein um eine Präzisierung bereits bekannter richterlicher Entscheidungsgrundsätze[405]. Sie weist der zeitlich folgenden Rechtsprechung den Abwägungsrahmen zu[406].

bb) Vorteil: Präzision des diametralen Verhältnisses von Fiktion/ Persönlichkeitssphären

Die „Je-desto"-Formel bietet einen entscheidenden Vorteil: Sie präzisiert das Verhältnis von Fiktion und Persönlichkeitsrechtsbeeinträchtigung als diametral und bemüht für letztere eine Einbeziehung der Sphärenlehre.

Der erkennende Senat versteht die *Sphärenlehre* – so wie sie stets dienlich ist – als Orientierungshilfe im Abwägungsvorgang der „Je-desto"-Formel, als Konkretisierung seitens des Persönlichkeitsschutzes: Den einzelnen Ausprägungen des allgemeinen Persönlichkeitsrechts in Form der Sozial-, Privat- und Intimsphäre „kommt ungeachtet der grundsätzlichen Bedeutung des Grundrechts

---

[404] BVerfGE 75, 369 (379 ff.); *Pernice,* Grundgesetz (Fn. 96), Art. 5 III (Kunst), Rn. 37. – In bezug auf einen ähnlich gelagerten amerikanischen Sachverhalt *G. Gounalakis,* Freiräume und Grenzen politischer Karikatur und Satire, in: NJW 1995, S. 809 (810 f., 815 f.).

[405] So auch *Hahn,* Persönlichkeitsrecht (Fn. 10), S. 101.

[406] Statt vieler vgl. OLG München ZUM 2007, 932 (934): „Je mehr ein Künstler für sich beansprucht, die soziale Wirklichkeit darzustellen, desto schutzwürdiger ist das Interesse des Dargestellten, dass die Darstellung seiner Person nicht im Gegensatz zu dieser Wirklichkeit erfolgt." Abzuwarten bleibt indes, inwieweit eine in einer „Je-desto"-Formel ausgeformte Abstufung für folgende Entscheidungen tatsächlich verbindlich ist. So fand die Feststellung des Bundesverfassungsgerichts, daß „Eingriffe umso weniger zuzulassen (sind), je näher die umstrittene Handlung dem Kern der Kunstfreiheit zuzuordnen ist und je mehr sie sich im Bereich des Schaffens abspielt" (BVerfGE 77, 240 [254]), also eine graduelle Differenzierung zwischen Werk- und Wirkbereich zugunsten ersterem, nur bedingt Anerkennung. – Eher ablehnend beispielsweise BVerfG (Kammer), NJW 2001, 596 (597).

unterschiedliches Gewicht als mögliche Schranke der Kunstfreiheit zu. Das Bundesverfassungsgericht geht in ständiger Rechtsprechung davon aus, daß wegen der besonderen Nähe zur Menschenwürde ein Kernbereich privater Lebensgestaltung als absolut unantastbar geschützt ist. Diesem absolut geschützten Kernbereich, zu dem insbesondere auch Ausdrucksformen der Sexualität gehören, ist die Privatsphäre in der Schutzintensität nachgelagert. Die unterschiedlichen Dimensionen des Persönlichkeitsrechts sind nicht im Sinne einer schematischen Stufenordnung zu verstehen, wohl aber als Anhaltspunkte für die Intensität der Beeinträchtigung durch das literarische Werk."[407] In der „Je-desto"-Formel setzt das Gericht vorsichtig, aber trefflich die *Intensitätsstufen einer Persönlichkeitsrechtsbeeinträchtigung und die Fiktionsgrade in ein diametrales Verhältnis.* In den persönlichkeitsrechtsrelevanten Fällen gilt also: Je geringer der Fiktionsgrad eines Textes, desto größer ist die Persönlichkeitsrechtsbeeinträchtigung. Der zweite Teil der „Je-desto"-Formel deutet dabei die Positionierung der Sphärenlehre an: „Je mehr die künstlerische Darstellung die besonders geschützten Dimensionen des Persönlichkeitsrechts berührt [...]"[408], desto höher sind die Anforderungen an ausreichende Fiktionalisierung aufgrund der erheblichen Gefahr einer Persönlichkeitsrechtsverletzung. Letztlich drückt sich hier – wie auch in Bezug zur praktischen Konkordanz – eine Selbstverständlichkeit der Persönlichkeitsrechtsdogmatik aus: Die Schwere der Persönlichkeitsrechtsbeeinträchtigung ist nach der Sphärenlehre abhängig von dem beeinträchtigten Bereich zu ermitteln. Sowohl Sphärenlehre als auch „Je-desto"-Formel erfordern mit steigender Persönlichkeitsrechtsintensität eine verstärkte kompensierende Kraft. Im ersten Fall liegt sie in der Rechtfertigung der Beeinträchtigung durch ein erweitertes öffentliches Interesse. In der zweiten Option ist sie durch eine intensivierte Fiktionalisierung auszugleichen. Die Nähe zur Intimsphäre beansprucht stets – sowohl auf dem breiten, bekannten Gebiet der Sphärenlehre als auch punktuell für die spezifische „Je-desto"-Formel – einen graduell steigenden Schutz, dabei im Fall der Darstellung in literarischen Werken durch intensivierte Fiktionalisierung.

Vor diesem Hintergrund ist die Einführung der Fiktionalitätsvermutung wiederum – als Ergebnis einer Wechselbeziehung aus Fiktionalität und „Je-desto"-Formel – Stärkung der Kunstfreiheit, *Spezifizierung des Satzes „in dubio pro arte"*[409]. Denn je intensiver sich die Fiktionalisierung gestaltet, desto unerheb-

---

[407] BVerfGE 119, 1 (29 f.). – Zur parallelen Wertung in der Berichterstattung *Seelmann-Eggebert,* Entwicklung (Fn. 485), S. 2554.

[408] BVerfGE 119, 1 (30). – Für die britische, jüngere Rechtsprechungslinie fassen diese Relation ähnlich zusammen *Ohly/Lucas-Schloetter/Beverley-Smith,* Freedom (Fn. 238), S. 550: „The more intimate the aspects of private life that are being interfered with, the more serious must be the reasons for doing so before the interference can be legitimate."

[409] Kritisch zu einer „in dubio pro arte"-Regel *Scholz,* Grundgesetz (Fn. 664), Art. 5 Abs. 3 (1977), Rn. 27; *K. Kastner,* Literatur und Recht – eine unendliche Geschichte, in: NJW 2003, S. 609 (614); *E. I. Obergfell,* Anmerkung zu dem Urteil des BGH vom 21.6.2005 – VI

licher ist die Persönlichkeitsrechtsbeeinträchtigung. Wenn nun eine Vermutung für die Fiktionalität konstituiert wird, dann ist damit tendenziell eine Persönlichkeitsrechtsverletzung schwerer zu begründen, die Kunstfreiheit im literarischen Bereich also um so wahrscheinlicher vorrangig. Der „Je-desto"-Formel kommt dabei die genannte Präzisierungsfunktion anhand von Fiktionsgraden zu.

cc) Ausnahmen der Abwägung: Erkennbarer Autor erzählt ersichtlich eigenes Erleben

Die Vermutung der Fiktionalität wird dann widerlegt, wenn der erkennbare Autor ersichtlich eigenes Erleben schildert. Nachdem die Erkennbarkeit der betroffenen Person zuvor im Rahmen der Betroffenheit bejaht wurde, kommt es nun entscheidend darauf an, ob der Autor ebenfalls erkennbar ist[410]. Im Roman „Esra" bestätigt der Ich-Erzähler Adam selbst zu Beginn des 37. Kapitels markante, die Identifizierung ermöglichende Übereinstimmungen mit dem Autor *Biller*: „Es wird Zeit, kurz etwas über mich zu erzählen. Daß ich aus Prag komme, Jude bin und oft über Deutschland schreibe, ist kein Geheimnis."[411] Die Vermutung der Fiktionalität kann daher nur dann widerlegt werden, wenn eine doppelte Erkennbarkeit vorliegt und der Autor augenscheinlich eigenes Erleben schildert. Dieser Argumentation liegt die Einsicht zugrunde, daß eine Person, die ihre Identität zu erkennen gibt und aus ihrem eigenen Leben berichtet, Realität schildert. Ob dies angesichts der Pluralität unterschiedlicher Erzählweisen der Postmoderne tatsächlich der Fall ist, kann dahinstehen. Jedenfalls wird der *Durchschnittsrezipient* von der Schilderung realen Geschehens ausgehen. *Wenn betroffene Person und Autor erkennbar sind und letzterer ersichtlich aus eigenem Erleben spricht, wird vom Durchschnittsleser vermutet, daß das Geschilderte der Wirklichkeit entspricht.* Auch wenn das Bundesverfassungsgericht diese Schlußfolgerung nicht explizit zieht, ist sie Folge der Argumentation und deckungsgleich mit den Arbeitsergebnissen hinsichtlich des Rezeptionsverhaltens[412]. Eine Persönlichkeitsrechtsverletzung ist dann zu bejahen, wenn die Darstellung sich auf einen der beiden namentlich genannten, höchst sensiblen Bereiche der Intimsphäre und des Eltern-Kind-Verhältnisses bezieht[413]. Hier ist zur Klarstellung – noch deutlicher als im „Esra"-Beschluß – zu trennen: Die Schilderung eines erkennbaren Autors von eigenem Erleben bildet eine Ausnahme von der Fiktionalitätsvermutung. Wenn diese realen Beschreibungen in den genannten Tabu-

---

ZR 122/04, in: JZ 2006, S. 196 (198); *Ujica/Loef*, Quod licet (Fn. 309), S. 673; *Stern*, Freiheit (Fn. 609), S. 631. – Für eine „in dubio pro libertate"-Betrachtung in der österreichischen Rechtsordnung plädiert hingegen *Tessar*, Kriterien (Fn. 36), S. 419 f.

410 BVerfGE 119, 1 (34).

411 *Biller*, Esra (Fn. 1), S. 110.

412 Vgl. Abschnitt C.II.4.

413 BVerfGE 119, 1 (34 f.). – Auch im Presserecht werden die beiden Bereiche vergleichbar intensiv geschützt. Zusammenfassend *Seelmann-Eggebert*, Entwicklung (Fn. 485), S. 2554.

zonen zu verorten sind, führen sie zu einer Ausnahme vom Abwägungsvorgang. Letztlich sind beide Aspekte – erkennbare Schilderung realer Ereignisse und Tangierung der sensiblen Bereiche – voneinander unabhängig. Allein ersterer begründet eine Ausnahme von der Fiktionalitätsvermutung. Letzterer führt isoliert zu keinerlei Konsequenzen, begründet allerdings in Kombination mit ersterem eine Ausnahme vom Abwägungsprozeß. So kann zutreffend resümiert werden, daß im Fall der Erkennbarkeit und Proklamation von Glaubwürdigkeit auf den empfindlichen Gebieten des Intimbereichs und der Eltern-Kind-Beziehung überhaupt keine Abwägung mehr erfolgt. Die Darstellung erkennbarer Personen „aus erster Hand" durch einen ebenfalls identifizierbaren Autor ist dort stets unzulässig[414]. Hinsichtlich der Klägerin zu 1) ist genau das der Fall. Diese Lösung steht in Einklang mit literaturwissenschaftlichem Kenntnisstand, nach dem der Roman „Esra" als autofiktionaler Text, also als Geschichte eines mit dem Autor identifizierbaren Ich-Erzählers, eingeordnet wird[415]. Die Konstruktion ließe sich auf die einfache Formel bringen: Doppelte Erkennbarkeit und eigenes Erleben des Autors ergeben eine Faktizitätsvermutung und führen in den genannten Fallgruppen zur Abwägungsfestigkeit, sodann im Ergebnis auch zu einer Persönlichkeitsrechtsverletzung.

---

[414] So auch *Wittreck*, Persönlichkeitsbild (Fn. 350), S. 10. – Grundsätzlich kritisch zur Abwägungsfestigkeit bei Berührung des Kernbereichs privater Lebensgestaltung *Baldus*, Kernbereich (Fn. 304), S. 223 f.

[415] Das Bundesverfassungsgericht bejaht folglich die Persönlichkeitsrechtsverletzung: BVerfGE 119, 1 (34): „[…] durch die genaue Schilderung intimster Details einer Frau, die deutlich als tatsächliche Intimpartnerin des Autors erkennbar ist. Hierin liegt eine Verletzung ihrer Intimsphäre und damit eines Bereichs des Persönlichkeitsrechts, der zu dessen Menschenwürdekern gehört." In dem Prosagedicht von *Kempker*, Jungen (Fn. 483), 1998, dessen Veröffentlichung durch das Landgericht Essen untersagt wurde, würden die gleichen Umstände maßgebend: *doppelte Erkennbarkeit* – dort durch namentliche Nennung sowie präzise Beschreibung der Lebensdaten und Örtlichkeiten – und *Insiderwissen* der Protagonistin aus der Ich-Perspektive im Bereich äußerst sensibler Materie der *Intimsphäre* in Form der Darstellung des Sexualkontakts, vgl. nur *Kempker*, ebda., S. 9, 14, 47 f., 50 f.: „Als ich das erste Mal mit einem Jungen im Bett lag war es Cornelius Busch, als ich das letzte Mal mit ihm im Bett lag, war es in Hamburg, es war das erste Mal, dass wir vögelten, wovor er die Vorhänge vorzog. Wegen der Tiere, sagt er, als Referenz, Verbeugung vorm orangen Eifersuchtszimmer. Als ich das erste Mal mit einem Jungen im Bett lag war es Cornelius Busch, nach dem Abitur, es war das Praktikum bei Terre des Hommes […]. Als ich das erste Mal mit einem Jungen im Bett lag war es Cornelius Busch, ich ritt auf seinem Schoss, da öffnete er die Beine, er lachte, es krachte, ich lachte auch, […]. Als ich das erste Mal mit einem Jungen im Bett lag war es Cornelius Busch, er zog mir Perlen auf um jedes Handgelenk die Liebesfessel einzeln fürs Gehören fest, jemand flüstert: Fass mein Fußgelenk. Als ich das erste Mal mit einem Jungen im Bett lag war es Cornelius Busch, hätten wir uns so ineinander gesteckt, wie wir uns ineinander wünschten, hätt ich ihn nicht schlagen müssen an der stillen Oeyn wegen unter die Haut gehen, er hätte mich nicht in die stille Oeyn schmeissen müssen, nicht durch die Brennesseln schleifen, stoppt nichts die Zärtlinge? Als ich das erste Mal mit einem Jungen im Bett lag war es Cornelius Busch, die Hürde war die vaginale Zuckung, als ich ihm das mit der vaginalen Zuckung sagte, die die Hürde ist, kuckt er mich verzückter an […]." Ähnlich detailliert auch *Kempker*, ebda., S. 57, 68, 72, 78.

V. Zwischenergebnis: Stärkung der Kunst, Präzision zum Persönlichkeitsschutz

Fiktionalitätsvermutung und „Je-desto"-Formel sind als Ausgestaltungen des gerichtlichen Fiktionalitätsverständnisses zu begrüßen. Die Fiktionalitätsvermutung ist eine tatsächliche Vermutung, die einen nach literaturwissenschaftlichem Kenntnisstand selbstverständlichen Umstand – Affinität von Fiktionalität zur Literarizität – in gerichtliche Termini überführt. Der Richter kann von der Fiktionalität eines Textes ausgehen, sobald er dessen literarische Qualität – möglicherweise nach Beratung durch einen Sachverständigen – festgestellt hat. Sie stellt eine Spezifizierung des Grundsatzes „in dubio pro arte" dar, da vor dem Hintergrund der „Je-desto"-Formel ein erhöhtes Maß an Fiktion die Persönlichkeitsrechtsbeeinträchtigung ausschließt. Die „Je-desto"-Formel aktualisiert letztlich das Prinzip praktischer Konkordanz[416] und wählt dabei nicht gänzlich überzeugende Formulierungen, die folgender Klarstellung bedürfen: Die Persönlichkeitsrechtsbeeinträchtigung ergibt sich aus den voneinander unabhängigen Parametern des Fiktionsgrads und der betroffenen Persönlichkeitsdimension, gemessen an den Kriterien der Sphärenlehre. Die Persönlichkeits-

[416] Bei der Abwägung im Wege der praktischen Konkordanz ist die Einbeziehung aller, den konkreten Sachverhalt prägenden Umstände unerläßlich, um eine sachgerechte Entscheidung herbeizuführen. Zur Verneinung der in dem vorliegenden Fall ebenfalls erwägbaren Verletzung der Meinungsfreiheit oder Berufsfreiheit *Schäfer/Merten*, Skandalroman (Fn. 253), S. 553. Weder dem Grundrecht auf Kunstfreiheit noch dem allgemeinen Persönlichkeitsrecht kann ohne Kenntnis des konkreten Falls allein aufgrund einer abstrakten Wertigkeitsskala der Vorzug gegeben werden. Demgegenüber bringt *Götting* eine gewisse Wertung der beiden Grundrechte im voraus in die Abwägung ein: „Die maßgebliche Perspektive bildet das Persönlichkeitsrecht der betroffenen Person [sic] nicht die Kunstfreiheit des Künstlers. [...] Wie schon aus der Systematik des Grundgesetzes erkennbar wird, steht der Persönlichkeitsschutz, d.h. der Schutz des einzelnen Menschen in seiner Individualität an der Spitze der Wertordnung des Grundgesetzes und ist dem Kommunikationsgrundrecht und der daraus erwachsenden Sozialpflichtigkeit vor- und übergeordnet." *Götting*, Persönlichkeitsschutz (Fn. 4), S. 435. Neben dem Schutz vor Verunglimpfungen in der Öffentlichkeit fordert *Keller* auch eine größtmögliche Schonung der Kunstfreiheit: *H.-J. Keller*, Zum Verhältnis von Persönlichkeitsschutz und Kunstfreiheit, in: UFITA 1977, S. 89 (89 ff.). Für einen Vorrang der Kunstfreiheit weist *von Becker* auf eine vergleichsweise kleine Auflage hin: *v. Becker*, Fiktion (Fn. 106), S. 106. Abgesehen davon, daß bei einer Verbreitung von mehreren Tausend Exemplaren auch eine gegenteilige Ansicht vertretbar erscheint, ist die Auflagenstärke letztlich nicht entscheidend. Maßgeblich bleibt, daß sich die Klägerinnen in ihrem sozialen Umfeld dem Verlust ihres sozialen Achtungsanspruches ausgesetzt sehen. Maßstab für die Beeinträchtigung des Persönlichkeitsrechts ist also der Bekanntenkreis der realen Personen, dem sich die Identifizierung der Klägerinnen mit den Romanfiguren aufgedrängt hat. Es ist *von Becker* darin zuzustimmen, daß der Zeitfaktor bei der Abwägung ein entscheidendes Kriterium ist. Er legt dar, daß die Vorgänge, die *Biller* als Vorlage für seinen Roman dienten, nicht lange zurückliegen, so daß sich die Klägerinnen durch die zeitnahe Veröffentlichung angesprochen fühlen; *v. Becker*, ebda., S. 106.

rechtsbeeinträchtigung wiederum steht in einem diametralen Verhältnis zum Fiktionsgrad. Wurde zuletzt ein Überblick hinsichtlich der Kerngedanken des „Esra"-Beschlusses gegeben, so sind folgend die Entscheidungsgrundsätze unter Würdigung des aktuellen Forschungsstandes kritisch zu diskutieren.

E. Die Verfassungsmäßigkeit der „Esra"-Entscheidung

I. Die Entscheidungsgrundsätze in der Einzelkritik

1. Zur Überprüfbarkeit fachgerichtlicher Entscheidungen

a) Romanverbot rechtfertigt keine vollständige Nachprüfung

Der Senat eröffnet die Begutachtung unvermittelt mit der Einräumung vollumfänglicher Prüfungskompetenz[1]. Streitig ist, ob bei der Publikationsuntersagung – angesichts dieser Eingriffsintensität – von dem Grundsatz eingeschränkten Prüfungsumfangs eine Ausnahme zuzulassen ist[2]. In dem der „Esra"-Entscheidung vorangehenden „Mephisto"-Beschluß hielt das Bundesverfassungsgericht an der eingeschränkten Überprüfbarkeit fest[3]. Bei der Frage einer Erweiterung des Prüfungsumfangs ist zu bedenken, daß jede Ausnahme vom Grundsatz eingeschränkter Kontrollkompetenz zu einer Verstärkung der Einzelfallgerechtigkeit und einer damit verbundenen, größeren Rechtsunsicherheit führen kann[4].

b) Erforderliche vollumfängliche Überprüfung im Fall eines Romanverbots

Die als „Heck'sche Formel"[5] bekannte Kontrollbeschränkung wurde hingegen im „Esra"-Beschluß nicht nachvollzogen. Zwar verdient die Erweiterung der Prüfungskompetenz insoweit Zustimmung, als sie die *Kunstfreiheit stärkt*[6]. Je

---

[1] BVerfGE 119, 1 (22).

[2] Grundsätzlich ist – wie bereits oben erörtert – der Prüfungsumfang des Bundesverfassungsgerichts im Rahmen einer Urteilsverfassungsbeschwerde auf die Frage beschränkt, ob Auslegungsfehler bestehen, nach BVerfGE 18, 85 (93) „[…] die auf einer grundsätzlich unrichtigen Anschauung von der Bedeutung eines Grundrechts, insbesondere vom Umfang eines Schutzbereichs beruhen und auch in ihrer materiellen Bedeutung für den konkreten Rechtsfall von einigem Gewicht sind." So auch beispielsweise BVerfGE 67, 213 (222 f.). – Hierzu instruktiv *Vogel*, Prüfungsumfang (Fn. 13), S. 33 ff., 90 ff., 195 ff.

[3] BVerfGE 30, 173 (196 f.); mit Bezug auf BVerfGE 18, 85 (92 f.); 22, 93 (97 f.).

[4] So auch *Würkner*, Bundesverfassungsgericht (Fn. 616), S. 66.

[5] Die Formel wurde nach dem Verfassungsrichter *Karl Heck* benannt, vgl. *R. Herzog*, Das Bundesverfassungsgericht und die Anwendung einfachen Gesetzesrechts, in: H. Maurer (Hrsg.), Das akzeptierte Grundgesetz, 1990, S. 431 (432 f.).

[6] Vergleichbares Vorgehen auf dem Gebiet der Meinungsfreiheit bei BVerfGE 82, 272 (280 f.); zustimmende Stimmen aus der Literatur von *C. Enders*, Anmerkung zu BVerfG.

intensiver die gerichtliche Prüfung ausfällt, desto größer ist denknotwendig der mögliche, zu erlangende Schutz vor Gericht[7]. Allerdings kann dieser Gewinn nicht darüber hinwegtäuschen, daß die Begründung sich in einer – angesichts der Abweichung vom Regelfall zu – kurzen Feststellung erschöpft[8]: „Das Verbot eines Romans stellt allerdings einen besonders starken Eingriff in die Kunstfreiheit dar. Das Bundesverfassungsgericht kann seine Überprüfung daher nicht auf die Frage beschränken, ob die angegriffenen Entscheidungen auf einer grundsätzlich unrichtigen Auffassung von der Bedeutung des Art. 5 Abs. 3 Satz 1 GG, insbesondere vom Umfang seines Schutzbereichs, beruhen."[9]

c) Fazit: zutreffende Gesamtüberprüfung mit ausbaufähiger Begründung

In Anbetracht des hohen Rangs, der der Kunstfreiheit zukommt, kann die Prüfungserweiterung *im Ergebnis* überzeugen. Das Bundesverfassungsgericht hat bereits vor der „Esra"-Entscheidung verschiedentlich darauf hingewiesen, daß es seine Überprüfungsbefugnisse an der Intensität ausrichtet, mit der die fachgerichtliche Entscheidung die Sphäre des Beschwerdeführers betrifft[10]. Gleichwohl erstaunt die Kürze der Begründung, da eine Flexibilisierung der Prüfungsintensität eine deutliche Abweichung von dem allgemein gefestigten Grundsatz der beschränkten Prüfungskompetenz nach der „Heck'schen Formel" darstellt. Dieser wurde unabhängig davon beachtet, ob es sich um einen schwerwiegenden Eingriff in die Kunstfreiheit oder ein anderes Grundrecht handelte. Wenn er nun – bei zugestanden erheblichem Eingriff durch das Gesamtverbot der Publikation – außer Kraft gesetzt wird, ist dieser Ansatz an sich nachvollziehbar.

Allerdings bedarf er doch *vertiefter Ausführungen* in bezug auf den hohen Rang der Kunstfreiheit, die Schwere des Eingriffs in rechtlicher und wirtschaftlicher Hinsicht und die grundsätzliche Bedeutung des Beschlusses für nachfolgende Entscheidungen und Auswirkungen in der Öffentlichkeit. Dieser Erklärungsbedarf ist um so dringender, als das Bundesverfassungsgericht ein Jahr

Az. 1 BvR 1783/05, in: JZ 2008, S. 581 (581 f.); *F. Wittreck*, Esra, Mephisto und Salomo, in: Jura 2009, S. 128 (132); *Müller-Terpitz*, BVerfGE 119, 1 – Esra (Fn. 313), S. 832.

[7] Zustimmend auch *Würkner*, Bundesverfassungsgericht (Fn. 616), S. 66. – Ebenso zur Prüfungsintensität durch den Europäischen Gerichtshof für Menschenrechte *C. Grabenwarter*, Filmkunst im Spannungsfeld zwischen Freiheit der Meinungsäußerung und Religionsfreiheit, in: ZaöRV 55 (1995), S. 128 (160 ff.).

[8] *Enders* befürwortet die Entscheidung, zweifelt die Hinlänglichkeit der Begründung aber ebenso an: *Enders*, Anmerkung (Fn. 6), S. 581 f.; *Wittreck*, Esra (Fn. 6), S. 134.

[9] BVerfGE 119, 1 (22); vgl. schon BVerfGE 42, 143 (148 f.); 43, 130 (136); 54, 208 (216 f.); 61, 1 (6); 82, 43 (50); 82, 272 (280 f.); 85, 1 (13 f.); 94, 1 (9 f.).

[10] BVerfGE 67, 213 (222 f.); 75, 369 (376); vgl. auch die diesbezüglichen Erklärungen zur Überprüfbarkeit von Entscheidungen zur Kunstfreiheit auf dem Gebiet Berliner Verfassungsrechts: BerlVerfGH NJW-RR 2007, 1686 (1688): „Die Anwendung des einfachen Rechts hat hier jedoch nicht unerhebliche Rückwirkungen auf die verfassungsrechtlich geschützten Positionen. Schon einzelne Fehler bei der Auslegung einfachen Rechts und der Deutung der Äußerung oder des Kunstwerks können zu einer Fehlgewichtung des Grundrechts führen."

später in einem ähnlich gelagerten Sachverhalt (der Untersagung einer Buchveröffentlichung) anders entschied und sich streng im Rahmen der eingeschränkten Prüfungskompetenz hielt[11]. Es ist zwar zuzugeben, daß dieser Parallelfall einige abweichende Besonderheiten aufwies: So handelte es sich dort um ein Eilverfahren, auf den Autor als Leitenden Oberstaatsanwalt waren die Grundrechte nur beschränkt – nämlich im Rahmen der Vereinbarkeit mit den Grundsätzen des Berufsbeamtentums nach Art. 33 Abs. 5 GG – anwendbar. Zudem ging es nicht um einen literarischen Text, sondern eine Meinungskundgabe zur Todesursache des ehemaligen Ministerpräsidenten Barschel. Eine geschmackliche Nuancierung könnte auch aus der unterschiedlichen Personalbesetzung bedingt sein: So entschied nicht der Erste Senat, sondern die 2. Kammer des Zweiten Senats. Angesichts derartiger Abweichungen bleiben Zweifel an der Stringenz und Klarheit in der Rechtsprechungslinie des Bundesverfassungsgerichts. Jedenfalls ist es nicht überzeugend, das Verbot eines fiktionalen Buchs aufgrund erhöhter Schutzwürdigkeit verstärkt zu überprüfen, hingegen bei einer Veröffentlichung, die zugleich eine Meinung im Sinne des Äußerungsrechts unterbreitet, eine Intensivierung des Prüfungsumfangs von sich zu weisen. Dieser Widersinn hebt allerdings nicht die Richtigkeit des erweiterten Prüfungsumfangs im „Esra"-Beschluß auf, sondern mahnt vielmehr in dem geschilderten Parallelfall einen Ausbau der Kontrolle an. Dieses Vorgehen ist in beiden Fällen unschwer mit den genannten tragfähigen Erörterungen – der hohen Bedeutung der Kommunikationsgrundrechte, der Schwere des Eingriffs im Fall eines Gesamtverbots, dem Präzedenzcharakter, der Gefahr der Einschüchterung in der Gesellschaft und dem Ausmaß ökonomischer Konsequenzen[12] – zu begründen und stellt damit nicht grundsätzlich das an der „Heck'schen Formel" orientierte Regel-Ausnahme-Verhältnis in Frage.

Die hohe Prüfungsdichte wird auch nicht durch das Zusammenspiel der abwehrrechtlichen Funktion der Kunstfreiheit mit der staatlichen *Schutzpflicht* aufgrund des Persönlichkeitsschutzes der Klägerinnen eingeschränkt. Man könnte dem Gedanken nachgehen, daß der Schutz der Kunstfreiheit nicht intensiver gerichtlich kontrolliert werden darf als der des Gegenspielers, des allgemeinen Persönlichkeitsrechts. Diese Forderung der gleichwertigen Überprüfung von Schutzpflicht und Abwehrrecht basiert auf der Vorstellung einer Symmetrie von gerichtlicher Kontrolldichte bei abwehrrechtlichen und schutzpflichtigen Grundrechtspositionen. Ist in einem Verfassungsrechtsverhältnis bei zwei Beteiligten für den einen die abwehrrechtliche Position, für den anderen die schutzpflichtige Stellung gegenüber dem Staat betroffen, so muß der gerichtliche Kon-

---

[11] BVerfGK 14, 1 (3).

[12] Allerdings ist einzuräumen, daß insbesondere der letzte Punkt der wirtschaftlichen Einbußen bei der Untersagung einer Nebentätigkeit für einen Leitenden Oberstaatsanwalt einen wesentlich geringeren Stellenwert einnimmt als im Fall eines hauptamtlich tätigen Schriftstellers.

trollumfang der Maßnahme des Staates bezüglich beider Positionen identisch sein[13]. Im vorliegenden Fall ist allerdings die Prüfungsdichte hinsichtlich der Schutzpflicht in Hinblick auf die Klägerinnen zu 1) und 2) nicht verringert. Die gerichtliche Untersagungsverfügung stellt eine Konkretisierung des Schutzes hinsichtlich der beiden Klägerinnen dar[14]. Da die Prüfungskompetenz bezüglich dieser Gerichtsentscheidungen nicht beschnitten wird, ergibt sich auch bezüglich der abwehrrechtlichen Position der Beschwerdeführerin keine Einschränkung.

2. Zur Rechtsgrundlage: analog § 1004 Abs. 1 i.V.m. § 823 Abs. 1 BGB

Es stellt sich an dieser Stelle die Frage, ob ein derartig schwerwiegender Eingriff wie ein Publikationsverbot mit der herangezogenen Rechtsgrundlage der §§ 823, 1004 BGB zu rechtfertigen ist. Die Unterlassungsverfügung aufgrund der Persönlichkeitsrechtsverletzung wird auf die analoge Verwendung des § 1004 Abs. 1 i.V.m. § 823 Abs. 1 BGB gestützt[15]. Es handelt sich um ein unbenanntes „sonstiges Recht" im Sinne des § 823 Abs. 1 BGB[16]. Eine Persönlichkeitsrechtsverletzung ist damit eine unerlaubte Handlung, die die im Gesetz nicht explizit normierte Rechtsfolge des Unterlassungsanspruchs auslöst. In §§ 12, 862 Abs. 1 S. 2, 1004 Abs. 1 S. 2 BGB ist der negatorische Anspruch verankert. Die Rechtsprechung hat daraus einen allgemeinen, auf eine Vielzahl von ähnlichen Sachlagen übertragbaren Rechtsgedanken abgeleitet. So wird der unmittelbar nur das

---

[13] *Calliess*, Schutzpflichten (Fn. 36), § 44 Rn. 36.

[14] Da der Gesetzgeber keine erschöpfende Regelung zur Umsetzung seiner Schutzpflicht auf diesem Gebiet getroffen hat, ist dieses gerichtliche Verbot der Buchpublikation die eigentliche und im vorliegenden Fall auch vollumfängliche Umsetzung des Persönlichkeitsschutzes der Betroffenen. Ob der Gesetzgeber seiner Pflicht zum Schutz des Persönlichkeitsrechts ausreichend nachgekommen ist, erscheint aus den bereits genannten Gesichtspunkten überaus zweifelhaft. Daß ihm zur Erfüllung der Schutzpflicht durch Schaffung einer adäquaten Gesetzeslage eine Einschätzungsprärogative zukommt, die nur beschränkt gerichtlich überprüfbar ist, steht außer Zweifel. Vorliegend handelt es sich mit den gerichtlichen Entscheidungen, die ein Publikationsverbot des Romans beinhalten, gleichwohl um voll überprüfbares staatliches Handeln im Rahmen der eher weitläufigen Gesetzesregelung der §§ 823 Abs. 1, 1004 Abs. 1 S. 2 BGB in analoger Anwendung.

[15] Das allgemeine Persönlichkeitsrecht ist bei der Einführung des Bürgerlichen Gesetzbuchs nicht in § 823 Abs. 1 BGB kodifiziert und unter Hinweis auf hindernde Rechtsänderungen bislang auch nicht nachgetragen worden. *G. Müller*, Möglichkeiten und Grenzen des Persönlichkeitsrechts, in: VersR 2000, S. 797 (803 f.); *dies.*, Das reformierte Schadensersatzrecht, in: VersR 2003, S. 1 (5); *G. Weick*, BGB (Fn. 220), Vorbemerkungen zu § 1 (2004) Rn. 25.

[16] Für viele *G. Wagner*, in: F. J. Säcker/R. Rixecker (Hrsg.), Münchener Kommentar zum Bürgerlichen Gesetzbuch, Bd. 5. Recht der Schuldverhältnisse. §§ 705–853 BGB, PartGG, ProdHaftG, 5. Aufl. 2009, § 823 Rn. 179; *Hofmann*, Kommentar (Fn. 479), Art. 1 Rn. 58. – Früher noch kritisch *K. Larenz*, Das „allgemeine Persönlichkeitsrecht" im Recht der unerlaubten Handlung, in: NJW 1955, S. 521 (523 f.).

Eigentum und bestimmte dingliche Rechte schützende § 1004 BGB auf die durch § 823 Abs. 1, 2 BGB geschützten Rechte und Rechtsgüter analog angewendet[17]. Im vorliegenden Fall kommt allein § 823 Abs. 1 i.V.m. § 1004 Abs. 1 S. 2 BGB analog in Betracht. Ein Schutz durch § 823 Abs. 2 BGB i.V.m. einer Schutznorm ist nicht einschlägig. Die allein als Schutzgesetze im Sinne von § 823 Abs. 2 BGB in Betracht kommenden §§ 185 ff. StGB setzen ersichtlich eine Äußerung in Form eines Werturteils oder einer Tatsachenbehauptung voraus. Der Roman „Esra" ist als Kunstwerk von beiden Bereichen klar abzugrenzen[18].

a) Wesentlichkeitstheorie: erhöhte Regelungsdichte bei Grundrechtsbetroffenheit

Die durch das Bundesverfassungsgericht grundgelegte Wesentlichkeitstheorie fordert den Gesetzgeber auf, alle Angelegenheiten, die für eine Grundrechtsverwirklichung relevant sind, eigens zu regeln[19]. Diese Bereiche sind aufgrund ihrer grundrechtlichen Bedeutung als „wesentlich" zu bezeichnen und damit Grundlage für den Begriff der *Wesentlichkeitstheorie.* Sie ist Ausformung des Grundsatzes vom Vorbehalt des Gesetzes, dessen Grundlage auf Art. 20 Abs. 3 GG, das Demokratie- und Rechtsstaatsprinzip oder die jeweils betroffenen Grundrechte zurückgeführt wird[20]. Die genannten Angelegenheiten sind entsprechend der Intensität ihrer Grundrechtsbeeinträchtigung abzustufen: *Je intensiver ein grundrechtlich geschütztes Gebiet betroffen ist, desto größer muß die gesetzliche Regelungsdichte sein*[21]. Wenn der Gesetzgeber seinen Regelungspflichten hinge-

---

[17] BGH NJW 1961, 1913 (1914); NJW 1966, 647 (648); NJW 1982, 2246 (2246).

[18] *B. v. Becker,* Anmerkung zu LG Frankfurt am Main, Urteil vom 13. Februar 2009 – 2–3 O 478/08, in: ZUM 2009, S. 312 (312 f.); *K.-H. Ladeur,* Anmerkung zu LG Frankfurt am Main, Urteil vom 13. Februar 2009 – 2–3 O 478/08, in: ZUM 2009, S. 314 (315). – Anders aber LG Frankfurt a.M. ZUM 2009, 308 (311 f.). Eine mögliche Simultaneität von Kunst und Meinungsäußerung nimmt an BVerfGE 75, 369 (377). Den Schutz der Kunstfreiheit auch auf dessen Bewerbung erweitert KG Berlin NJW 1999, 1968 (1968). Den Wesenskern von Werturteilen und Tatsachenbehauptungen trefflich auf den Punkt bringt *Seyfarth,* Einfluss (Fn. 102), S. 1289: „Ein Werturteil ist durch die subjektive Beziehung des sich Äußernden zum Inhalt seiner Aussage gekennzeichnet, während für die Tatsachenbehauptung die objektive Beziehung zwischen Äußerung und Wirklichkeit charakteristisch ist." Beide Beschreibungen sind augenscheinlich nicht mit einer von der Realität unabhängigen Kunstwelt, die die Wirklichkeit bearbeitend eine neue Schöpfung hervorbringt, deckungsgleich.

[19] BVerfGE 33, 303 (333 f., 337, 346); 77, 170 (229 f.); 78, 179 (197 ff.). – Kritisch hierzu *G. Roellecke,* Die Verwaltungsgerichtsbarkeit im Grenzbereich zur Gesetzgebung, in: NJW 1978, S. 1776 (1777 ff.); *ders.,* Höchstrichterliche Rechtsprechung – politisch betrachtet, in: O. Depenheuer (Hrsg.), Aufgeklärter Positivismus, 1995, S. 271 (281).

[20] *B. Küchenhoff,* „Killerspiele" – verfassungsrechtliche Möglichkeiten für ein Verbot gewalttätiger Computerspiele, in: NJ 2007, S. 337 (340 f.). – Im einzelnen allerdings streitig und an dieser Stelle nicht zu vertiefen, vgl. BVerfGE 49, 89 (126 f.); 77, 170 (229 f.); 78, 179 (197 ff.); einführend und eine erste Übersicht bietet *Maurer,* Staatsrecht I (Fn. 377), S. 212 ff.

[21] BVerfGE 110, 33 (55 f.); *Maurer,* Staatsrecht I (Fn. 377), S. 212 f.; für das Arbeitskampfrecht *W. Höfling/A. Engels,* Grundrechtsausübung unter richterlichem Gemeinwohl-

gen nicht nachkommt, die Rechtsprechung in ihrer Entscheidungsgewalt weitgehend ungebunden läßt, steht dieser Zustand im Widerspruch zur Universalität der Grundrechtsgeltung nach Art. 1 Abs. 3 GG. In letzter Konsequenz sind gerichtliche Entscheidungen dann ohne ausreichende Rechtsgrundlage und im Hinblick auf ihre demokratische Rückbindung nicht hinreichend legitimiert[22].

b) Ungenügende Rechtsgrundlage analog § 1004 Abs. 1 S. 2 BGB

Bei der Entscheidung des Landgerichts München, das der Beschwerdeführerin die Veröffentlichung des „Esra"-Romans untersagt, handelt es sich um einen Eingriff in das Grundrecht der Kunstfreiheit und damit eine Maßnahme, die den Schutz durch die Wesentlichkeitstheorie aktiviert. Das Publikationsverbot eines gesamten Romans ist die denkbar *schwerste* Beeinträchtigung, die daher nach der Wesentlichkeitstheorie eine äußerst akribische Regelung durch den Gesetzgeber erfordert. Die vorliegend allein analoge Anwendung einer Norm, die vorrangig der Beseitigung von Eigentumsstörungen dient, wird dem Grundsatz des Gesetzesvorbehalts in Form der Wesentlichkeitstheorie augenscheinlich nicht gerecht. Auch der Umstand, daß es sich bei dem Urteil um einen Ausgleich privater Interessen und nicht um eine staatliche Zensurmaßnahme handelt, führt zu keinem anderen Ergebnis. Die Beeinträchtigungsintensität bleibt unverändert. Gelegentlich, aber nicht minder nachhaltig wird das Fehlen einer bestimmten Gesetzesgrundlage angeprangert. Diagnostiziert wird ein mitunter unausgewogenes Verhältnis von Bedeutung und tatsächlich gesetzlicher Ausgestaltung der zu regelnden Lebenssachverhalte – plastisch am Beispiel der äußerst detailverliebten Regelung zur landesgesetzlichen Wohnungsverweisung oder dem Bemühen der Landesgesetzgeber um Normenklarheit und -bestimmtheit beim Nichtraucherschutz[23]. Nach hier vertretener Ansicht schafft auch eine ana-

vorbehalt? Zur gesetzgeberischen Verantwortung im Arbeitskampfrecht, in: ZG 23 (2008), S. 250 (258 ff.).

[22] *Höfling/Engels*, Grundrechtsausübung (Fn. 21), S. 259.

[23] Diese Gesetzeslücke nimmt als Anlaß für eine so illustrierte Kritik an der Pflicht zur ausnahmslosen Gesetzesnormierung von Schutzpflichten und der Wesentlichkeitstheorie *Vosgerau*, Kollision (Fn. 52), S. 378 f., 386 f.; *ders.*, Persönlichkeitsrecht (Fn. 60), S. 116; ferner *Wittreck*, Persönlichkeitsbild (Fn. 350), S. 13. – Zur Diskussion um den polizeirechtlichen Wohnungsverweis für viele *A. Wuttke*, Polizeirechtliche Wohnungsverweise, in: JuS 2005, S. 779 (782 f.); zu den landesgesetzlichen Regelungen *J. Platter/S. Meuser*, Zur landesrechtlichen Flankierung des Gewaltschutzgesetzes durch die Polizeigesetze der Länder, in: RuP 43 (2007), S. 29 (31 ff.); instruktiv zur landesgesetzlichen Regelung des finalen Todesschußes, die überfällig war, und der Wohnungsverweisung, die äußerst detailgenau ausfällt, siehe statt aller nur *H.-M. Wolffgang/M. Hendricks/M. Merz*, Polizei- und Ordnungsrecht in Nordrhein-Westfalen, 3. Aufl. 2011, S. 59 ff., 152 ff. Hinsichtlich des Nichtraucherschutzes sei beispielhaft auf Art. 2, 3 Bay GSG in bezug auf die umfangreichen Aufzählungen bezüglich öffentlicher Gebäude und Einrichtungen für Kinder und Jugendliche verwiesen. – Der Bayerische Verfassungsgerichtshof hat die gesetzliche Regelung für verfassungsmäßig befunden und führt hinsichtlich der erforderlichen Normenklarheit treffend aus: BayVerfGH

loge Anwendung des § 23 Abs. 2 KUG mit dem Verweis auf die berechtigten Interessen des Abgebildeten keine Abhilfe[24].

Eine analoge Anwendung des § 1004 Abs. 1 BGB, einer Vorschrift, die dem Schutz des im „Esra"-Zusammenhang denkbar fernliegenden Eigentumsrechts dient, erscheint als Grundlage für ein Veröffentlichungsverbot, das den Roman vollständig von dessen Wirkkreis, dem gesellschaftlichen Kommunikationsprozeß, abschneidet, inakzeptabel. Erschwerend kommt hinzu, daß die durch § 1004 Abs. 1 BGB zu schützende Position des allgemeinen Persönlichkeitsrechts selbst nur aufgrund Richterrechts ausgeprägt wurde[25]. Solange § 1004 Abs. 1 BGB sich allein in analoger Anwendung auf Verletzungen des allgemeinen Persönlichkeitsrechts erstreckt, ist der Gesetzgeber seiner Schutzpflicht in Hinblick auf das allgemeine Persönlichkeitsrecht nicht nachgekommen. Diese Situation offenbart eine Schieflage im System grundrechtlicher Positionen und ihres Schutzes. Der einfachgesetzlichen Normierung mit dem Hinweis auf eine ohnehin erforderliche, vertiefte Grundrechtsprüfung nur untergeordnete Bedeutung beizumessen, ist zu leichtfertig[26]. Geboten erscheint eine Neuregelung, die aus Gründen der Rechtssicherheit und -klarheit neben der Eigentumsbenennung zumindest einen Hinweis auf die in § 823 Abs. 1 BGB normierten Rechte beinhaltet[27].

c) *Verfassungsmäßigkeit aufgrund Handlungsnotwendigkeit*

Da § 1004 Abs. 1 S. 2 BGB analog i.V.m. § 823 Abs. 1 BGB keine ausreichende Rechtsgrundlage zum Schutz des Persönlichkeitsrechts und für das Verbot einer Romanpublikation darstellt, liegt die Schlußfolgerung auf eine Verfassungswidrigkeit der gesamten Untersagungsverfügung nahe. Allerdings könnte diese

NVwZ-RR 2010, 665 (669): „Allerdings braucht der Gesetzgeber seine Regelungen nur so bestimmt zu fassen, wie dies nach der Eigenart des zu ordnenden Lebenssachverhalts und mit Rücksicht auf den Normzweck möglich ist. Gegen die Verwendung unbestimmter Rechtsbegriffe bestehen keine Bedenken, wenn sich mit Hilfe der üblichen Auslegungsmethoden, insbesondere durch Berücksichtigung des Regelungsziels, des Normzusammenhangs und der Entstehungsgeschichte oder auf Grund einer gefestigten Rechtsprechung, eine zuverlässige Grundlage für die Auslegung und Anwendung der Vorschrift gewinnen lässt." Diese Bewertung kann auch für den denkbar stärksten Eingriff in die Kunstfreiheit eines literarischen Werks, das Gesamtverbot eines Romans, fruchtbar gemacht werden.

[24] Vgl. Abschnitt D.III.1.a.cc.

[25] *Wittreck*, Persönlichkeitsbild (Fn. 350), S. 13.

[26] Der Wechsel zwischen den Ermächtigungsgrundlagen von §§ 823; 826; 1004 i.V.m. 823 BGB kann daher unachtsam scheinen. Zur Differenzierung von § 823 und § 826 BGB vertiefend BVerfGE 7, 198 (213 ff.); BGHZ 50, 133 (142 f.); zu §§ 823, 1004 BGB und §§ 22 f. KUG BGH NJW 1994, 124 (125 f.).

[27] Eine mögliche Gesetzeskonkretisierung könnte in Anlehnung an § 1004 Abs. 1 BGB durch Beifügung folgender Vorschrift im Abschnitt der unerlaubten Handlungen erfolgen: „Wird ein in § 823 Abs. 1 BGB normiertes Recht beeinträchtigt, so kann der Betroffene von dem Störer die Beseitigung der Beeinträchtigung verlangen. Sind weitere Beeinträchtigungen zu besorgen, so kann der Betroffene auf Unterlassung klagen."

Wertung den Widersinn stützen, daß der Persönlichkeitsschutz doppelt abgestraft würde: Erstens fehlt eine – zweifelsohne – erforderliche gesetzliche Regelung. Adressat grundrechtlicher Schutzpflichten ist primär der Gesetzgeber. Gesellschaftliche Zwänge und politische Zerstrittenheit können einen Stillstand der Gesetzgebung und ein Fehlen hinreichend präziser Bestimmungen nicht rechtfertigen[28]. Den Spielraum staatlicher Tätigkeit zu gestalten und Voraussetzungen sowie Grenzen festzulegen, ist die feststehende Aufgabe der Legislative[29]. Diese hat sie im Fall des Persönlichkeitsrechts achtlos vernachlässigt. Zweitens kann der Schutz damit mangels ausreichender Rechtsgrundlage nicht wirksam durch staatliches Handeln garantiert werden. Durch die Säumnis des Gesetzgebers würde der Betroffene also *doppelt* getroffen. Wäre der Staat seiner Schutzpflicht durch die Schaffung einer ausreichenden Rechtsgrundlage nicht nachgekommen, so würde er nun daran gehindert, sie zumindest in Form des exekutiven oder vorliegend judikativen Einschreitens zu erfüllen. Da aber eine Schutzpflicht zur Sicherung der Persönlichkeitsrechte besteht, ist dieser wenigstens faktisch in Form der gerichtlichen Entscheidung nachzukommen. Aufgrund der Schutzpflicht sind die gerichtlichen Untersagungsverfügungen also verfassungsgemäß[30].

3. Zur Abwägung der widerstreitenden Interessen

a) Abwägungsfähigkeit der widerstreitenden Interessen

Bevor man einen Ausgleich zwischen Kunstfreiheit und allgemeinem Persönlichkeitsrecht sucht, ist vorab zu klären, ob die widerstreitenden Interessen überhaupt einer Abwägung zugänglich sind. In der Literaturwissenschaft wird stets betont, daß die Kunst nach heute allgemeiner Ansicht nicht eine bloße Abbildung der Natur ist, sondern in dem literarischen Werk eine eigene Schöpfung hervorbringt[31]. Daraus könnte eine Unvergleichbarkeit mit der außerkünstleri-

---

[28] So auch *Höfling/Engels,* Grundrechtsausübung (Fn. 21), S. 263.

[29] *Dreier,* Grundgesetz (Fn. 96), Vorb. vor Art. 1 GG Rn. 102 f. – Zur Schutzpflicht des allgemeinen Persönlichkeitsrechts BVerfGE 34, 269 (281); 46, 160 (164 f.); 56, 54 (80 f.); 77, 170 (214 f.); 79, 51 (63); 83, 130 (140); 88, 203 (262); 96, 56 (64); 98, 169 (199 ff.); 99, 185 (194 f.); 101, 361 (386); 117, 202 (228 f.); *E. Klein,* Grundrechtliche Schutzpflicht des Staates, in: NJW 1989, S. 1633 (1637 f.); *Jarass,* Persönlichkeitsrecht (Fn. 208), S. 860; *H. Dreier,* Subjektiv-rechtliche und objektiv-rechtliche Grundrechtsgehalte, in: Jura 1994, S. 505 (512 f.). – Die Verfahrensgarantien aus Art. 2 Abs. 1 i.V.m. Art. 1 Abs. 1 GG als Verknüpfungspunkt von Schutzpflicht und Abwehrrecht erörtert *Di Fabio,* Grundgesetz (Fn. 477), Art. 2 (2001), Rn. 137.

[30] So auch *Vosgerau,* Kollision (Fn. 52), S. 376: „[…]; denn jedenfalls muß auch eine Art ‚gesetzesfreie Notkompetenz' bejaht werden, […]; denn es kann einem Amtsträger nicht schlicht verboten werden, Leben und Gesundheit von Bürgern zu schützen, wenn er dies leicht könnte."

[31] Konsens in Rechts- und Literaturwissenschaft, siehe statt aller nur OLG Hamburg

schen Welt resultieren, die eine Justitiabilität ausschließen und nur Literaturwissenschaftlern und Philosophen einen Zugang zur Auseinandersetzung mit Literatur eröffnen würde[32]. Wenn sich die Kunst allerdings – ihrem Wesen und Anspruch gemäß – den sozialen Realien stellt, unterfällt sie auch den dort vorherrschenden Beurteilungskriterien. Eine Vorrangstellung wäre nicht zu rechtfertigen[33].

Die *einzelfallbezogene* Abwägung stößt beim Ausgleich von Kunstfreiheit und Persönlichkeitsschutz auf Bedenken hinsichtlich der Bestimmbarkeit des Ergebnisses: Der Vorgang führe im Einzelfall zu kaum vorhersehbaren Entscheidungen. Der gerichtlich geschaffene Interessenausgleich sei wegen der Konturenlosigkeit der beiden Grundrechte nur schwer kalkulierbar[34]. Andere begrüßen die Gegenüberstellung von Kunstfreiheit und Persönlichkeitsschutz, ohne eine Festlegung der generellen Rangfolge der Grundrechte vorzunehmen[35]. Erforderlich sei stets eine präzise Prüfung der Umstände des Einzelfalls

GRUR-RR 2006, 231 (232); *Assmann*, Fiktion (Fn. 83), S. 249 f.; vgl. zur historischen Entwicklung des Verhältnisses von Kunst und Wirklichkeit Abschnitt C.II.6.a.

[32] Es finden sich Ansätze, die beim Ausgleich dem Persönlichkeitsschutz besonderen Wert zumessen, so *O. Moosmann*, Exklusivstories, 2002, S. 106 f.; *Seitz*, Kunst (Fn. 710), S. 142; *Götting*, Persönlichkeitsschutz (Fn. 4), S. 435.

[33] So auch BVerfGE 30, 173 (195); 75, 369 (380); 83, 130 (148); BGH ZUM 2005 735 (738); BerlVerfGH NJW-RR 2007, 1686 (1688); OLG Frankfurt a.M. NJW 2007, 699 (700 f.); LG Köln NJW-RR 2009, 623 (629); *E. Helle*, Der Schutz der Persönlichkeit, der Ehre und des wirtschaftlichen Rufes im Privatrecht, 2. Aufl. 1969, S. 144 f.; die Aufgabe des Staats im Widerstreit der Interessen zutreffend generalisieren *Emmerich/Würkner*, Kunstfreiheit (Fn. 599), S. 1204; *Isensee*, Kunstfreiheit (Fn. 319), S. 622: „Der Rechtsstaat fungiert als der Koordinator der grundrechtlichen Freiheit. Kantianisch gesprochen, hat er dafür zu sorgen, daß die Freiheit des einen mit der Freiheit des anderen nach einem allgemeinen Gesetz bestehen kann.“ *U. Karpen/B. Nohe*, Die Kunstfreiheit in der Rechtsprechung seit 1992, in: JZ 2001, S. 801 (803); *B. v. Becker*, „Schmerzen, wie du sie noch nie erlebt hast“, in: NJW 2007, S. 662 (663); *Schertz*, Bildnisse (Fn. 233), S. 559, 561; *E. I. Obergfell*, Der Fall *Esra* – Eine Neujustierung des Verhältnisses von Persönlichkeitsrecht und literarischer Kunstfreiheit?, in: C. D. Conter (Hrsg.), Justitiabilität und Rechtmäßigkeit, 2010, S. 65 (80). – Von einer grundsätzlichen Relativität der Rechtsansprüche zwischen Freiheit und Sicherheit geht aus *U. Di Fabio*, Sicherheit in Freiheit, in: NJW 2008, S. 421 (422); *Müller-Terpitz*, BVerfGE 119, 1 – Esra (Fn. 313), S. 837.

[34] *Ladeur/Gostomzyk*, Roman (Fn. 392), S. 433 f.; *ders./ders.*, Mephisto (Fn. 534), S. 567 ff.; *Götting*, Persönlichkeitsschutz (Fn. 4), S. 428 f.

[35] LG Dresden NJW-RR 2005, 411 (413); die Einzelfallabhängigkeit von Kunstfreiheit und Jugenschutz heben hervor VG Köln ZUM-RD 2008, 385 (391); *G. Zöbeley*, Zur Garantie der Kunstfreiheit in der gerichtlichen Praxis, in: NJW 1985, S. 254 (257); *Würkner*, Freiheit (Fn. 148), S. 180 f.; in Abwägung mit der Sicherheit und Leichtigkeit des Straßenverkehrs *ders.*, Straßenkunst als (kommunikativer) Gemeingebrauch, in: NJW 1989, S. 1266 (1267); *Isensee*, Kunstfreiheit (Fn. 319), S. 628; *Brauneck*, Persönlichkeitsrecht (Fn. 150), S. 142; *v. Coelln*, Lebach (Fn. 15), S. 484; *C. Kremer*, Persönlichkeitsschutz für Prominente, in: Jura 2006, S. 459 (463 f.); *Obergfell*, Dichtung (Fn. 350), S. 913; *M. Schröder*, Die Je-desto-Formel des Bundesverfassungsgerichts in der Esra-Entscheidung und ihre Bedeutung für Grundrechtsabwägungen, in: DVBl. 2008, S. 146 (146).

im Wege der praktischen Konkordanz[36]. Dabei ist eine Gesamtschau des Kunstwerks notwendig[37]. Im Fall „Esra" wäre also weder dem Kunst- noch Persönlichkeitsschutz eine grundsätzliche Vorrangigkeit einzuräumen. Es müßte eine Untersuchung des Einzelfalls der Klägerinnen zu 1) und 2) in ihren Beeinträchtigungen durch den Roman erfolgen.

b) Zwischenergebnis: unabhängiges Kunstsystem, kontextgebundene Wirkungen

An dieser Stelle ist eine Differenzierung zwischen dem *System* und den *Wirkungen* von Kunst erforderlich: In der Tat handelt es sich bei Kunst um ein in sich geschlossenes, von der Außenwelt unabhängiges System. Demgegenüber sind die Effekte von und auf Kunst in unlösbarem Zusammenhang mit den sozialen Realien zu sehen.

In der Tat entsteht durch Kunst eine autonome, neue *Schöpfung*, nicht nur als Summe mit, sondern als Umwandlung realer Erfahrungen. Die Beziehung von Kunst zur Wirklichkeit ist stets eine vermittelnde Position, denn Literatur verhält sich durch die künstlerische Gestaltung stets zur Realität. Dabei handelt es sich nicht um eine Dichotomie von realem Objekt und Subjekt des Künstlers, sondern aufgrund der sprachlichen Verarbeitung um eine *Subjekt-Objekt-Relation*. Diese Verbindung stellt eine neue Wirklichkeit dar, an die nicht die Maßstäbe der außerkünstlerischen Realität anzulegen sind.

Das Kunstsystem hat nichtsdestominder *sozialbezogene Wirkungen in den Realien*. Schon nach der aristotelischen Dichtungstheorie kommt Literatur ein wirkungsästhetisches Moment zu[38]. Kunst verhält sich nicht nur zur Realität[39], sondern hat auch unausweichlich und bestimmungsgemäß Effekte auf die Rezipienten, auf den gesellschaftlichen Kommunikationsprozeß. Da die Gesamtheit von Handlungen in Einklang mit der Verfassung zu bringen ist, müssen auch künstlerische Verhaltensweisen der verfassungsrechtlichen Prüfung zugänglich sein. Die Untrennbarkeit von System und Wirkung der Kunst entspricht der unauflöslichen Einheit von Werk- und Wirkbereich bei der Bestimmung des verfassungsrechtlichen Schutzes der Kunstfreiheit. Durch das Hervorrufen von Effekten in der außerkünstlerischen Realität kann künstlerische Neuschöpfung

---

[36] *Würkner*, Freiheit (Fn. 148), S. 180 f.; *ders.*, Kunst (Fn. 148), S. 318; *J. Meyer*, Politik, Kunst und Kommerz auf deutschen Straßen, in: DÖV 1991, S. 542 (552); *Ortloff*, Baukunst (Fn. 186), S. 250. – Ähnlich für Kollisionsfälle nach österreichischer Rechtsordnung *Tessar*, Kriterien (Fn. 36), S. 423 ff.; prägnant für eine grundsätzlich äußerst präzise Bestimmung der grundrechtsrelevanten Umstände des Einzelfalls *J. Berkemann*, Politisches Straßentheater – ohne Kunst?, in: NVwZ 1982, S. 85 (85): „Als heuristisches Ziel hat dabei zu gelten, die personale Funktion der beteiligten Grundrechte zu effektuieren."

[37] LG Dresden NJW-RR 2005, 411 (413).

[38] Vgl. Abschnitt C.II.6.a.aa.

[39] Tatsächlich ist dies ein prägendes Merkmal der Literarizität. Vgl. Abschnitt C.II.1.

nicht isoliert und konserviert von der außerkünstlerischen Welt gedacht werden. Sie tritt ein in die sozialen Realien und erklärt damit ihr Einverständnis, von den dortigen Instanzen und Verhaltensordnungen ohne etwaige Sonderposition oder ungeschriebene Vorrangstellung beurteilt zu werden. Kunstfreiheit und Persönlichkeitsschutz sind der einzelfallbezogenen Abwägung zugänglich. Im folgenden sollen daher konkrete Anhaltspunkte für den Ausgleich von Persönlichkeitsschutz und Kunstfreiheit im Fall „Esra" herausgearbeitet werden[40].

c) Ergebnis: taugliche Abwägungskriterien für „Esra"

aa) Auf seiten der Kunstfreiheit: relevante Aspekte seitens der Beschwerdeführerin

(1) Fiktionalität: autofiktionaler Text geringen Fiktionsgrads

Auf seiten der Kunstfreiheit ist zunächst der eingehend erörterte Umfang der *Fiktionalisierung* zu berücksichtigen[41]. Der Roman „Esra" ist danach als autofiktionaler Text mit einem geringen Fiktionsgrad einzustufen.

(2) Gesellschaftliche Relevanz: „Esra" zwischen Unterhaltungs- und engagierter Kunst

Weiterhin ist dahingehend zu differenzieren, ob der Text sich einem *Thema von gesellschaftlicher Relevanz* widmet und zur Entwicklung der Allgemeinheit einen fundierten Beitrag leistet, oder ob er als Trivialliteratur allein der Unterhaltung des Lesers dient[42]. Zutreffend stellt beispielsweise das Landgericht Berlin auf die historische und gesellschaftliche Bedeutung der Baader-Meinhof-Gruppe bei der Frage nach der Zulässigkeit der filmischen Darstellung der Tochter von Ulrike Meinhof ab[43]. Dieses Kriterium ist dem Presserecht entlehnt[44]. Zwar lassen sich

---

40 Im folgenden werden die Abwägungskriterien auf ihre Tauglichkeit auf Grundlage der gewonnenen Untersuchungsergebnisse überprüft. Es ist einzuräumen, daß es sich hierbei nicht um eine abschließende Aufzählung handelt, sondern um eine Zusammenstellung von Aspekten, die in Romanverbotsverfahren wie „Esra" möglicherweise relevant werden; Einteilung der Kategorien angelehnt an *Frey,* Romanfigur (Fn. 392), S. 203 ff.

41 Vgl. Abschnitt C.II.2.

42 BVerfG (Kammer), NJW 2011, 740 (742 f.); BGH ZUM-RD 2009, 429 (431); OLG Frankfurt a.M. ZUM 2008, 793 (795); LG Koblenz ZUM 2006, 951 (953); LG Berlin ZUM 2008, 880 (881); LG Köln, Urteil vom 11.03.2011, 28 O 151/11, BeckRS 2011, 07677; bezüglich satirischer und engagierter Kunst BGHZ 84, 237 (244); *Zöbeley,* Grundgesetz (Fn. 479), Art. 5 Rn. 237. – Die Bedeutung der Informierung der Allgemeinheit oder auch im Hinblick auf konkrete Einzelpersonen betonen (am Beispiel des Interesses der Opfer an der Aufarbeitung der Stasipraxis) *Eickmeier/Eickmeier,* Grenzen (Fn. 90), S. 6; *Hahn,* Persönlichkeitsrecht (Fn. 10), S. 99; *Frey,* Romanfigur (Fn. 392), S. 222 ff.; *Starck,* Kommentar (Fn. 724), Art. 2 Abs. 1 Rn. 183 f.; restriktiver verhält sich *Karpf.* Er prüft die Authentizität auch bei satirischen Aussagen uneingeschränkt: *B. Karpf,* Die Begrenzung des strafrechtlichen Schutzes der Ehre, 2004, S. 254 ff.

43 LG Berlin ZUM 2008, 880 (881). – Ähnlich auch für den Film um die Entführung von Jakob von Metzler LG Koblenz ZUM 2006, 951 (953 f.).

44 BVerfGE 101, 361 (391); BGH NJW 2009, 1499 (1500).

wie gesehen presserechtliche Regeln nicht ohne weiteres auf literarische Texte übertragen. Der Faktizitätsanspruch von Presseveröffentlichungen markiert den entscheidenden Unterschied in der Beurteilung. Allerdings sind Wertungen insoweit übertragbar, als eine vergleichbare Interessenlage besteht. In bezug auf künstlerisches Allgemeininteresse ist zu differenzieren:

Einerseits proklamiert Literatur in der Regel keinen Anspruch auf Authentizität. Der Leser eines literarischen Werkes ist sich dessen grundsätzlich bewußt und erwartet nicht die Wiedergabe von Tatsachen. Er liest einen Roman nicht, um sich zu informieren, so daß der presserechtliche Aspekt des *öffentlichen Informationsinteresses* nicht auf literarische Werke Anwendung findet[45].

Andererseits kann Literatur gleichwohl einen wesentlichen Beitrag zur gesellschaftlichen Entwicklung leisten. Ein erhöhtes literarisches *Gesellschaftsbewußtsein* ist bei zeitkritischen und -reflektierenden Kunstwerken zu würdigen. Zwar wird von der Kunstfreiheit die Trivialliteratur erfaßt, so wie die Regenbogenpresse von der Pressefreiheit. Gleichwohl ist es berechtigt, gesellschaftliches Engagement zugunsten der Kunstfreiheit zu berücksichtigen. Kunst kann durch Provokation und Reflexion einen entscheidenden Beitrag zur gesellschaftlichen Auseinandersetzung mit Zeitgeschehen leisten. Insoweit kommt auch „Esra" bei der Verarbeitung und Spiegelung aktuellen Geschehens eine wesentliche Funktion insoweit zu, als der Roman den öffentlichen Meinungsbildungsprozeß in Hinsicht auf modernen Individualismus, Isolation, Integration und zwischenmenschliche sowie kulturelle Divergenzen mitgestaltet und fortentwickelt. Wenn „Esra" sich auch nicht ausdrücklich als Teil engagierter Kunst ausweist, so beinhaltet die Erzählung dennoch damit weitere, über den alleinigen Unterhaltungsaspekt hinausgehende Momente.

(3) Intention des Literaten: kein Rachefeldzug, aber konfliktreiche Verarbeitung Billers

Außerdem ist die *Intention des Literaten* zu berücksichtigen. Bereits in der „Lüth"-Entscheidung wurde maßgeblich auf die Triebfeder des Autors abgestellt[46]. Die Bestimmung der Vorstellung des Handelnden erfolgt – wie zur strafrechtlichen Ermittlung des subjektiven Tatbestandes – anhand meßbarer Umstände, die Rückschlüsse auf die Ausrichtung des Äußernden erlauben[47]. Im Fall von literarischen Werken ist sie anhand der Signale zu ermitteln, die der

[45] Ähnlich *B. v. Becker,* Neues zum „Schlüsselfilm", in: AfP 2006, S. 124 (125). – Anders aber *I. Ebert,* Entstellende Darstellung realer Personen in einem Roman als Persönlichkeitsrechtsverletzung, in: jurisPR-BGHZivilR 36/2005 Anm. 6: „Dann kann schon die wahrheitsgemäße Wiedergabe von Einzelheiten aus dem Privat- und Intimleben eine Persönlichkeitsrechtsverletzung darstellen."

[46] BVerfGE 7, 198 (215); ähnlich EGMR NJOZ 2009, 2203 (2210 f.); OLG München ZUM 2008, 984 (987).

[47] Zu kurz, da ohne Erklärung greift demgegenüber die Behauptung von *Neumeyer,* Person (Fn. 224), S. 179: „Zudem ist die Intention des Künstlers unerheblich für die Frage, ob

Autor in dem Text gibt. Auf diese Weise ist das Dokument einer objektivierbaren Betrachtung zu unterziehen[48]. Wenn der Schriftsteller einen persönlichen Rachefeldzug beabsichtigt, wird diese Motivation ebenso im Text Ausdruck finden, als wenn er einen Ausschnitt seines Lebens auf eine allgemeine, literarische Ebene heben will. Bezweckt der Autor die Aufklärung über ein Thema von öffentlichem Interesse wie politische Korruption oder Verbreitung organisierter Kriminalität, ist dieses Anliegen im Ausgleich mit widerstreitenden Interessen zu seinen Gunsten zu berücksichtigen[49]. Es erscheint also angebracht, die Aussage, die der Künstler vermitteln will, in die Abwägung miteinzubeziehen[50]. Da es sich hierbei um eine diffizile Frage literaturwissenschaftlicher Interpretation und Auslegung handelt, ist im Zweifelsfall ein Sachverständigengutachten einzuholen[51]. Es wäre eine Fehldeutung, *Billers* einziges Motiv in einem persönlichen Rachefeldzug festzumachen. Sein Text trägt eine Note der Verallgemeinerung, die weitreichendere Themen umfaßt und sich nicht auf persönliche Fehden beschränkt. Allerdings ist nicht von der Hand zu weisen, daß das Buch im Anschluß an eine gescheiterte Beziehung entstand, die – jedenfalls im Roman – an der Charakterschwäche der Exfreundin und der Intriganz der Mutter scheiterte. Beide werden also wenig überraschend durchaus als Reizfiguren präsentiert. Jegliche – auch legitime – Enttäuschung des Autors aus der beendeten Partnerschaft als Schreibmotivation auszublenden, erscheint blauäugig. Wenn es dem Autor auch letztlich nicht zum Nachteil geraten kann, persönliche Verletzungen literarisch aufzuarbeiten, so soll darin auch nicht sein Vorteil liegen. Spuren von racheerfüllter Bloßstellung sind nicht vollständig ausgeschlossen, so daß die Intention *Billers* jedenfalls nicht den Ausschlag für die Zulässigkeit der Veröffentlichung geben kann.

---

es tatsächlich zu einer Beeinträchtigung von Persönlichkeitsinteressen kommt, […]. Auch künstlerische Aussagen sind aus einer objektiven Perspektive zu beurteilen."

[48] Instruktiv zum Text als Sprachhandlungssituation *Zipfel*, Fiktion (Fn. 88), S. 34 ff.

[49] *G. Greene*, J'accuse ou Nice côté-ombre, London 1982, S. 61: „J'accuse, eh bien, oui, j'accuse – mais ce n'est pas seulement un petit malfaiteur que j'accuse, un déséquilibré, peut-être paranoïaque et même pitoyable. Sans appui, il serait impuissant. Et l'appui qu'il a reçu d'un certain nombre de fonctionnaires de police, de magistrats et d'avocats l'a renforcé dans l'idée qu'il serait toujours en mesure d'obtenir l'impunité quand il en aurait besoin. Il s'est trouvé conforté dans la vision déformée et corrompue qu'il a du monde."

[50] So auch LG Münster ZUM-RD 2003, 329 (333); VG Köln ZUM-RD 2010, 649 (652); *Zipfel*, Fiktion (Fn. 88), S. 38 f.: „Texte sind dementsprechend von einem Autor mit einer gewissen Illokutionsabsicht produzierte Sprachhandlungen komplexer Struktur, die vom Rezipienten gemäß der im oder am Text angezeigten Illokutionsabsicht rezipiert werden (sollen)."

[51] Die Ermittlung der Intention könnte einen Unterpunkt in dem in dieser Arbeit geforderten Sachverständigengutachten zur Fiktion einnehmen. Die literaturwissenschaftliche Stellungnahme, die zwecks Feststellung des Fiktionalitätsumfangs einzuholen ist, nimmt eine umfassende Deutung des Werks nach literaturwissenschaftlichen Regeln vor.

(4) Art der Darstellung: Beeinträchtigungsintensität durch Darstellung der Figur Lale

Daß die *Art der Darstellung* für den Abwägungsprozeß eine maßgebliche Rolle spielt, ist augenscheinlich[52]. Wenn die Darstellung einer Kunstfigur für die erkennbare reale Person in einer herabwürdigenden und zutiefst entstellenden Art erfolgt, liegt ein äußerst intensiver Persönlichkeitsrechtseingriff vor[53]. Hier könnte auf der Ebene der stilistischen Darstellungsweise eine Parallele zur inhaltlich-thematischen Sphärenlehre gezogen werden. Maßgebend ist auch der textuelle Kontext: Der Figurendarstellung im Rahmen einer Satire oder Karikatur kommt beispielsweise eine andere Bedeutung als im Kontext einer Biographie oder Autobiographie zu[54]. Satire ist nicht in jedem Fall, kann aber durchaus Kunst sein[55]. Im Fall von Satiren, sozialkritischer, gesellschaftlich engagierter Literatur und Karikaturen ist dem Autor ein größerer Darstellungsspielraum zu belassen als bei einer vergleichsweise privaten Lebenserzählung[56]. Ein Schriftsteller muß in der Lage sein, Kritik an Personen und ihren Handlungen sowie gesellschaftlichen Entwicklungen und Zuständen auch und gerade überspitzt und pointiert zu äußern[57].

52 Deutlich EGMR NJOZ 2009, 2203 (2212 f.).

53 OLG Frankfurt a.M. ZUM 2008, 793 (795 f.); LG Berlin ZUM 2008, 880 (882); für eine Einordnung in die Gruppen der Darstellung eines Zeitgeschehens, Prototypen und Porträts einer Person entsprechend einem ansteigenden Gefahrenpotential hinsichtlich einer Persönlichkeitsrechtsverletzung *v. Becker*, Schlüsselfilm (Fn. 45), S. 125; *Hahn*, Persönlichkeitsrecht (Fn. 10), S. 99; zur Originalität der Darstellung als Differenzierungskriterium *Ohly/Lucas-Schloetter/Beverley-Smith*, Freedom (Fn. 238), S. 557.

54 Zum konkreten Sachbezug einer Zeichnung LG Berlin NJW 1997, 1371 (1373). – Zur Satire LG Hamburg, NJW-RR 2000, 978 (979 f.). Das Stilmittel der Satire nicht als Element der Verfremdung, sondern der Verzerrung wertet *Götting*, Persönlichkeitsschutz (Fn. 4), S. 440 ff.

55 BGH ZUM 2004, 125 (125 ff.); LG Berlin ZUM 2010, 538 (539); *Brauneck*, Persönlichkeitsrecht (Fn. 150), S. 138; *B. v. Becker*, Rechtsfragen der Satire, in: GRUR 2004, S. 908 (909); *Müller*, Satire (Fn. 485), S. 101. – Zur Satire als Kunstform am Beispiel des Karikaturenstreits *A. Steinbach*, Die Beschimpfung von Religionsgesellschaften gemäß § 166 StGB – eine Würdigung des Karikaturenstreits nach deutschem Strafrecht, in: JR 2006, S. 495 (497 ff.); *Ekardt/Zager*, Karikaturenstreit (Fn. 136), S. 145 ff.; zurückhaltend vor einer „Überdehnung" des Satire-Begriffs warnt *Ladeur*, Persönlichkeitsschutz (Fn. 702), S. 1982; *P. Koch*, Lafontaine und Maddie, in: WRP 2009, S. 10 (10 ff.).

56 Vgl. BVerfGE 75, 369 (379); zur Satire LG Hamburg, NJW-RR 2000, 978 (979 f.); *L. Zechlin*, Kunstfreiheit, Strafrecht und Satire, in: NJW 1984, S. 1091 (1093). – Zur engagierten Kunst *Würkner*, Bundesverfassungsgericht (Fn. 616), S. 93; *Eickmeier/Eickmeier*, Grenzen (Fn. 90), S. 6; *Müller*, Satire (Fn. 485), S. 101. Die Kriterien zur Beurteilung satirischer Werke sind nicht Gegenstand dieser Arbeit. Die Differenzierung in Aussagekern und -einkleidung wird überzeugend dargestellt und beispielhaft analysiert von *Neumeyer*, Person (Fn. 224), S. 188 ff.

57 Es ist allerdings bei jeder Karikatur und Satire im Einzelfall zu prüfen, ob sie der vorbehaltlos garantierten Kunstfreiheit oder dem nach Art. 5 Abs. 2 GG eingrenzbaren Recht der Meinungsfreiheit unterfallen. Wenn das Element der kritischen Meinungsäuße-

Handelt es sich um einen Zeitraffer, in dem die Figur nur eine untergeordnete Rolle spielt, können Veränderungen als weniger beeinträchtigend zu werten sein[58]. Bei der Art der Darstellung geht es um Aspekte der Ironie, Satire, Erzählhaltung und erzählten Zeit. Persönlichkeitsbeeinträchtigend kann sich im Fall „Esra" die enge Anbindung des Erzählers Adam an den Leser auswirken. Aus seiner Sicht werden zentrale Figuren, insbesondere Lale, mitunter äußerst sarkastisch dargestellt[59]. Die Intrigen erstrecken sich über die mehrjährige Beziehung, so daß ihrer Schilderung mehr als unbeachtliche Aussagekraft zukommt.

(5) Wirkung: moderater Effekt in der Öffentlichkeit, punktuell besondere Intensität

Außerdem ist auf die *voraussehbare wie auch erfolgte Wirkung* in der Abwägung abzustellen. Das Ausmaß ist naturgemäß vom Verbreitungsgrad des Buchs abhängig[60]. Zwar ist die *Auflagenstärke* für den Autor schwer kalkulierbar. Allerdings bleibt der Verfasser als Verursacher allein verantwortlich für das – wenn auch nur beschränkt berechenbare – Risiko des Beeinträchtigungsumfangs. Dabei hat der Betroffene nicht wie im Presserecht die Möglichkeit, seiner Sichtweise in Form einer Gegendarstellung Geltung zu verschaffen. Darüber hinaus kann die Beeinträchtigungsintensität im *sozialen Umkreis* ebenfalls als äußerst belastend empfunden werden. Denn die Veröffentlichung eines literarischen Textes ist im Vergleich zum Erscheinen eines Zeitungsartikels von größerer Dauerhaftigkeit. Abzustellen ist hierbei auf die soziale Konstituierung und auf die Beeinträchtigungsdimension des Achtungsanspruchs. So ist beispielsweise die Gefährdung der Resozialisierung eines Straftäters ein Aspekt, der für einen

---

rung dominiert, kann durchaus bereits eine Begrenzung aufgrund allgemeiner Vorschriften zum Ehrschutz erfolgen. Ebenso, darüber hinaus für eine grundsätzliche und damit zu weitgehende Zuordnung von Karikatur und Satire zur Kunstfreiheit plädierend *Würtenberger,* Karikatur (Fn. 628), S. 611 ff.; *Gounalakis,* Freiräume (Fn. 404), S. 813; *Brauneck,* Persönlichkeitsrecht (Fn. 150), S. 139; *dies.,* Anmerkungen (Fn. 724), S. 894. – So auch, insbesondere hinsichtlich engagierter Kunst eindeutig für Kunstfreiheit stimmt *v. Becker,* Werbung (Fn. 724), S. 1103; pointiert hingegen *Ladeur,* Kommentar (Fn. 479), Art. 5 Abs. 3 II (2001), Rn. 18: „Im übrigen kommt es darauf an, ob der Künstler selbst den Anschluß an die politische Öffentlichkeit sucht und künstlerische und politische Elemente miteinander verknüpft (‚Karikatur, Doku-Drama'), dann muß er sich auch an den Schranken der Meinungsfreiheit messen lassen – unter Berücksichtigung der Bedeutung der Kunst." Ebenso für die Satire, anders aber für die Karikatur *Mahrenholz,* Freiheit (Fn. 599), § 26 Rn. 42; *v. Becker,* Rechtsfragen (Fn. 55), S. 909.

[58] Vgl. LG Berlin ZUM 2008, 880 (881); LG Köln NJW-RR 2009, 623 (629).

[59] Vgl. Abschnitt B.I.2.

[60] Vgl. EGMR NJOZ 2009, 2203 (2208); hinsichtlich des Abwägungskriteriums aufgrund der Wirkungsintensität des Fernsehens BVerfGE 35, 202 (226 f.). – Auf den Umfang „verletzender Aussagen" und die „Nachhaltigkeit der Fortdauer der Interessen- und Rufschädigung" im Entschädigungsprozeß der Expartnerin von dem Autor des „Esra"-Romans stellt ab OLG München ZUM 2008, 984 (987). – Zur Breitenwirkung von Romanen *Frey,* Romanfigur (Fn. 392), S. 219 ff.

umfassenden Persönlichkeitsschutz – im öffentlichen wie privaten Kreis – des Dargestellten streitet[61]. Im Fall „Esra“ waren die Auswirkungen in der Öffentlichkeit kalkulierbar. Die Klägerinnen sind keine Personen der Zeitgeschichte. Die Auflagenhöhe war überschaubar. In ihrem persönlichen Bekanntenkreis – mit Ausläufern bis hin zur gesamten türkischen Gemeinde bundesweit – sind die Auswirkungen angesichts der pikanten Details zur Familienkonstellation, Partnerschaft und Erkrankung der Tochter demgegenüber von erhöhter Intensität.

(6) Wahrheit der Darstellung: grundsätzlich irrelevant, nur bei Realitätstreue relevant

Teilweise wird darüber hinaus auf die Wahrheit der künstlerischen Darstellungen abgestellt: „Wahre Aussagen müssen in der Regel hingenommen werden, auch wenn sie nachteilig für den Betroffenen sind, […].“[62] Dabei handelt es sich ohne weitere Erörterung im Fall eines fiktionalen Textes nicht um ein taugliches Abwägungskriterium[63]. Die Wertungen zu Tatsachenbehauptungen im Äußerungsrecht sind auf Kunstwerke nicht maßstabsgetreu ohne weiteres übertragbar. Die Beschreibung eines Kunstwerks als Vermengung von Tatsachenbehauptungen, Meinungsäußerungen und Werturteilen ist auch bei einem dokumentarisch geprägten Roman geringen Fiktionsgrades begrifflich verfehlt[64]. Fiktionalitätsvermutung und Literarizität sprechen gegen eine Ausrichtung an der Faktizität.

Erstens verkennt man also mit dem Wirklichkeitsabgleich das wesentliche Merkmal literarischer Texte, *die Fiktionalität, die im Grundsatz vermutet wird*[65].

---

[61] BVerfGE 35, 202 (237 f.). – Kein Kunstverbot im Fall eines überschaubaren Rezipientenkreises bei einer vergleichbar kleinen Kunstausstellung spricht aus BGHSt 20, 192 (192); ähnlich OLG Hamburg NJW 1984, 1130 (1132 f.). – Einschränkend hinsichtlich eines universalen Persönlichkeitsschutzes *v. Coelln*, Lebach (Fn. 15), S. 486; zudem auf die weiteren Aspekte von Opferschutz und Unschuldsvermutung weisen hin *Eickmeier/Eickmeier*, Grenzen (Fn. 90), S. 6 f.; *v. Becker*, Überlegungen (Fn. 112), S. 470.

[62] BGH NJW 2009, 3576 (3578).

[63] Vgl. *Enders*, Anmerkung (Fn. 6), S. 583 f.; *Ohly/Lucas-Schloetter/Beverley-Smith*, Freedom (Fn. 238), S. 530; *T. Gostomzyk*, Anmerkung zu BGH, Versäumnisurteil vom 26.5.2009. VI ZR 191/08, in: NJW 2009, 3579 (3579). – Zum Abwägungskriterium der Wahrheit der Darstellung siehe auch *Frey*, Romanfigur (Fn. 392), S. 224. – Anders EGMR NJOZ 2009, 2203 (2210); LG Frankfurt a.M. ZUM 2009, 308 (311); auch im Äußerungsrecht inhaltliche Kriterien lehnt ab *Seyfarth*, Einfluss (Fn. 102), S. 1290. – Anders aber für den Bereich der Äußerungsfreiheit BVerfGE 42, 143 (152 f.).

[64] Zustimmend und für diese Kunstform den Begriff der „Dokufiction“ prägt *v. Becker*, Anmerkung (Fn. 18), S. 312 f.; *Ladeur*, Anmerkung (Fn. 18), S. 315. – Anders aber LG Frankfurt a.M. ZUM 2009, 308 (311 f.); LG Köln, Urteil vom 11.03.2011, 28 O 151/11, BeckRS 2011, 07677; *Ebert*, Darstellung (Fn. 45). – Jedenfalls kritisch BVerfGE 75, 369 (377); *H. Sprau*, in: O. Palandt (Hrsg.), Bürgerliches Gesetzbuch, 71. Aufl. 2012, § 823 Rn. 108: „Kunst- und Meinungsäußerung schließen sich nicht aus, Meinung kann auch in Form künstlerischer Betätigung kundgetan werden.“

[65] Vgl. BVerfGE 119, 1 (28).

Denn die unmittelbare Wahrheitssuche klärt nicht die Fiktionalität eines Textes, macht ihm mitunter letztere möglicherweise sogar als Mangel an Authentizität zum Vorwurf. Fiktionalität ist allerdings für Kunst essentiell und kann nach der zutreffenden „Je-desto"-Formel darüber hinaus eine Persönlichkeitsrechtsverletzung ausschließen. Durch die Privilegierung von detailgetreuer Realitätsabbildung würde der durch die Fiktionalitätsvermutung vermittelte Schutz nun „ad absurdum" geführt. Denn bei Zugrundelegung der Authentizität der Darstellung als Abwägungskriterium laufen die Gerichte darüber hinaus Gefahr, die durch die Fiktionalitätsvermutung geregelte Risikoverteilung unter den Beteiligten zu konterkarieren. Dieser Fehlgriff ist dem Landgericht Frankfurt unterlaufen, das den Beklagten, Autor und Verlag, den unterlassenen Wahrheitsbeweis bezüglich der Darstellungen in bezug auf die betroffene M. vorwarf: „Durch diese Äußerungen wird M. in ihrem postmortalen Persönlichkeitsrecht verletzt, da es den Beklagten nicht gelang, der erkennenden Kammer glaubhaft zu machen, dass M. tatsächlich in dem aus den Textpassagen deutlich werdenden Umfang dem Nationalsozialismus nahestand."[66] Eine literarische Darstellung kann allerdings im Ursprung nicht „richtig" oder „falsch" sein, da ein Faktizitätsanspruch grundsätzlich in der Kunst nicht besteht. Wenn aber dieses Spezifikum des Äußerungsrechts im direkten Widerspruch zum Wesen der Kunst steht, können die rechtlichen Wertungen nicht auf den Kunstbereich übertragen werden[67]. Die Beanspruchung von Faktizität trennt eine Nachricht von Fiktion und ändert die Beurteilungskoordinaten. Ein literarischer Text ist vor dem Hintergrund der Fiktionalitätsvermutung zunächst als fiktional anzusehen. Die Nichtfiktionalität wäre in dem genannten Verfahren vor dem Landgericht Frankfurt unter Berücksichtigung der Fiktionalitätsvermutung im Zivilverfahren von der Klägerin, die als Tochter die Rechte der M wahrnimmt, zu beweisen. Wird die Fiktionalitätsvermutung des Textes nicht widerlegt, ist von der Fiktionalität und damit der Negierung jedes Faktizitätsanspruchs auszugehen[68]. Der Beweis der Fiktionali-

---

[66] LG Frankfurt a.M. ZUM 2009, 308 (311); ähnlich LG Köln, Urteil vom 11.03.2011, 28 O 151/11, BeckRS 2011, 07677.

[67] Selbst ein Werturteil wird bei hinreichender Substanz des tatsächlichen Gehalts an dessen Richtigkeit gemessen. Jüngst nach BGH NJW-RR 2008, 913 (914) „fällt die Richtigkeit des tatsächlichen Äußerungsgehalts, der dem Werturteil zu Grunde liegt, regelmäßig bei der Abwägung ins Gewicht."

[68] Anders ist zu entscheiden, wenn der Anspruch von Faktizität bewußt proklamiert wird, die Fiktionalitätsvermutung also widerlegt ist; so etwa bei dem Buch von *Greene*, das sich selbst als Beitrag zur Verbrechensbekämpfung versteht und mafiöse Strukturen in Frankreich an dem konkreten Beispiel eines anhand von konkreten Fakten, Daten, detailliert beschriebenen Lebensumständen und Ereignissen leicht identizierbaren Ehepaars detailliert demonstriert: *Greene*, J'accuse ou Nice côté-ombre (Fn. 49), S. 39 f., 43: „En 1971, Martine, devenue présentatrice à Télé-Monte Carlo et qui désirait acquérir un studio à Nice pour se rapprocher de son lieu de travail, fit la connaissance d'un certain Daniel Guy, qui travaillait pour un promoteur de Nice. [...] En 1973, ils se marièrent. [...] Le ménage Guy dura six ans. [...] Pour finir, le 19 novembre 1979, le juge des Affaires matrimoniales du Tri-

tät ist hingegen nicht zu erbringen. Wenn schon ein durch die Meinungsfreiheit grundsätzlich geschütztes Werturteil in Abgrenzung zur Tatsachenbehauptung keiner Beweiserhebung zugänglich ist, muß das im Erst-recht-Schluß für eine fiktionale Darstellung gelten. Dieser Grundsatz ist naturgemäß sowohl auf seiten des Künstlers als auch des Verlags uneingeschränkt anwendbar.

Außerdem wird man so zweitens dem *Wesen eines literarischen Textes* – ob fiktional oder nichtfiktional – nicht gerecht. Literatur ist Neuschöpfung von Wirklichkeit durch Bearbeitung in Form von Provokation, Bestätigung oder Reflexion der Realität. Ein literarischer Text wird nicht dadurch, daß er sich mit der Außenwelt in naturalistischer oder dokumentarischer Form auseinandersetzt, in einen journalistischen Beitrag umgewandelt[69].

Allein wenn es dem Betroffenen gelingen sollte, die Fiktionalitätsvermutung zu widerlegen, nähern sich die Kriterien denen des Äußerungsrechts an[70]. Nach hier vertretener Ansicht ist entscheidend, ob der Text als nichtfiktional rezipiert wird. Bei den noch zu erörternden zwei aufeinander aufbauenden Fiktionalitätsvermutungen – erste bezüglich Texteigenschaft, zweite in Hinsicht auf das Rezeptionsverhalten – ist es demnach entscheidend, ob letztere widerlegt ist, der Leser einen fiktionalen Text als faktual rezipiert. Ein literarischer Text, der nicht einen Fiktions-, sondern einen Faktizitätsanspruch für sich proklamiert, muß sich dann an den Ansprüchen eines nichtfiktionalen Textes messen lassen. In Abwägung mit den Persönlichkeitsrechten der Klägerinnen wird auch im Fall „Esra" die Authentizität der Darstellung relevant. Der autofiktionale Text mit dem ausweislich niedrigen Fiktionsgrad wird als faktual rezipiert. Dieser Aspekt ist in der Tat bei der Interessenabwägung im vorliegenden Fall von Bedeutung. Es läßt sich resümieren: Der Abgleich mit der Wirklichkeit spielt bei einem fiktionalen Text grundsätzlich keine Rolle. Dies ergibt sich aus dem literarischen Charakter und der Fiktionalitätsvermutung eines Textes. Nur wenn letztere widerlegt ist, werden Fragen der Realitätstreue relevant.

(7) Äußere Faktoren: keine aggressive Bewerbung, zeitliche Nähe

Begleitumstände wie die *Bewerbung eines Kunstwerks* illustrieren über das Werk hinaus den Anspruch auf Authentizität oder Fiktionalität. Entscheidend ist auch der Faktor Zeit, der die Eindringlichkeit einer Darstellung bestimmt. Wird ein Geschehen aus der Vergangenheit dargestellt, so ist der bis zur künstlerischen Darbietung erfolgte Zeitablauf für die Präsenz des Geschehens entscheidend[71].

---

bunal de grande instance de Nice prononça le divorce du couple et sanctionna les termes définitifs de la convention."

[69] So auch *Ladeur,* Anmerkung (Fn. 18), S. 314.

[70] *v. Becker,* Überlegungen (Fn. 112), S. 466, 470.

[71] BVerfG (Kammer), NJW 2000, 1859 (1861); OLG Köln ZUM 2008, 335 (338); LG Berlin ZUM 2008, 880 (881); *Eickmeier/Eickmeier,* Grenzen (Fn. 90), S. 7; *Benda,* Vergänglichkeit (Fn. 274), S. 1771; *v. Becker,* Überlegungen (Fn. 112), S. 470 f.; *v. Coelln,* Lebach (Fn. 15),

„Esra" wurde ersichtlich nicht als Enthüllungsroman von der Beschwerdeführerin angepriesen. Die zeitliche Nähe zu dem realen Geschehen um *Biller* und die Klägerinnen könnte allerdings eine Sensibilität im Umgang mit der Materie erfordern.

bb) Auf seiten des Persönlichkeitsschutzes: relevante Aspekte seitens der Klägerinnen

(1) Dimension des Persönlichkeitsrechts

Auf seiten des Persönlichkeitsschutzes ist die Intensität der Persönlichkeitsrechtsbeeinträchtigung ein vorrangiges Kriterium, das sich an der *Sphärenlehre* orientiert[72]. Differenzierungen sind auch hinsichtlich des Schutzes von lebenden und verstorbenen Personen erforderlich: Letzterer ist enger und verblaßt mit der Zeit[73]. Im Fall von „Esra" ist die Privatsphäre von zwei lebenden Personen betroffen, in bezug auf die Klägerin zu 1) zudem die Intimsphäre.

(2) Risiko literarischer Bearbeitung darf nicht durch Prominenz/Kontakt erhöht werden

Fraglich ist, ob eine Person hohen Bekanntheitsgrads eine literarische Verarbeitung eher hinnehmen muß als ein weitgehend unbekannter Betroffener[74]. Eine Wertung könnte sich aus dem Presserecht in Hinblick auf die *Figur der absoluten und relativen Zeitgeschichte* sowie der Begleiterrechtsprechung ergeben: So wie eine Person, die in der Öffentlichkeit steht oder derjenige, der eine solche begleitet, Berichterstattung in erhöhtem Maß in Vergleich zu einer unbekannten Person hinnehmen müssen, so könnte eine Person der Öffentlichkeit ein erhöhtes Risiko treffen, als literarische Vorlage zu dienen[75]. Verwiesen wird auf

---

S. 486. Bei einem bildenden Künstler kann sein Andenken in dem Kunstwerk aufrechterhalten werden, die für den postmortalen Persönlichkeitsschutz maßgebliche Erinnerung also nicht so schnell verblassen wie beispielsweise bei einem Regisseur oder Schauspieler als ausübende Künstler. Vgl. LG Frankfurt a.M. ZUM 2009, 308 (310 f.); *Hager*, Mephisto-Entscheidung (Fn. 392), S. 190.

[72] Vgl. ähnlich in bezug auf animalische Züge bei der Abbildung eines kopulierenden Schweins BVerfGE 75, 369 (380); zur Darstellung des engsten familiären Bereichs der Meinhofs im Spielfilm „Der Baader Meinhof Komplex" OLG München ZUM 2007, 932 (935); LG Leipzig ZUM 2008, 617 (618 f.); *v. Becker*, Überlegungen (Fn. 112), S. 470; *ders.*, Rechtsfragen (Fn. 55), S. 913. – Zur Sphäre der Betroffenheit eingehend *Frey*, Romanfigur (Fn. 392), S. 203 ff.; zur Unzulässigkeit detaillierter Schilderungen aus der Intimsphäre in einem Film *v. Becker*, Schlüsselfilm (Fn. 45), S. 125.

[73] BVerfGE 30, 173 (196, 215); BVerfG (Kammer), NJW 2001, 594 (594 f.); BVerfG (Kammer), NJW 2001, 2957 (2958 f.); BGH NJW 2009, 751 (752); OLG Köln ZUM 2008, 335 (337); zustimmend *Benda*, Vergänglichkeit (Fn. 274), S. 1771.

[74] So für die Satire *v. Becker*, Rechtsfragen (Fn. 55), S. 913. – Ablehnend *T. Geiser*, Die Persönlichkeitsverletzung insbesondere durch Kunstwerke, 1990, S. 124; zum Bekanntheitsgrad eingehend *Frey*, Romanfigur (Fn. 392), S. 209 ff.

[75] EGMR NJOZ 2009, 2203 (2212); BVerfGE 75, 369 (372); für Ulrike Meinhof hinsicht-

das erhöhte Informationsbedürfnis der Öffentlichkeit[76]. Darüber hinaus ließe sich anhand der Begleiterrechtsprechung argumentieren, daß auch die Person, die freiwillig und in Kenntnis der Schaffensweise des Schriftstellers mit ihm in Kontakt tritt, ein ebenfalls gesteigertes Risiko trägt. Denn auch der Begleiter einer prominenten Person muß verstärkt damit rechnen, zusammen mit ihr abgelichtet zu werden. Man könnte die Klägerinnen zu 1) und 2) als relative Personen der Zeitgeschichte einordnen, da sie in Verbindung mit einem konkreten Ereignis, der Auszeichnung durch den Bundesfilmpreis oder Alternativen Nobelpreis, Bekanntheit erlangt haben. Allerdings scheint eine einmalige Preisverleihung, die auch schon in fernerer Vergangenheit stattfand, keine Eigenschaft als relative Person der Zeitgeschichte zu begründen. Eine Bewertung als absolute Personen der Zeitgeschichte wäre bei den Klägerinnen zu 1) und 2) ohnehin ausgeschlossen.

Eher lassen sie sich als *Begleiter* des nicht unbekannten Schriftstellers *Biller* qualifizieren. Das Kriterium des zurechenbaren Vorverhaltens kann aus zwei Gründen allerdings nicht überzeugen. Erstens fordert derjenige, der in der Öffentlichkeit steht oder die streitigen Inhalte selbst – beispielsweise durch Interviews, eigene Buch- und Filmveröffentlichungen – der Öffentlichkeit zuvor bekanntgemacht hat[77], nicht zum „Gegenschlag" in Form einer persönlichkeitsrechtsberührenden Darstellung in einem literarischen Werk heraus. Das gilt auch im Falle der Preisverleihungen an die Klägerinnen zu 1) und 2). Denn ein – möglicherweise auch provozierendes – Handeln einer Person auf der Ebene der Realität kann nicht mit der Darstellung einer Kunstfigur in einem literarischen Werk quittiert werden. Da Meinungskampf und literarischer Schaffensprozeß grundlegend unterschiedlich ausgerichtet sind, können die Vorgehensweisen nicht in einem einheitlichen Handlungsprozeß miteinander verglichen werden. Kunst steht nicht in einem Fakten- und Meinungswettstreit wie die Presse. Sie vermittelt vielmehr eine neue eigengesetzliche Welt, die nicht eine Reaktion auf Aktionen der Realität beinhaltet, sondern von letzterer vollständig unabhängig ist. Ihre Eigengesetzlichkeit verbietet eine Wertung als Gegenschlag, der sich auf der gleichen wirklichen Ebene wie die herausfordernde Handlung halten muß. Ein allgemeines Lebensrisiko, in einem beruflichen oder privaten Kontakt zu einem Künstler zu stehen, kann nicht konstruiert werden[78]. Auch im vorliegenden

lich der Verfilmung ihres Lebens OLG München ZUM 2007, 932 (935). – Anders hinsichtlich der Filmproduktion „Rohtenburg" OLG Frankfurt a.M. ZUM 2006, 407 (410 f.); hierzu *Buscher,* Entwicklung (Fn. 187), S. 1062; für eine Differenzierung anhand des Bekanntheitsgrads auch *v. Becker,* Überlegungen (Fn. 112), S. 469; *Ladeur,* Kommentar (Fn. 479), Art. 5 Abs. 3 II (2001), Rn. 18; *Hahn,* Persönlichkeitsrecht (Fn. 10), S. 99; für die Berichterstattung trifft dieses Kriterium auf weiter gehendere Anerkennung: BVerfGE 12, 113 (131); 54, 129 (138); *Seyfarth,* Einfluss (Fn. 102), S. 1290.

[76] OLG München ZUM 2007, 932 (935); LG München ZUM 2007, 936 (937).

[77] BGH NJW 2009, 3576 (3579).

[78] Vgl. die Überlegungen zum Gegenschlag im Fall von Kunstwerken bei *Buscher,* Ent-

Fall geht es nicht um einen Auftritt *Billers* in der Öffentlichkeit in Begleitung der Klägerinnen zu 1) und 2). Bei einer solchen Lage wäre das erhöhte Risiko der Klägerinnen im Bewußtsein der Öffentlichkeit freiwillig eingegangen worden. Eine vergleichbare Risikoerweiterung kann nicht durch den privaten Umgang zu einem Schriftsteller begründet werden. Der Kontakt zu einem die Wirklichkeit bearbeitenden Künstler sollte nicht mit dem Aufeinandertreffen mit einem Paparazzo gleichgesetzt werden.

(3) Keine Einwilligung der Klägerinnen zur Publikation durch Vorverhalten

In engem Zusammenhang hiermit steht die Frage nach dem Vorverhalten und der freiwilligen Selbstoffenbarung des Betroffenen. Wenn sich eine Person ihres Rechts auf Persönlichkeitsschutz bei der Darstellung in einem Kunstwerk dadurch entäußert, daß sie selbst in Interviews, Internetpräsentationen, eigenen Veröffentlichungen oder gestatteten Publikationen Dritter persönlichkeitsrelevante Auskünfte gibt oder Rechte am Lebensbild einräumt, willigt sie zumindest *konkludent* in eine anderweitige öffentliche Darbietung ein. Auch im Abwägungsbereich von Kunstfreiheit und Persönlichkeitsschutz werden daher zutreffend häufig Selbstdarstellungen aus freien Stücken des Betroffenen in die Beurteilung miteinbezogen[79]. Im Fall der Klägerinnen ist eine solche konkludente Einwilligung nicht ersichtlich.

---

wicklung (Fn. 187), S. 1062; *Rixecker,* Münchener Kommentar (Fn. 214), Anhang zu § 12. Das Allgemeine Persönlichkeitsrecht, Rn. 176.

[79] Vgl. BGH ZUM-RD 2009, 429 (433); OLG München ZUM 2007, 932 (934 ff.); LG Köln ZUM 2003, 325 (327). – Neben der freiwilligen Offenbarung auch den bleibenden Wert der zur Verfügung gestellten Informationen für die Gesellschaft betont LG Berlin ZUM 2008, 880 (882): Die Mitteilungen „sind Teil des öffentlichen Diskurses geworden, Gegenstand des allgemeinen zeitgeschichtlichen Wissens, historischen Darstellungen zugänglich und damit auch Material für beispielsweise künstlerische Verarbeitungen." Instruktiv *Geiser,* Persönlichkeitsverletzung (Fn. 74), S. 126 ff.; *Eickmeier/Eickmeier,* Grenzen (Fn. 90), S. 6; *v. Becker,* Mephisto (Fn. 241), S. 89; *ders.,* Rechtsfragen (Fn. 55), S. 913; *ders.,* Schlüsselfilm (Fn. 45), S. 125; *D. Kaboth,* Anmerkung zu OLG Frankfurt, Urteil vom 3. März 2006 – 14 W 10/06, in: ZUM 2006, S. 412 (413 f.). – Zum Vorverhalten *Frey,* Romanfigur (Fn. 392), S. 209 ff.; *Ohly/Lucas-Schloetter/Beverley-Smith,* Freedom (Fn. 238), S. 557. – Ebenso sind andererseits auch Äußerungen des Autors zur Authentizität des Werks zu berücksichtigen: LG Frankfurt a.M. ZUM 2009, 308 (310); bei diesen Bewertungen wird also das Persönlichkeitsrecht als disponibles Recht betrachtet: *Eickmeier/Eickmeier,* Grenzen (Fn. 90), S. 8. – Jüngst hat auch der Europäische Gerichtshof für Menschenrechte das Abwägungskriterium des Vorverhaltens, der medienwirksamen Selbstdarstellung des Betroffenen, als entscheidungserheblich angesehen; European Court of Human Rights (Grand Chamber), Application 39954/08 vom 7.2.2012 Rn. 101: „Another factor is X's prior conduct *vis-à-vis* [Hervorhebung im Original] the media. He had himself revealed details about his private life in a number of interviews [...]."

(4) *Medienöffentlichkeit: medial begleitetes Verfahren geht zu Lasten Billers*

Der Umfang der Medienöffentlichkeit ist ebenfalls auf seiten des Persönlichkeitsschutzes einzubeziehen[80]. Eine *mediale Aufmerksamkeit*, die auf die Publikation oder das anschließende Verbotsverfahren zurückzuführen ist, geht regelmäßig – ähnlich wie die rezeptionsbezogene literarische Wirkung des Werks[81] – zu Lasten des Autors, der als Verursacher für diese Folgen verantwortlich ist. Ein Schriftsteller ist aufgrund seiner Tätigkeit eher geeignet, sich die allgemeine Aufmerksamkeit nutzbar zu machen und souverän mit öffentlicher Resonanz umzugehen. Zudem steht dem Betroffenen nach Art. 2 Abs. 1 i.V.m. Art. 20 Abs. 3 GG ein Anspruch auf Rechtsgewährleistung zu, der ihm nicht im nachhinein negativ angelastet werden darf. Das mediale Interesse um das Gerichtsverfahren ist dem Autor und damit der Beschwerdeführerin zuzurechnen.

(5) *Identifizierbarkeit als selbständiger Aspekt in qualitativer und quantitativer Hinsicht*

Zudem ist auf die Deutlichkeit der Identifizierbarkeit abzustellen[82]. Das Bundesverfassungsgericht geht zutreffend davon aus, daß die Identifizierung in einem überschaubaren Bekanntenkreis möglich sein und sich zweitens die Wiedererkennung dem Leser aufdrängen muß. Für den Abwägungsprozeß ist dabei die konkrete Ausgestaltung der beiden Aspekte von Bekanntheitsgrad und Signalwirkung des Textes entscheidend:

Wird erstens das literarische Vorbild nur von Personen des *engeren Bekanntenkreises* erkannt, oder wird es aufgrund seines hohen Bekanntheitsgrades von einer unüberschaubaren Anzahl von Lesern identifiziert? Für die Erkennbarkeit genügt *in quantitativer Hinsicht* die Identifizierung im auch kleinen Bekanntenkreis[83]. Hierzu zählen neben Übereinstimmungen in den Beschreibungen von beruflichem und privatem Werdegang sowie individueller Charaktereigenschaften auch Schilderungen des äußeren Erscheinungsbildes und zeitliche wie räumliche Angaben[84]. Allerdings wäre ein Abzählen von Gemeinsamkeiten und Unterschieden zu kurz gegriffen. Stets ist die *Gesamtkonzeption* des Kunstwerks zu beachten und damit neben der Quantität auch die Qualität von Fiktionssignalen zu bewerten: Wenn einzelne Ereignisse von der Biographie der realen Vorlage abweichen, können diese Unterschiede problemlos durch eine lückenlose Über-

---

80 Vgl. *Enders,* Anmerkung (Fn. 6), S. 583 f.; *Frey,* Romanfigur (Fn. 392), S. 213. – Hinsichtlich der Auswirkungen eines gerichtlichen Verfahrens *Isensee,* Kunstfreiheit (Fn. 319), S. 628.

81 Vgl. Abschnitt E.I.5.

82 Vgl. *Frey,* Romanfigur (Fn. 392), S. 209 ff.

83 Die Häufigkeit von textuellen Wiedererkennungsmerkmalen hat demgegenüber im Abwägungsprozeß eine nicht unerhebliche Bedeutung, vgl. LG Münster NJW-RR 2003, 692 (695).

84 Vgl. OLG Köln ZUM 2008, 335 (337 f.); LG Berlin ZUM 2008, 880 (881).

einstimmung anderer Details mit der Wirklichkeit in der Gesamtschau ausgeglichen werden und schließen die Realitätsnähe der Literatur nicht aus[85].

Zweitens spielt *in qualitativer Hinsicht* auch die *Intensität*, mit der die Wiedererkennung nahegelegt wird, eine beachtliche Rolle. Für die Beeinträchtigung ist es nicht unerheblich, ob der Betroffene namentlich ausdrücklich genannt oder nur durch eine Kumulation von Merkmalen, die sich beispielsweise erst mittelbar in Kombination mit dem Autor ergeben, identifizierbar wird[86].

Sowohl die Qualität (wie Bundesfilmpreis als äußerst medienpräsentes Ereignis) als auch die Quantität der Übereinstimmungen von Merkmalen hinsichtlich realer Person und Kunstfigur sind also zu berücksichtigen. In Hinblick auf den Umstand, daß es sich um medienrelevante Auszeichnungen handelt, gewinnt die Tatsache besondere Bedeutung, daß die Preisträgerinnen in Deutschland lebende Türkinnen und damit insbesondere in der türkischen Gemeinde nicht unbekannt sind[87]. Im vorliegenden Fall stimmen mit dem realen Geschehen die Ortsangaben um die Lokalitäten in München-Schwabing, die Bezüge der Figuren untereinander sowie die familiären und sozialen Konstellationen um Esra, Lale, Adam, Frido und Ayla überein. Die Identifizierung der Klägerinnen ist in dem Bekanntenkreis ohne vertiefte Rechercheanstrengung möglich.

cc) Zwischenergebnis: Kriterien für Kunst-/Persönlichkeitsschutz

Für die Zusammenfassung der abwägungsrelevanten Kriterien ergibt sich folgendes Bild: Seitens des Literaten sind insbesondere das Ausmaß der Fiktionalisierung, die Intention des Autors, die gesellschaftliche Relevanz, die Darstellungsart und die Wirkung des Textes zu berücksichtigen. Ergänzend können äußere Faktoren wie Zeitablauf oder Bewerbung des literarischen Produkts miteinbezogen werden. Weiterhin sind für den Persönlichkeitsschutz die betroffene Persönlichkeitsdimension, der Bekanntheitsgrad und das Vorverhalten des Betroffenen sowie der Umfang medialer Aufmerksamkeit und die Identifizierbarkeit entscheidend[88]. Diese Anhaltspunkte strukturieren die Erwägungen.

[85] Allein vereinzelte, auch bedeutende Abweichungen von der Wirklichkeit im Werdegang wie berufliche Qualifizierung und Lebensdauer sind nicht isoliert zu betrachten. – So aber für den Status des Privatdozenten und ein frühes Ableben der Romanfigur im Gegensatz zur Realität: LG Münster ZUM-RD 2003, 329 (331); ähnliche Abwägungsfragen OLG Hamburg ZUM 2005, 79 (79); LG Berlin UFITA 1980, 313 (317 ff.); für Dokumentationen OLG Stuttgart NJW 1976, 628 (629 f.); KG Berlin ZUM-RD 2007, 341 (342 f.).

[86] Auch die fast wortgetreue Übernahme einer Bezeichnung wie im Filmtitel „Kannibale von Rotenburg" kann genügen: OLG Frankfurt a.M. ZUM 2006, 407 (409).

[87] Zur Auflistung vergleichbarer Kriterien OLG Frankfurt a.M. ZUM 2006, 407 (409).

[88] Die beiden letztgenannten Aspekte weisen Ähnlichkeiten zu den Kriterien der Fiktionalisierung und Textwirkung auf. Es ist ausreichend, die den beiden Gruppen zuzuordnenden Umstände einfach zu prüfen, der Vollständigkeit halber sind gleichwohl die ähnlichen Kriterien insgesamt in den Katalog aufgenommen.

Neben der Überprüfbarkeit der Entscheidung, der Rechtsgrundlage und dem Abwägungsvorgang stand insbesondere das Kriterium der Erkennbarkeit in der Kritik.

4. Zum Kriterium der Erkennbarkeit

Bei Verfahren um Unterlassungs-, Gegendarstellungs- und Schadensersatzansprüche prüft man im Presserecht die Frage, ob eine Person erkennbar zum Gegenstand des Text- oder Bildbeitrages geworden ist[89].

a) Gelungener Mittelweg

Auch im Bereich der Kunstfreiheit hält die weit überwiegende Ansicht der Literatur und Rechtsprechung an dem Maßstab der Erkennbarkeit fest[90]. Er sei ein gelungener Mittelweg zwischen zwei Extrempositionen: Einerseits werde nicht die Identifizierung durch einen zahlenmäßig bedeutenden Leserkreis wie noch in der „Mephisto"-Entscheidung verlangt[91]. Andererseits reiche eine reine Entschlüsselungsmöglichkeit durch den Leser nicht aus. Die Identifizierbarkeit müsse sich ihm vielmehr aufdrängen[92]. Durch die Häufigkeit der Übereinstimmungen muß die Bezugnahme auf die Realität offenkundig sein[93]. Durch diese beiden Aspekte komme in dem Erkennbarkeitsmerkmal ein praxistaugliches Kriterium zum Einsatz[94].

b) Austausch der Erkennbarkeit durch Ähnlichkeit

Das Kriterium der Erkennbarkeit ist in den Minderheitsvoten und Teilen der Literatur auf Ablehnung gestoßen[95]. Vereinzelt wird die Abschaffung des Erkennbarkeitsmaßstabs gefordert. Das Merkmal der Erkennbarkeit solle durch das der

---

[89] *Prinz/Peters,* Medienrecht (Fn. 224), S. 241 ff.

[90] BGH NJW 2009, 752 (752 f.); 3576 (3576); OLG Frankfurt a.M. NJW 2007, 699 (700); OLG Köln ZUM 2008, 335 (337); LG Leipzig ZUM 2008, 617 (618); LG Köln NJW-RR 2009, 623 (627); ArbG Herford, Urteil vom 18.02.2011, 2 Ca 1394/10, BeckRS 2011, 69487; *Obergfell,* Anmerkung (Fn. 409), S. 198; *Neumeyer,* Fiktion (Fn. 141), S. 511 f.; *Obergfell,* Dichtung (Fn. 350), S. 912 f.; *Wittreck,* Persönlichkeitsbild (Fn. 350), S. 9; *Knothe,* Freiheit (Fn. 6), S. 84; *Obergfell,* Fall *Esra* (Fn. 33), S. 70; *Siegle,* Spannungsverhältnis (Fn. 1), S. 81 f.

[91] Vgl. BVerfGE 30, 173 (198); *Obergfell,* Anmerkung (Fn. 409), S. 198; *Knothe,* Freiheit (Fn. 6), S. 84; *Müller-Terpitz,* BVerfGE 119, 1 – Esra (Fn. 313), S. 833.

[92] *Neumeyer,* Fiktion (Fn. 141), S. 511 f.; *Knothe,* Freiheit (Fn. 6), S. 84.

[93] *Knothe,* Freiheit (Fn. 6), S. 84.

[94] *Knothe,* Freiheit (Fn. 6), S. 84 f.

[95] BVerfGE 119, 1 (37, 39 ff.). – Umfassender stellt darauf ab, ob sich „ein bestimmter, identifizierbarer Handlungszusammenhang ergibt, wo also der offene Sinn-Prozeß durch den Kontext eindeutig reduziert wird", *Ladeur,* Kommentar (Fn. 479), Art. 5 Abs. 3 II (2001), Rn. 19; ablehnend auch *v. Becker,* Bücher (Fn. 515), S. 677; *Busch,* Romanverbote (Fn. 1), S. 208 f.; *v. Becker,* Fiktion (Fn. 106), S. 69 ff.; *Seifert,* Realität (Fn. 255), S. 708; *Ladeur,* Fall „Esra" (Fn. 309), S. 32; *Schiemann,* Persönlichkeitsrechtsverletzung (Fn. 309), S. 43 f.

Ähnlichkeit ersetzt werden[96]. Der Austausch Erkennbarkeit durch Ähnlichkeit wird durch drei Aspekte getragen. Zunächst weist *von Becker* auf die Gefahr eines *Zirkelschlusses* hin: Wenn man auf einer ersten Stufe die Erkennbarkeit einer Person in einem literarischen Werk anerkannt habe, komme man nicht umhin, in einem zweiten Schritt die unzureichende künstlerische Bearbeitung zu bejahen. Da es jeweils um die Frage geht, ob der Autor allein reale Personen porträtiert hat, der Text daher als Tatsachenbericht verstanden wird, ergo Erkennbarkeit mangelnder Realitätsbearbeitung entspricht, ist die zweite Stufe der Prüfung ohne eigenen Gehalt überflüssig[97]. Dieser Kritik ist entgegenzuhalten, daß sich die zweistufige Untersuchung differenzierter ausgestaltet: Es handelt sich nicht bloß um eine zweifache Kontrolle der Erkennbarkeit. Allein die Bejahung der Erkennbarkeit einer realen Person genügt nicht, um die Veröffentlichung eines Romans zu untersagen, die Gleichsetzung von Erkennbarkeit und unzureichender literarischer Bearbeitung ist zu kurz gegriffen[98]. Nur im Fall einer schwerwiegenden Persönlichkeitsrechtsbeeinträchtigung kann ein Publikationsverbot ausgesprochen werden. Diese Prüfung der Eingriffsschwere erfolgt auf der zweiten Stufe. Somit kommt dem zweiten eine vom ersten Schritt selbständige Bedeutung zu. Die Anwendung des Erkennbarkeitskriteriums erhält damit neben der Prüfung der Persönlichkeitsrechtsbeeinträchtigung eine eigenständige Bedeutung.

Zweitens warnt *von Becker* vor einer Lesart, die den Roman nur auf Übereinstimmungen mit realen Personen untersucht, um mit der Erkennbarkeit bei einem bestimmten Leserkreis auf die Indizierung der Rechtswidrigkeit des Textes zu schließen. Maßgeblich sei vielmehr, ob bei objektiver Betrachtung des literarischen Werks sich der Eindruck aufdrängt, es handele sich um eine Abbildung der Realität[99]. Dieser Eindruck müsse sich aus dem Gesamtgefüge des Romans aufdrängen und dürfe nicht aus einer *quantitativen Gegenüberstellung* von Übereinstimmungen folgen[100]. Letztlich ersetzt *von Becker* den Begriff der

---

[96] *v. Becker,* Mephisto (Fn. 241), S. 87 f.; *ders.,* Bücher (Fn. 515), S. 677; *Busch,* Romanverbote (Fn. 1), S. 208 f.; *v. Becker,* Fiktion (Fn. 106), S. 69 ff.

[97] *v. Becker,* Fiktion (Fn. 106), S. 44 f. Außerdem verdeutlicht er zutreffend die Schwierigkeiten, die sich aus der naturgemäßen Unterschiedlichkeit von journalistischer Berichterstattung und künstlerischer Schaffensweise ergeben. Gehe es im ersteren Fall meist um die Überprüfung einer Tatsachenbehauptung anhand der Kategorien von „wahr" und „unwahr", so erhebt Kunst keinen Wahrheitsanspruch und kann folglich nicht an diesem gemessen werden, *v. Becker,* ebda., S. 66.

[98] BVerfGE 119, 1 (33).

[99] *v. Becker,* Mephisto (Fn. 241), S. 88; *ders.,* Fiktion (Fn. 106), S. 67.

[100] Seine Argumentation baut auf einer klaren literaturtheoretischen Trennung von Kunst und Wirklichkeit. Hierbei handelt es sich um zwei unabhängige und zugleich selbständige Welten. Diese beiden separaten Bereiche folgen nach *von Becker* eigenen Maßstäben, die nicht auf ein identisches System zurückzuführen sind. *v. Becker,* Mephisto (Fn. 241), S. 88; *ders.,* Fiktion (Fn. 106), S. 67 ff.

Erkennbarkeit durch den der *Ähnlichkeit*[101]. Er will damit verdeutlichen, daß ein Unterschied zwischen der Summierung von übereinstimmenden Einzelmerkmalen zweier verschiedener Materien und dem Erkennen einer und derselben Existenz besteht[102]. Darüber hinaus verlangt *von Becker* einen klaren Vergleichsmaßstab, der offenlegt, an welchem Kriterium man beide mißt. Es stellt sich die Frage, welche Übereinstimmungen tatsächlich persönlichkeitsrelevant sind und damit die Erkennbarkeit begründen[103]. Das Oberlandesgericht mache umfangreiche Ausführungen zu biographischen Einzelheiten, ohne daß deren Relevanz deutlich werde[104]. Letztlich wird das Erkennbarkeitskriterium drittens mit Blick auf vermeintlich *ungerechte Ergebnisse* hinsichtlich des Bekanntheitsgrads abgelehnt. So könne die Erkennbarkeit bei einer prominenten Person leichter bejaht werden als bei einem einfachen Bürger, der der Öffentlichkeit unbekannt ist[105].

c) Stellungnahme

Wenn man von der literaturtheoretischen Unabhängigkeit von Kunst und Realität ausgeht, ist es zwar folgerichtig, diese Unterscheidbarkeit auch sprachlich zu perpetuieren. Allerdings mindert eine grammatikalische Ungenauigkeit nicht den Wert des Prüfungskriteriums an sich. Der Vergleich zwischen Text und Wirklichkeit kann sowohl als Überprüfung der Erkennbarkeit als auch der Ähnlichkeit bezeichnet werden, ohne die Notwendigkeit der Untersuchung per se in Frage zu stellen[106]. In beiden Fällen ist der Vergleich der Schilderungen von Figur und Vorlage zulässig. Natürlich ist der Eigengesetzlichkeit des Kunstcharakters dabei ohne Abstriche Rechnung zu tragen. Weder Esra und Lale dürfen als reale Personen, noch die Klägerinnen als Romanfiguren angesehen wer-

---

101 *v. Becker*, Fiktion (Fn. 106), S. 71: „Im Bereich des Nichtidentischen kann es dagegen nur darum gehen, Ähnlichkeitsbezüge zwischen realen und imaginierten Welten herauszustellen." Eine ähnliche Umformulierung des Erkennbarkeitsbegriffs schlägt *Seifert* vor: *Seifert*, Realität (Fn. 255), S. 708.

102 Für ihn bedeutet Erkennbarkeit, daß man eine und dieselbe Person erkennt oder wiedererkennt. Es bleibt dieselbe Person. Wenn man nun eine andere Person sieht und mit der ersten auf Übereinstimmungen hin vergleicht, erkennt man nicht in der anderen die erste Person wieder, sondern man stellt Ähnlichkeiten zwischen den beiden unterschiedlichen, selbständigen Menschen fest. Der Begriff der Erkennbarkeit trifft nach *von Becker* daher nur zu, wenn es sich um eine einzige Person handelt, deren Identität festgestellt werden kann. Sobald man zwei Individuen, zwei voneinander unabhängige Bereiche, zwei selbständige Welten von Kunst und Realität miteinander vergleicht, kann es hingegen nur um einen Abgleich von Ähnlichkeiten gehen. So *v. Becker*, Fiktion (Fn. 106), S. 69 ff.

103 Das bringt auf den Punkt *v. Becker*, Fiktion (Fn. 106), S. 72: „Sind sich das reale Urbild und das fiktive Abbild gerade in denjenigen Aspekten ähnlich, die eine persönlichkeitsrechtliche Relevanz besitzen?"

104 *v. Becker*, Mephisto (Fn. 241), S. 88; *ders.*, Fiktion (Fn. 106), S. 73.

105 *v. Becker*, Mephisto (Fn. 241), S. 88; *Busch*, Romanverbote (Fn. 1), S. 208.

106 Hinsichtlich des Mehrwerts durch den Austausch von Erkennbarkeit und Ähnlichkeit ebenfalls kritisch *Wandtke*, Freiheit (Fn. 544), S. 775.

den. Ein Abgleich von Kunstfigur und wirklicher Person ist nach den erörterten literaturwissenschaftlichen Regeln nicht möglich, da es sich um zwei Objekte unterschiedlicher und unvergleichbarer Natur handelt. Gleichwohl sind die *Beschreibungen* der beiden Phänomene miteinander zu vergleichen. Es können also Übereinstimmungen und Abweichungen beispielsweise in den Fakten der Lebensverläufe von Romangestalt und realer Vorlage festgestellt werden. So werden sowohl eine Biographie der Klägerin zu 1) als auch eine Vita von Esra den Hinweis auf die Verleihung des Filmpreises enthalten. Diese beiden Beschreibungen von für sich gesehen unvergleichbaren Erscheinungen sind miteinander vergleichbar. Die Gegenüberstellung erfolgt unter Berücksichtigung der ontologischen Verschiedenheit der in sich geschlossenen Welten. In einer „cross-world-relation"[107] wird eine Vergleichbarkeit möglich: „A two-term relation R will be called *cross-world* when it is understood in such a way that its extension is a set of ordered pairs of individuals *not all in the same possible world*."[108] Dabei sind entgegen der Kritik die eingehenden Ausführungen der Gerichte hinsichtlich der Übereinstimmungen von Vorlage und Kunstfigur relevant. Der Aufzählung biographischer Details kommt im Rahmen der Erkennbarkeitsprüfung bei der Identifizierbarkeit und dem Aufdrängen der Identifizierung Bedeutung zu. Für den Bekanntenkreis der Klägerinnen drängt sich diese ebenso auf wie für den bundesweiten Durchschnittsleser bei einer allgemein bekannten Persönlichkeit mit entsprechender Kennzeichnung[109]. Da auf die Identifizierung im sozialen Umfeld abgestellt wird[110], kann entgegen der Kritik dem Erkennbarkeitskriterium nicht die Verleitung zu einem Prominentenbonus unterstellt werden[111]. Denn tatsächlich ist nicht eine Identifizierbarkeit durch eine breite Öffentlichkeit erforderlich, sondern allein die Möglichkeit des Erkennens in einem individuellen Bekanntenkreis. Das soziale Umfeld des Betroffenen wird damit zum Maßstab der Erkennbarkeit. Somit kann dann auch die Kritik, das Bundesverfassungsgericht stelle den für die Bejahung der Erkennbarkeit erforderlichen Wirklichkeitsbezug allein aus Sicht der Klägerinnen her, ebenfalls nicht überzeugen[112]. Übereinstimmungen von biographischen Beschreibungen und Schilderungen im Roman bezüglich beruflichem Werdegang, privaten Beziehungen, Preisverleihungen, familiären Strukturen, umweltpolitischem Engagement und

[107] *H. Putnam,* Meaning and Reference, in: S. P. Schwartz (Hrsg.), Naming, Necessity, and Natural Kinds, Ithaca/London 1977, S. 119 (129).

[108] *Putnam,* Meaning (Fn. 107), S. 129.

[109] Den Begriff des „Identifizierungszwangs" prägt *Seiler,* Tatsachen (Fn. 241), S. 255 ff.

[110] BVerfGE 119, 1 (25 f.); ähnlich im Anschluß LG Leipzig ZUM 2008, 617 (618).

[111] Auf den Grad der Bekanntheit oder die Größe des Bekanntenkreises kann es nicht ankommen. Es besteht ersichtlich kein normativer Zweck für einen erhöhten Prominentenschutz. Außerdem kann sich eine öffentlich bekannte Person – rein faktisch argumentiert – durch geübten Öffentlichkeitsauftritt medienwirksamer gegen Personendarstellungen zur Wehr setzen.

[112] So aber *Riedel,* Vermutung (Fn. 133), S. 121.

beruflichen sowie gesellschaftlichen Auszeichnungen werden insbesondere wegen letzteren nicht nur den Betroffenen selbst, sondern zumindest auch ihrem Bekanntenkreis, den Arbeitskollegen und darüber hinaus auch der türkischen Gemeinde bundesweit auffallen[113].

Die Befürchtung, ein (auto-)biographisch inspiriertes Schreiben würde unzumutbar erschwert, erweist sich angesichts der klaren Trennung von notwendiger (Erkennbarkeit) und hinreichender Bedingung (Parameter der „Je-desto"-Formel: mangelnde Fiktionalisierung, betroffene Persönlichkeitsdimension) für eine Persönlichkeitsrechtsverletzung als haltlos[114]. Der Senat betont unmißverständlich, daß die Erkennbarkeit der realen Vorlage für einen Verstoß nicht ausreicht[115]. Daß dieses Prüfungsmodell einer Persönlichkeitsrechtsverletzung keineswegs eine zu weitgehende Beschränkung autobiographischer Literatur darstellt, läßt sich im Vergleich zu einer äußerst realitätsnahen Erzählung, bei der die Erkennbarkeit der Vorlagen auf der Hand liegt, verdeutlichen: In *Peter Weiss'* Erzählung „Abschied von den Eltern" häufen sich die Anspielungen auf wirkliche Ereignisse derart, daß sie als Prototyp von Literatur gelten mag, die von der Realität inspiriert ist[116]. Trotz denkbar zahlreicher Erkennbarkeitsmerkmale wäre die Veröffentlichung des Buchs nach den Maßstäben des „Esra"-Beschlusses nicht zu verbieten, da der Autor die Identifizierbarkeit nicht zum Anlaß nimmt, reale Personen zu desavouieren oder in besonders sensiblen Persönlichkeitsbereichen darzustellen[117]. Das Bundesverfassungsgericht stellt mit dem

---

[113] Eine Verteidigung durch den Hinweis auf den fiktionalen Charakter des Textes erscheint dabei wenig erfolgversprechend und aus Sicht des Bekannten oder Kollegen als hilflose, verlegene Abwehr des nunmehr Entblößten. Anders und hinsichtlich der Verteidigungsstrategie und Einsicht des Bekannten zuversichtlicher aber *Riedel,* Vermutung (Fn. 133), S. 130.

[114] Für diese Begrifflichkeit von „notwendige(r)" und „hinreichende(r) Bedingung" auch BVerfGE 119, 1 (49); siehe auch *Knothe,* Freiheit (Fn. 6), S. 85.

[115] BVerfGE 119, 1 (24 f.): „Die Klägerinnen des Ausgangsverfahrens sind in ihrem Persönlichkeitsrecht betroffen. Voraussetzung dafür ist, dass sie als Vorbilder der Romanfiguren erkennbar sind, ohne dass diese Erkennbarkeit allein bereits eine Persönlichkeitsrechtsverletzung bedeutet."

[116] Statt aller Realitätsbezüge siehe nur *P. Weiss,* Abschied von den Eltern, 2007, S. 9, 12 ff., 18, 20, 32 ff., 42, 53, 63, 90, 95, 98, 100 ff., 111 ff.

[117] *Weiss* führt in markanter Weise Erlebnisse aus dem Leben des Autors an, ohne jedoch durchaus erkennbare Personen bloßzustellen oder in den in der „Esra"-Entscheidung benannten Tabuzonen darzustellen. Dabei nimmt er nichtsdestoweniger literarische Be- und Verarbeitungen der Wirklichkeit vor, die in realen Ereignissen wie dem Ableben der Eltern, der Geschäftstätigkeit des Vaters, der Abwicklung des elterlichen Erbes und den Erlebnissen zusammen mit auch namentlich genannten Bekannten des Autors ersichtlich bleibt, *Weiss,* Abschied (Fn. 116), S. 9, 12, 111: „Bei ihrem fast gleichzeitigen Tod sah ich, wie tief entfremdet ich ihnen war. [...]. Er [der Vater] begab sich auf eine Reise nach Belgien, um dort, wie er sagte, Geschäftsbeziehungen anzuknüpfen, im Grunde aber, um wie ein verwundetes Tier im Versteck zu bleiben. [...]. Am nächsten Tag traf ich im Elternhaus ein, wo mich meine Stiefbrüder und deren Frauen, mein Bruder und seine Frau, meine Schwester und ihr Mann zur Beerdigung, Testamentsvollstreckung und Verteilung des Inventars er-

Kriterium der Erkennbarkeit also realitätsnahe Literatur nicht im entferntesten unter den Generalverdacht der Unzulässigkeit.

d) Zwischenergebnis: Erkennbarkeitskriterium als notwendige Bedingung

Damit sollte an dem Erkennbarkeitsmerkmal als notwendiger Bedingung für eine Persönlichkeitsrechtsverletzung festgehalten werden. Es ist in theoretischer Hinsicht („ob“) ebenso tauglich wie in der konkreten Ausgestaltung durch die Gerichte („wie“): Sie haben die Identifizierbarkeit der Klägerinnen auch an hinreichend eindeutigen Fakten wie den Preisverleihungen und biographischen Einzelheiten hinsichtlich des familiären Umfelds festgemacht, die man als herausragende Ereignisse in den Lebensbeschreibungen der beiden, für sich unvergleichbaren Erscheinungen von Kunstfigur und realer Person miteinander gegenüberstellen kann.

5. Zum Kriterium des literarisch verständigen Durchschnittslesers

a) Literarisch verständiger Durchschnittsleser als Beurteilungsinstanz

Die von der Senatsmehrheit gewählte, auch in der rechtswissenschaftlichen Diskussion nicht unumstrittene Beurteilungsinstanz des verständigen Durchschnittslesers setzt sich aus zwei wesentlichen Bestandteilen zusammen: Maßgebend ist einerseits ein *„literarisch verständiger Leser“*[118]. Dieser Leser ist aufgrund seiner gegenüber der Literaturwelt aufgeschlossenen Einstellung in der Lage, grundsätzliche Regeln der Kunst wie die Negierung des Faktizitätsanspruchs anzuwenden und einen Text in den Bereich des Journalismus oder der

---

warteten. […]. Und an einem der letzten Tage stand ich mit Peter Knien, einem Kameraden aus der Akademie, auf einer hellen Straße, und wir hielten ein großes Bild zwischen uns, ein Bild [sic] das ich gemalt hatte, ein Bild, das eine brennende Stadt darstellte, und Peter Knien starrte empor und zog den Atem ein mit einem schluchzenden Geräusch, […].“ Auch Passagen schärferer Kritik an den Eltern sind deutlich als Ausdruck kindlich erlebter, offenherzig direkt geschilderter Ohnmacht und nicht als Herabwürdigung der Eltern durch Offenbarung intimer oder ehrenrühriger Details verfaßt: *Weiss,* ebda., S. 20, 33, 42: „Die Mutter wußte alles, konnte alles, bestimmte alles, Auguste [die Köchin der Mutter] wußte nie mehr als ich, alles sahen wir mit dem gleichen Erstaunen. […]. Von meinem Vater wußte ich nichts. Der stärkste Eindruck seines Wesens war seine Abwesenheit. […]. Fritz W, der Hausherr [einer befreundeten Familie], war in allem ein Gegensatz meines Vaters, er war kraftvoll, lebhaft, seine Sprache war witzig und drastisch, er war kameradschaftlich im Umgang mit seinen Kindern und intim und vital in seiner Annäherung an meine Mutter, die in seiner Gegenwart aufblühte.“ Abgesehen von einigen unbedarft anmutenden und daher nicht weiter zu problematisierenden pubertären Geschlechtserfahrungen werden Darstellungen der gelebten Sexualität auf dem Bereich der Intimsphäre nur schablonenhaft angedeutet und betreffen keine erkennbaren Personen, *Weiss,* ebda., S. 114: „Und hier, in einer warmen, sternklaren Nacht, drang ich zum ersten Mal ein in den Leib einer Frau, […].“

[118] BVerfGE 119, 1 (31).

Literatur einzuordnen[119]. Ein interessierter, verständiger Leser ist gewillt, einen literarischen Text nach den Grundsätzen der Literaturwissenschaft auszulegen. Der zweite Aspekt dieses Rezipientenmaßstabs stellt einen engen Bezug zur Realität her. Denn die Beurteilungsinstanz richtet sich nach dem *tatsächlichen Rezeptionsverhalten*. Der Maßstab entstammt einem zahlenmäßig variablen Bekanntenkreis des Betroffenen, ist also als Durchschnittswert eines zufällig zusammengesetzten, real existierenden Publikums zu ermitteln[120]. Bei der Festlegung der Durchschnittsgröße ist zunächst der Kreis abzustecken, aus dem sich der Mittelwert ergibt. So beinhaltet die Allgemeinheit augenscheinlich ein größeres Wirkungspotential als ein elitärer Kreis[121]. Bei der Bestimmung dieses Durchschnittsrezipienten sind zwecks realitätsnaher Bewertung des „Esra"-Leseverhaltens ein verstärktes voyeuristisches Interesse und eine vermehrte Lust

---

119 BVerfGE 119, 1 (31); ähnlich das Landgericht Hamburg zur Frage des pornographischen Charakters eines Kunstwerks: LG Hamburg, NJW 1963, 675 (675): „Bei der Prüfung, ob ein Kunstwerk unzüchtig ist i. S. von § 184 Abs. 1 Ziff. 1 StGB, entscheidet unter Berücksichtigung und Fortentwicklung dieser Rechtsprechung daher in Abweichung von der bisherigen Rechtsprechung und -lehre nicht mehr das Scham- und Sittlichkeitsgefühl des normalen Durchschnittlslesers, also das gesunde Durchschnittsempfinden der Gesamtheit. Die vom GG gewährleistete Freiheit der Kunst erfordert es vielmehr, daß bei der strafrechtlichen Beurteilung eines Kunstwerkes das Wesen der zeitgenössischen Kunst mitberücksichtigt wird, auch wenn es nicht ganz leicht verständlich ist." Ausreichend ist „von dem Eindruck auszugehen, den ein künstlerisch aufgeschlossener oder zumindest um Verständnis bemühter, wenn auch literarisch nicht besonders vorgebildeter Mensch von dem Kunstwerk hat." ArbG Herford, Urteil vom 18.02.2011, 2 Ca 1394/10, BeckRS 2011, 69487; *Hillgruber,* Religion (Fn. 420), S. 82.

120 BVerfGE 119, 1 (25); BGHSt 3, 346 (347); 16, 49 (53); 19, 235 (237); ähnlich im Hinblick auf den Jugendschutz schon BVerwG NJW 1967, 1483 (1484 f.); für einen „unbefangenen und unverbildeten Betrachter" plädiert OLG Hamburg NJW 1985, 1654 (1655); eingehend auch die Erörterung zum Durchschnittsleser von BayObLG NJW 1994, 952 (952 f.): „Bei der Auslegung ist vom objektiven Sinngehalt (Erklärungsinhalt) der Äußerung auszugehen, wie sie ein unbefangener, verständiger Durchschnittsleser (Erklärungsempfänger) versteht. Maßgebend ist dabei nicht, was der sich Äußernde zum Ausdruck bringen wollte, sondern was er bei objektiver Bewertung zum Ausdruck gebracht hat [...]. Ist eine Äußerung nicht eindeutig, muß ihr wahrer Erklärungsinhalt aus dem Zusammenhang und ihrem Zweck erforscht werden. Dabei sind alle Begleitumstände sowie die gesamte konkrete Situation zu berücksichtigen, soweit sie im Wortlaut der Äußerung selbst oder im Kontext, in dessen Zusammenhang sie steht, ihren Ausdruck gefunden hat [...]." Ähnlich auch VG Sigmaringen NJW 2001, 628 (630): „[...] ein unvoreingenommener Betrachter [...]." Am Rande sei darauf hingewiesen, daß zur Ermittlung des empirischen Durchschnittsbetrachters beispielsweise in vergangenen Unzuchts-Gerichtsverhandlungen tatsächlich die Befragung des Theaterpublikums erforderlich wurde; vgl. *Meyer-Cording,* Portrait (Fn. 358), S. 738; zu dem an der Realität orientierten Rezipientenmaßstab aus der Literatur *Ladeur,* Kommentar (Fn. 479), Art. 5 Abs. 3 II (2001), Rn. 5; *Wittreck,* Persönlichkeitsbild (Fn. 350), S. 9 f.; *Knothe,* Freiheit (Fn. 6), S. 95. – Vgl. in diesem Zusammenhang auch den Beurteilungsmaßstab des Durchschnittsverbrauchers: BGH GRUR 2005, 583 (584); LG Nürnberg-Fürth GRUR-RR 2010, 384 (386). – Vgl. in bezug auf die Baukunst den „durchschnittlich gebildete(n) Betrachter" *Ortloff,* Baukunst (Fn. 186), S. 249.

121 *v. Arnauld,* Freiheit (Fn. 159), § 167 Rn. 75 f.

an Geschichten um starke Gefühle und Effekte wie „sex sells" zu beachten[122]. Maßgebend ist also ein Leser, der zwar die persönlichkeitsrelevante Materie des Kunstwerks in einen passenden Kontext setzen kann, allerdings nicht mit einem Literaturwissenschaftler oder geübten Kritiker gleichzusetzen ist[123].

Ein Vergleich zum Umgang mit Meinungsäußerungen bietet zumindest eine Orientierungshilfe. Die Berücksichtigung eines kunstadäquaten Verständnisses, also der für die Zulässigkeit der Kunst sprechenden Rezeption, erklärt sich auch in einer Parallele zum Äußerungsrecht. Wenn dort die Regel gilt, von mehreren Auslegungsmöglichkeiten die die Zulässigkeit der Äußerung bejahende zu wählen, die Aussage grundrechtskonform aufzufassen, so findet dieser Grundsatz um so eher Anwendung auf künstlerische Aussagen, die ihrem Wesen nach schon auf Mehrdeutigkeit angelegt sind[124]. Die ebenfalls in bezug auf Meinungsäußerungen eingeführte Anforderung, bei der Frage einer Unterlassung zukünftiger Äußerungen die möglichst konfliktvermeidende Formulierung zu wählen, also eine spätere Persönlichkeitsrechtsbeeinträchtigung nach Möglichkeit zu vermeiden, ist allerdings nicht auf das Kunstrecht anwendbar[125]. Auf den Fall „Esra" übertragen würde das bedeuten, den Text nicht unter der Brille vermuteter Zulässigkeit zu lesen, sondern zur optimierten Konfliktvermeidung eine Umformulierung vorzunehmen. Angesichts drohender Einschüchterungen erscheint diese Regelung schon im Äußerungsrecht zumindest nicht zweifelsfrei, so daß eine Erweiterung ihrer Geltung auf die – durch die Geschichte empfindlich belastete – Freiheit der Kunst im „Esra"-Fall erst recht abzulehnen ist[126]. Auch der literarische Text „Esra" gestaltet sich als originelle Schöpfung, die als

122 *Meyer-Cording,* Portrait (Fn. 358), S. 738; *Hohmann-Dennhardt,* Freiräume (Fn. 546), S. 548 f.; *Knothe,* Freiheit (Fn. 6), S. 95.

123 BVerfGE 119, 1 (25 f.); ähnlich schon BVerfGE 67, 213 (229 f.); ArbG Herford, Urteil vom 18.02.2011, 2 Ca 1394/10, BeckRS 2011, 69487; *Hillgruber,* Religion (Fn. 420), S. 82; drastische, beinahe pathetische Kritik an der Günstigkeitsregel zugunsten des Äußernden bei Mehrdeutigkeit einer Aussage *J. Helle,* „Variantenlehre" und Mehrdeutigkeit der verletzenden Äußerung, in: AfP 2006, S. 110 (115): „Der gewiefte Kalumniator, der listreich seinen Giftpfeil hinter dem Schutzschild gewollter Mehrdeutigkeit hervorschleudert, liegt außerhalb der wohlmeinenden Vorstellungswelt des BVerfG. Da war das Reichsgericht realitätsnäher, [...]." Auf den Punkt gebracht von *Knothe,* Freiheit (Fn. 6), S. 95: „Auch ein mit Literatur vertrauter ‚mündiger' Leser ist nur ein Mensch und als solcher nicht frei von der zutiefst menschlichen Eigenschaft der Neugier, die ihm beim Vorliegen entsprechender Anhaltspunkte zu Spekulationen darüber veranlassen kann, welche Romanfiguren Vorbilder in welchen realen Personen haben (‚who is who') und ob die Verhaltensweisen der Abbilder im Roman denjenigen der Urbilder in der Wirklichkeit entsprechen, wobei, ebenfalls natürlich, die Intim- und Sexualsphäre mit den wichtigsten Gegenstand dieser Neugier ausmacht." Und in Hinblick auf die Literatur der Postmoderne: „Sind aber schon im Werk selbst Fiktion und Wirklichkeit untrennbar miteinander verschränkt, so ist der Leser zu einer Trennung beider Bereiche erst recht außerstande."

124 So zu Art. 5 Abs. 1 GG BVerfGE 82, 43 (52); 93, 266 (295 ff.); 94, 1 (9); 114, 339 (348 ff.).

125 BVerfGE 114, 339 (349 ff.); BVerfGK 8, 89 (104 ff.); 13, 97 (102).

126 So auch *Neumeyer,* Person (Fn. 224), S. 204 ff.

genuine Erfindung nicht beliebig austausch- und ersetzbar ist. Im Ergebnis wird der Aspekt des empirischen Durchschnitts damit um den Gesichtspunkt der Verständigkeit korrigierend ergänzt. Maßstab ist der „mit den Umständen vertraute(n) Leser“[127].

b) Kritik an der Figur des literarisch verständigen Durchschnittslesers

Die Einwände lassen sich den Aspekten mangelnder Realitätsnähe und Kunstadäquanz zuordnen. Der vom Senat angelegte Maßstab wurde bereits von den dissentierenden Richtern *Hohmann-Dennhardt* und *Gaier* als zu *vage* eingestuft[128]. Es werde nicht deutlich, welcher Kenntnisstand für einen literarisch verständigen Leser Voraussetzung sei. Darüber hinaus würden die real vorhandenen Neigungen zu Klatsch und Tratsch des Publikums bei dem Maßstab des literarisch verständigen Rezipienten nicht hinreichend berücksichtigt[129]. Die Figur des „potenziellen Durchschnittlesers“[130] bleibe ungesichert. Sensationssüchtige Leser seien ausschließlich spekulative Gefahren. Die individuellen Vorstellungen der Richter fungieren somit als rechtlich verbindlicher – und doch beliebig anmutender – Maßstab hinsichtlich des Rezeptionsverhaltens[131]. Zur Feststellung eines realen Mittelwerts müsse der empirische Rezipientenkreis tatsächlich ermittelt werden, der sich bei dem Roman „Esra“ als überschaubare Gruppe von durchaus kunstverständigen Akademikern gestalte[132]. Neben dem vermeintlich spekulativen Charakter – insbesondere hinsichtlich des Aspekts des Durchschnittsbetrachters – wird der Beurteilungsmaßstab als *kunstinadäquat* kritisiert[133]. Auf das Gutachten eines literaturwissenschaftlichen Sachverständigen könne daher nicht verzichtet werden[134].

---

[127] BVerfGE 119, 1 (26); ähnlich *Hillgruber,* Religion (Fn. 420), S. 82; *v. Arnauld,* Freiheit (Fn. 159), § 167 Rn. 73: „[...] Sicht eines aufgeklärten Beobachters [...]“.

[128] Denn die Senatsmehrheit nach BVerfGE 119, 1 (43) „bleibt dabei die Antwort schuldig, woher sie das Wissen nimmt und worauf sie ihre Einschätzung stützt, die Schilderung gebe Erlebtes wieder.“ Ähnlich kritisch hinsichtlich eines oberflächlichen, naiven Rezipienten BVerfGE 67, 213 (229 f.); *H. Geisler,* Realistische Literatur: Abwägung zwischen Kunstfreiheit und allgemeinem Persönlichkeitsrecht („Esra“), in: jurisPR-BGHZivilR 16/2008 Anm. 2; *F. Hanschmann,* „Ceci n'est pas une pipe“ – Zur Freiheit der Literatur in der Rechtsprechung des Bundesverfassungsgerichts, in: S. Emmenegger/A. Wiedmann (Hrsg.), Linien der Rechtsprechung des Bundesverfassungsgerichts – erörtert von den wissenschaftlichen Mitarbeitern, Bd. 2, 2011, S. 327 (344 ff.); *Riedel,* Vermutung (Fn. 133), S. 117 ff.

[129] *Geisler,* Literatur (Fn. 128).

[130] *Ujica/Loef,* Quod licet (Fn. 309), S. 676.

[131] *Hanschmann,* „Ceci n'est pas une pipe“ (Fn. 128), S. 346 f.

[132] *Ujica/Loef,* Quod licet (Fn. 309), S. 676; den spekulativen Charakter solcher Einschätzungen kritisiert *Riedel,* Vermutung (Fn. 133), S. 107, 130.

[133] BVerfGE 119, 1 (45); *Ujica/Loef,* Quod licet (Fn. 309), S. 676.

[134] BVerfGE 119, 1 (45).

c) Zwischenergebnis: verfehlte Kritik an Realitätsferne und Kunstinadäquanz

Der Maßstab des literarisch verständigen Durchschnittslesers ist ein taugliches Instrument, um die Betroffenheit des allgemeinen Persönlichkeitsrechts festzustellen. Er ist weder realitätsfern noch kunstinadäquat, sondern vielmehr ein gelungener Ausgleich empirischer und normativer Aspekte.

Zunächst kann die Kritik angesichts ihrer *Widersprüchlichkeit* nicht überzeugen. Denn einerseits wird der Rezipientenmaßstab – um eines geglückten Kunstverständnisses willen – etwas realitätsfern ausgewählt. Andererseits gilt die Instanz des verständigen Durchschnittslesers als spekulativ: Auf der einen Seite wird eine literarisch belesene Zunft ausgewählt, die tatsächlich nicht dem bundesweiten realen Leseverhalten entspricht. Zugleich wird auf der anderen Seite die Ermittlung eines Durchschnittswerts als spekulativ abgelehnt. Mit anderen Worten: Die Kritik fehlender Realitätsnähe soll wenig erfolgversprechend durch die Realitätsferne des literarisch bewanderten Ideallesers ausgeglichen werden. Aber auch einzeln betrachtet greifen die Argumente von Realitätsverlust und Kunstinadäquanz nicht durch.

Wie zuletzt ausgeführt, wird einerseits kritisiert, daß die Wahl eines Lesers mit voyeuristischen Neigungen im Fall von *Billers* Roman *nicht der Realität entspricht*. Durchaus kann es sich in einzelnen Angelegenheiten um literarische Texte handeln, die nur einem exklusiven, besonders kunstverständigen Leserkreis zugeführt werden. Im Fall eines Buchs, das nicht allgemein erhältlich ist, sondern nur beispielsweise in Form eines Privatdrucks für eine überschaubare, ausgewählte Leserschaft bestimmt ist, verschiebt sich der Rezipientenmaßstab dann entsprechend: Der Durchschnittsleser wird aus dieser begrenzten Gruppe ermittelt. Allerdings ist tatsächlich für die Annahme, daß das Buch von *Biller* nur im Kreis von Akademikern gelesen wird, kein Anzeichen ersichtlich. „Esra" war ein *frei erhältlicher Roman*, der ansprechend in einem publikumstauglichen Umfang verfaßt, inhaltlich, stilistisch und sprachlich gut zugänglich und entsprechend allgemein von Autor und Beschwerdeführerin zu 1) beworben wurde. Demgegenüber erscheint die Vermutung, nur Akademiker würden das Werk rezipieren, etwas abstrakt. Bei einer derartigen Einbeziehung von empirisch überprüfbaren Kriterien besteht auch nicht die in der Kritik ebenfalls thematisierte Gefahr, das realitätsferne Bild eines literarisch verständigen Lesers zu entwerfen. Die Kombination beider Aspekte, einerseits der literarischen Aufgeschlossenheit, andererseits der Durchschnittlichkeit hinsichtlich Voyeurismus und Sensationslust, ermöglicht erst einen ausgewogenen Prüfungsansatz. Der Widerspruch zwischen der Senatsmehrheit und der Ansicht von *Hohmann-Dennhardt* und *Gaier*, Kunst nur im Fall des Mißbrauchs einer verdeckten Schmähung zu verbieten, kann auch aus der Perspektive eines verständigen Durchschnittslesers aufgehoben werden[135]. Denn

[135] BVerfGE 119, 1 (47). – Der Vollständigkeit wegen ist zu erwähnen, daß auch das

ob eine Schmähung vorliegt, beurteilt sich wie auch in anderen kommunikativen Beziehungen nach dem vorherrschenden Verständnis, dem Empfängerhorizont. Eine Schmähung entfaltet ihren zu mißbilligenden Charakter erst durch ihre Wirkung, also die Wahrnehmung beim rezipierenden Kommunikationspartner. Im Hinblick auf den Persönlichkeitsschutz sind die Wertungen aus dem Äußerungsrecht heranzuziehen, ohne daß Eigengesetzlichkeit und erhöhter Schutzbedarf der Kunst – umgesetzt in der Fiktionalitätsvermutung – dadurch angetastet werden. Auch im Fall der Meinungskundgabe ist weder die individuelle Auffassungsgabe des Äußernden noch die des Bezeichneten entscheidend. Maßgebend ist auch hier allein das Verständnis eines durchschnittlichen Rezipienten vor dem Hintergrund des üblichen Sprachverständnisses[136]. Bei der Festlegung eines derartigen Mittelmaßes handelt es sich nicht um eine willkürlich anmutende Spekulation, sondern um eine in der Rechtspraxis gängige Prognose eines normativ geprägten Mittelwerts[137].

Auch der Einwand der *Inadäquanz* der Kunstbeurteilung kann vor dem Hintergrund der bisherigen Ergebnisse nicht überzeugen. Es wurde in den literaturwissenschaftlichen Untersuchungen dieser Arbeit festgestellt, daß die Wahl eines literarisch verständigen Durchschnittsrezipienten durchaus mit literaturwissenschaftlichen Standards vereinbar ist. Über die bloße Vereinbarkeit hinaus

---

zweite Sondervotum von *Hoffmann-Riem* auf die abweichende Meinung der dissentierenden Richter *Hohmann-Dennhardt* und *Gaier* generell Bezug nimmt: BVerfGE 119, 1 (49). Angesichts der überbetonten Verschiedenheit von Mehrheitsbeschluß und Sondervoten sowie der kaum erwähnten, in der Tat vorliegenden Übereinstimmungen erscheint es um so kurioser, daß die Positionierung der dissentierenden Richterin *Hohmann-Dennhardt* beim Ausgleich von Persönlichkeitsschutz mit widerstreitenden Interessen dem Vorgehen der Senatsmehrheit gar nicht so entfernt ist und sie gekonnt – unter Einschluß aller, auch für die „Esra"-Entscheidung wesentlichen Aspekte – resümiert: *Hohmann-Dennhardt,* Freiräume (Fn. 546), S. 549: „Dazu [zum Schutz der Privatheit] aber bedarf es nicht nur der Rechtsgewährung, sondern auch unserer Wahrnehmung des Rechts auf Privatheit, der Sensibilität jedes Einzelnen zu erkennen, wo ihr Gefahr droht, und sie rechtzeitig zu verteidigen. Wozu diese Anstrengungen? Nicht nur, um sich auch weiterhin selbst finden, bleiben und sicher sein zu können, nicht nur, um durch die Achtung der Person des anderen und seiner Intimsphäre auch Selbstachtung gewinnen und erfahren zu können, sondern weil nur so Menschen Ich-Stärke und einen aufrechten Gang gewinnen können, wie sie eine lebendige Demokratie zu unser aller Wohl braucht."

136 Statt vieler BVerfGE 93, 266 (295); BGHZ 66, 182 (189 ff.); BGH NJW 1992, 1314 (1315); BGHZ 139, 95 (103 ff.); LG Offenburg ZUM 2006, 260 (261); anschaulich auch *Diederichsen,* Schutz (Fn. 220), S. 4 f. Eine Analyse der Motive des Autors für die gewählte literarische Darstellung ist eher fernliegend: Weder wäre ein für den rechtlichen Abwägungsvorgang verwertbares Ergebnis zu gewinnen, noch sind überhaupt zulässige Erkenntnismethoden ersichtlich. Ebenfalls ablehnend *Müller-Dietz,* Fiktion (Fn. 159), S. 242.

137 Vgl. nur beispielsweise zum verständigen Durchschnittsverbraucher EuGH EuZW 1998, 526 (526, 528); EuG GRUR Int 2009, 598 (600); insbesondere ähnlich zum Kriterium des „mehr oder minder großen Bekanntenkreises" auf die spezifischen Verkehrskreise für die Ermittlung des maßgeblichen Durchschnitts stellen ab EuG GRUR Int 2011, 608 (611 f.); BGH GRUR 2000, 619 (621); OLG Frankfurt a.M. GRUR-RR 2001, 67 (67 ff.).

wird die Anlegung eines solchen Maßstabs dem Kunstcharakter eines Textes eher gerecht: Denn ein realitätsnaher Rezipientenmaßstab nimmt die *gewollten und tatsächlichen Wirkungen eines Kunstwerks in den sozialen Realien* erst ernst. Nur so kann der mit Recht betonte kommunikative Aspekt von Kunst hinlänglich zur Geltung gebracht werden[138].

Zuletzt bleibt auf einen möglichen Ausgleich der gegensätzlichen Positionen hinzuweisen: Denn am Beispiel des literarisch verständigen Durchschnittslesers wird deutlich, daß die abweichenden Beurteilungen von Senatsmehrheit und Sondervoten sich näher als erwartet stehen. Die Kritik der dissentierenden Richter entzündet sich daran, daß ein Durchschnittsleser mit der Differenzierung von Fiktion und Realität überlastet sei. Diese Einschätzung ist realitätsnah und trägt den Ausdrucksformen postmoderner Literatur Rechnung. Gefordert wird daher die Einholung eines literaturwissenschaftlichen Sachverständigengutachtens[139]. So unterschiedlich auf den ersten Blick die Ansichten von Senatsmehrheit und -minderheit auch scheinen, so sehr ergänzen sie sich doch. Den Ausschlag gibt allein die Konkretisierung des Beurteilungsmaßstabs in bezug auf die Bewertung von Fiktion und Persönlichkeitsrechtsverletzung: Es überzeugt, daß ein Sachverständigengutachten bezüglich der Fiktionalisierung zwingend eingeholt werden muß. Andererseits stellt sich die Meinung eines Philologen zu Fragen der Persönlichkeitsrechtsverletzung nicht als tonangebend dar. Wenn die dissentierenden Richter in ihrem Vorschlag zur Einholung eines Sachverständigengutachtens *ebenfalls zwischen Fiktion und Persönlichkeitsrechtsverletzung differenzieren* würden, die fachgerechte Beratung dabei auf die Fiktion beschränkt bliebe, könnte der Widerspruch zur Wahl des Durchschnittsrezipienten aufgelöst werden. Die Einschätzung der tatsächlichen Leserschaft bleibt in Fragen der Persönlichkeitsrechtsverletzung ausschlaggebend, da diese in den Augen des realen Lesers – über die Methoden der empirischen Erhebung läßt sich trefflich streiten[140] – und nicht im Umfeld des literarisch kundigen Lesers erfolgt. In letzterem Fall ist eine Persönlichkeitsrechtsverletzung – abgesehen von Werken trivialsten Gehalts – ohnehin kaum vorstellbar.

Kunst ist also ein zweiteiliges Phänomen: Neben der Eigengesetzlichkeit einer unabhängigen Welt wird sie durch ihre bewußte, tatsächliche und fördernswerte Wirkung auf den gesellschaftlichen Kommunikationsprozeß dessen Bestandteil. In bezug auf den Persönlichkeitsschutz bestehen bei den Wirkungen

---

[138] Vgl. in rechtsvergleichender Hinsicht ebenso BGE 135 III 145 (152); vgl. auch die klar durchdringende Schlußfolgerung von *Ladeur,* Kommentar (Fn. 479), Art. 5 Abs. 3 II (2001), Rn. 10: „Dies erlaubt auch eine differenzierende Lösung der Probleme der ‚Dokumentarliteratur': Soweit der Effekt des Kunstwerks eher als Kunstkommunikation angenommen wird, wird er von der Zurechnung von realen Folgen (Ehrenkränkung etc.) freigestellt. Dies hängt damit zusammen, daß die Bewältigung solcher Folgen dann auch der Kommunikation in der und über die Kunst zugemutet wird."

[139] BVerfGE 119, 1 (45 ff.).

[140] Vgl. Abschnitte C.II.4.a, E.I.5.

einer Kunst- oder Meinungsäußerung für das Empfinden des Betroffenen keine grundlegenden Unterschiede, so daß die Wertungen – allein in Hinblick auf die Wahrung der Persönlichkeitsrechte – übertragbar sind. Eine mögliche Persönlichkeitsrechtsverletzung beurteilt sich nach dem im Äußerungsrecht erprobten und insoweit anwendbaren Konzept des Durchschnittslesers. Der hohe Rang der vorbehaltlos garantierten Kunstfreiheit findet seinerseits hinreichenden Ausdruck in der Fiktionalitätsvermutung und der Ausrichtung der Beurteilungsinstanz auf eine verständige, offene und ausreichend interessierte Haltung des Rezipienten gegenüber Kunst.

6. Zum Kriterium des kunstspezifischen Wirklichkeitsmaßstabs

Die Erforderlichkeit der Beachtung eines kunstspezifischen Wirklichkeitsmaßstabs bei literarischen Werken ist in Rechtsliteratur und -praxis nahezu unumstritten[141]. Auch in der „Esra"-Entscheidung vertieft sich der Senat in eine literarische Untersuchung von Stilelementen und Erzählweisen[142]. Fraglich bleibt allein, ob dieses Vorgehen einer kunstspezifischen Betrachtung genügt[143].

a) Präzisierung des Fiktionskriteriums, erforderliches Sachverständigengutachten

Der kunstspezifische Wirklichkeitsmaßstab ist die geeignete Perspektive zur Bewertung von Fiktion. Die Untersuchung von Fiktionalisierung durch das Bundesverfassungsgericht leidet sowohl an aufbautechnischen als auch inhaltlichen Defiziten: Die Verortung von Fiktion im Prüfungsaufbau ist wenn nicht widersprüchlich, dann doch zumindest unklar. Inhaltlich wäre eine Beratung durch einen Literatursachverständigen zweckmäßig.

Kritisch ist *im Prüfungsaufbau der Fiktion die mangelnde Eindeutigkeit der Kriterien* zu bewerten: So kommt der Fiktionalität in zweifacher Hinsicht bei der Frage der verfassungsmäßigen Rechtfertigung des Eingriffs in das allgemeine Persönlichkeitsrecht eine bedeutende Rolle zu[144]: Zunächst ist sie *neben* der Intensität der Persönlichkeitsrechtsbeeinträchtigung ein Faktor für die Persönlich-

---

141 Statt aller BGH NJW 2009, 752 (752); OLG München NJW-RR 2009, 477 (478); LG Köln NJW-RR 2009, 623 (626); *v. Becker,* Überlegungen (Fn. 112), S. 470; *Lenski,* Grundrechtsschutz (Fn. 400), S. 282.

142 Bereits im „Mephisto"-Beschluß hatte das Bundesverfassungsgericht die spezifischen Aspekte epischer Kunst untersucht: BVerfGE 30, 173 (190). – Ohne fachkundige Hilfe die literarischen Aspekte eines Textes untersuchen OLG Frankfurt a.M. ZUM 2008, 793 (793); OLG Köln ZUM 2008, 335 (337 f.).

143 Kritisch *Neumeyer,* Fiktion (Fn. 141), S. 512 f.; *Enders,* Anmerkung (Fn. 6), S. 583 f.; *Wittreck,* Persönlichkeitsbild (Fn. 350), S. 10.

144 Die Prüfung der Fiktionalität erfolgt also im Prüfungsaufbau zu einem relativ späten Zeitpunkt. Die Frage, weshalb die Fiktionalität nicht bereits beispielsweise bei der Untersuchung des Schutzbereichs („mehr Fiktionalisierung, mehr Schutz?!") angesprochen

keitsrechtsverletzung. Zudem stellt sie eine bestimmende Größe *für* eben diese Intensität der Persönlichkeitsrechtsbeeinträchtigung dar[145]. Aufgrund mangelnder Bestimmtheit vermittelt der Fiktionsparameter so nicht ausreichend Rechtsklarheit[146]. Abhilfe könnte eine ausschließliche Festlegung der Fiktion als Faktor zur Intensitätsbestimmung im Rahmen der Abwägung nach der „Je-desto"-Formel bringen. Hier wirkt das *Fiktionsmoment allein als (diametraler) Parameter der Beeinträchtigungsintensität.* Daß es damit mittelbar über die Intensität auch die Verletzung des Persönlichkeitsrechts bestimmt, ist selbsterklärend und bedarf keiner – mitunter verwirrender – Erwähnung im Prüfungsaufbau.

Teilweise gehen Kritiker noch einen Schritt weiter. Die Prüfung der Fiktionalisierung sei nicht nur unklar, sondern *widersprüchlich*: Man könne nicht zunächst wegen der Gemeinsamkeiten von Wirklichkeit und Fiktion eine Beeinträchtigung rügen, um dann auf einer zweiten Ebene dem Autor ebenso gerade das Gegenteil der Übereinstimmungen, die Entstellungen, vorzuwerfen. So gesehen würde man die Parallelen mit und die Abweichungen von der Wirklichkeit in gleicher Weise verurteilen[147]. Es müsse deutlich zwischen den Kommunikationsfreiheiten des Art. 5 Abs. 1 GG, die an der Faktizität ihres Gehalts orientiert sind und gemessen werden können, und dem Schutz von Kunst, für die Fiktion eine typische Eigenschaft ist, unterschieden werden. Wenn die Einbindung in den Prüfungsaufbau auch ungesichert erscheint, so ist das Fiktionsmerkmal in sich durchaus schlüssig: Denn dem Autor werden nicht Übereinstimmungen mit der Realität zum Vorwurf gemacht. Sie ermöglichen allein die Erkennbarkeit. Auch Abweichungen von der Realität geben keinen negativen Ausschlag, solange sie keine Entblößung beinhalten. Divergenzen von der Wirklichkeit können also nicht generell als Entstellung bewertet werden. Vielmehr kann – muß aber nicht zwangsläufig – das Beifügen weiterer Details andererseits zu einer Fiktionalisierung führen. Es ist bei identifizierten Personen ebenso plausibel, daß eine negative Überzeichnung nicht zur Schaffung einer neuen Kunstfigur im Sinne der Fiktionalisierung, sondern zu einer Persönlichkeitsrechtsverletzung der realen Person führt. Es hängt maßgeblich von dem Gefüge der übereinstimmenden und beigefügten Details, von der Art der künstlerischen Bearbeitung ab, ob eine Fiktionalisierung gelingt oder das Persönlichkeitsrecht verletzt wird. Abweichungen von der Realität können sich also als Entstellung (Persönlichkeitsrechtsbeeinträchtigung) und – paradox erscheinend – als Schutz vor eben dieser Entstellung (Fiktionalisierung) darbieten. Der gerichtliche Prüfungsaufbau ist insoweit schlüssig: Wenn eine hinreichende

---

wurde, ist eher prüfungstechnischer Art. Sie erscheint hier nicht weiterführend und wird daher nicht vertieft.

[145] BVerfGE 119, 1 (30); vgl. *Wittreck*, Esra (Fn. 6), S. 133.

[146] *Wittreck*, Persönlichkeitsbild (Fn. 350), S. 11.

[147] Auf den Widerspruch weisen hin *R. Kämmerlings*, Kunstperson, in: Frankfurter Allgemeine Zeitung vom 22.4.2003, S. 37; *v. Becker*, Fiktion (Fn. 106), S. 80; *Enders*, Anmerkung (Fn. 6), S. 583 f.

Anzahl von Übereinstimmungen dem Bekanntenkreis der Klägerinnen die Identifizierung der beiden Frauen erstens ermöglicht und dann auch geprüft wurde, wie schwerwiegend die Beeinträchtigung des Persönlichkeitsrechts ist, kann auf zweiter Stufe die Wechselwirkung zwischen Persönlichkeitsrechtsverletzung und Fiktionalität festgestellt werden. Liegt ein schwerwiegender Eingriff vor, so muß die Fiktionalisierung um so ausgeprägter sein, um eine Verletzung des Persönlichkeitsrechts auszuschließen[148].

Die Differenzierung zwischen der notwendigen (Erkennbarkeit) und hinreichenden Bedingung (ungenügende Fiktionalität bei ausreichend schwerwiegender Persönlichkeitsrechtsbeeinträchtigung) ist also durchaus interessengerecht und in sich widerspruchsfrei.

In *inhaltlicher* Hinsicht kann die Fiktionsanalyse des Bundesverfassungsgerichts nicht uneingeschränkt überzeugen. Wenn die literaturwissenschaftlichen Ansätze des Gerichts auch als ernsthafte Auseinandersetzung mit künstlerischen Maßstäben Anerkennung verdienen, so wäre es möglicherweise entlastend und insgesamt vorteilhafter, zur Textanalyse literaturwissenschaftliche Sachverständige zu befragen. Denn in der Tat ist die Fiktionsvorstellung auch in der Literaturwissenschaft nur schwer zu kategorisieren[149]. Anhand der drei Prüfungspunkte von Erzählperspektive, Erzählweise und literarischem Wirklichkeitsbezug offenbaren sich aufgrund mangelnder Fachkunde nicht vorwerfbare Defizite.

So begründet die Senatsmehrheit die Fiktionalität zunächst mit der *Erzählperspektive*. Esra werde unmittelbar aus Sicht des Ich-Erzählers, Lale hingegen überwiegend mittelbar durch Mitteilungen Dritter dargestellt[150]. Hierbei handelt es sich um eine Frage des Erzählstils und nicht der Fiktionalisierung, die sich demgegenüber anhand von Fiktionssignalen ausdrückt[151]. Außerdem legt das Bundesverfassungsgericht großen Wert auf den Umstand, daß es sich bei den Intimszenen, die nicht hinreichend fiktionalisiert seien, um äußerst detailgenaue und realistische Schilderungen handelt[152]. Der Gedanke, daß eine realitätsnahe, eingehende *Erzählweise* die Wirklichkeit abbildet, ist zwar nicht fernliegend und kann als ein Aspekt innerhalb der Gesamtbetrachtung von Fiktions- und Faktizitätssignalen berücksichtigt werden[153]. Allerdings sollte dieser Gesichtspunkt, wie die Literatur des – gegenwärtig verbreiteten und auch den „Esra"-Roman erfassenden – subjektiven Realismus belegt, nicht allein ausschlaggebend sein[154].

148 BVerfGE 119, 1 (30).

149 Zur Aktualität des interdisziplinären Austauschs um das Verständnis von Fiktion, vgl. http://www.netzwerk-fiktion.de (3.10.2011).

150 BVerfGE 119, 1 (32).

151 BVerfGE 119, 1 (52 f.); kritisch auch *Siegle,* Spannungsverhältnis (Fn. 1), S. 88.

152 BVerfGE 119, 1 (34).

153 Vgl. Abschnitt C.II.2.f, g.

154 So auch *Neumeyer,* Fiktion (Fn. 141), S. 512.

Letztlich führt das Bundesverfassungsgericht zur Untersuchung von Fiktionalität *Übereinstimmungen zwischen Erlebnissen der Protagonisten und ihrer Vorlagen im realen Leben* an. Hierbei werden Analysevorgang und -ergebnis vertauscht: Die Realitätsübereinstimmungen stellen das Untersuchungsergebnis dar, das es innerhalb des Begutachtungsvorgangs zu ermitteln gilt. Die Gemeinsamkeiten sind Ausdruck mangelnder Erfindung, mithin fehlender Fiktion als textuelle Eigenschaft. Innerhalb des Untersuchungsprozesses wird anhand von textuellen und paratextuellen Hinweisen das Resultat erst ermittelt. Durch das Voranstellen des Analyseergebnisses wechselt das Gericht die erforderliche induktive gegen eine unberechtigte deduktive Herangehensweise aus.

Damit ist zu bilanzieren, daß das Fiktionskriterium allein zur Bestimmung der Intensität der Persönlichkeitsrechtsbeeinträchtigung im Prüfungsaufbau eingesetzt werden sollte. Da Abweichungen von der Wirklichkeit sich sowohl als Entstellung als auch als Schutz vor Entstellung in Form der Fiktionalisierung darbieten können, ist der Einsatz des Fiktionskriteriums nicht widersprüchlich. Inhaltlich sollte die Bestimmung von Fiktion Literaturwissenschaftlern überlassen bleiben.

b) Wirkung eines fiktionalen Textes auf die Wirklichkeit

Folgend verlagert sich die Analyse von der Untersuchung der Fiktion zur Erörterung des Verhältnisses von Fiktion und Persönlichkeitsrechtsbeeinträchtigung. Es stellt sich die Frage, ob Fiktionalisierung eine Persönlichkeitsrechtsbeeinträchtigung nicht grundsätzlich ausschließt. Konsens besteht insoweit, als daß eine Persönlichkeitsrechtsverletzung vorliegen kann, wenn eine reale Person in persönlich herabsetzender Form, beispielsweise in einer Biographie, dargestellt wird. Darüber hinaus ist ebenso unstreitig, daß eine Persönlichkeitsrechtsverletzung einer Kunstfigur ausgeschlossen ist, da sie als Phantasiegestalt nicht Träger eines Persönlichkeitsrechts ist[155]. Die Zuordnung von Mischformen beider Fälle – eine *reale Person* erkennt sich in einem Kunstprodukt wieder und sieht sich in ihrem Persönlichkeitsrecht durch die Darstellung der *literarischen Figur* verletzt – bereitet größere Schwierigkeiten. Ausgangspunkt der Überlegung bleibt, daß eine Kunstfigur nicht in einem Persönlichkeitsrecht beeinträchtigt sein kann. Für eine Persönlichkeitsrechtsverletzung kommt allein die reale, sich betroffen fühlende Person in Betracht. Voraussetzung und Verbindungsstück ist, daß ein fiktionaler Text in der Realität Wirkung entfaltet. Das Bundesverfassungsgericht ging zutreffend von einer Wirkung der Literatur in den Realien aus[156]. Zahlreiche Stimmen in Literatur und Rechtsprechung betonen demgegenüber

---

155 Das Grundrecht des allgemeinen Persönlichkeitsrechts nach Art. 2 Abs. 1 i.V.m. Art. 1 Abs. 1 GG findet nur auf natürliche und auf juristische Personen im Umfang des Art. 19 Abs. 3 GG Anwendung.

156 BVerfGE 119, 1 (29).

den von der Außenwelt uneingeschränkt autarken Fiktionscharakter von Romanen[157]. Ein fiktionaler Text könne Persönlichkeitsrechte nicht verletzen, da er keinen Wahrheitsanspruch beinhalte und sich nur innerhalb einer eigenständigen ästhetischen Welt bewege. Wenn ein Autor in seinem Roman Elemente der Fiktion verwendet, bringt er dadurch zum Ausdruck, daß er keinen Wirklichkeitsanspruch erhebt, auch wenn die Handlung erkennbar von der Realität inspiriert ist. Der Autor schafft aufgrund der Fiktionalisierung eine eigene literarische Welt, die von der Außenwelt unabhängig ist. Verletzungen von Persönlichkeitsrechten realer Personen sind dort folglich nicht möglich[158]. Da der Rezipient regelmäßig nicht weiß, inwieweit Realität und künstlerische Darstellung übereinstimmen, geht er insgesamt von einem fiktionalen Werk aus[159]. Fehlvorstellungen könnten dem Autor nicht angelastet werden[160].

Diese Einschätzung läuft Gefahr, die sozialbezogenen Wirkungen eines literarischen Werks in der Realität zu vernachlässigen[161]. Besonders plastisch können die möglichen Auswirkungen in der Wirklichkeit im Parallelfall um den Roman „Ende des Kanzlers – der finale Rettungsschuss" illustriert werden, der die Planung und Durchführung eines Attentats auf den damaligen Bundeskanzler Schröder beschreibt und einen möglichen Nachahmungseffekt in der Realität beinhaltet[162]. So wird mit Recht auf die Doppelnatur des Kunstwerks hingewiesen, die sowohl auf der ästhetischen als auch realistischen Ebene Wirkung entfaltet[163]. Auf diese Weise ist eine Kollision der Rechte des Künstlers und Persönlichkeitsrechte Dritter möglich. Wenn der Literat die soziale Wirklichkeits-

---

[157] Statt vieler LG Münster ZUM-RD 2003, 329 (332); *Busch*, Romanverbote (Fn. 1), S. 209; *Ladeur/Gostomzyk*, Roman (Fn. 392), S. 431 f.; *Seifert*, Realität (Fn. 255), S. 707; *Lenski*, Grundrechtsschutz (Fn. 400), S. 283; *Robak*, Von „Esra" zu „Rohtenburg" (Fn. 399), S. 330 f.

[158] *Busch*, Romanverbote (Fn. 1), S. 209.

[159] *Robak*, Von „Esra" zu „Rohtenburg" (Fn. 399), S. 330, 335; auch *Seifert* ist hinsichtlich einer fiktionsadäquaten Rezeption des Durchschnittslesers zuversichtlich: *Seifert*, Realität (Fn. 255), S. 707; zur einheitlichen Bewertung als „fiktional" vgl. ferner *Danneberg*, Tränen (Fn. 191), S. 45 f.

[160] *Ladeur/Gostomzyk*, Roman (Fn. 392), S. 432.

[161] Die sozialbezogenen Wirkungen eines literarischen Werks betonen BVerfGE 30, 173 (193 f.); BGH NJW 2005, 2844 (2847); 2009, 3576 (3577 f.); OLG Hamburg AfP 2004, 375 (375); *Henschel*, Kunstbegriff (Fn. 153), S. 358; *Steffen*, Presserecht (Fn. 479), § 6 Rn. 78a; bezogen auf das „Esra"-Verfahren *Obergfell*, Dichtung (Fn. 350), S. 913; *Enders*, Anmerkung (Fn. 6), S. 582; *Obergfell*, Fall *Esra* (Fn. 33), S. 71; *Grimm*, Trumpfkarte (Fn. 686), S. 30.

[162] OLG Hamburg AfP 2004, 375 (375): „Schließlich kann auch nicht unberücksichtigt bleiben, dass die Darstellung des Mordplans und seiner Ausführung geeignet sein könnte, die ohnehin wegen seines Amtes bestehende Gefährdung des Antragstellers zu erhöhen. Es kann nämlich letztlich nicht ausgeschlossen werden, dass ein politisch unzufriedener Leser des Buches aufgrund der Romanhandlung dazu veranlasst wird, selbst ein Attentat als Möglichkeit der Problemlösung in Erwägung zu ziehen."

[163] *Obergfell*, Dichtung (Fn. 350), S. 913. Literatur unterliegt in der Regel einem eigenen Maßstab, der nicht dem der empirischen Beweisbarkeit entspricht: *Steffen*, Presserecht (Fn. 479), § 6 Rn. 78a; *Lenski*, Grundrechtsschutz (Fn. 400), S. 283.

ebene zur Wirkungsebene seines Kunstwerks wählt, muß er sein Verhalten an den für Aussagen im außerkünstlerischen Bereich geltenden Regeln, insbesondere dem Grundgesetz, ausrichten[164]. Kunst ist grundsätzlich auf die Wirkung in der außerkünstlerischen Welt angelegt. In der aufgezeigten aristotelischen Dichtungstheorie ist Kennzeichen der Kunst die Hervorbringung eines Eigenen und Neuen, das sich aus der individuellen Welt des Künstlers ergibt. Der von *Aristoteles* postulierte Eigenwert von Kunst wird in der Gegenwart maßgeblich vom subjektiven Empfinden des Literaten geprägt. *Billers* Bezugnahme auf eine Impression, die durch eine Frau mit Sonnenhut hervorgerufen und in einer Phantasiegeschichte weitergedacht wird, ist durchaus plausibel[165]. Wenn der Literat allerdings diese Kunstfigur wiederum auf eine reale Person konkretisiert, kann er in Konflikt mit den Rechten eben dieser Persönlichkeit geraten. Auch „Esra" ist auf Einmischung in die Wirklichkeit angelegt, sei es durch Hinweis auf kulturelle Unterschiede, sei es durch Vergegenwärtigung individueller Verunsicherung in der Gesellschaft. Wenn eine Wirkung in den sozialen Realien aber erfolgt, beabsichtigt ist und einen wesentlichen Bestandteil des Eigenwerts von Literatur ausmacht, dann lassen sich nicht einzelne Aspekte dieser Wirkung – ob desavouierender oder herabwürdigender Gestalt – leugnen.

c) Zwei Fiktionalitätsvermutungen: Umsetzung literarischer Erkenntnisse

Weit überwiegend wird die Fiktionalitätsvermutung in Rechtsprechung und Literatur anerkannt und als Stärkung der Kunstfreiheit begrüßt[166]. Die Fiktionalitätsvermutung erhalte den Unterschied zwischen (mangelnder) Fiktionalität und Erkennbarkeit. Denn wenn eine Person in einer Romanfigur erkennbar

---

[164] So auch BGH NJW 2009, 3576 (3578); *Steffen*, Presserecht (Fn. 479), § 6 Rn. 78a.

[165] *Biller*, Stellungnahme (Fn. 107), S. 7.

[166] Zustimmend oder kommentarlos wenden sie an: BGH ZUM 2008, 683 (684 f.); BGH NJW 2009, 752 (752); OLG Frankfurt a.M. ZUM 2009, 952 (955); OLG München NJW-RR 2009, 477 (478); OLG Hamm ZUM 2010, 453 (456); LG Köln NJW-RR 2009, 623 (626); LG Frankfurt a.M. ZUM 2009, 308 (310); LG Köln, Urteil vom 11.03.2011, 28 O 151/11, BeckRS 2011, 07677; ArbG Herford, Urteil vom 18.02.2011, 2 Ca 1394/10, BeckRS 2011, 69487. – In diesem Sinne *Seifert*, Realität (Fn. 255), S. 707; *v. Becker*, Vorhang (Fn. 248), S. 622; *Neumeyer*, Fiktion (Fn. 141), S. 512; *Obergfell*, Dichtung (Fn. 350), S. 914; *v. Becker*, Preis (Fn. 234), S. 14; *Hahn*, Persönlichkeitsrecht (Fn. 10), S. 101 f.; *Lenski*, Grundrechtsschutz (Fn. 400), S. 282; *Wittreck*, Grundgesetz (Fn. 341), Art. 5 III (Kunst), Rn. 56, 65. – Kritisch *Robak*, Von „Esra" zu „Rohtenburg" (Fn. 399), S. 329; ebenso, allerdings die „Blumigkeit" der Begründung beanstandet *Neumeyer*, Person (Fn. 224), S. 167; auf die Bedeutung der Fiktionalitätsvermutung für die Vollstreckung weist hin *B. v. Becker*, Anmerkung zu OLG Hamm, Urteil vom 17. Februar 2010 – 3 U 106/09, in: ZUM 2010, S. 456 (457); die kunstfreundliche Rechtsprechung etwas verhaltener erörtert *K. v. Bassewitz*, Spannungsfeld zwischen postmortalem Persönlichkeitsrecht und Kunstfreiheit („Ehrensache"), in: jurisPR-WettbR 7/2008 Anm. 2; *M. Weller*, BGH: Unterlassungsanspruch gegen die Veröffentlichung eines Schlüsselromans – Fall „Esra", in: LMK 2008, 269192 – Dezidiert kritisch allerdings *Siegle*, Spannungsverhältnis (Fn. 1), S. 85 f.

sei, lasse das noch keinen Rückschluß auf fehlende Fiktionalisierung zu. Damit würde solchen Entscheidungen vorgebeugt, die durch tatsächliche Übereinstimmungen sowohl die Erkennbarkeit als auch die ungenügende Verfremdung begründen[167].

In der Tat ist die Fiktionalitätsvermutung eine gelungene Umsetzung literaturwissenschaftlicher Standards in rechtliche Entscheidungspraxis. Sie ist die kunstspezifische Konsequenz aus der im Äußerungsrecht entwickelten Vermutung für die Zulässigkeit der freien Rede und des tragenden Gedankens aus der ebenfalls dort zu verortenden Wechselwirkungstheorie[168]. Sie setzt Erkenntnisse der Nachbardisziplin in rechtswissenschaftliche Entscheidungspraxis um und erhöht darüber hinaus zugleich den Schutz der Kunstfreiheit[169]. Denn in der Tat handelt es sich bei der Fiktionalität um eine typische Eigenschaft von literarischen Texten[170]. Nach literaturwissenschaftlicher Bewertung besteht eine äußerst hohe Wahrscheinlichkeit, daß es sich bei einem literarischen Text um einen fiktionalen handelt. Die Formulierung der Fiktionalitätsvermutung ist daher treffend und überführt letztlich eine Feststellung, die in der Nachbardisziplin allgemein anerkannt ist, in rechtliche Entscheidungsgrundsätze. Daß die Fiktionalitätsvermutung zugleich die allseits begrüßte Stärkung der Kunstfrei-

---

[167] *Neumeyer,* Fiktion (Fn. 141), S. 512. Hinzuweisen ist in diesem Kontext auch auf die zur Fiktionalitätsvermutung häufig gezogene einfachgesetzliche Parallele des § 23 Abs. 1 Nr. 4 KUG, die von dem Einwilligungsgrundsatz bei Veröffentlichungen für Bildnisse von höherem Kunstinteresse eine Ausnahme zuläßt; *Frey,* Romanfigur (Fn. 392), S. 157.

[168] Diese Verbindung aus Zulässigkeitsvermutung und Wechselwirkungstheorie wurde von *Tröndle* mit Nachdruck kritisiert: *H. Tröndle,* Das Bundesverfassungsgericht und sein Umgang mit dem „einfachen Recht", in: R. Böttcher/W. Odersky/G. Hueck/B. Jähnke (Hrsg.), Festschrift für Walter Odersky zum 65. Geburtstag am 17. Juli 1996, 1996, S. 259 (266 f.).

[169] Aus dem literaturwissenschaftlichen Wissen um die Nähe von Literarizität und Fiktionalität eine ähnliche Konsequenz für den Beurteilungsvorgang zieht zutreffend *Goodman,* Languages (Fn. 416), S. 26: „We may, for example, be unable to tell whether a given representation is multiple, like an eagle-picture in the dictionary, or fictive, like a Pickwick-picture. But where we cannot determine whether a picture denotes anything or not, we can only proceed as if it did not – that is, confine ourselves to considering what kind of picture it is. Thus cases of indeterminate denotation are treated in the same way as cases of null denotation." Kritisch zur zwingenden Notwendigkeit der Fiktionalitätsvermutung *Lettmaier,* Persönlichkeitsrecht (Fn. 376), S. 569: „Weit hergeholt wäre diese Frage [nach der Faktizität des Dargestellten] dagegen, wenn jeglicher persönliche Bezug fehlt, etwa wenn ein Schriftsteller eine – ihm persönlich unbekannte – Prominente auftreten lässt. In diesem Fall drängt sich die Fiktionalität des Geschilderten geradezu auf, so dass es, bei Lichte betrachtet, einer Fiktionalitäts*vermutung* gar nicht bedarf." Da gerade in der Gegenwartsliteratur Mischformen von dokumentarischen und fiktiven Elementen gehäuft auftreten, wird eine eindeutige Zuordnung zur reinen Fiktion oder Dokumentation, die eine Fiktionalitätsvermutung überflüssig machen würde, eher selten möglich sein.

[170] Eine Gleichsetzung von Fiktionalität und Literarizität wäre zwar zu weitgehend und für eine präzise Texterfassung irreführend. Vgl. Abschnitt C.II.1, 2. Aber gleichwohl ist Fiktionalität nicht ein Merkmal unter anderen von literarischen Texten, sondern fester Bestandteil eines Großteils erzählender Literatur.

heit beinhaltet, ist dabei ein erfreulicher Effekt. Die Konstituierung ist damit keine rechtspolitische Verschiebung von Grundrechtswertigkeiten, sondern allein eine zustimmungswürdige Konkretisierung des Literaturverständnisses nach fachgerechten Maßgaben.

Die Fiktionalitätsvermutung könnte allerdings weiter gehend in *zwei Fiktionalitätsvermutungen* präzisiert werden: Überzeugend ist, Fiktionalität als tatsächlich vorhandene Texteigenschaft von dem in der Rezeption wahrgenommenen Phänomen zu unterscheiden. Das Bundesverfassungsgericht läßt diese Differenzierung offen: „Die Gewährleistung der Kunstfreiheit verlangt, den Leser eines literarischen Werks für mündig zu halten, dieses von einer Meinungsäußerung zu unterscheiden und zwischen der Schilderung tatsächlicher Gegebenheiten und einer fiktiven Erzählung zu differenzieren. Ein literarisches Werk, das sich als Roman ausweist, ist daher zunächst einmal als Fiktion anzusehen, das keinen Faktizitätsanspruch erhebt.“[171] Beschreibt das Gericht im ersten Teil das Rezeptionsverhalten, so erörtert es im zweiten die Negierung des Faktizitätsanspruchs als Texteigenschaft. Diese Fiktionalitätsvermutung wird einem kunstspezifischen Verständnis noch eher gerecht, wenn sie in zwei Fiktionalitätsvermutungen unterteilt wird: Die erste Vermutung beinhaltet die zutreffende Annahme, daß ein literarischer Text grundsätzlich fiktional ist, *Fiktion als Texteigenschaft*[172]. Die zweite Vermutung betrifft das Rezeptionsverhalten und sagt aus, daß ein fiktionaler Text im Prinzip als solcher rezipiert wird, *Rezeption eines fiktionalen Textes*. Bei Vorliegen eines fiktionalen Textes wird also mit der zweiten Fiktionalitätsvermutung der Abschluß eines Fiktionsvertrages zwischen Autor und Leser angenommen. Die Differenzierung ist erforderlich, um fiktionale Texte, die allerdings nicht als solche rezipiert werden, zutreffend kategorisieren zu können. Eine Unterscheidung in zwei Fiktionalitätsvermutungen vermittelt einen Gewinn an Rechtssicherheit und -klarheit. Denn mit der zweiten Fiktionalitätsvermutung wird zugleich den Gerichten eine Auslegungshilfe ermöglicht: Sie stellt die Annahme auf, daß ein Text zunächst als fiktional und – den Gedanken weiterspinnend – damit unter der Prämisse der „Je-desto“-Formel als letztlich grundrechtskonform zu verstehen ist. Damit würde den Gerichten ein Bewertungskonzept an die Hand gegeben, daß den Beteiligten aufgrund der erhöhten Rechtsklarheit ein gesteigertes Maß an Rechtssicherheit verschafft. So handelt es sich bei dem streitgegenständlichen Roman „Esra“ um einen autofiktionalen, also insgesamt fiktionalen Text, der allerdings vom Leser nicht als solcher rezipiert wird. Für den Roman wäre also mit der ersten Vermutung ein fiktionaler Text zu bejahen, der allerdings nicht als fiktional rezipiert wird, so daß die zweite Vermutung widerlegt ist. Für die weitere Abwägung im Rahmen der „Je-desto“-Formel wirkt sich diese differenzierende Feststellung insoweit aus, als insgesamt seitens der

---

[171] BVerfGE 119, 1 (28).

[172] Die Ausgestaltung eines Textes als fiktional wurde unter Abschnitt C.II.2 erörtert.

Fiktionalisierung von einem geringen Fiktionsgrad des Romans auszugehen und das Mißverständnis bei der Rezeption auf seiten der möglichen Persönlichkeitsrechtsbeeinträchtigung zu berücksichtigen ist. Der Fiktionsschutz kann dem Text damit in nur moderatem Umfang zugute kommen, die Gedanken des Meinungsäußerungsrechts sind hinsichtlich des Rezeptionsverhaltens – dem Verständnis des autofiktionalen Textes als faktual – zu berücksichtigen.

d) Ausnahmen von der Abwägung

aa) Schutz der Intimsphäre

Die Einführung der beiden Bereiche von Intimbereich und Eltern-Kind-Beziehung, die von dem Abwägungsprozeß ausgenommen sind, ermöglicht Klarheit, beinhaltet zugleich allerdings auch Konfliktpotential.

(1) Rezeption als faktual (widerlegte zweite Fiktionalitätsvermutung) in Intimsphäre

Die Schilderung von Intimszenen bei erkennbaren Personen aus eigenem Erleben wird grundsätzlich als Verletzung der Intimsphäre bewertet und als Ausnahmegruppe vom Abwägungsvorgang zwischen Kommunikationsfreiheit und Persönlichkeitsschutz anerkannt[173]. Da sich die Verletzung der Intimsphäre eines anderen für kein Kunstwerk als zwingend darstelle, der Künstler mithin genügend Ausweichmöglichkeiten anderer Schilderungen habe, müsse er sich ein Eindringen in die Intimsphäre erkennbarer Vorbilder zum Vorwurf gerei-

173 *Lettmaier,* Persönlichkeitsrecht (Fn. 376), S. 568 f.; *Wittreck,* Persönlichkeitsbild (Fn. 350), S. 11. – Zur Abwägungsfestigkeit bei Tangierung des Menschenwürdegehalts BVerfGE 75, 369 (379 f.); 80, 367 (373 f.); 119, 1 (23 f., 29 f.); OLG Hamburg NJW-RR 1994, 1373 (1374); LG Berlin NJW 1997, 1371 (1372): „Da die Bekl. mit ihrer Äußerung das Sexualleben des Kl. und damit die Sexualsphäre als wesentlichen Bestandteil der Intimsphäre […] anspricht, überschreitet sie eine Grenze, jenseits der eine Abwägung des Betroffeneninteresses mit den seitens der Bekl. in Betracht kommenden hochrangigen Grundrechten der Meinungsäußerungs- und Kunstfreiheit (Art. 5 I, III GG) zur Rechtfertigung des Verhaltens grundsätzlich nicht mehr stattfindet […].“ LG Hamburg, NJW-RR 2000, 978 (980); *Meyer-Cording,* Portrait (Fn. 358), S. 743; *Würkner,* Freiheit (Fn. 148), S. 181; *v. Becker,* Überlegungen (Fn. 112), S. 470; *ders.,* Mephisto (Fn. 241), S. 88 f.; darüber hinaus stellt die Eröffnung des Schutzbereichs von Art. 5 Abs. 3 S. 1 1. Alt. GG in Frage, soweit die Menschenwürde betroffen ist, *Pernice,* Grundgesetz (Fn. 96), Art. 5 III (Kunst), Rn. 24: „Wenn ein Werk unmittelbar die Menschenwürde negiert, dürfte allerdings fraglich sein, ob überhaupt der Schutzbereich der Kunstfreiheit noch eröffnet sein kann: Kunst ist Ausdruck, nicht Negation der Menschenwürde.“ *Kremer,* Persönlichkeitsschutz (Fn. 35), S. 463; *Starck,* Kommentar (Fn. 724), Art. 5 Abs. 3 Rn. 334; *Bethge,* Grundgesetz (Fn. 477), Art. 5 Rn. 198b. – Ähnlich in Hinsicht auf das postmortale Persönlichkeitsrecht OLG Köln ZUM 2008, 335 (338); die Kriterien auch auf die Abbildung einer Lebensgeschichte in einem Theaterstück wendet an OLG Hamm ZUM 2010, 453 (455): Danach ist hinsichtlich der Sexualszenen entscheidend, „ob sich diese Teile des Werkes als Berichte über tatsächliche Ereignisse begreifen lassen.“ KG Berlin NJW-RR 2010, 622 (624).

chen lassen[174]. Die präzise Beschreibung von Einzelheiten innigster Form in mehreren Passagen des Romans stellt eine Verletzung der Intimsphäre dar[175]. Die Voraussetzungen für eine solche Ausnahmekonstellation sind klar zu konturieren: *Neben der benannten höchst sensiblen Materie muß der erkennbare Autor ein Insiderwissen in Hinblick auf die genannten empfindlichen Themen der als solcher ebenfalls erkennbaren literarischen Vorlage vorgeben.* Die Entscheidung verdient insoweit Zustimmung, als daß der Autor das Risiko einer fehlerhaften Rezeption trägt, wenn er dem Leser bewußt nahelegt, es handele sich um eine Abbildung realen Geschehens. Allerdings könnte auch dieser innovative und treffliche Ansatz prägnanter gefaßt werden. Das Gericht konkretisiert nicht hinreichend, wie der Autor dem Leser eine Wirklichkeitswiedergabe signalisiert[176]. Auf den Punkt gebracht geht es um das genannte reklamierte Insiderwissen in den ausnehmend persönlichkeitsrelevanten Zonen[177]. In dem Nichtannahmebeschluß zum Theaterstück „Ehrensache“ von *Lutz Hübner* gelingt dem Gericht – zwei von drei Richtern dissentierten bezeichnenderweise zuvor in dem „Esra“-Beschluß – die Verallgemeinerung der als richtig befundenen Ausnahmegruppe: „Eine Beeinträchtigung der Intimsphäre setzt jedenfalls voraus, dass sich durch den Text die naheliegende Frage stellt, ob sich die geschilderten Handlungen als Berichte über tatsächliche Ereignisse begreifen lassen, beispielsweise deshalb, weil es sich um eine aus vom Autor unmittelbar Erlebtem stammende, realistische und detaillierte Erzählung entsprechender Geschehnisse und die genaue Schilderung intimster Details einer Frau handele, die deutlich als tatsächliche Intimpartnerin des Autors erkennbar ist.“[178] Übernimmt der zweite Teil beinahe wortgetreu die Begründung des „Esra“-Beschlusses[179], so gibt die erste Hälfte einen verallgemeinerungsfähigen Leitsatz an die Hand: Wie in den vorhergehenden Analyse herausgearbeitet, geht es tatsächlich um die Frage, inwieweit fiktionale Texte unter bestimmten Umständen als faktual rezipiert werden. In diesen Fällen ist nach bejahter Erkennbarkeit und erster Fiktionalitätsvermutung die zweite Fiktionalitätsvermutung widerlegt. Wenn sich ein derartiges Rezeptionsverhalten in den besonders per-

---

174 *Meyer-Cording,* Portrait (Fn. 358), S. 743.

175 KG Berlin NJW-RR 2010, 622 (623 f.).

176 *Wittreck,* Persönlichkeitsbild (Fn. 350), S. 7 ff., 11.

177 *Wittreck,* Persönlichkeitsbild (Fn. 350), S. 11; so im Grundsatz auch BGH NJW 2009, 752 (753). – Ebenso in dem Fall um das Theaterstück „Hagener Mädchenmord“ BVerfGK 13, 115 (118 f.); der Untersuchung der Erzählperspektive wird nur die Bedeutung eines „indiziellen Charakter(s)“ zugebilligt, der „für andere Konstellationen aber nicht von gleicher Bedeutung sein muss“, von *Müller-Terpitz,* BVerfGE 119, 1 – Esra (Fn. 313), S. 837.

178 BVerfGK 13, 115 (119); ähnlich schon zu diesem Sachverhalt BGH ZUM 2008, 951 (953); den Wert dieser Präzisierung durch das Bundesverfassungsgericht in dem Fall des Theaterstücks „Ehrensache“ erkennt auch an *F. Hufen,* Öffentliches Recht – Grundrechte, in: JuS 2009, S. 743 (744). – Anders LG Hagen ZUM 2006, 655 (657).

179 Vgl. BVerfGE 119, 1 (34).

sönlichkeitsrelevanten Bereichen von Intimsphäre und Eltern-Kind-Beziehung zeigt – beispielsweise durch ein proklamiertes Insiderwissen vermittelt durch Faktizitätsmerkmale, also das Fehlen von Fiktionssignalen[180] –, kommt dem Persönlichkeitsrecht absoluter Schutz zu. Die Annahme, daß ein geschultes Verständnis und ein vertrauter Umgang mit Literatur als Fiktion – unabhängig von der betroffenen Persönlichkeitsdimension – nicht mehr allgemein vorausgesetzt werden können, ist auch im Fall „Esra" realitätsnah[181]: Wichtig ist, darauf hinzuweisen, daß das Suggerieren von Faktizität – entsprechend der Negierung der genannten Fiktionssignale[182] – mannigfaltig erfolgen kann. Von den zahlreichen Übereinstimmungen in der Vita von Adam und *Biller* und der zugleich äußerst tiefgehenden, sowie weitgehend sympathisierenden Schilderung von Adams Gefühlswelt kann im vorliegenden Fall in der Tat auf eine überwiegende Distanzlosigkeit und Angleichung des Autors an Adam geschlossen werden[183]. Denkbar ist allerdings auch, daß der Autor sein Insiderwissen beispielsweise aus Sicht eines auktorialen Erzählers vorgibt, der seinen Wissensvorsprung in der Realität auf andere Weise belegt[184]. Maßgeblich ist also – wie das Bundesverfassungsgericht an anderer Stelle verdeutlicht[185] – nicht das „Wie" der literarisch ausgestalteten Erzählweise, sondern das „Ob" der Proklamation eines Wissensvorsprungs des Autors gegenüber dem Leser. Das Merkmal vermittelter Faktizität darf nicht auf eine spezielle Erzählkonstellation beschränkt werden. Es bestehen zahlreiche denkbare Ausformungen des Autor-Erzähler-Verhältnisses, die dem Durchschnittsleser – im Gegensatz zum literarisch versierten Rezipienten – eine Gleichsetzung nahelegen[186]. Der Erzähler kann also in vielfacher Hinsicht von einem literarisch nicht ausgebildeten Leser als Alter ego des Autors aufgefaßt werden[187]. Im Fall der widerlegten zweiten Fiktionalitätsvermutung erkennt der Rezipient angesichts biographischer Übereinstimmungen und

---

180 Vgl. Abschnitt C.II.2.f.

181 *Ladeur/Gostomzyk*, Roman (Fn. 392), S. 432.

182 Vgl. Abschnitt C.II.2.f.

183 Vgl. nur *Biller*, Esra (Fn. 1), S. 110 ff., 146 ff.; ausführlich mit zahlreichen Literaturbeispielen begründet *Kasics*, Literatur (Fn. 66), S. 35 ff.

184 Inwieweit die Erzählform eines auktorialen oder Ich-Erzählers für eine Fiktionalität des Textes spricht, kann im Rahmen dieser Arbeit nicht vertieft werden.

185 BVerfGE 119, 1 (28 f.).

186 Es sei angemerkt, daß die mit Recht strikte Trennung von Autor und Erzähler sich erst im 20. Jahrhundert in der Literaturwissenschaft durchgesetzt hat, zuvor eine Gleichsetzung von beiden als durchaus unproblematisch galt. Hierzu *A. Kablitz*, Literatur, in: I. O. Rajewsky/U. Schneider (Hrsg.), Im Zeichen der Fiktion, 2008, S. 13 (34).

187 Darüber hinausgehend und äußerst direkt fragt hinsichtlich dieser Problematik *Kablitz*, Literatur (Fn. 186), S. 42: „Aber warum soll Thomas Mann, und zwar er selbst, in den *Buddenbrooks* nicht manches berichten, was seinen Erinnerungen an das Lübeck seiner Kindheit und Jugend entspricht, um es mit etlichem zu verbinden, was er, und niemand anderes, sich ausgedacht hat – genau so, wie es die Lizenzen fiktionaler Rede ihm, dem Autor, gestatten?"

medialer Aufmerksamkeit bezüglich des gerichtlichen Verfahrens die Klägerinnen in den Romanfiguren wieder[188]. Diese Rezeption ist literaturtheoretisch betrachtet nicht wünschenswert, aber real und damit eine tatsächliche Gefahr für den Achtungsanspruch der betroffenen Personen. Um eine Verantwortlichkeit des Autors für eine (Fehl-)Interpretation adäquat zu begründen, kann eine Parallele zur vergleichbaren Interessenlage im Fall des Zweckveranlassers auf dem Gebiet des Polizei- und Ordnungsrechts gezogen werden[189]. So wie dort stellt man sich bei der Untersuchung der schriftstellerischen Verantwortlichkeit die Frage, welches Risiko einer Rechtsverletzung der Autor mit seiner literarischen Tätigkeit gesetzt hat. Die Prüfung einer *Risikozurechnung* ist auch im Bereich literarischer Werke nicht unbekannt[190]. Wenn ein Autor das Mittel der Selbstreferentialität wie in *Billers* Roman einsetzt, muß dieses auch hinsichtlich seiner Wirkung auf den Leser ernst genommen werden. *Ist also wie erörtert die zweite Fiktionalitätsvermutung durch das Rezeptionsverhalten als faktual widerlegt, so findet, falls es sich um Darstellungen in den genannten Tabuzonen handelt, keine Abwägung statt.* Ausnahme von der (zweiten) Fiktionalitätsvermutung ist das fiktionsinadäquate Lesen, die Darstellung in den Tabubereichen ist letztlich nicht Sonderfall bezüglich der Fiktionalitätsvermutung, sondern hinsichtlich des Abwägungsvorgangs.

(2) Ausnahmegruppen verstoßen gegen Fiktionalitätsvermutung, Rezeptionseinheit

Diese Ansicht ist sowohl im Senat als auch in der anschließenden Diskussion auf Kritik gestoßen[191]. So könnte man ebenso argumentieren, daß die Mitteilung intimer Details Ausdruck besonders schützenswerter Persönlichkeitsent-

---

[188] In eben solcher und bereits eingehend erörterter Weise legt *Biller* dem unliterarischen Leser die Abbildung von Realität nahe, dem sich damit die autobiographischen Übereinstimmungen aufdrängen. Vgl. Abschnitt C.II.4. Es sei daher hier allein nochmals auf die markanten Parallelen von Autor und Adam hingewiesen: Der Erzähler hat wie *Biller* eine Tochter, von der er getrennt lebt. Romanfigur und Autor standen beide mit einer türkischen Schauspielerin über einen nicht unerheblichen Zeitraum in einer Intimbeziehung. Der Ich-Erzähler Adam legt biographische Übereinstimmungen selbst offen; *Biller*, Esra (Fn. 1), S. 110: „Es wird Zeit, kurz etwas über mich zu erzählen. Daß ich aus Prag komme, Jude bin und oft über Deutschland schreibe, ist kein Geheimnis.“

[189] So auch *Ujica/Loef*, Quod licet (Fn. 309), S. 676: „Das Risiko eines Missverständnisses hat dabei grundsätzlich der die Kunstfreiheit in Anspruch nehmende Künstler zu tragen. Er ist – polizeirechtlich gesprochen – gewissermaßen als Zweckveranlasser bzw. mittelbarer Verursacher der Persönlichkeitsrechsverletzung zu betrachten.“

[190] *Neumeyer*, Fiktion (Fn. 141), S. 515 f. – Zur Unterscheidung der aus Sicht des Autors oder Lesers perspektivisch bedingten Textbeurteilung *Iser*, Akt des Lesens (Fn. 113), S. 49.

[191] BVerfGE 119, 1 (48 ff.); *Neumeyer*, Fiktion (Fn. 141), S. 513; *v. Bassewitz*, Spannungsfeld (Fn. 166); *Gostomzyk*, Wahrheit (Fn. 309), S. 739; *Ladeur*, Fall „Esra“ (Fn. 309), S. 31. Für eine angemessene Einschätzung sind die Bewertungskriterien im Bereich der Sexualität zum Schutz der Persönlichkeit von Lebenden gegenüber Verstorbenen anzupassen. In der Entscheidung nach BGH NJW 2009, 751 (751 ff.) zum „Hagener Mädchenmord“ fehlt

faltung zugunsten des Schriftstellers ist. Darüber hinaus wird angezweifelt, ob die Darstellung intimer Details aus dem Sexualleben überhaupt zum Bereich der Intimsphäre zu zählen ist, oder ob – selbst bei Zuordnung zum Intimbereich – diesem ein erhöhter Schutz zukommen müsse[192]. Teilweise wird eine Abwägung im Fall überwiegender Individualinteressen durchaus für denkbar gehalten. Unantastbar und damit Teil des Kernbereichs sei allein das, was in der vorhergehenden Abwägung mit widerstreitenden Interessen als vorrangig anerkannt worden sei[193]. Der dissentierende Richter *Hoffmann-Riem* kritisiert, daß die Fiktiona-

---

eine solche Differenzierung, worauf *Gostomzyk* treffend hinweist: *Gostomzyk,* Anmerkung (Fn. 391), S. 754. – Ferner kritisch zu den Ausnahmen *Robak,* Von „Esra" zu „Rohtenburg" (Fn. 399), S. 329 f.; *Knothe,* Freiheit (Fn. 6), S. 94; *Neumeyer,* Person (Fn. 224), S. 185 f.; *Obergfell,* Fall *Esra* (Fn. 33), S. 75 f. – Im Fall der Satire weist das OLG Dresden die Forderung zurück, die Erkennbarkeit bei einer Darstellung im Bereich der Intimsphäre (Nacktaufnahme) zwingend auszuschließen: OLG Dresden ZUM 2010, 597 (600): „Für die Zulässigkeit einer satirischen Darstellung in Gemäldeform kann es nicht darauf ankommen, ob die dargestellte Person in größtmöglichem Umfang verfremdet und damit für den Betrachter nicht mehr erkennbar wird." Die Sorgfalt der Entscheidung lobt *von Bassewitz.* Zugleich weist sie allerdings auf den weiterhin bestehenden Schutz vor Nacktabbildungen hin: *K. v. Bassewitz,* „Des Kaisers neue Kleider" – Nacktdarstellung als Satire, in: jurisPR-WettbR 7/2010 Anm. 2: „Insbesondere für Nacktfotos und für nicht als solche erkennbare Fotomontagen werden weiterhin kaum Ausnahmen denkbar sein, die eine ungenehmigte Veröffentlichung rechtfertigen." – Generell kritisch zu Abwägungsverboten, die mit der Verletzung der Menschenwürde oder mit der ihr besonders verbundenen Intimsphäre begründet werden *Mahrenholz,* Freiheit (Fn. 599), § 26 Rn. 89: „Eine solche Hypostasierung des Menschenwürde-Prinzips, wenn sie alles an Grundrechtsverbürgerungen aus dem Felde zu schlagen vermag, erscheint aber auch letztlich selbst nicht mehr als steuerbar. Nichts eignet sich besser dazu, grundrechtssystematische und -dogmatische Probleme zu überspielen oder die sorgfältige Abwägung im Einzelfall beiseite zu setzen, als die Berufung auf die Menschenwürde." *Würkner,* Bundesverfassungsgericht (Fn. 616), S. 92. In diesem Zusammenhang ist auch auf die grundsätzliche Kritik an der Abwägungsresistenz im Kernbereich privater Lebensgestaltung hinzuweisen: *Baldus,* Kernbereich (Fn. 304), S. 224 f.

[192] So zum Persönlichkeitsschutz des Autors Superior Court of Massachusetts Media Law Reporter 32 (2004), 1520 (1520). – Restriktiv bezüglich der Absolutheit des Schutzes BGH NJW 2009, 751 (752); *J. O. Merten/A. Schäfer,* Verfassungsrechtliche Überlegungen zum Verbot eines Schlüssel(loch)romans, in: AfP 2004, S. 95 (97). – Demgegenüber gerade in der verstärkten Ausrichtung der Gesellschaft auf Sexualität Handlungsbedarf erkennt *J. Würkner,* Die Indizierung „schlicht" jugendgefährdender Kunstwerke: Gedanken zum Aufstieg und Fall des Kunstvorbehalts gem. § 1 II Nr. 2 GjS, in: NVwZ 1993, S. 641 (642). Im Fall des Theaterstücks „Ehrensache" räumte das Landgericht Hagen zwar dem Persönlichkeitsschutz den Vorrang ein, ging allerdings noch von einer Abwägungsfähigkeit der Materie aus dem Bereich der Intimsphäre aus: LG Hagen ZUM 2006, 655 (657): „Dabei hat sich das Gericht im Rahmen der gebotenen Abwägungen zwischen Persönlichkeitsrecht und Kunstfreiheit insbesondere von dem […] Gesichtspunkt leiten lassen, dass das Bedürfnis nach Verfremdung gegenüber dem realen Vorbild um so größer ist, je weiter die Intimsphäre einer Person durch das Kunstwerk betroffen ist." Allerdings findet hier bereits der Gedanke einer Dialektik von Persönlichkeitsrechtsbeeinträchtigung und Fiktionalisierung im Sinne der „Je-desto"-Formel zumindest Anklang. Ähnlich auch LG Hagen ZUM-RD 2007, 249 (250 f.).

[193] *Baldus,* Kernbereich (Fn. 304), S. 224.

litätsvermutung nicht im Bereich der Darstellungen von Intim- und Sexualbereich sowie der Krankheit des Kindes greift[194]. Die Senatsmehrheit stellt nach Ansicht *Hoffmann-Riems* der Fiktionalitätsvermutung in den Fällen sogar eine *Vermutung der Faktizität* gegenüber, in denen der Künstler eine identifizierbare Person aus eigenem, der Wirklichkeit entstammenden Intimleben kennt[195]. Der Kritik ist nach hier vertretener Ansicht entgegenzuhalten, daß es sich dabei nicht um Ausnahmen von der Fiktionalitätsvermutung, sondern von der Abwägung im Sinne der „Je-desto"-Formel handelt.

Außerdem wird eine *Parzellierung des Rezeptionsvermögens* kritisiert. Die Vermengung von Wahrheit und Fiktion führe zu einer neuen ästhetischen Wirklichkeit. Diese Verbindung sei untrennbar. Die meisten Leser würden den fiktionalen Charakter des Textes erkennen[196]. Die Zusammenführung könne nicht hinsichtlich einzelner Passagen rückgängig gemacht werden. Daher sei es unzulässig, für einige Szenen die Erfahrungen des fiktiven Ich-Erzählers mit dem eigenen Erleben des Autors, also Literatur und Realität, gleichzusetzen. Das gelte unterschiedslos auch für Passagen, die den Intimbereich betreffen könnten[197]. Entscheidend sei nicht die spezifische Erzählperspektive, sondern die Wirkung, die beim Rezipienten entsteht[198]. Eine Abgleichung von Kunst mit Realität verbiete sich schon deshalb, weil es in der Literatur nicht um Wahrheit, sondern um Stimmigkeit des Textes gehe[199]. Anderenfalls werde der fiktionale Charakter bei schweren Persönlichkeitsrechtsverletzungen ausgehebelt; die Fiktionali-

---

194 BVerfGE 119, 1 (50).

195 BVerfGE 119, 1 (50). Mitunter wird zur Bejahung einer Persönlichkeitsrechtsverletzung der Klägerin zu 2) der Nachweis eines spezifischen Faktizitätsanspruchs gefordert, so daß dem Leser nahegelegt wird, bestimmte Passagen als tatsächlich erfolgt anzusehen, und daß gerade diese Textpassagen eine Persönlichkeitsrechtsverletzung begründen; BVerfGE 119, 1 (33). Streng genommen handelt es sich hierbei um einen Unterfall der – auch einzelne Passagen schützenden – Fiktionalitätsvermutung. Daher sei nur am Rande angemerkt, daß in diesem Anspruch, der den Gesamteindruck des Romans vernachlässigt und eine Einzelanalyse von Textteilen hinsichtlich Faktizität und gleichzeitiger Persönlichkeitsrechtsverletzung einfordert, die Gefahr liegt, sich in einer Vielzahl einzelner Textpassagen zu verzetteln. Man sollte vielmehr von dem Gesamteindruck des Romans ausgehen. Diese Vorgehensweise ist zutreffend, da sie der natürlichen Lesart eines durchschnittlichen Rezipienten entspricht. Eine weitere Zerstückelung des Romans in einzelne Passagen, um sie getrennt auf Faktizität und Persönlichkeitsrechtsverletzung zu untersuchen, entspricht nicht einer realitätsnahen und insoweit maßgeblichen Auslegung durch die Rezipienten. – Eine Einzelanalyse als kunstinadäquat verwerfen *Eickmeier/Eickmeier*, Grenzen (Fn. 90), S. 5; siehe auch *Leibholz/Rinck*, Grundgesetz (Fn. 479), Art. 5 (2010), Rn. 1041. – Einzelne Auszüge, beispielsweise Zitate, einer gesonderten Prüfung ordnet zu *Ladeur*, Kommentar (Fn. 479), Art. 5 Abs. 3 II (2001), Rn. 19: „Ein tatsächliche Authentizität beanspruchender Teil eines Kunstwerks, etwa ein Zitat, muß allerdings wie eine Tatsachenbehauptung behandelt werden."

196 *Ladeur*, Fall „Esra" (Fn. 309), S. 31.

197 *Robak*, Von „Esra" zu „Rohtenburg" (Fn. 399), S. 329 f.

198 *Obergfell*, Fall *Esra* (Fn. 33), S. 76.

199 *Ladeur*, Fall „Esra" (Fn. 309), S. 31.

tätsvermutung liefe faktisch ins Leere[200]. Der Menschenwürdebezug könne die in Ausgleich zu bringenden Rechte Dritter nicht im voraus abwerten und durch eine proklamierte Abwägungsfestigkeit deklassieren[201]. Dem ist zu entgegen, daß das vermutete Rezeptionsverhalten nicht in Elemente der Fiktion und Faktizität aufgeteilt wird, sondern der Leser einen einheitlich autofiktionalen Text geringen Fiktionsgrads liest und diesen als solchen mit den daraus entstehenden Unsicherheiten rezipiert: Bei einem autofiktionalen Text wie „Esra“ ist die Unterscheidung zwischen Fiktionalität und Wirklichkeit für den Rezipienten erschwert. Im vorliegenden Fall kommt erschwerend hinzu, daß der Ich-Erzähler Adam durch die Mitteilung von tatsächlichen Ereignissen aufgrund des Wissens des ehemaligen Partners in einer realistischen Erzählweise ein Insiderwissen über das Leben des Autors proklamiert. Daher wird der Text von dem verständigen Leser als nichtfiktional aufgefaßt.

bb) Art. 6 Abs. 1 i.V.m. Art. 6 Abs. 2 GG: Verstärkung des Persönlichkeitsrechts[202]

Der Gewährleistungsgehalt des Art. 6 Abs. 1 GG schützt in Form von Institutsgarantie, Freiheitsrecht und wertentscheidender Grundsatznorm neben der Ehe auch die Familie[203]. Familie ist nach der Entscheidungspraxis des Bundesverfassungsgerichts „die umfassende Gemeinschaft von Eltern und Kindern“[204] mit der dauerhaften Pflicht der Eltern wie auch der Kinder, füreinander zu sorgen[205].

---

200 *Gostomzyk*, Wahrheit (Fn. 309), S. 739.

201 *Gounalakis*, Freiräume (Fn. 404), S. 815; ähnlich plädiert für die Zulässigkeit des Hagener Theaterstücks *v. Bassewitz*, Spannungsfeld (Fn. 166). Der Bundesgerichtshof billigt demgegenüber in der Revisionsentscheidung zum Hagener Mädchenmord der dargestellten Intimsphäre in dem Theaterstück „Ehrensache“ keine besondere Schutzwürdigkeit zu. – Zu weitgehend erscheint die Argumentation des BGH, der die Intimsphäre nicht unter einen besonderen Schutz stellt BGH NJW 2009, 751 (753). – Plausibler, da differenzierter BVerfGK 13, 115 (118 f.); die Entscheidung des Bundesverfassungsgerichts ausdrücklich würdigt *S. Muckel*, Verhältnis von postmortalem Persönlichkeitsrecht und Kunstfreiheit, in: JA 2008, S. 827 (829).

202 Das Bundesverfassungsgericht verbindet Art. 6 Abs. 1 GG und Art. 6 Abs. 2 GG, um Benachteiligungen hinsichtlich des Elternrechts in ehelicher Erziehungsgemeinschaft entgegenzuwirken, so BVerfGE 99, 216 (232); für die Beziehung von Eltern und Kindern in der Familie sind Abs. 2, 3 gegenüber Abs. 1 vorrangig, nach BVerfGE 31, 194 (204); zum Ganzen *C. v. Coelln*, Grundgesetz (Fn. 477), Art. 6 Rn. 53 ff., 84 ff.; *Pieroth*, Grundgesetz (Fn. 729), Art. 6 Rn. 1.

203 BVerfGE 6, 55 (72 f.); 76, 1 (41, 49); 80, 81 (92 f.); in diesem Zusammenhang relevant auch BVerfGE 4, 52 (57); 7, 320 (323 f.); 9, 237 (248); 21, 132 (138 f.); 22, 93 (98); 24, 119 (135 ff.); 31, 58 (67); 55, 114 (126 ff.); 56, 363 (381 ff.); 61, 18 (25 ff.); 62, 323 (329 ff.); 75, 201 (218 ff.); 79, 203 (210 f.); 84, 168 (179 f.); 92, 158 (181 ff.); in europarechtlicher Hinsicht schützt Art. 2 des 1. Zusatzprotokolls zur EMRK das Recht der Eltern auf Kindeserziehung. – Zu den Unterschieden des Art. 6 Abs. 2 zu europäischen Regelungen *Antoni*, Grundgesetz (Fn. 477), Art. 6 Rn. 14.

204 BVerfGE 10, 59 (66); ähnlich BVerfGE 48, 327 (339); 80, 81 (90).

205 BVerfGE 57, 170 (178). Durch Art. 6 Abs. 1 GG wird die freie Gestaltung der fami-

Abgesehen von dem Recht und der Pflicht zur Pflege ist die Erziehung, die Verantwortung für eine Persönlichkeitsentwicklung des Kindes, die den Erfordernissen des verfassungsrechtlichen Menschenbildes nachkommt, Recht und Aufgabe der Eltern[206]. Sowohl Vater als auch Mutter steht das Grundrecht getrennt zu[207]. Zum Verhältnis des Elternrechts zum Persönlichkeitsrecht des Kindes führt das Bundesverfassungsgericht in einer früheren Entscheidung prägnant aus: „Das Verhältnis des Elternrechts zum Persönlichkeitsrecht des Kindes wird durch die besondere Struktur des Elternrechts geprägt. Dieses ist wesentlich ein Recht im Interesse des Kindes, wie sich schon aus dem Wortlaut des Art. 6 Abs. 2 Satz 1 GG ergibt, der vom Recht zur Pflege und Erziehung des Kindes spricht und auf diese Weise das Kindesinteresse in das Elternrecht einfügt [...]."[208] Mit zunehmendem Alter des Kindes wächst dessen Möglichkeit, seine Persönlichkeit eigenverantwortlich und unabhängig zu bestimmen[209].

(1) Opportunes Resultat: gestärkte Beziehung von geschundener Mutter, kranker Tochter

Der Streit um diese Tabuzone, die zweite Ausnahme von der Abwägung, die Eltern-Kind-Beziehung, wird bei weitem nicht mit der Intensität wie die Debatte hinsichtlich der Intimsphäre geführt. Grund könnte ein breiterer Konsens bezüglich des erhöhten Schutzes – folgend aus einer allgemeinen Empathie für die Mutter eines schwer erkrankten Kindes – sein. Insgesamt besteht allerdings weitgehend Einigkeit, daß die kranke Tochter der Klägerin zu 1) in der Tat schutzwürdig ist. Es ist nicht hinzunehmen, daß die Erkrankung des Mädchens in einem Roman dargestellt wird, obwohl die Tochter selbst nicht von der todbringenden Krankheit weiß und auf diese Weise zum ersten Mal davon Kenntnis erlangt. Das Verhältnis zu ihrer Mutter würde erheblich beeinträchtigt, wenn sie

---

liären Gemeinschaft geschützt. Hierzu zählt auch ein ungestörter kommunikativer Verkehr in der ehelichen bzw. familiären Gemeinschaft. Träger des in Art. 6 Abs. 2 S. 1 GG normierten Elternrechts sind neben einem weiteren Kreis von Erziehungsträgern die leiblichen Eltern. Vgl. *R. Gröschner*, Grundgesetz (Fn. 96), Art. 6 Rn. 81 ff., 103; *Hofmann*, Kommentar (Fn. 479), Art. 6 Rn. 40; *Pieroth*, Grundgesetz (Fn. 729), Art. 6 Rn. 40. – Zum elterlichen Erziehungsrecht als Schutz vor staatlichen Eingriffen auch BVerfGE 4, 52 (57); 7, 320 (323 f.); 24, 119 (138 f., 143 f.); 47, 46 (69 f.); 72, 122 (137 ff.); zum Umgangsrecht instruktiv BVerfGE 64, 180 (187 f.); 111, 307 (330 ff.); BVerfGK 4, 339 (339 ff.); 5, 316 (316 ff.); 6, 153 (153 ff.).

[206] BVerfGE 24, 119 (144); 34, 165 (183); 41, 29 (47); 52, 223 (235 f.); 93, 1 (17); BVerwGE 116, 359 (361 f.).

[207] BVerfGE 47, 46 (76); 99, 145 (164). Aus dem Erziehungsrecht folgt nach *Gröschner*, Grundgesetz (Fn. 96), Art. 6 Rn. 110 das elterliche Recht auf „Vermittlung von Entwurfskompetenz". Die Eltern bereiten die Kinder zu einem eigenverantwortlichen Entwurf ihres Lebens vor und stellen die in pädagogischen Rahmen erforderlichen Weichen durch Beantwortung der maßgebenden Grundsatzfragen: *ders.*, ebda., Art. 6 Rn. 110.

[208] BVerfGE 75, 201 (218 f.).

[209] BVerfGE 59, 360 (382); zur wachsenden Selbstbestimmung des Kindes *v. Coelln*, Grundgesetz (Fn. 477), Art. 6 Rn. 70.

sich – entsprechend der Erzählung – als ein Objekt erkennt, das zwanglos gegen ein gesundes Kind eingetauscht werden kann. Dem Ergebnis wird daher mit Recht zugestimmt[210]. Möglicherweise ist die Diskussion auch deshalb verhaltener, weil dem Streitpunkt auch in dem Roman eine gegenüber dem Intimleben mit Esra eher nachrangige Bedeutung zukam. Der Streit entzündet sich überwiegend an der eher fahlen Begründung. Das Anliegen, Kindern eine freie Entwicklung ihrer Persönlichkeit zu ermöglichen, gilt demgegenüber grundsätzlich als schützenswert[211]. Das Bundesverfassungsgericht führt hierzu in seiner Entscheidung schlicht aus: „Der Schutz des Persönlichkeitsrechts erstreckt sich auch auf die Beziehungen von Eltern zu ihren Kindern. Kinder bedürfen eines besonderen Schutzes, weil sie sich zu eigenverantwortlichen Personen erst entwickeln müssen [...]. Der Bereich, in dem Kinder sich frei von öffentlicher Beobachtung fühlen und entfalten dürfen, muss deswegen umfassender geschützt sein als derjenige erwachsener Personen. Für die kindliche Persönlichkeitsentwicklung sind in erster Linie die Eltern verantwortlich. Soweit die Erziehung von ungestörten Beziehungen zu den Kindern abhängt, wirkt sich der besondere Grundrechtsschutz der Kinder nicht lediglich reflexartig zugunsten des Vaters und der Mutter aus [...]. Vielmehr fällt auch die spezifisch elterliche Hinwendung zu den Kindern grundsätzlich in den Schutzbereich von Art. 2 Abs. 1 in Verbindung mit Art. 1 Abs. 1 GG. Der Schutzgehalt des allgemeinen Persönlichkeitsrechts erfährt dann eine Verstärkung durch Art. 6 Abs. 1 und 2 GG [...]."[212] Deshalb „stellt auch die Schilderung der tatsächlich bestehenden lebensbedrohlichen Krankheit der Tochter eine schwere Persönlichkeitsrechtsverletzung der Klägerin zu 1) dar. Auch die Tochter ist für ihr Umfeld, zum Beispiel ihre Mitschüler, eindeutig identifizierbar. Angesichts des besonderen Schutzes von Kindern und der Mutter-Kind-Beziehung [...] hat die Darstellung der Krankheit und der dadurch gekennzeichneten Beziehung von Mutter und Kind bei zwei eindeutig identifizierbaren Personen, wie es das Landgericht zutreffend ausgeführt hat, in der Öffentlichkeit nichts zu suchen."[213] Durch die Romanveröffentlichung werden augenscheinlich nicht direkt der Umgang mit oder die Erziehung der Tochter durch die Klägerin zu 1) tangiert. Die Publikation wirkt sich nicht unmittelbar – sondern nur über den Umweg durch die Reaktion des Lesers – auf den kommunikativen Umgang der Mutter mit ihrer Tochter aus. Das Buch hat auch keinen direkten Einfluß auf die Erziehung des Mädchens. In der „Esra"-Entscheidung

[210] *Wittreck*, Esra (Fn. 6), S. 135. Eine „ergebnisorientierte" Begründung ist bei der Verbindung von Grundrechten nicht unüblich. So auch *Augsberg/Augsberg*, Kombinationsgrundrechte (Fn. 437), S. 573.

[211] BVerfGK 13, 115 (118 f.); *Müller-Terpitz*, BVerfGE 119, 1 – Esra (Fn. 313), S. 838.

[212] BVerfGE 119, 1 (24); zur Begründung von Schutzpflichten, um das Kindeswohl nach Art. 6 Abs. 2 GG zu sichern *v. Coelln*, Grundgesetz (Fn. 477), Art. 6 Rn. 53, 68 ff. – Ähnlich *Di Fabio*, Grundgesetz (Fn. 477), Art. 2 (2001), Rn. 165; *Pieroth*, Grundgesetz (Fn. 729), Art. 6 Rn. 16 ff., 43 ff.

[213] BVerfGE 119, 1 (34 f.).

werden weder das Gestaltungsrecht hinsichtlich der Familienverhältnisse aus Art. 6 Abs. 1 GG noch das Elternrecht nach Art. 6 Abs. 2 GG als – der Klägerin zu 1), der leiblichen Mutter, grundsätzlich selbständig zustehendes – Grundrecht geprüft, sondern verstärkend zum Persönlichkeitsschutz der Klägerin herangezogen. Aus der Grundrechtskumulation der Art. 2 Abs. 1 i.V.m. Art. 1 Abs. 1 GG und Art. 6 Abs. 1 i.V.m. Art. 6 Abs. 2 GG folgt nach Argumentation des Gerichts allein eine Schutzintensivierung nach den Leitgedanken des Elternrechts: Das Persönlichkeitsrecht schützt demnach auch die Eltern-Kind-Beziehungen. Die zweigliedrige Argumentation des Gerichts setzt zunächst bei dem *Recht der Persönlichkeitsentfaltung des Kindes* an, dem im Rahmen der elterlichen Erziehung nach Art. 6 Abs. 2 S. 1 GG Rechnung zu tragen ist. In einem zweiten Schritt konkretisiert sich diese Erziehungsverpflichtung zur kindlichen Persönlichkeitsentwicklung in der *Hinwendung der Eltern zu ihren Kindern*, auf die sich erstere selbständig berufen können. Vorliegend geht es also um das Persönlichkeitsrecht der Klägerin zu 1), die durch die dargestellt belastete Mutter-Kind-Beziehung in ihrem sozialen Umfeld bloßgestellt wird. Dieser Umstand wirkt sich dann wiederum negativ auf das Verhältnis zu ihrer Tochter, also auf die Hinwendung der Klägerin zu 1) zu ihrem Kind, aus.

(2) Ausbaufähige Begründung: bedenkliche Addition von Grundrechten

Das Bundesverfassungsgericht arbeitet in jüngerer Vergangenheit vermehrt mit *Schutzbereichserweiterungen und -verstärkungen* durch die Ergänzung eines Grundrechts um ein nicht direkt einschlägiges weiteres Recht[214]. Die Verbindungen von Grundrechten sind vielfältig: So arbeitete das Gericht in der Schächtentscheidung mit einer Kombination aus Art. 2 Abs. 1 i.V.m. Art. 4 Abs. 1, 2 GG[215]. Das Gericht verstärkt in neueren Entscheidungen das allgemeine Persönlichkeitsrecht um die Rechte aus dem Umgang von Eltern und Kindern nach Art. 6 Abs. 1, 2 GG. das Recht aus Art. 14 Abs. 1 S. 1 GG und das Diskriminierungsverbot nach Art. 3 Abs. 3 S. 2 GG. Im letzteren Fall konnte sich der Betroffene, durch Art. 14 Abs. 1 S. 1 GG geschützt, noch nicht einmal selbst auf Art. 3 Abs. 3 S. 2 GG berufen. Das Bundesverfassungsgericht begründet diese denkbar weite Schutzbereichsaufladung durch ein für die betroffene Person nicht einschlägi-

---

[214] In der Vergangenheit bereits BVerfGE 35, 35 (39 f.); 42, 234 (236); 67, 100 (142); 96, 288 (304); jüngst BVerfGE 101, 361 (385 f.); 104, 337 (337, 347, 356); 114, 357 (363 f.); 115, 25 (41); BVerfG (Kammer), NJW 2000, 2658 (2659). – Diese Methodik befürworten *A. Bleckmann/C. Wiethoff*, Zur Grundrechtskonkurrenz, in: DÖV 1991, S. 722 (724 f., 729 f.); als „Verstärkungsverbund“ anerkannt von *Epping*, Grundrechte (Fn. 97), S. 110.

[215] BVerfGE 104, 337 (337, 347, 356); eingehend zur Entscheidung *Wittreck*, Religionsfreiheit (Fn. 117), S. 527 ff.; grundrechtsdogmatisch klarer erscheint die schlichte Prüfung von Art. 4 Abs. 1, 2 GG im Widerstreit zu den Regelungen des TierSchG. Ein weiter Schutzbereich aus Art. 4 Abs. 1, 2 GG ermöglicht überhaupt eine einzelfallgerechte Abwägung aller eingehenden Umstände, so beispielhaft für Art. 5 Abs. 3 S. 1 1. Alt. GG im Widerstreit mit Art. 20a GG: KG Berlin NStZ 2010, 175 (176).

ges Grundrecht mit der objektiven Wertordnung, die ein allgemeines Verbot der Benachteiligung Behinderter umfasse und eine solche Grundrechtsverstärkung rechtfertige[216]. Das Kombinationsgrundrecht aus Art. 1, 2, 6 GG weiche für ähnliche Grundrechtsadditionen die Dogmatik letztlich auf[217]. Für eine Aufwertung des Grundrechtsschutzes durch eine Summierung von – auch in der Person des Grundrechtsträgers nicht zwingend einschlägigen – Grundrechten bietet sich in der Tat im Gesetz kein Anhaltspunkt[218]. Die Verstärkung des Grundrechtsschutzes aus Art. 2 Abs. 1 i.V.m. Art. 1 Abs. 1 GG unter Hinzuziehung von Art. 6 Abs. 1 GG ist in der Tat – trotz begrüßenswertem Ergebnis – in seinem Erklärungsansatz fragwürdig: Die Schaffung neuer Schutzbereiche durch Ergänzungen eines Grundrechts um den Schutz eines anderen *verwischt die Schrankensystematik des Grundgesetzes.* Denn neben der Unüberschaubarkeit der Weite neuer Grundrechtskombinationen gelten für diese auch nicht die Schranken, die für die ergänzenden Grundrechte herkömmlich anwendbar sind. Im Fall von Verbindungen mehrerer Grundrechte im Sinne einer „i.V.m."-Konstellation werden Abgrenzungsregeln verwischt und Grundrechte nebst ihren Regelungen anwendend hinzugezogen, deren Schutzbereich nicht eröffnet ist[219]. Diese Unentschiedenheit in Anwendungsfragen führt letztlich zu *Einbußen seitens der Rechtsklarheit.* Wenn aber die Veränderungen durch die Kombinationsgrundrechte nicht transparent sind, besteht die Gefahr, daß der Beurteilungsmaßstab eine Färbung der Willkür in Schaffung und Begrenzung von Schutzbereichen erfährt. Im vorliegenden Fall kommt erschwerend hinzu, daß es sich um eine *doppelte* Verkettung von Grundrechten aus Art. 2 Abs. 1 i.V.m. Art. 1 Abs. 1 GG als Ausprägung des allgemeinen Persönlichkeitsrechts und darüber hinausgehend um eine Ankettung i.V.m. Art. 6 Abs. 1, 2 GG handelt[220]. Erstere beschreibt das Persönlichkeitsrecht, letztere verstärkt es. Mit dieser Undurchsichtigkeit geht allerdings mangels greifbarer Präzisierung des Schutzes grundsätzlich eine Schwächung des Grundrechtsschutzes einher. Die Verstärkung des Persönlichkeitsschutzes durch eine Grundrechtsaddition seitens der Mutter ist angesichts des Wunsches eines optimierten Kinderwohls vor dem Hintergrund der schwererkrankten Tochter verständlich. Hilfreich wäre es, an dieser Stelle zwischen dem Zweck, die Mutter eines kranken Kindes verstärkt zu schützen, und dem Mittel, dieses Ziel auf verfassungsrechtlicher Basis zu erreichen, zu unterscheiden. Ersteres ist

[216] BVerfG (Kammer), NJW 2000, 2658 (2659).

[217] *T. M. Spranger,* Die Figur der „Schutzbereichsverstärkung", in: NJW 2002, S. 2074 (2075); *Augsberg/Augsberg,* Kombinationsgrundrechte (Fn. 437), S. 577; auch im Grundsatz kritisch zur Schutzbereichsverstärkung durch Schutzbereichsergänzungen *Wittreck,* Esra (Fn. 6), S. 136.

[218] *Dreier,* Grundgesetz (Fn. 96), Vorb. vor Art. 1 Rn. 159.

[219] Vgl. so auch *Augsberg/Augsberg,* Kombinationsgrundrechte (Fn. 437), S. 549, 560 f., 577.

[220] Zur „i.V.m."-Konstruktion im Bereich des allgemeinen Persönlichkeitsrechts *Augsberg/Augsberg,* Kombinationsgrundrechte (Fn. 437), S. 569 ff.

zweifelsohne verständlich, letzteres sollte sich bei sensibler Materie wie einem Buchverbot in Anbetracht schwindender Rechtssicherheit nicht in unvorhersehbaren Grundrechtsadditionen ausgestalten.

(3) Fehlende Begründung für Grundrechtskumulation: Ausnahme von der Abwägung

Damit steht die Aufwertung des Art. 2 Abs. 1 i.V.m. Art. 1 Abs. 1 GG durch Art. 6 Abs. 1, 2 GG berechtigt in der Kritik[221]. Die Beanstandung folgt der allgemeinen Ablehnung von *Grundrechtsverkoppelungen*[222]. Fraglich ist, ob eine größere Flexibilität im Umgang mit neuartigen Situationen tatsächlich nur zu Lasten einer klaren Differenzierbarkeit der voneinander abgrenzbaren Wirkungsbereiche der einzelnen Grundrechte erreicht werden kann[223]. Die Kritik entzündet sich an der apodiktisch erscheinenden Begründung im „Esra"-Beschluß[224].

Auch die Tabuzone Eltern-Kind-Beziehung ist als Ausnahme vom Abwägungsvorgang und nicht als Sonderfall der Fiktionalitätsvermutung zu qualifizieren: Fragen zur Darstellung und Rezeption als faktual betreffen den Ausnahmebereich von der Fiktionalitätsvermutung. Die Materie der Mutter-

---

221 *Raue,* Kunstfreiheit (Fn. 309), S. 4 f.; *Wittreck,* Persönlichkeitsbild (Fn. 350), S. 11; *ders.,* Esra (Fn. 6), S. 136; *Knothe,* Freiheit (Fn. 6), S. 94. – Generell kritisch zur Aufladung von Grundrechtsschutz durch Grundrechtsverbindungen *Dreier,* Grundgesetz (Fn. 96), Vorb. vor Art. 1 Rn. 159; *Hofmann,* Kommentar (Fn. 479), Art. 2 Rn. 6. – Eingehende Vertiefungen von *W. Berg,* Konkurrenzen schrankendivergenter Freiheitsrechte im Grundrechtsabschnitt des Grundgesetzes, 1968, S. 63 f., 85 f.; *Rüfner,* Grundrechtskonflikte (Fn. 97), S. 477 ff.; *J. Würkner,* Effektivierung des Grundrechtsschutzes durch Grundrechtskumulation?, in: DÖV 1992, S. 150 (151 ff.); *Spranger,* Figur (Fn. 217), S. 2074 ff.; *G. Sydow,* Ausnahmegenehmigung für das Schächten, in: Jura 2002, S. 615 (619, 621); *U. Volkmann,* Anmerkung zu BVerfG, Urteil des Ersten Senats vom 15.1.2002 – 1 BvR 1783/99, in: DVBl. 2002, S. 332 (332 f.); *W. Höfling,* Kopernikanische Wende rückwärts? Zur neueren Grundrechtsjudikatur des Bundesverfassungsgerichts, in: S. Muckel (Hrsg.), Kirche und Religion im sozialen Rechtsstaat, 2003, S. 329 (331); *Wittreck,* Religionsfreiheit (Fn. 117), S. 531 ff.; *Augsberg/Augsberg,* Kombinationsgrundrechte (Fn. 437), S. 544 ff., 575 ff., 580 f. – So auch für praktische Bearbeitungen *Pieroth/Schlink,* Grundrechte (Fn. 18), S. 54, 79 f.

222 Siehe nur *M. Kniesel,* Die Versammlungs- und Demonstrationsfreiheit – Verfassungsrechtliche Grundlagen und versammlungsgesetzliche Konkretisierung, in: NJW 1992, S. 857 (858 f.); *R. Heß,* Grundrechtskonkurrenzen, 2000, S. 82 ff. – In bezug auf die Schächtentscheidung *K.-H. Kästner,* Das tierschutzrechtliche Verbot des Schächtens aus der Sicht des Bundesverfassungsgerichts, in: JZ 2002, S. 491 (493 ff).; *K.-E. Hain/P. Unruh,* Neue Wege in der Grundrechtsdogmatik? – Anmerkungen zum Schächt-Urteil des BVerfG nach Änderung des Art. 20a GG, in: DÖV 2003, S. 147 (147 ff.); *K.-A. Schwarz,* Das Spannungsverhältnis von Religionsfreiheit und Tierschutz am Beispiel des „rituellen Schächtens", 2003, S. 35 ff.; *Wittreck,* Religionsfreiheit (Fn. 117), S. 531 ff.; anschaulich hierzu die Prägung von „Normamalgamierungen" durch *Dreier,* Grundgesetz (Fn. 96), Vorb. vor Art. 1 Rn. 156 ff. – Ablehnend auch *Kahl,* Entwicklungslinien (Fn. 114), S. 601; *Augsberg/Augsberg,* Kombinationsgrundrechte (Fn. 437), S. 547 ff. – Vor einer Diffusion aufgrund objektiv-rechtlicher Grundrechtsfunktionen warnt *Höfling,* Grundgesetz (Fn. 477), Art. 8 Rn. 43.

223 So *Augsberg/Augsberg,* Kombinationsgrundrechte (Fn. 437), S. 573 ff., 577.

224 *Raue,* Kunstfreiheit (Fn. 309), S. 4, 13.

Kind-Beziehung per se bezieht sich hingegen allein auf die Angelegenheit der Abwägungsfestigkeit. So wird eine klare Trennung von Fiktion und inhaltlicher Darstellung persönlichkeitsrechtsrelevanter Gebiete umsetzbar[225]. Erstere betrifft allein die Frage, wie der Leser einen Text – unabhängig von der tangierten Persönlichkeitsdimension – rezipiert: „Fiktionalisierungen dienen nicht der Imitation oder dem Fingieren von Behauptungen, sondern der Identifikation des Sendesubjekts mit der von ihm beschriebenen Person."[226]

Bei der zweiten Tabuzone handelt es sich also wie im Fall der Intimsphäre nicht um eine *Ausnahme von der* Fiktionalitätsvermutung, sondern von der *Abwägungsfähigkeit* mit widerstreitenden Interessen. Wie gesehen erlebt der Leser den Roman als Verquickung von Realität und Fiktion, da Adam ein Insiderwissen über das Leben des identifizierbaren Autors *Biller* proklamiert. Ob die mitgeteilten Einzelheiten der Realität entsprechen, also fiktive oder faktuale Geschichte sind, ist ohne Belang. Der Literat hat sich bewußt für die Form der Autofiktion, für die Identifizierbarkeit des Verfassers in einem fiktionalen Text entschieden. Dann muß er es sich auch zurechnen lassen, wenn der Erzähler vorgibt, internes Wissen über das Leben des Autors und seines Umfelds mitzuteilen. Bei der Wahrnehmung als nichtfiktionaler Text eröffnet sich sodann die bekannte Beurteilungspalette einer Persönlichkeitsrechtsverletzung (Sphärenlehre). Da sich diese in der Rezeption des Lesers ereignet, folgt diese auch den bekannten Kriterien von Intensität der Persönlichkeitsrechtsbeeinträchtigung (Sphärenlehre) der Person, die in dem als faktual rezipierten Text identifizierbar ist. Dieses Spiel ereignet sich nicht in einem ästhetischen Vakuum, sondern wirkt – der Intention von Kunst entsprechend – in den sozialen Realien. Diese Folgen von Literatur sind nicht nur einzugestehen, sondern als wesensprägend anerkennend hervorzuheben. Eine akribische Trennung von Realität und Literatur aufgrund der Furcht, Kunst nicht gerecht zu werden, ist damit nicht nur unangebracht, sondern verhindert genau einen Umgang mit Literatur, der diese ernst nimmt und ihr nur so gerecht werden kann[227].

---

225 Durch die Betonung dieses Faktums kann auch der folgenden Kritik der Sondervoten begegnet werden, BVerfGE 119, 1 (39, 50): „Einleuchtend ist ebenfalls nicht, wie aus dem Grad der Erkennbarkeit einer Person in einem Roman auf eine schwere Beeinträchtigung ihrer Persönlichkeit geschlossen werden kann. [...] Bei einer hohen Intensität der Persönlichkeitsverletzung – im konkreten Fall werden die Darstellungen zum Intim- und Sexualbereich sowie über die Krankheit des Kindes hier eingeordnet [...] – greift die Vermutung des Fiktionalen nicht mehr." Abzulehnen daher auch *Riedel,* Vermutung (Fn. 133), S. 125. – Einzuräumen ist, daß die Anpassung dieses Regel-Ausnahme-Verhältnisses auf die Wertungen im Bereich des postmortalen Persönlichkeitsrechts bislang lückenhaft bleibt; so auch *Gostomzyk,* Anmerkung (Fn. 391), S. 754.

226 *Kasics,* Literatur (Fn. 66), S. 35; kritisch *Zipfel,* Fiktion (Fn. 88), S. 256.

227 Aus einer furchtsamen Trennung der ästhetischen und alltäglichen Welt resultieren Einschätzungen bezüglich der Intimsphäre der Klägerin zu 1) wie von *Neumeyer,* Person (Fn. 224), S. 185 f.: „Hier wird jedoch keine Frau in die Öffentlichkeit gezerrt, sondern zwei Romanfiguren haben Sex. Fraglich ist allein, ob die Gefahr besteht, dass Leser diese Schilde-

(4) Gegenlösung zur Grundrechtskumulation: Privatsphäre (Mutter), Intimsphäre (Kind)

Das favorisierte Ergebnis kann auch auf grundrechtsdogmatisch präzise Weise erreicht werden: Soweit die Mutter ihre Rechte wegen der literarischen Darstellung des Eltern-Kind-Umgangs geltend macht, wird häufig ihre *Privatsphäre* betroffen sein, aus der zwar keine Abwägungsfestigkeit folgt, die allerdings ein äußerst schwerwiegendes Interesse an der Darstellung erfordert[228]. Eine Vermengung mit Art. 6 Abs. 1, 2 GG bedarf es hierbei nicht.

Zu einem vorrangigen Recht kann der Persönlichkeitsschutz des schwerkranken Mädchens demgegenüber auf seiten des Kindes selbst werden: Wenn sich die kranke Tochter der Klägerin zu 1) auf ihr Persönlichkeitsrecht beruft, ist nunmehr die *Geheimsphäre* bzw. die *Intimsphäre* des Mädchens betroffen. Wenn die Mitteilungen hinsichtlich des Gesundheitszustandes in diesen Bereich fallen, wird das Interesse des Persönlichkeitsschutzes der Erkrankten grundsätzlich gegenüber der Kunstfreiheit ohnehin vorrangig sein[229]. Überwiegende Interessen des Gemeinwohls, die die Darstellung von Gegenständen aus diesem Bereich rechtfertigen könnten, sind in Abwägung mit der Kunstfreiheit bei derartigen

---

rung auf reale Personen beziehen und für wirklichkeitsgetreu halten." Die Unterscheidung zwischen der Bloßstellung einer Frau in der Öffentlichkeit und der Gefahr, Sexszenen auf eben diese Dame zu beziehen und also für wirklichkeitsgetreu zu halten (erstere Formulierung wirkt schlicht komprimierender), ist nicht ohne weiteres verständlich. Die Kritik an *Seitz,* Kunst (Fn. 710), S. 141 greift daher nicht durch.

[228] Dabei ist es durchaus akzeptabel, die genannte elterliche Hinwendung der Eltern zu ihren Kindern als Ausübung des allgemeinen Persönlichkeitsrechts auszulegen. So auch BVerfGE 101, 361 (385 f.); die Eltern-Kind-Beziehung als Teilgehalt des allgemeinen Persönlichkeitsrechts ordnet treffend ein *Jarass,* Grundgesetz (Fn. 729), Art. 2 Rn. 49. – Verneinend hinsichtlich der Zuordnung zur Intimsphäre *Merten/Schäfer,* Überlegungen (Fn. 192), S. 97.

[229] Vgl. nur BVerfGE 32, 373 (379 f.); BGH UFITA 52, 208 (211 ff.); bei der medialen Darstellung von Kindern auf deren eigenständiges Persönlichkeitsrecht und nicht das der Eltern stellt ab *Starck,* Kommentar (Fn. 724), Art. 2 Abs. 1 Rn. 188. – Unberührt hiervon bleibt die Frage, ob das Kind, das als ausreichend einsichtsfähig angesehen werden kann, selbst oder mangels Prozeßfähigkeit sein gesetzlicher Vertreter Prozeßhandlungen vornehmen muß. Hierzu *Dreier,* Grundgesetz (Fn. 96), Vorb. vor Art. 1 Rn. 114; *v. Coelln,* Grundgesetz (Fn. 477), Art. 6 Rn. 62; *Jarass,* Grundgesetz (Fn. 729), Art. 19 Rn. 13; einen ähnlichen Sachverhalt betrifft das zeitweilig in Frankreich verbotene Enthüllungsbuch von *C. Gubler/M. Gonod,* Le grand secret, 2. Aufl. Monaco 2005, S. 19 ff. Darin offenbart ein nach deutschem Recht als Berufsgeheimnisträger § 203 Abs. 1 Nr. 1 1. Var. StGB einzuordnender Privatarzt *Gubler* des ehemaligen französischen Ministerpräsidenten François Mitterand mit offensichtlichem Faktiztätsanspruch Patientendaten, vertrauliche Details von der Krebserkrankung seines Patienten, *Gubler/Gonod,* ebda., S. 55 f.: „Le cancer de François Mitterand n'entre pas dans cette catégorie, mais, comme toujours en médecine, chaque malade est un cas particulier. Il a eu une chance inouïe. Les lignées malignes ont répondu chez lui d'une manière extraordinaire au traitement. Parler de miracle est exagéré, mais d'exception, oui. Sur le plan médical c'est un phénomène. Peu de médecins ou de chirurgiens ont dans leurs statistiques des exemples similaires, que ce soit les Américains ou les Européens."

Fallkonstellationen nicht ersichtlich[230]. Mutter oder Vater können als Erziehungsberechtigte, als gesetzliche Vertreter des Kindes, dann ihre Rechte vor den Gerichten nach § 1629 BGB wahrnehmen[231].

(5) Zwischenresultat: Ausnahme von der Abwägung bei erhöhtem Persönlichkeitsschutz

Bei beiden Ausnahmegruppen handelt es sich um die Konkretisierung einer Materie, die in unmittelbarer Nähe zum Menschenwürdegehalt des Persönlichkeitsrechts steht. Es erscheint nicht ausgeschlossen, daß sich aufgrund der Rechtsfortbildung weitere Fallgruppen bilden, die aufgrund ihres Menschenwürdebezugs von der Abwägung auszunehmen sind. Um ausreichend Rechtsklarheit und -sicherheit für den Literaturbetrieb zu schaffen und dem Verdacht des Kunstrichtertums und der Privatzensur entgegenzutreten, ist allerdings eine bestimmte Festlegung dieser Tabuzonen erforderlich. Wenn die Konstruktion weiterer Ausnahmen unerläßlich wird, sollte ihre Anzahl begrenzt und verbindlich festgelegt werden.

Es bleibt zusammenzufassen, daß es sich bei den beiden Gruppen um Ausnahmen von dem Abwägungsprozeß und nicht von der Fiktionalitätsvermutung handelt[232]. Ausnahme von der Fiktionalitätsvermutung – konkretisiert von der zweiten – ist die Rezeption als faktual, beispielhaft aufgrund eines dargestellten Insiderwissens bei doppelter Erkennbarkeit. Die Wahl der semantischen Materie ist hingegen keine Frage der Darstellungsart, also der Fiktionalität, sondern eben der inhaltlichen Themenwahl, die die Persönlichkeitsdimensionen in unterschiedlichen Sphären betrifft und in Grenzsituationen eine Ausnahme vom Abwägungsprozeß begründen kann[233].

---

230 So gehört es nicht zum Aufgabenbereich eines Künstlers, das Gemeinwohl vor Epidemien oder einer ansteckenden Krankheit des Betroffenen zu warnen, wie es beispielsweise bei Angehörigen von Heilberufen, die im Rahmen ihrer behandelnden Tätigkeit von der Erkrankung Kenntnis erlangen, der Fall sein kann, BVerfGE 32, 373 (380); ebenso besteht kein öffentliches Interesse, von der Erkrankung der Tochter der Klägerin zu 1) zu erfahren, vgl. zur Abwägung im Fall einer HIV-Infektion: KG Berlin NJW-RR 2010, 622 (624).

231 Zum Verhältnis von allgemeinem Persönlichkeitsrecht des Kindes und der Vertretungsmacht der Erziehungsberechtigten BVerfGE 72, 155 (172).

232 So aber die Kritik von BVerfGE 119, 1 (57 f.); *Lettmaier,* Persönlichkeitsrecht (Fn. 376), S. 568. Etwas unpräzise erscheint die Einschätzung von *Reichel.* Sie vermischt irrig diese Materie mit Fragen der Beweiserhebung auf dem Gebiet der Fiktion *Reichel,* Kunstfreiheit (Fn. 85), S. 128. – Der Intimsphäre mißverständlich nur einen graduell größeren, aber nicht abwägungsfesten Schutz billigen zu *Ohly/Lucas-Schloetter/Beverley-Smith,* Freedom (Fn. 238), S. 533: „Secondly, the more the narrative concerned particularly strongly protected personality aspects such as sexuality, the more it had to depart from reality."

233 Zur begrifflichen Klarstellung einer Persönlichkeitsrechtsverletzung im Fall der Darstellung durch eine Kunstfigur vgl. die Ausführungen am Beispiel der „Je-desto"-Formel, Abschnitte D.IV.2.b, E.I.7.

7. Zur „Je-desto“-Formel

a) Zutreffende Präzisierung einer Wechselbeziehung als Abwägungshilfe

Die Präzisierung des Verhältnisses von Fiktionalisierung und Persönlichkeitsrechtsbeeinträchtigung in Form der „Je-desto“-Formel durch die Senatsmehrheit trifft teilweise auf klare Zustimmung und wird in der Rechtsprechung anerkannt[234]. Sie schaffe *taugliche Abwägungsdeterminanten* und nehme interessengerecht die realistische Schilderung des Sexuallebens bei Erkennbarkeit der Beteiligten von dem Abwägungsmechanismus zum Schutz des Kernbereichs privater Lebensgestaltung aus[235]. Einem Künstler stehe regelmäßig eine große Auswahl von Möglichkeiten zur Verfügung, die in die Kunst eingegangenen Erfahrungen der sozialen Realien persönlichkeitsrechtskonform auszugestalten. Diese Optionen sind beim Ausgleich der widerstreitenden Interessen zugunsten des Persönlichkeitsschutzes zu beachten[236]. Die Bewertung der Persönlichkeitsrechtsbeeinträchtigung erfordere keine literarisch sachverständige Einschätzung, sondern folge den Grundsätzen der „Je-desto“-Formel[237].

b) „Je-desto“-Formel: inadäquater und inkonsequenter Umgang mit Kunst

Die Kritik an der „Je-desto“-Formel wird bereits in den Sondervoten zum „Esra“-Beschluß grundgelegt und in der Literatur vertieft[238]. In Hinblick auf das Kunstverständnis sei die Stufung inadäquat, bezüglich des Anspruchs an Wirklichkeitsverarbeitung inkonsequent.

Die dissentierenden Richter lehnen eine Wechselbeziehung von Fiktionalisierung und Persönlichkeitsrechtsbeeinträchtigung ab[239]. Ein literarisches Werk sei eine eigenständige, neue Schöpfung. In ihr gehen faktische und fiktive Elemente eine untrennbare Verbindung ein, so daß eine quantitative Messung von Übereinstimmungen des Kunstwerks mit der Realität *kunstinadäquat* sei[240]. Möglich sei allein eine „Entweder-oder“-Entscheidung in Hinblick auf die Fiktion, nicht aber eine abgestufte Differenzierung nach unterschiedlichen Ausprägungen

---

[234] LG Frankfurt a.M. ZUM 2009, 308 (310); LG Köln NJW-RR 2009, 623 (628, 630); LG Köln, Urteil vom 11.03.2011, 28 O 151/11, BeckRS 2011, 07677; ArbG Herford, Urteil vom 18.02.2011, 2 Ca 1394/10, BeckRS 2011, 69487; *Schröder,* Je-desto-Formel (Fn. 35), S. 148, 150; *Grimm,* Trumpfkarte (Fn. 686), S. 30; *Starck,* Kommentar (Fn. 724), Art. 5 Abs. 3 Rn. 335; *Schwarz/Hansen,* Grenzen (Fn. 359), S. 38 f.

[235] *Schröder,* Je-desto-Formel (Fn. 35), S. 148.

[236] *Starck,* Kommentar (Fn. 724), Art. 5 Abs. 3 Rn. 335.

[237] Hierzu *Starck,* Kommentar (Fn. 724), Art. 5 Abs. 3 Rn. 335.

[238] BVerfGE 119, 1 (38 ff.); *v. Becker,* Vorhang (Fn. 248), S. 622; *Enders,* Anmerkung (Fn. 6), S. 582 f.; *Lenski,* Grundrechtsschutz (Fn. 400), S. 282; *Siegle,* Spannungsverhältnis (Fn. 1), S. 86 f.; moderate Kritik bei *Müller-Dietz,* Fiktion (Fn. 159), S. 241 ff.

[239] BVerfGE 119, 1 (38 ff.).

[240] BVerfGE 119, 1 (39); eine unzulässige Beschränkung des Autors durch die Quantifizierung befürchtet *Müller-Dietz,* Fiktion (Fn. 159), S. 241.

von Fiktion[241]. Denn bei derart fließenden Übergängen bestehe die Gefahr der Beliebigkeit von Deutungen und moralisierender Einschätzungen anstelle der Schaffung notwendiger Rechtsklarheit[242]. Zudem könne aus dem Grad der Erkennbarkeit nicht auf die Schwere der Persönlichkeitsrechtsbeeinträchtigung geschlossen werden[243]. Denn die Anzahl von Übereinstimmungen zwischen Kunst und Wirklichkeit treffe keine Aussage, ob die Wiedererkennungsmomente Reales unvermittelt wiedergeben.

Insgesamt wird die „Je-desto"-Formel als *inkonsequent* kritisiert. Sie fordere den Künstler auf, sein Werk umso mehr zu fiktionalisieren, je größer die Übereinstimmungen mit der außerliterarischen Realität sind. Dies sei in sich ein Widerspruch, folglich nicht ausführbar und ermögliche daher keine Rechtsklarheit für den Literaturbetrieb[244]. Der Anspruch, eine Persönlichkeitsrechtsbeeinträchtigung im Intimbereich durch eine verstärkte Fiktionalisierung auszugleichen, führe dann letztlich – in Konsequenz der Inkonsequenz – sogar zu einer Tabuisierung der Sexualität in Kunstwerken[245].

c) Unbestimmtheit der „Je-desto"-Formel

Andere lehnen die Einführung der „Je-desto"-Formel nicht grundsätzlich ab, kritisieren allerdings auch die Unbestimmtheit ihrer Kriterien, namentlich in Hinblick auf das Wesen von Fiktion, zu den anderen Rechten des Art. 5 Abs. 1 GG und zum abwägungsfesten Kernbereich[246]. Die „Je-desto"-Formel wird in diesem Fall nicht per se, sondern allein in der konkreten Ausgestaltung kritisiert. Sie beschreibe die Wechselbeziehung von Fiktionalisierung und Schwere der Persönlichkeitsrechtsbeeinträchtigung, ohne die Voraussetzungen von Fiktionalisierung klar zu definieren[247]. Auch bleibe ungeklärt, ob die „Je-desto"-Formel weiter gehend auf andere Grundrechte des Art. 5 GG übertragbar ist[248]. Schließlich wird darauf hingewiesen, daß das Verhältnis der „Je-desto"-Formel zum abwägungsfesten Kernbereich privater Lebensgestaltung nicht ausreichend bestimmt wird[249]. Ein weiterer Gesichtspunkt bei der Ausgestaltung der Formel zeige sich in der Festlegung der Faktoren, die eine Persönlichkeitsverletzung zugleich als Voraussetzung und Folge wertet: Eine Persönlichkeitsrechtsverletzung

---

241 *Enders,* Anmerkung (Fn. 6), S. 583.
242 *Müller-Dietz,* Fiktion (Fn. 159), S. 242.
243 BVerfGE 119, 1 (39 f.).
244 *v. Becker,* Vorhang (Fn. 248), S. 622; *Müller-Dietz,* Fiktion (Fn. 159), S. 241 ff.
245 BVerfGE 119, 1 (41).
246 *Neumeyer,* Fiktion (Fn. 141), S. 513 f.; *Wittreck,* Persönlichkeitsbild (Fn. 350), S. 10; so in Hinblick auf die Eindeutigkeit der Kriterien im Fall des Films „Kannibale von Rotenburg" *M. Weller,* Notwendiger Grad der Verfremdung bei künstlerischer Betätigung vor realen Hintergründen („Kannibale von Rotenburg"), in: jurisPR-ITR 17/2008 Anm. 3.
247 *Neumeyer,* Fiktion (Fn. 141), S. 513 f.
248 *Wittreck,* Esra (Fn. 6), S. 136.
249 *Wittreck,* Persönlichkeitsbild (Fn. 350), S. 10.

soll durch die Schwere der Persönlichkeitsrechtsverletzung bestimmt werden. Dies komme einem Zirkelschluß gleich[250].

d) Zwischenergebnis: weder kunstinadäquat noch inkonsequent, aber präzisierbar

Die Einführung der „Je-desto“-Formel ist grundsätzlich zu begrüßen, da sie einen Zugewinn von *Strukturierung* innerhalb des Abwägungsvorgangs darstellt und die Herstellung von Einzelfallgerechtigkeit ermöglicht. Sie stellt eine Anwendung des allgemeinen Grundsatzes praktischer Konkordanz im Spannungsverhältnis von Kunstfreiheit und Persönlichkeitsschutz dar. Noch im Beschluß des Oberlandesgerichts Hamburg zum Roman „Das Ende des Kanzlers – der finale Rettungsschuss“ wurde nur pauschal festgestellt: „Lässt sich freilich eine schwerwiegende Beeinträchtigung des Persönlichkeitsrechts zweifelsfrei feststellen, so kann sie auch nicht durch die Kunstfreiheit gerechtfertigt werden.“[251] Demgegenüber stellt die „Je-desto“-Formel durch Veranschaulichung altbekannter Grundsätze der praktischen Konkordanz als griffigere Abwägungsformel im Ergebnis eine Stärkung der Kunstfreiheit dar. Die Schwellen zur Anwendbarkeit der „Je-desto“-Formel sind im Mindestmaß in der Erkennbarkeit der Betroffenen, im Höchstmaß in den tabuisierten abwägungsfesten Zonen des Intimbereichs und der Eltern-Kind-Beziehung festzumachen. Der Rahmen des Anwendungsbereichs läßt sich also anhand von Erkennbarkeit und Ausnahmegruppen des „Esra“-Beschlusses umreißen.

Hinsichtlich der Kritik ist zu differenzieren: In der Tat gestaltet sich die „Je-desto“-Formel nicht ausreichend präzise aus. Als kunstinadäquat oder inkonsequent kann sie allerdings nicht gewertet werden.

aa) Erforderliche Konkretisierung der „Je-desto“-Formel

Der Begriff der Fiktion wird auch im Rahmen der „Je-desto“-Formel *nicht konkretisiert.* Er wird wie bei der Fiktionsvermutung auch im Kontext der „Je-desto“-Formel nicht ausreichend präzisiert[252]. Zur fachgerechten Bestimmung von Fiktionalität bedarf es eines literaturwissenschaftlichen Gutachtens. Insbesondere die Klarstellung der Beziehung von „Je-desto“-Formel und Sphärenlehre, mit Blick auf den abwägungsfesten Kernbereich privater Lebensgestaltung, würde in der Tat einen Gewinn an Rechtsklarheit schaffen[253]. Der Senat

---

[250] *Vosgerau,* Persönlichkeitsrecht (Fn. 60), S. 113 f.

[251] OLG Hamburg AfP 2004, 375 (375).

[252] Vgl. Abschnitt E.I.7.c.

[253] Dies gilt um so mehr, als in der bundesweiten Rechtsprechung vereinzelt der Kernbereich der Intimsphäre trotz grundsätzlicher Unantastbarkeit in einen Abwägungsprozeß gestellt wird. So eher vage BVerfG (Kammer), NJW 2001, 594 (595); das Berühren der Menschenwürde reiche nicht für das Durchschlagen auf diese aus nach BVerfG (Kammer), NJW 2001, 2957 (2958 f.); BGHZ 50, 133 (143 ff.); KG Berlin NJW-RR 2004, 1415 (1417).

erörtert die Schwere der Persönlichkeitsrechtsbeeinträchtigung hinsichtlich der Klägerin zu 1) anhand der Schilderung von Intimszenen des Erzählers mit Esra; bezüglich der Klägerin zu 2) mittels der negativen Charakterzeichnung von Lale. Aufgrund der fließenden Übergänge innerhalb der „Je-desto"-Formel ist immerhin zu vermuten, daß die Senatsmehrheit von eben solchen zwischen der Sozial- und Privatsphäre ausgeht[254]. Allerdings wird die Abwägungsfestigkeit des Kernbereichs privater Lebensgestaltung vor dem Hintergrund der „Je-desto"-Formel nicht expressis verbis präzisiert. Gleichwohl wird im Anschluß zugunsten der beiden Ausnahmebereiche das Abwägungsergebnis – als Hinweis auf die Abwägungsfestigkeit – ohne Bemühen des „Je-desto"-Mechanismus festgestellt, so daß sich aus dem faktischen Vorgehen die Bejahung der Abwägungsfestigkeit ableiten läßt[255]. Eine höchstrichterliche Klärung des Verhältnisses der Sphärenlehre zu der „Je-desto"-Formel – beispielsweise in Form eines deutlichen Anwendungsausschlusses bei tangiertem Kernbereich der Persönlichkeit – bleibt auch vor dem Hintergrund einer faktisch zutreffenden Bereichsausnahmeregelung unumgänglich, um Rechtssicherheit für künftige Entscheidungen zu schaffen.

bb) Die „Je-desto"-Formel ist nicht kunstinadäquat

Dem Einwand der Kunstinadäquanz ist wie folgt zu begegnen: Die Ablehnung der „Je-desto"-Formel beruht zunächst ihrerseits auf einem Mißverständnis von Kunst und ist *Resultat einer unzulässigen Vermischung von Fiktionalität und Erkennbarkeit.* Letztere steht in der Tat nicht in einer Wechselbeziehung zur Schwere der Persönlichkeitsrechtsbeeinträchtigung. Wenn man beispielsweise einen Politiker in einem Roman namentlich nennt, ist dessen Erkennbarkeit zu bejahen. Allerdings wird damit noch keine Aussage hinsichtlich der Fiktionalisierung getroffen. Je stärker der Literat eine Kunstfigur ausformt, indem er beispielshalber Biographie und Persönlichkeit des Betroffenen verändert oder ihn im Extremfall in ein Tier oder irreales Phantasiewesen verwandelt, desto umfassender gestaltet sich die Fiktionalisierung. Je weniger er davon Gebrauch macht und sich hauptsächlich an den realen Details der Politikerbiographie orientiert, desto größer ist das Risiko einer Persönlichkeitsrechtsbeeinträchtigung. Die in

Diese Problematik eröffnet sich insbesondere im Bereich des postmortalen Persönlichkeitsschutzes: Das Bundesverfassungsgericht stützt diesen auf Art. 1 Abs. 1 GG und stellt ihn trotz der Abwägungsfestigkeit des Art. 1 Abs. 1 GG in einen Abwägungsvorgang ein. Dieses inkonsequente Vorgehen wird zu Recht kritisiert von *Dreier,* Grundgesetz (Fn. 96), Art. 1 I Rn. 74. – Eine gute Übersicht zur Rechtsprechung des Bundesverfassungsgerichts bietet *H.-J. Pabst,* Der postmortale Persönlichkeitsschutz in der neueren Rechtsprechung des BVerfG, in: NJW 2002, S. 999 (1001 f.).

[254] Der Senat weist den unterschiedlichen Dimensionen des allgemeinen Persönlichkeitsrechts die Stellung als Anhaltspunkte für die Beeinträchtigungsintensität zu: BVerfGE 119, 1 (30).

[255] Vgl. BVerfGE 119, 1 (34 f.).

der Prüfung anfänglich festgestellte Erkennbarkeit hat keinen Einfluß auf diesen Abwägungsmechanismus.

cc) Die „Je-desto"-Formel ist nicht inkonsequent

Drittens wird die Inkonsequenz der Formel beanstandet, die letztlich auf eine Tabuisierung bestimmter, insbesondere sexueller Themenbereiche hinauslaufe. Diese Sorge erweist sich bei Verfolgung der Argumentation der Senatsmehrheit als unbegründet. Denn die Darstellung von Themen der Intimsphäre ist nicht schlechthin, sondern nur in einer seltenen Konstellation untersagt: Die Betroffenheit des Kernbereichs privater Lebensgestaltung erfordert neben einer einschlägigen Thematik eine Rezeption als faktual aufgrund einschlägiger Faktizitätshinweise, wie beispielsweise eine zweifache Erkennbarkeit und die Proklamation eines Wissensvorsprungs des Autors gegenüber dem Leser hinsichtlich der als tatsächlich geschehen vorgegebenen Umstände. Wenn der Autor dem Leser den Eindruck vermittelt, die intimen Ereignisse hätten sich bei den Personen so ereignet, besteht kein Anlaß, den Betroffenen schutzlos zu stellen und dessen öffentliche Bloßstellung hinzunehmen. Hätte der Autor die sexuellen Erlebnisse mit der Person in einem Zeitungsbericht offenbart, würde dies unstreitig eine Persönlichkeitsrechtsverletzung darstellen. Schildert er die gleichen Ereignisse in unveränderter Form in einem Roman, kann ihn nicht der Schutz der Fiktionalität decken, der sein Handeln rechtfertigt. *Das Argument fehlenden Faktizitätsanspruchs eines literarischen Werks gegenüber dem zuvor genannten Zeitungsbericht ist nicht überzeugend, wenn der Autor selbst die Rezeption seines – wenn auch fiktionalen – Textes als faktual nahelegt.*

Das Gericht untersucht in Form einer Engführung die Wechselwirkung zwischen Intensität der Persönlichkeitsrechtsverletzung und Fiktionalisierung[256]. Der scheinbare Widerspruch bei der Fiktionalisierungsprüfung löst sich, wenn man die Fiktionalisierung nicht mit der Entstellung erkennbarer Personen gleichsetzt. Denn tatsächlich ist bei der Fiktionalisierung die Entstellung von erkennbaren Personen sogar ausgeschlossen. Sowohl auf der ersten als auch auf der zweiten Prüfungsebene unterscheidet das Gericht klar zwischen Beeinträchtigung des allgemeinen Persönlichkeitsrechts, also Entstellung erkennbarer Personen, und Fiktionalisierung. Nach erfolgter Fiktionalisierung entstehen Kunstfiguren, eine Persönlichkeitsrechtsverletzung von realen Personen ist ausgeschlossen. Dies bringt die „Je-desto"-Formel zum Ausdruck. Solange aber eine Fiktionalisierung – trotz der Vermutung für die Fiktionalität bei literarischen Werken – nicht vorliegt, ist eine Verletzung des Persönlichkeitsrechts möglich und bei intensiver Beeinträchtigung des Persönlichkeitsrechts auch wahrscheinlich. Nichtsdestotrotz ist *von Becker* insoweit Recht zu geben, als daß der Einsatz des Prüfungskriteriums der Fiktionalisierung auf zwei unterschiedlichen

[256] BVerfGE 119, 1 (30).

Ebenen einer Klärung bedarf. Die Aufteilung in eine zweistufige Prüfung bietet einen Erklärungsansatz für die doppelte Verwendung. Denn der erste Analyseschritt dient der Feststellung der Erkennbarkeit. Auf der zweiten Stufe untersucht der erkennende Senat dann die Wechselbeziehung von Darstellungsart und Schwere der konkreten Beeinträchtigung des Persönlichkeitsrechts[257]. Bei dieser klärenden Darstellung wird deutlich, daß die Stufeneinteilung eine saubere Prüfung in Vorstellung der Fiktionalität im Fall von literarischen Werken bei gleichzeitiger Begründung der Fiktionalitätsvermutung und Durchführung der Fiktionalität im Wechselspiel mit der Intensität des allgemeinen Persönlichkeitsrechts erlaubt. Der „Esra"-Beschluß zeigt Möglichkeiten zur Beantwortung der Schlüsselfrage auf: „Je verzerrter die dargestellten Personen und ihre Handlungen, desto weniger stimmen Fiktion und Wirklichkeit überein, desto unbegründeter ist die Klage. Umgekehrt: Je realitätsnäher die Romanfiguren gezeichnet sind, desto weniger kann von absichtlicher Schmähung die Rede sein."[258] Denn durch die Grundsätze der „Esra"-Entscheidung lassen sich die Vokabeln präzisieren:

„Verzerrt" bedeutet eine negative Veränderung, steht aber mit Fiktionalität in keinem Zusammenhang; auch in einem Zeitschriftenartikel kann eine Person verzerrt dargestellt werden, es handelt sich schlicht um eine negative Darstellung von einer Person oder einer Figur. Die negative Zeichnung ist bei der Prüfung, ob das allgemeine Persönlichkeitsrecht verletzt ist, zu untersuchen.

Ein erhöhtes Maß an *„Fiktion"* mindert hingegen tatsächlich die Erfolgsaussichten einer Klage gegen das literarische Werk. Der Begriff *„realitätsnah"* ist zu präzisieren. Meint er die *Erkennbarkeit*, so ist der gezogene Umkehrschluß unzulässig, die Erkennbarkeit eröffnet gerade die Möglichkeit einer Persönlichkeitsrechtsverletzung. *„Realitätsnah"* kann auch im Sinne eines geringen Fiktionsgrads verstanden werden. Auch dann ist eine Persönlichkeitsrechtsverletzung möglich. Daß der Umkehrschluß von Realitätsnähe auf Ablehnung absichtlicher Schmähung nicht stimmt, wird auch in Bereichen der Medienberichterstattung anerkannt. Entscheidend ist nicht die Realitätsnähe, sondern – wie die Sphärenlehre verdeutlicht – der beeinträchtigte Bereich. Die Abbildung von Geschehnissen aus der Intimsphäre ohne nennenswerte Rechtfertigung bleibt auch bei einer realitätsnahen Schilderung mit Recht unzulässig.

e) Keine wechselseitige Beeinflussung im Rahmen der „Je-desto"-Formel

Wenn sich die „Je-desto"-Formel auch nicht als widersprüchlich darstellt, so verhält sie sich doch *tautologisch*: „Je stärker Abbild und Urbild übereinstimmen, desto schwerer wiegt die Beeinträchtigung des Persönlichkeitsrechts. Je mehr die künstlerische Darstellung die besonders geschützten Dimensionen des Persön-

[257] *Wittreck*, Esra (Fn. 6), S. 134.
[258] *Kämmerlings*, Kunstperson (Fn. 147), S. 37.

lichkeitsrechts berührt, desto stärker muß die Fiktionalisierung sein, um eine Persönlichkeitsrechtsverletzung auszuschließen.“[259] Diese doppelte „Je-desto“-Formel läßt sich wie folgt vereinfachen: *Je weniger Fiktionalität, desto schwerer die Beeinträchtigung*; der zweite Teil, je schwerer die Beeinträchtigung, desto mehr Fiktionalität erforderlich, beschreibt den gleichen Sachverhalt unter Ausdifferenzierung der einzelnen Persönlichkeitsrechtsdimensionen in Anlehnung an die Sphärenlehre aus der Perspektive des Persönlichkeitsrechts. Den allgemein anerkannten Grundsatz vorausgesetzt, daß eine Persönlichkeitsrechtsbeeinträchtigung mit wachsender Nähe der Persönlichkeitsdimensionen zum Kernbereich schwerer wiegt, ist der zweite Abschnitt allein deklaratorischer Natur und damit letztlich verzichtbar. Der Vergleich mit ähnlichen Stufenverhältnissen – beispielsweise mit der Relation von Bedeutung des Schutzguts und der Wahrscheinlichkeit des Schadenseintritts im Polizeirecht[260] – bestätigt die These der Reduzierung der „Je-desto“-Formel auf deren ersten Teil. Eine *Vereinfachung der Formel* stellt einen Gewinn an Rechtssicherheit und -klarheit dar. Das wird auch durch eine Übertragung in ein „A-B“-Schema deutlich, wobei „A“ die Fiktionalisierung, „B“ die Persönlichkeitsrechtsbeeinträchtigung markiert: Je weniger „A“, desto mehr „B“, also je weniger Fiktionalisierung, desto schwerer die Persönlichkeitsrechtsbeeinträchtigung. Im Umkehrschluß bedeutet das, je mehr „A“, desto weniger „B“. Nur das sagt der zweite Teil der „Je-desto“-Formel aus, der eine verstärkte Fiktionalisierung für die Reduzierung von „B“, also im Fall der Beeinträchtigung besonders geschützter Persönlichkeitsbereiche, fordert[261]. Es handelt sich nicht um zwei unabhängige Aspekte, sondern sie stehen zueinander in einem antagonistischen Verhältnis. Daher wäre es treffender, von einem *diametralen*, anstatt von einem sich *wechselseitig* beeinflussenden Verhältnis zwischen Fiktionalisierung und Persönlichkeitsrechtsbeeinträchtigung zu sprechen. Eine Wechselbeziehung beschreibt eine Korrelation, die sich beispielsweise ökonomisch bei dem Verhältnis von Angebot und Nachfrage, auf dem Gebiet der Mathematik als statistischer Zusammenhang von Erscheinungen oder im medizinischen und biologischen Bereich als funktionelle Wechselbeziehung von Organen und Organismen ausdrücken läßt[262]. Denn die Beeinflussung erfolgt einseitig von dem Umfang der Fiktionalisierung hin zur Persönlichkeitsrechtsbeeinträchtigung. Letztere beeinflußt hingegen nicht die Fiktionalisierung. Da-

[259] BVerfGE 119, 1 (30).

[260] Zum „Je-desto“-Verhältnis siehe nur die allein lineare Beschreibung bei *Wolffgang/Hendricks/Merz,* Polizei- und Ordnungsrecht (Fn. 23), S. 38: „Je bedeutsamer und höherrangiger ein Schutzgut ist, desto geringer sind die Anforderungen, die an die Wahrscheinlichkeit eines Schadenseintritts zu stellen sind.“ Daß eine erhöhte Wahrscheinlichkeit des Schadenseintritts ein weniger bedeutsames Schutzgut zur Bejahung der hinreichenden Wahrscheinlichkeit ausreichen läßt, ergibt sich im Umkehrschluß und bedarf keiner weiteren Erörterung.

[261] BVerfGE 119, 1 (30).

[262] Dudenredaktion (Hrsg.): Duden (Fn. 58), Korrelation.

mit würdigt die so gelesene und abstrahierte „Je-desto"-Formel letztlich die Beeinflussungsrichtung von Fiktion auf Wirklichkeit und stellt damit eine Umsetzung des in der Literaturwissenschaft entwickelten Korrealitätsprinzips dar[263]. Angemerkt sei, daß es sich bei dem Korrealitätsprinzip um eine zwar durchaus überzeugende Beschreibung des Effekts von Fiktion auf Wirklichkeit handelt, gleichwohl dieser Ansatz in der Literaturwissenschaft auch auf Skepsis stößt[264]. Allerdings bleibt diese Kritik die Erklärung schuldig, weshalb sich die Rezeption des Lesers nicht den wahrgenommenen Ähnlichkeiten anpassen sollte. Neben mangelner empirischer Belegbarkeit (fehlende Erhebungen zu einem insoweit antizipierten Rezeptionsverhalten, das wahrgenommene Ähnlichkeiten in der eigenen Leserezeption gleichwohl ausblendet) ist diese Annahme eher realitätsfern: Im Zeitalter von Enthüllungsromanen, postmoderner Selbstreferentialität und Reality-TV ist es eher fernliegend, von der Rezeption eines realitätsnahen Textes als rein fiktional auszugehen. Dem Leser wird keine Anleitung zur Unterscheidung des in dem Text als Parameter „A" Dargestelltem und des in der Wirklichkeit vorkommenden Elements, das sich jedenfalls in der Beschreibung mit „A" deckt, gegeben. Eine der bedeutendsten Funktionen von Kunst ist es, sich an der öffentlichen Diskussion zu beteiligen, mithin auf die Wirklichkeit Einfluß auszuüben. Gerade diese Aufgabe rechtfertigt den in der Verfassung zuerkannten hohen Stellenwert von Kunstfreiheit. Wenn nun ein Schriftsteller sich so stark durch die Realität inspirieren läßt, daß er in seiner literarischen Neuschöpfung Übereinstimmungen mit erkennbar realen Geschehnissen beschreibt, ist kein Grund ersichtlich, er wolle den Leser an diesen Realitätsanlehnungen nicht teilhaben lassen; denn konsequenterweise hätte er dann auch nicht so sein Werk angelegt. Ebensowenig ist ersichtlich, weshalb ein Leser sich diesen Wirklichkeitsähnlichkeiten verschließen sollte. Es ist kein Grund ersichtlich, Wiedererkennungseffekte und evozierte Assoziationen in der menschlichen Psyche bei einem kognitiven Lesevorgang auszublenden. Gleichwohl eignet sich die Frage der Rezeption dokufiktionaler Literatur für ergänzende, breit angelegte – um einen Diskriminierungseffekt zu vermeiden, nicht auf einzelne Werke beschränkte – psychologische und kommunikationswissenschaftliche Studien[265].

Die Fiktionalisierungsintensität hat also Einfluß auf die Wahrnehmung in den sozialen Realien und damit auf die Schwere der Persönlichkeitsrechtsbeeinträchtigung. Inwieweit dies umgekehrt der Fall sein soll – *die Beeinflussung der Fiktionalisierung durch die Persönlichkeitsrechtsbeeinträchtigung – ist dagegen nicht ersichtlich.* Daher liegt die Beschreibung des Verhältnisses von Per-

---

263 *Bunia,* Faltungen (Fn. 90), S. 152 ff.

264 So *Riedel,* Vermutung (Fn. 133), S. 69: „Nicht zwangsnotwendig verändert sich mit dem Herstellen des Bezugs, mit dem Bemerken der Ähnlichkeit das Rezeptionsverhalten in ein solches, das einem faktualen Text entspricht."

265 Für die massenmediale Rezeption *W. Früh,* Realitätsvermittlung durch Massenmedien, 1994, S. 21 ff., 121 ff.

sönlichkeitsrechtsbeeinträchtigung und Fiktionalisierung als Wechselbeziehung im Sinne eines sich wechselseitig beeinflussenden Gegenseitigkeitsverhältnisses nicht auf der Hand und ist ohne weitere Erörterung aus sich heraus nicht verständlich[266]. Zudem wäre zum besseren Verständnis ein Hinweis nützlich, der klarstellt, daß es sich bei der Fiktionalisierung um nur einen – wenn auch wesentlichen – Faktor zur Bestimmung der Persönlichkeitsrechtsbeeinträchtigung handelt. Neben der Fiktionalisierung ist auch der betroffene Bereich nach der Sphärenlehre für die Beeinträchtigungsschwere ein maßgebender Parameter. Diese beiden Größen sind voneinander unabhängig. Damit klärt sich auch das Verhältnis von Sphärenlehre und Fiktionalisierung: Letztere betrifft die Darstellungsweise in einem Text des Verfassers, erstere den betreffenden Bereich des Persönlichkeitsrechts der literarischen Vorlage. Fiktionalisierung berührt unmittelbar die Darstellungsart, die Sphärenlehre – mittelbar, da direkt nur auf die reale, außerliterarische Person anwendbar – den dargestellten Inhalt. Weil eine Kunstfigur nicht über ein allgemeines Persönlichkeitsrecht verfügt, ist hinsichtlich der betroffenen Sphäre der erkennbaren Person zu fragen[267]: Welcher Sphärenkategorie wäre der Bereich, in dem sich die Darstellung der Kunstfigur bewegt, bei der erkennbaren Person zuzuordnen[268]? Der zweite Teil der „Je-desto"-Formel deutet ihr Verhältnis zur Sphärenlehre an: Die Fiktionalisierung muß um so umfassender sein, je größer die Persönlichkeitsbeeinträchtigung ausfällt, die ihrerseits auch durch die beeinträchtigte Persönlichkeitssphäre bestimmt wird. *Extrakt dieser Folgerungen ist einzig eine verstärkte Fiktionalisierung bei steigender Nähe zur Intimsphäre des Betroffenen.*

---

[266] Äußerst knapp BVerfGE 119, 1 (30).

[267] Die Annahme der Erkennbarkeit steht im Einklang mit der Prüfungsreihenfolge, die die Erkennbarkeit bereits abgehandelt hat; bei Verneinung der Erkennbarkeit wird die Schwere der Persönlichkeitsrechtsbeeinträchtigung ohnehin nicht mehr geprüft; eine gute Erklärung dieser Schnittstelle von fiktiver Figur und Persönlichkeitsrechtsverletzung der realen Person via Rezeptionsperspektive bieten *Ohly/Lucas-Schloetter/Beverley-Smith,* Freedom (Fn. 238), S. 557: „The more a character is identifiable, the more the novel recounts ‚hard facts', the more it uses techniques such as quotations and reports and the less the author disclaims any relation to reality, the higher is the risk that readers might understand the narrative as being factual rather than fictional."

[268] Der Konjunktiv ist notwendig, um eine unzulässige Gleichsetzung von der Romanfigur mit ihrer erkennbaren Vorlage zu vermeiden. Er betont, daß es sich bei der Gleichstellung allein um eine gedankliche Hilfskonstuktion handelt, die die Klärung des Verhältnisses von Fiktionalisierung in der Literatur und Persönlichkeitsrechtsverletzung in der außerliterarischen Welt als überbrückendes Verbindungsstück ermöglicht. Die Persönlichkeitsrechtsbeeinträchtigung betrifft allein die reale Person und erfolgt durch die Darstellung einer Kunstfigur in einem Bereich, der bei der realen Vorlage eine Persönlichkeitsrechtsdimension berühren würde.

Diese Aspekte berücksichtigend könnte die „Je-desto"-Formel lauten:

„Je weniger sich die literarische Gestalt durch Fiktionalisierung von der Vorlage abgelöst hat, desto schwerer wiegt die Beeinträchtigung des Persönlichkeitsrechts. Davon unberührt bleibt die Wirkung der Intensität entsprechend der Persönlichkeitsdimensionen auf die Beeinträchtigungsschwere. Die Beeinträchtigung bestimmt sich neben dem Fiktionsgrad also auch danach, welcher Sphäre der Vorlage der dargestellte Lebensbereich der Gestalt entspricht. Je geringer der Fiktionsgrad eines Textes ist, je näher sich der dargestellte Bereich an der Intimsphäre befindet, desto größer ist die Persönlichkeitsrechtsbeeinträchtigung."

Von einer Schematisierung der „Je-desto"-Formel – vergleichbar der Staffelung in Sphären in der Sphärenlehre – ist eher abzuraten, da auch im letzteren Fall die Zuordnung nicht mehr als eine grobe Orientierungshilfe bieten kann.

8. Zur Prüfung der Verhältnismäßigkeit

a) Keine Verhältnismäßigkeitsprüfung in früherer Rechtsprechung

Im „Esra"-Beschluß untersucht der Senat die Verhältnismäßigkeit des Gesamtverbots: „Insoweit ist die vom Bundesgerichtshof unter Rückgriff auf eine ältere Entscheidung (BGH, Urteil vom 3. Juni 1975 – VI ZR 123/74 –, NJW 1975, S. 1882 [1884 f.]) vertretene Ansicht, wonach ein Gesamtverbot dann nicht unverhältnismäßig ist, wenn die beanstandeten Textteile für die Gesamtkonzeption des Werks beziehungsweise für das Verständnis des mit ihm verfolgten Anliegens von Bedeutung sind, auch aus verfassungsrechtlicher Sicht nicht zu beanstanden."[269] Das Bundesverfassungsgericht hat im „Mephisto"-Beschluß die Verhältnismäßigkeit des Publikationsverbots überhaupt nicht kontrolliert[270]. In seinen Entscheidungsgründen prüfte das Gericht allein, ob sachfremde oder willkürliche Erwägungen vorlagen[271].

b) Einschlägige Verhältnismäßigkeitsprüfung

Dieses Vorgehen beruhte auf dem beschränkten Prüfungsumfang der „Mephisto"-Entscheidung und ist angesichts der damit einhergehenden Schutzbegrenzung skeptisch zu beurteilen[272]. In der „Esra"-Entscheidung stellt der Se-

---

[269] BVerfGE 119, 1 (35). – Für die österreichische Rechtsordnung hat ein Prüfungsmodell zur Verhältnismäßigkeit im weiteren und engeren Sinne entwickelt *Tessar,* Kriterien (Fn. 36), S. 396 ff., 404 ff.

[270] BVerfGE 30, 173 (199 f.); in diese Richtung auch BVerfGE 66, 116 (135). – Demgegenüber schon früh Ausführungen zur Zulässigkeit eines Gesamtverbots bei BGH NJW 1975, 1882 (1885): „Ein das ganze Theaterstück umfassende Aufführungsverbot könnte demgegenüber begründet sein, wenn der beanstandete Text für die Gesamtkonzeption des Stückes einen Stellenwert hat."

[271] Vgl. Abschnitt B.VI.

[272] In Hinblick auf die Schieflage bei der Anwendung von Privatrechtsnormen und

nat nun fest, daß das Gesamtverbot nicht unverhältnismäßig ist[273]. Offen bleibt allerdings eine entscheidende Frage, nämlich inwieweit der verfassungsrechtliche Verhältnismäßigkeitsgrundsatz auf privatrechtliche Auseinandersetzungen überhaupt Anwendung findet[274]. *Stein* hat seinerzeit im Sondervotum zum „Mephisto"-Beschluß treffend darauf hingewiesen, daß es sich bei dem Prinzip der Verhältnismäßigkeit um spezifisches Verfassungsrecht handelt[275]. Damit ist auch hier eine ähnliche Überlegung anzustrengen wie in Hinblick auf mittelbare Grundrechtswirkung im Privatrechtsverkehr. Mit Blick auf die Wirkung der staatlichen Schutzpflichten, deren Umfang sich auf die gesamte (also auch Privat-)Rechtsordnung erstreckt, ist die Herangehensweise des Senats durchaus plausibel. Zivilgerichte müssen Privatrechtsnormen bei der Anwendung grundrechtskonform auslegen, den Verhältnismäßigkeitsgrundsatz aus Art. 20 Abs. 1 GG also wahren[276]. Das Gericht klammert dieses Problem allerdings – trotz Klärungsbedarfs und -gelegenheit – aus und geht davon unbeeindruckt der Frage nach, ob nicht eine Beschränkung der Untersagung auf bestimmte Romanpassagen genüge. Dieses Vorgehen ist nur vor dem Hintergrund eines derart schwerwiegenden Grundrechtseingriffs wie des Gesamtverbots einer Buchveröffentlichung als Intensivierung der Einzelfallgerechtigkeit zu rechtfertigen. Eine Schutzlosstellung oder nur Reduzierung der Garantie wäre faktisch untragbar und vor dem Hintergrund der überzeugenden Schutzpflichtlehre auch unbegründet. Das tatsächlich begrüßenswerte Handeln des Senats befreit allerdings nicht von der notwendigen Klärung der Stellung des Verhältnismäßigkeitsprinzips im Privatrecht.

Ein Verstoß gegen das Verhältnismäßigkeitsprinzip unterliegt im Ergebnis der vollständigen Überprüfung durch das Bundesverfassungsgericht, so daß die Verhältnismäßigkeitsprüfung des Senats im „Esra"-Beschluß Zustimmung verdient, gleichwohl eine Erklärung des Vorgehens voraussetzt.

Grundrechten *Canaris,* Grundrechte (Fn. 21), S. 211. – Hinsichtlich der fehlenden Verhältnismäßigkeitsprüfung *ders.*, Grundrechtswirkungen (Fn. 18), S. 162 f. – Eingehend zur Rechtsprechung *P. Krause,* Die Rechtsprechung des Bundesverfassungsgerichts zum Privatrecht – Teil 1, in: JZ 1984, S. 656 (661). – Differenzierend *Hager,* Mephisto-Entscheidung (Fn. 392), S. 188.

[273] BVerfGE 119, 1 (35 f.); vgl. dazu wörtlich auch OLG München NJOZ 2005, 4343 (4349): „Das Verbot des Buchs ist nicht unverhältnismäßig. Es kann dahin gestellt bleiben, inwieweit der verfassungsrechtliche Verhältnismäßigkeitsgrundsatz auch in der Beziehung zwischen einzelnen Privatpersonen zum Tragen kommt."

[274] Hierzu BGH NVwZ 2010, 531 (533). – Zum Verhältnismäßigkeitsgrundsatz umfassend aus rechtsvergleichender Perspektive *A. v. Arnauld,* Theorie und Methode des Grundrechtsschutzes in Europa – am Beispiel des Grundsatzes der Verhältnismäßigkeit, in: EuR 43(2008), Beiheft 1, S. 41 (42 ff.).

[275] BVerfGE 30, 173 (217).

[276] BVerfGE 7, 198 (206 f.); 103, 89 (100).

II. Kritik an dem Entscheidungsergebnis

Die Entscheidung im Fall „Esra", die Verbotsverfügung zu bestätigen, ist in der Diskussion auf ein sehr unterschiedliches Echo gestoßen.

1. Ablehnende Reaktionen

a) Hinsichtlich der Klägerin zu 1): unzulässige Privatzensur

Eine große Gruppe in der Literatur lehnt das Veröffentlichungsverbot und damit die Entscheidung hinsichtlich der Klägerin zu 1) ab, namentlich *mangels substantieller Untersuchung* und adäquater Risikoverteilung in rechtlicher und wirtschaftlicher Hinsicht[277]. Die differierenden Resultate hinsichtlich der Klägerinnen mit dem Stilmittel einer unmittelbaren – durch den Ich-Erzähler hinsichtlich Esra – oder nur mittelbaren Erzählweise – durch Dritte in bezug auf Lale – zu erklären, könne nicht überzeugen[278].

Außerdem sei eine *einseitige Risikoverteilung* zu Lasten des Autors nicht interessengerecht, so daß es sich bei der Entscheidung hinsichtlich der Klägerin zu 1) um ein zu restriktives Vorgehen handele[279]. Ein Publikationsverbot kann nicht mit der Verletzung des Persönlichkeitsrechts gerechtfertigt werden. Zunächst handele es sich bei einem Roman um Phantasie und nicht um die Schilderung von realen Personen, die allein Träger von Persönlichkeitsrechten sind[280]. In praktischer Hinsicht kann zudem nicht außer acht gelassen werden, daß der wirtschaftliche Schaden für Autor und Verlag unabsehbar wäre[281].

b) Hinsichtlich der Klägerin zu 2): inkonsequente Entscheidung zu „Lale"

Teilweise wird die Entscheidung hinsichtlich der Klägerin zu 2) in Frage gestellt[282]. Die Skepsis resultiert aus der wahrgenommenen *negativen Überzeichnung* hinsichtlich Lale. Der Rückschluß von der mittelbaren Schilderung von

---

[277] *Busch,* Romanverbote (Fn. 1), S. 211; *Seifert,* Realität (Fn. 255), S. 707; in vergleichbarer Kritik am Urteil des BGH *Kübler,* Perspektiven (Fn. 332), S. 11; *Enders,* Anmerkung (Fn. 6), S. 583 f.; *Gostomzyk,* Wahrheit (Fn. 309), S. 739; *Hufen,* Recht (Fn. 370), S. 365; *Ladeur,* Fall „Esra" (Fn. 309), S. 32; *Lenski,* Grundrechtsschutz (Fn. 400), S. 283 f.; *Vosgerau,* Persönlichkeitsrecht (Fn. 60), S. 114 ff., 125. – Auf die Inkonsequenz, sowohl Faktizität als auch Fiktivität zu beanstanden, unter Einbeziehung vergleichbarer Verbotsfälle weist hin *Kübler,* ebda., S. 12; den Beschluß zumindest als klarstellungsbedürftig in Form der anschließenden Entscheidung zum Theaterstück „Hagener Mädchenmord" sieht *v. Bassewitz,* Spannungsfeld (Fn. 166), an; ablehnend auch *Siegle,* Spannungsverhältnis (Fn. 1), S. 88, 107.

[278] *Vosgerau,* Persönlichkeitsrecht (Fn. 60), S. 114.

[279] *Lenski,* Grundrechtsschutz (Fn. 400), S. 283.

[280] *Seifert,* Realität (Fn. 255), S. 709.

[281] *Wandtke,* Praxiskommentar (Fn. 152), UrhG Einl. Rn. 35.

[282] *Geisler,* Literatur (Fn. 128); *Raue,* Kunstfreiheit (Fn. 309), S. 6; *Knothe,* Freiheit (Fn. 6), S. 94.

Lale mit negativen Zügen auf die Fiktionalität der Erzählung sei verfehlt[283]. Erneut werden Anleihen im Presserecht gemacht: Wenn das, was *Biller* in seinem Roman schildert, beispielsweise in einer Zeitung unter dem Titel „Das Leben der Alternativnobelpreisträgerin“ veröffentlicht wird und die Darstellung nicht der Wahrheit entspricht, könnte die Klägerin zu 2) dagegen mit Unterlassungs-, Widerrufs- und Schadensersatzforderungen vorgehen[284]. Gelegentlich wird in der Darstellung der Figur „Lale“ ein rechtswidriger Eingriff in das Lebensbild der realen Vorlage gesehen[285]. Die Klägerin zu 2) werde in ihrer Privatsphäre berührt. Die Verfremdung sei nicht ausreichend, die Beschreibung der Person nachhaltig negativ und werte sie als Frau und Mutter unzumutbar ab[286]. Die Stärkung der Kunstfreiheit gehe zu Lasten von Persönlichkeitsrechten unfreiwilliger Kunstvorlagen und damit des Rechtsfriedens[287]. Da an der Veröffentlichung ihres Lebensbilds zudem kein öffentliches Interesse bestehe, habe das Recht am eigenen Lebensbild gegenüber der Kunstfreiheit Vorrang[288].

2. Pflicht zur/Freiheit durch Rücksichtnahme auf dargestellte Personen

Die Entscheidung fand in der rechtswissenschaftlichen Diskussion weitgehend positive Resonanz[289], in die häufig Verbesserungsvorschläge eingebunden waren[290]. Leichte Unterschiede in der Reaktion lassen sich zwischen Öffentlich- und Zivilrechtlern ausmachen[291]. Trotz bestätigtem Veröffentlichungsverbot

---

283 *Knothe,* Freiheit (Fn. 6), S. 94.

284 *Raue,* Kunstfreiheit (Fn. 309), S. 5 f.

285 *Frey,* Romanfigur (Fn. 392), S. 228.

286 *Frey,* Romanfigur (Fn. 392), S. 229.

287 *Geisler,* Literatur (Fn. 128).

288 *Frey,* Romanfigur (Fn. 392), S. 229.

289 Zusammenfassend *Wittreck,* Grundgesetz (Fn. 341), Art. 5 III (Kunst), Rn. 65 f. – Den Persönlichkeitsschutz unter Bezugnahme auf Plutarch betonen innovativ *Ohly/Lucas-Schloetter/Beverley-Smith,* Freedom (Fn. 238), S. 533, 556 f.: „Plutarch's dictum ‚*semper aliquid haeret*‘ also applies in this context: traits of character or story elements ascribed to the fictitious character may stick and may form the public perception of the real-life person.“

290 Für diese Bewertung im gesamten Fall „Esra“ stimmen *v. Becker,* Mephisto (Fn. 241), S. 89; *ders.,* Bücher (Fn. 515), S. 677; *Seitz,* Kunst (Fn. 710), S. 141 f.; *Götting,* Persönlichkeitsschutz (Fn. 4), S. 439; *Obergfell,* Anmerkung (Fn. 409), S. 198; *Neumeyer,* Fiktion (Fn. 141), S. 511 ff.; *Obergfell,* Dichtung (Fn. 350), S. 914; *Hahn,* Persönlichkeitsrecht (Fn. 10), S. 101 f.; *Lettmaier,* Persönlichkeitsrecht (Fn. 376), S. 568 f.; *S. Muckel,* Verbot des Romans „Esra“ von Maxim Biller, in: JA 2008, S. 153 (155); *H. Schack,* Das Recht als Grundlage und Grenze künstlerischen Schaffens, in: H. Weber (Hrsg.), Literatur, Recht und (bildende) Kunst, 2008, S. 8 (23, 27); *Obergfell,* Fall *Esra* (Fn. 33), S. 75; *Wittreck,* Persönlichkeitsbild (Fn. 350), S. 6 ff.; *ders.,* Esra (Fn. 6), S. 136; *Müller-Terpitz,* BVerfGE 119, 1 – Esra (Fn. 313), S. 838. – Zuspruch hinsichtlich der Entscheidung des Landgerichts München I im „Esra“-Verfahren von *Merten/Schäfer,* Überlegungen (Fn. 192), S. 95.

291 Die Privatrechtler stimmen dem Entscheidungsergebnis tendenziell eher zu: *v. Becker,*

wurde in der Entscheidung „der hoffnungsvolle Klang der kleinen Kehrtwende in Richtung kunstspezifischer Betrachtung“[292] vernommen. Die genaue Differenzierung im Bereich der Fiktionalisierung entspricht den fließenden Grenzen zwischen Wirklichkeit und Kunst[293]. Wenn sich der Autor nun aus freien Stücken für ein geringes Fiktionalitätsmaß entscheidet oder die Fiktionalitätsvereinbarung mit dem Leser durch Abbildung der Wirklichkeit aufkündigt, könne er sich nicht mehr auf den Schutz der Fiktionalisierung berufen[294]. Das Veröffentlichungsverbot sei notwendig, um die Rechte der erkennbaren Personen ausreichend zu sichern. Ihre Schutzwürdigkeit beruhe darauf, daß sie keine Personen der Zeitgeschichte sind und gegen ihren ausdrücklichen Willen öffentlich bloßgestellt worden seien[295]. *Schack* bestimmt diesen Standpunkt prägnant: „Auch wenn viele Romane autobiographische Züge aufweisen, entbindet die dichterische Freiheit doch nicht von der zumutbaren Rücksichtnahme auf die Mitmenschen.“[296]

Exemplarisch sei die Billigung des Ergebnisses durch *Jan Ole Eggert* herausgestellt: Er weist auf die Aktualität des Persönlichkeitsschutzes hin. Gegenwärtig müsse das Persönlichkeitsrecht vor den Folgen medialer Berichterstattung geschützt werden. *Eggert* führt in diesem Zusammenhang *Kant*s Verständnis von Freiheit an[297]. In der Tat kommt der Freiheit, einer grundlegenden menschlichen Eigenschaft, eine entscheidende Stellung in *Kants* Moralphilosophie zu: „Weil aber die Verstandeswelt den Grund der Sinnenwelt, mithin auch der Gesetze derselben enthält, also in Ansehung meines Willens (der ganz zur Verstandeswelt gehört) unmittelbar gesetzgebend ist und also auch als solche gedacht werden muss, so werde ich mich als Intelligenz, obgleich andererseits wie ein

---

Mephisto (Fn. 241), S. 89; *ders.*, Bücher (Fn. 515), S. 677; *Seitz*, Kunst (Fn. 710), S. 141 f.; *Götting*, Persönlichkeitsschutz (Fn. 4), S. 439; *Obergfell*, Anmerkung (Fn. 409), S. 198; *Neumeyer*, Fiktion (Fn. 141), S. 511 ff.; *Obergfell*, Dichtung (Fn. 350), S. 914. – Die Vertreter des Öffentlichen Rechts lehnen den „Esra“-Beschluß in der Tendenz eher ab: *Hufen*, Recht (Fn. 370), S. 365; *Ladeur*, Fall „Esra“ (Fn. 309), S. 32; *Lenski*, Grundrechtsschutz (Fn. 400), S. 283 f.; *Vosgerau*, Persönlichkeitsrecht (Fn. 60), S. 114 ff., 125. – Naturgemäß gibt es abweichende Stimmen in beiden Lagern, so für differenzierte Zustimmung eines Staatsrechtslehrers: *Wittreck*, Persönlichkeitsbild (Fn. 350), S. 6 ff.; *ders.*, Esra (Fn. 6), S. 136. – Auf der anderen Seite auch Ablehnung von Privatrechtlern wie *v. Bassewitz*, Spannungsfeld (Fn. 166); *Geisler*, Literatur (Fn. 128).

[292] *Obergfell*, Dichtung (Fn. 350), S. 914.

[293] *Grimm*, Trumpfkarte (Fn. 686), S. 30.

[294] *Obergfell*, Anmerkung (Fn. 409), S. 198.

[295] *Götting* zieht dabei eine Analogie zu §§ 22 ff. KUG und damit die Schlußfolgerung, daß das Recht auf mediale Selbstbestimmung verletzt sei: *Götting*, Persönlichkeitsschutz (Fn. 4), S. 439, 443 f.

[296] *Schack*, Recht (Fn. 290), S. 23. *Müller-Dietz* ist überzeugt, daß es keine rechtliche Patentlösung für den Ausgleich von Kunstfreiheit und Persönlichkeitsschutz gibt. Daher an eine verstärkte Fiktionalisierung durch den Autor zum Schutz der Persönlichkeitsrechte appelliert *Müller-Dietz*, Fiktion (Fn. 159), S. 249 f.

[297] *J. O. Eggert*, Nachzensur, in: Iablis 7 (2008), http://www.iablis.de/iablis_t/2008/eggert08.html (30.4.2010).

zur Sinnenwelt gehöriges Wesen, dennoch dem Gesetze der ersteren, d.i. der Vernunft, die in der Idee der Freiheit das Gesetz derselben enthält, und also der Autonomie des Willens unterworfen erkennen, folglich die Gesetze der Verstandeswelt für mich als Imperativen und die diesem Prinzip gemäßen Handlungen als Pflichten ansehen müssen.“[298] *Kant* geht also von einer Verbindung von Freiheit und Gesetz aus. Er versteht Freiheit nicht als ungeordnete Willkür, sondern als Fähigkeit des Menschen, sich ein eigenes Gesetz zu geben. Dies erfolgt nach Vernunftaspekten in Gesetzesform[299]. Auch die Moral strebt danach, daß der einzelne sich ein rationales, verallgemeinerungsfähiges Handlungsgesetz gibt. Moral und Freiheit verfolgen also nach *Kant* den gleichen Zweck, namentlich das Handeln nach einem verstandesmäßigen, selbstgegebenen Gesetz. Wenn man nun das selbstgewählte Handlungsgesetz auf das repräsentative demokratische System überträgt, handelt es sich bei diesem um das von der Legislative beschlossene.

Eggert leitet daraus folgerichtig eine Ausgestaltung der Freiheit durch die geltende Rechtsordnung, die auch das allgemeine Persönlichkeitsrecht schützt, ab[300]. Für die Kollision von Kunstfreiheit und allgemeinem Persönlichkeitsrecht im konkreten „Esra“-Fall bedeute dies eine Einschränkung der Kunstfreiheit zugunsten des Persönlichkeitsschutzes, da *Biller* „durch das Einebnen der Grenze zwischen Fiktionalität und Faktizität [...] an die Grenze des Gesetzes sowie an ‚Die Enden der Kunst‘ gestoßen“[301] sei. *Seiler* schlägt als Abwägungsbasis eine Selbstprüfung hinsichtlich der Zumutbarkeit vor[302].

3. Zwischenergebnis: verfehlter Vorwurf, Faktizität wie Fiktivität zu verbieten

a) Zustimmungswürdiges Ergebnis: Schilderung Esras unzulässig, Lales zulässig

Bevor auf die einzelnen Beanstandungen eingegangen wird, ist vorab einer grundsätzlichen Kritik entgegenzutreten: Ein beliebter Einwand liegt in dem Vorwurf, die Rechtsprechung würde sowohl Faktizität als auch Fiktivität in lite-

---

[298] *I. Kant,* Grundlegung zur Metaphysik (1785), III., zitiert nach der Mundus-Ausgabe, 2000, S. 460.

[299] Vgl. *C. Horn/C. Mieth/N. Scarano,* in: dies. (Hrsg.), Immanuel Kant, 2007, S. 271.

[300] *Eggert,* Nachzensur (Fn. 297). – Kritisch zur Verbindung von Freiheit und Moral äußern sich *Horn/Mieth/Scarano,* Immanuel Kant (Fn. 299), S. 271 f.

[301] *Eggert,* Nachzensur (Fn. 297).

[302] *Seiler,* Schutz (Fn. 315), S. 14: „Um aber das gegen ‚Esra‘ ergangene Verbot fair zu bewerten, möge sich jeder selbst fragen, was er in dieser Hinsicht für seine Person durch einen Roman hinzunehmen bereit wäre. Dann und erst dann sollte er urteilen, ob hier nicht doch Recht gesprochen worden ist.“ Ähnlich *G. M. Oswald,* Wie man Romane verbietet, in: Süddeutsche Zeitung vom 9.7.2003, S. 13; *D. Bax,* Der Preis der Borderline-Literatur, in: Die Tageszeitung vom 14.2.2008, S. 11.

rarischen Werken verurteilen[303]. Dieses griffige Argument kann allerdings nur auf den ersten Blick überzeugen: Zunächst geraten literarische Texte erst dann in Konflikt mit dem Persönlichkeitsschutz Dritter, wenn diese erkennbar sind. Damit scheidet bereits ein großer Teil der Literatur als persönlichkeitsrechtsgefährdend aus. Weiter ist zu differenzieren: Ein Text, der als faktual rezipiert wird, muß sich begriffsnotwendig auch an dem Faktizitätsanspruch messen lassen. Es entspricht gängiger Praxis – im privatrechtlichen Vertragsrecht wie in der öffentlich-rechtlichen Störereigenschaft – die Verantwortlichkeit des einzelnen an den Wirkungen seines Verhaltens aus einer objektivierenden Perspektive zu beurteilen. Der Vorwurf richtet sich gegen eine in diesem Zusammenhang, im Kontext eines erkenntlich faktualen Textes, unpassende Verstellung von Tatsachen. Hier ist an die allgemeinen Regeln zur Authentizität einer Aussage anzuknüpfen. Wenn ein fiktionaler Text allerdings gemischte Signale sendet und vom Rezipienten letztlich als faktual rezipiert wird, sollte sich der Autor Mißinterpretationen zurechnen lassen. Es ist keine sachliche Begründung ersichtlich, den Ehrschutz im Fall eines fiktionalen, aber faktual gelesenen Textes zu reduzieren. Die Leitgedanken des „Esra"-Beschlusses von Erkennbarkeit, Fiktionalitätsvermutung und „Je-desto"-Formel bieten Orientierung für den Ausgleich von Persönlichkeitsschutz und Kunstfreiheit. Kurz gesagt: *Der Text muß sich an dem Faktizitäts-/Fiktionalitätsanspruch messen lassen, den er dem Leser vermittelt.*

Die Entscheidung verdient damit im Ergebnis hinsichtlich beider Klägerinnen Zustimmung. Der Haupteinwand betrifft die kunstinadäquate Untersuchung durch den Senat: Zwar ist der Kritik insoweit beizupflichten, als daß die literaturwissenschaftliche Analyse des Gerichts der Besonderheit von Literatur nicht gerecht wird. Insbesondere die Wahl des Rezipientenmaßstabs, die Positionierung sowie mittelbare Schilderung Lales im Roman und die Ablehnung einer Herabwürdigung der Klägerin zu 2) lassen den Leser ohne Erklärung. Diese drei Vorhaltungen sind im folgenden zu erwägen.

b) Einwand: unbegründete Maßstabsverschiebung

So wird der *Maßstab vom Durchschnittsleser zum literarisch verständigen Leser* verschoben. Ein literarisch verständiger Leser könne erkennen, daß der Text hinter der realistischen über eine zweite Ebene verfüge[304]. Daß eine Persönlichkeitsrechtsverletzung bei literarischer Lesart ausgeschlossen ist – und zwar sowohl für die Klägerin zu 1) als auch zu 2) – steht außer Frage. Allerdings entspricht der literarisch geübte Leser nicht dem Durchschnittsleser und ist damit nicht maßgeblich.

---

303 So beispielhaft *Kübler,* Perspektiven (Fn. 332), S. 12.
304 BVerfGE 119, 1 (31).

c) Einwand: widersprüchliche Differenzierung von Lale und Esra

Für die Ablehnung einer schwerwiegenden Persönlichkeitsrechtsbeeinträchtigung wird zweitens auf die *wichtige Rolle Lales* im Gesamtgefüge des Romans und ihre nur *mittelbare* – damit vermeintlich grundrechtsschonendere – Darstellung verwiesen[305]. Inwieweit Lale eine bedeutendere Funktion als Esra, der Hauptprotagonistin, zukommen soll, die die unterschiedliche Beurteilung der beiden Figuren rechtfertigen könnte, bleibt jedoch ungeklärt. Das Argument mittelbarer Schilderung ist zudem in zweifacher Hinsicht fragwürdig. Zunächst stimmt schon die schlichte Feststellung einer nur mittelbaren Schilderung bedenklich. An zahlreichen Romanpassagen wird Lale vielmehr unmittelbar aus der Perspektive des Ich-Erzählers ohne Unterschied zu den Esra-Ausführungen beschrieben: „Als Esras Mutter den Nobelpreis bekam, schien es so, als würden Esra und ich es vielleicht doch noch schaffen. [...]. Sie saß nicht mehr den ganzen Tag mit ihren Zigaretten und ihrem Whiskeyglas depressiv im Arbeitszimmer, aus dem sie sonst nur herauskam, um sich mit ihrem jungen deutschen Ehemann, den Kindern oder Frau Erkan, der Haushälterin, zu streiten.“[306] Ebenso unmittelbar wie drastisch fällt die Schilderung der Szene aus, in der eine hartherzige, verständnislose Lale Esra zur Abtreibung drängen will: „‚Du mußt viel rauchen, viel trinken. Vielleicht wird dann noch alles gut – und du verlierst es.‘ [...] ‚Weil es weg muß, du schreckliches Kind.‘ [...] Esra griff nach Lales Hand und küßte sie. [...] Lale machte ein lautes, zischendes Geräusch zwischen den Zähnen und zog beide Hände auf einmal zurück.“[307] Diese paradigmatischen Beschreibungen entstammen nicht einer mittelbar erlangten Kenntnis, sondern dem unmittelbaren Eindruck des Erzählers. Allerdings ist auch nicht zu leugnen, daß Lale in der Tat in Form einer in die extradiegetische rahmende Haupterzählung zwischen den Protagonisten Adam und Esra eingeschobenen intradiegetischen Erzählung dargestellt wird[308]. So wird die Reise zur Verleihung des Alternativen Nobelpreises an Lale nicht aus dem unmittelbaren Erleben des Ich-Erzählers, sondern durch die Schilderungen von Esra gegenüber Lale, also über eine dritte Person, mitgeteilt[309]. Das Engagement Lales in der Türkei gegen die Verwendung von Zyanid beim Goldabbau wird ebenso mittelbar, durch mediale Wiedergaben aus Presse

---

305 BVerfGE 119, 1 (31 f.); so auch BGH NJW 2008, 2587 (2589); ähnlich auch im Fall des Theaterstücks „Hagener Mädchenmord“ BVerfGK 13, 115 (118 f.).

306 *Biller*, Esra (Fn. 1), S. 9.

307 *Biller*, Esra (Fn. 1), S. 165 f.

308 *Biller*, Esra (Fn. 1), S. 9 ff., 72 ff. Extradiegetisch beschreibt dabei eine Erzählung erster Stufe; zu präzisieren wäre die Rahmenerzählung daher als extradiegetisch-homodiegetisch, da Adam als Erzähler erster Ebene eine Handlung mitteilt, an der er selbst teilnimmt, die Liebesgeschichte zwischen ihm und Esra. Lale, die Mutter Esras, erhält nur aufgrund eben dieser Familienzugehörigkeit Eingang in die Erzählung. Ihre Beschreibung vollzieht sich innerhalb der Rahmenerzählung von Esra und Lale, also intradiegetisch. Die Erzählung um Esra und Adam „umgibt“ – bildlich gesprochen – die Beschreibung von Lale.

309 *Biller*, Esra (Fn. 1), S. 10 f., 153 ff., 156 f.

und TV, bekannt gemacht[310]. Doch selbst wenn man angesichts der Passagen, in denen Informationen zu der Person Lale von Dritten mit größerer Zurückhaltung des Ich-Erzählers erklärt werden[311], von einem nur mittelbaren Erleben von Lale durch den Autor ausgeht, ist eine solche Erzählweise kein Fiktionssignal[312]. Erzählperspektive und Fiktionalität eines Textes stehen nach den Regeln der Literaturwissenschaft in keinem unmittelbaren Zusammenhang.

d) Einwand: Gleichsetzung von Adam und Biller unzulässig

Letztlich wird eine „Schmähung"[313] der Klägerin zu 2) durch die Darstellung der Kunstfigur Lale mit der Begründung abgelehnt, *der Ich-Erzähler lege selbst* „in gleicher Weise bei sich selbst charakterliche Schwächen offen"[314]. Diese Formulierung legt den Verdacht einer 1:1–Übertragung des Ich-Erzählers auf den Autor *Maxim Biller* nahe[315]. Eine Gleichsetzung des Ich-Erzählers Adam und des Autors ist genauso zweifelhaft wie die von Esra und der Klägerin zu 1) oder Lale und der Klägerin zu 2). Hier wird für Adam und *Biller* ohne nähere Erläuterung das vorausgesetzt, was es für Lale und die Klägerin zu 2) zu widerlegen galt, die Gleichsetzung von Vorlage und literarischer Gestalt. Doch selbst wenn man die Übertragung der Darstellung Adams auf *Biller* zuläßt, kann die – mitunter freiwillige – Entblößung einer Person, vorliegend *Billers*, nicht die einer anderen, der Klägerin zu 2), rechtfertigen. Fachkundige Beratung hätte Fragen der Fiktion insgesamt hinsichtlich aller Protagonisten substantieller beantworten können.

Gleichwohl ist die die Entscheidung tragende Annahme des Senats, Kunst wirke in den sozialen Realien, nicht verfehlt: Denn in der Tat erschafft Literatur eine neue Welt, die sich aber an den außerkünstlerischen Realien anlehnt und mit diesen – wie diese Arbeit zeigen sollte – ausnahmslos in einem wie auch immer gearteten Verhältnis steht. Eine Trennung der Kunst von der Wirklichkeit würde Wesen und Intention zuwiderlaufen. Damit ist eine Inspiration der Kunst durch die Realität ebenso erwartungsgemäß wie die Betroffenheit realer Personen durch literarische Werke.

4. Entscheidungsappell an Gesetzgeber: gesetzliche Konkretisierung

Letztlich bleibt neben diesen Beanstandungen das grundlegende Problem der fehlenden gesetzlichen Normierung zu fokussieren. Es ist zunächst einzuräumen, daß die vorgestellte Kritik *Vosgeraus* der mangelnden einfachgesetzlichen Rechtsgrundlage für einen derart intensiven Grundrechtseingriff in der Tat

[310] *Biller,* Esra (Fn. 1), S. 154 f.
[311] *Biller,* Esra (Fn. 1), S. 72, 153, 155.
[312] Vgl. Abschnitt C.II.2.f.
[313] BVerfGE 119, 1 (32).
[314] BVerfGE 119, 1 (32).
[315] So auch *Vosgerau,* Persönlichkeitsrecht (Fn. 60), S. 114.

äußerst schwer wiegt[316]. Es kann den Zivilgerichten nicht zugemutet werden, Grundrechtskonflikte ohne ausreichende gesetzliche Normierungen zu lösen. Nach der Wesentlichkeitstheorie hat der Gesetzgeber diese empfindliche Materie unter Achtung der Wesensgehaltsgarantie und des Übermaßverbots zu regeln. Es ist allein Aufgabe des Gesetzgebers, durch Ausgestaltung des allgemeinen Persönlichkeitsrechts Abhilfe zu schaffen. Eine Gesetzesfassung könnte sich an § 23 Abs. 1 Nr. 4, Abs. 2 KUG orientieren:

„(1) Die Darstellung einer Figur in einem literarischen Text bedarf grundsätzlich nicht der Einwilligung der in der Figur erkennbaren Person. Ein Text ist literarisch, wenn eine Sequenz von Laut- oder Schriftzeichen besteht, die fixiert oder sprachkünstlerisch gestaltet oder inhaltlich fiktional ist. Eine Person ist erkennbar, wenn sich aufgrund einer hohen Kumulation von Übereinstimmungen die Identifizierung der Person in deren Bekanntenkreis aufdrängt. (2) Bei einem literarischen Text wird vermutet, daß es sich um einen fiktionalen Text handelt. Ein Text ist fiktional, wenn er keinen Anspruch auf Faktizität erhebt. (3) Eine Einwilligung der erkennbaren Person ist erforderlich, wenn anderenfalls das allgemeine Persönlichkeitsrecht der Person verletzt wird. (4) Das allgemeine Persönlichkeitsrecht wird verletzt, wenn der Text die Materie des Kernbereichs der Persönlichkeit oder die Eltern-Kind-Beziehung der erkennbaren Person betrifft und Merkmale textueller oder paratextueller Art die Realitätstreue der Darstellung nahelegen. In diesen Fällen findet die sonst erfolgende Abwägung zwischen Persönlichkeitsschutz und Kunstfreiheit nicht statt.“

Die „Je-desto“-Formel bedarf keiner speziellen gesetzlichen Normierung, da es sich dabei um den allgemeinen Grundsatz praktischer Konkordanz handelt. Sie beinhaltet allein eine Aktualisierung der bekannten Grundsätze, daß die Kunstfreiheit dem tangierten Persönlichkeitsrecht seinerseits Grenzen setzt und nur im Fall von schwerwiegenden Persönlichkeitsrechtsverletzungen nachrangig ist[317].

5. Entscheidungsappell an Rechtsprechung: Einfügung eines Fiktionsgutachtens

Um das Labyrinth der Literatur künftig erfolgreich zu durchqueren, sollte das Ergebnis des „Esra“-Beschlusses einen Strukturgewinn in der Prüfungsfolge bedeuten: Zunächst wurde deutlich, daß eine verstärkte interdisziplinäre Zusammenarbeit von Rechts- und Literaturwissenschaft notwendig ist. Im konkreten Fall des gerichtlichen Ausgleichs von Persönlichkeitsschutz und Kunstfreiheit bei literarischen Texten wäre dies in Form eines *Sachverständigengutachtens* nötig, das dem Gericht zu Fragen der *Fiktion* Anleitung gibt[318]: Die Unstim-

[316] Vgl. Abschnitt E.I.2.b.

[317] Vgl. nur BVerfGE 67, 213 (228).

[318] Der Anschein von sibyllinischen Entscheidungen wurde dadurch erweckt, daß im Instanzenzug kein Sachverständigengutachten eines Literaturwissenschaftlers eingeholt wurde. Erst das Bundesverfassungsgericht ließ sich fachgerecht beraten; vgl. BGH ZUM

migkeiten zwischen Senatsmehrheit und dissentierenden Richtern sind dadurch weitgehend zu beheben[319]. Allgemeine Ausführungen zu Einschätzungen in der Literatur durch das Gericht genügen nicht[320]. Auch eine gerichtliche Analyse einzelner Textpassagen zur Fiktion ohne philologische Fundierung kann ein solches Gutachten nicht ersetzen[321]. Das Kriterium der Fiktion stellt sich sowohl als treffend als auch alternativlos dar. Sie ist Zugang zur künstlerischen Neuschöpfung und Verbindung der Kunst zur Realität. Sie erklärt die Bearbeitung von Wirklichkeit durch Kunst und stellt sich somit als maßgebendes Bindeglied der Beziehung von Realität und Literatur dar, die keinen Faktizitätsanspruch erhebt[322]. Ausdrücklich ist zu akzentuieren, daß es sich dabei um eine beratende Tätigkeit begrenzt auf das Gebiet der Fiktion handelt[323]. Denn die Hinzuziehung eines Germanisten zur *Qualitätseinschätzung des Kunstwerks* wird zwar gelegentlich gefordert[324], ist aber abzulehnen. Der Stellungnahme eines Fach-

---

2005, 735 (735 ff.); OLG München ZUM 2003, 870 (870); OLG München NJOZ 2005, 4343 (4346 ff.); LG München I ZUM 2003, 692 (693); LG München GRUR-RR 2004, 92 (92).

319 Für die Einholung eines Gutachtens in disziplininternen Fragen auch *Maas,* Diskussion (Fn. 193), S. 53; *Eichner/Mix,* Fehlurteil (Fn. 399), S. 218, 226; *Schiemann,* Persönlichkeitsrechtsverletzung (Fn. 309), S. 44 f.; *Ujica/Loef,* Quod licet (Fn. 309), S. 676; *Riedel,* Vermutung (Fn. 133), S. 5. – Gutachten zu Fragen der Kunstfreiheit in Abwägung mit dem Jugendschutz: BVerwGE 23, 104 ff.; zur begrenzten richterlichen Sachkunde in Abgrenzungsfragen der Kunst OLG Hamburg, NJW 1964, 559 (560); Forderung nach vertiefter richterlicher Auseinandersetzung OLG Frankfurt a.M. NJW 1987, 1410 (1411). – Eine Auseinandersetzung mit ästhetischen Ansätzen fordert auch *Haight Farley,* die dabei zutreffend auf die Schwierigkeit literarischer Vieldeutigkeit und die Erforderlichkeit, tatsächlicher Berücksichtigung durch die Gerichte hinweist, *C. Haight Farley,* Imagining the Law: Art, in: A. Sarat/M. Anderson/C. O. Frank (Hrsg.), Law and the Humanities, Cambridge/UK u.a. 2010, S. 292 (310): „Although the aesthetic determinations in these cases may still be extremely controversial, participants and observers would at least be clear on the approach adopted by the court." Darin erkennt eine „Klugheitsregel" *Wittreck,* Grundgesetz (Fn. 341), Art. 5 III (Kunst), Rn. 74.

320 So aber LG Hamburg UFITA 51 (1968), 352 (359 f.): „Die Kammer ist ohne Hinzuziehung eines Sachverständigen zu der Feststellung in der Lage, […]. Ergänzend kann darauf verwiesen werden, daß ebenfalls namhafte Schriftsteller und Literarhistoriker dem Buch den Rang eines Kunstwerks zugesprochen haben, so z.B. […]."

321 Daher sind die Ausführungen in BVerfGE 119, 1 (31 ff.) kritisch zu beurteilen.

322 Die Aufweichung dieses Kriteriums in ein allgemeines Kunstmerkmal, der Austausch von der Fiktionalitätsvermutung durch eine Vermutung für die Kunst würde letztlich nur eine „in dubio pro arte"-Regel begründen. Das Rangverhältnis von Kunstfreiheit und widerstreitenden Verfassungsgütern würde zugunsten ersterer verschoben, ohne das Wesen von Kunst in bezug auf die Wirklichkeitsbearbeitung hinreichend zu präzisieren. So aber *Riedel,* Vermutung (Fn. 133), S. 131 f.; *Siegle,* Spannungsverhältnis (Fn. 1), S. 85 f.

323 Es erscheint zwar denkbar, daß literaturwissenschaftlicher Rat zu weiteren Zweifelsfragen erforderlich sein wird, die sich in der künftigen Entscheidungsentwicklung zwischen Persönlichkeitsschutz und Kunstfreiheit stellen werden. Gleichwohl ist diese Materie dann auf ihren Beratungsbedarf separat zu untersuchen und zu begrenzen, um ein allumfassendes Gutachten geringerer Spezifizierung zu sämtlichen kunstaffinen Fragen im Sinne einer „Blanko"-Beauftragung des Literaten zu vermeiden.

324 Auf die Qualität als Abwägungskriterium stellt ab *P. Raue,* Die neue Klagelust, in:

kundigen kann nur indizielle Aussagekraft eingeräumt werden[325]. Anderenfalls müßte man aufgrund eines hohen künstlerischen Qualitätsgrads die Darstellung von Intimszenen eher zulassen[326]. In letzter Konsequenz führt dieses Vorgehen hin zu dem Kunstbegriff, der die Einordnung als Kunst von der Bewertung eines sachkundigen Dritten abhängig macht. Danach käme anspruchsvollerer Kunst ein größerer Gestaltungsspielraum und letztlich mehr Schutz als Trivialliteratur zu. Diese Wertung ist aber mit dem offenen Kunstbegriff und der vorbehaltlosen Gewährleistung der Kunstfreiheit in Art. 5 Abs. 3 S. 1 1. Alt. GG unvereinbar[327]. Die wie auch immer festgestellte Qualität des Kunstwerks ist weder hinsichtlich des „Ob" noch des „Wie" des Schutzes entscheidend[328].

Bei entscheidungsrelevanten medizinischen, psychologischen, technischen oder naturwissenschaftlichen Fragen ist es allgemeiner Konsens, daß das Gericht einen fachkundigen Sachverständigen anhört. So fordert das erkennende Gericht beispielsweise bei einem technischen Defekt an einem Fahrzeug das Gutachten eines technischen Sachverständigen an. Zur Bejahung eines Gewährleistungsanspruchs muß es zunächst den Abschluß eines Kaufvertrags feststellen und bittet dann um Ausführungen des Sachverständigen zur defekten Technik. Im Anschluß prüft wiederum das Gericht, ob aufgrund der gutachterlichen Ergebnisse ein Sachmangel im juristischen Sinne zu bejahen ist. So ist auch im Fall eines in Frage stehenden Publikationsverbots zu verfahren: Es ist *zuerst* Aufgabe des Gerichts, die Eröffnung des Schutzbereichs des Art. 5 Abs. 3 S. 1 1. Alt. GG und die den Eingriff begründende Erkennbarkeit zu bejahen, sowie die Geringfügigkeit der Beeinträchtigung des allgemeinen Persönlichkeitsrechts zu verneinen[329]. Im *zweiten* Prüfungsschritt erfolgt die Beratung durch

---

Kursbuch 155 (2004), S. 157 (163 f.); zumindest auch anerkannt von *v. Becker*, Überlegungen (Fn. 112), S. 470: Der künstlerische Anspruch eines Werks wird, „wiewohl frei von subjektiver Einschätzung kaum feststellbar, im Rahmen der notwendigen Gesamtabwägung aller Umstände des Einzelfalls, und insbesondere im Rahmen der vom BVerfG geforderten ‚kunstspezifischen Betrachtung' durchaus von Belang sein." Hierzu kritisch *Scholz*, Grundgesetz (Fn. 477), Art. 5 Abs. 3 (1977), Rn. 38 f.

325 Für viele *Jarass*, Grundgesetz (Fn. 729), Art. 5 Rn. 106a.

326 *Raue*, Klagelust (Fn. 324), S. 163.

327 So auch BVerfGE 75, 369 (377): „Erlaubt und notwendig ist allerdings nur die Unterscheidung zwischen Kunst und Nichtkunst; eine Niveaukontrolle, also eine Differenzierung zwischen ‚höherer' und ‚niederer', ‚guter' und ‚schlechter' (und deshalb nicht oder weniger schutzwürdiger) Kunst, liefe demgegenüber auf eine verfassungsrechtlich unstatthafte Inhaltskontrolle hinaus." OLG Hamburg NJW-RR 1994, 1373 (1373); LG Köln, Urteil vom 11.03.2011, 28 O 151/11, BeckRS 2011, 07677; ArbG Herford, Urteil vom 18.02.2011, 2 Ca 1394/10, BeckRS 2011, 69487; *Zöbeley*, Garantie (Fn. 35), S. 256; die künstlerische Qualität allerdings als Abwägungskriterium versteht *v. Becker*, Überlegungen (Fn. 112), S. 470.

328 BVerfGE 75, 369 (377); 83, 130 (139); OLG Hamburg ZUM 2005, 79 (79); OLG München ZUM 2007, 932 (934); LG Köln ZUM 2011, 84 (86); *Hager*, Mephisto-Entscheidung (Fn. 392), S. 190.

329 Es gehört also in einem Gerichtsverfahren nicht zur Aufgabe eines literaturwissenschaftlichen Sachverständigen, festzustellen, ob ein Kunstwerk vorliegt: Es ist von ihm we-

den Germanisten hinsichtlich der literarischen Verarbeitung im Roman. Die Prüfung der Fiktionalisierung ist als Parameter der Persönlichkeitsbeeinträchtigung von Bedeutung. Wie die Untersuchung gezeigt hat, handelt es sich dabei um ureigene Materie der Literaturwissenschaft, die daher auch von einem Experten angefaßt werden sollte. Nach Analyse der Fiktionalität in dem literarischen Werk durch einen Sachverständigen prüft *wiederum drittens* – den Dreiklang schließend – das Gericht, ob das festgestellte Maß an Fiktionalität einer Persönlichkeitsrechtsbeeinträchtigung entgegensteht. Fragen hinsichtlich der Persönlichkeitsrechtsbeeinträchtigung wie die Wirkung auf die Rezipienten oder hinsichtlich der Rechtsfolge wie die Verhältnismäßigkeit eines Publikationsverbots unterliegen allein juristischer Subsumtion[330].

Ein solches Vorgehen erleichtert die richterliche Tätigkeit und lenkt den Blick in der Entscheidungsfindung zurück auf die juristische Kernkompetenz. Das Gericht muß den literarischen Text nicht mühsam mit dem Ziel durchleuchten, den literaturwissenschaftlichen Standards einer Textanalyse zu entsprechen. Von der interdisziplinären Zusammenarbeit würden beide Wissenschaften profitieren: Die Rechtswissenschaft müßte keine fachfremde Werkanalyse betreiben, der literaturwissenschaftlichen Disziplin käme die ihr zustehende Anerkennung als insoweit maßgeblicher Fachbereich zu. Die Entscheidung würde darüber hinaus die Rechte der Künstler mit denen der literarischen Vorlagen wahren und damit zu einer optimierten, interessengerechten Lösung führen. Nach der erörterten literaturwissenschaftlichen Untersuchung wären sowohl Esra als auch Lale als fiktive Figuren zu kategorisieren, da sie beide Teil eines autofiktionalen und damit insgesamt fiktionalen Textes sind. Die Gestalten werden allerdings von dem insoweit maßgeblichen verständigen Durchschnittsleser als nichtfiktional rezipiert. Der in den Sondervoten zutreffenden Kritik an der unterschiedlichen Bewertung von Esra und Lale wird durch diese Wertung entsprochen[331]. Da bei der

---

der zu prüfen, ob es sich um Kunst im literarischen noch im rechtlichen Sinne handelt. Denn zum einen ist die Frage nach Kunst im literarischen Sinne, nach der Literarizität, wie unter Abschnitt C.II.1. ausgeführt, nicht abschließend zu klären. Zudem wäre sie für die Lösung eines Rechtsfalls nicht weiterführend. Zum anderen ist eine Prüfung, ob der Schutzbereich des Art. 5 Abs. 3 S. 1 1. Alt. GG eröffnet ist, mithin Kunst im rechtlichen Sinne vorliegt, zwar streitentscheidend, allerdings allein juristische Materie, so auch OVG Münster, II A 1127/62, Urt. v. 28.4.1964 (unveröffentlicht; bestätigte Vorinstanz: VG Köln, 1 K 1895/62, Urt. v. 18.1.1964 [unveröffentlicht]), vgl. *Leiss,* Kunst (Fn. 616), 1971, S. 444, 448; vgl. zum Fehleinsatz literaturwissenschaftlicher Sachverständiger bei der Frage der Kunstqualität *W. Knies,* Kunst und Recht, in: Bitburger Gespräche. Jahrbuch 1977/78, S. 141 (148 f., 151 f.); *v. Arnauld,* Freiheit (Fn. 159), § 167 Rn. 42; differenzierend auch *Wittreck,* Grundgesetz (Fn. 341), Art. 5 III (Kunst), Rn. 74.

330 *Wittreck,* Grundgesetz (Fn. 341), Art. 5 III (Kunst), Rn. 74 qualifiziert die Beratungspflicht ähnlich als „Klugheitsregel". Damit kann auch der Kritik von *Hanschmann* an der Unverbindlichkeit eines interdisziplinären Ansatzes begegnet werden: *Hanschmann,* „Ceci n'est pas une pipe" (Fn. 128), S. 341 f.

331 BVerfGE 119, 1 (42, 52 f.).

Klägerin zu 1) äußerst sensible Persönlichkeitsdimensionen (Intimsphäre, Eltern-Kind-Beziehung) betroffen sind, erfolgt mit Recht keine Gegenüberstellung zur Kunstfreiheit. Die Abwägung im Fall der Klägerin zu 2) ist hingegen mangels abwägungsfester Materie eröffnet und führte mit dem Vorrang der Kunstfreiheit zu einem durchaus nachvollziehbaren, die Publikation gestattenden Ergebnis[332]. Insgesamt erscheinen die Ergebnisse hinsichtlich beider Klägerinnen zutreffend, die Bestimmung der Fiktionalisierung im Roman mit Hilfe eines Sachverständigengutachtens präzisierbar, um das nachvollziehbare Ergebnis auf ein brauchbares Fundament zu stellen.

III. Zwischenergebnis

Nach Vorstellung des Argumentationsgangs von Senatsmehrheit in dem „Esra“-Beschluß und der Kritik der dissentierenden Richter, Literatur- und Rechtswissenschaftler konnte vor diesem Hintergrund Stellung zu der Entscheidung bezogen werden. Abschließend soll nun versucht werden, die Prüfungsreihenfolge des Bundesverfassungsgerichts mit dem im Laufe der Untersuchung herauskristallisierten eigenen Ansatz zu vergleichen und die angebrachte Kritik einzubeziehen.

1. Erkennbarkeit: notwendiges Kriterium

Der Erkennbarkeitsmaßstab wurde deutlich präzisiert. In *quantitativer* Hinsicht – das „Wieviel“ der Erkennbarkeit erklärend – stellt der Bekanntenkreis variablen Umfangs eine angemessene Lösung für die Betroffenen unterschiedlichen Bekanntheitsgrads und eine hinreichende Präzisierung für die Rechtspraxis dar. Aus *qualitativer* Perspektive – das „Wie“ der Erkennbarkeit“ betreffend – werden die Voraussetzungen in Form des aufgedrängten Eindrucks – durch eine Vielzahl von Übereinstimmungen mit der Realität – bei dem mit den Umständen vertrauten Durchschnittsleser überzeugend konkretisiert. Entgegen häufig angemerkter Kritik setzt die Senatsmehrheit die Bejahung der Erkennbarkeit nicht mit der der Persönlichkeitsrechtsverletzung gleich. An keiner Stelle der Entscheidungsbegründung wird darauf hingedeutet, daß die Erkennbarkeit mehr als eine *notwendige Bedingung* zur Bejahung einer Persönlichkeitsrechtsverletzung sei.

[332] An dieser Stelle kann sich die Frage nach Beispielen für eine Vorrangigkeit des Persönlichkeitsschutzes gegenüber der Kunstfreiheit – abgesehen von den beiden Ausnahmegruppen – stellen. Wenn eine negative Charakterzeichnung wie im Fall „Lale“ nicht zwingend ein Überwiegen der Persönlichkeitsinteressen erfordert, so wird ein Zurücktreten der Kunstfreiheit im Rahmen der „Je-desto“-Formel bei erfundenen Schilderungen von Kindesmißbrauch oder Beteiligung an Naziverbrechen äußerst wahrscheinlich, vgl. hierzu VG Sigmaringen NJW 2001, 628 (631).

Das Erkennbarkeitskriterium eröffnet überhaupt erst die Prüfung einer Persönlichkeitsrechtsverletzung und dient dabei nicht als hinreichendes Kriterium. Auch der Einwand, man dürfe Kunst nicht an die Wirklichkeit binden[333], kann angesichts des Selbstverständnisses von Kunst, gerade Realität zu untersuchen, nicht überzeugen. Vor dem Hintergrund der Wechselwirkung von Wirklichkeit und Literatur ist es vielmehr angebracht, dieses Verhältnis zu untersuchen und dabei die Formen der Bearbeitung, die mehr oder weniger große Distanz oder Nähe zur Realität schaffen, ernst zu nehmen[334].

2. Zwei Fiktionalitätsvermutungen: Differenzierung in Eigenschaft/Rezeption

Die Fiktionalitätsvermutung ist die eigentlich große Errungenschaft der Entscheidung und wurde auch als solche in der literatur- und rechtswissenschaftlichen Diskussion gewürdigt. In der Tat entspricht die Annahme, daß es sich bei einem literarischen Text meistens um Fiktion handelt, dem literaturwissenschaftlichen Kenntnisstand. Allein eine begriffliche Differenzierung kommt in Frage. Das Bundesverfassungsgericht formuliert zwar zutreffend: „Ein literarisches Werk, das sich als Roman ausweist, ist daher zunächst einmal als Fiktion anzusehen, das keinen Faktizitätsanspruch erhebt."[335] Allerdings bleibt diese Erklärung unvollständig, da sie sich nur auf die Textqualität bezieht. Sie drückt zutreffend aus, daß ein literarischer Text im Grundsatz die *Texteigenschaft* der Fiktionalität aufweist.

Damit ist allerdings noch keine Aussage zu der – im Fall einer Persönlichkeitsrechtsbeeinträchtigung ebenso wichtigen – *Rezeption* eines fiktionalen Textes getroffen. Wie gerade der Fall des streitgegenständlichen Romans belegt, bedeutet die Fiktionalität eines Textes noch nicht, daß er auch als solcher erkannt wird. Zu schließende Lücken im Argumentationsaufbau werden bei der nur annexhaften Beschreibung des Rezeptionsvorgangs deutlich[336]. Infolgedessen ungenau geraten auch die – von den dissentierenden Richtern zutreffend bemängelten[337] – Fiktionsbeurteilungen von Esra und Lale[338]. Denn in der Tat ist es weder sachgerecht, den Roman nur in bezug auf Lale als fiktionalen Text zu werten, da ein Text nur in seiner Gesamtheit einzuordnen ist; noch läßt sich

[333] BVerfGE 119, 1 (38 f.).

[334] In der Tat besteht eine wechselseitige Beeinflussung von Realität und Kunst. Dieses Wechselverhältnis ist nicht mit der Beziehung von Fiktion und Persönlichkeitsrechtsbeeinträchtigung gleichzusetzen, die ihrerseits in der „Je-desto"-Formel als Wechselbeziehung vorgestellt wird, in der Tat allerdings nur eine einseitige Beeinflussung der Fiktion auf die Schwere der Beeinträchtigung darstellt; vgl. Abschnitt E.I.7.e.

[335] BVerfGE 119, 1 (28).

[336] BVerfGE 119, 1 (28 f.).

[337] BVerfGE 119, 1 (42 ff.).

[338] BVerfGE 119, 1 (30 ff., 33 ff.).

erklären, weshalb ein Rezipient Esra als nichtfiktive, Lale hingegen als fiktive Figur verstehen sollte[339]. Die von der Senatsmehrheit unternommene Textanalyse erörtert punktuell Stilmittel und Erzählweisen, die – wie in den Sondervoten mit Nachdruck betont[340] – in keinem Zusammenhang zur Fiktionalität eines Textes stehen. Zur Bestimmung von Fiktionalität ist – wie von den dissentierenden Richtern vorgeschlagen[341] – ein literaturwissenschaftliches Gutachten erforderlich, das sich in beratender Funktion dieses in der Fachdisziplin selbst höchst komplexen Themas annimmt. Daher scheint es angebracht, die Rezeptionsbeurteilung nach literarturwissenschaftlichen Erkenntnissen zu strukturieren und damit eine *zweite Fiktionalitätsvermutung* einzuführen: *Ein fiktionaler Text wird, wenn sich aus den Umständen nicht etwas anderes ergibt, auch als fiktional rezipiert.* Für den vorliegenden Fall würde diese Differenzierung in zwei Fiktionalitätsvermutungen Klarheit bringen: Zunächst ist der Roman von *Biller* ein fiktionaler Text – aufgrund der Ergebnisse dieser Arbeit präzisiert – insgesamt ein autofiktionaler Text. Diese Einordnung wird nicht widerlegt. Sodann besteht zweitens die Vermutung, daß der (auto-)fiktionale Text auch als solcher rezipiert wird. Das ist vorliegend sowohl für Esra als auch für Lale *einheitlich* zu verneinen, die zweite Vermutung ist angesichts eines in dieser Untersuchung festgestellten geringen Fiktionsgrades und keinem zweifellos klaren Überwiegen der Fiktionssignale widerlegt. Entgegen der Ansicht der Sondervoten kann nicht davon ausgegangen werden, daß im Zeitalter von ebenso hemmungsloser Selbstoffenbarung wie aggressivem Voyeurismus in der Medienwelt ein Leser, der über durchschnittliche literarische Kenntnisse verfügt, nicht versucht, Verbindungen zu seinem Alltagswissen herzustellen und die offengelegten Pfade der Identifizierbarkeit dankbar als Unterhaltungsbonus anzunehmen. Eine andere Wertung wäre wünschenswert, aber realitätsfern. Im Falle autofiktionaler Literatur wird mit dem Risiko des Mißverständnisses gespielt, da der Autor – wie auch im vorliegenden Fall *Biller* – widersprüchliche Signale an den Leser sendet. Nichtsdestominder ist auch realitätsnahe Literatur, die Übereinstimmungen mit realen Vorlagen, Handlungsverläufen, Beziehungen und Ereignissen aufweist, schützenswerte Kunst und im Grundsatz zulässig.

---

[339] Nur am Rande sei angemerkt, daß ein Auffinden der „echten Lale" nach Entschlüsselung ihrer Tochter für einen Durchschnittsleser, der sich willens unaufhaltsamer Neugier schon die Mühe gemacht hat, die Klägerin zu 1) zu identifizieren, bereits aufgrund der verwandtschaftlichen Verhältnisse, die ja im Mittelpunkt der Romanerzählung stehen, keine Mühe bedeutet.

[340] BVerfGE 119, 1 (42 f.).

[341] BVerfGE 119, 1 (45 f.).

3. „Je-desto“-Formel: Orientierungshilfe, kein Ausdruck der Wechselbeziehung

Beim Überwiegen des Persönlichkeitsschutzes muß die Kunstfreiheit zurücktreten. Die „Je-desto“-Formel ist dabei eine brauchbare *Orientierungshilfe*, um die unterschiedlichen Schattierungen von Fiktion und die Abstufungen von Persönlichkeitsrechtsbeeinträchtigungen möglichst präzise zu erfassen und in eine Beziehung zu setzen: „Je stärker Abbild und Urbild übereinstimmen, desto schwerer wiegt die Beeinträchtigung des Persönlichkeitsrechts. Je mehr die künstlerische Darstellung die besonders geschützten Dimensionen des Persönlichkeitsrechts berührt, desto stärker muss die Fiktionalisierung sein, um eine Persönlichkeitsrechtsverletzung auszuschließen.“[342]

Allerdings handelt es *nicht um eine Wechselbeziehung*, ein Einfluß der Persönlichkeitsrechtsbeeinträchtigung auf die Fiktion ist nicht ersichtlich, allein das Ausmaß der Fiktion kann die Schwere der Persönlichkeitsrechtsbeeinträchtigung als einer von mehreren Faktoren mitbestimmen, es erschließt sich kein Rückfluß. Der zweite Teil rechtfertigt ebenfalls nicht die Bezeichnung als Wechselbeziehung und stellt sich vielmehr als *tautologisch* dar. Auf den „Esra“-Fall angewandt würde eine Rezeption des fiktionalen Textes als faktual den Vorrang der Kunstfreiheit noch nicht ausschließen. Erst die Feststellung der konkreten Figurengestaltung, die eine Persönlichkeitsrechtsverletzung begründen kann, führt zu einem Ergebnis in der Gegenüberstellung mit den widerstreitenden Interessen. Einem relativ geringen Fiktionsgrad steht eine Bloßstellung der beiden Klägerinnen in unterschiedlichen Dimensionen gegenüber. Die Charakterisierung von Lale fällt insgesamt augenscheinlich negativ aus. Diese Darstellung ist – entsprechend den Ergebnissen der Arbeit als fiktionaler, allerdings nichtfiktional rezipierter Text – an den Maßgaben des Äußerungsrechts zwar nicht zu messen, gleichwohl doch auszurichten[343]. Eine untragbare Diskreditierung der Klägerin zu 2) kann nicht festgestellt werden. Auch für die Klägerin zu 1) würde

---

[342] BVerfGE 119, 1 (30).

[343] Eine Gleichsetzung und entsprechende Etikettierung als „Schmähkritik“ werden von dem dissentierenden Richter *Hoffmann-Riem* mit Recht vor dem Hintergrund der kunstspezifischen Deutung von Texten abgelehnt; BVerfGE 119, 1 (59). Die Ähnlichkeit der Wirkungen ist hervorzuheben, ohne die Unterschiedlichkeit von Art. 5 Abs. 1 GG und Art. 5 Abs. 3 S. 1 1. Alt. GG einzuebnen. Wertungen des Äußerungsrechts können nur, soweit sie nicht im Widerspruch zum kunstspezifischen Selbstverständnis stehen, als Orientierungswerte berücksichtigt werden. Auch dort sind Werturteile zulässig, wenn sie sich nicht als Schmähkritik gestalten – Demgegenüber gleicht *Siegle,* Spannungsverhältnis (Fn. 1), S. 183 die Behandlung von realitätsnaher Literatur und Äußerung einander an: „Die Feststellung einer Persönlichkeitsrechtsverletzung erfolgt durch eine leicht modifizierte Übertragung der für das Äußerungsrecht entwickelten Grundsätze. Zunächst muss die streitgegenständliche Aussage als Werturteil oder Tatsachenbehauptung qualifiziert werden.“ Eine Qualifizierung von Literatur als „Aussage“, „Werturteil“ und „Tatsachenbehauptung“ erscheint mit literaturwissenschaftlichen Wertungen kaum vereinbar. Juristisch gewendet: Auch ein

eine Abwägung grundsätzlich zugunsten der Kunstfreiheit ausgehen, da sie insgesamt in einem differenzierten, durchaus positiveren Bild als ihre Mutter erscheint. Etwas anderes könnte sich nur beim Vorliegen einer abwägungsfesten Ausnahmegruppe ergeben.

4. Zwei Ausnahmen nicht der Fiktionalitätsvermutung, sondern der Abwägung

Das Gericht hat zutreffend zwei Ausnahmegruppen, namentlich von Intimsphäre und Eltern-Kind-Beziehung, eingeführt. Dabei handelt es sich, wie von *Hoffmann-Riem* kritisiert[344], nicht um Ausnahmen von der Fiktionalitätsvermutung, sondern von dem Abwägungsvorgang zwischen Persönlichkeitsschutz und Kunstfreiheit. Diese Abwägungsfestigkeit rechtfertigt sich durchaus durch den überragend hohen Stellenwert, der diesen beiden enumerativ aufgezählten, höchst sensiblen Persönlichkeitsbereichen zukommt[345]. Da im Fall der Klägerin zu 1) beide Gruppen betroffen sind, tritt in ihrem Fall die Kunstfreiheit als nachrangig zurück.

5. Zwischenergebnis: Lösungsvorschlag zur Prüfungsreihenfolge

Beide Klägerinnen sind in dem Roman erkennbar, so daß die notwendige Voraussetzung einer Persönlichkeitsrechtsverletzung vorliegt. In ihrem Bekanntenkreis drängt sich die Identifizierung aufgrund zahlreicher Übereinstimmungen hinsichtlich der Beschreibung von fiktiven Figuren und literarischen Vorlagen auf. Bei dem Roman handelt es sich um eine autofiktionale Erzählung geringen Fiktionsgrads, so daß die erste Fiktionalitätsvermutung nicht widerlegt ist. Allerdings ist die Rezeption faktualer Art, so daß die zweite Fiktionalitätsvermutung nicht durchgreift. Hinsichtlich der Klägerin zu 2) findet eine Abwägung von Kunstfreiheit und Persönlichkeitsschutz in Form der – modifiziert vereinfachten – „Je-desto“-Formel statt, aufgrund derer ersterer der Vorzug einzuräumen ist. In bezug auf die Klägerin zu 1) erfolgt keine Gegenüberstellung

---

realitätsnaher literarischer Text wird ausnahmslos durch Art. 5 Abs. 3 GG als lex specialis gegenüber Abs. 1 geschützt.

[344] BVerfGE 119, 1 (50 ff.).

[345] Selbstverständlich kann auch eine äußerst diffamierende Persönlichkeitsdarstellung im Einzelfall eine durchaus schwerwiegende Persönlichkeitsrechtsverletzung darstellen. Allerdings schmälert diese Beeinträchtigung nicht die Intensität, die einem Eingriff in die Intimsphäre anerkanntermaßen davon unabhängig zukommt. Der Hinweis auf andere Möglichkeiten schwerwiegender Persönlichkeitsrechtsverletzungen beeinträchtigt nicht das Ausmaß der Beeinträchtigung bei einem Eingriff in die Intimsphäre. Es sei nur am Rande angemerkt, daß nach hier vertretener Auffassung die Schilderung der Lale eben diesen Intensitätsgrad – abweichend von dem im Sondervotum angestellten Vergleich zur Intimsphäre – nicht erreicht; vgl. BVerfGE 119, 1 (52 ff.).

der widerstreitenden Interessen, da mit der Intimsphäre und Eltern-Kind-Beziehung abwägungsfeste Materie berührt ist. Es besteht kein Anlaß, einerseits diese höchst sensiblen Bereiche im Ausgleich mit Meinungsäußerungen mit Recht zu privilegieren, sie andererseits in den Abwägungsvorgang im Bereich von fiktionalen Texten einzustellen, die selbst wie nichtfiktionale Äußerungen rezipiert werden. Nachdem ein angemessener Ausgleich von Persönlichkeitsschutz und Kunstfreiheit schwierig, aber vor dem Hintergrund der „Esra"-Entscheidung im nationalen Bereich möglich erscheint, ist ein lösungsorientierter Seitenblick rechtsvergleichend auf ähnliche Problemkonstellationen auf europäischer und internationaler Ebene zu werfen[346].

[346] Die folgende Darstellung beschränkt sich tatsächlich auf einen „Seitenblick". Für eine erschöpfende, rechtsvergleichende Analyse fehlt der Raum. Die Materie würde eine eigenständige Untersuchung erfordern.

F. Rechtsvergleich: weite Streuung im Interessenausgleich

Bezeichnenderweise wurde die Kunstfreiheit auf internationaler und europäischer Ebene sowie in zahlreichen nationalen Rechtsordnungen nur als Unterfall der Meinungsfreiheit geschützt. In der Rechtsprechung des Europäischen Gerichtshofs kam ihr bisher kein wesentlicher Stellenwert zu. Erst in jüngerer Zeit wird der Schutz der Kunstfreiheit ausdrücklich normiert, so auch in der Grundrechtecharta der Europäischen Union.

Die Kunstfreiheit wird also international auf Verfassungsebene vielfach unmittelbar oder mittelbar über die *Meinungsfreiheit* geschützt[1]. Neben dem abwehrrechtlichen Aspekt des Art. 15 Abs. 2 IPwskR gewährleistet der Internationale Pakt über die wirtschaftlichen, sozialen und kulturellen Rechte in Art. 15 Abs. 1 lit. a und c IPwskR sowohl ein Teilhaberecht am kulturellen Leben als auch den Schutz der urheberrechtlichen Interessen an wissenschaftlichen, literarischen und künstlerischen Werken. Die Amerikanische Menschenrechtskonvention folgt der in Art. 19 Abs. 1 und 2 IPbpR verankerten Meinungs- und Informationsfreiheit, beinhaltet also keine explizite Nennung der Kunstfreiheit, sondern schützt sie allein im Rahmen der Meinungsfreiheit[2]. Auch in der Europäischen Menschenrechtskonvention bildet die Kunstfreiheit nur einen Unterfall zur Freiheit der Meinungsäußerung nach Art. 10 Abs. 1 EMRK und unterliegt damit dem Schrankenkatalog aus Art. 10 Abs. 2 EMRK[3].

---

[1] Hierzu, in Hinblick auf die Herleitung der Kunst- aus der Meinungsfreiheit in der Schweiz, das griechische sowie portugiesische Modell *Häberle,* Freiheit (Fn. 727), S. 582 ff.; *Pernice,* Grundgesetz (Fn. 96), Art. 5 III (Kunst), Rn. 5. – Zur Rechtsvergleichung in bezug auf Grundrechte als Auslegungsmethode *Häberle,* Grundrechtsgeltung (Fn. 145), S. 916 ff.; *H. Hempel,* Die Freiheit der Kunst, 1991, S. 127 ff., 135 ff.; instruktive rechtsvergleichende Ansätze in bezug auf die Kunstfreiheit bei *G. Nolte,* Falwell vs. Strauß: Die rechtlichen Grenzen politischer Satire in den USA und der Bundesrepublik, in: EuGRZ 1988, S. 253 (256 f.); *Gounalakis,* Freiräume (Fn. 404), S. 810 f.

[2] „Article 13. Freedom of Thought and Expression: 1. Everyone has the right to freedom of thought and expression. This right includes freedom to seek, receive, and impart information and ideas of all kinds, regardless of frontiers, either orally, in writing, in print, in the form of art, or through any other medium of one's choice. […]." Vgl. R. Bernhardt/J. A. Jolowicz (Hrsg.), International Enforcement of Human Rights, 1987, S. 232; *Pünder,* Kommunikationsgrundrechte (Fn. 48), S. 567; *Frenz,* Handbuch (Fn. 155), S. 681 ff.; *N. Bernsdorff,* Charta (Fn. 285), Art. 13 Rn. 1.

[3] EuGH Slg. 2002, I-1611 (1676); *W. Peukert,* Die Kommunikationsrechte im Lichte der

Demgegenüber findet sich *in der Grundrechtecharta eine explizite Regelung* der Kunstfreiheit. Sie reiht sich ein in die Garantien zum Schutz der Gedanken-, Gewissens- und Religionsfreiheit in Art. 10 Abs. 1 ChGrEU sowie der Freiheit der Meinungsäußerung und Informationsfreiheit nach Art. 11 ChGrEU[4]. So wird nach der Charta der Grundrechte der Europäischen Union in Art. 13 S. 1 ChGrEU die Freiheit von Kunst und Forschung garantiert. Zudem wird die akademische Freiheit nach Art. 13 S. 2 ChGrEU geachtet. Beschränkungen sind gemäß Art. 52 Abs. 1 S. 2 ChGrEU nur zulässig, „wenn sie notwendig sind und den von der Union anerkannten dem Gemeinwohl dienenden Zielsetzungen oder den Erfordernissen des Schutzes der Rechte und Freiheiten anderer tatsächlich entsprechen." Außerdem werden die Einschränkungsgründe aus Art. 10 Abs. 2 EMRK herangezogen[5]. Zur Beschränkung wird ein erheblicher Beurteilungsspielraum zugebilligt, der durch die Achtung der Menschenwürde begrenzt wird[6]. Da die Charta der Grundrechte der Europäischen Union bislang nicht in eine europäische Verfassung überführt wurde, kann die Charta gemäß Art. 6 Abs. 3 EUV keinen über die allgemeinen Rechtsgrundsätze hinausgehenden Schutz ermöglichen. „Die Grundrechte, wie sie in der Europäischen Konvention zum Schutz der Menschenrechte und Grundfreiheiten gewährleistet sind und wie sie sich aus den gemeinsamen Verfassungsüberlieferungen der Mitgliedstaaten ergeben, sind als allgemeine Grundsätze Teil des Unionsrechts", Art. 6 Abs. 3 EUV. Mit Bezug auf die allgemeinen Rechtsgrundsätze, die sich aus Art. 10 EMRK und den nationalen Verfassungen ergeben, ist danach die Kunst-

---

Rechtsprechung der Organe der Europäischen Menschenrechtskonvention (EMRK), in: H. Däubler-Gmelin/K. Kinkel/H. Meyer/H. Simon (Hrsg.), Gegenrede, 1994, S. 277 (279 ff., 286 ff.); *S. Sporn*, Das Grundrecht der Meinungs- und Informationsfreiheit in einer Europäischen Grundrechtscharta, in: ZUM 2000, S. 537 (543). – Zum Ganzen gute Zusammenschau bei *Pernice*, Grundgesetz (Fn. 96), Art. 5 III (Kunst), Rn. 6; *Rengeling/Szczekalla*, Grundrechte (Fn. 48), S. 587; *Jarass*, EU-Grundrechte (Fn. 46), S. 218, 221 f.; *Tessar*, Kriterien (Fn. 36), S. 391; *Jarass*, Charta (Fn. 46), Art. 13 Rn. 1. – Die Schranke des Art. 10 Abs. 2 EMRK wird durch die Funktion der Meinungsäußerung für eine demokratische Gesellschaft seinerseits eingeschränkt und erinnert damit an die Anwendung der Wechselwirkungstheorie im Rahmen der Art. 5 Abs. 1, 2 GG, vgl. hierzu *Luch*, Medienpersönlichkeitsrecht (Fn. 208), S. 510 f.; siehe auch *Hoppe*, Kunstfreiheit (Fn. 153), S. 35 ff., 49 ff. – Instruktive rechtsvergleichende Studie von *Wittreck*, Grundgesetz (Fn. 341), Art. 5 III (Kunst), Rn. 26 ff.

4 *Rengeling/Szczekalla*, Grundrechte (Fn. 48), S. 585. – Auf die Qualität der Kunstfreiheit als lex specialis gegenüber der Meinungsäußerungsfreiheit weist hin *Haratsch*, Kunstfreiheit (Fn. 48), S. 742; instruktiv zum Schutz der Kunstfreiheit durch die Grundrechtecharta *Hoppe*, Kunstfreiheit (Fn. 153), S. 70 ff.

5 Erläuterungen zur Charta der Grundrechte ABl. 2007, C 303/02, Erläuterung zu Art. 13 – Freiheit der Kunst und der Wissenschaft: „Dieses Recht leitet sich in erster Linie aus der Gedankenfreiheit und der Freiheit der Meinungsäußerung ab. Seine Ausübung erfolgt unter Wahrung von Artikel 1, und es kann den durch Artikel 10 EMRK gestatteten Einschränkungen unterworfen werden." Ablehnend unter Hinweis auf Art. 52 Abs. 1 ChGrEU: *Haratsch*, Kunstfreiheit (Fn. 48), S. 740.

6 *Jarass*, EU-Grundrechte (Fn. 46), S. 222; *Pünder*, Kommunikationsgrundrechte (Fn. 48), S. 567, 573; *Jarass*, Charta (Fn. 46), Art. 13 Rn. 13 ff.

freiheit im Rahmen der Gemeinschaftsgrundrechte im Rahmen des Art. 6 Abs. 3 EUV unverzichtbar[7]. Sie ist aufgrund der Garantie aus der Europäischen Menschenrechtskonvention und der nationalen Verfassung als allgemeiner Rechtsgrundsatz anzuerkennen[8]. Diese wirken auf innerstaatliche Sachverhalte, auf die das Unionsrecht keine Anwendung findet, nicht unmittelbar, sondern beeinflussen sie im besonderen durch die Regelungen zur Rechtfertigung von Warenverkehrsbeschränkungen aufgrund des Kulturgüterschutzes nach Art. 36 S. 1 AEUV oder durch Förderung von künstlerischer und literarischer Tätigkeit durch die Union, Art. 167 Abs. 2 AEUV[9]. In der Rechtsprechungspraxis des Europäischen Gerichtshofs kam der Kunstfreiheit bislang keine wesentliche Be-

---

[7] Einführend zu den Gemeinschaftsgrundrechten *Dreier,* Grundgesetz (Fn. 96), Vorb. vor Art. 1 Rn. 39 f. – Ausdrückliche Bezugnahme auf die Kunstfreiheit in Art. 16 Abs. 3 der finnischen Verfassung, Art. 16 Abs. 1 der griechischen Verfassung (zum Einfluß des diesbezüglichen deutschen Grundgesetzes *S.-I. G. Koutnatzis,* Grundlagen und Grundzüge staatlichen Verfassungsrechts: Griechenland, in: A. v. Bogdandy/P. Cruz Villalón/P. M. Huber [Hrsg.], Handbuch Ius Publicum Europaeum, Bd. I, 2007, § 3 Rn. 12); Art. 33 Abs. 1 der italienischen Verfassung; Art. 42, 73 Abs. 1, 3, Art. 78 der portugiesischen Verfassung; Art. 21 der schweizerischen Verfassung; Art. 20 Abs. 1 lit. b) der spanischen Verfassung; Art. 17 Abs. 1 und 17a des österreichischen Staatsgrundgesetzes unter Änderung (das Recht der Kunstfreiheit der österreichischen Verfassung in der Tradition des 19. Jahrhunderts sieht *E. Wiederin,* Grundlagen und Grundzüge staatlichen Verfassungsrechts: Österreich, in: ebda., § 7 Rn. 115 ff.). – Zu den ausdrücklichen Regelungen der neuen Mitgliedstaaten: Art. 23, Art. 54 Abs. 1, 2 der Verfassung Bulgariens; § 38 Abs. 1 der Verfassung Estlands; Art. 113 der Verfassung Lettlands; Art. 42 der Verfassung Litauens; Art. 73 der Verfassung Polens; Art. 30 Abs. 1 der Verfassung Rumäniens; Art. 43 Abs. 1 der Verfassung der Slowakei; Art. 59 der Verfassung Sloweniens und Art. X Abs. 1 des Verfassungsentwurfs Ungarns. – Demgegenüber allein im Rahmen der Meinungsfreiheit verankert in Art. 19 der belgischen Verfassung; § 77 der dänischen Verfassung von 1953; Art. 11 der Erklärung der Menschen- und Bürgerrechte als Teil der Verfassung Frankreichs; Art. 40 Abs. 6 Ziff. 1 lit. a) der Verfassung Irlands; Art. 24 der Verfassung Luxemburgs; Art. 41 Abs. 1 der Verfassung Maltas; Art. 7 Abs. 1 und 3 der niederländischen Verfassung; Kap. 2 § 1 Ziff. 1, 2 der schwedischen Verfassung; Art. 17 Abs. 1 u. 2 der tschechischen Grundrechtsdeklaration i.V.m. Art. 3 der Verfassung Tschechiens; Art. 19 Abs. 1 der Verfassung Zyperns; vgl. zum Ganzen den vertiefenden Hinweis auf die divergierenden Regelungen der EU-Mitgliedstaaten, entweder als Unterfall der Meinungsfreiheit oder als ausdrückliche Einführung der Kunstfreiheit von *Pernice,* Grundgesetz (Fn. 96), Art. 5 III (Kunst), Rn. 8 f.

[8] EuGH Slg. 2002, I-1611 (1612, 1675); so statt aller prononciert *Haratsch,* Kunstfreiheit (Fn. 48), S. 736.

[9] Für die Vorgängerregelungen von Art. 30, 151 Abs. 2 EGV auch *F. Fechner,* in: F. v. der Groeben/J. Schwarze (Hrsg.), Kommentar zum Vertrag über die Europäische Union und zur Gründung der Europäischen Gemeinschaft, 6. Aufl. 2003, Art. 151 EG Rn. 15 ff., 27 f.; *Pernice,* Grundgesetz (Fn. 96), Art. 5 III (Kunst), Rn. 9; systematisch und erhellend *K. Odendahl,* Kulturgüterschutz, 2005, S. 7 ff.; eingehend auch *S. Leible/T. Streinz,* in: E. Grabitz/M. Hilf/M. Nettesheim (Hrsg.), Das Recht der Europäischen Union, Art. 36 (2010) Rn. 31; *G. Ress/J. Ukrow,* in: ebda., Art. 167 (2011) Rn. 32 ff., 242 ff.; instruktiv zur europäischen Kulturpolitik *Britz,* Freiheit (Fn. 80), S. 1 ff. – Zur Schwierigkeit der Bestimmung europäischer Kultur und des adäquaten Schutzes *U. Haltern,* Finalität, in: A. v. Bogdandy/J. Bast (Hrsg.), Europäisches Verfassungsrecht, 2. Aufl. 2009, S. 279 (318 f.).

deutung zu[10]. Allerdings wird sie nicht selten im Kontext der wirtschaftlichen Grundfreiheiten, namentlich der Warenverkehrsfreiheit, Art. 28 ff. AEUV, der Dienstleistungsfreiheit, Art. 56 ff. AEUV, und der Freiheit des Personenverkehrs, Art. 45 ff., 49 ff. AEUV, entscheidungserheblich[11].

Auch der Persönlichkeitsschutz gestaltet sich in den nationalen Rechtsordnungen äußerst *unterschiedlich* aus[12]. Ein Grund rein gesetzestechnischer Art liegt in der Verankerung im Deliktsrecht, das sich nicht so feinmaschig wie beispielsweise das ausgefeilte Vertragsrecht präsentiert: Der Persönlichkeitsschutz findet nach französischem Recht seinen Niederschlag explizit in Art. 9 des Code civil, zuvor in der Generalklausel des Art. 1382 Code civil, nach englischer Rechtsordnung in Form der zahlreichen „torts" (spezifische Tatbestände des Deliktsrechts) und in Deutschland in den §§ 823, 826 BGB[13]. Da bislang keine Harmonisierung dieser nationalen Divergenzen erfolgte, werden die auf unterschiedlichen rechtspolitischen Ansichten gründenden, im folgenden zu referierenden Regelungen weiterhin die nationale Rechtsprechung prägen[14].

I. Frankreich: ausgeprägter Persönlichkeitsschutz

Der Ausgleich konnte in Frankreich in der Vergangenheit lange Zeit nur zwischen einem ausdrücklich verankerten Äußerungsrecht, Art. 11 DRM (der Erklärung der Menschen- und Bürgerrechte von 1789 als Teil der Verfassung Frankreichs von 1958)[15], und einem nicht explizit normierten Privatrechtsschutz erfolgen. Mit dem Gesetz vom 17. Juli 1970 wurde allerdings ein neuer

---

[10] So statt aller resümieren *F. C. Mayer,* Recht (Fn. 9), Art. 6 (2010) Rn. 177; diese Praxis mit der Wirtschaftsbezogenheit der Rechtsprechung und der Orientierung an der Auslegung zu Art. 10 Abs. 1 EMRK im Sinne einer weit gefaßten, die Kunstfreiheit erfassenden Meinungsäußerungsfreiheit erklärt *Hoppe,* Kunstfreiheit (Fn. 153), S. 64 ff.; *Bernsdorff,* Charta (Fn. 285), Art. 13 Rn. 5. – Zumindest Fragen zur steuerlichen Gleichbehandlung kultureller Dienstleistungen erörtert EuGH Slg. 2003, I-2921 (2948 ff., 2962).

[11] Auch unter dem Gesichtspunkt des Diskriminierungsverbots kann die Kunstfreiheit relevant werden, vgl. EuGH Slg. 1993, I-5145 (5176 ff.); Slg. 2003, I-12489 (12508 ff.). – Zum Ganzen *Haratsch,* Kunstfreiheit (Fn. 48), S. 742 ff.; *Pünder,* Kommunikationsgrundrechte (Fn. 48), S. 569.

[12] Instruktiv im Vergleich *A. Beater,* Zivilrechtlicher Schutz vor der Presse als konkretisierendes Verfassungsrecht, 1996, S. 7 ff.

[13] Art. 9 des Code civil entspricht beinahe wortgetreu der Regelung des Art. 8 EMRK; vgl. zu den gesetzlichen Normierungen *Ohly,* Harmonisierung (Fn. 213), S. 903, 906.

[14] So die Unterschiedlichkeit mit dem weitläufigen Deliktsrecht, der divergierenden Rechtspolitik und der fehlenden Zentralorganisation der Europäischen Union begründet *Ohly,* Harmonisierung (Fn. 213), S. 903.

[15] Article 11: „La libre communication des pensées et des opinions est un des droits les plus précieux de l'homme: tout citoyen peut donc parler, écrire, imprimer librement, sauf à répondre de l'abus de cette liberté, dans les cas déterminés par la loi."

Art. 9 Code civil eingeführt[16], der dem einzelnen ausdrücklich ein Recht auf Privatsphäre einräumt. Die Anwendung beider Rechte spielte bis in die 1980er vor Gericht keine ausschlaggebende Rolle. Seit den 90er Jahren hat die Justiz das Erfordernis eines Ausgleichs von Äußerungsfreiheit und Persönlichkeitsschutz erkannt. In dem „Le grand secret"-Fall, der sich auf die Offenlegung von medizinischen Daten des ehemaligen französischen Präsidenten *Mitterand* in einem Buch bezog, wurden die Art. 8, 10 EMRK ausdrücklich streitentscheidend[17]. Nachdem die französischen Gerichte dem Arzt des verstorbenen Präsidenten die Veröffentlichung von Patientendaten in dem Buch „Le grand secret" untersagt hatten, stellte der Europäische Gerichtshof für Menschenrechte die Rechtswidrigkeit dieser Entscheidungen unter Hinweis auf den Zeitablauf seit dem Tod *Mitterands* und die abnehmende Schutzwürdigkeit des Präsidenten fest[18]. Dieser Fall ist exemplarisch für die bisher eher persönlichkeitsrechtsfreundliche Rechtsprechung Frankreichs[19].

1. Parallele zur Erkennbarkeit, Unterschied zur Fiktionalitätsvermutung

Das *Erkennbarkeitskriterium* erinnert deutlich an die Ausformung im „Esra"-Beschluß: Eine Identifizierbarkeit anhand von räumlichen, familiären, beruflichen oder sozialen Merkmalen wird in vergleichbarer Weise als ausreichend erachtet[20].

Eine der *Fiktionalitätsvermutung* entsprechende Regelung findet sich in französischen Entscheidungen nicht wieder. Vielmehr betonen die Gerichte die Bedeutung, zwischen Fakt und Fiktion unterscheiden zu können[21]. Ähnlich wie

[16] Article 9: „Chacun a droit au respect de sa vie privée. Les juges peuvent, sans préjudice de la réparation du dommage subi, prescrire toutes mesures, telles que séquestre, saisie et autres, propres à empêcher ou faire cesser une atteinte à l'intimité de la vie privée: ces mesures peuvent, s'il y a urgence, être ordonnées en référé."

[17] Cour d'Appel Paris JCP II (1997), 22894.

[18] Kritisch zur Entscheidung des Europäischen Gerichtshofs für Menschenrechte *Ohly/Lucas-Schloetter/Beverley-Smith*, Freedom (Fn. 238), S. 545.

[19] Tribunal civ. Seine JCP II (1956), 9256; Cour d'Appel Paris JCP II (1996), 22632; Tribunal de Grande Instance de Paris JCP II (1997), 22844; Tribunal de Grande Instance de Paris JCP II (1997), 22845; *R. Stürner*, Caroline-Urteil des EGMR – Rückkehr zum richtigen Maß, in: AfP 2005, S. 213 (219); dazu mit weiteren Nachweisen *Ohly*, Harmonisierung (Fn. 213), S. 905 f.; *ders./Lucas-Schloetter/Beverley-Smith*, Freedom (Fn. 238), S. 536 f.; eine Ausnahme von dieser persönlichkeitsrechtsgeneigten Tendenz wurde im Fall des autobiographischen Buchs „Vivre avec Picasso" gemacht: Cour d'Appel Paris Gaz. Pal. 1966, 39 (39 f.); *Gilot/Lake*, Vivre (Fn. 5).

[20] Cour d'Appel Paris JCP II (1975), 17935: „Attendu que l'usurpation pure et simple d'une identité réelle – nom, prénom, profession et lieu de l'emploi – attribuée à un personage de fiction dans une œuvre de l'esprit est fautive en soi comme attentatoire à la personnalité vise, soit que l'auteur relate des événements vrais, […]."

[21] So wie nach deutscher Entscheidungspraxis erkennt in der Verwechslung von Fiktion

in der Bundesrepublik kann eine Rechtsverletzung sowohl durch die Mitteilung wahrer Tatsachen aus der Privatsphäre des Betroffenen als auch im Fall von Kunst durch eine entstellende Darstellung der Persönlichkeit erfolgen[22]. Eine „in dubio pro arte"-Rechtsprechung ist nicht ersichtlich.

2. Ausgleich von Persönlichkeitsschutz und Kunstfreiheit

a) Französische Rechtsprechungslinie: tendenziell persönlichkeitsrechtsfreundlich

In Frankreich zeigt sich eine ähnlich große Vielfalt an Maßnahmen von Streichung und Änderung einzelner Passagen, Einfügung sogenannter Disclaimer, Ergänzung des Romans um gerichtliche Entscheidungsgründe, Zahlungen an die Betroffenen sowie Untersagung der Publikation[23]. Damit weisen sich die französischen – ähnlich die italienischen[24] – Gerichte bislang als äußerst *persönlichkeitsaffin* aus[25]. In jüngerer Zeit wird allerdings der Schutzumfang merklich eingeschränkt und ähnlich der „Esra"-Entscheidung auf die Tabuzone des Intimslebens zurückgenommen[26]. Beispielhaft für die Entwicklung der Recht-

---

und Realität eine Persönlichkeitsrechtsgefährdung der Tribunal de Grande Instance de Paris Légipresse 89 (1991), 32 (32): „Un auteur ayant écrit le récit fictif d'une aventure intime avec un mannequin connu, la Cour pose que l'atteinte à l'intimité de la vie privée résulte de la divulgation de faits imaginaires dès lors que le lecteur peut les tenir pour vrais."

[22] Cour d'Appel Paris JCP II (1975), 17935.

[23] So wägt ab: Tribunal de Grande Instance de Paris JCP II (1982), 19794: „Ainsi paraissent conciliés de façon heureuse les droits de création et celui, non moins nécessaire, du respect de la ‚sphère d'intimité'." Tribunal de Grande Instance de Nanterre JCP II (2005), 10094; deutlicher als nach deutscher Rechtsprechung neben Änderungen und Ergänzungen des Textes zu Zahlungen verurteilt Tribunal de Grande Instance de Nanterre Légipresse 237 (2006), 180 (180); hierzu auch Tribunal de Grande Instance de Paris Légipresse 247 (2007), 243 (246).

[24] Die italienische Rechtsprechungspraxis kommt der persönlichkeitsfreundlichen Linie Frankreichs sehr nahe, vgl. Corte suprema di Cassazione, Foro it. 1974 I, 1358 (1358); Corte di Cassazione, Foro it. 1976 I, 2895 (2895): „È illecita la pubblicazione per fine di lucro di un servizio fotografico su aspetti intimi della vita privata di persona nota, non giustificata da un effettivo ed apprezzabile interesse sociale all'informazione, anche se la pubblicazione non rechi pregiudizio all'onore, alla reputazione o al decoro della persona stessa."; hierzu auch *J. v. Gerlach,* Der Schutz der Privatsphäre von Personen des öffentlichen Lebens in rechtsvergleichender Sicht, in: JZ 1998, S. 741 (745). – Diese Rechtsprechungstendenz Italiens in Hinblick auf einen weit gefaßten Ehren-, Namens- und Bildnisschutz erkennt *Missling,* Persönlichkeitsschutz (Fn. 233), 1995, S. 10 ff., 23 ff., 26 ff., 29 f., 31 ff., 42 f.; *Ohly,* Harmonisierung (Fn. 213), S. 906.

[25] So auch *A. Bruns,* Persönlichkeitsschutz und Pressefreiheit auf dem Marktplatz der Ideen, in: JZ 2005, S. 428 (433 f.). In diesen Kontext fügt sich auch der Hinweis ein, daß die Ablichtung einer bekannten Person in der Öffentlichkeit nach französischem Recht auch dann untersagt ist, wenn sich ihr Verhalten in der konkreten Situation als ausweislich privat darstellt; Cass. civ. JCP II (1989), 21320; Tribunal de Grande Instance de Paris Légipresse 156 (1998), 158 (158).

[26] Einen Ausgleich zum essentiellen Widerstreit von Schutz der Privatheit und Äuße-

sprechung unter europäischem Einfluß ist auf dem Gebiet von Kunstfreiheit und Persönlichkeitsschutz das nun in Kürze vorzustellende Verfahren um das Buch „Le Procès de Jean-Marie Le Pen".

b) Exemplarisches Verbotsverfahren um „Le Procès de Jean-Marie Le Pen"

Das Buch „Le Procès de Jean-Marie le Pen" von *Mathieu Lindon*, dem Beschwerdeführer zu 1), wurde im August 1998 bei dem Verlag P. O. L. unter dem Vorsitzenden des Verwaltungsrats, *Paul Otchakovsky-Laurens*, dem Beschwerdeführer zu 2), veröffentlicht[27]. Die streitgegenständliche Erzählung handelt von dem Gerichtsverfahren gegen einen Anhänger der rechtspopulistischen Partei „Front National", *Ronald Blistier*, der einen Immigranten aus rassistischen Gründen tötete. Sein Anwalt ist homosexuell, jüdisch und im politisch linken Lager beheimatet. Die Handlung beruht auf realistischen Begebenheiten. Zwei Ausländer waren zuvor von Skinheads und Anhängern des „Front National" umgebracht worden, die daraufhin 1998 verurteilt wurden. *Jean-Marie Le Pen* hatte sich unter anderen in dem Gerichtsverfahren mit der Bemerkung Gehör verschafft, es handele sich bei der strafrechtlichen Verfolgung der Taten um eine Provokation durch ihre Gegner. Der Protagonist, der Anwalt von Blistier, sieht in dem Politiker *Le Pen* den eigentlichen Brandstifter und Verantwortlichen und bekundet sein Bestreben, gegen die Person *Le Pen* mobil zu machen[28].

Der Front National und *Le Pen* gingen am 20. und 27.11.1998 gerichtlich wegen Verleumdung gegen die Beschwerdeführer vor. Sie wurden zur Zahlung von

---

rungsfreiheit durch Publikationsverbot und eingeschränkte Geldzahlungen: Tribunal de Grande Instance de Nanterre Légipresse 237 (2006), 180 (180): „Le droit de chacun au respect de sa vie privée et de son droit à l'image doit se concilier avec le principe de la liberté d'expression […]." Tribunal de Grande Instance de Paris Légipresse 247 (2007), 243 (246).

[27] Aus Gründen der Lesbarkeit und Verständlichkeit werden folgend *Mathieu Lindon* und *Paul Otchakovsky-Laurens* Beschwerdeführer zu 1) und 2) genannt. Der Beschwerdeführer zu 3), *Serge July*, der Herausgeber der Tageszeitung Libération, wird im folgenden nicht erwähnt, da seine Prozeßrolle und der damit verbundene Prozeßanteil im Hinblick auf die hier relevante Kollision von Kunstfreiheit und Persönlichkeitsschutz ohne Belang sind.

[28] Vgl. EGMR NJOZ 2009, 2203 (2204); Aussage und Handlung der Erzählung werden in dem Text selbst denkbar prägnant zusammengefaßt: *M. Lindon,* Le procès de Jean-Marie Le Pen, Paris 1998, S. 136 (Klappentext): „Comment combattre efficacement Jean-Marie Le Pen? Le jeune Ronald Blistier, membre du Front national, a commis de sang-froid un crime raciste, tunant en pleine rue un adolescent arabe. L'affaire a provoqué maintes indignations et tout le monde est d'accord pour faire du procès Blistier celui de son mentor. C'est un avocat juif de trente ans, maître Mine, qui defend l'assassin. Il a des idées pour mieux lutter contre Jean-Marie Le Pen. – Tendre un piège à Le Pen? Mais on tombera tous dedans, lui dit pourtant Mahmoud Mammoudi, son compagnon. Pierre Mine, quoi qu'il en soit, a engage la lutte. Son jeu est indéchiffrable. Ne devient-il pas la cible d'antiracistes et l'étendard de ceux qu'il souhaite combattre? Jean-Marie Le Pen feint de lui rendre hommage. Diverses tempêtes déferlent sur sa vie, comme si ceux qui luttent sans succès evident contre le Front national trouvaient cependant suspect que quelqu'un d'autre essaie une méthode différente.

Geldstrafen in Höhe von jeweils 15000 Francs (ca. 2286,74 €), Schadensersatz in Höhe von 25000 Francs (ca. 3811,23 €) und zu einer Presseveröffentlichung über ihre Verurteilungskosten verurteilt. Das Berufungsgericht bestätigte am 13.9.2000 die Verurteilung bezüglich drei von vier Textpassagen. Diese beinhalteten die Darstellung des rechtspopulistischen Politikers *Le Pen* als bekämpfenswerten Bandenchef von Totschlägern, der pausenlos unterschwellig zum Rassenhaß aufstachelt, und als gefährlicher Vampir, der mit Verleumdungen und falschen Vorwürfen taktiert[29]. Die Revision wurde am 27.11.2001 zurückgewiesen[30]. Am 23.5.2002 wandten sich die Beschwerdeführer an den Europäischen Gerichtshof für Menschenrechte und rügten einen Verstoß gegen Art. 10 EMRK. Nach Abgabe der Beschwerden von der Kammer I. Sektion an die Große Kammer hat diese eine Verletzung des Art. 10 EMRK verneint[31].

Bezeichnend für die Kammerentscheidung sind die *Anleihen aus dem Presserecht, die eine kunstspezifische Betrachtung zumindest verkürzen*: Das Gericht sieht in dem streitgegenständlichen Buch zwar einen Roman. Es muß ihn als künstlerisches Werk – dem Umstand einer nicht eigenständigen Regelung der Kunstfreiheit in der Europäischen Menschenrechtskonvention Rechnung tragend – in den Bereich der Meinungsäußerungsfreiheit aus Art. 10 EMRK einordnen[32]. Die Bestimmung als Teil der Äußerungsfreiheit spezifiziert Kunst naturgemäß nicht wie im deutschen Recht – beispielhaft in Form der Kunstbegriffe materialer, formaler oder offener Art. Vielmehr stellt der Gerichtshof

[29] *Lindon,* Le procès (Fn. 28), S. 10, 105 f., 136: „[...], c'est combattre efficacement Le Pen que réclamer sa mise en cause officielle dans l'affaire, montrer qu'il n'est pas president d'un parti politique mais chef d'une bande de tueurs, Al Capone aussi aurait eu des électeurs. [...] Lisez les journaux, écoutez la radio ou la television, chaque propos de Jean-Marie Le Pen est riche – ou pauvre, miserable – d'un racisme au mieux diffuse. Derrière chacu de ses mots, on peut en entendre d'autres, et derrière chacune de ses propositions on peut aussi voir le spectre des pires abominations de l'histoire humaine. Tout le monde le sait, tout le monde le dit. Ce que Ronald Blistier a fait, c'est ce que recommande Jean-Marie Le Pen. Oh, pas explicitement, il tâche de rester dans le cadre des lois, meme s'il n'y arrive pas toujours. Mais les situations dans lesquelles il parle, les sous-entendus qu'il profère, les personnalités de ceux auxquels il apporte son soutien ne laissent aucun doute. [...] Comment laisser Jean-Marie Le Pen se poser en victime après le suicide de Ronald Blistier? Le président du Front national est un vampire qui se nourrit de l'aigreur de ses électeurs, mais parfois aussi de leur sang, comme du sang de ses ennemis. Pourquoi Jean-Marie Le Pen accuse-t-il les democrats du prétendu assassinat de Ronald Blistier? Parce que le mensonge ne lui fait pas peur, parce que porter la diffamation dans le camp adverse lui paraît toujours utile, certes, mais aussi tout bêtement pour détourner les soupçons, pour être celui qui crie le plus fort dans l'espoir que ses hurlements couvriront les accusations portées contre lui-même."

[30] Vgl. EGMR NJOZ 2009, 2203 (2205).

[31] EGMR NJOZ 2009, 2203 (2210).

[32] Die Zuordnung des Romans erfolgt nach EGMR NJOZ 2009, 2203 (2208) daher, „da er es möglich macht, an einem öffentlichen Austausch von kulturellen, politischen und sozialen Informationen und Ideen aller Art teilzunehmen. Wer ein Kunstwerk, z.B. ein literarisches Werk, schafft oder verbreitet, beteiligt sich an dem Austausch von Ideen und Meinungen, der in einer demokratischen Gesellschaft unverzichtbar ist."

die Bedeutung von Kunst für die presserechtlich entlehnte Funktion des Ideendiskurses in der Gesellschaft heraus. So wird dementsprechend auch bei einem Roman die Frage nach dem öffentlichen Interesse relevant[33]. Die Berücksichtigung dieses Gesichtspunkts durch die französischen Gerichte wird vom Gerichtshof in Hinsicht auf die politische Position *Le Pens*, die zur Auseinandersetzung reizt, als wesentliches Beurteilungskriterium anerkannt[34]. Deutlich wird die Affinität zu presserechtlichen Entscheidungen auch in dem Vergleich der Wirkungen, nämlich einerseits der längerfristigen Auswirkungen durch ein Kunstwerk, andererseits der weiterreichenden Effekte eines Presseerzeugnisses hinsichtlich der Größe des Personenkreises[35]. Zudem werden im Fall eines biographisch inspirierten literarischen Werks die aus dem Äußerungsrecht stammenden Unterscheidungskriterien von Tatsachenbehauptung und Werturteil durch das Europäische Gericht angelegt[36]. Im vorliegenden Fall enthalte der Roman Tatsachenbehauptungen, die in der Realität nicht verifizierbar und von den Beschwerdeführern auch nicht ansatzweise ausreichend überprüft worden seien[37]. Eine solche durch den Gerichtshof bestätigte Behandlung von literarischen Werken durch die französische Rechtsprechung steht in klarem Gegensatz zur Fiktionalitätsvermutung des „Esra"-Beschlusses. Die durch das Bundesverfassungsgericht gestärkte Kunstfreiheit ist also nach französischer Rechtspraxis im Widerstreit mit Persönlichkeitsrechten nicht so grundlegend strukturell geschützt. Denn hier gilt keine Vermutung für eine ausreichende Abhebung des Kunstwerks von der Realität. Auch die wertenden Passagen überschreiten nach Ansicht der Gerichte inhaltlich und in der Darstellungsart die am Presserecht orientierten Grenzen der Zulässigkeit[38]. Durch diese deutlichen Parallelen zum Presserecht fällt die kunstspezifische Betrachtung der französischen Justiz, bestätigt durch den Gerichtshof, bei weitem nicht so deutlich aus wie in der Rechtsprechung des Bundesverfassungsgerichts. Einerseits ähnlich dem Gesetzesvorbehalt des Art. 5 Abs. 2 GG für die Meinungsfreiheit, andererseits im Unterschied zur vorbehaltlos garantierten Kunstfreiheit weist der Gerichtshof ausdrücklich auf die Einschränkungsmöglichkeiten nach Art. 10 Abs. 2 EMRK hin[39]. Da also der Eigenwert von Kunst, der Prozeß literarischer Neuschöpfung, weniger fokussiert wird, gelangt das Werk nicht zu einer eigenständigen neuen Schöpfung, sondern bleibt unverändert in engem Zusammenhang zum Autor. So wird vom Gerichtshof auch der französische Versuch gebilligt, zur Bewer-

[33] EGMR NJOZ 2009, 2203 (2209).
[34] EGMR NJOZ 2009, 2203 (2209).
[35] EGMR NJOZ 2009, 2203 (2208).
[36] EGMR NJOZ 2009, 2203 (2211 f.).
[37] EGMR NJOZ 2009, 2203 (2212).
[38] EGMR NJOZ 2009, 2203 (2212 f.).
[39] EGMR NJOZ 2009, 2203 (2210); zur Meinungsäußerungsfreiheit EuGH Slg. 2002, I-1611 (1676).

tung des Buchs die Gedankenwelt des Autors zu ermitteln[40]. Eine Übereinstimmung mit der Prüfung im „Esra"-Beschluß stellt dann das Vorgehen hinsichtlich des Zusammenhangs von inhaltlicher Aussage und Aussageperson im Text dar. Wie die Senatsmehrheit in der „Esra"-Entscheidung berücksichtigt auch der Gerichtshof Mitteilungen über *Le Pen* durch andere Romanfiguren – also den beschränkten Aussagegehalt durch mittelbare Schilderungen der literarischen Gestalt durch weitere Kunstfiguren – als Beurteilungskriterium für die Zulässigkeit des Kunstwerks[41]. Eine literaturwissenschaftliche Analyse der literarischen Figuren und ihrer Aussagen – auch in Hinsicht auf andere Protagonisten – wäre auch hier eine fachkundige Unterstützung und damit zu präferierende Entscheidungshilfe.

c) Verfahren um „Ma fille, Marie": exemplarisch für vermehrte Äußerungsfreiheit

In Frankreich entspricht der Fall um die Autorin *Nadine Trintignant* dem Spannungsfeld von Kunstfreiheit und Persönlichkeitsschutz, auf dem sich das Verfahren um den Roman „Esra" bewegte. Die Autorin beschrieb in ihrem Buch „Ma fille, Marie", wie eine junge Frau von ihrem Geliebten ermordet wird[42]. Während der Rechtshängigkeit des Verfahrens wegen des Tötungsdelikts gegen den Exfreund, den Rockmusiker *Bertrand Cantat*, wurde das Buch mit einer Auflage von 140.000 Exemplaren veröffentlicht. In der Tat war die Tochter der Schriftstellerin, *Marie Trintignant*, im Jahr 2003 nach einem Streit von ihrem Lebensgefährten verprügelt worden, fiel ins Koma und erlag später ihren schweren Verletzungen[43]. Die Erzählung nennt nicht den Namen *Bertrand Cantat*, sondern bezeichnet die Person, die die Protagonistin tötet, durchgehend in Ansprache an die getötete Tochter als „Dein Mörder"[44].

Ähnlichkeiten zum „Esra"-Fall ergeben sich in Hinblick auf das Erkennbarkeitskriterium und die Intention der Schmerzüberwindung. In dem Roman wird als gesichert dargestellt, daß *Marie Trintignant* durch *Bertrand Cantat* getötet wurde[45]. Letzterer ist angesichts der Partnerschaft zu *Marie Trintignant* und dem Tötungsvorwurf, der ein Gerichtsverfahren nach sich zog, auch nach dem Kriterium des „Esra"-Beschlusses – aufgedrängte Identifizierung im Bekanntenkreis – zweifellos *erkennbar*. Er bemühte sich daher, allerdings erfolglos, die Verbrei-

---

40 EGMR NJOZ 2009, 2203 (2211).

41 BVerfGE 119, 1 (31 f.).

42 *N. Trintignant*, Ma fille, Marie, Paris 2003, S. 9 ff.

43 Vgl. *Ohmer*, Fakten (Fn. 2), S. 72.

44 Beispielhaft *Trintignant*, Ma fille (Fn. 42), S. 9, 11, 13, 24, 47, 70, 87: „Ton meurtrier [...]." Allerdings wird der Vorname des Täters zumindest in den Verarbeitungsprozeß der Ich-Erzählerin eingefügt: *Trintignant*, ebda., S. 11: „C'est plutôt bien ... Loin de Samuel, loin de Bertrand pendant deux mois, j'y verrai plus clair."

45 *Trintignant*, Ma fille (Fn. 42), S. 9 ff.

tung des Buchs zu verhindern. Sein Anwalt führte aus, daß es sich um eine Vorverurteilung handele, da der Prozeß gegen *Cantat* wegen Tötung der Tochter der Autorin noch nicht mit einem rechtskräftigen Urteil abgeschlossen sei. Sein Antrag auf einstweilige Anordnung wurde durch das zuständige Gericht in Paris unter Hinweis auf die kathartische Aufgabe des Buchs für die Autorin abgelehnt. Die Erzählung diene der *Schmerzverarbeitung* und sei damit Ausdruck der garantierten Meinungsfreiheit[46]. In der Tat ist das Handeln der Mutter überaus verständlich und erfährt grundsätzlich verfassungsrechtlichen Schutz. Gleichwohl erscheint die Entscheidung im konkreten Fall nicht unproblematisch, da eine Schmerzverarbeitung nicht zwingend eine Buchveröffentlichung mit einer sechsstelligen Auflagenstärke verlangt. Alternative Formen der Trauerarbeit wie psychotherapeutische Betreuung, das Führen eines Tagebuches, zeitweiliger Rückzug in das private Umfeld oder ein Ortswechsel beinhalten nicht den gleichen Öffentlichkeitseffekt. Sie rufen dementsprechend weniger mediale Erregung hervor. Der Schmerz läßt sich möglicherweise dabei ebenso effektiv verarbeiten. Auch „Esra" kann – neben zahlreichen weiteren Lesearten – als Auseinandersetzung mit einem erlittenen Trennungsschmerz verstanden werden.

Der entscheidende Unterschied zu dem Roman *Billers* liegt in der *Widerlegung der Fiktionalitätsvermutung* des literarischen Textes. *Trintignants* Buch wurde nicht nur wie der Roman „Esra" von der Wirklichkeit inspiriert, sondern bezog sich allein und eindeutig auf das historische Geschehen um die Tötung der jungen Frau *Trintignant* (Referenzkriterium). Er wurde aus der emotional beladenen Perspektive der Mutter des realen Opfers geschildert. Die Buchpublikation hebelt während des Gerichtsverfahrens vor dem Hintergrund des Faktizitätsanspruchs die Unschuldsvermutung aus und gefährdet im Fall der Verurteilung den Resozialisierungsanspruch des Verurteilten[47].

3. Zwischenergebnis: ausgeprägter Persönlichkeitsschutz, offene Entwicklung

Insgesamt läßt sich resümieren, daß dem Persönlichkeitsschutz in Frankreich traditionell ein äußerst hoher Stellenwert zukommt. Parallelen zur deutschen Rechtsprechung bestehen in der Feststellung der Erkennbarkeit. Unterschiede zeigen sich in dem Schutz der Kunstfreiheit: Anstelle einer Fiktionalitätsver-

---

46 *Ohmer*, Fakten (Fn. 2), S. 72.

47 So auch *Ohmer*, Fakten (Fn. 2), S. 72. – Vgl. auch in diesem Zusammenhang die „Lebach I"-Entscheidung des Bundesverfassungsgerichts zum Vorrang des allgemeinen Persönlichkeitsrechts gegenüber der Rundfunkfreiheit (Schutz des Resozialisierungsanspruchs des Strafgefangenen): BVerfGE 35, 202 ff. – *Greene*, J'accuse ou Nice côté-ombre (Fn. 49) erhob ebenfalls einen Faktizitätsanspruch und wurde damit Beispiel für ein literarisches Werk, das in Frankreich aufgrund des Persönlichkeitsschutzes eines erkennbaren Vorbildes verboten wurde.

mutung werden presserechtliche Leitgedanken (Authentizität, öffentliches Interesse, Intensität der Rufschädigung) auf die Beurteilung von literarischen Texten übertragen. Die kunstspezifische Betrachtungsweise ist in Frankreich nicht vergleichsweise substantiiert ausgeformt. Wie die gebilligte Buchpublikation im Fall von *Nadine Trintignant* zeigt, gewinnt die Äußerungsfreiheit jüngst an Bedeutung.

II. Großbritannien: Betonung der Äußerungsfreiheit

In Großbritannien ist ein Recht auf Persönlichkeitsschutz nicht normiert. Dem Ehrschutz kam zwar eine nicht unbedeutende Rolle zu[48]. So bieten einzelne zivilrechtliche Ansprüche wie der „breach of confidence" gegen Veröffentlichung vertraulicher Informationen, die Tatbestände von „libel" und „slander" gegen Ehrschutzverletzungen und bei andauernder Beeinträchtigung die „action for nuisance" und der „Protection from Harassment Act 1997" zumindest punktuellen Schutz[49]. Allerdings wurde die Rechtspraxis in Großbritannien stets von einem ausgeprägt freiheitlichen Geist getragen. Das Anliegen traditionell möglichst großer Unabhängigkeit und Freiheit des einzelnen vertrug sich nicht – auch nicht zum Schutz der Persönlichkeitsrechte anderer – mit staatlichen Eingriffen und Restriktionen[50]. In jüngerer Zeit wird die Rechtsprechungslinie allerdings verstärkt durch die Wertungen der Art. 8 und Art. 10 EMRK geprägt[51]. Damit

---

[48] So weist auf einen stärkeren Ehrschutz gegen unwahre Tatsachenbehauptungen gegenüber den U.S.A. und Deutschland hin *Bruns*, Persönlichkeitsschutz (Fn. 25), S. 432 f.; *Ohly/Lucas-Schloetter/Beverley-Smith*, Freedom (Fn. 238), S. 547 f.

[49] Zu dieser Aufzählung *Ohly*, Harmonisierung (Fn. 213), S. 907.

[50] House of Lords All ER 3 (1988), 545 (596); zum Persönlichkeitsrecht in britischer Tradition House of Lords UKHL 2003, 53 Rn. 6 ff., 11 ff., 14 ff., 18 f., 22 ff., 29 ff., 34, 51 f.; House of Lords UKHL 2004, 22 Rn. 17, 132; Supreme Court EWCA Civ 1714 (2006), 8; *R. Wacks*, The Protection of Privacy, 1980, S. 4: „Notwithstanding the successful reliance by Warren and Brandeis upon English precedents, neither the decisions themselves nor their subsequent interpretation by the courts, support the general proposition that the English common law recognises a ‚right to privacy'." – Vgl. *C. Grabenwarter*, Schutz der Privatsphäre versus Pressefreiheit: Europäische Korrektur eines deutschen Sonderweges?, in: AfP 2004, S. 309 (314); *Ohly*, Harmonisierung (Fn. 213), S. 907; *Stürner*, Caroline-Urteil (Fn. 19), S. 218. – Auf die Schwierigkeit von Tradition und normativer Weiterentwicklung weist hin *H. Rösler*, Caricatures and Satires in Art Law: The German Approach in Comparison with the United States, England and the European Convention on Human Rights, in: European human rights law review 4 (2008), S. 463 (485): „England lacks a fundamental rights tradition and therefore defamation, in tendency, is easy to prove, but the law has tried to set some limits."

[51] Einen Ausschlag für diese Neuorientierung war 1998 die Umsetzung der EMRK in das nationale Recht Großbritanniens in Form des Human Rights Act. Wenn auch keine unmittelbare Wirkung der Rechte der EMRK für Private begründet wurde, bindet es die „public authorities" an die EMRK. Die Gerichte haben die nationalen Normen konventionskonform auszulegen, vgl. Human Rights Act Sec. 6 (1): „It is unlawful for a public

rückt die Schutzwürdigkeit des Persönlichkeitsrechts erstmals in das Zentrum der Aufmerksamkeit. Unter dem Einfluß der Rechtsprechung des Europäischen Gerichtshofs für Menschenrechte wurde Großbritannien zur Intensivierung des Persönlichkeitsschutzes angehalten[52].

1. Parallele zur Erkennbarkeit, Unterschied zur Fiktionalitätsvermutung

Im Vereinigten Königreich ist der Bezug der Kunstfigur zu der sich betroffen fühlenden Person ebenso entscheidungserheblich. Zur Feststellung der *Erkennbarkeit* anhand der Übereinstimmungen ist auch hier der durchschnittliche, verständige Leser maßgeblich[53].

Die britischen Gerichte wenden keine der *Fiktionalitätsvermutung* vergleichbare Auslegungsregel an, betonen allerdings traditionell den Wert freier Meinungsäußerung[54]. Gleichwohl wird der Äußerungsfreiheit keine a priori-Vor-

---

authority to act in a way which is incompatible with a Convention right." Sec. 12 (4): „The court must have particular regard to the importance of the Convention right to freedom of expression and, where the proceedings relate to material which the respondent claims, or which appears to the court, to be journalistic, literary or artistic material (or to conduct connected with such material), to (a) the extent to which – (i) the material has, or is about to, become available to the public; or (ii) it is, or would be, in the public interest for the material to be published; (b) any relevant privacy code." – Allerdings insbesondere an die Verantwortung des Gesetzgebers appelliert House of Lords All ER (3) 2003, 996 (1061 f.): „So broad is the subject of privacy and such are the ramifications of any free-standing law in the area that the subject is better left to Parliament which can, of course, consult interests far more widely than can be taken into account in the course of ordinary inter partes litigation. A judge should therefore be chary of doing that which is better done by Parliament. That Parliament has failed so far to grasp the nettle does not prove that it will not have to be grasped in the future." *G. Phillipson,* Transforming Breach of Confidence?, in: MLR 66 (2003), S. 726 ff. und abschließend auf S. 728 bilanzierend: „What is needed, it will be argued, is greater judicial recognition of the key areas of such tension and a consistent approach towards the means of their proper resolution." House of Lords UKHL 2003, 53 Rn. 11, 32, 48, 52; House of Lords UKHL 2004, 22 Rn. 17, 132; Supreme Court EWCA Civ 1714 (2006), 9; *Wacks,* Protection (Fn. 50), S. 9 f.

[52] *J. v. Hein,* Die Europäisierung des Persönlichkeitsrechtsschutzes: Das Urteil des Europäischen Gerichtshofs für Menschenrechte in der Sache Caroline von Hannover gegen Deutschland, in: GPR 5 (2003/2004), S. 252 (255 f.); *Stürner,* Caroline-Urteil (Fn. 19), S. 218 f.; *Ohly/Lucas-Schloetter/Beverley-Smith,* Freedom (Fn. 238), S. 546 f.

[53] So für den presserechtlichen Bereich House of Lords WLR 1971, 1239 (1246): „What has to be decided is whether it would have been unreasonable for a hypothetical sensible reader who knew the special facts proved to infer that this article referred to the appellant."

[54] Paradigmatisch den Umfang der Meinungsfreiheit in Verbindung zum traditionell liberalen britischen Geist stellt House of Lords WLR 1999, 1010 (1029): „First, there is the principle of liberty. Whatever is not specifically forbidden by law individuals and their enterprises are free to do. [...] Secondly, there is a constitutional right to freedom of expression in England. [...] By categorizing this basic and fundamental right as a constitutional right its higher normative force is emphasised."

rangstellung eingeräumt[55]. Werden Inhalte publiziert, die der Intimsphäre entstammen oder unrechtmäßig zur Kenntnis des Publizierenden gelangten, so ist die Veröffentlichung der betreffenden Passagen zu untersagen[56]. Insgesamt kommt Kontroversen um künstlerische Werke nicht der Stellenwert zu, den Auseinandersetzungen im Bereich von Berichterstattung und Äußerungsrecht erreichen[57]. Das Erkennbarkeitskriterium wird also in den drei Rechtsordnungen in ähnlicher Weise eingesetzt. Die explizite Einführung einer Fiktionalitätsvermutung durch das Bundesverfassungsgericht deutet auf eine feinmaschige Präzisierung in kunstspezifischer Entscheidungspraxis hin.

2. Ausgleich von Persönlichkeitsschutz und Kunstfreiheit

Auch wenn ein allgemeines Persönlichkeitsrecht nicht gesetzlich verankert ist und dessen Schutz der *traditionell liberalen britischen Ausrichtung* widersprechen kann, ist im Vereinigten Königreich das Bewußtsein für eine Abschirmung gegenüber Diffamierung und Verletzungen der Vertraulichkeitssphäre stets sensibilisiert gewesen. Der traditionell starke, auf das häusliche Domizil gerichtete Schutz ist auf Situationen erweitert worden, in denen die Person sich erkenntlich zurückziehen und nicht der Öffentlichkeit preisgeben möchte[58].

3. Zwischenergebnis: liberales Grundverständnis, offene Entwicklung

Auch vor dem Hintergrund eines bewährt freiheitlichen Äußerungsverständnisses bestehen zuletzt Anzeichen für eine Intensivierung des Persönlichkeitsschutzes[59]. Somit bewegen sich die konträren Positionen französischer Persönlichkeitsaffinität und britischer Freiheitsliebe jüngst aufeinander zu. Zuletzt bleibt im folgenden das Austarieren des Mittelfelds europäischer Einstellungen.

---

[55] House of Lords UKHL 2004, 22 Rn. 113.

[56] Royal Courts of Justice EWHC (QB) 2005, 3003 (3003).

[57] *Ohly/Lucas-Schloetter/Beverley-Smith*, Freedom (Fn. 238), S. 550.

[58] House of Lords WLR 1995, 804 (807); das öffentliche Informationsinteresse als Ursache für einen schwach ausgeprägten Persönlichkeitsschutz in Großbritannien verortet *R. Wacks*, Personal Information, 1993. S. 133: „The defence of ‚public interest' in cases where the breach of confidence involves information relating to the plaintiff in general and ‚personal information' in particular (as opposed to commercial confidences) has generally eroded the protection accorded to information communicated in confidence. This is largely because the courts in such cases inevitably (and perhaps even unavoidably) pay little attention to the possible harm to the plaintiff caused by the disclosure of ‚personal information'." House of Lords UKHL 2004, 22 Rn. 8; zum Ganzen auch *Ohly/Lucas-Schloetter/Beverley-Smith*, Freedom (Fn. 238), S. 548 ff.

[59] Supreme Court EWCA Civ 1714 (2006), 58 f.

III. Ausgleichende Positionen: Spanien, Schweiz

Zwischen den Extrempositionen eines englischen äußerungsfreundlichen Modells und dem ausgeprägten Persönlichkeitsschutz in Frankreich zeichnen sich *moderate* Positionierungen in anderen europäischen Staaten wie beispielsweise Spanien und der Schweiz ab, die der deutschen Rechtspraxis sehr nahekommen.

In Spanien wird der Persönlichkeitsschutz durch das Organische Gesetz in Art. 8 über den zivilrechtlichen Schutz des Rechtes auf Ehre, auf Privatsphäre und am eigenen Bild explizit umschrieben[60]. Auf diese Weise soll eine normative Orientierung für den Ausgleich der verfassungsrechtlich geschützten Interessen von Meinungsfreiheit und Schutz der Privatsphäre nach Art. 18 Abs. 1 und Art. 20 Abs. 1 der spanischen Verfassung ermöglicht werden[61]. Die insoweit ergehenden Entscheidungen ähneln erheblich der deutschen Rechtsprechungslinie[62].

In der alten schweizerischen Verfassung von 1874 fanden weder Kunst- noch Meinungsfreiheit Eingang. Gleichwohl wurde erstere als Untergruppe der Meinungsfreiheit verstanden und als solche auch geschützt[63]. Nichtsdestominder er-

---

[60] Artículo Octavo: „Uno. No se reputarán, con carácter general, intromisiones ilegítimas las actuaciones autorizadas o acordadas por la Autoridad competente de acuerdo con la Ley, ni cuando predomine un interés histórico, científico o cultural relevante. Dos. En particular, el derecho a la propia imagen no impedirá: a. Su captación, reproducción o publicación por cualquier medio cuando se trate de personas que ejerzan un cargo público o una profesión de notoriedad o proyección pública y la imagen se capte durante un acto público o en lugares abiertos al público. b. La utilización de la caricatura de dichas personas, de acuerdo con el uso social. c. La infomación gráfica sobre un suceso o acaecimiento público cuando la imagen de una persona determinada aparezca como meramente accesoria. Las excepciones contempladas en los párrafos a) y b) no serán de aplicación respecto de las autoridades o personas que desempeñen funciones que por su naturaleza necesiten el anonimato de la persona que las ejerza." Zur Erörterung des zwischen Verfassung und einfachem Gesetz positionierten Organischen Gesetz Spaniens *A. Trebes,* Der zivilrechtliche Schutz der Persönlichkeit vor Presseveröffentlichungen im spanischen Recht, in: GRUR Int 2003, S. 519 (520 f.).

[61] *Ohly,* Harmonisierung (Fn. 213), S. 905. – Zur Öffnung der Rechtsordnung Spaniens gegenüber dem europäischen Integrationsprozeß *A. López Castillo,* Offene Staatlichkeit: Spanien, in: A. v. Bogdandy/P. C. Villalón/P. M. Huber (Hrsg.), Handbuch Ius Publicum Europaeum, Bd. II, 2008, § 24 Rn. 9 ff., 40 ff.

[62] So vergleichbar zum Ausgleich der Interessen an Privatheit und Informierung STS RJ 1997, 7176 (7176): „Así, este último precepto establece una excepción que hace decaer el derecho a la propia imagen en favor del derecho a la información cuando su objeto sea de interés público o también cuando verse sobre personas de notoriedad pública y siempre cuando la información divulgada se realice en ámbito público." STS RJ 1997, 9100 (9100), Egrd. 4. – Danach resümiert *A. Koch,* Ehren- und Persönlichkeitsschutz im spanischen Privatrecht, 2002, S. 208 ff.; ähnliche rechtsvergleichende Vertiefungen von *A. Trebes,* Zivilrechtlicher Schutz der Persönlichkeit vor Presseveröffentlichungen in Deutschland, Frankreich und Spanien, 2002, S. 227 ff.; *Ohly,* Harmonisierung (Fn. 213), S. 905.

[63] Vgl. BGE 87 I 114 (117); jetzt vehement für die Eigenständigkeit treten ein *J. P. Müller/M. Schefer,* Grundrechte in der Schweiz, 4. Aufl. 2008, S. 555 f.; *F. Uhlmann/C. Bognuda,* Zehn Thesen zu Kunstfreiheit und Kunstförderung, in: ZSR 127/I (2008), S. 363 (363 ff.).

gingen stets vereinzelt Entscheidungen, die sich mit der Eigenständigkeit dieses Rechts auseinandersetzten[64]. In der neuen Bundesverfassung wird die Kunstfreiheit seit dem 1.1.2000 explizit geschützt. Sie wird nun in Art. 21 BV ausdrücklich geregelt – „Die Freiheit der Kunst ist gewährleistet" –, doch – wie nach deutschem Rechtsverständnis auch – ohne eine abschließende Definition von Kunst zu treffen[65]. Der offene Kunstbegriff ist auf einen möglichst umfassenden Schutz künstlerischer Tätigkeiten angelegt und entspricht damit dem erörterten deutschen Kunstverständnis[66]. Seit Eingang in die Verfassung wird die Kunstfreiheit zudem wie nach herrschender Auffassung im Nachbarland als *lex specialis* zur Meinungsfreiheit bewertet[67]. Es bleibt abzuwarten, ob und in welchem Zeitraum die Schweiz eine ähnlich dezidierte Dogmatik zur nun verfassungsrechtlich eigenständig geschützten Kunstfreiheit entwickeln wird und damit den – spätestens mit der neuen Verfassung – eingeleiteten Emanzipationsprozeß künstlerischer von äußerungsrechtlicher Freiheit vorantreiben wird.

Von den vorgestellten Positionierungen weist die Schweiz die *deutlichsten Ähnlichkeiten* mit der deutschen Rechtslehre und -praxis auf. Der Konflikt zwischen künstlerischem Ausdruck und Persönlichkeitsschutz ist dort von vergleichbarer Gestalt und nicht selten Gegenstand gerichtlicher Auseinandersetzungen[68]. Er ereignet sich weitestgehend zwischen Privatrechtssubjekten, so daß sich hier wie dort die Frage der *Grundrechtswirkung zwischen Privaten* stellt und ähnlich beantwortet wird: Wie in der Bundesrepublik sind diejenigen, die staatliche Aufgaben wahrnehmen, an die Grundrechte gebunden. Art. 35 Abs. 2 BV entspricht Art. 1 Abs. 3 GG. Allerdings wird im schweizerischen Recht darüber hinaus eine Pflicht der Behörden zur Durchsetzung der Grundrechte zwischen

64 Vgl. BGE 8 762 (767); 18 I 115 (122 f.); 41 II 520 (528 ff.); 86 IV 19 (20); 87 IV 73 (74 ff.); 96 IV 64 (68 ff.); 97 IV 99 (100 f.).

65 Vgl. für ein weites, künstlerisches Schaffen umfassendes Verständnis von Meinung vor Aufnahme der Kunstfreiheit in die Verfassung BGE ZBl. 64 (1963), 363 (365); so auch noch im Jahr 1986 BGE ZBl. 87 (1986), 126 (129): „Das Bundesgericht hat bisher […] kein selbständiges, ungeschriebenes Verfassungsrecht der Kunstfreiheit anerkannt." Zur Kunstfreiheit im Schweizerischen Rechtssystem *Geiser*, Persönlichkeitsverletzung (Fn. 74), S. 153 ff.; *R. J. Schweizer*, Wissenschaftsfreiheit und Kunstfreiheit, in: D. Merten/H.-J. Papier (Hrsg.), Handbuch der Grundrechte in Deutschland und Europa, Bd. VII/2, 2007, § 218 Rn. 40 ff.

66 *R. Kiener/W. Kälin*, Grundrechte, 2007, S. 247 f.; *U. Häfelin/W. Haller/H. Keller*, Schweizerisches Bundesstaatsrecht, 7. Aufl. 2008, S. 157 f.; *T. Geiser*, Kunstfreiheit und Persönlichkeitsschutz, in: I. Schwander/P. Studer (Hrsg.), Neuigkeiten im Kunstrecht, 2008, S. 9 ff., 29; *Müller/Schefer*, Grundrechte (Fn. 63), S. 554.

67 *K. Kassing*, Ehrverletzende Personalsatire in Deutschland, Österreich, der Schweiz und England, 2004, S. 91; *Uhlmann/Bognuda*, Thesen (Fn. 63), S. 363 ff. – Anders *Häfelin/Haller/Keller*, Schweizerisches Bundesstaatsrecht (Fn. 66), S. 158.

68 BGE 120 II 225 (227); siehe in rechtsvergleichender Hinsicht *Vogt*, Freiheit (Fn. 72), S. 38 ff.; *Hempel*, Freiheit (Fn. 1), S. 27 ff.; *Müller/Schefer*, Grundrechte (Fn. 63), S. 563 f.; *M. Müller-Chen*, Grundlagen und ausgewählte Fragen des Kunstrechts, in: Zeitschrift für Schweizerisches Recht II/1 (2010), S. 5 (61 ff.).

Privatrechtssubjekten nach Art. 35 Abs. 3 BV ausdrücklich begründet. Diese Regelung kommt in ihrem Umfang weitgehend der deutschen Auslegung der mittelbaren Grundrechtswirkung gleich: Die Privaten werden auch in der Schweiz nicht direkt durch die Grundrechte gebunden. Vielmehr finden letztere durch eine grundrechtskonforme Auslegung von Generalklauseln und unbestimmten Rechtsbegriffen Anwendung[69]. In Kollisionsfällen von Kunstfreiheit und Persönlichkeitsschutz wird ebenso geprüft, ob eine *rechtserhebliche Persönlichkeitsrechtsbeeinträchtigung* im Sinne von Art. 28 Abs. 1 ZGB erfolgt und diese als widerrechtlich zu bewerten ist, Art. 28 Abs. 2 ZGB[70]. Hier wie dort ist also eine Erheblichkeitsschwelle der Beeinträchtigung zu überschreiten.

In Ausgestaltung der einzelnen Komponenten besteht allerdings auch ein nicht unbedeutender *Unterschied*, der in der Tendenz den ausgeprägten Schutz der Kunstfreiheit in der Bundesrepublik belegt. So wird die Kunstfreiheit nach schweizerischer Rechtsordnung *nicht vorbehaltlos* garantiert, sondern kann ausdrücklich durch die allgemeinen Schranken des Art. 36 BV, insbesondere gemäß Art. 13, 36 Abs. 2 2. HS. BV, durch die Grundrechte anderer in Hinblick auf den Schutz des Persönlichkeitsrechts beschränkt werden[71]. Nach Art. 36 Abs. 1 BV erfordern Einschränkungen eine gesetzliche Grundlage, müssen nach Abs. 2 und 3 durch ein öffentliches Interesse oder den Schutz von Grundrechten Dritter gerechtfertigt und insgesamt verhältnismäßig sein, sowie den Kerngehalt eines Grundrechts achten, Abs. 4.

Mit den Voraussetzungen einer ausreichenden Rechtsgrundlage, der Verhältnismäßigkeit und der Rechtfertigung der Beeinträchtigung durch die Grundrechte anderer bestehen allerdings wiederum evidente *Übereinstimmungen*. Auch im deutschen Recht findet die Kunstfreiheit ihre Beschränkung häufig in den Grundrechten Dritter, deren Schutz seinerseits in gesetzlichen Normierungen Ausdruck findet[72]. Der aus den Grundrechten resp. dem Rechtsstaatsprinzip ableitbare Verhältnismäßigkeitsgrundsatz und die nach Art. 19 Abs. 2 GG gewährleistete Wesensgehaltsgarantie entsprechen den Regelungen des Art. 36 Abs. 3 und 4 BV.

Trotz unterschiedlicher Geschichte und Ausformung im Detail als vorbehaltlos garantiertes oder unter den Voraussetzungen des Art. 36 BV einschränkbares Grundrecht sind die Linien der Gewährleistung und der Einschränkbarkeit von Kunstfreiheit in Deutschland und der Schweiz insbesondere in jüngerer Zeit

---

[69] BGE 127 I 164 (172 f.); *Schefer,* Schutzpflichten (Fn. 38), S. 1138, 1142 f.; *T. Göksu,* Drittwirkung der Grundrechte im Bereich des Persönlichkeitsschutzes, in: SJZ 98 (2002), S. 89 (89 ff., 94 ff.); *Kassing,* Personalsatire (Fn. 67), S. 86; *Schweizer,* Wissenschaftsfreiheit (Fn. 65), § 218 Rn. 44 ff.; *P. Mosimann/F. Uhlmann,* Kunst und Grundrechte, in: ders./ M.-A. Renold/A. F. G. Raschèr (Hrsg.), Kultur. Kunst. Recht, 2009, S. 43 (69 f.).

[70] BGE 135 III 145 (151 ff.).

[71] Vgl. hierzu *Geiser,* Persönlichkeitsverletzung (Fn. 74), S. 95 ff.; *Müller-Chen,* Grundlagen (Fn. 68), S. 29.

[72] Vgl. Abschnitt D.II.3c.

durch Aufnahme in die schweizerische Verfassung durchaus vergleichbar[73]. Die Ähnlichkeiten in der Prüfung des Schutzes von Kunstfreiheit und Persönlichkeitsrecht liegen auf der Hand. Folgend ist der Vergleich anhand der Gedanken des „Esra"-Beschlusses von Erkennbarkeit, Fiktionalitätsvermutung und Abwägungsvorgang zu konkretisieren.

1. Parallelen zur Erkennbarkeit, Unterschied zur Fiktionalitätsvermutung

Die Anwendung des *Erkennbarkeitskriteriums ähnelt* erheblich den Grundsätzen der deutschen Rechtsprechung. Kerngedanken wie die Identifizierbarkeit in einem Bekanntenkreis variablen Umfangs, der Effekt des Aufdrängens der Wiedererkennung, die Vertrautheit mit den Umständen sind auch in der schweizerischen Rechtsauslegung tonangebend[74]. Hier wie dort muß eine reale Person in der Kunstfigur erkennbar sein, damit das Persönlichkeitsrecht überhaupt betroffen sein kann[75]. Der Maßstab im schweizerischen Recht wird durch den Durchschnittsleser unter Berücksichtigung der Umstände des Einzelfalls bestimmt[76].

Allerdings bestehen hinsichtlich der Konkretisierung der Erkennbarkeitsmerkmale gleichwohl nennenswerte *Unterschiede*: So erkannte das schweizerische Bundesgericht für eine Individualisierung die subjektive Erkennbarkeit – der Betroffene erkennt sich selbst – und die objektive Erkennbarkeit – auch andere Personen können ihn identifizieren – als maßgebend an[77]. Demgegenüber erscheint der vom Bundesverfassungsgericht gewählte Maßstab in dem „Esra"-Beschluß, ein höheres Maß an Präzision und Objektivität zu schaffen. Die Merkmale der Wiedererkennbarkeit werden sowohl in Hinblick auf Quantität („durch einen mehr oder minder großen Bekanntenkreis"[78]) als auch Qualität („für den mit den Umständen vertrauten Leser aufdrängen"[79]) präzisiert.

[73] Zu Umfang und Einschränkung des Schutzes von Kunst nach schweizerischem Recht *A. Auer/G. Malinverni/M. Hottelier,* Droit constitutionnel suisse, 2. Aufl. 2006, S. 289 ff. Zudem ist anzumerken, daß die Kunstfreiheit auch in Deutschland nicht zum tradierten Verfassungsbestand gehörte. Zwar bedeutend früher als in der Schweiz, andererseits auch nicht übermäßig baldig, wurde sie erstmals im Rahmen der Weimarer Reichsverfassung ca. 80 Jahre eher zum nationalen Bestandteil, vgl. Abschnitt D.II.

[74] *Mosimann/Uhlmann,* Kunst (Fn. 69), S. 71 f.

[75] *Mosimann/Uhlmann,* Kunst (Fn. 69), S. 72.

[76] BGE 135 III 145 (152); Schweizerisches Bundesgericht sic! 10 (2003), 792 (794).

[77] BGE 135 III 145 (147 f.): „Zu verlangen ist zumindest, dass der Betroffene sich selbst erkennen kann (subjektive Erkennbarkeit). In gewissen Fällen ist zudem erforderlich, dass auch andere Personen erkennen können, um wen es sich handelt." Hierzu *Geiser,* Persönlichkeitsverletzung (Fn. 74), S. 7; allein anhand von objektiven Kriterien der deutschen Entscheidungspraxis vergleichbar konkretisiert *A. Bucher,* Natürliche Personen und Persönlichkeitsschutz, 4. Aufl. 2009, S. 108 f.

[78] BVerfGE 119, 1 (25).

[79] BVerfGE 119, 1 (26).

In der Schweiz besteht – wenn die Rechtsprechung des deutschen Nachbarn auch beipflichtend wahrgenommen wird[80] – keine explizite, der *Fiktionalitätsvermutung* entsprechende Regelung. Vor dem Hintergrund entschiedener Fälle um Kunstfreiheit und Persönlichkeitsschutz drängt sich der Eindruck auf, daß das Persönlichkeitsrecht bei der Abwägung eher eine Vorrangstellung einnimmt[81]. Persönliche Verarbeitungen von Beziehungen und Erlebnissen werden unter dem Gesichtspunkt persönlicher Rachefeldzüge mitunter rascher als in Deutschland als unzulässig bewertet[82]. Allerdings bedeutet das nicht einen verkürzten Schutz von künstlerischen Werken in der Schweiz. Der Schutz der Kunstfreiheit wird, wie die Parallelen zur deutschen, ähnlich offenen Kunstbestimmung und einzelfallorientierten Entscheidungspraxis zeigten, insgesamt doch vergleichbar ausgestaltet[83].

2. Ausgleich von Persönlichkeitsschutz und Kunstfreiheit

Auch im schweizerischen Recht spielt die Schwere der Persönlichkeitsrechtsbeeinträchtigung eine bedeutende Rolle[84]. Dabei stellen sich die Fragen, welche Optionen sich dem Künstler boten, sein Werk – anders als geschehen – frei von Persönlichkeitsrechtsverletzungen zu erstellen und welche Wirkungen die nun als persönlichkeitsrechtsbeeinträchtigend konstatierten Stellen in seinem literarischen Text tatsächlich entfalten[85]. Der Vergleich mit der schweizerischen Rechtspraxis stellt also auch neue Aspekte zur Diskussion, die nicht ohne Einschränkung zu übernehmen sind: So eröffnet die soeben genannte Berücksichtigung anderweitiger künstlerischer Optionen anstelle der tatsächlichen, um eine Persönlichkeitsrechtsverletzung zu vermeiden[86], keinen entscheidenden Impuls: Diese Frage wäre anderenfalls bei jeder Äußerung, jeder Rechtsverletzung zu stellen, ohne eine konkrete Antwort auf die Zulässigkeit oder den Grad der Unzulässigkeit einer real getätigten Äußerung oder Handlung zu geben. Letztlich verschiebt sich damit die Problemlösung auf eine spekulative Ebene.

---

80 *Mosimann/Uhlmann*, Kunst (Fn. 69), S. 72.

81 *Mosimann/Uhlmann*, Kunst (Fn. 69), S. 71.

82 Vgl. Schweizerisches Bundesgericht sic! 10 (2003), 792 (794 f.).

83 So auch *J. Würkner*, Kunst und Moral – Gedanken zur „Fri-Art 81"-Entscheidung des Europäischen Gerichtshofs für Menschenrechte, in: NJW 1989, S. 369 (370).

84 *Uhlmann/Bognuda*, Thesen (Fn. 63), S. 370 f.; *Mosimann/Uhlmann*, Kunst (Fn. 69), S. 73 f.

85 BGE 120 II 225 (227); 135 III 145 (151).

86 BGE 120 II 225 (227).

3. Zwischenergebnis: deutliche Gemeinsamkeiten

Auch unter Berücksichtigung der Unterschiede in Form des Gesetzesvorbehalts, des Fehlens einer Fiktionalitätsvermutung, verbunden mit einer leichten Neigung zum Persönlichkeitsschutz zeigen sich auch unter den Maßstäben der „Esra"-Entscheidung insbesondere hinsichtlich der Erkennbarkeit und der Weite des Kunstbegriffs augenscheinliche Gemeinsamkeiten im schweizerischen und deutschen Rechtsverständnis.

IV. Bilanz: Unterschiede in nationaler Ausgestaltung

Wenn diese Gegenüberstellung nationaler Eigenheiten auch einzelstaatliche Differenzen aufgezeigt hat, so muß man sich doch eines breiten Konsenses innerhalb der untersuchten europäischen Staaten bewußt sein: Wie in der Bundesrepublik werden auch in Frankreich, Großbritannien und der Schweiz die Rechte des Persönlichkeitsschutzes und der Äußerungsfreiheit, einschließlich der Kunstfreiheit, anerkannt und in einen möglichst schonenden Ausgleich gebracht. Bei den Unterschieden handelt es sich also allein um nationale Nuancen, die keine grundsätzlichen, unüberwindbaren Trennungen belegen. Insgesamt läßt sich in jüngerer Zeit zudem eine Angleichung zwischen den nationalen Unterschieden des äußerst ausgeprägten Persönlichkeitsschutzes französischer Gerichte, der moderaten Haltungen in der Schweiz und Spanien, des Mittelwegs mit Neigung zur Äußerungsfreiheit in der Bundesrepublik und der britischen Affinität zur unbeschränkten Äußerungsfreiheit feststellen, die im Zusammenhang mit einer verstärkten Orientierung der Gerichte an den Wertungen der Art. 8 und Art. 10 EMRK steht. Der „Esra"-Beschluß hätte in ähnlicher Weise mit etwaigen persönlichkeitsrechtlichen Affinitäten in Frankreich oder mit einer britischen Tendenz zur Äußerungsfreiheit entschieden werden können[87]. Denn in diesem Spannungsfeld sind die Ausdifferenzierungen filigran und markant einzelfallbezogen.

---

[87] *Ohly/Lucas-Schloetter/Beverley-Smith,* Freedom (Fn. 238), S. 554. – Eine Öffnung des englischen Rechts hinsichtlich der kontinentalen Entscheidungslinie erkennt auch *K.-N. Peifer,* Menschenwürde und Medienfreiheiten in den USA und in Deutschland – am Beispiel des Romans „Esra", in: M. Sachs/H. Siekmann (Hrsg.), Der grundrechtsgeprägte Verfassungsstaat, 2012, S. 1141 (1153).

V. Vergleich von Europa und den U.S.A.

1. Unterschiedliches Verständnis von Privatheit

a) Frühe Ansätze des Persönlichkeitsschutzes bei Warren und Brandeis

Das dem englischen Recht entstammende nordamerikanische Rechtssystem ist traditionell ebenfalls größtmöglich und damit deutlich akzentuierter als viele europäische Rechtsordnungen *freiheitsliebend*[88]. Ab den 1930er-Jahren gewann die Äußerungsfreiheit als Minderheitenschutz der sich zunehmend gesellschaftlich und politisch formierenden Opposition an Bedeutung[89]. Restriktionen zum Schutze des Staates oder auch Privater betrachtet der freiheitsliebende Geist der Amerikaner tendenziell mit größerer Zurückhaltung, der Persönlichkeitsschutz gilt eher als nachrangig[90]. Selbst Äußerungen, die aufgrund ihrer diffamieren-

---

[88] *E. Barendt,* Freedom of Expression, in: M. Rosenfeld/A. Sajó (Hrsg.), The Oxford Handbook of Comparative Constitutional Law, Oxford 2012, S. 891 (905); *Peifer,* Menschenwürde (Fn. 87), S. 1152 f. – Zur anglo-amerikanischen liberalen Tradition *S. Strömholm,* Right of privacy and rights of the personality, Stockholm 1967, S. 26: „In spite of this and other judicial dicta to which we shall return in due course, it must be stated that in the law of England, one can neither point out, as in respect of American law, a precise moment or given decision by which ‚privacy' comes into the world as a legal concept distinct from other interests protected by actions, nor claim that the notion of privacy has acquired to this day a position comparable to that which it actually holds in the courts of the United States." *E. v. Hippel,* Persönlichkeitsschutz und Pressefreiheit im amerikanischen und deutschen Recht, in: RabelsZ 33 (1969), S. 276 (277 ff.); *W. F. Pratt,* Privacy in Britain, New Jersey/London 1979, S. 19 ff.; *A. Coleman,* The Unauthorised Commercial Exploitation of the Names and Likenesses of Real Persons, in: E.I.P.R. 1982, S. 189 (189 ff.); *T. Frazer,* Publicity, privacy and personality, in: E.I.P.R. 1983, S. 139 (140); *W. P. Keeton/D. B. Dobbs/R. E. Keeton/D. G. Owen,* Prosser and Keeton on the Law of Torts, St. Paul/MN Nachdruck der 5. Aufl. (1984) 2001, S. 785 ff.; *H. Kötz,* Der zivilrechtliche Persönlichkeitsschutz im anglo-amerikanischen Rechtskreis, in: H. Hübner u.a. (Hrsg.), Das Persönlichkeitsrecht im Spannungsfeld zwischen Informationsauftrag und Menschenwürde, 1989, S. 97 (98, 104 ff., 111); *K. Zweigert/H. Kötz,* Einführung in die Rechtsvergleichung auf dem Gebiete des Privatrechts, 3. Aufl. 1996, S. 177 ff.; *Brugger,* Verbot (Fn. 370), S. 375 f.; *S. R. Metcalf/R. Strom/C. M. Wilson,* The Conflict Between Personal Privacy Rights and the First Amendment to the U.S. constitution, in: R. Jacobs/H.-J. Papier/P.-K. Schuster (Hrsg.), Festschrift für Peter Raue, 2006, S. 573 (573).

[89] Soziale und wirtschaftliche Veränderungen nach dem Ersten Weltkrieg als Katalysator für ein sensibilisiertes Verständnis der Äußerungsfreiheit betrachtet *G. R. Stone,* Perilous Times, New York 2004, S. 138: „After the excesses of World War I, a more expansive view of free expression began to emerge. Between 1920 and 1940, Americans confronted a broad range of divisive issues, including prohibition, contraception, evolution, labor reform, the Sacco and Vanzetti prosecution, and the economic and social upheaval caused by the Great Depression. These conflicts gradually fostered a new social awareness and a heightened understanding of the earlier suppression of dissent."

[90] *E. H. Schwenk,* Das allgemeine Persönlichkeitsrecht in amerikanischer Sicht – Eine rechtsvergleichende Studie, in: E. Wahl/R. Serick/H. Niederländer (Hrsg.), Rechtsvergleichung und Rechtsvereinheitlichung, 1967, S. 233 (242 ff.); *v. Hippel,* Persönlichkeitsschutz (Fn. 88), S. 277 ff.; *Keeton/Dobbs/Keeton/Owen,* Prosser and Keeton on the Law of Torts (Fn. 88), S. 860; *J. Stock,* Meinungs- und Pressefreiheit in den USA, 1986, S. 83 ff.; *A. Stadler,*

den Wirkung nach deutschen Ehrschutzgrundsätzen unzulässig sind, werden nach amerikanischer Rechtsordnung angesichts des denkbar hohen Rangs der Äußerungsfreiheit toleriert[91]. Insbesondere Personen des öffentlichen Lebens wird ein nur beschränkter Persönlichkeitsschutz auch in ihrem Privatleben unter Hinweis auf das öffentliche Interesse („right to know") zugebilligt[92]. Im Common Law ist kein expliziter Persönlichkeitsschutz verankert, der Gedanke freiheitlicher Äußerung dominiert das amerikanische Rechtsverständnis[93]. Erste Anstöße zur Ausbildung eines Persönlichkeitsrechts gaben namentlich die Arbeiten von *Samuel D. Warren* und *Louis D. Brandeis*, die im Common Law das substantielle Rechtsprinzip eines „Right of Privacy" als ausgewiesen ansahen[94]. Im Jahr 1939 wurde es erstmals als eigenständiger *tort* in das Restatement of Torts aufgenommen[95]. Durch die wachsende mediale Aufmerksamkeit war ein verstärkter Persönlichkeitsschutz zwingend[96]. Mittlerweile besteht neben dem

Persönlichkeitsrecht contra Medienfreiheit – Zivilrechtliche Aspekte der Kontroverse in den U.S.A., in: JZ 1989, S. 1084 (1085 ff., 1092 f.); *Brugger,* Verbot (Fn. 370), S. 380 ff. – Kritisch hierzu *Barendt,* Freedom (Fn. 88), S. 905.

91 Markant schlußfolgernd *Brugger,* Verbot (Fn. 370), S. 387: „Jeder hat das Recht, grob zu sein." Interessant ist in diesem Zusammenhang, daß bis Mitte des letzten Jahrhunderts gleichwohl kein Gesetz aufgrund der Verletzung der Äußerungsfreiheit als verfassungswidrig verworfen wurde: U. S. Supreme Court 249, 47 (51 f.); 249, 211 (212 ff.); 250, 616 (617 ff.); *F. Kübler,* Redefreiheit und Demokratie: das amerikanische Beispiel, in: K. Geiss/K.-A Gerstenmaier/R. M. Winkler/P. Mailänder (Hrsg.), Festschrift für Karl Peter Mailänder zum 70. Geburtstag am 23. Oktober 2006, 2006, S. 533 (538 f., 544 f.).

92 Treffende Einschätzung zu Informationswert und -messung durch Presse und Gerichte bei *D. L. Zimmerman,* Requiem for a Heavyweight: a Farewell to Warren and Brandeis's Privacy Tort, in: Cornell Law Review 68 (1982–83), S. 291 (353): „Although one could describe such deference to editorial judgment as capitulation, deference to the judgment of the press may actually be the appropriate and principled response to the newsworthiness inquiry. The press, after all, has a better mechanism for testing newsworthiness than do the courts." *Götting,* Right of Privacy (Fn. 705), S. 658. – Eine differenzierende Studie kommt von *Barendt,* Freedom (Fn. 88), S. 904 f., der auf den Wahrheitsgehalt abstellt.

93 *Götting,* Right of Privacy (Fn. 705), S. 656; auch in bezug auf Staatsschutzsymbole *T. Mori,* Die Meinungs- und Kunstfreiheit und der Strafschutz der Staatssymbole – eine rechtsvergleichende Analyse von Deutschland und den USA, in: JöR 48 (2000), S. 117 (131 ff., 135 ff.); *Rösler,* Caricatures (Fn. 50), S. 485 f.: „US law somehow seems to be obsessed by the First Amendment and gives it a clear and non-balancing preference in cases of public figures. […] and even more so in the United States, criticism of politicians is often regarded as being part of the nation's finest and oldest traditions […]." *Bruns,* Persönlichkeitsschutz (Fn. 25), S. 430 ff.

94 *S. Warren/L. D. Brandeis,* The Right to Privacy, in: Harvard Law Review 4 (1890), S. 193 (193 ff.); hierzu *Keeton/Dobbs/Keeton/Owen,* Prosser and Keeton on the Law of Torts (Fn. 88), S. 849 ff.; *S. H. Hofstadter/G. Horowitz,* The Right of Privacy, New York 1964, S. 17 ff.; *Strömholm,* Right of privacy (Fn. 88), S. 25 ff., 45 ff.; *Schwenk,* Persönlichkeitsrecht (Fn. 90), S. 236 f.

95 Restatement of Torts, § 867 (1939): „A person who unreasonably and seriously interferes with another's interest in not having his affairs known to others or his likeness exhibited to the public is liable to the other."

96 *Kübler,* Perspektiven (Fn. 332), S. 8 f.

europäischen Persönlichkeitsschutz nach Art. 8 EMRK sowie Art. 7 und Art. 8 der Europäischen Grundrechtecharta auch in den Vereinigten Staaten eine vergleichbare, flächendeckende Zusicherung in Form des vom Supreme Court allgemein anerkannten *„Right of Privacy"*. Das Right of Privacy garantiert dem einzelnen Abwehr von psychischen Beeinträchtigungen[97]. Es gliedert sich gemeinhin in die vier Untergruppen von „intrusion cases" (Eindringen in die Privatsphäre), „public disclosure cases" (unerwünschte Publikationen), „false light cases" (unwahre Tatsachenbehauptung) und die zahlenmäßig bedeutsamsten „appropriation cases" (unzulässige Verwertung von Persönlichkeitsmerkmalen Dritter)[98]. Das sich aus dem „Right of Privacy" mit einem nur moderaten Schutzumfang entwickelte „Right of Publicity" wehrt unzulässige kommerzielle Verwertung von Persönlichkeitsmerkmalen ab. Ihm kommt anders als seinem eher bescheidenen Vorläufer eine bedeutende Funktion in der nordamerikanischen Gesellschaft zu[99].

b) Whitmans Analysen zum Ausgleich von Äußerungs- und Persönlichkeitsschutz

Die konkreten Ausformungen des nordamerikanischen und europäischen Persönlichkeitsschutzes divergieren beachtlich[100]. So arbeitet *Whitman* in einer Gegenüberstellung der US-amerikanischen und europäischen Sichtweise auf Privatheit grundlegend die folgenden transatlantischen Unterschiede heraus, die auf den kulturellen, gesellschaftlichen, philosophischen und historischen *Differenzen in dem Verständnis von Privatheit* in Amerika und Europa basieren[101]: Den Europäern ist ein höheres Bedürfnis nach freiverantwortlichem Umgang mit ei-

---

[97] *Götting,* Right of Privacy (Fn. 705), S. 659.

[98] Zu dieser Einteilung *Götting,* Right of Privacy (Fn. 705), S. 657 f.; *S. R. Barnett,* „The Right to One's Own Image", in: The American Journal of Comparative Law 47 (1999), S. 555 (557); *Metcalf/Strom/Wilson,* Conflict (Fn. 88), S. 575 ff.

[99] Enthusiastisch *Barnett,* „The Right to One's Own Image" (Fn. 98), S. 555: „The United States has been called the world leader in protecting publicity rights of celebrities." Da die wirtschaftliche Verwertung von Persönlichkeitsmerkmalen für den „Esra"-Beschluß ohne Belang ist, wird das „Right of Publicity" nicht vertieft dargestellt und von dem Untersuchungsgegenstand ausgeklammert. Statt vieler hierzu instruktiv *Götting,* Right of Privacy (Fn. 705), S. 659 ff.; *N. Reber,* Das „right of publicity" als eigenständiges Vermögensrecht des US-Künstlers, in: GRUR Int 1997, S.884 (884 ff.).

[100] Damit ist keine Aussage über die nationale Unterschiedlichkeit des Persönlichkeitsschutzes in Europa verbunden. Die Gesamtheit „Europa" soll hier allein als Vergleichsgruppe zur nordamerikanischen Rechtsordnung dienen.

[101] Eine auch nur ansatzweise fundierte Darstellung der transatlantischen Differenzen würde den Rahmen dieser Arbeit bei weitem überschreiten. Eine gute Einführung bietet die folgend auch erörterte Analyse von *J. Q. Whitman,* The Two Western Cultures of Privacy: Dignity Versus Liberty, in: Yale Law Journal 113 (2003–2004), S. 1151 (1153 ff., 1160 ff., 1164 ff., 1211 ff.). – Kritik an den Analysen *Whitmans* von *Peifer,* Menschenwürde (Fn. 87), S. 1150.

genen Daten eigen, für das sie auch eine protektionistische Regulierung durch den Staat in Kauf nehmen[102]. Das amerikanische Freiheitsverständnis zeichnet sich hingegen durch ein *Mißtrauen gegenüber staatlichen Maßnahmen* und eine örtlich auf den eigenen Lebensraum fokussierte Privatheit aus[103]. *Whitman* bringt es markant auf den Punkt: „On the one hand, a European interest in personal dignity, threatened primarily by the mass media; on the other hand, an American interest in liberty, threatened primarily by the government."[104] Den europäischen Gütern von „respect" und „personal dignity" steht das amerikanische Streben nach „liberty against the state" gegenüber[105]. Dem Recht auf ungehinderte Information kommt in den Vereinigten Staaten nach wie vor eine wesentlich größere Bedeutung zu als dem Schutz des einzelnen vor Übergriffen Privater in sein Persönlichkeitsrecht.

In jüngerer Zeit wächst allerdings das Bedürfnis nach erweitertem Persönlichkeitsschutz. Alle Bundesstaaten abgesehen von North Dakota gewähren dem einzelnen in gewissen Formen Schutz seiner Persönlichkeit[106]. Der in dem „First Amendment" verankerte hohe Stellenwert der Äußerungsfreiheit bleibt nichtsdestominder bis zuletzt tonangebend[107], so daß der *Persönlichkeitsschutz demge-*

---

[102] Am Beispiel von Nacktabbildungen das europäische Streben nach Selbstbestimmtheit veranschaulicht *Whitman,* Cultures (Fn. 101), S. 1201: „The difference is not that Europeans refuse to be seen nude, but that they insist that they want to be the ones who should determine when and under what circumstances they will be seen nude. The difference is that the decision to appear nude, for Europeans, belongs to *their* control of *their* image." Die ausnahmslose Durchsetzung des staatlichen Schutzes der Privatheit kann für Amerikaner angesichts der praktischen Nutzlosigkeit staatlicher Maßnahmen befremdlich wirken: „But European courts still feel obliged to forbid the circulation of those pictures [nude pictures], even when it is futile to do so, in order to express the importance of protecting ‚private life'."

[103] Diese Differenz wirkt sich auf das alltägliche Leben aus. So sind die Europäer beispielsweise aus amerikanischer Sicht äußerst freizügig in der Darbietung ihrer Nacktheit in der Öffentlichkeit, werden andererseits häufiger durch Telefonüberwachungen, Wohnungsdurchsuchungen oder Vorschriften zur Vornamenswahl reglementiert: *Whitman,* Cultures (Fn. 101), S. 1158 f., 1161, 1211 ff.

[104] *Whitman,* Cultures (Fn. 101), S. 1219. – Aus der überragenden Bedeutung, die in den U.S.A. der Freiheit von staatlicher Intervention zukommt, läßt sich auch der hohe Stellenwert anderer Freiheiten wie der Meinungsfreiheit erklären. Im Unterschied zu deutschem Verständnis kommt ihr ein Rang zu, der per se andere Rechtsgüter überragt; vgl. *R. J. Krotoszynski, Jr.,* The First Amendment in Cross-Cultural Perspective, New York/London 2006, S. 103: „In the United States, the freedom of speech is a ‚preferred' freedom that generally outweighs other constitutional values, such as community or equality. The federal courts disfavor government regulation of speech based on content; the federal courts virtually disallow any regulation of speech based on its viewpoint. [...] None of these propositions holds true in Germany."

[105] *Whitman,* Cultures (Fn. 101), S. 1161.

[106] *Metcalf/Strom/Wilson,* Conflict (Fn. 88), S. 579 ff., 585 f.

[107] Amendment [I.]: „Congress shall make no law respecting an establishment of religion, or prohibiting the free exercise thereof; or abridging the freedom of speech, or of the press; or the right of the people peaceably to assemble, and to petition the Government for a redress of grievances."

genüber nachrangig und derzeit nicht mit kontinentaleuropäischen Verhältnissen vergleichbar ist. Einschränkungen der Kommunikationsfreiheit sind in der Interessenabwägung mit Ehr- und Persönlichkeitsschutz äußerst präzise und stichhaltig zu begründen[108].

Vor diesem Hintergrund könnte man davon ausgehen, daß der Fall „Esra" durch ein amerikanisches Gericht abweichend und insgesamt gegen den Schutz des Persönlichkeitsrechts der Klägerinnen entschieden worden wäre. Das „Mephisto"-Verfahren hätte jedenfalls in den U.S.A. nicht mit einem Publikationsverbot geendet[109]. Allerdings könnte der Aspekt, daß im „Esra"-Fall nicht ein postmortales Persönlichkeitsrecht zu verteidigen ist, der Entscheidung eine andere Richtung geben. Da es bei „Esra" zudem nicht um die Mitteilung von Fakten über eine Person, sondern ihre Darbietung im Bereich intimer und familiärer Bereiche geht, wäre die US-amerikanische Bewertung möglicherweise der des Bundesverfassungsgerichts anzugleichen[110]. Damit stellen sich selbst die beachtlichen, transatlantischen Unterschiede letztlich für den konkreten „Esra"-Fall als überwindbar heraus.

2. Ähnliches Verständnis von Grenzen der Kunstfreiheit

Trotz des unterschiedlichen Schutzumfangs der Äußerungsfreiheit sind die *Parallelen* im Ausgleich von Äußerungsfreiheit und Persönlichkeitsschutz nicht von der Hand zu weisen[111]. Die vom amerikanischen Supreme Court entwickelten Kriterien von „public discourse" und „public figure" zeigen klare Bezüge zu den

---

[108] U. S. Supreme Court 376, 254 (268 ff.); in diesem Kontext vgl. die Ausführungen in Hinblick auf die „Lüth"-Entscheidung bei *F. Kübler,* Lüth: eine sanfte Revolution (BVerfGE 7, 198 ff.), in: KritV 83 (2000), S. 313 (313 ff.); *ders.,* Perspektiven (Fn. 332), S. 8; beispielhaft für den hohen Rang der Äußerungsfreiheit U.S. Supreme Court 485, 312 (321 ff.).

[109] Im „Esra"-Fall handelt es sich hingegen nicht um einen Fall zeitbedingt schwindenden postmortalen Persönlichkeitsschutzes, sondern um die Bearbeitung eines gegenwärtigen Lebensschicksals in einem aktuellen Kunstwerk. Ausdrücklich auf das amerikanische Unverständnis für den vorrangigen Schutz Verstorbener weist hin *Krotoszynski, Jr.,* Amendment (Fn. 104), S. 104, 107: „Strangely enough, dignity claims even survive the grave – a dead actor's dignity has greater constitutional importance than a living author's interest in publishing his book. [...] On the facts presented, Mann's novel plainly implicated a higher constitutional value than Gründgen's postmortem dignity interest."

[110] Angesichts zweier hoch komplexer Gesellschaftssysteme auf die nicht unerhebliche gemeinsame Schnittmenge ebenfalls hinweisend, *Whitman,* Cultures (Fn. 101), S. 1159 f., 1216: „There are indeed important resemblances between the systems on either side of the Atlantic. [...] it is impossible to ignore the fact that Americans and Europeans are, as the Americans would put it, coming from different places. [...] The differences are relative, and not absolute, as always."

[111] *P. M. Schwartz/K.-N. Peifer,* Prosser's *Privacy* and the German Right of Personality: Are Four Privacy Torts Better than One Unitary Concept?, in: California Law Review 98 (2010), S. 1925 (1986 f.); *M. J. Cepeda Espinosa,* Privacy, in: M. Rosenfeld/A. Sajó (Hrsg.), The Oxford Handbook of Comparative Constitutional Law, Oxford 2012, S. 966 (978 f.); so auch

im Bereich der Kommunikationsfreiheiten relevanten Aspekten des öffentlichen Meinungskampfs und der Personen des öffentlichen Lebens[112].

a) Parallele zur Erkennbarkeit, Unterschied zur Fiktionalitätsvermutung

Savare veranschaulicht anhand einer Reihe von Gerichtsentscheidungen die maßgeblichen Kriterien zum Ausgleich von Literaturfreiheit und Persönlichkeitsschutz in der Rechtsprechung der US-Gerichte[113]. Auch in den Vereinigten Staaten ist Ausgangslage die Frage, ob ein verständiger Leser in der fiktiven Figur eine reale Person identifiziert[114]. Für einen solchen *„identification test"*[115] werden Kriterien eingesetzt, die den *Erkennbarkeitssignalen* des „Esra"-Beschlusses gleichen: Neben der Gleichnamigkeit oder Ähnlichkeit von Namen sind auch hier Übereinstimmungen in charakteristischen Eigenschaften von fiktiver Figur und realer Vorlage entscheidend[116]. Das können Details wie Altersunterschiede, physisches Erscheinungsbild, Hintergrundinformationen zum kulturellen und sozialen Umfeld, Lebensgewohnheiten wie das Halten von Haustieren, Beziehungskonstellationen und biographische Stationen sowie Lokalitäten/Wohnorte sein. Die von US-amerikanischen Gerichten angelegten Identifikationskriterien entsprechen in bemerkenswertem Maße den Grundsätzen des „Esra"-Beschlusses. Hier wie dort ist der verständige Leser, der mit den Umständen vertraut ist, Maßstab der Bewertung[117]. Der in Deutschland als Verstoß gegen die kunstspezifische Betrachtung kritisierte Abgleich von Details des Romangehalts mit Einzelheiten aus der Wirklichkeit wird in den Vereinigten Staaten als „laundry list of similarities"[118] ebenfalls geführt. Dem Disclaimer kommt hier wie dort ergänzende Bedeutung für die Einordnung literarischer Werke zu[119]. Eine der *Fiktionalitätsvermutung* gleichkommende, spezifische Formel wurde bislang in der amerikanischen Rechtspraxis nicht ausformuliert. Gleichwohl erscheint die grundsätzliche Tendenz zur Äußerungsfreiheit für eine Schutzintensivierung durch die Fiktionalitätsvermutung durchaus ausbaufähig.

---

im Vergleich des Rechtssystems der U.S.A. und eines (als Vergleichsgruppe zufällig gewählten) Staats Europas (Spanien), *Barnett,* „The Right to One's Own Image" (Fn. 98), S. 581.

112 U. S. Supreme Court, U. S. Supreme Court Reports 11 (1963), 686 (687 ff.); zum Verhältnis von Äußerungs- und Kunstfreiheit sowie der Übertragbarkeit von Wertungen hinsichtlich Meinungsäußerungen auf Kunstwerke, vgl. Abschnitt B.VII.

113 *M. Savare,* Falsity, Fault and Fiction: A New Standard for Defamation in Fiction, in: UCLA Entertainment Law Review 12 (2004), S. 129 (140 ff.); rechtsvergleichende Studien zum Ausgleich von Kunstfreiheit und Persönlichkeitsschutz im Fall der Satire, *Nolte,* Falwell vs. Strauß (Fn. 1), S. 256 ff.

114 Vgl. *Savare,* Falsity (Fn. 113), S. 140, 147.

115 *Savare,* Falsity (Fn. 113), S. 141.

116 *Fludernik,* Narratology (Fn. 66), S. 248 f.; *Savare,* Falsity (Fn. 113), S. 141 ff., 144 ff.

117 Die Beurteilung erfolgt ebenfalls anhand des „trier of fact", *Savare,* Falsity (Fn. 113), S. 140.

118 *Savare,* Falsity (Fn. 113), S. 147.

119 *Savare,* Falsity (Fn. 113), S. 148 f.

b) Ausgleich von Persönlichkeitsschutz und Kunstfreiheit

Besonders prägnant und für den „Esra"-Fall interessant ist die Einschätzung zur *Fiktionalität,* die den Wertungen der „Je-desto"-Formel auffallend nahekommt: Der fiktionale Charakter eines Textes kann – je nach dem Fiktionsgrad – nach Rechtsprechung amerikanischer Gerichte gegen eine Verletzung des Persönlichkeitsschutzes sprechen. Die Gerichte gehen nach *Savares* Studien dort ebenfalls von einem diametralen Verhältnis von Fiktionalisierung und Persönlichkeitsrechtsverletzung aus: „[...] courts have emphasized that the fictional nature of the work either precludes a finding of libel or weighs heavily against the plaintiff."[120] Die Ähnlichkeit zu dem Stufenverhältnis der „Je-desto"-Formel, die ebenfalls die Fiktionalisierung als kompensierenden Faktor zur Persönlichkeitsrechtsbeeinträchtigung beschreibt, liegt auf der Hand. Sowohl in den Vereinigten Staaten wie auch in der Bundesrepublik nimmt der Themenbereich um Beziehung und Sexualität dabei einen hervorstehenden Rang ein[121].

3. Zwischenergebnis: bei ausgeprägter Liberalität ähnlicher Fiktionsumgang

Insgesamt weisen die Grundsätze in der amerikanischen und deutschen Rechtsprechung im Spannungsfeld von Kunstfreiheit und Persönlichkeitsschutz also beeindruckende Übereinstimmungen in der Wahl der Herangehensweise und der im Vergleich von Kunst und Wirklichkeit anzulegenden Kriterien auf. Daher ist trotz der Unterschiede in der Auffassung von Privatheit – insbesondere dem gegenüber deutschen Maßstäben weiter gehenden Verständnis von Äußerungsfreiheit in den U.S.A. – davon auszugehen, daß die „Esra"-Entscheidung angesichts der augenscheinlichen Übereinstimmungen im Bereich der Begrenzung von Kunst zugunsten des Persönlichkeitsschutzes mit US-amerikanischen Grundsätzen zumindest nicht in direktem Widerspruch steht.

---

[120] *Savare,* Falsity (Fn. 113), S. 150. Auch die amerikanischen Gerichte erkennen innerhalb der fiktionalen Literatur verschiedene Ausprägungsgrade. *Savare,* ebda., S. 152 kritisiert den deshalb befürchteten, zu einseitigen Schutz von rein fiktional-phantastischer Literatur: „Although such reasoning affords authors protection in the fiction as fantasy genre, it provides little or no defense in other types of fiction where the plots and settings are more believable."

[121] *Savare,* Falsity (Fn. 113), S. 145 f., 151.

G. Entwicklungslinie der Rechtsprechung nach dem „Esra"-Beschluß

Nachdem der Kontext des „Esra"-Beschlusses – in räumlichem Bezug – rechtsvergleichend untersucht wurde, ist nun abschließend der Entwicklung im Anschluß an die „Esra"-Entscheidung – also in zeitlicher Hinsicht – nachzugehen. Folgend wird demgemäß die Entwicklungslinie der Rechtsprechung des Bundesverfassungsgerichts zum Ausgleich von Kunstfreiheit und allgemeinem Persönlichkeitsrecht nach der „Esra"-Entscheidung skizziert. Ein erstes Exempel könnte die „Contergan"-Entscheidung sein (G.I), die von der Darstellung der Entscheidungen „Pestalozzis Erben" (G.II) und „Caroline von Monaco" (G.III) ergänzt wird. Allesamt zeichnen den Abwägungsmechanismus von Äußerungsfreiheit und Persönlichkeitsschutz nach und können durch den angestrebten Abgleich mit dem „Esra"-Beschluß, die Leitgedanken und Wirkungen des letzteren klarer akzentuieren.

I. Folgeentscheidung „Contergan": Fortführung und Veränderung im Vergleich zu der „Esra"-Entscheidung

Neben gerichtlichen Verfahren um literarische Werke häufen sich in jüngster Vergangenheit auch im Film- und Theaterbereich Auseinandersetzungen um die Verletzung von Persönlichkeitsrechten. Im Unterschied zu Buchverbotsfällen sind Produktionen in diesem Bereich weitaus teurer, aufwendiger und betreffen im Herstellungsprozeß ungleich mehr Beteiligte[1]. Mit um so größerer Spannung wurden Orientierungshilfen aus der „Esra"-Rechtsprechung erwartet, die in der Tat – aufgrund der Fiktionalitätsvermutung und der erhöhten Sensibilisierung für ein autonomes Kunstverständnis – einen Gewinn für die Film- und Kunstfreiheit darstellen[2]. Besonders prägnante Beispiele für die durch den „Esra"-

[1] *B. v. Becker*, Dokufiction – ein riskantes Format, in: ZUM 2008, S. 265.

[2] Ähnlich auch *Wittreck*, Grundgesetz (Fn. 341), Art. 5 III (Kunst), Rn. 65 f. In dem Fall des „Real-Horrorfilms" Rohtenburg stärkten Entscheidungen von Bundesverfassungsgericht und Bundesgerichtshof die Kunstfreiheit, nachdem das Oberlandesgericht die Ausstrahlung untersagt hatte: BVerfG (Kammer), ZUM-RD 2009, 574 (575 f.); BGH NJW 2009, 3576 (3576 ff.); OLG Frankfurt a.M. ZUM 2006, 407 (408 ff.). Klärung auch zugunsten der

Beschluß eingeleitete, sich anschließende „kunstfreundliche" Entwicklung sind die Beschlüsse der 1. Kammer des Ersten Senats des Bundesverfassungsgerichts vom 29.8.2007 über eine Filmproduktion des ARD zu dem Contergan-Skandal[3]. Ob die Leitgedanken des „Esra"-Beschlusses darüber hinaus eine Vorhersehbarkeit der Entscheidungen ermöglichten und den Richtern griffiges Instrumentarium für den Interessenausgleich von Kunst- und Persönlichkeitsschutz an die Hand geben, soll im folgenden herausgearbeitet werden.

1. Vorgeschichte „Contergan": Filmveröffentlichung, Verfügungsverfahren

a) Filmveröffentlichung: Anknüpfung an reale Ereignisse

Die ARD, die Beklagte des Ausgangsverfahrens[4], plante, eine Spielfilmproduktion unter dem Titel „Eine einzige Tablette" über den Skandal um das Schlafmittel „Contergan" in den 50er- und 60er-Jahren auszustrahlen[5]. Der zweiteilige Film hatte Schädigungen von über 4000 Ungeborenen aufgrund der Einnahme von „Contergan" während der Schwangerschaft zum Gegenstand. Die Ausstrahlung war ursprünglich für 2006 anläßlich der Erprobung von Contergan vor 50 Jahren im Jahr 1956 geplant. Der Beschwerdeführer zu 1), Herr *Karl-Hermann Schulte-Hillen*, hat anwaltlich seit 1961 die Interessen der Geschädigten des Medikaments Contergan vertreten und ist selbst Vater eines Geschädigten. Die Beschwerdeführerin zu 2), das in der Rechtsform einer Kapitalgesellschaft betriebene Pharmaunternehmen „Grünenthal", brachte unter ihrer damaligen Firma Chemie Grünenthal GmbH die Schlaf- und Beruhigungsmittel „Contergan" und „Contergan forte" am 1.10.1957 auf den Markt[6]. Seit 1959 mehrten sich Hinweise,

---

Kunstfreiheit im Anschluß an den „Esra"-Beschluß durch ein Feststellungsurteil des Bundesgerichtshofs im Fall des Hagener Mädchenmords zum Theaterstück „Ehrensache": Die Aufführung des Stücks war bis dahin verschiedentlich – je nach Aufführungsort und damit zuständigem Land- und Oberlandesgericht – zulässig oder verboten: BGH NJW 2009, 751 (752 ff.). – Zuvor werten die Aufführung als unzulässig OLG Hamm AfP 2006, 261 (261 f.); OLG Köln GRUR-RR 2008, 324 (325 ff.); LG Hagen ZUM-RD 2007, 249 (250 ff.). – Demgegenüber die Zulässigkeit bejahende Entscheidungen LG Essen ZUM-RD 2007, 92 (92 ff.); LG Hamburg ZUM-RD 2007, 94 (94 ff.); LG Köln Urteil der 28. Kammer vom 14.2.2007, 28 O 292/06, BeckRS 2007.

[3] BVerfGK 12, 85 (85 ff.); 12, 95 (95 ff.).

[4] Aus Gründen der Lesbarkeit und Verständlichkeit werden im folgenden die Beteiligten entsprechend ihrer Rollen in dem Verfahren vor dem Bundesverfassungsgericht bezeichnet: Der Rechtsanwalt der Geschädigten ist der Beschwerdeführer zu 1), die Herstellerfirma von Contergan die Beschwerdeführerin zu 2). Die öffentlich-rechtliche Fernsehanstalt ARD und die von der ARD mit der Filmproduktion beauftragte NovaFilm GmbH sind die Beklagten (der Ausgangsverfahren).

[5] Für die folgende geraffte Inhaltsdarstellung vgl. LG Hamburg ZUM 2007, 212 (212).

[6] Daß sich zwei derart unterschiedliche Interessenvertreter, der Geschädigtenanwalt

daß die Einnahme des Beruhigungsmittels mit dem Arzneistoff Thalidomid in der Schwangerschaft zu einem erhöhten Risiko von Mißbildungen bei den Embryonen führte. So wurde die Beschwerdeführerin zu 2) im Oktober 1959 von einem Neurologen ausdrücklich darauf hingewiesen, daß es Hinweise auf die Verursachung von Nervenschäden (Polyneuritiden) durch die Einnahme von Contergan gebe. Darüber hinaus äußerte ein Kinderarzt aus Hamburg gegenüber der Beschwerdeführerin zu 2) ab dem 15.11.1961 die Vermutung, daß der Wirkstoff „Thalidomid" des Schlafmittels zu Mißbildungen bei Embryonen führen könne, wenn Contergan während der Schwangerschaft eingenommen werde. Am 27.11.1961 wurde Contergan von der Beschwerdeführerin zu 2) vom Markt genommen. Bis dahin fand das Mittel einen derartigen Absatz, daß ungefähr 4000 Personen starben und 3000 Kinder mit Mißbildungen geboren wurden[7]. Am 13.3.1967 wurde Anklage wegen Körperverletzung gegen neun Mitarbeiter der Beschwerdeführerin zu 2) erhoben. Der Beschwerdeführer zu 1) vertrat anwaltlich überwiegend die mehr als 200 Nebenkläger. Die Strafverfahren wurden gemäß § 153 StPO eingestellt. Mehrjährige Zivilprozesse führten zur Gründung einer Stiftung, die von der Bundesrepublik Deutschland und der Beschwerdeführerin zu 2) finanziert wurde. Am 10.4.1970 wurde die Zahlung einer Entschädigungssumme in Höhe von 100 Millionen DM an die Geschädigten vereinbart. Der streitgegenständliche Film der Beklagten handelt von dem Kampf eines Rechtsanwalts mit dem fiktiven Namen Paul Wegener gegen die Herstellerfirma. Wegener ist selbst Vater eines geschädigten Kindes. Das im Spielfilm letztlich erfolgreiche Streben des Anwalts wird durch mehrere historisch tatsächlich geschehene Vorgänge eingerahmt. Angekündigt wurde der Film als „historisches Drama über den spektakulären Contergan-Fall", in dem „in Anlehnung an wahre Begebenheiten die Aufsehen erregenden Ereignisse von damals zum Gegenstand einer packenden Tele-Fiktion" würden. In Einblendungen im Vor- und Abspann des Films wird erklärt, daß der Film kein Dokumentarfilm sei und die dort auftretenden Personen mit ihren Konflikten sowie privatem und beruflichem Handeln frei erfunden seien[8].

---

und das verantwortliche Unternehmen, beide als Beschwerdeführer zu 1) und 2) gegen die Ausstrahlung des Films richten, ist erstaunlich, aber nicht weiter beachtlich. Um nicht haltlosen Spekulationen Raum zu geben, sei daher nur am Rande auf die Kooperation eines Syndikus der Beschwerdeführerin zu 2) und dem Beschwerdeführer zu 1) im Stiftungsrat zur Verwaltung der Opfergelder hingewiesen, vgl. *B. Hardinghaus,* Das ewige Gift, in: Der Spiegel vom 20.11.2006, S. 138 (142).

[7] Vgl. *Hardinghaus,* Gift (Fn. 6), S. 138 ff., 144.

[8] Zu Film und Verfahren *H. Wefing,* Das Contergan-Gift wirkt weiter, in: Frankfurter Allgemeine Zeitung vom 19.3.2007, S. 38 (38).

b) Verfügungsverfahren: sukzessive Stabilisierung der Kunstfreiheit

Die Beschwerdeführer wollten die für Herbst 2006 angekündigte Ausstrahlung des Films verhindern. Während die Beschwerdeführerin zu 2) finanzielle Einbußen befürchtete, konnte der Beschwerdeführer zu 1) die Darstellung des Rechtsanwalts Wegeners nicht akzeptieren: Die filmische Umsetzung weiche mehrfach von der Realität ab, insbesondere hinsichtlich Szenen, in denen Spannungen zwischen ihm und seiner Ehefrau sowie rechtlich zweifelhaftes Vorgehen seinerseits dargestellt würden[9].

aa) Landgericht Hamburg: Filmverbot auf Rechtsprechungslinie von „Mephisto"

Die einstweiligen Verfügungen setzten in *Argumentation und Ergebnis die „Mephisto"-Rechtsprechung* ohne Änderung fort. Am 14.2.2006 erwirkten die Beschwerdeführer vor dem Landgericht Hamburg nach Vorlage des Drehbuchs Unterlassungsverfügungen in bezug auf die Ausstrahlung einzelner Szenen[10]. Die Beklagten legten Widerspruch ein und wendeten ein, daß es sich nicht um einen Dokumentarfilm, sondern um eine historische Fiktion auf Grund der Contergankatastrophe handele. Sie boten dem Landgericht die Vorführung eines Rohschnitts des Films an, da die ursprüngliche Drehbuchversion überholt sei. Das Gericht ging auf diesen Vorschlag nicht ein, da die Beklagten unverändert an der Zulässigkeit auch der Passagen festhielten, die sie aus dem Rohschnitt herausgeschnitten hatten, und dementsprechend auch für diese streitigen Stellen eine Aufhebung der Verfügung begehrten[11]. Das Landgericht bestätigte die Untersagungsverfügungen in 13 von 15 Punkten jeweils mit Urteil vom 28.7.2006[12]. Es bejahte die geltend gemachten Unterlassungsansprüche analog §§ 823 Abs. 1, 1004 Abs. 1 S. 2 BGB i.V.m. dem allgemeinen Unternehmenspersönlichkeitsrecht[13]. Maßgeblich sei, inwieweit die Kunstfigur von der realen Vorlage durch die künstlerische Bearbeitung abgelöst werde. In dem streitgegenständlichen Drehbuch wird nach Ansicht des Landgerichts dem Durchschnittszuschauer nahegelegt, in der Firma „Chemie Grünenthal" ihr Urbild wiederzuerkennen, zumal Bezeichnung von Firma und Produkt beibehalten und durch weitere markante Übereinstimmungen ergänzt werden. Es entstehe ein an der historischen Wahrheit angelehntes Porträt des Urbildes[14]. Zugleich weiche das Bild allerdings in wesentlichen Aspekten von der Realität ab und führe zur Entstellung als profitgieriges Unternehmen in der

---

9 Vgl. LG Hamburg ZUM 2007, 212 (213).

10 Vgl. LG Hamburg ZUM 2007, 212 (212).

11 Vgl. LG Hamburg ZUM 2007, 212 (212).

12 Die einstweiligen Verfügungen und ihre Bestätigungen ergingen bezeichnenderweise vor dem „Esra"-Beschluß des Bundesverfassungsgerichts: LG Hamburg ZUM 2007, 212 (212 ff.).

13 LG Hamburg ZUM 2007, 212 (214).

14 LG Hamburg ZUM 2007, 212 (215).

öffentlichen Meinung[15]. Das Gericht bejahte die Erstbegehungsgefahr. Die Gefahr gehe von dem Drehbuch aus, da die beklagte Produktionsfirma nach Verhandlungen der Parteien weiterhin äußerte, an dem bekannten Drehbuch festzuhalten[16].

bb) Oberlandesgericht Hamburg: Rezeption als Fiktion

Die Parteien, Beschwerdeführer und Beklagte, legten dagegen Berufungen ein. Die Beklagten verpflichteten sich, vor dem Film und vor Beginn des Abspanns anzusagen, daß der Film kein Dokumentarfilm sei[17]. Das Oberlandesgericht Hamburg hat daraufhin in vier parallelen Verfügungsverfahren mit Urteilen vom 10.4.2007 die Verbotsverfügungen des Landgerichts weit überwiegend aufgehoben. Die Berufung der Beklagten hatte damit größtenteils Erfolg. Die Berufung der Beschwerdeführer war hingegen unbegründet[18]. Das Oberlandesgericht bricht unter Berücksichtigung des erwarteten Rezeptionsverhaltens eine Lanze *für die Kunstfreiheit*.

Hinsichtlich des Beschwerdeführers zu 1) ist nach Ansicht des Oberlandesgerichts ein Unterlassungsanspruch abzulehnen, da eine Verletzung des allgemeinen Persönlichkeitsrechts nicht vorliegt. Die einstweiligen Verfügungen des Landgerichts wurden bezüglich des Beschwerdeführers zu 1) vollständig aufgehoben[19]. Die Besonderheit des Films liege darin, daß dem Rezipienten nicht eindeutig klar gemacht wird, welche Aussagen der Wirklichkeit und welche der Fiktion entstammen. Die Geschichte um den Rechtsanwalt erkenne er gleichwohl aufgrund der Filmaufmachung, insbesondere der ausführlichen Schilderung persönlicher Verhältnisse der Figuren nach Ablauf von 40 Jahren *als Fiktion*[20]. Bezüglich des Beschwerdeführers zu 1) kann keine Entstellung des Persönlichkeitsbildes festgestellt werden, so daß ein Unterlassungsanspruch nicht besteht[21]. Der Beschwerdeführerin zu 2) stand ein Unterlassungsanspruch nach § 823 Abs. 1, analog § 1004 BGB i.V.m. Art. 1, 2 Abs. 1 GG nur bezüglich einiger Passagen zu, die eine schwere Verletzung des Unternehmenspersönlichkeitsrechts enthalten[22].

---

[15] LG Hamburg ZUM 2007, 212 (216).

[16] LG Hamburg ZUM 2007, 212 (218).

[17] Dabei wird bei dem Passus, daß es sich um frei erfundene Personen und Konflikte handelt, die Fiktion der Figur des Paul Wegener und seiner Familie sowie der Mitarbeiter der Herstellerfirma ausdrücklich hervorgehoben.

[18] OLG Hamburg ZUM 2007, 483 (484).

[19] OLG Hamburg NJW-RR 2007, 1268 (1269).

[20] Denn die Darstellung des Familienlebens sei ohne jeden dokumentarischen Gehalt. Wenn auch eine große Anzahl von Zuschauern den Beschwerdeführer zu 1) als Urbild identifizieren kann, gibt es viele Umstände, die mit der Filmfigur nicht übereinstimmen, so daß eine eigenständige Kunstfigur in dem Film geschaffen wurde. Geringfügige negative Abweichungen können in diesem Fall keine Persönlichkeitsrechtsrechtsverletzung begründen; OLG Hamburg NJW-RR 2007, 1268 (1270).

[21] OLG Hamburg NJW-RR 2007, 1268 (1270).

[22] OLG Hamburg ZUM 2007, 483 (485).

Das Oberlandesgericht verneinte im Gegensatz zum Landgericht – erinnernd an die Negierung der Wiederholungsgefahr in der oberlandesgerichtlichen Entscheidung im „Esra"-Fall[23] – die *Erstbegehungsgefahr.* Waren es im „Esra"-Verfügungsverfahren die Unterlassungsverpflichtungserklärungen, die eine Wiederholungsgefahr beseitigten, so schloß im vorliegenden Fall der Umstand, daß es sich einerseits um Stellen handelte, die sich nur im Drehbuch befinden, bereits die Erstbegehungsgefahr aus[24]. Soweit andererseits Passagen im Film enthalten sind, besteht zwar eine Begehungsgefahr, sie verletzen allerdings die Beschwerdeführerin zu 2) nur in einem von 13 Punkten. Dementsprechend hob das Oberlandesgericht 12 der 13 Punkte auf[25]. Mit der gleichen Begründung wie im Fall der Beschwerdeführerin zu 1) wird ebenso hinsichtlich der erkennbaren Beschwerdeführerin zu 2) die Untrennbarkeit von fiktionalen und faktualen Passagen vor den Augen des Rezipienten betont, die allerdings insgesamt auch hier den Eindruck eines Spiel- und nicht eines Dokumentarfilms vermitteln[26]. Die Schutzwürdigkeit des Dargestellten, entsprechend der Realität geschildert zu werden, sei um so größer, je mehr der Künstler vorgebe, die Wirklichkeit abzubilden[27].

c) Zwischenergebnis: markante Unterschiede im Kunstverständnis

Zwei denkbar konträre Kunstverständnisse: Hatte das Landgericht noch in der filmischen Bearbeitung eine – an den „Mephisto"-Beschluß erinnernde – Entstellung der erkennbaren Beschwerdeführer gesehen, so erkennt das Oberlandesgericht gerade in der Fiktionalisierung den Wert der filmischen Produktion: Sie ermöglicht dem Zuschauer – mit einem vergleichbaren Durchschnittsmaßstab wie im „Esra"-Beschluß –, die Ereignisse als Erfindung, als Spielfilm zu verste-

---

[23] Vgl. Abschnitt B.III.1.a.

[24] Mündliche Verhandlungen zwischen den Parteien ändern diese Einschätzung nicht, da sich aus ihnen nicht zur Überzeugung des Gerichts ein Festhalten der Beklagten an der ursprünglichen Drehbuchversion ergibt. Vgl. OLG Hamburg ZUM 2007, 483 (484).

[25] Zwei Punkte waren bereits im Widerspruchsverfahren von dem Landgericht Hamburg aufgehoben worden. Eine Verletzung des Unternehmenspersönlichkeitsrechts und damit ein Unterlassungsanspruch wurden letztlich nur bezüglich der Passagen bejaht, in denen vermittelt wird, der Rechtsanwalt der Beschwerdeführerin zu 2) sei mit ihrer Billigung gegen den Beschwerdeführer zu 1) in persönlich verletzender und intriganter Weise vorgegangen, indem er durch Lancierung gezielter Presseveröffentlichung dessen aufrichtige Motivation bezweifelt, sein Privatleben bespitzelt habe und das Ansehen bei Ehefrau und Nachbarn habe beschädigen wollen; OLG Hamburg ZUM 2007, 483 (486). – Demgegenüber ist hinsichtlich der übrigen verbotenen Aussagen keine den Unterlassungsanspruch rechtfertigende Verletzung des Unternehmenspersönlichkeitsrechts festzustellen; OLG Hamburg ZUM 2007, 483 (487).

[26] OLG Hamburg ZUM 2007, 483 (485). – Nur die Geschehnisse um die Einführung von Contergan und deren Folgen halte der Zuschauer für real: OLG Hamburg ZUM 2007, 483 (486).

[27] OLG Hamburg ZUM 2007, 483 (485).

hen. Neben der Problematisierung der Erstbegehungsgefahr steht nach übereinstimmender Bejahung der Erkennbarkeit mit dem Landgericht nun erstmals der Zuschauerkreis im Vordergrund: Durch das Abstellen auf den Rezipientenhorizont kommt die zwei Monate vor dem „Esra“-Beschluß ergangene oberlandesgerichtliche Entscheidung ersterem sehr nahe und stellt damit einen Fortschritt für eine kunstspezifische Betrachtung dar. Da sich auch hier die Fiktion als streitentscheidend darstellt, wäre die Berücksichtigung der Sachkunde eines Literaturwissenschaftlers empfehlenswert, hinsichtlich des Rezeptionsverhaltens bei Zweifelsfragen möglicherweise auch eines Kommunikations-/Medienwissenschaftlers.

2. Gerichtliche Entscheidung: Schutz zeitgebundener Filmkunst

Die 1. Kammer des Ersten Senats des Bundesverfassungsgerichts hat mit zwei Beschlüssen vom 29.8.2007 – also zwei Monate nach dem „Esra“-Beschluß – die Anträge auf Erlaß einstweiliger Anordnungen abgelehnt[28]. Die hier gebotene Folgenabwägung aufgrund der in den angegriffenen Entscheidungen vorgenommenen Tatsachenfeststellung fiel zu Lasten der Beschwerdeführer aus[29]. Auf der einen Seite war hinsichtlich des Beschwerdeführers zu 1) die Gefahr einer Verletzung des *allgemeinen Persönlichkeitsrechts* aus Art. 2 Abs. 1 i.V.m. Art. 1 Abs. 1 GG durch die Filmausstrahlung zu berücksichtigen. Für die Schwere der Beeinträchtigung ist maßgeblich, ob die betreffenden Szenen aus Sicht eines Durchschnittszuschauers als fiktional oder die Wirklichkeit widerspiegelnd gelten[30]. Nach Ansicht der erkennenden Kammer nimmt ein verständiger Zuschauer die Ereignisse um den Rechtsanwalt auch nicht an den Filmpassagen als Abbildung der Realität wahr[31]. Zahlreiche Abweichungen in Eigenschaften und Verhalten der Filmfigur von dem Beschwerdeführer zu 1) sowie der ausdrückliche Hinweis in Vor- und Abspann verhindern einen solchen Eindruck. Auf der anderen Seite bestand hinsichtlich der Beklagten die Gefahr, daß sie durch das Verbot der Ausstrahlung schwerwiegend in ihrer *Rundfunkfreiheit* verletzt würden[32]. Wenn die Beklagten aufgrund einstweiliger Anordnungen die Aus-

---

[28] Die Voraussetzungen zum Erlaß der einstweiligen Anordnungen lagen nach Ansicht des Bundesverfassungsgerichts nicht vor. Wenn die Verfassungsbeschwerde sich nicht als von vornherein unzulässig oder offensichtlich unbegründet erweist, ist gemäß § 32 Abs. 1 BVerfGG eine Abwägung der Folgen, die eintreten würden, wenn eine einstweilige Anordnung nicht erginge, die Verfassungsbeschwerde aber Erfolg hätte, gegenüber den Nachteilen vorzunehmen, die einträten, wenn die einstweilige Anordnung erginge, die Verfassungsbeschwerde aber keinen Erfolg hätte; BVerfGE 71, 158 (161); 91, 252 (257 f.).

[29] BVerfGK 12, 85 (90); 12, 95 (98).

[30] BVerfGK 12, 85 (91 f.); 12, 95 (99 f.).

[31] BVerfGK 12, 85 (92).

[32] Wie bereits erörtert, beabsichtigten die Beklagten, den Film im Jahr 2007 in zeitlicher Nähe zur Erinnerung an die Markteinführung von Contergan vor 50 Jahren auszustrahlen.

strahlung verlegen müßten, so könnte die Darbietung möglicherweise nicht mehr im zeitlichen, für die publizistischen Wirkungen bedeutsamen Zusammenhang mit dem 50. Jahrestag der Markteinführung erfolgen[33]. Neben der beklagten Rundfunkanstalt kann sich auch die beklagte Produktionsfirma auf die Rundfunkfreiheit berufen. Darüber hinaus wäre durch das Ausstrahlungsverbot auch die *Kunstfreiheit* aus Art. 5 Abs. 3 S. 1 1. Alt. GG betroffen, da es sich bei dem Spielfilm um Filmkunst handelt[34]. Neben aus der „Esra"-Entscheidung bekannten Parametern wie dem verständigen Durchschnittsrezipienten kommt hier erstmals dem Aspekt der Zeitgebundenheit und Aktualitätseinbuße eine überaus große Bedeutung zu.

3. Land- und Oberlandesgericht im Hauptsacheverfahren: gute „Esra"-Schüler

Nach den Kammerbeschlüssen des Bundesverfassungsgerichts vom 29.8.2007 kam das Hauptsacheverfahren vor dem Land- und Oberlandesgericht Hamburg im darauffolgenden Jahr zum Abschluß. Das Landgericht Hamburg wies die beiden Hauptsacheklagen nunmehr – nicht zuletzt unter dem Eindruck der zwischenzeitlich ergangenen „Esra"-Entscheidung – vollumfänglich ab. Das Oberlandesgericht Hamburg bestätigte mit Urteilen vom 16.12.2008 im Berufungsverfahren die Entscheidungen des Landgerichts[35]. Das Gericht wendet die Grundsätze der Erkennbarkeit, der Fiktionalitätsvermutung, der Kunstfreiheit, der beschränkten Aussagekraft eines Disclaimers, der kunstspezifischen Betrachtungsweise und die Vorgaben zur Begründung der Persönlichkeitsrechtsverletzung aus der „Esra"-Entscheidung an[36]. Der *direkte Einfluß der „Esra"-Parameter* ist unverkennbar und zeugt von dem so erreichten Gewinn für die Kunstfreiheit[37]. Die Erkennbarkeit ist hinsichtlich der Beschwerdeführerin zu 2) zu bejahen, bezüglich des Beschwerdeführers zu 1) hingegen zweifelhaft, da sich zahlreiche Schilderungen in bezug auf die Filmfigur von der realen Vorlage unterscheiden[38]. In jedem Fall wird die Spielfilmhandlung insgesamt als Fik-

---

Aufgrund der Entscheidung des Landgerichts Hamburg und der eingelegten Eilanträge der Beschwerdeführer haben die Beklagten frühere Ausstrahlungstermine verschoben.

[33] BVerfGK 12, 85 (93 ff.).

[34] BVerfGK 12, 95 (101 ff.).

[35] OLG Hamburg ZUM-RD 2009, 191 (195).

[36] OLG Hamburg ZUM-RD 2009, 191 (196 f.). – Kritisch hinsichtlich der Umsetzung der „Je-desto"-Formel äußert sich *Robak,* Von „Esra" zu „Rohtenburg" (Fn. 399), S. 331.

[37] Das Oberlandesgericht führt aus, daß die Voraussetzungen für eine Persönlichkeitsrechtsverletzung die Erkennbarkeit der Betroffenen und die Schwere der Persönlichkeitsrechtsbeeinträchtigung sind: OLG Hamburg ZUM-RD 2009, 191 (196 f.).

[38] OLG Hamburg ZUM-RD 2009, 191 (197). Die Einteilung der Filmszenen in die drei Kategorien des Alltagslebens, der internen Unternehmensbesprechungen und der historischen Begebenheiten als vorbildlich lobt *v. Becker,* Anmerkung (Fn. 18), S. 313.

tion von den Zuschauern verstanden[39]. Aufgrund der wenig schwerwiegenden Eingriffe in das Persönlichkeitsrecht und dem großen Umfang künstlerischer Distanzschaffung kommt der Kunstfreiheit gegenüber dem Unternehmenspersönlichkeitsrecht der Vorrang zu[40]. Die Hanseatischen Gerichte haben damit als gute Schüler die „Esra“-Grundsätze gekonnt auf den Fall übertragen.

4. Vergleich der Entscheidungen „Contergan“ und „Esra“

a) Gemeinsamkeiten der Entscheidungen „Contergan“ und „Esra“

In den „Contergan“- und „Esra“-Entscheidungen wird bei *vergleichbaren Sachverhalten* übereinstimmend ein Ausgleich zwischen Äußerungsrechten aus Art. 5 GG – insbesondere der Kunstfreiheit[41] – und dem allgemeinen Persönlichkeitsrecht nach Art. 2 Abs. 1 i.V.m. Art. 1 Abs. 1 GG gesucht. Daß die Prüfung im „Contergan“-Fall keine der „Esra“-Entscheidung vergleichbar tiefgehende Grundrechtsanalyse beinhaltet, ist allein der Besonderheit des Eilverfahrens geschuldet. Die Prozeßkonstellation zeichnet sich nach § 93 Abs. 1 S. 1 BVerfGG durch erhöhte Eilbedürftigkeit und gestrafftes Vorgehen aus.

aa) Grundrechtswirkung zwischen Privatrechtssubjekten

So wird sowohl im „Esra“- als auch im „Contergan“-Fall die *Wirkung von Grundrechten im Rechtsstreit zwischen Privaten* gleichermaßen relevant. In beiden Fällen klagen Private, die sich durch andere Privatpersonen in ihren Persönlichkeitsrechten verletzt sehen. Das Bundesverfassungsgericht geht beiderseits

---

[39] Das gilt nach Ansicht des Gerichts auch für die Szenen, die geeignet sind, eine Persönlichkeitsrechtsverletzung zu begründen.

[40] OLG Hamburg ZUM-RD 2009, 191 (198 f.).

[41] Eine entscheidende Bedeutung kommt in der „Contergan“-Entscheidung neben der Rundfunkfreiheit auch der Kunstfreiheit aus Art. 5 Abs. 3 S. 1 1. Alt. GG wie in der „Esra“-Entscheidung zu, die auf eine mögliche Beeinträchtigung entsprechend des Verhältnisses der Idealkonkurrenz umfassend geprüft werden: BVerfGK 12, 85 (93 ff.); 12, 95 (101 ff.). Der Spielfilm wird als Kunstwerk zweifelsfrei von der Kunstfreiheit erfaßt und genießt daher einen gegenüber der Rundfunkfreiheit verstärkten Schutz; OLG Hamburg ZUM-RD 2009, 191 (196); *Degenhart,* Bonner Kommentar (Fn. 477), Art. 5 Abs. 1 und 2 (2006), Rn. 902; *v. Becker,* Dokufiction (Fn. 1), S. 267. Der Umfang des garantierten Schutzes ist bei der Kunstfreiheit aufgrund der vorbehaltlosen Gewährleistung gegenüber den Medienfreiheiten des Art. 5 Abs. 1 GG erweitert. Während der Schutz im letzteren Fall bewußt unwahre Tatsachen schon im voraus nicht erfaßt oder zumindest auf Abwägungsebene zurücktritt, bestehen im Fall der Kunstfreiheit keine vergleichbaren Einschränkungen; vgl. BVerfGE 54, 208 (219); 90, 241 (247 f.); 99, 185 (197); für letztere Alternative *Schulze-Fielitz,* Grundgesetz (Fn. 96), Art. 5 I, II Rn. 65; *M. Fricke,* Anmerkung zu OLG Hamburg. Az. 7 U 141/07, 142/07, 143/07, 144/07, in: ZUM 2007, S. 487 (489). Zwar sind die Erwägungen zur Kunst- im Verhältnis zur Rundfunkfreiheit im Beschluß des Bundesverfassungsgerichts – im Unterschied zu den Ausführungen in den Entscheidungen des Oberlandesgerichts Hamburg – vergleichbar kurz gehalten. Der Beschluß der 1. Kammer trägt dem erweiterten Schutz seitens der Beklagten bei Abwägungsvorgang und -ergebnis aber dennoch ausreichend Rechnung.

nicht vertieft auf die Wirkweise in zivilrechtlichen Auseinandersetzungen ein, sondern setzt sie vielmehr voraus[42]. In der „Esra“-Entscheidung wird zumindest kurz darauf verwiesen, daß Art. 5 Abs. 3 GG auch eine objektive Entscheidung für die Kunstfreiheit beinhalte, die im Streit Privater zu beachten sei[43]. Im „Contergan“-Beschluß wird hingegen die Anwendbarkeit von Grundrechten in Auseinandersetzungen Privater überhaupt nicht erwähnt. Wäre eine Vertiefung der Grundrechtsrelevanz im Privatrechtsverkehr bei der „Esra“-Entscheidung durchaus möglich gewesen, so versteht sich die Kürze im „Contergan“-Beschluß schon aus dem nochmals hervorzuhebenden Charakter des Eilverfahrens.

bb) Verhältnis von Wirklichkeit und Fiktion

In beiden Beschlüssen steht die Frage nach dem *Verhältnis von Wirklichkeit und Fiktion* bei künstlerischen Werken im Zentrum der Erörterung, an die sich die gleichen Überlegungen anschließen: Kann der Rezipient aufgrund der künstlerischen Darbietung zwischen Realität und Fiktion unterscheiden? Sind die Unterschiede zur Wirklichkeit Formen der Fiktion oder unzulässige Entstellungen der Vorbilder? Ist die Bekundung von Fiktion, beispielsweise durch einen Disclaimer, ausreichend, um eine fiktionsadäquate Rezeption zu bewirken? Die Fragen werden weitgehend – mit leichten Nuancen – vergleichbar beantwortet. Im Anschluß an den „Esra“-Beschluß werden die Entscheidungsgrundsätze nahezu mustergültig übertragen, die *Fiktionalitätsvermutung* entfaltet ihre vielzitierte kunstschützende Wirkung[44]. Aber auch vor der Entscheidung des Bundesverfassungsgerichts erahnt das Oberlandesgericht Hamburg in bemerkenswerter Weise die spätere *„Je-desto“-Formel,* vorläufig negativ gewendet[45]. Der erreichte Grad der Fiktionalität ist jeweils der entscheidende Faktor zur Bestimmung der Intensität der Persönlichkeitsrechtsbeeinträchtigung. Wenn man die beiden Beschlüsse „Esra“ und „Contergan“ des Bundesverfassungsgerichts vergleicht, so zeigt sich, daß die eingeschlagene Rechtsprechungslinie vorbildlich fortgesetzt wird: Im „Contergan“-Fall ging das Bundesverfassungsgericht aufgrund der in Folge von „Esra“ angewandten *Fiktionalitätsvermutung* ebenfalls von einer hinreichenden künstlerischen Bearbeitung aus, die eine Persönlichkeitsrechtsverletzung ausschloß. Maßgebend war auch hier, ob ein *verständiger Zuschauer* die streitgegenständlichen Szenen als Realität oder Fiktion verstanden habe[46]. Das Gericht verwies auf die Einblendungen im Vor- und Nachspann des Films. Zudem ergibt sich aus der Gesamtanlage des Spielfilms, daß der verständige Zuschauer nicht

---

[42] BVerfGE 119, 1 (22); BVerfGK 12, 85 (91, 94 f.); 12, 95 (98 f., 102 f.).

[43] BVerfGE 119, 1 (21).

[44] OLG Hamburg ZUM-RD 2009, 191 (196 f.).

[45] Nämlich den Persönlichkeitsschutz bei wahrheitsgetreuer Abbildung – also Reduzierung der Fiktionalität – stufenweise erhöht OLG Hamburg ZUM 2007, 483 (485).

[46] BVerfGK 12, 85 (91 f.); 12, 95 (99 f.).

von einer Dokumentation ausgehe[47]. Im „Contergan“-Fall handelt es sich um eine Verbindung von Realität und Fiktion in Form der Dokufiktion: Unter Dokufiktion versteht man „halbdokumentarische Formate, also Spielfilme oder Theaterstücke (im Buchbereich kaum anzutreffen), die in erzählerisch-dramaturgischer Form auf unterhaltende Weise von realen, meist zeitgeschichtlichen Geschehnissen handeln.“[48]

Die *Darstellung von Lale und des Pharmaunternehmens Grünenthal* ist im ersteren Fall augenscheinlich, im letzteren zumindest tendenziell negativ. In beiden Fällen wurde eine Persönlichkeitsrechtsverletzung abgelehnt, jeweils unter Berufung auf eine gelungene Fiktionalisierung: Im Fall von „Lale“ sprach die wichtige Position der Kunstfigur Lale im Roman gegen eine Persönlichkeitsbeeinträchtigung der Klägerin zu 2). Im Fall des Pharmaunternehmens „Grünenthal“ ist die öffentliche Diskussion um die Schuldfrage hinsichtlich der Schädigung der Ungeborenen bis heute nicht abgeflacht. Angesichts der schwerwiegenden und bis in die Gegenwart andauernden Folgen kann sich der Arzneimittelhersteller nach Ansicht des Gerichts der Konfrontation mit den Geschehnissen nicht entziehen. Bei Vergleich der Begründungen hinsichtlich Lale und Grünenthal ist sie im letzteren Fall weitaus *überzeugender.* Im „Contergan“-Fall geht es um ein reales Ereignis, das im Gegensatz zur Liebesgeschichte der „Esra“-Erzählung in öffentlicher Diskussion zu erörtern ist[49]. Bei der Prüfung der Persönlichkeitsbeeinträchtigung durch die Darstellung des Rechtsanwalts Wegener – noch bedeutend markanter als hinsichtlich der „Esra“-Figur – hat das Bundesverfassungsgericht demgegenüber festgestellt, daß es sich um eine durchgehend positive Figurenzeichnung handelt, eine Persönlichkeitsrechtsverletzung damit ausgeschlossen ist[50].

---

47 BVerfGK 12, 85 (92 f.); 12, 95 (100 f.).

48 *v. Becker,* Dokufiction (Fn. 1), S. 266. Nur am Rande sei angemerkt, daß diese Mischform der Dokufiktion wiederum stark an die Autofiktion des „Esra“-Romans erinnert.

49 Es sei nicht in Abrede gestellt, daß sich hinter der Beziehungsgeschichte ebenfalls Aspekte genereller Bedeutung auf zweiter Ebene zeigen. Die dargestellte Gefühlswelt der Protagonisten, moderne Formen zwischenmenschlichen Austauschs und Fragen der Migration sind Elemente des Romans, die über die private Beziehung des Autors hinausgehen. Allerdings werden diese Bereiche von jedem Leser unterschiedlich gewertet und individuell verstanden, so daß sich kein einheitliches Thema wie zur Zeit des 50jährigen Gedenkens an die „Contergan“-Einführung in der öffentlichen Diskussion von überragender, zeitbedingter Bedeutung skizzieren läßt; vgl. zur zeitgeschichtlichen Bedeutung des Films „Eine einzige Tablette“ *M. Jauer,* Wahrheit und Erfindung, in: Süddeutsche Zeitung vom 12.2.2007, S. 11.

50 Auch die von dem Beschwerdeführer zu 1) angeführten Stellen vermitteln kein negatives Bild von dem sich für die Geschädigten äußerst engagiert einsetzenden Juristen, sondern erregen Sympathie für die menschliche, private Seite der Filmfigur. Weiterhin ist nach der Argumentation des Gerichts zu beachten, daß der gerichtliche Streit um die Verantwortlichkeit hinsichtlich der „Contergan“-Folgen und damit der Einsatz des Beschwerdeführers zu 1) für die Geschädigten vierzig Jahre zurückliegen und keine Verzerrung des heutigen Persönlichkeitsbildes bewirken können; BVerfGK 12, 85 (93).

In der „Esra"-Entscheidung hat das Bundesverfassungsgericht eine Abwägung für die *Tabuzonen der Darstellung von Intimsphäre und Eltern-Kind-Beziehung* verneint[51]. Letztere Ausnahmegruppen aus Art. 2 Abs. 1 i.V.m. Art. 1 Abs. 1 i.V.m. Art. 6 Abs. 1, 2 GG ist auch im „Contergan"-Fall einschlägig. Esra ist die Mutter der todkranken Ayla. Rechtsanwalt Wegener ist der Vater eines contergangeschädigten Kindes. Obwohl also in beiden Entscheidungen die in Art. 6 Abs. 1, 2 GG geschützte Eltern-Kind-Beziehung relevant ist, wird sie nur im ersteren Fall thematisiert. In dem „Esra"-Beschluß wird die Darstellung der Beziehung zwischen der Mutter und ihrer erkrankten Tochter zum Schutz des Kindes verboten. Die Beeinträchtigung der Eltern-Kind-Beziehung hat dort die Persönlichkeitsrechtsbeeinträchtigung der Klägerin zu 1) verstärkt und war damit auch ein entscheidender Faktor für die Verletzung des Persönlichkeitsrechts. Das Bundesverfassungsgericht verdeutlichte, daß die Darstellung kranker Kinder oder konfliktreicher Eltern-Kind-Verhältnisse in der Öffentlichkeit verfassungswidrig ist[52]. An dem Schutz, der den Kindern eine ungestörte Entwicklung ermöglichen solle, partizipieren auch die betroffenen Eltern[53]. Hier liegt der einzige, allerdings alarmierende weiße Flecken der Kammerentscheidung bloß: Sie geht nicht auf die an sich zu thematisierende Eltern-Kind-Beziehung ein, die im „Esra"-Beschluß als von der Abwägung tabuisierte Zone auch den Ausschlag für das Publikationsverbot gab[54].

cc) Zwischenergebnis: Vielzahl von Gemeinsamkeiten mit einem Schönheitsfehler

Der „Contergan"-Beschluß und die im Anschluß ergehenden Entscheidungen der Hanseatischen Gerichte tragen die mit dem „Esra"-Beschluß begründete Rechtsprechungslinie hinsichtlich Erkennbarkeit, Fiktionalitätsvermutung und Abwägungsvorgang mustergültig fort. Einziger Schönheitsfehler, der allerdings – so im „Esra"-Verfahren als Tabuzone – streitentscheidend sein kann, ist die Ausblendung der an sich einschlägigen „Eltern-Kind"-Beziehung in bezug auf den Beschwerdeführer zu 1).

b) Unterschiede der Entscheidungen „Contergan" und „Esra"

Der augenfälligste Unterschied zwischen der „Contergan"-Entscheidung und den bis zur „Esra"-Entscheidung ergangenen Romanverbotsverfahren ist das paradox anmutende *Ergebnis*: „Eine einzige Tablette" konnte im Unterschied zu „Esra" veröffentlicht werden, obschon das Publikationsverbot bezüglich „Esra" die Ausstrahlung des Films überhaupt erst ermöglichte. Vor diesem Hintergrund ist zumindest in der Tendenz eine erfreulich kunstfreundliche Entscheidungs-

---

51 BVerfGE 119, 1 (29 f., 34).
52 BVerfGE 119, 1 (34 f.).
53 BVerfGE 119, 1 (34 f.).
54 Kritisch daher auch *Wittreck*, Persönlichkeitsbild (Fn. 350), S. 12.

praxis seit dem „Esra"-Beschluß zu vermuten[55]. Die argumentativen Abweichungen in den Entscheidungen „Esra" und „Contergan" sind nicht ausschlaggebend und daher nur kursorisch zusammenzustellen.

aa) „Contergan": weitere betroffene Grundrechte aus Art. 5 Abs. 1 GG

So stützt die Kammer ihre Entscheidung – auch wenn eine Argumentation mit der ebenso betroffenen Kunstfreiheit zum gleichen Ergebnis geführt hätte – maßgeblich auf die *Rundfunkfreiheit* nach Art. 5 Abs. 1 S. 2 2. Var. GG[56]. Die beantragte einstweilige Anordnung des Ausstrahlungsverbots würde die Beklagten in der Gestaltung und Verbreitung ihres Programms erheblich beeinträchtigen. Betroffen sind im „Contergan"-Fall sowohl die Programmgestaltung als auch die Sendungsproduktion nebst entsprechender Bewerbung. Die Ausstrahlung des Spielfilms „Eine einzige Tablette" knüpft an den 50. Jahrestag der Markteinführung des Arzneimittels an und bietet gerade aufgrund der Aktualität Anstöße zur öffentlichen Diskussion.

Das ebenso im Unterschied zur „Esra"-Entscheidung tangierte Grundrecht aus Art. 5 Abs. 1 S. 2 3. Var. GG schützt die *Freiheit des Films*[57]. Von dem Schutzbereich des Art. 5 Abs. 1 S. 2 3. Var. GG werden Herstellung und Darbietung der Filme und die dazugehörige Werbung erfaßt[58]. In Abgrenzung zu den anderen

---

[55] Vgl. BGH NJW 2009, 751 (752); BGH NJW 2009, 3576 (3576 f.) in revisionsrechtlicher Überprüfung von OLG Frankfurt a.M. NJW 2007, 699 (700); in bezug auf die Fiktionalitätsvermutung OLG München NJW-RR 2009, 477 (478).

[56] Die Rundfunkfreiheit schützt Veranstaltung und Verbreitung von Darbietungen für einen unbestimmten Personenkreis unter Zuhilfenahme von elektrischen Schwingungen. Grundlegend zur Rundfunkfreiheit statt vieler BVerfGE 35, 202 (221 ff.); 107, 299 (331 f.); *Herzog,* Grundgesetz (Fn. 477), Art. 5 Abs. 1, 2 (1982), Rn. 195; *Antoni,* Grundgesetz (Fn. 477), Art. 5 Rn. 21; *Bethge,* Grundgesetz (Fn. 477), Art. 5 Rn. 90 ff. Erfaßt werden von dem Schutzbereich alle Formen der Verbreitung von Informationen und Meinungen, die zuvor durch redaktionelle Tätigkeit aufgearbeitet und entsprechend verantwortet werden; BVerfGE 77, 65 (74 f.); 91, 125 (134 f.). – Zur Abgrenzung von Rundfunk- und Meinungsfreiheit *Antoni,* ebda., Art. 5 Rn. 18, 22. – Die Rundfunkfreiheit erstreckt sich auch auf Unterhaltungsprogramme. Entscheidend ist in Abwägung mit Persönlichkeitsrechten Dritter das Informationsinteresse: BVerfGE 73, 118 (158 ff.); 83, 238 (295 ff.); *Di Fabio,* Grundgesetz (Fn. 477), Art. 2 (2001), Rn. 236; *Bethge,* ebda., Art. 5 Rn. 176 ff. – Kritisch zur Differenzierung anhand des Informationsinteresses der Öffentlichkeit in Spiel- und Dokumentarfilm und zugleich auf eine unzulässige Vorrangstellung der Film- und Rundfunkfreiheit gegenüber der Kunstfreiheit weist hin *Kaboth,* Anmerkung (Fn. 79), S. 414. Außerdem werden alle mit der Veranstaltung von Rundfunk in Verbindung stehenden Tätigkeiten wie Programmgestaltung, Sendungsproduktion und Werbung für Sendungen geschützt; BVerfGE 59, 231 (257 ff.); 74, 297 (342); 87, 181 (197 ff.); 90, 60 (87 ff.); *Antoni,* ebda., Art. 5 Rn. 22.

[57] Unter dem Begriff Film versteht man ein Massenmedium, bei dem ein Bild-Ton-Träger in der Öffentlichkeit vorgeführt wird oder an einen unbestimmten Personenkreis dargeboten wird: *H. D. Jarass,* Die Freiheit der Massenmedien, 1978, S. 32; *Bethge,* Grundgesetz (Fn. 477), Art. 5 Rn. 118.

[58] *Ladeur,* Lizenzentgelte (Fn. 280), S. 112 f. – Für die Kunstfreiheit *Karpen/Nohe,* Kunstfreiheit (Fn. 33), S. 802 f.

Grundrechten des Art. 5 Abs. 1, 3 GG spielt der visuelle Aspekt bei der Filmfreiheit eine entscheidende Rolle[59].

Der Schutz durch die *Meinungsäußerungsfreiheit* aus Art. 5 Abs. 1 S. 1 1. Hs. GG wird nicht weiter erläutert, da nach überwiegender, zutreffender Ansicht nur der individuelle Drehbuchschreiber, Redakteur oder Produzent, nicht aber der Rundfunkveranstalter grundrechtsberechtigt ist[60].

bb) „Contergan": Problematisierung des Unternehmenspersönlichkeitsrechts

Im Fall „Esra" beriefen sich zwei natürliche Personen auf das allgemeine Persönlichkeitsrecht aus Art. 2 Abs. 1 i.V.m. Art. 1 Abs. 1 GG. Ihre Grundrechtsberechtigung ist unstreitig. Im „Contergan"-Fall macht das in der *Rechtsform einer Kapitalgesellschaft betriebene Pharmaunternehmen „Grünenthal" eine Persönlichkeitsrechtsverletzung* geltend. Streitig ist, ob sich eine juristische Person des Privatrechts ebenfalls auf ein Persönlichkeitsrecht berufen kann. Die Rechtsprechungslinie des Bundesverfassungsgerichts hat bislang keine letztverbindliche Stellung bezogen[61]. Eine vornehmlich in der zivilrechtlichen Judikatur vertretene Ansicht garantiert juristischen Personen einen weitreichenden Schutz nach Art. 2 Abs. 1 i.V.m. Art. 1 Abs. 1 GG[62]. Sie werden nach dieser Auffassung durch ein allgemeines Unternehmenspersönlichkeitsrecht insbesondere dann geschützt, wenn sie in ihrem sozialen Geltungsanspruch als Unternehmen beeinträchtigt werden. Dies sei notwendig, da das Ansehen und der wirtschaftliche Erfolg von Unternehmen durch Äußerungen erheblich beeinflußt werden können. Eine hauptsächlich von Öffentlichrechtlern vertretene Ansicht begegnet einer Übertragung des Persönlichkeitsrechts auf juristische Personen hingegen mit Skepsis[63]. Die Anwendbarkeit von Grundrechten bei juristischen Personen beurteilt sich gemäß Art. 19 Abs. 3 GG danach, ob die Grundrechte ihrem

---

[59] *Herzog,* Grundgesetz (Fn. 477), Art. 5 Abs. 1, 2 (1982), Rn. 198; zu den Besonderheiten einer Rezeption fiktionaler, filmischer Verarbeitungen: *C. Voss,* Fiktionale Immersion, in: G. Koch/dies. (Hrsg.), „Es ist, als ob", 2009, S. 127 (138).

[60] *Schulze-Fielitz,* Grundgesetz (Fn. 96), Art. 5 I, II Rn. 105 ff., 109 f. Die Meinungsäußerungsfreiheit schützt Tatsachenbehauptungen und Werturteile. Damit wäre das Grundrecht im Hinblick auf informierende und wertende Teile des Films betroffen. BVerfGE 71, 162 (179); 94, 1 (7); statt aller *Herzog,* Grundgesetz (Fn. 477), Art. 5 Abs. 1, 2 (1982), Rn. 49 ff.; *Antoni,* Grundgesetz (Fn. 477), Art. 5 Rn. 5.

[61] BVerfG (Kammer), NJW 1994, 1784 (1784); BVerfGE 95, 220 (242).

[62] BGHZ 78, 24 (25 ff.); 78, 274 (278 f.); 81, 75 (78 f.); 98, 95 (97); BGH GRUR 1975, 208 (209); BGH NJW 1994, 1281 (1282 f.); OLG Frankfurt a.M. NJW 1982, 648 (648 f.); OLG München NJW 1996, 2515 (2516); LG Hamburg ZUM 2007, 212 (215); *J. Wilms/J. Roth,* Die Anwendbarkeit des Rechts auf informationelle Selbstbestimmung auf juristische Personen i.S. von Art. 19 III GG, in: JuS 2004, S. 577 (578, 580).

[63] *H. Hirte,* Mitteilung und Publikation von Gerichtsentscheidungen, in: NJW 1988, S. 1698 (1704); *W. Kau,* Vom Persönlichkeitsschutz zum Funktionsschutz, 1989, S. 42 ff., 95 ff., 102 ff.; *Jarass,* Persönlichkeitsrecht (Fn. 208), S. 860; *P. Kunig,* Der Grundsatz informationeller Selbstbestimmung, in: Jura 1993, S. 595 (599); *Raue,* Kunstfreiheit (Fn. 309), S. 5.

Wesen nach auf diese anwendbar sind. Das allgemeine Persönlichkeitsrecht aus Art. 2 Abs. 1 i.V.m. Art. 1 Abs. 1 GG weise einen engen Bezug zur Menschenwürde auf, die bei juristischen Personen nicht betroffen sein könne[64]. Eine dritte Strömung nimmt eine moderate Position ein und billigt juristischen Personen einen – beispielsweise im Bereich des Ehrenschutzes – eingeschränkten Schutz zu[65]. Das Bundesverfassungsgericht differenziert nach unterschiedlichen Teilgehalten, für die es die Übertragung auf juristische Personen verschiedentlich bejaht oder verneint[66]. Unternehmen werden insoweit geschützt, als ihr Wesen und ihre Funktion den Schutz erfordern, da sie in ihrem sozialen Geltungsbereich als Wirtschaftsunternehmen beeinträchtigt sind[67]. Im Vergleich zum allgemeinen Persönlichkeitsrecht einer natürlichen Person aus Art. 2 Abs. 1 i.V.m. Art. 1 Abs. 1 GG kommt dem Unternehmenspersönlichkeitsrecht in der Abwägung insgesamt eine geringere Bedeutung zu[68].

Die letztgenannte vermittelnde Position überzeugt, da die beiden erstgenannten – die Zubilligung umfänglichen bzw. Ablehnung jeglichen Schutzes – in ihren Konsequenzen zu radikal sind. Eine Gleichstellung mit natürlichen Personen wäre einerseits vom Wesen der Grundrechte her verfehlt. Bei Grundrechtskollisionen von natürlichen Personen steht die Menschenwürdegarantie aus Art. 1 Abs. 1 GG im Vordergrund und bildet zusammen mit der allgemeinen Handlungsfreiheit aus Art. 2 Abs. 1 GG das allgemeine Persönlichkeitsrecht. Außerdem ermöglichen Grundrechte wie Art. 4, Art. 9 Abs. 1, Art. 12 Abs. 1, Art. 14 Abs. 1 GG ausreichende Schutzmöglichkeiten. Andererseits kann ein ge-

---

64 *Raue,* Kunstfreiheit (Fn. 309), S. 5.

65 BVerwGE 82, 76 (78); BGH NJW 1971, 1655 (1655 ff.); BGH NJW 1975, 1882 (1883 f.); BGH NJW 1981, 675 (675 f.); BGH NJW 1983, 1183 (1183 f.); BGH NJW 1994, 1281 (1282 f.); OLG Stuttgart, NJW 1976, 628 (630); OVG Lüneburg NJW 1992, 192 (193); OLG Frankfurt a.M. NJW 1995, 876 (877); LG Köln, Urteil vom 11.03.2011, 28 O 151/11, BeckRS 2011, 07677; *Degenhart,* Persönlichkeitsrecht (Fn. 253), S. 368; *Sachs,* Verfassungsrecht II (Fn. 150), S. 183; *Dreier,* Grundgesetz (Fn. 96), Art. 2 I Rn. 82; *Jarass,* Grundgesetz (Fn. 729), Art. 2 Rn. 52; *K. Stern*/M. Sachs/J. Dietlein, Das Staatsrecht der Bundesrepublik Deutschland, Bd. IV/1, 2006, S. 246 f.; *Fricke,* Anmerkung (Fn. 41), S. 490; *Seelmann-Eggebert,* Entwicklung (Fn. 485), S. 2554.

66 Danach sind Unternehmen weder schutzlos noch steht ihnen der volle Grundrechtsschutz des allgemeinen Persönlichkeitsrechts zu. Dieser reduzierte Schutzumfang wird unter Berufung auf Art. 2 Abs. 1, Art. 12 oder 14 GG garantiert. Da die unternehmerische Tätigkeit im ohnehin schwächer geschützten Öffentlichkeitsbereich stattfindet, ist der Schutzumfang eingeschränkt. Bejahend für das Recht am eigenen Wort und auf Gegendarstellung: BVerfGE 63, 131 (142 ff.); 106, 28 (42 ff.); 118, 168 (203 f.). – Anerkennend auch für das Recht auf informationelle Selbstbestimmung BVerfGE 118, 168 (204 f.). – Verhaltener hinsichtlich des Rechts am eigenen Bild BVerfG (Kammer), NJW 2005, 883 (883 f.). – Verneinend für das Verbot der Selbstbezichtigung BVerfGE 95, 220 (241 f.)

67 So grundsätzlich für die nicht an die menschliche Eigenschaft gebundenen Aspekte; für viele nur *Sachs,* Verfassungsrecht II (Fn. 150), S. 183, 190; für den sozialen Geltungsanspruch von juristischen Personen LG Köln, Urteil vom 11.03.2011, 28 O 151/11, BeckRS 2011, 07677.

68 OLG Hamburg ZUM 2007, 483 (486).

wisser Persönlichkeitsbezug nicht geleugnet werden[69]. Die Ablehnung jeglichen Schutzes für juristische Personen im Persönlichkeitsbereich wäre daher ebenfalls unangebracht. Es erscheint nicht interessengerecht, Unternehmen grundlos im Bereich des sozialen Geltungsanspruchs vollständig schutzlos zu stellen. Dem Ansehen in der Öffentlichkeit kommt für den wirtschaftlichen Erfolg eines Unternehmens eine besondere Bedeutung zu, die die moderate Positionierung hinreichend berücksichtigt.

Wenn man im vorliegenden Fall zutreffend von einem reduzierten Schutz durch das Unternehmenspersönlichkeitsrecht ausgeht, erscheint der eingeräumte Vorrang der Rundfunkfreiheit im Vergleich zum Fall der Klägerin zu 2) im „Esra“-Verfahren noch plausibler: Die Beschwerdeführerin zu 2) hat selbst durch das Verhalten ihrer Mitarbeiter in dem Contergan-Skandal Anlaß zur Auseinandersetzung mit der Thematik gegeben. Zudem trifft die künstlerische Aufarbeitung des mehr als 40 Jahre zurückliegenden Geschehens keine aktuellen Entscheidungsträger der Beschwerdeführerin zu 2)[70].

cc) „Contergan“: verständiger Durchschnittsrezipient

Es ist in beiden Entscheidungen erforderlich, den Rezipienten zu bestimmen, der Maßstab für die Beurteilung der Persönlichkeitsrechtsverletzung ist. In der „Esra“-Entscheidung geht die Senatsmehrheit bei der Bestimmung des Rezipientenmaßstabs von einem Leser aus, der über eine durchschnittliche Auffassungsgabe verfügt. Bei literarischen Ambiguitäten gerät er hinsichtlich der Realitätstreue in Auslegungsschwierigkeiten[71]. Maßgebend ist also die Beurteilung eines Durchschnittslesers. Im Fall „Contergan“ geht die Kammer ebenfalls von einem „unvoreingenommenen und verständigen Durchschnittspublikum(s)“[72] aus. Die Dehnbarkeit des Begriffs zeigt sich im folgenden, wenn die Kammer für den konkreten Fall ihr Verständnis von einem „verständige(n) Zuschauer“[73] konkretisiert: Während der Senat im „Esra“-Beschluß Unsicherheiten und Mißverständnisse zwischen Autor und Leser berücksichtigt, ist die Kammer – ausgehend vom gleichen verständigen Durchschnittsrezipienten – von einem Zuschauer überzeugt, der zwischen Fiktion und Realität unterscheiden könne[74]. Ausführungen zu – wenn auch nicht vom Leser zu verantwortenden – Fehlinterpretationen fehlen. Das unzureichende Eingehen auf unverständige Zu-

---

[69] So auch *Dreier*, Grundgesetz (Fn. 96), Art. 2 I Rn. 82; *Fricke*, Anmerkung (Fn. 41), S. 490.

[70] BVerfGK 12, 95 (101); hierzu *Fricke*, Anmerkung (Fn. 41), S. 490. Ein postmortaler Schutz verblaßt mit der Zeit; vgl. BVerfGE 30, 173 (196); *Benda*, Vergänglichkeit (Fn. 274), S. 1771; *S. Bergau*, Persönlichkeitsrechte in den Medien, in: ZUM 2008, S. 109 (111). Zu den tauglichen Abwägungskriterien vgl. Abschnitt E.I.3.c.

[71] BVerfGE 119, 1 (33 ff.).

[72] BVerfGK 12, 85 (92); 12, 95 (99).

[73] BVerfGK 12, 85 (92); 12, 95 (100).

[74] BVerfGK 12, 85 (92); 12, 95 (100).

schauer wird daher mit Recht gelegentlich moniert[75]. Diese Überbetonung der Verständigkeit zu Lasten der Durchschnittsrezeption hat zur Folge, daß die Anschlußentscheidung des Oberlandesgerichts Hamburg die Notwendigkeit eines Mittelwerts sogar gänzlich negiert. In der ausschließlichen Bezugnahme auf ein mündiges, kunstverständiges Publikum wird die Wertung des „Esra“-Beschlusses durch das Zivilgericht letztlich vollständig verschoben[76]. Wenn im „Esra“-Fall möglicherweise noch markanter der Durchschnittsaspekt betont wird, entspricht die Wertung vom „verständige(n) Zuschauer“[77] im „Contergan“-Kammerbeschluß selbst allerdings noch den Vorgaben der „Esra“-Entscheidung. Denn die Kammer stellt durch die Ausführungen zu den Fiktionssignalen des Films klar, daß sie nicht von einem überdurchschnittlich begabten und literarisch versierten Zuschauer ausgeht[78]. Damit setzt die Kammer die Grundsätze der „Esra“-Entscheidung hinsichtlich des Durchschnittsrezipienten im Ergebnis richtig bemessen um. Insgesamt scheint das Gericht im „Contergan“-Beschluß den Aspekt durchschnittlicher Aufnahmefähigkeit zugunsten der unterstellten Verständigkeit des Publikums zurückzusetzen, gelangt gleichwohl durch das umfassende Zusammentragen der Fiktionssignale zu einer überzeugenden, realitätsnahen Rezeptionseinschätzung. Insoweit sind die geringfügigen Abweichungen vom „Esra“-Maßstab mit einigen Feinkorrekturen zu beheben und im Vergleich zum „Esra“-Beschluß zu vernachlässigen.

5. Reaktion auf den „Contergan“-Beschluß und die Folgen

a) Feinabstimmung zum Rezeptionsverhalten im „Contergan“-Fortgang bedenklich

Das Oberlandesgericht Hamburg wählt als Rezeptionsmaßstab ein mündiges, kunstverständiges Publikum[79]. Damit geht es über die Feststellungen in den Beschlüssen „Esra“ und „Contergan“ hinaus und denkt damit den Vorschlag der Sondervoten zu Ende[80]. Wenig erstaunlich erkennt der Anwalt des Pharmaunternehmens „Grünenthal“ *Dünnwald* darin einen „Zirkelschluss“[81], da das Gericht von einem „mündige(n) Publikum“[82] ausgeht, eine Mißdeutung fiktiver als realer Elemente durch den Rezipienten verneint, ein mündiger Zuschauer

[75] *Wittreck*, Persönlichkeitsbild (Fn. 350), S. 12.

[76] OLG Hamburg ZUM-RD 2009, 200 (205). – Kritisch hierzu *D. Dünnwald*, Anmerkungen zum Contergan-Urteil des Oberlandesgerichts Hamburg vom 16. Dezember 2008 – 7 U 49/08 (ZUM-RD 2009, 200), in: ZUM 2009, S. 538 (538 ff.); *Robak*, Von „Esra“ zu „Rohtenburg“ (Fn. 399), S. 330 f.

[77] BVerfGK 12, 85 (92); 12, 95 (100).

[78] BVerfGK 12, 85 (93 f.); 12, 95 (100 f.).

[79] OLG Hamburg ZUM-RD 2009, 200 (205).

[80] BVerfGE 119, 1 (58).

[81] *Dünnwald*, Anmerkungen (Fn. 76), S. 545.

[82] OLG Hamburg ZUM-RD 2009, 191 (197).

ein Werk damit ohnehin nicht fehlinterpretieren könne. Dieses die Fiktionalität fachkundig erkennende Publikum entspreche nicht der Realität[83]. Die Kritik wird vor dem Hintergrund der unterstützten Partei und der dem Pharmakonzern berichteten, empörten Zuschauerreaktionen verständlich. Der Einwand ist darüber hinaus auch zum Teil berechtigt, da das Oberlandesgericht – verleitet durch wenig konkrete Angaben im „Contergan"-Beschluß – eine Verlagerung der Rezeptionswarte vornimmt[84]. Denn tatsächlich geht die Gefahr einer Persönlichkeitsrechtsverletzung von dem Durchschnittsrezipienten aus. Die Perspektive eines akademischen, mit Kunst vertrauten Betrachters als gängige Art des Lesens vorauszusetzen, mag in bildungsbürgerlichen Kreisen erstrebenswert sein, ist allerdings eher realitätsfern: Der Großteil des Publikums, dem gegenüber der soziale Achtungsanspruch zu wahren ist, schaut einen Spielfilm aus Zwecken der Unterhaltung und nicht der künstlerischen Auseinandersetzung. Die in bezug auf den Rezeptionsmaßstab im „Contergan"-Fall entwickelte Eigendynamik der Folgeentscheidungen spielt also den Ansatz der dissentierenden Richter des „Esra"-Beschlusses durch und läßt sich nicht aufgrund überzeugender Argumentation, sondern nur vor dem Hintergrund des vertretbaren, da mit den Beschlüssen „Contergan" und „Esra" im Einklang stehenden Ergebnisses rechtfertigen. Denn die Entscheidung des Oberlandesgerichts wäre auch bei Zugrundelegung der Perspektive eines Durchschnittsrezipienten letztlich nicht anders ausgefallen. Die gerichtliche Einschätzung geht im Grunde auf den Kammerbeschluß des Bundesverfassungsgerichts zurück, der selbst noch vollständig dem schon in der „Esra"-Entscheidung angelegten Maßstab höchstrichterlicher Rechtsprechung genügt[85]. Überzeugend ist in der Tat der ambivalente Ansatz im „Esra"-Beschluß aus normativen und deskriptiven Elementen: die Auslegung durch einen verständigen Rezipienten, sowie einer Person, die mit durchschnittlichen Befähigungen und gesellschaftlich bedingtem Hintergrundwissen ein Werk aufnimmt.

Damit wurde insgesamt im „Esra"- *präziser* als im „Contergan"-Beschluß und insbesondere in der obendrein ergehenden oberlandesgerichtlichen Folgeentscheidung ein Ausgleich geschaffen zwischen dem empirisch ermittelten und dem idealen, fachkundigen Rezipienten. Es geht um die Verantwortlichkeit des Künstlers, die nur unter Auslegung der Signale des Werks nach Kriterien des verständigen Durchschnittsrezipienten ermittelt werden kann[86].

---

[83] *Dünnwald,* Anmerkungen (Fn. 76), S. 545 f.
[84] OLG Hamburg ZUM-RD 2009, 191 (198).
[85] BVerfGK 12, 85 (92); 12, 95 (99 f.).
[86] Vgl. Abschnitte C.II.2.f, C.II.4.

b) Ergebnis: wohl austarierte „Esra“-Fortsetzung

Die „Contergan“-Entscheidungen haben in der Literatur mit Recht weit überwiegend Zustimmung gefunden[87]. Sie sind mit den Grundsätzen der „Esra“-Entscheidung vereinbar, so daß das Bundesverfassungsgericht die Entscheidungen zutreffend bestätigt hat. Die 1. Kammer des Ersten Senats hat in ihrem Beschluß verdeutlicht, daß ein grundlegender Unterschied zwischen einem Dokumentarfilm, der der presserechtlichen Wahrheits- und Sorgfaltspflicht genügen muß, und einem Spielfilm, von dem der Zuschauer keine Wiedergabe historischer Wahrheit erwartet, besteht[88]. Eine Differenzierung von Fiktion und Wirklichkeit mag in wenigen Fällen so schwierig sein wie im Format einer Dokufiktion[89]. Die Mischform erinnert damit an die autofiktionale Ausgestaltung des „Esra“-Romans, die Realität und Erfindung in ähnlich untrennbarer Form zu einer neuen Schöpfung vereint. Es konnte vom Bundesverfassungsgericht entsprechend dem Charakter eines Eilverfahrens keine vertiefte Prüfung einzelner Filmpassagen erwartet werden. Tatsächlich genügt die dem Kammerbeschluß vorhergehende Entscheidung des Oberlandesgerichts diesem Anspruch mit einer bemerkenswert adäquaten Würdigung des Verhältnisses von Fiktion und Wirklichkeit, so in der Vorlage zur „Je-desto“-Formel[90]. Es kam nach sorgfältiger Prüfung zu dem überzeugenden Ergebnis, daß angesichts von äußerst klaren Hinweisen auf den fiktiven Charakter der Produktion in Vor- und Nachspann, der zahlreichen Veränderungen gegenüber der Realität und des deutlichen Gesamtcharakters eines Spielfilms dem Zuschauer nicht der Eindruck eines Dokumentarfilms vermittelt wird[91]. Im Unterschied zur „Esra“-Entscheidung ist allein das Unternehmenspersönlichkeitsrecht der Beschwerdeführerin zu 2) betroffen, dem nach überzeugender Ansicht nur ein reduzierter Schutz zukommt. Darüber hinaus ist ein Eingriff in den Kernbereich des allgemeinen Persönlichkeitsrechts nicht ersichtlich.

---

[87] *Obergfell,* Fall *Esra* (Fn. 33), S. 78; *Schiemann,* Persönlichkeitsrechtsverletzung (Fn. 309), S. 44.

[88] Vgl. *Fricke,* Anmerkung (Fn. 41), S. 490. – Zur journalistischen Sorgfaltspflicht bei der medialen Berichterstattung *Ahrens,* Persönlichkeitsrecht (Fn. 477), S. 72 ff. Damit ist noch keine Entscheidung bezüglich der Frage getroffen, ob ein Dokumentarfilm stärker als ein Spielfilm in das Persönlichkeitsrecht des Betroffenen eingreift; vgl. *v. Becker,* Schmerzen (Fn. 33), S. 663. – Anders LG Koblenz NJW 2007, 695 (697).

[89] Zu den Mischformen von Realität und Fiktion bei einer Filmproduktion: *M. Pietraß,* Bild und Wirklichkeit, 2003, S. 45 ff., 48 ff.

[90] OLG Hamburg ZUM 2007, 483 (484 f.).

[91] Die umsichtige Vorsicht und detailgenaue Präzision des Oberlandesgerichts können ihm nicht als Unsicherheit ausgelegt werden. – Kritisch äußern sich hierzu aber *Dünnwald,* Anmerkungen (Fn. 76), S. 543; *Robak,* Von „Esra“ zu „Rohtenburg“ (Fn. 399), S. 330 f.

6. Zwischenergebnis: Aufwertung der Kunstfreiheit

Wie kaum ein anderer Verfahrensgang umfaßt der gerichtliche Fortgang im „Contergan“-Fall in Miniatur die Entwicklung der Kunstfreiheit: So spiegelt sich ein gewachsenes Kunstbewußtsein wider, angefangen bei der an den „Mephisto“-Beschluß erinnernden landgerichtlichen Entscheidung über die verstärkte Rezeptionsberücksichtigung in der folgenden oberlandesgerichtlichen bis hin zum „Contergan“-Beschluß des Bundesverfassungsgerichts, der die Leitgedanken des „Esra“-Vorgängers – Erkennbarkeit, Fiktionalitätsvermutung, einzelfallbezogene Abwägung – überzeugend umsetzt. Allein die Festlegung des Rezeptionsmaßstabs gerät etwas ungenau und wird prompt durch eine Überdehnung der Verständigkeit des Zuschauers in der sich anschließenden Entscheidung des Oberlandesgerichts Hamburg quittiert. Im übrigen sind die Unterschiede in den Beschlüssen „Esra“ und „Contergan“ überschaubar – im letzteren sind weitere Grundrechte nach Art. 5 Abs. 1 GG einschlägig und das Unternehmenspersönlichkeitsrecht wird geprüft. Einziger, allerdings durchaus entscheidungserheblicher Lapsus in der „Esra“-Gefolgschaft ist die fehlende Prüfung der ebenso einschlägigen Eltern-Kind-Beziehung im „Contergan“-Beschluß. Über die Folgen einer Berücksichtigung für den Entscheidungsausgang läßt sich nur mutmaßen.

II. Folgeentscheidung „Pestalozzis Erben“: Fortführung und Veränderung im Vergleich zu der „Esra“-Entscheidung

1. Vorgeschichte im Fall „Pestalozzis Erben“

a) Auftreten der Protagonisten: die Esras und Lales von „Pestalozzis Erben“

Im Jahr 1997 erschien im Wolf Schwartz Verlag, Heidelberg, im Verlag des Beklagten zu 2), die Realsatire „Pestalozzis Erben“[92]. Autor ist der Beklagte zu 1), der das städtische Gymnasium Oerlinghausen leitet. Der Erzähler, Heinrich Kah, ist Leiter eines Gymnasiums in der fiktiven Stadt Rodenburg. Aus der Perspektive des Schulleiters werden zahlreiche Ereignisse aus dem Alltag des Gymnasiums und der Stadt Rodenburg erzählt. Rodenburg ist mit 19.000 Einwohnern etwa genauso groß wie Oerlinghausen. Die in der Erzählung vorkommenden Ereignisse entsprechen teilweise der Realität. Mehr als 20 der dargestellten Figuren sind durch große Übereinstimmungen mit Personen aus dem Umfeld des Gymnasiums, der Schulverwaltung und der Stadt gekennzeichnet.

---

[92] *F. Mahlmann*, Pestalozzis Erben, 20. Aufl. 2009.

aa) Ronald Huch alias Oswald Zuche als nachlässiger, berechnender Lehrer

Die Darstellung der Figur Oswald Zuche ist genauer zu untersuchen, da sich ein Lehrer, *Ronald Huch*, der Beschwerdeführer zu 1), durch die folgende Beschreibung in seinem Persönlichkeitsrecht verletzt fühlt[93]. Der Betroffene befindet sich seit 1995 im Ruhestand[94]. Neben einer Schilderung in Kapitel 11 werden dem Autor außerdem drei weitere Passagen vorgeworfen, darunter folgende: „Zuche und Lausbach argumentierten am lautesten. Nach ihren Worten zu urteilen, war es die Berufung ihres Lebens, als Pädagogen das Wohl der ihnen anvertrauten Schützlinge segensreich zu beeinflussen. Da gab es nichts zu diskutieren oder in Frage zu stellen.“[95] Die Art, wie die Figur Zuche auf die räumliche Verlagerung

[93] OLG Hamm ZUM 2002, 387 (387).

[94] Er weist insbesondere auf die Schilderung in Kapitel 11 hin: *Mahlmann,* Pestalozzis Erben (Fn. 92), S. 34 f.: „Mit Oswald Zuche hatte Kah schon seit Jahren Ärger. Zuche gehörte zu jener Spezies, die durch ihr Verhalten jedes Vorurteil über Lehrer bestätigte: Er war faul, anmaßend, unpünktlich und feierte – im wahrsten Sinne des Wortes – einmal monatlich krank. Eltern, deren Kinder vorzeitig wegen Unterrichtsausfalls nach Hause kamen, riefen Kah an, um ihm zu berichten, daß sie Zuche auf dem Tennisplatz gesehen hätten und warum denn dann der Deutschunterricht ausfiele. Ein Vater, der allerdings nicht genannt sein wollte, erzählte, daß Zuche ihm beim Bier seine Strategie für die letzten zehn Dienstjahre erläutert hatte. Zusammenfassend habe sie gelautet: ‚Da wird sich der Kah noch eine Menge einfallen lassen müssen, um den Vertretungsunterricht für mich zu organisieren.‘ Und so kam es dann auch. Zuche fehlte zwei Wochen, tat einen Monat lang seinen Dienst und fehlte erneut. Sein Rückenleiden, so erklärte er Kah, sei chronisch und mit herkömmlichen Mitteln nicht zu heilen. Nach einem fast sechswöchigen Sanatoriumsaufenthalt erschien Zuche mit einer ärztlichen Bescheinigung. Es wurde ihm attestiert, daß er vorübergehend nur bedingt dienstfähig sei. Als Kah die Schulaufsicht einschaltete, wurde Zuches wöchentliche Pflichtstundenzahl prompt um die Hälfte reduziert. Kah erhielt außerdem Anweisung, ihn im Fach Sport, das er bis dahin neben Deutsch unterrichtet hatte, aus gesundheitlichen Gründen nicht mehr einzusetzen. Unterrichtsverteilung und Stundenplan zu ändern war ein mühseliges Unterfangen. Als alles geschafft war, erschien Zuche in Kahs Dienstzimmer. Er wolle sich in aller Form beschweren, ließ er vernehmen. Der Belastung, in vier Klassen Deutsch unterrichten und Klassenarbeiten korrigieren zu müssen, sei er keinesfalls gewachsen. Kah gab seine Ratlosigkeit zu erkennen. Er versuchte zu erklären, daß außer Zuches Gesundheitszustand am Gymnasium Rodenburg auch die Interessen der Schülerinnen und Schüler von gewissem Belang seien. Zuche war das egal. Nach einer Woche meldete er sich krank. 14 Tage später bekam Kah Post von der Bezirksregierung. Es wurde ihm mitgeteilt, daß Zuche eine Dienstaufsichtsbeschwerde gegen ihn eingelegt habe und zwar ‚wegen vorsätzlicher Herbeiführung der Dienstunfähigkeit eines Untergebenen‘. Zuche wurde danach am Gymnasium Rodenburg nicht wieder gesehen. Seine letzte Krankmeldung lautete ‚[…] auf unbestimmte Zeit‘. Nach über einem Jahr erfuhr Kah, daß Zuche immer noch bei vollem Gehalt in Staatsdiensten stand. Gegen eine vorzeitige Pensionierung hatte er Einspruch eingelegt. Seine Kalkulation war simpel: Bei der Differenz zwischen vollem Gehalt und Pension zählte jeder Monat – erst recht solange das Ferienhaus auf Teneriffa noch nicht vollständig bezahlt war.“ Die Darstellung der Figur Zuche wird in Kapitel 19 ergänzt durch die inkriminierte Passage: „Wenn Zuche Kahs einziger Problemfall am Gymnasium Rodenburg gewesen wäre, hätte Kah keinen Grund zur Klage gesehen. Er war bereit, sich an die alte Maurerweisheit ‚Eine Flasche kann jede Baustelle vertragen‘, zu halten.“

[95] *Mahlmann,* Pestalozzis Erben (Fn. 92), S. 45.

eines Jugendzentrums in Rodenburg reagiert, wird ebenfalls als persönlichkeitsrechtsverletzend gewertet: „Zuche, Borg und vor allem Röckmann schalteten sich aus dem Kollegium ein, wobei letzterer auch gleich einen abendlichen Schweigemarsch durch die Rodenburger Innenstadt organisierte."[96] Angegriffen wird vor Gericht auch folgende Textstelle: „In der Tat: Auf seine 68er war Verlaß. Matzrath hatte kaum ihre Begrüßungsfloskeln beendet, als sie von Zuche nach dem sonntäglichen Vorfall befragt wurde."[97] Damit wird Zuche insgesamt als ein Lehrer charakterisiert, der zu irrationalen Entscheidungen und übertriebenen Reaktionen neigt und aufgrund persönlicher Unreife seinen pädagogischen Verpflichtungen nicht nachkommt.

bb) Hanns-Helmut Lüders nebst Tochter alias Carl-Gottfried Albers nebst Sohn

Ein weiterer Lehrer, *Hanns-Helmut Lüders*, und dessen Tochter erkennen sich in der Zeichnung der Figur Carl-Gottfried Albers und dessen Sohn in Kapitel 19 wieder. Sie haben mittlerweile die Schule gewechselt. Auch dieser Lehrer strengt als Beschwerdeführer zu 2) zusammen mit dem Beschwerdeführer zu 1) ein gerichtliches Verfahren wegen Persönlichkeitsrechtsverletzung an[98]. Zum Gegen-

[96] *Mahlmann*, Pestalozzis Erben (Fn. 92), S. 64.

[97] *Mahlmann*, Pestalozzis Erben (Fn. 92), S. 81.

[98] Inkriminierte Passage aus *Mahlmann*, Pestalozzis Erben (Fn. 92), S. 60 f.: „Aber außer Zuche gab es noch Carl-Gottfried Albers, dessen Hauptanliegen darin bestand, gegen die blinden Mächte einer Kulturbürokratie zu kämpfen, die er vornehmlich durch Kah repräsentiert sah. Im Normalzustand war Albers von herausragendem Intellekt, ausgestattet mit einem geistigen Potenzial, das er zum Leidwesen seines akademisch gebildeten Elternhauses nicht im Stande gewesen war, seinen Kindern zu hinterlassen. In dem dumpfen Bewusstsein dieses familiären Defizits hatte er sowohl Sohn wie auch Tochter am Gymnasium Rodenburg untergebracht, wohl in der Hoffnung, daß sie unter seinem Schutz der begehrten Weihen einer höheren Schulausbildung teilhaftig werden könnten. Als Sohn Martin schon in der 5. Klasse scheiterte, sah Albers die Ursache in der kindlichen Verspieltheit seines Sprosses. Die großen Pausen während des Vormittags nutzte er fortan, um die Kollegen, die Martin unterrichteten, über das psychische Profil eines Spätentwicklers zu informieren. In der Förderung schlummernder Begabung sah er eine besondere Herausforderung für das Gymnasium. In Klasse 7 blieb Martin erneut sitzen. Diesmal legte Albers formell Einspruch gegen den Beschluss der Versetzungskonferenz ein. Der Fall ging durch alle Instanzen bis zum Oberverwaltungsgericht. Dabei hatte Martin am Ende der Sommerferien eine Nachprüfung abgelegt und die Versetzung dank des Bemühens diverser Nachhilfelehrer längst geschafft. Aber nun ging es ums Prinzip. Albers wurde zum Berserker. Seine Eingaben an die Bezirksregierung, das Ministerium, die Presse wurden Legion. Kein Elternabend, an dem er nicht zum Kampf gegen die Versetzungsordnung aufgerufen hätte, keine Konferenz, bei der er nicht gegen den menschenverachtenden Leistungsdruck des Gymnasiums Rodenburg zu Felde gezogen wäre. Am Ende des Schuljahres kam das monomanische Meisterstück: Albers erklärte, daß er als Klassenlehrer fürderhin die gültige Versetzungsordnung aus Gewissensgründen nicht mehr anwenden werde. Bevor er eines Schlechteren belehrt wurde, hatte Kah geglaubt, daß auch Lehrer an die Vorgaben ihres Arbeitgebers gebunden seien und für den Fall eines Konflikts zwischen Pflicht und Gewissen ggf. kündigen müssten. Albers bewies sich

stand gerichtlicher Beurteilung wurde zudem die Schilderung in Kapitel 37, die Weigerung Albers', Pausenaufsicht zu führen[99]. Letztlich war auch die Beschreibung, wie der Schulleiter Kah bei einem Konfliktlöseseminar die Rolle des uneinsichtigen Albers in einem Rollenspiel nachstellt, eine im gerichtlichen Verfahren beanstandete Textpassage[100]. So wird die Figur Albers gekennzeichnet durch ein realitätsfernes Ideologisieren, das Vorwand für seine dienstliche Nachlässigkeit und persönliche Vorteilssuche ist.

b) Offenkundige Satire: Übereinstimmung von Intention und Rezeption

Die Schulsatire wurde in der Rezeption auch als solche verstanden und erhielt als Gesellschaftskritik viel Zustimmung[101]. Schon bald nach der Veröffentlichung wird das Buch als literarisches Werk begriffen, das das Mittel der Satire verwendet, um auf die allgemeinen Mißstände des Schulsystems am Beispiel des Gymnasiums in Rodenburg aufmerksam zu machen[102]: Personalmangel, Überalterung des Lehrerkollegiums, gespanntes Verhältnis von Lehrern und Schulräten, fehlende Schulautonomie und mangelnde Durchsetzungskraft der Schulaufsicht[103]. Diese *Übereinstimmung von Intention des Autors und Rezeption der Leser* bietet in bezug auf die gerichtlich im folgenden nachzuprüfende Zulässigkeit des Textes einen ersten äußeren Indikator für eine geglückte Rezeption.

---

und der Welt die Unhaltbarkeit einer solchen Annahme. Zwar gelang es ihm, aus seiner Personalakte einen veritablen Vorgang werden zu lassen, aber mehr geschah nicht.“

[99] Trotz dienstlicher Weisung und Einschalten der Schulaufsicht beharrt er auf dem Standpunkt, als Akademiker für eine Pausenaufsicht überqualifiziert und dazu nicht verpflichtet zu sein; *Mahlmann,* Pestalozzis Erben (Fn. 92), S. 115 ff.

[100] *Mahlmann,* Pestalozzis Erben (Fn. 92), S. 121 f.

[101] Die Veröffentlichung des streitgegenständlichen Buches hat ein großes Medienecho hervorgerufen. Sowohl die Lokalpresse wie auch Wochenzeitungen wie „Die Zeit“, für die der Autor gelegentlich Artikel schreibt, besprachen das Buch. Darüber hinaus beteiligten sich auch Fernsehen und Rundfunk an der Diskussion um die Thematik: *S. Etzold,* Ein Schulleiter erzählt aus seinem leidvollen Alltag, in: Die Zeit vom 22.8.1997, o. S.; *dies.,* Paukerposse in der Provinz, in: Die Zeit vom 26.3.1998, o. S.; *C. Brinck,* Des Rektors Schelte, in: Focus vom 25.5.1998, S. 138.

[102] *Etzold,* Schulleiter (Fn. 101), o. S.; *Brinck,* Rektors Schelte (Fn. 101), S. 138.

[103] *Etzold,* Schulleiter (Fn. 101), o. S. Nachdem das gerichtliche Verfahren um das Buch eingeleitet worden war, erkennt *dies.,* Paukerposse (Fn. 101), o. S. in der Suche der vermeintlich betroffenen Lehrer und lokalen Größen nach Erkennbarkeit in den Buchfiguren „einen neuen Volkssport oder auch eine Volkskrankheit“ in der Kleinstadt Oerlinghausen. Das Buch hatte zum Zeitpunkt der mündlichen Verhandlung vor dem Landgericht Bielefeld eine Auflage von 18.000 Stück, zum Zeitpunkt der Berufungsverhandlung von 39.000 Exemplaren erreicht. Mittlerweile ist es in der 20. Auflage erschienen. Ob der größere Verbreitungsgrad bei einer deutlich höheren Auflagenstärke auf ein verstärktes öffentliches Interesse und als Gesellschaftssatire auf ein gesteigertes Diskussionspotential hinweist, sei angesichts der Unerheblichkeit künstlerischer Qualität bezüglich ihrer Schutzwürdigkeit dahingestellt.

c) Prozeßgeschichte

aa) Landgericht Bielefeld: beispielgebend in Vorgehen (Gutachten) und Ergebnis

Im Jahr 1998 erhoben die bezeichneten zwei Lehrer, die Beschwerdeführer zu 1) und 2), die an dem von dem Beklagten zu 1) geleiteten Gymnasium unterrichteten, sowie die Tochter des Beschwerdeführers zu 2), die die dortige Schule besuchte, Klagen vor dem Landgericht Bielefeld wegen Verletzung des Persönlichkeitsrechts[104]. Das streitgegenständliche Buch des Beklagten zu 1) erschien im Verlag des Beklagten zu 2). Die Beklagten wurden auf Unterlassung der weiteren Verbreitung des Buches und Entschädigung in Höhe von jeweils 50.000,00 DM (ca. 25.564,59 €) in Anspruch genommen. Durch die erörterte Darstellung der Figuren Zuche und Albers nebst Sohn sahen sie sich in ihrem allgemeinen Persönlichkeitsrecht verletzt und verstanden das Buch als Diffamierung und persönliche Abrechnung[105]. Die Beklagten hielten dagegen, daß die dargestellten Figuren allein frei erfundene Personen seien, die Typen von Beamten, Politikern und Lehrern vertreten. Die teilweise überzogene Kritik sei Mittel, um auf die Mißstände des gymnasialen Bildungssystems hinzuweisen[106]. Das Landgericht Bielefeld wies die Klage mit Urteil vom 18.6.1998 ab. Zuvor hatte es ein Gutachten zu der Frage eingeholt, ob es sich bei dem streitgegenständlichen Buch um ein Kunstwerk handele. Das Gericht räumte der Kunstfreiheit gegenüber dem allgemeinen Persönlichkeitsrecht den Vorrang ein[107].

bb) Oberlandesgericht Hamm: Wegbereiter des „Esra“-Beschlusses

Die Beschwerdeführer und die Tochter des Beschwerdeführers zu 2) legten gegen dieses Urteil Berufung ein. Das Oberlandesgericht wies die Berufung mit Urteil vom 20.9.2000 zurück. Das Gericht führte aus, daß den Beschwerdeführern ein Anspruch auf Unterlassung oder Geldentschädigung gemäß §§ 823, 847, 1004 BGB nicht zustehe[108]. Das Urteil des Oberlandesgerichts Hamm kann in Präzision und Folgerichtigkeit der Argumentation als *Wegbereiter des „Esra“-Beschlusses* bezeichnet werden.

---

[104] Aus Gründen der Lesbarkeit und Verständlichkeit werden die Beteiligten entsprechend ihrer Rollen in dem Verfahren vor dem Bundesverfassungsgericht wie folgt bezeichnet: *Ronald Huch* wird als Beschwerdeführer zu 1), der zweite Lehrerkollege und dessen Tochter als Beschwerdeführer zu 2) und Tochter des Beschwerdeführers zu 2) bezeichnet. *Friedrich Mahlmann*, der Autor, ist Beklagter zu 1), der Wolf Schwartz Verlag, Heidelberg, ist der Verlag des Beklagten zu 2).

[105] Vgl. OLG Hamm ZUM 2002, 387 (388).

[106] Vgl. OLG Hamm ZUM 2002, 387 (388).

[107] Vgl. OLG Hamm ZUM 2002, 387 (387).

[108] OLG Hamm ZUM 2002, 387 (389). – Daß es sich – entgegen dem Wortlaut der Entscheidung – um eine analoge Anwendung von § 1004 Abs. 1 S. 2 BGB handelt, wurde bereits erörtert; vgl. Abschnitt E.I.2.

So werden zunächst die Maßgaben des *Erkennbarkeitskriteriums* – zeitlich vorauseilend – trefflich angelegt. Ein Eingriff in das allgemeine Persönlichkeitsrecht des Beschwerdeführers zu 1) aus Art. 2 Abs. 1 i.V.m. Art. 1 Abs. 1 GG liege vor. Der Beschwerdeführer sei in der Figur des Oswald Zuche für eine nicht unerhebliche Zahl, insbesondere von Schülern des städtischen Gymnasiums Oerlinghausen und deren Eltern – also im durchaus erweiterten Bekanntenkreis – aufgrund der Fächerkombination und Frühpensionierung – und damit anhand einer aufgedrängten Merkmalskumulation – erkennbar[109]. Durch die Beschreibung des Zuche in den Kapiteln 11 und 19 als „jedes Vorurteil über Lehrer“[110] rechtfertigende Lehrkraft und „Problemfall“[111] ist er in der Tat in seinem Persönlichkeitsrecht beeinträchtigt[112]. Allerdings sind die Aussagen nach Ansicht des Gerichts nicht rechtswidrig, da sie durch die Meinungsfreiheit nach Art. 5 Abs. 1 S. 1 GG und die Kunstfreiheit aus Art. 5 Abs. 3 S. 1 GG geschützt werden[113].

Zur verfassungsrechtlichen Rechtfertigung bedient sich das Gericht der allgemein bekannten Vermutung für die Freiheit der Rede und zeichnet damit wiederum überzeugend den Weg für die spätere Fiktionalitätsvermutung in dem „Esra“-Beschluß vor. Bei den Äußerungen handele es sich um Werturteile, die eine die Öffentlichkeit betreffende Frage berühren. Problematiken um den Schulbetrieb – vorliegend aufgezeigt am Gymnasium in Rodenburg – sind stets von großer Relevanz für die *gesellschaftliche Diskussion*. Wenn eine Fragestellung von hoher gesellschaftlicher Bedeutung Gegenstand eines Werturteils ist, streitet nach Ansicht des Senats eine *Vermutung für die Freiheit der Rede*. Sie folgt aus dem Umstand, daß eine Untersagung nicht nur die Prozeßparteien, sondern auch den öffentlichen Kommunikationsprozeß betreffen würde[114]. Außerdem ist die Persönlichkeitsrechtsbeeinträchtigung nicht von einer solchen Intensität, daß allein diese zu Untersagung und Entschädigung des Beschwerdeführers zu 1) führen müsse[115]. Denn eine derartige Intensität könne nur bei einem – vorliegend nicht ersichtlichen – Angriff auf die Menschenwürde in Form einer Formalbeleidigung oder Schmähkritik bejaht werden. Bei dem Buch handelt es sich – augenscheinlich durch Einband und Einleitung auf den ersten Seiten – vielmehr um eine Darstellung, die in satirischer Weise die Unzulänglich-

---

109 OLG Hamm ZUM 2002, 387 (389).

110 *Mahlmann,* Pestalozzis Erben (Fn. 92), S. 34.

111 *Mahlmann,* Pestalozzis Erben (Fn. 92), S. 60.

112 OLG Hamm ZUM 2002, 387 (389); diese Feststellung beinhaltet zugleich die Aussage, daß die ebenfalls inkriminierten Stellen S. 45, 64, 81 das Persönlichkeitsrecht des Beschwerdeführers zu 1) nicht beeinträchtigen.

113 OLG Hamm ZUM 2002, 387 (389). Für die durchaus klärungsbedürftige Frage, inwiefern sich die Wirkungen der Fiktionalitätsvermutung auf die Meinungsfreiheit übertragen lassen, bleibt in dieser Arbeit, die allein den Ausgleich von Kunstfreiheit und Persönlichkeitsschutz thematisiert, kein Raum.

114 OLG Hamm ZUM 2002, 387 (389).

115 OLG Hamm ZUM 2002, 387 (389 f.).

keit des Schulbetriebs kritisiert. Die Mißstände betreffen Bürokratie, Schulträger und sonderbare Lehrertypen, nicht aber individuelle Lehrkräfte[116]. Die Ausführungen in Kapitel 11 enthalten die vertretbare Aussage, daß ein Lehrer, der oft krankheitsbedingt fehlt, in dieser Zeit beim Tennisspiel gesehen wird und ein Ferienhaus im Ausland hat – diese Mitteilungen sind unstreitig –, mit seiner persönlichen Nachlässigkeit dem Vorurteil vom faulen, krankfeiernden Lehrer Vorschub leistet. Die Bezeichnung einer solchen Lehrkraft in Kapitel 19 als „Problemfall“ ist nach Ansicht des erkennenden Senats nicht von der Hand zu weisen[117]. Das Gericht folgt zutreffend dem Grundsatz, von mehreren möglichen Deutungsweisen einer Aussage diejenige zu wählen, die sowohl Autor als auch Betroffenen am wenigsten beeinträchtigt[118]. Im vorliegenden Fall ist die Deutung als persönliche Herabsetzung des Beschwerdeführers zu 1) weder zwingend noch überhaupt naheliegend[119]. Durch einen überzeugenden Einsatz der bekannten Grundsätze von Erkennbarkeit und Zulässigkeitsvermutung kommt das Oberlandesgericht bereits sieben Jahre vor dem „Esra“-Beschluß den dort konstituierten Leitlinien sehr nahe. Es handelt sich bei der Beschreibung um die Darstellung eines Lehrertypen[120]. Neben der Meinungsfreiheit streite auch die Kunstfreiheit für die Beklagten, da es sich bei dem Buch zumindest um den „ernsthaften Versuch eines Kunstwerks handelt“[121]. Unter Hinweis auf den Vorrang von Meinungs- und Kunstfreiheit lehnt das Gericht auch in bezug auf den Beschwerdeführer zu 2) Unterlassungs- und Entschädigungsansprüche ab[122].

---

[116] OLG Hamm ZUM 2002, 387 (389 f.).

[117] OLG Hamm ZUM 2002, 387 (390).

[118] So zu Art. 5 Abs. 1 GG BVerfGE 82, 43 (52); 93, 266 (295 ff.); 94, 1 (9); 114, 339 (348 ff.).

[119] OLG Hamm ZUM 2002, 387 (390). Implizit – ohne die nötige Problematisierung – lehnt es die Forderung ab, in bezug auf einen künftigen Unterlassungsanspruch die das Persönlichkeitsrecht schonendste Variante auszuwählen; hierzu aber BVerfGE 114, 339 (349 ff.); BVerfGK 8, 89 (104 ff.); 13, 97 (102).

[120] Dabei hat das Gericht auch zugunsten des Beschwerdeführers zu 1) berücksichtigt, daß der Beklagte zu 1) aus einer faktisch übergeordneten Position als Schulleiter die Figuren geschildert hat, was man als stillos empfinden kann: OLG Hamm ZUM 2002, 387 (390).

[121] Allerdings weniger glückliche Formulierung von OLG Hamm ZUM 2002, 387 (390).

[122] Zwar wird auch sein Persönlichkeitsrecht beeinträchtigt. Der Bezug der „Maurerweisheit, ‚eine Flasche kann jede Baustelle vertragen‘“, – neben Zuche auch – auf die Figur Carl-Gottfried Albers mit anschließender Schilderung der Problemlage stellt einen Eingriff in Art. 2 Abs. 1 i.V.m. Art. 1 Abs. 1 GG dar. In dieser Gestalt ist der Beschwerdeführer zu 2) erkennbar, *Mahlmann*, Pestalozzis Erben (Fn. 92), S. 60 f. Diese Feststellung beinhaltet zugleich die Aussage, daß die ebenfalls inkriminierten Stellen S. 115 ff., 121 f. das Persönlichkeitsrecht des Beschwerdeführers zu 2) nicht beeinträchtigen. Hinsichtlich der Darstellung des trickreichen Einsatzes des Beschwerdeführers zu 2) für das schulische Weiterkommen der Tochter des Beschwerdeführers zu 2) führt der Senat nach OLG Hamm ZUM 2002, 387 (390) aus: „Der nahe liegende Aussagekern dieser erkennbar satirischen Äußerung liegt darin, daß Probleme im Schulbetrieb auftreten können, wenn sich ein Lehrer für sein eigenes Kind in der Schule engagiert. Die Schärfe der zitierten Äußerung: ‚Eine Flasche kann jede Baustelle vertragen‘ wird erkennbar durch den ausdrücklichen Bezug auf den Jargon ‚alte

Das Persönlichkeitsrecht der Tochter des Beschwerdeführers zu 2) werde durch die Darstellung als ein Kind, das weniger intelligent als sein Vater ist, nicht verletzt. Auch wenn man einen Eingriff in das allgemeine Persönlichkeitsrecht bejahen würde, wäre die Grenze zur Schmähkritik bei weitem nicht erreicht[123].

cc) Bundesgerichtshof: Nichtannahmebeschluß bestätigt Rechtsprechungslinie

Die Revision wurde vom Bundesgerichtshof mit Beschluß vom 18.12.2001 nicht zur Entscheidung angenommen. Er bestätigte die vom Oberlandesgericht vorgenommene Abwägung der Kunstfreiheit mit dem Persönlichkeitsschutz.

2. Angleichung bisheriger Rechtsprechung an „Esra“ durch Entscheidung

Die Beschwerdeführer zu 1) und 2) legten Verfassungsbeschwerden ein. Der Nichtannahmebeschluß der 1. Kammer des Ersten Senats des Bundesverfassungsgerichts nach § 93b i.V.m. § 93a BVerfGG erging am 12.12.2007, ein halbes Jahr nach dem „Esra“-Beschluß. Er würdigt die fachgerichtlichen Entscheidungen und verbindet mit ihnen die Grundsätze des „Esra“-Beschlusses von Erkennbarkeit, Fiktionalitätsvermutung und „Je-desto“-Formel. Als mustergültige Folgeentscheidung sind die Ausführungen zur Wechselbeziehung zwar ebenso apodiktisch wie oberflächlich, die Wertungen insgesamt allerdings eine Stärkung der Äußerungs- und Kunstfreiheit.

Die Verfassungsbeschwerden hatten keine Aussicht auf Erfolg, da die Beschwerdeführer nach Ansicht der Kammer nicht in ihren Persönlichkeitsrechten verletzt waren. Die vorinstanzliche *Abwägung* von Kunstfreiheit und allgemeinem Persönlichkeitsrecht trage allen Gesichtspunkten umfassend Rechnung[124]. Die Kammer geht dabei von einer *Vermutung für die Fiktionalität* eines literarischen Textes aus, der sich als Roman darstellt. Ein solcher Text erhebt keinen Anspruch auf Faktizität. Die Fiktionalitätsvermutung gilt auch, wenn Personen als Vorlagen der Romanfiguren *erkennbar* sind. Das Gericht verweist auf die *Wechselbeziehung* zwischen Fiktionalität und Intensität der Persönlichkeits-

Maurerweisheit‘ relativiert. Im Anschluß an das Zitat wird der ‚Problemfall‘ in einer Weise beschrieben, der aus objektiver Sicht nicht persönlichkeitsrechtsverletzend wirkt. Die satirische Einkleidung, insbesondere die Anknüpfung an die ‚alte Maurerweisheit‘, bewegt sich noch im zulässigen Rahmen.“

[123] Ein Anspruch der Tochter des Beschwerdeführers zu 2) ist zudem schon deshalb ausgeschlossen, weil sie nicht in der Figur des Martin Albers, des Sohns von Carl-Gottfried Albers, erkennbar ist. So OLG Hamm ZUM 2002, 387 (390).

[124] Elemente der „Je-desto“-Formel (Beeinträchtigungsschwere, Fiktionalisierung) bestätigt von BVerfGK 13, 49 (50): „Die Schwere der Beeinträchtigung des Persönlichkeitsrechts hängt dabei sowohl davon ab, in welchem Maß der Künstler es dem Leser nahelegt, den Inhalt seines Werks auf wirkliche Personen zu beziehen, wie von der Intensität der Persönlichkeitsrechtsbeeinträchtigung, wenn der Leser diesen Bezug herstellt.“

rechtsbeeinträchtigung[125]. Diese Feststellung wird aus der „Esra“-Entscheidung unkommentiert übernommen und an die Erörterungen zur Fiktionalitätsvermutung angehängt. In der mangelnden Reflexion der nach hier vertretener Ansicht abzulehnenden Wechselbeziehung liegt die einzige, allerdings für das Abwägungsergebnis unbeachtliche Schwachstelle des Beschlusses. Das Gericht bestätigt die Einschätzung des Oberlandesgerichts, daß es sich bei der Darstellung der Romanfiguren nicht um eine persönliche Abrechnung, sondern um die Beschreibung bestimmter Lehrertypen handelt, um so auf Mißstände und Merkwürdigkeiten des gymnasialen Schulbetriebs aufmerksam zu machen[126].

3. Positionierung von Fiktion und Wirklichkeit im Sinne von „Esra“

Im folgenden ist Position zu dem Beschluß „Pestalozzis Erben“ zu beziehen. Dabei ist insbesondere der entscheidungserhebliche Vorzug, der gelungene Umgang mit Fiktion, zu würdigen. Das gesamte gerichtliche Verfahren einschließlich der land- und oberlandesgerichtlichen Entscheidungen trägt bereits vor Ergehen des „Esra“-Beschlusses die dort später manifestierten Leitgedanken. Einziger Ausreißer ist die Erkennbarkeitsprüfung hinsichtlich der Tochter des Beschwerdeführers zu 2), die daher auch als Schwachstelle in den gerichtlichen Prüfungen im Anschluß folgend angeführt wird.

Wie in der „Esra“-Entscheidung spielt auch beim Kammerbeschluß das Verhältnis von Fiktion und Wirklichkeit eine entscheidende Rolle. Denn auch hier sehen die Beschwerdeführer in dem Buch eine Abbildung der Wirklichkeit, die zu ihren Ungunsten verzerrt wurde und daher eine Persönlichkeitsrechtsverletzung beinhaltet.

a) „Esras“ Fiktionalitätsvermutung(en) in Einklang mit Fiktion im Roman

Die Beschwerdeführer sind in den Figuren des Oswald Zuche und Carl-Gottfried Albers unstreitig erkennbar. Das Oberlandesgericht hatte die Identifizierbarkeit der klagenden Tochter des Beschwerdeführers zu 2) hingegen verneint,

---

[125] BVerfGK 13, 49 (50).

[126] Zu dem Vorwurf der Beschwerdeführer, in dem Roman verzerrt und überzogen negativ dargestellt zu werden, führt die Kammer unter BVerfGK 13, 49 (51) äußerst prägnant aus: „Auf diese Weise machen sie dem Autor des Romans gerade die Fiktionalität seines Werks zum Vorwurf. Damit, daß die Beschwerdeführer erkennbar Vorbilder der Romanfiguren Z. und A. sind, ist noch nicht gesagt, daß der Roman seinem Leser nahelegt, alle Handlungen und Eigenschaften dieser Figuren den Beschwerdeführern zuzuschreiben. Für ein literarisches Werk, das an reale Geschehnisse anknüpft, ist vielmehr typischerweise kennzeichnend, daß es tatsächliche und fiktive Schilderungen vermengt. Unter diesen Umständen verfehlte es den Grundrechtsschutz solcher Literatur, wenn man die Persönlichkeitsrechtsverletzung bereits in der Erkennbarkeit als Vorbild einerseits und in den negativen Zügen einer Romanfigur andererseits sähe.“ Von einer weiteren Begründung wurde gemäß § 93d Abs. 1 S. 3 BVerfGG abgesehen.

da sie in dem Sohn Martin Albers nicht wiederzuerkennen sei[127]. Wie bereits erörtert, sind die Aspekte der Erkennbarkeit und Fiktionalisierung klar voneinander zu trennen und werden von der Kammer auch entsprechend behandelt[128]. Um nach der in der „Esra“-Entscheidung fixierten „Je-desto“-Formel die Schwere der Persönlichkeitsrechtsbeeinträchtigung zu messen, ist der Grad der Fiktionalität festzustellen. Das streitgegenständliche Buch „Pestalozzis Erben“ ist als satirischer, autobiographischer Roman nach den favorisierten Kunstauffassungen – dem offenen sowie relationalen Kunstbegriff – als *Kunstwerk* und damit dem Schutz des Art. 5 Abs. 3 S. 1 1. Alt. GG zuzuordnen[129]. In der Integration der *Fiktionalitätsvermutung* kommt der Gewinn an Klarheit und Schutz für die Kunstfreiheit zum Ausdruck. Sie ermöglicht es, daß die Kammer wie im vorliegenden Fall in ebenso gebotener Sorgfalt wie Kürze entscheiden kann. Im Fall „Pestalozzis Erben“ ist die deutliche Fiktionalisierung für jeden verständigen Durchschnittsleser aufgrund der augenfälligen Satire problemlos feststellbar – und den beiden Fiktionalitätsvermutungen hinsichtlich Texteigenschaft und Rezeption damit entsprechend. Für eine solche zweifelsfreie Konstellation gibt die Fiktionalitätsvermutung – präzise eigentlich die zwei – den Gerichten ein Mittel an die Hand, um entschieden und kunstadäquat in der Masse der Konflikte urteilen zu können. In den wenigen verbleibenden Zweifelsfällen wäre zur Fiktion ein – vorliegend nicht gebotenes – literaturwissenschaftliches Gutachten einzuholen. Diese Figur entbindet nicht von der Festlegung des konkreten Fiktionalisierungsgrads. Vor Eröffnung des Anwendungsbereichs der Fiktionalitätsvermutung ist die Feststellung der Literarizität des Textes erforderlich, da die Vermutung nur gerade diese erfaßt. Daher präzisiert die Kammer das streitgegenständliche Werk zutreffend als „Roman“, nachdem die Vorinstanzen al-

---

[127] Der Aspekt der verneinten Erkennbarkeit hinsichtlich der Tochter des Beschwerdeführers zu 2) wird im Abschnitt G.III.4 vertieft.

[128] Ausdrücklicher Hinweis in BVerfGK 13, 49 (51).

[129] Der Text kann einerseits als unterhaltsame Anekdotensammlung und andererseits als Aufforderung zur Reform des Schulsystems gelesen und daher auf unterschiedliche Weise interpretiert werden. In dem Roman „Pestalozzis Erben“ werden aus der Perspektive des erzählenden Schulleiters zahlreiche Personen und Ereignisse geschildert. Diese meist überzogene Art beinhaltet eine Kritik an dem Zustand des beschriebenen Schulbetriebs und kann als Satire bezeichnet werden, die als künstlerisches Werk durch die Kunstfreiheit geschützt wird; *Steffen*, Presserecht (Fn. 479), § 6 Rn. 78c. Da Kunst nach dem präferierten offenen Kunstbegriff ohnehin nicht abschließend definiert werden kann, ist eine vertiefte Bestimmung als Kunstwerk darüber hinausgehend nicht notwendig. Die Konkretisierung des Werks als Satire ist gleichwohl insoweit von Bedeutung, als daß diese eine gesonderte Prüfung in Abwägung mit dem Persönlichkeitsschutz erfordert: Der Satire kommt nach gerichtlicher Überzeugung dadurch eine Sonderstellung zu, daß ihr Aussagekern von der Einkleidung zu trennen und dann beides gesondert auf eine Persönlichkeitsrechtsverletzung zu prüfen ist; OLG Hamm ZUM 2002, 387 (389). Nur durch eine klare Herausstellung des Aussagegehalts wird eine Prüfung ermöglicht, ob jede Interpretationsmöglichkeit zu einer unvertretbaren Herabwürdigung des Betroffenen führt; *Rixecker*, Münchener Kommentar (Fn. 214), Anhang zu § 12. Das Allgemeine Persönlichkeitsrecht, Rn. 177.

lein den neutralen Begriff des „Buchs" wählten: In der Tat handelt es sich dabei augenscheinlich um einen schriftlich fixierten, relativ umfangreichen Prosatext.

Zahlreiche Aspekte belegen die deutliche Ausprägung des fiktionalen Charakters und bestätigen damit in *tatsächlicher Hinsicht* die Richtigkeit der Fiktionalitätsvermutung(en). Bereits die Umschlagzeichnung einer vor einer Schultafel in einem Sessel sitzenden Person, die einen Zettel mit der Aufschrift „satira non scribere" in Händen hält, spricht – *paratextuell* – gegen einen Faktizitätsanspruch des Textes[130]. Der Klappentext bestätigt diesen Eindruck, wenn er den Text als „pointierte(n) satirische(n) Überzeichnung"[131] vorstellt. Darüber hinaus beinhaltet der Text selbst zahlreiche Fiktionssignale. Der Erzähler bedient sich *in textueller Hinsicht* einer großen Anzahl unterschiedlicher Figuren, auf deren Generalisierbarkeit er immer wieder mit Formulierungen wie „zum Beispiel"[132], „Typen wie"[133] oder „jener Spezies"[134] aufmerksam machte. Gleich zu Beginn führt das erste Kapitel in die Erzählung mit den Worten ein: „‚Lehrer, das ist kein Beruf, sondern eine Diagnose.' Für Heinrich Kah hatte dieser Satz etwas Tröstliches. Mit einem Haufen Irrer war eben schlecht Schule machen."[135] Der Leser wird schon am Anfang des Romans in den satirischen Ton der Erzählung eingeführt. Die Satire dient dazu, Mißstände im Schulsystem zu kritisieren. Die Merkwürdigkeiten in der Bildungsarbeit werden lächerlich gemacht. Eine Lehrerkonferenz wird dementsprechend vom Erzähler durch „drei Stunden nichts als heiße Luft"[136] beschrieben und der „Vierfachvordruck"[137] als Zeichen umständlicher Bürokratie gewählt. Einengung der Schulautonomie durch gängelnde Verfügungen der Stadt[138], ineffektive Arbeit in Form von „Mitbestimmungspopanz"[139] und inhaltsarme Unterrichtsproben werden mit beißendem Unterton getadelt[140]. Daß es sich vorliegend nicht um eine persönliche Abrechnung mit einzelnen Kollegen, sondern um Satire handelt, wird auch dadurch deutlich, daß der Erzähler den Schulleiter Kah, hinter dem das Alter ego des Autors vermutet worden ist, nicht von überzeichnender Kritik ausnimmt: Kah wurde Lehrer, um sich an den Schülern für erlebtes Unrecht durch Lehrer zu rächen[141]. Die inkriminierten, oben zitierten Darstellungen der Figuren Zuche

[130] Plausibel wäre insbesondere die Wendung „satiram non scribere". Es ist durchaus möglich, daß der fehlende Buchstabe „m" durch die Hand der abgebildeten Figur verdeckt ist.

[131] *Mahlmann*, Pestalozzis Erben (Fn. 92), Klappentext.

[132] *Mahlmann*, Pestalozzis Erben (Fn. 92), S. 5, 15.

[133] *Mahlmann*, Pestalozzis Erben (Fn. 92), S. 7, 18.

[134] *Mahlmann*, Pestalozzis Erben (Fn. 92), S. 34.

[135] *Mahlmann*, Pestalozzis Erben (Fn. 92), S. 5.

[136] *Mahlmann*, Pestalozzis Erben (Fn. 92), S. 6.

[137] *Mahlmann*, Pestalozzis Erben (Fn. 92), S. 15.

[138] *Mahlmann*, Pestalozzis Erben (Fn. 92), S. 100 ff.

[139] *Mahlmann*, Pestalozzis Erben (Fn. 92), S. 20.

[140] *Mahlmann*, Pestalozzis Erben (Fn. 92), S. 79.

[141] *Mahlmann*, Pestalozzis Erben (Fn. 92), S. 7. Damit sind Selbstironie und Distanzie-

und Albers sind Teil dieser satirischen Gesamtkomposition. Ein verständiger Durchschnittsleser erkennt anhand dieser zahlreichen Merkmale auch die Fiktion der Erzählung.

Im Ergebnis ist die Fiktionalitätsvermutung also ein Gewinn an Rechtsklarheit und bedeutet erhöhten Schutz für Kunstwerke. Sie wird in dem streitgegenständlichen Roman „Pestalozzis Erben“ sowohl in Hinblick auf Fiktion als Texteigenschaft als auch in bezug auf die vermutete fiktionsadäquate Rezeption in tatsächlicher Hinsicht bestätigt. Der Kammerbeschluß im Fall „Pestalozzis Erben“ ist also deshalb hervorzuheben, weil er die in der „Esra“-Entscheidung aufgestellte Fiktionalitätsvermutung konsequent umsetzt.

b) Einzige Schwachstelle im Verfahrensgang von „Pestalozzis Erben“

Die *Erkennbarkeit* wurde nur kurz bejaht, da eine vertiefte Thematisierung ersichtlich nicht erforderlich war[142]. Dafür, daß das Gericht von dem Maßstab eines verständigen Durchschnittsrezipienten, der aus dem mehr oder minder großen Bekanntenkreis stammt, und dem sich die Identifizierbarkeit aufdrängt, abgewichen ist, bestehen keine Hinweise. Vor der Kammer war die Erkennbarkeitsprüfung auf die Beschwerdeführer zu 1) und 2) beschränkt, da die Tochter des Beschwerdeführers zu 2) keine Verfassungsbeschwerde erhoben hat. Das Oberlandesgericht hatte die Erkennbarkeit der Tochter mit dem Argument verneint, daß es sich bei der dargestellten Figur Martin Albers um einen Sohn handelt[143]. Andererseits könnte man auch argumentieren, daß sich die Erkennbarkeit aus der Darstellung des Verwandtschaftsverhältnisses – Kind des unstreitig identifizierbaren Beschwerdeführers zu 2) – und der Nichtversetzung in Klasse 5 sowie der Versetzungsnachprüfung mit gleichzeitigem Verfahren bis zum Oberverwaltungsgericht in Klasse 7 ergibt. Ausreichend ist, daß ein mehr oder minder großer Bekanntenkreis die Tochter wiedererkennt. Bei einem verständigen Durchschnittsleser muß die Erkennbarkeit naheliegen. In einer Kleinstadt wie Oerlinghausen ist ein städtisches Gymnasium von überschaubarer Größe. Es kommt nur vereinzelt vor, daß ein Kind zu der Schule geht, an der der Vater unterrichtet. Wenn dieser zudem identifizierbar ist[144], das Kind in der Klasse 5

rung des Erzählers vom Leser noch durchaus ausgeprägter als im Fall des „Ich“-Erzählers Adam. Bei Problemen verhält er sich passiv ausweichend und ist bei Konfliktbewältigungen – wenn auch nachvollziehbar – nicht selten überfordert; *Mahlmann,* ebda., S. 105, 115 ff. Seine Frau steht in einem permanenten Freizeitstreß, der jegliche Aufmerksamkeit für ihren Mann verdrängt und sie ihren 25. Hochzeitstag vergessen läßt: *Mahlmann,* ebda., S. 127.

142 So selbstverständlich wie beiläufig erfolgt die einzige konkrete Bezugnahme von Erkennbarkeit hinsichtlich der Romanfiguren bei BVerfGK 13, 49 (51): „Damit, dass die Beschwerdeführer erkennbar Vorbilder der Romanfiguren Zuche und Albers sind, ist noch nicht gesagt, dass der Roman seinem Leser nahelegt, alle Handlungen und Eigenschaften dieser Figuren den Beschwerdeführern zuzuschreiben.“

143 OLG Hamm ZUM 2002, 387 (390).

144 Ob eine Erkennbarkeit über eine dritte Person ausreichend ist, mußte bislang

nicht versetzt wird und in der Klasse 7 eine Nachprüfung bestehen muß, werden an dem kleinstädtischen Gymnasium Lehrer, Schüler und Eltern das Mädchen – unabhängig vom Geschlecht der Romanfigur – wiedererkennen. Da es sich dabei auch um einen zahlenmäßig übersehbaren Kreis handelt, ist die Identifizierung für die Erkennbarkeit im mehr oder minder großen Bekanntenkreis ausreichend. Wenn die Erkennbarkeit der Tochter auch entgegen den Ausführungen des Oberlandesgerichts zu bejahen ist, bleibt die Entscheidung im Ergebnis überzeugend, da das Persönlichkeitsrecht der Tochter nicht verletzt wurde. Denn allein die Darstellung eines Kindes, das weniger intelligent als dessen Vater ist, stellt in der Tat keine besonders intensive Beeinträchtigung dar. Auch das schutzwürdige Eltern-Kind-Verhältnis aus Art. 6 Abs. 1, 2 GG ist vorliegend nicht gefährdet, da allein in satirischem Unterton referiert wird, wie der Vater in der Persönlichkeitsdimension der Sozialsphäre Lehrerkollegen auf die Talente eines intellektuellen Spätentwicklers aufmerksam zu machen sucht[145]. Das unmittelbare Verhältnis von Vater und Sohn wird also nicht dargestellt. Angesichts des zudem erörterten hohen Fiktionsgrads liegt eine Persönlichkeitsrechtsverletzung der Tochter nicht vor.

4. Zwischenergebnis: „Pestalozzis Erben“ stärkt Kunst im Sinne von „Esra“

Wie der Vergleich der beiden Entscheidungen gezeigt hat, werden die „Esra“-Grundsätze in mustergültiger Konsequenz in dem Beschluß „Pestalozzis Erben“ umgesetzt. Damit verdient er uneingeschränkt Zustimmung. Der Umstand, daß zwei der drei Richter auch an der „Esra“-Entscheidung mitgewirkt haben und Sondervoten abgaben, die der Kunstfreiheit einen noch weiteren Schutz einräumten, könnte die Klarheit des Resultats begünstigt haben. Der Nichtannahmebeschluß der Kammer ist deshalb hervorzuheben, weil er die Quintessenz der heftig kritisierten „Esra“-Entscheidung verdeutlicht. Der „Esra“-Beschluß traf auf teilweise vehemente Ablehnung, da er das Veröffentlichungsverbot des Romans bestätigte. Man befürchtete eine neue Welle der Buchzensur und eine Einschüchterung des Literaturbetriebs[146]. Nun verdeutlicht die Entscheidung im Fall „Pestalozzis Erben“ genauso wie die „Contergan“-Rechtsprechung, daß diese Gefahr nicht besteht und der „Esra“-Beschluß zu kunstfreundlichen Langzeitwirkungen führt[147]. Denn die Grundsätze, die in den Beschlüssen „Con-

---

vom Bundesverfassungsgericht nicht geklärt werden. Das Kammergericht Berlin war im „Meere“-Verfahren davon ausgegangen. Die Frage wird an dieser Stelle nicht vertieft, da sich die Erkennbarkeit der Tochter auch unabhängig von der Erkennbarkeit des Vaters begründen läßt.

[145] *Mahlmann*, Pestalozzis Erben (Fn. 92), S. 60.

[146] Vgl. Abschnitt C.II.7.

[147] Vgl. *W. Janisch*, Nach dem „Esra“-Verbot: Kleiner Sieg für die Kunstfreiheit, in: Die

tergan" und „Pestalozzis Erben" umgesetzt wurden, gehen wie gezeigt in bezug auf Erkennbarkeit, Fiktionalitätsvermutung und einzelfallorientierter Abwägung unter Berücksichtigung der Fiktionsgrade auf die „Esra"-Rechtsprechung zurück[148]. Der alleinige Unterschied der Entscheidungen in den Fällen „Contergan", „Pestalozzis Erben" und „Esra" war, daß im letzteren Fall das Vorliegen der Ausnahmegruppen der Darstellung des Intimbereichs und der Eltern-Kind-Beziehung bejaht wurde. Im Grundsatz war also schon in der „Esra"-Entscheidung eine Stärkung der Kunstfreiheit begründet, die nur ausnahmsweise im Fall des Persönlichkeitsschutzes von Frau *Romey* zurücktreten mußte. Dieses Regel-Ausnahme-Verhältnis wurde in der damaligen Kritik gelegentlich zu wenig beachtet, da die Empörung über das Ergebnis, das aufrechterhaltene Publikationsverbot, zu gewaltig war. Die Folgeentscheidungen „Contergan" und „Pestalozzis Erben" wenden die Grundsätze der „Esra"-Entscheidung an und legen das Substrat der „Esra"-Entscheidung offen, das schon dort einen verstärkten Schutz der Kunstfreiheit beinhaltete.

5. Zwischenergebnis: „Pestalozzis Erben" als zweiter Musterschüler

Der Nichtannahmebeschluß der 1. Kammer des Ersten Senats hinsichtlich der Verfassungsbeschwerden zweier Lehrer, die sich in einer Schulsatire wiedererkannten und sich in ihren Persönlichkeitsrechten verletzt sahen, ist deshalb als Folgeentscheidung der „Esra"-Rechtsprechung hervorzuheben, weil er die dort aufgestellten Grundsätze der Erkennbarkeit, Fiktionalitätsvermutung und „Jedesto"-Formel konsequent und in überzeugender Klarheit umsetzt. Der Kunstfreiheit wird gegenüber den beeinträchtigten Persönlichkeitsrechten zu Recht der Vorrang eingeräumt. Damit ist der Beschluß „Pestalozzis Erben" neben der „Contergan"-Entscheidung der zweite Vertreter der „Esra"-Entscheidung.

Berliner Literaturkritik vom 5.2.2008, http://www.berlinerliteraturkritik.de/detailseite/artikel/nach-dem-esra-verbot-kleiner-sieg-fuer-die-kunstfreiheit.html. (16.10.2010); *Obergfell*, Fall *Esra* (Fn. 33), S. 80 f.

148 Hinsichtlich der Fiktionalitätsvermutung ist es – neben dem erforderlichen Hinweis auf die beiden Tabuzonen – nach hier vertretener Ansicht präziser, eine Einteilung in die eingehend erörterten zwei Fiktionalitätsvermutungen hinsichtlich Texteigenschaft und Rezeptionsverhalten vorzunehmen.

III. Folgeentscheidung „Caroline von Monaco III": Fortführung und Veränderung im Vergleich zur „Esra"-Entscheidung

1. Europäische Ausgestaltung von Kunstfreiheit und Persönlichkeitsschutz

Nachdem der „Esra"-Fall durch einen *zeitlichen* Abgleich mit den Beschlüssen „Mephisto", „Contergan" und „Pestalozzis Erben" näher beleuchtet wurde, soll er nun abschließend in *räumlicher* Dimension durch die Vorgaben aus Straßburg in der „Caroline"-Rechtsprechung konkretisiert werden. Die gerichtlichen Auseinandersetzungen zwischen *Caroline Prinzessin von Hannover, ehemals Caroline von Monaco*, haben exemplarischen Charakter für den Ausgleich von Presserecht und allgemeinem Persönlichkeitsschutz. Die Entscheidung „Caroline von Monaco III" ist an dieser Stelle aus zwei Gründen zu untersuchen: Erstens steht sie im direkten zeitlichen und inhaltlichen Zusammenhang zur „Esra"-Entscheidung. Der Beschluß des Ersten Senats erging am 26.2.2008, also wie die Entscheidungen „Contergan" und „Pestalozzis Erben" zeitnah zur „Esra"-Entscheidung. Der Vergleich der „Esra"- mit der „Caroline von Monaco III"-Entscheidung setzt die bereits in der „Wallraff"-Entscheidung begonnene Gegenüberstellung von Kunst- und Pressefreiheit in dieser Arbeit fort[149]. Außerdem eröffnet sie die europarechtliche Dimension in diesem Themenbereich. Denn der Europäische Gerichtshof für Menschenrechte hat sich ebenfalls in den Jahren 2004 und 2012 mit der Materie auseinandergesetzt und die Vereinbarkeit der deutschen Rechtsprechung mit der Europäischen Menschenrechtskonvention geprüft[150]. Diese Einordnung hat zur Folge, daß der Europäische Gerichtshof für

---

[149] Auf die Bedeutung der „Caroline"-Rechtsprechung für die Kunstfreiheit weist hin *Wandtke*, Freiheit (Fn. 544), S. 775.

[150] Wie bereits einleitend unter F. festgestellt wurde, findet die *Kunstfreiheit* in der Europäischen Menschenrechtskonvention keine ausdrückliche Erwähnung. Sie wird dem Bereich der Meinungsfreiheit nach Art. 10 Abs. 1 EMRK zugeordnet. Dabei werden die Freiheiten der Europäischen Menschenrechtskonvention als Entsprechungen zu den Grundrechten der Bundesrepublik anerkannt; vgl. nur EGMR EuGRZ 1988, 543 (544); EGMR NJW 2006, 1645 (1647 f.); EGMR ÖJZ 2007, 621 (621 f.); *Jarass*, EU-Grundrechte (Fn. 46), S. 218; *ders.*, Charta (Fn. 46), Art. 13 Rn. 1. Gegenüber der verfassungsrechtlich vorbehaltlos garantierten Kunstfreiheit unterliegt die Äußerungsfreiheit des Art. 10 Abs. 1 EMRK der Begrenzung des Abs. 2: „Die Ausübung dieser Freiheiten ist mit Pflichten und Verantwortung verbunden; sie kann daher Formvorschriften, Bedingungen, Einschränkungen oder Strafdrohungen unterworfen werden, die gesetzlich vorgesehen und in einer demokratischen Gesellschaft notwendig sind für die nationale Sicherheit, die territoriale Unversehrtheit oder die öffentliche Sicherheit, zur Aufrechterhaltung der Ordnung oder zur Verhütung von Straftaten, zum Schutz der Gesundheit oder der Moral, *zum Schutz des guten Rufes oder der Rechte anderer, zur Verhinderung der Verbreitung vertraulicher Informationen* oder zur Wahrung der Autorität und der Unparteilichkeit der Rechtsprechung."

Menschenrechte tatsächlich im Fall von Kunst die Bewertungskriterien denen in bezug auf Presseerzeugnisse deutlich annähert. Faktisch wird ein Kunstwerk dann nicht selten an den Maßgaben des Presserechts gemessen[151]. So wird der Schutz eines Kunstwerks mit dem Hinweis auf ausreichenden Meinungs- und Ideenaustausch begründet, der deutlich an Wertungen presserechtlicher Freiheiten erinnert[152]. Auch vor diesem Hintergrund erscheint die folgende nähere Betrachtung der presserechtlichen Grundsätze auf europäischer Ebene für die Klärung des Schutzumfangs von Kunst geboten.

Demgegenüber ist das nach deutschem Recht nicht ausdrücklich geregelte, sondern aus Art. 2 Abs. 1 i.V.m. Art. 1 Abs. 1 GG hergeleitete *Persönlichkeitsrecht* in Art. 8 Abs. 1 EMRK explizit normiert. Der in dem „Esra“-Beschluß relevante Persönlichkeitsschutz in Art. 8 EMRK erfährt in dem Recht auf Achtung des Privat- und Familienlebens im Gegensatz zum Grundgesetz eine detaillierte Regelung, wenn auch der Begriff der „Persönlichkeit“ nicht wörtlich verwendet wird[153]. Da der Ausgleich von Persönlichkeitsrecht und Pressefreiheit nicht allein ein nationales Problem ist, wäre eine Vereinheitlichung der einzelstaatlichen Regelungen zu begrüßen. Der Persönlichkeitsschutz hat bislang allerdings noch keine Harmonisierung gefunden. Die Umsetzung der Art. 8 und Art. 10 EMRK zeigt erhebliche nationale Divergenzen[154]. Im folgenden sollen die Gemeinsamkeiten und Unterschiede in der Rechtsprechungslinie des Bundesverfassungsgerichts und der Entscheidung des Europäischen Gerichtshofs für Menschenrechte aufgezeigt werden.

[fallrelevante Gründe durch Kursivschrift hervorgehoben]. – Zur äußerst knappen Regelung der Kunst- im Rahmen der Meinungsäußerungsfreiheit statt aller *R. Grote/N. Wenzel*, in: ders./T. Marauhn (Hrsg.), EMRK/GG, 2006, Kap. 18: Die Meinungsfreiheit Rn. 126 ff.

151 Vgl. EGMR NJOZ 2009, 2203 (2208, 2215); Abschnitt F.I.2.

152 Vgl. EGMR NJOZ 2009, 2203 (2210 f.); Abschnitt F.I.2.

153 Instruktiv statt vieler *T. Marauhn/K. Meljnik*, EMRK/GG (Fn. 150), Kap. 16: Privat- und Familienleben Rn. 26 ff.; *C. Grabenwarter*, Europäische Menschenrechtskonvention, 5. Aufl. 2012, S. 225 ff., 228 f., 231 ff. Der dort garantierte Schutz des Privatlebens wird tendenziell weiter als der Schutzbereich des Art. 2 Abs. 1 i.V.m. Art. 1 Abs. 1 GG ausgelegt, um so eine der allgemeinen Handlungsfreiheit vergleichbare Auffangfunktion zu übernehmen; hierzu auch *Luch*, Medienpersönlichkeitsrecht (Fn. 208), S. 505, 525.

154 So auch *Grabenwarter*, Schutz (Fn. 50), S. 314 f.; *Diederichsen*, Schutz (Fn. 220), S. 7 f. – Eingehend zu den nationalen Differenzen Deutschlands, Frankreichs, Großbritanniens und dem Einfluß des Europäischen Gerichtshofs für Menschenrechte *Ohly/Lucas-Schloetter/Beverley-Smith*, Freedom (Fn. 238), S. 528 ff., 535 ff., 548 ff., 551 ff.

2. „Caroline"-Rechtsprechung bis zur Entscheidung „Caroline von Monaco III"

Dem Beschluß „Caroline von Monaco III" des Bundesverfassungsgerichts ist eine Vielzahl von gerichtlichen, alle Instanzen betreffenden Entscheidungen vorausgegangen[155].

a) „Caroline I": Persönlichkeitsschutz vor falschen Tatsachenbehauptungen

In dem Beschluß „Caroline von Monaco I" des Ersten Senats vom 14.1.1998 wurden die Verfassungsbeschwerden der Burda-Verlagsgesellschaft zurückgewiesen[156]. Sie war zum Abdruck einer Gegendarstellung und einer Richtigstellung auf der Titelseite der wöchentlich erscheinenden Zeitschrift „Das Neue Blatt" verurteilt worden[157]. Das Landgericht bestätigte die einstweilige Verfügung durch Urteil vom 22. Oktober 1993[158]. Das Oberlandesgericht wies die dagegen eingelegte Berufung mit Urteil vom 27.1.1994 zurück[159]. Diese Entscheidungen verletzen nach Ansicht des Bundesverfassungsgerichts die Burda-Verlagsgesellschaft nicht in ihrem Grundrecht auf Pressefreiheit[160]. Die Gerichte haben die Mitteilung zutreffend als Tatsachenbehauptung eingeordnet. Falsche Tatsachenbehauptungen über Heiratsabsichten stellen eine Beeinträchtigung des Persönlichkeitsbildes dar[161]. Das Ergebnis ist aufgrund der Abwägung mit dem Persönlichkeitsschutz mit der Pressefreiheit vereinbar[162].

b) „Caroline II": weniger Persönlichkeitsschutz für Person der Zeitgeschichte

Das Bundesverfassungsgericht entschied mit Urteil vom 15.12.1999, daß die vorinstanzlichen Urteile des Landgerichts Hamburg vom 4.2.1994, des Hanseatischen Oberlandesgerichts vom 8.12.1994 und des Bundesgerichtshofs vom 19.12.1995 die Prinzessin teilweise in ihrem Grundrecht aus Art. 2 Abs. 1 i.V.m. Art. 1 Abs. 1 GG verletzen. Dies ist hinsichtlich drei Fotoaufnahmen in der Illu-

---

[155] *Prinzessin Caroline* setzt sich seit Anfang der 90er-Jahre gegen Paparazzi-Aufnahmen zur Wehr.

[156] BVerfGE 97, 125 (126).

[157] BVerfGE 97, 125 (126). Das Landgericht Hamburg gab dem Verlag im Wege der einstweiligen Verfügung auf, folgende Gegendarstellung zu veröffentlichen; vgl. BVerfGE 97, 125 (127): „Auf dem Titelblatt von DAS NEUE BLATT Nr. 38 vom 15.09.1993 heißt es ‚Caroline & Vincent Ganz Saint Remy freut sich: Das wird eine Märchenhochzeit'; Hierzu stelle ich fest: Ich habe derzeit keinerlei Heiratsabsichten. […]." Die andere Verfassungsbeschwerde richtet sich gegen eine vergleichbare Gegendarstellungspflicht in Hinblick auf *Franziska von Almsick* und soll folgend nicht weiter vertieft werden.

[158] Vgl. BVerfGE 97, 125 (127 f.).

[159] Vgl. BVerfGE 97, 125 (128 ff.).

[160] BVerfGE 97, 125 (145).

[161] BVerfGE 97, 125 (152).

[162] BVerfGE 97, 125 (153 f.).

strierten „Bunte" vom 5.8. und 19.8.1993 der Fall, die die Prinzessin zusammen mit ihren Kindern zeigen. Die elterliche Hinwendung zu den Kindern fällt in den Schutzbereich des allgemeinen Persönlichkeitsrechts und wird durch Art. 6 Abs. 1, 2 GG verstärkt[163]. Der Bundesgerichtshof habe nicht hinreichend berücksichtigt, daß der Umgang der Eltern mit ihren Kindern zu einer Aufladung des Privatsphärenschutzes führe und nicht an die Voraussetzungen der örtlichen Abgeschiedenheit gebunden sei. Hinsichtlich der übrigen Bilder wurde die Verfassungsbeschwerde von *Caroline Prinzessin von Hannover* zurückgewiesen[164]. Die Fotos betreffen unterschiedliche Szenen aus ihrem Alltag: beim Gang auf dem Markt, radfahrend, in einem Gasthaus mit dem Schauspieler Vincent Lindon und auf dem Markt bei einem Blumenstand[165].

Das Bundesverfassungsgericht bestimmt den Schutz der Privatsphäre in der „Caroline von Monaco III"-Entscheidung anhand eines *räumlichen Bereichs*, in der der einzelne zu sich kommen soll, und anhand eines *thematischen Gebiets*, das Angelegenheiten beinhaltet, die typischerweise als „privat" eingeordnet werden[166]. Konkretisiert werden diese Gedanken in den beiden Kriterien der örtlichen Abgeschiedenheit und der Person der Zeitgeschichte.

Zweifelsohne stellt der häusliche Bereich eine geschützte Sphäre dar. Außerhalb des Hauses können die Grenzen der abzuschirmenden Privatsphäre nur situativ festgelegt werden[167]. Maßgeblich ist, ob der Betroffene sich in einer Situation befindet, in der er in begründeter Weise und daher auch für Dritte erkennbar annehmen darf, keinem öffentlichen Publikum gegenüberzustehen[168]. Die *örtliche Abgeschiedenheit* ist Voraussetzung für den Privatsphärenschutz und bei allen Aufnahmen, insbesondere auch bei dem vorliegenden Gartenlokal, zu verneinen[169].

Weiter führt das Gericht bezüglich des Begriffs der *Zeitgeschichte* in § 23 Abs. 1 Nr. 1 KUG aus, daß er sich nach Maßgabe vom Informationsinteresse der

---

163 BVerfGE 101, 361 (386). – Guter Überblick hierzu und allgemein zur Gegenüberstellung von den Entscheidungen des Bundesgerichtshofs und des Bundesverfassungsgerichts *D. Kupfer,* Der Schutz der Privatsphäre, in: Jura 2001, S. 169 (170 ff.).

164 BVerfGE 101, 361 (361 f.).

165 Zuvor hatte das Landgericht Hamburg der Klage der Prinzessin insoweit stattgegeben, als es den Vertrieb der Fotografien in Frankreich betraf, bezüglich Deutschlands wies es sie hingegen im übrigen ab; vgl. BVerfGE 101, 361 (365). Das Hanseatische Oberlandesgericht hatte die Veröffentlichung aller Fotografien für zulässig erklärt; vgl. BVerfGE 101, 361 (366). Der Bundesgerichtshof beanstandete einzig die Veröffentlichung der Fotografie, die die Prinzessin mit Vincent Lindon in einem Gartenlokal zeigt; BGHZ 131, 332 (341 ff.).

166 BVerfGE 101, 361 (382 f.). Der einfachrechtlich gesicherte „Kernbereich der Privatsphäre" kann nicht mit dem verfassungsrechtlich garantierten Kernbereich des Persönlichkeitsschutzes aus Art. 2 Abs. 1 i.V.m. Art. 1 Abs. 1 GG gleichgesetzt werden; letzterer ist enger; vgl. BVerfGE 120, 180 (214).

167 BVerfGE 101, 361 (384).

168 BVerfGE 101, 361 (384).

169 BVerfGE 101, 361 (394).

Öffentlichkeit her bestimmt[170]. Ein solches Interesse erkennt es sowohl für Personen des politischen Lebens als auch anderer Personen des öffentlichen Lebens an. Erst bei der Abwägung mit kollidierenden Persönlichkeitsrechten im Rahmen des § 23 Abs. 2 KUG sei zu erörtern, ob es sich um Fragen handelt, die die Öffentlichkeit oder nur private Angelegenheiten betreffen[171]. Bei *Caroline Prinzessin von Hannover* handelt es sich nach Ansicht des Gerichts um eine absolute Person der Zeitgeschichte. Aufgrund ihres Vorbildcharakters und des daraus folgenden Interesses in der Öffentlichkeit werden die Veröffentlichungen der Fotos, die sie außerhalb ihrer repräsentativen Funktionen im Fürstentum Monaco zeigen, als zulässig angesehen[172]. Insgesamt wurden also nur die Veröffentlichungen mit den Kindern aufgrund von Art. 2 Abs. 1 i.V.m. Art. 1 Abs. 1 GG, Art. 6 Abs. 1, 2 GG für unzulässig erachtet.

c) Europäischer Gerichtshof für Menschenrechte: „Caroline von Hannover“

aa) Öffentliches Interesse statt örtlicher Abgeschiedenheit und Person der Zeitgeschichte

Die Prinzessin legte im Wege der Individualbeschwerde nach Art. 34 EMRK am 6.6.2000 das Urteil „Caroline II“ des Bundesverfassungsgerichts vom 15.12.1999 und die darin enthaltene Entscheidung des Bundesgerichtshofs vom 19.12.1995 dem Europäischen Gerichtshof für Menschenrechte zur Prüfung vor[173]. Dieser erklärte die Beschwerde am 8.7.2003 für zulässig und entschied einstimmig nach Abwägung von Art. 8 und Art. 10 EMRK[174], daß die gerichtlichen Entscheidungen die Prinzessin in ihrem Recht auf Achtung des Privatlebens verletzten. Das Urteil des Europäischen Gerichtshofs für Menschenrechte vom 24.6.2004 stellte in dreifacher Hinsicht eine Korrektur der bisherigen deutschen Rechtsprechung zum Ausgleich von Persönlichkeitsschutz und den in Art. 5 GG ge-

---

[170] BVerfGE 101, 361 (392); so auch BGH NJW 2008, 3134 (3135); vgl. für die Wertungen im Fall der Bildberichterstattung auch *Seelmann-Eggebert*, Entwicklung (Fn. 485), S. 2556 f.

[171] BVerfGE 101, 361 (391). Die Bedeutung des öffentlichen Informationsinteresses ebenfalls betont BGH NJW 2009, 1499 (1500 f.).

[172] BVerfGE 101, 361 (391).

[173] EGMR NJW 2004, 2647 (2647); vgl. BVerfGE 101, 361 ff.; BGHZ 131, 332 (334 ff.). – Zur jüngeren europäischen Entwicklung EGMR DÖV 2012, 362 (362). Eine kritische Würdigung der „Caroline“-Entscheidung ist im Rahmen der Darstellung der Rechtsprechungslinie des Bundesverfassungsgerichts nicht Gegenstand der Untersuchung. Zur kritischen Aufbereitung siehe nur *Heldrich*, Persönlichkeitsschutz (Fn. 479), S. 2635 f.; *Ohly*, Harmonisierung (Fn. 213), S. 908 ff.; *D. Bölke/T. Gostomzyk*, Die Auswirkungen der Caroline-Entscheidung des EGMR auf die Bildberichterstattung nach deutschem Recht, in: Jura 2005, S. 336 (337 f.); den dogmatischen Hintergrund der Entscheidung als unbefriedigend wertet *Luch*, Medienpersönlichkeitsrecht (Fn. 208), S. 540 ff.

[174] Wenn der Richter *Cabral Barreto* den Gründen der Mehrheit auch nicht vollumfänglich folgen kann, so stimmt er ihr im Ergebnis doch zu. Seiner Ansicht nach handelt es sich bei *Caroline* aufgrund des hohen Bekanntheitsgrades und des Interesses der Allgemeinheit um eine Person des öffentlichen Lebens; EGMR NJW 2004, 2647 (2652).

währleisteten Freiheiten dar: Erstens akzentuierte das Gericht noch klarer die Frage, ob die Publikationen einen *Beitrag zur öffentlichen Diskussion* leisten können, die eine Frage allgemeinen Interesses und Personen des öffentlichen Lebens betrifft[175]. Das war vorliegend nicht der Fall, weil es sich gegenständlich um Szenen des Alltags aus dem Privatleben und nicht um Materie öffentlicher Diskussion von allgemeinem Interesse handelte[176]. Zudem beinhalten die beiden weiteren Kriterien der *örtlichen Abgeschiedenheit* und der *absoluten Person der Zeitgeschichte* keinen wirksamen Schutz des Privatlebens der Betroffenen[177].

bb) Vergleich zur bisherigen nationalen Rechtsprechung

Die nationale und europäische Rechtsprechung zum Persönlichkeitsschutz stehen damit sowohl in einem Verhältnis harmonisierender Ergänzung als auch herausfordernder Spannung[178]. Übereinstimmend stellen Bundesverfassungsgericht und Europäischer Gerichtshof für Menschenrechte eine Beeinträchtigung des Privatlebens fest, geschützt in Art. 2 Abs. 1 i.V.m. Art. 1 Abs. 1 GG resp. Art. 8 EMRK[179]. Beide Gerichte sehen den Staat zum Schutz dieser Rechte zwischen Privatrechtssubjekten in der Pflicht. Die Urteile unterscheiden sich erst bei der

---

175 EGMR NJW 2004, 2647 (2649 ff.).

176 EGMR NJW 2004, 2647 (2651).

177 EGMR NJW 2004, 2647 (2650). Bei Politikern kann die Öffentlichkeit zwar nach Ansicht des erkennenden Senats unter besonderen Umständen ein Recht auf Informierung über Bereiche ihres Privatlebens haben. Das öffentliche Interesse besteht allerdings nicht bei Personen wie der Beschwerdeführerin, die kein öffentliches Amt innehaben und nur in ihrem Alltagsleben ohne öffentlichen Bezug abgelichtet werden. Der Senat mahnt also eine einschränkende Auslegung des § 23 Abs. 1 Nr. 1 KUG als Ausnahme von dem grundsätzlichen Einwilligungserfordernis des § 22 KUG an: EGMR NJW 2004, 2647 (2649). Zweitens lehnt der Gerichtshof den Prüfungspunkt der Abgeschiedenheit ab; EGMR NJW 2004, 2647 (2650): „Das Kriterium der örtlichen Abgeschiedenheit mag zwar theoretische Klarheit versprechen, ist aber in der Praxis zu unbestimmt und für den Betroffenen zu schwer zu handhaben."

178 Instruktiv zum Verhältnis zwischen dem Europäischen Gerichtshof für Menschenrechte und dem Bundesverfassungsgericht, insbesondere bezüglich des Konfliktpotentials auf dem Gebiet des Grundrechtsschutzes: *H. Gersdorf,* Caroline-Urteil des EGMR: Bedrohung der nationalen Medienordnung, in: AfP 2005, S. 221 (226 f.); *Stürner,* Caroline-Urteil (Fn. 19), S. 219 ff.; *Kahl,* Entwicklungslinien (Fn. 114), S. 582 ff.; *C. Heer-Reißmann,* Die Letztentscheidungskompetenz des Europäischen Gerichtshofes für Menschenrechte in Europa, 2008, S. 311 ff.; *S. Oeter,* Rechtsprechungskonkurrenz zwischen nationalen Verfassungsgerichten, Europäischem Gerichtshof und Europäischem Gerichtshof für Menschenrechte, in: VVDStRL 66 (2007), S. 361 (370 ff., 389 ff.); ebenso eingehend, insbesondere in Hinsicht auf die darin liegenden Chancen und Herausforderungen für die europäische Integration *F. Merli,* Rechtsprechungskonkurrenz zwischen nationalen Verfassungsgerichten, Europäischem Gerichtshof und Europäischem Gerichtshof für Menschenrechte, in: VVDStRL 66 (2007), S. 392 (407 ff.); *H. Landau,* Die Entwicklung der Menschenrechte in der Rechtsprechung des Bundesverfassungsgerichts und des Europäischen Gerichtshofs für Menschenrechte, in: DVBl. 2008, S. 1269 (1272 ff.).

179 Ein Eingriff in das Recht auf Achtung des Familienlebens wurde nach Bejahung der Verletzung des Rechts auf Achtung des Privatlebens vom Gerichtshof nicht mehr geprüft.

Abwägung mit der Pressefreiheit aus Art. 5 Abs. 1 S. 2 Var. 1 GG resp. dem Recht auf freie Meinungsäußerung nach Art. 10 EMRK: So räumt der Europäische Gerichtshof für Menschenrechte dem Persönlichkeitsschutz einen deutlich höheren Stellenwert ein[180].

Konkret lassen sich die Differenzen in drei Gesichtspunkten zusammenfassen. Nach Ansicht des Bundesverfassungsgerichts werden vom Schutz des Art. 5 Abs. 1 S. 2 Var. 1 GG Presseerzeugnisse unabhängig von ihrer *hoch- oder geringwertigen Qualität*, vom informierenden oder unterhaltenden Gehalt geschützt[181]. Der Europäische Gerichtshof für Menschenrechte fordert hingegen eine Differenzierung in Tatsachenberichte, die einen Beitrag zur öffentlichen Diskussion von allgemeinem Interesse leisten können, und Publikationen über das Privatleben von Personen ohne offizielle politische Funktion. Letztere haben keinen Anteil an der gesellschaftlichen Diskussion, so daß ihnen nur ein eingeschränkter Schutz zukomme[182].

Darüber hinaus lehnt der Gerichtshof wie gesehen mangels ausreichendem Persönlichkeitsschutz und rechtsstaatlich geforderter Klarheit die *Figur der absoluten Person der Zeitgeschichte* ab[183]. Das Bundesverfassungsgericht hatte in

---

180 *R. Stürner,* Anmerkung zu EuGHMR, Urteil der 3. Kammer v. 24.06.2004 – No. 59320/00 (Hannover ./. Deutschland), in: JZ 2004, S. 1018 (1018); *Heldrich,* Persönlichkeitsschutz (Fn. 479), S. 2636; *Gersdorf,* Caroline-Urteil (Fn. 178), S. 221 ff.; *Kahl,* Entwicklungslinien (Fn. 114), S. 585. – Angemerkt sei, daß der Wortlaut des Art. 8 EMRK sich beinahe wörtlich mit dem Art. 9 des Code civil der französischen Rechtsordnung deckt und die Kritik einer zu engen Bindung der EMRK und ihrer Auslegung durch den Europäischen Gerichthof für Menschenrechte damit latent ist. *M. Bartnik,* Caroline à la française – ein Vorbild für Deutschland?, in: AfP 2004, S. 489 (491 ff.) weist auf die Anlehnung des Gerichtshofs an Maßstäbe des französischen Rechtssystems hin. – *Grabenwarter,* Schutz (Fn. 50), S. 309 erkennt hierin eine übertriebene Anpassung an das französische Rechtssystem. – *Luch* vermutet in der Entscheidung eine Korrektur der früheren Praxis, den Vertragsstaaten einen zu weiten Spielraum einzuräumen, in dem regelmäßig die Medienfreiheit gegenüber dem Persönlichkeitsschutz dominierte: *Luch,* Medienpersönlichkeitsrecht (Fn. 208), S. 518.

181 BVerfGE 101, 361 (389 f.).

182 EGMR NJW 2004, 2647 (2650); *C. Starck,* Das Caroline-Urteil des Europäischen Gerichtshofs für Menschenrechte und seine rechtlichen Konsequenzen, in: JZ 2006, S. 76 (77) sieht die Einschätzung des öffentlichen Interesses überdies als ausschlaggebend für das Bewertungsergebnis an; der Hinzuziehung als Entscheidungskriterium pflichtet bei *Stürner,* Anmerkung (Fn. 180), S. 1018 ff.; *ders.,* Caroline-Urteil (Fn. 19), S. 213 f. – Demgegenüber kritisch *Grabenwarter,* Schutz (Fn. 50), S. 311; *Ohly,* Harmonisierung (Fn. 213), S. 910; *Gersdorf,* Caroline-Urteil (Fn. 178), S. 224 ff.

183 EGMR NJW 2004, 2647 (2650). – Ablehnend schon zuvor resp. der Kritik des Gerichtshofs stimmen zu *Ladeur,* Persönlichkeitsschutz (Fn. 702), S. 1981; *Stürner,* Anmerkung (Fn. 180), S. 1019 f.; *ders.,* Caroline-Urteil (Fn. 19), S. 215 f.; *Starck,* Caroline-Urteil (Fn. 182), S. 80. – Die Begründung kritisiert, dem Ergebnis stimmt aber ebenso zu *Kahl,* Entwicklungslinien (Fn. 114), S. 583 ff. – Demgegenüber die europäische Kritik verwerfen *Grabenwarter,* Schutz (Fn. 50), S. 310; *Luch,* Medienpersönlichkeitsrecht (Fn. 208), S. 526 f. – Für Politiker wird Kritik demgegenüber weitgehend zugelassen, so EGMR NJW 2006, 591 (592 f.); in diesem Zusammenhang vgl. *Kübler,* Perspektiven (Fn. 332), S. 10. – Kritisch hierzu *Grabenwarter,* ebda., S. 310 ff.

seiner „Caroline von Monaco II“-Entscheidung zuvor die Konstruktion als verfassungskonform gebilligt[184]. Drittens kritisiert das europäische Gericht das vom Bundesverfassungsgericht bestätigte Kriterium der *örtlichen Abgeschiedenheit* als zu unbestimmt und in der Praxis schwer handhabbar[185].

Die Relevanz dieses Vergleichs erklärt sich vor dem Hintergrund, daß die Bundesrepublik Deutschland nach Art. 46 Abs. 2 EMRK die endgültigen Urteile des Europäischen Gerichtshofs für Menschenrechte befolgen muß[186]. Auch wenn das Urteil die Rechtskraft der angegriffenen Entscheidungen nicht beseitigt und der Europäischen Menschenrechtskonvention nur der Rang eines einfachen Bundesgesetzes zukommt, sind die Entscheidungen des Europäischen Gerichtshofs für Menschenrechte bei der Auslegung der Grundrechte als *Anhaltspunkte* zu berücksichtigen[187]. Für die sich an das Urteil des Gerichtshofs anschließende Entscheidung des Bundesverfassungsgerichts dienen die Grundsätze des Urteils vom 24.6.2004, insbesondere der drei kritischen Erwägungen hinsichtlich Informationsinteresse, örtlicher Abgeschiedenheit und Person der Zeitgeschichte, daher als Interpretationshilfe in der Abwägung von allgemeinem Persönlichkeitsrecht und Äußerungsfreiheiten.

cc) Vergleich zu „Esra“: statt Fiktionalität rechtfertigendes Allgemeininteresse

Kardinalpunkt zur Unterscheidung von der „Esra“- und der „Caroline“-Entscheidung des Europäischen Gerichtshofs für Menschenrechte ist die *Fiktionalität*: Da es sich bei der vorliegenden Entscheidung des Europäischen Gerichtshofs für Menschenrechte zwingend um die Wiedergabe von Ereignissen mit dem Anspruch der Faktizität handelt, entfällt der für den „Esra“-Beschluß entscheidende Aspekt der Fiktionalisierung. Eine der *Fiktionalitätsvermutung* adäquate Ver-

---

184 BVerfGE 101, 361 (387, 392).

185 EGMR NJW 2004, 2647 (2650); vgl. zum Kritierum BVerfGE 101, 361 (394). – Anders *Luch,* Medienpersönlichkeitsrecht (Fn. 208), S. 532 ff.

186 Die Europäische Menschenrechtskonvention wurde durch das Zustimmungsgesetz vom 7.8.1952 (BGBl. 1952 II, S. 685) wirksam in einfaches innerstaatliches Recht transformiert. Das Bundesverfassungsgericht betont zudem die Pflicht der deutschen Rechtsprechung zur Beachtung der Entscheidungen des Europäischen Gerichtshofs für Menschenrechte, BVerfGE 111, 307 (323 f., 327).

187 BVerfGE 74, 358 (370); 111, 307 (316 f., 329); BVerfGE 120, 180 (199 f.); aus der Literatur hierzu statt aller *Heldrich,* Persönlichkeitsschutz (Fn. 479), S. 2635 f.; den Ermessensspielraum der einzelnen Staaten betont *Ohly,* Harmonisierung (Fn. 213), S. 911 f. – Kritisch gegenüber der „in der Tendenz zu wenig völkerrechtsfreundlichen Entscheidung“ des Bundesverfassungsgerichts *Kahl,* Entwicklungslinien (Fn. 114), S. 582 f.; auch kritisch und eine vollständige Angleichung an die Rechtsprechung des Europäischen Gerichtshofs für Menschenrechte befürwortet *W. Frenz,* Recht am eigenen Bild für Prinzessin Caroline, in: NJW 2008, S. 3102 (3105). – Zur Geltung der EMRK auf nationaler Ebene siehe nur *G. Britz,* Bedeutung der EMRK für nationale Verwaltungsgerichte und Behörden, in: NVwZ 2004, S. 173 (174 ff.).

mutung für die Äußerungsfreiheit wurde in der Entscheidung nicht begründet, so daß das Bundesverfassungsgericht der Kunstfreiheit a priori eine höherwertige Positionierung im Widerstreit mit Persönlichkeitsrechten einräumte als der Europäische Gerichtshof für Menschenrechte der Äußerungsfreiheit, der dieser allerdings zuletzt auch mehr Raum einräumte.

Da also die Fiktionalität im Presse- und Äußerungsrecht kein Kriterium der Beurteilung ist, kann auch die *„Je-desto"-Abwägungsformel* des „Esra"-Beschlusses nicht direkt auf die europäische Entscheidung übertragen werden. Gleichwohl läßt sich auch hier das Spannungsfeld von Äußerungsfreiheit und Persönlichkeitsrecht in Form eines ähnlich gelagerten Stufenverhältnisses auf den Punkt bringen: „Je eher eine Abbildung dem Bereich des Privaten zuzuordnen ist, desto überragender muss das Allgemeininteresse sein, damit eine Bildberichterstattung gerechtfertigt sein kann."[188] Ähnlich formuliert es das Bundesverfassungsgericht in der „Je-desto"-Formel: „Je mehr die künstlerische Darstellung die besonders geschützten Dimensionen des Persönlichkeitsrechts berührt, desto stärker muss die Fiktionalisierung sein, um eine Persönlichkeitsrechtsverletzung auszuschließen."[189] In der „Esra"- wie in der „Caroline"-Entscheidung werden graduell meßbare Anforderungen an das Darstellungsinteresse gestellt: Je schwerer die Persönlichkeitsrechtsbeeinträchtigung wiegt, desto größer muß der Ausgleich durch ausreichende Fiktionalisierung oder bejahtes Allgemeininteresse sein. Beim „Esra"-Beschluß handelt es sich um das Interesse an der Wahrung eines der ureigenen Eigenschaften von Kunst, der Verarbeitung von Wirklichkeit in Form der Fiktionalisierung, die die Eigenständigkeit der künstlerischen Welt plastisch werden läßt. Im „Caroline"-Fall ist es das Anliegen, dem Informationsbedürfnis der Öffentlichkeit nachzukommen. Allerdings ist bei den ausgleichenden Parametern zu differenzieren: Fiktionalität entschärft die Persönlichkeitsrechtsbeeinträchtigung bereits als (bestenfalls vom Leser wahrnehmbare) Texteigenschaft schlechthin, verhindert also das Entstehen einer erheblichen Beeinträchtigung überhaupt, während das öffentliche Informationsinteresse demgegenüber erst als rechtfertigender Belang eine Persönlichkeitsbetroffenheit als berechtigt erscheinen läßt. Das Ausmaß der Betroffenheit wird also nur durch die Fiktionalisierung, nicht aber durch das Vorliegen eines öffentlichen Interesses beeinflußt, das nur rechtfertigenden Charakter hat[190].

[188] So prägnant *Bölke/Gostomzyk,* Auswirkungen (Fn. 173), S. 337; ähnlich auf allgemeinerer Ebene widerstreitender Interessen auch *Diederichsen,* Schutz (Fn. 220), S. 1 f.

[189] BVerfGE 119, 1 (30); zur Kritik an der Tautologie der „Je-desto"-Formel in ihrem zweiten Teil, vgl. Abschnitt D.IV.7.d.

[190] Hier zeigt sich wiederum, daß der zweite Teil der „Je-desto"-Formel – im Gegenteil zum ersten Teil – nicht ganz exakt (Fiktionalität wird dort nicht als gegenüber einer Persönlichkeitsrechtsbeeinträchtigung hemmend, sondern unrichtigerweise als rechtfertigend beschrieben) und damit von nachrangiger Bedeutung ist.

dd) Zwischenergebnis: europäische Stärkung presserechtlichen Persönlichkeitsschutzes

Damit läßt sich bilanzieren, daß die Fiktionalität der springende Punkt zur Abgrenzung von „Esra“ und „Caroline“, von kunst- und presserechtlichen Streitfragen ist. Führt der Fiktionsanspruch im ersten Fall zur Begründung der Fiktionalitäts- und der damit verbundenen Zulässigkeitsvermutung, so ist im letzten Fall der Faktizitätsanspruch auf Rezipientenseite verbunden mit dem Informationsbedürfnis der Allgemeinheit. Diese Ausgestaltungen haben in der „Esra“-Entscheidung zum Vorrang der Kunstfreiheit, demgegenüber bei „Caroline“ zum verstärkten Persönlichkeitsschutz geführt.

3. „Caroline von Monaco III“: Beschluß des Bundesverfassungsgerichts

Im Beschluß „Caroline von Monaco III“ des Ersten Senats vom 26.2.2008 wurden die Verfassungsbeschwerden der Beschwerdeführerinnen zu 1) und 3) zurückgewiesen. Die Beschwerdeführerin zu 2) ist hingegen durch die vorinstanzlichen Entscheidungen in ihrem Grundrecht auf Pressefreiheit aus Art. 5 Abs. 1 S. 2 Var. 1 GG verletzt[191]. Die Beschwerdeführerin zu 1) verlegt die Wochenzeitschrift „Frau im Spiegel“, die Beschwerdeführerin zu 2) gibt die Wochenzeitschrift „7 Tage“ heraus. Die Beschwerdeführerin zu 3), *Caroline Prinzessin von Monaco*, ist die Tochter des regierenden Fürsten des Staates Monaco[192].

a) Harmonisierung mit europarechtlichen Vorgaben, Zulässigkeitsvermutung

Im ersten Fall berichtete die von der Beschwerdeführerin zu 1) verlegte Zeitschrift unter dem Titel „Fürst Rainier – Nicht allein zu Haus“ der Fürst des Staates Monaco sei erkrankt und fügt hinzu: „Im Land herrscht große Sorge. Und bei seinen Kindern. Prinz Albert (zur Zeit als Olympia-Teilnehmer in Salt Lake City), Prinzessin Caroline (im St.-Moritz-Urlaub mit Prinz Ernst August von Hannover) und Prinzessin Stephanie wechseln sich in der Betreuung des Vaters ab. Er soll nicht allein sein, wenn es ihm nicht gut geht. Nicht ohne die Liebe seiner Kinder.“ Der Artikel wurde durch ein Foto, das die Beschwerdeführerin zu 3) beim Wintersport in St. Moritz zeigt, ergänzt. Ein anderes Bild bildet die Beschwerdeführerin zu 3) im Winterurlaub ab, ein weiteres im Sessellift mit ihrem

---

191 BVerfGE 120, 180 (180).

192 Aus Gründen der Lesbarkeit und Verständlichkeit werden die Beteiligten entsprechend ihren Rollen im Verfahren „Caroline von Monaco III“ vor dem Bundesverfassungsgericht wie folgt bezeichnet: *Caroline Prinzessin von Hannover* ist die Beschwerdeführerin zu 3), die die Wochenzeitschriften „Frau im Spiegel“ und „7 Tage“ verlegenden Gesellschaften die Beschwerdeführerinnen zu 1) und 2).

Ehemann[193]. Das Landgericht Hamburg untersagte der Beschwerdeführerin am 24.6.2005 die Veröffentlichung der beanstandeten Fotografien[194]. Das Oberlandesgericht Hamburg hob das Verbotsurteil des Landgerichts auf. Der Bundesgerichtshof billigte durch Zurückweisung der Revision der Beschwerdeführerin zu 3), daß das Oberlandesgericht die Klage abgewiesen hatte, soweit sie sich auf die Veröffentlichung des Fotos anläßlich eines Berichts über die Erkrankung des Vaters der Beschwerdeführerin zu 3) bezogen hatte. In Hinsicht auf die anderen Bilder stellte es das Verbot des Landgerichts wieder her[195]. Erlaubt war danach allein die Veröffentlichung des Fotos im Zusammenhang mit der Erkrankung des Vaters der Beschwerdeführerin zu 3)[196].

Die Entscheidungen zur Beschwerdeführerin zu 1) sind in Hinblick auf zwei Aspekte von Bedeutung; einerseits – mit Blick auf den gestärkten Persönlichkeitsschutz – in bezug auf die Harmonisierung mit europäischen Vorgaben, andererseits – zugunsten der Äußerungsfreiheit – hinsichtlich einer Zulässigkeitsvermutung für die Äußerungsfreiheit, die an die Fiktionalitätsvermutung erinnert.

Bezüglich des ersten Gesichtspunkts europarechtlicher Verträglichkeit – der drei Richtungskorrekturen des Europäischen Gerichtshofs für Menschenrechte – betont der Senat erneut, daß unterhaltende Beiträge vom Schutz der Pressefreiheit nicht minder erfaßt werden, und verlagert seine Präferenzen damit weniger eindeutig auf Texte *höheren Informationsgehalts* als das europäische Gericht. Zudem weist er wie im „Caroline von Monaco II"-Urteil wiederum auf den *kritisierten räumlichen Rückzugsbereich* des einzelnen zum Schutz der Privatsphäre hin, deren Grenzen allerdings nicht generell und abstrakt bestimmt werden können[197]. Weiter führt der erkennende Senat aus, daß der Verzicht auf den Begriff *der absoluten und relativen Person der Zeitgeschichte* mit der bisherigen Entscheidungspraxis des Bundesverfassungsgerichts vereinbar sei, da das Gericht diese Figur stets nur als Hilfskonstruktion verstanden hat, die um eine einzelfallbezogene Abwägung ergänzt werden muß[198]. Das Gericht schwört also nicht der bisherigen Rechtsprechungslinie ab, sondern ist bestrebt, sie durch eine Flexibilisierung der Kriterien den europäischen Vorgaben anzugleichen[199].

---

[193] Vgl. BVerfGE 120, 180 (182 f.).

[194] Vgl. BVerfGE 120, 180 (183 f.).

[195] BGHZ 171, 275 (285 f.).

[196] Das Bundesverfassungsgericht bestätigte, daß die Verurteilung zur Unterlassung der erneuten Veröffentlichung der restlichen Bilder die Beschwerdeführerin nicht in ihrem Grundrecht der Pressefreiheit aus Art. 5 Abs. 1 S. 2 GG verletzte. Die Publikation des Fotos im Kontext der Krankheit des Vaters wurde vom Senat als zulässig angesehen, so daß es die Beschwerdeführerin zu 3) nicht in ihrem allgemeinen Persönlichkeitsrecht aus Art. 2 Abs. 1 i.V.m. Art. 1 Abs. 1 GG verletzte; BVerfGE 120, 180 (196).

[197] BVerfGE 120, 180 (199); vgl. BVerfGE 101, 361 (384).

[198] BVerfGE 120, 180 (211 f.).

[199] Nur am Rande sei auf die Neuausrichtung der Regelungen des KUG hingewiesen, deren Anwendbarkeit hinsichtlich des Lebensbildes wie gesehen umstritten ist und im „Esra"-Beschluß verneint wurde, Abschnitt D.III.1.a.cc. Der Europäische Gerichtshof hatte

Insgesamt ist zu beachten, daß eine *Vermutung für die Zulässigkeit* von Publikationen in der Presse streitet. Diese wird mit der besonderen Bedeutung für den Prozeß öffentlicher Meinungsbildung und Meinungsbildungsfreiheit begründet[200]. So wie bei einem literarischen Text eine Vermutung für die Fiktionalität und damit für die Zulässigkeit spricht, ergibt sich bei einem journalistischen Text eine hohe Wahrscheinlichkeit für eine meinungsbildende Funktion, die ebenso die Zulässigkeit der Aussage nahelegt.

Aus diesen Maßgaben schlußfolgernd hat der Bundesgerichtshof nach Ansicht des Bundesverfassungsgerichts hinreichend gewürdigt, daß es sich ausschließlich um einen Bericht über Urlaubsverhalten gehandelt hat, der zum Kernbereich der Privatsphäre gehöre und bei dem ein Informationsbedürfnis der Öffentlichkeit grundsätzlich nicht bestehe[201]. Allein im Fall der Erkrankung

---

in der „Caroline“-Entscheidung in Hinblick auf die offen kritisierte Figur der Person der Zeitgeschichte eine restriktive Auslegung des Kunsturhebergesetzes angemahnt; EGMR NJW 2004, 2647 (2650). Als Ausnahme vom Einwilligungsgrundsatz nach § 22 S. 1 KUG dürfen Bildnisse aus dem Bereich der Zeitgeschichte ungefragt veröffentlicht werden, § 23 Abs. 1 Nr. 1 KUG. Der Begriff der Zeitgeschichte erfaßt Personen des öffentlichen Lebens wie Politiker, Wissenschaftler, Schauspieler und andere Künstler, Sportler oder Erfinder und ist insgesamt weit auszulegen; *Soehring,* Presserecht (Fn. 479), S. 478 ff. Die Ausnahme vom grundsätzlichen Einwilligungserfordnis gilt gemäß § 23 Abs. 2 KUG allerdings nicht bei entgegenstehenden berechtigten Interessen des Abgebildeten. Das durch die bisherige nationale Rechtsprechung gestaltete Regel-Ausnahme-Prinzip der §§ 22 f. KUG wurde vom Europäischen Gerichtshof richtungweisend konkretisiert. So werden Angehörige regierender Fürstenhäuser ohne eigene politische Funktion wie *Caroline von Hannover* bei der Prüfung nach § 23 Abs. 1 Nr. 1 KUG nun *nicht als absolute Personen der Zeitgeschichte* angesehen; EGMR NJW 2004, 2647 (2650). Hinsichtlich der Abwägung im Rahmen des § 23 Abs. 2 KUG kann jetzt nicht mehr ohne weiteres ein berechtigtes Informationsinteresse der Allgemeinheit bejaht werden, wenn eine Person des öffentlichen Lebens sich bei privaten Tätigkeiten in der Öffentlichkeit zeigt: *Soehring,* ebda., S. 495. Entscheidend ist, ob ein Beitrag zur Meinungsbildung in der Gesellschaft, also ein hinreichender Informationswert hinsichtlich eines Vorgangs allgemeinen Interesses oder eines zeitgeschichtlichen Ereignisses vorliegt; BVerfGE 120, 180 (218 ff.). Das öffentliche Informationsinteresse war schon zuvor ein Gesichtspunkt der Abwägung von Persönlichkeitsschutz und Pressefreiheit, erhält aber durch die europäische Entscheidung eine herausragende Bedeutung. Insgesamt hat der Europäische Gerichtshof damit eine *restriktive Auslegung des § 23 Abs. 1 Nr. 1 KUG* und eine *weite Auslegung des berechtigten Interesses des Abgebildeten im Rahmen des § 23 Abs. 2 KUG* angemahnt und so den Schutz des Rechts am eigenen Bild im Sinne des Kunsturhebergesetzes erweitert. Jüngere Entscheidungen des Bundesgerichtshofs verdeutlichen die Umsetzung dieser Maßstäbe: Die Figur der Person der Zeitgeschichte ist weitgehend verschwunden, die Wertungen der §§ 22 f. KUG werden von einer verstärkten Auseinandersetzung mit dem öffentlichen Interesse der Darbietungen geprägt; BGHZ 171, 275 (285 f.); 178, 213 (217 ff.); 180, 114 (118 ff.); hierzu zusammenfassend auch *Sajuntz,* Entwicklung (Fn. 219), S. 2994.

[200] BVerfGE 120, 180 (208): „Äußerungen in der und durch die Presse wollen in der Regel zur Bildung der öffentlichen Meinung beitragen und haben daher zunächst die Vermutung der Zulässigkeit für sich, auch wenn sie die Rechtssphäre anderer berühren (vgl. BVerfGE 20, 162 [177]).“

[201] BVerfGE 120, 180 (215).

des Fürsten von Monaco ist der Bundesgerichtshof von einem Ereignis allgemeinen Interesses ausgegangen. Die Presse darf daher darüber berichten, wie es der Beschwerdeführerin zu 3) gelinge, die Solidaritätspflicht mit dem Vater und den Wunsch nach Urlaub in Einklang zu bringen[202]. Zudem ist die Beschwerdeführerin der Gruppe der sonstigen im öffentlichen Leben stehenden Personen zuzuordnen, bei denen eine Bildveröffentlichung auch im Bereich des öffentlichen Alltagslebens im Fall von allgemeinem Interesse möglich ist. Auch die Große Kammer des Europäischen Gerichtshofs für Menschenrechte hat jüngst – unter Einräumung eines generösen Einschätzungsspielraums für die nationalen Gerichte – diese Rechtsprechungslinie bestätigt: Die Erkrankung des Fürsten sei Gegenstand öffentlichen Interesses, sodaß die damit im Zusammenhang stehende Berichterstattung – auch über das Privatleben der Angehörigen – nicht zu beanstanden sei[203].

b) Betonung der Äußerungsfreiheit, Würdigung des Informationsinteresses

Beim zweiten Fall hatte die Beschwerdeführerin zu 2) in einem Artikel über die Ferienvilla der Beschwerdeführerin zu 3) in Kenia berichtet, die sie in Zeiten der Abwesenheit vermiete. Die Überschrift enthält klar hervorgehoben die Unterzeile: „Auch die Reichen und Schönen sind sparsam. Viele vermieten ihre Villen an zahlende Gäste"[204]. Der Text wurde durch ein Foto ergänzt, das die Beschwerdeführerin zu 3) im Urlaub auf einer Straße neben ihrem Ehemann abbildet[205]. Das Landgericht verbot mit Urteil vom 24.6.2005 die Veröffentlichung des Bildes[206]. Das Oberlandesgericht hob die Entscheidung des Landgerichts mit Urteil vom 31.1.2006 auf[207]. Der Bundesgerichtshof wiederum kassierte am 6.3.2007 das oberlandesgerichtliche Urteil, so daß das Veröffentlichungsverbot der Ausgangsinstanz bestätigt wurde[208]. Darin erkannte das Bundesverfassungsgericht eine Verletzung des Grundrechts der Pressefreiheit der Beschwerdeführerin zu 2)[209]. Bei näherer Würdigung des Informationsgehalts werde deutlich, daß die das Bild

---

202 BVerfGE 120, 180 (217); zuletzt bestätigt durch EGMR DÖV 2012, 362 (362).

203 EGMR DÖV 2012, 362 (362). Im Wortlaut des European Court of Human Rights (Grand Chamber), Applications 40660/08, 60641/08 vom 7.2.2012 Rn. 105, 109 heißt es: „In exercising its supervisory function, the Court's task is not to take the place of the national courts, but rather to review, in the light of the case as a whole, whether the decisions they have taken pursuant to their power of appreciation are compatible with the provisions of the Convention relied on. [...] An initial essential criterion is the contribution made by photos or articles in the press to a debate of general interest." BVerfGE 120, 180 (218 f.).

204 In dem Bericht wurden neben der Beschwerdeführerin zu 3) mehrere prominente Privatpersonen genannt, die „einen Hang zu ökonomischen Denken entwickelt" hätten und ihre Immobilien in Zeiten der eigenen Abwesenheit vermieten.

205 Vgl. BVerfGE 120, 180 (191 f.).

206 Vgl. BVerfGE 120, 180 (192).

207 OLG Hamburg AfP 2006, 180 (181).

208 BGH EuGRZ 2007, 503 (504).

209 BVerfGE 120, 180 (196, 220).

kommentierenden Anmerkungen dem Leser Anlaß für sozialkritische Überlegungen bieten und so aufgrund des öffentlichen Informationsbedürfnisses als zulässig anzusehen sind[210].

4. Vergleich „Esra“: Prüfung, Zulässigkeitsvermutung, Eltern-Kind-Beziehung

Die zeitnah aufeinander ergehenden Beschlüsse „Esra“ und „Caroline von Monaco III“ weisen im Ausgleich von Persönlichkeitsschutz und Äußerungsfreiheit einerseits einen unterschiedlichen Prüfungsumfang auf, sind andererseits einander hinsichtlich der Begründung rechtlicher Zulässigkeitsvermutungen und in bezug auf eine Sensibilisierung für die Eltern-Kind-Beziehung ähnlich.

Auf der einen Seite markiert der *Prüfungsumfang* auch bei thematisch vergleichbarer Materie bereits den ersten Unterschied: Während das Bundesverfassungsgericht im Beschluß „Caroline von Monaco III“ von einem beschränkten Kontrollumfang ausgeht[211], prüft der Senat in der „Esra“-Entscheidung hingegen die fachgerichtlichen Entscheidungen uneingeschränkt nach[212]. Dieser Befund unterstreicht die große Bedeutung des Grundrechts aus Art. 5 Abs. 3 S. 1 1. Alt. GG. Daß der Pressefreiheit nicht die Gewichtung des vorbehaltlos garantierten Grundrechts der Kunstfreiheit zukommt, wird auch an der Verteilung der *Darlegungslast* in der „Caroline von Monaco III“-Entscheidung deutlich. Die Presse muß die Umstände der Fotoaufnahme so substantiiert darlegen, daß das Gericht überprüfen kann, ob der Veröffentlichung berechtigte Interessen des Betroffenen entgegenstehen[213]. Diese Lastenverteilung bedingt in der Tat eine Erschwerung der Pressearbeit[214]. Auch derjenige, der sich nachteilig über einen anderen äußert, muß seine Behauptung im Rechtsstreit belegen[215]. Diese Anfor-

---

[210] Zudem beinhalte der Textbeitrag eine Darstellung mehrerer prominenter Vermieter, denen Leitbild- und Kontrastfunktion für große Teile der Bevölkerung zukomme. Bei dem Bild handele es sich um ein kleinformatiges Foto, das die Beschwerdeführerin zu 3) an einem nicht identifizierbaren Ort ohne einen besonderen Bezug zu erhöhten Entspannungsbedürfnissen zeige. BVerfGE 120, 180 (221 ff.).

[211] BVerfGE 120, 180 (209 f.).

[212] BVerfGE 119, 1 (22).

[213] BVerfGE 120, 180 (207 f.).

[214] *K.-N. Peifer,* Anmerkung zu BVerfG. Beschluss vom 26. Februar 2008 – 1 BvR 1602, 1606, 1626/07, in: GRUR 2008, S. 547 (549).

[215] Wenn er dieser erweiterten Darlegungslast nicht genügt, gilt die Behauptung als unwahr und begründet einen Unterlassungsanspruch des Betroffenen; *Soehring/Seelmann-Eggebert,* Entwicklung (Fn. 352), S. 575. – *Ohmer,* Fakten (Fn. 2), S. 76 hebt die Prozesse um *Caroline von Monaco* und *Biller* auf eine allgemeinere Vergleichsebene, auf der die beiden unter dem Aspekt Literatur-/Medienfreiheit in Konflikt mit dem Persönlichkeitsschutz treten. Sie erkennt eine Verschiebung der Interessengewichtung zugunsten des Persönlichkeitsschutzes: „Im Zuge dieser Prozesse [um Caroline von Monaco] wurde der Persönlichkeitsschutz mit der Argumentation ausgedehnt, dass jeder Mensch so vielen Medien ausgesetzt

derungen sind – wie bereits erörtert – im Fall „Esra" in bezug auf die Kunstfreiheit undenkbar. Weder Verlag noch Autor müssen dartun, wie der Roman zustande gekommen ist. Abgesehen von praktischen Schwierigkeiten würde das auch eine unzulässige Einschüchterung des Kunstbetriebs bedeuten, der von Kreativität, Ungebundenheit von einem Faktizitätsanspruch, Inspiration und Unabhängigkeit geprägt ist und damit einen wichtigen Beitrag für die gesellschaftliche Diskussion leistet.

Auf der anderen Seite ist grundlegende Gemeinsamkeit die Privilegierung der Äußerungsfreiheiten in Form von *rechtlichen Vermutungen*, die eine Zulässigkeit durch Fiktion oder öffentliches Interesse begründen. So ist in der „Caroline von Monaco III"-Rechtsprechung eine insgesamt pressefreundliche Linie zu erkennen, die also in einer Zulässigkeitsvermutung für die Presse – als Pendant zur Fiktionalitätsvermutung im „Esra"-Beschluß – zum Ausdruck kommt[216]. Daß die Auslegung der Pressefreiheit gleichwohl nicht so weit wie die der vorbehaltlos garantierten Kunstfreiheit reicht und die Begrenzungen der Pressefreiheit – wie gesehen an den Entscheidungen auf nationaler und europäischer Ebene – auch restriktiver gehandhabt werden, liegt auch in der Breitenwirkung und damit potenzierten Gefahr für den Persönlichkeitsschutz durch die Medien begründet.

Ein weiterer gemeinsamer Aspekt der Entscheidungen „Esra" und „Caroline von Monaco III" ist letztlich die *Eltern-Kind-Beziehung*, die in beiden Beschlüssen mit vergleichbarer Konsequenz geschützt wird[217]. Beiderseits sind die Bereiche, die eine Berührung zu Kindern beinhalten, besonders sensibel und erfahren daher einen gesteigerten Schutz, der sich in dem Verbot der entsprechenden Darstellungen der Eltern mit ihren Kindern in Text- oder Bildform realisiert. Der intensivierte Schutz des Persönlichkeitsrechts von und in bezug auf Minderjährige entspricht verbreiteter Rechtsprechungspraxis[218], die insbesondere auch in der „Caroline von Monaco II"-Entscheidung zum Ausdruck kommt[219].

---

sei, dass es nötig ist, Persönlichkeit und Privatraum zu schützen. […] Muss die Verfassung in einem solchen Fall die Freiheit der Kunst nicht nur vor dem staatlichen Eingriff, sondern auch gegen den Zugriff des sensiblen Einzelnen schützen?"

[216] BVerfGE 120, 180 (208); in dieser Rechtsprechung ein Vorbild für andere Rechtsordnungen erkennt *F. Kübler*, Ehrenschutz, Selbstbestimmung und Demokratie, in: NJW 1999, S. 1281 (1282).

[217] BVerfGE 119, 1 (24); 120, 180 (199).

[218] Siehe nur BVerfGE 80, 81 (90 ff.); 101, 361 (385 ff.); OLG Hamm NJW-RR 2004, 919 (921); LG Hagen ZUM-RD 2007, 249 (252); zustimmend und exemplarisch begründet *Küchenhoff*, Killerspiele (Fn. 20), S. 342.

[219] BVerfGE 101, 361 (385 f.); vgl. auch BGHZ 160, 298 (301 ff.).

5. Engführung: „Esra“, europäische Einwirkung, „Caroline von Monaco III“

Das Bundesverfassungsgericht mußte in beiden Entscheidungen „Esra“ und „Caroline von Monaco III“ nach einem Ausgleich von Persönlichkeitsrecht und Äußerungsfreiheit suchen. Die bisherige nationale Rechtsprechung entschied mit Recht in der Tendenz äußerst pressefreundlich. In der Tat kann nicht in Abrede gestellt werden, daß auch die Pressefreiheit als Äußerungsrecht Ausdruck der Persönlichkeit ist[220]. Eine Präferenz für die Freiheiten aus Art. 5 GG manifestiert sich nicht zuletzt in der Fiktionalitätsvermutung. In der vorliegenden Entscheidung war diese Linie in Einklang mit der europäischen Persönlichkeitsrechtsaffinität zu bringen.

Das Bundesverfassungsgericht legt im Rahmen der Abwägung einen gesteigerten Wert auf das *öffentliche Informationsinteresse* bei einer Frage von allgemeiner Bedeutung[221]. Dieser Aspekt steht im Einklang mit seiner bisherigen Rechtsprechung und zeichnet die Konturen entsprechend der europäischen Kritik noch deutlicher[222]. Im Rahmen der für den „Esra“-Beschluß relevanten Kunstfreiheit spielt das Informationsinteresse der Allgemeinheit vor dem Hintergrund der Trennlinie des Faktizitätsanspruchs keine Rolle.

An drei weiteren Stellen verlangt die Einbeziehung des Urteils vom Europäischen Gerichtshof dem Bundesverfassungsgericht bedeutend mehr Argumentationskunst ab. Der Gerichtshof hatte das Kriterium *örtlicher Abgeschiedenheit* abgelehnt. Er hatte insbesondere kritisiert, daß der Betroffene die äußerst schützenswerte örtliche Abgeschiedenheit beweisen sollte[223]. Das Bundesverfassungsgericht verwendet weiterhin den Begriff der örtlichen Abgeschiedenheit. Allerdings wird es den kritischen Hinweisen dadurch gerecht, daß es die Beweislast zuungunsten des Journalisten verteilt. Er muß die Zulässigkeit der Umstände darlegen, unter denen die Fotografien aufgenommen

---

220 *K.-N. Peifer,* Das Caroline-Urteil des EGMR und die Rechtsprechung des Bundesverfassungsgerichts – Die Entwicklung aus zivilrechtlicher Sicht bis zur Entscheidung des EGMR, in: H. Prütting (Hrsg.), Das Caroline-Urteil des EGMR und die Rechtsprechung des Bundesverfassungsgerichts, 2006, S. 5 (17); *Soehring,* Presserecht (Fn. 479), S. 476 f. – Kritisch zur bisherigen Rechtsprechung *M. Kiesel,* Die Liquidierung des Ehrenschutzes durch das BVerfG, in: NVwZ 1992, S. 1129 (1129 ff.); *M. Kriele,* Ehrenschutz und Meinungsfreiheit, in: NJW 1994, S. 1897 (1904 f.); *R. Stürner,* Die verlorene Ehre des Bundesbürgers – Bessere Spielregeln für die öffentliche Meinungsbildung?, in: JZ 1994, S. 865 (867 ff.); eine übertriebene Liberalität konstatierend *Sendler,* Liberalität (Fn. 537), S. 344 ff., 351; *F. Ossenbühl,* Medien zwischen Macht und Recht, in: JZ 1995, S. 633 (639 f.).

221 BVerfGE 120, 180 (203).

222 Vgl. EGMR NJW 2004, 2647 (2649 ff.). – Zur Kritik an der Entscheidung des Europäischen Gerichtshofs für Menschenrechte *Soehring/Seelmann-Eggebert,* Entwicklung (Fn. 352), S. 576.

223 EGMR NJW 2004, 2647 (2650). – Dieser Kritik schließt sich an *Kahl,* Entwicklungslinien (Fn. 114), S. 584.

wurden[224]. Es liegt auf der Hand, daß die Modifizierung des Kriteriums der örtlichen Abgeschiedenheit für die Wirklichkeitsaufnahme in der Literatur keine Relevanz hat. Allerdings läßt sich der Gedanke des europäischen Gerichts doch auch für die „Esra"-Entscheidung fruchtbar machen, daß der Betroffene nicht die Verletzung seiner räumlichen Privatheit beweisen muß, sein Schutz nicht anhand von unbestimmten Kriterien übermäßig eingeschränkt werden darf. Denn in Gleichklang erscheinen damit die beiden aus dem „Esra"-Beschluß bekannten Tabuzonen, die auch ein Mindestmaß an Persönlichkeitsschutz garantieren.

Zweitens hatte das Bundesverfassungsgericht die *Figur der absoluten und relativen Person der Zeitgeschichte* bislang als verfassungskonform anerkannt[225]. Das Bundesverfassungsgericht rechtfertigt nach der europäischen Kritik sein Vorgehen und verweist mit Recht auf die stets vorgenommene einzelfallabhängige Abwägung[226]. Es stellt sich allerdings die Frage nach der Haltung des Gerichtshofs gegenüber der Einzelfallabwägung. So könnte der Gerichtshof die Abwägungsvoraussetzung und -durchführung der nationalen Gerichte auch gesehen und *gerade aufgrund* der Hilfskonstruktion der Person der Zeitgeschichte als fehlerhaft befunden haben. Denn der Gerichtshof verbindet mit der Person der Zeitgeschichte zugleich eine Gewichtung mit „sehr beschränkten Schutz des Privatlebens und des Rechts am eigenen Bild"[227]. Das kritisierte Vorgehen könnte also auch eine Verlagerung innerhalb der abzuwägenden Interessen bedingen. An einer Person der Zeitgeschichte besteht regelmäßig ein gesteigertes Öffentlichkeitsinteresse, das den Persönlichkeitsschutz einschränkt. Gerade diesen Punkt kritisiert der Europäische Gerichtshof für Menschenrechte. Daß die deutschen Gerichte darüber hinaus eine Einzelfallabwägung vornehmen, trägt der Relevanz der Materie Rechnung, könnte so gesehen allerdings die grundsätzliche Kritik des Gerichtshofs an der gedanklichen Konstruktion einer Person der Zeitgeschichte und den daraus resultierenden Kategorisierungen nicht entkräften. Andererseits hätte der Europäische Gerichtshof dieses Anliegen klarer

[224] BVerfGE 120, 180 (207 f.); vgl. BGH NJW 2009, 754 (755 f.).

[225] BVerfGE 101, 361 (392).

[226] Das europäische Gericht kritisierte nun äußerst prägnant in EGMR NJW 2004, 2647 (2650): „Der Gerichtshof kann der Auslegung des § 23 Abs. 1 KUG durch die deutschen Gerichte mit ihrem Begriff der ‚absoluten' Person der Zeitgeschichte nur schwer folgen. Eine solche Einordnung mit ihrem sehr beschränkten Schutz des Privatlebens und des Rechts am eigenen Bild als Folge mag für Personen des politischen Lebens in Frage kommen, die amtliche Funktionen wahrnehmen. Für eine Privatperson aber wie die Beschwerdeführerin, bei der das Interesse des breiten Publikums und der Presse einzig auf ihrer Zugehörigkeit zu einem regierenden Haus beruht, während sie selbst keine amtlichen Funktionen hat, lässt sich eine solche Einordnung nicht rechtfertigen. Jedenfalls ist unter diesen Voraussetzungen eine einschränkende Auslegung des Kunsturhebergesetzes erforderlich, [...]."

[227] EGMR NJW 2004, 2647 (2650). – Die nationale Rechtsprechung nur in bezug auf öffentliche Personen wie Politiker als EMRK-konform bezeichnet *Kahl*, Entwicklungslinien (Fn. 114), S. 585.

zum Ausdruck bringen können, wenn eine Orientierung anhand von Hilfskonstruktionen für die Abwägung unterbleiben sollte. Er geht hingegen in keiner Weise auf die von dem Bundesverfassungsgericht unablässig geforderte Einzelfallabwägung ein. Daraus läßt sich nur schlußfolgern, daß er die stets zusätzlich erforderliche konkrete Gegenüberstellung schlicht übersehen hat. Alternativ könnte der Gerichtshof sie auch unerwähnt mitgeprüft und als zu leicht befunden haben. Zuletzt hat er seine bisherige Kritik in Hinblick auf die einzelfallabhängige Abwägung konkretisiert und die nationale Praxis gebilligt[228]. Der europäische Appell eines intensivierten Persönlichkeitsschutzes durch die Kritik der Person der Zeitgeschichte bleibt nichtsdestominder mahnend in Erinnerung. Demgemäß sollte das allgemeine Persönlichkeitsrecht auch im Bereich von literarischen Darstellungen für alle Personen unterschiedlichen Bekanntheitsgrads im Bereich von Privat- und Intimsphäre einen gleichmäßigen Schutz entfalten, soweit sich nicht aus den Umständen wie einem provozierenden Vorverhalten etwas anderes ergibt.

Ebenso komplex – aber ebenfalls mit Geschick durch die Argumentation des Bundesverfassungsgerichts entwirrt – ist die Frage, ob die Unterhaltung in der Presse auch durch die Pressefreiheit geschützt wird. So stellt das Gericht klar, daß auch unterhaltende Beiträge vom Schutzbereich erfaßt werden. Die Rechtsprechung des Europäischen Gerichtshofs wird dann auf zweiter Stufe aufgegriffen, wenn auf das Gewicht des Informationsinteresses der Öffentlichkeit im Widerstreit mit dem kollidierenden Persönlichkeitsrecht hingewiesen wird[229]. Diese Betonung umfassenden Schutzes deckt sich mit der Rechtsprechung des „Esra"-Beschlusses, die den Schutzbereich weit auslegt[230].

Insgesamt ist dem Bundesverfassungsgericht in der „Caroline von Monaco III"-Entscheidung der Spagat zwischen pressefreundlicher nationaler und den Persönlichkeitsschutz anmahnender Rechtsprechung des Europäischen Gerichtshofs für Menschenrechte gelungen. Es hat sich eingehend mit der europäischen Kritik auseinandergesetzt und tragbare Lösungsansätze in Hinblick auf das öf-

---

[228] EGMR DÖV 2012, 362 (362); vgl. ferner *R. Mann,* Auswirkungen der Caroline-Entscheidung des EGMR auf die forensische Praxis, in: NJW 2004, S. 3220 (3222). – Kritisch zur Entscheidungsbegründung ebenso *Kahl,* Entwicklungslinien (Fn. 114), S. 583 ff. Zuletzt wurde die Abwägungspraxis der nationalen Gerichte hinsichtlich der Veröffentlichung von Urlaubsphotos von Caroline von Monaco durch den Europäischen Gerichtshof für Menschenrechte bestätigt, European Court of Human Rights (Grand Chamber), Applications 40660/08, 60641/08 vom 7.2.2012 Rn. 124: „The Court observes that, in accordance with their case-law, the national courts carefully balanced the right of the publishing companies to freedom of expression against the right of the applicants to respect for their private life."

[229] BVerfGE 120, 180 (197); BGHZ 171, 275 (286 f.); BGH NJW 2007, 1981 (1981); OLG Hamburg, Urteil vom 21.03.2006, 7 U 134/05, BeckRS 2010, 21732; OLG Hamburg, Urteil vom 12.09.2006, 7 U 80/06, BeckRS 2010, 21734; nur von moderaten Auswirkungen der Entscheidung des Gerichtshofs für die nationale Rechtsprechung, anstelle grundlegender Veränderungen geht aus *Luch,* Medienpersönlichkeitsrecht (Fn. 208), S. 558 f.

[230] BVerfGE 119, 1 (23).

fentliche Informationsinteresse, die örtliche Abgeschiedenheit und die Figur der Zeitgeschichte entwickelt. Auch im „Esra"-Beschluß kommt der Persönlichkeitsschutz in Form der beiden Tabuzonen höchster Privatheit hinreichend zum Tragen. Damit steht die „Esra"-Entscheidung – auch angesichts der jüngsten Tendenz zur Freiheit aus Art. 5 GG auf europäischer Ebene – nicht in Widerspruch zum europäischen Maßstab. Folgt man dem Gedankenspiel, die Klägerin zu 2) des „Esra"-Verfahrens würde sich gegen die „Lale"-Darstellung in Straßburg beschweren, so würde man ihr zwar tendenziell höhere Erfolgschancen als auf nationaler Ebene prophezeien. Allerdings läßt die europäische Rechtsprechungslinie zuletzt auch eine verstärkte Gewichtung der Äußerungsfreiheiten erkennen. Eben gerade diese Neigung zu einem wirksamen Schutz der Freiheiten aus Art. 5 GG spiegelt sich – dem „Esra"-Beschluß nicht unähnlich – in neueren Entscheidungen des Europäischen Gerichtshofs für Menschenrechte wider[231].

[231] Jüngst EGMR DÖV 2012, 362 (362).

H. Zusammenfassung

Abschließend sind die Erkenntnisse dieser Arbeit zusammenzufassen. Auf der Grundlage der zunächst vorzustellenden Ergebnisse und Thesen wird ein Prüfungsmodell entworfen, das als mögliche Orientierung im Ausgleich von Kunstfreiheit und allgemeinem Persönlichkeitsrecht dienen soll.

I. Ergebnisse/Thesen

1. Der streitgegenständliche Roman „Esra" von *Maxim Biller*, der bei der Beschwerdeführerin 2003 veröffentlicht wurde, handelt von einem Liebesverhältnis des Ich-Erzählers Adam zur weiteren Protagonistin Esra. Das soziale Umfeld Esras, insbesondere ihre intrigante Mutter Lale und ihre erkrankte Tochter Ayla, verhindern letztlich eine dauerhafte Beziehung. Durch die Ausgestaltung der Erzählung entsteht eine enge Anbindung des Lesers an die Figurenwelt, vorwiegend auch an den Erzähler.

2. Die Exfreundin des Autors, *Ayşe Romey*, die Klägerin zu 1), erkennt sich in der Romanfigur Esra, ihre Mutter, *Birsel Lemke*, die Klägerin zu 2), in Lale wieder. In der Tat liegen zahlreiche biographische Übereinstimmungen in der Beschreibung von Klägerinnen und Kunstfiguren vor. Auch der Lebenslauf des Autors weist große Ähnlichkeit zu der Darstellung des Erzählers Adam auf.

3. Nachdem im einstweiligen Verfügungsverfahren einstweilige Verfügung und Bestätigung des Landgerichts München I durch das Oberlandesgericht München aufgehoben wurden, verurteilte das Landgericht München I die Beschwerdeführerin, es zu unterlassen, das Buch „Esra" zu veröffentlichen. Die Entscheidung wurde in der Berufungs- und Revisionsinstanz bestätigt. Die Verfassungsbeschwerde der Beschwerdeführerin war hinsichtlich der Klägerin zu 2) begründet, in bezug auf die Klägerin zu 1) blieb sie ohne Erfolg. Schmerzensgeldansprüche standen beiden Frauen nicht zu.

4. Der Beschluß erging am 13.6.2007 mit 5:3 Stimmen. Die Senatsmehrheit bejahte nach Eröffnung des Schutzbereichs der Kunstfreiheit die Betroffenheit der Klägerinnen durch die Romanveröffentlichung. Beide seien in den Romanfiguren erkennbar und durch die Darstellung nicht nur unerheblich beeinträchtigt. Die Darstellungen von Sexszenen zwischen Adam und Esra sowie ihre Beziehung zur erkrankten Tochter verletzen die Klägerin zu 1) in ihrem allgemei-

nen Persönlichkeitsrecht und führen zum Publikationsverbot. Hinsichtlich der Klägerin zu 2) kommt der Kunstfreiheit der Vorrang zu. Die dissentierenden Richter empfinden dieses Ergebnis als zu weitgehende Beschränkung der Kunstfreiheit.

5. Wichtige Leitgedanken sind neben der Konkretisierung des Erkennbarkeitskriteriums auf eine aufgedrängte Identifizierung im Bekanntenkreis die Einführung einer Fiktionalitätsvermutung für literarische Texte und eine Aktualisierung des Grundsatzes praktischer Konkordanz für den Ausgleich von Persönlichkeitsschutz und Kunstfreiheit in Form der „Je-desto“-Formel.

6. Der „Mephisto“-Beschluß stellt sich als notwendiger Vorläufer zur „Esra“-Entscheidung dar, die diesen modifiziert, präzisiert und damit einen Fortschritt für die Kunstfreiheit bedeutet: Die Erkennbarkeitsvoraussetzung wurde in qualitativer Hinsicht angehoben und in quantitativer Ausrichtung erleichtert. Die kunstspezifische Sicht bei „Mephisto“ ermöglicht die Einführung der Fiktionalitätsvermutung. Auf der „Ur-/Abbild“-Theorie basiert die „Je-desto“-Formel. Der Roman „Mephisto“ wäre nach den „Esra“-Maßstäben heute wie damals zulässig.

7. Der Vergleich mit der „Springer/Wallraff“-Entscheidung zeigt, daß die Regelungen im Journalismus zum Ausgleich mit Persönlichkeitsrechten allein als Anregung, aufgrund des trennenden Faktizitätsanspruchs nicht jedoch als Muster zur Entscheidung von Literaturprozessen dienen können. Auf dem Gebiet fiktionaler Texte sind Unterlassungs- und negative Feststellungsklage als Rechtsschutz tonangebend, im journalistischen Bereich zeigt sich eine weiter gehende Anzahl von Rechtsschutzmöglichkeiten.

8. Das privatrechtliche Parallelverfahren „Meere“ belegt trotz vertretbarem Entscheidungsergebnis die Notwendigkeit, die obsolete, bestimmende „Mephisto“-Rechtsprechung anhand der „Esra“-Entscheidung zu modifizieren. Die „Esra“-Leitgedanken bieten gegenüber der mitunter kontingent erscheinenden „Meere“-Abwägung durch die Grundsätze von Erkennbarkeit, Fiktionalitätsvermutung, Rezeptionsmaßstab und „Je-desto“-Formel einen Gewinn an Rechtsklarheit.

9. Der nicht unumstrittene Text „Esra“ kann nach den Regeln der Literaturwissenschaft als literarischer Text eingeordnet werden. Er ist als autobiographisch inspirierter Roman, nicht aber als Schlüsselroman zu qualifizieren. Er ist als Roman der Postmoderne und des subjektiven Realismus einzuordnen. Zudem handelt es sich aufgrund der überwiegenden Fiktionssignale um einen fiktionalen – präziser autofiktionalen – Text. Er vereinigt fiktive und faktuale Elemente und weist dabei – angesichts der Vielzahl letzterer – einen eher geringen Fiktionsgrad auf. Die Unterscheidung von Realität und Fiktion kann daher dem verständigen Durchschnittsleser Schwierigkeiten bereiten. Fiktion ist häufig ein Merkmal von Literarizität, so daß die Fiktionalitätsvermutung eine zutreffende Umsetzung literaturwissenschaftlicher Erkenntnisse darstellt.

10. Das Publikationsverbot im Fall „Esra“ ruft nicht die Gefahr staatlicher Zensur hervor. Gleichwohl sollte Sorgfalt auf ein kunstadäquates Vorgehen in Form der Einholung eines literaturwissenschaftlichen Gutachtens zur Fiktion und der vorzunehmenden Begriffskorrekturen gelegt werden.

11. In der literaturwissenschaftlichen Diskussion waren insbesondere die Aspekte von Erkennbarkeit, Umgang mit Fiktion und Rezeptionsmaßstab vehement umstritten. Eine Mehrzahl lehnt das Publikationsverbot in Furcht vor weiterreichenden Folgen für den Literaturbetrieb ab.

12. Der Senat hat im „Esra“-Beschluß zwar etwas dezidiert, aber im Ergebnis zutreffend und mit der Rechtsprechungslinie zur Kunstfreiheit übereinstimmend den Prüfungsumfang hinsichtlich fachgerichtlicher Entscheidungen erweitert.

13. Die Grundrechte finden auf den Streit von Privatrechtssubjekten mittels der Schutzpflichten des Staates gegenüber Privaten mittelbar Anwendung.

14. Hinsichtlich der Kunstfreiheit der Beschwerdeführerin ist von einem weiten Schutzbereichsverständnis auszugehen. Der Kunstbegriff läßt sich nicht abschließend fassen, wenn auch die Gesamtschau von materiellem, formalem und offenem Kunstbegriff einen hinreichend konkreten Rahmen absteckt, auf den der relationale Kunstbegriff als Korrektiv einwirkt. Der Roman „Esra“ stellt unstreitig ein Kunstwerk dar, die Publikation eine vom Wirkbereich der Kunstfreiheit erfaßte Tätigkeit.

15. Die Kunstfreiheit ist ein vorbehaltlos garantiertes Grundrecht, auf das die Schranken der Art. 5 Abs. 2 und Art. 2 Abs. 1, 2 GG nicht übertragbar sind. Für die Einschränkung aufgrund kollidierender Rechtswerte von Verfassungsrang – vorliegend des allgemeinen Persönlichkeitsrechts – ist grundsätzlich eine Rechtsgrundlage erforderlich, die im „Esra“-Fall mit der analogen Anwendung von § 1004 Abs. 1 S. 2 i.V.m. § 823 Abs. 1 BGB nicht ausreichend ist. Angesichts der mißlichen Lage des im Persönlichkeitsschutz Betroffenen kann das Publikationsverbot gleichwohl nicht verwehrt werden.

16. Die Ausformung des allgemeinen Persönlichkeitsrechts beruht auf Richterrecht, die Bestandsberechtigung ist nicht zweifelsfrei, allerdings allgemein anerkannt. Es findet seine Ausgestaltung in Form von Fallgruppen, von denen im „Esra“-Verfahren das Recht der Selbstbewahrung und das Recht der Selbstdarstellung relevant werden. Die Romanpublikation stellt sich als Übergriff in das allgemeine Persönlichkeitsrecht der Klägerinnen dar.

17. In der Abwägung von Kunstfreiheit und allgemeinem Persönlichkeitsrecht erweist sich die „Je-desto“-Formel als brauchbare, allerdings optimierbare Orientierungshilfe im Widerstreit der Interessen. Allerdings beschreibt sie nicht eine wechselseitige Beeinflussung. Allein der Aspekt der Fiktion wirkt sich als kompensatorischer Faktor auf die Persönlichkeitsrechtsbeeinträchtigung aus. Er geht also als einer unter anderen Parametern in die Abwägung ein. Als weitere taugliche Abwägungskriterien gestalten sich dabei die Aspekte von gesellschaftlicher

Relevanz, literarischer Intention, Darstellungsart, Wirkung, äußeren Umständen wie Bewerbung des Buchs oder zeitlicher Zusammenhang zum Geschehen, betroffenen Persönlichkeitsdimensionen, Vorverhalten und Identifizierungsintensität in der Medienöffentlichkeit. Hingegen sind Authentizitätsprüfung und Sonderbehandlung bekannter Personen als Parameter abzulehnen.

18. Das nicht unumstrittene Erkennbarkeitskriterium kann durchaus als notwendige Bedingung für eine Persönlichkeitsrechtsverletzung verstanden werden.

19. Der verständige Durchschnittsleser stellt eine kunstadäquate und zugleich realitätsnahe Beurteilungsinstanz für Persönlichkeitsrechtsverletzungen dar.

20. In Zweifelsfällen ist vom Gericht das Sachverständigengutachten eines Literaturwissenschaftlers zur Untersuchung der Fiktion einzuholen. Ihm kommt eine beratende Funktion zu.

21. Die allseits mit Recht anerkannte Fiktionalitätsvermutung ist durch Aufspaltung in zwei Teile zu präzisieren: Die erste Fiktionalitätsvermutung sagt aus, daß es sich bei einem literarischen Text auch um einen fiktionalen Text handelt, wenn sich nicht aus den Umständen etwas anderes ergibt. Sie beschreibt Fiktion als Texteigenschaft. Die zweite Fiktionalitätsvermutung begründet die Annahme, daß ein fiktionaler Text auch als solcher rezipiert wird. Sie bezieht sich auf die Rezeption von Fiktion. So lassen sich Mischformen wie der autofiktionale Roman „Esra" präzise einordnen: Es handelt sich entsprechend der ersten Vermutung um einen literarischen und damit fiktionalen Text, der allerdings – entgegen der zweiten Fiktionalitätsvermutung – nicht als solcher rezipiert wird. Diese Differenzierung ist in Hinblick auf die „Je-desto"-Formel von Bedeutung, die entsprechend dem Fiktionsgrad einen gestuften Persönlichkeitsschutz garantiert. „Esra" kommt demgemäß ein moderater – gegenüber fiktionalen und so auch gelesenen Texten abgestufter, gegenüber faktualen Texten gleichwohl erhöhter – Schutz zu.

22. Die enumerativ benannten, künftig möglicherweise um weitere zu ergänzenden beiden Tabuzonen der Intimsphäre und Eltern-Kind-Beziehung sind absolut geschützt. Der Schutz erklärt sich aus der Sensibilität der Materie. Zutreffend handelt es sich dabei nicht um Ausnahmen von der Fiktionalitätsvermutung, sondern von dem Abwägungsvorgang.

23. Auch wenn die „Esra"-Entscheidung im Ergebnis überzeugt, zieht sie die Forderung nach Konkretisierung der gesetzlichen Grundlage und Einholung eines Fiktionsgutachtens nach sich, um insbesondere die zweifelhafte Argumentation bezüglich der Fiktion von Lale künftig durch die fachgerechte Analyse eines Sachverständigen zu ersetzen.

24. Die Bundesrepublik nimmt ähnlich anderen europäischen Staaten wie der Schweiz oder Spanien eine moderate Position im Ausgleich von Persönlichkeitsschutz und Kunstfreiheit ein. Das persönlichkeitsaffine Frankreich und das – ähnlich wie die Vereinigten Staaten – freiheitlich gesinnte Großbritannien bewegen sich in jüngster Zeit unter dem Einfluß europäischer Judikatur ein Stück aufeinander zu. Während das Erkennbarkeitskriterium international bekannt ist

und sich auch Ansätze zur „Je-desto"-Formel vielfach finden lassen, ist die Fiktionalitätsvermutung in dieser Klarheit bislang eine Besonderheit.

25. Die Folgeentscheidungen „Contergan" und „Pestalozzis Erben" können als Musterschüler des „Esra"-Beschlusses umschrieben werden. Beide gestatteten die Veröffentlichung resp. Ausstrahlung des umstrittenen Werks aufgrund der Leitgedanken von Erkennbarkeit, Fiktionalitätsvermutung und „Je-desto"-Formel. Damit stellt sich der „Esra"-Beschluß längerfristig als Stärkung der Kunstfreiheit heraus.

26. Die auf den ersten Blick erschwerte Vereinbarkeit des kunstaffinen „Esra"-Beschlusses mit der Anmahnung erhöhten Persönlichkeitsschutzes im Ausgleich mit den Rechten aus Art. 5 GG durch den Europäischen Gerichtshof für Menschenrechte im Fall von „Caroline von Monaco" ist ohne weiteres herstellbar. Denn die in Straßburg gerügten Entscheidungskriterien des öffentlichen Informationsinteresses, der örtlichen Abgeschiedenheit und der Person der Zeitgeschichte spielen bei der Wirklichkeitsbearbeitung fiktionaler Texte keine Rolle. Ein ausreichender Persönlichkeitsschutz wird in der „Esra"-Entscheidung durch die einzelfallabhängige Abwägung gemäß der „Je-desto"-Formel vor dem Hintergrund der beiden absolut geschützten Tabuzonen gewährleistet.

II. Engführung literaturwissenschaftlicher und juristischer Auslegungskompetenz

1. Zusammenführung von juristischem und philologischem Sachverstand

Ansatzpunkt für die Engführung konkurrierender literaturwissenschaftlicher und juristischer Auslegungskompetenz ist *Häberles* Positionierung: „Verfassung als Teil des Kulturzustandes eines Volkes ist mehr als juristisches Regelwerk."[1] Die Verfassung ist mehr als ein temporärer Orientierungswert für juristische Entscheidungen. Sie dokumentiert gesellschaftliches Selbstverständnis in rechtlichen Parametern. In diesem Gerinnungsprozeß kommt den Literaturwissenschaftlern eine nicht unerhebliche Verantwortung zu. In der pluralistischen Vielfalt verfassungsrechtlich garantierter Lebensformen und Ausdrucksweisen in der Gesellschaft erforschen sie literarische Sachverhalte. Die Rechtswissenschaft ist als hermeneutische Textwissenschaft auf die Kenntnis um das Funktionieren von Text und Interpretationen angewiesen[2]. Dies gilt um so mehr für die Artikel des Grundgesetzes, die ein gesellschaftliches Selbstverständnis in denkbar konzentrierter Form darlegen.

---

[1] *P. Häberle,* Das Grundgesetz der Literaten, 1983, S. 101.

[2] *I. Augsberg,* Rechtslektionen, in: Rechtstheorie 40 (2009), S. 71 (71 ff.).

Diese Arbeit sollte aufzeigen, daß *keine Disziplin einen Absolutheitsanspruch* auf Auslegungskompetenz geltend machen kann. Richtungweisend für künftige Konfliktlösungen im interdisziplinären Bereich von Literaturverboten sollten folgende Gesichtspunkte sein:

Zunächst ist eine *gegenseitige Achtung* der Disziplinen zwingend[3]: Recht und Literatur betrachten gesellschaftliche Polyphonie aus unterschiedlichen Perspektiven. Ausgangspunkt muß die gemeinsame Überzeugung von der Gleichwertigkeit der Wissenschaftsgebiete sein. Weder eine egozentrische Kunst noch ein verkürzt positivistisches Normbewußtsein ermöglichen einen gesellschaftsfähigen Interessenausgleich[4].

Zweitens sind die Aufgabenbereiche von Literaturwissenschaftlern und Juristen *klar abzustecken*. Originäre Aufgabe von *Gerichten* bleibt die Herstellung eines Ausgleichs entgegengesetzter Interessen. Zu diesem Zweck ist eine abstrahierende Zusammenschau erforderlich: Die juristische Praxis kann „nur operieren, indem es die Konflikte ihrer je eigenen Welt entäußert, sie in seine spezifische Struktur einliest bzw. in seiner Sprache zum Ausdruck bringt und damit neu konstruiert."[5] So ergeht es auch Interessenkollisionen im Bereich literarischer Werke. Das Vorgehen des Künstlers unterliegt im juristischen Untersuchungsprozeß einer Selbstentfremdung, um einen Abgleich mit gegenläufigen Persönlichkeitsrechten erst zu ermöglichen. Es gehört zum ureigensten Metier der Juristen, einen Ausgleich widerstreitender Interessen zu schaffen, mithin festzustellen, ob eine verfassungsrechtlich garantierte Freiheit eine andere unzumutbar beschneidet. Dabei ist eine grundsätzliche Gleichrangigkeit der verfassungsrechtlich geschützten Interessen anzunehmen. Es bleibt bei einer argumentativ basierten Abwägung: „Welches die besseren Gründe oder die schlechteren Gegengründe sind, darüber wird mit besseren oder schlechteren Gründen entschieden."[6] Diese Entscheidungskompetenz kann nicht durch literaturwissenschaftliche Beteiligung an Rechtsfällen in Frage gestellt werden. Die juristische Auslegungskompetenz beinhaltet damit – neben Entscheidungsparametern wie der Ausgestaltung verfassungsrechtlich geschützter Kunstfreiheit – im vorliegenden Fall die Entscheidung, ob eine Persönlichkeitsrechtsverletzung vorliegt. Diese geschieht gegebenenfalls vor den Augen des Lesers. Entsprechend ist die

---

[3] So auch *Häberle,* Grundgesetz (Fn. 1), S. 107 ff. – Zu den Schwierigkeiten der Juristen im Umgang mit Kunst und dem Erfordernis einer stabilen Kunstdogmatik *Würkner,* Bundesverfassungsgericht (Fn. 616), S. 4 f.; *E. M. Frenzel/J. Singer,* Recht als Resonanzkörper der Kunst, in: AfP 2006, S. 416 (416). – Entstehung und Entwicklung der Auseinandersetzung zwischen den beiden Disziplinen können in dieser Arbeit nicht dargestellt werden. Eine aufschlußreiche Darstellung findet sich bei *Leiss,* Kunst (Fn. 616), S. 1 ff., 81 ff.

[4] Zur Skepsis gegenüber Juristen *M. Würdinger,* Literarisches vor Gericht: Tucholsky oder Thoma?, in: NJW 2008, S. 735 (735 f.).

[5] *Wenger,* Idealismus (Fn. 187), S. 132.

[6] *M. T. Fögen,* Rechtsverweigerungsverbot, in: C. Vismann/T. Weitin (Hrsg.), Urteilen/Entscheiden, 2006, S. 37 (38).

tatsächliche Beurteilung des Rezeptionsverhaltens einer Bewertung des Gerichts zu überlassen. Die Eruierung der Leserreaktionen unterfällt damit allein dem juristischen Zuständigkeitsbereich.

Ebenso klar ist die *literaturwissenschaftliche* Auslegungskompetenz festzulegen: Ihr kommt die Deutungshoheit in bezug auf Fiktion zu. Sie ist gutachterlich zu allen Fragen im Hinblick auf Fiktionalisierung hinzuzuziehen. Es fehlt der Raum, in dieser Arbeit abschließend alle Aspekte aufzulisten, die eine literarische Beteiligung erfordern. Für den vorliegenden Untersuchungsgegenstand des „Esra"-Falls kann nur empfohlen werden, die Einholung eines literaturwissenschaftlichen Gutachtens für Fragen der Fiktionalisierung vorzuschreiben. Daß dem Literaturwissenschaftler dabei nur beratende und nicht entscheidende Funktion zukommen kann, basiert weniger auf mangelnder Befähigung, als vielmehr auf dem Umstand, daß es sich auch bei einem Verbotsverfahren mit ausnehmend literarischer Affinität um die ausgleichende Begrenzung widerstreitender Sphären handelt, bei der die richterliche Unabhängigkeit nicht durch außergerichtliche Bindungen zu beschränken ist[7]. An dieser Stelle sind die Grenzen der beiden Disziplinen zu konturieren.

Eine gegenseitige *Wertschätzung* bei transparenter *Abgrenzung* der Zuständigkeitsgebiete der zwei Fachbereiche ermöglicht damit eine interdisziplinäre Bereicherung, die zu einem vertieften Verständnis der entgegengesetzten Interessen führen und damit eine fachgerechte Einzelfallentscheidung ergeben kann.

2. Interdisziplinärer Ansatz: Fiktionsgutachten

Das Ergebnis der interdisziplinären Zusammenarbeit ist eine Würdigung literaturwissenschaftlicher Eigenheiten durch juristische Entscheidungspraxis. Diese drückt sich in der Einholung eines *Sachverständigengutachtens* zu Fragen der Fiktion und Rezeption aus. Die Untersuchung des Rezeptionsverhaltens könnte bei Unklarheiten vertiefend durch die Beurteilung eines Medienwissenschaftlers ergänzt werden. Die Einbeziehung literaturwissenschaftlicher Erkenntnisse im vorliegenden „Esra"-Beschluß führt zu folgendem dreistufigen Ergebnis:

a) Erkennbarkeit: sich aufdrängende Identifizierung im Bekanntenkreis

Durch die Veröffentlichung eines Textes kann nur dann in das allgemeine Persönlichkeitsrecht eingegriffen werden, wenn eine Person in dem Schriftstück erkennbar ist. Dies ist der Fall, wenn sich die Identifizierung aufgrund einer Kumulation von Gemeinsamkeiten im Bekanntenkreis variabler Größe des Betroffenen aufdrängt.

---

[7] So auch *Knothe*, Freiheit (Fn. 6), S. 95. – Anders *Schick*, Begriff (Fn. 145), S. 645 ff.

b) Zwei Fiktionalitätsvermutungen hinsichtlich Texteigenschaft und Rezeption

Handelt es sich nun um einen literarischen Text, so kommt ihm als ein Kunstwerk auf der zweiten Stufe der Schutz des Art. 5 Abs. 3 S. 1 1. Alt. GG in Form der Fiktionalitätsvermutungen zu. Diese Ausarbeitung führte zu dem Ergebnis, daß die Fiktionalitätsvermutung in *zwei Fiktionalitätsvermutungen* zu differenzieren ist: Bei einem literarischen Text wird erstens seine Fiktionalität als *Texteigenschaft* vermutet. Diese Regel steht wie gezeigt in Übereinstimmung mit literaturwissenschaftlichen Grundsätzen. Die zweite Fiktionalitätsvermutung bezieht sich auf das *Rezeptionsverhalten*: Ein fiktionaler Text wird vermutlich auch als solcher rezipiert. Autor und Leser schließen zunächst einen entsprechenden Fiktionsvertrag. Letztere Vermutung baut auf der ersteren auf. Diese Differenzierung zwischen Texteigenschaft und Rezeptionsverhalten wird aufgrund von Mischformen wie dem Roman „Esra" unerläßlich[8]. Bei dem vorliegenden Buch handelt es sich nach den Erkenntnissen dieser Arbeit um einen autofiktionalen, also fiktionalen Text, der allerdings nicht als solcher rezipiert wird. Die Aufteilung in zwei Fiktionalitätsvermutungen berücksichtigt den Umstand, daß es Texte gibt, für die die erste Vermutung streitet, die zweite allerdings durch ausschlaggebende, gegen die Fiktion sprechende Textsignale widerlegt wird. Fiktionale Texte können durchaus – bei widerlegter zweiter Fiktionalitätsvermutung – als faktual rezipiert werden.

Bei literarischen Texten mit erkennbaren Vorbildern ergibt sich damit folgende Differenzierung: Auf einen rein fiktionalen und als solchen rezipierten Text finden die Wertungen der Meinungsfreiheit in keiner Hinsicht Anwendung. Auf der anderen Seite sind sie auf einen literarischen Text, der ausweislich nichtfiktional ist (Biographie, dokumentarischer Roman) und als solcher vom Leser erkannt wird, uneingeschränkt übertragbar[9]. Diese Deutlichkeit entspricht

---

[8] Vgl. die Ausführungen bezüglich einer Michael-Jackson-Imitation LG Mannheim GRUR Int 2010, 75 (78). Durch die Differenzierung in zwei Fiktionalitätsvermutungen hinsichtlich Texteigenschaft und Rezeption kann auch der insoweit berechtigten Kritik von *Riedel* an der „terminologischen Einheitlichkeit" begegnet werden: *Riedel*, Vermutung (Fn. 133), S. 53.

[9] BGH ZUM-RD 2009, 429 (431); LG Berlin ZUM-RD 2005, 517 (519 f.). *Meyer-Cording* plädiert ebenfalls für eine Übertragbarkeit. Allerdings strebt er darüber hinaus eine hier nicht vertretene vollständige Gleichsetzung von Meinungsäußerung und persönlichkeitsrechtsrelevantem Kunstwerk an *Meyer-Cording*, Portrait (Fn. 358), S. 743; noch überzeugender und die einzig konsequente Schlußfolgerung zieht *v. Becker*, Überlegungen (Fn. 112), S. 470: „Die reine Schmähkritik etwa kann sich unter Zugrundelegung einer kunstspezifischen Betrachtungsweise oft als ‚verkappte Meinungsäußerung' erweisen, die also nicht mehr ‚künstlerisches Schimpfen' ist und somit primär nach den strengen Ehrschutzregeln der §§ 185 ff. StGB zu beurteilen ist." *ders.*, Mephisto (Fn. 241), S. 83. – Anders, aber auch weniger konsequent in der Schlußfolgerung im Fall der Filmkunst *Eickmeier/Eickmeier*, Grenzen (Fn. 90), S. 5: „Je stärker der Filmbeitrag beansprucht, eine Darstellung der tatsächlichen Ereignisse zu sein, desto mehr muß er sich an den Grenzen des Art. 5 Abs. 2 GG

dem Umstand, daß ein Text nur als Ganzes als fiktional oder nichtfiktional qualifiziert und rezipiert wird. Daher ist die Aufteilung in nichtfiktive und fiktive Elemente oder die Bildung einer dritten Beurteilungskategorie neben Fiktion und Nichtfiktion eher kunstinadäquat und praxisfern[10]. Ein solches Vorgehen würde sich auf Rechtssicherheit und -klarheit nachteilig auswirken. Im Fall von Mischformen wie dem Roman „Esra", also bei Formaten der Auto- und Dokufiktion, ist zu unterscheiden: Werden sie als fiktional erkannt, sind sie wie rein fiktionale Texte zu behandeln. Werden sie hingegen als faktual rezipiert, müssen sie sich an diesem Faktizitätsanspruch messen lassen. Denn Mißinterpretationen gehen zu Lasten des insoweit handlungsverantwortlichen Autors. Dann nähert sich die Bewertung den Kriterien des Äußerungsrechts an. Hier ist im Wege der praktischen Konkordanz entlang der „Je-desto"-Formel ein einzelfallgerechtes Ergebnis zwischen dem Grad der Fiktionalisierung und der Beeinträchtigung des Persönlichkeitsrechts aus Sicht des Rezipienten zu finden.

c) Unsicherheiten im Umgang mit Fiktion nach Ergehen der „Esra"-Entscheidung

Am Beispiel eines am 11.3.2011 entschiedenen Falls des Landgerichts Köln zur Verbindung von realen und fiktiven Elementen in einem Buch über eine Vereinigung auf dem Gebiet der Sterbehilfe läßt sich die Notwendigkeit und Effektivität der Differenzierung verdeutlichen[11]. Diese Gerichtsentscheidung wird abschließend nicht deshalb vorgestellt, weil es sich um ein ausnehmend oberflächliches oder in der Sache verfehltes Urteil handeln würde. Vielmehr ist es *exemplarisch* für eine große Anzahl aktueller Gerichtsentscheidungen, die im Umgang mit Fiktion eine durchaus nachvollziehbare Unsicherheit aufzeigen und sich gleichwohl um eine Umsetzung der „Esra"-Leitgedanken bemühen. Die Entscheidung steht damit stellvertretend für eine Vielzahl von Argumentationen, die mit nur wenigen strukturellen Ingriffen zu abgerundeten Ergebnissen führen würden. Das Urteil weist trotz sorgfältiger Untersuchung und nachvollziehbaren Begründungsansätzen im wesentlichen drei typische Schwachstellen auf: das Fehlen eines Fiktionsgutachtens und die Fokussierung auf Tatsachenbehauptungen sowie auf den Disclaimer:

---

messen lassen, und um so eher ‚wird' der einzelne Beitrag zur ‚Tatsachenbehauptung'. Da die heutigen Doku-Dramen sich zwar an die tatsächlichen Ereignisse anlehnen, diese in aller Regel aber ‚frei' bearbeiten, wird die Grenze vom ‚Kunstwerk' zur ‚Meinungsäußerung' im verfassungsrechtlichen Sinne nicht überschritten sein. Maßgeblich sind dabei freilich die Umstände des jeweiligen Einzelfalls." Ähnlich auch *Karpf*, Begrenzung (Fn. 42), S. 279; *Schwarz/Hansen*, Grenzen (Fn. 359), S. 51 f.

[10] Wohl für die Schaffung einer dritten Kategorie im Fall von realinspirierter Literatur, die an der Realität nach einer „grobe(n) Richtlinie" orientiert ist, der aber gleichwohl ein erheblicher künstlerischer „Freiraum" zukommt (größer als der der nichtfiktionalen Literatur): *Eickmeier/Eickmeier*, Grenzen (Fn. 90), S. 6.

[11] Vgl. LG Köln, Urteil vom 11.03.2011, 28 O 151/11, BeckRS 2011, 07677.

aa) Statt fachkundiger Fiktionsbegründung: Zirkelschluß ohne Gutachten

Zunächst führt das Gericht zur Ablehnung der Faktizität des Textes aus: „[...], weil hier die rein fiktive Geschichte des Malers ‚Jed' beschrieben wird. Dieser findet sich in einer Realität wieder und trifft zahlreiche real existierende Personen, wie beispielsweise den Autor des Buches selbst. Die Erlebnisse der Hauptperson sind frei erfunden. Anknüpfungspunkte zur Realität sind insoweit zunächst nicht vorhanden. Aber auch die Erlebnisse der realen Personen stimmen nicht mit der Wirklichkeit überein. So wird der Autor des Buches nach dem fiktiven Inhalt im Laufe der Geschichte bestialisch ermordet."[12] Das Gericht prüft nicht die Fiktivität des Geschehens, sondern stellt sie apodiktisch fest. Dieser *Zirkelschluß* bietet keine Begründung oder Darlegung von Fiktion. Behauptung und Begründung werden vielmehr gleichgesetzt. An dieser Stelle ist von einem Gericht keine vertiefte Auseinandersetzung mit literarischer Wirklichkeitsbearbeitung zu fordern. Vielmehr wäre hier die Einholung eines *literaturwissenschaftlichen Gutachtens* zur Ausprägung von Fiktion in dem Text anhand von Fiktionssignalen und -graden angebracht gewesen. Allein die Abweichung von der Wirklichkeit kann jedenfalls keinen Schutz des Persönlichkeitsrechts garantieren, so daß die sich anschließende Bemerkung „Vor diesem Hintergrund verletzen die konkreten im Rahmen des Antrages genannten Darstellung [sic] den Verfügungskläger nicht."[13] fehlgeht. Fiktionalisierung ist auch nach der „Jedesto"-Formel nur ein Parameter, um eine Persönlichkeitsrechtsverletzung zu vermeiden. Ein Ausschlußkriterium ist sie jedenfalls nicht. Das Gericht konkretisiert sein Verständnis von Fiktion also unzureichend.

bb) Tatsachenbehauptungen zur Qualifizierung eines Textes als fiktional/faktual

Als zweites Manko ist die insoweit für gerichtliche Bewertungen nicht unübliche kommentarlose Einführung von *Tatsachenbehauptungen* in einen als fiktional titulierten Text zu nennen: „Im Rahmen der Abwägung ist jedoch zugunsten des Verfügungsklägers zu berücksichtigen, dass zahlreiche Tatsachenbehauptungen, die den Verfügungskläger bzw. dessen Tätigkeiten umschreiben, nicht den Tatsachen entsprechen."[14] Nach hier vertretener Ansicht ist es nicht verfehlt, in der Gemengelage von fiktiven und realen Elementen, von Dokufiktion und autofiktionalen Texten, die Wertung des Äußerungsrechts zu berücksichtigen. Allerdings ist diese Übertragbarkeit mit äußerster Vorsicht vorzunehmen. So ist bei der Rezeption zu untersuchen, ob ein Leser eine Passage als faktual liest, obwohl es sich insgesamt um einen fiktionalen Text handelt. In einer solchen Situation ist es nicht verfehlt, auf die Unterscheidung von wahren und unwah-

[12] LG Köln, Urteil vom 11.03.2011, 28 O 151/11, BeckRS 2011, 07677.
[13] LG Köln, Urteil vom 11.03.2011, 28 O 151/11, BeckRS 2011, 07677.
[14] LG Köln, Urteil vom 11.03.2011, 28 O 151/11, BeckRS 2011, 07677.

ren Tatsachenbehauptungen im Meinungsäußerungsrecht hinzuweisen und die Leitgedanken mit gebotener Zurückhaltung umzusetzen. Wenn der Leser eine Äußerung vom Autor veranlaßt als Tatsachenbehauptung erlebt und diese nicht der Realität entspricht, besteht kein Anlaß, sie zu schützen. Allerdings ist die Formulierung, es handele sich dabei um eine unwahre Tatsachenbehauptung für einen fiktionalen Text, auch dann unrichtig, da sie fälschlicherweise die Texteigenschaft und nicht das Rezeptionsverhalten der Leser bezeichnet. Auflösung bietet die Differenzierung in zwei Fiktionalitätsvermutungen.

cc) Disclaimer als Entscheidungsfaktor

Letztlich lehnt das Gericht unter explizitem Hinweis auf den *Disclaimer* die Faktizität ab: „Auch weist der Autor des Buches ausdrücklich im Nachsatz darauf hin, dass das Buch eine fiktive Geschichte beinhaltet und er sich die Freiheit genommen hat, die Realität zu verfremden und in die von ihm erzählte Geschichte einzufügen. Bereits hieraus wird der Rezipient den Schluss ziehen, dass die Darstellung des Romans in weiten Teilen fiktiv ist."[15] Daß es sich bei dem alleinigen Abstellen auf einen Disclaimer allerdings um eine denkbar angreifbare Argumentation handelt, wurde im „Esra"-Beschluß augenscheinlich[16].

dd) Lösung anhand von zwei Fiktionalitätsvermutungen

Diese drei symptomatischen Fehlgänge können durch die Hinzuziehung der beiden Fiktionalitätsvermutungen in eine stringente Lösung überführt werden: Bei dem streitgegenständlichen Text ist zunächst durchaus von einem fiktionalen Charakter auszugehen. Dafür spricht die erste Fiktionalitätsvermutung, also die Vermutung bezüglich der Fiktion als Eigenschaft literarischer Texte, die augenscheinlich durch den Verfügungskläger nicht widerlegt wurde. Sollte sich das Gericht bei der Bestimmung der Fiktion allerdings unsicher sein oder einen präzisierten Stand zum Fiktionalitätsausmaß des Textes benötigen, so ist das frühe Einholen des fachkundigen Rats eines Literaturwissenschaftlers empfehlenswert. So wird die angeführte gerichtliche Zirkelschlußbegründung vermeidbar. Entscheidend ist, an dieser Stelle darauf hinzuweisen, daß entgegen der Ansicht der entscheidenden Kammer eine Einschätzung in Hinsicht auf eine mögliche Persönlichkeitsrechtsverletzung noch nicht getätigt werden kann. Bezüglich der ersten Schwachstelle bietet also ein literaturwissenschaftliches Gutachten Abhilfe.

Die zweite Unsicherheit, die Einfügung von Tatsachenbehauptungen in den Beurteilungsvorgang, klärt sich durch Beachtung der zweiten Fiktionalitätsvermutung: Es wird danach vermutet, daß ein fiktionaler Text von den Lesern auch

---

[15] LG Köln, Urteil vom 11.03.2011, 28 O 151/11, BeckRS 2011, 07677; ähnlich selbstgewiß ArbG Herford, Urteil vom 18.02.2011, 2 Ca 1394/10, BeckRS 2011, 69487: „Der Roman ist, wie in dem Vorspann des Buches ausgeführt, Fiktion – und kein Tagebuch."

[16] BVerfGE 119, 1 (58 f.).

als solcher rezipiert wird. Diese Vermutung kann widerlegt werden, wenn sich aus der Sicht eines verständigen Durchschnittslesers die Wiedergabe von Realität aufdrängt. Der fiktionale Text wird zwar dadurch nicht zu einem faktualen Text (die erste Fiktionalitätsvermutung bleibt unwiderlegt). Er wird aber als solcher erlebt, so daß ihm nur ein derartiger Schutz zukommt, der gegenüber einem fiktionalen und demgemäß rezipierten Text eingeschränkt ist. Für ihn können die Wertungen des Äußerungsrechts bezüglich der als faktual gelesenen Passagen mit gebotener Vorsicht übertragen werden. Eine Gleichsetzung von Meinungsäußerungs- und Kunstrecht findet gleichwohl nicht statt.

Die letzte Frage hinsichtlich der salvatorischen Kraft eines Disclaimers beantwortet sich schon durch eine Zusammenschau der ersten beiden Aspekte: Ein Disclaimer allein kann nicht die Fiktionalität eines Textes prägen. Vielmehr ist hinsichtlich der textuellen Eigenschaft von Fiktionalität ein Sachverständigengutachten einzuholen (erste Fiktionalitätsvermutung). Der Aussagegehalt des Disclaimers kann dabei als ein Fiktionssignal unter zahlreichen anderen Merkmalen in die Bewertung Eingang finden. In bezug auf die Rezeption als fiktional ist also die zweite Fiktionalitätsvermutung von Bedeutung, die bei einem fiktionalen Text dann widerlegt wird, wenn aus Sicht eines verständigen Durchschnittslesers von der Faktizität der Äußerungen ausgegangen werden muß. Daß einem solchen fiktionalen Text ein nur eingeschränkter Schutz durch Übertragung der Wertungen des Äußerungsrechts eingeräumt werden kann, läßt sich aus der Feststellung rechtfertigen, daß eine Persönlichkeitsrechtsverletzung zwar nicht im Text, allerdings durch die Wahrnehmung eines Dritten erfolgt.

d) „Je-desto"-Formel: statt Wechselbeziehung Grundsatz praktischer Konkordanz

Die eingeführte „Je-desto"-Formel ist letztlich allein eine konkrete Ausprägung des *Grundsatzes der praktischen Konkordanz* für den Ausgleich von Kunstfreiheit und Persönlichkeitsschutz. Die komplex anmutende Formel läßt sich auf die Feststellung zurückführen, daß Fiktionalität ein Faktor unter anderen ist, der die Persönlichkeitsrechtsbeeinträchtigung beeinflußt. Ein geringes Maß an Fiktionalität ist eine Komponente, die im Kontext mit weiteren textuellen und aus den Umständen folgenden Aspekten eine erhebliche Persönlichkeitsrechtsbeeinträchtigung ergeben kann. Wenn die Fiktionalität auch nur ein Faktor unter anderen Elementen ist, bestimmt sie das Ausmaß der Persönlichkeitsrechtsbeeinträchtigung durchaus entscheidend. Hierbei werden auch die beiden in der „Esra"-Entscheidung eingeführten Ausnahmebereiche des Intimbereichs und der Eltern-Kind-Beziehung als Bereiche relevant, die für eine erhebliche Persönlichkeitsrechtsbeeinträchtigung sprechen. Es entspricht gängiger Praxis, diese beiden Bereiche im Rahmen des allgemeinen Persönlichkeitsrechts besonders zu schützen. Damit ist ihre explizite Benennung letztlich nur eine Kristallisation hervorstechend relevanter Persönlichkeitsbereiche aus dem allgemeinen Interessenwiderstreit. Die „Je-desto"-Formel ist damit keine Neuerung, sondern allein eine Verdeutlichung des Prinzips der praktischen Konkordanz am Beispiel fiktionaler Literatur. Die Bezeichnung als Wechselbeziehung ist dabei allerdings mißverständlich, da man mit dem Ausdruck ein Gegenseitigkeitsverhältnis zwischen Fiktionalität und Persönlichkeitsrechtsbeeinträchtigung assoziiert. Tatsächlich erfolgt allein eine *einseitige* Beeinflussung der Persönlichkeitsrechtsbeeinträchtigung durch die Fiktionalität. Der zweite Teil, „Je mehr die künstlerische Darstellung die besonders geschützten Dimensionen des Persönlichkeitsrechts berührt, desto stärker muß die Fiktionalisierung sein, um eine Persönlichkeitsrechtsverletzung auszuschließen"[17], beschreibt den gleichen Sachverhalt, die Fiktionalisierung als Faktor der Persönlichkeitsrechtsverletzung, in Form des Imperativs.

e) Kurzformel

Die Vereinfachung der Leitgedanken der „Esra"-Entscheidung in drei Fragen, die für die Entscheidung künftiger Kollisionsfälle von Persönlichkeitsschutz und Kunstfreiheit ausschlaggebend sind, ermöglicht Rechtsklarheit und -bestimmtheit.

aa) Wer wird dargestellt?

Die erste Frage betrifft die Frage der *Erkennbarkeit*. Allein wenn reale Personen als Vorlage für literarische Figuren dienen und sich die Identifizierung für einen verständigen Durchschnittsrezipienten im Bekanntenkreis des realen Vorbildes aufdrängt, ist der Fall persönlichkeitsrelevant. Anderenfalls besteht schon im voraus nicht die Gefahr einer Persönlichkeitsrechtsverletzung.

bb) Was wird dargestellt?

Der zweite Prüfungsschritt ist kaum sperriger, erweist sich allerdings aufgrund der Ausnahmen und Differenzierungen als durchaus komplexer. Die Beurteilung der inhaltlichen Darstellung orientiert sich an den *Persönlichkeitsrechtsdimensionen* der realen Vorlagen. Es ist also zu prüfen, ob die Sozial-, Personal- oder Intimsphäre des einzelnen betroffen ist. Augenscheinlich verfügt eine Kunstfigur nicht über ein Persönlichkeitsrecht, das nur realen Personen zukommt. Entsprechend kann beispielsweise eine Romanfigur nicht durch die Schilderung von Details aus ihrer Intimsphäre verletzt werden. Die geschilderten Sexualkontakte von Esra und Adam verletzen erstere naturgemäß nicht in einem Persönlichkeitsrecht. Die in Esra erkennbare Klägerin zu 1) könnte allerdings im Kernbereich ihres Persönlichkeitsrechts betroffen sein. Vorausgesetzt wird, daß vom Standpunkt des Rezipienten, an dem die Persönlichkeitsrechtsbeeinträchtigung

[17] BVerfGE 119, 1 (30).

erfolgt, nicht die Kunstfigur, sondern die reale Person betrachtet wird. Erforderlich ist, daß der Leser eine Rezeption eines mitunter auch fiktionalen Textes als faktual vornimmt, er also literarische Figur und Vorlage gleichstellt. Um diese Möglichkeit zu prüfen, ist also diese – bei fiktionalen Texten ansonsten unzulässige – Gleichsetzung von Vorlage und Kunstprodukt gedanklich durchzuspielen: Unterstellt, die Kunstfigur ist mit der erkennbaren Vorlage gleichzustellen, wird die reale Person dann durch die Schilderung in ihrer Sozial-, Privat- oder Intimsphäre betroffen? In welcher Persönlichkeitsrechtsdimension bewegt sich die literarische Darstellung? Allein aufgrund arbeitstechnischer Zweckmäßigkeit ist diese stark vereinfachende, allein hypothetische Gleichsetzung von Vorbild und literarischer Gestalt für die Dauer der Prüfung gestattet. Es versteht sich von selbst, daß diese Gleichbehandlung allein ein Zwischenschritt der Analyse ist, der – sozusagen in Klammern stehend – nach der Operation seine Berechtigung verliert. Im Fall „Esra" bewegt sich der Roman in Hinblick auf die Klägerin zu 1) neben Schilderungen aus der Privatsphäre in bezug auf die Sexszenen in der Intimsphäre sowie bezüglich der erkrankten Tochter in einem Bereich intensivierten Schutzes der Privatsphäre. Die Beschreibungen von Lale, die für den Moment der Prüfung mit der Klägerin zu 2) in eins zu setzen sind, berühren allein deren Privatsphäre.

Man könnte einwenden, daß diese Hypothese auch nicht als temporärer Denkschritt Geltung beanspruchen darf, da reale Person und Kunstfigur zwei unabhängige Wesen sind. Daß allerdings eine Verbindung zwischen beiden besteht, die einen solchen Vergleich rechtfertigt, ergibt sich aus dem folgenden Prüfungsaspekt, der Art der Darstellung.

cc) Wie wird es dargestellt?

Hier geht es um die Frage der Wirklichkeitsbearbeitung. Eine ihrer Formen ist die *Fiktionalisierung*. In einem literarischen Werk erfolgt die Fiktionalisierung aufgrund von textuellen und paratextuellen Signalen. Zudem besteht bei einem literarischen Text eine Vermutung für dessen fiktionalen Charakter. Diese Feststellung läßt sich in die beiden Fiktionalitätsvermutungen differenzieren, die erstens von einem fiktionalen Charakter des literarischen Textes und zweitens von einer fiktionsadäquaten Rezeption des Lesers ausgehen.

Die Wirklichkeitsbearbeitung in dem künstlerischen Werk stellt die Begründung für die im vorherigen Prüfungsschritt vorgenommene, temporäre Gleichsetzung von Vorlage und Kunstfigur dar. Denn die Kunst wird von der Realität inspiriert, so wie die Literatur selbst auch Einfluß auf die Realität ausübt. Die vorgestellte hypothetische Annahme, „Kunstfigur entspricht realer Vorlage", kann auf die kunstadäquate Fassung, „Beschreibungen der Kunstfigur stimmen mit Schilderungen in bezug auf das reale Vorbild überein", überführt werden. Verglichen werden also auch hier die Beschreibungen von Vorlage und Kunstgestalt. Gemeinsamkeiten und Unterschiede werden ermittelt, um so den Grad der Wirklichkeitsbearbeitung festzustellen. Neugestaltung der Realität und Persönlichkeitsrechtsbeeinträchtigung sind die beiden entscheidenden Parameter des Ausgleichs.

Eine Form der Realitätsbearbeitung ist die Fiktionalisierung. Anhand der Fiktionssignale und -grade ist deren Umfang zu ermitteln und grundsätzlich in Ausgleich mit dem Ausmaß der Persönlichkeitsrechtsbeeinträchtigung zu bringen, die sich an den grundrechtsdogmatisch geläufigen Regeln zu Art. 2 Abs. 1 i.V.m. Art. 1 Abs. 1 GG orientiert. Ein entscheidender Parameter zur Bestimmung der Beeinträchtigung ist die Lokalisierung der Darstellung innerhalb der bekannten Persönlichkeitsrechtsdimensionen.

Eine besondere Form der Abwägung zwischen Wirklichkeitsbearbeitung und Persönlichkeitsrechtsbeeinträchtigung ist im Fall der berührten *Intimsphäre* der betroffenen Vorlage verlangt. Das Bundesverfassungsgericht hat diese Materie als eine der beiden Ausnahmegruppen – also Abweichung von der grundsätzlichen Abwägung mit der Fiktionalisierung – bestimmt. Im Bereich der Intimsphäre stellt sich demnach nicht die Frage der Fiktionalisierung als spezielle Form der Wirklichkeitsbearbeitung. Die allgemeine Angelegenheit der Darstellung und damit der Realitätsverarbeitung bleibt gleichwohl klärungsbedürftig. Entsprechend der Sensibilität der Materie werden allerdings die Anforderungen an eine persönlichkeitsrechtskonforme Darstellung erhöht: Der Künstler verletzt das allgemeine Persönlichkeitsrecht der Vorlage schon dann, wenn er den Anschein von Authentizität erweckt. Entscheidend ist, daß der verständige Durchschnittsleser die Schilderungen des Erzählers als glaubhafte Mitteilungen des Autors auffaßt. Eine Rezeption als faktual kann selbst bei einem fiktionalen Text aufgrund einer mit der Lebenswirklichkeit gemischten und damit nicht allein kunstgerecht erfolgenden Aufnahme der Textsignale folgen. Im Fall des (auto-)fiktionalen Textes „Esra“, bei dem nach disziplingerechter Analyse die Fiktionssignale überwiegen, werden beispielsweise gemischte Signale – einerseits auf Fiktion, andererseits auf Realität hindeutend – ausgesandt. Einzelne Faktizitätssignale wie die Preisverleihungen oder die Widmung des Autors bekommen vor dem Hintergrund von Klatsch- und Sensationsinteresse des Betrachters eine andere Gewichtung. Sie werden nicht kunstadäquat in den Gesamtkontext der Signale eingefügt, sondern haben vielmehr eine prägende Ausstrahlungskraft auf diese. Mißverständnisse zwischen Rezipienten und Autor gehen nach dem anerkannten und auch hinsichtlich Bloßstellungen durch Literatur anwendbaren Verursacherprinzip zu Lasten des letzteren. Die Wertungen des Äußerungsrechts finden auf ihn hinsichtlich Tatsachenqualität und Bewertungsfreiraum – der im Fall künstlerischer Darstellung ausnehmend großzügig zu bemessen ist – Anwendung.

Die zweite Fallgruppe der Ausnahme vom Abwägungsprozeß geht auf die besondere Schutzwürdigkeit des Persönlichkeitsrechts im Fall der *Eltern-Kind-Beziehung* zurück. Diese Ausprägung ist als Verstärkung des durch Art. 2 Abs. 1

i.V.m. Art. 1 Abs. 1 GG vermittelten Schutzes durch Art. 6 Abs. 1, 2 GG nicht Bestandteil der Intimsphäre, sondern wird prinzipiell als besonders sensibler Bereich der Privatsphäre behandelt. Es erscheint durchaus möglich, daß sich insbesondere dieser zweiten Ausnahmegruppe künftig weitere Tabubereiche anschließen werden. Denn die Begründung, gerade die Darstellung des Umgangs von Mutter und Kind – bei der Annahme einer Rezeption als faktual – von der Abwägung mit dem Fiktionalisierungsumfang auszunehmen, bleibt angreifbar.

III. Entwurf eines Prüfungsmodells

Zweck der „Esra"-Entscheidung ist es, über die konkrete Fallentscheidung hinaus Rechtsklarheit für kommende vergleichbare Konflikte zu schaffen. Alle Beteiligten, Schriftsteller, Verleger und als literarische Vorlage betroffene Personen, sollen das Risiko einer rechtlichen Auseinandersetzung anhand der ergangenen Leitentscheidung einschätzen können. Um die Rechtsprechung durch das „Labyrinth der Literatur" zu geleiten, bietet sich eine Prüfung in drei Schritten an: (1.) Kein Kunstrichtertum: Handelt es sich um Kunst? (2.) Keine rechtlich unerhebliche Empfindsamkeit: Ist eine Person erkennbar und nicht nur äußerst geringfügig betroffen? (3.) Keine ausreichende Fiktionalisierung: Spricht der Text sensible, persönlichkeitsrechtsrelevante Gebiete der betroffenen Person an, insbesondere den Kernbereich der Persönlichkeit oder die Eltern-Kind-Beziehung, und erfolgt aus der Perspektive eines verständigen Durchschnittsbetrachters eine Rezeption als faktual?

1. Vorüberlegungen zur Verfassungsmäßigkeit eines Kunstwerks

a) Kunstwerk oder Meinungsäußerung

Zunächst ist herauszuarbeiten, ob es sich bei dem streitgegenständlichen Text um ein *Kunstwerk* handelt. Die Bestimmung des Romans „Esra" als Kunstwerk erfolgte bereits insbesondere in Hinblick auf die Kriterien des formalen, materialen, offenen und relationalen Kunstbegriffs[18]. Demgegenüber handelt es sich nicht um eine Meinungsäußerung, die durch das Element der Subjektivität, der Bewertung, geprägt wird[19]. *Biller* gibt in seinem Roman keine Einschätzung hinsichtlich Personen oder Ereignissen ab. Er bezieht weder Stellung zur früheren Beziehung mit der Klägerin zu 1), noch gibt er eine Einschätzung hinsichtlich des Verhaltens der Klägerin zu 2) ab. Die unentschlossene, mitunter unreife Esra

[18] Vgl. Abschnitt D.II.1.b.

[19] BVerfGE 30, 336 (352); 93, 266 (289); 102, 347 (359); statt aller *Schulze-Fielitz*, Grundgesetz (Fn. 96), Art. 5 I, II Rn. 62.

und die matriarchalisch anmutende Lale sind Figuren eines Romans, die per se keine Aussage über die Wirklichkeit, also ihre realen Vorbilder, ermöglichen.

Die Unterscheidung ist von ausschlaggebender Bedeutung, da ein literarisches Werk anderen Prüfungsanforderungen als eine Meinungsäußerung unterliegt: die vorbehaltlose Garantie der Kunstfreiheit, die Fiktionalitätsvermutung(en), die Prüfung der Eingriffsqualität in Hinblick auf Erkennbarkeit und Erheblichkeit sowie der insoweit spezifische Abwägungsvorgang. Auf letzteren sind Aspekte wie öffentliches Informationsbedürfnis, Medienwirksamkeit von Personen, Authentizitätsfrage und Gegenschlagsprinzip nicht oder nur erheblich modifiziert anwendbar. Der Prozeß erfolgt kunstspezifisch unter besonderer Berücksichtigung des Fiktionalisierungsgrads und begründet nur im Fall der Tangierung der Menschenwürde in enumerativ festgelegten Fallgruppen Ausnahmen von der Abwägung[20]. Diese Eigenarten formen den kunstspezifischen Untersuchungsansatz aus. Bei der Differenzierung ist also eine eindeutige Festlegung unerläßlich. Dieser Aspekt ist insbesondere hinsichtlich gegenwärtig populärer Formate wie der Auto- und Dokufiktion, der Vermischung von fiktiven und realinspirierten Elementen, beachtlich[21]. Eine Einordnung als Kunstwerk kann letztlich nur im ganzen erfolgen. Daher widerspricht es den in dieser Arbeit zusammengetragenen literaturwissenschaftlichen Erkenntnissen, Teile eines Textes als Kunstwerk, andere als Meinungsäußerung zuzuordnen[22].

b) Widerlegung der Fiktionalitätsvermutung

Für ein literarisches Werk streitet die widerlegbare Vermutung der Fiktionalität. Ein wesentliches Resultat dieser Arbeit besteht in der *Differenzierung in zwei Fiktionalitätsvermutungen*: Bei einem literarischen Text wird ein fiktionaler Charakter vermutet. Ein fiktionaler Text wird vermutlich auch als solcher rezipiert. Da beide Vermutungen widerlegbar sind, kann man bei der Untersuchung der textuellen und paratextuellen Eigenschaften eines literarischen Textes zu den Ergebnissen kommen, daß ein fiktionaler Text gar nicht vorliegt oder nicht als solcher rezipiert wird. Ersteres wird durch einen literaturwissenschaftlichen Gutachter, letzteres durch das Gericht festgestellt. Für die Prüfung einer Persönlichkeitsrechtsverletzung ist die gerichtliche Einschätzung maßgebend. Al-

---

[20] Derzeit begrenzt auf die Verletzung der Intimsphäre und der Eltern-Kind-Beziehung. Zur Erörterung dieser Ausnahmezonen vgl. Abschnitt E.I.6.d.

[21] Nach richtiger Ansicht handelt es sich auch bei Mischformen wie Autofiktion oder Dokufiktion um fiktionale Texte. Zum Begriff „Dokufiktion" *v. Becker*, Anmerkung (Fn. 18), S. 312 ff.

[22] So auch OLG Frankfurt a.M. ZUM 2009, 952 (955): „Grundsätzlich ist es nicht zulässig, aus dem Zusammenhang eines Werkes der erzählenden Kunst einzelne Teile herauszulösen und sie als Meinungsäußerung (oder Tatsachenbehauptungen) im Sinne des Art. 5 Abs. 1 GG anzusehen, auf die dann die Schranken des Art. 5 Abs. 2 GG Anwendung fänden […]."

lerdings ist die Beurteilung der Textqualität als Fiktion durch einen Philologen nicht unerheblich, da letztere Vermutung auf ersterer gründet. Bei einem literarischen Text, der ausweislich als fiktional qualifiziert wird, ist eine Rezeption als solche grundsätzlich naheliegend. Wenn nun ein Text – gleich, ob fiktional oder nichtfiktional – als faktual rezipiert wird, muß er sich – unter Berücksichtigung der genannten Spezifika hinsichtlich der Prüfung eines Kunstwerks – an den Anforderungen messen lassen, die für die Zulässigkeit eines faktualen Textes gelten. Fehlinterpretationen sind ihm als Verantwortlichen zuzurechnen. Kunst – wie ein ausweislich naturalistisches oder als solches rezipiertes Werk[23] –, die zumindest die Tendenz aufweist, Realität wiederzugeben, muß sich dann auch die Frage nach ihrer Übereinstimmung mit der Natur stellen lassen.

2. Kein Kunstrichtertum: Handelt es sich um Kunst?

a) Keine vorzeitige Schutzbereichsbegrenzung

Ausgangspunkt der Prüfung ist eine *weite Auslegung der Kunstfreiheit*. Eine restriktive Interpretation des Schutzbereichs des Art. 5 Abs. 3 S. 1 1. Alt. GG ist abzulehnen. Eine Beschneidung des Schutzbereichs beispielsweise auf den Bereich, der nach dem Ausgleich mit kollidierenden Grundrechten und Verfassungsgütern im Sinne der praktischen Konkordanz verbleibt, ermöglicht zwar unter Umständen eine Deeskalation der Grundrechtskonflikte; denn der Schutzbereich wäre in zahlreichen Kollisionsfällen im voraus nicht eröffnet und somit keiner weiteren Prüfung zugänglich. Allerdings beinhaltet eine strukturelle Begrenzung stets die Gefahr einer Verkürzung des verfassungsrechtlich garantierten Schutzes. Angesichts der historischen Verantwortung ist im Fall der Kunstfreiheit ein solches Risiko inakzeptabel.

b) Keine Begrenzung durch richterlichen oder literarischen Sachverstand

Auch eine punktuelle Begrenzung durch das erkennende Gericht oder einen literaturwissenschaftlichen Sachverständigen ist nicht zweckmäßig. Hier besteht ebenfalls das erhöhte Risiko eines *Kunstrichtertums*. Wenn man die Definition von Kunst auf den richterlichen Sachverstand im konkreten Fall stützt, läuft man darüber hinaus Gefahr einer geschmacklich gefärbten und damit – gegenüber einer generellen Begrenzung durch kollidierendes Verfassungsrecht verstärkt – beliebigen Kunstbeurteilung. Auch die Einholung eines literaturwissenschaftlichen Gutachtens zur Definition von Kunst schafft keine Abhilfe. Ein Germanist kann zwar darlegen, wie ein Text nach den Regeln seiner Disziplin gegenwärtig zu verstehen und zu deuten ist. Eine Auslegung des rechtlichen Kunstbegriffs im Sinne des Art. 5 Abs. 3 S. 1 1. Alt. GG ist allerdings nicht Teil seines Aufgabenbe-

[23] Vgl. OLG Frankfurt a.M. ZUM 2009, 952 (956 f.).

reichs. Er ist nicht befugt festzulegen, welche Werke als Kunst durch die Verfassung geschützt werden.

c) Stellungnahme zur ersten Prüfungsstufe

Letztlich ist auf die in der Arbeit festgestellte Undefinierbarkeit von Kunst zu verweisen, die sich in dem favorisierten offenen – unter Korrektur durch den relationalen – Kunstbegriff ausdrückt. Auf der ersten Prüfungsstufe bestehen keine Beschränkungen oder Pflichten auf seiten des Literaten.

3. Keine rechtlich unerhebliche Empfindsamkeit: Ist eine Person erkennbar und nicht nur äußerst geringfügig betroffen?

Auf der zweiten Stufe wird geprüft, ob das Kunstwerk überhaupt rechtlich relevante Wirkung in den Realien entfaltet. Das ist nur der Fall, wenn eine Person erkennbar und ihr Persönlichkeitsrecht nicht nur äußerst geringfügig betroffen ist.

a) Erkennbarkeit: aufgedrängte Identifizierung im Bekanntenkreis

Die Person wird dadurch erkennbar, daß sich die Identifizierung durch zahlreiche Übereinstimmungen in biographischen Einzelheiten (z.B. Beruf, Alter) und persönlichen Lebensumständen (z.B. Partnerschaft, familiäre und soziale Bindungen) im Bekanntenkreis aufdrängt.

aa) Bekanntenkreis

Die Person muß in ihrem *Bekanntenkreis* als die Kunstfigur identifiziert werden können. Die Größe des Bekanntenkreises ist dabei ebenso irrelevant wie der Bekanntheitsgrad der Person in der Öffentlichkeit. Einerseits ist dieser Maßstab gegenüber der „Mephisto"-Entscheidung eine Erleichterung hinsichtlich der Bejahung der Erkennbarkeit.

bb) Signalwirkung

Andererseits wird die Schwelle zur Erkennbarkeit heraufgesetzt, indem sich die Identifizierung der literarischen Vorlage beim Rezipienten aufdrängen muß. Der Eindruck drängt sich dann auf, wenn von dem Text durch eine äußerst große *Anhäufung* von Identifizierungsmerkmalen eine entsprechende Signalwirkung ausgeht.

b) Bagatellvorbehalt

Bagatellartige Beeinträchtigungen reichen für eine Betroffenheit der Person nicht aus. Sie darf *nicht so geringfügig* betroffen sein, daß der Persönlichkeitsschutz im voraus hinter dem Schutz der Kunstfreiheit zurücktreten müßte. Es stellt sich also bereits hier die Frage, ob das Kunstwerk Schilderungen enthält, die das Persönlichkeitsrecht der Person erheblich beeinträchtigen können, falls sie vom Leser auf die Person bezogen werden.

c) Stellungnahme zur zweiten Prüfungsstufe

Die Erkennbarkeit ist in Verbindung mit dem Bagatellvorbehalt ein taugliches Kriterium, um die Betroffenheit der Person zu bejahen. Es handelt sich um ein klar bestimmbares und daher prüfungsgeeignetes Merkmal. Die Kritik, daß die Erkennbarkeit keine Persönlichkeitsrechtsverletzung begründen könne, verkennt, daß mit Bejahung der Erkennbarkeit nicht eine Persönlichkeitsrechtsverletzung festgestellt, sondern allein die Möglichkeit zu dieser eröffnet wird. Es handelt sich also um eine notwendige, nicht hinreichende Bedingung.

4. Betrifft der als faktual rezipierte Text persönlichkeitsrechtsrelevante Gebiete?

In dem dritten Prüfungsschritt ist ein Ausgleich zwischen Kunstfreiheit und Persönlichkeitsschutz zu finden. Auf seiten der Kunstfreiheit ist zunächst der Umfang der Fiktionalisierung des Textes festzustellen, bevor im Bereich des allgemeinen Persönlichkeitsrechts die Schwere der Persönlichkeitsrechtsbeeinträchtigung bestimmt wird.

a) Fiktionalität

aa) Fiktionalitätsvermutungen

Bei der Bestimmung der Fiktionalität bestehen *zwei widerlegbare Fiktionalitätsvermutungen*. Grundsätzlich ist erstens davon auszugehen, daß ein literarisches Werk wie ein Roman ein fiktionaler Text ohne Faktizitätsanspruch ist. Der Leser ist zweitens in der Regel fähig, zwischen einem fiktionalen und einem nichtfiktionalen Text zu unterscheiden.

bb) Literaturwissenschaftliches Gutachten hinsichtlich der Fiktionalität

In Zweifelsfragen hinsichtlich der Fiktionalität als Texteigenschaft ist das *Gutachten* eines Germanisten einzuholen. Darin klärt der literaturwissenschaftliche Sachverständige den Umfang der Fiktionalisierung nach den Regeln seiner Disziplin beispielsweise anhand von gattungstypischen Regeln, literarischen Klassifikationen, der Materialität des Textes, des Kontextes im Gesamtwerk und äußeren Faktoren. Er prüft, inwieweit narrative Strukturen vorliegen, die auf einer sogenannten „Als-ob"-Erzählweise beruhen.

b) Persönlichkeitsschutz

aa) Strukturierung der Eingriffsintensität: Sphärenlehre

Wie bei jeder Beeinträchtigung des allgemeinen Persönlichkeitsrechts ist auch hier die Schwere des Eingriffs mit Hilfe der Sphärenlehre zu messen. Die Einteilung des Lebensbereichs in eine Intim-, Privat- und Sozialsphäre ermöglicht eine *Strukturierung der Eingriffsintensität*. Bei der Prüfung sind keine Besonderheiten zu beachten. Es ist allein darauf hinzuweisen, daß nicht die Persönlichkeitsrechtsbeeinträchtigung einer Kunstfigur, sondern einer realen Person untersucht wird. Diese Beeinträchtigung verwirklicht sich nicht in der Anfertigung des Romans, sondern in der *Präsentation* gegenüber dem Rezipienten. Bei der Prüfung eines Verstoßes gegen Art. 2 Abs. 1 i.V.m. Art. 1 Abs. 1 GG ist also im Fall eines literarischen Werks entscheidend auf die Sicht des Rezipienten abzustellen.

bb) Ambivalenter Maßstab des verständigen Durchschnittsrezipienten

Maßgeblich ist die Sicht des *verständigen Durchschnittsrezipienten*. Dieser ambivalente Maßstab bezieht sich zum einen auf die als Durchschnittwert ermittelte Auffassungsgabe der Rezipienten im Kontext der gegenwärtigen gesellschaftlichen Vorstellungen. Zum anderen stellt er auf einen verständigen Leser ab, der bemüht ist, das Werk kunstgerecht zu interpretieren.

c) Ausgleich zwischen Persönlichkeitsschutz und Kunstfreiheit

aa) „Je-desto"-Formel

Nach der in der „Esra"-Entscheidung eingeführten „Je-desto"-Formel besteht zwischen der Fiktionalisierung des Textes und der Schwere der Persönlichkeitsrechtsbeeinträchtigung des Betroffenen ein Abhängigkeitsverhältnis. Je weniger der Text fiktional ist, desto schwerer ist die Persönlichkeitsrechtsbeeinträchtigung. Je größer die Persönlichkeitsrechtsbeeinträchtigung ist, desto umfassender muß die Fiktionalisierung erfolgen[24]. An dieser Stelle liegt ein – wenn nicht der – Schwerpunkt der Prüfung. Denn hier ist es Aufgabe des Gerichts, nach Feststellung des Fiktionsumfangs – unter Umständen durch ein Sachverständigengutachten – eine Bewertung der Persönlichkeitsrechtsverletzung vorzunehmen.

Die Untersuchung der Fiktionalität erfordert *literarischen Sachverstand*, der durch einen literaturwissenschaftlichen Gutachter eingeholt werden sollte. Eine *Vermengung von Aspekten der Erkennbarkeit, Fiktionalisierung und Persönlichkeitsrechtsverletzung* wird vermieden, wenn nicht allein dem Gericht eine solche Beurteilung zugemutet wird: So urteilte das Oberlandesgericht Köln im Fall des umstrittenen Theaterstücks „Ehrensache" zum Hagener Mädchenmord, daß ein unzulässiges Porträtieren vorliege bei dem „Lebensbild einer Person, die dem

[24] Zur Kritik an dieser auch als „Wechselbeziehung" bezeichneten Formulierung vgl. Abschnitt E.I.7.d.

Kunstwerk deutlich erkennbar als Vorlage gedient hat, ohne dass dies als Übertreibung erkennbar ist. Nimmt der Künstler im Falle der Charakterisierung einer Person bewusst solche Veränderungen des wirklichen Geschehens vor, hat er die Anknüpfung an das reale Vorbild unverkennbar zu machen.“[25] Im Parallelverfahren strengte die Mutter des Opfers nach Klageabweisung durch Landgericht und Oberlandesgericht Essen eine Verfassungsbeschwerde zur Verhinderung der Theateraufführung an, die ohne Erfolg blieb[26]. Die Menschenwürde der Tochter werde nicht verletzt. Allein Abweichungen von der Realität können nach Ansicht des Gerichts in einem fiktionalen Theaterstück die Menschenwürde nicht verletzen, da diese gerade typisch für die Fiktionalität sind[27]. Neben einer Mißachtung der Fiktionalitätsvermutung wird hier der Grad der Fiktionalisierung nicht fachgerecht konkretisiert. Angesichts der äußerst komplexen Materie wäre es vorteilhaft, diese Untersuchung durch einen Literaturwissenschaftler durchzuführen. Sie scheint, im genannten Urteil durch eine Abwägung von Erkennbarkeit und Persönlichkeitsrechtsverletzung ersetzt worden zu sein[28]. Auch das Oberlandesgericht Frankfurt kommt bei der Darstellung eines Straftäters und seiner Handlung in Form eines Horrorfilms zu widersprüchlichen Wertungen: „Wie der Kläger selbst vortrage, entspreche das Persönlichkeitsbild der Filmfigur H. exakt seiner eigenen Persönlichkeit, sodass eine Verzerrung oder eine Entstellung nicht gegeben sein könnten. Darüber hinaus werde dem Zuschauer auch nicht der Eindruck eines Porträts des Klägers, sondern einer fiktiven Geschichte vermittelt.“[29] Wenn das Persönlichkeitsbild exakt der Realität entspricht, ist es nicht einsichtig, daß der Zuschauer dieses Porträt gerade als Fiktion wertet. Weitere Ausführungen hierzu fehlen. Für eine kunstspezifische Betrachtung ist eine Prüfung von Fiktion als typischer Wesenszug literarischer Kunst allerdings unerläßlich.

---

[25] OLG Köln ZUM 2008, 335 (337).

[26] BVerfGK 13, 115 (115).

[27] BVerfGK 13, 115 (117 f.).

[28] Die oben zitierte Entscheidung wäre demnach entsprechend den folgenden Anmerkungen zu kategorisieren, OLG Köln ZUM 2008, 335 (337): „Die Grenze ist jedenfalls dann überschritten, wenn das Lebensbild einer Person, die dem Kunstwerk deutlich erkennbar als Vorlage gedient hat (erste Anmerkung der Verfasserin: Teil der Erkennbarkeitsprüfung), durch frei erfundene Zutaten grundlegend negativ entstellt wird, ohne dass dies als Übertreibung erkennbar ist (zweite Anmerkung der Verfasserin: Teil der Prüfung einer Persönlichkeitsrechtsverletzung und damit unzulässige Gleichsetzung von Wirklichkeit und Kunst). Nimmt der Künstler im Falle der Charakterisierung einer Person bewusst solche Veränderungen des wirklichen Geschehens vor (vgl. zweite Anmerkung), hat er die Anknüpfung an das reale Vorbild unverkennbar zu machen (vgl. erste Anmerkung).“ Auch das Bundesverfassungsgericht erkannte in seinem Nichtannahmebeschluß in dem streitgegenständlichen Theaterstück bei entsprechender kunstspezifischer Betrachtungsweise keine Verletzung postmortaler Persönlichkeitsrechte: BVerfGK 13, 115 (116).

[29] OLG Frankfurt a.M. ZUM 2008, 793 (793).

bb) Zwei Ausnahmen von der Abwägung: Intimsphäre, Eltern-Kind-Beziehung

Von dem Abwägungsprozeß nimmt die Senatsmehrheit als abwägungsfeste Gebiete den Kernbereich der Persönlichkeit und die Eltern-Kind-Beziehung aus. Wenn eine dieser beiden Ausnahmegruppen betroffen ist, erfolgt *keine Abwägung* und das allgemeine Persönlichkeitsrecht erfährt einen umfassenden Schutz. Wenn der Kernbereich der privaten Lebensgestaltung oder die Eltern-Kind-Beziehung einer Person berührt sind, ist eine künstlerische Darstellung ausgeschlossen[30]. Diese Persönlichkeitsbereiche werden dann berührt, wenn eine Rezeption als faktual mangels ausreichender Fiktionalisierung erfolgt. Wenn sich dem verständigen Durchschnittsleser der Eindruck aufdrängt, der Autor verfüge über Kenntnisse im Kernbereich der Persönlichkeit oder der Eltern-Kind-Beziehung des Betroffenen, ist der Eingriff in das allgemeine Persönlichkeitsrecht verfassungsrechtlich nicht zu rechtfertigen.

cc) Drei Konstellationen von Fiktion und Persönlichkeitsrechtsverletzung

Aus dem die Literarität ausmachenden Verhältnis von Kunst und Wirklichkeit ergeben sich drei mögliche Konstellationen: Eine Persönlichkeitsrechtsverletzung ist nur dann zu prüfen, wenn in der Kunstfigur eine reale Person erkennbar ist. Die Erkennbarkeit läßt sich also *als notwendiges Kriterium* fassen. Bezüglich des hinreichenden Kriteriums ist in dreifacher Weise zu differenzieren: In der ersten Variante handelt es sich um einen *rein fiktionalen* Text, der auch so verstanden wird. Eine Persönlichkeitsrechtsverletzung ist ausgeschlossen. Als Beispiel sei eine erkennbare Person als fliegendes Pferd in einer Märchenwelt genannt. Im zweiten Fall nimmt der Künstler innerhalb eines fiktionalen Textes derart Bezug zur Natur, daß der Text von einem verständigen Durchschnittsleser als faktual rezipiert wird. Falls der Text keine Bezugspunkte zu den beiden Ausnahmegruppen enthält, findet eine Abwägung von Persönlichkeitsrechtsbeeinträchtigung und Fiktionalisierung nach altbekannten Grundsätzen der praktischen Konkordanz statt. Wenn er sich in einer dritten Konstellation ebenfalls in faktual rezipierbarer Weise auf die Natur bezieht und einen der beiden tabuisierten Bereiche berührt, wird das Persönlichkeitsrecht der Betroffenen verletzt. Dieses Ergebnis beruht auf der Berücksichtigung beider Perspektiven: Ein literaturwissenschaftlicher Sachverständiger klärt den Umfang der Fiktionalisierung ab; ein verständiger Durchschnittsrezipient dient der Einschätzung der literarischen Wirkung. Ersterer untersucht die Einwirkung von Natur auf Kunst, letzterer den Einfluß von Kunst auf Natur. Fragen der Persönlichkeitsrechtsverletzung stellen sich selbstverständlich auch im Fall

[30] Für das postmortale Persönlichkeitsrecht entsprechend wertet OLG Köln ZUM 2008, 335 (338).

eines faktualen Textes, der als solcher gelesen wird. Dieser Fall unterliegt allein den Wertungen des Meinungsäußerungsrechts[31].

d) Stellungnahme zur dritten Prüfungsstufe

Da nach allgemeiner Ansicht weder dem Freiheitsrecht des Persönlichkeitsschutzes noch der Kunstfreiheit – als speziellem Freiheitsrecht des sich ausdrückenden Künstlers – eine Vorrangstellung im voraus zukommt, sind die beiden Grundrechte gegeneinander abzuwägen. Dabei sind hinsichtlich der Fiktionalisierung in der Kunst neun Aspekte abschließend zu würdigen. Zunächst bedeutet die *Fiktionalitätsvermutung* einen erheblichen Zugewinn für den Schutz der Kunstfreiheit. Ihre Einführung hat mit Recht viel Zustimmung gefunden. Zweitens ist die Kritik an der Untersuchung von Stilmitteln durch die Senatsmehrheit berechtigt, da sich das Gericht die Prüfung dadurch unnötig erschwert. Eine Analyse auf dem Gebiet einer fremden Disziplin kann nicht zu einem zufriedenstellenden Resultat führen und beinhaltet hinsichtlich des Ergebnisses einen nicht unerheblichen Unsicherheitsfaktor. In Romanverbotsverfahren ist daher zur Frage des Umfangs der Fiktionalisierung ein *literaturwissenschaftliches Gutachten* einzuholen. Fachkundige der Literaturwissenschaft sind befähigt, die einzelnen Formen der Wirklichkeitsbearbeitung durch Literatur zu bestimmen. Wie die literaturtheoretische „Mimesis"-Geschichte gezeigt hat, hat sich das Verhältnis von Kunst und Literatur historisch gewandelt. Das Kunstverständnis in der Zeit der Aufklärung oder des Naturalismus entspricht weitaus stärker einer Abbildung der Realität als beispielsweise die surrealistische Vorstellung. Drittens ist es erforderlich, auf den *Unterschied von Erkennbarkeit und Fiktionalität* hinzuweisen. Die Senatsmehrheit hat diese Differenzierung in ihrer Prüfung konsequent berücksichtigt, indem sie die Erkennbarkeit als Voraussetzung für die Betroffenheit auf der Ebene des Grundrechtseingriffs, die Fiktionalität im Rahmen der verfassungsrechtlichen Rechtfertigung im Wechselverhältnis mit der Persönlichkeitsrechtsbeeinträchtigung prüft. Die Unklarheit, Fiktionalisierung sowohl neben der Intensität der Persönlichkeitsrechtsbeeinträchtigung als Parameter der Schwere der Persönlichkeitsrechtsberührung als auch als *Faktor für eben diese Intensität* der Beeinträchtigung anzusehen, wird viertens durch Entscheidung zugunsten letzterer beseitigt. Denn im Anschluß prüft der Senat konsequent zum einen die fiktionale Darstellungsweise und zum anderen die Persönlichkeitsrechtsbeeinträchtigung. Es ist fünftens darauf hinzuweisen, daß der Maßstab für eine Persönlichkeitsrechtsbeeinträchtigung die Auffassung eines *verständigen Durchschnittsrezipienten* ist. Ein empirisch feststellbarer Mittelwert ist dabei als Bezugsgröße ebenso wie ein literaturkundiger „Idealleser"

[31] Eine letzte, an dieser Stelle allerdings zu weitgehende Option wäre die Kombination eines faktualen Textes, der als fiktional rezipiert wird. In dieser Arbeit bleibt kein Raum, die Frage der Persönlichkeitsrechtsverletzung für diese Konstellation zu beantworten.

abzulehnen. Ersterer widerspricht der normativen Ausrichtung rechtlicher Bestimmungen[32]. Letzterer bietet angesichts der überschaubaren Größe dieser Lesergruppe in der Gesellschaft keinen ausreichenden Schutz. Es ist nicht ersichtlich, weshalb dem Betroffenen das Risiko eines unliterarischen Lesens auferlegt werden sollte. Wollte der Autor nur einen exklusiven, fachkundigen Leserkreis erreichen, würde er das Buch nicht öffentlich publizieren. Ein Leser, der bemüht und durchschnittlich befähigt ist, das Werk kunstgerecht im Kontext der gegenwärtigen gesellschaftlichen und literaturästhetischen Vorstellungen und Kenntnisse zu verstehen, bietet als Lösung einen Mittelweg zwischen beiden Extremen. Darüber hinaus sind als sechster Aspekt die *beiden Ausnahmegruppen* treffend gewählt. In der Diskussion von Rechtswissenschaft und -praxis besteht mit Recht kein Zweifel an der Berechtigung dieser äußerst sensiblen Bereiche, wenn es sich um einen nichtfiktionalen Text handelt. Es ist ebenso in dem Fall zu entscheiden, in dem der Literat in den Augen des Lesers den Bereich der Fiktion, die als Eingangstor zur selbständigen Kunstwelt gelten kann, vollständig verläßt und damit jeglichen Bezug zur Eigengesetzlichkeit von Kunst aufgibt. Entgegen dem Vorbringen der Kritiker kann er sich dabei nicht auf die Unlösbarkeit von fiktiven und faktischen Elementen in dem literarischen Werk zurückziehen, die in der Tat eine neue Schöpfung darstellt. Denn auch diese mit Recht als solche anerkannte eigenständige Welt wirkt und will zumeist auch durch die Rezeption in der Realität wirken. Das Verhältnis von Wirklichkeit und Kunst ist wesentlicher Bestandteil von Literarität. Wie die Darstellung der „Mimesis"-Lehre im historischen Wandel gezeigt hat, ist nach dem dichtungstheoretisch grundlegenden aristotelischen Verständnis Kunst, „mimeísthai", im Gegensatz zu außerkünstlerischer Arbeit, „ekphérein", zweipolig, in bezug auf eine bestehende Vorstellung sowie eine neue Schöpfung für die Außenwelt. Hierin begründet sich gerade der Eigenwert von Kunst. Man wird dem zu Recht eingeräumten hohen Rang von Kunst nicht gerecht, wenn man gerade den Vorzug – die von *Aristoteles* bereits untersuchte Wirkung von Literatur – vernachlässigt. Sie würde um einen essentiellen Bereich ihrer Bedeutung gebracht. Erkennt man die Wirkung, „dynamis", von Kunst in der Realität an, muß man auch ihre möglicherweise unzulässig verletzende Auswirkung sehen. Die Frage, wie diese Effekte aussehen, wie also ein Kunstwerk in der Wirklichkeit verstanden wird, beantwortet die Untersuchung anhand der Perspektive des verständigen Durchschnittsrezipienten. Siebtens ist auf einen zeitbedingten Aspekt einzugehen: Sowohl das literaturwissenschaftliche Gutachten hinsichtlich der Fiktionalisierung als auch die Einschätzung durch einen verständigen Durchschnittsrezipienten sind zeitlich bedingt und damit *relativ*. Es ist möglich, daß ein Buch zu einer Zeit als verletzender Tratsch verboten, in einer anderen als Kunstwerk gefeiert wird. Diese Fragen zu stellen heißt, die grundsätzliche Relativität von Gesellschaftssystemen zu reflektieren.

---

[32] Vgl. nur §§ 133, 157, 242 BGB.

Da dieser Umstand unvermeidbar ist, muß man sich letztlich auf den gegenwärtigen Konsens der Gesellschaft beziehen, der in der Verfassung grundgelegt ist. Da dem allgemeinen Persönlichkeitsrecht danach derzeit der gleiche Rang wie der Kunstfreiheit zukommt, bleibt dieses Verhältnis der Grundrechte alleiniger Bezugs- und Entscheidungspunkt. Daher kann ein Vergleich mit historischen Werken wie *Goethes* „Werther" – unabhängig von den inhaltlichen Differenzen – nicht überzeugen. Hätte *Charlotte Kestner* heute geklagt, wäre auch ihr Anliegen gerichtlich entsprechend dem Ausgleich von Persönlichkeitsschutz und Kunstfreiheit – unter Anlegung der „Esra"-Leitlinien höchstwahrscheinlich zu ihren Ungunsten – entschieden worden. Es steht außer Frage, daß Kunst einen erheblichen Beitrag zur Weiterentwicklung der Gesellschaft leistet und daher einen besonderen Freiraum erfordert. Dieser Aspekt reduziert sich – vergleichbar anderen kulturellen, sozialen und politischen Entwicklungen – auf die Frage, ob die gesellschaftliche Entwicklung von einer verfassungskonformen Kunst bestimmt sein soll. Außerdem ist achtens die Begründung der Ausnahmeregelungen entgegen der Kritik nicht inkonsequent, da sie letztlich eine *Folge der „Je-desto"-Formel* – denkbar intensiv betroffenes Persönlichkeitsrecht bei zugleich geringer Fiktionalisierung – ist. Insgesamt widerspricht die Bestimmung des Umfangs der Fiktionalisierung auch nicht dem zutreffenden Verständnis von Kunst als Neuschöpfung, in der faktische und fiktive Elemente eine untrennbare Einheit bilden. Auch wenn es sich bei einem Kunstwerk um eine autarke Welt handelt, so besteht gleichwohl für den Literaturwissenschaftler der Zugang zur Text- und Werkanalyse nach den Regeln der Disziplin. Ein Kunstwerk ist in einem neunten Aspekt eine *selbständige Welt*, die von anderen Kunstwerken unterscheidbar ist. Entsprechend kann auch ein unterschiedliches Maß an Fiktionalisierung bei verschiedenen literarischen Texten ausgemacht werden. Entgegen der Kritik ist auch die Unauflösbarkeit von fiktiven und faktischen Anteilen kein Hindernis, da ihre Einheit nicht angezweifelt, sondern ihr Mischverhältnis – fachgerecht unter Berücksichtigung des Gesamteindrucks des Werks – bestimmt wird.

Zehntens überzeugt das in der „Je-desto"-Formel zum Ausdruck kommende Fiktionsverständnis, nach dem eine Präzisierung in Form der Abstufung von Fiktionalisierung vorgenommen wird. Die Einteilung in *Fiktionsgrade* ist zulässig.

e) Zusammenfassender Vorschlag zum Vorgehen

Als zusammenfassender Vorschlag ist Autoren und Verlegern ein dreistufiges Modell zur Orientierung an die Hand zu geben, um einen fiktionalen Text auf Persönlichkeitsrechtsverträglichkeit zu prüfen.

Zunächst ist die *Erkennbarkeit* aufgrund von sogenannten „hard facts" wie Name, biographischen Besonderheiten und eindeutigen Lebensdaten zu prüfen. Ausreichend zur Bejahung ist eine Zuordnungsmöglichkeit in einem engen Bekanntenkreis. Die identifizierbaren Merkmale müssen in einer derart hohen

Dichte vorliegen, daß sich die Wiedererkennbarkeit dem Rezipienten aufdrängt, der um eine literaturadäquate Deutung bemüht und von durchschnittlicher, literarischer Befähigung ist. Ist dies bereits nicht der Fall, so ist die Erkennbarkeit der betroffenen Personen zu verneinen, eine Unzulässigkeit aufgrund einer Persönlichkeitsrechtsverletzung ausgeschlossen.

Auf der zweiten Stufe wird die Fiktionalitätsvermutung geprüft. Wie diese Untersuchung ergeben hat, ist eine *Differenzierung in zwei Fiktionalitätsvermutungen* durchaus angebracht. Die erste betrifft die Fiktionalität als *Texteigenschaft*: Es wird vermutet, daß ein literarischer Text fiktional ist. Um die Frage der Fiktionalität als Textmerkmal abschließend zu klären, ist neben der Vermutungsregel durchaus auf ein literaturwissenschaftliches Gutachten zurückzugreifen, das in beratender Form die Fiktionssignale und -grade des Textes nach disziplineigenen Regeln fachkundig untersucht. Sollte der Experte zu dem Ergebnis kommen[33], daß ein nichtfiktionaler Text vorliegt, mithin die erste Fiktionalitätsvermutung widerlegt ist, so sind die Wertungen des Äußerungsrechts nach Art. 5 Abs. 1, 2 GG zu übertragen. Wenn es sich auch nicht um eine Meinungsäußerung, sondern um einen künstlerischen Text handelt, so sind aufgrund der Wesensähnlichkeit der Texte doch die Ansätze in modifizierter Weise entsprechend zu berücksichtigen[34].

Ist die erste Fiktionalitätsvermutung nicht widerlegt, so baut auf ihr die zweite Fiktionalitätsvermutung auf: Bei einem fiktionalen Text wird vermutet, daß dieser auch als solcher – fiktionsadäquat – rezipiert wird. Diese zweite Fiktionalitätsvermutung wird durch das Gericht überprüft. So ist sie widerlegt, wenn sich auf seiten des Rezipienten *Mißverständnisse* im Umgang mit autofiktionalen Texten oder Dokufiktionsformaten zeigen. Der Faktizitätsanspruch ist im Fall eines nichtfiktionalen Textes bekannt. Aber auch ein fikionaler Text kann als faktual rezipiert werden, wenn er einen geringen Fiktionsgrad aufweist, also keine oder nicht allgemein überzeugende Fiktionssignale setzt und möglicherweise darüber hinaus Anzeichen der Authentizität beifügt. Solchen Mischformen zwischen Fiktion und Realität kommt ein zwischen rein fiktionalen und rein faktualen Texten abgestufter Schutz zu. Dieser bestimmt sich nach den aus Art. 5 Abs. 1 GG übertragenen Wertungen im oben genannten Fall nichtfiktionaler Texte und dem abschließend darzustellenden Vorgang entlang der „Je-desto"-Formel: Die „Je-desto"-Formel besagt, daß mit steigender Fiktionsdichte die Schwere der Persönlichkeitsrechtsbeeinträchtigung abnimmt. Dabei ist die

---

[33] In denkbar zweifelsfreien Fällen mag auch die Einschätzung des Gerichts zur Fiktionalität des Textes ausreichen.

[34] Danach sind beide Äußerungsformen grundsätzlich zulässig, es sei denn, es handelt sich um eine unwahre, ehrenrührige Tatsachenbehauptung oder auf dem Gebiet der Werturteile um eine unzulässige Diffamierung der Person in Form eines Angriffs auf die Menschenwürde, einer Formalbeleidigung oder einer Schmähung. Vgl. BVerfGE 75, 369 (380); 82, 272 (283 f.); 86, 1 (13); 90, 241 (248 f.); 93, 266 (294); 97, 391 (403 f.); 99, 185 (196 ff.).

Fiktion einer von mehreren Parametern, die Einfluß auf das Ausmaß der Persönlichkeitsrechtsbeeinträchtigung haben[35]. Dann ist die Intensität von Persönlichkeitsrechtsbeeinträchtigung und Fiktionalität in einer Abwägung zu prüfen, die in einem diametralen Verhältnis zueinander stehen. Um den Freiraum dieser Begriffe einzuschränken, ist hinsichtlich der Persönlichkeitsrechtsbeeinträchtigung eine Ausrichtung an der *Sphärenlehre* und im Hinblick auf die Fiktionalität eine Präzisierung anhand der untersuchten *Fiktionssignale* und *Fiktionsgrade* vorzunehmen. Das Kunstwerk ist nur dann unzulässig, wenn bei einem derartigen Abwägungsvorgang dem Persönlichkeitsrecht nach den genannten Beurteilungskriterien der Vorrang zukommt.

Oder man schließt eine Abwägung im voraus aus, da eine der in dem „Esra"-Beschluß begründeten *Ausnahmegruppen* – Darstellungen aufgrund einer faktualen Rezeption bisher allein im Bereich von Intimsphäre oder Eltern-Kind-Beziehung – vorliegt. In diesen Fällen ist die Textveröffentlichung ohnehin unzulässig, wenn nicht durch Streichungen der einschlägigen Passagen ein zulässiger Text hergestellt werden kann. Es bleibt anzumerken, daß Fragen von Authentizität sich in diesen Fällen nicht stellen. Ein fiktionaler Text erhebt *keinen Faktizitätsanspruch*, so daß die Referentialisierbarkeit einer Darstellung nur bei einem nichtfiktionalen Text – also bei Widerlegung bereits der ersten Fiktionalitätsvermutung – von Bedeutung ist.

---

[35] Angemerkt sei, daß dieser Umstand bereits durch die erste Hälfte der „Je-desto"-Formel ausgedrückt wird, die zweite Hälfte – wie in dieser Arbeit festgestellt – also verzichtbar ist.

Literaturverzeichnis

Achternbusch, Herbert/Altaras, Adriana/Ankowitsch, Christian u.a.: Ein Aufruf von Schriftstellern für Billers „Esra". Freiheit, die wir meinen, in: Süddeutsche Zeitung vom 24.7.2006, S. 14.

Adorno, Theodor W.: Aufzeichnungen zur Ästhetik-Vorlesung von 1931/32. Mit Auszügen aus Johannes Volkelt. System der Ästhetik, in: Frankfurter Adorno Blätter, S. 35–90.

Ahrens, Claus: Persönlichkeitsrecht und Freiheit der Medienberichterstattung: Konfliktsituationen – Schutzansprüche – Verfahrensfragen, 2002.

Alford, Kenneth D.: Allied Looting in World War II. Thefts of Art, Manuscripts, Stamps and Jewelry in Europe, Jefferson/NC 2011.

Anderegg, Johannes: Das Fiktionale und das Ästhetische, in: Dieter Henrich/Wolfgang Iser (Hrsg.), Funktionen des Fiktiven, 2. Aufl. 2007, S. 153–172.

Anderegg, Johannes: Fiktion und Kommunikation. Ein Beitrag zur Theorie der Prosa, 2. Aufl. 1977.

Andree, Martin: Archäologie der Medienwirkung. Faszinationstypen von der Antike bis heute (Simulation, Spannung, Fiktionalität, Authentizität, Unmittelbarkeit, Ursprung), 2005.

Aristoteles: Metaphysik. Übersetzt und eingeleitet von Thomas Alexander Szlezák, 2003.

Aristoteles: Poetik. Übersetzt und herausgegeben von Manfred Fuhrmann, 2008.

von Arnauld, Andreas: Freiheit der Kunst, in: Josef Isensee/Paul Kirchhof (Hrsg.), Handbuch des Staatsrechts der Bundesrepublik Deutschland, Bd. VII, Freiheitsrechte, 3. Aufl. 2009, § 167 (S. 1113–1154).

von Arnauld, Andreas: Normativität von Spielregeln, in: ders. (Hrsg.), Recht und Spielregeln, 2003, S. 17–36.

von Arnauld, Andreas: Recht – Spiel – Magie. Hommage à Johan Huizinga, in: ders. (Hrsg.), Recht und Spielregeln, 2003, S. 101–117.

von Arnauld, Andreas: Strukturelle Fragen des allgemeinen Persönlichkeitsrechts. Überlegungen zu Schutzbereich und Schranken des grundrechtlichen Persönlichkeitsschutzes, in: ZUM 1996, S. 286–292.

von Arnauld, Andreas: Theorie und Methode des Grundrechtsschutzes in Europa – am Beispiel des Grundsatzes der Verhältnismäßigkeit, in: EuR 43 (2008), Beiheft 1, S. 41–64.

Arndt, Adolf: Die Kunst im Recht, in: NJW 1966, S. 25–28.

Arndt, Adolf: Umwelt und Recht. 1. Der BGH und das Selbstverständnis (§ 190 StGB). – 2. Die Kunst im Recht, in: NJW 1966, S. 25–28.

Arndt, Adolf: „Vor unserer Tür", in: NJW 1967, S. 1845–1847.

Arnold, Werner: Bürgertum und mäzenatische Entwicklung im 19. und frühen 20. Jahrhundert in Deutschland, in: Peter Vodosek/Alistair Black/Peter Hoare (Hrsg.), Mäzenatentum für Bibliotheken. Philantropy for Libraries, 2004, S. 21–35.

Assmann, Aleida: Die Legitimität der Fiktion. Ein Beitrag zur Geschichte der literarischen Kommunikation, 1980.
Assmann, Aleida: Fiktion als Differenz. Für Uvo Hölscher, in: Poetica 21 (1989), S. 239–260.
Auer, Andreas/Malinverni, Giorgio/Hottelier, Michel: Droit constitutionnel suisse. Volume II. Les droits fondamentaux, 2. Aufl. 2006.
Auerbach, Erich: Mimesis. Dargestellte Wirklichkeit in der abendländischen Literatur, 10. Aufl. 2001.
Augsberg, Ino: Rechtslektionen. Zur Textualität des juristischen Verfahrens, in: Rechtstheorie 40 (2009), S. 71–97.
Augsberg, Ino/Augsberg, Steffen: Kombinationsgrundrechte. Die Verkoppelung von Grundrechtstatbeständen als Herausforderung für die Grundrechtsdogmatik, in: AöR 132 (2007), S. 539–581.
Aulehner, Josef: Polizeiliche Gefahren- und Informationsvorsorge. Grundlagen, Rechts- und Vollzugsstrukturen, dargestellt auch im Hinblick auf die deutsche Beteiligung an einem Europäischen Polizeiamt (EUROPOL), 1998.
Aulich, Reinhard: Elemente einer funktionalen Differenzierung der literarischen Zensur. Überlegungen zu Form und Wirksamkeit von Zensur als einer intentional adäquaten Reaktion gegenüber literarischer Kommunikation, in: Herbert G. Göpfert/Erdmann Weyrauch (Hrsg.), „Unmoralisch an sich…“. Zensur im 18. und 19. Jahrhundert, 1988, S. 177–230.
Aust, Hugo: Literatur des Realismus, 3. Aufl. 2000.
Bächli, Marc: Das Recht am eigenen Bild. Die Verwendung von Personenbildern in den Medien, in der Kunst, der Wissenschaft und in der Werbung aus der Sicht der abgebildeten Person, 2002 (= Diss. iur. Basel 2001).
Badenhausen, Rolf (Hrsg.): Gustaf Gründgens. „Laß mich schlafen“. Neue Quellen zur Wirklichkeit und Legende des großen Theatermannes, 1982.
Bal, Mieke: Narratology. Introduction to the Theory of Narrative, 3. Aufl. Toronto 2009.
Baldus, Manfred: Der Kernbereich privater Lebensgestaltung – absolut geschützt, aber abwägungsoffen, in: JZ 2008, S. 218–227.
Balthasar, Stephan: Der Schutz der Privatsphäre im Zivilrecht. Eine historisch-vergleichende Untersuchung zum deutschen, französischen und englischen Recht vom ius commune bis heute, 2006 (=Diss. iur. Passau 2006).
Bamberger, Christian: Vorbehaltlose Grundrechte unter staatlichem Vorbehalt? Zur Auflösung eines grundrechtsdogmatischen Paradoxons, in: Der Staat 39 (2000), S. 355–379.
Bareis, Alexander J.: Fiktionales Erzählen. Zur Theorie der literarischen Fiktion als Make-Believe, Göteborg 2008.
Bareis, Alexander J.: Mimesis der Stimme. Fiktionstheoretische Aspekte einer narratologischen Kategorie, in: Andreas Blödorn/Daniela Langer/Michael Scheffel (Hrsg.), Stimme(n) im Text. Narratologische Positionsbestimmungen, 2006, S. 101–122.
Bareis, Alexander J.: The Role of Fictionality in Narrative Theory, in: Lars-Åke Skalin (Hrsg.), Narrativity, Fictionality, and Literariness. The Narrative Turn and the Study of Literary Fiction, Örebro 2008, S. 155–175.
Barendt, Eric: Freedom of Expression, in: Michael Rosenfeld/András Sajó (Hrsg.), The Oxford Handbook of Comparative Constitutional Law, Oxford 2012, S. 891–908.
Barnett, Stephen R.: „The Right to One's Own Image“: Publicity and Privacy Rights in the United States and Spain, in: The American Journal of Comparative Law 47 (1999), S. 555–581.

Barsch, Achim: Fiktion/Fiktionalität, in: Ansgar Nünning (Hrsg.), Metzler Lexikon. Literatur- und Kulturtheorie. Ansätze – Personen – Grundbegriffe, 4. Aufl. 2008, S. 201–202.

Barsch, Achim: Literarizität, in: Ansgar Nünning (Hrsg.), Metzler Lexikon. Literatur- und Kulturtheorie. Ansätze – Personen – Grundbegriffe, 4. Aufl. 2008, S. 430.

Barsch, Achim: Literatur und Recht aus literaturtheoretischer Sicht, in: Birgit Dankert/Lothar Zechlin, Literatur vor dem Richter. Beiträge zur Literaturfreiheit und Zensur, 1988, S. 63–90.

Bartels, Gerrit: Der Dichter und das Leben. Überall Esras: Der Schriftsteller Alban Nikolai Herbst darf nach einer einstweiligen Verfügung nicht aus seinem neuen Roman „Meere“ vorlesen oder vorlesen lassen, in: Die Tageszeitung vom 26.9.2003, S. 17.

Bartels, Gerrit: Gegen den Ruin der Literatur, in: Die Tageszeitung vom 24.7.2006, S. 15.

Bartmann, Christoph: Partisan des Unglücks. Das Buch „Esra“: Maxim Biller kokettiert mit dem Wahren, in: Süddeutsche Zeitung vom 13.3.2003, S. 16.

Bartnik, Marcel: Caroline à la française – ein Vorbild für Deutschland?, in: AfP 2004, S. 489–495.

von Bassewitz, Katharina: „Des Kaisers neue Kleider“ – Nacktdarstellung als Satire, in: jurisPR-WettbR 7/2010 Anm. 2.

von Bassewitz, Katharina: Mehr und weniger fiktive Darstellungen bekannter Personen als Romanfiguren. Leitsatz Zum Verhältnis zwischen Kunstfreiheit und postmortalem Persönlichkeitsrecht, in: jurisPR-WettbR 3/2010 Anm. 6.

von Bassewitz, Katharina: Spannungsfeld zwischen postmortalem Persönlichkeitsrecht und Kunstfreiheit („Ehrensache“), in: jurisPR-WettbR 7/2008 Anm. 2.

Baston-Vogt, Marion: Der sachliche Schutzbereich des zivilrechtlichen allgemeinen Persönlichkeitsrechts, 1997 (= Diss. iur. Bielefeld 1996).

Baumann, Sabine: Döner mit Latkes. „Esra“: Maxim Biller erzählt von einer missglückten türkisch-jüdischen Liebe, in: Jüdische Allgemeine 2003, http://www.lyrikwelt.de/rezensionen/esra-r.htm, abgerufen am 11.12.2009.

Bax, Daniel: Der Preis der Borderline-Literatur. Maxim Biller muss seiner Exfreundin ein Schmerzensgeld zahlen, in: Die Tageszeitung vom 14.2.2008, S. 11.

Bax, Daniel: Die Heimtücke im Detail. Nichts Neues in München: Maxim Billers Roman „Esra“ bleibt verboten. Und die Branche rätselt über die Konsequenzen. Denn inzwischen hat das Verbot über den Einzelfall hinaus Bedeutung erlangt, in: Die Tageszeitung vom 16.10.2003, S. 17.

Bax, Daniel: Eine Niederlage der Literatur. Das Verbot des Romans „Esra“ trifft nicht nur Maxim Biller, in: Die Tageszeitung vom 13.10.2007, S. 12.

Bax, Daniel: Eine verhängnisvolle Affäre. Bücher vor Gericht: Heute wird in München über das weitere Verbot von Maxim Billers Roman „Esra“ entschieden, in: Die Tageszeitung vom 23.7.2003, S. 17.

Bax, Daniel/Mensing, Kolja: Ein Schriftsteller wird privat. Maxim Billers neuer Roman „Esra“ darf vom Verlag nicht weiter ausgeliefert werden, in: Die Tageszeitung vom 7.3.2003, S. 17.

Beater, Axel: Zivilrechtlicher Schutz vor der Presse als konkretisierendes Verfassungsrecht. Grundstrukturen im Vergleich von englischem, US-amerikanischem und deutschem Recht, 1996.

Beaugrande, Robert-Alain de/Dressler, Wolfgang Ulrich: Einführung in die Textlinguistik, 1981.

von Becker, Bernhard: Anmerkung zu LG Frankfurt am Main, Urteil vom 13. Februar 2009 - 2-3 O 478/08, in: ZUM 2009, S. 312–314.
von Becker, Bernhard: Anmerkung zu OLG Hamm, Urteil vom 17. Februar 2010 – 3 U 106/09, in: ZUM 2010, S. 456–457.
von Becker, Bernhard: Der geschlossene Vorhang – Der Beschluss des BVerfG zum „ESRA"-Fall, in: K & R 2007, S. 620–622.
von Becker, Bernhard: Der Preis für „Esra". Muss Maxim Biller Entschädigungszahlung leisten?, in: Süddeutsche Zeitung vom 11.2.2008, S. 14.
von Becker, Bernhard: Dokufiction – ein riskantes Format. Zugleich eine Besprechung von BVerfG ZUM 2008, 323 – Hagener Mädchenmord, in: ZUM 2008, S. 265–271.
von Becker, Bernhard: Fiktion und Wirklichkeit im Roman. Der Schlüsselprozess um das Buch „Esra". Ein Essay, 2006.
von Becker, Bernhard: „Gegen Grosz und Genossen" – Der Gotteslästerungsprozess gegen George Grosz, in: NJW 2005, S. 559–562.
von Becker, Bernhard: „Mephisto revisited" – ein Rundblick zum Schlüsselroman aus gegebenen Anlaß, in: KUR 2003, S. 81–89.
von Becker, Bernhard: Neues zum „Schlüsselfilm". Zum Verbot des Films „Rohtenburg", in: AfP 2006, S. 124–125.
von Becker, Bernhard: Rechtsfragen der Satire, in: GRUR 2004, S. 908–913.
von Becker, Bernhard: „Schmerzen, wie du sie noch nie erlebt hast", in: NJW 2007, S. 662–664.
von Becker, Bernhard: Überlegungen zum Verhältnis von Kunstfreiheit und Persönlichkeitsrecht, in: AfP 2001, S. 466–471.
von Becker, Bernhard: Verbotene Bücher. Eine Anmerkung zum Urteil des LG München – Maxim Biller, in: ZUM 2003, S. 675–677.
von Becker, Bernhard: Werbung Kunst Wirklichkeit. Bemerkungen zu einem schwierigen Verhältnis, in: GRUR 2001, S. 1101–1105.
von Becker, Bernhard: Zitat und Kunstfreiheit – Das „Brecht-Zitate"-Urteil des Bundesverfassungsgerichts, in: ZUM 2000, S. 864–867.
Becker, Sabina/Hummel, Christine/Sander, Gabriele: Grundkurs Literaturwissenschaft, 2006.
Behrends, Okko: Das Kunstwerk in der Eigentumsordnung oder: Der Kunstbegriff der vorklassischen Jurisprudenz im Rahmen ihrer Weltdeutung, in: Andreas Hoyer/Hans Hattenhauer/Rudolf Meyer-Pritzl/Werner Schubert (Hrsg.), Gedächtnisschrift für Jörn Eckert. 15. Mai 1954 bis 21. März 2006, 2008, S. 65–100.
Beisel, Daniel: Die Kunstfreiheitsgarantie des Grundgesetzes und ihre strafrechtlichen Grenzen, 1997 (= Diss. iur. Tübingen 1997).
Beling, Ernst: Kunstfreiheit und Rechtsbann, in: Paul Wolters u.a. (Hrsg.): Festschrift Heinrich Wölfflin. Beiträge zur Kunst- und Geistesgeschichte zum 21. Juni 1924 überreicht von Freunden und Schülern. Mit 123 Abbildungen, 1924, S. 19–26.
Belke, Horst: Literarische Gebrauchsformen, 1973.
Benda, Ernst: Die „anonyme Geburt", in: JZ 2003, S. 533–540.
Benda, Ernst: Von der Vergänglichkeit zum Plastinat, in: NJW 2000, S. 1769–1771.
Benkel, Thorsten: Soziale Welt und Fiktionalität. Chiffren eines Spannungsverhältnisses, 2008.
Bense, Max: Die Realität der Literatur. Autoren und ihre Texte, 1971.
Berg, Wilfried: Konkurrenzen schrankendivergenter Freiheitsrechte im Grundrechtsabschnitt des Grundgesetzes, 1968.

Bergau, Sebastian: Persönlichkeitsrechte in den Medien. Diskussionsbericht des gleich lautenden Symposions im Rahmen der Medientage München 2007 am 9. November 2007, in: ZUM 2008, S. 109–111.

Berger, Christian: Aktuelle Entwicklungen im Urheberrecht – Der EuGH bestimmt die Richtung, in: ZUM 2012, S. 353–361.

Berkemann, Jörg: Politisches Straßentheater – ohne Kunst?, in: NVwZ 1982, S. 85–87.

Bernhardt, Rudolf/Jolowicz, John Anthony (Hrsg.): International Enforcement of Human Rights. Reports submitted to the Colloquium of the International Association of Legal Science. Heidelberg, 28 – 30 August 1985. Appendix Texts of Selected Universal and Regional Human Rights Instruments, 1987.

Berthold, Christian: Fiktion und Vieldeutigkeit. Zur Entstehung moderner Kulturtechniken des Lesens im 18. Jahrhundert, 1993.

Bertram, Georg W.: Fiktion und Selbstbezug. Überlegungen zu einer allgemeinen Theorie fiktionalen Sprachgebrauchs, in: Gertrud Koch/Christiane Voss (Hrsg.), „Es ist, als ob". Fiktion in Philosophie, Film- und Medienwissenschaft, 2009, S. 87–106.

Bethge, Herbert: Zur Problematik von Grundrechtskollisionen, 1977.

Bettermann, Karl August: Grenzen der Grundrechte. Vortrag gehalten vor der Berliner Juristischen Gesellschaft am 4. November 1964, 2. Aufl. 1976.

Bettermann, Karl August: Publikationsfreiheit für erschlichene Informationen?, in: NJW 1981, S. 1065–1069.

Beutin, Wolfgang: „Organisation unseres Verhaltens auf die Zukunft hin"? – Überlegungen zum Literaturbegriff, in: Birgit Dankert/Lothar Zechlin (Hrsg.), Literatur vor dem Richter. Beiträge zur Literaturfreiheit und Zensur, 1988, S. 31–62.

Beuys, Josef: Kunst und Staat, in: Bitburger Gespräche. Jahrbuch 1977/78, S. 135–139.

Biermann, Armin: ‚Gefährliche Literatur' – Skizze einer Theorie der literarischen Zensur, in: Wolfenbütteler Notizen zur Buchgeschichte 30.1 (1988), S. 1–28.

Biermann, Armin: Zur sozialen Konstruktion der „Gefährlichkeit" von Literatur. Beispiele aus der französischen Aufklärung und dem Premier Empire, in: Aleida Assmann/Jan Assmann (Hrsg.), Kanon und Zensur. Archäologie der literarischen Kommunikation II, 1987, S. 212–226.

Biller, Maxim: Die Tochter. Roman, 2009.

Biller, Maxim: Esra. Roman, 2003.

Biller, Maxim: Esra. Roman, 2. Aufl. 2003.

Biller, Maxim: Maxim Biller: Stellungnahme zum Prozess um „Esra". Verfasst für das Landgericht München, in: Volltext: Zeitung für Literatur 7 (2003). Heft 3, S. 7.

Biller, Maxim: Soviel Sinnlichkeit wie der Stadtplan von Kiel. Warum die deutsche Literatur nichts so nötig hat wie den Realismus. Ein Grundsatzprogramm, in: Andrea Köhler/Rainer Moritz (Hrsg.), Maulhelden und Königskinder. Zur Debatte über die deutschsprachige Gegenwartsliteratur, 1998, S. 62–71.

Bismark, Hans: Straßenkunst in Fußgängerzonen, in: NJW 1985, S. 246–254.

Blankenagel, Alexander: Vom Recht der Wissenschaft und der versteckten Ratlosigkeit der Rechtswissenschaftler bei der Betrachtung des- und derselben, in: AöR 125 (2000), S. 70–108.

Bleckmann, Albert/Wiethoff, Claudia: Zur Grundrechtskonkurrenz, in: DÖV 1991, S. 722–730.

Blöbaum, Bernd: Literatur und Journalismus. Zur Struktur und zum Verhältnis von zwei Systemen, in: ders./Stefan Neuhaus (Hrsg.), Literatur und Journalismus. Theorie, Kontexte, Fallstudien, 2003, S. 23–51.

Blume, Peter: Fiktion und Weltwissen. Der Beitrag nichtfiktionaler Konzepte zur Sinnkonstitution fiktionaler Erzählliteratur, 2004.
Blumenberg, Hans: Wirklichkeitsbegriff und Möglichkeit des Romans, in: Hans Robert Jauß (Hrsg.), Nachahmung und Illusion. Kolloquium Gießen Juni 1963. Vorlagen und Verhandlungen, 2. Aufl. 1969, S. 9–27.
Böckenförde, Ernst-Wolfgang: Freiheitssicherung gegenüber gesellschaftlicher Macht. Einführende Problemskizze, in: Dieter Posser/Rudolf Wassermann (Hrsg.), Freiheit in der sozialen Demokratie. 4. Rechtspolitischer Kongreß der SPD vom 6. bis 8. Juni 1975 in Düsseldorf. Dokumentation, 1975, S. 69–76.
Böckenförde, Ernst-Wolfgang: Geschichte der Rechts- und Staatsphilosophie. Antike und Mittelalter, 2. Aufl. 2006.
Böckenförde, Ernst-Wolfgang: Grundrechte als Grundsatznormen. Zur gegenwärtigen Lage der Grundrechtsdogmatik, in: Der Staat 29 (1990), S. 1–31.
Böckenförde, Ernst-Wolfgang: Grundrechtsgeltung gegenüber Trägern gesellschaftlicher Macht?, in: Dieter Posser/Rudolf Wassermann (Hrsg.), Freiheit in der sozialen Demokratie. 4. Rechtspolitischer Kongreß der SPD vom 6. bis 8. Juni 1975 in Düsseldorf. Dokumentation, 1975, S. 77–89.
Böckenförde, Ernst-Wolfgang: Schutzbereich, Eingriff, verfassungsimmanente Schranken. Zur Kritik gegenwärtiger Grundrechtsdogmatik, in: Der Staat 42 (2003), S. 165–191.
Bodrozic, Marica: Die Freiheit macht den Leser. Liebeserklärung für Maxim Billers „Esra", in: Süddeutsche Zeitung vom 12.4.2003, S. 18.
Bogs, Harald: Die Bindung des Fallrichters an eine verfassungskonforme Gesetzesauslegung des Normenkontrollrichters – Ein Beitrag zur Auslegung des § 31 Abs. 2 BVerfGG, in: DVBl. 1965, S. 633–637.
Bohlen, Dieter/Keßler, Katja: Hinter den Kulissen, 2003.
Bohlen, Dieter/Keßler, Katja: Hinter den Kulissen, 2. Aufl. 2003.
Bölke, Dorothee/Gostomzyk, Tobias: Die Auswirkungen der Caroline-Entscheidung des EGMR auf die Bildberichterstattung nach deutschem Recht, in: Jura 2005, S. 336–338.
Böll, Heinrich: Die verlorene Ehre der Katharina Blum oder: Wie Gewalt entstehen und wohin sie führen kann. Erzählung. Mit einem Nachwort des Autors: Zehn Jahre später, 47. Aufl. 2010.
Böll, Heinrich: Irisches Tagebuch, 2011.
Booth, Wayne C.: The Rhetoric of Fiction, 2. Aufl. Chicago/London 1983.
Born, Christian: Zur Zulässigkeit einer humorvollen Markenparodie. Anmerkung zum Urteil des BGH „Lila-Postkarte", in: GRUR 2006, S. 192–194.
Bossinade, Johanna: Poststrukturalistische Literaturtheorie, 2000.
Bourbon, Brett: Finding a Replacement for the Soul. Mind and Meaning in Literature and Philosophy, Cambridge/MA 2004.
Brand, Peter/Schulze, Volker: Medienkundliches Handbuch. Die Zeitung, 5. Aufl. 1997.
Brandner, Hans Erich: Das allgemeine Persönlichkeitsrecht in der Entwicklung durch die Rechtsprechung, in: JZ 1983, S. 689–696.
Brandt, Wolfgang: Wer verantwortet den Romantitel? Überlegungen zu einem erzähltheoretischen Problem, in: ders. (Hrsg.), Erzähler – Erzählen – Erzähltes. Festschrift der Marburger Arbeitsgruppe Narrativik für Rudolf Freudenberg zum 65. Geburtstag, 1996, S. 87–103.
Brauneck, Anja: Das allgemeine Persönlichkeitsrecht im Konflikt mit dem verfassungsrechtlichen Freiheitsanspruch der Satire, in: ZUM 2000, S. 137–142.

Brauneck, Anja: Kritische Anmerkungen zur konventionellen gerichtlichen Prüfungsmethodik bei satirischen Darstellungen, in: ZUM 2004, S. 887–896.

Brecht, Bertolt: Neue Technik der Schauspielkunst. Etwa 1935 bis 1941, in: Suhrkamp Verlag/Elisabeth Hauptmann (Hrsg.), Bertolt Brecht. Gesammelte Werke in acht Bänden. Schriften I. Zum Theater, Bd. 7, 1967, S. 337–388.

Breitinger, Johann Jakob: Critische Dichtkunst Worinnen die Poetische Mahlerey in Absicht auf die Erfindung im Grunde untersuchet und mit Beyspielen aus den berühmtesten Alten und Neuern erläutert wird – Fortsetzung Der Critischen Dichtkunst Worinnen die Poetische Mahlerey in Absicht auf den Ausdruck und die Farben abgehandelt wird: Mit einer Vorrede eingeführet von Johann Jacob Bodemer, Bd. 1, 1740.

Breton, Andre: Die Manifeste des Surrealismus, 12. Aufl. 2009.

Breuer, Dieter: Geschichte der literarischen Zensur in Deutschland, 1982.

Brinck, Christine: Des Rektors Schelte. Ein Lehrer hält dem Schulbetrieb satirisch den Spiegel vor – und wird dafür heftig attackiert, in: Focus vom 25.5.1998, S. 138.

Britz, Gabriele: Bedeutung der EMRK für nationale Verwaltungsgerichte und Behörden. Erweiterte Bindungswirkung nach EuGH, Slg. 2002, I-6279 – Carpenter?, in: NVwZ 2004, S. 173–177.

Britz, Gabriele: Die Freiheit der Kunst in der europäischen Kulturpolitik, in: EuR 39 (2004), S. 1–26.

Britz, Gabriele: Kulturelle Rechte und Verfassung. Über den rechtlichen Umgang mit kultureller Differenz, 2000 (= Habil. iur. Frankfurt am Main 2000).

Brüggemeyer, Maik: Das Da-da-da-Sein. Roman, 2011.

Brugger, Winfried: Verbot oder Schutz von Haßrede? Rechtsvergleichende Beobachtungen zum deutschen und amerikanischen Recht, in: AöR 128 (2003), S. 372–411.

von Brühl, Friederike Gräfin: Der Begriff der Echtheit von Kunstwerken im Zivil- und Strafrecht, in: Kerstin Odendahl/Peter Johannes Weber (Hrsg.), Kulturgüterschutz – Kunstrecht – Kulturrecht. Festschrift für Kurt Siehr zum 75. Geburtstag aus dem Kreise des Doktoranden- und Habilitandenseminars „Kunst und Recht“, 2010, S. 303–312.

Bruns, Alexander: Persönlichkeitsschutz und Pressefreiheit auf dem Marktplatz der Ideen, in: JZ 2005, S. 428–436.

Bucher, Andreas: Natürliche Personen und Persönlichkeitsschutz, 4. Aufl. 2009.

Buchholz, Ernst: Wann ist Kunst unzüchtig?, in: Fritz Bauer/Hans Bürger-Prinz/Hans Giese/Herbert Jäger (Hrsg.), Sexualität und Verbrechen. Beiträge zur Strafrechtsreform, 1963, S. 326–336.

Bunia, Remigius: Faltungen. Fiktion, Erzählung, Medien, 2007 (= Diss. phil. Siegen 2006).

Bunia, Remigius: Fiktion als Darstellung. Von der Wirklichkeit in der Literatur, von Ferienparks und Versuchslaboren, in: Zeitschrift für Literaturwissenschaft und Linguistik 40 (2010), S. 148–160.

Bunia, Remigius: Fingierte Kunst. Der Fall Esra und die Schranken der Kunstfreiheit, in: Internationales Archiv für Sozialgeschichte der Literatur 32 (2007), S. 161–182.

Bunia, Remigius: Minderheitenschutz, nicht Zensur. Die Grenzen der Meinungs- und Kunstfreiheit, in: Merkur, Bd. 62, Heft 2 (2008), S. 103–111.

Bunia, Remigius: Warum stört es die Literaturwissenschaft, dass Literatur Wirkungen hat? Der Protest des Literaturbetriebs gegen die Urteile im Fall „Esra“ wird von einer herrschenden, aber falschen Lehre getragen, in: Frankfurter Allgemeine Zeitung vom 13.10.2007, S. 39.

Bunia, Remigius: Worte und andere Dinge, in: Michael Butter/Christina Sanchez/Regina Grundmann (Hrsg.), Zeichen der Zeit. Interdisziplinäre Perspektiven zur Semiotik, 2008, S. 199–219.

Burkhardt, Emanuel H.: Wortberichterstattung – die Tatbestände. I. Persönlichkeitsrecht, in: Karl Egbert Wenzel u.a. (Hrsg.), Das Recht der Wort- und Bildberichterstattung. Handbuch des Äußerungsrechts, 5. Aufl. 2003, S. 135–197.

Burkhardt, Steffen: Praktischer Journalismus, 2009.

Busch, David-Alexander: Romanverbote – Zu den Grenzen der Privatzensur, in: AfP 2004, S. 203–211.

Busch, Werner: Die englische Kunst des 18. Jahrhunderts, in: ders. (Hrsg.), Funk. Kolleg. Kunst. Eine Geschichte der Kunst im Wandel ihrer Funktionen, Bd. II, 1987, S. 703–729.

Buscher, Jens Michael: Neuere Entwicklung der straf- und ehrenschutzrechtlichen Schranken der Meinungsfreiheit und der Kunstfreiheit, in: NVwZ 1997, S. 1057–1064.

Buschmann, Silke: Literarische Zensur in der BRD nach 1945, 1997.

von Caemmerer, Ernst: Der privatrechtliche Persönlichkeitsschutz nach deutschem Recht, in: Josef Esser/Hans Thieme (Hrsg.), Festschrift für Fritz von Hippel. Zum 70. Geburtstag, 1967, S. 27–40.

Calliess, Christian: Rechtsstaat und Umweltstaat. Zugleich ein Beitrag zur Grundrechtsdogmatik im Rahmen mehrpoliger Verfasssungsrechtsverhältnisse, 2001.

Calliess, Christian: Schutzpflichten, in: Detlef Merten/Hans-Jürgen Papier (Hrsg.), Handbuch der Grundrechte in Deutschland und Europa. Grundrechte in Deutschland: Allgemeine Lehren I, Bd. II, 2006, § 44 (S. 963–992).

Calliess, Christian/Ruffert, Matthias (Hrsg.): EUV/AEUV. Das Verfassungsrecht der Europäischen Union mit Europäischer Grundrechtecharta. Kommentar, 4. Aufl. 2011.

Campe, Rüdiger: Spiel der Wahrscheinlichkeit. Literatur und Berechnung zwischen Pascal und Kleist, 2002.

Canaris, Claus-Wilhelm: Grundrechte und Privatrecht, in: AcP 184 (1984), S. 201–246.

Canaris, Claus-Wilhelm: Grundrechte und Privatrecht – eine Zwischenbilanz –. Stark erweiterte Fassung des Vortrags gehalten vor der Juristischen Gesellschaft zu Berlin am 10. Juni 1998, 1999.

Canaris, Claus-Wilhelm: Grundrechtswirkungen und Verhältnismäßigkeitsprinzip in der richterlichen Anwendung und Fortbildung des Privatrechts, in: JuS 1989, S. 161–172.

Cepeda Espinosa, Manuel José: Privacy, in: Michael Rosenfeld/András Sajó (Hrsg.), The Oxford Handbook of Comparative Constitutional Law, Oxford 2012, S. 966–981.

Chatman, Seymour: Coming to Terms. The Rhetoric of Narrative in Fiction and Film, 2. Aufl. Ithaca/London 1993.

Chatman, Seymour: Story and Discourse. Narrative Structure in Fiction and Film, 5. Aufl. Ithaca/London 1989.

Christmann, Ursula/Groeben, Norbert: 138. Die Rezeption schriftlicher Texte, in: Hartmut Günter u.a. (Hrsg.), Schrift und Schriftlichkeit. Writing and Its Use. An Interdisciplinary Handbook of International Research. Ein interdisziplinärees Handbuch internationaler Forschung, Bd. 10/2, 1996, S. 1536–1545.

Classen, Claus Dieter: Die Drittwirkung der Grundrechte in der Rechtsprechung des Bundesverfassungsgerichts, in: AöR 122 (1997), S. 65–107.

Cobley, Paul: Narrative, London/New York 2001.

von Coelln, Christian: Lebach einmal anders – die Rundfunkfreiheit fordert ihr Recht, in: ZUM 2001, S. 478–487.

Cohn, Dorrit: Signposts of Fictionality: A Narratological Perspective, in: Poetics Today 11 (1990), S. 775–804.

Cohn, Dorrit: The Distinction of Fiction, Baltimore/London 2000.

Coleman, Allison: The Unauthorised Commercial Exploitation of the Names and Likenesses of Real Persons, in: E.I.P.R. 1982, S. 189–194.

Couzinet, Daniel: Die Prinzipientheorie der Grundrechte – Einführung, Strukturhinweise, Anwendung in der Fallbearbeitung, in: JuS 2009, S. 603–608.

Culler, Jonathan D.: Literaturtheorie. Eine kurze Einführung, 2002.

Currie, Gregory: Was ist fiktionale Rede?, in: Maria E. Reicher (Hrsg.), Fiktion, Wahrheit, Wirklichkeit. Philosophische Grundlagen der Literaturtheorie, 2007, S. 37–53.

Danneberg, Lutz: Überlegungen zu kontrafaktischen Imaginationen in argumentativen Kontexten und zu Beispielen ihrer Funktion in der Denkgeschichte, in: Paragrana: Internationale Zeitschrift für historische Anthropologie (2006) Beiheft 2, S. 73–100.

Danneberg, Lutz: Weder Tränen noch Logik: Über die Zugänglichkeit fiktionaler Welten, in: Uta Klein/Katja Mellmann/Stefanie Metzger (Hrsg.), Heuristiken der Literaturwissenschaft. Disziplinexterne Perspektiven auf Literatur, 2006, S. 35–83.

Degenhart, Christoph: Das allgemeine Persönlichkeitsrecht, Art. 2 I i. V. mit Art. 1 I GG, in: JuS 1992, S. 361–368.

Deitering, Cynthia: The Postnatural Novel. Toxic Consciousness in Fiction of the 1980s, in: Cheryll Glotfelty/Harold Fromm (Hrsg.), The Ecocriticism Reader. Landmarks in Literary Ecology, Athens/GA (U.S.A.) 1996.

Denninger, Erhard/Hoffmann-Riem, Wolfgang/Schneider, Hans-Peter/Stein, Ekkehart (Hrsg.): GG. Kommentar zum Grundgesetz für die Bundesrepublik Deutschland. AK-GG. Reihe Alternativkommentare, Aufbaulieferung (Stand: August 2002).

Derrida, Jacques: Die différance, in: Peter Engelmann (Hrsg.), Postmoderne und Dekonstruktion. Texte französischer Philosophen der Gegenwart, 2007, S. 76–113.

Desoi, Monika/Knierim, Antonie: Intimsphäre und Kernbereichsschutz – Ein unantastbarer Bereich privater Lebensgestaltung in der Rechtsprechung des Bundesverfassungsgerichts, in: DÖV 2011, S. 398–405.

Dieckmann, Dorothea: Schlüssellochroman. Maxim Biller besichtigt das wahre Leben, in: Neue Züricher Zeitung (Internationale Ausgabe) vom 19.3.2003, S. 36.

Diederichsen, Angela: Der deliktsrechtliche Schutz des Persönlichkeitsrechts, in: Jura 2008, S. 1–8.

Diederichsen, Uwe: Das Bundesverfassungsgericht als oberstes Zivilgericht – ein Lehrstück der juristischen Methodenlehre, in: AcP 198 (1998), S. 171–260.

Dierksmeier, Claus: Die Würde der Kunst. Überlegungen zu Schutzbereich und Schranken eines schrankenlosen Grundrechts, in: JZ 2000, S. 883–889.

Dietlein, Johannes: Die Lehre von den grundrechtlichen Schutzpflichten, 1992.

Di Fabio, Udo: Sicherheit in Freiheit, in: NJW 2008, S. 421–425.

Dirnberger, Franz: Recht auf Naturgenuß und Eingriffsregelung. Zugleich ein Beitrag zur Bedeutung grundrechtlicher Achtungs- und Schutzpflichten für das subjektiv öffentliche Recht, 1991 (= Diss. iur. Regensburg 1990).

Dittmann, Britta/Anders, Ralf Peter: „In Deutschland wird es verboten und verschlungen werden" – Die (Prozess)Geschichte von Klaus Manns Mephisto, in: SchlHA 2007, S. 458–465.

von Doemming, Klaus Berto/Füsslein, Rudolf Werner/Matz, Werner: Entstehungsgeschichte der Artikel des Grundgesetzes im Auftrage der Abwicklungsstelle des Parlamentarischen Rates und des Bundesministers des Innern auf Grund der Verhandlungen des Parlamentarischen Rates. Abschnitt I: Die Grundrechte, in : JöR 1 (1951).

Dolderer, Michael: Objektive Grundrechtsgehalte, 2000 (= Habil. iur. 1998).

Dolzer, Rudolf u.a. (Hrsg.): Bonner Kommentar zum Grundgesetz. Gegründet 1950, 155. Ergänzungslieferung (Stand: Dezember 2011).

Doubrovsky, Serge: Fils, Paris 1977.

Dreier, Horst: Die „guten Sitten" zwischen Normativität und Faktizität, in: Friedrich Harrer/Heinrich Honsell/Peter Mader (Hrsg.), Gedächtnisschrift für Theo Mayer-Maly zum 80. Geburtstag, 2011, S. 141–158.

Dreier, Horst: Dimensionen der Grundrechte. Von der Wertordnungsjudikatur zu den objektiv-rechtlichen Grundrechtsgehalten, 1993.

Dreier, Horst: Erkennungsdienstliche Maßnahmen im Spannungsfeld von Gefahrenabwehr und Strafverfolgung, in: JZ 1987, S. 1009–1017.

Dreier, Horst: Gesellschaft, Recht, Moral, in: Universitas 48 (1993), S. 247–257.

Dreier, Horst (Hrsg.): Grundgesetz. Kommentar, Bd. I, 2. Aufl. 2004.

Dreier, Horst (Hrsg.): Grundgesetz. Kommentar, Bd. I, 3. Aufl. 2012.

Dreier, Horst: Grundlagen und Grundzüge staatlichen Verfassungsrechts, in: Armin von Bogdandy/Pedro Cruz Villalón/Peter M. Huber (Hrsg.), Handbuch Ius Publicum Europaeum. Grundlagen und Grundzüge staatlichen Verfassungsrechts. Unter Mitwirkung von Diana Zacharias, Bd. I, 2007, § 1 (S. 3–85).

Dreier, Horst: Subjektiv-rechtliche und objektiv-rechtliche Grundrechtsgehalte, in: Jura 1994, S. 505–513.

Dresen, Rainer: Presserecht und Buchverbote, in: K & R 2007, S. I.

Dudenredaktion (Hrsg.): Duden. Das Fremdwörterbuch. Unentbehrlich für das Verstehen und den Gebrauch fremder Wörter, Bd. 5, 10. Aufl. 2010.

Dudenredaktion (Hrsg.): Duden. Das Synonymwörterbuch. Ein Wörterbuch sinnverwandter Wörter, Bd. 8, 5. Aufl. 2010.

Dünnwald, Dirk: Anmerkungen zum Contergan-Urteil des Oberlandesgerichts Hamburg vom 16. Dezember 2008 – 7 U 49/08 (ZUM-RD 2009, 200). Zugleich eine Auseinandersetzung mit den Esra-Urteilen des Bundesgerichtshofs vom 21. Juni 2005 (ZUM 2005, 735) und des Bundesverfassungsgerichts vom 13. Juni 2007 (ZUM 2007, 829), in: ZUM 2009, S. 538–546.

Dürig, Günter: Grundrechte und Zivilrechtsprechung, in: Theodor Maunz (Hrsg.), Vom Bonner Grundgesetz zur gesamtdeutschen Verfassung. Festschrift zum 75. Geburtstag von Hans Nawiasky, 1956, S. 157–190.

Durzak, Manfred: Postmoderne und Spätmoderne: Erzählerische Tendenzen der achtziger Jahre, in: Wilfried Barner (Hrsg.), Geschichte der deutschen Literatur von 1945 bis zur Gegenwart, 2. Aufl. 2006, S. 814–842.

Duttge, Gunnar: Recht auf Datenschutz? Ein Beitrag zur Interpretation der grundrechtlichen Schutzbereiche, in: Der Staat 36 (1997), S. 281–308.

Dworkin, Ronald: Neue Landkarte der Zensur, in: Heinrich-Böll-Stiftung/Tageszeitung (Hrsg.), Die Landkarte der Zensur. Erzählungen, Reportagen und Essays für die Freiheit des Wortes aus Index on Censorship, 1998, S.102–110.

Ebert, Ina: Entstellende Darstellung realer Personen in einem Roman als Persönlichkeitsrechtsverletzung, in: jurisPR-BGHZivilR 36/2005 Anm. 6.

Eckberg, Kerstin: Maxim Biller: „Esra". Erinnern, als gäbe es kein Heute. In München Leere übertünchen, in: Sandammeer. Die virtuelle Literaturzeitschrift 3 (2003), http://www.sandammeer.at/rezensionen/Biller-esra.htm, abgerufen am 23.9.2010.

Eco, Umberto: Im Wald der Fiktionen. Sechs Streifzüge durch die Literatur. Harvard-Vorlesungen (Norton Lectures 1992–93). Aus dem Italienischen von Burkhart Kroeber, 1994.

Eggert, Jan Ole: Nachzensur. Die Kollision von Kunstfreiheit und Persönlichkeitsrecht am Beispiel des Romans *Esra* von Maxim Biller, in: Iablis. Jahrbuch für europäische Prozesse 7 (2008), http://www.iablis.de/iablis_t/2008/eggert08.html, abgerufen am 30.4.2010.

Ehmann, Horst: Das Allgemeine Persönlichkeitsrecht, in: Jura 2011, S. 437–448.

Ehmann, Horst: Zum kommerziellen Interesse an Politikerpersönlichkeiten. Aufgezeigt an den Fällen Oskar Lafontaine und Joschka Fischer, in: AfP 2007, S. 81–85.

Ehmann, Horst: Zur Struktur des Allgemeinen Persönlichkeitsrechts, in: JuS 1997, S. 193–203.

Eichner, Christian/Mix, York-Gothart: Ein Fehlurteil als Maßstab? Zu Maxim Billers Esra, Klaus Manns Mephisto und dem Problem der Kunstfreiheit in der Bundesrepublik Deutschland, in: Internationales Archiv für Sozialgeschichte der Literatur, Bd. 32, Heft 2 (2007), S. 183–227.

Eickmeier, Frank/Eickmeier, Jens: Die rechtlichen Grenzen des Doku-Dramas. Zur Zulässigkeit der Verfilmung des Lebens- und Charakterbildes einer Person der Zeitgeschichte, in: ZUM 1998, S. 1–8.

Eisenhauer, Gregor: Pah, Wachstücher! In Alban Nikolai Herbsts Liebesroman gerät der Schwur zum Fluch, in: Frankfurter Rundschau vom 8.10.2003, Beilage 1.

Eitel, Tono: Beutekunst. Zu den völkerrechtlichen Grundlagen der Verhandlungen, in: Heinrich Becker (Hrsg.), Schattengalerie – Symposium zur Beutekunst. Forschung, Recht und Praxis, 2010, S. 181–188.

Ekardt, Felix/Zager, Ines: Der Karikaturenstreit und das Recht, in: NJ 2007, S. 145–150.

Emmerich, Peter/Würkner, Joachim: Kunstfreiheit oder Antisemitismus?, in: NJW 1986, S. 1195–1205.

Encke, Julia: Zu nah am Leben. Immer öfter werden Bücher wegen der Verletzung von Persönlichkeitsrechten verboten, in: Süddeutsche Zeitung vom 16.10.2003, S. 2.

Enderlein, Axel: Der Begriff der Freiheit als Tatbestandsmerkmal der Grundrechte. Konzeption und Begründung eines einheitlichen, formalen Freiheitsbegriffs, dargestellt am Beispiel der Kunstfreiheit, 1995 (= Diss. iur. Erlangen-Nürnberg 1994).

Enders, Christoph: Anmerkung zu BVerfG. Az. 1 BvR 1783/05, in: JZ 2008, S. 581–584.

Enders, Christoph: Das Recht auf Kenntnis der eigenen Abstammung, in: NJW 1989, S. 881–884.

Enders, Christoph: Der Schutz der Versammlungsfreiheit (Teil I), in: Jura 2003, S. 34–42.

Enzensberger, Hans Magnus: Ach Europa! Wahrnehmungen aus sieben Ländern. Mit einem Epilog aus dem Jahre 2006, 2007.

Epping, Volker/Hillgruber, Christian (Hrsg.): GG. Grundgesetz. Kommentar, 2009.

Epping, Volker: Grundrechte. In Zusammenarbeit mit Sebastian Lenz und Philipp Leydecker, 4. Aufl. 2010.

Erbel, Günter: Ein „Definitionsverbot" für den verfassungsrechtlichen Begriff „Kunst" (Art. 5 Abs. 3 Satz 1 GG)?, in: DVBl. 1969, S. 863–867.

Erbel, Günter: Inhalt und Auswirkungen der verfassungsrechtlichen Kunstfreiheitsgarantie, 1966.

Erhardt, Elmar: Kunstfreiheit und Strafrecht. Zur Problematik satirischer Ehrverletzungen, 1989 (= Diss. iur. Göttingen 1988).
Erichsen, Hans-Uwe: Die Drittwirkung der Grundrechte, in: Jura 1996, S. 527–533.
Ernst, Christian: Die öffentlich-rechtliche Behandlung von Flashmobs und die Zurechnung von Informationsflüssen, in: DÖV 2011, S. 537–545.
Esposito, Elena: Die Fiktion der wahrscheinlichen Realität, 2007.
Esposito, Elena: Fiktion und Virtualität, in: Sybille Krämer (Hrsg.), Medien, Computer, Realität. Wirklichkeitsvorstellungen und Neue Medien, 2. Aufl. 2000, S. 269–296.
Etzold, Sabine: Ein Schulleiter erzählt aus seinem leidvollen Alltag. Mission impossible. Erlebnisse mit ausgebrannten und ausgebufften Lehrern, anmaßenden Schulräten und entfesselten Kommunalpolitikern, in: Die Zeit vom 22.8.1997, o. S.
Etzold, Sabine: Paukerposse in der Provinz. Gymnasialdirektor Friedrich Mahlmann schrieb eine Satire über den Schulbetrieb. Nicht jeder konnte darüber lachen. Einige Kollegen ziehen vor Gericht, in: DIE ZEIT vom 26.3.1998, o. S.
Farthing, Stephen (Hrsg.): Kunst. Die ganze Geschichte, 2011.
Fehnemann, Ursula: Anmerkung zu BVerfG, Beschluß v. 13.5.1986 – 1 BvR 1542/84, in: JZ 1986, S. 1055–1057.
Fey, Ulrich/Schlüter, Hans-Joachim: Reportagen schreiben. Von der Idee bis zum fertigen Text, 3. Aufl. 2006.
Fiedler, Leslie A.: Überquert die Grenze, schließt den Graben! Über die Postmoderne, in: Uwe Wittstock (Hrsg.), Roman oder Leben. Postmoderne in der deutschen Literatur, 1994, S. 14–39.
Fikentscher, Wolfgang/Möllers, Thomas: Die (negative) Informationsfreiheit als Grenze von Werbung und Kunstdarbietung, in: NJW 1998, S. 1337–1344.
Fischer, Hermann Josef: Die Freiheit der Kunst nach dem Grundgesetz, in: ders./Steven A. Reich (Hrsg.), Der Künstler und sein Recht. Ein Handbuch für die Praxis, 2. Aufl. 2007, S. 1–9.
Fludernik, Monika: Fiction vs. Non-Fiction: Narratological Differentiations, in: Jörg Helbig (Hrsg.), Erzählen und Erzähltheorie im 20. Jahrhundert. Festschrift für Wilhelm Füger, 2001, S. 85–103.
Fludernik, Monika: Towards a „Natural“ Narratology, London/New York 1996.
Fögen, Marie Theres: Rechtsverweigerungsverbot. Anmerkungen zu einer Selbstverständlichkeit, in: Cornelia Vismann/Thomas Weitin (Hrsg.), Urteilen/Entscheiden, 2006, S. 37–50.
Fohrmann, Jürgen/Müller, Harro: Einleitung: Diskurstheorien und Literaturwissenschaft, in: dies. (Hrsg.), Diskurstheorien und Literaturwissenschaft, 1992, S. 9–22.
Fornasier, Matteo/Frey, Anna-Mirjam: Geldersatz für Persönlichkeitseingriffe durch Werke der Kunst, in: AfP 2009, S. 110–116.
Foucault, Michel: Die Ordnung der Dinge, in: Axel Honneth/Martin Saar (Hrsg.), Michel Foucault. Die Hauptwerke. Mit einem Nachwort von Axel Honneth und Martin Saar, 2008, S. 7–469.
Frank, Rainer: Das Recht auf Kenntnis der Abstammung in Deutschland und Frankreich, in: Ingeborg Schwenzer/Günter Hager (Hrsg.), Festschrift für Peter Schlechtriem zum 70. Geburtstag, 2003, S. 37–52.
Franz, Michael: Wahrheit in der Kunst. Neue Überlegungen zu einem alten Thema, 1984.
Frazer, Tim: Publicity, privacy and personality, in: E.I.P.R. 1983, S. 139–141.
Frenz, Walter: Handbuch Europarecht. Europäische Grundrechte, Bd. 4, 2009.
Frenz, Walter: Recht am eigenen Bild für Prinzessin Caroline, in: NJW 2008, S. 3102–3105.

Frenzel, Eike Michael/Singer, Jörg: Recht als Resonanzkörper der Kunst, in: AfP 2006, S. 416–422.
Freund, Wieland: Zweierlei Unglück. Der Kommentar, in: Die Welt vom 23.4.2003, o. S.
Frey, Anna-Mirjam: Die Romanfigur wider Willen, 2008 (= Diss. iur. Passau 2007).
Frey, Anna-Mirjam/Fornasier, Matteo: Anmerkung zu BGH, Urteil vom 24. November 2009 – VI ZR 219/08, in: ZUM 2010, S. 253–255.
Frey, Dagobert: Der Realitätscharakter des Kunstwerkes, in: Otto Helmut Förster u.a. (Hrsg.), Festschrift Heinrich Wölfflin zum siebzigsten Geburtstage. Mit siebenundvierzig Bildbeigaben, 1935, S. 30–67.
Fricke, Ernst: Recht für Journalisten. Presse, Rundfunk, neue Medien, 2. Aufl. 2010.
Fricke, Michael: Anmerkung zu OLG Hamburg. Az. 7 U 141/07, 142/07, 143/07, 144/07, in: ZUM 2007, S. 487–490.
Friedemann, Käte: Die Rolle des Erzählers in der Epik, 1965.
Friedrich, Hans-Edwin: Fiktionalität im 18. Jahrhundert. Zur historischen Transformation eines literaturtheoretischen Konzepts, in: Simone Winko/Fotis Jannidis/Gerhard Lauer (Hrsg.), Grenzen der Literatur. Zu Begriff und Phänomenen des Literarischen, 2009, S. 338–373.
Friedrich, Katrin: Internationaler Persönlichkeitsschutz bei unerlaubter Vermarktung, 2003 (= Diss. iur. München 2003).
Frisch, Max: Ausgewählte Prosa. Nachwort von Joachim Kaiser, Nachdruck der 1. Auflage (1963) 1986.
Frisch, Max: Schwarzes Quadrat. Zwei Poetikvorlesungen. Herausgegeben von Daniel de Vin unter Mitarbeit von Walter Obschlager. Mit einem Nachwort von Peter Bichsel, 2008.
Früh, Werner: Realitätsvermittlung durch Massenmedien. Die permanente Transformation der Wirklichkeit, 1994.
Fuchs, Christine: Avantgarde und Erweiterter Kunstbegriff. Eine Aktualisierung des Kunst- und Werkbegriffs im Verfassungs- und Urheberrecht, 2000.
Fuhrmann, Manfred: Die aristotelische Lehre vom Wirklichkeitsbezug der Dichtung, in: Harald Weinrich (Hrsg.), Positionen der Negativität, 1975, S. 519–540.
Gabriel, Gottfried: Fiktion und Wahrheit. Eine semantische Theorie der Literatur, 1975.
Gadamer, Hans Georg: Wirkungsgeschichte und Applikation. Das Prinzip der Wirkungsgeschichte, in: Rainer Warning (Hrsg.), Rezeptionsästhetik. Theorie und Praxis, 4. Aufl. 1994, S. 113–125.
von Gamm, Eva-Irina: Die Problematik der Gestaltungshöhe im deutschen Urheberrecht. Unter besonderer Berücksichtigung europarechtlicher Vorgaben und der Überschneidung mit dem deutschen Geschmacksmuster-, Wettbewerbs- und Kennzeichnungsrecht, 2004 (= Diss. iur. München 2002).
Garloff, Peter: Copyright und Kunstfreiheit – zur Zulässigkeit ungenehmigter Zitate in Heiner Müllers letztem Theaterstück, in: GRUR 2001, S. 476–482.
Gärtner, Sebastian: Was die Satire darf. Eine Gesamtbetrachtung zu den rechtlichen Grenzen einer Kunstform, 2009 (= Diss. iur. Mainz 2007).
Gebauer, Gunter/Wulf, Christoph: Mimesis. Kultur – Kunst – Gesellschaft, 1992.
Geiger, Willi: Zur Diskussion über die Freiheit der Kunst, in: Karl Dietrich Bracher u.a. (Hrsg.), Die moderne Demokratie und ihr Recht. Modern Constitutionalism and Democracy. Festschrift für Gerhard Leibholz zum 65. Geburtstag, Bd. 2, 1966, S. 187–204.
Geis, Max-Emanuel: Der Kernbereich des Persönlichkeitsrechts, in: JZ 1991, S. 112–117.

Geis, Max-Emanuel: Josefine Mutzenbacher und die Kontrolle der Verwaltung, in: NVwZ 1992, S. 25–31.
Geiser, Thomas: Die Persönlichkeitsverletzung insbesondere durch Kunstwerke, 1990 (= Habil. iur. Basel 1990).
Geiser, Thomas: Kunstfreiheit und Persönlichkeitsschutz, in: Ivo Schwander/Peter Studer (Hrsg.), Neuigkeiten im Kunstrecht, 2008, S. 9–30.
Geisler, Herbert: Realistische Literatur: Abwägung zwischen Kunstfreiheit und allgemeinem Persönlichkeitsrecht („Esra"), in: jurisPR-BGHZivilR 16/2008 Anm. 2.
Genette, Gérard: Fiktion und Diktion, 1992.
Genette, Gérard: Paratexte. Das Buch vom Beiwerk des Buches. Mit einem Vorwort von Harald Weinrich. Aus dem Französischen von Dieter Hornig, 2001.
von Gerlach, Jürgen: Der Schutz der Privatsphäre von Personen des öffentlichen Lebens in rechtsvergleichender Sicht, in: JZ 1998, S. 741–753.
Germann, Michael: Das Allgemeine Persönlichkeitsrecht, in: Jura 2010, S. 734–744.
Gerrig, Richard J.: Experiencing Narrative Worlds. On the Psychological Activities of Reading, New Haven/CT 1993.
Gerrig, Richard J./Rapp, David N.: Psychological Processes Underlying Literary Impact, in: Poetics Today 25 (2004), S. 265–281.
Gersdorf, Hubertus: Caroline-Urteil des EGMR: Bedrohung der nationalen Medienordnung, in: AfP 2005, S. 221–227.
Gertken, Jan/Köppe, Tilmann: Fiktionalität, in: Simone Winko/Fotis Jannidis/Gerhard Lauer (Hrsg.), Grenzen der Literatur. Zu Begriff und Phänomenen des Literarischen, 2009, S. 228–266.
Geulen, Eva: Law and Literature. Who Owns It?, in: Werner Gephart (Hrsg.), Rechtsanalyse als Kulturforschung, 2012, S. 309–322.
Giersberg, Dagmar: Roman wird verboten: *Esra* von Maxim Biller, http://www.goethe.de/kue/lit/aug/de2815556.htm, abgerufen am 13.04.2010.
Gilot, Françoise/Lake, Carlton: Vivre avec Picasso, Paris 2006.
Goecke, Klaus: Unbegrenzte Haftung Minderjähriger?, in: NJW 1999, S. 2305–2310.
Goertz, Heinrich: Gustaf Gründgens. Mit Selbstzeugnissen und Bilddokumenten, 1982.
von Goethe, Johann Wolfgang: An Johann Christian und Charlotte Kestner, Frankfurt. ?.10.1774 [Frankfurt, Oktober 1774], in: Karl Eibl/Fotis Jannidis/Marianne Willems (Hrsg.), Der junge Goethe in seiner Zeit. Sämtliche Werke, Briefe, Tagebücher und Schriften, Bd. 1, 1998, S. 681.
von Goethe, Johann Wolfgang: Die Leiden des jungen Werther [1774], 2011.
Gogos, Manuel: Das Ende der Blutsbande. Meine Tochter, deine Mutter – und unsere gemeinsamen Probleme: Maxim Billers neuer Roman „Esra" erzählt von der neuen Unordnung der Liebe, in: Die Tageszeitung vom 7.3.2003, S. 17.
Göksu, Tarkan: Drittwirkung der Grundrechte im Bereich des Persönlichkeitsschutzes, in: SJZ 98 (2002), S. 89–101.
Goodman, Jeffrey: Fictionalia as modal artifacts, in: Grazer Philosophische Studien 80 (2010), S. 21–46.
Goodman, Nelson: Languages of Art. An Approach to a Theory of Symbols. Second Edition, Indianapolis/Cambridge 1997.
Goodman, Nelson: Weisen der Welterzeugung, 1984.
Gostomzyk, Tobias: Anmerkung zu BGH, Versäumnisurteil vom 16.9.2008, VI ZR 244/07, in: NJW 2009, S. 753–754.

Gostomzyk, Tobias: Anmerkung zu BGH, Versäumnisurteil vom 26.5.2009, VI ZR 191/08, in: NJW 2009, 3579–3580.

Gostomzyk, Tobias: Wahrheit, keine Dichtung, in: NJW 2008, S. 737–739.

Gostomzyk, Tobias: Zur Verletzung des postmortalen Persönlichkeitsrechts einer Schauspielerin durch einen Roman §§ 823, 1004 BGB, in: AfP 2009, S. 612–617.

Götting, Horst-Peter: Persönlichkeitsschutz und Kunstfreiheit, in: Rainer Jacobs/Hans-Jürgen Papier/Peter-Klaus Schuster (Hrsg.), Festschrift für Peter Raue. Zum 65. Geburtstag am 4. Februar 2006, 2006, S. 427–444.

Götting, Horst-Peter: Vom Right of Privacy zum Right of Publicity. Die Anerkennung eines Immaterialgüterrechts an der eigenen Persönlichkeit im amerikanischen Recht, in: GRUR Int 1995, S. 656–669.

Götz, Volkmar: 1. Arbeitsgruppe: Zivilrecht. Referat von Professor Dr. Volkmar Götz, Göttingen, in: Bundesminister der Justiz (Hrsg.), Vierzig Jahre Grundrechte in ihrer Verwirklichung durch die Gerichte. Göttinger Kolloquium. Konzeption und Redaktion Wolfgang Heyde, Christian Starck, 1990, S. 35–84.

Gounalakis, Georgios: Freiräume und Grenzen politischer Karikatur und Satire, in: NJW 1995, S. 809–816.

Grabenwarter, Christoph: Europäische Menschenrechtskonvention. Ein Studienbuch, 5. Aufl. 2012.

Grabenwarter, Christoph: Filmkunst im Spannungsfeld zwischen Freiheit der Meinungsäußerung und Religionsfreiheit. Anmerkung zum Urteil des Europäischen Gerichtshofs für Menschenrechte vom 20. September 1994 im Fall *Otto-Preminger-Institut,* in: ZaöRV 55 (1995), S. 128–165.

Grabenwarter, Christoph: Schutz der Privatsphäre versus Pressefreiheit: Europäische Korrektur eines deutschen Sonderweges?, in: AfP 2004, S. 309–316.

Grabes, Herbert: Fiktion – Realismus – Ästhetik. Woran erkennt der Leser Literatur?, in: ders. (Hrsg.), Text, Leser, Bedeutung. Untersuchungen zur Interaktion von Text und Leser, 1977, S. 61–81.

Grabitz, Eberhard/Hilf, Meinhard/Nettesheim, Martin (Hrsg.): Das Recht der Europäischen Union, EUV/AEUV, Bd. I, 46. Ergänzungslieferung (Stand: Mai 2011).

Graef, Ralph Oliver: Die fiktive Figur im Urheberrecht, in: ZUM 2012, S. 108–117.

Graf, Friedrich Wilhelm: Kontinuitätsfiktionen, in: Michael Stolleis (Hrsg.), Herzkammern der Republik. Die Deutschen und das Bundesverfassungsgericht, 2011, S. 110–123.

Greenblatt, Stephen: Schmutzige Riten. Betrachtungen zwischen Weltbildern, 1991.

Greene, Graham: J'accuse ou Nice côté-ombre. Traduit de l'anglais par Jean-Pierre Carasso, London 1982.

Greiner, Ulrich: Die Rechte der Person. Neuer Streit um Maxim Billers Roman „Esra", in: Die Zeit vom 26.7.2006, o. S.

Grimm, Dieter: Der Stolpe-Beschluss des BVerfG – eine Rechtsprechungswende?, in: AfP 2008, S. 1–6.

Grimm, Dieter: Die Meinungsfreiheit in der Rechtsprechung des Bundesverfassungsgerichts, in: NJW 1995, S. 1697–1705.

Grimm, Dieter: „Keine Trumpfkarte im ‚Fall Esra'". Kunstfreiheit und Persönlichkeitsrecht müssen gegeneinander abgewogen werden, in: ZRP 2008, S. 29–30.

Grimm, Dieter: Kulturauftrag im staatlichen Gemeinwesen, in: VVDStRL 42 (1984), S. 47–82.

Grimm, Dieter: Persönlichkeitsschutz im Verfassungsrecht, in: Egon Lorenz (Hrsg.), Karlsruher Forum 1996. Schutz der Persönlichkeit. Mit Vorträgen von Dieter Grimm und Peter Schwerdtner, 1997, S. 3–26.

Grimm, Gunter: Einführung in die Rezeptionsforschung, in: ders. (Hrsg.), Literatur und Leser. Theorien und Modell zur Rezeption literarischer Werke, 1975, S. 11–84.

von der Groeben, Frank/Schwarze, Jürgen (Hrsg.): Kommentar zum Vertrag über die Europäische Union und zur Gründung der Europäischen Gemeinschaft, 6. Aufl. 2003.

Grote, Rainer/Marauhn, Thilo (Hrsg.): EMRK/GG. Konkordanzkommentar zum europäischen und deutschen Grundrechtsschutz, 2006.

Gstrein, Norbert: Die ganze Wahrheit. Roman, 2010.

Gubler, Claude/Gonod, Michel: Le grand secret, 2. Aufl. Monaco 2005.

Guckelberger, Annette: Die Drittwirkung der Grundrechte, in: JuS 2003, S. 1151–1157.

Gusy, Christoph: Anmerkung zu BVerfG, Beschluß v. 7.3.1990 – 1 BvR 266/86 und 913/87, in: JZ 1990, S. 640–641.

Gusy, Christoph: Grundrechtsschutz vor staatlichen Informationseingriffen, in: VerwArch. 74 (1983), S. 91–111.

Gusy, Christoph: Informationelle Selbstbestimmung und Datenschutz: Fortführung oder Neuanfang?, in: KritV 83 (2000), S. 52–64.

Haass, Jörg: Müller oder Brecht? Zum Einfluß von Kunstfreiheit und Eigentumsgarantie bei Übernahme geschützter Textteile in neue Werke, in: ZUM 1999, S. 834–838.

Häberle, Peter: Das Grundgesetz der Literaten. Der Verfassungsstaat im (Zerr?) Spiegel der Schönen Literatur, 1983.

Häberle, Peter: Die Freiheit der Kunst im Verfassungsstaat, in: AöR 110 (1985), S. 577–619.

Häberle, Peter: Die Freiheit der Kunst in kulturwissenschaftlicher und rechtsvergleichender Sicht, in: Walter Berka/ders./Peter Lerche/Carl-Heinz Heuer (Hrsg.), Kunst und Recht im In- und Ausland. Deutsche Sektion der Internationalen Juristen-Kommission. Jahrestagung vom 3. bis 5. September 1993 im Kloster Banz, 1994, S. 37–87.

Häberle, Peter: Grundrechtsgeltung und Grundrechtsinterpretation im Verfassungsstaat, in: JZ 1989, S. 913–919.

Habermas, Jürgen: Vorbereitende Bemerkungen zu einer Theorie der kommunikativen Kompetenz. (Vorlage für Zwecke einer Seminardiskussion), in: ders./Niklas Luhmann (Hrsg.), Theorie der Gesellschaft oder Sozialtechnologie – Was leistet die Systemforschung?, 10. Aufl. 1990, S. 101–141.

Hacker, Doja: 200 Seiten Zärtlichkeit. Maxim Biller schildert in seinem neuen Roman das Protokoll einer scheiternden Beziehung – und kokettiert mit dem autobiographischen Gehalt des Buchs, in: Der Spiegel vom 1.3.2003, S. 146.

Haefner, Gerhard: Rezeptionsästhetik, in: Ansgar Nünning (Hrsg.), Literaturwissenschaftliche Theorien, Modelle und Methoden. Eine Einführung, 1995, S. 107–118.

Häfelin, Ulrich/Haller, Walter/Keller, Helen: Schweizerisches Bundesstaatsrecht, 7. Aufl. 2008.

Hage, Volker: Fünf Arten, die Liebe zu erzählen, in: Der Spiegel vom 6.10.2003, S. 158–160.

Hager, Johannes: Die Mephisto-Entscheidung des Bundesverfassungsgerichts, in: Jura 2000, S. 186–191.

Hager, Johannes: Grundrechte im Privatrecht, in: JZ 1994, S. 373–383.

Hahn, Richard: Persönlichkeitsrecht und Buch, in: ZUM 2008, S. 97–102.

Haight Farley, Christine: Imagining the Law: Art, in: Austin Sarat/Matthew Anderson/Cathrine O. Frank (Hrsg.), Law and the Humanities. An Introduction, Cambridge/UK u.a. 2010, S. 292–312.

Hain, Karl-E./Unruh, Peter: Neue Wege in der Grundrechtsdogmatik? – Anmerkungen zum Schächt-Urteil des BVerfG nach Änderung des Art. 20a GG, in: DÖV 2003, S. 147–155.

Haller, Michael: Die Reportage, 6. Aufl. 2008.

Haller, Rudolf: Facta und Ficta. Studien zu ästhetischen Grundlagenfragen, 1986.

Haltern, Ulrich: Finalität, in: Armin von Bogdandy/Jürgen Bast (Hrsg.), Europäisches Verfassungsrecht. Theoretische und dogmatische Grundzüge, 2. Aufl. 2009, S. 279–331.

Hamburger, Käte: Die Logik der Dichtung, 4. Aufl. 1994.

Hamburger, Käte: Wahrheit und Ästhetische Wahrheit, 1979.

Hamdan, Binke: Hitlergruß und Hakenkreuz – (Keine) Mittel zum politischen Kampf? – § 86a StGB im Lichte des Verfassungsrechts, in: Jura 2008, S. 169–172.

Hanschmann, Felix: „Ceci n'est pas une pipe“ – Zur Freiheit der Literatur in der Rechtsprechung des Bundesverfassungsgerichts, in: Sigrid Emmenegger/Ariane Wiedmann (Hrsg.), Linien der Rechtsprechung des Bundesverfassungsgerichts – erörtert von den wissenschaftlichen Mitarbeitern, Bd. 2, 2011, S. 327–349.

Häntzschel, Kurt: Das Recht der freien Meinungsäußerung, in: Gerhard Anschütz/Richard Thoma (Hrsg.), Handbuch des Deutschen Staatsrechts, Bd. 2, Nachdruck der 1. Aufl. (1932) 1998, § 105 (S. 651–657).

Haratsch, Andreas: Kunstfreiheit, in: Sebastian Heselhaus/Carsten Nowak (Hrsg.), Handbuch der Europäischen Grundrechte, 2006, § 25 (S. 733–744).

Hardinghaus, Barbara: Das ewige Gift, in: Der Spiegel vom 20.11.2006, S. 138–144.

Harshav, Benjamin: On Presentation and Representation in Fiction, in: Explorations in Poetics, Stanford 2007, S. 128–139.

Harshaw, Benjamin: Fictionality and Fields of Reference. Remarks on a Theoretical Framework, in: Poetics Today 5 (1984), S. 227–251.

Haug, Walter: Die Entdeckung der Fiktionalität, in: ders. (Hrsg.), Die Wahrheit der Fiktion. Studien zur weltlichen und geistlichen Literatur des Mittelalters und der frühen Neuzeit, 2003, S. 128–144.

Heer-Reißmann, Christine: Die Letztentscheidungskompetenz des Europäischen Gerichtshofes für Menschenrechte in Europa, 2008 (= Diss. iur. Mainz 2007).

Hein, Christoph: Als Kind habe ich Stalin gesehen. Essais und Reden, 1990.

Hein, Christoph: Zensur ist etwas anderes, in: Der Spiegel vom 20.10.2003, S. 178.

von Hein, Jan: Die Europäisierung des Persönlichkeitsrechtsschutzes: Das Urteil des Europäischen Gerichtshofs für Menschenrechte in der Sache Caroline von Hannover gegen Deutschland, in: GPR 5 (2003/2004), S. 252–258.

Heinen, Sandra: Postmoderne und poststrukturalistische (Dekonstruktionen der) Narratologie, in: Ansgar Nünning/Vera Nünning (Hrsg.), Neue Ansätze in der Erzähltheorie, 2002, S. 243–264.

Heinig, Hans Michael/Morlok, Martin: Von Schafen und Kopftüchern. Das Grundrecht auf Religionsfreiheit in Deutschland vor den Herausforderungen religiöser Pluralisierung, in: JZ 2003, S. 777–785.

Heinz, Kersten: Kunst auf der Straße im Labyrinth von Kunstfreiheit, straßenrechtlichem Gemeingebrauch und Sondernutzung, in: NVwZ 1991, S. 139–141.

Hejl, Peter M.: „Nicht alle Realitäten sind gleich wirklich". Wirklichkeitskonstruktion im Recht und in der Literatur, in: Zeitschrift für Semiotik 12 (1990), S. 221–228.

Heldrich, Andreas: Persönlichkeitsschutz und Pressefreiheit, in: ders. (Hrsg.), Recht im Spannungsfeld von Theorie und Praxis: Festschrift für Helmut Heinrichs zum 70. Geburtstag, 1998, S. 319–333.

Heldrich, Andreas: Persönlichkeitsschutz und Pressefreiheit nach der Europäischen Menschenrechtskonvention, in: NJW 2004, S. 2634–2636.

Helle, Ernst: Der Schutz der Persönlichkeit, der Ehre und des wirtschaftlichen Rufes im Privatrecht, 2. Aufl. 1969.

Helle, Jürgen: Besondere Persönlichkeitsrechte im Privatrecht: das Recht am eigenen Bild, das Recht am gesprochenen Wort und der Schutz des geschriebenen Wortes, 1991.

Helle, Jürgen: „Variantenlehre" und Mehrdeutigkeit der verletzenden Äußerung, in: AfP 2006, S. 110–116.

Heller, Sven/Goldbeck, Nino: Mohammed zu Gast in Popetown. Religiöse (Bild-)Satire im Spannungsfeld von medienrechtlicher Fremdkontrolle und medienethischer Selbstregulierung, in: ZUM 2007, S. 628–641.

Hellermann, Johannes: Multikulturalität und Grundrechte – am Beispiel der Religionsfreiheit, in: Christoph Grabenwarter/Stefan Hammer/Alexander Pelzl/Eva Schulev-Steindl/Ewald Wiederin (Hrsg.), Allgemeinheit der Grundrechte und Vielfalt der Gesellschaft. 34. Tagung der Wissenschaftlichen Mitarbeiterinnen und Mitarbeiter der Fachrichtung „Öffentliches Recht", 1994, S. 129–144.

Hellmann, Vanessa: Der sogenannte Gewährleistungsgehalt – Eine Analyse der Rechtsprechung des Bundesverfassungsgerichts, in: Sigrid Emmenegger/Ariane Wiedmann (Hrsg.), Linien der Rechtsprechung des Bundesverfassungsgerichts – erörtert von den wissenschaftlichen Mitarbeitern, Bd. 2, 2011, S. 151–176.

Hempel, Heinrich: Die Freiheit der Kunst. Eine Darstellung des schweizerischen, deutschen und amerikanischen Rechts, 1991.

Hempfer, Klaus W.: Zu einigen Problemen einer Fiktionstheorie, in: Zeitschrift für französische Sprache und Literatur 100 (1990), S. 109–137.

Henne, Thomas: Alles schon mal dagewesen? – Parallelen zwischen den „Mephisto"-Entscheidungen der deutschen Gerichte und der Debatte um Walsers Tod eines Kritikers, in: NJW 2003, S. 639–641.

Henrich, Dieter: Versuch über Fiktion und Wahrheit, in: ders./Wolfgang Iser (Hrsg.), Funktionen des Fiktiven, 2. Aufl. 2007, S. 511–519.

Henschel, Johann Friedrich: Die Kunstfreiheit in der Rechtsprechung des BVerfG, in: NJW 1990, S. 1937–1944.

Henschel, Johann Friedrich: Zum Kunstbegriff des Grundgesetzes, in: Christian Broda/Erwin Deutsch/Hans-Ludwig Schreiber/Hans-Jochen Vogel (Hrsg.), Festschrift für Rudolf Wassermann zum sechzigsten Geburtstag, 1985, S. 351–358.

Herbst, Alban Nikolai: Das Flirren im Sprachraum, in: Andreas Hübener/Jörg Paulus/Renate Stauf (Hrsg.), Umstrittene Postmoderne. Lektüren, 2010, S. 99–117.

Herbst, Alban Nikolai: Ich bin kein Realist, in: Der Spiegel vom 12.3.2007, S. 167.

Herbst, Alban Nikolai: Meere. Roman. Letzte, vervollständigte Ausgabe, 2. Aufl. 2008.

Herder, Johann Gottfried: Journal meiner Reise im Jahr 1769, in: Bernhard Suphan (Hrsg.), Sämtliche Werke, Bd. IV, 1967, S. 343–461.

Herding, Klaus: Realismus, in: Werner Busch (Hrsg.), Eine Geschichte der Kunst im Wandel ihrer Funktionen, Bd. II, 1987, S. 730–764.

Hermes, Georg: Das Grundrecht auf Schutz von Leben und Gesundheit. Schutzpflicht und Schutzanspruch aus Art. 2 Abs. 2 Satz 1 GG, 1987.

Herrmann, Hans Peter: Naturnachahmung und Einbildungskraft. Zur Entwicklung der deutschen Poetik von 1670 bis 1740, 1970.

Herzog, Roman: Das Bundesverfassungsgericht und die Anwendung einfachen Gesetzesrechts, in: Hartmut Maurer (Hrsg.), Das akzeptierte Grundgesetz. Festschrift für Günter Dürig zum 70. Geburtstag, 1990, S. 431–445.

Heß, Reinhold: Grundrechtskonkurrenzen. Zugleich ein Beitrag zur Normstruktur der Freiheitsrechte, 2000 (= Diss. iur. Marburg 1999).

Hesse, Konrad: Grundzüge des Verfassungsrechts der Bundesrepublik Deutschland, 20. Aufl. 1995.

Hesse, Konrad: Verfassungsrecht und Privatrecht. Vortrag 13. Juni 1988, 1988.

Heun, Werner: Funktionell-rechtliche Schranken der Verfassungsgerichtsbarkeit. Reichweite und Grenzen einer dogmatischen Argumentationsfigur, 1992.

Hillgärtner, Rüdiger: Kreative Individualität als Kunstfigur. Versuche zur Autorschaft im 20. Jahrhundert, 2005.

Hillgruber, Christian: Die Religion und die Grenzen der Kunst, in: Essener Gespräche zum Thema Staat und Kirche 36 (2002), S. 53–89.

Hillgruber, Christian/Schemmer, Franz: Darf Satire wirklich alles? – Zum Beschluß des Ersten Senats des *BVerfG* v. 25.3.1992 – 1 BvR 514/90, in: JZ 1992, S. 946–956.

von Hippel, Eike: Persönlichkeitsschutz und Pressefreiheit im amerikanischen und deutschen Recht, in: RabelsZ 33 (1969), S. 276–289.

Hirschberger, Johannes: Geschichte der Philosophie, Altertum und Mittelalter, Bd. I, 12. Aufl. 1980.

Hirschberger, Johannes: Geschichte der Philosophie, Neuzeit und Gegenwart, Bd. II, 12. Aufl. 1980.

Hirte, Heribert: Mitteilung und Publikation von Gerichtsentscheidungen. Zum Spannungsverhältnis von Persönlichkeitsschutz und Interessen der Öffentlichkeit, in: NJW 1988, S. 1698–1705.

von Hodenberg, Philipp Freiherr: Das Bekenntnis des deutschen Volkes zu den Menschenrechten in Art. 1 Abs. 2 GG, 1997 (= Diss. iur. Heidelberg 1997).

Hoffmann, Josef: Kunstfreiheit und Sacheigentum. Bemerkungen zum „Sprayer"-Beschluß des BVerfG, in: NJW 1985, S. 237–246.

Hoffmann-Riem, Wolfgang: Beharrung oder Innovation – zur Bindungswirkung verfassungsrechtlicher Entscheidungen, in: Der Staat 13 (1974), S. 335–364.

Hoffmann-Riem, Wolfgang: Enge oder weite Gewährleistungsgehalte der Grundrechte?, in: Michael Bäuerle u.a. (Hrsg.), Haben wir wirklich Recht? Zum Verhältnis von Recht und Wirklichkeit. Beiträge zum Kolloquium anläßlich des 60. Geburtstags von Brun-Otto Bryde, 2004, S. 53–76.

Hoffmann-Riem, Wolfgang: Grundrechtsanwendung unter Rationalitätsanspruch. Eine Erwiderung auf Kahls Kritik an neueren Ansätzen in der Grundrechtsdogmatik, in: Der Staat 43 (2004), S. 203–233.

Hoffmann-Riem, Wolfgang: Informationelle Selbstbestimmung als Grundrecht kommunikativer Entfaltung, in: Helmut Bäumler (Hrsg.), „Der neue Datenschutz" – Datenschutz in der Informationsgesellschaft von morgen, 1998, S. 11–24.

Hoffmann-Riem, Wolfgang: Informationelle Selbstbestimmung in der Informationsgesellschaft. Auf dem Wege zu einem neuen Konzept des Datenschutzes, in: AöR 123 (1998), S. 513–540.

Höfling, Wolfram: Die Unantastbarkeit der Menschenwürde – Annäherungen an einen schwierigen Verfassungsrechtssatz, in: JuS 1995, S. 859–862.

Höfling, Wolfram: Kopernikanische Wende rückwärts? Zur neueren Grundrechtsjudikatur des Bundesverfassungsgerichts, in: Stefan Muckel (Hrsg.), Kirche und Religion im sozialen Rechtsstaat. Festschrift für Wolfgang Rüfner zum 70. Geburtstag, 2003, S. 329–340.

Höfling, Wolfram: Offene Grundrechtsinterpretation. Grundrechtsauslegung zwischen amtlichem Interpretationsmonopol und privater Konkretisierungskompetenz, 1987 (= Diss. iur. Köln 1987).

Höfling, Wolfram: Von Menschen und Personen. Verfassungsrechtliche Überlegungen zu einer bioethischen Schlüsselkategorie, in: Dieter Dörr u.a. (Hrsg.), Die Macht des Geistes. Festschrift für Hartmut Schiedermair, 2001, S. 363–376.

Höfling, Wolfram/Engels, Andreas: Grundrechtsausübung unter richterlichem Gemeinwohlvorbehalt? Zur gesetzgeberischen Verantwortung im Arbeitskampfrecht, in: ZG 23 (2008), S. 250–263.

Hofstadter, Samuel H./Horowitz, George: The Right of Privacy, New York 1964.

Hohmann-Dennhardt, Christine: Freiräume – Zum Schutz der Privatheit, in: NJW 2006, S. 545–549.

Hohner, Ulrich: Zur Problematik der Naturnachahmung in der Ästhetik des 18. Jahrhunderts, 1976.

Holoubek, Michael: Grundrechtliche Gewährleistungspflichten. Ein Beitrag zu einer allgemeinen Grundrechtsdogmatik, 1997 (= Habil. iur. Wien 1996).

Hölter, Achim: Art. Zensur, in: Hubert Cancik/Helmuth Schneider/Manfred Landfester (Hrsg.), Der Neue Pauly. Enzyklopädie der Antike, Bd. 15/3, 2003, Sp. 1193 ff.

Holzmiller, Adolf: Züchtig ... Unzüchtig. Zur Rechtsunsicherheit des § 184 I StGB, in: littera 3 (1964), S. 112–119.

Holznagel, Bernd: Das Grundrecht auf informationelle Selbstbestimmung, in: Bodo Pieroth (Hrsg.), Verfassungsrecht und soziale Wirklichkeit in Wechselwirkung, 2000, S. 29–44.

Hömig, Dieter (Hrsg.): Grundgesetz für die Bundesrepublik Deutschland, 9. Aufl. 2010.

Hoops, Wiklef: Fiktionalität als pragmatische Kategorie, in: Poetica 11 (1979), S. 281–317.

Hoppe, Ursula: Die Kunstfreiheit als EU-Grundrecht, 2011 (= Diss. iur. Köln 2010).

Horn, Christoph/Mieth, Corinna/Scarano, Nico (Hrsg.): Immanuel Kant. Grundlegung zur Metaphysik der Sitten. Kommentar von Christoph Horn, Corinna Mieth und Nico Scarano, 2007.

Hose, Martin: Fiktionalität und Lüge. Über einen Unterschied zwischen römischer und griechischer Terminologie, in: Poetica 28 (1996), S. 257–274.

Houben, Heinrich Hubert: Verbotene Literatur von der klassischen Zeit bis zur Gegenwart. Ein kritisch-historisches Lexikon über verbotene Bücher, Zeitschriften und Theaterstücke, Schriftsteller und Verleger, Bd. 1, 1923.

Houben, Heinrich Hubert: Verbotene Literatur von der klassischen Zeit bis zur Gegenwart. Ein kritisch-historisches Lexikon über verbotene Bücher, Zeitschriften und Theaterstücke, Schriftsteller und Verleger, Bd. 2, 1928.

Hubmann, Heinrich: Das Persönlichkeitsrecht, 2. Aufl. 1967.

Hubmann, Heinrich: Der zivilrechtliche Schutz der Persönlichkeit gegen Indiskretion, in: JZ 1957, S. 521–528.

Hufen, Friedhelm: Die Freiheit der Kunst in staatlichen Institutionen. Dargestellt am Beispiel der Kunst- und Musikhochschulen, 1982.

Hufen, Friedhelm: Kunstfreiheit, in: Detlef Merten/Hans-Jürgen Papier (Hrsg.), Handbuch der Grundrechte in Deutschland und Europa. Grundrechte in Deutschland: Einzelgrundrechte I, Bd. IV, 2011, § 101 (S. 801–873).

Hufen, Friedhelm: Öffentliches Recht – Grundrechte. Grenzen der Kunstfreiheit durch den Persönlichkeitsschutz – Roman „Esra", in: JuS 2008, S. 363–365.

Hufen, Friedhelm: Öffentliches Recht – Grundrechte. Theaterstück „Ehrensache" – Kunstfreiheit und postmortaler Persönlichkeitsschutz, in: JuS 2009, S. 743–744.

Hufen, Friedhelm: Öffentliches Recht – Subventionsrecht. Verpflichtungsklage auf Theatersubvention – Gleichbehandlung – Vertrauensschutz, in: JuS 2004, S. 549–550.

Hufen, Friedhelm: Schutz der Persönlichkeit und Recht auf informationelle Selbstbestimmung, in: Peter Badura/Horst Dreier (Hrsg.), Festschrift 50 Jahre Bundesverfassungsgericht, Bd. 2: Klärung und Fortbildung des Verfassungsrechts, 2001, S. 105–125.

Hufen, Friedhelm: Staatsrecht II. Grundrechte, 3. Aufl. 2011.

Hufen, Friedhelm: Verfassungsrecht – Grundrechte. Verwendung von Fotomontagen in satirischen Kontexten, in: JuS 2006, S. 257–259.

Hufen, Friedhelm: Verwaltungsprozessrecht, 8. Aufl. 2011.

Hugendick, David: Kein Augenmaß. Entscheidung im Fall „Esra": Maxim Biller soll Schmerzensgeld an seine ehemalige Geliebte zahlen. Ein übertriebenes Urteil, in: Die Zeit vom 7.2.2008, o. S.

Ingarden, Roman: Konkretisation und Rekonstruktion. Grundbehauptungen über den wesenseigenen Aufbau des literarischen Kunstwerks, in: Rainer Warning (Hrsg.), Rezeptionsästhetik. Theorie und Praxis, 4. Aufl. 1994, S. 42–70.

Ingarden, Roman: Vom Erkennen des literarischen Kunstwerks, 1997.

Inwagen, Peter van: Fiktionale Geschöpfe, in: Maria E. Reicher (Hrsg.), Fiktion, Wahrheit, Wirklichkeit. Philosophische Grundlagen der Literaturtheorie, 2007, S. 73–93.

Ipsen, Jörn: Gesetzliche Einwirkungen auf grundrechtlich geschützte Rechtsgüter, in: JZ 1997, S. 473–480.

Ipsen, Jörn: Staatsrecht II. Grundrechte, 14. Aufl. 2011.

Isensee, Josef: Das Grundrecht auf Sicherheit. Zu den Schutzpflichten des freiheitlichen Verfassungsstaates. Vortrag gehalten vor der Berliner Juristischen Gesellschaft am 24. November 1982 – Erweiterte Fassung –, 1983.

Isensee, Josef: Kunstfreiheit im Streit mit Persönlichkeitsschutz, in: AfP 1993, S. 619–629.

Isensee, Josef: Vertragsfreiheit im Griff der Grundrechte – Inhaltskontrolle von Verträgen am Maßstab der Verfassung, in: Ulrich Hübner/Werner F. Ebke (Hrsg.), Festschrift für Bernhard Großfeld zum 65. Geburtstag, 1999, S. 485–514.

Isensee, Josef: Wer definiert die Freiheitsrechte? Selbstverständnis der Grundrechtsträger und Grundrechtsauslegung des Staates, 1980.

Iser, Wolfgang: Akte des Fingierens oder Was ist das Fiktive im fiktionalen Text?, in: Dieter Henrich/ders. (Hrsg.), Funktionen des Fiktiven, 2. Aufl. 2007, S. 121–151.

Iser, Wolfgang: Das Fiktive und das Imaginäre. Perspektiven literarischer Anthropologie, 1991.

Iser, Wolfgang: Das Zusammenspiel des Fiktiven und des Imaginären, in: Dorothee Kimmich/Rolf Günter Renner/Bernd Stiegler (Hrsg.), Texte zur Literaturtheorie der Gegenwart, 2. Aufl. 2008, S. 290–303.

Iser, Wolfgang: Der Akt des Lesens. Theorie ästhetischer Wirkung, 4. Aufl. 1994.

Iser, Wolfgang: Der Lesevorgang. Eine phänomenologische Perspektive, in: Rainer Warning (Hrsg.), Rezeptionsästhetik. Theorie und Praxis, 4. Aufl. 1994, S. 245–276.

Iser, Wolfgang: Die Appellstruktur der Texte, 4. Aufl. 1974.

Iser, Wolfgang: Die Appellstruktur der Texte. Unbestimmtheit als Wirkungsbedingung literarischer Prosa, in: Rainer Warning (Hrsg.), Rezeptionsästhetik. Theorie und Praxis, 4. Aufl. 1994, S. 228–252.

Iser, Wolfgang: Die Doppelungsstruktur des literarisch Fiktiven, in: Dieter Henrich/Wolfgang Iser (Hrsg.), Funktionen des Fiktiven, 2. Aufl. 2007, S. 497–510.

Iser, Wolfgang: Die Wirklichkeit der Fiktion. Elemente eines funktionsgeschichtlichen Textmodells der Literatur, in: Rainer Warning (Hrsg.), Rezeptionsästhetik. Theorie und Praxis, 4. Aufl. 1994, S. 277–324.

Jaeckel, Liv: Schutzpflichten im deutschen und europäischen Recht. Eine Untersuchung der deutschen Grundrechte, der Menschenrechte und Grundfreiheiten der EMRK sowie der Grundrechte und Grundfreiheiten der Europäischen Gemeinschaft, 2001 (= Diss. iur. Leipzig 2000).

Jahraus, Oliver: Literatur als Medium. Sinnkonstitution und Subjekterfahrung zwischen Bewußtsein und Kommunikation, 2003.

Jahraus, Oliver: Literaturtheorie. Theoretische und methodische Grundlagen der Literaturwissenschaft, 2004.

Jakobson, Roman: Linguistik und Poetik, in: Heinz Blumensath (Hrsg.), Strukturalismus in der Literaturwissenschaft, 1972, S. 118–147.

Jakobson, Roman: Linguistik und Poetik, in: Jens Ihwe (Hrsg.), Literaturwissenschaft und Linguistik. Eine Auswahl Texte zur Theorie der Literaturwissenschaft, Bd. 1, 1972, S. 99–135.

Jakobson, Roman: Was ist Poesie?, in: Elmar Holenstein/ders. (Hrsg.), Poetik. Ausgewählte Aufsätze 1921–1971, Nachdruck der 1. Aufl. (1979) 2005, S. 67–82.

Jameson, Frederic: Postmoderne und Konsumgesellschaft, in: Dorothee Kimmich/Rolf Günter Renner/Bernd Stiegler (Hrsg.), Texte zur Literaturtheorie der Gegenwart, 2. Aufl. 2008, S. 128–145.

Janisch, Wolfgang: Nach dem „Esra"-Verbot: Kleiner Sieg für die Kunstfreiheit. Die Verfassungsrichter waren erkennbar darum bemüht, das „Esra"-Verbot als Ausnahmefall erscheinen zu lassen, in: Die Berliner Literaturkritik vom 5.2.2008, http://www.berlinerliteraturkritik.de/detailseite/artikel/nach-dem-esra-verbot-kleiner-sieg-fuer-die-kunstfreiheit.html., abgerufen am 16.10.2010.

Japp, Uwe: Die literarische Fiktion, in: Carola Hilmes/Dietrich Mathy (Hrsg.), Die Dichter lügen nicht. Über Erkenntnis, Literatur und Leser, 1995, S. 47–58.

Jarass, Hans D.: Charta der Grundrechte der Europäischen Union. Unter Einbeziehung der vom EuGH entwickelten Grundrechte und der Grundrechtsregelungen der Verträge. Kommentar, 2010.

Jarass, Hans D.: Das allgemeine Persönlichkeitsrecht im Grundgesetz, in: NJW 1989, S. 857–862.

Jarass, Hans D.: Die Entwicklung des allgemeinen Persönlichkeitsrechts in der Rechtsprechung des Bundesverfassungsgerichts, in: Hans-Uwe Erichsen/Helmut Kollhosser/Jürgen Welp (Hrsg.), Recht der Persönlichkeit, 1996, S. 89–103.

Jarass, Hans D.: Die Freiheit der Massenmedien. Zur staatlichen Einwirkung auf Presse, Rundfunk, Film und andere Medien, 1978.

Jarass, Hans D.: EU-Grundrechte. Ein Studien- und Handbuch, 2005.

Jarass, Hans D.: Funktionen und Dimensionen der Grundrechte, in: Detlef Merten/Hans-Jürgen Papier (Hrsg.), Handbuch der Grundrechte in Deutschland und Europa. Grundrechte in Deutschland: Allgemeine Lehren I, Bd. II, 2006, § 38 (S. 625–654).

Jarass, Hans D./Pieroth, Bodo: Grundgesetz für die Bundesrepublik Deutschland. Kommentar, 11. Aufl. 2011.

Jaspers, Karl: Die geistige Situation der Zeit, 5. Aufl. 1999.

Jauer, Marcus: Wahrheit und Erfindung. Wie Gerichte der Kunst die Zeitgeschichte nehmen, in: Süddeutsche Zeitung vom 12.2.2007, S. 11.

Jauernig, Othmar (Hrsg.): Bürgerliches Gesetzbuch mit Allgemeinen Gleichbehandlungsgesetz (Auszug). Kommentar, 14. Aufl. 2011.

Jauß, Hans Robert: Literaturgeschichte als Provokation, 1970.

Jauß, Hans Robert: Zur historischen Genese der Scheidung von Fiktion und Realität, in: Dieter Henrich/Wolfgang Iser (Hrsg.), Funktionen des Fiktiven, 2. Aufl. 2007, S. 423–431.

Jayme, Erik: Globalization in Art Law: Clash of Interests and International Tendencies, in: Vanderbilt Journal of Transnational Law 38 (2005), S. 927–945.

Jeand'Heur, Bernd: Verfassungsrechtliche Schutzgebote zum Wohl des Kindes und staatliche Interventionspflichten aus der Garantienorm des Art. 6 Abs. 2 Satz 2 GG, 1993 (= Habil. iur. Hamburg 1993).

Jenny, Urs: So ein verrücktes Huhn. Literaturkritik: Norbert Gstreins Möchtegernschlüsselroman „Die ganze Wahrheit", in: Der Spiegel vom 9.8.2010, S. 106.

Jessen, Jens: Schlüssel ohne Roman, in: Die Zeit vom 13.3.2003. o. S.

Joch, Bernd/Klichowski, Kai Uwe: Die Vereinbarung auflösender Bedingungen in Darstellerverträgen – Kunstfreiheit als Sachgrund, in: NZA 2004, S. 302–304.

Jung, Werner: Von der Mimesis zur Simulation. Eine Einführung in die Geschichte der Ästhetik, 1995.

Jurt, Joseph: In wessen Namen? Zu den Interventionen engagierter Schriftsteller in Frankreich, in: Roland Key/Silvano Möckli (Hrsg.), Geisteswissenschaftliche Dimensionen der Politik. Festschrift für Alois Riklin zum 65. Geburtstag. Unter Mitarbeit von Patricia Kuriger und Marianne Schrepfer, 2000, S. 509–530.

Kablitz, Andreas: Kunst des Möglichen. Prolegomena zu einer Theorie der Fiktion, in: Poetica 35 (2003), S. 251–273.

Kablitz, Andreas: Literatur, Fiktion und Erzählung – nebst einem Nachruf auf den Erzähler, in: Irina O. Rajewsky/Ulrike Schneider (Hrsg.), Im Zeichen der Fiktion. Aspekte fiktionaler Rede aus historischer und systematischer Sicht. Festschrift für Klaus W. Hempfer zum 65. Geburtstag, 2008, S. 13–44.

Kaboth, Daniel: Anmerkung zu OLG Frankfurt, Urteil vom 3. März 2006 – 14 W 10/06, in: ZUM 2006, S. 412–414.

Kahl, Wolfgang: Neuere Entwicklungslinien der Grundrechtsdogmatik. Von Modifikationen und Erosionen des grundrechtlichen Freiheitsparadigmas, in: AöR 131 (2006), S. 579–620.

Kahl, Wolfgang: Vom weiten Schutzbereich zum engen Gewährleistungsgehalt. Kritik einer neuen Richtung der deutschen Grundrechtsdogmatik, in: Der Staat 43 (2004), S. 167–202.

Kahl, Wolfgang/Ohlendorf, Lutz: Grundfälle zu Art. 2 I i.V. mit 1 I GG, in: JuS 2008, S. 682–687.

Kämmerlings, Richard: Angeschwärzt, in: Frankfurter Allgemeine Zeitung vom 24.7.2003, S. 31.

Kämmerlings, Richard: Den Teufel siezt man schließlich auch nicht, in: Frankfurter Allgemeine Zeitung vom 14.8.2010, S. Z5.

Kämmerlings, Richard: Der Rechtsstreit um Billers „Esra". Kann Dichtung dem Leben schaden?, in: Frankfurter Allgemeine Zeitung vom 5.1.2007, S. 31.

Kämmerlings, Richard: Die ganze Wahrheit über Suhrkamp, in: Frankfurter Allgemeine Zeitung vom 18.6.2010, S. 33.

Kämmerlings, Richard: Halbe Hemden, frisch gestärkt. Mit offener Brust dem Stier entgegen: Maxim Billers neuer Roman „Esra" packt die Liebe bei den Hörnern, in: Frankfurter Allgemeine Zeitung vom 1.3.2003, S. 44.

Kämmerlings, Richard: Kunstperson. Was den Fall Maxim Biller kompliziert macht, in: Frankfurter Allgemeine Zeitung vom 22.4.2003, S. 37.

Kämmerlings, Richard: „Schadensfall", in: Frankfurter Allgemeine Zeitung vom 14.2.2008, S. 31.

Kandinsky, Wassily: Über das Geistige in der Kunst insbesondere in der Malerei. Mit acht Tafeln und zehn Originalholzschnitten, 3. Aufl. (der revidierten Neuauflage 2004) 2009.

Kant, Immanuel: Grundlegung zur Metaphysik (1785), zitiert nach der Mundus-Ausgabe. Immanuel Kant. Sämtliche Werke, 2000.

Kant, Immanuel: Kritik der Urteilskraft (1790), zitiert nach der Mundus-Ausgabe. Immanuel Kant. Sämtliche Werke, 2000.

Kapp, Volker/Scholl, Dorothea (Hrsg.): Literatur und Moral, 2011.

Karpen, Ulrich/Nohe, Bianca: Die Kunstfreiheit in der Rechtsprechung seit 1992, in: JZ 2001, S. 801–806.

Karpf, Birgit: Die Begrenzung des strafrechtlichen Schutzes der Ehre. Durch die Meinungsfreiheit (Art. 5 I GG), die Kunstfreiheit (Art. 5 III GG) und die Wahrnehmung berechtigter Interessen (§ 193 StGB), 2004 (= Diss. iur. Tübingen 2004).

Kasics, Kaspar: Literatur und Fiktion. Zur Theorie und Geschichte der literarischen Kommunikation, 1990 (= Diss. phil. Zürich 1984).

Kassing, Katja: Ehrverletzende Personalsatire in Deutschland, Österreich, der Schweiz und England, 2004 (= Diss. iur. München 2003).

Kästner, Karl-Hermann: Das tierschutzrechtliche Verbot des Schächtens aus der Sicht des Bundesverfassungsgerichts, in: JZ 2002, S. 491–495.

Kastner, Klaus: Freiheit der Literatur und Persönlichkeitsrecht, in: NJW 1982, S. 601–605.

Kastner, Klaus: Literatur und Recht – eine unendliche Geschichte, in: NJW 2003, S. 609–615.

Kau, Wolfgang: Vom Persönlichkeitsschutz zum Funktionsschutz. Persönlichkeitsschutz juristischer Personen des Privatrechts in verfassungsrechtlicher Sicht, 1989.

Kaube, Jürgen: Heidelbeergärung im Kunstrecht, in: myops 7 (2009), S. 24–27.

Kayser, Wolfgang: Wer erzählt den Roman?, in: Fotis Jannidis/Gerhard Lauer/Matías Martínez/Simone Winko (Hrsg.), Texte zur Theorie der Autorschaft, 2000, S. 127–137.

Keefe, Rosanna: Theories of Vagueness, Cambridge/UK u.a. 2000.

Keeton, W. Page/Dobbs, Dan B./Keeton, Robert E./Owen, David G.: Prosser and Keeton on the Law of Torts, St. Paul/MN Nachdruck der 5. Aufl. (1984) 2001.

Kehlmann, Daniel: Maxim Biller. Ein Autor wird vernichtet, in: Frankfurter Allgemeine Zeitung vom 24.7.2006, S. 31.

Kehrer, Jürgen: Wilsberg und der tote Professor. Kriminalroman, 7. Aufl. 2002.

Keller, Hans-Joachim: Zum Verhältnis von Persönlichkeitsschutz und Kunstfreiheit, in: UFITA 1977, S. 89–97.

Keller, Ulrich: Fiktionalität als literaturwissenschaftliche Kategorie, 1980.

Kempker, Birgit: Als ich das erste Mal mit einem Jungen im Bett lag, 1998.
Kerscher, Helmut: Karlsruhe setzt Kunstfreiheit Grenzen. Maxim Billers „Esra" ist der zweite Roman, den das Verfassungsgericht verbietet, in: Süddeutsche Zeitung vom 13.10.2007, S. 1.
Kerscher, Helmut: Letztendlich siegt die Kunstfreiheit. Streit um verbotenen „Esra"-Roman: BGH lehnt Entschädigung ab, in: Süddeutsche Zeitung vom 25.11.2009, S. 11.
Kertész, Imre: Roman eines Schicksallosen, 24. Aufl. 2010.
Kiener, Regina/Kälin, Walter: Grundrechte, 2007.
Kienzler, Klaus: Sabbathai Z^{e}wi, in: Friedrich-Wilhelm Bautz/Traugott Bautz (Hrsg.), Biographisch-Bibliographisches Kirchenlexikon, Bd. VIII, 1994, Sp. 1142–1144.
Kiesel, Manfred: Die Liquidierung des Ehrenschutzes durch das BVerfG, in: NVwZ 1992, S. 1129–1137.
Kimball, Roger: Die Freiheit, die sie meinen, in: Heinrich-Böll-Stiftung/Tageszeitung (Hrsg.), Die Landkarte der Zensur. Erzählungen, Reportagen und Essays für die Freiheit des Wortes aus Index on Censorship, 1998, S. 119–125.
Kirchhof, Paul: Die Garantie der Kunstfreiheit im Steuerstaat des Grundgesetzes, in: NJW 1985, S. 225–232.
Kisch, Egon Erwin: Der rasende Reporter, 6. Aufl. 2010.
Kitzinger, Friedrich: Die Freiheit und die Wissenschaft der Kunst, in: Hans Carl Nipperdey (Hrsg.), Die Grundrechte und Grundpflichten der Reichsverfassung. Kommentar zum zweiten Teil der Reichsverfassung, Bd. 2, Art. 118–142, Nachdruck von der 1. Aufl. (1930) 1975, Art. 142 Satz 1, S. 449–510.
Klass, Nadine: Rechtliche Grenzen des Realitätsfernsehens. Ein Beitrag zur Dogmatik des Menschenwürdeschutzes und des allgemeinen Persönlichkeitsrechts, 2004.
Klausnitzer, Ralf: Literatur und Wissen. Zugänge – Modelle – Analysen, 2008.
Klausnitzer, Ralf: Literaturwissenschaft. Begriffe, Verfahren, Arbeitstechniken, 2004.
Klein, Christian: Ästhetik des Spiels als Ästhetik des Rechts. Anmerkungen aus literaturwissenschaftlicher Perspektive, in: Andreas von Arnauld (Hrsg.), Recht und Spielregeln, 2003, S. 273–297.
Klein, Eckart: Grundrechtliche Schutzpflicht des Staates, in: NJW 1989, S. 1633–1640.
von Kleist, Heinrich, Der zerbrochene Krug. Ein Lustspiel. Mit Kommentaren von Michael Walter und Regina Schäfer, 2005.
Kloepfer, Michael/Breitkreutz, Katharina: Videoaufnahmen und Videoaufzeichnungen als Rechtsproblem, in: DÖV 1998, S. 1149–1157.
Knies, Wolfgang: Freiheit der Kunst und Kulturstaat, in: Peter Häberle (Hrsg.), Kulturstaatlichkeit und Kulturverfassungsrecht, 1982, S. 235–248.
Knies, Wolfgang: Kunst und Recht, in: Bitburger Gespräche. Jahrbuch 1977/78, S. 141–160.
Knies, Wolfgang: Schranken der Kunstfreiheit als verfassungsrechtliches Problem, 1967.
Knies, Wolfgang: Verfassungsrechtliche Probleme des § 184 Abs. 1 Nr. 1 StGB. Bemerkungen zur „Fanny Hill"-Entscheidung des BGH, in: NJW 1970, S. 15–19.
Kniesel, Michael: Die Versammlungs- und Demonstrationsfreiheit – Verfassungsrechtliche Grundlagen und versammlungsgesetzliche Konkretisierung, in: NJW 1992, S. 857–867.
Knipphals, Dirk: Literatur ohne Liebe. Maxim Biller verboten, in: Die Tageszeitung vom 16.10.2003, S. 17.
Knopf, Jan: Brecht-Handbuch. Theater. Eine Ästhetik der Widersprüche, 1996.

Knothe, Hans-Georg: Freiheit der Kunst versus Persönlichkeitsrecht. Zum Spannungsverhältnis zwischen zwei Grundrechtspositionen, dargestellt am Fall „Esra", in: Greif-Recht 2010, S. 79–97.

Kobor, Hagen: Grundfälle zu Art. 5 Abs. 3 GG, in: JuS 2006, S. 593–596, 695–698.

Koch, Arne: Ehren- und Persönlichkeitsschutz im spanischen Privatrecht. Zugleich eine Untersuchung zu Fragen der Normierbarkeit des Ehren- und Persönlichkeitsschutzes, 2002.

Koch, Gertrud: Tun oder so tun als ob? – alternative Strategien des Filmischen, in: dies./Christiane Voss (Hrsg.), „Es ist, als ob". Fiktion in Philosophie, Film- und Medienwissenschaft, 2009, S. 139–150.

Koch, Pamela: Lafontaine und Maddie, in: WRP 2009, S. 10–19.

Koch, Thorsten: Der Grundrechtsschutz des Drittbetroffenen, 2000 (= Habil. iur. Osnabrück 2000).

Kohl, Stephan: Realismus. Theorie und Geschichte, 1977.

Köppe, Tilmann: Literatur und Erkenntnis: Studien zur kognitiven Signifikanz fiktionaler literarischer Werke, 2008.

Köppe, Tilmann: Vom Wissen *in* Literatur, in: Zeitschrift für Germanistik. Neue Folge 17 (2007), S. 398–410.

Kopp-Marx, Michaela: Zwischen Petrarca und Madonna. Der Roman der Postmoderne, 2005.

Korinek, Karl: Staat und Kunst, 2006.

Kortländer, Bernd: „Censur muß sein." Heine, die Zensur, das Archiv, in: ders./Enno Stahl (Hrsg.), Zensur im 19. Jahrhundert. Das literarische Leben aus Sicht seiner Überwacher, 2012, S. 11–20.

Koselleck, Reinhart: Preußen zwischen Reform und Revolution. Allgemeines Landrecht, Verwaltung und soziale Bewegung von 1791 bis 1848, 3. Aufl. 1989.

Kostenzer, Caterina: Die literarische Reportage. Über eine hybride Form zwischen Journalismus und Literatur, 2009.

Kötz, Hein: Der zivilrechtliche Persönlichkeitsschutz im anglo-amerikanischen Rechtskreis, in: Heinz Hübner u.a. (Hrsg.), Das Persönlichkeitsrecht im Spannungsfeld zwischen Informationsauftrag und Menschenwürde. Vortragsveranstaltung vom 6. und 7. Mai 1988, 1989, S. 97–111.

Koutnatzis, Stylianos-Ioannis G.: Grundlagen und Grundzüge staatlichen Verfassungsrechts: Griechenland, in: Armin von Bogdandy/Pedro Cruz Villalón/Peter M. Huber (Hrsg.), Handbuch Ius Publicum Europaeum. Grundlagen und Grundzüge staatlichen Verfassungsrechts. Unter Mitwirkung von Diana Zacharias, Bd. I, 2007, § 3 (S. 151–215).

Krämer, Achim: Kunstfreiheit versus Persönlichkeitsrecht: Nachlese zum Fall „Esra", in: Matthias Weller/Nicolai Kemle/Peter Michael Lynen (Hrsg.), Kulturgüterschutz – Künstlerschutz. Tagungsband des Zweiten Heidelberger Kunstrechtstags am 5. und 6. September 2008 in Heidelberg, 2009, S. 165–167.

Krämer, Achim: Kunstfreiheit vs. Persönlichkeitsrecht – der Fall „ESRA", in: Matthias Weller/Thomas Dreier (Hrsg.), Des Künstlers Rechte – die Kunst des Rechts: Tagungsband des Ersten Heidelberger Kunstrechtstags am 8. September 2007 in Heidelberg, 2008, S. 11–18.

Krause, Daniel: Postmoderne. Über die Untauglichkeit eines Begriffs der Philosophie, Architekturtheorie und Literaturtheorie, 2007 (= Diss. phil. München 2007).

Krause, Peter: Das Recht auf informationelle Selbstbestimmung – BVerfGE 65, 1, in: JuS 1984, S. 268–275.

Krause, Peter: Die Rechtsprechung des Bundesverfassungsgerichts zum Privatrecht – Teil 1, in: JZ 1984, S. 656–662.

Kremer, Carsten: Persönlichkeitsschutz für Prominente, in: Jura 2006, S. 459–465.

Kreuzer, Helmut: Veränderungen des Literaturbegriffs. Fünf Beiträge zu aktuellen Problemen der Literaturwissenschaft, 1975.

Kriele, Martin: Ehrenschutz und Meinungsfreiheit, in: NJW 1994, S. 1897–1905.

Kriele, Martin: Vorbehaltlose Grundrechte, in: JA 1984, S. 629–638.

Kron, Norbert: Literatur ist Inhalt, basta, aus! Maxim Biller im Gespräch mit Norbert Kron, in: Konzepte. Zeitschrift für Literatur 14 (1993), S. 23–37.

Krotoszynski, Ronald J., Jr.: The First Amendment in Cross-Cultural Perspective. A Comparative Legal Analysis of the Freedom of Speech, New York/London 2006.

Krug, Oliver David/Müller, Hans-Harald/Kindt, Tom: Was ist Literatur? Bemerkungen zu einer Frage der Literaturwissenschaft, in: Simone Winko/Fotis Jannidis/Gerhard Lauer (Hrsg.), Grenzen der Literatur. Zu Begriff und Phänomenen des Literarischen, 2009, S. 92–102.

Krüger-Nieland, Gerda: Das Urheberpersönlichkeitsrecht, eine besondere Erscheinungsform des allgemeinen Persönlichkeitsrechts?, in: Ernst von Caemmerer/Robert Fischer/Karl Nüßgens/Reimer Schmidt (Hrsg.), Festschrift für Fritz Hauß zum 70. Geburtstag, 1978, S. 215–224.

Krüger-Nieland, Gerda: Persönlichkeitsschutz Verstorbener als Schranke der Freiheit der Kunst – Zum Mephisto-Urteil des I. Zivilsenats des Bundesgerichtshofs vom 20. März 1968 – I ZR 44/66, in: GRUR 1968, S. 523–527.

Kübler, Friedrich: Ehrenschutz, Selbstbestimmung und Demokratie, in: NJW 1999, S. 1281–1287.

Kübler, Friedrich: Lüth: eine sanfte Revolution (BVerfGE 7, 198 ff.), in: KritV 83 (2000), S. 313–322.

Kübler, Friedrich: Meinungsäußerung durch Kunst, in: Herta Däubler-Gmelin/Klaus Kinkel/Hans Meyer/Helmut Simon (Hrsg.), Gegenrede. Aufklärung – Kritik – Öffentlichkeit. Festschrift für Ernst Gottfried Mahrenholz, 1994, S. 303–316.

Kübler, Friedrich: Perspektiven des Persönlichkeitsschutzes, in: AfP-Sonderheft 2007, S. 7–12.

Kübler, Friedrich: Redefreiheit und Demokratie: das amerikanische Beispiel, in: Karlmann Geiss/Klaus-A.Gerstenmaier/Rolf M.Winkler/Peter Mailänder (Hrsg.), Festschrift für Karl Peter Mailänder zum 70. Geburtstag am 23. Oktober 2006, 2006, S. 533–545.

Küchenhoff, Benjamin: „Killerspiele" – verfassungsrechtliche Möglichkeiten für ein Verbot gewalttätiger Computerspiele, in: NJ 2007, S. 337–343.

Kultermann, Udo: Kleine Geschichte der Kunsttheorie. Von der Vorgeschichte bis zur Gegenwart, 2. Aufl. 1998.

Kunig, Philip: Der Grundsatz informationeller Selbstbestimmung, in: Jura 1993, S. 595–604.

Kupfer, Dominik: Der Schutz der Privatsphäre, in: Jura 2001, S. 169–176.

Küpper, Georg: Tagebücher, Tonbänder, Telefonate, in: JZ 1990, S. 416–424.

van Laak, Lothar: Fiktionalität, in: Dieter Burdorf/Christoph Fasbender/Burkhard Moennighoff (Hrsg.), Metzler Lexikon Literatur. Begründet von Günther und Irmgard Schweikle, 3. Aufl. 2007, S. 240–242.

Laberenz, Lennart: Der Kaffee Latte-Roman. Maxim Billers Geschichte einer scheiternden Liebe darf vorerst nicht weiter verbreitet werden, literaturkritik.de 5 (2003), http://www.literaturkritik.de/public/rezension.php?rez_id=5935, abgerufen am 11.12.2009.

Ladeur, Karl-Heinz: Anmerkung zu BGH, Urteil vom 24. November 2009 – VI ZR 219/08, in: NJW 2010, S. 765.
Ladeur, Karl-Heinz: Anmerkung zu LG Berlin, Urteil vom 23. Oktober 2003, in: AfP 2004, S. 292–294.
Ladeur, Karl-Heinz: Anmerkung zu LG Frankfurt am Main, Urteil vom 13. Februar 2009 – 2–3 O 478/08, in: ZUM 2009, S. 314–315.
Ladeur, Karl-Heinz: Anmerkung zu LG München I, Urteil vom 13. Februar 2008 – 9 O 7835/06, in: ZUM 2008, S. 540–541.
Ladeur, Karl-Heinz: Der prozedurale Schutz der Medienfreiheit. Zur Bedeutung von Verfahren für den Schutz der öffentlichen Kommunikation, insbesondere im Internet, in: ZUM 2004, S. 1–13.
Ladeur, Karl-Heinz: Die Anpassung des privaten Medienrechts an die „Unterhaltungsöffentlichkeit", in: NJW 2004, S. 393–398.
Ladeur, Karl-Heinz: Fiktive Lizenzentgelte für Politiker? Anmerkungen zur Werbung mit Fotos von Joschka Fischer und Oskar Lafontaine, in: ZUM 2007, S. 111–119.
Ladeur, Karl-Heinz: Nochmals: Der Fall „Esra" und das Verhältnis von Fiktion und Wirklichkeit. Zur Notwendigkeit der Berücksichtigung seiner Wahrnehmung durch die Leser, in: AfP 2008, S. 30–33.
Ladeur, Karl-Heinz: Persönlichkeitsschutz und „Comedy". Das Beispiel der Fälle SAT 1/Stahnke und RTL 2/Schröder, in: NJW 2000, S. 1977–1982.
Ladeur, Karl-Heinz/Gostomzyk, Tobias: Ein Roman ist ein Roman ist ein Roman? Zu den gerichtlichen Auseinandersetzungen um die autobiographischen Werke von Maxim Biller, Alban Nikolai Herbst und Birgit und der Notwendigkeit einer Rekonstruktion der Kunstfreiheit, in: ZUM 2004, S. 426–436.
Ladeur, Karl-Heinz/Gostomzyk, Tobias: Mephisto reloaded – Zu den Bücherverboten der Jahre 2003/2004 und der Notwendigkeit, die Kunstfreiheit auf eine Risikobetrachtung umzustellen, in: NJW 2005, S. 566–569.
Lamarque, Peter: Fictional Points of View, Ithaca/London, 1996.
Lamarque, Peter/Olsen, Stein Haugom: Truth, Fiction, and Literature. A Philosophical Perspective, Oxford 2002.
Lamping, Dieter: Literatur und Theorie. Über poetologische Probleme der Moderne, 1996.
Landau, Herbert: Die Entwicklung der Menschenrechte in der Rechtsprechung des Bundesverfassungsgerichts und des Europäischen Gerichtshofs für Menschenrechte, in: DVBl. 2008, S. 1269–1277.
Landwehr, Jürgen: Fiktion oder Nichtfiktion. Zum zweifelhaften Ort der Literatur zwischen Lüge, Schein und Wahrheit, in: Helmut Brackert/Jörn Stückrath (Hrsg.), Literaturwissenschaft. Ein Grundkurs, 6. Aufl. 2000, S. 491–504.
Landwehr, Jürgen: Text und Fiktion. Zu einigen literaturwissenschaftlichen und kommunikationstheoretischen Grundbegriffen, 1975.
Larenz, Karl: Das „allgemeine Persönlichkeitsrecht" im Recht der unerlaubten Handlung, in: NJW 1955, S. 521–525.
Laufke, Franz: Vertragsfreiheit und Grundgesetz, in: Hans Carl Nipperdey (Hrsg.), Das deutsche Privatrecht in der Mitte des 20. Jahrhunderts. Festschrift für Heinrich Lehmann zum 80. Geburtstag, Bd. I, 1956, S. 145–188.
de Lauretis, Teresa: Das Rätsel der Lösung – Umberto Ecos „Der Name der Rose" als postmoderner Roman, in: Andreas Huyssen/Klaus R. Scherpe (Hrsg.), Postmoderne. Zeichen eines kulturellen Wandels, 5. Aufl. 1997, S. 251–269.

Lehmann, Harry: Die flüchtige Wahrheit der Kunst. Ästhetik nach Luhmann, 2006.

Leibholz, Gerhard/Rinck, Hans-Justus: Grundgesetz für die Bundesrepublik Deutschland. Kommentar. Rechtsprechung des Bundesverfassungsgerichts, 57. Ergänzungslieferung (Stand: November 2011).

Leisner, Walter: Begriffliche Grenzen verfassungsrechtlicher Meinungsfreiheit, in: UFITA 37 (1962), S. 129–151.

Leisner, Walter: Grundrechte und Privatrecht, 1960 (= Habil. iur. München 1960).

Leiss, Ludwig: Die Bedeutung künstlerischer Gestaltung für die Strafwürdigkeit einer Handlung, in: NJW 1962, S. 2323–2327.

Leiss, Ludwig: Kunst im Konflikt. Kunst und Künstler im Widerstreit mit der „Obrigkeit". Mit 78 Abbildungen und 2 Falttafeln sowie einem farbigen Selbstbildnis des Verfassers, 1971.

Lejeune, Philippe: Der autobiographische Pakt, 4. Aufl. 2010.

Lejeune, Philippe: Le pacte autobiographique. Nouvelle édition augmentée, 2. Aufl. Paris 1996.

Lenski, Sophie-Charlotte: Grundrechtsschutz zwischen Fiktionalität und Wirklichkeit – Zum „Esra"-Beschluss des BVerfG, in: NVwZ 2008, S. 281–284.

Lenz, Jacob Michael Reinhold: Gesammelte Schriften. Herausgegeben von Ludwig Tieck, Bd. 1: Gesammelte Schriften, 1828.

Lenz, Sebastian: Vorbehaltlose Freiheitsrechte. Stellung und Funktion vorbehaltloser Freiheitsrechte in der Verfassungsordnung, 2006 (= Diss. iur. Hamburg 2006).

Lerche, Peter: Ausnahmslos und vorbehaltlos geltende Grundrechtsgarantien, in: Herta Däubler-Gmelin/Klaus Kinkel/Hans Meyer/Helmut Simon (Hrsg.), Gegenrede. Aufklärung – Kritik – Öffentlichkeit. Festschrift für Ernst Gottfried Mahrenholz, 1994, S. 515–527.

Lerche, Peter: Die „nicht-erlaubte" Betätigung und das Grundrecht der Berufsfreiheit – Zusammenspiel von Verfassungsrecht und allgemeiner Rechtsordnung?, in: Bernhard Großfeld u.a. (Hrsg.), Festschrift für Wolfgang Fikentscher zum 70. Geburtstag, 1998, S. 541–556.

Lerche, Peter: Grundrechtswirkungen im Privatrecht, Einheit der Rechtsordnung und materielle Verfassung, in: Reinhard Böttcher/Walter Odersky/Götz Hueck/Burkhard Jähnke (Hrsg.), Festschrift für Walter Odersky zum 65. Geburtstag am 17. Juli 1996, 1996, S. 215–232.

Lerche, Peter: Kunstfreiheit inmitten aktueller Grundrechtskonzepte, in: Rainer Jacobs/Hans-Jürgen Papier/Peter-Klaus Schuster (Hrsg.), Festschrift für Peter Raue. Zum 65. Geburtstag am 4. Februar 2006, 2006, S. 215–223.

Lerche, Peter: Schranken der Kunstfreiheit – Insbesondere zu offenen Fragen der Mephisto-Entscheidung, in: BayVBl. 1974, S. 177–185.

Lerche, Peter: Werbung und Verfassung, 1967.

Lettmaier, Saskia: Das allgemeine Persönlichkeitsrecht in der zivilrechtlichen Fallbearbeitung – zugleich ein Spiegel der neueren Rechtsprechung, in: JA 2008, S. 566–572.

Levinson, Jerrold: Hypothetical Intentionalism. Statement, Objections, and Replies, in: Michael Krausz (Hrsg.), Is There a Single Right Interpretation?, University Park/PA 2002, S. 309–318.

Lewis, David: On the Plurality of Worlds, Oxford/New York, Nachdruck der 1. Aufl. (1986) 2009.

Liebermann, Reinhard: Das Ende des Kanzlers. Der finale Rettungsschuss, 2004.

Lindner, Franz: EU-Grundrechtscharta – weniger Rechte für den Bürger?, in: BayVBl. 2001, S. 523–525.

Lindon, Mathieu: Le procès de Jean-Marie Le Pen. Roman, Paris 1998.

Loewenheim, Ulrich (Hrsg.): Urheberrecht. Kommentar, 4. Aufl. 2010.

Löffler, Martin/Sedelmeier, Klaus/Burkhardt, Emanuel H. (Hrsg.): Presserecht. Kommentar zu den deutschen Landespressegesetzen mit systematischen Darstellungen zum pressebezogenen Standesrecht, Anzeigenrecht, Werbe- und Wettbewerbsrecht, Vertriebsrecht, Urheber- und Verlagsrecht, Arbeitsrecht, Titelschutz, Jugendmedienschutz und Steuerrecht, 5. Aufl. 2006.

López Castillo, Antonio: Offene Staatlichkeit: Spanien, in: Armin von Bogdandy/Pedro Cruz Villalón/Peter M. Huber (Hrsg.), Handbuch Ius Publicum Europaeum. Offene Staatlichkeit – Wissenschaft vom Verfassungsrecht. Unter Mitwirkung von Diana Zacharias, Bd. II, 2008, § 24 (S. 345–378).

Lorenz, Dieter: Allgemeines Persönlichkeitsrecht und Gentechnologie, in: JZ 2005, S. 1121–1129.

Lorenz, Dieter: Wissenschaft darf nicht alles! Zur Bedeutung der Rechte anderer als Grenze grundrechtlicher Gewährleistung, in: Peter Badura/Rupert Scholz (Hrsg.), Wege und Verfahren des Verfassungslebens. Festschrift für Peter Lerche zum 65. Geburtstag, 1993, S. 267–280.

Lorenz, Matthias N.: Literatur und Zensur in der Demokratie, 2009.

Löschnigg, Martin: Theoretische Prämissen einer „narratologischen" Geschichte des autobiographischen Diskurses, in: Jörg Helbig (Hrsg.), Erzählen und Erzähltheorie im 20. Jahrhundert. Festschrift für Wilhelm Füger, 2001, S. 169–187.

Lothe, Jakob: The Distinction of Fiction and the Need for Historical Reference: Joseph Conrad's *Lord Jim* and W. G. Sebald's *Austerlitz*, in: Lars-Åke Skalin (Hrsg.), Narrativity, Fictionality, and Literariness. The Narrative Turn and the Study of Literary Fiction, Örebro 2008, S. 77–93.

Lotman, Jurij M.: Die Struktur literarischer Texte, 4. Aufl. 1993.

Lottmann, Joachim: Nichts als die Wahrheit. Ob Goethe, Goetz oder Biller: Literatur ist am besten, wenn sie nah an der Wirklichkeit ist. Wenn sie aus Liebe entsteht oder aus Wut im Bauch. Ein Plädoyer für Maxim Billers verbotenen Roman „Esra", in: Die Tageszeitung vom 5.7.2003, S. 13.

Luch, Anika Dorthe: Das Medienpersönlichkeitsrecht – Schranke der „vierten Gewalt". Das Allgemeine Persönlichkeitsrecht im Spannungsverhältnis zur Medienfreiheit unter dem Grundgesetz und der Europäischen Menschenrechtskonvention, 2008 (= Diss. iur. Kiel 2008).

Lücke, Jörg: Die Drittwirkung der Grundrechte an Hand des Art. 19 Abs. 3 GG. Zur horizontalen Geltung der Grundrechte in neuer Sicht, in: JZ 1999, S. 377–384.

Lücke, Jörg: Die spezifischen Schranken des allgemeinen Persönlichkeitsrechts und ihre Geltung für die vorbehaltlosen Grundrechte – Zu den Schranken der vorbehaltlosen Freiheitsrechte aus Art. 2 Abs. 1 in Verbindung mit Art. 1 Abs. 1 GG, in: DÖV 2002, S. 93–103.

Ludwig, Otto: Shakespeare-Studien. (Aus dem Nachlaß), in: Max Bucher u.a. (Hrsg.), Realismus und Gründerzeit. Manifeste und Dokumente zur deutschen Literatur 1848–1880. Mit einer Einführung in den Problemkreis und einer Quellenbibliographie, Bd. 2: Manifeste und Dokumente, 1981, S. 101–104.

Ludwig, Otto: Zwischen Himmel und Erde, 2011.

Luhmann, Niklas: Die Gesellschaft der Gesellschaft, Teilband 1, 1998.

Luhmann, Niklas: Die Kunst der Gesellschaft, in: Niels Werber (Hrsg.), Niklas Luhmann. Schriften zu Kunst und Literatur, 2008, S. 428–437.

Luhmann, Niklas: Literatur als fiktionale Realität, in: Niels Werber (Hrsg.), Niklas Luhmann. Schriften zu Kunst und Literatur, 2008, S. 276–287.

Lukács, Georg: Was ist Reportage?, in: Erhard Schütz (Hrsg.), Literarische Reportage. Ein Arbeitsbuch, 1979, S. 37–39.

Lukes, Rudolf: Versuch zur Präzisierung des Bereichs eines allgemeinen Persönlichkeitsrechts, in: Wolfgang Zöllner, Berichte. Bericht über die Tagung der Zivilrechtslehrer in Bad Kissingen am 11./12. Oktober 1961, in: AcP 160 (1961), S. 538–553.

Lutz, Peter: Änderung der Rechtsprechung zum Gesetz über die Verbreitung jugendgefährdender Schriften, in: NJW 1988, S. 3194–3196.

Maas, Utz: Zur Diskussion. Auf der Suche nach dem unverbildeten Durchschnittsleser. Ein sprachwissenschaftliches Gutachten in einem politischen Prozeß, in: Linguistische Berichte 61 (1979), S. 52–67.

Maaz, Bernhard: Die Fülle der Fälle. Rückgewinnungspraxis und -erfahrungen bei den Staatlichen Museen zu Berlin, in: Heinrich Becker (Hrsg.), Schattengalerie – Symposium zur Beutekunst. Forschung, Recht und Praxis, 2010, S. 56–67.

Mahlmann, Friedrich: Pestalozzis Erben, 20. Aufl. 2009.

Mahr, Anne Catrin: Die Zulässigkeit von Markenparodien. Von „Mordoro" bis zur „Lila Postkarte", in: WRP 2006, S. 1083–1089.

Mahrenholz, Ernst Gottfried: Freiheit der Kunst, in: Ernst Benda/Werner Maihofer/Hans-Jochen Vogel (Hrsg.), Handbuch des Verfassungsrechts der Bundesrepublik Deutschland, 1994, § 26 (S. 1289–1338).

Malchow, Helge: Ich sehe Gefahren für die Autoren, für das Schreiben. Im Gespräch: Der Verleger Helge Malchow, in: Frankfurter Allgemeine Zeitung vom 13.10.2007, S. 39.

Mangold, Ijoma: Hauptsache: Aufsehen erregen. Verleger im Zwiespalt, in: Süddeutsche Zeitung vom 16.10.2003, S. 2.

Mangold, Ijoma: „In das lebende Fleisch schneiden." Der Anwalt Wolfgang von Nostitz wirft Maxim Biller die Verletzung von Menschenrechten vor, in: Süddeutsche Zeitung vom 16.10.2003, S. 2.

Mangold, Ijoma: Liebesroman. Nach dem Urteil – ein Blick in das verbotene Buch „Esra", in: Süddeutsche Zeitung vom 15.10.2003, S. 13.

Mangold, Ijoma: „Romane erzählen erfundene Geschichten." Der Verleger Helge Malchow sieht durch das „Esra"-Urteil seine Arbeit gefährdet, in: Süddeutsche Zeitung vom 16.10.2003, S. 2.

Mangold, Ijoma: Schwabing wird geschwärzt. Im Verfügungverfahren gegen Maxim Billers Roman „Esra" gibt es ein sibyllinisches Urteil, in: Süddeutsche Zeitung vom 24.7.2003, S. 11.

Mangoldt, Hermann von/Klein, Friedrich/Starck, Christian (Hrsg.): Kommentar zum Grundgesetz, Bd. 1, 6. Aufl. 2010.

Mann, Klaus: Der Wendepunkt. Ein Lebensbericht. Mit Textvarianten und Entwürfen im Anhang herausgegeben und mit einem Nachwort von Frederic Kroll, 2006.

Mann, Klaus: Kein Schlüsselroman. Eine notwendige Erklärung, in: Uwe Naumann/Michael Töteberg (Hrsg.), Klaus Mann: Zahnärzte und Künstler. Aufsätze, Reden, Kritiken 1933–1936, 1993.

Mann, Klaus: Mephisto. Roman einer Karriere. Mit einem Nachwort von Michael Töteberg, 15. Aufl. 2008.

Mann, Roger: Auswirkungen der Caroline-Entscheidung des EGMR auf die forensische Praxis, in: NJW 2004, S. 3220–3222.
Mann, Roger: Verbot kontextneutraler Fotos wegen begleitender Textberichterstattung, in: Roger Mann/Jörg F. Smid (Hrsg.), Festschrift für Renate Damm zum 70. Geburtstag, 2005, S. 78–87.
Mann, Roger: Vorveröffentlichung und Dringlichkeit – Eine Strategie gegen Buchverbote?, in: K & R 2009, S. 685–687.
Mann, Thomas: Bilse und ich, in: Heinrich Detering (Hrsg.), Große kommentierte Frankfurter Ausgabe. Werke – Briefe – Tagebücher. Essays I. 1893–1914. Unter Mitarbeit von Stephan Stachorski, Bd. 14.1, 2002, S. 95–111.
Mann, Thomas: Buddenbrooks. Verfall einer Familie, 10. Aufl. 2008.
Mann, Thomas: Der Tod in Venedig. Novelle, 22. Aufl. 2010.
Mann, Thomas: Der Zauberberg. Roman. In der Fassung der Großen kommentierten Frankfurter Ausgabe, 2012.
Mann, Thomas: Doktor Faustus. Das Leben des deutschen Tonsetzers Adrian Leverkühn erzählt von einem Freunde, 5. Aufl. 2010.
Mann, Thomas: Ein Nachwort, in: Heinrich Detering (Hrsg.), Große kommentierte Frankfurter Ausgabe. Werke – Briefe – Tagebücher. Essays I. 1893–1914. Unter Mitarbeit von Stephan Stachorski, Bd. 14.2, 2002, S. 127–133.
Mann, Thomas: „Wie denken Sie über Indiscretion?" Aus unveröffentlichten Briefen Thomas Manns an Ida Boy-Ed, in: Frankfurter Allgemeine Zeitung vom 22.2.1975, S. 21.
Mansour, Julia: Stärken und Probleme einer kognitiven Literaturwissenschaft, in: KulturPoetik 7 (2007), S. 107–116.
Marquard, Odo: Das Fiktive als ens realissimum, in: Dieter Henrich/Wolfgang Iser (Hrsg.), Funktionen des Fiktiven, 2. Aufl. 2007, S. 489–495.
Marquard, Odo: Kunst als Antifiktion – Versuch über den Weg der Wirklichkeit ins Fiktive, in: Dieter Henrich/Wolfgang Iser (Hrsg.), Funktionen des Fiktiven, 2. Aufl. 2007, S. 35–54.
Martin, Klaus: Das allgemeine Persönlichkeitsrecht in seiner historischen Entwicklung, 2007 (= Diss. iur. Göttingen 2007).
Martínez, Matías/Scheffel, Michael: Einführung in die Erzähltheorie, 8. Aufl. 2009.
Matzigkeit, Michael/Meiszies, Winrich (Hrsg.): Gustaf Gründgens – Ansichten eines Schauspielers. Bilder einer Legende, 1999.
Maunz, Theodor: Kunstfreiheit und Kunstpflege, in: BayVBl. 1970, S. 354–356.
Maunz, Theodor/Dürig, Günter (Hrsg.): Grundgesetz. Kommentar, 63. Ergänzungslieferung (Stand: Oktober 2011).
Maunz, Theodor/Schmidt-Bleibtreu, Bruno/Klein, Franz/Bethge, Herbert (Hrsg.): Bundesverfassungsgerichtsgesetz. Kommentar, 35. Ergänzungslieferung (Stand: Mai 2011).
Maurer, Hartmut: Staatsrecht I. Grundlagen, Verfassungsorgane, Staatsfunktionen, 6. Aufl. 2010.
Maurus, Wolfgang: Beutekunst zwischen Recht und Realität, in: Heinrich Becker (Hrsg.), Schattengalerie – Symposium zur Beutekunst. Forschung, Recht und Praxis, 2010, S. 189–192.
Mayer, Ruth: Postmoderne/Postmodernismus, in: Ansgar Nünning (Hrsg.), Metzler Lexikon. Literatur- und Kulturtheorie. Ansätze – Personen – Grundbegriffe, 4. Aufl. 2008, S. 589–591.

Mayer-Maly, Theo: Die guten Sitten als Maßstab des Rechts, in: JuS 1986, S. 596–600.
Medvedev, Pavel: Die formale Methode in der Literaturwissenschaft. Herausgegeben und übersetzt von Helmut Glück. Mit einem Vorwort von Jurij Striedter, 1976.
Meinke, Monika M.: In Verbindung mit. Die Verbindung von Grundrechten miteinander und mit anderen Bestimmungen des Grundgesetzes in der Rechtsprechung des Bundesverfassungsgerichts, 2006 (= Diss. iur. Passau 2004).
Merli, Franz: Rechtsprechungskonkurrenz zwischen nationalen Verfassungsgerichten, Europäischem Gerichtshof und Europäischem Gerichtshof für Menschenrechte, in: VVDStRL 66 (2007), S. 392–422.
Merten, Detlef: Negative Grundrechte, in: ders./Hans-Jürgen Papier (Hrsg.), Handbuch der Grundrechte in Deutschland und Europa. Grundrechte in Deutschland: Allgemeine Lehren I, Bd. II, 2006, § 42 (S. 741–920).
Merten, Jan O./Schäfer, Anne: Verfassungsrechtliche Überlegungen zum Verbot eines Schlüssel(loch)romans, in: AfP 2004, S. 95–98.
Metcalf, Slade R./Strom, Rachel/Wilson, Christine M.: The Conflict Between Personal Privacy Rights and the First Amendment to the U.S. constitution, in: Rainer Jacobs/Hans-Jürgen Papier/Peter-Klaus Schuster (Hrsg.), Festschrift für Peter Raue. Zum 65. Geburtstag am 4. Februar 2006, 2006, S. 573–586.
Metscher, Thomas: Mimesis. Bibliothek dialektischer Grundbegriffe, 2. Aufl. 2004.
Metz, Christian: Was ins literarische Fotoalbum kommt, in: Frankfurter Allgemeine Zeitung vom 23.10.2010, S. Z5.
Metzger, Axel: Der Einfluss des EuGH auf die gegenwärtige Entwicklung des Urheberrechts, in: GRUR 2012, S. 118–126.
von Metzler, W.: Namensverwendung und Darstellung des Lebensbildes im Film und in literarischen Werken, in: UFITA 20 (1955), S. 38–58.
Meyer, Jürgen (Hrsg.): Charta der Grundrechte der Europäischen Union, 3. Aufl. 2011.
Meyer, Justus: Politik, Kunst und Kommerz auf deutschen Straßen, in: DÖV 1991, S. 542–552.
Meyer-Cording, Ulrich: Das literarische Portrait und die Freiheit der Kunst, in: JZ 1976, S. 737–745.
Michalzik, Peter: Gustaf Gründgens. Der Schauspieler und die Macht, 2001.
Misera-Lang, Kathrin: Dogmatische Grundlagen der Einschränkbarkeit vorbehaltloser Freiheitsgrundrechte, 1999.
Missling, Patrick Johannes: Der Persönlichkeitsschutz in Italien. Eine vergleichende Analyse aus der Sicht des deutschen Rechts, 1995 (= Diss. iur. München 1995).
Möhring, Philipp: Verfassungsgerichtliche Wertentscheidungen. Anmerkungen zur „Mephisto"-Entscheidung des Bundesverfassungsgerichts, in: Michael Fischer/Raimund Jakob/Erhard Mock/Helmut Schreiner (Hrsg.), Dimensionen des Rechts. Gedächtnisschrift für René Marcic, Bd. 1, 1974, S. 575–590.
Möllers, Christoph: Wandel der Grundrechtsjudikatur – Eine Analyse der Rechtsprechung des Ersten Senats des BVerfG, in: NJW 2005, S. 1973–1979.
Moosmann, Oliver: Exklusivstories. Zur rechtlichen Problematik der Exklusivvermarktung von Lebensgeschichten und anderen persönlichkeitsrechtlich geschützten Informationen, 2002 (= Diss. iur. Freiburg 2002).
Mori, Toru: Die Meinungs- und Kunstfreiheit und der Strafschutz der Staatssymbole – eine rechtsvergleichende Analyse von Deutschland und den USA, in: JöR 48 (2000), S. 117–137.

Mörike, Eduard: Gebet, in: Horst Heussner (Hrsg.), Partitur zu „Gebet" von Eduard Mörike für Sopran, Mezzosopran, Alt, 1990.
Mosimann, Peter/Uhlmann, Felix: Kunst und Grundrechte, in: ders./Marc-André Renold/Andrea F. G. Raschèr (Hrsg.), Kultur. Kunst. Recht. Schweizerisches und internationales Recht, 2009, 2. Kapitel: Kunst und Grundrechte (S. 43–78).
Muckel, Stefan: Religiöse Freiheit und staatliche Letztentscheidung. Die verfassungsrechtlichen Garantien religiöser Freiheit unter veränderten gesellschaftlichen Verhältnissen, 1997 (= Habil. iur. Köln 1996).
Muckel, Stefan: Verbot des Romans „Esra" von Maxim Biller. Anmerkung zum Beschluss des BVerfG vom 13.06.2007, Az.: 1 BvR 1783/05, in: JA 2008, S. 153–155.
Muckel, Stefan: Verhältnis von postmortalem Persönlichkeitsrecht und Kunstfreiheit, in: JA 2008, S. 827–829.
Mückl, Stefan: Religionsfreiheit und Sonderstatusverhältnisse – Kopftuchverbot für Lehrerinnen?, in: Der Staat 40 (2001), S. 96–127.
Mühlbauer, Peter: Das Literaturgericht. Maxim Billers Skandalroman „Esra" bleibt bis auf weiteres ein Sammlerstück, in: Telepolis vom 24.4.2003, http://www.heise.de/tp/r4/artikel/14/14667/1.html, abgerufen am 26.1.2011.
Mühr, Alfred: Mephisto ohne Maske. Gustaf Gründgens – Legende und Wahrheit. Mit 102 Abbildungen, 1981.
Müller, Friedrich: Freiheit der Kunst als Problem der Grundrechtsdogmatik, 1969.
Müller, Friedrich: Strafrecht, Jugendschutz und Freiheit der Kunst. Fragen der Begrenzung vorbehaltlos verbürgter Grundrechte, in: JZ 1970, S. 87–92.
Müller, Gerda: Das reformierte Schadensersatzrecht, in: VersR 2003, S. 1–13.
Müller, Gerda: „Die Satire darf viel, aber sie darf nicht lügen". Ihre Grenzen sind zwischen Persönlichkeitsrecht und Menschenwürde weit gesteckt, in: ZRP 2006, S. 101–102.
Müller, Gerda: Möglichkeiten und Grenzen des Persönlichkeitsrechts, in: VersR 2000, S. 797–806.
Müller, Heiner: Krieg ohne Schlacht. Leben in zwei Diktaturen. Eine Autobiographie, 2. Aufl. 2010.
Müller, Jan-Dirk: Mimesis und Ritual. Zum geistlichen Spiel des Mittelalters, in: Andreas Kablitz/Gerhard Neumann (Hrsg.), Mimesis und Simulation, 1998, S. 541–571.
Müller, Jörg Paul/Schefer, Markus: Grundrechte in der Schweiz. Im Rahmen der Bundesverfassung, der EMRK und der UNO-Pakte, 4. Aufl. 2008.
Müller, Lothar: Kein Schmerzensgeld. Oberlandesgericht München revidiert „Esra"-Urteil, in: Süddeutsche Zeitung vom 11.7.2008, S. 13.
Müller, Reinhard: Diese Frau ist keine Fiktion, sagt Karlsruhe, in: Frankfurter Allgemeine Zeitung vom 13.10.2007, S. 39.
Müller-Chen, Markus: Grundlagen und ausgewählte Fragen des Kunstrechts, in: Zeitschrift für Schweizerisches Recht II/1 (2010), S. 5–135.
Müller-Dietz, Heinz: Zwischen Fiktion und Realität – Zur literarischen Verarbeitung persönlicher Beziehungen, in: Michaela Wittinger (Hrsg.), Verfassung – Völkerrecht – Kulturgüterschutz. Festschrift für Wilfried Fiedler zum 70. Geburtstag, 2011, S. 231–250.
Müller-Terpitz, Ralf: BVerfGE 119, 1 – Esra. Zum schwierigen Verhältnis zwischen Kunstfreiheit und Persönlichkeitsrecht, in: Jörg Menzel/ders. (Hrsg.), Verfassungsrechtsprechung. Ausgewählte Entscheidungen des Bundesverfassungsgerichts in Retrospektive, 2. Aufl. 2011, S. 830–838.

von Münch, Ingo: Staatsrecht II, Bd. 2: Staatsangehörigkeitsrecht, allgemeine Grundrechtslehren, die einzelnen Grundrechte, Wirtschaftsverfassung, internationaler Schutz, 5. Aufl. 2002.

von Münch, Ingo/Kunig, Philip (Hrsg.): Grundgesetz-Kommentar, Bd. 1, 6. Aufl. 2012.

Munzinger-Archiv (Hrsg.): Munzinger Online/Personen: Internationales Biographisches Archiv, http://www.munzinger.de/document/00000024630, abgerufen am 23.8.2011.

Murswiek, Dietrich: Das Bundesverfassungsgericht und die Dogmatik mittelbarer Grundrechseingriffe. Zu der Glykol- und der Osho-Entscheidung vom 26.6.2002, in: NVwZ 2003, S. 1–8.

Murswiek, Dietrich: Die staatliche Verantwortung für die Risiken der Technik. Verfassungsrechtliche Grundlagen und immissionsschutzrechtliche Ausformung, 1985 (= Habil. iur. 1985).

Murswiek, Dietrich: Grundrechtsdogmatik am Wendepunkt?, in: Der Staat 45 (2006), S. 473–500.

Musielak, Hans-Joachim (Hrsg.): Kommentar zur Zivilprozessordnung mit Gerichtsverfassungsgesetz, 8. Aufl. 2011.

Nagel, Thomas: Begriff und Realität, in: Marcus Willaschek (Hrsg.), Der mentale Zugang zur Welt. Realismus, Skeptizismus und Intentionalität, 2003, S. 53–66.

Naumann, Uwe: Klaus Mann, 2. Aufl. 2006.

Neben, Gerald: Triviale Personenberichterstattung als Rechtsproblem: ein Beitrag zur Grenzziehung zwischen Medienfreiheit und Persönlichkeitsschutz, 2001 (= Diss. iur. Hamburg 2000).

Neill, Alex: Fiktion und Emotion, in: Maria E. Reicher (Hrsg.), Fiktion, Wahrheit, Wirklichkeit. Philosophische Grundlagen der Literaturtheorie, 2007, S. 120–142.

Nerdinger, Winfried: Die Montage der Wirklichkeit, in: Werner Busch (Hrsg.), Eine Geschichte der Kunst im Wandel ihrer Funktionen, Bd. II, 1987, S. 765–792.

Nesselroth, Peter W.: Naming Names in Telling Tales, in: Calin-Andrei Mihailescu/Walid Hamarneh (Hrsg.), Fiction Updated: Theories of Fictionality, Narratology, and Poetics, Toronto/Buffalo/London 1996, S. 133–143.

Neumann, Conrad: Flashmobs, Smartmobs, Massenpartys. Die rechtliche Beurteilung moderner Kommunikations- und Interaktionsformen, in: NVwZ 2011, S. 1171–1777.

Neumeyer, Jochen: Fiktion und Fortschritt. Die „Esra"-Entscheidung des BVerfG und ihre Konsequenzen, in: AfP 2007, S. 509–516.

Neumeyer, Jochen: Person – Fiktion – Recht. Verletzungen des Persönlichkeitsrechts durch Werke der fiktionalen Kunst, 2010 (= Diss. iur. Dresden 2009).

Nielsen, Henrik Kaare: Identitätsarbeit und Erzählung, in: Michael Grote/Beatrice Sandberg (Hrsg.), Autobiographisches Schreiben in der deutschsprachigen Gegenwartsliteratur. Entwicklungen, Kontexte, Grenzgänge, Bd. 3, 2009, S. 257–271.

Nipperdey, Hans Carl: Grundrechte und Privatrecht, 1961.

Nitsche, Ernst: Realismus und Formalismus in der Fotografie, in: Fotografie: Zeitschrift für kulturpolitische, ästhetische und technische Probleme der Fotografie. Organ des Deutschen Kulturbundes. Zentrale Kommission Fotografie der DDR 7 (1953), S. 112–113.

Nolte, Georg: Falwell vs. Strauß: Die rechtlichen Grenzen politischer Satire in den USA und der Bundesrepublik, in: EuGRZ 1988, S. 253–259.

Nolting, Winfried: Literatur oder Kommunikation. Anstelle fremder Wissenschaftsofferten Orientierungen eines positionslosen Denkens, 1982.

von Noorden, Wolf Dieter: Die Freiheit der Kunst nach dem Grundgesetz (Art. 5 Abs. 3 Satz 1 GG) und die Strafbarkeit der Verbreitung unzüchtiger Darstellungen (§ 184 Abs. 1 Nr. 1 StGB), 1969 (= Diss. iur. Köln 1969).

Nünning, Ansgar: Fiktionssignale, in: ders. (Hrsg.), Metzler Lexikon. Literatur- und Kulturtheorie. Ansätze – Personen – Grundbegriffe, 4. Aufl. 2008, S. 202–203.

Nünning, Ansgar: Mimesis des Erzählens: Prolegomena zu einer Wirkungsästhetik, Typologie und Funktionsgeschichte des Akts des Erzählens und der Metanarration, in: Jörg Helbig (Hrsg.), Erzählen und Erzähltheorie im 20. Jahrhundert. Festschrift für Wilhelm Füger, 2001, S. 13–47.

Obergfell, Eva Inés: Anmerkung zu dem Urteil des BGH vom 21.6.2005 – VI ZR 122/04, in: JZ 2006, S. 196–198.

Obergfell, Eva Inés: Der Fall *Esra* – Eine Neujustierung des Verhältnisses von Persönlichkeitsrecht und literarischer Kunstfreiheit?, in: Claude D. Conter (Hrsg.), Justitiabilität und Rechtmäßigkeit. Verrechtlichungsprozesse von Literatur und Film in der Moderne, 2010, S. 65–81.

Obergfell, Eva Inés: Dichtung oder Wahrheit? Anmerkungen zum Spannungsverhältnis zwischen Kunstfreiheit und Persönlichkeitsrechtsschutz sowie zum Beschluss des BVerfG ZUM 2007, 829 – Esra, in: ZUM 2007, S. 910–914.

Odendahl, Kerstin: Kulturgüterschutz. Entwicklung, Struktur und Dogmatik eines ebenenübergreifenden Normensystems, 2005.

Oeter, Stefan: Rechtsprechungskonkurrenz zwischen nationalen Verfassungsgerichten, Europäischem Gerichtshof und Europäischem Gerichtshof für Menschenrechte, in: VVDStRL 66 (2007), S. 361–391.

Ohly, Ansgar: Harmonisierung des Persönlichkeitsrechts durch den Europäischen Gerichtshof für Menschenrechte? Rechtsvergleichende Anmerkungen zum Urteil in der Sache von Hannover/Deutschland, in: GRUR Int 2004, S. 902–912.

Ohly, Ansgar/Lucas-Schloetter, Agnès/Beverley-Smith, Huw: Artistic Freedom Versus Privacy – A Delicate Balance. The Esra Case Analysed from a Comparative Law Perspective, in: IIC 2008, S. 526–557.

Ohmer, Anja: Fakten und Fiktion. Zur Authentizitätsdebatte in der deutschen Gegenwartsliteratur, in: Entwürfe: Zeitschrift für Literatur, Bd. 10, Heft 39 (2004), S. 67–76.

Ohmer, Anja: Gefährliche Bücher? Zeitgenössische Literatur im Spannungsfeld zwischen Kunst und Zensur, 2000.

Ohmer, Anja: Literatur vor Gericht: Zensur in Deutschland, in: Wespennest, Heft 134 (2004), S. 87–92.

Ohmer, Anja: Literaturwissenschaftliches Gutachten zu „Esra" von Maxim Biller. Roman. Kiepenheuer & Witsch, 2003 (unveröffentlicht).

Oldiges, Martin: Neue Aspekte der Grundrechtsgeltung im Privatrecht, in: Rudolf Wendt/Wolfram Höfling/Ulrich Karpen/Martin Oldiges (Hrsg.), Staat. Wirtschaft. Steuern. Festschrift für Karl Heinrich Friauf zum 65. Geburtstag, 1996, S. 281–308.

Ong, Walter J.: The Writer's Audience Is Always a Fiction, in: PMLA 90.1 (1975), S. 9–21.

Ortloff, Karsten-Michael: Baukunst – ein überflüssiger Rechtsbegriff?, in: Rainer Jacobs/Hans-Jürgen Papier/Peter-Klaus Schuster (Hrsg.), Festschrift für Peter Raue. Zum 65. Geburtstag am 4. Februar 2006, 2006, S. 247–254.

Ossenbühl, Fritz: Das elterliche Erziehungsrecht im Sinne des Grundgesetzes, 1981.

Ossenbühl, Fritz: Medien zwischen Macht und Recht, in: JZ 1995, S. 633–684.

Oswald, Georg M.: Wie man Romane verbietet. Maxim Billers „Esra" erneut vor Gericht, in: Süddeutsche Zeitung vom 9.7.2003, S. 13.

Ott, Sieghart: Kunst und Staat. Der Künstler zwischen Freiheit und Zensur, 1968.

Ott, Sieghart: Versammlungsfreiheit contra Kunstfreiheit?, in: NJW 1981, S. 2397–2399.

Otto, Harro: Der strafrechtliche Schutz vor ehrverletzenden Meinungsäußerungen, in: NJW 2006, S. 575–578.

Otto, Harro: Ehrenschutz in der politischen Auseinandersetzung, in: JR 1983, S. 1–11.

Otto, Harro: Strafrechtlicher Ehrenschutz und Kunstfreiheit der Literatur, in: NJW 1986, S. 1206–1211.

Otto, Ulla: Die literarische Zensur als Problem der Soziologie der Politik, 1968.

Ouellet, Pierre: The Perception of Fictional Words, in: Calin-Andrei Mihailescu/Walid Hamarneh (Hrsg.), Fiction Updated: Theories of Fictionality, Narratology, and Poetics, Toronto/Buffalo/London 1996, S. 76–90.

Paal, Boris P./Hennemann, Moritz: Schutz vor Urheberrechten im Internet ACTA, Warnhinweismodell und Europarecht, in: MMR 2012, S. 288–293.

Pabst, Heinz-Joachim: Der postmortale Persönlichkeitsschutz in der neueren Rechtsprechung des BVerfG, in: NJW 2002, S. 999–1004.

Palandt, Otto (Hrsg.): Bürgerliches Gesetzbuch, 71. Aufl. 2012.

Palm, Wolfgang: Öffentliche Kunstförderung zwischen Kunstfreiheitsgarantie und Kulturstaat, 1998 (= Diss. iur. Bonn 1996).

Papier, Hans-Jürgen: Vorbehaltlos gewährleistete Grundrechte, in: Detlef Merten/ders. (Hrsg.), Handbuch der Grundrechte in Deutschland und Europa. Grundrechte in Deutschland: Allgemeine Lehren II, Bd. III, 2009, § 64 (S. 365–403).

Parsons, Terence: A Meinongian Analysis of Fictional Objects, in: Grazer Philosophische Studien 1 (1975), S. 73–86.

Paschke, Marian/Busch, David-Alexander: Hinter den Kulissen des medienrechtlichen Rückrufanspruchs, in: NJW 2004, S. 2620–2628.

Pavel, Thomas G.: Fictional Worlds, Cambridge/MA 1986.

Peifer, Karl-Nikolaus: Anmerkung zu BVerfG. Beschluss vom 26. Februar 2008 – 1 BvR 1602, 1606, 1626/07, in: GRUR 2008, S. 547–549.

Peifer, Karl-Nikolaus: Das Caroline-Urteil des EGMR und die Rechtsprechung des Bundesverfassungsgerichts – Die Entwicklung aus zivilrechtlicher Sicht bis zur Entscheidung des EGMR, in: Hanns Prütting (Hrsg.), Das Caroline-Urteil des EGMR und die Rechtsprechung des Bundesverfassungsgerichts, 2006, S. 5–21.

Peifer, Karl-Nikolaus: Menschenwürde und Medienfreiheiten in den USA und in Deutschland – am Beispiel des Romans „Esra", in: Michael Sachs/Helmut Siekmann (Hrsg.), Der grundrechtsgeprägte Verfassungsstaat. Festschrift für Klaus Stern zum 80. Geburtstag, 2012, S. 1141–1153.

Perrig, Alexander: Der Renaissance-Künstler als Wissenschaftler, in: Werner Busch (Hrsg.), Eine Geschichte der Kunst im Wandel ihrer Funktionen, Bd. II, 1987, S. 649–677.

Petersen, Christer: Der postmoderne Text. Rekonstruktion einer zeitgenössischen Ästhetik am Beispiel Thomas Pychon, Peter Greenaway und Paul Wühr, 2003.

Petersen, Jürgen H.: Mimesis – Imitatio – Nachahmung: eine Geschichte der europäischen Poetik, 2000.

Peukert, Wolfgang: Die Kommunikationsrechte im Lichte der Rechtsprechung der Organe der Europäischen Menschenrechtskonvention (EMRK), in: Herta Däubler-Gmelin/Klaus Kinkel/Hans Meyer/Helmut Simon (Hrsg.), Gegenrede. Aufklärung – Kritik – Öffentlichkeit. Festschrift für Ernst Gottfried Mahrenholz, 1994, S. 277–301.

Pfeiffer, Karl Ludwig: Das Mediale und das Imaginäre. Dimensionen kulturanthropologischer Medientheorie, 1999.
Pfeiffer, Karl Ludwig: Zum systematischen Stand der Fiktionstheorie, in: Journal for General Philosophy of Science 21 (1990), S. 135–156.
Phillipson, Gavin: Transforming Breach of Confidence? Towards a Common Law Right of Privacy under the Human Rights Act, in: MLR 66 (2003), S. 726–758.
Pieroth, Bodo/Hartmann, Bernd J.: Grundrechtsschutz gegen wirtschaftliche Betätigung der öffentlichen Hand, in: DVBl. 2002, S. 421–428.
Pieroth, Bodo/Schlink, Bernhard: Grundrechte. Staatrecht II, 27. Aufl. 2011.
Pietraß, Manuela: Bild und Wirklichkeit. Zur Unterscheidung von Realität und Fiktion bei der Medienrezeption, 2003 (= Habil. phil. 2003).
Pitschas, Rainer/Aulehner, Josef: Informationelle Sicherheit oder „Sicherheitsstaat"?, in: NJW 1989, S. 2353–2359.
Plachta, Bodo: Zensur, 2006.
Platter, Julia/Meuser, Stephan: Zur landesrechtlichen Flankierung des Gewaltschutzgesetzes durch die Polizeigesetze der Länder, in: RuP 43 (2007), S. 29–41.
Podlech, Adalbert: Das Recht auf Privatheit, in: Joachim Perels (Hrsg.), Grundrechte als Fundament der Demokratie, 1979, S. 50–68.
Poll, Günter: „TV-Total" – Alles Mattscheibe, oder was? Zum Verhältnis von freier Benutzung (§ 24 UrhG) und Zitatrecht (§ 51 UrhG) zu Art. 5 GG, in: ZUM 2004, S. 511–522.
Poscher, Ralf: Grundrechte als Abwehrrechte, 2003 (= Habil. iur. Berlin 2002).
Posner, Roland: Post-modernism, post-structuralism, post-semiotics? Sign theory at the *fin de siècle*, in: Semiotica 2011, S. 9–30.
Post, Robert C.: The Social Foundations of Defamation Law: Reputation and the Constitution, in: California Law Review 74 (1986), S. 691–742.
Prantl, Heribert: Die Kunstrichter von Karlsruhe. Verbot von Billers Roman „Esra", in: Süddeutsche Zeitung vom 13.10.2007, S. 13.
Pratt, Walter F.: Privacy in Britain, New Jersey/London 1979.
Preisendanz, Wolfgang: Sachverhalte in Fiktionen, in: Harald Weinrich (Hrsg.), Positionen der Negativität, 1975, S. 520–522.
Prengel, Timo: Bildzitate von Kunstwerken als Schranke des Urheberrechts und des Eigentums mit Bezügen zum Internationalen Privatrecht, 2011 (= Diss. iur. Heidelberg 2010).
Prinz, Matthias: Der Schutz der Persönlichkeitsrechte vor Verletzungen durch die Medien, in: NJW 1995, S. 817–821.
Prinz, Matthias: Geldentschädigung bei Persönlichkeitsrechtsverletzungen durch Medien, in: NJW 1996, S. 953–962.
Prinz, Matthias/Peters, Butz: Medienrecht. Die zivilrechtlichen Ansprüche, 1999.
Pünder, Hermann: Kommunikationsgrundrechte, in: Dirk Ehlers (Hrsg.), Europäische Grundrechte und Grundfreiheiten, 3. Aufl. 2009, § 16.2 (S. 531–573).
Putnam, Hilary: Is There a Fact of the Matter about Fiction?, in: ders./James Conant (Hrsg.), Realism with a Human Face, Cambridge/London 2010, S. 209–213.
Putnam, Hilary: Meaning and Reference, in: Stephen P. Schwartz (Hrsg.), Naming, Necessity, and Natural Kinds, Ithaca/London 1977, S. 119–132.
Pütz, Peter: Theorie des Realismus I, Kurseinheit 1, 2. Aufl. 2007.
Pütz, Peter: Theorie des Realismus II, Kurseinheit 2, 2. Aufl. 2007.
Pütz, Peter: Theorie des Realismus III, Kurseinheit 3, 2. Aufl. 2007.
Pütz, Peter: Theorie des Realismus IV, Kurseinheit 4, 2. Aufl. 2007.

Raddatz, Bettina: Der Spitzenkandidat. Roman, 2011.

Raddatz, Fritz J.: Bundesrepublik Deutschland. Droht eine Diktatur der Anständigkeit?, in: Dieter E. Zimmer (Hrsg.), Die Grenzen literarischer Freiheit. 22 Beiträge über Zensur im Inland und Ausland, 1966, S. 159–177.

Rath, Christian: Der Preis der Authentizität. Tiefschlag für Maxim Biller: Wegen seines Romans „Esra" muss der Schriftsteller jetzt 50.000 Euro Schmerzensgeld zahlen. Gleichzeitig betont das Verfassungsgericht aber die Freiheit der Literatur, in: Die Tageszeitung vom 14.2.2008, S. 15.

von Rauch, Johanna: Im Spiegelkabinett, in: Volltext: Zeitung für Literatur 7 (2003), Heft 3, S. 6–7.

Raue, Peter: Die neue Klagelust. Literatur vor Gericht – Des Dichters Frust?, in: Kursbuch 155 (2004), S. 157–164.

Raue, Peter: Kunstfreiheit, Persönlichkeitsrecht und das Gebot der praktischen Konkordanz. Gedanken zum Esra-Urteil des Bundesverfassungsgerichts und dem Contergan-Fall, in: AfP 2009, S. 1–6.

Raulet, Gérard: Zur Dialektik der Postmoderne, in: Andreas Huyssen/Klaus R. Scherpe (Hrsg.), Postmoderne. Zeichen eines kulturellen Wandels, 5. Aufl. 1997, S. 128–150.

Rauscher, Thomas/Wax, Peter/Wenzel, Joachim (Hrsg.): Münchener Kommentar zur Zivilprozessordnung mit Gerichtsverfassungsgesetz und Nebengesetzen, Bd. 1, 3. Aufl. 2008.

Reber, Nikolaus: „Celebrity Impersonators" zwischen Persönlichkeitsschutz und Kunstfreiheit, in: GRUR Int 2010, S. 22–25.

Reber, Nikolaus: Das „right of publicity" als eigenständiges Vermögensrecht des US-Künstlers, in: GRUR Int 1997, S. 884–892.

Reber, Nikolaus: Die Schutzdauer des postmortalen Persönlichkeitsrechts in Deutschland und den USA (von Marlene Dietrich über Klaus Kinski zu Marilyn Monroe) – ein Irrweg des Bundesgerichtshofs?, in: GRUR Int 2007, S. 492–498.

Reckwitz, Erhard: Realismus-Effekt, in: Metzler Lexikon. Literatur- und Kulturtheorie. Ansätze – Personen – Grundbegriffe, 4. Aufl. 2008, S. 609–610.

Reese-Schäfer, Walter: Literarische Rezeption, 1980.

Rehbein, Jochen: Biographisches Erzählen, in: Eberhard Lämmert (Hrsg.), Erzählforschung. Ein Symposium, 1982. S. 51–73.

Rehbinder, Manfred: Urheberrecht. Ein Studienbuch, 16. Aufl. 2010.

Reichel, Christian: Grenzen der Kunstfreiheit durch den Persönlichkeitsschutz. Zur „Esra"-Entscheidung des Bundesverfassungsgerichts, in: KUR 2008, S. 125–129.

Reicher, Maria E.: Die Gegenstände des Als-ob, in: Gertrud Koch/Christiane Voss (Hrsg.), „Es ist, als ob". Fiktion in Philosophie, Film- und Medienwissenschaft, 2009, S. 49–67.

Reicher, Maria E.: Einleitung, in: dies. (Hrsg.), Fiktion, Wahrheit, Wirklichkeit. Philosophische Grundlagen der Literaturtheorie, 2007, S. 7–20.

Reich-Ranicki, Marcel: Grrrrrässlich. Reich-Ranicki gegen Buch-Verbote, in: Süddeutsche Zeitung vom 20.10.2003, S. 14.

Reinhard, Rebekka: Gegen den philosophischen Fundamentalismus. Postanalytische und dekonstruktivistische Perspektiven, 2003.

Reinhardt, Rudolf: „Das Lebensbild" und der Schutz der Persönlichkeit im modernen Privatrecht, in: Hans-Ulrich Evers/Karl Heinrich Friauf/Ernst Walter Hanack/ders. (Hrsg.), Persönlichkeit in der Demokratie. Festschrift für Erich Schwinge zum 70. Geburtstag, 1973, S. 127–142.

Reinhardt, Rudolf: Der Streit um den Persönlichkeitsschutz nach dem Referentenentwurf des Bundesjustizministeriums, in: JZ 1959, S. 41–46.

Remmert, Barbara: Grundfreiheiten und Privatrechtsordnung, in: Jura 2003, S. 13–19.

Rengeling, Hans-Werner/Szczekalla, Peter: Grundrechte in der Europäischen Union. Charta der Grundrechte und Allgemeine Rechtsgrundsätze, 2004.

Reupert, Christine: Die Filmfreiheit – Der verfassungsrechtliche Schutz des Films, in: NVwZ 1994, S. 1155–1165.

Reus, Gunter: Ressort: Feuilleton. Kulturjournalismus für Massenmedien, 2. Aufl. 1999.

Ridder, Helmut: Freiheit der Kunst nach dem Grundgesetz, 1963.

Riedel, Mareike: Vermutung des Künstlerischen. Der Esra-Beschluss des Bundesverfassungsgerichts – eine rechts- und literaturwissenschaftliche Untersuchung, 2011.

Riegel, Hans-Peter: Immendorff. Die Biographie, 2010.

Riffaterre, Michael: Fictional Truth, Baltimore/London 1993.

Ritter, Thomas: Kunstfreiheit und Gesundheitsschutz. Auswirkungen der EG-Lärmrichtlinie auf das Konzertleben in Deutschland, in: NVwZ 2008, S. 960–966.

Robak, Markus: Von „Esra" zu „Rohtenburg". Zu den Auswirkungen der „Esra"-Entscheidung des Bundesverfassungsgerichts (BVerfG) auf die jüngste Rechtsprechung zur Abwägung zwischen Kunstfreiheit und Persönlichkeitsrecht, in: AfP 2009, S. 325–335.

Robbers, Gerhard: Für ein neues Verhältnis zwischen Bundesverfassungsgericht und Fachgerichtsbarkeit. Möglichkeit und Inhalt von „Formeln" zur Bestimmung von verfassungsgerichtlicher Kompetenzweite, in: NJW 1998, S. 935–941.

Roellecke, Gerd: Die Verwaltungsgerichtsbarkeit im Grenzbereich zur Gesetzgebung, in: NJW 1978, S. 1776–1781.

Roellecke, Gerd: Höchstrichterliche Rechtsprechung – politisch betrachtet. Festvortrag zum zehnjährigen Bestehen der Deutschen Richterakademie in Trier, in: Otto Depenheuer (Hrsg.), Aufgeklärter Positivismus. Ausgewählte Schriften zu den Voraussetzungen des Verfassungsstaates, 1995, S. 271–286.

Rogall, Klaus: Informationseingriff und Gesetzesvorbehalt im Strafprozeßrecht, 1992.

Rohde, Carsten: Der Roman in der Postmoderne, in: Andrea Hübener/Jörg Paulus/Renate Stauf (Hrsg.), Umstrittene Postmoderne. Lektüren, 2010, S. 185–203.

Ronen, Ruth: Possible worlds in literary theory, Cambridge/UK u.a. 1994.

Ropertz, Hans-Rolf: Die Freiheit der Kunst nach dem Grundgesetz, 1966 (= Diss. iur. Heidelberg 1963).

Rorty, Richard: Is there a Problem about Fictional Discourse?, in: Dieter Henrich/Wolfgang Iser (Hrsg.), Funktionen des Fiktiven, 2. Aufl. 2007, S. 67–93.

Rösch, Gertrud Maria: Clavis Scientiae. Studien zum Verhältnis von Faktizität und Fiktionalität am Fall der Schlüsselliteratur, 2004.

Rosenbaum, Christian: Der grundrechtliche Schutz vor Informationseingriffen, in: Jura 1988, S. 178–185.

Rösler, Hannes: Caricatures and Satires in Art Law: The German Approach in Comparison with the United States, England and the European Convention on Human Rights, in: European human rights law review 4 (2008), S. 463–487.

Rösler, Wolfgang: Die Entdeckung der Fiktionalität in der Antike, in: Poetica 12 (1980), S. 283–319.

Roth, Wolfgang: Die Überprüfung fachgerichtlicher Urteile durch das Bundesverfassungsgericht und die Entscheidung über die Annahme einer Verfassungsbeschwerde, in: AöR 121 (1996), S. 544–577.

Ruffert, Matthias: Vorrang der Verfassung und Eigenständigkeit des Privatrechts, 2001 (= Habil. iur. Trier 2000).

Rüfner, Wolfgang: Grundrechtskonflikte, in: Christian Starck (Hrsg.), Bundesverfassungsgericht und Grundgesetz. Festgabe aus Anlaß des 25jährigen Bestehens des Bundesverfassungsgerichts. In Gemeinschaft mit Martin Drath u.a., Zweiter Band: Verfassungsauslegung, 1976, S. 453–479.

Ruhbaum, Antje: Elisabeth von Herzogenberg. Salon – Mäzenatentum – Musikförderung, 2009 (= Diss. iur. Bremen 2006).

Rühle, Alex: Maxim Biller. Umstrittener Erzähler und Fall fürs Verfassungsgericht, in: Süddeutsche Zeitung vom 12.10.2007, S. 4.

Ryan, Marie-Laure: Fiction, Non-Factuals, and the Principle of Minimal Departure, in: Poetics 9 (1980), S. 403–422.

Ryan, Marie-Laure: Narrative as Virtual Reality. Immersion and Interactivity in Literature and Electronic Media, Baltimore/London 2001.

Sachs, Michael: Das Grundgesetz in seinem sechsten Jahrzehnt, in: NJW 2009, S. 1441–1449.

Sachs, Michael (Hrsg.): Grundgesetz. Kommentar, 6. Aufl. 2011.

Sachs, Michael, Verfassungsrecht II. Grundrechte, 2. Aufl. 2003.

Säcker, Franz Jürgen/Rixecker, Roland (Hrsg.): Münchener Kommentar zum Bürgerlichen Gesetzbuch, Bd. 1/1. Allgemeiner Teil. 1. Halbband: §§ 1–240 ProstG, 5. Aufl. 2006.

Säcker, Franz Jürgen/Rixecker, Roland (Hrsg.): Münchener Kommentar zum Bürgerlichen Gesetzbuch, Bd. 5. Recht der Schuldverhältnisse. §§ 705–853 BGB, PartGG, ProdHaftG, 5. Aufl. 2009.

Säcker, Franz Jürgen/Rixecker, Roland (Hrsg.): Münchener Kommentar zum Bürgerlichen Gesetzbuch, Bd. 9. Erbrecht. §§ 1922–2385. §§ 27–35 BeurkG, 5. Aufl. 2010.

Sajuntz, Sascha: Die Entwicklung des Presse- und Äußerungsrechts in den Jahren 2008 bis 2010, in: NJW 2010, S. 2992–2998.

Sandner, Wolfram: Investitionserleichterung und kommunale Planungshoheit. Die Wahrung der Belange der Standortgemeinden bei der immissionsschutzrechtlichen Zulassung von Abfallentsorgungsanlagen, 1997 (= Diss. iur. Augsburg 1996).

Sartre, Jean-Paul: Was ist Literatur? Herausgegeben, neu übersetzt und mit einem Nachwort von Traugott König, 1984.

Saupe, Anja: Postmoderne, in: Dieter Burdorf/Christoph Fasbender/Burkhard Moennighoff (Hrsg.), Metzler Lexikon Literatur. Begründet von Günther und Irmgard Schweikle, 3. Aufl. 2007, S. 602–603.

Savare, Matthew: Falsity, Fault and Fiction: A New Standard for Defamation in Fiction, in: UCLA Entertainment Law Review 12 (2004), S. 129–168.

Schack, Haimo: Das Persönlichkeitsrecht der Urheber und ausübenden Künstler nach dem Tode, in: GRUR 1985, S. 352–361.

Schack, Haimo: Das Recht als Grundlage und Grenze künstlerischen Schaffens, in: Hermann Weber (Hrsg.), Literatur, Recht und (bildende) Kunst. Tagung im Nordkolleg Rendsburg vom 21. bis 23. September 2007, 2008, S. 8–27.

Schack, Haimo: Kunst und Recht. Bildende Kunst, Architektur, Design und Fotografie im deutschen und internationalen Recht, 2. Aufl. 2009.

Schaefer, Christina: Die Autofiktion zwischen Fakt und Fiktion, in: Irina O. Rajewsky/Ulrike Schneider (Hrsg.), Im Zeichen der Fiktion. Aspekte fiktionaler Rede aus historischer und systematischer Sicht. Festschrift für Klaus W. Hempfer zum 65. Geburtstag, 2008, S. 299–326.

Schäfer, Anne/Merten, Jan O.: „Der Skandalroman", in: JA 2004, S. 548–553.

Scheer, Thorsten: Postmoderne als kritisches Konzept. Die Konkurrenz der Paradigmen in der Kunst seit 1960, 1992.

Schefer, Markus: Grundrechtliche Schutzpflichten und die Auslagerung staatlicher Aufgaben, in: AJP/PJA 10 (2002), S. 1131–1143.

Scheffer, Bernd: Interpretation und Lebensroman. Zu einer konstruktivistischen Literaturtheorie, 1992.

Schertz, Christian: Bildnisse, die einem höheren Interesse der Kunst dienen – Die Ausnahmevorschrift des § 23 Abs. 1 Ziff. 4 KUG, in: Rainer Jacobs/Hans-Jürgen Papier/Peter-Klaus Schuster (Hrsg.), Persönlichkeitsschutz und Kunstfreiheit, Festschrift für Peter Raue. Zum 65. Geburtstag am 4. Februar 2006, 2006, S. 663–678.

Schertz, Christian: Bildnisse, die einem höheren Interesse der Kunst dienen. Die Ausnahmevorschrift des § 23 I Nr. 4 KUG, in: GRUR 2007, S. 558–565.

Schertz, Christian: Die Verfilmung tatsächlicher Ereignisse, in: ZUM 1998, S. 757–765.

Scherzberg, Arno/Meyer, Matthias: Die Prüfung staatlicher Schutzpflichten in der Verfassungsbeschwerde, in: JA 2004, S. 51–53.

Schestag, Thomas: Philologisches Gutachten zu Birgit Kempkers Buch *Als ich das erste Mal mit einem Jungen im Bett lag* und dessen Interpretation in der Anklageschrift des Herrn […] [Aktenzeichen 116/99] beim Landgericht Essen, in: Schreibheft. Zeitschrift für Literatur 55 (2000), S. 61–66.

Schick, Martin: Der verfassungsrechtliche Begriff des Kunstwerks, in: JZ 1970, S. 645–647.

Schiemann, Anja: Persönlichkeitsrechtsverletzung contra Kunstfreiheit – Die Mephisto-Entscheidung und ihre Auswirkung auf die neuere Rechtsprechung, in: Claude D. Conter (Hrsg.), Justitiabilität und Rechtmäßigkeit. Verrechtlichungsprozesse von Literatur und Film in der Moderne, 2010, S. 27–45.

Schiller, Friedrich: Schillers ästhetisch-sittliche Weltanschauung, aus seinen philosophischen Schriften gemeinverständlich erklärt von Dr. Paul Geyer, 1896.

Schlaich, Klaus/Korioth, Stefan: Das Bundesverfassungsgericht, 8. Aufl. 2010.

Schlapp, Hermann: Einstieg in den Journalismus. Ein Leitfaden zum Handwerk, 4. Aufl. 2001.

Schlink, Bernhard: Die Amtshilfe. Ein Beitrag zu einer Lehre von der Gewaltenteilung in der Verwaltung, 1982 (= Habil. iur. Freiburg 1982).

Schlink, Bernhard: Vergewisserungen. Über Politik, Recht, Schreiben und Glauben, 2005.

Schmelz, Christoph: Anmerkung zu BGH, Urteil vom 6. Dezember 2005 - VI ZR 265/04, in: ZUM 2006, S. 214–215.

Schmidt, August: Über die Freiheit der Kunst, in: GA 114 (1966), S. 97–109.

Schmidt, Siegfried J.: Fiktionalität als texttheoretische Kategorie, in: Harald Weinrich (Hrsg.), Positionen der Negativität, 1975, S. 526–529.

Schmidt, Siegfried J.: Ist „Fiktionalität" eine linguistische oder eine texttheoretische Kategorie?, in: Elisabeth Gülich/Wolfgang Raible (Hrsg.), Textsorten. Differenzierungskriterien aus linguistischer Sicht, 1972, S. 59–71.

Schmidt-Bleibtreu, Bruno/Hofmann, Hans/Hopfauf, Axel (Hrsg.): GG. Kommentar zum Grundgesetz, 12. Aufl. 2011.

Schmidt-De Caluwe, Reimund: Pressefreiheit und Beihilfe zum Geheimnisverrat i.S. des § 353b StGB – Der Fall „Cicero" und die Entscheidung des BVerfG, in: NVwZ 2007, S. 640–645.

Schmieder, Hans-Heinrich: Kunst als Störung privater Rechte, in: NJW 1982, S. 628–630.

Schmitt, Arbogast: Mimesis bei Aristoteles und in den Poetikkommentaren der Renaissance. Zum Wandel des Gedankens von der Nachahmung der Natur in der frühen Neuzeit, in: Andreas Kablitz/Gerhard Neumann (Hrsg.), Mimesis und Simulation, 1998, S. 17–53.

Schmitt, Arbogast: Teleologie und Geschichte bei Aristoteles oder Wie kommen nach Aristoteles Anfang, Mitte und Ende in die Geschichte? Erika Simon zum 27.6.1992, in: Karlheinz Stierle/Rainer Warning (Hrsg.), Das Ende. Figuren einer Denkform, 1996, S. 528–563.

Schneider, Bernhard: Die Freiheit der Baukunst. Gehalt und Reichweite der Kunstfreiheit des Art. 5 Abs. 3 GG im öffentlichen Baurecht, 2002 (= Diss. iur. Berlin 2001).

Schneider, Bernhard: Die Gestalt der Stadt – Bemerkungen zu Architektur und Städtebau aus staatsrechtlicher Sicht, in: NJW 2003, S. 642–645.

Schneider, Hans: Die Verbindlichkeit von Entscheidungen des Bundesverfassungsgerichts, in: DVBl. 1954, S. 184–187.

Schneider, Hans-Peter: 50 Jahre Grundgesetz – Vom westdeutschen Provisorium zur gesamtdeutschen Verfassung, in: NJW 1999, S. 1497–1504.

Schneider, Hans-Peter: SOS aus Karlsruhe – das Bundesverfassungsgericht vor dem Untergang?, in: NJW 1996, S. 2630–2632.

Schneider, Jost: Einführung in die moderne Literaturwissenschaft, 2. Aufl. 1998.

Schneider, Jost: Einführung in die Roman-Analyse, 3. Aufl. 2010.

Schneider, Norbert: Natur und Kunst im Mittelalter, in: Werner Busch (Hrsg.), Eine Geschichte der Kunst im Wandel ihrer Funktionen, Bd. II, 1987, S. 619–648.

Schneider, Ulf-Michael: Grundlagen, Arbeitsweisen, Hilfsmittel der Literaturwissenschaft, 6. Aufl. 2009.

Schneider, Wolf/Raue, Paul-Josef: Das neue Handbuch des Journalismus, 2. Aufl. 2003.

Schnell, Ralf: Geschichte der deutschsprachigen Literatur seit 1945, 2. Aufl. 2003.

Schnell, Ralf: Über die Wahrnehmung eines literarischen Kunstwerks. Rückblick auf einen verbotenen Roman: Meere von Alban Nikolai Herbst (2003), in: Die Horen, Zeitschrift für Literatur, Kunst und Kritik 53 (2008), S. 195–204.

Schoch, Friedrich: Die Grundrechtsdogmatik vor den Herausforderungen einer multikonfessionellen Gesellschaft, in: Joachim Bohnert u.a. (Hrsg.), Verfassung – Philosophie – Kirche. Festschrift für Alexander Hollerbach zum 70. Geburtstag, 2001, S. 153–167.

Schoch, Friedrich u.a. (Hrsg.): Verwaltungsgerichtsordnung. Kommentar, 22. Ergänzungslieferung (Stand: September 2011).

Schockenhoff, Eberhard: Wahrheit und Freiheit der Kunst aus der Sicht der theologischen Ethik, in: Essener Gespräche zum Thema Staat und Kirche 36 (2002), S. 111–160.

Schödlbauer, Ulrich: Geschichte als Erzählfiktion/1. Zwischen Empirismus und Rationalismus: vom vernunftgemäßen Erzählen Kurseinheit 1, 4. Aufl. 2004.

Schödlbauer, Ulrich: Geschichte als Erzählfiktion/1. Zwischen Empirismus und Rationalismus: vom vernunftgemäßen Erzählen Kurseinheit 2, 3. Aufl. 2003.

Schoeller, Wilfried F.: Unerwünschte Zeugenschaft: Klaus Mann, in: Jörg-Dieter Kogel (Hrsg.), Schriftsteller vor Gericht. Verfolgte Literatur in vier Jahrhunderten. Zwanzig Essays, 1996, S. 266–280.

Scholz, Rupert/Konrad, Karlheinz: Meinungsfreiheit und allgemeines Persönlichkeitsrecht – Zur Rechtsprechung des Bundesverfassungsgerichts, in: AöR 123 (1998), S. 60–121.

Schönberger, Simone: Anmerkung zu BGH, Urteil vom 24.11.2009 – VI ZR 219/08, in: LMK 2010, 297597.

Schönke, Adolf/Schröder, Horst (Hrsg.): Strafgesetzbuch. Kommentar, 28. Aufl. 2010.
Schreier, Margrit: Belief Change through Fiction: How Fictional Narratives Affect Real Readers, in: Simone Winko/Fotis Jannidis/Gerhard Lauer (Hrsg.), Grenzen der Literatur. Zu Begriff und Phänomenen des Literarischen, 2009, S. 315–337.
Schröder, Meinhard: Die Je-desto-Formel des Bundesverfassungsgerichts in der Esra-Entscheidung und ihre Bedeutung für Grundrechtsabwägungen, in: DVBl. 2008, S. 146–150.
Schubert, Friederike: Von Kopf bis Fuß auf Verwertung eingestellt? Die Dogmatik der Vermögensrechte der Persönlichkeit im Licht der neuesten Rechtsprechung von BGH und BVerfG. Eine Anmerkung zu den Entscheidungen des BGH vom 05.10.2006 – kinski-klaus.de und vom 26.10.2006 – Oskar Lafontaine sowie des BVerfG vom 22.08.2006 – Der blaue Engel, in: AfP 2007, 20–25.
Schulz, Wolfgang/Jürgens, Uwe: Das Recht am eigenen Bild – Eine fallorientierte Einführung in Struktur und aktuelle Probleme des Bildnisschutzes, in: JuS 1999, S. 664–668.
Schumann, Ekkehard: Verfassungs- und Menschenrechtsbeschwerde gegen richterliche Entscheidungen, 1963.
Schwabe, Jürgen: Die sogenannte Drittwirkung der Grundrechte. Öffentliches und privates Recht. Privatrechtliche Freiheitskollisionen. Einfluß der Grundrechte. Freiheitsbeeinträchtigungen. Grundsatz der Privatautonomie. Grundrechtsbindung richterlicher Gewalt. Eigentumsgrundrecht. Gleichheitssatz, 1971.
Schwabe, Jürgen: Probleme der Grundrechtsdogmatik, 1977 (= Diss. iur. Gießen 1977).
Schwabe, Jürgen: Zur Verfassungsrechtsprechung. Bundesverfassungsgericht und „Drittwirkung" der Grundrechte, in: AöR 100 (1975), S. 442–470.
Schwartz, Paul M./Peifer, Karl-Nikolaus: Prosser's *Privacy* and the German Right of Personality: Are Four Privacy Torts Better than One Unitary Concept?, in: California Law Review 98 (2010), S. 1925–1987.
Schwarz, Kyrill-Alexander: Das Spannungsverhältnis von Religionsfreiheit und Tierschutz am Beispiel des „rituellen Schächtens", 2003.
Schwarz, Mathias/Hansen, Gerd: Die persönlichkeitsrechtlichen Grenzen bei Doku-Drama, Doku-Fiction und anderen Bearbeitungen realer Ereignisse in Filmen und Theaterstücken, in: ZGE/IPJ 2 (2010), S. 19–54.
Schweizer, Rainer J.: Wissenschaftsfreiheit und Kunstfreiheit, in: Detlef Merten/Hans-Jürgen Papier (Hrsg.), Handbuch der Grundrechte in Deutschland und Europa. Grundrechte in der Schweiz und in Liechtenstein. In Koordination mit Jörg Paul Müller und Daniel Thürer, Bd. VII/2, 2007, § 218 (S. 445–471).
Schwenk, Edmund H.: Das allgemeine Persönlichkeitsrecht in amerikanischer Sicht – Eine rechtsvergleichende Studie, in: Eduard Wahl/Rolf Serick/Hubert Niederländer (Hrsg.), Rechtsvergleichung und Rechtsvereinheitlichung. Festschrift zum fünfzigjährigen Bestehen des Instituts für ausländisches und internationales Privat- und Wirtschaftsrecht der Universität Heidelberg, 1967, S. 233–258.
Schwerdtner, Peter: Das Persönlichkeitsrecht in der deutschen Zivilrechtsordnung, 1976.
Searle, John R.: Der logische Status fiktionaler Rede, in: Maria E. Reicher (Hrsg.), Fiktion, Wahrheit, Wirklichkeit. Philosophische Grundlagen der Literaturtheorie, 2007, S. 21–36.
Searle, John R.: The Logical Status of Fictional Discourse, in: Peter Lamarque/Stein Haugom Olsen (Hrsg.), Aesthetics and the Philosophy of Art: The Analytic Tradition. An Anthology, 8. Aufl. Malden/MA 2010, S. 320–327.

Seelmann-Eggebert, Sebastian: Die Entwicklung des Presse- und Äußerungsrechts in den Jahren 2005 bis 2007, in: NJW 2008, S. 2551–2558.

Seibert, Thomas-M.: Fiktion im Recht. Einleitung, in: Zeitschrift für Semiotik 12 (1990), S. 175–178.

Seifert, Fedor: Postmortaler Schutz des Persönlichkeitsrechts und Schadensersatz – Zugleich ein Streifzug durch die Geschichte des allgemeinen Persönlichkeitsrechts, in: NJW 1999, S. 1889–1897.

Seifert, Fedor: Realität oder Fiktion – Dichtung und allgemeines Persönlichkeitsrecht, in: Rainer Jacobs/Hans-Jürgen Papier/Peter-Klaus Schuster (Hrsg.), Festschrift für Peter Raue. Zum 65. Geburtstag am 4. Februar 2006, 2006, S. 695–709.

Seiler, Bernd W.: Die leidigen Tatsachen. Von den Grenzen der Wahrscheinlichkeit in der deutschen Literatur seit dem 18. Jahrhundert, 1983.

Seiler, Bernd W.: Ist der Schutz der Kunstfreiheit sinnvoll? Von einer Verschärfung der Kunstverbotspraxis kann im Fall der „Esra"-Entscheidung jedenfalls keine Rede sein, in: Süddeutsche Zeitung vom 18.10.2007, S. 14.

Seitz, Walter: „Gute Kunst war immer decouvrierend" Aber Tabuzonen dürfen nicht überschritten werden, in: ZRP 2005, S. 141–142.

Sendler, Horst: Kann man Liberalität übertreiben?, in: ZRP 1994, S. 343–351.

Seyfarth, Georg: Der Einfluss des Verfassungsrechts auf zivilrechtliche Ehrschutzklagen, in: NJW 1999, S. 1287–1294.

Siegel, Christian Ernst: Die Reportage, 1978.

Siegle, Miriam: Das Spannungsverhältnis von Kunstfreiheit und Persönlichkeitsrecht. Zur Problematik der Darstellung realer Personen in Kunstwerken, 2012 (= Diss. iur. Frankfurt am Main 2011).

Sievers, Bahne C.: Die Freiheit der Kunst durch Eigentum. Das Urheberrecht zwischen Persönlichkeits- und Eigentumsrecht und die Verarbeitung des Neuen, 2010 (= Diss. iur. Hamburg 2010).

Sill, Oliver: ‚Fiktionale Realität' vs. ‚Reale Realität'? Zu den kunst- bzw. literaturtheoretischen Reflexionen Niklas Luhmanns und Wolfgang Isers, in: Soziale Systeme 3 (1997), S. 137–155.

Sill, Oliver: Literatur in der funktional differenzierten Gesellschaft. Systemtheoretische Perspektiven auf ein komplexes Phänomen, 2001.

Simitis, Spiros: Die informationalle Selbstbestimmung – Grundbedingung einer verfassungskonformen Informationsordnung, in: NJW 1984, S. 398–405.

Singer, Reinhard: Vertragsfreiheit, Grundrechte und der Schutz des Menschen vor sich selbst, in: JZ 1995, S. 1133–1141.

Skinner, Quentin: Moral Ambiguity and the Art of Persuasion in the Renaissance, in: Suzanne Marchand/Elizabeth Lunbeck (Hrsg.), Proof and Persuasion. Essays on Authority, Objectivity, and Evidence, Turnhout 1996, S. 25–41.

Soehring, Jörg: Presserecht. Recherche, Darstellung und Haftung im Recht der Medien, 4. Aufl. 2010.

Soehring, Jörg/Seelmann-Eggebert, Sebastian: Die Entwicklung des Presse- und Äußerungsrechts in den Jahren 2000 bis 2004, in: NJW 2005, S. 571–581.

Sojitrawalla, Shirin: Maxim Biller: Esra, in: Büchermarkt. Sendung des Deutschlandradio vom 23.2.2003, http://www.dradio.de/dlf/sendungen/buechermarkt/165715/, abgerufen am 23.9.2010.

Spangenberg, Eberhard: Karriere eines Romans. Mephisto, Klaus Mann und Gustaf Gründgens. Ein dokumentarischer Bericht aus Deutschland und dem Exil 1925–1981, 2. Aufl. 1984.

Spoerhase, Carlos: Autorschaft und Interpretation. Methodische Grundlagen einer philologischen Hermeneutik, Berlin/New York 2007.

Spörl, Uwe: Basislexikon Literaturwissenschaft, 2. Aufl. 2006.

Sporn, Stefan: Das Grundrecht der Meinungs- und Informationsfreiheit in einer Europäischen Grundrechtscharta, in: ZUM 2000, S. 537–544.

Spranger, Tade Matthias: Die Figur der „Schutzbereichsverstärkung", in: NJW 2002, S. 2074–2076.

Stadler, Astrid: Persönlichkeitsrecht contra Medienfreiheit – Zivilrechtliche Aspekte der Kontroverse in den U.S.A., in: JZ 1989, S. 1084–1095.

Starck, Christian: Das Caroline-Urteil des Europäischen Gerichtshofs für Menschenrechte und seine rechtlichen Konsequenzen, in: JZ 2006, S. 76–81.

Starck, Christan: Verfassungsgerichtsbarkeit und Fachgerichte, in: JZ 1996, S. 1033–1042.

Staudinger, Ansgar/Schmidt, Rüdiger: Marlene Dietrich und der (postmortale) Schutz vermögenswerter Persönlichkeitsrechte, in: Jura 2001, S. 241–249.

von Staudinger, Julius (Hrsg.): BGB. Kommentar zum Bürgerlichen Gesetzbuch mit Einführungsgesetz und Nebengesetzen. Buch 1. Allgemeiner Teil. Einleitung zum Bürgerlichen Gesetzbuch. §§ 1–14. Verschollenheitsgesetz (2004).

von Staudinger, Julius (Hrsg.): BGB. Kommentar zum Bürgerlichen Gesetzbuch mit Einführungsgesetz und Nebengesetzen. Buch 1. Allgemeiner Teil. §§ 116–144 (2003, 2010).

von Staudinger, Julius (Hrsg.): BGB. Kommentar zum Bürgerlichen Gesetzbuch mit Einführungsgesetz und Nebengesetzen. Buch 2. Recht der Schuldverhältnisse. §§ 241–243 (2009).

von Staudinger, Julius (Hrsg.): BGB. Kommentar zum Bürgerlichen Gesetzbuch mit Einführungsgesetz und Nebengesetzen. Buch 2. Recht der Schuldverhältnisse. §§ 249–254 (2005).

von Staudinger, Julius (Hrsg.): BGB. Kommentar zum Bürgerlichen Gesetzbuch mit Einführungsgesetz und Nebengesetzen. Buch 3. Sachenrecht. §§ 985–1011 (2006).

Steinbach, Armin: Die Beschimpfung von Religionsgesellschaften gemäß § 166 StGB – eine Würdigung des Karikaturenstreits nach deutschem Strafrecht, in: JR 2006, S. 495–499.

Steinberg, Rudolf: Der ökologische Verfassungsstaat, 1998.

Steiner, Udo: Kulturauftrag im staatlichen Gemeinwesen, in: VVDStRL 42 (1984), S. 8–45.

Stemmler, Thomas: Das „Neminem-laedere-Gebot". Zur Frage des Begriffs und der Existenz schutzbereichsimmanenter Grenzen der Freiheitsgrundrechte im Unterschied zu den so genannten verfassungsimmanenten Schranken. Zugleich eine Abhandlung über die Weite des Grundrechtstatbestandes, 2005 (= Diss. iur. Köln 2004).

Stender-Vorwachs, Jutta: Veröffentlichung von Fotos minderjähriger Kinder von Prominenten, in: NJW 2010, S. 1414–1418.

Stern, Carola: Auf den Wassern des Lebens. Gustaf Gründgens und Marianne Hoppe, 2005.

Stern, Klaus: Die Freiheit der Kunst und der Wissenschaft als Grundlage der Kulturstaatlichkeit, in: Walther Ch. Zimmerli/Lothar Knopp (Hrsg.), Freiheit von Kunst und Wissenschaft, Forschung und Lehre – was heißt das nach Bologna? Tagungsband zum Symposium im Rahmen der Festwoche 20 Jahre BTU Cottbus, 2012, S. 69–83.

Stern, Klaus/Sachs, Michael/Dietlein, Johannes (Hrsg.): Das Staatsrecht der Bundesrepublik Deutschland, Bd. IV/1, 2006.

Stern, Klaus/Sachs, Michael/Dietlein, Johannes (Hrsg.): Das Staatsrecht der Bundesrepublik Deutschland, Bd. IV/2, 2011.

Stierle, Karlheinz: Der Gebrauch der Negation in fiktionalen Texten, in: Harald Weinrich (Hrsg.), Positionen der Negativität, 1975, S. 235–262.

Stierle, Karlheinz: Die Fiktion als Vorstellung, als Werk und als Schema – eine Problemskizze, in: Dieter Henrich/Wolfgang Iser (Hrsg.), Funktionen des Fiktiven, 2. Aufl. 2007, S. 173–182.

Stierle, Karlheinz: Fiktion, Negation und Wirklichkeit, in: Harald Weinrich (Hrsg.), Positionen der Negativität, 1975, S. 522–524.

Stock, Jürgen: Meinungs- und Pressefreiheit in den USA. Das Grundrecht, seine Schranken und seine Anforderungen an die Gesetzesgestaltung, 1986 (= Diss. iur. Göttingen 1986).

Stone, Geoffrey R.: Perilous Times. Free speech in wartime. From the sedition act of 1798 to the war on terrorism, New York 2004.

Strasen, Sven: Rezeptionstheorien. Literatur-, sprach- und kulturwissenschaftliche Ansätze und kulturelle Modelle, 2008.

Ströker, Elisabeth: Was ist das Imaginäre in Isers Fiktionalitätstheorie?, in: Dieter Henrich/Wolfgang Iser (Hrsg.), Funktionen des Fiktiven, 2. Aufl. 2007, S. 473–478.

Strömholm, Stig: Right of privacy and rights of the personality. A comparative survey (Working Paper prepared for the Nordic Conference on Privacy organized by the International Commission of Jurists, Stockholm May 1967), Stockholm 1967.

Stürner, Rolf: Anmerkung zu EuGHMR, Urteil der 3. Kammer v. 24.06.2004 – No. 59320/00 (Hannover ./. Deutschland), in: JZ 2004, S. 1018–1021.

Stürner, Rolf: Caroline-Urteil des EGMR – Rückkehr zum richtigen Maß, in: AfP 2005, S. 213–221.

Stürner, Rolf: Die verlorene Ehre des Bundesbürgers – Bessere Spielregeln für die öffentliche Meinungsbildung?, in: JZ 1994, S. 865–920.

Stüssel, Kerstin: Autorschaft und Autobiographik im kultur- und mediengeschichtlichen Wandel, in: Ulrich Breuer/Beatrice Sandberg (Hrsg.), Autobiographisches Schreiben in der deutschsprachigen Gegenwartsliteratur. Grenzen der Identität und der Fiktionalität, Bd. 1, 2006, S. 19–33.

Suhr, Dieter: Die Freiheit vom staatlichen Eingriff als Freiheit zum privaten Eingriff? Kritik der Freiheitsdogmatik am Beispiel des Passivraucherproblems, in: JZ 1990, S. 166–174.

Sutrop, Margit: Fiction and Imagination. The Anthropological Function of Literature, 2000.

Sya, Anja: Literatur und juristisches Erkenntnisinteresse. Joachim Maass' Roman „Der Fall Gouffé" und sein Verhältnis zu der historischen Vorlage, 2001 (= Diss. iur. Frankfurt am Main 2000).

Sydow, Gernot: Ausnahmegenehmigung für das Schächten, in: Jura 2002, S. 615–621.

Szczekalla, Peter: Die sogenannten grundrechtlichen Schutzpflichten im deutschen und europäischen Recht. Inhalt und Reichweite einer „gemeineuropäischen Grundrechtsfunktion“, 2002 (= Diss. iur. Osnabrück 2000).
Szőnyi, György E.: The Politics of Literary Criticism: New Historicism and Shakespeare Scholarship, in: Roland Kley/Silvano Möckli (Hrsg.), Geisteswissenschaftliche Dimensionen der Politik. Festschrift für Alois Riklin zum 65. Geburtstag. Unter Mitarbeit von Patricia Kuriger und Marianne Schrepfer, 2000, S. 531–555.
Tamen, Miguel: The matter of the facts. On invention and interpretation, Stanford 2000.
Tessar, Hans: Kriterien zur Ermittlung einer Freiheitsrechtsverletzung – exemplarisch dargestellt am Grundrecht der Freiheit der Kunst, in: ZÖR 63 (2008), S. 385–437.
Theobald, Werner: Camus und das Problem der Werte, in: Volker Kapp/Dorothea Scholl (Hrsg.), Literatur und Moral, 2011, S. 29–36.
Thiele, Christoph: Plastinierte „Körperwelten“, Bestattungszwang und Menschenwürde, in: NVwZ 2000, S. 405–408.
Thieme, Werner: Das Deutsche Personenrecht, 2003.
Tiedemann, Paul: Von den Schranken des allgemeinen Persönlichkeitsrechts, in: DÖV 2003, S. 74–78.
Tomaševskij, Boris: Literatur und Biographie, in: Fotis Jannidis/Gerhard Lauer/Matías Martínez/Simone Winko (Hrsg.), Texte zur Theorie der Autorschaft, 2000, S. 49–64.
Tomberg, Friedrich: Mimesis der Praxis und abstrakte Kunst. Ein Versuch über die Mimesistheorie, 1968.
Töteberg, Michael: Nachwort zu Mephisto. Roman einer Karriere, 15. Aufl. 2008, S. 392–415.
Traninger, Anita: Hans Vaihingers *Philosophie des Als Ob* und die literaturwissenschaftliche Fiktionalitätstheorie – Stationen produktiven Mißverstehens, in: Irina O. Rajewsky/Ulrike Schneider (Hrsg.), Im Zeichen der Fiktion. Aspekte fiktionaler Rede aus historischer und systematischer Sicht. Festschrift für Klaus W. Hempfer zum 65. Geburtstag, 2008, S. 45–65.
Trebes, Anja: Der zivilrechtliche Schutz der Persönlichkeit vor Presseveröffentlichungen im spanischen Recht, in: GRUR Int 2003, S. 519–526.
Trebes, Anja: Zivilrechtlicher Schutz der Persönlichkeit vor Presseveröffentlichungen in Deutschland, Frankreich und Spanien. Eine rechtsvergleichende Untersuchung unter besonderer Berücksichtigung des einstweiligen Rechtsschutzes, 2002.
Trintignant, Nadine: Ma fille, Marie, Paris 2003.
Tröndle, Herbert: Das Bundesverfassungsgericht und sein Umgang mit dem „einfachen Recht“, in: Reinhard Böttcher/Walter Odersky/Götz Hueck/Burkhard Jähnke (Hrsg.), Festschrift für Walter Odersky zum 65. Geburtstag am 17. Juli 1996, 1996, S. 259–296.
Trute, Hans-Heinrich: Der Schutz personenbezogener Informationen in der Informationsgesellschaft, in: JZ 1998, S. 822–831.
Türk, Hans-Joachim: Postmoderne, 1990.
Uhlmann, Felix/Bognuda, Cristina: Zehn Thesen zu Kunstfreiheit und Kunstförderung, in: ZSR 127/I (2008), S. 363–380.
Ujica, Matei/Loef, Robert: Quod licet jovi, non licet bovi. Was darf die Kunst, was die Medien nicht dürfen?, in: ZUM 2010, S. 670–677.
Umbach, Dieter C./Clemens, Thomas (Hrsg.): Grundgesetz. Mitarbeiterkommentar und Handbuch, Bd. I, 2002.
Umbach, Dieter C./Clemens, Thomas/Dollinger, Franz-Wilhelm (Hrsg.): Bundesverfassungsgerichtsgesetz. Mitarbeiterkommentar und Handbuch, 2. Aufl. 2005.

von Ungern-Sternberg, Antje: Religionsfreiheit – ein ausuferndes Grundrecht?, in: Hartmut Rensen/Stefan Brink (Hrsg.), Linien der Rechtsprechung des Bundesverfassungsgerichts – erörtert von den wissenschaftlichen Mitarbeitern, 2009, S. 247–271.
Unruh, Peter: Zur Dogmatik der grundrechtlichen Schutzpflichten, 1996.
Vaihinger, Hans: Die Philosophie des Als Ob. System der theoretischen, praktischen und religiösen Fiktionen der Menschheit auf Grund eines idealistischen Positivismus. Mit einem Anhang über Kant und Nietzsche, 1911.
Vesting, Thomas: § 35 III BauGB zwischen Umweltschutz und Kunstfreiheit, in: NJW 1996, S. 1111–1114.
Vlachopoulos, Spyridon: Kunstfreiheit und Jugendschutz, 1996 (= Diss. iur. München 1995).
Vogel, Stephanie: Der Prüfungsumfang des Bundesverfassungsgerichts bei Verfassungsbeschwerden am Beispiel der Kunstfreiheitsrechtsprechung, 2004 (= Diss. iur. Köln 2002).
Vogelgesang, Klaus: Grundrecht auf informationelle Selbstbestimmung?, 1987 (= Diss. iur. Göttingen 1986).
Vogt, Jochen: Aspekte erzählender Prosa. Eine Einführung in Erzähltechnik und Romantheorie, 10. Aufl. 2008.
Vogt, Jochen: Grundlagen narrativer Texte, in: Heinz Ludwig Arnold/Heinrich Detering (Hrsg.), Grundzüge der Literaturwissenschaft, 7. Aufl. 2005, S. 287–307.
Vogt, Ursula: Die Freiheit der Kunst im Verfassungsrecht der Bundesrepublik Deutschland und der Schweiz, 1975 (= Diss. iur. Zürich 1975).
Volkmann, Uwe: Anmerkung zu BVerfG, Urteil des Ersten Senats vom 15.1.2002 – 1 BvR 1783/99, in: DVBl. 2002, S. 332–336.
Volkmann, Uwe: Kultur im Verfassungsstaat, in: DVBl. 2005, S. 1061–1072.
Volkmann, Uwe: Veränderungen der Grundrechtsdogmatik, in: JZ 2005, S. 261–271.
Vosgerau, Ulrich: Das allgemeine Persönlichkeitsrecht als Universalschranke der Kunstfreiheit: Ein Irrweg der Rechtsprechung, in: Der Staat 48 (2009), S. 107–125.
Vosgerau, Ulrich: Zur Kollision von Grundrechtsfunktionen. Ein zentrales Problem der Grundrechtsdogmatik, in: AöR 133 (2008), S. 346–388.
Voss, Christiane: Fiktionale Immersion, in: Gertrud Koch/dies. (Hrsg.), „Es ist, als ob". Fiktion in Philosophie, Film- und Medienwissenschaft, 2009, S. 127–138.
Voßkuhle, Andreas: Bauordnungsrechtliches Verunstaltungsverbot und Bau-Kunst. Zugleich ein Beitrag zur Grundrechtskonkurrenz und zu verfassungsimmanenten Grundrechtsschranken, in: BayVBl. 1995, S. 613–622.
Voßkuhle, Andreas/Bumke, Christian: Rechtsfragen der Sportwette, 2002.
Wacks, Raymond: Personal Information. Privacy and the Law, 1993.
Wacks, Raymond: The Protection of Privacy, 1980.
Wagner, Richard: Die Kunst und die Revolution. 1849, in: Max Bucher u.a. (Hrsg.), Realismus und Gründerzeit. Manifeste und Dokumente zur deutschen Literatur 1848–1880. Mit einer Einführung in den Problemkreis und einer Quellenbibliographie, Bd. 2: Manifeste und Dokumente, 1981, S. 58–61.
Wagner-Egelhaaf, Martina: Autobiographie, 2000.
Wallraff, Günter: Der Aufmacher. Der Mann, der bei Bild Hans Esser war. 10. Aufl. 2009.
Wallraff, Günter: 13 unerwünschte Reportagen, 2. Aufl. 2009.
Wallraff, Günter: Industriereportagen. Als Arbeiter in deutschen Großbetrieben, 2009.
Walter, Christian: Religiöse Freiheit als Gefahr? Eine Gegenrede, in: DVBl. 2008, S. 1073–1080.

Walton, Kendall L.: Furcht vor Fiktionen, in: Maria E. Reicher (Hrsg.), Fiktion, Wahrheit, Wirklichkeit. Philosophische Grundlagen der Literaturtheorie, 2007, S. 94–119.

Walton, Kendall L.: Mimesis as Make-Believe. On the Foundations of the Representational Arts, Cambridge/London 1990.

Wanckel, Endress: Der Schutz der Persönlichkeit bei künstlerischen Werken, in: NJW 2006, S. 578–579.

Wandrey: Das Recht am Lebensbild, in: UFITA 5 (1932), S. 359–370.

Wandtke, Arthur-Axel: Grenzenlose Freiheit der Kunst und Grenzen des Urheberrechts. Oder über Kunst lässt sich trefflich streiten?, in: ZUM 2005, S. 769–775.

Wandtke, Arthur-Axel/Bullinger, Winfried (Hrsg.), Praxiskommentar zum Urheberrecht, 3. Aufl. 2009.

Warning, Rainer: Der inszenierte Diskurs. Bemerkungen zur pragmatischen Relation der Fiktion, in: Dieter Henrich/Wolfgang Iser (Hrsg.), Funktionen des Fiktiven, 2. Aufl. 2007, S. 183–206.

Warren, Samuel D./Brandeis, Louis D.: The Right to Privacy, in: Harvard Law Review 4 (1890), S. 193–220.

Weber, Hermann: Recht, Literatur und (bildende) Kunst – Aspekte eines Themas, in: ders. (Hrsg.), Literatur, Recht und (bildende) Kunst. Tagung im Nordkolleg Rendsburg vom 21. bis 23. September 2007, 2008, S. 1–7.

Weck, Bernhard: Verfassungsrechtliche Legitimationsprobleme öffentlicher Kunstförderung aus wirklichkeitswissenschaftlicher Perspektive, 2001 (= Diss. iur. Bayreuth 1999).

Wefing, Heinrich: Das Contergan-Gift wirkt weiter. Richter verhindern, dass ein Film über den größten deutschen Pharma-Skandal gezeigt wird, in: Frankfurter Allgemeine Zeitung vom 19.3.2007, S. 38.

Wegner, Konstantin/Wallenfels, Dieter/Kaboth, Daniel: Recht im Verlag, 2. Aufl. 2011.

Weimar, Klaus: Funktionen des Literaturbegriffs, in: Simone Winko/Fotis Jannidis/Gerhard Lauer (Hrsg.), Grenzen der Literatur. Zu Begriff und Phänomenen des Literarischen, 2009, S. 78–91.

Weimar, Klaus: Literarische Bedeutung?, in: Fotis Jannidis/Gerhard Lauer/Matías Martínez/Simone Winko (Hrsg.), Regeln der Bedeutung. Zur Theorie der Bedeutung literarischer Texte, 2003, S. 228–245.

Weimar, Klaus: Wo und was ist der Erzähler?, in: MLN 109 (1994), S. 495–506.

Weinrich, Harald: Fiktionssignale, in: ders. (Hrsg.), Positionen der Negativität, 1975, S. 525–526.

Weiss, Peter: Abschied von den Eltern. Erzählung. Mit einem Kommentar von Axel Schmolke, 2007.

Wellbrock, Rita: Persönlichkeitsschutz und Kommunikationsfreiheit. Eine Analyse der Zuordnungsproblematik anhand der Rechtsprechung der Zivilgerichte und des Bundesverfassungsgerichts, 1982.

Weller, Matthias: BGH: Unterlassungsanspruch gegen die Veröffentlichung eines Schlüsselromans – Fall „Esra". Zur Abwägung zwischen Kunstfreiheit und allgemeinem Persönlichkeitsrecht bei einem Roman, bei dem es sich um realistische Literatur handelt (im Anschluss an Senat, NJW 2005, 2844 und BVerfGE 119, 1 = NJW 2008, 39). BGH-Urteil vom 10.06.2008 – VI ZR 252/07 (OLG München); GRUR 2008, 931 = NJW 2008, 2587. Anmerkung von Dr. Matthias Weller, in: LMK 2008, 269192.

Weller, Michael: Notwendiger Grad der Verfremdung bei künstlerischer Betätigung vor realen Hintergründen („Kannibale von Rotenburg"), in: jurisPR-ITR 17/2008 Anm. 3.

Wellershoff, Dieter: Die Auflösung des Kunstbegriffs, 1976.
Wellershoff, Dieter: Fiktivität in fiktionalen und nichtfiktionalen Texten, in: Harald Weinrich (Hrsg.), Positionen der Negativität, 1975, S. 529–530.
Wenger, David R.: Idealismus und Recht. Gerechtigkeit, Berechenbarkeit und Rhetorik, 2010 (= Diss. iur. Freiburg in der Schweiz 2009).
Wenig, Roland: Zur Zulässigkeit einer erneuten Vorlage im Normenkontrollverfahren, in: DVBl. 1973, S. 345–349.
Wenk, Dieter: Unantastbarkeiten, http://www.textem.de/Biller.0.html, abgerufen am 17.12.2009.
Werle, Dirk: Fiktion und Dokument. Überlegungen zu einer gar nicht so prekären Relation mit vier Beispielen aus der Gegenwartsliteratur, in: Non Fiktion 1 (2006), S. 112–122.
Wernicke, Stephan: Die Privatwirkung im Europäischen Gemeinschaftsrecht. Strukturen und Kategorien der Pflichtenstellungen Privater aus dem primären Gemeinschaftsrecht unter besonderer Berücksichtigung der Privatisierungsfolgen, 2002.
Whitman, James Q.: Harsh Justice. Criminal Punishment and the Widening Divide between America and Europe, 2003.
Whitman, James Q.: The Two Western Cultures of Privacy: Dignity Versus Liberty, in: Yale Law Journal 113 (2003–2004), S. 1151–1221.
Wieacker, Franz: Recht und Moralität in pragmatischer Sicht, in: Arthur Kaufmann/Ernst-Joachim Mestmäcker/Hans F. Zacher (Hrsg.), Rechtsstaat und Menschenwürde. Festschrift für Werner Maihofer zum 70. Geburtstag, 1988, S. 631–650.
Wiederin, Ewald: Grundlagen und Grundzüge staatlichen Verfassungsrechts: Österreich, in: Armin von Bogdandy/Pedro Cruz Villalón/Peter M. Huber (Hrsg.), Handbuch Ius Publicum Europaeum. Grundlagen und Grundzüge staatlichen Verfassungsrechts. Unter Mitwirkung von Diana Zacharias, Bd. I, 2007, § 7 (S. 389–449).
Wilms, Jan/Roth, Jan: Die Anwendbarkeit des Rechts auf informationelle Selbstbestimmung auf juristische Personen i.S. von Art. 19 III GG, in: JuS 2004, S. 577–580.
Windelband, Wilhelm: Lehrbuch der Geschichte der Philosophie, 18. Aufl. 1993.
Winko, Simone: Einleitung, in: dies./Fotis Jannidis/Gerhard Lauer (Hrsg.), Grenzen der Literatur. Zu Begriff und Phänomenen des Literarischen, 2009, S. 41–44.
Wittreck, Fabian: Esra, Mephisto und Salomo. Konflikte zwischen Persönlichkeitsschutz und Kunstfreiheit nach der „Esra"-Entscheidung des BVerfG (BVerfGE 119, 1), in: Jura 2009, S. 128–136.
Wittreck, Fabian: Persönlichkeitsbild und Kunstfreiheit. Grundrechtskonflikte Privater nach den Entscheidungen Esra und Contergan des Bundesverfassungsgerichts, in: AfP 2009, S. 6–14.
Wittreck, Fabian: Referendarexamensklausur – Öffentliches Recht: Eingriff durch Entschuldigung? Der Bundespräsident und das Bildnis des Propheten, in: JuS 2006, S. 729–736.
Wittreck, Fabian: Religionsfreiheit als Rationalisierungsverbot. Anmerkungen aus Anlaß der Schächtentscheidung des Bundesverfassungsgerichts, in: Der Staat 42 (2003), S. 519–555.
Wittstock, Uwe: Der Fall Esra. Ein Roman vor Gericht. Über die neuen Grenzen der Literaturfreiheit, 2011.
Wittstock, Uwe: Liebe im Haifischbecken. Was heißt hier Wahrheit? Es geht doch um Literatur! Betrachtungen zu Maxim Billers Roman „Esra". Büchertagebuch. Beitrags-Archiv für die Kategory „Biller Maxim", www.uwe-wittstock.de/blog/?cat=4, abgerufen am 17.12.2009.

Wittstock, Uwe: Wir müssen draußen bleiben. Maxim Biller schreibt mit „Esra" einen altmeisterlichen und doch zeitgenössischen Liebesroman, in: Die Welt vom 1.3.2003, o. S.

Witzke, Bodo/Rothaus, Ulli: Die Fernsehreportage, 2. Aufl. 2010.

Wogenstein, Sebastian: „Leute in echt" – Contemporary Literature and Playing with Authenticity, in: Mark W. Rectanus (Hrsg.), Über Gegenwartsliteratur. Interpretationen und Interventionen. Festschrift für Paul Michael Lützeler zum 65. Geburtstag von ehemaligen StudentInnen. About Contemporary Literature. Interpretations and Interventions. A Festschrift for Paul Michael Lützeler on his 65th Birthday from former Students, 2008, S. 333–350.

Wogenstein, Sebastian: Topographie des Dazwischen: Vladimir Vertlibs Das besondere Gedächtnis der Rosa Masur, Maxim Billers Esra und Thomas Meineckes Hellblau, in: Paul Michael Lützeler/Stephen K. Schindler (Hrsg.), Gegenwartsliteratur. Ein germanistisches Jahrbuch 3 (2004), S. 71–96.

Wolf, Hubert/Schopf, Wolfgang/Burkhard, Dominik/Lepper, Gisbert: Die Macht der Zensur. Heinrich Heine auf dem Index, 1998.

Wolff, Ernst A.: Ehre und Beleidigung. Zugleich eine Besprechung des gleichnamigen Buches von *H. J. Hirsch*, in: ZStW 81 (1969), S. 886–911.

Wolff, Heinrich Amadeus: Die Willensfreiheit und die Grundrechte, in: JZ 2006, S. 925–930.

Wolff, Michael: Abhandlungen über die Prinzipien der Logik. Mit einer Rekonstruktion der Aristotelischen Syllogistik, 2. Aufl. 2009.

Wolff, Volker: ABC des Zeitungs- und Zeitschriftenjournalismus, 2006.

Wolffgang, Hans-Michael/Hendricks, Michael/Merz, Matthias: Polizei- und Ordnungsrecht in Nordrhein-Westfalen. Studienbuch mit Fällen, 3. Aufl. 2011.

Wolter, Henner: Meinung – Tatsache – Einstufung – Deutung. Zur bundesverfassungsgerichtlichen Kontrolle fachgerichtlicher Entscheidungen am Maßstab des Artikels 5 GG, in: Der Staat 36 (1997), S. 426–450.

Würdinger, Markus: Literarisches vor Gericht: Tucholsky oder Thoma?, in: NJW 2008, S. 735–736.

Würkner, Joachim: Das Bundesverfassungsgericht und die Freiheit der Kunst, 1994 (= Diss. iur. Frankfurt am Main 1992).

Würkner, Joachim: Die Freiheit der Kunst in der Rechtsprechung von BVerfG und BVerwG. Gedanken anlässlich des vorläufig letzten Leitjudikates „Josefine Mutzenbauer", in: NVwZ 1992, S. 1–9.

Würkner, Joachim: Die Freiheit der Straßenkunst (Art. 5 III 1 GG), in: NVwZ 1987, S. 841–850.

Würkner, Joachim: Die Indizierung „schlicht" jugendgefährdender Kunstwerke: Gedanken zum Aufstieg und Fall des Kunstvorbehalts gem. § 1 II Nr. 2 GjS, in: NVwZ 1993, S. 641–642.

Würkner, Joachim: Effektivierung des Grundrechtsschutzes durch Grundrechtskumulation?, in: DÖV 1992, S. 150–154.

Würkner, Joachim: Freiheit der Kunst. Persönlichkeitsrecht und Menschenwürdegarantie. Ein Beitrag zur beleidigungsstrafrechtlichen Beurteilung politischer Karikaturen, in: ZUM 1988, S. 171–184.

Würkner, Joachim: Kunst und Moral – Gedanken zur „Fri-Art 81"-Entscheidung des Europäischen Gerichtshofs für Menschenrechte, in: NJW 1989, S. 369–372.

Würkner, Joachim: Straßenkunst als (kommunikativer) Gemeingebrauch, in: NJW 1989, S. 1266–1267.

Würkner, Joachim: Straßenrecht contra Kunstfreiheit? Vom „Charme des Ursprünglichen und Spontanen" zur Erlaubnispflichtigkeit für Straßenkunst, in: NJW 1987, S. 1793–1799.

Würkner, Joachim: Wie frei ist die Kunst?, in: NJW 1988, S. 317–319.

Würtenberger, Thomas: Karikatur und Satire aus strafrechtlicher Sicht, in: NJW 1982, S. 610–616.

Würtenberger, Thomas: Satire und Karikatur in der Rechtsprechung, in: NJW 1983, S. 1144–1151.

Würtenberger, Thomas: Vom strafrechtlichen Kunstbegriff, in: Hans-Heinrich Jescheck/ Hans Lüttger (Hrsg.), Festschrift für Eduard Dreher zum 70. Geburtstag am 29. April 1977, 1977, S. 79–95.

Wuttke, Alexander: Polizeirechtliche Wohnungsverweise, in: JuS 2005, S. 779–783.

Zacharias, Diana: Das „Lebach-Urteil", in: JA 2000, S. 649–652.

Zechlin, Lothar: Gerichtliche Verbote zeitkritischer Kunst, in: KJ 15 (1982), S. 248–262.

Zechlin, Lothar: Kunstfreiheit, Strafrecht und Satire, in: NJW 1984, S. 1091–1093.

Ziekow, Jan: Über Freizügigkeit und Aufenthalt: paradigmatische Überlegungen zum grundrechtlichen Freiheitsschutz in historischer und verfassungsrechtlicher Perspektive, 1997 (= Habil. iur. Berlin 1997).

Zielcke, Andreas: Der öffentliche Akt. Was das Verbot von Maxim Billers „Esra" verrät, in: Süddeutsche Zeitung vom 16.10.2003, S. 15.

Zielcke, Andreas: Ein naheliegendes Fehlurteil. „Esra"-Autor und -Verleger sollen 50000 Euro Schmerzensgeld zahlen, in: Süddeutsche Zeitung vom 14.2.2008, S. 11.

Zima, Peter V.: Moderne – Postmoderne. Gesellschaft, Philosophie, Literatur, 1997.

Zimmerman, Diane L.: Requiem for a Heavyweight: a Farewell to Warren and Brandeis's Privacy Tort, in: Cornell Law Review 68 (1982–83), S. 291–367.

Zimmermann, Ralph: Zum Verhältnis von Meinungsfreiheit und allgemeinem Persönlichkeitsrecht; Proteste gegen Schwangerschaftsabbrüche, in: NJ 2010, S. 332–334.

Zipfel, Frank: Autofiktion. Zwischen den Grenzen von Faktualität, Fiktionalität und Literarität?, in: Simone Winko/Fotis Jannidis/Gerhard Lauer (Hrsg.), Grenzen der Literatur. Zu Begriff und Phänomenen des Literarischen, 2009, S. 285–314.

Zipfel, Frank: Fiktion, Fiktivität, Fiktionalität. Analysen zur Fiktion in der Literatur und zum Fiktionsbegriff in der Literaturwissenschaft, 2001 (= Diss. phil. Mainz 1999).

Zipfel, Frank: Nachahmung – Darstellung – Fiktion? Überlegungen zu Interpretationen von Mimesis in der Literatur- und Erzähltheorie Gérard Genettes, in: Bernhard F. Scholz (Hrsg.), Mimesis. Studien zur literarischen Repräsentation, 1998, S. 165–186.

Zöbeley, Günter: Zur Garantie der Kunstfreiheit in der gerichtlichen Praxis, in: NJW 1985, S. 254–258.

Zöllner, Wolfgang: Regelungsspielräume im Schuldvertragsrecht. Bemerkungen zur Grundrechtsanwendung im Privatrecht und zu den sogenannten Ungleichgewichtslagen, in: AcP 196 (1996), S. 1–36.

Zuidervaart, Lambert: Art in Public. Politics, Economics, and a Democratic Culture, Cambridge/UK u.a. 2011.

Zunshine, Lisa: Why we Read Fiction. Theory of Mind and the Novel, Columbus 2006.

Zweigert, Konrad/Kötz, Hein: Einführung in die Rechtsvergleichung auf dem Gebiete des Privatrechts, 3. Aufl. 1996.

Zwirner, Henning: Zum Grundrecht der Wissenschaftsfreiheit, in: AöR 98 (1998), S. 313–339.

Schlagwortverzeichnis

Studien und Beiträge zum Öffentlichen Recht

Die Schriftenreihe *Jus Publicum. Beiträge zum Öffentlichen Recht* wurde im Jahr 1991 gegründet, vor allem um den Habilitationsschriften, aber auch den Monographien der Ordinarien, aus dem Bereich des Öffentlichen Rechts eine ansprechende Heimstatt zu geben. Sie ist im In- und Ausland schon bald zu einem Begriff geworden.

Für Dissertationen war und ist diese Reihe nicht offen, und das ist für herausragende Arbeiten oft bedauert worden. Diese Lücke zu schließen ist Aufgabe der neu begründeten Schriftenreihe *Studien und Beiträge zum Öffentlichen Recht.*

Wie die Reihe *Jus Publicum* soll auch diese Reihe sämtliche Fächer des Öffentlichen Rechts abdecken, insbesondere also das Verfassungsrecht (einschließlich Grundrechtstheorie, Methodenlehre und Allgemeine Staatslehre) und das Verwaltungsrecht. Fächerübergreifende und fachgebietsübergreifende Themenstellungen sind dabei nicht ausgeschlossen, solange der Schwerpunkt der Arbeit im Öffentlichen Recht einschließlich seiner europarechtlichen beziehungsweise international- und völkerrechtlichen Implikationen zu finden ist.

Erschienene Bände:

1 *Rusteberg, Benjamin:* Der grundrechtliche Gewährleistungsgehalt. Eine veränderte Perspektive auf die Grundrechtsdogmatik durch eine präzise Schutzbereichsbestimmung. 2009. XIV, 291 Seiten. Fadengeheftete Broschur.

2 *Wollenschläger, Burkard:* Wissensgenerierung im Verfahren. 2009. XX, 259 Seiten. Leinen.

3 *Globke, Christina:* Die Auslieferung an den Internationalen Strafgerichtshof. Ein Beitrag zur Dogmatik des Art. 16 Abs. 2 GG. 2009. XXV, 407 Seiten. Fadengeheftete Broschur.

4 *Malaviya, Nina:* Verteilungsentscheidungen und Verteilungsverfahren. Zur staatlichen Güterverteilung in Konkurrenzsituationen. 2009. XII, 292 Seiten. Fadengeheftete Broschur.

5 *Schilling, Jan Moritz:* Deutscher Grundrechtsschutz zwischen staatlicher Souveränität und menschenrechtlicher Europäisierung. Zum Verhältnis zwischen Bundesverfassungsgericht und Europäischem Gerichtshof für Menschenrechte. 2010. XXII, 281 Seiten. Fadengeheftete Broschur.

6 *Fischborn, Birgit I.:* Enteignung ohne Entschädigung nach der EMRK? Zur Vereinbarkeit des entschädigungslosen Entzugs von Eigentum mit Artikel 1 des Zusatzprotokolls zur EMRK. 2010. XIX, 345 Seiten. Fadengeheftete Broschur.

7 *Quabeck, Christian:* Dienende Funktion des Verwaltungsverfahrens und Prozeduralisierung. 2010. XIV, 323 Seiten. Leinen.

8 *Teifke, Nils:* Das Prinzip Menschenwürde. 2011. XIII, 200 Seiten. Leinen.

9 *Kempny, Simon:* Die Staatsfinanzierung nach der Paulskirchenverfassung. Eine Untersuchung des Finanz- und Steuerverfassungsrechts der Verfassung des deutsches Reiches vom 28. März 1849. 2011. XXIII, 372 Seiten. Leinen.

10 *Neupert, Michael:* Rechtmäßigkeit und Zweckmäßigkeit. Das Rahmen-Bild-Modell der verwaltungsgerichtlichen Kontrolldichte bei der Eingriffsverwaltung. 2011. IX, 176 Seiten. Fadengeheftete Broschur.

11 *Beyerbach, Hannes:* Die geheime Unternehmensinformation. Grundrechtlich geschützte Betriebs- und Geschäftsgeheimnisse als Schranke einfachrechtlicher Informationsansprüche. 2012. XXIV, 413 Seiten. Fadengeheftete Broschur.

12 *Hahn-Lorber, Marcus:* Parallele Gesetzgebungskompetenzen. Nichthierarchische Kompetenzen im deutsch-schottischen Verfassungsvergleich. 2012. XXVII, 439 Seiten. Fadengeheftete Broschur.

13 *Haas, Julia:* Der Ombudsmann als Institution des Europäischen Verwaltungsrechts. Zur Neubestimmung der Rolle des Ombudsmanns als Organ der Verwaltungskontrolle auf der Grundlage europäischer Ombudsmann-Einrichtungen. 2012. XXXVI, 804 Seiten. Leinen.

14 *Bünnigmann, Kathrin:* Die „Esra"-Entscheidung als Ausgleich zwischen Persönlichkeitsschutz und Kunstfreiheit. Rechtsprechung im Labyrinth der Literatur. 2013. XXXVIII, 617 Seiten. Leinen.